惠水县志

HUI SHUI
XIAN ZHI

1978—2015

惠水县地方志编纂委员会 编

上册

方志出版社

图书在版编目（CIP）数据

惠水县志：1978—2015/ 惠水县地方志编纂委员会编 .—北京：方志出版社，2019.12
ISBN 978-7-5144-4064-5

Ⅰ . ①惠… Ⅱ . ①惠… Ⅲ . ①惠水县—地方志—1978—2015 Ⅳ . ① K297.34

中国版本图书馆 CIP 数据核字（2020）第 071755 号

惠水县志（1978—2015）

编　　者：惠水县地方志编纂委员会
责任编辑：张　颢

出 版 者：方志出版社
地址　北京市朝阳区潘家园东里 9 号（国家方志馆 4 层）
邮编　100021
网址　http://www.fzph.org
发　　行：方志出版社图书经销中心
电话（010）67110500
经　　销：各地新华书店
印　　刷：昆明鹰达印刷有限公司

开　　本：889 × 1194　1/16
印　　张：97
字　　数：2404 千字
版　　次：2019 年 12 月第 1 版　2019 年 12 月第 1 次印刷
印　　数：0001 ~ 4000 套

ISBN 978-7-5144-4064-5　　定价：880.00 元（上、下册）

编纂机构及人员

《惠水县志（1978—2015）》编纂委员会

（2017年7月—2019年5月）

顾　　问　万庆华　王文旭　王正祥　黄俐伶
主　　任　陈　宇
副 主 任　罗国江　刘惠江　王维孔
办公室主任　花应周

惠水县地方志编纂委员会

（2019年6月—2019年10月）

顾　　问　万庆华　王文旭　王正祥　黄俐伶
主　　任　陈　宇
副 主 任　罗国江　刘惠江　王维孔　杨胜英　王龙菊　涂家卫
办公室主任　花应周

（2019年11月—2020年1月）

顾　　问　万庆华　王文旭　王正祥　黄俐伶
主　　任　徐光信
副 主 任　罗国江　王顺文　王维孔　杨胜英　王龙菊　涂家卫
办公室主任　花应周

（2020年2月）

顾　　问　万庆华　王文旭　王正祥　黄俐伶
主　　任　徐光信
副 主 任　陈　禹　王顺文　温成华　杨胜英　王龙菊　涂家卫
办公室主任　花应周

《惠水县志（1978—2015）》编纂人员

（2017年7月—2018年10月）

主　　编　花应周
执行主编　雷　霆
副 主 编　黄再婧　刘仕江
执行副主编　陈勋忠　陈全海
编　　辑　彭永刚　陈应明　黄惠金　卢安章　毛与艳
编　　务　申建民　罗定权　李　程　王　燕　熊秋红　张译元
　　　　　黎静波　杨小惠　周芳怡　陈亚敏　秦　英　陈忠丽

（2018年11月—2020年9月）

主　　编　花应周
副 主 编　黄再婧
执行副主编　陈勋忠
编　　辑　彭永刚　陈应明　陈志国　毛与艳
编　　务　李　程　王　燕　熊秋红　张译元　陈　珊　黎静波

《惠水县志（1978—2015）》县级初审人员

（2018年9月）

张文玖　吴永福　龙燕祥　罗兴华　罗先书　黄达武　周祚治

《惠水县志（1978—2015）》校审组人员

（2020年1月）

组　长　徐光信

副组长　王顺文　杨胜英　王龙菊　涂家卫

成　员　唐　松　花帮文　刘似海　花小刚

《惠水县志(1978—2015)》州级复审人员

（2019年11月）

胡志勇　州委党史研究室主任

喻昌富　州委党史研究室副主任

韦武昌　州聘专家（原州史志办主任）

张慧玲　州聘专家（原州史志办副主任）

王素琴　州聘专家（原州史志办方志科科长）

龚正栋　州委党史研究室正科级干部

唐　云　州委党史研究室地方志科四级主任科员

《惠水县志(1978—2015)》省级终审人员

（2019年12月）

梁贵钢　省档案馆副馆长、地方志办公室副主任

钟　莉　省地方志办公室市县志工作处处长

陆曙光　省地方志办公室市县志工作处副处长

王礼全　原省政府发展研究中心党组书记、主任

周声浩　原省地方志办公室副主任

伍启林　九三学社贵州省委调研处处长

张　彦　省地方志办公室市县志工作处一级主任科员

胡　宇　省地方志办公室市县志工作处四级主任科员

资料提供人员

雷　霆　陈明平　蒋国经　雷纲贤　罗国彦　张安喜　徐　婷　方　雪　王培俊
王祖安　熊　卫　陈勋忠　陈志国　曾　燕　张　倩　王明刚　罗国忠　罗秀娅
杨　红　罗永国　张　华　黄达武　王志勇　李建果　毕忠荣　杨光照　王　翌
白　嵋　杨仕萍　张昌琴　田开忠　陈光平　曾　洁　梁仕国　张　晗　卢安章
颜　川　王　珂　李　鑫　陈应明　彭永刚　王　颖　张　宇　罗开媛　刘永胜
罗万微　郝元江　杨通伦　熊娅霖　刘昌敏　杨建敏　严丽波　孙仪勇　龙振祥
邹佳丽　董玉珍　石　妹　潘光宇　黎　仙　吴　越　张　瑞　袁钲傑　刘　欣
罗　慧　王飞燕　杨　兰　罗洪勇　赵显祥　石广玮　吴发祥　赵　虎　罗洪和
赵福丽　郭　鹏　杨昌龙　申鹏久　班　崇　吴桂莲　白正琴　李廷刚　李家贵
罗玉洪　王恩锦　王芳奇　刘兴田　陈发琴　肖丹青　罗　芳　邹义刚　赵与奇
郭　鹏　吴春红　韦朝卫　罗文生　何　涛　熊西莎　杨应谋　石尚海　吴　劲
王　飞　杨晓霞　罗　璇　王春鑫　杨昌学　李文拾　石尚贵　余光华　韦时亮
何金荣　严忠林　唐开军　曾　蓉　蒋竹梅　蒙兴珍　谭志良　龙详英　耿锐锋
庄　旋　张馨丹　罗占云　何成瑞　杨焱奎　田维薇　陈朝龙　刘　飞　谢智沛
吴曲琳　闵　怡　莫新梅　石廷娅　叶光辉　李　丹　秦明富　张景廉　马　俊
罗巧巧　徐德勇　吴钟芸　简红梅　罗应梅　肖　莹　陈　城　吴翠平　李　炼
吴卫华　唐秋秋　伍后红　何伦燕　文安荣　杨　娴　王恩梅　何明露　张　蝶
陈家伟　罗　帅　王汝玉　陈家康　卢世平　何家燕　陈　浩　王吉利　陈　娜
吴晓辉　陈洪喜　何荣辉　毛艳红　蒋婷婷　朱荣顺　王　睿　杨光全　王品崇
罗先书　蔡顺珍　罗　曼　张惠礼　杨　飙　叶琴琴　王长友　唐天洋　冉奕晶
阳红梅　郑明宏　肖卫东　范志敏　刘崇彪　龙青锋　石　潇　曹燕妮　杨方华
王长江　岑土欢　王　芳　李欣奕　罗　健　陆姚垚　熊　伟　毛华明　龙燕祥
刘　梅　王　剑　付定霖　周永林　李必良　蔡光武　欧阳鋗　班永恒　李泽贵
朱定武　路　江　王金文　杨光先　罗　权　赵顺琼　梁　斌　陈素君　兰树海
樊章达　潘堂品　赵碧伦　石　波　陈沛春　杨大伦　龙　阳　吴大奎　郑祖贤
龙定权　文　军　谢登甲　陈培义　吴云剑　陈　燕　陈凤武　刘　湘　陆道俊
戴　瑾　谢　娜　岑晓燕　陈秋旭　叶德芳　刘定军　何　彬　汪　义　张洪勇
李晓辉　于　松　唐国强　陈文芳　孙芝鑫　罗永辉

图片摄影人员

黄达武　裴家琪　刘惠鸽　丁华松　彭惠喜　吴桂莲　丁正君　张世军　陈春喜
陈占相　柏　柳　雷喧卫　雷国云　王海军　陈　明　胡本贵　李兴华　陈　剑
杨　松　黄　平　李开隆　陈家康　陈应明　彭永刚　杨小惠　梁仕国　吴静澜
王　颖　王　新　罗世军　骆思忠　秦　宁　罗家卫　赵　虎

图片提供单位

县委办公室	县人大办公室	县政府办公室	县政协办公室
县委组织部	县委宣传部	县工业和信息化局	县农业农村局
县卫生健康局	县文化广电和旅游局	县住房城乡建设局	县水务局
县林业局	县扶贫办	贵州惠水经开区管委会	县融媒体中心
县档案馆	贵州盛华职业学院	县城投公司	县商业总公司
涟江街道	濛江街道	好花红镇	摆金镇
雅水镇	芦山镇	王佑镇	断杉镇
岗度镇	羡塘镇		

惠水县行政区划图

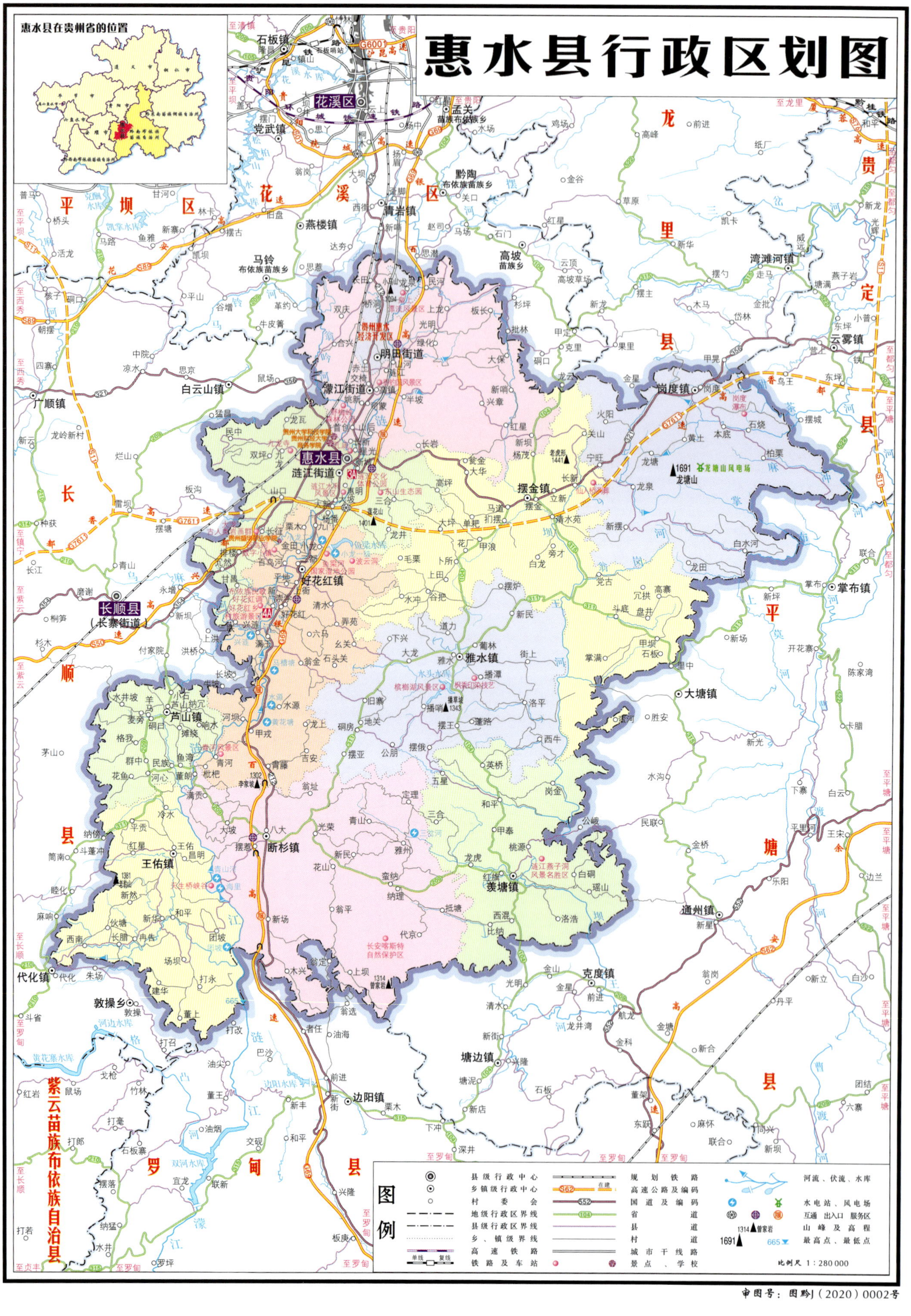

审图号：图黔J（2020）0002号

惠水县交通现状图

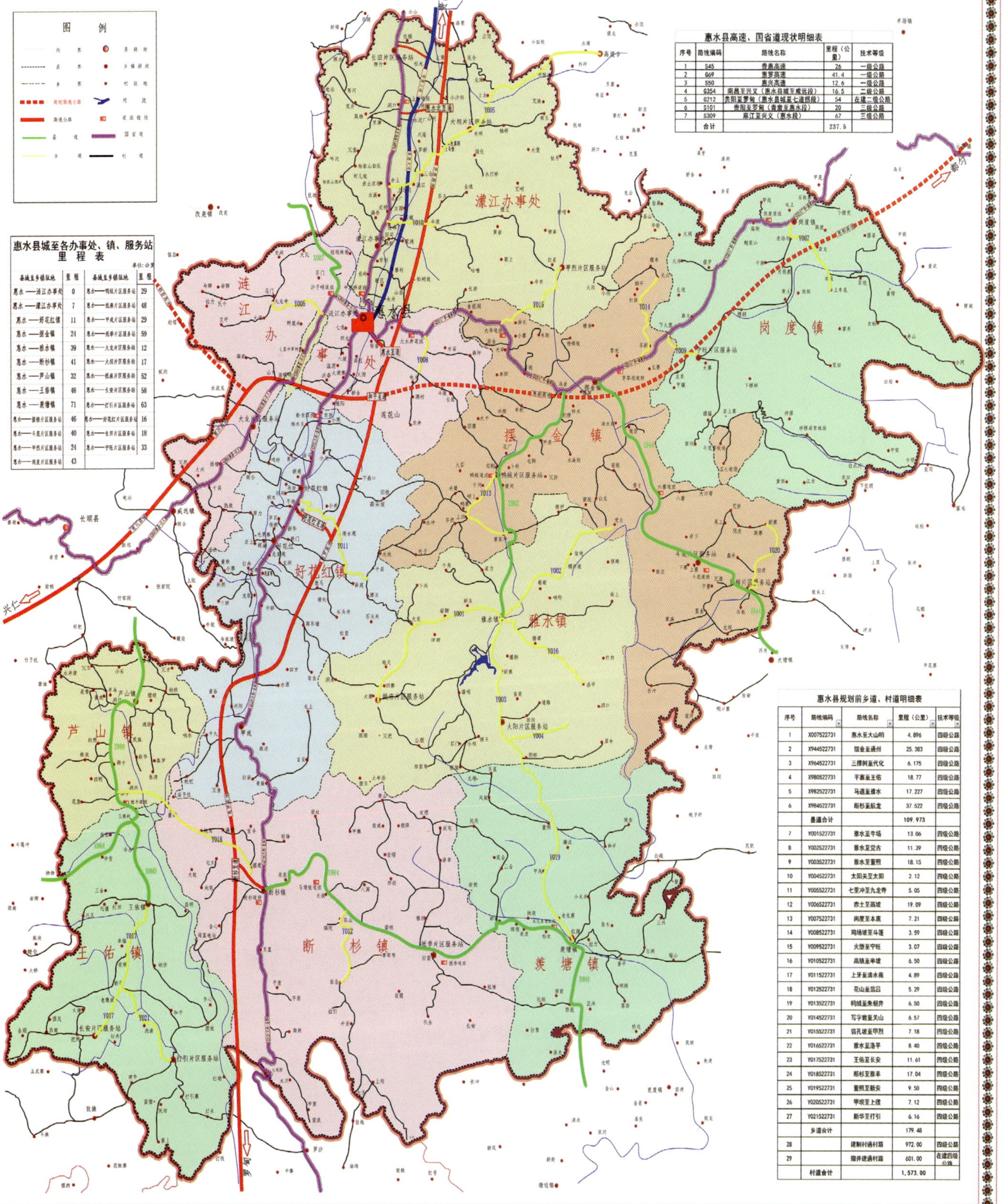

惠水县高速、国省道现状明细表

序号	路线编码	路线名称	里程（公里）	技术等级
1	S45	贵惠高速	26	一级公路
2	G69	惠罗高速	41.4	一级公路
3	S50	惠兴高速	12.6	一级公路
4	G354	南昌至兴义（惠水县城至威远段）	16.5	二级公路
5	G212	贵阳至罗甸（惠水县城至七道拐段）	54	在建二级公路
6	S101	贵阳至罗甸（青岩至惠水段）	20	三级公路
7	S309	麻江至兴义（惠水段）	67	三级公路
	合计		237.5	

惠水县城至各办事处、镇、服务站里程表

单位：公里

县城至乡镇驻地	里程	县城至乡镇驻地	里程
惠水——涟江办事处	0	惠水——鸭绒片区服务站	29
惠水——濛江办事处	7	惠水——抵麻片区服务站	48
惠水——好花红镇	11	惠水——甲戎片区服务站	29
惠水——摆金镇	24	惠水——抵季片区服务站	59
惠水——雅水镇	39	惠水——大龙片区服务站	12
惠水——断杉镇	41	惠水——大坝片区服务站	17
惠水——芦山镇	32	惠水——抵麻片区服务站	52
惠水——王佑镇	48	惠水——长安片区服务站	58
惠水——羡塘镇	71	惠水——打引片区服务站	63
惠水——摆榜片区服务站	46	惠水——好花红片区服务站	16
惠水——斗底片区服务站	40	惠水——长田片区服务站	18
惠水——甲烈片区服务站	24	惠水——宁旺片区服务站	33
惠水——岗度片区服务站	43		

惠水县规划前乡道、村道明细表

序号	路线编码	路线名称	里程（公里）	技术等级
1	X007522731	惠水至大山哨	4.896	四级公路
2	X944522731	摆金至通州	25.383	四级公路
3	X964522731	三棵树至代化	6.175	四级公路
4	X980522731	平寨至王佑	18.77	四级公路
5	X982522731	马道至雅水	17.227	四级公路
6	X984522731	断杉至航龙	37.522	四级公路
	县道合计		109.973	
7	Y001522731	雅水至牛场	13.06	四级公路
8	Y002522731	雅水至党古	11.39	四级公路
9	Y003522731	雅水至董照	18.15	四级公路
10	Y004522731	太阳关至太阳	2.12	四级公路
11	Y005522731	七里冲至九龙寺	5.05	四级公路
12	Y006522731	赤土至高坡	19.09	四级公路
13	Y007522731	岗度至本底	7.21	四级公路
14	Y008522731	鸡场坡至斗篷	3.59	四级公路
15	Y009522731	火堡至宁旺	3.07	四级公路
16	Y010522731	高镇至半坡	6.50	四级公路
17	Y011522731	上牙至清水苑	4.89	四级公路
18	Y012522731	花山至翁吕	5.29	四级公路
19	Y013522731	鸭绒至朱锅井	6.50	四级公路
20	Y014522731	写字岩至关山	6.57	四级公路
21	Y015522731	翁孔坡至甲烈	7.18	四级公路
22	Y016622731	雅水至洛平	8.40	四级公路
23	Y017522731	王佑至长安	11.61	四级公路
24	Y018522731	断杉至雅羊	17.04	四级公路
25	Y019522731	董照至新安	9.50	四级公路
26	Y020522731	甲坝至上摆	7.12	四级公路
27	Y021522731	新华至打引	6.16	四级公路
	乡道合计		179.48	
28		建制村通村路	972.00	四级公路
29		撤并建通村路	601.00	在建四级公路
	村道合计		1,573.00	

惠水县河流分布图

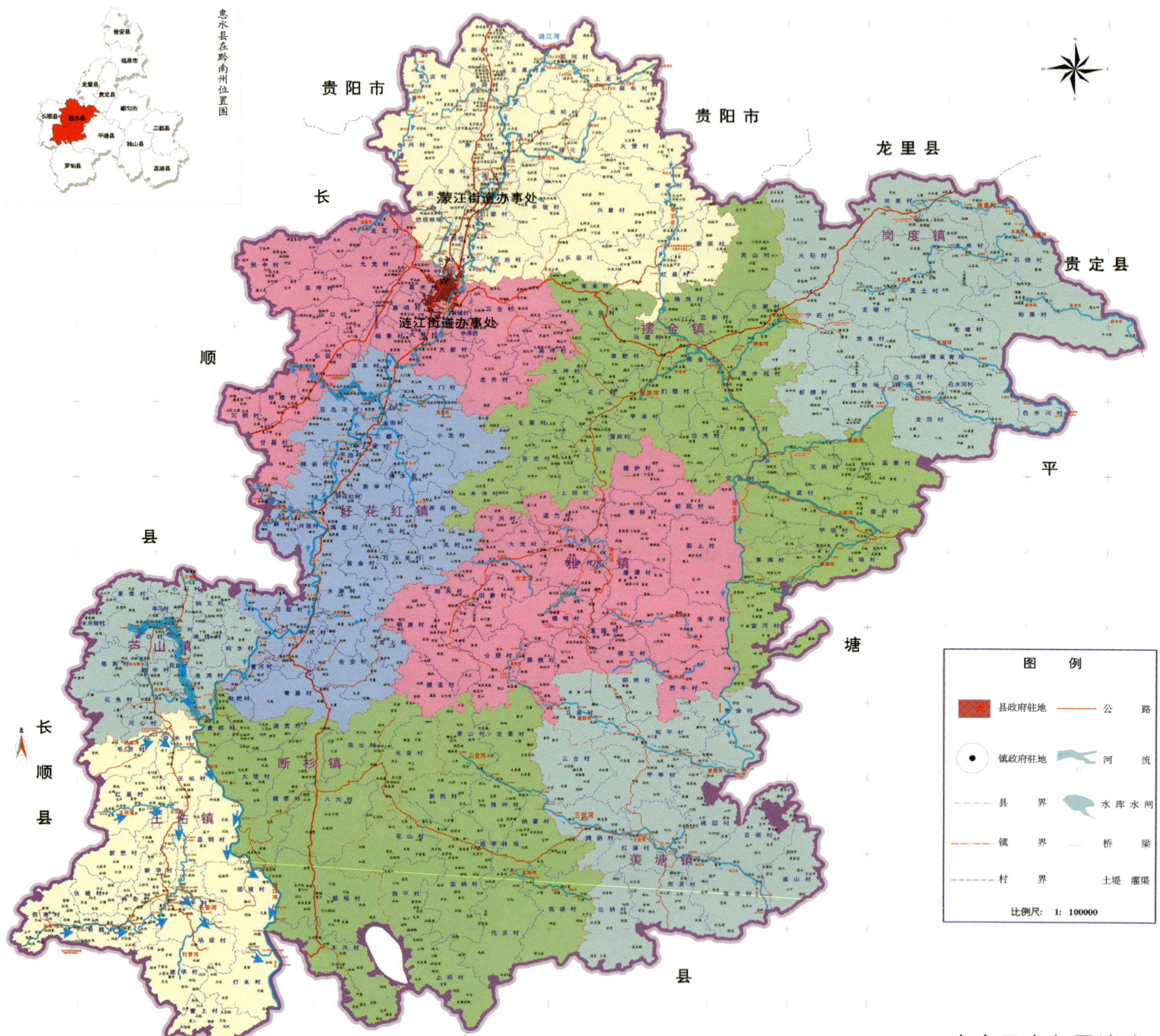

惠水县水务局编绘

森林资源
惠水县规划设计调查森林分布图

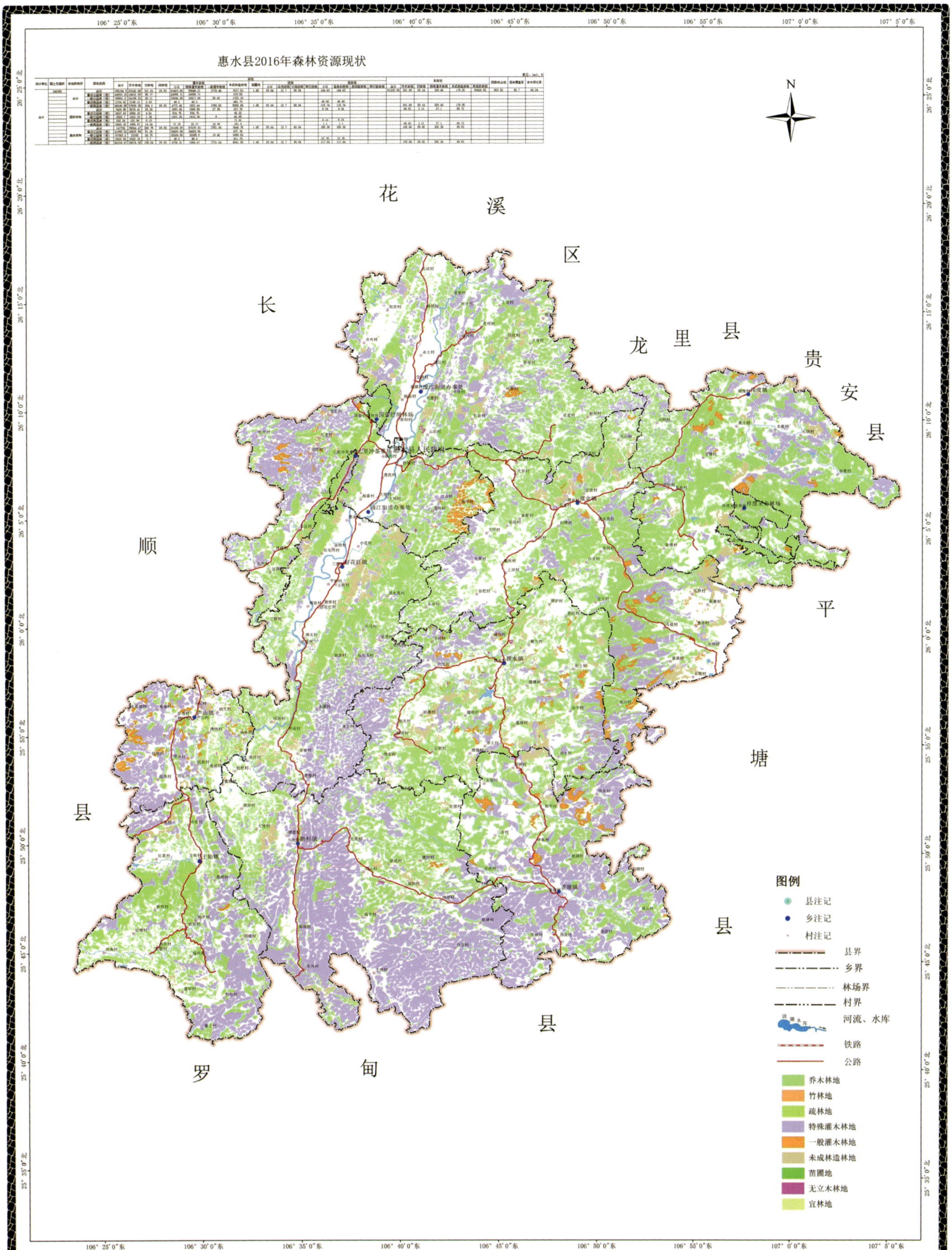

根据第四次森林资源规划设计调查调绘成图

1:100,000　0　3.5　7　14 千米

制图单位：惠水县林业局
制作时间：2017年8月10日

惠水县旅游资源分布图

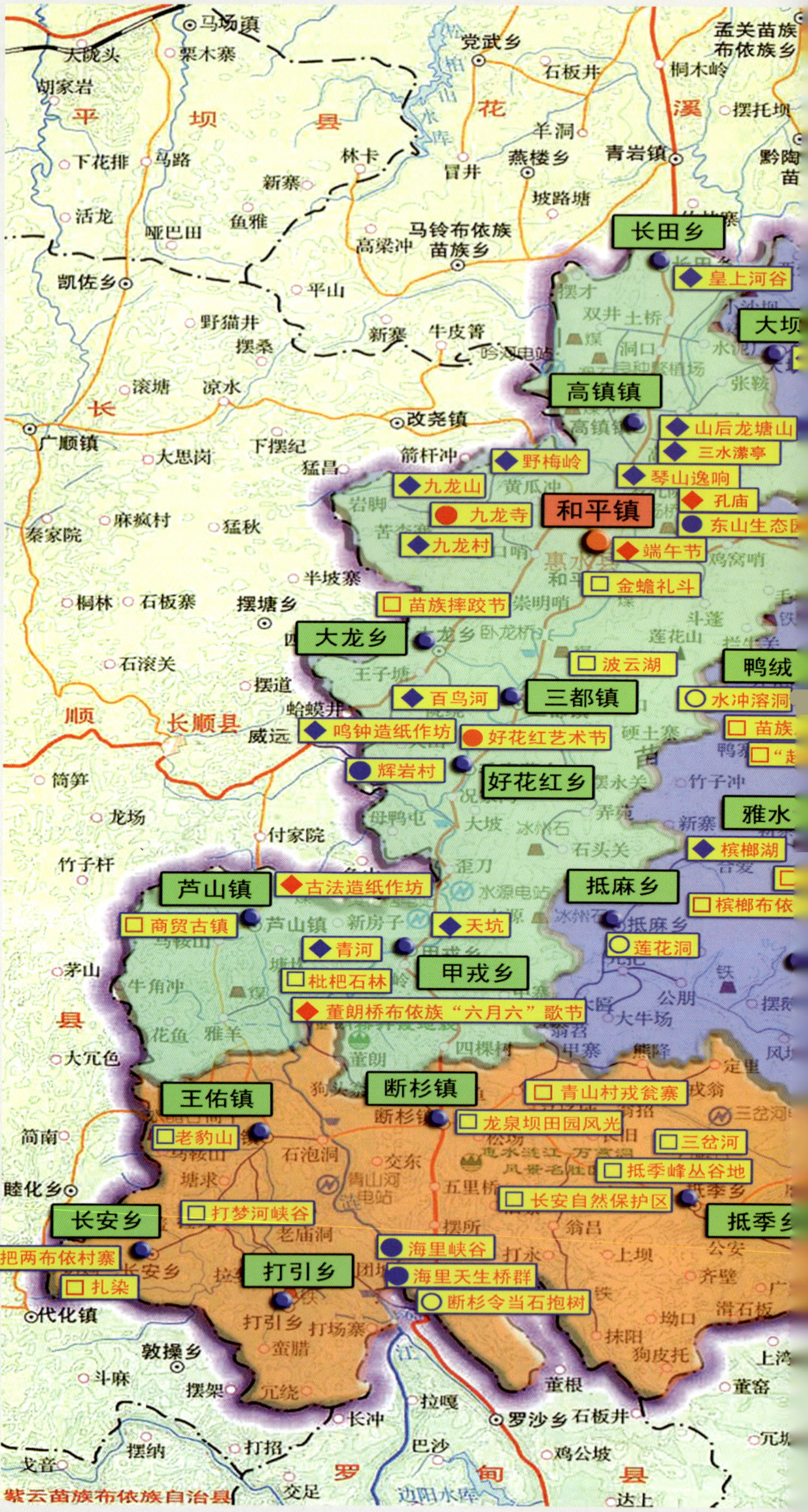

马场镇
大陇头
栗木寨
党武乡
孟关苗族布依族乡
石板井
桐木岭
胡家岩
平
坝
县
花
溪
摆托坝
羊洞
下花排
马路
林卡
冒井
燕楼乡
青岩镇
黔陶
新寨
坡路塘
活龙
哑巴田
鱼雅
马铃布依族苗族乡
高梁冲
长田乡
皇上河谷
凯佐乡
平山
野猫井
摆桑
新寨
牛皮箐
大坝
滚塘
凉水
高镇镇
山后龙塘山
三水潆亭
长
改尧镇
广顺镇
大思岗
下摆纪
猛昌
箐杆冲
野梅岭
琴山逸响
九龙山
九龙寺
和平镇
孔庙
东山生态园
麻疯村
猛秋
秦家院
九龙村
端午节
半坡寨
金蟾礼斗
桐林
石板寨
摆塘乡
苗族摔跤节
大龙乡
石滚关
摆道
波云湖
鸭绒
百鸟河
三都镇
水冲溶洞
顺
长顺县
蜡蟆井
威远
鸣钟造纸作坊
好花红艺术节
苗族
辉岩村
好花红乡
筒笋
龙场
雅水
付家院
竹子杆
槟榔湖
芦山镇
古法造纸作坊
抵麻乡
槟榔布依
商贸古镇
芦山镇
新房子
天坑
青河
莲花洞
茅山
甲戎乡
枇杷石林
县
董朗桥布依族“六月六”歌节
大冗色
王佑镇
断杉镇
青山村戎瓮寨
龙泉坝田园风光
简南
老豹山
三岔河
石泡洞
抵季峰丛谷地
睦化乡
长安自然保护区
长安乡
打梦河峡谷
抵季乡
海里峡谷
把两布依村寨
海里天生桥群
打引乡
扎染
断杉令当石抱树
代化镇
敦操乡
斗麻
摆架
长冲
拉嘎
罗沙乡
石板井
戈音
摆纳
打招
巴沙
鸡公坡
罗
甸
县
交足
边阳水库
紫云苗族布依族自治县
达上

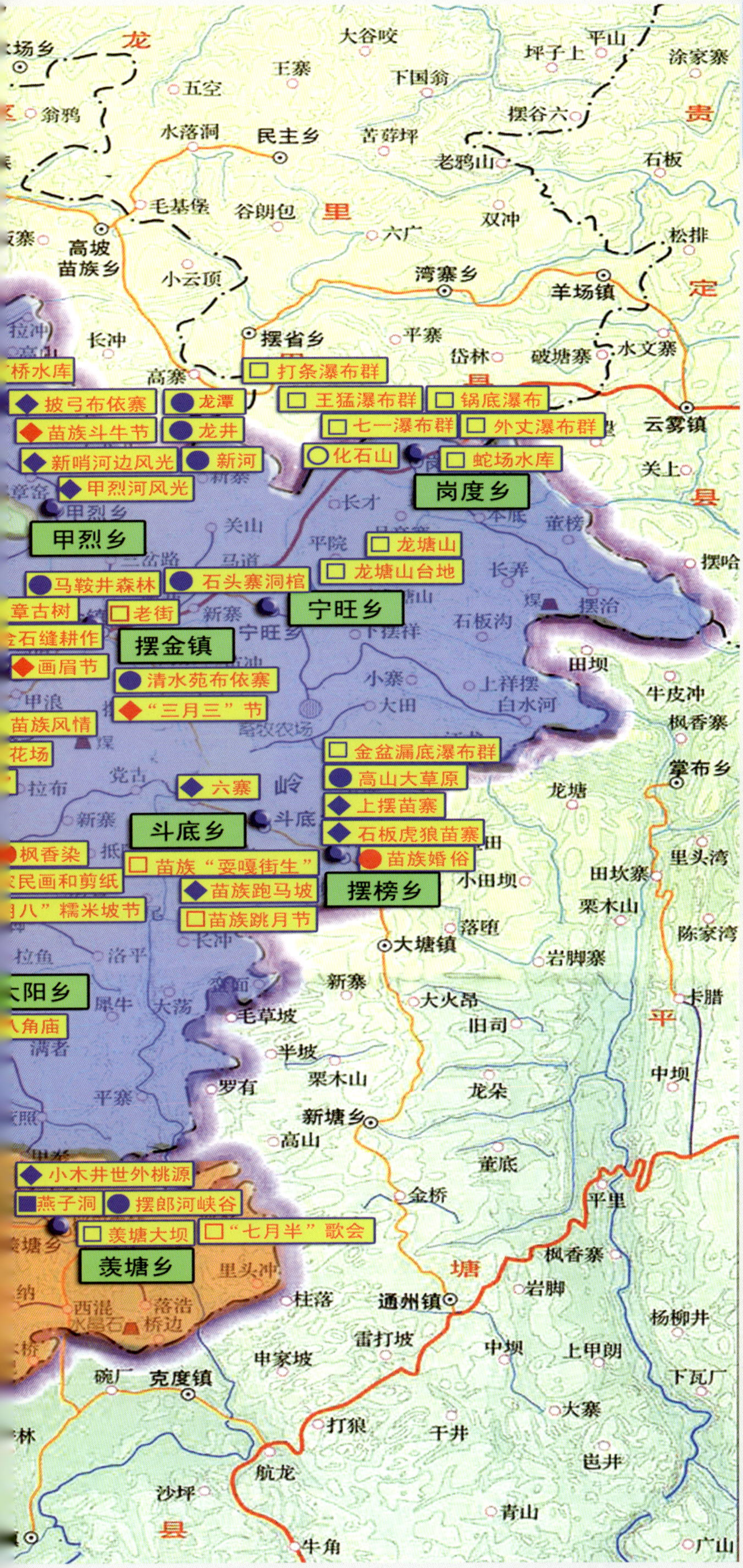

图例：

自然资源：	人文资源：
五级旅游资源	五级旅游资源
四级旅游资源	四级旅游资源
三级旅游资源	三级旅游资源
二级旅游资源	二级旅游资源
一级旅游资源	一级旅游资源

2013版

惠水县城主城区鸟瞰图　（2018年摄）

开展"三讲"教育活动 （1999年摄）

开展"三个代表"重要思想学习教育活动 （2001年摄）

开展深入学习实践科学发展观活动　（2009年摄）

开展村（居、社区）党组织书记培训　（2012年摄）

召开首届基层党建工作创新案例推介大会　（2013年摄）

开展深入学习贯彻十八届三中全会精神集中培训　（2013年摄）

开展党的群众路线教育实践活动　（2014年摄）

举办“三严三实”专题党课　（2015年摄）

召开中国共产党惠水县第十三次代表大会 （2016年摄）

惠水县各族人民喜迎十九大 （2017年摄）

县镇两级人大换届选举日，各选区分别举行县镇人大代表选举。图为雅水镇大龙村选举现场

（2016年摄）

召开惠水县第十八届人民代表大会第一次会议 （2017年摄）

召开政协惠水县第十三届委员会第一次会议 （2017年摄）

惠水县城全景　（1978年摄）

惠水县城全景　（2006年摄）

惠水县城全景　（2010年摄）

县城夜景 （2016年摄）

县委、县政府大楼 （2005年摄）

惠水城北办公区一角　（2019年摄）

县城建大楼　（2005年摄）

县人民武装部大楼　（2019年摄）

县政务中心大楼、公安大楼　（2015年摄）

县融媒体中心大楼（2019年摄）

涟江国际大酒店　（2013年摄）

金惠大厦　（2012年摄）

瑞星大厦 （2019年摄）

恒基大厦 （2013年摄）

金域生活小区 （2014年摄）

嘉和中央城小区　（2015年摄）

朝顺公园生活小区　（2015年摄）

泊岸御都生活小区　（2019年摄）

涧桥小镇生活小区　（2019年摄）

南苑花城生活小区　（2019年摄）

钻石广场　（2019年摄）

永利首座写字商务楼　（2019年摄）

腾宇广场　（2019年摄）

碧桂园生活小区　（2019年摄）

百鸟河数字小镇 （2019年摄）

百鸟河数字小镇双创园 （2019年摄）

芦山镇小城镇建设　（2019年摄）

美塘镇全景　（2019年摄）

和谐社区　（2018年摄）

利民社区　（2018年摄）

龙泉社区 （2018年摄）

富民社区 （2018年摄）

幸福社区　（2018年摄）

新民社区　（2018年摄）

县人民广场旧貌　（1978年摄）

县人民广场新貌　（2007年摄）

好花红广场 （2015年摄）

涟江公园 （2014年摄）

涟江文化体育公园 （2018年摄）

东山公园 （2019年摄）

飞向未来雕塑　（2007年摄）

惠水县全民健身体育运动中心　（2019年摄）

圆台边旧貌　（20世纪90年代摄）

圆台边新貌　（2005年摄）

金三角商贸中心　（2019年摄）

商贸街旧貌（20世纪90年代摄）

商贸街新貌　（2008年摄）

县府路旧貌 （1978年摄）

县府路新貌 （2006年摄）

兴惠路（2007年摄）

双江路 （2019年摄）

园台路
（2019年摄）

长新路　（2019年摄）

琴山路　（2019年摄）

贵惠大道　（2015年摄）

白果大道　（2011年摄）

濛江大道　（2019年摄）

惠广大道　（2019年摄）

惠兴高速公路惠水段
（2012年摄）

贵惠高速公路惠水段
（2015年摄）

惠罗高速惠水段
（2019年摄）

惠民桥　（2012年摄）

涟江大桥　（2014年摄）

牛场桥　（2015年摄）

永红桥　（2016年摄）

濛江桥　（2019年摄）

民中桥　（2019年摄）

景观人行桥　（2019年摄）

董朗大桥　（2010年摄）

向阳桥　（2019年摄）

涟江大坝灌溉水渠　（2014年摄）

涟江防洪工程　（2012年摄）

野鹿冲水库　（2015年摄）

滴水岩水库　（2015年摄）

岗度蛇场水库　（2016年摄）

花冲水库　（2015年摄）

上亚水库　（2015年摄）

双龙井水库　（2015年摄）

农村蓄水池　（2008年摄）

农田水利渠　（2007年摄）

鸭绒人饮工程通水
（2005年摄）

海里电站发电厂　（2014年摄）

龙塘山风电场　（2014年摄）

团坡电站　（2019年摄）

贵州黄金叶实业有限公司 （2010年摄）

贵州巨能化工有限公司 （2010年摄）

贵州惠水经济开发区授牌　（2012年摄）

贵州惠水腾龙新型建材有限公司年产80万立方米商品砼生产线　（2012年摄）

贵州永红食品有限公司
（2012年摄）

水电九局日产2万吨环保砂石生产线　（2012年摄）

振宏成套柜体生产线（2012年摄）

星州药业股份有限公司　（2012年摄）

长田龙泉工业向山要地项目
（2013年摄）

贵州天虹电缆公司
（2014年摄）

华创创业园内韵达物流工作车间
（2015年摄）

惠水味莼园食品工业园
（2015年摄）

中国水电顾问集团贵州
惠水龙山新能源有限公司
（2015年摄）

中航永红工业公司
（2015年摄）

百年原址酒业公司生产线　（2016年摄）

东海钢构公司　（2018年摄）

长田家具产业园　（2017年摄）

贵州众冠食品有限公司
（2018年摄）

贵州隆鑫橡胶有限公司
（2019年摄）

贵州华天建材有限公司
（2019年摄）

西南水泥有限公司　（2019年摄）

岗度烤烟育苗基地　（2017年摄）

好花红镇弄苑村佛手瓜种植基地　（2016年摄）

涟江花卉产业基地　（2013年摄）

惠水县星光养殖场　（2014年摄）

涟江街道民中村香菇种植　（2017年摄）

水泡冲良种扩繁场　（2014年摄）

王佑镇绿壳蛋鸡种鸡场　（2015年摄）

摆榜脱毒马铃薯种植基地　（2004年摄）

雅水镇西牛村种养一体扶贫产业园
（2017年摄）

和平镇杨番村五月花莲藕种植基地　（2013年摄）

惠水茶产业　（2013年摄）

工程造林　（2006年摄）

农业机械化耕作　（2008年摄）

涟江街道九龙村竹韵新寨　（2009年摄）

涟江街道大新村毛南族寨居新貌　（2015年摄）

濛江街道司蒙村毛南濛涟新寨　（2017年摄）

涟江街道杨番村新貌　（2016年摄）

濛江街道山河村新貌　（2016年摄）

濛江街道上马堡新貌　（2013年摄）

漾江街道桥洞村村貌　（2016年摄）

好花红镇好花红村村貌　（2017年摄）

位于惠水百鸟河数字小镇的贵州盛华职业学院　（2013年摄）

贵州财经大学商务学院惠水校区　（2015年摄）

位于惠水县濛江大道的贵州大学科技学院　（2019年摄）

惠水民族中学　（2019年摄）

惠水民族中学濛江校区　（2016年摄）

惠水二中 （2019年摄）

惠水三中 （2019年摄）

惠水四中　（2012年摄）

惠水五中　（2019年摄）

惠水思源实验学校　（2019年摄）

好花红中学　（2019年摄）

雅水中学 （2018年摄）

岗度中学 （2017年摄）

王佑中学　（2019年摄）

惠水职校　（2019年摄）

惠水特殊教育学校
（2019年摄）

城关第一小学校
（2019年摄）

惠水雨露学校
（2019年摄）

惠水濛江实验小学
（2019年摄）

大坡小学
（2019年摄）

三都小学
（2019年摄）

鸭绒民族小学
（2019年摄）

摆金幼儿园　（2017年摄）

卡酷幼儿园　（2019年摄）

惠水县第一幼儿园　（2017年摄）

天宝双语幼儿园教育基地　（2019年摄）

县疾控中心大楼　（2006年摄）

县人民医院门诊大楼　（2006年摄）

县中医院新貌　（2019年摄）

摆金镇中心卫生院
（2019年摄）

雅水镇中心卫生院
（2019年摄）

断杉镇中心卫生院
（2019年摄）

中央民族歌舞团乌兰牧骑演出队到惠水鸭绒小学慰问演出　（1978年摄）

惠水民族文工队赴北京参加北京第十一届亚运会艺术节，演出傩戏《孟怀远招亲》　（1990年摄）

邀请中央电视台资深导演李遵拍摄由王庆爽演唱的《想涟江》MTV （2006年摄）

邀请中央电视台资深导演李遵拍摄由解放军艺术学院高蒲演唱的《故乡年年好花红》MTV （2006年摄）

邀请中央电视台资深导演李遵拍摄由青年歌唱家王宏伟演唱的《好花红的歌美滋滋的唱》MTV （2007年摄）

邀请中央电视台资深导演李遵拍摄由惠水县旅游形象大使王艺霖演唱的《好花红》MTV （2007年摄）

召开好花红民族文化品牌研讨会 （2006年摄）

《好花红》大型山水实景演出　（2014年摄）

中共黔南州委、州政府、省布依学会、贵州巨日影视公司联合摄制贵州省第一部表现布依族题材的数字电影《好花红》

（2009年摄）

布依族八音坐唱　（2014年摄）

叶辛书屋　（2016年摄）

大龙独坡脚岩画　（2017年摄）

布依扎染

枫香染作品

刺绣

剪纸

农民画

付桂崇油画作品——惠水三岔河风光

李多一绘画作品——高峰

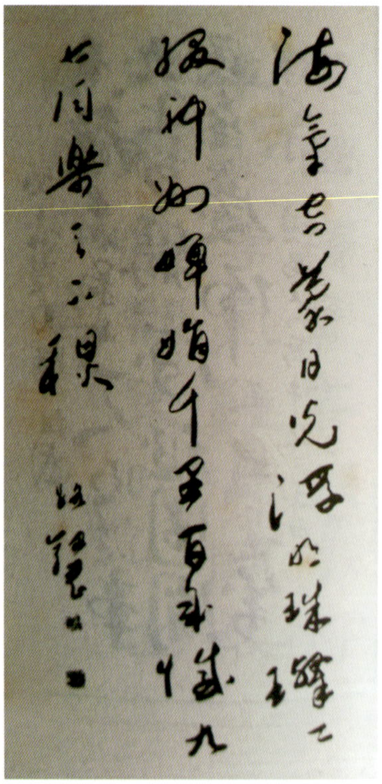

路剑书法作品

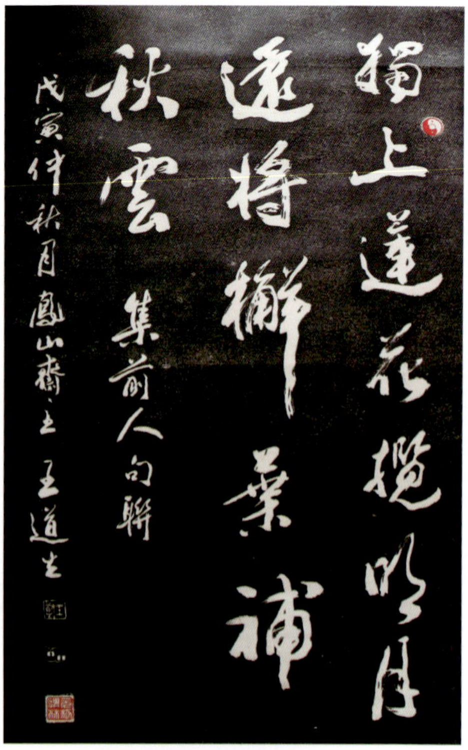

王道生书法作品

中国民间故事集成
贵州省黔南布依族苗族自治州
惠水县卷
惠水县民间文学集成办公室
惠水县卷
中国民间歌谣谚语集成
贵州省黔南布依族苗族自治州
惠水县卷
惠水县民间文学集成办公室
惠水苗族
贵州民族出版社
惠水苗族山歌
惠水布依族文化
BUXQYAIX NDAELWUS
惠水布依族
惠水县布依学会 编
贵州民族出版社
贵州旅游文史系列丛书/惠水卷
涟江神韵
贵州人民出版社
惠水文史资料
第五辑
惠水文史
好花红调
好花红
好花红故乡 惠水

好山好水好花红
惠水布依族·苗族创作歌曲集
惠水
前进中的惠水
情系涟江
一野军大惠水校友回忆录
峥嵘岁月
好花红诗联

苗族谷蔺布　（2019年摄）

三都平地桐木寨唢呐制作技艺　（2003年摄）

摆金扪摆手工制作的铁器
（2019年摄）

摆金铁器制作技艺
（2019年摄）

芦山民间造纸作坊

芦山民间造纸之漂洗纸浆

芦山民间造纸之清洗原料

芦山民间造纸之竹帘抄纸

芦山民间造纸之晾晒纸张

抵季奇石 （2005年摄）

“金蟾礼斗”观景塔 （2008年摄）

海里河峡谷风光 （2006年摄）

雅水槟榔湖 （2007年摄）

甲戎翁金天坑　（2008年摄）

摆金九曲十八弯　（2009年摄）

九龙寺　（2009年摄）

琴山逸响　（2010年摄）

羡塘燕子洞　（2012年摄）

摆榜梯田　（2013年摄）

甲戎青河风光　（2013年摄）

涟江水利风景区　（2013年摄）

摆金仙人桥洞葬

（2014年摄）

野梅岭森林公园　（2014年摄）

好花红镇千户布依寨
（2015年摄）

岗度瀑布群
（2016年摄）

好花红镇桔乡花海　（2016年摄）

王佑团坡涟江天生桥峡谷　（2016年摄）

长安六月六赶“老鹰坡”节日集会 （1979年摄）

贵州省首届“六月六”布依歌节在惠水董朗举行 （1981年摄）

苗族粑棒舞 （2007年摄）

惠水斗牛赛 （2010年摄）

摆榜跑马节 （2010年摄）

雅水布依族“六月六”歌节 （2011年摄）

长田苗族跳花场　（2012年摄）

岗度石烧村布依族扭花担节　（2013年摄）

大坝大保披弓斗牛节
（2012年摄）

县城端午节　（2014年摄）

九龙“六月六”摔跤节　（2013年摄）

鸭绒花厂“三月三”艺术节　（2013年摄）

一世长安布依民俗文化节
（2014年摄）

苗族服饰

苗族婚俗

苗族芦笙舞

布依族服饰

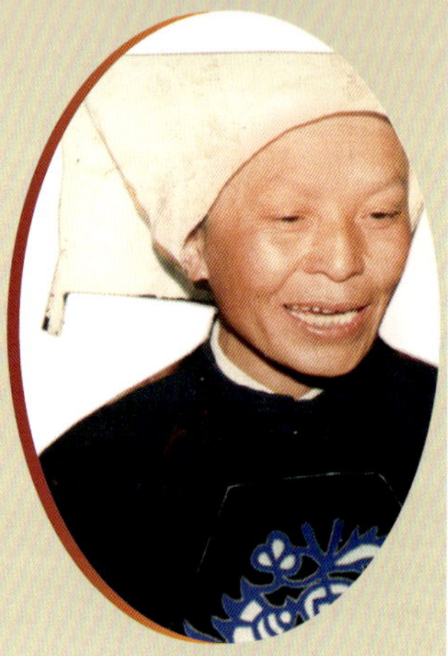

布依族迎客对歌拦路酒

布依婚宴

金钱橘

牛肉红

黑糯米

雅晶牌大米

惠水毛尖茶

牛肉干系列产品

美塘布依粉丝

黑糯米酒

黔红辣椒系列产品

芦山豆腐

芦山豆腐宴

摆金马肉

三都稻香狗肉

长安带皮牛肉

涟江街道毛南族特色火锅

濛江街道毛南族农家乐特色宴

全米宴

雅水大米宴

雅水布依宴

岗度布依喜宴

长安迎客宴

第一届好花红艺术节（2001年摄）

第二届好花红艺术节（2002年摄）

第三届好花红艺术节暨首届贵州惠水金钱桔节　（2006年摄）

第四届好花红艺术节　（2012年摄）

第五届好花红艺术节　（2016年摄）

第二届贵州惠水好花红金钱桔节（2007年摄）

首届贵州·惠水“龙游涟江”活动暨好花红系列文化旅游活动 （2007年摄）

全国大学生青少年藤球锦标赛在惠水举行。图为开幕式 （2009年摄）

第三届黔南州新农村运动会在惠水举行（2009年摄）

2013年、2014年、2015年惠水县连续举办全国定向锦标赛。图为2014年全国定向锦标赛开幕式（2014年摄）

黔南州第六届旅发大会在惠水县举行（2014年摄）

贵州省首届传统音乐（民歌·山歌）大奖赛在惠水县好花红镇好花红村举行
（2015年摄）

惠水县自1985年起连续在县城举办一年一度迎新长跑比赛。图为2015年赛场。

“中华一家亲·两岸好花红”活动走进惠水 （2015年摄）

国际龙舟邀请赛在惠水举行　（2015年摄）

中国·惠水好花红民歌会在惠水好花红音乐小镇举行　（2016年摄）

中国·惠水·2017“好花红”民歌会”暨黔南州物质文化遗产展演在惠水好花红镇好花红村举行　（2017年摄）

黔南州首届山地户外运动大会在惠水举行　（2017年摄）

第二十九届中国兰花博览会在惠水举行　（2019年摄）

黔南州第六届运动会在惠水举行　（2019年摄）

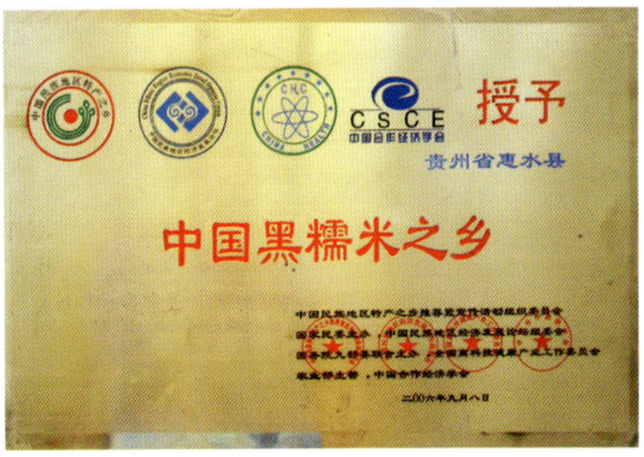

（2007年摄）

（2007年摄）

国家级非物质文化遗产
布依族民歌·好花红调
中华人民共和国国务院公布
中华人民共和国文化部颁发
2008年6月

国家级非物质文化遗产
枫香印染技艺
中华人民共和国国务院公布
中华人民共和国文化部颁发
2008年6月

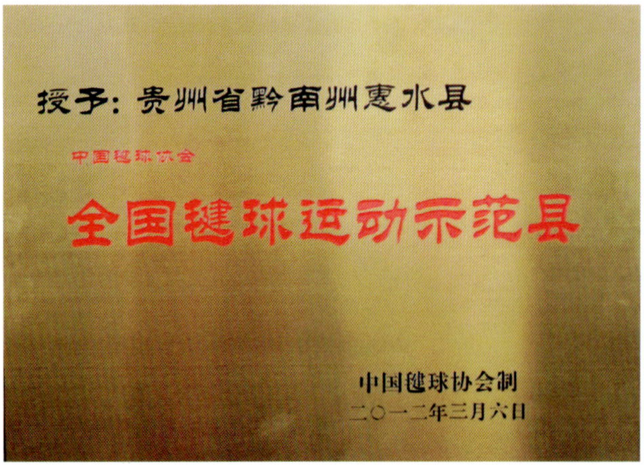
授予：贵州省黔南州惠水县
中国毽球协会
全国毽球运动示范县
中国毽球协会制
二〇一二年三月六日

国家水利风景区
国家水利风景区
National Water Park
中华人民共和国水利部
二〇一二年十月

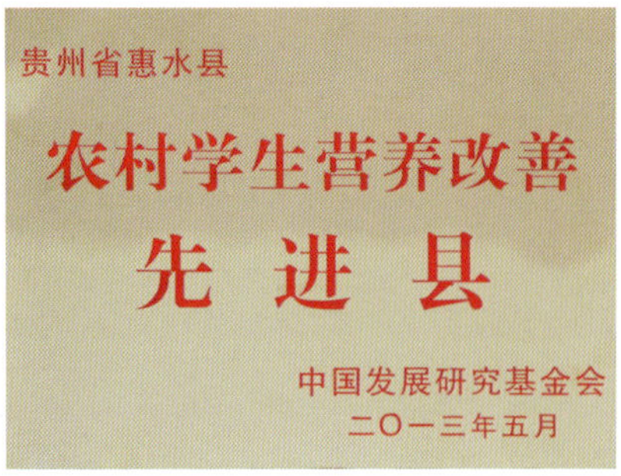
贵州省惠水县
农村学生营养改善
先 进 县
中国发展研究基金会
二〇一三年五月

全国民族团结进步模范集体
단결 진보
Doxgiet Baenaj
中华人民共和国国务院
二〇一九年九月

惠水县志
贵州省惠水县地名志
文化艺术志
惠水县文化局
惠水县年鉴
惠水县教育志
贵州省
惠水县城乡建设志
2017
惠水年鉴
HUI SHUI NIAN JIAN
2013
惠水年鉴
HUI SHUI NIAN JIAN
惠水年鉴
HUI SHUI NIAN JIAN
2014
中国共产党惠水县历史
（第一卷）
中共惠水县委党史研究室 著
中共党史出版社
中国共产党惠水县历史
大事记
(1949.11-2008.12)
中共惠水县委党史研究室 著
中共党史出版社

①

②

③

①2018年9月12日，《惠水县志（1978—2015）》志稿县级评审会召开

②2019年11月13日，《惠水县志（1978—2015）》志稿州级复审会召开

③2019年12月18日，《惠水县志（1978—2015）》志稿省级终审会召开

④《惠水县志（1978-2015）》编纂人员。第一排左起：张译元、王颖、刘仕江、陈勋忠、陈全海、雷霆、花应周、卢安章、黄再婧，第二排左起：陈珊、毛与艳、黄惠金、黎静波、彭永刚、陈应明、陈志国、罗定权、李程、王燕

④

序　一

《惠水县志（1978—2015）》一书续修，几易其稿，即付梓。这是一部可供全县干部群众参阅的史料文献，是对全县干部群众进行爱祖国、爱家乡、爱岗敬业教育的地方教材，是新时期惠水文化建设的重要成果，是全县人民的共同精神财富，必将对惠水经济社会发展产生深远影响。盛世修志，告慰前人，激励当代，启迪后世，皆予庆贺。谨向全体编纂人员辛勤笔耕、甘于奉献的精神表示诚挚问候和良好祝愿；向关心指导、支持帮助惠水修志工作的省州方志部门、专家学者及社会各界人士表示衷心感谢！

惠水历史悠久，自五代起设南宁州，宋代置“八番”地，明代建程番府、定番府，素有“先有程番府，后有贵阳府”之说。惠水区位优越，地处长江经济带和泛珠经济区辐射圈、黔中经济区城市核心区、中国“天眼”科普旅游带核心区域。县城建成区域面积17.8平方公里，距贵阳30公里、距贵阳龙洞堡国际机场30分钟车程，是省会贵阳的“卫星城”、宜居宜业的“山水田园生态城”。惠水交通便捷，境内五条高速公路纵横交错，国道省道四通八达，通乡油路覆盖全县，五纵三横的大交通网络奠定了惠水区域性交通枢纽地位，使惠水成为“一带一路”互联互通的纽带，贵州南部重要人流、物流、资金、信息和投资集散地。惠水山川秀美，独特的喀斯特盆地地形地貌相映成趣，形成了“亚洲最大白腰雨燕栖息地”羡塘燕子洞、天生桥峡谷、岗度瀑布群、甲戎天坑等众多天然壮丽景观。惠水旅游资源丰富成功打造了涟江国家级水利风景区、省级风景名胜区羡塘燕子洞景区、好花红AAAA级景区、野梅岭省级森林公园、九龙景区等一批景区，使惠水成为“宜居、宜游、宜业”首选地。惠水气候宜人，地处中亚热带季风性湿润农业丰产型气候区，冬无严寒，夏无酷暑，雨量充沛，日照充足，“中国生态魅力县”“中国避暑休闲百佳县”实至名归。惠水物产丰富，涟江纵贯全境，涟江冲积平原面积90平方千米，素有“贵州第一坝”“贵州小江南”之称，建成金钱橘、早菜、优质米、烤烟、黑糯米、生姜、马铃薯、药材、花卉等农产品种植基地，黑糯米、金钱橘、优质米、小黄姜等特产享誉全国。惠水经济发展迅速，通过实施工业强县战略，初步形成了以制造、冶金、磷化工、食品加工、建材、制药、电力等为支柱产业或主导产业的多门类产业体系。长田工业园区先后成为“贵州惠水（长田）创新企业科技产业示范基地”“贵州长田中小企业成长示范基地”，2012年被省人民政府批准为省级经济开发区。成功打造百鸟河数字小镇，成为省、州、县三级共建大数据产业聚集区，推动了产业转型升级。脱贫攻坚取得全面胜利，2019年退出贫困县，为全面建成小康奠定了坚实基础。惠水文化兴盛，生活在这块土地上的布依、苗、汉、毛南族等30多个民族相互交融，世代繁衍，孕育了丰富多彩的民族文化，铸就了奋发向上的人文精神，创造了芦笙、蜡染、吊脚楼、枫香染等民间艺术珍品，形成了“三月三”“六月六”“糯米坡节”“端午节”等传统民族节日，布依民歌《好花红调》《枫香印染技艺》列入国家第二批非物质文化遗产保护名录，荣获了“全国民族进步模范集体”“中国民间文化艺术之乡”“中国龙舟之乡”等美誉。

惠水素有修志古风，新中国成立前就编有《定番州志》《定番乡土调查报告》等地情史籍。新中国成立后，是全省较早编纂出版第一轮地方志书的数个县（市）之一，是黔南州第一个编纂出版地方志书的县（市）。《惠水县志（1978—2015）》全面记载了改革开放38年来好花红儿女在党的路线、方针、政策指引下，以聪明才智和拼搏精神建设美好家园取得的辉煌成就，反映了惠水地域、自然、历史、政治、经济、文化和社会生活等方面的现状和变化，具有浓厚的时代特征和地域特色，为古老的涟江大地上发生的天翻地覆变化留下了历史见证，有助于大家了解惠水38年发展的风雨历程，总结惠水38年发展的成功经验，顺应历史规律，把握时代脉搏，探索加快惠水发展的新途径，在新起点上再创新业绩。

治国者以史为鉴，治县者以志为鉴。习近平总书记强调“要高度重视修史修志”“不忘历史才能开辟未来，善于继承才能善于创新”。李克强总理提出“修志问道，以启未来”。方志如明镜，可以知兴衰、辨是非、明得失，可以知道过去、了解现在、向往未来。读懂惠水，始于县志。相信《惠水县志（1978—2015）》的编纂出版，将为后人留下了丰富的历史资料和宝贵的文化遗产，为各级领导科学决策提供较翔实的资政服务，进一步激发全县干部群众热爱惠水、建设惠水、发展惠水的使命感、责任感和自豪感。

站在新的历史起点上，47万多涟江儿女“牢记嘱托、感恩奋进”，全县党员干部“不忘初心、牢记使命”，不断增强“四个意识”，更加坚定“四个自信”，坚决做到“两个维护”，坚持五大发展理念，统筹推进“五位一体”总体布局，协调推进“四个全面”战略布局，按照“大扶贫、大数据、大生态”三大战略行动要求，围绕一个目标（面上脱贫）、坚守两条底线（发展和生态）、实施四大战略（新型工业化、城乡一体化、创新驱动、区域联动）、抓好四项战略行动（大扶贫、大数据、大生态、大文化）、强化四项建设（基础设施、发展平台、生态文明、民生保障）、推进五个示范（产业转型升级融合发展示范区、城乡统筹示范区、民族文化创新发展示范区、生态文明建设示范区、精准脱贫示范区），促进全县经济平稳健康较快发展和社会和谐稳定，实现经济活跃、政治文明、文化繁荣、生态良好、社会和谐、人民幸福的全面小康目标，与全国各族人民一道，共同为实现“两个一百年”目标砥砺前行，在这块充满希望的土地上，创造新的辉煌！

是为序。

黔南州人大常委会副主任
中共惠水县委书记　万庆华

2020年9月

序 二

地方志是记载一个地方地理、沿革、风俗、物产、人物以及政治、经济、社会、文化、自然等基本情况的历史资料，被誉为地方的“百科全书”。几经寒暑，《惠水县志（1978—2015）》编修即将付梓，可喜可贺。

惠水地处黔中经济区城市核心区，北临贵阳、西接国家级贵安新区，是贵州重要的陆路交通枢纽、新型工业化示范园区、农产品保供生产基地、生态宜居山水田园城镇。惠水历史悠久。历史上有“先有程番府，后有贵阳府”之说，1914年设定番县，1941年改名惠水县。惠水文化灿烂。枫香染技艺被列为国家级非物质文化遗产，三月三、四月八、六月六等民族节日好戏连台，是布依传世民歌《好花红》的发源地，被誉为“好花红故乡”。惠水山川秀美。自古有“山高而水清，秀甲黔中”之誉，十万亩涟江大坝、羡塘燕子洞、九龙禅寺、好花红布依古寨等，令人观之称奇、流连忘返。惠水百业俱兴。省级经济开发区贵州惠水经济开发区、贵州省数字经济示范小镇百鸟河数字小镇先后孕育而生，装备制造、生态特色食品、医药大健康、新型建材、大数据电子信息五大主导产业方兴未艾，成功打造全省最大佛手瓜基地、花卉苗木生产基地，好花红乡村旅游景区享誉省内外。惠水美誉齐扬。素有“中国黑糯米之乡”“中国金钱橘之乡”“中国优质米之乡”“中国小黄姜之乡”之称，先后荣获中国民间文化艺术之乡、中国最具幸福感县级城市、中国生态魅力县、中国最美休闲乡村、中国深呼吸小城、全国民族团结进步创建示范单位、全国民营经济发展先进县、全国百佳电商示范县等30余个荣誉称号。惠水人民勤劳向上。牢记嘱托、感恩奋进，高质量实现脱贫摘帽。2019年4月24日省政府宣布惠水退出贫困县，历史性地撕去千百年来贫困落后的标签，47.3万好花红儿女正在全面小康的康庄大道上阔步前行。

盛世修志，古今皆然。20世纪80年代初，惠水就编纂出版了第一轮县志，生动记述了惠水县从新中国成立到改革开放初期全县经济社会发展的历史进程和显著成就，是贵州省编修出版县志较早的县（市）之一。然时越30余年，惠水面貌早已翻天覆地，变化万千，足述之事，足传之人，不可胜数。本次修志，正当其时。县委、县政府高度重视，各级各部门及社会各界同心合力修志，修志人员广征博采，多方收集，取精用弘，数易其稿，鸿篇铸就。

盛世修志，志载盛世。1978至2015年的38年历程，既是惠水县改革开放和现代化建设的加速推进阶段，也是全县政治、经济、文化、社会、生活各领域发生重要变化的历史阶段。在改革发展的前进道路上，惠水人民有艰辛的体验，也有回报的喜悦，熔铸了奋发有为、向上争先的精神底蕴。《惠水县志（1978—2015）》全面、系统、客观记述了惠水38年来自然、政治、经济、文化和社会的发展变化，记载了全县各族人民在党的领导下推动改革发展的风雨历程和重大事件，反映了改革开放以来惠水各项建设事业的兴盛发展、成败得失、经验教训等，突出了地方特色和时代特征，具有较好的存史、资政、育人、教化作用，为社会各界更好认识惠水、了解惠水、宣传惠水、投资惠水，提供宝贵的历史资料，发挥重要的窗口和平台作用；对各级党委、政府科学决策，推动惠水发展，发挥重要参考作用。

鉴古才知今，继往为开来。习近平总书记指出:“历史是一面镜子，鉴古知今，学史明智。重视历史、研究历史、借鉴历史是中华民族5000多年文明史的一个优良传统”。修志为用，鉴古知今，以启未来；告慰前人，激励当代，启迪后世；造福桑梓，功在当代，利在千秋。县委、县政府举全县之力，坚持以习近平新时代中国特色社会主义思想为指导，坚持“创新、协调、绿色、开放、共享”的新发展理念，施发展大计，唱响好花红民族绚歌，率先打造民族地区创新发展示范区，共创百姓富、生态美的多彩贵州新未来惠水篇章!

最后，谨向付出辛勤劳动的全体编纂人员，向积极提供资料的单位，向为本次修志工作给予精心指导的各级领导和专家表示感谢!

以此为序。

中共惠水县委副书记
惠水县人民政府县长　王文旭

2020年9月

凡　例

一、本志以马克思列宁主义、毛泽东思想、邓小平理论和“三个代表”重要思想、科学发展观、习近平新时代中国特色社会主义思想为指导，坚持辩证唯物主义和历史唯物主义的立场、观点和方法，实事求是地记述1978至2015年惠水县政治、经济、文化、社会、生态等各项事业的发展变化情况。

二、本志以述、记、志、传、图、表、录诸种体裁记述事物。按照当代社会分工实际和志书科学分类的要求，采用篇、章、节、目体式谋篇设目，以目为撰写实体，不同层级的标题以不同字体相区分。

三、为完整地记载改革开放至2015年惠水县各方面的发展变化，本志上限设为1978年，与1989年编纂出版的《惠水县志》（下限为1985年）有8年内容重叠。为尊重上轮修志成果，本志对1978至1985年全县各项工作仅作重点记述。为体现事物的完整性，本志对2016年以来惠水县部分重要工作、重要事项及重大变化的记述时限适当下延。对于前志没有记载或记载单薄的事项，为反映全貌并与前志衔接，从事物发端补记或适当上溯。

四、本志按“事以类从”“横排纵写”的原则记述，凡属同一性质或有内在联系的事物，均合并记述，不受事物的行政隶属限制。

五、本志采用规范的现代汉语记述事物。文风力求严谨朴实，语言力求简洁流畅，记述力求言简意赅。

六、本志采用的简化汉字、标点符号、计量单位等，做到统一、规范、标准。数据使用原则上以县统计部门数据为准，统计部门没有掌握的，由各单位、部门、乡镇提供；行政区域地名使用以民政部门公布和确认的为准；计量单位采用国家颁布的标准，部分章节尊重行业历史习惯未作统一。

七、本志坚持“生不立传”原则，择已故代表性人物写传略，在世人物择各行各业有重要贡献或突出业绩者，分别以人物简介、人物表和以事系人等不同形式入志。以本籍为主，兼收客籍。

八、本志资料来自县档案馆和各承编单位档案室档案，部分来源于已出版的各类书籍、杂志、报纸，少数来源于经过调查考证核实的口碑资料等。文中不再注明出处。

九、为精简文字及照顾习惯，本志使用了部分简称或代意词，如“中国共产党惠水县委员会”简称为“中共惠水县委”或“县委”，“惠水县人民政府”简称为“县人民政府”或“县政府”，“惠水县人民代表大会常务委员会”简称为“县人大”，“政协惠水县委员会”简称为“县政协”等。

目　录

概　述

惠水县位于贵州省中南部，地处北纬25° 41′ —26° 18′ 、东经106° 22′ —107° 06′ 之间。东毗贵定、平塘两县，南邻罗甸县，西连长顺县，北接贵阳市花溪区和黔南州龙里县。县域东西宽72千米，南北长68千米，县境内高速公路、国道、省道、县道纵横交错，四通八达。县城距省会贵阳市中心48千米，距州府都匀145千米，距安顺99千米。全县土地面积2471.79平方千米。其中耕地面积38194公顷。2015年，全县辖8镇和2个街道办事处，共201个行政村2245个村民小组、4个社区居委会及3个居民委员会。县人民政府驻地涟江街道县府路。全县总人口458651人（124933户），有布依族、苗族、毛南族、侗族、土家族、壮族、彝族、白族等31个少数民族。少数民族共285999人，占总人口的62.36%。其中：布依族172319人，占总人口的37.57%；苗族108429人，占总人口的23.64%；毛南族2084人，占总人口的0.45%。

惠水属喀斯特盆地地貌，涟江纵贯全境，涟江冲积平原面积90平方千米，素称贵州高原第一坝，系重要的粮食产地和全省著名的柑橘产区。惠水地势北高南低。最高点为东北部龙塘坡，海拔1691米；最低点为南部打场寨附近的涟江河谷，海拔666米。全县平均海拔1100米。县内山脉河流均顺应地质构造的控制，呈北南走向。碳酸盐岩占全县面积的65%，自然形成峰丛、峰林、溶蚀的盆地、洼地、盲谷、漏斗、溶洞、天生桥、嶂谷、溶沟、石芽等地貌特征。境内山地、丘陵、山间盆地（俗称坝子）交迭起伏，山地占全县总面积的64.35%，丘陵占全县总面积的26.45%，山间盆地占全县总面积的9.2%。境内土壤有5个土类，11个亚类，44个土属，122个土种。以黄壤居多，占40.11%；石灰土占46.54%；水稻土占9.35%；紫色土占1.56%；其他土类占0.01%。全县有20余种矿产，矿区（点）95处，矿产资源中金属矿有铁、锰、锑等；非金属矿有砷、水晶、冰洲石、石灰石、大理石、石英砂、硫铁矿等。燃料矿有煤、油页岩等，煤炭储量达3460万吨，石英砂岩储量约1344万吨。

惠水属中亚热带季风性湿润气候区，大部分地区海拔均在980米～1300米之间的缓坡地带。按照四季起止时间划分，各季天数分别为：春季3～5月约95天；夏季6～8月约74天；秋季9～11月约80天；冬季12～2月约116天。属农业丰产型气候。惠水县冬无严寒，夏无酷暑。年平均气温15.9℃，年平均无霜期达280天。最冷月为1月，月平均气温为5.9℃，历史极端最低气温-7.3℃；最热月为7月，月平均气温为23.9℃，历史极端最高气温35.3℃，出现在1994年8月5日。惠水雨量充沛，境内年均降水量在1178.2毫米，年平均日照时数为1165.6小时，年平均日照百分率为30%；全年太阳辐射总量为89千卡／平方厘米。县境主要灾害性天气有凝冻、冰雹、雷电大风、暴雨，气象衍生灾害有森林火灾和地质灾害。

惠水境内河流均属珠江流域红水河水系。全县共有河流259条（其中地下河32条），总长968千米，河网密度为每平方千米0.392千米。涟江河和坝王河为县内两大河流。多数河流上游处于河源地区，源短流小，耕地分散，引水灌溉有限。中游河段谷宽水缓，耕地集中，为县内自流引灌的产粮区。下游河道多穿行于碳酸盐类岩石地区，河床大量透水，多伏流、幽邃峡谷，田高水低，灌溉用水困难，但水力资源丰富。全县水资源总量（不计客水）多年平均径流总量16.119亿立方米。县境流域面积在10平方千米以上河流天然落差共4878米，理论水能蕴藏为17.41万千瓦，可开发利用值为41528千瓦，利用系数0.24。涟江河客水汇水面积922.3平方千米，多年平均客水径流量6.47亿立方米。摆郎河客水汇水面积201.6平方千米，多年平均客水径流量1.263亿立方米。全县多年平均客水径流总量7.986亿立方米，客水量占县属本土产水量的49.54%，县人均水量（包括客水）7509立方米。

改革开放后，为改变惠水“农业大县、工业小县、财政穷县”的落后面貌，历届县委、县政府积极探索，创新实践，制定了“农业富县、工业强县、城建兴县、商贸活县、文化亮县、旅游热县”的发展战略，确立了把“农业做大做优、工业做大做强、城镇做特做美”的重点发展定位，提出了打造创建贵阳优秀卫星城、建设全省经济强县和撤县设市的发展思路，守住发展与生态两条底线，协调推进“四个全面”（全面建成小康社会、全面深化改革、全面依法治国、全面从严治党）战略布局，深化改革开放，大力发展经济，改善民生福祉，加大扶贫开发，人民生活水平明显提高，城乡面貌日新月异，群众文化生活丰富多彩，社会和谐安定。“十二五”期间，在全省增比进位综合测评中，惠水县从2011年的第60位连续晋升，到“十二五”期末进入全省第20强，跻身全省第一方阵，一个宜商、宜业、宜居、宜游的新惠水已崭露头角。

二

惠水历史悠久，文化兴盛；土地肥沃，物产丰富；气候温和，风景迷人；人民勤劳，民风纯朴。唐太宗贞观四年（公元630年），惠水县一带设清兰县，隶属黔中道庄州。五代后梁（公元920至930年间），因黔中道两溪洞农民暴动，楚王马殷派怀远大将军龙德寿率领邕管柳州八姓兵（即龙、张、石、程、韦、方、洪、卢）前来镇压，后留下戍守。八姓中除了张性外，均驻于今涟江大坝。后晋高祖天福五年（公元940年），楚在今县城南十余公里的卧龙设置南宁州，任龙德寿为刺史。明英宗正统四年（公元1439年），原属贵州卫所领的十三长官司改隶贵州宣慰司。明宪宗成化十二年（公元1476年）七月，贵州宣慰司地置程番府，开府于程番长官司，原属贵州宣慰司所领的上马桥、大龙番、小龙番、卧龙番、程番、小程番、方番、洪番、韦番、卢番、罗番、金石番、芦山等长官司及原属金竹安抚司的木瓜、麻嚮、大华等长官司拨属程番府。明穆宗隆庆二年（公元1568年）六月，程番府迁入贵州城。明隆庆三年（公元1569年）三月丁未，程番府更名为贵阳府。明神宗万历十四年（公元1586年）三月，于原程番司地置定番州。

县境内有古遗址28处，古墓葬32处，古建筑32处，石窟寺及石刻71处，近现代重要史迹及代表性建筑30个。康熙年间，惠水志士夏文炳编纂《定番州志》，且记载惠水古十二景观。布依民歌《好花红调》《枫香印染技艺》《扎染》《土法造纸》布依吹打乐等9项分别列入州级、省级、国家级非物质文化遗产名录。其中，布依民歌《好花红调》《枫香印染技艺》列入国家第二批非物质文化遗产保护名录。

1935年4月，中国工农红军第一方面军长征途经惠水，给惠水留下了丰富的文化资源，全县现有革命遗址遗迹33处。其中，革命事件遗址14处，烈士墓（纪念碑）遗址7处，剿匪战斗遗址12处。1984年起，逐年整改编印《红军长征在定番》《龙惠生烈士生平和被害情况》《惠水人民抗暴斗争情况》《解放前夕，国民党在惠水的应变情况》《惠水县的解放，接管及建设情况》《关于开展五大任务的情况》《英烈录》《烈士英名录》《中国共产党贵州省惠水县历史大事记》。2012年，县档案史志局（馆）利用馆藏档案资料分别编纂《胡锦涛同志视察惠水时的讲话》和《党和民族工作在惠水的伟大实践》等史料，惠水这片热土烙上了深深的红色印记。

惠水涟江国家级水利风景区，距贵阳市48千米，是一个以“江、湖、田、岛、山”为核心的景观主体、布依族文化、剿匪文化和田园气息为主要文化特色，融自然和人文协调统一，集观光漂流、休闲度假、参与体验和游览观光功能为一体的水利风景区。主要景观有静静涟江、波云湖、海里峡谷、翁吟河、天生桥群、九龙山、雨连天地、植物园、野梅岭、九龙茶园、金钱橘、牛场桥、惠民桥、鱼梁水库、崇水引水工程、小龙灌区、辉岩村、布依族枫香染、九龙寺等。

位于惠水县城南18公里的好花红村，全村7.78平方千米，辖14个村民小组，总人口2988人，其中布依族2864人，占全村总人口的96%，是一个以布依族为主体的民族村，为著名布依族民歌《好花红》调的发源地，也是著名的“中国金钱橘之乡”和“中华布依第一堂屋”所在地。2010年以来，围绕农村建设“生产发展、生活宽裕、乡风文明、村容整洁、管理民主”二十字方针，重点加强村寨基础设施建设，着力打造《好花红》文化品牌，发展乡村旅游业，不断加大产业结构调整，推动了全村社会经济的又快又好发展。2014年11月，贵州省黔南州第六届旅游产业发展大会在该村举办，好花红村被授予“国家AAAA级旅游景区”和“全国首批少数民族村寨”称号。

位于惠水县城东南71千米的羡塘镇，距中国平塘世界第一大口径天文射电望远镜景区10余公里，羡塘燕子洞高约215米、宽约50米，有成千上万的燕子在洞口或山间飞舞。羡塘燕子洞是国内乃至亚洲迄今为止发现的最大候鸟栖洞穴，燕子数目最多，属国内溶洞口最高的洞穴。以燕子洞为主要景点的燕子洞景区，集山、水、洞、谷于一区，融雄浑奇险、秀美清幽于一体。2008年，中国城市杂志社等10家机构在香港联合举办的“首届国际雨燕保护会议”上，惠水羡塘燕子洞被命名为“国际爱燕总部基地”，同年6月，在浙江奉化召开的全国“村庄”论坛暨中国绿色村庄2008年年会上，羡塘乡被授予“中国绿色村庄”称号。

位于县城西8千米的九龙山，九座山峰以左三、右三、后三的顺序排列成一把天然的大椅子，中间另有一座小山峰傲居主位，呈九龙抢宝之势，演绎“九龙浴佛”场景。九龙山因此而得名。清康熙二十一年（公元1682年），古源禅师云游至此，创建九龙寺，为“太子佛”应化道场，至今已有三百多年。九龙寺面积500多亩，是全国唯一的太子佛道场，是贵州最大的佛教活动场所。

金钱橘是惠水一个历史悠久的地方农特产品。据《本草纲目》记载，金钱橘有“主治心”之功效，是珍贵的保健果品，至今已有300多年的种植历史，清朝时期曾作为皇室贡品入京；近代远销港、澳、台地区和东南亚各国。金钱橘果实较小，个量一般为30克～50克，有圆球形、饼子形、扁圆形。果色有桔红、橙红、朱红。果皮油胞较明显，有纯正的芳香气味，且易剥，瓤瓣易分，汁胞饱满，水分充足。惠水县长期以来致力于做大做强地方农特产品牌，将产业结构调整与旅游开发相结合，取得良好的经济和社会效益。2006年9月，中国少数民族地区特产之乡推荐及宣传活动组委会授予惠水县“中国金钱橘之乡”。金钱橘已成为惠水支柱产业之一，成为农民增收的新亮点。

2008年，惠水县委、县人民政府培育、提炼和弘扬惠水精神出台了相应的方案，广泛听取社情民意，邀请专家学者集思广益，将“惠水精神”提炼为“乐观进取、务实创新、向上争先”。通过全县上下的共同努力，惠水先后荣获“全省基层组织建设先进县”“全省双拥模范县”“全国民族进步模范集体”“国家级农业综合开发县”“全国农业机械示范县”“中国黑糯米之乡”“中国金钱橘之乡”“中国优质米之乡”“中国小黄姜之乡”“中国民间文化艺术之乡”“中国龙舟之乡”；2014至2015年，被中国国土经济学会组织评为“中国百佳深呼吸小城”；2014年，被中国城市竞争力研究会评选为“中国最具幸福感县级城市”；2015年，被中国城市竞争研究会CICC、世界文化地理研究院ICGA，世界自驾游总会、中华口碑中心CPPC、香港中国气候旅游院共同评选为“中国避暑休闲百佳县”；2015年被中国市场调查研究中心、中国城市经济专家委员会推荐为“中国生态魅力县”“中国最美休闲乡村”“省级文明城市”；三都镇金田村被评为“全国民主法治示范村”等荣誉称号。2014年以来，县委、县政府大力实施精准扶贫，取得显著成绩，2019年4月，贵州省人民政府批准惠水县退出贫困县。同时，通过创新实践，总结形成了全省可复制全国可推广的“惠水经验”，即惠水县易地扶贫搬迁“五个三”机制（盘活“三地”助民增收、落实“三就”为民解忧、衔接“三保”为民增福、建设“三所”为民添乐、用活“三制”助民管理），彰显了新时代“惠水精神”。

二

21世纪初，县委、县政府按照“做实好花红民族文化品牌，提高惠水知名度，发展惠水文化旅游经济”的思路，大力实施“文化亮县”战略，持续打造“好花红”民族文化品牌。2001年11月，成功举办首届贵州·惠水“好花红”艺术节。2002年、2006年和2012年分别举办了第二届、第三届、第四届“好花红艺术节”。2007年，邀请中央电视台拍摄《好花红》《好花红的歌美滋滋地唱》《想涟江》《故乡年年好花红》等好花红系列MTV。2007年3月，惠水这首传唱200多年的布依族经典民歌，被省政府列为省级非物质文化遗产代表。2008年，惠水《好花红》调被国务院列为国家级非物质文化遗产名录。通过对“好花红”的保护与开发，“好花红”已成为惠水最响亮的一张名片，成为惠水的代名词，同时也是黔南乃至贵州的民族文化品牌，有力推动了文化事业大发展大繁荣。

惠水县民族节日有好花红艺术节、九龙苗族摔跤节、董朗布依族“六月六”歌节、龙游涟江端午节、披弓斗牛节、雅水“三月三”节、摆金画眉节、摆榜跑马节、羡塘“七月半”节、长安甲子“六月节”“四月八”节、赶秋坡、跳花月节等。各民族在传统节日开展对歌、舞蹈、摔跤、斗牛、赛马、赛龙舟等丰富多彩的文体活动。最具代表性的传统民族舞蹈有雅水布依族《花棍舞》，羡塘布依族《铜鼓舞》，鸭寨苗族《粑棒舞》，长田苗族《芦笙舞》，抵麻乡傩戏队的《傩愿舞》。围绕布依族特色婚俗、传统生活习俗，在好花红村修缮“中华布依第一堂屋”民俗展厅，展示布依族群众生活风情图片。1986年，惠水县民族文工队员赴贵阳参加贵州省民间音乐舞蹈调演，演出节目《马刀舞》《织布舞》《香花舞》获二等奖。1990年，完成惠水县民间歌谣、民间舞蹈、民间故事等三大集成的收集和编印。贵州省文化厅将惠水县民族文工队组建为贵州省“古傩艺术队”，受邀参加北京亚运会艺术节的演出活动，在中国科技馆演出39场，受到中外观众好评。2007年，鸭绒民族学校编排的苗族芦笙舞《背扇舞》和《粑棒舞》参加多彩贵州舞蹈大赛惠水赛区比赛，获“原生态舞蹈三等奖”，并被选送参加黔南赛区多彩贵州舞蹈大赛。2008年，惠水县选手参加“多彩贵州”歌唱大赛黔南赛区决赛，获民族唱法一、二等奖，原生态唱法二等奖和优秀奖，合唱类二等奖，大赛组织奖，总成绩名列全州第二。2009年，组织参加“多彩贵州”舞蹈大赛电视舞蹈选入比赛州复赛，惠水县选手斩获黔南州20个晋级省级比赛名额中的第6名。惠水县新编排和改编舞蹈《背扇舞》《跳月》《天染》《香花舞》被评审入选黔南赛区民族民间舞、原生态舞蹈决赛，《背扇舞》获优秀奖；2010年和2011年，在“多彩贵州”形象大使选拔和歌唱比赛时有不俗表现。在黔南州首届少儿艺术节暨少儿才艺大赛、贵州省第八届少儿艺术节展演上，选手荣获一、二、三等奖项。传统民族文化不断得到弘扬。2015年，获文化部分颁发《中国民间文化艺术之乡》匾牌和“布依民歌之乡”美誉。

境内人文景观主要表现在民族文化村落和民族优秀传统节日，以及历史建筑方面。主要有孔庙、九龙寺、涟江公园、九龙新寨苗寨、辉岩布依寨、长安把两布依寨、摆榜苗寨、清水苑布依寨、斗底六寨、羡塘中寨等。

2010年后，为满足游客“吃、住、行、游、购、娱”的基本需求，惠水加大旅游基础设施建设力度，实施旅游厕所建设提升工程和特色酒店建设工程。按照国家标准修建、评定星级酒店2家：三星级1家（夜郎酒店）、二星级1家（百联商务酒店）。2013年“涟江国际酒店”（按四星级标准建设）建成投入运营。2015年，惠水文化旅游业进入了新的发展阶段。

三

党的十一届三中全会作出把全党工作重点转移到以经济建设为中心的战略决策后，县委、县政府坚持党的四项基本原则，以政治建设为统领，以经济建设为中心，团结和带领全县各级党组织，充分发挥基层党组织的战斗堡垒和广大共产党员的先锋模范作用。保民心，保稳定，促发展，向脱贫致富奔小康目标迈进。

1979年1月，县委召开全县三级干部会议，决定把全县的工作重点转移到社会主义经济建设上来，实事求是地解决历史遗留问题。在全县广大农村开始推行包工到组、联产计酬的生产责任制，拉开了改革开放的序幕。1980年7月，召开三级干部会议，讨论定土地、定劳力、定投资、定产量、定报酬，超产奖的“五定一奖”联产承包生产责任制，年底全部实现承包到户，承包耕地、耕牛，国家农业税、农副产品派购任务。

1981年6月，县委召开全县四级干部会议，决定开展多种经营和做好定林权、定自留山、定责任制的林业“三定”工作。1984年2月，召开全县三级干部会议，研究延长土地承包期工作，决定执行土地承包期20年不变的政策。1985年5月，召开中共惠水县第六次代表大会，听取和审议县委《加强党的建设振兴惠水经济》的工作报告，号召全县各级党组织和全体共产党员带领全县各族人民“调动各方面的积极因素，加快经济发展速度”，为全县经济建设作出应有贡献。1988年5月，县委印发《关于深化农村改革的安排意见》，进一步解决农民的温饱问题，大力发展商品生产，重点抓好完善土地、林业、水利承包责任制，拓宽家庭“四小”经济，建立健全基层组织，推行有偿承包，组织劳务输出，改革技术培训，探索产、供、销一条龙的发展路子。9月，县委印发《关于进一步加快经济发展的若干意见》，全县改革开放步伐进一步加快，有力推动了全县经济社会的快速发展。1995年1月，县委印发《关于加强农村基层组织建设的意见》，要求全县各级党组织要大力加强农村以党组织为核心的基层组织建设，为推进全县农村的改革、发展、稳定和社会事业全面进步奠定组织基础。1999年11月起，惠水县先后开展了领导干部“三讲”教育、“三个代表”重要思想学习教育、创建“五个好”村党支部、“六个好”乡镇党委和农村基层组织建设先进县、保持共产党员先进性教育学习等系列活动。2006年10月，中共惠水县第十一次代表大会召开，确立了“农业富县、工业强县、城建兴县、商贸活县、文化亮县、旅游热县”的发展战略和把“农业做大做优、工业做大做强、城镇做特做美”的重点发展定位，团结和带领全县各族干部群众，解放思想，抢抓争快，锐意进取，各项工作取得了显著成效。

2011年以来，惠水县在基层党建工作中，充分发挥工会、共青团、妇联等群团组织联系群众的桥梁和纽带作用，统筹推进农村、机关、社区、企业等各类型的党组织建设，推动党建带工建“1+4”体系向党建带群团“四大工程”深化，全面构建党群工作一体化，实现了基层组织建设思路的系统性、定位的全局性和方式的创新性，使全县党建工作理念在内涵、外延等方面得到丰富和扩展，走出了一条统筹城乡党建工作的新路子，大力营造了全县广大干部群众共谋发展、共建和谐、共享成果的良好氛围。2012年12月，县委第十二届二次会议通过了《关于惠水县2018年全面建成小康社会的实施意见》，全县上下紧扣省委省政府“两加一推”主基调，大力弘扬乐观进取、务实创新、向上争先的精神，艰苦奋斗、奋力赶超、提速跨越，加快工业化、信息化、城镇化、农业现代化“四化同步”进程，为实现全面建成小康社会目标，建成幸福、美丽、和谐新惠水奠定了坚实基础。至2015年，惠水进入了后发赶超、加快全面小康建设的重要时期。

四

38年来，惠水县贯彻落实农村五保户供养、城镇职工社会保险、城乡居民社会保险、公费医疗保障、城乡最低生活保障、农村合作医疗、养老敬老、大病救治、职工住房公积金保障、廉租房保障、经济适用房保障等政策制度，实现民生保障全覆盖，人民群众幸福指数不断提高。至2015年，惠水县城镇居民基本养老保险参保224559人，基金征缴1618.56万元，社会保险覆盖率达85.60%。全年累计支付社会保险待遇17154.05万元，兑现被征地农民养老保险补助待遇20.7732万元。

惠水1986年开始实行企业职工退休金社会统筹，统筹金的征集按照“以收定支，略有结余”的原则，平均按基本工资总额的19%提取。对各企业征集的离、退休统筹基金，采取余额上缴，差额拨付的办法调剂使用。1993年1月1日起，执行国有企业固定职工缴纳基本养老金制度，同年10月，出台《惠水县全民所有制企业及集体所有制企业职工实行社会养老保险的暂行规定》，年底共有1520人办理养老保险手续和缴纳养老金，同时，开展企业职工工伤和职业病普查。1997年，为县农机厂、铸钢厂、煤厂、酱菜厂、肉联厂等22户停产，半停产企业的特困职工和262名退休工人发放救济金、养老金。2005年，启动工伤保险；2008年，启动生育保险；至2015年，惠水全面实施五项社会保险，基本实现老有所养，病有所医，伤有所治，失业有保障，五项社会保险全面实施。

惠水2003年全面施行城镇退役士兵安置改革，出台《惠水县城镇退役士兵安置任务有偿转移和自谋职业实施办法》，对城镇退役士兵实行自谋职业有偿安置，发放城镇退役士兵一次性自谋职业经济补偿金。对2011年11月1日以后入伍的城乡退役士兵发放一次性经济补助金。2012年，建立《优抚对象医疗保障实施细则》，为城乡优抚对象代缴参保参合基金，城镇退役士兵安置全面落实。从2003年起，惠水县先后四次被命名为“全省双拥模范县”。

惠水1999年启动实施城市居民最低生活保障工作，2008年启动农村低保、农村居民最低生活保障工作，随着物质和文化生活的日益提高，先后多次提标。2010年起，低保标准每年提高调整一次。凡城乡居民家庭人均收入达不到最低保障标准的均全部纳入保障范围。2015年，城市低保标准每人每月提高到440元，农村低保标准每人每年提高到2580元。2015年末，共有城乡低保对象16125户38205人，累计发放低保金6156.42万元，其中：农村低保4993.72万元，城市低保1162.7万元。至2015年，惠水实现城镇新增就业5402人，失业人员再就业1050人，就业困难对象再就业850人；城镇单位就业人数为40324人；城乡单位职工年人均劳动报酬63683元；农村常住居民人均可支配收入8114元，农村居民家庭食品消费支出占生活消费支出的比重为26.9%，城乡居民生活保障有力。

1999年4月启动医疗改革工作，全县参加医改单位275个，计10183人。2004年，贯彻国家关于加快城市社区卫生服务建设的有关政策，积极探索解决城市社区居民“看病难、看病贵”的问题，确保社区居民享有公共卫生服务，全县的社区卫生服务工作正式启动。到2006年，“凤山社区卫生服务站”“涟江社区卫生服务站”“濛江社区卫生服务站”“西山社区卫生服务站”经州卫生局组织的专家组进行评审，均首批获得批准。全县已建立起较为完善的医疗救治、疾病预防控制、妇幼卫生保健为一体的公共卫生服务体系，县镇村三级医疗卫生服务体系日趋完善，基本满足惠水人民群众医疗卫生保健需求。2007年启动新型农村合作医疗制度，经过9年的探索实践，基本实现规范化管理。惠水新型农村合作医疗健康稳定发展，农民看病就医实际补偿率得到提高，很大程度上缓解了农民“因病致贫、因病返贫”的问题。2015年，新型农村合作医疗覆盖率达100%，参合人数364247人，参合率99.05%，全年筹集资金16343.06万元。全年共支出新农合补偿金13070.24万元，惠及参合群众47.95万人次，其中：门诊支出3287.71万元，受益44.22万人次，住院支出9586.26万元，受益3.68万人次，政策范围内住院补偿比为75.25%，城乡医疗卫生服务体系日趋完善。

惠水自2002年起建立《惠水县救灾救济应急预案》制度，并逐年修改完善，建立健全《惠水县自然灾害损失评估办法》。2007年，启动农村危房改造工作，列入救灾救济的重要内容，负责农村茅草房改造、灾后倒房重建等工作。建立《惠水县需救济人口台账》，确保灾民得到有效救助。2012年，惠水建成保障性住房884套。农村学校全面实施义务教育阶段“学生营养改善计划”。完成村庄整治1343户、农村危房改造2257户。扎实推进300户生态扶贫移民工程建设，主体全部完工，救灾救助工作机制更加完善。

“十二五”时期，惠水累计完成原10个贫困乡镇“减贫摘帽”，贫困乡镇发生率下降至12%，实现脱贫致富群众6万余人，扶贫生态移民搬迁1210户、计5608人，消除集体经济“空壳村”104个。完成农村危房改造2.5万余户，建成城镇保障房5378套。

五

38年来，惠水以县城和经济开发区为中心、乡镇为重点、社会主义新农村建设为基础，全面推行城镇与农村建设，以基础设施推动城乡二元经济改善，均衡推进新型工业化、城镇化和农业产业化“三化同步”示范区。

1978至1990年，县城改扩建零星开展，1988年，完成县城内各条街道的柏油路路面改造。1989年，完成以圆台边为中心的文化路、县府路、圆台东路的水泥路面建设。1991至2006年，先后启动政策性旧城改造、房地产开发性旧城改造和长田工业园区的建设。2007至2015年，县委、县政府以创建“山水田园城市”为目标，按照稳南扩北、东建西延、新旧并举的构想，一手抓白果新区和城北新区的建设，一手抓旧城改造，有效推动了旧城改造和新区开发进程。县城主城区旧城改造基本完成，城北新区、白果新区、景致新城、城西新城强力推进。“一城三区”（城南城区、白果新区、城北新区）城市框架基本形成，中心城区面积15平方千米，是1978年2.5平方千米的6倍。2015年，县城新建成了建设路、惠民路、县府南路、上马南路、园台西路、希望北路、滨江路、惠兴路、人民路、涟江路、纸酒路、环城西路、同心路、和谐路、白果大道、惠高大道、濛江大道、工业园区大道等，形成了城市街道主要骨架网。涟江河主城区段基本打造成近20公里的河滨景观带。城区街道四通八达，宽敞明亮，高楼林立，景致新城、金域广场、恒基广场、永红花园、财富中心、泊岸御都、水岸国际、涟江尚品、嘉禾中央城、朝顺公园等城市住宅小区点缀其间。住宅区、办公区、农贸市场、商业批发市场、商业步行街、休闲广场、校区等分布于各条大街，初具现代城市规模，惠水逐步成为黔中地区宜居宜业宜游的新型城市。好花红、摆金、岗度、摆榜、雅水、羡塘、断杉、芦山、王佑等集镇规模不断扩大，集镇改造方兴未艾，农村人口大量迁入、集镇人口剧增，城镇化进程日益加快。

2006年，启动惠水新农村建设，以村、村寨、主干公路沿线为中心，进行道路硬化、房屋庭院美化、改水、改厕、改圈，涌现了好花红村、九龙村、八大村、大新村、交椅村、桥洞村、甘昌村、红星村、岗度村等新农村建设示范点，稳步推进美丽乡村建设。2010年，实施农村公益事业“一事一议”财政奖补政策后，以村、村寨、主干公路沿线为中心，进行道路硬化、房屋庭院美化，改水、改厕、改圈，涌现了好花红、九龙、星光、惠明、大兴、濛江、摆茫、党古等新农村建设示范点，稳步推进美丽乡村建设，使全县广大农村呈现一片欣欣向荣、万象更新的景象。

1978至1998年，全县共新建公路7条，总长仅76千米。1999至2012年，惠水县抢抓国家实施西部大开发战略机遇，以公路为重点的交通基础设施建设速度进一步加快。至2012年底，全县通车公路里程1395.33千米，实现了乡乡通油路目标。惠水至兴仁高速公路惠水至紫云段建成通车，结束了惠水不通高速的历史。2015年，贵惠、惠兴、惠罗三条高速公路建成通车，完成了309省道改造，建成贵惠大道、濛江大道、涟江大道、白果大道等干道，打通花溪、惠水、长顺同城化通道，全县通村公路硬化率达93%，居民出行便捷指数达83%。是年，全县公路运输完成货运量1061万吨，货物周转量453247万吨公里，客运量1145万人次，客运周转量146362万人公里，交通建设发展迅速。

1978以来，县内工农业生产用电及照明电以国家电网供电为主、水电为辅。国家电网每年向县内供电约2000万千瓦时。1985年底，国家电网县、乡内供电4300余万千瓦时。1998年，全县通过自筹自建、国家投资等多种方式实现“村村通电”的目标。2000年，启动全县农村电网改造工作，实现“一户一表”。2012年，惠水完成售电量7亿千瓦时。2012年底，共改造扩建110千伏变电站2座、35千伏变电站2座；新建110千伏变电站2座、35千伏变电站1座；新建35千伏线路27.89千米，新建和改造10千伏线路632.64千米，新建和改造0.4/0.22千伏线路683.02千米；新装和改造10千伏配变1107台。工业、农业、服务业和城乡生活用电得到保障。至2015年，惠水县级电网已发展成为以220千伏变电站为支撑，以110千伏电网为主供电网，以35（10）千伏为主配电网的电力网架。全县辖区内的35千伏及以上变电站16座，主变容量84.09万千伏安，35千伏及以上线路410.03千米，10千伏线路2042.487千米，0.4千伏及以下线路2811千米，公用变压器台区1691个，容量17.74万千伏安，电力基础设施日趋完善。

2015年，全县邮电业务总量2.50亿元，其中：电信业务总量2.30亿元，邮政业务总量0.20亿元。全县城乡固定电话21056户，移动手机用户287980户，互联网用户25412户。信息化、数字化水平显著提升。大数据、电子商务、快递物流等业务发展迅速。是年，全县信息产业规模总量完成8.9亿元，其中：电子信息制造业完成工业产值4.5亿元，软件服务业完成业务收入1亿元，通信和广电网络业务总量完成2.3亿元。广播电视实现村村通，惠水“十二五”广播电视村村通（第三批）工程经州级验收认定为优良工程。高清数字电视逐渐普及。全县邮政电信业务，程控电话、移动电话、网络宽带覆盖城乡，互联网、电子政务全面展开。

六

改革开放38年来，惠水大力实施“科技兴县”和“教育强县”战略，弘扬传统优秀文化，积极发展第三产业，不断开创社会事业发展新局面。

1978年，惠水有中等师范学校1所，专职教师5人，在校学生91人；有普通中学14所，中学教师558人，在校学生9658人；普通小学540所，小学教师1664人，在校学生42060人。有幼儿园2所，其中：公办幼儿园（惠水县幼儿园）1所，有教职工25人，在园儿童320人；民办幼儿园（摆金幼儿园）1所，有教师1人，在园儿童23人。1990年，全县基本普及初等义务教育。1997年，惠水县普及初等义务教育和扫盲工作，通过贵州省人民政府高标准验收。2004年11月，惠水县“两基”工作通过贵州省人民政府标准验收，认定为“基本合格”。2005年9月，教育部对惠水县“两基”工作中薄弱环节进行复查，并认定惠水县基本实现“两基”攻坚目标，标志着基础教育发展实现了历史性跨越。扎实推进教育“9+3”计划和中职“百校大战”。2012年3月，全县187所农村学校全面实施学生营养餐改善计划，50327名学生受益。2015年，全县建成普通高校2所，专职教师1017人，志愿者29人，在校学生17137人，职教扶贫模式全面推广。普通高中1所（惠水民族中学）、完全中学1所（惠水二中）、职业教育学校1所（惠水民族职业学校）、初级中学15所、九年一贯制学校5所（民办1所）、完全小学78所、教学点49个、幼儿园50所（其中镇、街道中心幼儿园27所，民办23所）。小学在校学生31994人，初中在校学生20727人，普通高中在校学生9603人，中职在校学生3895人，学前在园幼儿11170人。全县共有中小学幼儿教师4635人。38年来，惠水县培养了一支德才兼备的教师队伍，获得国家级、省级和州级众多荣誉。3人荣获特级教师称号，3人获省级劳动模范称号、享受省人民政府特殊津贴，15名教师分别获得“全国优秀教师”“全国模范教师”“全国中小学优秀班主任”等光荣称号，21人获省级“优秀教师”和“优秀班主任”称号。学校先后有被教育部授予“全国和谐校园先进学校”，荣获全国“平安和谐校园先进学校”、全国“青少年普法教育先进单位”、贵州省“校园文化建设先进学校”、贵州省“安全文明校园”、贵州省“现代教育技术实验学校”、贵州省“五四红旗团委”“贵州省中小学实验室建设先进集体”“黔南州体育传统项目学校”“黔南州高考先进单位”“黔南州先进基层党组织”“黔南州文明单位”“黔南州高考成绩一等奖”等称号，教育事业迈上新台阶。

1979年，惠水县计划下达的科学技术研究项目共十六项，其中省列一项，州列两项，县内切块自行安排计十三项。1985年，保质保量完成全县农业区划任务，农业区划经省、州验收合格并被评为省农业区划三等成果奖。1987年全县共承担科技项目11个，其中，国家星火计划项目一个，即《黑糯米栽培及加工技术开发》，州列科技项目2个，县列科技项目8个。2006年，惠水县获省、州立项项目6个，其中，省立项项目4个（林下养鸡试验示范项目、贵州省惠水县生产力促进中心项目、惠水县科技特派员制度试点项目、贵州惠水牛肉红金钱橘栽培技术培训），州立项目2个（贵州省惠水县生产力促进中心项目、惠水县中药材何首乌种植示范项目）。2007年，向科技部申报科技富民强县专项行动计划项目——《惠水县肉牛养殖技术集成示范与产业化经营》获科技部立项批准。2012年，完成惠水县科技富民强县专项行动计划——肉牛养殖技术集成推广与产业化经营项目验收材料的编制及整理归档工作，并顺利通过省科技厅的验收。2015年，惠水县综合科技进步水平指数为45%，完成全部专利申报95件，获授权51件；完成发明专利申报28件，查处涉嫌假冒专利案件50件。川东化工申报并获黔南州科学技术进步二等奖；县人民医院、旭达数控、思宇电力3家企事业单位申报并获黔南州科学技术进步三等奖。昶达数控、致力穿山、巨能化工、汇正制药、味莼园食品等9家企业被省科技厅认定为科技型企业。省认定科技种子型小巨人企业1家（味纯园），成长型企业2家（楚智科技、惠正药业）；巨能化工、永昊热能、恒瑞晨等3家企业被新认定为国家高新技术企业，科技成果转化运用不断取得新成效。

1978年，全县有卫生机构60个，其中医院10个；卫生机构床位210张，其中医院189张；全县卫技人员322人，其中医生88人。1984年8月，县医院中医科在城关镇卫生院的基础上建立惠水县中医院。2006年以来，随着国家加大对中西部地区的投入，全县形成了县、乡、村三级卫生保健服务网络，各类医疗、预防、保健、教学等机构初具规模并不断完善。至2015年末，辖区内有公立医疗卫生机构30家，其中县属医疗卫生机构5家：县医院（二级甲等专科医院）、中医院（二级甲等综合医院）、县卫生监督所、县疾控中心、县妇幼保健院；乡镇中心卫生院5家、一般卫生院15家；社会办社区卫生服务站4家；非公立医院5家（涟江医院、百姓医院、仁爱医院、惠兴医院、协和医院）；个体诊所13家；村卫生室216个，村卫生员226人，村级计生专干210人；全县总病床1325张。全县公立医疗卫生机构在职正式职工893人，其中卫生技术人员838人（含高级职称37人、中级职称145人、初级职称380人、无职称276人）；执业（含助理）医师525人，执业护师（含护士）174人。平均每千人口拥有卫技人员1.8人。引进先进医疗设备，把夯实医疗硬件设施作为医疗发展的着力点，基本实现小病不出村，常见病不出镇，大病不出县，全县卫生健康事业不断向前发展。

38年来，县内各种体育活动广泛开展，学校体育、群众体育、民族体育、竞技体育繁荣发展。“我运动、我健康、我快乐”的生活理念深入人心，一年一度的“迎新春”长跑比赛已成为县内一项传统赛事，每年参赛群众均达上千人；每年举办象棋、围棋、乒乓球、足球、老年门球、冬泳、篮球、健身舞等比赛和摔跤、赛马、斗鸡等趣味体育运动在县城、乡镇，社区、村寨不定期举行。在群众性体育普及的同时，积极开展民族传统体育和特色体育活动。在全县各中、小学体育课中添加了摔跤、踢毽、毽球、滚竹环等10多项民族传统体育竞技、趣味体育项目，使惠水县少数民族体育文化有一个良好、长久的传承环境。2007年参加全国藤球邀请赛、全州首届新农村运动会均取得好成绩，惠水县老年人体育协会荣获全国亿万老年人健步走迎奥运活动全国先进单位。先后承办了2008年全省青少年游泳比赛、2009年全国大学生暨青少年藤球锦标赛，贵州省新农村篮球赛黔南分区赛暨第三届新农村运动会。2010年举办了惠水“永红杯”斗牛争霸赛，受到社会广泛关注。惠水注重整合学校体育资源，积极开展体育活动，增强学生身体素质，促进学生在“德、智、体、美”全面发展，竞技体育比赛取得较好成绩；2011年贵州省第六届老年人运动会象棋、桥牌比赛和2011年全国青少年（中学生）毽球锦标赛在惠水县成功举办，推动了惠水特色体育的发展。在2011年9月，在贵州省第九届民族传统体育运动会上，惠水县毽球男、女队均获一等奖。2012年和平镇荣获全国“亿万农民健身活动先进乡镇”称号。同年3月，国家体育总局社体中心授予贵州省惠水县“全国毽球运动示范县”称号，于2015年，为全国唯一的县级“毽球运动示范县”，全县体育事业不断跨越发展。

七

中华人民共和国成立后，惠水境内先后兴建了险峰机床厂、永安电机厂、惠水纸厂三家贵阳市属企业及水泥厂、铸钢厂、酒厂等本土企业。随着改革开放的深入，招商引资力度的加大，通过“借鸡生蛋、借船出海、借梯登楼”，促进了产业结构、经济结构的调整。全县工业初步形成以制造、冶金、磷化工、食品加工、建材、制药、电力等为支柱产业或主导产业的多门类产业体系。

2003年，由黔南州和惠水县两级政府共建的长田工业园区开工建设，逐渐形成了以食品加工、机械制造、汽车配件、建材、医药为主导产业的新型产业区。2007年，长田工业园区被省科技厅、省经贸委审批为“贵州惠水（长田）创新企业科技产业示范基地”；2008年2月，被列为全省乡镇企业七大产业聚集区之一；2009年，省经信委将长田园区命名为“贵州长田中小企业成长示范基地”；2012年7月，被省人民政府批准为省级经济开发区。2015年经开区累计入驻企业233家，其中投产企业180家，规模以上工业企业达80家，经开区完成工业生产总值135.02亿元，完成税收收入5.41亿元，完成固定资产投资59.25亿元。

2015年底，全县共引进农产品加工企业38家，具有代表性的有：王老吉、可口可乐、味莼园。宁旺烟花爆竹产业园在上海股权交易中心“Q板”成功挂牌。基本建成县城南部、七里冲、杨家山3个工业园区。百鸟河数字小镇入驻梦动科技、联想之星、百度等34家大数据企业。成功打造好花红电子商务村，带动发展农村电商服务站66个，发展电微商2000余户，荣获“省级电子商务示范县”。50亩以上种植业86家和特色养殖业场8家，统一集团小米辣椒种植基地在惠水县落户，羡塘镇万亩香榧基地建设初具规模，种植品种主要以花卉苗木、时鲜水果、精品蔬菜、生态绿茶、特色养殖为主，其中花卉苗木有68家，时鲜水果有5家，精品蔬菜有8家，生态绿茶有4家、中药材1家。全县有县级以上龙头企业34家，其中，国家级1家，省级4家，州级12家，县级17家。惠水农产品加工企业在品牌建设中，获中国驰名商标2个；获省级著名商标8个，国家地理标志产品保护2个，5个获贵州省名牌产品。中国驰名商标有“牛头牌”“绝味”；贵州省著名商标有“味莼园”“宏发食品”“黔红”“笨人煮酒”“永红”“辰康山”“神康”“开味乐”；国家地理标志产品保护分别为：黑糯米和黑糯米酒；贵州省名牌产品有“雅晶”“好花红”牌大米、“牛头牌”牛肉干系列、“黔红”辣椒系列、“味莼园”系列调味品。全县工业总产值完成145.17亿元，工业增加值完成19.96亿元，绝对值在全省非公经济强县排列17位，增速在全省非经济强县排列16位，绝对值和增速在全州非经济强县均排第3位。规模工业产值完成130.37亿元，规模工业增加值完成27.69亿元，规模企业76个。全县完成50万元统计口径固定资产投资121.45亿元，产业结构得到调整和优化，实现了“一二三”结构向“二三一”结构的历史性转变。

修志逢盛世，存史叙实情。本次修志记述和见证了惠水改革开放38年来，全县47.3万各族人民追求发展的奋斗历程和取得的辉煌成就。展望未来，站在历史的新起点上，继续谱写惠水这片热土的新篇章，惠水的未来更加美好。

大事记

1978年

2月14日至19日，惠水县召开1977年社会主义革命和社会主义建设先进单位、先进集体、先进个人代表大会。1500余人参加会议，1000个先进单位、先进集体和先进个人受到表彰。

8月25日至31日，县召开1000余人参加的五级干部会议，贯彻中共中央有关文件，着重解决落实政策，清理“一平二调”，搞好经济退赔和清查干部作风等问题。

9月12日至16日，中共惠水县第四次代表大会召开，选举邱耀国为中共惠水县委第一书记。

9月19日至22日，县第八届人民代表大会第一次会议召开，选举王启发为县革命委员会主任。

10月14日下午五点三十分，断杉公社龙泉大队因小孩玩火引起严重火灾，受灾45户，262人，损失折价14万余元。

12月，县成立落实政策领导小组，受理审批“反右派”“反右倾”“四清”“文化大革命”4个时期的冤、假、错案的甄别、平反、改正工作。

1979年

1月，惠水县召开742人参加的三级干部会议，贯彻落实中共十一届三中全会精神，决定把全县的工作着重点转移到社会主义经济建设上来。调动各方面积极因素，实事求是解决历史遗留问题，分析29年来全县农业生产发展上的差距，决定改变过去党政不分、权力过于集中的工作机制，全县农村开始推行包工到组、联产计酬的生产责任制，将600多个生产队的生产责任制落实到户。

3月至5月，对全县4345名四类分子（地主、富农、反革命、坏分子）进行审批摘帽，落实政策，平反改正的306人，摘帽的3873人，缓摘的166人，地主、富农成分子女6704人改定成分。

4月1日至19日，县革命委员会在三都区召开全县机耕比武大会。

4月11日至12日，惠水县九龙、大龙、三合、三都、惠明、斗蓬、大华、摆金、甲烈、关山、甲浪、鸭绒、鸭寨、党古、洛平等22个公社和城关镇及县七里冲果树农场遭受冰雹袭击，339个生产队6145户33568人受灾，各种农作物受灾面积967.27公顷，社员房屋损坏5784间，集体仓库损坏60间。

6月15日至7月19日，县境内降雨562毫米，比历史同期平均量多227毫米，41个公社因水灾冲毁、淹没各种农作物1193.33公顷，清道光年间所建的党古高家桥被冲毁。

9月至11月，惠水县发生多起火灾事故。雅水、摆金、断杉、王佑、姚哨5个区14个生产队发生家火事故13起，受灾群众84户391人，烧毁粮食92500余千克，房屋146栋，各项损失折款约15700余元；洛平公社约束、甲吉生产队，斗底公社斗底四、五生产队先后发生火灾，烧死2人，烧毁粮食5万余千克，烧死生猪61头，马3匹，房屋228间，损失约13万元。

1980年

1月，县委贯彻《中共中央关于农业发展若干问题的决定》和对国民经济进行“调整、改革、整顿、提高”的八字方针，开展实践是检验真理的唯一标准问题的学习讨论，提出为搞活农村经济、夺取1980年农业全面丰收的意见。

1月至7月，县境内连续发生交通事故22起，死亡12人，受伤24人。

4月25日，国家投资209.92万元于涟江河卧龙河段新建长112.5米、宽9米、高10.9米的卧龙桥。该桥系全国第三座采用顶推法施工的预应力砼连续梁大桥，于1982年7月1日通车。

5月19日，惠水造纸厂清洗4个漂白液澄清池时，将14.5立方米含残氯石灰渣（含残氯浓度为每升6克至8克）用约80吨水冲洗后，连渣带水全部排入涟江，严重污染涟江水体，造成2至3千米河段内的鱼类大量死亡，毒死各种鱼类0.5万余千克，死鱼扩散到20多千米的水面。省政府对惠水造纸厂造成严重的污染事故向全省通报，县革命委员会对惠水造纸厂处以15000元罚款。

7月，惠水县召开三级干部会议，讨论定土地、定劳力、定投资、定产量、定报酬，超产奖励的“五定一奖”联产承包生产责任制。年底全部实现承包到户，承包耕地、耕牛、国家农业税、农副产品派购任务，大小队干部的补贴和“五保”户的补助。

9月，全县深入开展真理标准问题的学习讨论活动，坚持正面教育，实行不打棍子，不揪辫子、不戴帽子的“三不主义”，坚持一切从实际出发，提倡实事求是的工作作风。

12月25日至1981年1月3日，政协惠水县第四届委员会第一次会议召开，选举董兰宾为县政协主席。

12月27日至1981年1月3日，县第九届人民代表大会第一次会议召开，成立县人民代表大会常务委员会，选举王启发为县人大常委会主任，选举陈文明为县人民政府县长。

1981年

3月，县开展讲纪律、讲道德、讲文明、讲礼貌、讲秩序和心灵美、语言美、行为美、环境美的“五讲”“四美”活动。

4月18日至22日，中共惠水县第五次代表大会召开，选举谢邦全为中共惠水县委书记。

6月24日至30日，县召开四级干部会议，讨论利用自然资源，开展多种经营和做好定林权、定自留山、定责任制的林业“三定”工作。

7月7日，省、州文化局和省、州民族事务委员会组织的布依族“六月六”歌节在拉林公社董朗大桥举行，参加群众4万余人。来自全省各地的少数民族优秀歌手（代表）300多人，相互赛歌。中央民族事务委员会派代表到场祝贺。

7月至1983年4月，经省、州考核，州人民政府批准，全县共有36人获得第一批工程师、农艺师、畜牧兽医师、主治医生等职称。

9月18日，县成立地名普查领导小组，从有关单位抽调6人组成办公室开展工作，到1983年5月底普查结束，全县3031条地名普查结果中，属于新增的378条，改名的145条，变字的664条，消失、废弃的90条。

1982年

1月1日至4日，县召开勤劳致富代表大会，793人参加，其中，勤劳致富代表462人。

6月15日，县人民政府公布第一批文物和自然风景区保护单位，有牛场桥、卧龙桥、天主教堂、烈士纪念碑、九龙山、天星桥、燕子洞共7处。

7月1日，按照全国统一标准时间（零时），县进行第三次人口普查。10日全部登记结束。全县共计61831户327841人。县、区（镇）、社共有3215人参加此次普查工作。

1983年

4月，政、社分设试点在毛家苑公社进行。后全县分三批推开。次年4月底全部结束。全县共建49个乡。乡称乡人民政府，乡以下设行政村、村民小组。

是月，县引进意大利黑麦草种、改良草种、新西兰红白三叶草种，分别在惠明、三合、清水苑、毛家苑等公社的12个生产大队推广试种，面积274.87公顷。

8月，县政法部门按照上级“从重从快，严厉打击各种刑事犯罪和经济犯罪”的指示，共批准逮捕各种罪犯嫌疑人381人，其中提起公诉198人。

9月，县酒厂生产的“惠水大曲”和“黑糯米酒”在贵州省第三届评奖会上被评为贵州名酒。

1984年

2月20日至24日，县召开962人参加的三级干部会议，研究延长土地承包期工作，决定实行20年（1981年到2000年）不变的政策。按照革命化、年轻化、知识化、专业化的要求调整、配备各级领导班子。

3月10日，县城坡头上发掘一具保存完好的明代男性软尸，尸体肌肉有弹性，死者头下枕有明万历十九年（1591）至二十三（1595）年刻印历书6本，据考证，为国内稀存的明代历书。

4月10日，县实施级党政机构改革。全县设置县委工作部门6个，设置县政府工作部门27个，按照党章、宪法和人民团体有关章程规定设置机构9个。

7月16日，联合国开发计划署第三个计划周期援华方案中合作项目—西南油气物探在县城西北的珠帘洞处举行开工典礼，省政府副省长周衍松和联合国开发计划署驻华代表孔飒雷为开工典礼剪彩。

8月29日，县撤销摆榜乡，分设上摆乡、下摆乡；城关镇复称和平镇，三合乡更名为金石乡，拉林乡更名为董朗乡，牛场乡更名为抵麻乡，新安乡更名为兴安乡。

9月3日至10日，政协惠水县第五届委员会第一次会议召开。选举董兰宾为县政协主席。

9月5日至9日，县第十届人民代表大会第一次会议召开，选举王启发为县人大常委会主任，选举徐德林为县人民政府县长。

12月19日至1985年1月4日，县组织对全县66个区（局）级以上单位进行党风廉政建设大检查。

12月，全县粮食总产量达100115吨，比1983年增长7.29%，创历史新高。

是年，由于干部管理权限下放，各区（镇）未按《中华人民共和国地方组织法》规定，由区（镇）党委自行确定代理乡镇长25名，副乡镇长25名。县委发现后，及时予以制止。

1985年

3月18日至22日，县在摆金区政府召开县、区主要负责人及摆金区所属各乡党委书记会议，学习中共中央总书记胡耀邦2月24日在云南省委干部会上的讲话精神，围绕经济建设这个中心，重点讨论研究在全县开展“农村增百，城镇增千”的政策措施。

3月24日，为纪念中国工农红军长征五十周年，经济日报社记者罗开富沿中国工农红军第一方面军的足迹，由青岩步入长田，次日从长田到县城。在县四天中到红军长征时经过的山边寨等处进行采访。28日沿长征路线步行到长顺县威远。

4月，惠水公路养护段按省、州规定：县内谷大线、贵罗线，惠紫线定为省道（三级公路），路基宽度平丘为8.5米、山岭重丘为7.5米。威王线、摆西线、断羡线、摆雅线等定为县道（四级公路），路基宽度为6.5米，分别在公路两侧边沟外2米（省道）和1米（县道）处建立永久性界桩，每隔100米一桩。

5月3日，县在工业区高镇建立高镇镇（乡级），属姚哨区管辖。

5月18日至22日，中共惠水县第六次代表大会召开，选举郝鑫中为中共惠水县委书记。

8月7日，县普法领导小组在全县开展公民普及法律常识教育。采取出动宣传车、办宣传栏、举办短期培训班、向中小学生作遵纪守法演讲、发放法律常识读本、配合公捕公判大会等形式进行法制宣传教育。受教育的机关干部职工、学生、群众10万人次。

8月14日，对全县115个机关、事业单位的职工工资进行套改工作，12月结束。在册职工4291人，参加套改3876人，套改后平均每人每月净增17.95元；11月对58个企业单位2831人中的2454人进行套改。套改后，平均每人每月净增8.36元。

8月，省委书记胡锦涛到惠水县考察。

9月10日，县委、县政府在电影院召开庆祝第一个“教师节”大会，县直各学校负责人、教师代表和各部门代表1000多人参加大会，各区、乡镇同时开展形式多样的庆祝活动。

是年，全面推广劳动合同制的招工制度，按照面向社会、公开报名、统一考试、择优录用的办法进行招工。全年招收合同制工人166人，招干31人。

是年，对县城机关、学校，企事业单位、街道居民和省县属厂矿共124个单位，6246户进行房屋普查，11月结束。全县共有房屋4149幢，722650平方米。其中和平镇2129户184096平方米。12月，经省、州抽样检查，符合质量要求，受到好评。

是年，对企业单位的领导班子、劳动纪律、规章制度、成本核算、经营管理、挖潜革新、技术改造等进行全面整顿，验收达到合格要求的有40个单位。其中，县经委所属的6个国营企业在1984年的基础上共盈利19.2万元，增长一倍多。

1986年

3月13日，县境遭受严重雹灾和风灾，全县12个乡镇57个村373个组8901户农户和国营七里冲果树场受到不同程度损失。

3月17日，黔南州核查工作验收试点会在惠水县召开。查清“文化大革命”期间的7起大事件和51起非正常死亡案件，查清13名核查对象、69名考察对象、4名清理对象和11名记录存档对象存在的问题，对其中涉及定性处理的按照政策程序和有关规定，逐件逐人审查研究作出结论和处理决定。

3月26日，县在上摆乡召开摆榜地区扶贫工作现场办公会议。针对上摆乡、下摆乡自然条件、经济基础和党政工作实际，具体研究扶贫致富工作思路措施。

6月17日至24日，县在高镇镇旧司村进行完善耕地联产承包试点工作。之后，省委农村部向全省推广惠水县经验作法。

1987年

2月，县委、县政府在全县推行干部目标管理责任制。

3月3日深夜，赤土乡小青山煤窑发生瓦斯爆炸，死亡1人，严重烧伤6人，时隔10多个小时后，将受伤人员于4日上午11时40分左右送到县医院，被县医院拒之门外达4小时，后转送贵阳住院抢救。其间，受伤人员在县医院住院部门前死亡1人。县委、县政府组织联合调查组开展调查，对有关人员进行追责和处理。

4月12日，省委书记胡锦涛第二次到惠水县视察，先后视察铁合金厂、永红食品厂和家庭“四小”（小菜园、小果园、小牧场、小加工）经济，听取县委、县政府及有关部门负责人工作汇报。胡锦涛强调：要把坚持四项基本原则的教育引向深入，教育的重点要放在县直机关和党员干部；把“双增双节”（增产节约、增收节支）落到实处；要以发展“四小”经济为突破口，大力发展农村社会主义商品经济；要高度重视领导班子建设和基层组织建设。

4月18日至6月1日，县遭遇历史上罕见的旱灾，涟江河水位下降，全县80余条河、沟断流，2200余口水井枯竭，有2.9万农户人畜饮水困难。县委、县政府先后召开5次会议，对抗旱工作进行安排部署。

5月3日，省长王朝文到惠水县检查抗旱工作。

7月23日至27日，县第十一届人民代表大会第一次会议召开，选举王启发为县人大常委会主任，选举徐德林为县人民政府县长。

7月23日至29日，政协惠水县第六届委员会第一次会议召开，选举李让寅为县政协主席。

1988年

1月1日，为倡导婚事新办，推动移风易俗，团县委在县电影院为四对新人举行惠水县第一次集体婚礼。县四家班子、县直机关部门、各界群众、学生代表2000余人参加。

5月1日，县组织40余个乡镇18到22岁未婚女性190人（其中城镇待业90人，农村富余劳动力100

人）到广东省惠州市秋场镇毛织厂、澳头塑花厂务工三年。这是惠水县第一次有计划有组织开展的劳务输出。

8月至11日，县组织53人到毛家苑、摆金、雅水、长安4个乡镇开展探索完善双层经营，建立健全社会化服务体系、扩大家庭经营规模试点工作。

9月19日至24日，中共惠水县第七次代表大会召开，选举郝鑫中为中共惠水县委书记。

10月19日，县委、县政府在县城影剧院召开第一个“老年节”庆祝大会。

12月16日至27日，在北京国际展览中心举办的全国首届食品博览会上，惠水县酒厂生产的黑糯米酒获金奖。

12月24日，由团中央、江西中医学院、中国青年报社联合主办的全国青年之家“星球杯”竞赛在北京揭晓，惠水县摆金区上摆乡高寨村“青年之家”获二等奖。为西南地区唯一获奖单位。

1989年

3月6日至9日，贵州省水利工作会议在惠水县城召开。

是年，《惠水县志》《惠水县综合农业区划》《中国民间故事集成（惠水卷）》《中国民间歌谣谚语集成·（惠水卷）》等书籍发行。

是年，全县建成卫星地面接收站6座，电视收视覆盖面积达562平方千米。

1990年

3月8日，电视连续剧《蒙阿莎传奇》建组大会在惠水县城召开。该剧以20世纪50年代初惠水境内女匪首程莲珍（人称陈大嫂）为原型，分四集拍摄惠水解放初期剿匪斗争中主人公蒙阿莎被俘后弃暗投明、悔过自新、将功赎罪、诱降土匪、瓦解敌人的故事。这是国内第一部以布依族人民生活为题材的影视剧。

5月11日至18日，政协惠水县第七届委员会第一次会议召开，选举徐德林为政协主席。

5月12日至17日，县第十二届人民代表大会第一次会议召开，选举杨培俊为县人大常委会主任，选举张文玖为县人民政府县长。

6月14日，为支持即将在北京举行的第十一届亚洲运动会，县举行集资捐赠活动。截止9月28日，参与活动的单位120个，个人15165人，全县为亚运会集资98966.78元，占黔南州集资总额的四分之一。

7月27日，省政府批复，惠水县境内1974名佯僙人被认定为毛南族。

9月12日至17日，在北京由国家中医药管理局举办的首届中国医药博览会上，惠水县酒厂生产的“涟江牌”黑糯米酒获“神农杯”奖。

9月至12月，县在姚哨区、三都区开展农民技术职称评定试点工作，有88位农民获得技术职称。其中获得技师职称2人、助理技师职称11人、技术员职称75人。

10月27日，由中国基层政权建设研究会主办、《农民日报》《中国社会报》中央电视台经济部和《乡镇论坛》杂志社参加组织的“中国乡镇百颗星”评选活动中，惠水县姚哨乡获“中国乡镇百颗星”称号。

12月24日，惠水酒厂生产的“涟江醇”“黑糯米酒”“涟江大曲”在美国洛杉矶国际名酒展评会上分别获美国国际神童杯金奖、美国国际神女杯金奖、美国全美金奖。

12月26日，罗甸县发生持枪杀人案，6名歹徒持枪劫车于27日凌晨4时许逃窜到惠水县境内。案发后，贵州省公安厅迅速调集警力，集中整合力量，对罪犯进行围歼堵截。27日上午8时，在惠水县断杉区境内将全部罪犯抓获。民警张勇在围歼战斗中牺牲，交警队队长邹治梁负伤。

是年，惠水傩戏队赴北京参加第十一届亚洲运动会演出。

是年，县完成第四次全国人口普查工作。

1991年

4月22日，县国有林定权发证工作结束。从1989年11月起，县开展国有林定权发证工作，到1991年4月完成定权面积2778.2公顷，发证单位7个。

7月1日至11日，县内连降大暴雨造成灾害，全县27个乡镇143个村632个组97467人受灾，民房损坏504间、倒塌41间，死亡4人，因灾经济损失2568.25万元。

8月23日，断杉区董朗乡新寨村境内两个小煤窑因山洪冲击塌方，造成14人死亡特大事故。

8月，县开展建镇并乡撤区工作，撤销和平、姚哨、三都、摆金、雅水、断杉、王佑7个区（镇），将51个乡镇调整合并为25个乡镇。

9月23日，县第一家由残疾人杜兴伦等集资2万余元兴办的“惠水县残疾人福利工厂”正式生产。

11月9日，三都粮管所停薪留职职工龙军驾驶贵州04-03065号解放牌大货车违章载客，车行至惠水境内贵罗公路91千米+500米弯道处，因超速行驶翻车，造成4死2伤重大交通事故。

11月15日，县委、县政府印发《关于加快工业经济发展的意见》，鼓励党政机关和企事业单位的干部职工，领办或集资兴办“开发型、扶贫型、示范型”生产企业。

是年，第一批农村社教（社会主义思想教育）在全县7个乡镇129个村展开。

1992年

1月14日至17日，中共惠水县第八次代表大会在县城召开，选举李让寅为中共惠水县委书记。

8月1日，第一届惠水县卡拉OK演唱大奖赛在县城举行。

8月30日，投资10余万元、建设面积为3463平方米西门综合集贸批发市场开业。

10月28日至30日，抵麻乡元韦村葱窝组、甲烈乡红星村第三组和岗度乡屯上村第八组相继发生火灾，受灾20户107人，直接经济损失20余万元。

1993年

1月10日，惠水县凤山城市信用社正式营业。该社由县人大、县人行、县水电局牵头筹建，200余名社员入股的全股份制金融企业，注册资金50万元，经营范围为储蓄、信贷和代理发行债券。为贵州省第四个试办型的城市信用社。

2月1日至4日，全州县（市）乡镇换届选举工作会议在惠水县召开。州委书记李培书在会上讲话，对全州12个县（市）235个乡镇的换届选举工作进行安排部署，提出工作要求。

3月22日至26日，政协惠水县第八届委员会第一次会议召开，选举张文玖为县政协主席。

3月23日至27日，县第十三届人民代表大会第一次会议召开，选举徐德林为县人大常委会主任，选举张和林为县人民政府县长。

4月19日，成都军区副司令员马秉臣到惠水县检查民兵预备役工作。

7月1日，县正式放开粮油价格，取消凭粮票、凭购粮证、定量供应政策，粮票停止流通，实施四十余年的粮食统购统销政策正式结束。

12月16日9时，投资400万元的惠水县1200门程控电话开通，结束打电话靠人工转接的历史，标志惠水进入数字通信时代。

12月25日，县委、县政府举行毛泽东同志诞辰100周年纪念大会。

1994年

1月22日，县实施县级机构改革。全县设置县委工作部门9个；设置群团组织7个；设置县政府工作部门23个；按照宪法和有关规定保留设置的机构5个。

是月，高镇镇半坡村获贵州省农村基层党组织“双带”（党员带头致富，带领群众共同致富）工作一等奖，受省委、省政府表彰。

8月23日，州委、州政府对1993年全州农业生产先进县（市）进行表彰奖励。惠水县获一等奖，获奖金1万元。

9月27日，县委办、县政府办印发《大力推广秸秆青贮氨化发展养牛业》的通知，在长田、大龙、毛家苑、摆金、岗度、甲烈、鸭绒、断杉、羡塘、抵季、甲戎、打引等12个乡镇选择1至2户养牛大户作为试点示范，取得经验后在全县逐步推广。

10月19日，州委、州政府对1993年乡镇企业超常规发展的县（市）进行表彰奖励。惠水县获一等奖，获奖金一万元。

1995年

3月25日凌晨四时五十分，县政府行政管理股使用电器不慎，导致线路过载发热燃烧，引起重大火灾事故，导致县政府两层砖木结构办公楼被烧毁，直接经济损失9.3万元。

3月，和平镇居民陈惠平向县法院起诉县公安局对其具体行政行为违法，请求依照《中华人民共和国国赔偿法》的规定进行赔偿。4月8日，经县法院调解，由县公安局赔偿陈惠平误工损失费，一次付清，这是《中华人民共和国国家赔偿法》生效后，惠水县第一例行政赔偿案。

5月3日，全国政协常委、国务院港澳事务顾问、新中港集团公司主席、香港太平绅士徐展堂到惠水县考察访问。

6月13日，县举行第一次成人宣誓仪式。县民族师范、县民族中学两校学生500余人参加宣誓仪式。

6月28日，县委、县政府印发《行政机关、事业单位干部职工办理停薪留职手续的规定》，鼓励行政机关、事业单位的干部职工投入经济建设，经受锻炼，开阔视野，转变机关工作作风。

6月，县第一次面向全县公开选拔8名副科级领导干部，公开选拔县经贸局副局长、县粮食局副局长、县商业总公司副总经理、县物资总公司副总经理、县轻工总公司副总经理、县卫生局副局长、县建设局副局长、县交通局副局长各1名。

11月27日，芦山镇个体驾驶员卢定潮驾驶贵州04/05884号农用运输车搭乘17人由王佑行至威王线18千米+500米处时，车辆翻下3米高路坎，造成5人死亡、12人受伤的重大交通责任事故。

1996年

2月8日，长田乡上黄村在建的一孔（跨度30米、宽5米）卵石拱桥发生坍塌，导致6名工人死亡。

3月29日，县人武部收归军队建制。

5月2日，县召开全县“严打”工作会议，传达贯彻黔南州“严打”斗争紧急会议精神，成立夏季“严打”工作领导小组，部署全县“严打”工作。

5月31至6月1日，县内连降暴雨，降雨量104.8毫米，造成洪涝灾害。全县共有大龙乡等11个乡镇35个村133个村民组1621户7895人，356.6公顷农作物受灾，48间房屋倒塌，惠长、惠罗公路交通中断，经济损失27万余元。

10月16日至18日，中共惠水县第九次代表大会召开，选举黄桂祥为中共惠水县委书记。

10月20日，县委印发《关于开展向罗先忠同志学习的决定》。1996年8月3日，断杉镇派出所副所长罗先忠带领干警为解救被劫持女青年，在与歹徒搏斗中不幸牺牲。

12月，全县实现村村通电。

1997年

4月2日，罗甸县联营车队驾驶员黄光良驾驶贵J60093号桂林牌大客车由贵阳载客行至惠水甲戎乡黄花塘（国道210线2399千米+800米）处坠入河中，造成死亡11人、重伤2人、轻伤6人特大交通责任事故。

4月25日，省政协主席龙志毅到惠水考察调研。

7月，县面向全县从非统配大专毕业生中公开招考录用17名公务员。

10月18日，省长吴亦侠到和平镇、三都镇及卧龙、三都两地粮站和永红食品厂视察。

10月19日16时许，县境内遭受雹灾袭击，全县7个乡镇36个村396个组5940户28000余人受灾，农作物受灾面积227.4公顷，房屋倒塌34间，毁损输电线路380米，死亡1人，受伤1人，直接经济损失20余万元。

11月15日，全省“光明工程”实施仪式在甲烈乡黄岩村举行。

11月24日至27日，省政府评估验收团惠水分团对惠水县进行基本扫除青壮年文盲单位评估验收，认定惠水县为基本扫除青壮年文盲单位。

12月26日，县委、县政府召开创建文明县城动员大会。31日，县直机关和单位近千人走上街头打扫卫生，拉开创建卫生县城活动序幕。

1998年

1月15日至16日，贵州省交通厅验收团对国道210线惠水段改造工程进行验收。经验收，该项目工程合格，其中长田段为优质工程。

3月17日至23日，政协惠水县第九届委员会第一次会议召开，选举陈国英（女）为县政协主席。

3月18日至23日，县第十四届人民代表大会第一次会议召开，选举徐德林为县人大常委会主任，陈玉兴为县人民政府县长。

4月24日，应中国人民外交学会邀请，挪威前首相、工党主席雅格朗及夫人在挪威驻华大使白山陪同下到摆金镇清水苑考察。

6月15日至16日，县内连降大雨，全县25个乡镇354个村，1880个村民组49500余人受灾，农作物受灾面积5663.33公顷，210国道中断11小时，3条县道中断5小时，经济损失1200余万元。

6月20日，全国著名经济学家于光远到惠水县考察。

7月20日至21日，贵州省烤烟技术培训会在惠水县召开。惠水、石阡等16县（市）烟草公司负责人参加会议。美国大陆烟草集团公司副总裁史蒂芬、美国大陆烟草集团公司贵州分公司经理迈克应邀出席会议。

10月，惠水县被国务院批准为对外国人开放县。

11月24日至25日，省、州创建“平安工程”检查验收团对惠水县社会治安综合治理和创建“平安工程”工作进行检查验收。

1999年

4月28日，县委召开中共惠水县委派驻各片区工作委员会成立大会。在和平、断杉、摆金、雅水、王佑5个片区设立片区工作委员会。其中，和平片区工作委员会辖长田乡、大坝乡、高镇镇、和平镇、三都镇、毛家苑乡，工委驻和平镇；断杉片区工作委员会辖甲戎乡、断杉镇、抵季乡、羡塘乡，工委驻断杉镇；摆金片区工作委员会辖甲烈乡、摆金镇、斗底乡、摆榜乡、岗度乡、宁旺乡，工委驻摆金镇；雅水片区工作委员会辖鸭绒乡、雅水镇、太阳乡、抵麻乡，工委驻雅水镇；王佑片区工作委员会辖大龙乡、芦山镇、王佑镇、长安乡、打引乡，工委驻王佑镇。5月1日，各片区工作委员会挂牌开展工作。

6月29日20时，受强降雨影响，濛江、涟江上游降雨174毫米，涟江水位上涨9.6米，造成特大洪涝灾害。全县8个乡镇46个村269个村民组31500人受灾，长田乡吟河桥被水冲毁；县城牛场桥、三都镇三都桥、卧龙桥、鸣钟小寨桥被淹；三都镇金石、旧司、马田、鸣钟、羡田和毛家苑乡辉油寨、龙家苑等村民组被洪水围困；210国道中断13小时，直接经济损失1586万元。

8月4日至5日，惠水县禁毒委在毒情严重的和平、高镇、三都、摆金、芦山等5个镇开展重点整治行动。参加整治行动干警150余人，分5个行动组，在各镇开展搜捕工作，抓获涉毒人员48人。

9月15日，县举办“惠水解放50周年暨国庆50周年建设成就展”，图片资料展览分为“秀丽的山川、勤劳的民族”“英勇斗争的历史画卷”和“曲折的历程、辉煌的成就”3个部分。

10月3日，展览结束，共接待社会各界群众观展人员近6万人。

12月28日，县供电局与县水利电力局举行“惠水县小水电电网移交签字仪式”。

2000年

3月14日至18日，县召开第十四届人民代表大会第三次会议，选举骆用定为县人民政府县长。

4月10日，省长钱运录到惠水县调研。

4月12日，县委、县政府印发《关于将有关部门延伸工作机构的人权、财权、事权下放到乡镇统一管理的决定》。对象和范围包括：财政所、法庭、司法服务所、国土管理所、卫生院、乡镇企业管理站、农技站、农机站、林业站、畜牧站、水利站、教育辅导站、文化广播站、计生服务站。

5月6日至29日，县25个乡镇连续遭受暴雨袭击，总降雨量709毫米，其中，暴雨过程5次共287毫米，大到暴雨过程两次共79毫米，大雨过程4次共118.8毫米，致使全县山洪暴发，河水猛涨造成洪涝灾害。全县受灾农户43800户，受灾人口183960人，因灾死亡2人，伤2人，农作物受灾面积9530公顷，直接经济损失3187万元。

7月18日至20日，全省实验区工作座谈会暨王佑实验区验收会在王佑镇举行。

7月28日，县委印发《关于在全县开展向班世英同志学习的决定》。班世英是王佑镇兴义村党支部委员、妇女主任、计划生育员。2000年4月7日，在参加计划生育宣传工作时，因劳累过度突发脑溢血，不幸去世，年仅46岁。

8月18日，县内第一家超市—大昌鸿超市开业。该超市占地300余平方米，主要经营百货、食品、家电等600余种商品，有员工9人。2006年停业。

8月18日至22日，农业部、贵州省政府在贵阳联合举办2000年全国乡镇企业经贸洽谈会。惠水县共签约项目10个，引资总额1.15亿元，参展产品订货合同资金总额943万元。

2001年

5月15日，县委办、县政府办印发《关于对党政领导干部实行人口与计划生育“一票否决”制的暂行规定》，推进全县人口与计划生育工作。

5月，惠水民族中学音乐教师唐绍禹创作的歌曲《请到我们山寨来》在文化部、共青团中央、光明日报、全国少工委等四家联合主办、光明实业总公司承办的《光明杯二十一世纪少年儿童歌曲创作评选》活动中获作词、作曲一等奖。

6月18日至21日，中共惠水县第十次代表大会召开，选举黎俊敏为中共惠水县委书记。

6月26日，县委印发《惠水县部门“三个代表”重要思想学习教育活动实施方案》，召开惠水县直属部门“三个代表”重要思想学习教育动员大会。

8月9日至20日，县内出现罕见的秋风灾害天气，造成粮食大面积减产。全县水稻绝收面积2126.67公顷，减产粮食（折合）512694万千克，减产45.6%，直接经济损失3940万元。

9月8日，国道210线惠水段二级路建设工程举行开工典礼。

11月1日，县实施党政机构改革。全县设置县委工作部门9个；设置群团组织6个；设置政府工作部门25个；设政府议事协调机构的常设办事机构1个；设行使部分行政管理职能的事业单位4个；按照宪法和有关规定保留设置的机构4个。

11月17日至18日，首届“贵州·惠水好花红艺术节”在主会场惠水县城及分会场毛家苑乡举行。

12月13日，县委、县政府出台《惠水县乡镇党政机构改革的实施方案》，并组织实施。

是年，县政府在全县行政机关全面推行政务公开。

2002年

2月21日，平塘长丰运输有限公司的一辆从惠水县城发往平塘县旧司镇，车牌号为贵J66463载客35人的客运中巴车，行至摆西线17千米+800米处时（斗底乡青山），车辆翻下50米深河沟，造成死亡11人、伤22人的特大交通事故。

4月14日，省委书记钱运录带领省直有关部门负责人到摆榜乡就推进摆榜乡新阶段扶贫开发工作现场办公，研究安排推进摆榜乡新阶段扶贫开发工作。

4月起，县启动惠明路拆迁改造（后改称好花红商贸街）工程项目，涉及拆迁240余户，拆迁面积3万余平方米。2004年，该工程完成。

5月17日，县召开全县农村税费改革工作会议，对农村税费改革工作进行安排部署。

10月19日至20日，第二届贵州·惠水“好花红”艺术节暨涟江大道通车庆典在惠水县城举行。

11月，经省政府批准，毛家苑乡更名为好花红乡。

12月26日，县举行惠民农贸市场和广播电视中心竣工、涟江防洪工程、二期自来水工程、新办公区建设工程开工典礼。

2003年

2月25日至3月3日，政协惠水县第十届委员会第一次会议召开，选举吴文辉为县政协主席。

2月26日至3月3日，县第十五届人民代表大会第一次会议召开，选举向忠雄为县人民政府县长。

3月27日，省委书记钱运录到摆榜乡开展调研扶贫开发工作，走访慰问贫困群众，检查扶贫开发措施的落实情况，研究加快群众脱贫致富工作措施。

4月23日，召开全县“非典型性肺炎”防控紧急会议；29日，召开全县“非典型性肺炎”防控广播电视动员大会。

6月，团县委被团中央表彰为“全国团建先进县（市）创建单位”。

7月6日，雅水水头水库发生翻船事故，3名学生落水失踪。

8月30日，省委书记钱运录到摆榜乡调研扶贫开发工作。

9月1日，黔南州公安局车辆管理所惠水分所挂牌成立。这是全国第一家挂牌成立的县级车管所。

9月9日，省科技厅副厅长高贵龙、省农科院刘振业、杨昌达等教授专家学者对摆榜乡“金优404”良种水稻示范推广项目进行验收。

10月，县人武部被省政府、省军区表彰为“征兵先进单位”；县国税局被省委表彰为“全省民族团结进步先进单位”。

11月19日，省委书记钱运录到摆榜乡就新阶段扶贫开发工作进行调研。强调：摆榜乡扶贫开发的目标要继续围绕“三个基本”（解决基本生产生活条件、解决基本增收路子、解决群众基本素质），切实转变干部作风，进一步加快扶贫攻坚。各级各部门要从践行“三个代表”重要思想的高度，始终坚持立党为公、执政为民，进一步支持和帮助摆榜乡困难群众提高生产生活水平，在巩固温饱的同时努力实现增收上有新突破。

12月23日，投资2.8亿元装机容量8万千瓦的惠水县团坡电站首期工程开工。

12月，县国税局被国家税务总局表彰为“全国税务系统信息化先进集体”。

2004年

1月10日，县委保密局被中共中央保密委员会授予2003年度“全国先进保密工作集体”。

2月3日至4日，省长石秀诗到惠水闽惠花卉开发基地、永红食品公司、特种水产养殖基地调研。

4月24日，省委书记钱运录到摆榜乡对该乡扶贫开发“三基本”落实情况进行调研。

5月1日，打引乡建华村巴超组发生民房火灾，烧毁房屋32栋，29户184人受灾。

5月10日至11日，县内遭受特大风雹灾害，全县15个乡镇、67个村402个村民组、1.6万户7.31万人受灾，全县直接经济损失1139.41万元。

6月14日，甲戎乡河坝村董谷组发生民房火灾，9户农户受灾，烧毁房屋10栋41间、粮食5.3吨，油菜0.9吨，烧死生猪12头，经济损失9万余元。

7月21日，县政府实施机构改革。全县设置县政府工作部门25个；设置议事协调机构的常设办事机构2个；设置县政府直属事业机构5个。

9月19日，贵州省2003年农业综合开发项目验收总结会在惠水县召开。

10月，贵州省版权局确定惠水县政府为民歌《好花红》的权力代理人，并颁发证书。

11月15日，县“两基”工作通过省政府验收。

12月20日，花溪桐木岭至惠水公路改造工程开工。

是月，惠水布依族民歌《好花红》在贵州省版权局正式注册。

是月，引进贵阳弘福寺首座释崇慈法师募集资金搬迁西山寺到九龙寺旧址并复建九龙寺。

是年，全县实现村村通广播。

2005年

1月25日，县委召开全县保持共产党员先进性教育活动工作会议。全县先进性教育活动从2005年1月开始，分三批进行，2006年6月结束。

1月29日，省委书记钱运录到惠水县就开展保持共产党员先进性教育活动调研。

2月24日下午3时30分，三都镇三都村紫马冲发生山林火灾。贵州省预备役师侦察营一连三班班长、县民兵应急分队三班班长、三都村护林防火队队员唐正坤参加扑火时牺牲，年仅36岁。唐正坤被省政府批准为“革命烈士”、被黔南州委追认为“优秀共产党员”。

3月22日，县委举行“惠水县千名干部下基层，服务春耕办实事”出发仪式。

3月30日，省委书记钱运录到大坝乡调研。

4月15日，全省水稻全程机械化机播试插现场会在惠水县举行。

5月19日，卢旺达爱国阵线总书记恩加兰贝、众议院副议长德尼·波利西、国务秘书帕特西亚·哈贾巴齐加访黔代表团到惠水县参观考察摆榜乡扶贫开发项目和永红食品有限公司生产情况。

5月20日，惠水县首届“多彩贵州”暨“涟江河畔好花红”歌唱大赛颁奖晚会举行，选拔赛各种唱法获奖的68名个人和12个单位受到表彰。

6月4日凌晨2时至下午3时，县内出现大面积强降雨，全县25个乡镇97个村、850个村民组受灾，受灾人口107152人，死亡3人，失踪2人，山体滑坡100余处，房屋毁损81间，县乡公路水毁路面1.6万平方米，农田受灾19802公顷，直接损失13609万元。

8月12日，省委书记钱运录到惠水县摆榜乡对该乡保持共产党员先进性教育活动和农业农村工作进行调研。

9月2日，黔南州第五届体育健身比赛在惠水县城举行，来自全州12个县（市）的15个代表队参加。

9月28日，县举办喜迎百名客商观惠水暨招商引资跨越式发展研讨会系列活动。浙江、上海、福建等地的200多名客商在县委、县政府大院举行招商引资签约仪式。共签约项目27个，项目总投资11.8亿元。惠水县与贵阳市云岩区签订区域经济技术合作框架协议，协议资金5.8亿元，双方将按照“总部加基地”的发展模式，引进企业落户贵阳市云岩区注册营销总部，在惠水县建立生产基地。

10月18日，惠水县“雅晶”牌大米在四川省成都市召开全国粮油精品展示交易会上获中国粮食行业协会、中国植物油行业协会授予全国“放心粮油”称号。

10月26日至11月6日，无人飞艇低空遥感技术在惠水县涟江大坝监测项目区成功运行，标志贵州省进入利用现代高新科技手段加强国土资源动态监测新阶段。

11月7日14时27分，车牌号为贵J30810微型轿车从平塘县克度镇经惠水羡塘乡往断杉方向行至984县道26千米+500米偏岩处坠入河中，造成3人当场死亡、1人受伤特大交通事故。

11月，惠水县获“2001—2005年全国婚育新风进万家活动先进县”称号。

是月，县在商贸街开展创建“百城万店无假货”示范街经营活动。

12月11日，中国红十字总会党组书记、常务副会长江亦曼到惠水县开展“博爱送万家”慰问活动。

12月23日，惠水县通过州级“文明县城”检查验收，黔南州文明委向贵州省文明委推荐惠水县作为省级“文明城市”创建县。

是月，惠水县被全国老龄工作委员会授予“全国老龄工作先进县”称号，成为全国第一批获此称号的县（市）之一。

是年，县实行免征农业税政策，实施良种、种粮、农机具、农业税直补等惠农政策。

2006年

1月1日，县执行第十届全国人大常委会第19次会议废止《农业税条例》的决定和第46号国家主席令，全面取消农业税。

1月起，县人民政府决定全县行政、事业单位实行住房公积金制度。

3月31日，2006多彩贵州旅游形象大使惠水赛区选拔赛决赛举行。赵晗钰、赵晗珂获得“活泼可爱奖”；甘甜、严磊获少儿组优秀奖；余梦云、罗凯获“青春活力奖”；潘仁周、吴春燕、杨光菊分获布依族、苗族、毛南族“民族姑娘”称号；李春临、舒丹、蔡娟获“惠水县旅游形象大使”称号。

5月23日至29日，在贵阳举行的第三届贵州省残疾人运动会上，惠水籍选手朱元静获50米仰泳、自由泳和100米仰泳金牌，为全省唯一获得三枚金牌的选手，也是全省获得个人金牌数最多的选手。

6月8日，卢旺达参众“两院”联合代表团在参议长文森特·比鲁塔率领下到惠水县参观考察。

6月18日，首届“贵州·惠水·涟江休闲垂钓节”在惠水县高镇镇涟江渔场举行。

6月23日，县政府决定东至孤儿院—县农具厂—县酒厂；南至纸厂—杀猪场—河边寨；西至职中—马蹄坡—杨梅坡—西山坡；北至奔土坎—牛场桥（含县养护段）—濛江桥—三岔河等城区范围及大小街道院落禁止燃放烟花爆竹。规定在县城举行大型庆祝、庆典活动及重要节日，需燃放烟花爆竹，由县公安局经允许燃放的时间、地点和种类作出规定并进行公告后方可燃放。

6月27日，贵州省植保现场会在惠水县召开。

6月29日，惠水县庆祝建党85周年暨保持共产党员先进性教育活动总结大会召开。县委印发《关于在全县开展向罗景福同志学习活动的决定》，号召全县广大干部和共产党员向罗景福学习。

是月，县政府授予秦珍妹（女）、唐乔妹（女）、王世兵、杨光成、李兴福、陈家敏（女）、杨昌飞、穆秀锋、罗大灵、吴朝明10人“惠水县旅游商品能工巧匠”称号。

7月6日，中央电视台《美丽中国》栏目和英国BBC电视台联手走进惠水县万洞之乡——羡塘乡，对燕子洞进行实地拍摄。该片在2008年奥运会期间在中央电视台综合频道黄金时间播出，并在世界165个国家同步首播。

7月25日，县美食文化比赛举行。立青饭馆、涟江酒楼、“高辣鸡”分别获得名优小吃、餐馆和特色菜比赛第一名。

8月10日至19日，中央电视台编导李遵到惠水县拍摄《想涟江》《故乡年年好花红》MTV及《富饶美丽的好花红故乡——惠水》专题片。该MTV和专题片的拍摄以展示、推介、传播惠水为目的，以好花红故乡秀美的自然风光、纯朴的民族风情、浓厚的民族民间文化为内容，在惠水县长田乡、雅水镇、羡塘乡等地进行实地拍摄。

9月8日，中国民族地区特产之乡推荐及宣传活动组织委员会授予惠水县“中国黑糯米之乡”“中国金钱橘之乡”称号。

10月18日至20日，中共惠水县十一次代表大会召开，选举向忠雄为中共惠水县委书记。

10月，县开展第二次全国农业普查工作。

11月1日，县鸭绒中学48名学生在学校食堂就餐，于22时许陆续出现恶心、呕吐、头昏、四肢无力等中毒症状。事件发生后，县即启动突发卫生事件应急预案，组织现场处治。经查明，27名学生诊断为疑似马铃薯中毒，21名学生系心因性反应。经治疗，中毒学生11月5日返校上课，无人死亡。

11月2日至4日，全省水稻机械化插秧、马铃薯机械化收获和小麦机械化播种农机培训现场演示会在惠水县召开。

11月10日至12日，在湖南省长沙市会展中心由全国农业技术推广服务中心、中国农业技术推广协会、中国农业科学院联合举办的“第五届中国优质稻米博览交易会”上，代表贵州省参评的惠水县“雅晶牌”大米获得本届博览会金奖。“雅晶”牌大米自1999年注册商标以来，以稳定的质量深受消费者青睐，曾先后获得贵州省名牌优质农产品、中国粮食“放心米”、国家“无公害”产品等称号。

11月28日至12月1日，第三届“中国·贵州·惠水好花红艺术节暨首届金钱桔节”举行。期间，贵州省布依学会发布《关于命名惠水县好花红乡辉岩村王姓四合院为“中华布依第一堂屋”的决定》，惠水县好花红乡辉岩村王姓四合院被授牌“中华布依第一堂屋”称号。

12月5日，根据国土资源部印发《关于确定国家基本农田保护示范区的通知》，惠水县被确定为贵州省3个国家基本农田保护示范区之一，示范区面积为7355.10公顷。

是年，程控电话和移动通信网络覆盖全县所有乡镇。

是年，全县201个行政村建成村级办公用房。

2007年

1月5日至8日，政协惠水县委员会第十一届一次会议召开，选举吴文辉为县政协主席。

1月6日至9日，县第十六届人民代表大会第一次会议召开，选举陈国英（女）为县人大常委会主任，选举吴丹为县人民政府县长。

1月27日，县召开新型农村合作医疗会议，启动新型农村合作医疗工作。至5月18日，全县新型农村合作医疗参合率达80%，惠及农民30万余人。

1月，县供电局继1998年度（1995—1998）、2002年度（1999—2002）后，连续第三次被省委、省政府授予2006年度（2003—2006）省级文明单位。

3月19日，县启动“百万绿化工程”，工程共11个分项工程，分别在建设西路、人民北路、县委大院、金惠花池、涟江广场路段及绿化景点实施，4月底竣工。

3月26日，贵州省重点建设项目——贵州豪龙水泥有限公司年产100万吨新型干法水泥项目主体工程在长田工业聚集区举行开工典礼。

5月8日至13日，青年歌唱家、第九届“步步高杯”全国青年歌手大奖赛金奖获得者、总政歌舞团独唱演员王宏伟及中央电视台（CCTV）摄制组李遵导演一行到惠水县拍摄MTV《好花花的歌美滋滋地唱》。《好花红》MTV由中央民族大学音乐硕士研究生、惠水县的旅游形象大使王艺霖演唱。

6月16日，白果新区“两路一桥”工程、长田工业聚集区大坝新区举行开工奠基典礼。

6月19日，惠水县获农业部授予“全国农业机械化示范县”称号。

是日，“龙游涟江、歌飞四海”主题文化系列活动在县城举行。

6月，布依民歌《好花红》、长安布依族土布扎染、布依族枫香染制作技艺、芦山手工土纸制作工艺被列入省级非物质文化遗产保护名录。

7月1日，县农村居民最低生活保障受助对象入户调查工作正式启动，年收入在700元以下的贫困群众将获得生活补助。

7月16日，总投资3520万元的种草养牛科技扶贫项目落户惠水县。项目涉及惠水县7个乡镇44个村2750户，扶持贫困户759户。

7月中旬，惠水县被农业部确定为第一批100个全国农业机械化示范区之一。

7月25日至31日，县境发生洪灾，全县25个乡镇128个村受灾，受灾人口达12.3万人；房屋倒塌64间，损坏131间；农作物受灾面积5.4万亩，成灾面积3.5万亩；2人死亡，1人失踪。造成直接经济损失2820万元。

是日，惠水县水政监察大队获中央综治办、水利部授予“全国调处水事纠纷、创建平安边界先进集体”称号。

8月8日，县举行第一届旅游产业发展大会。

9月27日，惠水县涟江花卉林木科普示范基地被中国科协、财政部联合表彰为2007年“科普惠农兴村”先进单位。

9月28日，投资1.3亿元，总长40.5公里的贵阳花溪桐木岭至惠水三都镇二级公路改造扩建工程竣工。

9月28日至10月4日，“贵州省饮食与茶文化节贵州美食博览会”在贵阳市金阳西南民族美食广场举行，惠水县曾记全牛火锅和正刚豆花鸡两家餐饮企业获“贵州省名火锅”称号（此前立青毛肚火锅曾获此称号）。

9月，好花红商贸街被贵州省“百城万店无假货”活动领导小组命名为贵州省第一批“百城万店无假货”活动示范街。

10月17日，县第一家村级工会——大龙乡九龙村工会联合会成立。

10月19日，县境内九龙寺举行太子佛道场开光仪式。省内外社会各界人士5万余人参加仪式。

10月，县内作者制作的《妈妈的微笑》和《春姑娘》两首音乐作品在中国第四届群众创作歌曲大赛中分获银奖和铜奖，并收入由中国广播电视出版社出版的《神州歌海——中国群众创作歌曲大赛获奖作品集》一书。其中，《妈妈的微笑》由莫红阳作曲，《春姑娘》由卢俊鹏作曲，两位作者均来自县城关一小。

是月，和平镇惠明村被全国老龄办、中宣部、教育部、国家广电总局、共青团中央、全国妇联联合授予“全国敬老模范村”称号。

11月21日起，县启动惠水县党政办公自动化（OA）系统，逐步推行无纸化办公。

11月，惠水大米在中国第六届优质稻米博览交易会上获优质奖。

12月26日，“惠（水）长（顺）”公路改扩建工程正式开工。该工程设计标准为国家二级公路，全长34.5千米，总投资2.4亿元。

12月，惠水县三都镇金田村被司法部和民政部联合表彰为全国第三批“民主法治示范村”。

是年，惠水县荣获“全省2003至2005年度创建文明县城工作先进县城荣誉”称号，县财政局、县国税局、县地税局荣获“全省精神文明建设工作先进单位”荣誉称号，高镇镇荣获“全省创建文明村镇工作先进村镇荣誉”称号。

2008年

1月7日，县举行首届大型艺术灯展。

1月10日，县启动集体林权制度改革。

1月12日至2月上旬，县遭受历史罕见的低温凝冻灾害天气，全县25个乡镇不同程度受灾，城区和各乡镇自来水不同程度受损。受灾人口累计达235346人，直接经济损失累计1.3213亿元，农作物绝收面积3500公顷，县财政投入救灾资金628万元。

2月26日，涟江河县城段翻板坝工程开工。其中南桥翻板坝总投资306.8万元，坝宽75米，坝体高1.8米，6月30日完工，开始下闸蓄水。该翻板坝可使涟江河县城段水位提高1米左右。

是月，长田工业园区入选贵州省第一批“乡镇企业聚集区”。

3月26日至6月30日，县面向社会各界举行“惠水精神”提炼活动。经过征文、评审和论证，确定将“乐观进取、务实创新、向上争先”提炼为“惠水精神”。

4月1日，全县乡财县管体制改革启动。

5月2日至3日，在由亚太环境保护协会、中国城市竞争力研究会、香港世界遗产研究院、香港中国城市研究院、世界城市合作组织中国委员会、世界航空小姐协会、亚太人文与生态价值评估中心、中华绿色版图工程生态示范基地、国际绿色消费者协会、中国城市杂志社等10家机构在香港联合举办的“首届国际雨燕保护会议”上，惠水县羡塘燕子洞被命名为“国际爱燕总部基地”。6月7日，在浙江奉化召开的全国“村主任”论坛暨中国绿色村庄2008年年会上，羡塘乡被中国绿色村庄发展促进会、亚太环保协会联合授予“中国绿色村庄”称号。

5月12日14时28分，四川省汶川县发生8.0级特大地震。惠水开展多形式支援活动。截至7月31日，全县各级党政机关、驻惠部队、企事业单位、个体工商户及社会各界人士捐赠款物折合人民币3435531.83元，其中现金2635531.83元，物资折款80余万元，缴纳的“特殊党费”347833.02元，抽派5名卫生工作者奔赴四川灾区一线开展卫生防疫工作。

5月13日至15日，省长林树森到和平镇斗篷山区和永红食品公司进行视察调研。

5月23日，投资30余万元的贵州流动图书馆惠水分馆正式运行。贵州省第一家由省图书馆投资的县级图书馆。

6月17日下午4时许，贵阳元驰运输公司所属一辆大型油罐车从贵阳开往惠水，车辆行至高镇镇中心街上时，底部主输油管破裂，造成8吨汽油泄漏重大安全事故。接到报警后，县相关部门人员及省消防总队官兵赶赴现场处置，经奋战至18日凌晨1：30分，所有泄漏汽油全部清理完毕。

6月30日，在涟江广场举行“涟江吧海”竣工仪式。该工程投资120余万元，绿化景观12500平方米。

6月，《好花红调》和布依族枫香染入选第二批国家级非物质文化遗产名录。

是月，县城关一小学生李昌昊、蔡萨萨获全国中小学“希望杯”数学邀请赛决赛金奖。

7月1日，在贵州省纪念中国共产党成立87周年的大会上，惠水县获省委表彰为“全省党的基层组织建设先进县”。

7月16日至17日，由贵州省残联、贵州省体育局联合主办的2008年贵州省残疾人游泳锦标赛举行。全省9个市（州、地）的101名运动员进行蝶泳、仰泳、蛙泳、自由泳、混合泳及接力等120个项目的角逐。省游泳队、惠水籍运动员朱元静（女）夺得所参加8个游泳项目金牌。

7月25日，县启动“千名干部下基层、转变作风办实事”活动。

9月起，根据国务院决定，县内义务教育阶段学生不再交纳学费和学杂费。

9月19日至25日，在2008年平遥国际摄影大赛中，县摄影家协会主席丁华松拍摄的作品《破冰》获得二等奖。

9月22日，惠水县被农业部授予“全国农产品加工创业基地”称号。

11月15日至16日，中央电视台国防军事频道《每日农经》栏目组走进高镇镇高镇村，对该村的“竹鼠养殖大王”——李勇养殖竹鼠的情况进行节目录制。

是年，县内作者卢俊鹏创作歌曲《我们去春游》获中国第五届群众创作歌曲大赛银奖，莫红阳创作歌曲《采山的姑娘》《小蜜蜂》分别获中国第五届群众创作歌曲大赛银奖和铜奖。

是年，全县完成27条267千米通村公路建设任务，涉及14个乡镇34个行政村，直接受益4.6万人，间接辐射带动农村人口8万余人。

2009年

1月19日，惠水县获省委、省政府授予省级“文明县城”称号；高镇镇被评为“全省文明村镇”，县供电局、县地税局被评为“全省文明单位”，长田乡被评为“全省创建文明村镇工作村镇”，县财政局、县国税局、县公安局交警大队被评为“全省精神文明建设工作先进单位”。

5月16日，惠水县被民政部授予“全国农村低保规范化建设典型县”称号。

8月17日至22日，2009全国大学生藤球锦标赛、青少年藤球锦标赛在惠水举行。

9月26日至10月8日，县政府在县人民广场举办“庆祝中华人民共和国成立60周年暨惠水解放60周年建设成就展”，展板60块120个版面，5000余幅新老图片。展示60年来惠水县在农业、工业、经济、招商引资、文化、教育、卫生、旅游等各个方面的巨大变化。国庆期间参观展览10000多人次。

10月18日，数字电影《好花红》在好花红乡辉岩村举行开拍仪式。

12月19日至20日，贵州省第八届冬季游泳运动会在惠水县举行，来自全省各地（州）、县（市）的32支代表队参加比赛。惠水县获得团体决赛第一名。

是月，好花红乡好花红村获中国科协、财政部授予全国科普惠农兴村先进单位。

是年，县完成“三桥两路一园”（惠民大桥、永红大桥、涟江大桥；白果大道、永红大道；涟江公园）重点工程建设。

是年，投入1136.5万元，完成948户农村危房改造工程；投入1200余万元，完成108套9000平方米廉租住房工程。

2010年

3月17日，省长林树森到摆金镇、高镇镇检查指导抗旱工作。

3月31日，惠水县召开深入学习实践科学发展观活动总结表彰大会。按照中央、省、州统一安排部署，从2009年3月起，惠水县分别开展第二、第三批深入学习实践科学发展观活动，全县500余个基层党组织，1300余名共产党员参加。

6月9日，贵州永红食品有限公司“牛头牌”商标获中国驰名商标称号。

8月6日至9日，首届永红“牛头杯”广西、云南、贵州三省（区）民族斗牛争霸赛在惠水举行。

8月18日，惠水2008年、2009年草地生态畜牧产业化科技扶贫项目通过省级验收。

9月26日，省委书记栗战书到惠水县大龙乡考察“185”助民增收示范工程——雅羊生姜种植基地。

10月3日，全国人大财经委主任石秀诗到惠水调研。

10月19日至25日，惠水残疾人运动员朱元静（女）参加在贵阳举行的贵州省第四届残疾人运动会上，夺得女子S9级50米自由泳、100米自由泳、100米仰泳、200米混合泳、4X100米自由泳、200米混合泳6块金牌，为黔南代表团获金牌总数最多的运动员。

11月1日零时，全县200名普查员和46名普查指导员开展全国第六次人口普查工作。

11月12日至27日，县文广局干部、西南地区唯一的国家级藤球裁判白嵋（女）担任第十六届广州亚运会藤球项目的执裁工作。为惠水籍人员第一次执裁国际比赛。

12月18日，贵州省妇联“黔灵女”家政服务中心第一个县级工作站在惠水县城成立。

12月27日，省长赵克志到惠水县调研。

12月，全国妇联、民政部、文化部、环境保护部、国家广电总局联合授予和平镇涟江社区“全国创建学习型家庭示范社区”称号。

是年，惠水县和平镇被国家体育总局表彰为全民健身活动先进单位。

2011年

3月17日，受日本核辐射谣言影响，县内出现有历史记载以来最大的突发性食盐抢购事件，全县165吨库存食盐被抢购一空。事件发生后，县盐业公司向市场投放食盐289.38吨，稳定群众情绪，满足购买需求。县通过加大宣传和打击不法商贩扰乱食盐市场违法行为，维护食盐市场秩序。至19日，全县食盐抢购风潮平息。

3月28日，全省加快民营经济发展先进单位和个人表彰大会在贵阳召开。惠水县获“贵州省十佳先进县”称号。

5月17日，县实施政府机构改革。全县设置县政府工作部门23个；县政府直属事业机构2个；设其他机构1个。

5月22日，惠水泰安水泥有限公司举行年产400万吨旋窑水泥投产庆典仪式。

7月6日，惠水县作为全省严肃换届纪律联系点、全州乡镇党委换届试点，在全省率先成功选举产生新一届党委、纪委领导班子。

7月22日至7月30日，全国青少年毽球锦标赛在惠水县城举行。惠水代表队获得一项第一名、三项第二名。

是月，县委举办“纪念中国共产党成立90周年”党史档案文献图片展。

9月15日，惠水第一家全日制高校——贵州盛华职业学院开学。

9月26日至27日，惠水县人民医院经黔南州二级甲等综合医院评审领导小组11个专家组25人的评审考核，晋升为二级甲等综合医院。

10月26日至28日，中共惠水县第十二次代表大会召开，选举吴丹为中共惠水县委书记。

11月26日，长田乡政府组织治理非法采煤窝点致2名村民死亡。县委成立专案组对案件进行调查，启动问责机制，该乡党委政府主要负责人被免职，直接责任人被刑拘。

2012年

1月3日至6日，政协惠水县第十二届委员会第一次会议召开，选举王正祥为县政协主席。

1月4日至6日，县第十七届人民代表大会第一次会议召开，选举罗兴惠为县人大常委会主任，万庆华为县人民政府县长。

3月21日，国家体育总局社体中心授予惠水县“全国毽球运动示范县”称号。惠水县成为全国唯一的县级“毽球运动示范县”。

是月，全县187所农村学校全面实施学生营养餐改善计划，50327名学生受益。

6月18日，惠水长田工业园区列入全省“511”示范培育园区名单。

6月23日，惠水县第四届好花红艺术节暨端午“龙游涟江”旅游文化商贸系列活动在县内举行。

是日，总投资7.4亿元，全长11.5千米、宽38米的贵惠大道惠高段竣工通车。

7月4日，全省“185”农业产业结构调整现场会在惠水县召开。

7月12日，财政部、水利部专家组对惠水中小河流治理试点项目进行绩效考评，涟江河和平镇段河道治理工程获全省第一名。

7月16日，经省政府批准，惠水长田工业园区被命名为“贵州惠水经济开发区”，实行省级经济开发区政策。

是月，县启动新型农村和城镇居民养老保险试点工作。

8月25日至26日，中央电视台综合频道栏目《朝闻天下》“走基层，寻找最美乡村教师”节目分两期播出“贵州惠水：苗寨深山里的夫妻学校”，讲述好花红乡清水苑村干昌组黎永清、唐乔英夫妇的先进事迹。

9月24日，惠水购置的全省首艘自动割草保洁船在涟江河投入使用。

是月，全省农村外出务工人员及在乡创业调查试点工作在惠水开展。

是月，县城105000平方米主要城市道路“白改黑”和50000平方米“人行道改造”工程全面完成。

11月1日，为加强对工业园区的管理，县委、县政府将原长田工业园区划分为贵州惠水经济开发区和惠水长田工业园区。

是日，涟江水利风景区在全国水利风景区管理与建设工作会议上获批为国家水利风景区，成为全国第510个国家水利风景区。

11月28日，在好花红乡好花红村举办首届寻找“好花红歌王”山歌挑战赛，来自全县各乡镇及长顺、平塘、紫云等县33名歌手参加比赛，高镇镇歌手金国香获“好花红歌王”称号。

是月，雅水镇枫香染传承人杨光成经文化部评审，成为第四批国家级非物质文化遗产传承人。

12月20日，惠水川东化工公司20000千伏安黄磷炉技改项目竣工投产。项目总投资3795万元，年产黄磷2万吨，年产值2.5亿元以上。

12月31日，总投资4.7亿元、装机容量为49.5兆瓦的贵州惠水龙塘山风电场一期项目首台机组实现并网发电。

12月，好花红乡好花红村获国家计生委、中国计生协会授予人口和计划生育基层群众自治示范村居。

是月，全县水利普查工作完成100平方千米以上河流的基本情况普查。

是年，投入资金1060万元开展“村庄整治工程”全面完工，共完成1343户，涉及公路沿线12个乡镇，26个行政村，27个自然村寨。

是年，惠（水）兴（仁）高速公路惠兴段建成通车。

是年，全县实现25个乡镇乡乡通油路目标。

2013年

1月1日，大龙乡九龙村举行云南、广西、贵州三省区民族猛牛争霸赛。

是月，贵州豪龙水泥公司、贵州惠水西南水泥有限公司水泥脱硝项目建成使用，项目总投资1200万元，脱硝率达70%左右，年均可减少NOX排放量约1500吨。

2月7日，惠水县第一个风力电场——龙塘山风力电场第一期工程建成并成功并网发电，投运的首台风电机组容量为1500千瓦，单机每天最多能发电3.6万千瓦时。

是月，省文物考古所专家组一行到惠水大龙乡小龙坑遗址和摆金清水苑大洞遗址进行为期9天的考察试掘。通过对洞穴内的地层剖面测定，初步推测两处洞穴均为旧石器时代古人类活动遗址，距今已有万余年历史，试掘工作中发掘出一批燧石、动物遗骨、砍砸器等物件，进一步明确了遗址年代、古人类活动证据和发掘价值，为惠水史前文化研究提供重要物证。

3月12日至14日，2013年中国毽球协会工作会议在惠水县城召开。

4月18日，上海云月投资管理有限公司宣布完成对贵州永红食品有限公司主要控股权的收购，占股70%，原有的三位企业联合创始人持有公司30%股权。

5月20日，在北京召开"'成绩与挑战：让好计划运行得更好'农村义务教育学生营养改善计划评估结果发布会"上，惠水县被中国发展研究基金会授予"农村学生营养改善先进县"称号。

是月，国务院印发《关于核定并公布第七批全国重点文物保护单位的通知》，惠水县摆金镇仙人桥洞葬入选全国第七批重点文物保护单位。

是月，总投资1500万元，总长1.82千米，宽22米的建设西路改造工程竣工通车。

是月，县设立涟江燕子洞风景名胜区管理处，为县人民政府管理的副县级事业单位。

6月10日至12日，"多彩贵州"惠水2013端午"龙游涟江"系列活动在惠水县城举行。

6月14日，惠水县第一次全国水利普查通过州级验收。此次普查从2010年10月开始，至2013年6月结束。普查8个专项，共完成普查对象1328个，填写普查表1228张，录入名录总数1538个，录入数据19745项，全部通过审核。完成空间数据采集及标绘201个，完成土壤侵蚀野外调查20个，完成普查资料档案共55卷。

7月30日，惠水县举行英烈墙竣工揭幕仪式。英烈墙是县政府投资20万元为纪念在惠水境内牺牲、惠水籍在县境外牺牲、散葬在全国各地以及尚未安葬在县革命烈士陵园的烈士而修建。英烈墙上镌刻祭文及300个烈士英名等内容。

是月，惠水县分类推进事业单位改革工作。全县参加分类改革的事业单位共406个，财政全额拨款单位398个，差额拨款单位5个，自收自支单位3个。参照分类目录和分类标准，惠水县划为行政类事业单位6个，公益一类单位共386个、公益二类单位11个。

8月1日至7日，2013年全国定向锦标赛暨"寻找美丽中华"活动在惠水举行。这是贵州省第一次举办的全国性户外定向类锦标赛。

8月18日，第一届"好花正红"民族民间舞蹈比赛在县城举行。

是月，岗度乡本底村村民罗继环荣获省第三届"温暖贵州·福利彩票"敬老爱老助老"四个十佳"和敬老模范单位评选表彰活动之"十佳敬老好媳妇"称号。

10月10日，贵州首条采用BOT模式修建的高速公路——惠贵高速公路提前7个月正式建成通车。该路段全长37.22千米，路宽33.5米，总投资36.86亿元，其中惠水境内总长26.3千米，途经大坝乡、长田乡、高镇镇、和平镇。

10月11日，长田大冲煤矿发生透水事故，事发时井下共有作业人员33人，26人安全升井，7名工人被困井下。至20日，事故抢险救援工作结束，井下7名矿工全部遇难。

11月15日至17日，惠水县枫香染工艺师陈光英作品——《凤翔九天》在中国（贵州）国际民族民间工艺品·文化产品博览会上。获能工巧匠选拔赛蜡染蜡画类二等奖，并获“匠心多彩·创意贵州·贵州名匠”称号。

11月17日，省委书记赵克志到好花红乡调研，宣讲党的十八届三中全会精神。

11月28日，惠水县中医院通过二级甲等中医医院评审。

是月，县文体广电旅游局获国家体育总局评为“2009—2012年度全国群众体育先进单位”。

12月23日，惠水县档案馆通过国家二级综合档案馆测评验收。

是月，三都镇三都村被中国计划生育协会授予第四批全国计划生育基层群众自治示范村（居）。

是月，羡塘乡西混村中药材种植协会被全国科协、民政部表彰为“科普惠农兴村计划”先进集体。

是月，抵季乡三永生态养殖场法人刘昌高被中国科协、财政部表彰为“科普惠农兴村计划”先进个人。

是年，中央、省、州、县累计投入2335.44万元，完成全县3250户农危房改造任务，解决农村“两最”群众住房困难问题，提前一年完成2008年调查摸底在册的9633户农村危房改造任务。

是年，全县完成2012年中央资金农村饮水安全项目7个，项目总投资977.91万元，解决农村饮水不安全人口1.696万人。

2014年

1月27日，县委召开党的群众路线教育实践活动动员部署大会，全面启动党的群众路线教育实践活动。10月底，党的群众路线教育实践活动结束。

2月20日，惠水县农村集体土地房屋所有权登记试点工作在高镇镇长兴村启动。

3月10日，县召开乡镇行政区划调整工作动员大会，部署全县乡镇行政区划调整工作。本次乡镇行政区划调整为撤销惠水和平镇、高镇镇、三都镇、断杉镇、王佑镇、雅水镇、摆金镇、大龙乡、长田乡、大坝乡、甲烈乡、好花红乡、甲戎乡、抵季乡、羡塘乡、太阳乡、长安乡、打引乡、抵麻乡、鸭绒乡、斗底乡、摆榜乡、岗度乡、宁旺乡24个乡镇建制，新设置好花红镇、断杉镇、羡塘镇、摆金镇、雅水镇、王佑镇、岗度镇、涟江街道、濛江街道。芦山镇建制不变。

3月13日，惠水恒升村镇银行开业。该银行经中国银监会批准，由浙江温州瓯海农村合作银行主发起设立，注册资本为人民币5000万元，是惠水县引进的第一家村镇银行。

3月24日，“牢记强军目标、献身强军实践”主题教育在惠水县先行试点活动启动。惠水县是成都军区在西南504个县（市、区）中选定的唯一试点单位。

3月27日，省长陈敏尔到惠水县调研。

3月31日，在全国第五次县以上公共图书馆评估定级工作中，惠水县图书馆被定级为国家二级馆。

3月，好花红镇好花红村被国家民族事务委员会授予“中国少数民族特色村寨”称号。

5月10日至12日，由中国生态文明研究与促进会举办的第二届中国水安全会议在惠水县召开，全国各地专家学者100多人参会。中国生态文明研究与促进会常务副会长祝光耀到会致辞，全国政协常委、九三学社中央副主席赖明作题为《加强水生态文明建设，促进水安全保障》的主题发言。会议发布《第二届中国水安全会议宣言》，倡议以水生态文明城市建设为载体，落实最严格水资源管理制度，推动以水资源的永续利用支撑城市经济社会的可持续发展。

5月26日，省委书记赵克志到惠水惠罗高速公路建设现场调研。

是月，贵州燃气集团会同惠水县燃气公司共同完成对贵阳青岩至101省道惠水段燃气干管的天然气置换工作。惠水县进入中缅长输天然气时代。

6月1日至2日，以“龙游涟江·好花正红”为主题的2014年端午文化旅游系列活动在县城举行。

6月2日，惠水县涟江公园获“国家AAA级旅游景区”称号。

7月2日，惠水县大型山水实景剧《好花红》公演。《好花红》实景演出，是好花红品牌建设“5个1”工程的主要内容。实景演出创作团队由中央电视台资深导演李遵领衔，著名音乐家肖白为整台演出创作音乐。演出通过春、夏、秋、冬4个篇章，展现惠水丰富多彩的民族文化特色，弘扬惠水精神。

7月2日至3日，全国民族民间传统龙舟大赛在惠水县城区涟江河举行。来自湖北、海南、广东及贵州省内各市（地、州）的13支代表队260余人参加。

7月10日，惠水县被国家卫生计生委授予2013年度全国计划生育优质服务先进单位。

7月27日至30日，2014年全国定向锦标赛在惠水举行。来自全国20多个省市和香港特别行政区的97支代表队共1000余名运动员参加比赛，比赛分为短距离定向赛、中距离定向赛、接力定向赛和百米定向赛共18个小项。

8月22日，涟江遭到不明物质污染，河内出现大量死亡的鱼虾和鸭。为惠水县施工企业在土石方回填中其成分掺有氧化钙（石灰矿）固体废渣，被水体冲刷进入河道造成的污染。

8月29日，县举办首期人才公寓启用仪式，第一批符合条件的64名青年才俊入住人才公寓。首期安置房共40套，住房面积2400平方米。

是月，惠水县第一幼儿园党支部、好花红镇三都村党支部、涟江街道办事处甘昌村党支部被省党的建设领导小组授予“五好”基层党组织。

是月，惠水县完成对“公务用车”标识的统一张贴，全县公务用车首次“亮明身份”接受群众监督。

9月9日，惠水县第一幼儿园女教师周贤怡在北京举行的庆祝第30个教师节暨全国教育系统先进集体和先进个人表彰大会上获“全国模范教师”称号。会上，周贤怡与其他受表彰的先进教师一起受到中共中央总书记、国家主席、中央军委主席习近平接见。

9月22日，惠水县原甲烈乡政府驾驶员龙清荣因英勇解救落水人员，在黔南州第二届见义勇为表彰大会上获“黔南州见义勇为先进个人”称号。

9月30日，县委、县政府在县烈士陵园举行第一个烈士纪念日公祭活动。

是月，惠水以“百洞之乡，燕翅如云”美誉入选“2014中国深呼吸小镇”。

10月15日，惠水百鸟河数字小镇奠基暨大数据互联网营销项目签约仪式启动。省委书记赵克志、省政协主席王富玉出席奠基仪式，并为HTC大数据互联网营销中心奠基。

11月6日，在中央民族工作会议暨国务院第六次民族团结进步表彰大会上，惠水县社会治安综合治理办公室被国务院表彰为“全国民族团结进步模范集体”。

11月9日，在黔南州第六届旅游发展大会上，好花乡镇好花红村被授予“国家级AAA级旅游景区”。

是月，惠水涟江汽贸城开业。该汽贸城是惠水县第一家集汽车销售、装饰、美容、修理等多种功能于一体的营销市场。2014年2月通过招商引资落户惠水，总投资8000万元。

12月15日，县实施政府机构改革。全县设置县政府工作部门24个；县政府直属机构1个；县政府直属事业机构7个；其他机构1个。

12月19日，惠水县被文化部命名为布依民歌之乡。

12月，惠水县举行东山养老院揭牌暨“政府购买服务”签约仪式。该养老院为黔南州第一家试行“公建民营”养老模式的养老院。

2015年

1月21日，惠水黑糯米国家地理标志保护通过国家质量检验检疫总局评审。

是日，电视剧《二十四道拐》使用惠水《好花红》民歌签约仪式在惠水举行。贵州省作协主席、电视剧《二十四道拐》编剧欧阳黔森和省作协秘书长孔海蓉出席仪式。电视剧《二十四道拐》由贵州省委宣传部、八一电影制片厂联合出品。

1月25日，惠水县涟江度假旅游综合体重点项目——都美·布依水乡欢乐岛项目亲子游乐园开业，当日接待游客及市民达8000人次。

是月，惠水县获“2012至2014年度省级文明县城”称号。好花红镇好花红村、濛江街道办事处红星村、县供电局、县地方税务局、县第一幼儿园、县财政局获“2012至2014年度全省文明村和全省文明单位”称号。

是月，惠水经济开发区被批准为机电及高新技术省级外贸转型升级示范基地。

2月4日，惠水县获得国家文化部授予“中国民间文化艺术之乡”称号。

2月，好花红镇好花红村被中央精神文明建设委员会授予“全国文明村镇”称号。

3月，好花红镇好花红村被司法部、民政部授予“全国民主法治示范村”称号。

4月17日，涟江街道甘昌村红十字会成立，为惠水第一家村级红十字会。

4月21日至22日，以“中华一家亲·两岸好花红”为主题的2015年海峡两岸各民族欢度三月三民族文化活动在惠水举行。来自台湾、香港、澳门、福建、广东、云南等地的少数民族同胞与惠水当地群众近万人共同欢庆“三月三”民族传统节日。

5月12日，“2015百佳深呼吸小城榜”在北京发布，惠水县以“万洞之乡、燕翅如云”入选。

5月28日至31日，在荔波县举行黔南州第七届旅游产业发展大会上，惠水涟江国际酒店在美食烹饪大赛中荣获大众婚宴项目金奖，刘一手火锅店、杨小平幺铺毛肚火锅店和摆金车记马肉火锅店获黔南州“名火锅”称号，惠水县获大赛组组织奖。

6月19日至20日，“龙游涟江·好花正红”系列文化旅游活动在惠水县城举行。

是月，惠水孔庙和大龙独坡脚岩画被列为贵州省第五批省级文物保护单位。

7月15日至16日，省长陈敏尔到惠水好花红镇好花红村和百鸟河数字小镇就电子商务建设和大数据建设工作进行调研。

7月22日，贵州省首届民歌山歌大赛暨系列活动在好花红镇好花红村举行。

7月29日，县政府决定从2015年8月28日零时起，在全县分步分区域实施集中治丧、遗体火化和集中安葬等殡葬改革工作。

是月，由中国城市竞争力研究会CICC、世界文化地理研究院ICGA、世界自驾游总会、中华口碑中心CPPC、香港中国气候旅游研究院共同评选的“2015中国避暑休闲百佳县榜”揭晓，惠水以“清秀田园”的美誉榜上有名。

8月2日至7日，2015年全国定向锦标赛暨“寻找美丽中华”全国城市定向活动惠水举行。来自全国20多个省市、香港、澳门特别行政区的99支代表队1300余名定向运动员、教练员和裁判员参加比赛。

8月7日，惠水县召开专题会议安排部署古树大珍稀树木挂牌保护工作。根据《惠水县林木种质资源调查研究报告》，全县有古树大树21科34属41种。

9月12日至13日，以“品山读水惠水行”为主题的2015年贵州第七届山地百千米毅行活动在惠水开赛。来自上海、云南、重庆等17个省（市、自治区）的600余名运动员参加比赛。

9月12日至19日，全国第九届残运会暨第六届特奥会在成都市举行。惠水籍残疾人运动员罗锦彪在S5级200米自由泳、S5级50米蝶泳、S5级100米自由泳中夺得3枚金牌；在男子S5级50米蝶泳中获得银牌。同时，罗锦彪将男子S5级200米自由泳项目的全国纪录缩短近50秒；将男子S5级100米自由泳项目的全国纪录缩短1.93秒。

9月15日，好花红镇上衙社区农村淘宝服务站开业，为县内农村第一个电子商务服务站。

9月，县启动农村土地承包经营确权登记工作。该项工作以好花红镇为试点，后在全县推开。

10月21日零时，惠水县启动县级公立医院综合改革工作，县人民医院、县中医院所有药品（除中药外），全部实行零差率销售。

10月30日，县内第一个民主党派支部——九三学社惠水县支社成立。

10月，好花红镇好花红村被农业部授予“全国民主法治示范村”称号。

11月5至6日，惠水县2011至2015年度183个农村饮水安全工程项目全部通过县级验收，该工程可解决农村182607人饮水不安全问题，解决中小学11685人师生饮水问题。工程总投资9980.92万元。累计新建大小水池350座，提、输水管道1439.39千米，站房2792平方米。安装一体化净水设备28台，直饮水机24台，饮水机237个，安装个型提水机泵249台（套），消毒设备95台（套）。

11月10日，县召开农村淘宝项目千人启动大会。

11月26日，全省扶持人口较少民族发展工作推进会在惠水县城召开。

12月2日，贵州省举行新一轮易地扶贫搬迁项目集中开工仪式，主会场设在惠水县。省委书记陈敏尔宣布开工，省委副书记、代省长孙志刚讲话，副省长刘远坤主持开工仪式。惠水县启动的易地扶贫搬迁项目总投资2.52亿元，在濛江街道赤土村明田新建住房1000套，搬迁好花红镇等7个镇（街道）31个贫困村1000户4200人。

12月18日，惠水县电商扶贫产业园暨阿里巴巴农村淘宝运营中心在贵州惠水经济开发区明田项目核心区举行开业仪式，全县66个村淘服务站同步开业。

第一篇　政区设置　自然环境

第一章　区　域

第一节　沿　革

唐朝，今惠水县境为黔中道庄州下属清兰县辖地。五代后晋高祖天福五年（公元940年）楚设置南宁州，治所在离今惠水县城十五里卧龙。宋朝，南宁州为羁縻州，县境属夔州路绍庆府。

元至元十六年（公元1279年），置八个安抚司。

明洪武八年（公元1375年），今惠水和长顺的睦化、代化一带分布着贵州卫下属的程番、上马桥、小程番、卢番、韦番、方番、洪番、卧龙番、小龙番、罗番、金石番、卢山、木瓜、麻响、大华十六个长官司。明成化十年（公元1474年），置程番府于程番司处，府治在今惠水县城内。明隆庆二年（公元1568年）程番府治迁贵阳，次年改称贵阳府。明万历十四年（公元1586年）置定番州，州治仍在今县城内。

清乾隆三年（公元1738年），在大塘设定番分州——大塘理苗州。民国三年（公元1914年）一月，定番州改称定番县，大塘州改大塘县，均隶属黔中道。民国九年（公元1920年），撤销黔中道，定番县直属于省，民国二十年（公元1931年），定番县称定番自治县，民国二十三年至二十六年（公元1934至1937年）改称定番自治实验县，民国三十年（公元1941年）十一月一日，定番县改称惠水县。

1949年11月24日，惠水县解放。25日，成立县人民政府，惠水县隶属贵阳专署。1952年10月4日，成立惠水彝族苗族自治区人民政府，12月隶属贵定专署。1954年6月27日改称为惠水县布依族苗族自治区，1955年5月11日，惠水县布依族苗族自治区改称为惠水布依族苗族自治县。1956年5月，隶属安顺专属；8月，隶属黔南布依族苗族自治州，12月，惠水布依族苗族自治县改称惠水县。1958年10月，县改属贵阳市，1963年9月，复隶黔南布依族苗族自治州至今。

第二节　境　域

惠水县位于贵州省中南部，地处北纬25° 41′ ~26° 18′ 之间，东经106° 22′ ~107° 06′ 。东毗贵定、平塘两县，南邻罗甸县，西连长顺县，北接贵阳市花溪区和黔南州龙里县。县城距省会贵阳市主城区48千米，距州府都匀145千米，距安顺主城区99千米。

县境坐落于苗岭山地南端，北连黔中丘陵，南接黔南峡谷。属喀斯特盆地地貌，涟江河纵贯全境。

地势北高南低。最高点东北部龙塘山，海拔1691米；最低点南部打场寨附近的涟江河谷，海拔666米。

2015年，全县面积为2471.79平方千米，县域南北最长68千米，东西最宽72千米。边界东邻贵定县云雾镇、平塘县塘边镇、克度镇、大塘镇和掌布乡，最东点位于岗度村柏栗村河边寨；南连罗甸县边阳镇，最南点位于王佑镇打永村当郎组；西毗长顺县白云山镇、长寨镇、代化镇和敦操乡，最西点位于王佑镇西南村白麻组，北交贵阳市花溪区青岩镇、燕楼镇、高坡乡、马铃乡和龙里县湾滩河镇，最北点为濛江街道长田村黄标寨。

惠水北大门

第三节 县 城

惠水县城，始于明成化十三年（1477）程番府（1474年贵州设程番府）知府邓庭瓒于府衙处修建的土城，周长500丈，城门4个。隆庆二年（1568）程番府府治迁贵阳，改称贵阳府，原程番府改置为定番州。万历十四年（1586）定番州知州范彬重修砌石。民国3年（1914年）为定番县县治，民国30年（1941）为惠水县县治，一直是惠水县政治、经济、文化的中心。

1978年，惠水县城仅位于和平镇星光大队区域内，面积为2.5平方千米。县城范围北起牛场街、小猪巷；南至环城路、汽车站、林业局一带；东抵上马路东侧的营盘上、牲畜市场、太平寺；西为国道320县公安消防队、武警中队营房及县车队一带。主要街道包括县府路（圆台边至武警中队门口的大街）、长征路（又称“西大街”，东门口至县公安局大门口）、上马路（东门口以北至县物资局）、南门街（又称“南大街”，十字街至南门口）、圆台路（又称“圆台边”）、和平路（又称“构皮街”，圆台边至老场坝）、新民路（圆台边至汪家大田）、环城路（县公安局经汽车站至东门口）、文化路（民族中学至二中）、文化北路（体育场至民族中学，原称“北大街”，又称“箭头街”）、牛场街（老场坝往北下山至牛场桥）等。

1978年以后，随着改革开放的逐渐深入和国民经济的不断发展，县城建设逐渐开展。1978至1997年，县城改扩建零星开展。1998至2006年，先后启动政策性旧城改造和房地产开发性旧城改造。2007至2015年，全力推动旧城改造和新区开发进程。建成了一城三区（城南老城区、白果新区、城北新区）的县城格局。

2015年，县城主城区主要位于涟江街道的星光村、新城村和濛江街道的长新村。中心城区面积15平方千米，是1978年2.5平方千米的6倍。县城范围北起濛江街道长新路首创安置区、濛江实验小学、腾宇广场一带；南至涟江街道县中医院、涟江医院、政务服务中心、惠水职校一带；东抵白果新区程番水厂、第四中学、法院、检察院、综合福利院一带；西为贵州财经大学商务学院、城西安置区一带。主要街道有建设路、惠民路、县府南路、上马路、园台路、希望北路、滨江路、惠兴路、人民路、涟江路、程番路、环城西路、同心路、和谐路、白果大道、惠高大道、濛江大道、工业园区大道等。居民住宅小区主要有景致新城、金域广场、恒基广场、永红花园、财富中心、泊岸御都、涟江水岸、涟江尚品、嘉禾中央城、朝顺公园等。市民休闲场所主要有文化广场、涟江广场、好花红广场和涟江公园等。城区学校有商务学院、惠水职校、惠水民中、二中、三中、四中、濛江实验小学、思源实验小学、城关一小、二小、三小、四小、五小、特殊教育学校以及一幼、二幼、三幼、四幼、五幼等各级各类教育机构，有县医院、中医院、老百姓医院、涟江医院社区医疗服务中心等医疗机构。县城有大型农贸市场3个（凯胜、恒基、富民）。县城是全县最大的集贸市场，赶场日期为每周日。

县城居民最具特色的习俗就是端午节。惠水端午节已有300多年历史，旧时惠水端午节是在牛场桥举行。民国35年（1946）惠民桥（又称南门大桥）建成后，惠水端午节就迁移至此举行，延续至今。端午节居民有悬挂艾叶菖蒲避邪招福和喝雄黄酒避五毒的习俗，伴随着端午节应运而生的还有端午药市交易，各种中草药应有尽有。端午节的县城，是山歌的海洋，来自四方八面的歌手们，三五成群，自由组合，对歌赛歌，通宵达旦。赛龙舟和独竹漂竞赛是21世纪才兴起的水上体育项目。每年端午节，数以万计的游人云集走过惠民桥，俗称“游百病”。相传，端午节到此一游，可消灾避邪，健康平安。傍晚时分是“游百病”的热潮，县城男女老幼几乎倾城而出，人如潮涌。随着城市建设的不断扩大，城市基础设施的不断增加，县城端午节的规模不断扩大，参与的人数也由过去的一两万人增加到近20万人，形式也由过去的自娱自乐发展到贵阳周边县、市乃至周边省、市和外国友人参与的活动。

第四节　行政区划

1978年，惠水县辖姚哨区、三都区、摆金区、雅水区、断杉区、王佑区和城关镇（区级），全县辖49个人民公社。

1983年4月至1984年，政社分设，建立乡人民政府，生产大队改称行政村，生产队改称村民小组。

1984年5月摆榜公社划分为上摆榜乡和下摆榜乡，8月城关镇复称和平镇，三合乡更名为金石乡，拉林乡更名董朗乡，牛场乡更名抵麻乡，新安乡更名兴安乡；11月三都乡改为三都镇。

1985年设置高镇镇，隶属姚哨区。

1990年全县辖三都区、姚哨区、摆金区、雅水区、断杉区、王佑区共6个区及和平镇（区级）。共辖51个乡镇，425个村民委员会，2530个村民小组。

1991年8月开展建镇并乡撤区工作，撤销6个区及和平镇，撤销51个乡镇，合并组建和平、高镇、摆金、雅水、三都、断杉、芦山、王佑8个镇和长田、大坝、甲烈、岗度、宁旺、摆榜、斗底、鸭绒、太阳、抵麻、毛家苑、大龙、甲戎、抵季、羡塘、长安、打引17个乡。1991年年底，全县辖25个乡镇、428个村，2525个村民小组，11个居委会，110个居民小组。

2001年12月至2002年2月，全县428个行政村合并为201个村。2002年8月，和平镇7个居委会整合为凤山、涟江、濛江、西山4个社区居委会。

2002年11月，毛家苑乡更名为好花红乡。

2013年，全县辖25个乡镇，201个村，2245个村民小组，4个社区居委会，3个居委会。

2014年3月，根据《省人民政府关于同意惠水县部分乡镇行政区划调整的批复》文件精神，开展乡镇行政区划调整，撤销和平、高镇、三都、断杉、王佑、雅水、摆金7个镇及大龙、长田、大坝、甲烈、好花红、甲戎、抵季、羡塘、太阳、长安、打引、抵麻、鸭绒、斗底、摆榜、岗度、宁旺17个乡建制，设置好花红、断杉、羡塘、摆金、雅水、王佑、岗度7个镇及涟江、濛江2个街道。芦山镇建制保持不变。

2015年，全县辖好花红、断杉、羡塘、摆金、雅水、王佑、岗度、芦山8个镇及涟江、濛江2个街道，201个村，2245个村民小组，4个社区居委会，3个居委会。

表1-1

1991年惠水县“建并撤”前行政区划表

区、镇、乡名称		乡镇人民政府驻地			所辖村名村	村民小组（个）	总面积（平方千米）	人口情况（人）		
		地名	人口	非农业				总人口	非农人口	少数民族
和平镇		和平	14521	12430	星光村、7个居（家）委会	30	11.5	22403	15246	5602
姚哨区	高镇镇	高镇	10021	7310	交椅、满浩、旧司、高镇、涟江（5村2居）	31	5.7	12811	11648	3754
姚哨区	姚哨乡	姚哨	1395	258	首创、平寨、姚新、新民、长岭（5村）	40	19	6407	1836	2130
姚哨区	赤土乡	赤土	1373	132	赤土、乐兴、水溪、吟河、冗普（5村）	32	26.4	4778	1258	1852
姚哨区	半坡乡	半坡	982	77	方围、蒙涟、石头、半坡、山后、长岩（6村）	30	37.2	4353	373	2287
姚哨区	大坝乡	大坝	1039	73	云顶、民河、小沙坝、兴隆、山河、金珠、绿化、上龙、甲腊冲、龙滩、光明、楠桥、冗族、板长、披弓、大保（16村）	72	65.4	8045	73	4026
姚哨区	长田乡	长田	829	187	双牙、莫羊、桥硐、长田、摆竹、化搞、立木、上黄（8村）	51	41	7398	187	4555
姚哨区	惠明乡	惠明	1055	222	雅羊、新合、大围、高旺、满坝、程番、洪番、龙洞、骑龙、回龙、六坡、烂泥、大坡（13村）	90	33.5	12461	222	6082
姚哨区	斗蓬乡	斗蓬	473	18	水岩、电光、满村、龙井、斗蓬、高坪、长坡（7村）	30	40.4	4530	18	3712
三都区	三都镇	三都	3256	1102	新街、三都、新苑、民中、旧司、联合、桐木、平地、马田、上衙（10村）	65	27.5	9525	834	3782
三都区	金石乡	金石	1396	374	金石、羡田、栗木、龙岗、小苑、小龙、旧场（7村）	75	44.6	9552	374	4303
三都区	大龙乡	大龙	614	68	偏岩、山口、长征、排楼、冗然、大兴、干昌、热敖、河边（9村）	66	46.1	8478	168	2686
三都区	九龙乡	九龙	774	47	野鹿、六坪、马门、石门、大瓦、龙洞、岩脚、马脚、民中、拉力、艾坪（11村）	41	47.7	4919	47	4738
三都区	清水苑乡	清水苑	1116	22	清水苑、弄苑、石头关、石灰关、幺关、松查、六马（7村）	46	47.2	5201	22	2759
三都区	毛家苑乡	毛家苑	275	228	新门、传兴、罗瓦、新华、三七、龙洞、辉油、岩上、龙家苑、努力、打冉、董敖、所然、龙联、三联、中联、高桥、安谭、况家湾（19村）	93	41.6	12638	228	7829

续表1-1

区、镇、乡名称		乡镇人民政府驻地			所辖村名村	村民小组（个）	总面积（平方千米）	人口情况（人）		
		地名	人口	非农业				总人口	非农人口	少数民族
摆金区	摆金镇	摆金	2375	1054	马道、摆架、摆金、冗章、孔引、楼房、杨梅坡、黎光、苏新、长寨、高寨、清水苑、街上、邀贤（14村1居）	71	50.5	9684	1054	5918
	大华乡	小寨	447	60	小寨、大华、金银、瓮孔、米新、谷通（6村）	20	20.5	3148	60	2527
	甲烈乡	水牛寨	897	39	冷水、甲烈、小坝、红星、新河、冗哨、摆王、黄岩、窑上、摆章（10村）	74	75.8	8353	39	5437
	关山乡	打平	1097		朗平、打铁、摆本、毕新、摆罗、火洋、火闹、翁弄、长地（9村）	42	40.7	4657		3530
	岗度乡	岗度	746	68	屯上、岗度、甲找、扁街、干脚、黄土、岗倒、高坡（8村）	46	54.3	4364	68	3370
	本底乡	本底	489	27	盘龙、本底、上本底、石烧、摆若、懂榜、掌弄、柏栗、井山、山河（10村）	37	59.7	4495	27	4237
	宁旺乡	宁旺	762	164	宁旺、大寨、摆朗、摆洋、摆猛、摆坝、甲壤、高火（8村）	45	84.2	5486	164	3481
	祥摆乡	祥摆	863	125	中坡、祥摆、荒田、江龙、黄土（5村）	24	67.0	2591	125	1950
	上摆乡	高寨	678	17	同改、盘井、呆公、冗拱、高寨、新寨（6村）	24	20.2	3850	17	3748
	下摆乡	甲坝	303	35	旧烈、甲坝、平寨、石板、龙坝（5村）	19	21.2	3177	35	3147
	斗底乡	斗底	577	40	上寨、下寨、兴庄、掌满、岩下、六寨（6村）	22	46.2	2734	40	2229
	甲浪乡	场坝	1270	35	杉木、扪摆、甲浪、屯脚、单耙、单阳（6村）	46	21.4	5140	35	3995
雅水区	雅水乡	场坝	2186	1172	场坝、播谭、响林、葡萄、道力（5村）	35	38.6	5300	1268	4153
	合爱乡	岩脚	781	30	新庄、岩脚、洋泗、大龙、下兴、牛角（6村）	33	31.8	4695	30	2878
	抵麻乡	大寨	701	32	洛汪、公朋、摆压、元韦、大寨、地关、硐房、旧寨（8村）	47	66.0	6860	32	2154
	太阳乡	太阳	776	39	新寨、播哨、石门、摆俄、摆王、蛮莫、田坝、播脚（8村）	41	49.4	5775	39	4079

续表1-1

区、镇、乡名称		乡镇人民政府驻地			所辖村名村	村民小组（个）	总面积（平方千米）	人口情况（人）		
		地名	人口	非农业				总人口	非农人口	少数民族
雅水区	董照乡	街上	727	34	街上、和平、刚金、阴桥、五星、丰坡（6村）	33	59.2	4320	34	2622
	洛平乡	高寨	612		播甲、打白、蛮河、长冲、西牛、硐口、洛平（7村）	43	91.3	6393	—	4549
	党古乡	党古	586		党古、旁才、蛮绕、水淹坝、冗阶、摆芦、摆陇、翁庆、摆珠（9村）	46	64.5	5833	—	4981
	鸭绒乡	鸭寨	1178	56	鸭寨、上田、哨上、谷把、火石、毛力、水冲、大地、竹子（9村）	44	30.3	7694	100	7493
断杉区	断杉乡	八大	2272	1228	五里、八大、摆惹、合心、宜令、前丰、翁址、甲寨、光荣、龙泉（10村）	72	84.2	9918	1352	4546
	新场乡	新场	1366	32	新场、平原、高耀、木兴、甲堕（5村）	30	51.5	3795	32	1629
	水源乡	水源	773	24	老寨、龙上、翁金、高墙、四方（5村）	28	31.5	3411	24	660
	甲戎乡	甲戎	1281	88	平九、甲戎、董谷、河坝、拉岩、青藤、吉安、路边（8村）	59	51.9	7399	88	3195
	董朗乡	董朗	726		冗鱼、枇杷、纳各、新寨、尖坡、董朗、大坡、满贡、店子边（9村）	57	42.4	8183	—	6254
	定里乡	小寨	568		民用、双合、三合、西城、双屯、毛草、翁招、熊降、翁戎（9村）	27	48.4	4928	—	4629
	羡塘乡	平寨	664	97	新城、绸绢、龙虎、纳嫁、永红、杉木、红塘、拉力、木井、甲奉、播选（11村）	50	60.2	7973	97	4704
	西混乡	西混	690	37	西混、汪洋、摆前、比纳、拉营、落木、明绸、董平、洛浩、桥边（10村）	49	55.5	5902	37	1866
	兴安乡	白洞	587	25	白洞、瑶山、山星、巫木（4村）	20	33.3	2350	25	624
	翁吕乡	翁吕	809	25	八高、田坝、花山、翁吕、平歪、上坝、翁霞（7村）	48	69.0	5273	25	624
	抵季乡	拉蛮	2114	53	蛮纳、雅舟、甲里、拉蛮、抵塘、长安、代京（7村）	60	89.4	8339	53	1479
王佑区	王佑乡	王佑	2150	1063	纳任、昌明、幸福、王佑、冷水、翁松、平贡、三合、兴义、过播、红田、（11村）	70	69.8	8922	1063	6878

续表1-1

区、镇、乡名称		乡镇人民政府驻地			所辖村名村	村民小组（个）	总面积（平方千米）	人口情况（人）		
		地名	人口	非农业				总人口	非农人口	少数民族
王佑区	长安乡	长腊	1491	49	长腊、冉告、把两、新华、新然、伙塘、西茂、西南、合顺（9村）	79	44.9	9409	49	9367
王佑区	打引乡	打引	1093	180	场坝、民洁、洗滚、打场、团坡、打引、董上、建华、齐心、和平（10村）	75	78	9616	180	9573
王佑区	雅羊乡	雅羊	775	61	雅羊、四民、花渔、格我、拉然、群中、河心、新华、渔湾（9村）	53	37.6	6505	61	5073
王佑区	芦山镇	芦山镇	2876	1009	小井坡、冗亚、麦旁、董戌、硐口、芦山、小石、落号、冗才、纳桥、响水、森乐、播绕、民族、摊绕、羊马（16村1居）	115	53.9	13222	1222	4896

注：全县总人口、总面积含赤土农场、七里冲果树场、烂坝林场、祥摆采育林场、五七农场、斗底畜牧场、永安厂、险峰厂、惠水纸厂、八普。

表1-2

1991年惠水县“建并撤”后行政区划表

镇乡名称	乡镇人民政府驻地			所辖村名村	村民小组（个）	总面积（平方千米）	人口情况（人）		
	地名	人口	非农业				总人口	非农人口	少数民族
全县合计	8镇17乡，428个村，2525个村民小组；11个居（家）委会，110个居民小组。人口360124人（其中：非农业人口40065人；少数民族人口209823人），总面积2470平方千米。								
和平镇	和平	14521	12430	星光、雅羊、新合、大围、高旺、满坝、程番、龙洞、骑龙、回龙、六坡、烂泥、大坡、洪番、水岩、电光、满村、龙井、斗蓬、高坪、长坡（21村7居）	150	85.4	39394	15486	15396
高镇镇	高镇	10021	7310	交椅、满浩、旧司、高镇、涟江、首创、平寨、姚新、新民、长岭、乐兴、赤土、水溪、方围、蒙涟、石头、半坡、山后、长岩、（19村2居）	122	77.8	26789	15115	9573
长田乡	长田	829	187	吟河、冗普、双牙、莫羊、桥硐、长田、摆竹、化搞、立木、上黄（10村）	62	51.5	8958	187	5307
大坝乡	大坝	1039	73	云顶、民河、小沙坝、兴隆、山河、金珠、绿化、上龙、甲腊冲、龙滩、光明、楠桥、冗族、板长、披弓、大保（16村）	72	65.4	8045	73	4026
三都镇	三都	3256	1102	新街、三都、新苑、民中、旧司、联合、桐木、平地、马田、上衙、金石、羡田、栗木、龙岗、小苑、小龙、旧场（17村）	140	72.1	19077	1208	8085

续表1–2

镇乡名称	乡镇人民政府驻地			所辖村名村	村民小组（个）	总面积（平方千米）	人口情况（人）		
	地名	人口	非农业				总人口	非农人口	少数民族
毛家苑乡	毛家苑	275	228	新门、传兴、罗瓦、新华、三七、龙洞、辉油、岩上、龙家苑、努力、打冉、董敖、所然、三联、龙联、中联、高桥、安谭、况家湾、清水、弄苑、石头关、石灰关、幺关、松查、六马（26）村	139	28.8	17839	250	10588
摆榜乡	甲坝	303	35	蛮河、长冲、同改、盘井、呆公、冗拱、高寨、新寨、旧烈、甲坝、平寨、石板、龙坝（13村）	52	70.7	8326	52	7310
斗底乡	斗底	577	40	党古、旁才、蛮绕、摆陇、上寨、下寨、兴庄、掌满、岩下、六寨（10村）	45	75.8	5549	40	4701
摆金镇	摆金	2375	1054	朗平、打铁、摆本、马道、摆架、街上、摆金、冗章、孔引、楼房、杨梅坡、黎光、苏新、长寨、高寨、清水苑、邀贤、小寨、大华、金银、瓮孔、米新、谷通、杉木、扪摆、甲浪、屯脚、单耙、单阳、冗阶、水淹（31村）	159	121.4	20533	1149	14589
甲烈乡	甲烈	897	39	毕新、冷水、甲烈、小坝、红星、新河、冗哨、摆王、黄岩、窑上、摆章（11村）	77	80.3	8787	39	5720
岗度乡	岗度	746	68	摆罗、米洋、米闹、翁弄、长地、屯上、岗度、甲找、扁街、干脚、黄土、岗倒、高坡、盘龙、本底、上本底、石烧、摆若、懂榜、掌弄、柏栗、井山、山河（23村）	104	134.1	11168	95	9649
宁旺乡	宁旺	762	164	宁旺、大寨、摆朗、摆祥、摆猛、摆坝、甲壤、高火、中坡、祥摆、荒田、江龙、黄土（13村）	69	151.2	8077	289	5431
鸭绒乡	鸭绒	1002	100	干河、提同、司岗、卜所、花厂、兴摆、大坪、旧寨、上田、鸭寨、哨上、谷把、火石、毛力、水冲、大地、竹子（17村）	85	71.2	14625	156	13747
抵麻乡	抵麻	701	32	洛汪、公朋、摆压、元韦、大寨、地关、硐房、旧寨、（8村）	47	66	6841	32	2154
太阳乡	太阳	776	39	西牛、硐口、高平、新寨、播哨、石门、摆俄、摆王、蛮莫、田坝、街上、和平、刚金、阴桥、五星、丰坡（16村）	91	141.1	12586	73	9008
雅水镇	雅水	2188	1172	播甲、打白、摆珠、翁庆、摆芦、场坝、播谭、响林、葡萄、道力、新庄、岩脚、洋泗、大龙、下兴、牛角、播脚（17村）	104	121.9	14970	1298	11477
羡塘乡	羡塘	664	97	民用、双合、三合、新城、绸绢、龙虎、纳嫁、永红、杉木、红旗、拉力、木井、甲奉、播选、白洞、瑶山、山星、巫木、西混、汪洋、摆前、比纳、拉营、落木、明绸、董平、洛浩、桥边（28村）	137	166.3	17950	159	8354

续表1-2

镇乡名称	乡镇人民政府驻地			所辖村名村	村民小组（个）	总面积（平方千米）	人口情况（人）		
	地名	人口	非农业				总人口	非农人口	少数民族
甲戎乡	甲戎	1281	88	冗章、枇杷、平九、甲戎、董谷、河坝、拉岩、青藤、吉安、路边、老寨、龙上、翁金、高墙、四方（15村）	100	91.9	12881	112	4860
抵季乡	抵季	2114	53	西城、双屯、毛草、翁招、熊降、翁戎、蛮纳、雅舟、甲里、拉蛮、抵塘、长安、代京、八高、田坝、花山、翁吕、平歪、上坝、翁霞（20村）	125	189.5	16833	78	5138
断杉镇	断杉	2272	1228	纳各、新寨、尖坡、董朗、大坡、满贡、店子边、五里、八大、摆惹、合心、宜令、前丰、翁址、甲寨、光荣、龙泉、新场、平原、高耀、木兴、甲堕（22村）	146	169.6	19825	1384	11499
王佑镇	王佑	2150	1063	纳任、昌明、幸福、王佑、冷水、翁松、平贡、三合、兴义、过播、红田（11村）	70	69.8	8922	1063	6878
芦山镇	芦山	2876	1009	水井坡、冗亚、麦旁、董戎、羊马、硐口、芦山、小石、落号、冗才、纳桥、响水、森乐、播绕、民族、摊绕、雅羊、四民、花渔、格我、拉然、群中、河心、新华、渔湾（25个1居）	168	91.5	19727	1283	9969
长安乡	长腊	1494	49	长腊、冉告、把两、新华、新然、伙塘、西茂、西南、合顺（9村）	79	44.9	9409	49	9367
打引乡	打引	1093	180	场坝、民洁、洗滚、打场、团坡、打引、董上、建华、齐心、和平（10村）	75	78	9616	180	9573
大龙乡	大龙	614	68	偏岩、山口、长征、排楼、冗然、大兴、干昌、热敖、河边、野鹿、大坪、马门、石门、大瓦、龙洞、岩脚、马脚、民中、拉力、艾坪（20村）	107	93.8	13397	215	7424

注：全县总人口、总面积中含赤土农场、七里冲果树场、斗底畜牧场地、祥摆采育林场、五七农场、永安厂、险峰厂、惠水纸厂、八普。国土面积为2008年前土地调查数据，为2470平方千米。

表1-3

2001—2002年惠水县行政村合并情况表

乡镇	合并后村名	村　名	合并前情况		合并后情况		
			人口	耕地面积（亩）	人口	面积（平方千米）	耕地面积（亩）
	星光村	星光村	5049	1676.09	5947	15.6	2250.71
		奇龙村	898	574.62			

续表1-3

乡镇	合并后村名	村　名	合并前情况		合并后情况		
			人口	耕地面积（亩）	人口	面积（平方千米）	耕地面积（亩）
和平镇	新城村	程番村	1105	470.6	1837	3.95	859.16
		满坝村	732	388.56			
	惠民村	回龙村	2051	1009.53	4725	7.52	2456.68
		六坡村	1420	993.09			
		高旺村	1254	454.06			
	大坡村	大坡村	1030	641.1	2194	2.01	1688.77
		烂泥村	493	416			
	羊番村	雅羊村	1154	854.13	2018	8.45	1572.13
		洪番村	864	718			
	大新村	新合村	1390	1215.9	2194	8.45	1688.7
		大围村	804	472.87			
	三合村	电光村	883	622.7	2083	17.44	1453.65
		龙洞村	255	143.1			
		水岩村	995	687.65			
	高坪村	高坪村	581	490.66	1671	12.45	1470.65
		斗蓬村	469	498.27			
		长坡村	621	481.72			
	龙井村	龙井村	958	688.38	1530	13.28	1208.65
		满村	572	520.27			
高镇镇	赤土村	赤土村	1528	824.2	3027	8	1660.79
		乐兴村	1501	836.59			
	交椅村	交椅村	1041	327.95	1583	5	766.35
		水溪村	542	438.4			
	高镇村	高镇村	943	274.19	1459	5	516.79
		方围村	516	242.6			
	司蒙村	旧司村	1448	542.83	2218	7	1144.56
		蒙连村	770	601.73			
	姚新村	姚新村	1649	678.4	2510	8	1106.7
		满告村	861	428.3			

续表1-3

乡镇	合并后村名	村名	合并前情况		合并后情况		
			人口	耕地面积（亩）	人口	面积（平方千米）	耕地面积（亩）
高镇镇	长新村	长岭村	1993	896.86	3144	6	1518.27
		新民村	1151	621.41			
	山后村	山后村	845	504.96	1768	7	1066.36
		平寨村	923	561.4			
	半坡村	半坡村	937	547.73	1325	8	929.27
		石头村	388	381.54			
长田乡	合兴村	吟河村	552	556.44	1616	14	1244.29
		冗普村	1064	687.85			
	双庆村	双牙村	1620	916.46	2820	11.6	1793.61
		莫羊村	1200	877.15			
	桥洞村	桥洞村	1172	783.22	1562	10.5	1034.22
		摆竹村一、二、三组	—	—			
	长田村	化稿村	864	560.71	2130	10.5	1403.07
		长田村	932	624.05			
		摆竹村四、五、六组	—	—			
	龙泉村	上黄村	906	671.34	1718	9.1	1179.39
		立木村	812	508.05			
大坝乡	大保村	大保村	—	—	1687	12.5	1152.79
		披弓村	—	—			
	板长村	冗族村	—	—	1082	6.4	670.93
		板长村	—	—			
		兰桥村5组（高山）	—	—			
	绿化村	兰桥村5组除外	—	—	1547	12.9	113.29
		绿化村	—	—			
		金珠村	—	—			
	上龙村	甲腊村	—	—	1107	6.6	647.01
		上龙村	—	—			
		龙滩村	—	—			

续表1-3

乡镇	合并后村名	村名	合并前情况		合并后情况		
			人口	耕地面积（亩）	人口	面积（平方千米）	耕地面积（亩）
大坝乡	民合村	云顶村	—	—	1243	8.5	874.59
		民合村	—	—			
		沙坝村	—	—			
		茶场村	—	—			
	山河村	兴隆村	—	—	1427	8.6	874.5
		山河村	—	—			
三都镇	九门村	龙岗村	1433	847.21	—	7.9	—
		小苑村	1314	1035			
	小龙村	小龙村	1913	1131.892	—	21.9	—
		旧场村	970	549.73			
	金田村	金石村	1638	1006.59	—	8.5	—
		羡田村	1476	1235.5			
	三都村	新街村	2116	773.563	4071	7.752	1675.367
		新苑村	743	395.3			
		三都村	1077	409.28			
		马田村一组	—	—			
	百鸟河村	鸣钟村	1495	922.74	3135	10.336	1949.40
		联合村	615	393.11			
		旧司村	1010	633.55			
	平地村	平地村一、二、三、四、五、六组	—	—	1732	3.876	1037.79
		桐木村	460	308.58			
		马田村三组	—	—			
	上衙村	上衙村	1034	517.34	1222	4.522	689.38
		平地村七组	—	—			
		马田村二组	—	—			
	栗木村	栗木村	1628	1243.95	1685	8.398	1243.95

续表1-3

乡镇	合并后村名	村名	合并前情况		合并后情况		
			人口	耕地面积（亩）	人口	面积（平方千米）	耕地面积（亩）
毛家苑乡	崇学村	罗瓦村	496	369.2	2210	7.96	1564.1
		新华村	914	594.2			
		三七村	800	600.7			
	新门村	新门村	1671	832.956	4119	4.42	1870.615
		龙硐村	588	445.43			
		龙家苑村	295	212.6			
		传兴村	802	380.06			
	满意村	况家湾村	485	252.83	2063	8.94	1151.62
		高桥村	733	495.2			
		中联村	845	403.59			
	兴涟村	龙联村	698	401.67	1921	7.17	1020.495
		安谭村	448	290.88			
		打冉村	775	327.945			
	辉岩村	辉油村	1063	840.3	2735	7.78	1682.61
		岩上村	1227	606.78			
		努力村	445	235.53			
	三联村	三联村	474	237	1502	7.66	7.66
		所然村	406	164.1			
		董熬村	622	357.43			
	幺关村	石灰村	615	596	1453	10.3	1365.51
		幺关村	838	769.51			
	石头关村	松查村	461	537.45	1042	8.2	1157.54
		石头村	581	620.09			
	六马村	六马村	808	668.036	808	8.52	668.036
	清水村	清水村	1244	1099.54	1244	10.8	1099.54
	弄苑村	弄苑村	970	843	970	7.05	843

续表1-3

乡镇	合并后村名	村　名	合并前情况		合并后情况		
			人口	耕地面积（亩）	人口	面积（平方千米）	耕地面积（亩）
大龙乡	响水村	河边村	—	—		17.6	—
		热敖村	—	—			
		甘昌村（甘昌组）	—	—			
	联合村	甘昌村（不含甘昌组）	—	—		12.5	—
		大兴村	685	398.985			
		冗然村	553	541.13			
	山口村	山口村	1009	679.369	1539	12.58	1550.399
		偏岩村	530	871.03			
	九龙村	野鹿村	656	299.33	1867	14.5	1287.77
		马门村	870	727.57			
		石门村	341	260.87			
	双坪村	大坪村	655	534.47	922	6.7	746.27
		艾坪村	267	211.8			
	龙瓦村	龙硐村	726	399.25	989	7.72	699.93
		大瓦村	363	300.68			
	民中村	岩脚村	370	248.13	1338	5.6	979.91
		马脚村	330	218.08			
		民中村	260	208.54			
		拉力村	378	305.16			
	排楼村	排楼村	1523	1117.8	1523	8.6	1117.8
	长征村	长征村	2715	1723.781	2715	8.5	1723.781
摆金镇	摆金村	场坝村	755	343.69	2229	14.5	967.78
		街上村	1087	424.57			
		冗章村	387	199.52			
	清水苑村	清水村	611	482.7	1749	12.1	1120.46
		邀贤村	399	288.13			
		高寨村	739	347.79			
	杨茂村	杨梅村	352	193.93	746	9.5	357.577
		楼房村	394	163.647			

续表1-3

乡镇	合并后村名	村名	合并前情况 人口	合并前情况 耕地面积（亩）	合并后情况 人口	合并后情况 面积（平方千米）	合并后情况 耕地面积（亩）
摆金镇	大华村	大华村	704	436.48	1665	10	1052.09
		米新村	460	319.31			
		小寨村	501	296.23			
	瓮金村	瓮孔村	895	474.06	1380	10	747.94
		金银村	485	273.88			
	马通村	谷通村	484	342.69	1420	9.1	958.396
		马道村	430	284.936			
		摆架村	506	330.77			
	扪摆村	扪摆村	2270	1129.26	2270	15.5	1129.26
		杉木村	921	414.21			
		水淹坝村	358	308.44			
	甲浪村	甲浪村	1532	883.5	2566	8.98	1842.63
		屯脚村	720	615.83			
		冗阶村	314	343.3			
	单耙村	单耙村	1428	833.74	1788	8.98	1170.49
		单阳村	360	336.75			
	关山村	摆本村	1253	502.6	2135	13.5	1220.25
		打铁村	529	363.46			
		郎平村	353	354.19			
	长新村	长寨村	1249	907.51	2129	15.5	1447.01
		苏新村	880	539.5			
	立新村	黎光村	593	936.66	1277	11	1246.12
		孔引村	684	309.57			
甲烈乡	红星村	红星村	1070	485.37	3301	31.8	1692.89
		甲烈村	901	597.9			
		冷水村	1330	609.62			
	兴章村	摆王村	604	655.8	2450	23.18	2215.22
		黄岩村	591	765			
		摆章村	664	439			
		窑上村	591	355.42			

续表1-3

乡镇	合并后村名	村　名	合并前情况		合并后情况		
			人口	耕地面积（亩）	人口	面积（平方千米）	耕地面积（亩）
甲烈乡	新坝村	毕新村	531	418.6	1850	18.2	1100.3
		小坝村	1319	681.7			
	新哨村	新河村	1235	739.06	2270	15	1427.46
		冗哨村	1035	688.4			
岗度乡	火阳村	翁弄村	312	284	2263	29.45	1875.38
		火闹村	321	186			
		火阳村	609	720			
		长地村	608	468			
		摆罗村	413	398			
	岗度村	扁街村	386	247	2978	32.37	1902.41
		甲找村	387	182			
		岗度村	1012	531			
		屯上村	795	731			
		高坡村	398	217			
	黄土村	干脚村	725	622	2105	17.5	1765.28
		黄土村	588	406			
		岗倒村	792	720			
	本底村	盘龙村	292	300	1108	8.75	989.91
		本底村	508	432			
		上本底村	308	275			
	石烧村	摆若村	551	313	1781	16.62	1060.24
		石烧村	813	453			
		懂榜村	—	—			
	柏栗村	掌弄村	258	191	2155	30.03	1315.76
		柏栗村	811	537			
		井山村	611	357.28			
		小河村	448	219.7			
宁旺乡	宁旺村	宁旺村	836	487	1967	17	1277
		高火村	733	404			
		甲壤村	398	386			

续表1-3

乡镇	合并后村名	村　名	合并前情况		合并后情况		
			人口	耕地面积（亩）	人口	面积（平方千米）	耕地面积（亩）
宁旺乡	龙泉村	大寨村	1078	695	1563	21	904
		摆祥村	485	239			
	龙塘村	摆朗村	1220	876	1570	35	999
		荒田村	350	123			
	新摆村	摆坝村	783	435	1358	24.2	648
		摆猛村	575	213			
	白水河村	祥摆村	972	764	1462	32.5	1029
		中坡村	490	265			
	龙田村	江龙村	560	440	1239	24	866
		黄田村	679	426			
斗底乡	斗底村	上寨村	491	309	1398	16.5	954
		下寨村	534	371			
		岩下村	373	274			
	党古村	党古村	592	787	1485	19.5	1488
		新庄村	286	310			
		六磨村	607	391			
	白龙村	摆陇村	787	621	1502	17.4	1304
		蛮绕村	715	683			
	掌满村	掌满村	667	484	667	10.4	484
	旁才村	旁才村	1043	1138	1043	12.2	1138
摆榜乡	冗拱村	呆公村	624	525	1502	8.5	1066.14
		冗拱村	878	541.14			
	高寨村	同改村	866	518.6	2508	14	1473.1
		高寨村	785	497.5			
		新寨村	857	457			
	盘井村	盘井村	765	318	1306	7.9	772
		旧连村	541	454			
	甲坝村	甲坝村	811	455.6	1705	5.1	1081.6
		平寨村	894	626			

续表1-3

乡镇	合并后村名	村　名	合并前情况		合并后情况		
			人口	耕地面积（亩）	人口	面积（平方千米）	耕地面积（亩）
摆榜乡	石板村	石板村	1026	589	1572	9.05	858
		龙坝村	546	269			
	蛮河村	长冲村	783	463	1463	23.8	1094.6
		蛮河村	680	631.6			
雅水镇	雅水村	雅水村	1487	1492	3618	19.04	3677
		新庄村	1223	1312			
		播脚村	908	874			
	大龙村	大龙村	974	731	2753	17.16	2662
		洋泗村	905	991			
		岩脚村	874	1081			
	葡林村	葡林村	1349	1337	2095	13.14	2044
		响林村（除翁召组）	—	—			
	道力村	道力村	836	451	1186	10.1	715
		牛角村	350	264			
	街上村	播甲村	1231	1022	1463	24.71	1535
		打白村	774	697			
		响林村（翁召组）	—	—			
	新民村	翁庆村	823	877	993	14.9	731
		摆朱村	433	585			
	摆炉村	摆炉村	1463	1535	2242	11.74	1932
	下兴村	下兴村	993	993	1256	5.29	1462
	播谭村	播谭村	1297	1480	1297	10.83	1480
鸭绒乡	水冲村	水冲村	929	660.72	1885	8.8	1631.29
		竹子村	540	601.14			
		大地村	416	369.43			
	毛栗村	毛栗村	610	534.67	1514	8.8	1331.14
		火石村	904	796.47			
	谷把村	谷把村	1023	814.03	3385	11.2	2726.19
		鸭寨村	22	1209.67			
		哨上村	940	702.49			

续表1-3

乡镇	合并后村名	村名	合并前情况		合并后情况		
			人口	耕地面积（亩）	人口	面积（平方千米）	耕地面积（亩）
鸭绒乡	上田村	上田村	1001	731.31	3551	11.3	2223.36
		提同村	1327	783.9			
		干河村	1223	708.65			
	葡所村	司岗村	1213	752.68	2323	10.7	1497.54
		葡所村	1110	744.86			
	大坪村	大坪村	843	569.83	1517	9.2	1205.64
		旧寨村	674	635.81			
	花厂村	花厂村	1359	825.67	2638	10.9	1725.06
		新摆村	1279	899.39			
太阳乡	播哨村	新寨村	591	377	1445	16	1019.4
		播哨村	854	642.4			
	摆俄村	石门村	649	582	1274	16	1083.5
		摆俄村	625	501.5			
	蓬路村	蛮莫村	1157	1123	2021	17	1850
		田坝村	864	727			
	五星村	五星村	521	516.9	1135	14	1154.7
		风坡村	614	637.8			
	和平村	街上村	833	734.7	1530	15	1330.8
		和平村	697	596			
	洛平村	硐口村	870	690.1	2646	23.1	2121.2
		高平村	1776	1431			
	摆王村	摆王村	972	635	972	9	635
	阴桥村	阴桥村	1383	1191.7	1383	10	1191.7
	岗金村	岗金村	917	671.7	917	11	671.7
	西牛村	西牛村	1123	890	1123	10	890
抵麻乡	地关村	地关村	622	337.9	1912	9.37	1476.4
		大寨村	1290	1138.5			
	硐房村	硐房村	741	750.81	1665	17.43	1510.68
		元韦村	924	759.87			
	公朋村	公朋村	777	512.79	1363	14.67	1069.67
		洛汪村	586	556.88			

续表1-3

乡镇	合并后村名	村　名	合并前情况		合并后情况		
			人口	耕地面积（亩）	人口	面积（平方千米）	耕地面积（亩）
	旧寨村	旧寨村	1479	1479	1143.7	8.65	1143.7
	摆亚村	摆亚村	1239	889.11	1239	11.88	889.11
甲戎乡	翁金村	翁金村	377	391	878	11	929.99
		高石墙	501	538.99			
	水源村	四方村	1082	791.25	1958	13.5	1586.2
		老寨村	876	794.95			
	河坝村	河坝村	961	504.85	1674	12.8	998.82
		董谷村	713	493.97			
	甲戎村	甲戎村	1486	706.03	1698	9.2	1005.53
		平九村一、二、三组	—	—			
	青河村	平九村四、五、六、七、八、九组	—	—	2300	15.4	1228.79
		冗鱼村	1204	604.3			
	青藤村	青藤村	995	838.3	1696	10	1398.9
		拉岩村	701	560.6			
	吉安村	吉安村	939	1084.38	1981	15	1796.66
		路边村	1042	712.28			
	枇杷村	枇杷村	1113	611.24	1113	4.5	611.24
	龙上村	龙上村	855	789.87	855	7.7	789.87
断杉镇	木兴村	甲堕村	596	628	1540	11.2	1568
		木兴村	944	940			
	新场村	高跃村	653	721	2796	24.3	2554
		平月村	590	500			
		新场村	1553	1333			
	八大村	五里村	611	426	2886	21.2	1902
		八大村	1171	639			
		龙泉村	1104	837			

续表1-3

乡镇	合并后村名	村名	合并前情况		合并后情况		
			人口	耕地面积（亩）	人口	面积（平方千米）	耕地面积（亩）
断杉镇	摆惹村	合心村	731	770	3421	26.8	2724
		摆惹村	1603	1309			
		宜令村	1087	645			
	光荣村	光荣村	1774	1221	2598	22.3	1766
		甲寨村	824	545			
	翁址村	翁址村	1214	734	1726	15.8	1163
		前丰村	512	429			
	大坡村	屯头村	562	391	2542	19.8	1631
		尖坡村	931	537			
		大坡村	1049	703			
	满贡村	满贡村	1253	901	2324	16	1593
		纳角村	1071	692			
	董朗村	董朗村	809	672	1922	12.2	1304
		店子边村	1113	632			
抵季乡	新民村	八高村	653	471	1233	10.57	878.82
		田坝村	598	407.82			
	翁平村	平歪村	934	968.46	1744	15.2	1875.86
		翁吕村	810	907.4			
	上坝村	上坝村	1184	1495.4	1250	19.68	1648.4
		翁霞村（冗绕组）					
	蛮纳村	蛮纳村	2352	2149.6	2545	19.93	2421.21
		翁霞村（翁霞组）					
	纳里村	拉蛮村	1478	1305.4	2483	28.73	2113.25
		甲里村	1005	807.85			
	抵塘村	长安村	688	856.2	1600	19.54	1752.22
		抵塘村	912	896.02			
	代京村	翁霞村（抹浪组）			1230	20.03	1760.5
		翁霞村（罗家组）					
		代京村	245	1505.4			

续表1-3

乡镇	合并后村名	村 名	合并前情况		合并后情况		
			人口	耕地面积（亩）	人口	面积（平方千米）	耕地面积（亩）
抵季乡	定里村	西城村	810	592.14	1885	20.47	1500.14
		双屯村	116	482			
		毛草村	521	426			
	青山村	翁招村	559	345	1513	19.68	935.46
		翁戎村	547	347.6			
		熊降村	407	215.7			
	花山村	花山村	1300	1482.14	1300	18.4	1482.14
	雅州村	雅州村	1691	1230.5	1691	10.71	1230.5
羡塘乡	三合村	双合村	776	728.97	1994	18.12	1841.7
		三合村	760	535.38			
		民用村	458	434.27			
	绸绢村	新城村	755	524.3	2578	13.12	1881.97
		绸娟村	687	490.4			
		龙虎村	505	405.2			
		纳架村	631	462.1			
	红旗村	杉木村	987	659.1	3357	18.39	2286.6
		红旗村	1056	522.5			
		永红村	872	661.2			
		拉力村	442	378.9			
	甲奉村	甲奉村	1415	797.1	2646	17.35	1558.9
		播选村	1231	812			
	乌木村	乌木村	381	657	787	12.68	926.3
		小木井	406	270.3			
	百硐村	百硐村	672	610.9	1226	11.22	1158.4
		三星村（小冲组、上寨组、黑硐组、磨冉组）	750	761.6			

续表1-3

乡镇	合并后村名	村名	合并前情况		合并后情况		
			人口	耕地面积（亩）	人口	面积（平方千米）	耕地面积（亩）
羡塘乡	比纳村	洛木村	454	518.7	1960	18.5	1900.7
		拉茗村	554	608			
		比纳村	952	779.7			
	西混村	西混村	804	582.9	2468	15.99	2219.8
		汪洋村	895	909.3			
		摆前村	769	574.8			
	洛浩村	洛浩村	600	533	2349	17.69	1823
		明绸村	625	449.2			
		桥边村	528	417			
		董平村	596	418.7			
	遥山村	遥山村	782	1140.1	978	14.4	1344.2
		三星村（翁落村民组）和摆掌村民组	—	—			
芦山镇	麦旁村	麦旁村	851	700.06	1809	7.7	1423.34
		董戎村	659	417.05			
		冗亚村	299	306.23			
	播绕村	滩绕村	942	499.22	1828	7.4	1026.198
		播绕村	886	526.978			
	纳冗村	纳桥村	829	310.77	1423	7.6	754.894
		冗才村	594	377.824			
	小石村	落号村	605	419.73	1300	6.1	869.507
		小石村	695	449.777			
	拉然村	格我村	897	698.48	1788	7.8	1418.98
		拉然村	891	720.5			
	花鱼村	花鱼村	526	534	1312	7.6	1237
		四明村	786	703			
	河心村	雅羊村	801	764.94	1444	7.1	1147.1
		河心村	643	382.16			

续表1-3

乡镇	合并后村名	村名	合并前情况		合并后情况		
			人口	耕地面积（亩）	人口	面积（平方千米）	耕地面积（亩）
芦山镇	民族村	新华村	648	461.819	1149	6.2	835.267
		民族村	501	373.448			
	鱼湾村	鱼湾村	579	595.79	1304	6.4	965.28
		森乐村	625	369.49			
	水井坡村	水井坡村	645	377.34	645	8.1	377.34
	响水村	响水村	995	602.67	995	6.1	603.67
	勤中村	勤中村	1174	923.761	1174	6.3	923.761
	羊马村	羊马村	1109	478.83	1109	1.2	478.83
	硐口村	硐口村	2239	1155.84	2239	2.5	1155.84
	芦山村	芦山村	2690	1560	2690	3.4	1560
王佑镇	昌明村	昌明村	874	752	1343	13	1047
		纳任村	469	295			
	王佑村	王佑村	2291	1501	2575	12.8	1640
		幸福村	284	139			
	团结村	平贡村	1039	407	1774	12.1	907
		翁松村	735	500			
	三合村	红田村	630	482	3284	23.2	2260
		过播村	848	500			
		三合村	971	748			
		兴义村	835	496			
	冷水村	冷水村	1071	942	1071	8.7	942
长安乡	西南村	西南村	795	513	2824	15.9	2056
		合顺村	1357	892			
		西茂村	672	651			
	长腊村	长腊村	1590	908.5	2297	9.3	1403
		把两村	707	494.5			
	冉告村	冉告村	1123	744	1123	5.7	744

续表1-3

乡镇	合并后村名	村名	合并前情况		合并后情况		
			人口	耕地面积（亩）	人口	面积（平方千米）	耕地面积（亩）
长安乡	新华村	新华村	1213	784.5	1213	4.8	784.5
	新然村	新然村	917	652.5	917	6.9	652.5
	伙塘村	伙塘村	1596	1088	1596	6.4	1088
打引乡	场坝村	场坝村	1229	998	2194	14.3	1734
		洗滚村	965	736			
	建华村	民结村	1645	1463	2654	13.7	2693
		建华村	1009	1230			
	团坡村	齐心村	892	680	2102	15.8	1590
		团坡村	1210	910			
	打永村	打场村	447	150	1574	15.2	950
		打永村	1127	800			
	和平村	和平村	1121	910	1121	7.9	910
	董上村	董上村	948	804	948	11.1	804

表1-4 2014年惠水县乡镇行政区划调整前后情况表

调整后情况					调整前情况				
名称	国土面积（平方千米）	人口（人）	所辖村（居）数	村名	名称	国土面积（平方千米）	人口（人）	所辖村（居）数	村名
涟江街道办事处	184.55	75010	22	濛江、涟江、凤山、西山、星光、新城、惠明、大坡、杨番、大新、三合、高坪、龙井、甘昌、冗然、排楼、长征、山口、九龙、双坪、龙瓦、民中	和平镇	89.2	58281	13	濛江、涟江、凤山、西山、星光、新城、惠明、大坡、杨番、大新、三合、高坪、龙井
					大龙乡	95.35	16729	9	甘昌、冗然、排楼、长征、山口、九龙、双坪、龙瓦、民中

续表1-4

调整后情况					调整前情况				
名称	国土面积（平方千米）	人口（人）	所辖村（居）数	村名	名称	国土面积（平方千米）	人口（人）	所辖村（居）数	村名
濛江街道办事处	282.11	61264	28	高镇居委会、高镇、赤土、山后、长新、首创、司蒙、长岩、涟江、交椅、半坡、姚新、合兴、双庆、桥洞、长田、龙泉、山河、民河、上龙、光明、绿化、大保、板长、红星、新坝、新哨、兴章	高镇镇	82.08	29783	12	高镇居委会、高镇、赤土、山后、长新、首创、司蒙、长岩、涟江、交椅、半坡、姚新、
					长田乡	56.98	11010	5	合兴、双庆、桥洞、长田、龙泉
					大坝乡	71.16	10258	7	山河、民河、上龙、光明、绿化、大保、板长
					甲烈乡	71.89	10213	4	红星、新坝、新哨、兴章
好花红镇	242.26	62123	28	三都、百鸟河、上衙、平地、金田、栗木、九门、小龙、好花红、崇学、满玉、兴涟、三联、新门、石头关、幺关、清水、弄苑、六马、翁金、龙上、水源、吉安、河坝、青河、青藤、枇杷、甲戎	三都镇	65.23	23719	8	三都、百鸟河、上衙、平地、金田、栗木、九门、小龙、
					好花红乡	86.16	21468	11	好花红、崇学、满玉、兴涟、三联、新门、石头关、幺关、清水、弄苑、六马
					甲戎乡	90.87	16936	9	翁金、龙上、水源、吉安、河坝、青河、青藤、枇杷、甲戎
断杉镇	365.59	44822	20	木兴、新场、八大、摆惹、光荣、翁址、大坡、满贡、董朗、新民、花山、翁平、代京、上坝、抵塘、蛮纳、雅州、纳理、定理、青山	断杉镇	166.98	24319	9	木兴、新场、八大、摆惹、光荣、翁址、大坡、满贡、董朗
					抵季乡	198.61	20503	11	新民、花山、翁平、代京、上坝、抵塘、蛮纳、雅州、纳理、定理、青山

续表1-4

调整后情况					调整前情况				
名称	国土面积（平方千米）	人口（人）	所辖村（居）数	村名	名称	国土面积（平方千米）	人口（人）	所辖村（居）数	村名
羡塘镇	225.96	27556	14	三合、龙虎、红旗、甲奉、桃源、白硐、洛浩、西混、比纳、瑶山、阴桥、和平、岗金、五星	羡塘乡	163.65	22302	10	三合、龙虎、红旗、甲奉、桃源、白硐、洛浩、西混、比纳、瑶山
					太阳乡	62.31	5254	4	阴桥、和平、岗金、五星
王佑镇	195.21	33863	17	昌明、王佑、冷水、平贡、红星、长腊、冉告、新华、新然、西南、伙塘、场坝、建华、和平、打永、团坡、董上	王佑镇	65.51	11235	5	昌明、王佑、冷水、平贡、红星
					长安乡	50.36	10843	6	长腊、冉告、新华、新然、西南、伙塘
					打引乡	79.34	11785	6	场坝、建华、和平、打永、团坡、董上
芦山镇	89.75	25117	16	芦山居委会、芦山、洞口、羊马、水井坡、群中、响水、纳冗、滩绕、小石、麦旁、格我、花鱼、鱼湾、河心、民族	芦山镇	89.75	25117	16	芦山居委会、芦山、洞口、羊马、水井坡、群中、响水、纳冗、滩绕、小石、麦旁、格我、花鱼、鱼湾、河心、民族
雅水镇	264.78	37146	20	雅水、葡龄、大龙、道力、新民、街上、下兴、摆炉、播潭、地关、旧寨、硐房、摆亚、公朋、摆王、摆俄、播哨、西牛、蓬路、洛平	雅水镇	125.41	18882	9	雅水、葡龄、大龙、道力、新民、街上、下兴、摆炉、播潭
					抵麻乡	62.25	8131	5	地关、旧寨、硐房、摆亚、公朋
					太阳乡	77.12	10133	6	摆王、摆俄、播哨、西牛、蓬路、洛平

续表1-4

调整后情况					调整前情况				
名称	国土面积（平方千米）	人口（人）	所辖村（居）数	村名	名称	国土面积（平方千米）	人口（人）	所辖村（居）数	村名
摆金镇	347.28	61533	31	摆金居委会、摆金、清水苑、杨茂、翁金、马道、大华、扪摆、甲浪、单耙、关山、长新、立新、上田、大坪、水冲、花厂、谷把、毛栗、卜所、斗底、掌满、党古、旁才、白龙、冗拱、高寨、盘井、甲坝、石板、蛮河	摆金镇	125.65	24877	13	摆金居委会、摆金、清水苑、杨茂、翁金、马道、大华、扪摆、甲浪、单耙、关山、长新、立新
					鸭绒乡	72.38	18853	7	上田、大坪、水冲、花厂、谷把、毛栗、卜所
					斗底乡	67.09	6524	5	斗底、掌满、党古、旁才、白龙
					摆榜乡	82.16	11279	6	冗拱、高寨、盘井、甲坝、石板、蛮河
岗度镇	274.29	24132	12	岗度、黄土、本底、石烧、柏栗、火阳、宁旺、龙泉、龙塘、新摆、白水河、龙田	岗度乡	137.97	10359	6	岗度、黄土、本底、石烧、柏栗、火阳
					宁旺乡	136.32	13773	6	宁旺、龙泉、龙塘、新摆、白水河、龙田

注：国土面积采用2009年第二次全国土地调查数据，全县国土面积为2471.79平方千米。

第二章　地　名

第一节　乡镇（街道）名

涟江街道

2014年2月设置涟江街道，辖原和平镇、大龙乡，以境内“涟江”河名命街道名。

和平镇　历为程番长官司司治、程番府府治、定番州州治、定番县政府驻地、惠水县城。1935年4月红军长征经过惠水开展宣传活动，1936年以“清剿”红军为由，民国政府废除乡镇、闾邻制，实行保甲制，将凤翔镇和濛江镇合并称和平镇联保，取平静安定之意。1950年建和平镇，1953年称城关镇，1984年复称和平镇，2014年2月撤销。

大龙乡　1952年3月将白日乡划分为大龙、青龙、响水、九龙、岩脚5个小乡。以乡政府驻地“大龙坑”寨名取乡名。1991年9月与九龙乡合并建立大龙乡，2014年2月撤销。

濛江街道

2014年2月设置濛江街道，辖原高镇镇、长田乡、大坝乡、甲烈乡，以境内“濛江”河名命街道名。

高镇镇 1985年在惠水县工业区设立高镇镇，以“高镇”寨名命其镇名。1991年9月与姚哨乡、赤土乡、半坡乡合并建立高镇镇，2014年2月撤销。

长田乡 1952年3月设立长田乡，以乡政府驻地“长田”寨名取乡名。2014年2月撤销。

大坝乡 1930年称大坝镇，1950年12月称大坝乡，以乡政府驻地“大坝场”取其乡名。2014年2月撤销。

甲烈乡 1952年3月将成仁乡划分为甲烈、小坝、关山、摆王4个小乡。以乡政府驻地“甲烈”寨名取其乡名。2014年2月撤销。

摆金镇

2014年2月设置摆金镇，辖原摆金镇、鸭绒乡、斗底乡、摆榜乡，以“摆金”村名命其镇名。

摆金镇 历为区公所和乡镇政府驻地。1952年3月将明浪镇划分为摆金、关口、甲浪、大华4个小乡。以乡政府驻地“摆金”寨名取其乡名。1983年11月改称摆金镇，1991年9月与大华乡、甲浪乡合并建立摆金镇，2014年2月撤销。

鸭绒乡 1952年3月将文华乡划分为鸭绒、鸭寨、谷秧、竹村、花场、新寨6个小乡。以乡政府驻地“鸭绒”寨名取其乡名。1991年9月与鸭寨乡合并建立鸭绒乡，2014年2月撤销。

斗底乡 1952年3月将惠民乡划分为斗底、摆榜、甲坝、江龙4个小乡。以乡政府驻地“斗底”寨名

摆金镇政府办公大楼

取其乡名。1991年9月与党古乡合并建立斗底乡，2014年2月撤销。

摆榜乡　1952年3月将惠民乡划分为斗底、摆榜、甲坝、江龙4个小乡。摆榜系苗语“必棒”的译音，即高山平原之意。2014年2月撤销。

岗度镇

2014年2月设置岗度镇，辖原岗度乡、宁旺乡，以岗度村名命其镇名。

岗度乡　1914年称岗度乡。1952年3月将岗度乡划分为岗度、本底、摆治、宁旺、摆朗、祥摆6个小乡。以乡政府驻地“岗度”寨名取其乡名。1991年9月与关山乡、本底乡合并建立岗度乡，2014年2月撤销。

宁旺乡　1952年3月将岗度乡划分为宁旺、岗度、本底、摆治、摆朗、祥摆6个小乡。以乡政府驻地“宁旺”寨名取其乡名。1991年9月与祥摆乡合并建立宁旺乡，2014年2月撤销。

雅水镇

2014年2月设置雅水镇，辖原雅水镇、抵麻乡及原太阳乡的摆王村、摆俄村、播哨村、西牛村、蓬路村、洛平村，以雅水村名命其镇名。

雅水镇　1941年称雅水乡。1952年3月将雅水乡划分为雅水、葡铃、合爱、水头4个小乡。以乡政府驻地“雅水”寨名取其乡名。1991年9月与合爱乡、洛平乡合并建立雅水镇，2014年2月撤销。

太阳乡　1930年称太阳乡。乡政府驻地摆王寨附近有一古井，晴天夕阳照射古井即反射出美丽晚霞，故称“太阳”，以此取其乡名。1991年9月与洛平乡、董照乡合并建立太阳乡，2014年2月撤销。

抵麻乡　1953年称牛场乡，1984年8月改称抵麻乡。以乡政府驻地“抵麻”寨名取其乡名。2014年2月撤销。

羡塘镇

2014年2月设置羡塘镇，辖原羡塘乡及原太阳乡的五星村、和平村、阴桥村、岗金村，以镇政府驻地红旗村“羡塘”寨名命其镇名。

羡塘乡　1930年称羡塘镇。1950年称羡塘乡。以乡政府驻地“羡塘”寨名取其乡名。1991年9月与西混乡、兴安乡合并建立羡塘乡，2014年2月撤销。

断杉镇

2014年2月设置断杉镇辖原断杉镇、抵季乡，以镇政府驻地“断杉”寨名命其镇名。

断杉镇　1930年称断杉镇。1952年3月将断杉镇划分为断杉、拉林、新场、所纳4个小乡。以乡政府驻地“断杉”寨名取其乡名。1991年9月与新场乡、董朗乡合并建立断杉镇，2014年2月撤销。

抵季乡　1930年称抵季镇。1952年3月将日新乡划分为抵季、抵塘、翁垒、毛草4个小乡。以乡政府驻地“抵季”寨名取其乡名。1991年9月与翁垒乡、定里乡合并建立抵季乡，2014年2月撤销。

好花红镇

2014年2月设置好花红镇，辖原三都镇、好花红乡、甲戎乡，以好花红村名命其镇名。

三都镇 1941年称三都镇。1952年3月三都镇划分为三都、河西、金平、三合、小龙、九门6个小乡。以乡政府驻地“三都”寨名取其乡名。1984年11月改称三都镇。1991年9月与金石乡合并建立三都镇，2014年2月撤销。

好花红乡 1952年3月崇学乡划分为毛家苑、辉岩、满玉、清水苑、藤子5个小乡。以乡政府驻地“毛家苑”寨名取其乡名。1991年9月与清水苑乡合并建立毛家苑乡，2002年更名为好花红乡。2014年2月撤销。

甲戎乡 1930年称甲戎镇，1941年改称甲戎乡。以乡政府驻地“甲戎”寨名取其乡名。1991年9月与水源乡合并建立甲戎乡，2014年2月撤销。

王佑镇

2014年2月设置王佑镇，辖原王佑镇、长安乡、打引乡，以镇政府驻地王佑村“王佑”寨名命其镇名。

王佑镇 1930年称王佑镇。1950年建王佑乡，1952年3月王佑乡划分为王佑、雅羊、新庄3个小乡。以乡政府驻地“王佑”寨名命其乡名。1991年9月撤销王佑区公所和王佑乡，建立王佑镇，2014年2月撤销。

长安乡 1942年称长安乡，即长治久安之意。1950年12月建立长安乡。2014年2月撤销。

打引乡 1930年称打引镇，1941年改称打引乡。1950年12月建立打引乡。以乡政府驻地“打引”寨名取其乡名。2014年2月撤销。

芦山镇

1991年8月，撤销原芦山镇、雅羊乡建制，设置芦山镇。以镇人民政府驻地“芦山”村名命其镇名。1930年称卢山镇。1950年建卢山镇，1958年以后更名为芦山镇。

第二节 村（居）名

一、涟江街道

凤山社区 2002年8月设立凤山社区，地处县城中心，辖21个居民小组。以辖区内“凤山”山名命社区名。

西山社区 2002年8月设立西山社区，地处县城南部区域，辖13个居民小组。以辖区内“西山坡”山名命社区名。

涟江社区 2002年8月设立涟江社区，地处县城东部区域，辖9个居民小组。以流经辖区的“涟江”河名命社区名。

濛江社区 2002年8月设立涟江社区，地处县城北部区域，辖18个居民小组。以流经辖区的“濛江”河名命社区名。

星光村 2002年2月将星光村与骑龙村合并为星光村。面积15.6平方千米，辖36个村民小组，17个自然村寨。以1956年星光高级农业生产合作社之名命其村名。

新城村 2002年2月将程番村与满坝村合并为新城村。面积3.95平方千米，辖13个村民小组，6个自然村寨。因地处县城新城区取其村名。

惠明村　2002年2月将回龙村、六坡村、高旺村合并为惠明村，面积7.52平方千米。辖18个村民小组，14个自然村寨。以原惠明乡名命其村名。

大坡村　2002年2月。将大坡村与烂泥村合并为大坡村。面积2.01平方千米，辖11个村民小组，3个自然村寨。以“大坡寨”寨名命其村名。

大新村　2002年2月将新合村、大围村合并为大新村。面积8.45平方千米，辖17个村民小组，7个自然村寨。原大围村和新合村各取一字命其村名。

杨番村　2002年2月将雅羊村、洪番村合并为羊番村。面积8.45平方千米，辖13个村民小组，4个自然村寨。原雅羊村和洪番村各取一字音命其村名，寓意两村合并后即“扬帆起航”，后更名为杨番村。

三合村　2002年2月将电光村、龙硐村、水岩村合并为三合村。面积17.44平方千米，辖12个村民小组，9个自然村寨。因三个村合并为一个村，故名三合村。

龙井村　2002年2月将龙井村与满村村合并为龙井村。面积13.28平方千米，辖5个村民小组，8个自然村寨。村内有一自然村寨叫“龙王冲”，寨脚有一古井俗称“龙井”，以此名命其村名。

高坪村。2002年2月将高坪村、斗蓬村、长坡村合并为高坪村。面积12.45平方千米，辖14个村民小组，17个自然村寨。以自然村寨高寨和坪寨各取一字命其村名。

长征村　全村国土面积约8.5平方千米，辖17个村民小组，17个自然村寨。以1956年长征高级农业生产合作社之名命其村名。

甘昌村　2001年12月将河边村、热敖村、甘昌村（甘昌组合并为响水村，2002年更名为甘昌村）合并为甘昌村。面积17.6平方千米，辖15个村民小组。以自然村寨“甘昌”寨名命其村名。

排楼村　全村国土面积约8.6平方千米，辖9个村民小组，9个自然村寨。以自然村寨“排楼”寨名命其村名。

冗然村　2001年12月将大兴村、冗然村与甘昌村（不含甘昌组）合并为联合村，2003年更名为冗然村。面积12.5平方千米，辖14个村民小组。以自然村寨“冗热”寨名命其村名。

山口村　2001年12月将山口村与偏岩村合并为山口村。面积约12.58平方千米，辖9个村民小组。以自然村寨“山口”寨名命其村名。

九龙村　2001年12月将野鹿村、马门村、石门村合并为九龙村。面积约14.5平方千米，辖7个村民小组，6个自然村寨。以村内自然景观“九龙山”命其村名。

龙瓦村　2001年12月将龙硐村与大瓦村合并为龙瓦村。面积约7.72平方千米，辖6个村民小组，6个自然村寨。原龙洞村和大瓦村各取一字命其村名。

民中村　2001年10月将岩脚村、马脚村、拉力村、民中村合并为民中村。面积约5.6平方千米，辖9个村民小组，9个自然村寨。以1956年民中高级农业生产合作社之名命其村名。

双坪村　2001年12月将大坪村与艾坪村合并为双坪村。面积约6.7平方千米，辖6个村民小组。因原大坪村和艾坪村名中均有“坪”字，故名双坪村。

二、濛江街道

高镇居委会　1994年12月设立，辖赤土农场、综合农场和涟江渔场，6个居民小组。以“高镇”镇名命居委会名。

高镇村　2001年12月将方围村与高镇村合并为高镇村。面积5平方千米，辖8个村民小组，3个自然村寨。以“高镇”寨名命其村名。

交椅村 2001年12月将交椅村与水溪村合并为交椅村。面积5平方千米，辖7个村民小组，3个自然村寨。以“交椅”寨名命其村名。

赤土村 2001年12月将罗新（乐兴）村与赤土村合并为赤土村。面积8平方千米，辖13个村民小组，8个自然村寨。以“赤土”寨名命其村名。

涟江村 全村国土面积6平方千米，辖11个村民小组，5个自然村寨。以1956年建立涟江高级农业生产合作社之名命其村名。

长新村 2001年12月将新民村与长岭村合并为长新村。面积约6平方千米，辖16个村民小组，8个自然村寨。原新民村和长岭村各取一字命其村名。

首创村 全村面积约6平方千米，辖10个村民小组，6个自然村寨。以1956年“首创高级农业生产合作社”之名命其村名。

姚新村 2001年12月将姚新村与满告村合并为姚新村。面积8平方千米，辖14个村民小组，10个自然村寨。1964年将姚哨大队和新寨大队合并，两个生产大队名各取一字命“姚新”大队名，以“姚新”大队名命其村名。

司蒙村 2001年12月将旧司村与蒙涟村合并为司蒙村。面积7平方千米，辖11个村民小组，5个自然村寨。原旧司村和蒙涟村各取一字命其村名。蒙涟村名应为“濛涟村”，以“濛涟”寨名命原村名。

山后村 2001年12月将平寨村与山后村合并为山后村。地面积约7平方千米，辖12个村民小组，9个自然村寨。以“山后”寨名命其村名。

长岩村 全村面积8平方千米，辖6个村民小组，6个自然村寨。以“长岩”寨名命其村名。

半坡村 2001年12月将半坡村与石头村合并为半坡村。面积8平方千米，辖9个村民小组，6个自然村寨。以“半坡”寨名命其村名。

长田村 2001年12月将化槁村、长田村、摆竹村四、五、六、七组合并为长田村。面积10.5平方千米，辖9个村民组，8个自然村寨。以“长田”寨名命其村名。

龙泉村 2001年12月将上黄村与栎木村合并为龙泉村。面积9.1平方千米，辖6个村民组，7个自然寨。因龙海寨古井常年泉水不断故命其村名。

合兴村 2001年12月将吟河村与冗普村合并为合兴村，即两村合并后将发展兴旺之意。面积14平方千米，辖7个村民小组，5个自然村寨。

双庆村 2001年12月将莫羊村与双牙村合并为双庆村。面积11.6平方千米，辖9个村民组，10个自然村寨。以双井和白杨庆两自然村寨名各取一字命其村名。

桥洞村 2001年12月将桥洞村与摆竹村一、二、三组合并为桥洞村。面积10.5平方千米，辖7个村民组，9个自然村寨。以土桥和洞口两自然村寨名各取一字命其村名。

光明村 全村面积8.3平方千米，辖4个村民组，5个自然村寨。以1957年“光明高级农业生产合作社”之名命其村名。

上龙村 2001年12月将上龙、甲腊和龙滩3个村合并为上龙村。面积6.6平方千米，辖10个村民组，7个自然村寨。以“上龙”寨名命其村名。

山河村 2001年12月将山河村与兴隆村合并为山河村。面积8.6平方千米，辖8个村民组，4个自然村寨。以1957年“三合高级农业生产合作社”之名命其村名，后更名为“山河村”。

民河村　2001年12月将云顶、民合、小沙坝3个村合并为民合村。面积8.5平方千米，辖9个村民小组，3个自然村寨。以1957年“民合高级农业生产合作社”之名命其村名，后更名为“民河村”。

绿化村　2001年12月将绿化村、金珠村及兰桥村一、二、三、四组合并为绿化村。面积12.9平方千米，辖6个村民小组，11个自然村寨。以1957年“绿化高级农业生产合作社”之名命其村名。

大保村　2001年12月将大保村与披弓村合并为大保村。面积12.5平方千米，辖5个村民组，8个自然村寨。以“大堡”寨名命其村名，后更名为“大保”村。

板长村　2001年12月将冗族村、板长村及兰桥村五组合并为板长村。面积6.4平方千米，辖8个村民小组，7个自然村寨。以“板长”寨名命其村名。

兴章村　2001年12月将摆章、摆王、黄岩、窑上4个村合并为兴章村，即4村合并为一村后即将兴旺之意。面积23.18平方千米，村辖18个村民小组，11个自然村寨。

红星村　2001年12月将红星、甲烈、冷水3个村合并为红星村。面积31.8平方千米，辖24个村民小组，19个自然村寨。以1981年“红星生产大队”之名命其村名。

新坝村　2001年12月将毕新村和小坝村合并为新坝村。面积18.2平方千米，辖13个村民组，17个自然村寨。以毕新和小坝两村名各取一字命其村名。

新哨村　2001年12月将新河村和冗哨村合并为新哨村。面积15平方千米，辖11个村民小组，11个自然村寨。以新河和冗哨两村名各取一字命其村名。

三、摆金镇

摆金居委会　1984年11月建立，辖5个居民小组。以“摆金”镇名命居委会名称。

摆金村　2001年12月将场坝、街上、冗章3个村合并为摆金村。面积14.5平方千米，辖9个村民小组，4个自然村寨。以“摆金”寨名命其村名。

杨茂村　2001年12月将杨梅坡村与楼房村合并为杨茂村，即合并村后发展茂盛之意。面积9.5平方千米，辖4个村民小组，5个自然村寨。

扪摆村　2001年12月将扪摆、杉木、水淹坝3个村合并为扪摆村。面积15.5平方千米，辖7个村民小组，10个自然村寨。以“扪摆”寨名命其村名。

长新村　2001年12月25日将长寨村与苏新村合并为长新村。面积15.5平方千米，辖7个村民小组，7个自然村寨。以原长寨和苏新两村名各取一字命其村名。

立新村　2001年12月将黎光村、孔引村合并为立新村。面积11平方千米，辖7个村民小组，9个自然村寨。因村民沿省道309公路两侧建房居住，逐渐成为一条新街，故名“立新”。

单耙村　2001年12月将单耙村、单阳村合并为单耙村。面积8.98平方千米，辖7个村民小组，7个自然村寨。以“单耙”寨名命其村名。

甲浪村　2001年12月将甲浪、屯脚、冗阶3个村合并为甲浪村。面积8.98平方千米，辖9个小组，13个自然村寨。以“甲浪”寨名命其村名。

清水苑村　2001年12月将清水、邀贤、高寨3个村合并为清水苑村。面积12.1平方千米，辖6个村民小组，7个自然村寨。以“清水苑”寨名命其村名。

关山村　2001年12月将摆本村、打铁村、朗平村合并为关山村。面积13.5平方千米，辖8个村民小组，16个自然村寨。以原“关山乡”名命其村名。

马道村　2001年12月将谷通、马道、摆架3个村合并为马道村。面积9.1平方千米，辖3个村民小组，6

个自然村寨。以“马道”寨名命其村名。

大华村 2001年12月将大华、米新、小寨3个村合并为大华村。面积10平方千米，辖4个村民小组，3个自然村寨。以原“大华乡”名命其村名。

瓮金村 2001年12月将瓮孔村与金银村合并为瓮金村。面积10平方千米，辖7个村民小组，8个自然村寨。以瓮孔和金银两村名各取一字命其村名。

旁才村 全村国土面积12.2平方千米，辖5个村民组，6个自然村寨。以“旁才”寨名命其村名。

白龙村 2001年12月将摆陇村与蛮绕村合并为白龙村。面积17.4平方千米，辖8个村民小组，9个自然村寨。以原“白龙乡”名命其村名。

斗底村 2001年12月将上寨、下寨、岩下3个村合并为斗底村。面积16.5平方千米，辖6个村民小组，8个自然村寨。以“斗底”寨名命其村名。

党古村 2001年12月将党古、新庄、六磨3个村合并为党古村。面积19.5平方千米，辖6个村民小组，10个自然村寨。以“党古”寨名命其村名。

掌满村 全村面积10.4平方千米，辖4个村民小组，5个自然村寨。以“掌满”寨名命其村名。

甲坝村 2002年1月将甲坝村与平寨村合并为甲坝村。面积5.1平方千米，村辖8个村民小组，7个自然村寨。以“甲坝”寨名命其村名。

石板村 2002年1月将石板村与龙坝村合并为石板村。面积9.05平方千米，辖7个村民小组，5个自然村寨。以“石板”寨名命其村名。

盘井村 2002年1月将盘井村与旧连村合并为盘井村。面积7.9平方千米，辖8个村民小组，5个自然村寨。以“盘井”寨名命其村名。

冗拱村 2002年1月将冗拱村与呆公村合并为冗拱村。面积8.5平方千米，辖9个村民小组，7个自然村寨。以“冗拱”寨名命其村名。

高寨村 2002年1月将新寨、同改、高寨3个村合并为高寨村。面积14平方千米，辖11个村民小组，12个自然村寨。以“高寨”寨名命其村名。

蛮河村 2002年1月将蛮河村与长冲村合并为蛮河村。面积23.8平方千米，辖9个村民小组，27个自然村寨。以蛮面和河边两自然村寨名各取一字命其村名。

花厂村 2001年12月将花厂村与新摆村合并为花厂村。面积10.9平方千米，辖12个村民小组，6个自然村寨。以苗族同胞每年“三月三”集中开展民族活动的花厂命其村名。

卜所村 2001年12月将司岗村与卜所村合并为卜所村。面积10.7平方千米，辖10个村民组，6个自然村寨。以“卜所”寨名命其村名。

大坪村 2001年12月将大坪村与旧寨村合并为大坪村。面积9.2平方千米，辖7个村民小组，7个自然村寨。以大寨和平寨两自然村寨名各取一字命其村名，后更名为“大坪”。

谷把村 2001年12月将谷把、鸭寨、哨上3个村合并为谷把村。面积11.2平方千米，辖9个村民小组，16个自然村寨。以“谷把”寨名命其村名。

毛栗村 2001年12月将毛栗村与火石村合并为毛栗村。面积8.8平方千米，辖8个村民组，8个自然村寨。以“毛栗”寨名命其村名。

上田村 2001年12月将上田、提同、干河3个村合并为上田村。面积11.3平方千米，辖12个村民组，19个自然村寨。以“上田”寨名命其村名。

水冲村 2001年12月将水冲、竹子、大地3个村合并为水冲村。面积8.8平方千米，辖9个村民小组，10个自然村寨。以“水冲”寨名命其村名。

四、岗度镇

岗度村 2001年12月将岗度、扁街、甲找、屯上、高坡5个村合并为岗度村。面积32.37平方千米，辖12个村民小组，17个自然村寨。以“岗度”寨名命其村名。

火阳村 2001年12月将火阳、翁弄、火闹、长地、摆罗5个村合并为火阳村。面积29.45平方千米，辖14个村民小组，14个自然村寨。以“火洋”寨名命其村名，后更名为火阳。

本底村 2001年12月将本底、上本底、盘龙3个村合并为本底村。面积8.75平方千米，辖4个村民小组，4个自然村寨。以“本底”寨名命其村名。

石烧村 2001年12月将石烧、摆若、懂榜3个村合并为石烧村。面积16.62平方千米，辖8个村民小组，9个自然村寨。以“石烧”寨名命其村名。

柏栗村 2001年12月将柏栗、掌弄、井山、小河4个村合并为柏栗村。面积30.03平方千米，辖12个村民小组，13个自然村寨。以白杨寨和栎木寨两自然村寨名各取一字命其村名，后更名为“柏栗”。

黄土村 2001年12月将黄土、干脚、岗倒3个村合并为黄土村。面积17.5平方千米，辖11个村民组小组，17个自然村寨。以“黄土”寨名命其村名。

宁旺村 2001年12月将宁旺、甲壤、高火3个村合并为宁旺村。面积17平方千米，辖16个村民小组，13个自然村寨。以“宁旺”寨名命其村名。

龙塘村 2001年12月将摆朗村与荒田村合并为龙塘村。面积35平方千米，辖10个村民小组，13个自然村寨。以村境内龙塘山名命其村名。

龙泉村 2001年12月将大寨村与摆祥村合并为龙泉村。面积21平方千米，辖9个村民小组，9个自然村寨。大寨寨中有一古井名曰“龙泉”，以该古井名命其村名。

新摆村 2001年12月将摆猛村与摆坝村合并为新摆村。面积24.2平方千米，辖14个村民小组，13个自然村寨。取两村合并后即万象更新之意命其村名。

龙田村 2001年12月将江龙村与黄田村合并为龙田村。面积24平方千米，辖11个村民小组，9个自然村寨。以原金龙和黄田两村寨各取一字命其村名。

白水河村 2001年12月将祥摆村与中坡村合并为白水河村。面积32.5平方千米，辖11个村民小组，13个自然村寨。以村境内一河流名称“白水河”命其村名。

五、雅水镇

雅水村 2001年12月将雅水、新庄、播脚3个村合并为雅水村。面积19.04平方千米，辖22个村民小组，23个自然村寨。以“雅水”寨名命其村名。

播潭村 全村国土面积10.83平方千米，辖7个村民小组，6个自然村寨。以“播潭”寨名命其村名。是非物质文化遗产“枫香染”发源地。

葡林村 2001年12月将葡萄村与响铃村（原翁召组）合并为葡林村。面积13.14平方千米，辖14个村民小组，13个自然村寨。以原葡萄和响铃两村名各取一字命其村名“葡铃”，后更名为葡林。

道力村 2001年12月将道力村与牛角村合并为道力村。面积10.1平方千米，辖7个村民小组，12个自然村寨。村内一自然村寨“道流井”寨更名为“道力”寨，以“道力”寨名命其村名。

大龙村 2001年12月将大龙、洋泗、岩脚3个村合并为大龙村。面积17.16平方千米，辖15个村民小组，15个自然村寨。以1957年“大龙高级农业生产合作社”名命其村名。

下兴村 全村国土面积为5.29平方千米，辖6个村民小组，5个自然村寨。以“下兴”寨名命其村名。

摆炉村 全村面积11.74平方千米，辖8个村民小组，7个自然村寨。以“摆炉”寨名命其村名。

新民村 2001年12月将翁庆村与摆朱村合并为新民村。面积14.9平方千米，辖11个村民小组，11个自然村寨。两村合并后以“新民”名命其村名。

街上村 2001年12月将播甲村与打白村及响铃村翁召组合并为街上村。面积24.71平方千米，辖12个村民小组，10个自然村寨。以“街上”寨名命其村名。

地关村 2001年12月将地关村与大寨村合并为地关村。面积11.7平方千米，辖10个村民小组，9个自然村寨。以“地关”寨名命其村名。

旧寨村 全村国土面积10.2平方千米，辖9个村民组，12个自然村寨。以“旧寨”寨名命其村名。

硐房村 2001年12月将硐房村与元韦村合并为洞房村。面积17.9平方千米，辖13个村民组，21个自然村寨。以“洞房”寨名命其村名，后更名为硐房。

公朋村 2001年12月将公朋村与洛汪村合并为公朋村。面积12.3平方千米，辖8个村民小组，14个自然村寨。以“公朋”寨名命其村名

摆亚村 全村国土面积11.6平方千米，辖7个村民小组，11个自然村寨。以“摆亚”寨名命其村名。

播哨村 2001年12月将播哨村与新寨村合并为播哨村。面积15.59平方千米，辖10个村民小组，11个自然村寨。以“播哨”寨名命其村名。

摆俄村 2001年12月将摆俄村与石门村合并为摆俄村。面积13.6平方千米，辖10个村民小组，21个自然村寨。以“摆俄”寨名命其村名。

摆王村 全村国土面积5.97平方千米，辖4个村民小组，10个自然村寨。以“摆王”寨名命其村名。

蓬路村 2001年12月将蛮莫村与田坝村合并为蓬路村。面积12.18平方千米，辖11个村民小组，12个自然村寨。

西牛村 全村国土区面积14.2平方千米，辖8个村民小组，8个自然村寨。以“犀牛”寨名命其村名，后更名为西牛。

洛平村 2001年12月将洞口村与洛平村合并为洛平村。面积18.2平方千米，辖15个村民小组，18个自然村寨。以原洛平乡名命其村名。

六、羡塘镇

红旗村 2001年12月将红旗、杉木、永红、拉力4个村合并为红旗村。面积18.39平方千米，辖19个村民小组，13个自然村寨。以1958年“红旗生产大队”之名命其村名。

龙虎村 2001年12月将龙虎、新成、绸绢、纳架4个村合并为绸绢村，后更名为龙虎村。面积13.12平方千米，辖13个村民小组，9个自然村寨。以“龙虎”寨名命其村名。

甲奉村 2001年12月将甲奉村与播选村合并为甲奉村。面积17.35平方千米，辖14个村民小组，13个自然村寨。以“甲凤”寨名命其村名，后更名为甲奉。

三合村 2001年12月将双合、三合、民用3个村合并为三合村。面积约18.12平方千米，辖11个村民组，13个自然村寨。以1956年“三合高级农业生产合作社”之名命其村名。

桃源村 2001年12月将乌木村与小木井村合并为乌木村，后更名为桃源村。面积12.68平方千米，辖9个村民小组，29个自然村寨。因进村之路经过羡塘燕子洞景区的犀牛洞，村寨景观如陶渊明在《桃花源

记》文中叙述一般，故名桃源村。

瑶山村 2001年12月将瑶山村与三星村的翁落组、摆掌组合并为遥山村，后更名为瑶山村。面积14.4平方千米，辖12个村民小组，17个自然村寨。以“瑶山”寨名命其村名。

白硐村 2001年12月将百硐村与三星村的小冲组、上寨组、黑硐组、磨冉组合并为百硐村，后更名为白硐村。面积11.22平方千米，辖11个村民小组，19个自然村寨。以“百洞”寨名命其村名，后更名为白硐。

洛浩村 2001年12月将洛浩、明绸、桥边、董平4个村合并为洛浩村。面积17.69平方千米，辖17个村民组，22个自然村寨。以“落浩”寨名命其村名，后更名为洛浩。

西混村 2001年12月24日将西混、汪洋、摆前3个村合并为西混村。面积15.99平方千米，辖15个村民小组，18个自然村寨。以“西混”寨名命其村名。

比纳村 2001年12月将洛木、拉茗、比纳3个村合并为比纳村。面积18.5平方千米，辖15个村民小组，19个自然村寨。以“比纳”寨名命其村名。

英桥村 全村国土面积12.05平方千米，辖有7个村民组，9个自然村寨。村境内有一段地下河称为“阴河”，其地称“阴桥”，并以此命其村名，后更名为英桥。

五星村 2001年12月将五星村与风坡村合并为五星村。面积13.53平方千米，辖10个村民小组，9个自然村寨。以“五星”寨名命其村名。

和平村 2001年12月将和平村与董照村合并为和平村。面积18平方千米，辖10个村民小组，19个自然村寨。以“和平”寨名命其村名。

岗金村 全村国土面积20.68平方千米，辖6个村民组，21个自然村寨。以“岗金”寨名命其村名。

七、断杉镇

八大村 2001年12月将八大、五里、龙泉3个村合并为八大村。面积21.2平方千米，辖20个村民小组，19个自然村寨。以1956年“八大高级农业生产合作社”之名命其村名。

摆惹村 2001年12月将摆惹、合心、宜令3个村合并为摆惹村。面积26.8平方千米，辖23个村民小组，21个自然村寨。以“摆惹”寨名命其村名。

大坡村 2001年12月将大坡、尖坡、屯头3个村合并为大坡村。面积19.8平方千米，辖18个村民小组，27个自然村寨。以“大坡”寨名命其村名。

满贡村 2001年12月将满贡村与纳角村合并为满贡村。面积16平方千米，辖16个村民小组，14个自然村寨。以“满贡”寨名命其村名。

董朗村 2001年12月将董朗村与店子边村合并为董朗村。面积12.2平方千米，辖11个村民小组，6个自然村寨。以“董朗”寨名命其村名。

木兴村 2001年12月将甲堕村与木兴村合并为木兴村。面积14.5平方千米，辖11个村民小组，15个自然村寨。以1956年“木兴高级农业生产合作社”之名命其村名。

新场村 2001年12月将新场、高跃、平月3个村合并为新场村。面积19.4平方千米，辖19村民小组，23个自然村寨。以原“新场乡”名命其村名。

光荣村 2001年12月将光荣村与甲寨村合并为光荣村。面积22.3平方千米，辖15个村民组，23个自然村寨。以1956年“光荣高级农业生产合作社”之名命其村名。

翁址村 2001年12月将翁址村与前丰村合并为翁址村。面积15.8平方千米，辖14个村民小组，15个自然村寨。以“翁子”寨名命其村名，后更名为翁址村。

纳理村 2002年1月将甲里村与拉蛮村合并为纳里村，后更名为纳理村。面积28.73平方千米，辖15个村民小组，25个自然村寨。以“甲里”寨名命其村名，后更名为纳理村。

新民村 2002年1月将八高村与田坝村合并为新民村。面积10.57平方千米，辖8个村民小组，15个自然村寨。以1956年新民高级农业生产合作社之名命其村名。

花山村 全村面积18.4平方千米，辖11个村民小组，15个自然村寨。以“花山”寨名命其村名。

翁平村 2002年1月将翁垒村与平歪村合并为翁平村。面积15.2平方千米，辖15个村民小组，15个自然村寨。以原翁垒和平歪两村名各取一字命其村名。

上坝村 2002年1月将上坝村与翁霞村冗绕组合并为上坝村。面积19.68平方千米，辖11个村民小组，29个自然村寨。以“上坝”寨名命其村名。

雅州村 全村面积10.71平方千米，辖10个村民小组，17个自然村寨。以“雅州”寨名命其村名。

蛮纳村 2002年1月将蛮纳村与翁霞村翁霞组合并为蛮纳村。面积19.93平方千米，19个村民小组，29个自然村寨。以“蛮纳”寨名命其村名。

抵塘村 2002年1月将长安村与抵塘村合并为抵塘村。面约19.54平方千米，辖11个村民小组，38个自然村寨。以“抵塘”寨名命其村名。

代京村 2002年1月将代京村与翁霞村抹浪组、罗家组和代京组合并为代京村。面积20.03平方千米，辖8个村民小组，40个自然村寨。以1956年“代京高级农业生产合作社”之名命其村名。

定理村 2002年1月将西城、双屯、毛草3个村合并为定里村，后更名为定理村。面积20.47平方千米，辖9个村民小组，10个自然村寨。以原“定里乡”名命其村名，后更名为定理村。

青山村 2002年1月将翁招、翁戎、熊降3个村合并为青山村。面积19.68平方千米，辖9个村民小组，12个自然村寨。因村境植被较好，故以“青山”命其村名，取“绿水青山”之意。

八、好花红镇

三都村 2002年1月将三都、新街、新苑3个村与马田村天鹅坝组合并为三都村。面积7.752平方千米，辖25个村民小组，6个自然村寨。以三都场名命其村名。

百鸟河村 2002年1月将鸣钟、联合、旧司3个村合并为百鸟河村。面积10.336平方千米，辖15个村民小组，10个自然村寨。以百鸟河景区名命其村名。

金田村 2002年1月将金石村与羡田村合并为金田村。面积8.5平方千米，辖21个村民小组，7个自然村寨。以原金石和羡田两村名各取一字命其村名。

九门村 2002年1月将龙岗村与小苑村合并为九门村。面积7.9平方千米，辖16个村民小组，9个自然村寨。以“九门寨”名命其村名。

栗木村 全村面积8.398平方千米，辖11个村民组，7个自然村寨。以“栎木头”寨名命其村名，后更名为栗木村。

平地村 2002年1月将桐木村、马田村3组与平地村1至6组合并为平地村。面积3.876平方千米，6个自然村寨。以“平地”寨名命其村名。

上衙村 2002年1月将上衙村、平地村7组、马田村上蛮摸组合并为上衙村。面积4.522平方千米，辖7个村民小组，5个自然村寨。以“上衙”寨名命其村名。

小龙村 2002年1月将小龙村与旧场村合并为小龙村。面积21.9千米，辖19个村民小组，21个自然村寨。以“小龙”寨名命其村名。

新门村 2001年12月将新门、龙硐、龙家苑、传兴4个村合并为新门村。面积4.42平方千米，辖18个村民小组，9个自然村寨。1964年由新民和门前生产大队合并各取一字称新门生产大队，以“新门生产大队”名命其村名。

崇学村 2001年12月将罗瓦、新华、三七3个村合并为崇学村。面积7.96平方千米，辖9个村民小组，11个自然村寨。以原“崇学乡”名命其村名。

好花红村 2001年12月将辉油、岩上、努力3个村合并为辉岩村。面积7.78平方千米，辖14个村民小组。以原辉油和岩上两村名各取一字命其村名，2002年更名为好花红村。

六马村 全村国土面积8.52平方千米辖7个村民小组，13个自然村寨。以“鹿马井”寨名命其村名，后更名为六马村。

满玉村 2001年12月将况家塆、高桥、中联3个合并为满意村，后更名为满玉村。面积8.94平方千米，辖9个村民小组，11个自然村寨。以“满意”寨名命其村名，后更名为满玉村。

三联村 2001年12月将三联、所然、董敖3个村合并为三联村。面积7.66平方千米，辖6个村民小组，15个自然村寨。以1956年“三联高级农业生产合作社”之名命其村名。

兴涟村 2001年12月将龙联、安谭、打冉3个村合并为兴涟村。面积7.17平方千米，辖6个村民小组，9个自然村寨。因全村都居住在涟江河两岸，合并村后定会兴旺发达，故名“兴涟”。

弄苑村 全村面积7.05平方千米，辖5个村民小组，6个自然村寨。以“弄苑”寨名命其村名。

清水村 全村面积10.8平方千米，辖6个村民小组，7个自然村寨。以“清水苑”寨名命其村名，后更名为清水村。

石头关村 2001年12月将石头关村与松查村合并为石头关村。面积8.2平方千米，辖6个村民小组，12个自然村寨。以“石头关”寨名命其村名。

幺关村 2001年12月将石灰村与幺关村合并为腰关村。面积10.3平方千米，辖17个村民小组，22个自然村寨。以“腰关”寨名命其村名，后更名为幺关村。

青河村 2002年1月将冗鱼村与平九村4至9组合并为青河村。面积15.4平方千米，辖13个村民小组，13个自然村寨。因流经村境内的涟江河段常年清澈透明故名青河，并以此命其村名。

青藤村 2002年1月将青藤村与拉岩村合并为青藤村。面积10平方千米，辖12个村民小组，9个自然村寨。以“青藤”寨名命其村名。

甲戎村 2002年1月将甲戎村与平九村1至3组合并为甲戎村。面积9.2平方千米，辖12个村民小组，11个自然村寨。以“甲戎”寨名命其村名。

河坝村 2002年1月将河坝村与董谷村合并为河坝村。面积12.8平方千米，辖14个村民小组，22个自然村寨。以“河坝”寨名命其村名。

水源村 2002年1月将四方村与老寨村合并为水源村。面积13.5平方千米，辖11个村民小组，23个自然村寨。以原“水源乡”名命其村名。

翁金村 2002年1月将翁金村与高石墙村合并为翁金村。面积11平方千米，辖8个村民小组，12个自然村寨。以“翁金”寨名命其村名。

枇杷村 全村面积4.5平方千米，辖7个村民小组，5个自然村寨。以“枇杷”寨名命其村名。

吉安村 2002年1月将吉安村与路边村合并为吉安村。面积15平方千米，辖14个村民小组，13个自然村寨。以“吉安”寨名命其村名。

龙上村 全村面积7.7平方千米，辖9个村民小组，22个自然村寨。以“龙上”寨名命其村名。

九、王佑镇

王佑村 2001年12月将王佑村与幸福村合并为王佑村。面积12.8平方千米，下辖17个村民小组，16个自然村寨。以“王佑”寨名命其村名。

红星村 2001年12月将红田、兴义、过播、三合4个村合并为三合村，后更名为红星村。面积23.2平方千米，辖25个村民小组，21个自然村寨。以原红田和兴义两村名各取一字“红兴”命其村名，后更名为红星村。

昌明村 2001年12月将昌明村与纳任村合并为昌明村。面积13平方千米，辖10个村民小组，9个自然村寨。以1958年“昌明生产大队”之名命其村名。

冷水村 全村面积8.7平方千米，辖6个村民小组，3个自然村寨。以“冷水”寨名命其村名。

平贡村 2001年12月将平贡村与翁松村合并为团结村，后更名为平贡村。面积12.1平方千米，辖13个村民小组，13个自然村寨。以“平贡”寨名命其村名。

长腊村 2001年12月将长腊村与把两村合并为长腊村。面积9.3平方千米，辖8个村民小组，16个自然村寨。以“长腊”寨名命其村名。

冉告村 1986年将拉冉村与告坎村合并为冉告村。全村面积5.7平方千米，辖9个村民组，18个自然村寨。以原拉冉和告坎两村名各取一字命其村名。

新然村 全村面积6.9平方千米，辖7个村民小组，11个自然村寨。以“打然”寨名命其村名为打然村，后更名为新然村。

新华村 全村面积4.8平方千米，辖11个村民小组，18个自然村寨，以1957年“新华高级农业生产合作社”之名命其村名。

伙塘村 全村面积6.4平方千米，辖10个村民小组，18个自然村寨。以“火塘”寨名命其村名，后更名为伙塘村。

西南村 2001年12月将西南、合顺、西茂3个村合并为西南村。面积15.9平方千米，辖19个村民小组，38个自然村寨。以“西南”寨名命其村名。

场坝村 2001年12月将场坝村与洗滚村合并为场坝村。面积14.3平方千米，辖16个村民小组，20个自然村寨。以原打引乡场坝命其村名。

和平村 全村面积7.9平方千米，辖7个村民小组，10个自然村寨。以1952年和平乡名命其村名。

建华村 2001年12月将建华村与民结村合并为建华村。面积15.3平方千米，辖15个村民小组，17个自然村寨。以1957年“建华高级农业生产合作社”之名命其村名。

董上村 全村面积11.1平方千米，辖11个村民小组，12个自然村寨。以“董上”寨名命其村名。

团坡村 2001年12月将团坡村与齐心村合并为团坡村。面积16平方千米，辖16个村民小组，13个自然村寨。以“团坡”寨名命其村名。

打永村 2001年12月将打场村与打永村合并为打永村。面积14.5平方千米，辖11个村民小组，13个自然村寨。以“打引寨”寨名命其村名为打引村，后更名为打永村。

十、芦山镇

芦山居委会 1968年建立，辖3个居民小组。以“芦山”镇名命居委会名称。

芦山村 全村面积3.4平方千米，辖12个村民组，3个自然村寨。以“芦山”寨名命其村名。

羊马村 全村面积1.2平方千米，辖6个村民小组，1个自然村寨。以“羊马寨”寨名命其村名。

硐口村 全村面积2.5平方千米，辖16个村民组，7个自然村寨。以“硐口”寨名命其村名。

小石村 2001年12月将小石村与落号村合并为小石村。面积6.1平方千米，辖13个村民小组，6个自然村寨。以“小石口”寨名命其村名。

响水村 全村面积6.1千米，辖10个村民小组，13个自然村寨。以“响水关”寨名命其村名。

水井坡村 全村面积8.1平方千米，辖8个村民小组，13个自然村寨。以“水井坡”寨名命其村名。

格我村 2001年12月将格我村与拉然村合并为拉然村，后更名为格我村。面积7.8平方千米，辖15个村民小组，9个自然村寨。以“格我”寨名命其村名。

河心村 2001年12月将雅羊村与河兴村合并为河心村。面积7.1平方千米，辖10个村民小组，5个自然村寨。以1957年“河兴高级农业生产合作社”之名命其村名，后更名为河心村。

花鱼村 2001年12月将花鱼村与四明村合并为花鱼村。面积7.6平方千米，辖12个村民组，6个自然村寨。以“花鱼”寨名命其村名。

勤中村 全村面积6.3平方千米，辖7个村民小组，4个自然村寨。以1957年“群中高级农业生产合作社”之名命其村名，后更名为勤中村。2012年更名为群中村。

麦旁村 2001年12月将麦旁、董戎、冗亚3个村合并为麦旁村。面积7.7平方千米，辖15个村民组，9个自然村寨。以“麦旁”寨名命其村名。

纳冗村 2001年12月将纳乔村与冗才村合并为纳冗村。面积7.6平方千米，辖9个村民小组，12个自然村寨。以原纳桥与冗才两村名各取一字命其村名。

滩绕村 2001年12月将滩绕村与播绕村合并为播绕村，后更名为滩绕村。面积7.4平方千米，辖11个村民组，14个自然村寨。以“滩绕”寨名命其村名。

民族村 2001年12月将民族村与新华村合并为民族村。面积6.2平方千米，辖9个村民组，5个自然村。以1957年“民族高级农业生产合作社”之名命其村名。

鱼湾村 2001年12月将鱼湾村与森乐村合并为鱼湾村。面积6.4平方千米，辖10个村民组，9个自然村寨。以“鱼湾”寨名命其村名。

第三节 街道名称

1990年12月，成立惠水县人民政府地名管理办公室，设于县民政局基政股，简称县地名管理办公室。2001年，命名了10条街道。2004年，对县城内35条所有曾命名和未命名的以及历史以来约定俗成的街道进行了命名。2015年经县委常委会议审议通过由县人民政府批复的8条，新命名58条。

一、命名原则

层次性。道路通名体现层次分明，街道路面宽达20米以上（含20米），长度达2000米以上或有外联性、特殊性的干道，称大道；街道路面宽5米以上20米以下的支道或城市街区主要路道，称路；街道路面宽在5米以下的小巷道路，称巷。

序列性。主地名与派生地名以及同类地名之间应保持一定的联系，达到相互联系、系列延伸，形成科学有序地分布形态。如人民路、建设路、县府路、惠民路等，分东南西北中不同方向命名；如以

"惠"字冠首，形成惠学路、惠益巷、惠群巷、惠康巷等寓意吉祥的同类命名。

科学性。含义健康，简明通俗，一路一名，不以人名命名，不重名重音。与城市建设规划紧密结合，反映城市功能定位、建设特点和发展意图。

本土性。道路专名体现群众性、本土性，突出历史文化、自然地理、风土人情、名胜特产、城市规划等特点，保留和继承历史文化内涵，反映城市生活现状。

时代性。反映当代的精神文化风貌、社会文明程度和经济发展状况，彰显城市未来发展个性，做到与时俱进、开拓创新。

二、道路（街道）名称

（一）2004年命名

人民路　建设路（西门街心圆盘）起至惠民村毛峰路口止。分为三段：

人民北路：建设路（西门街心圆盘）—涟江南路（西门加油站）；

人民中路：涟江南路（西门加油站）—爬头寨脚；

人民南路：爬头寨脚—毛峰路口。

县府路　涟江北路（县医院路口）起至程番路止。分为三段：

县府东路：涟江北路（县医院路口）—县医院大门前—圆台边；

县府中路：圆台边—县政府门前—建设西路（金三角）；

县府南路：建设西路（金三角）—钻石城—南苑三期—程番路。

建设路　珠帘洞岔路口起至滨江北路止。分为两段：

建设西路：珠帘洞岔路口—马蹄坡—县府路（金三角）；

建设中路：县府路（金三角）—国土局门前—涟江南路（县财政局门前）；

建设东路：涟江南路（县财政局门前）—穿过满坝—滨江北路。

惠兴路　惠民西路（汽车站后门红绿灯）—建设中路（金惠大厦）—人民北路（金域广场惠又多超市门前）。

振兴路　永兴街（县供电局门前）—县民政局—县市场监管局—汽车站进站口—涟江北路。

凤山路　县府中路（县政府门前）—县城关一小—惠兴路—振兴路—涟江南路。

文化路　建设西路（惠水二中大门前）—惠水二中原大门—老干区—民中老大门—圆台路—和平路。

和平路　圆台边—县四幼（原城关三小）—外贸站。

上马路　东门口—县二小大门—市场路口—迎恩桥（俗称牛场桥）—长岭路。

永兴街　惠兴路—雅水镇职工宿舍—涟江南路。

西山坡巷　建设西路—西山坡顶。

长征路　东门口—县一幼门前—惠民西路—天主教堂门前—凤山路—建设中路（西门街心圆盘）。

胜利巷　县府中路（人寿保险公司）—长征路。

圆塘坎巷　县府中路（瑞星大厦西侧）—长征路。

新华街　县府中路（新华书店）—长征路（太阳城）。

中府巷　长征路（太阳城东侧）—城关一小侧面—凤山路。

白衣庵巷　长征路（盐业公司）—惠民西路。

道背后巷　惠民西路—基督教堂—白衣庵路口。

供销巷 文魁路（图书馆）—圆台路（酸汤鱼店路口）。

水巷子 文化路（原县计生服务站背后）—凤山社区居委会背后—和平路。

牛场街 外贸站—气象局。

市场街 外贸站—上马路。

新民路 市场街—汪家大田菜场—城关二小后门—圆台边（原蔬菜公司）；

茶叶巷 和平路（老场坝）—汪家大田菜场—上马路（二小大门左侧路口）；

坡头巷 上马路路口—老广播站—新民路；

云盘巷 上马路路口—原运输社—原农机公司—涟江北路（濛江桥头南）；

民兴巷 惠筑路（原环城南路）—老杀猪场—涟江北路（曾记全牛火锅店）。

（二）2004年更名

涟江路 人民路（西门加油站）起至濛江桥头南止。分为两段：

涟江南路：人民路（西门加油站）—涟江广场街心圆盘；

涟江北路（原涟江中路）：涟江广场街心圆盘—濛江桥头南。（原涟江北路已修建成贵惠大道）；

惠民路 县府中路（服务公司大楼门前）起至惠水高速收费站止。分为三段：

惠民西路：县府中路（服务公司大楼门前）—涟江广场街心圆盘；

惠民中路（原惠民东路）：涟江广场街心圆盘—惠民桥—白果大道（水岸国际路口）；

惠民东路：白果大道（水岸国际路口）—惠水高速收费站。

惠筑路（由原环城西路、环城南路合并） 东门口—惠民西路（汽车站后门红绿灯）—惠兴路（惠龙酒店）—凤山路—西门街心圆盘。

文魁路（原广场路） 文化路（民中老大门）—图书馆—人民广场—县府中路（服务公司大楼）。

圆台路（原民中路） 圆台边—民中原大门（凤山社区居委会）—长岭路（民中大桥）。

杨梅坡巷 建设西路（金三角）—杨梅坡顶。

（三）2015年命名

白果大道 永红桥—县第四中学—涟江大桥。

长岭路 长新路（长岭坡脚）—民中大桥—民中新大门—二中新大门—建设西路（马蹄坡）—幸福社区—程番路—高旺路。

惠丰路 长岭路—南苑三期天宝幼儿园大门—县府南路—贯穿南苑花城二期—人民路—滨江北路。

西山路（拆迁小区范围内的巷道） 程番路—西山社区居委会门前—涟江南路（满坝路口）。

贵惠大道 濛江桥头北—惠水与青岩交界。

长新路 滨江东路—贵惠大道（腾宇广场与规划馆中间）—长岭路—实验小学门前—濛江大道。

琴山路 贵惠大道（碧桂园销售部与法院中间）—长岭路—濛江大道。

双江路 滨江东路—贵惠大道—濛江大道。

（四）2015年后新命名

濛江大道 建设西路（财经商务学院后门）—科技大学大门—城北办公区—野梅岭路口。

程番路 永红桥—县政务服务中心—人民中路（烟草局门前）—县府南路—好花红大道。

希望路 长新路（实验小学后面路口）起至金蟾大道。分为两段：

希望北路：长新路（实验小学后面路口）—实验中学（惠水五中）—科技大学—财经商务学院—建设西路。

希望南路：建设西路—金蟾大道。

三水路（或濛亭路） 涟江北路（县府东路路口）—水体公园“上若善水”大门—涟江北路（濛江桥头南）。

环佩路 涟江大桥东头—好花红广场西面—惠民桥东头—永红桥东头。

滨江路 惠民中路（惠民桥西头）起至高旺路止。分为两段：

滨江北路：惠民中路（惠民桥西头）—山水田园城—程番路（永红桥西头）；

滨江南路：程番路（永红桥西头）—高旺路。

金桔路 县府东路—财富中心小区—涟江北路。

惠学路（含原利民路） 长岭路—县府南路—人民路（西门加油站）—西山路—滨江路。

惠益巷 惠丰路（恒基农贸市场路口）—惠学路。

邻西巷 人民中路（南苑一期大门对面）—惠益巷—西山路。

满坝路 人民北路（劳务市场）—涟江南路—满坝。

兴业路 人民北路（农商行）—金域广场小区南面—县府南路—长岭路—希望南路。

惠群巷 县府南路（工行后面路口）—中心花园菜市场—建设中路（西门圆盘）。

松风巷 人民北路（农行和农商行中间）—惠兴路。

栖凤路 文魁路（图书馆路口）—县档案馆—县老年大学—文化路（二中老大门）。

清溪巷 惠民中路（山水田园城工商银行营业点）—狗场苑—城关五小。

求知巷 环佩路—泊岸御都南面—白果大道（四中大门前）。

福岸巷 惠民中路—泊岸御都和水岸国院小区内—求知巷。

惠康巷 环佩路—永利首座和水岸国际小区内—白果大道。

尚品巷：环佩路—尚品小区内—白果大道。

富民巷：涟江北路（涟江大桥红绿灯）—太平寺—富民小区—县医院原大门—金桔路。

富康巷 县府东路（县医院大门对面）—环富康农贸市场—涟江北路。

兴场路 上马路（老广播站路口对面）—新场坝—云盘巷。

学士路 长岭路（民中大桥）—涧桥小镇—希望北路（商务学院大门）。

麒麟巷 学士路—经剑桥小镇二期—希望北路—财经学习校区北侧—濛江大道（商务学院路口）。

幸福巷 杨梅坡顶路口—长岭路—幸福社区和幸福移民社区中间摩托车行。

九岚路 新建309省道马路组—百鸟河数字小镇南侧大道。

南河路 新建309省道大龙桥—老309省道冷水河桥。

长龙路 大龙卫生院—大龙加油站。

定番大道 明田项目区101省道—山河路。

惠安大道 惠水高速收费北站—双合新区花溪边界。

枫香大道 双合路（贵州惠水经济开发区）—山河路（大坝片区）。

长田大道 双合路（长田社区）—长田龙泉项目区—贵惠大道。

龙泉大道 101省道（长田社区）—贵州惠水经济开发区龙泉项目区—山河路。

泰安路　101省道长田小学门口—西南水泥厂。

双合路　长田101省道—惠水与长顺鼠场工业园交界处，以温泉大道和惠安大道为界，分为北、中、南三段：

双合北路：101省道—温泉大道；

双合中路：温泉大道—惠安大道；

双合南路　惠安大道—长顺鼠场工业园区。

抵濛路　米丹桥—欢乐岛北面—朝顺公园小区门口—贵惠大道—上马路。

明田路　赤土村红番哨101省道—赤土村明田寨—贵惠大道。

启航路　智诚路—贵惠大道。

智诚路　明田路—安园路。

安园路　智诚路—贵惠大道。

永安路　赤土坡101省道—上马司—贵惠大道。

龙海路　龙泉大道（龙泉项目区）—龙泉项目区—长青路。

龙溪路　龙泉大道（龙泉项目区）—龙泉项目区—长青路。

龙水路　龙海路（龙泉项目区）—龙泉项目区乐亚塑胶厂区门口。

长青路　101省道（龙泉项目区）—贵惠大道（龙泉项目区）。

山河路　龙泉大道（龙泉项目区）—兴业大道（明田项目区）。

民河路　龙泉大道（龙泉项目区）—大坝项目区—光明路。

光明路　民河路（大坝项目区）—兴化路（大坝项目区）。

兴化路　山河路（大坝项目区）—光明路（大坝项目区）。

兴坝路　民河路（大坝项目区）—兴化路（大坝项目区）。

上龙路　温泉大道（大坝项目区）—光明路（大坝项目区）。

精诚路　双合路—精诚汽配产业园。

吟河路　惠安大道（双合新区）—双合南路（双合新区）。

险峰路　濛江大道北段—光明路。

创业路　长田101省道—贵惠大道（龙泉项目区）。

腾飞路　龙泉大道—长田大道。

芙蓉路　长岭路（首创安置点）—环城北办公区—濛江大道（水头公司路）。

第三章　镇（街道）概况

第一节　涟江街道

2014年3月，撤销原和平镇、大龙乡建制，设置涟江街道，辖原和平镇和大龙乡的行政区域。街道办事处驻西山社区，是县城所在地，是全县经济、政治、文化中心。距省会贵阳市主城区49千米，距黔南州州府都匀市126千米。

涟江街道地处县城主城区，地跨北纬26° 06′ ~26° 08′ 、东经106° 35′ ~106° 39′ 。东抵摆金镇（最东点为高坪村高寨组）、西邻长顺县长寨镇（最西点为冗然村构皮冲组）、南连好花红镇（最南点为甘昌村白杨塘组）、北接濛江街道（最北点为龙瓦村小寨组），辖区东西最长距离20千米，南北最长距离17千米。面积184.55平方千米，2015年辖区耕地总资源2858.3公顷，其中，常用性耕地1634公顷（水田957公顷）、临时性耕地1224.3公顷。森林覆盖率54.96%。

涟江街道东部和西部均是山区，中部属涟江大坝。平均海拔995米，属中亚热带季风湿润气候。境内主要山峰有莲花山和三宝坡，最高山峰莲花坡位于龙井村，海拔1401.4米。

境内水资源丰富，主要河流有涟江河、濛江河、米丹河汇集成的涟江河及冷水河。建有涟江水利工程和崇水引水工程，建有水库1座（双龙井水库）。

境内多年平均气温16.4℃，最冷月1月平均气温5.8℃，极端最低气温-2.9℃；最热月7月平均气温24.4℃，极端最高气温34.4℃；生长期年平均166天，无霜期324天。多年平均日照时数1265.7小时，多年均降雨量1153毫米。

境内已探明地下矿藏有煤、石灰石和铁矿等，其中，煤矿主要分布在七里冲和沙子哨，石灰石矿广泛分布在境内的东部、西部和北部。铁矿分布在七里冲大崇山一带，储量约6万吨。

2015年，辖濛江社区、涟江社区、凤山社区、西山社区共4个城市社区居委会和星光村、新城村、惠明村、大坡村、大新村、杨番村、三合村、高坪村、龙井村、冗然村、甘昌村、排楼村、长征村、山口村、九龙村、双坪村、民中村、龙瓦村18个行政村，243个村民小组。辖区总户数26112户76512人，其中乡村户数10735户38863人；少数民族人口40098人（布依族18078人、苗族20485人），世居民族主要有布依族、苗族、毛南族和汉族等。

境内交通便利，101、309省道纵横贯穿境内，惠（水）兴（仁）高速公路、贵（阳）惠（水）、惠（水）罗（甸）高速公路建成通车。2015年，建成白果大道、涟江路、滨江路、上马南路、圆台路、县府路、环城路、惠兴路、振兴路、惠民路、建设路、希望路、纸酒路、惠学路、人民路、凤山路等城市主干道。

境内旅游资源丰富，有“惠水古十二景”之三水潆亭、清溪吐珠、麒麟东引、三宝连云、西流环佩、官沼芙蓉、凤山春色、九岚拥寺等景观，县级重点文物保护单位牛场桥、天主教堂和孔庙等遗址，“金蟾礼斗”（取中国道家幻化的吉相，寓意敬天经世奉人的天人合一的自在境界）及十二楼台等景点。

一、地方经济

地方经济以三产为主，一、二产业相应发展。2015年，完成财政收入21889.54万元，工业总产值完成18515.30万元、农业总产值完成9529.20万元，农村常住居民可支配收入9679元。

农业以种养业为主。种植业主要农作物有稻谷、小麦、玉米、油菜、马铃薯、无公害蔬菜、茶叶等。2015年种植农作物3090公顷（其中稻谷892公顷、小麦331公顷、玉米643公顷、油菜373公顷），粮食总产量12561吨（其中稻谷6356吨、小麦578吨、玉米2883吨、高粱211吨、大豆217吨、油菜籽639吨）。全年种植蔬菜12725.5亩，生产蔬菜25451吨。种植烤烟300亩，完成烤烟生产62吨，实有茶园面积3000亩，生产茶叶101吨；实有果园面积764.5亩，生产水果1529吨，种植业总产值8812.8万元。养殖以牛、猪、禽类为主，2015年出栏牛1684头、生猪20080头、山羊294只、家禽125103只，肉类总产2007吨（其中猪肉产量1576吨、牛肉产量184吨、羊肉产量5吨、禽肉产量201吨），养殖业总产值6000万元。截至2015年，成立农民专业合作社18个。建成3000亩花卉苗木基地1个，6500亩马铃薯薯种扩繁种植基地1个，1000亩生姜种植基地1个，2000亩无公害蔬菜种植基地1个。

工业（乡镇企业）以食品、化工、建材、冶炼为主。辖区内有食品加工业4个（贵州永红食品有限公司、贵州永红酒业有限公司、贵州黔红食品有限公司、惠水县粮食购销公司。其中：贵州永红食品有限公司是农业产业化国家级重点龙头企业），大型磷化工企业2个（贵州省惠水川东化工有限公司和朝晖磷化工厂），页岩砖厂2个（和顺页岩砖厂和猫猫洞砖厂），规模花卉苗木公司2个（美瑞特公司和丰之园公司），大型汽贸城1个（涟江汽贸城），大型超市3个（惠又多、喜逢源、富万家），个体工商户94个，第三产业从业人员1656人，投资资金4678.49万元。辖区内有大型综合农贸市场3个（凯胜、富民、恒基），农村集贸市场2个，县城集市日期为周日，大龙集市日期为周二。

截至2015年底，共投入11万元在排楼村和大新村先行搭建农村电子商务平台，用好用活资源优势，突出“五个结合”（即点与面结合、产业与规划结合、实体展示与网上代购代销结合、电商与大数据结合、电商与扶贫开发结合）发展模式和资金投入“三个一点”（电商户出一点、县里给一点、办事处帮一点）运作方式。

二、社会事业

2015年，辖区内有高等院校1所（贵州财经大学商务学院）、中等职业技术学校1所（惠水民族职业学校）、高级中学1所（惠水民族中学）、完全中学1所（惠水二中）、初级中学2所（惠水三中、四中）、九年一贯制学校2所（思源实验学校和大龙学校）、小学12所、幼儿园20所（公办4所、民办16所、特殊教育学校1所）。大学本科教学班125个，在校学生7090人，教职工217人；中职教学班96个，在校学生3985人，教职工113人；高中教学班176个，在校学生9588人，教职工569人；初中教学班148个，在校学生6972人，教职工426人；小学教学班225个，在校学生8394人，教职工541人；学前教育教学班129个，在校学生4496人，教职工205人；特殊教育教学班7个，在校学生64人，教职工14人。辖区内有文化中心8个（和平、大龙两个镇级；民中、长征、大新、大坡、排楼、九龙6个村级），建筑房屋面积1078平方米，有图书2.8万册。辖区驻有县人民医院和县中医院2家公立医院；有涟江医院、老百姓医院、惠兴医院、仁爱医院、协和医院5家民营医院；有县妇幼保健院、县疾病预防控制中心和县卫生监督所3家卫生机构；有社区卫生院1家，卫生服务中心1个，建筑面积1500平方米，在职医务人员35人，病床13张；有村级卫生室19个，村卫生员21人。是年，全街道参加新型农村合作医疗41891人，参合率105.48%，缴纳参合资金293.24万元；全年门诊看病71643人次，门诊人均补偿金额329.64元，住院治疗5618人次，住院人均补偿金额0.39万元。辖区内有社会福利机构2个，有“公建民营”养老机构1家（东山敬老院）。

农村社会基础设施基本完善，辖区内建有水厂3座（程番水厂、大坡水厂、西郊水厂），日供水2万吨，8588户饮用安全卫生水。有变电站4座（35千伏惠城变、110千伏白果变、110千伏七里冲变、220千伏湾塘变），农网改造率100%，用电10628户。建成农村地面卫星接收站19个。辖区内实现村村通自来水、通汽车站、通邮件、通电话、通有线广播。辖区有固定电话16658门，11个村通宽带，宽带用户12516户，移动、联通、电信4G信号、互联网网络全覆盖。辖区有金融机构营业点47个，农村淘宝站13个。

2015年实施2014年度“一事一议”财政奖补示范村寨建设项目3个，总投入奖补资金630万元；实施2015年度“一事一议”财政奖补“普惠制”项目14个，总投入资金167.6万元；小康寨融资项目16个，项目投资76.45万元。辖区内实现通村路全覆盖；2010至2015年，“一事一议”实施通组路57.37千米。

街道办事处注重以节日节庆为载体，丰富人民群众的文化生活。每年春节期间，在排楼、九龙、高坪等村举办新春系列文体活动。2015年“三月三”，成功举办了“两岸一家亲、中华好花红”九龙分会场的系列活动。

三、精准扶贫

2014年，共识别贫困村7个，其中一类贫困村6个（九龙村、龙瓦村、民中村、高平村、龙井村、三合村），二类贫困村1个（山口村）。识别建档立卡贫困户1609户5829人。2015年实现428户2003人脱贫，完成农村危房改造454户。

附：原和平镇、大龙乡简介

和平镇

1991年8月，撤销和平镇（1978年称城关镇，1984年8月复称和平镇）、惠明乡（1978年称惠明公社，1984年称惠明乡）、斗篷乡（1978年称斗篷公社，1984年称斗篷乡），设置和平镇。镇人民政府驻西山社区，是省道101线和省道309线交会处，距省城贵阳49千米，距州府都匀市126千米，是县城所在地，是全县政治、经济、文化中心。

镇境位于惠水县西北部，地跨北纬26° 02～26° 11，东经106° 35～106° 44，东与摆金镇交界（最东点为高坪村坪寨组），西与大龙乡接壤（最西点为洪番村营盘上组），南和三都镇、鸭绒乡为邻（最南点为龙井村摆界组），北和高镇镇毗连（最北点为星光村程番关组）。镇域东西长20千米，南北宽7千米，总面积89.2平方千米。耕地面积959公顷，其中：水田694公顷，土265公顷。镇境东部，纵横40余平方千米，系山区，7个行政村，24个村民小组，85%以上是苗族，种植玉米等主要农作物。其余14个行政村，多为平坝地区，个别半山区，种植水稻、玉米、小麦等主要农作物。

境内涟江河属珠江水系流域，涟江河全长235千米，流域面积2103.3千米，其中流入和平镇境内的7千米，占3%。流域面积49平方千米，占1.6%，经流总量5.69亿立方米。镇辖区内有水库一座（双龙井水库）。全镇森林覆盖率48%，有林业用地30060亩，其中林地27033亩。

和平镇地处惠水县境西北部涟江盆地（涟江大坝）中部，地势平缓开阔，地形分为坝子、丘陵、山地。气候属中亚热带季风湿润气候，其特点是四季分明、春暖风和、冬无严寒、夏无酷暑，无霜期长，雨量充足，雨热同季。常年平均气温15.8℃，最低月（1月）气温平均为5.8℃，最高月（7月）气温平均为23.9℃。农作物生长期年平均166天，无霜期年平均288天。年平均日照时数1216～1326小时，平均年降水量1200毫米。镇域内主要种植水稻、玉米、小麦、油菜、蔬菜等农作物。畜牧业以养猪，养牛为主。

境内已探明地下矿藏有煤和石灰石等，2013年有永泰、永盛、檬子关、宏达厂、林茂建材5个砂石厂，有和顺页岩、猫猫洞2个砖厂，有画眉冲1个煤矿。

境内自然风光秀丽，人文景观有金蟾礼斗、涟江公园、秦家寨毛南族民族风情村寨、东山生态园等景点。有孔子庙、江西会馆、四川会馆、两湖会馆等残存遗址。有牛场桥（原称迎恩桥）和天主堂两处县级文物保护单位。

县烈士陵园位于镇内涟江河东岸的十二楼台，前抵“三水潆亭”，后倚“麒麟东引”，左邻“清溪吐珠”，右接“琴山逸响”。

1991年，全镇辖：1～6街居民委员会和星光、雅阳、新合、大围、高旺、满坝、程番、龙洞、回龙、六坡、滥泥、大坡、电光、龙井、斗篷、长坡、水岩、高坪21个村民委员会，84个居民小组和150个村民小组，79个自然寨，9721户38320人，其中非农业人口17396人；汉族24646人，苗族8529人，布依族4956人。

1991年，镇内有贵州省惠水造纸厂、铸钢厂、农机厂、酱菜厂、鞋革厂、工艺木器厂、印刷厂、医疗器械厂等企业。

1991年，镇内有惠水民族师范学校，惠水民族中学，惠水县第二中学、惠明中学、惠水县民族职业中学，在校学生2000余人；城关一、二、三小、斗篷、大坡、红旗、满坝、高旺、新合、雅阳、龙井11所完全小学，在校生5000余人，学前教育有幼儿园两所，托儿所2所。

1991年底，有县人民医院、中医院、镇人民医院、保健站、防疫站以及各种个体诊所，各类医务人员共300余人。

2002年，辖区内21个村合并为9个村，6个居民委员会整合为4个社区居委会。2013年，辖星光、新城、惠明、大坡、大新、杨番、三合、高坪、龙井9个村，4个社区居委会。全镇总人口58596人，占全县总人口的12.99%；农业人口27267人，占全县农业总人口的6.71%。

2004年12月31日，惠水县开展第一次经济普查。辖区内有个体经营户2393户（有营业执照1646户、无营业执照747户），从业人数3961人，营业收入19398.11万元。工业151户、建筑业47户、交通运输电信业645户、批发业26户、零售业993户、住宿业21户、餐饮业199户、租赁和商务服务业44户、教育2户、卫生福利业33户、居民服务业132户、文化体育和娱乐业32户、其他服务业68户。

2013年，境内县城城区面积从1978年的2.5平方千米增加到10.11平方千米，各项基础设施不断完善，完成了老城区供水配水管网改造工程，10千伏城网工程、污水处理厂，垃圾填埋主库区等项目建设。城区开通公交汽车线路3条，运营总里程17千米，公交运营车辆10辆，城内运营出租车100辆。服务业有邮政，电信，金融保险，有各种档次的宾馆，酒店，浴室，美容等单位。有逢源超市，百大华联、家多福购物广场，惠康购物中心等大型超市。有泊岸御都、金域城市广场、景致新城等商住小区，有凯胜农贸市场、惠明农贸市场、惠水县早晚蔬菜水果批发市场（宏天物流配送中心）3个大型农贸市场。

2013年，镇内建有永红工业园和七里冲磷化工工业园两个园区。贵州永红食品有限公司、重庆川东化工（集团）有限公司、惠水县川黔磷化工有限公司，惠水渝阳磷化工有限公司、惠水阳光化工有限公司、进朝晖磷化工、鑫达磷化和顺页岩砖厂等企业落户园区。

截至2013年，全镇建成镇级健身运动场2个，村级文化活动室9个，添置健身设施器材20余套，实现村村建有篮球场和体育广场。通过以开展“亿万农民健身活动”为抓手，广泛开展“三月三”“四月八”、端午、“六月六”等传统节日系列活动、老年文艺活动、新春运动会等群众性文化体育活动，2010年被国家体育总局评为“2010年全民健身活动先进单位”。2012年3月24日（农历三月三），大新村秦家寨成功举办了首届毛南族“三月三”传统节日系列活动。

2013年，全镇农业总产值完成19879.14万元，工业总产值完成125529.04万元，完成财税收入13595万元。农民人均纯收入9128元。全镇27329人参加新型农村合医，参加率达108.9%（含农转非人口）。年末全镇有21221户58596人，其中少数民族人口30671人（布依族13143人、苗族16088人），农业人口27267

人。2013年，全镇有行政编制干部55人、事业编制职工46人。

2013年，镇内有各类教育机构26个，在校学生23551人，教师1291人（其中高级职称教师82人、中级职称教师471人，初级职称教师680人，私立幼儿园专职教师53人）。有惠水民族中学高级中学一所，惠水二中、三中、四中初级中学三所，惠水县第一幼儿园、第二幼儿园两所公办幼儿园，小花蕾、小太阳、金贝贝等8所私立幼儿园。九年义务教育及高中入学率在98%以上，职业教育入学率87.6%。辖区内有各类卫生机构34个，医院床位688张，卫技人员643个。计划生育服务站2所，乡镇卫生院1所，社区服务站4所、村级卫生室5个、个体诊所（门诊）16家。

大龙乡

1991年8月，撤销大龙乡（1978年称大龙公社，1984年称大龙乡）和九龙乡（1978年称九龙公社，1984年称九龙乡）建制，设置大龙乡，辖长征、排楼、干昌、热敖、河边、大兴、冗然、山口、偏岩、野鹿、大坪、马门、石门、大瓦、龙洞、岩脚、马脚、民中、拉力、艾坪等20个行政村，107个村民小组，106个自然寨，2584户13761人，其中汉族6319人，布依族3268人，苗族4171人。乡人民政府驻长征村，距县城12千米。

大龙乡位于惠水县西北部，地跨北纬26°00′～26°11′，东经106°30′～106°38′。东南与和平镇、三都镇、毛家苑乡为界，西北和长顺县相邻，最东点为龙瓦村小寨组、最西点为冗然村构皮冲组、最南点为响水村白杨塘寨、最北点为龙瓦村小寨组。乡域东西最长处约10千米，最窄处约5千米；南北宽约20千米，总面积93.8平方千米。2013年耕地面积1089公顷，其中水田315公顷。

全乡地势北高南低，北部多山，南部多丘陵。平均海拔1000米，年平均气温15.8℃，年无霜期282天，年平均降水量1213.4毫米，年平均日照1318.3小时，主要种植水稻、玉米、小麦、油菜等农作物。北部的龙瓦、九龙等村种植烤烟，南部的甘昌、冗然、排楼等村种植生姜，采用无公害沼液地膜种植的小黄姜享誉省内外，素有“小黄姜”之乡的美誉。长征村大龙坑等地石匠加工石材，做工精湛，每年有上万立方米石材产品畅销省内外，是著名的石材之乡。乡内盛产生姜、烤烟、水稻、玉米、马铃薯、水果和蔬菜等。

乡境有集贸市场1个，每星期三赶场，上场人数约1000～2000人。是惠水县西部地区生姜、竹器编织业交易地。

境内探明的矿藏主要有煤和石灰石矿，煤矿蓄量约565万吨，主要分布在九龙村一碗井、山口村摺石关、排楼村石板坡和甘昌村新寨坡。石灰石矿分布全乡。

境内河流主要有两条：一条是冷水河（发源于长顺县摆塘乡境内，流经长征村，在三都镇金田村汇入涟江），另一条是响水河（发源于长顺县威远镇潮井，流经甘昌村，在好花红乡三联村汇入涟江）。建有崇水引水工程和龙瓦饮水工程。

惠（水）长（顺）公路、谷（洞）大（山哨）公路和惠兴高速公路穿境而过，交通便利。

1991年乡境有小学16所，教师90人，其中公办教师46人，教学班63个，在校生1900余人。2013年乡内有初级中学1所，小学8所，幼儿园一所。有人口计生综合服务中心1个，医务人员12人。全乡9个行政村均设有村级卫生室，配有卫生员1～2人，全天候开展就诊业务。

大龙乡重点发展生姜、葡萄、蔬菜、烤烟等支柱产业。大龙乡冗然、甘昌、长征一带种姜历史悠久，采用无公害沿液地膜种植的小黄姜享誉省内外，已在冗然村建起了完善设施型的千亩生姜示范基地。排楼村和长征村把原来连生稻田改种优质葡萄，在葡萄未结果时套种辣椒，形成集约联合型的千亩葡萄示范基地。

2001年，全乡20个行政村合并为9个行政村。2013年，全乡辖冗然村、甘昌村、排楼村、长征村、山口村、九龙村、双坪村、民中村、龙瓦村9个行政村，105个村民小组，4354户16768人，其中少数民族9556人（布依族4673人、苗族4847人）。

2004年12月31日，惠水县开展第一次经济普查。辖区内有个体经营户83户（有营业执照38户、无营业执照45户），从业人数130人，营业收入203.09万元。其中工业7户、交通运输电信业28户、零售业47户、居民服务业1户。

2013年，全乡种植粮食作物1632公顷，产量4904吨。其中水稻320公顷，产量1905吨；种植烤烟60公顷，产量70万吨；年末实有茶园35公顷，采摘面积30.3公顷，生产茶叶22吨；年末有果园面积58公顷，生产水果480吨；全年种植蔬菜7290亩，生产蔬菜5805吨。种植业总产值4252.6万元。养殖以牛、猪、禽类为主，全年出栏牛319头、生猪5465头、山羊68只、家禽34367只，肉类总产551吨（其中猪肉产量450吨、牛肉产量35吨、羊肉产量1吨、禽肉产量58吨），养殖业总产值2902.7万元。是年全乡农业总产值8056.6万元，农民人均纯收入6375元。

2013年，建成70亩花卉苗木基地1个，50亩马铃薯薯种扩繁种植基地1个，1000亩烤烟示范基地1个，303亩生姜种植基地1个。

2013年，辖区内有食品加工业1个（贵州黔红食品有限公司），从业人员27人，企业总产值达2934.35万元。商业服务网点1个，大型综合农贸市场1个。个体工商户200个，第三产业从业人员208人。

2013年，全乡有8个村通自来水，建成农村地面卫星接收站10个，实现村村通汽车、通电话、通邮件。全乡用电户数3558户。

境内旅游资源丰富，有佛教圣地“九龙寺”和红色文化“九龙山红军墓”。九龙村保存着原生态的民族风俗。每年的农历“三月三”“六月六”、除夕等传统民族节日里，全村男女老少都穿上民族盛装集会，采用吹笙、跳舞，喝酒、对歌的形式欢度佳节。

第二节 濛江街道

2014年3月，撤销原高镇镇、长田乡、大坝乡、甲烈乡建制，设置濛江街道，辖原高镇镇、长田乡、大坝乡、甲烈乡4乡镇行政区域，街道办事处驻高镇村，距主城区6千米。

濛江街道位于惠水县北部，地跨北纬26° 6′ ~26° 18′，东经106° 36′ ~106° 50′。地处惠水县北部，东连贵阳市花溪区高坡乡，最东点为新坝村摆浪坪寨；南抵摆金镇、涟江街道，最南点为红星村小甲烈寨；西界贵阳市花溪区马铃乡、长顺县白云山镇，最西点为双庆村红岩寨；北邻贵阳市花溪区青岩镇、黔陶乡，最北点为长田村黄标寨。辖区东西最长距离23.96千米，南北最长距离17.85千米，总面积282.5平方千米。2015年末耕地总资源699.4公顷，其中常用性耕地2009公顷（水田1501公顷）、临时性耕地4985.3公顷。森林覆盖率54.96%。

2015年，辖长新、首创、姚新、司蒙、高镇、交椅、赤土、涟江、山后、半坡、长岩、长田、桥洞、双庆、龙泉、合兴、光明、山河、民河、上龙、绿化、大保、板长、红星、新坝、新哨、兴章27个行政村，高镇、险峰和永安3个居委会，18228户63121人（城镇人口8681人、乡村人口54440人），少数民族人口33598人（布依族17491人、苗族13656人、毛南族1922人），世居民族为汉族、布依族、苗族和毛南族。辖区2015年出生1717人，出生率27.2‰，人口自然增长率4.59‰。

境内水资源主要有涟江河、濛江河（翁吟河）、龙潭河、坝王河（又称摆郎河、摆朗河、霸王河）和米丹河等河流溪沟6条。建有涟江水利工程、濛江水利工程2个水利工程和水打桥水库、野鹿冲水库和滴水岩水库3座水库，有引水工程22处，有效灌溉农田面积1200公顷。有机电抽水工程48处，电灌站22座，人饮工程覆盖272个村民小组。

辖区地势东高西低、北高南低。东北部多为丘陵地带，属山区、半山区。西南部属涟江大坝。平均海拔1100米。境内主要山峰有海坝山、龙洞山、螺蛳山、高尖坡、鸡冠坡、摆羊坡、虾儿坡等，最高山峰摆羊坡位于民河村云顶寨，海拔1503米。境内多年平均气温16℃，最冷月为1月，月平均气温为5.9℃，极端最低气温-5.3℃；最热月为7月，月平均气温为23.9℃，极端最高气温37.3℃。生长期年平均170天，无霜期300天。多年平均日照时数1318小时，年均降雨量1214毫米。夏无酷暑，冬无严寒，气候宜人。

境内已探明地下矿藏有煤、石英砂、石灰石、锰矿等，其中，煤矿主要分布在长田村、双庆村、合兴村、赤土村和小坝村，石英砂矿主要分布山后村，石灰石矿主要分布在山河村、绿化村和光明村。

境内S101省道、贵惠大道、贵惠高速3条公路由北至南贯穿全境。2015年末，辖区内建成濛江大道、希望北路、环城西路、长新路、同心路、和谐路、明田路、南部大道、惠安大道、泰安路、龙泉大道11条主干道。实现村村通汽车、通电话、通邮件、通自来水，饮用安全卫生水9735户；建成农村地面卫星接收站27个，13个村通有线电视，广播电视覆盖率96%。2015年，辖区通村公路里程162千米，通组公路里程17.9千米。移动、联通、电信4G信号、互联网网络实现全覆盖。

境内有西南水泥、豪龙水泥、味莼园等著名企业入驻，为惠水县工业企业聚集地，是贵州惠水经济开发区所在地。

濛江街道是惠水县最先引进花卉苗木种植，有惠水县花卉苗木重镇之称。2015年，有鸿瑞花卉苗木、西景园艺场、黔城绿化苗木场等花卉苗木企业105家，种植花卉苗木500公顷。苗咕噜皇菊为濛江街道特色农产品，种植基地位于海拔1300米以上长岩村，皇菊具有散风热、清肝、明目、解毒的功效，对于冠心病、降血压、抗氧化等卓有成效。

境内山川秀丽、生态良好，民族文化底蕴深厚，民族地区生态环境、传统农耕文化保护较好，风光优美独特。山河村上马堡花灯被列为县级非物质文化遗产，大保村披弓"牛打场"斗牛节规模盛大。辖区内有"琴山逸响"景点、野梅岭森林公园、甲烈风光、长岩咕噜云岭景观。民族传统节日有"三月三""四月八""六月六"及端午节。2015年，濛江街道共接待游客10万余人次，实现旅游相关产业收入2000万元，带动2000余人就地就业。

一、地方经济

地方经济以二产为主，一、三产业相应发展。2015年，完成财政收入5.41亿元，完成工业生产总值135.02亿元，其中规模工业总产值130.23亿元。完成农业总产值3.04亿元，完成固定资产投资59.25亿元，其中基础设施完成投资10.28亿元，2015年新增就业2216人。农村常住居民可支配收入8508元。农民人均可支配收入8233.09元。

工业以食品、建材为主。2015年，辖区入驻企业235家，投产132家，规模以上企业73家。逐步形成以险峰机床、天虹电缆等45家企业为代表的机电装备制造产业；以西南水泥、腾龙商混等43家企业为代表的新型建材产业；以永红食品、味莼园等28家企业为代表的食药品加工产业；以外贸神彩、嘉力印务等14家企业为代表的包装印刷产业；以好花红文化旅游、欢乐岛布依水乡等11家企业为代表的现代服务产业；以川东集团、德力钙业等6家企业为代表的精细化工产业。

辖区有农村信用社营业点4个，邮政网点4个，有移动公司、联通公司、电信公司营业点各1个，网吧1个，农村淘宝站28个。有大型综合农贸市场1个（高镇农贸市场）。农村集贸市场5个，高镇市场集市日期为周四，大坝市场集市日期为周五，甲烈市场集市日期为周三，长田市场集市日期为周三，双井市场集市日期为周三。辖区内有个体工商户1067户。

境内农作物种植模式以一年一熟和一年两熟为主，粮食作物主要有水稻、玉米、小麦、马铃薯等，2015年，种植作物4169公顷，产量17522吨。其中：种植水稻1433公顷，产量10305吨；种植玉米692公顷，产量3105吨；种植小麦551公顷，产量962吨；种植马铃薯800公顷，产量2236吨；种植豆类259公顷，产量339吨。经济作物主要有油菜、烤烟、蔬菜及花卉苗木等，2015年，种植经济作物3207公顷。其中种植油菜467公顷，产量787吨；种植烤烟287公顷，产量420吨；种植中草药材44公顷，产量18吨；种植蔬菜1741公顷，产量24953吨；花卉苗木种植416公顷。林果产品主要有梨、柑橘、桃、杨梅等，2015年，梨产量587吨，柑橘产量765吨，桃产量332吨，杨梅产量185吨。

畜牧养殖以牛、猪、家禽为主。2015年，出栏牛1992头，年末存栏10365头，牛肉产量218吨；出栏猪24376头，年末存栏22412头，猪肉产量1913吨；出栏活家禽364256只，年末存栏243958羽，禽肉产量584吨。

渔业主要以鱼类养殖为主，2015年末淡水养殖（不包含稻田养殖）142公顷，产量436吨。

二、社会事业

2015年，境内有中学4所（高镇中学、长田中学、大坝中学、甲烈中学），小学17所，村级教学点8个，2015年，在校生6405人，教职工545人；有7所幼儿园，在园幼儿1426人，教师53人；卫生院4所，病床30张，计划生育服务站4个，村级卫生室28个，专业卫生人员61人，全街道新型农村合作医疗参保人数50823人，参保率80.5%。

2015年，街道有综合文化站4个，面积600平方米，内设图书室、培训室、资源信息共享室，购置乒乓球桌和书画活动桌等，有图书3万册。

三、精准扶贫

2014年，街道有贫困村12个，建档立卡贫困人口6046人，贫困发生率9%。2014年全街道共减少贫困人口1544人，2015年全街道共减少的贫困人口2841人。2015年实施绿化村邢凤英希望小学至绿化村三组通组道路硬化、新坝村一组至二组通组公路硬化、双庆村民族文化活动场地硬化、板长村花椒种植项目、红星村优质烟基地、长岩村茶叶种植6个扶贫项目。

附：原高镇镇、长田乡、大坝乡、甲烈乡简介

高镇镇

1991年9月，撤销姚哨区公所、姚哨乡（1978年称姚哨公社，1984年称姚哨乡）、高镇镇（1985年5月建立）、赤土乡（1978年称赤土公社，1984年称赤土乡）、半坡乡（1978年称半坡公社，1984年称半坡乡）建制，设置高镇镇，辖姚新、平寨、新民、长岭、首创、涟江、交椅、满告、高镇、旧司、罗新、赤土、半坡、石头、方围、山后、长岩、濛涟、水溪19个行政村，122个村民小组，68个自然寨，

6769户26266人，其中非农业人口8064人；布依族5095人，汉族17339人，苗族1768人，毛南族1734人。贵惠高速公路、101省道、惠高大道贯穿全境，交通便利。镇人民政府驻高镇村，距县城8千米，距省会贵阳市40千米。

高镇镇位于惠水县北部，地跨北纬26° 08′ ~26° 13′ 、东经106° 39′ ~106° 43′ 。东抵甲烈乡，最东点位于长岩村冷水组；南交和平镇，最东点位于山后村米丹寨；西接长顺县白云山镇，最西点位于姚新村野鹿井寨；北邻长田乡，最北点位于涟江村罗家寨。镇域东西长11千米，南北宽10千米。面积77.8平方千米。2013年末全镇耕地总资源2483公顷，其中：常用耕地730公顷（水田651公顷）、临时性耕地1753公顷。2013年种植粮食作物1809公顷，产量8197吨。其中水稻种植671公顷，5639吨；蔬菜种植632公顷，产量11158吨；花卉种植120公顷；年末果园面积129公顷，其中：柑橘园85公顷。

镇域东部长岩村属山区，石头、半坡、山后3个村属半山区。镇域中南部和中北部的姚新、平寨、新民、长岭、首创、涟江、交椅、满告、高镇、旧司、罗新、赤土、方围、濛涟、水溪15个行政村属涟江大坝。

境内探明的矿产资源主要有石英砂、煤和石灰石。石英砂分布在半坡村龙塘一带，储量为1344万吨；煤矿主要分布在镇西部的杨家山一带，石灰石矿主要分布在山后村和满告村。

境内水资源丰富，主要河流有涟江河、濛江河和米丹河。辖区内建成的涟江水利工程和濛江水利工程，保证镇中南部农田灌溉。龙井水库解决水溪、交椅部分稻田的灌溉；滴水岩水库，灌溉石头村农田600亩；学庄引水渠灌溉农田200亩；野鹿井水库蓄水41万立方米灌溉400亩。1978年建成姚哨区改河工程，利用方围村河段建为渔场，发展养鱼。

1991年，辖区内有险峰机床厂、永安电机厂、地质八普3家企业单位及厂矿职工生活区，厂矿子弟学校、职工医院、特种铸造厂、农修钣金厂、钛白粉厂、爆竹厂、商店和4个小菜市场。

2001年，将19个村合并为11个村3个居委会。2013年，辖长新村、首创村、姚新村、司蒙村、高镇村、交椅村、赤土村、涟江村、山后村、半坡村、长岩村11个行政村，113个村民小组，68个自然村寨，1个居委会（高镇居委会），居住有汉族、布依族、苗族、毛南族4个世居民族。年末全镇9186户29962人。其中：少数民族12383人（布依族7607人、苗族3076人、毛南族1270人），占总人口（29962人）的41.33%。

20世纪末，镇内农业生产主要种植水稻、小麦、玉米和豆类等农作物，21世纪初后以规模种植水稻、玉米、油菜、脱毒马铃薯、大蒜、反季节大棚蔬菜为主。

2003年来，引进福建、浙江等地花卉经营户11户到镇内发展花卉种植产业，带动50户农民种植花卉，种植比利时杜鹃、桂花等100余个品种的花卉和绿化苗木，种植花卉200公顷，带动本地农民就业800人，实现农民年增加收入800万元。成为贵州省比利时杜鹃主要生产基地和惠水县花卉产业生产、科研、教学、试验示范基地。

2004年12月31日，惠水县开展第一次经济普查。辖区内有个体经营户270户（均办理有营业执照），从业人数622人，营业收入1349.32万元。其中：工业41户、交通运输电信业22户、批发业4户、零售业142户、餐饮业23户、租赁和商业服务4户、居民服务17户、文化体育和娱乐业1户、其他服务业16户。

2011年建成镇综合文化站，设有图书室、多功能影视厅等场所，有图书5325册。各村都成立了山歌队、舞蹈队。

2013年，镇域内有险峰机床厂、永安电机厂、长安电机厂、贵州天虹致远电线电缆有限公司、贵州金田新材料科技有限公司、贵州永红换热冷却技术有限公司等38家企业。辖区有集贸市场1个（高镇场），固定每周四赶场。

2013年，全镇有职业技术学院1所（险峰职业技术学院），教职工26人，9个教学班，在校学生493人；初级中学1所（高镇中学），有教职工111人，20个教学班级，在校学生1199人；完全小学7所，教职工169人，61个教学班级，在校学生1719人；私立幼儿园2所（险峰厂幼儿园、蓝天小精灵幼儿园），教职工32人，10个班，在园儿童388人。机动车驾驶培训学校1所（惠水县黔岭机动车驾驶培训学校），教练员88人，学员2216人。2012年3月，镇内中小学全面实施学生营养午餐改善计划，3008名学生受益。

2013年，有卫生院1家，建筑面积550平方米，病床17张，卫技人员16人。有村级卫生室共9个，从业人员11人。年末全镇参加新型农村合作医疗人数22584人。

镇域内有少数民族——毛南族居住，主要分布在涟江流域沿岸的交椅村、姚新村、赤土村、山后村、司蒙村、涟江村6个村，64个村民组。2013年末全镇毛南族人口1270人，占全镇总人口的4.23%。

境内旅游资源丰富，有位于山后村的惠水古十二景之一的“琴山逸响”和省级文物保护单位“陈家祠堂”及“陈德洋、陈全玉故居”，位于烂坝林场的“野梅岭公园”，位于司蒙村的古建筑“文笔塔”等景点和景观。

长田乡

1991年9月，撤销长田乡（1978年称长田公社，1984年称长田乡）和赤土乡（1978年称赤土公社，1984年称赤土乡）建制，设置长田乡，辖吟河村、冗堡村、双牙村、莫羊村、桥硐村、长田村、栗木村、化槁村、摆竹村和上黄村10个行政村，62个村民小组，48个自然寨。镇人民政府驻长田村，距县城18千米，距省城贵阳市中心28千米。境内有省道S101和贵惠高速贯穿全境，是惠水县通往省城贵阳市的交通要道。

长田乡位于惠水县北部，地跨北纬26° 11′ ~26° 17、东经106° 36′ ~106° 43′ 。东抵大坝乡，最东点位于龙泉村上黄寨；南交高镇镇，最南点位于合兴村甘鸡哨寨；西接长顺县白云山镇，最西点位于合兴村翁吟河寨；北界贵阳市花溪区青岩镇，最北点位于长田村黄标寨。乡境南北长10千米，东西宽9千米，面积57平方千米。2013年末全乡耕地总资源1309公顷，其中：常用耕地432公顷（水田281公顷）、临时性耕地877公顷。2013年种植粮食作物784公顷，产量2835吨。其中：水稻种植298公顷，产量1746吨；蔬菜种植365公顷，产量4376吨；种植西瓜46公顷，产量1380吨；年末果园面积301公顷，其中梨园161公顷、柑橘园115公顷。2013年实现农业总产值3528.5万元，农民人均纯收入7413元。

2001年，将10个行政村合并为5个行政村。2013年，辖长田、桥洞、双庆、龙泉、合兴5个行政村，48个自然村寨，38个村民小组。年末全乡3393户，总人数10956人，其中少数民族6841人（布依族5175人、苗族1606人），占全乡总人口的62.44%。

境内有涟江和翁吟河两条河流穿境而过。全乡地貌以山地、丘陵为主，地势呈南低北高，平均海拔1000米。多年平均气温15.4℃，年平均降雨量1213.毫米。土壤主要为地带性土壤，耕地含沙重，多为硅质黄壤和硅铝质黄壤，主要种植水稻、玉米、小麦和豆类等农作物。境内盛产水果，主产姜黄李、金果梨、西瓜等，俗有“水果之乡”的美誉。

乡境矿产资源丰富，盛产煤炭，是惠水县煤炭主产区。

2004年12月31日，惠水县开展第一次经济普查。辖区内有个体经营户57户（有营业执照25户、无营业执照32户），从业人数164人，营业收入522.5万元。其中工业21户、交通运输电信业6户、零售业29

户、餐饮业1户。

乡境地处贵州惠水经济开发区核心区域，截至2013年，乡境内建成投产企业49家，初步形成了医药食品、机械制造、新型材料、包装、精细化工等多种门类产业体系格局。2013年实现工业总产值37.62亿元，完成税收1018万元，实现财政收入5949万元。

2013年，建成200亩辣椒基地1个，600亩生态种植园1个，200亩豇豆种植基地1个，150亩早熟青瓜基地1个。建设农民专业合作社1个（双庆村龙发果蔬合作社）。

1991年，全乡有公办小学2所，民办小学5所，教师61人，教学班38个，在校生1215人。2013年，全乡有九年一贯制学校1所，教师52人，教学班18个，在校学生680人；小学2所，教学点2个，教师29人，教学班18个，在校学生332人。幼儿园1所（私立），教师15人，在园儿童300人。

2013年，建有乡卫生院1个，占地面积400平方米，业务用房250平方米，床位6张，有职工9人（其中卫生技术人员9人），配备有B超机、心电监护仪等设备。有村级卫生室5个，乡村医生5人，无私人诊所。2013年，全乡参加新型农村合作医疗人数9388人、占全乡比例86%。

2013年，乡内有文化站1个，面积160平方米，内设阅览室、舞蹈馆，藏书550册左右。

2013年，乡内有大型超市1家，餐馆6家，邮政所1个，金融机构网点1个。境内有集贸市场2个，长田市场集市日期为每周六，双井市场集市日期为每周三。

大坝乡

1978年，大坝公社辖光明、山河、兴隆、民河、沙坝、云顶、上龙、龙滩河、甲腊冲、绿化、金珠、楠桥、大堡、披弓、板长、冗族共16个生产大队，54个生产队。1983年12月改称大坝乡。1991年，辖冗族、光明、板长、批弓、大堡、龙滩、上龙、甲腊冲、金珠、兴隆、小沙坝、三合、民合、云顶、绿化、楠桥16个行政村，66个村民小组，48个自然寨，1664户8077人，其中汉族3981人、苗族2902人，布依族1124人。乡人民政府驻光明村，距县城17千米。

大坝乡位于惠水县北部，地跨北纬26° 21′～26° 27′，东经106° 72′～106° 79′。东抵贵阳市花溪区高坡乡，最东点位于大堡村对门河寨；南交甲烈乡、高镇镇，最南点位于绿化村打耙冲；西接长田乡，最西点位于山河村山边寨；北界贵阳市花溪区青岩镇，最北点位于民合村摆羊坡。乡境东西长15千米，南北宽10千米，面积65.4平方千米。2013年末全乡耕地总资源1366公顷，其中常用耕地420公顷（水田324公顷）、临时性耕地946公顷。2013年种植粮食作物889公顷，产量2545吨。其中水稻种植319公顷，产量1469吨；蔬菜种植355公顷，产量4438吨。年末实有茶园30公顷，实有果园34公顷，其中梨园11公顷、柑橘园19公顷。

2001年，将16个行政村合并为7个行政村。2013年，辖光明村、山河村、民河村、上龙村、绿化村、大堡村、板长村7个行政村，43个村民组，48个自然村寨，2630户，人数10260人，其中少数民族5429人（布依族1446人、苗族3944人），占全乡总人口的52.9%。

全乡属半山区，地势东高西低，平均海拔1200米。大堡和板长2个村属丘陵地带，耕地靠望天水，农作物以种植玉米、水稻为主。光明村、山河村、民河村、上龙村、绿化村4个村地势较为平坦，水源较丰富，农作物以种植水稻、玉米、小麦为主。

境内山峰主要有海螺山、滚鹿岩、营盘坡、摆羊坡等，最高山峰摆羊坡位于民河村，海拔1503米。全乡平均海拔1200米，属亚热带季风性湿润型气候，冬无严寒、夏无酷暑。年平均气温15℃，年均降雨量1195毫米，年均日照1158.7小时。境内生长有枫香、黄连木、柏木、樛木、石楠、皂荚、冬青、银杏等多种名木古树，主要分布在大堡、绿化、上龙3个村，全乡森林覆盖率70%。

境内有河流溪沟3条，溶洞、暗河随处可见，涟江河从境内流过。2013年，境内建有山塘1个，水库2个（水打桥水库、滴水岩水库），干渠2条，支渠6条，总长18千米，有效灌溉面积200公顷。

境内已探明矿藏主要有硅矿、石英砂、石灰石、煤炭等，主要分布在光明、山河、民河3个村，其中硅矿分布最广，储量10亿吨。

2004年12月31日，惠水县开展第一次经济普查。辖区内有个体经营户36户（有营业执照6户、无营业执照30户），从业人数69人，营业收入98.72万元。其中工业17户、交通运输电信业5户、零售业14户。

农业主要以种养业为主。种植以玉米、水稻、小麦、黄豆为主，一年一熟。逐步扩大蔬菜、经济作物种植面积。2013年，粮食作物播种面积9224亩，完成“两杂”（杂交玉米、杂交水稻）良种推广5603亩，在光明、上龙、板长3个村实现早晚蔬菜种植300余亩，年产值150万元。注重发展特色农业，培育优质金银花100亩。2013年，全乡存栏生猪6927头、猪肉总销量354吨，存栏牛2261头、羊304头、马312匹，家禽存栏100427羽、出栏42781羽。

2008年，惠水县涟江农业科技有限公司落户山河村龙井沟。2013年生产鸡蛋1825吨，生产有机肥1600吨，年末存栏蛋鸡12万只，实现销售收入1600万元。

工业以建材为主。1978年，境内仅有工厂1家（上马陶瓷厂，1982年倒闭）。2013年，乡境内有中小企业30家，其中规模以上企业10家（贵州惠水西南水泥有限公司、中国水利水电第九工程局惠水分公司、腾龙新型建材有限公司、晨辉矿产开发有限公司、宏业矿业有限公司、坤和建材有限公司、利达建材有限公司、惠水永清预制构件有限公司、凯盛建材有限公司、惠水县涟江建材厂）。贵州惠水西南水泥有限公司是黔南州境内最大的水泥企业，年产400万吨PC32.5和PO42.5规格的水泥。

2013年，辖区内有各类商业零售业100余家。有移动公司、联通公司、电信公司营业点各1个，农村信用社营业点1个，自来水集中供水点1个，邮政网点1个。移动信号覆盖全乡。乡境内有农村集贸市场1个（大坝场），赶集日期为每周五。

1978年，境内道路只有通乡和通村沙石路。2013年，贵惠高速穿境而过，过境段长5.9千米。建成高镇镇赤土村至光明村油路和光明村经板长村至花溪区高坡乡通村水泥路。山边桥重建项目竣工。2013年，全乡有乡村公路36条，总里程70千米，实现全乡自然村寨通汽车。

1978年，辖区有公办学校1所（大坝学校），村级民办校8所，村级小学教师以代课老师为主。1991全乡有小学18所（村级民办小学15所），在校生1600人，入学率达90%。2003年，实施“两基”攻坚，全乡在校生1110人，入学率达98%，“两基”工作通过县人民政府验收。2004年“两基”工作通过省人民政府验收。2012年境内学校全部实施农村学生营养午餐改善计划，惠及1726名学生。2013年，全乡有公办学校8所，其中九年一贯制学校1所（大坝乡中心学校），村级完小4所（山河小学、民河小学、大堡小学、板长小学），村级教学点3（楠桥小学、水库小学、森林小学）。大坝中心学校、山河小学、民河小学、大堡小学附设有学前班。共有在编在岗教师91人，教学班级53个（初中12个、小学37个、学前班4个），在校学生1986人（初中生602人、小学生1194人，学前儿童190人）。

2013年，辖区内建有乡综合文化站1个，面积300平方米，内设图书室、培训室、棋牌室和资源信息共享室各1个；有农家书屋7个，藏书20000册。

2013年，境内有卫生院1个，面积150平方米，病床5张；村级卫生室6个，医护人员12人，全乡新型农村合作医疗参保人数8214人，参合率96%。

境内的上马堡花灯被列为县级非物质文化遗产。民族传统节日有苗族的“三月三”“四月八”，布依族的节日“六月六”等。每年立秋之后的戌日，大堡村披弓“牛打场”举行斗牛活动，参加斗牛活动的苗族群众有数千人。

甲烈乡

1991年9月，撤销甲烈乡（1978年称甲烈公社，1984年称甲烈乡）、关山乡建制（1978年称关山公社，1984年称关山乡），设置甲烈乡，辖甲烈、红星、新河、小坝、冷水、摆王、黄岩、冗哨、摆章、窑上、毕新11个行政村，79个村民小组，71个自然寨，1731户，8847人，其中苗族3059人，汉族3016人、布依族2269人。乡人民政府驻红星村，距县城21千米。

乡境地处惠水县东北部，地跨北纬26° 12′ ～26° 22′ ，东经106° 74′ ～106° 83′ 。东、南与岗度乡、摆金镇接壤，最东点位于新坝村新寨，最南点位于红星村小甲烈寨；西邻高镇镇，最西点位于兴章村黄泥寨；北界大坝乡、贵阳市高坡乡，最北点位于新哨村脚蓝冲。辖区东西长17千米，南北宽20千米，总面积71.9平方千米。2013年耕地面积2019.5公顷，其中常用耕地427公顷（水田245公顷），临时性耕地1592.5公顷。种植水稻、玉米、小麦、豆类等粮食作物，经济作物主要是土烟和烤烟。2013年全乡种植粮食作物1058公顷，产量2657吨；种植烤烟341公顷，产量503吨，种植土烟（晒烟）333公顷，产量499吨；种植蔬菜265公顷，产量3194吨。全年农业生产总值达5640.6万元，农民人均纯收入5730元。

2001年将11个行政村合并为4个行政村。2013年全乡辖红星、新坝、新哨、兴章4个行政村，79个村民小组，71个自然寨，2673户10247人。其中：少数民族人口6881人（苗族4289人、布依族2567人），占总人口的67.2%。2013年人口出生率3.6‰。

乡境地势东南高西北低，境东北部为喀斯特山区，境西南部属丘陵半山区。主要山峰有海坝山、龙洞山、猴子山、青㭎坡、鸡冠山、螺丝山、三角坡等，最高山峰龙洞山位于红星村，海拔1430米。全乡平均海拔1150米。多年平均气温16.3℃，平均最低温度2.7℃，平均最高气温28.4℃，年降雨量1200毫米，全年日照时数1162小时，无霜期224天。

境内已探明矿藏主要有白绵石、硅矿、煤和锰等矿产，煤矿分布在新坝村，锰矿分布在红星村巴茅冲。

2004年12月31日，惠水县开展第一次经济普查。辖区内有个体经营户35户（有营业执照9户、无营业执照26户），从业人数36人，营业收入78.27万元。其中工业7户、交通运输电信业2户、零售业25户、餐饮业1户。

2013年，辖区内有企业2家（白绵石加工企业、硅矿开采企业），有各类店铺96个。

辖区内有农村集贸市场1个，固定每周三赶集。

乡域经济以一产为主，主要是烤烟生产。1996年引进烤烟种植，种植面积960亩，产值为68万元；2010年种植4172亩，总产值759.6万元。2013年种植5487亩，产值1340万元。烤烟种植是乡域经济支柱产业。

1978年，境内小学7所，教师86人，在校生975人，适龄儿童入学率57%。1991年全乡有九年一贯制学校1所，公办小学1所，民办小学12所，教师49人，在校学生910人。2010年，通过两基教育验收。2013年，有初级中学1所，教师23人，教学班级5个，在校学生268人；小学6所，教师92人，教学班级8个，在校学生687人。

2013年，有乡级卫生院1所，床位6个，卫技人员23人。有村级卫生室4个，村卫生员4人。8556人参加新型农村合作医疗，参合率95%。有文化站1个，有农家书屋4个，藏书2000余册。

“甲烈”系布依语译音，意为漂亮的地方。摆郎河由北向南贯穿乡境，于红星村小甲烈寨出乡境。摆郎河流经河边寨、大小龙井、双排、大小甲烈等自然村寨，水资源较丰富，独特的山水田园风光，形成优美的小桥流水人家景观（有8座明末时期的石拱桥）。沿河两岸均为良田，山林茂密，全乡森林覆盖率56%，境内百年以上树龄的古树有289棵。每年春天，兴章村千亩紫色杜鹃花连片开放。歌曲《好花红的歌美滋滋的唱》和《故乡年年好花红》MTV外景拍摄地均在乡境内。

境内民族风情浓郁，仍旧保留传统的婚丧嫁娶习俗；传统民族节日“三月三”“四月八”“六月六”，都举行富有特色的赛马、斗牛、斗鸟、斗鸡、山歌对唱等活动。

第三节　好花红镇

2014年3月，撤销三都镇、好花红乡、甲戎乡建制，设置好花红镇，辖原三都镇、好花红乡、甲戎乡行政区域。惠罗高速、省道101由南至北贯穿全境。镇人民政府驻三都村，距县城11千米。

好花红镇位于惠水县中西部，地跨北纬25°51′～26°05′，东经106°32′～106°64′。东连雅永镇，最东点为小龙村的苦蒜冲寨；南抵断杉镇，最南点为青藤村水头寨；西抵芦山镇、长顺县长寨街道，最西点为河坝村财到垮寨；北邻涟江街道，最北点为栗木村湾塘寨。辖区东西最长距离43.15千米，南北最长距离35.05千米。面积242.26平方千米。2015年末耕地总资源4716.2公顷，其中常用性耕地2420.6公顷（水田1397公顷）、临时性耕地2295.6公顷。森林覆盖率52%。

2015年，全镇辖三都、百鸟河、平地、上衙、金田、小龙、九门、栗木、青河、青藤、吉安、龙上、甲戎、河坝、枇杷、翁金、水源、新门、崇学、幺关、清水、弄苑、三联、好花红、兴涟、六马、满玉、石头关28个行政村，333个村民小组，303个自然村寨，16853户61925人，其中少数民族32668人（布依族23722人、苗族8562人），占全镇总人口的52.75%，布依族占少数民族总人口的72.62%。人口出生率为10.59‰，人口自然增长率4.5‰。

境内水资源丰富，涟江河贯穿全境。冷水河（古时称“崇水”）、董敖河（古时称“惠水”）、鱼梁河（古时称“仙水”）、水源河均在镇境内汇入涟江河。建有渔梁水库（波云湖）、三八水库、小龙引水工程、崇水引水工程、鱼梁引水工程。建有小龙、黄花塘、马槽塘、水源、兴涟5个水电站。

镇域地势东南高，西北低。中部、西北部属涟江大坝，东南部、南部属山区。境内主要山峰有荒草坡、猪落岩、上安冲坡、梅子关坡、龙头坡、石头坡、石家坡、梁家坡、高洞坡等，最高山峰荒草坡位于小龙村，海拔1395米。平均海拔965米。

辖区地处亚热带，气候湿润，雨热同季，年无霜期在290天以上，年平均降雨量1200～1300毫米，年平均气温16.2℃。

境内已探明的矿产资源有煤矿、方解石矿、重晶石矿、页岩矿，煤矿主要分布在栗木村、百鸟河村、三都村、新门村、满玉村、甲戎村，页岩矿主要分布在三都村、栗木村、上衙村、平地村，重晶石主要分布在弄苑村、清水村、六马村、幺关村。

2015年，在好花红村创建好花红电子商务村，引进云南泊水园、贵州金晨、贵州永红、贵州绿科、贵州大利界商务等企业入驻好花红电子商务村营业。建成好花红等村农村淘宝服务站点10个，线上销售精品蔬菜、特色水果、花卉苗木等特色农产品，新增就业600人。2015年，好花红镇被贵州省电子商务厅授予“电子商务培育示范镇”称号，好花红村、百鸟河村被授予“电子商务培育示范村”称号。

境内旅游资源丰富，主要有小龙出水洞、波云湖、百鸟河、青河等自然景观，有中华布依第一堂屋、好花红千户布依寨等人文景观。好花红村辉油寨依托“好花红民歌发源地”“中国金钱橘之乡”和“中华布依第一堂屋”三块金字招牌发展乡村旅游。2014年9月，被国家民委授予“中国少数民族特色村寨”称号。2015年，好花红“乡村旅游”荣获国家AAA级旅游景区，被评为“中国最美休闲乡村”“全国文明村镇”“全国民主法治示范村”。2015年，好花红景区的游客累计超过100万人次，带动发展百余家农家乐、乡村旅店、农家特色小商铺，实现旅游收入700万元。

一、地方经济

地方经济以三产为主，一、二产业相应发展。2015年，完成财政收入5327.18万元，农民人均纯收入8602元。

农业以种养业为主。镇内地势平坦、土壤肥沃，水源丰富，是惠水县主要粮油、蔬菜、水果种植区，金钱橘的主产地。坝区以花卉苗木、精品蔬菜、特色水果三大产业为主导产业。2015年，种植粮食作物4136公顷，产量17141吨，其中水稻种植1385公顷，产量9961吨；小麦种植510公顷，产量895吨；玉米种植621公顷，产量2782吨；种植马铃薯925公顷，产量2514吨。种植经济作物3442公顷，其中种植油菜563公顷，产量924吨；种植烤烟69公顷，产量104吨；种植中草药44公顷，产量18吨；种植蔬菜2283公顷，产量36907吨；种植花卉苗木62公顷、佛手瓜800公顷、核桃866公顷、金钱橘666公顷。年末全镇实有茶园面积447公顷，果园面积1418公顷（其中苹果园202公顷、柑橘园893公顷、桃园49公顷、葡萄园52公顷）。全年水果产量5397吨，其中柑橘产量4020吨，桃产量380吨，葡萄产量373吨，杨梅产量150吨。

2014年，镇境内的惠水涟江现代高效农业示范园引进企业40家（公司21家、合作社19家），流转土地1.1万亩，发放土地流转金1430万元，解决农民就近务工2万人，带动5000名农户种植蔬菜。2015年，园区种植花卉苗木、葡萄、精品蔬菜23000亩，实现产值5.9亿元。

2015年，建成三都农产品交易市场，面积6万平方米。辖区有农村集贸市场4个（卧龙、三都、毛家苑、甲戎），卧龙集市日期每周四，三都集市日期为每周日，毛家苑集市日期为每周四，甲戎集市为甲子场，逢未日（羊天）和丑（牛天）日轮换赶场。

2015年，全镇有工业企业45个，个体工商户1523户。

二、社会事业

2015年，镇域内有民办职业教育学院1所（贵州盛华职业学院），有教师162人（外国籍教师19人），6个学院，在校学生2554人。独立中学2所（三都中学、好花红中学），九年一贯制学校1所（甲戎乡中心学校），完全小学8所（好花红小学、辉岩小学、清水小学、满玉小学、三都小学、河西小学、小龙小学、九门小学），村级教学班点10个。有中学教师145人，教学班级44个，在校学生1997人；有小学教师230人，教学班级114个，在校学生3199人；有公立幼儿园3所（三都幼儿园、好花红幼儿园、甲戎幼儿园），幼儿教师21人，在园儿童1112人；有私立幼儿园2所（星艺术幼儿园、新门村幼儿园），教师9人，在园儿童160人。

2015年，辖区内有卫生院3所（三都卫生院、好花红卫生院、甲戎卫生院），病床56张，医技人员57

人。有村级卫生室18个，村卫生员18人。全镇54633人参加新型农村合作医疗，参合率100%。民营养老机构1家（惠水县三都爱老公寓）。

2014年以来，好花红镇抢抓全省“5个100”示范小城镇建设的机遇。建成“8+X”项目12个（8：路网、卫生院、社区服务中心、农贸市场、市民广场或公园、污水处理厂、敬老院、保障性安居工程建设，X：体育场、产业园区、有机农产品生产基地、美丽乡村建设三结合项目、公共停车场、公共给交通客运站、文化中心（站）、镇区环境整治、乡村旅游建设、市政道路安装节能路灯工程、公立幼儿园、信息化建设、与高速公路或国省干线的联络线）。

2015年，建成教师公租房、敬老院、幼儿园、行政服务中心、社区服务中心、农产品交易中心、好花红农贸市场、垃圾收集处理等15个工程。完成3.62千米好花红大道建设工程、三都外环路改造工程、好花红老街改造工程、好花红湿地广场和好花红镇总体镇容镇貌改造工程。完成九门、金田、青河和好花红四个行政村美丽乡村整村推进工作。完成中华布依第一堂屋周边20户民居房屋及220户民房立面整治工程，完成串寨石板道路铺设及人行步道、观光栈道建设，开通覆盖辉油寨内免费Wi-Fi无线通信网络，完成稻梦空间、金色年华等旅游基础设施建设。完成辉油至努力，满玉至石头关，青藤至龙上，小河至水源等村级公路硬化。完成辉岩、冗余、河口、九门、白秧寨等7个精品型村寨建设。2014年，金田村被评为贵州省“四在农家·美丽乡村”示范点。

辖区内建有110千伏变电站1座（龙岗变），14822户居民由国家电网供电。28个行政村实现村村通汽车、通电话、通邮件。建成农村地面卫星接收站28个，16个村通有线广播。23个村通自来水，9839户居民饮用安全卫生水。

好花红镇注重以节日节庆为载体，多次举办“三月三”、端午节、“六月六”“九月九”以及贺新春等系列文体活动。2015年，在好花红村分别举办“中华一家亲·两岸好花红”海峡两岸欢度三月三民族文化节、贵州省首届传统音乐（民歌·山歌）大赛、2015年全国定向锦标赛、2015年贵州第七届山地百千米毅行活动、惠水县2015年中秋民族音乐晚会等活动。

三、精准扶贫。

全镇共识别贫困村11个（一类贫困村6个，二类贫困村4个，三类1个），贫困户1685户5557人，贫困发生率8%。2014年减少贫困人口361户1647人；2015年减少贫困人口316户1482人，完成危房改造597户，补助资金共421.56万元。

附：原三都镇、好花红乡和甲戎乡简介

三都镇

1991年8月，撤销三都区公所、三都镇（1978年称三都公社，1984年称三都镇）、金石乡（1978年称三合公社，1984年称金石乡）建制，设置三都镇，辖三都、新街、新苑、上衙、平地、桐木、马田、旧司、鸣钟、联合、金石、羡田、栗木头、龙岗、小苑、小龙、旧场17个行政村，141个村民小组，1个居民小组，65个自然村寨，3937户，19431人，其中：布依族5603人，苗族2425人。省道101贯穿全境，镇人民政府驻三都村，距县城11千米。

三都镇位于惠水县中西部，地跨北纬26° 01′ ～26° 05′ ，东经106° 33′ ～106° 42′ 。东抵鸭绒乡，最东点为小龙村苦蒜冲；西邻大龙乡，最西点为百鸟河村台子上；南接毛家苑乡，最南点为小龙村猪落岩；北界大龙乡、和平镇，最北点为栗木村湾塘组。镇域东西长15千米，南北宽7千米，面积为72.1平方千米。

2001年，将17个行政村合并为8个行政村。2013年全镇辖三都、百鸟河、平地、上衙、金田、小龙、九门、栗木8个行政村，69个自然村寨，125个村民小组，6510户23823人，少数民族11500人（布依族8415人、苗族2991人），占全镇总人口的48.27%。2013年人口出生率为7.6‰，人口自然增长率为5.05‰。

镇域地势东西高、南北低，境内最高山峰荒草坡位于小龙村，海拔1395米。海拔在990米～1080米之间，平均海拔965米。镇东部和镇西部少数自然寨地处山区外，其余大部分村寨位于涟江大坝或丘陵地带。

2013年，全镇林地面积为2402.33公顷，其中林地1221.7公顷，灌木林地175.3公顷，其他林地1005.33公顷。森林覆盖率42%。活立木蓄积量2300立方米，主要种植马尾松、桉树。

境内有涟江河、冷水河和渔梁河等大小河流溪沟13条，全在境内汇入涟江河。涟江河由北向南流经镇境。境内建有小龙电站，装机容量1000千瓦。镇境西部建有崇水水利工程，东部建有小龙引水工程，确保涟江两岸大部分农田灌溉用水。2009年实施九门、金田、三都、平地、上衙5个村基本农田改造和水利灌溉工程，建成响水、木耳坟、摆苑坡、杨柳井、鸣钟5处安全饮水工程。2008年建成三都自来水厂，日供水800吨，8个村3957户饮用安全卫生水。

辖区矿产资源主要有方解石矿、煤矿和页岩矿。方解石主要分布在小龙村；煤矿主要分布在栗木村、百鸟河村、三都村，总储量785万吨；页岩矿主要分布在三都村、栗木村、上衙村、平地村。

境内旅游资源主要有百鸟河生态景区、小龙出水洞和波云湖。位于九门村涟江河的卧龙桥（原名“心心桥”），迄今已有400多年的历史，被列为县级文物保护单位。

2004年12月31日，惠水县开展第一次经济普查。辖区内有个体经营户348户（有营业执照190户、无营业执照158户），从业人数591人，营业收入1592.42万元。其中工业77户、建筑业5户、交通运输电信业121户、批发业2户、零售业114户、餐饮业10户、租赁和商务服务业3户、卫生福利业1户、居民服务业4户、文化体育和娱乐业2户、其他服务业9户。

镇域经济主要以农业为主。2013年末全镇耕地总资源1415.6公顷，其中常用耕地831.6公顷（水田500公顷），临时性耕地584公顷。2013年全镇种植粮食作物1372公顷，产量7574吨。其中种植水稻650公顷，产量5539吨；种植小麦202公顷，产量328吨；种植玉米260公顷，产量1213吨；种植马铃薯140公顷，产量321吨。种植经济作物974公顷。其中：种植油菜155公顷，产量59吨；种植中草药材17公顷，产量14吨；种植蔬菜702公顷，产量12118吨；种植瓜果25公顷，产量1260吨。2013年末果园面积292公顷，其中柑橘园229公顷、葡萄园48.7公顷。

畜牧业以养殖猪、牛、鸡为主。2013年，全镇生猪出栏10604头，年末存栏12102头；牛出栏940头，年末存栏4040头；活家禽出栏107653只，年末存栏122746只。

2008年，惠水县穗农业开发有限公司蔬菜育种研究储藏保鲜及蘑菇栽培、收购深加工基地落户金田村。2011年，引进重庆沃圣沃蔬菜种植专业合作社、惠水县绿玉种养殖合作社、贵州省惠水县大地农业科技有限公司等3家农业龙头公司，流转土地5000亩。2013年实现农业总产值为15127.2万元。2013年全镇有农机专业合作社3个，农业专业合作社、畜牧养殖专业合作社10个。2013年全镇农民人均纯收入7695元。

2013年末，全镇共有工业企业22家，其中：造纸厂1家（惠水县佳宇造纸厂）、铁合金厂1家（惠水县恒鑫铁合金有限责任公司）、煤矿2家（紫马冲煤矿、大龙煤矿）、砂石厂4家（兴隆砂石厂、板凳冲砂石厂、百鸟河堰口砂石厂、银兴砂石厂）、页岩砖厂5家（湾塘砖厂、宝鑫山砖厂，盛鑫砖厂、合力多孔节能砖厂、大昌鸿砖厂）、矿粉厂9家，完成工业总产值11220万元。镇域有集贸市场2个（卧龙场、三都场），卧龙集市日为每周四，三都集市日为每周日。

1991年，全镇有中学5所，小学9所，教师147人，教学班76个，在校学生3030人。

2011年9月，位于百鸟河村的贵州盛华职业学院建成招生。2013年，有教师120人，其中外籍教师15人。在校学生815人。

2013年，辖区内有中学1所（三都中学），有教师58人，教学班级18个，在校学生873人；有完小7所（三都中心小学、河西小学、九门小学、小龙小学、金平小学、羡田小学、栗木小学），村级教学点1个（旧场教学点），有教师124人，教学班级46个，在校学生1203人；有幼儿园3所（三都幼儿园、七彩幼儿园、五色阳光幼儿园），有教师10人，教学班级16个，在园儿童672人。2012年，全面实施学生营养午餐改善计划，惠及2076名学生。

2013年，全镇有中心卫生院1个（三都卫生院），拥有X光机、B超机、血球分析仪、分化分析仪、电解质分析仪各1台，救护车1辆，医务人员27名，病床20张；建有村级卫生室6个；全镇20449人参加新型农村合作医疗，参合率96%。

1993年，建成三都电视广播站，开通5套电视节目；2002年，电视信号转接惠水转播台信号；2006年，全镇8个村安装电视广播站46个，调频广播站1个；2010年，移交网络公司管理并开通数字电视74套。2013年，建成农村地面卫星接收站9个，8个村通有线广播。1个村通宽带。

2013年，全镇建有综合文化站1个，面积313.2平方米。设有多功能厅、辅导培训、图书阅览和资源共享室等，建有室外活动场地600平方米。建有农村文体活动场所2处（三都村、平地村），建成农家书屋3个，有图书6000册。镇内非物质文化遗产有桐木寨的唢呐制作和山歌对唱。组建有老年文艺队12支。

好花红乡

1991年9月，撤销清水苑乡（1978年称清水苑公社，1984年称清水源乡）和毛家苑乡（1978年称毛家苑公社，1984年称毛家苑乡），设置毛家苑乡。辖新门、传新、新华、罗瓦、三七、龙家苑、龙洞、况家湾、高桥、中联、安潭、辉油、岩上、努力、打冉、龙联、董敖、三联、所然、清水苑、弄苑、鹿马、腰关、石头关、石灰关、松查26个行政村，137个村民小组，135个自然寨，3659户17856人，其中布依族7497人，苗族2996人。

毛家苑乡位于惠水县中西部，地跨北纬25° 56′ ～26° 04′，东经106° 32′ ～106° 64′ 之间。东接鸭绒乡、雅水镇，最东点为幺关村滑石浪；西邻大龙乡和长顺县威远镇，最西点为三联村纳朝寨；南抵甲戎乡、抵麻乡，最南点为石头关村冗罐寨；北界三都镇，最北点为好花红村努力组。辖区东西长25千米，南北宽15千米。面积108.8平方千米。省道101贯穿全境，乡人民政府驻新门村，距县城17千米。

境内水资源丰富，涟江河贯穿全境。董敖河在境内汇入涟江河，乡境西面建有董敖水利工程，东部有小龙引水工程。兴涟村建有马槽塘水电站和兴涟电站。

乡境地势东西部海拔较高，多山，属山区。南北部海拔较低，属涟江大坝，地貌主要以红岩丘陵及河谷盆地为主。土壤有水岩土、黏土、砂土、灰包土、阳干砂土，土地肥沃，特别利于金钱橘和刺藜的种植。境内主要山峰有上安冲坡、梅子关坡、龙头坡、石头坡、大窝大坡等，最高山峰大窝大坡位于石头关村，海拔1381米。镇境平均海拔1050米。辖区地处亚热带，气候湿润，雨热同季，年无霜期在290天以上，年平均降雨量1200～1300毫米，年平均气温16.2℃。

境内储藏有煤矿、重晶石等多种矿产资源。煤矿主要分布在新门村，重晶石主要分布在弄苑村、清水村、六马村、幺关村。

2001年，全乡将26个行政村合并为11个行政村。2013年，全乡辖好花红、新门、崇学、满玉、兴涟、三联、清水、弄苑、六马、石头、幺关11个行政村，108个村民小组，130个自然村寨，5669户21475人，其中少数民族人口13762人（布依族9896人、苗族3783人），占全乡总人口的64.1%。

2004年12月31日，惠水县开展第一次经济普查，辖区内有个体经营户181户（有营业执照122户、无营业执照59户），从业人数338人，营业收入1102.68万元。其中工业50户、建筑业1户、交通运输电信业17户、批发业2户、零售业87户、餐饮业6户、租赁和商务服务业4户、卫生福利业2户、居民服务业7户、其他服务业5户。

乡域经济主要以农业为主，盛产大米、柑橘、土烟、辣椒、茶叶、蔬菜等，是惠水县金钱橘主产地，金钱橘曾作为宋朝贡品，以其皮薄、肉嫩，味香、色泽鲜红，营养丰富而驰名省内外。

2013年年末，全乡耕地总资源1337.5公顷，其中常用耕地871公顷（水田506公顷、土365公顷）。2013年全乡种植粮食作物1749公顷，产量6393吨，其中种植水稻497公顷，产量3584吨；种植小麦608吨，产量1082吨；种植玉米203公顷，产量733吨；种植马铃薯127公顷，产量228吨。种植经济作物943公顷，其中种植油菜209公顷，产量179吨；种植中草药材125公顷，产量30吨；种植蔬菜474吨，产量7860吨；种植西瓜23公顷，产量690吨。年末果园面积406.3公顷，其中柑橘园400公顷、桃园4公顷。

畜牧业以养殖猪、牛、鸡为主。2013年，全乡生猪出栏11121头，年末存栏12129头；牛出栏600头，年末存栏3997头；活家禽出栏65780只，年末存栏46031只。

2013年，完成工农业生产总值13654.06万元，农业总产值为8772.92万元，工业总产值为1080万元，交通运输、批发零售及服务业等总产值为806万元，完成财政总收入505.7万元，农民人均纯收入7103元。

2013年年末，全乡有工业企业7家，其中煤矿1家（好花红煤矿）、砂石厂1家（新门村砂石厂）、页岩砖厂5家（龙硐页岩砖厂、鑫兴页岩砖厂、惠福页岩砖厂、龙兴砖厂、况家湾砖厂）。辖区有电信服务网点1个、邮政网点1个、投递点1个，有集贸市场1个（毛家苑场），集市日为每周四。

1991年，全乡有九年一贯制学校1所，有小学19所，教师115人（公办教师64人），教学班75个，在校学生2830人。2013年末全乡有初级中学1所（毛家苑中学），教职工61人，在校学生1082人；有小学7所（其中完小6所，分别为辉岩小学、打冉小学、好花红中心小学、清水小学、藤子小学、满玉小学），教职工102人，在校学生1541人；有幼儿园1所（新门村幼儿园），教职员工10人，在校幼儿90人。2012年，全面实施农村学生营养午餐改善计划，惠及2680名学生。

2013年，有卫生院1所，医护人员12人，病床10张；建有村级卫生室8所，医护人员12人，病床15张；临时医疗点2个，医护人员2人。21253人参加新型农村合作医疗，参合率达99%。全乡出生率10.36‰，自增率2.02‰。

1957年3月，毛家苑乡布依族女歌手秦跃珍和王琴惠被选入贵州文艺代表队进京参加“第二届全国民间音乐舞蹈会演”演出，她们采用了“布依民歌·好花红调”演唱《歌唱会演》《三个大坡围小坡》和《赶表歌》3个节目。2002年，经贵州省政府批准毛家苑乡更名为好花红乡。2008年6月，《好花红调》被列入国家级非物质文化遗产名录。乡境内的“中华布依第一堂屋”收藏着丰富多彩的布依族文化古物，展示了布依民族文化特色，具有很好的观赏价值。

境内民族风情浓郁，保留着布依族六月六祭田神、土地神和山神，布依族“四月八”蒸花糯米饭，买肉祭祀祖先等习俗。布依族使用染饭花、紫菜（布依语意译），枫香叶等植物对糯米进行染色，糯米饭香气浓郁，且具药用价值。

甲戎乡

1991年9月，撤销甲戎乡（1978年称甲戎公社，1984年称甲戎乡）、水源乡（1978年称水源公社，1984年称水源乡）和董朗乡（1978年称董朗公社，1984年称董朗乡）建制，设置甲戎乡。辖老寨、四方、龙上、翁金、高石墙、冗鱼、枇杷、平九、甲戎、董谷、河坝、拉岩、青藤、吉安、路边15个行政村，100个村民小组，132个自然寨，2578户13046人，其中布依族3744人、苗族960人。

甲戎乡位于惠水县中西部，地跨北纬25° 51′ ～25° 89′ ，东经106° 35′ ～106° 51′ 之间。东接好花红乡、抵麻乡，最东点为龙上村翁赖；西邻芦山镇，最西点为枇杷村石门寨；南抵断杉镇，最南点为青藤村水头寨；北界好花红乡，最北点为翁金村母骂寨。辖区东西长20千米，南北宽15千米，面积91.9平方千米。省道101贯穿全境，乡人民政府驻甲戎村，距县城28千米。

乡境地势东南高，西北低，地处山区。土壤肥沃，土质较好，土层较深，有利于农作物的生长，主要种植水稻、玉米、小麦、豆类等农作物。2013年，全乡耕地总资源20145公顷，其中：常用耕地718公顷（水田391公顷、旱地327公顷）。森林覆盖率达26%。

乡境属亚热带湿润季风气候区，年平均气温16.3℃，平均最低温度2.7℃，平均最高气温28.4℃，年降雨量1200毫米，全年日照时数1000～1325小时，无霜期224天。

境内水资源丰富，涟江河由北至南流经乡境内15千米，水源河、董谷河、拉岩河均在境内汇入涟江河。建有平九水轮泵站、东风水轮泵站、黄花塘电站和水源电站，建有三八水库。

2001年，将15个行政村合并为9个行政村。2013年，辖甲戎、河坝、水源、龙上、翁金、枇杷、青河、青藤、吉安9个行政村，124个自然村寨，100个村民小组，4314户15334人其中少数民族人口6281人（布依族4771人、苗族1392人），占总人口的41%。

2004年12月31日，惠水县开展第一次经济普查，辖区内有个体经营户94户（有营业执照39户、无营业执照55户），从业人数123人，营业收入255.02万元，其中工业8户、交通运输电信业29户、批发业1户、零售业49户、餐饮业3户、文化体育娱乐业2户、其他服务业2户。

乡域经济主要以一产为主，三产相应发展。2013年，全乡种植粮食作物1551公顷，产量5034吨，其中：种植水稻346公顷，产量2437吨；种植小麦352吨，产量548吨；种植玉米261公顷，产量855吨；种植马铃薯302公顷，产量806吨。种植经济作物1267公顷，其中种植油菜185公顷，产量287吨；种植烤烟173公顷，产量275吨；种植蔬菜742吨，产量8887吨；种植瓜果61公顷，产量1830吨。年末果园面积78公顷，其中柑橘园51公顷、梨园21公顷。

畜牧业以养殖猪、牛、鸡为主。2013年，全乡生猪出栏7886头，年末存栏6918头；牛出栏681头，年末存栏2461头；活家禽出栏26489只，年末存栏20436只。

2013年，农林牧渔业总产值9568.9万元，其中农业总产值为5017.4万元，林业总产值526.7万元，牧业总产值3705.6万元，渔业总产值70万元，农民人均纯收入5513元。

2013年年末，全乡有工业企业4家，其中煤矿2家（打引煤矿、甲戎煤矿）、砂石厂2家（家秋砂石厂、宏发砂石厂）。辖区有邮政网点1个、投递点1个，有集贸市场1个（甲戎场），逢未日（羊天）和丑日（牛天）轮换赶场。

1991年，有学校13所，教学班52人，教师93人，其中公办教师43人，在校学生1440人。2013年全乡有初级中学1所（甲戎中学），教师36人，教学班级9个，在校学生498人；完小5所（甲戎小学、水源小学、青藤小学、枇杷小学、青河小学），教师27人，教学班级18个，在校学生904人；幼儿园1所（苗苗幼儿园），教师2人，在园儿童26名。2012年，全面实施营养午餐改善计划，惠及1402名学生。

2013年，有乡级卫生院1所，卫技人员8人，床位6张。建有村级卫生室8个，村级卫生员8人。

2013年，建有乡文化站1个，有图书5000册，建成农家书屋9个，藏书18000册；建成综合文化广场1个。村民在春节、“三月三”、端午节、“六月六”、重阳节等传统节日自发组织山歌比赛、篮球、拔河等文体活动。

乡境内旅游资源丰富，青河河水清澈透亮、峡谷险峻秀丽，枇杷石林千姿百态，青藤水头布依山寨风情浓郁，翁金天坑以奇、美、险、峻、神著称。成功开发青河“鲤鱼奔滩”“将军跪水”“小溪纳秀”“悬索桥”“鳄鱼晒阳”“父母山”、青藤忠义洞、翁金自然天坑和枇杷石林等景点。

第四节　断杉镇

2014年3月，撤销断杉镇和抵季乡建制，设置断杉镇，辖原断杉镇和抵季乡行政区域。101省道和惠罗高速穿过镇境，是惠水县南大门。镇人民政府驻八大村，距县城42千米。

断杉镇位于惠水县南部，地处半山区，地跨北纬25° 49′ ~25° 86′，东经106° 50′ ~106° 75′。东抵羡塘镇，最东点位于抵塘村下坝组；西接王佑镇，最西点位于董朗村摆亚寨；南邻罗甸县边阳镇，最南点位于上坝村大塘坡脚寨；北界好花红镇、雅水镇，最北点位于翁址村青龙寨。辖区东西长35千米，南北宽28千米。面积368.2平方千米。2015年末全镇耕地总资源5356.7公顷，其中常用耕地2344公顷（水田1157公顷），临时性耕地3012.7公顷。全镇林地面积7171.7公顷，森林覆盖率58%。

2015年，辖木兴、新场、八大、摆惹、光荣、翁址、满贡、大坡、董朗、纳理、蛮纳、定理、新民、抵塘、花山、青山、翁平、上坝、雅州、代京20个行政村，276个村民小组，412个自然村，10641户49829人，其中少数民族22676人（布依族18372人，苗族4028人），占全镇总人口的50.2%；农业人口占总人口的99%；2015年全镇出生1263人，出生率7.51‰，人口自然增长率1.83‰。

涟江河流经镇境西部，在木兴村新房组出境。发源于青山村的三岔河在定理村流入羡塘镇。建有水库2座（上亚水库、母猪笼水库）。建有水电站3座（海里电站、团坡电站、三岔河电站）。2014年，新建蓄水池15口，新建花山、蛮纳、抵塘3个村水利沟渠。2015年，整治花山山塘、翁垒山塘，新建雅州提灌站、上坝提灌站，维修改造蛮纳提灌站、望顺提灌站，实施母猪笼水库除险加固工程。

境内建有变电站1座，20个村10616户居民由国家电网供电。建有水厂3座，日供水400吨。2014年，建成定理、新场、光荣3个村安全饮水工程；2015年建成蛮纳村、上坝村、抵塘村3个农村安全饮水工程。2015年实现全镇20个村8578户饮用安全卫生水。

镇域属山区，多山。镇境地势东北部、中部和东南部较高，北部较低。境内主要山峰有宜令大坡、令当大坡、摆叶坡、曾家岩大坡等，最高山峰曾家岩大坡位于上坝村，海拔1314米。全镇海拔最低点位于木兴村新房组涟江河出境处。全镇平均海拔1100米。辖区属亚热带季风气候，多年平均气温15.8℃，年日照时数1318小时，年平均降水量1213毫米。境内已探明煤炭资源储量为1747万吨，主要分布在满贡村、大坡村和摆惹村一带。

2015年，实现移动、联通、电信4G信号全覆盖，20个村通电话，3个村通宽带。建成农村地面卫星接收站1个，10个村通有线电视。辖区有金融机构营业点2个（断杉信用社和抵季信用社），邮政支局1个，电信代办点1个，移动代办点1个，农村淘宝站5个，6家快递公司业务网点。辖区内有农村集贸市场2个（断杉场和抵季场），集市日期按地支推算，每六天一场，断杉场为寅日（虎天）和申日（猴天）轮流赶场；抵季场为子日（鼠天）和午日（马天）轮流赶场。

境内旅游资源丰富，民族文化特色浓郁。奇山神龙架、喀斯特自然地貌、天生桥峡谷、上坝石林、十里枫叶长廊等地质奇观，具有旅游开发价值。布依族的“三月三”“四月八”“六月六”等节日具有浓郁的民族特色。

镇域特色农产品主要有六月雪梨、核桃、软籽石榴等，林下生态鸡和冷水鲟鱼养殖是经济的特色产业。

一、地方经济

地方经济以一产为主。2015年，断杉镇工农业总产值67600万元（工业总产值36822.2万元、农业总产值30777.8万元），财政收入1254.76万元，社会固定资产投资完成2.3亿元。

农业以种养殖业为主。耕作为一年一熟，主要种植水稻、玉米、豆类、小麦、油菜等农作物。2015年，全镇种植粮食作物3796公顷，产量14849吨，其中水稻种植1002公顷，产量7089吨；小麦种植694公顷，产量1219吨；玉米种植889公顷，产量3912吨；马铃薯种植714公顷，产量1852吨。经济作物种植1734公顷，其中油菜种植459公顷，产量759吨；中草药材种植60公顷，产量42吨；蔬菜及食用菌种植887公顷，产量12580吨。2015年末全镇果园面积284公顷，其中梨园76公顷、柑橘70公顷、桃园28公顷。养殖业以猪、牛、马、羊、鸡为主，2015年，出栏生猪20768头，年末存栏11608头；出栏牛1832头，年末存栏10250头；出栏马434匹，年末存栏1167匹；出栏羊1381只，年末存栏2206只；出栏活家禽86383只；年末存栏119471只。2015年生产水产品162吨，其中淡水养殖鱼类122吨。

2015年，镇内商业服务网点16个，农贸市场1个，小菜市1个，大型超市3个（忠平超市、心连心超市、万家乐超市），个体工商户568个。

2015年，全镇乡村户数10723户45666人。13996人从事农业生产，1961人从事工业行业，1380人从事建筑业，580人从事交通运输仓储业和邮政业，1107人从事批发与零售业，602人从事住宿和餐饮业，12539人从事其他行业。

2015年，全镇外出务工12877人（省外9335人、省内县外1489人、县内1693人），实现务工收入3.2亿元，农村常住居民可支配收入7601元。

二、社会事业

2015年，辖区内有初级中学2所（断杉中学、抵季中学），教职工116人，教学班41个，在校学生1877人；中心小学2所（断杉小学、抵季小学），村级完小11所（摆惹小学、拉林小学、令当小学、马场小学、新场小学、定理小学、花山小学、蛮纳小学、翁垒小学、雅州小学、野洋小学），教职工122人，教学班70个，在校学生1653人；村级教学点3个（代京教学点、董朗教学点、上坝教学点），教职工26人，教学班11个，在校生118人；公立幼儿园2所（断杉幼儿园、抵季幼儿园），教师14人，教学班9个，在园幼儿275人；私立幼儿园1所（道班幼儿园），教师8人，在园幼儿78人。

建有文化站1个，面积400平方米，有图书8365册。卫生院2所（断杉卫生院、抵季卫生院），病床40张，卫技人员43人；计生服务站1个，卫技人员5人；村级卫生室18个，村级卫生人员20人，全镇43833人参加新型农村合作医疗，参合率为96%。有养老院1个，床位18张；村幸福院3个（摆惹幸福院、抵塘幸福院、大坡幸福院）。

2014年，完成断杉集镇新区场地平整15万平方米，拉通路网2千米；建成断杉二小教学楼、教师周转房和学校标准化运动场以及镇卫生院业务用房。2015年，摆惹新区3千米长20米宽的大道初步建成，完成摆惹小学改扩建工程。完成村组道路硬化11.32千米，完成财政奖补项目“一事一议”路面硬化里程8.3千米。

三、精准扶贫

全镇有13个贫困村，其中一类贫困村9个（光荣村、翁址村、上坝村、青山村、代京村、新民村、抵塘村、翁平村、蛮纳村），二类贫困村3个（花山村、定理村、雅州村），三类贫困村1个（木兴村）。2015年，全镇有贫困户1830户6733人，贫困发生率13.51%。2015年实现480户2214人脱贫，完成391户农村危房改造。

附：原断杉镇、抵季乡简介。

断杉镇

1991年9月，撤销断杉区公所、断杉乡（1978年称断杉公社，1984年称断杉乡）、新场乡（1978年称新场公社，1984年称新场乡）和董朗乡（1978年称拉林公社，1984年称董朗乡）建制，建立断杉镇。辖五里、八大、摆惹、合心、宜令、前锋、翁址、甲寨、光荣、龙泉、店子边、董朗、纳角、满贡、屯头、尖坡、大坡、新场、平原、高跃、木新、甲堕22个行政村，148个村民小组，155个自然寨3942户19950人，其中布依族9749人、苗族1559人。省道101贯穿全境，镇人民政府驻八大村，距县城42千米。

断杉镇位于惠水县南部，东抵抵季乡，最东点位于光荣村高坡；南接罗甸县边阳镇，最南点位于木兴村简白；西邻王佑镇、打引乡，最西点位于董朗村蛮翁寨；北界甲戎乡，最北点位于翁子村青龙山。辖区东西长15千米，南北宽18千米，总面积169.9平方千米。

2001年12月，将22个行政村合并为9个行政村。2013年，辖木兴、新场、八大、摆惹、光荣、翁址、满贡、大坡、董朗9个行政村，148个村民小组，155个自然寨，6433户24423人，其中少数民族14890人（布依族12767人、苗族2027人），占全镇总人口的60.97%。

镇境属山区和半山区，地势东南部高，多山，西北部低，丘陵。2013年末全镇耕地总资源2262公顷，其中常用耕地1139公顷，水田642公顷，临时性耕地1123公顷。传统种植水稻、玉米、小麦、豆类、油菜等农作物。2013年，全镇种植粮食作物2221公顷，产量7389吨，其中水稻种植650公顷，产量4004吨；小麦种植695公顷，产量829吨；玉米种植514公顷，产量1704吨；高粱种植80公顷，产量384吨；马铃薯种植150公顷，产量351吨。全镇经济作物624公顷，种植油菜124公顷，产量197吨；种植中草药材6公顷，产量6吨；种植蔬菜359公顷，产量5700吨。2013年末全镇实有果园85公顷，其中梨园33.5公顷、柑橘园27公顷、桃园12公顷。

镇境内有丰富的煤矿资源，已探明的储量约1747万吨，主要分布在满贡村、大坡村和摆惹村一带。2013年全镇有证煤矿企业4个，年开采量20万吨。镇境内石灰石矿分布较广，2013年境内建有有证砂石厂7个（永学砂石厂、冗曼砂石厂、八大砂石厂、龙头桥砂石厂、干沟砂石厂、翁良砂石厂、新场砂石厂），方解石厂2个（翁良方解石厂、三鑫方解石厂），页岩砖厂2个（四棵树页岩砖厂、母猪笼页岩砖厂），矿产品加工厂6个。

涟江河流经镇境西部，2000年8月位于摆惹村下寨组的海里发电站建成投产。境内地表水主要有翁凉山泉水、翁子小溪水、五里桥小溪水和龙头桥小溪水，境内建有水库3座（母猪龙水库、宜冷水库、菜子坨水库），山塘2个（簸箕塘、姊妹塘），解决部分农田灌溉用水及人畜饮水。

境内主要山峰有青龙山、李家坡、摆叶坡、南叶坡、花渔洞大坡等，最高山峰李家坡位于摆惹村，海拔1302米。

2004年12月31日，惠水县开展第一次经济普查。辖区内有个体经营户175户（有营业执照103户、无营业执照72户），从业人数487人，营业收入1023.48万元，其中工业23户、交通运输电信业36户、零售业95户、住宿业1户、餐饮业5户、租赁和商务服务业3户、居民服务业3户、文化体育和娱乐业4户、其他服务业1户。

断杉镇是惠水县南部的商业中心，是规模较大的农副产品集散地。境内有农村集贸市场1个（断杉场），集市日期按地支推算，每六天一场，寅日（虎天）和申日（猴天）轮流赶场。2013年，全镇有个体工商户206户，小微企业20家农民专业合作社4家。

1991年，镇境有中学1所（断杉中学），小学26所，教师131余人，教学班99个，在校生1104人。2013年，境内有中学1所（断杉中学），教职工59人，教学班20个，在校学生875人；小学5所（摆惹小学、拉林小学、令当小学、马场小学、新场小学），教学点1个（董朗村教学点），教职工93人，教学班级46个，在校学生1266人；幼儿园1所（断杉幼儿园）教职工9人，教学班级5个，在校儿童108人。2012年起，全镇中小学全面实施农村学生营养餐改善计划，2936名学生受益。

2013年，镇建有综合文化站1个，面积400平方米，图书室藏书5010册，电子共享室配置电脑10台。建有农家书屋12个，藏书7689册。

2013年，乡境内有卫生院1所，面积1500平方米，床位20张，年末有卫技人员23人。建有村卫生室9个，村级卫生医务人员9人。全镇26789人参加新型农村合作医疗，参合率为94.4%。

2013年，境内有变电站1座（断杉变电站），用电户数5020户。建有移动、联通基站8座，4G信号覆盖全镇，9个村通移动电话，移动用户6020户；9个村通有线广播，建成农村地面卫星接收站10个，2个村（摆惹村、八大村）通有线电视，用户432户；断杉电信支局有线宽带装机容量256线，有线电话装机容量1024线，7个村通有线电话和通宽带。辖区有金融机构营业点1个（断杉信用社），电信代办点1个，移动代办点1个，快递4家（中通快递、圆通快递、申通快递、中国邮政）。

镇境内旅游资源丰富，有奇山神龙架、喀斯特自然地貌、天生桥峡谷等地质奇观，具有旅游开发价值。镇域特色农产品主要有六月雪梨和中华鲟鱼。

抵季乡

1991年9月，撤销原抵季乡（1978年称抵季公社，1984年称抵季乡）、翁垒乡（1978年称翁垒公社，1984年称翁垒乡）和定理乡（1978年称定理公社，1984年称定理乡）建制，设置抵季乡。辖八高、田坝、花山、翁垒、平歪、上坝、翁霞、蛮纳、雅洲、甲里、拉蛮、抵塘、长安、代京、西城、双屯、茅草、翁沼、熊降、翁戎20个行政村，124个村民小组，257个自然村寨，3181户17570人，其中布依族4359人，苗族1281人。984县道贯穿全境，乡人民政府驻地纳理村，距县城60千米。

抵季乡位于惠水县东南部，东抵羡塘乡，最东点位于抵塘村洞口组；南接罗甸县边阳镇、平塘县塘边镇，最南点位于上坝村扁洞；西邻断杉镇，最西点位于花山村旧寨；北界抵麻乡、太阳乡，最北点位于定理村顶善寨。东西长20千米，南北宽28千米。面积198.6平方千米。2013年，全乡耕地总资源3200公顷，其中：常用耕地1205公顷（水田515公顷），临时性耕地1995公顷。有可开发牧草地922公顷，林地5646公顷，森林覆盖率59%。长安、代京、上坝、花山4个村有野生猕猴上千只。

2001年，将20个行政村合并为11个行政村。2013年，辖雅州、纳理、定理、新民、翁平、青山、花山、代京、抵塘、蛮纳、上坝11个行政村，128个村民小组，257个自然寨，5591户20498人，其中少数民族7494人（布依族5519人、苗族1856人），占全乡总人口的36.6%。2013年全乡人口出生率1.75‰，自然增长率1.8‰。2013年全乡有劳动力16977人，9355人从事农业，552人从事工业，425人从事建筑业，223人从事交通运输仓储业，177人从事批发与零售业，4342人外出打工（3565人出省打工）。2013年全乡农民人均纯收入4661元。

乡境地处深石山区，地势北高南低。境内最高山峰曾家岩大坡位于上坝村，海拔1314米。三岔河发源于青山村，流经雅州村，在定理村流入羡塘镇。在雅州村建有三岔河电站，定理村修建有上亚水库。

抵季乡基础差、底子薄、群众居住分散、经济极为落后。乡域经济以一产为主，农业耕作是一年一熟，主要种植玉米、水稻、豆类、小麦、油菜等农作物。2013年，全乡种植粮食作物2415公顷，产量7041吨，其中：种植水稻476公顷，产量2068吨；种植小麦498公顷，产量716吨；种植玉米686公顷，产量2107吨；种植马铃薯350公顷，产量987吨。全乡种植经济作物665公顷，其中种植油菜305公顷，产量415吨；种植蔬菜271公顷，产量3800吨。畜牧业主要以养殖猪、牛、马、鸡、鸭为主。2013年全乡年出栏生猪7086头，年末存栏10315头；出栏牛417头，年末存栏4743头；出栏马167匹，年末存栏654匹；出栏活家禽66568只，年末存栏36113只。

1991年有小学18所，教师99人（公办教师54人），教学班72人，在校学生1732人。2013年全乡有初级中学1所（抵季中学），教师52人，教学班18个，学生855人；有小学8所（抵季小学、定理小学、花山小学、蛮纳小学、翁垒小学、雅州小学、野洋小学），教学点两处（代京教学点、上坝教学点）教师105人，在校学生1210人；有幼儿园1所（抵季幼儿园），老师4人，在园儿童125人。2012年起，全镇中小学全面实施学生营养餐改善计划，1987名学生受益。

2013年，乡内有乡卫生院1个（抵季卫生院），床位12张，有职工15人。村级卫生室11个，村卫生员11人。2013年，全乡17204人参加新型农村合作医疗，参合率100%。

2011年，建成乡文化站1个，面积400平方米，有图书5209册。建成农家书屋7个，有图书4567册。

2013年，用电户数2197户。辖区内6个村通电话，6个村通邮件，2个村通有线广播，建成农村地面卫星接收站8个，1个村通宽带，移动、联通、电信4G信号覆盖全乡。辖区有金融机构营业点1个，电信代办点1个，移动代办点1个，农村淘宝站2个，快递3家（中通快递、圆通快递、中国邮政）。

抵季场是惠水县东南部较大的农副产品交易市场，集市日期按地支推算，每六天一场，子日（鼠天）和午日（马天）轮流赶场。2013年，全乡有个体工商户89户，小微企业20户，农民专业合作社7家。

乡境内多山多石多林，喀斯特地貌特征明显。乡域具有丰富的旅游资源：千姿百态的奇山异石、鬼斧神工的上坝石林、十里野生枫叶长廊、工艺奇妙的根雕、神秘古老的鸡啼石传说，素有“奇山异石”之乡的称誉。

第五节　羡塘镇

2014年3月，撤销羡塘乡建制，设置羡塘镇，辖原羡塘乡行政区域和太阳乡的五星村、阴桥村、岗金村、和平村4个村。镇人民政府驻红旗村，距县城72千米。

羡塘镇位于惠水县东南部，地跨、北纬25° 44′ ~25° 54′ 之间，东经106° 43′ ~106° 53′ 。东与平塘县大塘镇接壤，最东点位于瑶山村骑马树组；西连断杉镇，最西点位于三合村蛮降组；南与平塘县克度镇为邻，最南点位于比纳村木宋组；北与雅水镇交界。最北点位于阴桥村翁岗组。面积225.96平方千米。2015年末全镇耕地总资源3017.6公顷，其中常用耕地1412公顷（水田735公顷）、临时性耕地1605.6公顷。2015年，全镇退耕还林867公顷，年末全镇林地面积4479公顷，森林覆盖率85%。

2015年，辖红旗、龙虎、三合、甲奉、桃源、瑶山、白硐、西混、比纳、洛浩、岗金（2014年6月更名）、和平、阴桥（2014年6月更名）、五星14个行政村，169个村民小组，27528人，其中少数民族人口14122人（布依族12008人、苗族1979人），占总人口的51.3%。2015年全镇人口出生率28‰，人口自然增长率21.4‰。

境内矿产资源有方解石矿、白绵石矿、萤石矿，主要分布在洛浩村。

镇域属山区、半山区，地势北高南低，地形地貌以坝子、河流、山脉和丘陵为主。境内主要山峰有尖坡、关刀山、熊家坡、岭岗山、奇壁大坡、和尚坡、对叉坡等，最高山峰对叉坡位于瑶山村鱼塘坎组，海拔1300米。海拔最低处位于洛浩村老林寨摆郎河流出境处，海拔666米。镇内平均海拔1000米，耕地分布在海拔800~1200米。

羡塘镇属于中亚热带季风湿润气候，具有亚热带高原山地季风湿润气候特征，四季分明，无霜期长，雨量充沛，雨热同季，云多湿重。境内多年平均气温18.5℃，最冷月1月，平均气温6.5℃，极端最低气温-5℃；最热月7月，平均气温24℃，极端最高气温35.8℃；生长期年平均280天，无霜期291天。多年平均日照时数1166.3小时，年均降雨量1200毫米。

中国共产党惠水县羡塘镇第一次代表大会（2014年摄）

境内有大小河流3条，各种溪沟200多条。羡塘河发源于本县抵季乡定里村，在羡塘东南附近汇入摆郎河，流程约16千米，自然落差122米，水能资源理论蕴藏量1900千瓦。境内建有羡塘引水工程和落星、冯家桥、三塘3个水库，有效灌溉面积3000余亩。

辖区内有12629个溶洞，是目前世界上单位面积溶洞最多的地区之一，其中，能容纳5000～20000人以上的达150个，素有黔南"万洞之乡"美称，溶洞群集中，比较有名的有西混洞群、马嘴洞群、绸绢洞群、杉木洞群、燕子洞群、瑶山洞群区和拉苕洞群区等。位于红旗村和桃源村交界处的燕子洞，是国内迄今发现的最大的候鸟群栖洞穴和国内溶洞口最高的岩溶洞穴。燕子洞周围还有骑龙山、犀牛洞、老熊洞等景观。1982年6月，县人民政府公布燕子洞为县级自然风景保护单位；2000年，惠水涟江—燕子洞风景名胜区被省人民政府批准为省级风景名胜区。2005年10月，亚太环境保护协会授予燕子洞首个"亚太国际地理标志公园"称号，荣登"中华100大生态亲水美景口碑金榜"。2008年在"首届国际雨燕保护协会"上燕子洞被命名为"国际爱燕总部基地"。2015年，燕子洞景区游客量达20000人次。此外，羡塘大坝风光、素有"世外桃源"之称的小木井、翁达峡谷等景观也令人赞叹。

境内非物质文化遗产较为丰富，主要有：左定若定溜（粑棒舞）、当哄（织布舞）、羡塘布依族铜鼓舞、羡塘竹编制作工艺、八音坐唱、羡塘布依族"七月半"等。红旗村拉元寨保留着"骨凝布"的原始织染工艺。

一、地方经济

地方经济以三产为主，一、二产业相应发展。2015年，羡塘镇工农业总产值1.75亿元（工业总产值5609.3万元、农业总产值11890.7万元），财政收入312万元，农村常住居民可支配收入8461元。

农业以种养殖业为主。镇境内耕作制为一年一熟，土壤主要为适宜农作物种植的黑土为主，主要种植水稻、玉米、豆类、小麦、油菜、马铃薯等农作物。2015年，水稻种植807公顷，产量5170吨；小麦种植471公顷，产量818吨；玉米种植555公顷，产量2410公顷；马铃薯种植520公顷，产量1355吨；油菜种植297公顷，产量500吨；中药材种植79公顷，产量40吨；蔬菜及食用菌种植761公顷，产量10626吨。2015年末全镇果园面积215公顷，其中梨74公顷，柑橘47公顷，桃27公顷，年产量1010吨。养殖业以猪、牛、马、鱼、鸡等为主，2015年，猪年末存栏13485头，牛存栏9045头，马存栏981匹；家禽年末有76683羽；禽蛋、天然蜂蜜年总产量225吨；水产品主要有鲫鱼、草鱼、大鲵等鱼类，年产量41吨。

羡塘镇有龙虎粉丝加工业，起源于清末道光年间，龙虎粉丝生产之地位于羡塘镇龙虎村龙虎组和绸绢组。该产品采用该地布依族流传下来的传统工艺，结合当地的水源精制而成，产品以豌豆为原料，十八道手工程序。2015年，全镇龙虎粉丝作坊共计4家，龙虎粉丝销售总额突破110万元。

2014年，注册了"西混村中药材种植协会""西混村中药材种植合作社""龙虎粉丝加工合作社""红旗农业机械化专业合作社"4家农民专业合作社。2015年新增龙虎村万春农民专业合作社等3家农业产业合作社。

镇工业以砂石生产和采矿为主，辖区内有砂石厂1个（华技砂石厂），采矿企业3家（小坝萤石矿、贵州鑫晟和矿业、贵州宏鑫矿业）。

2015年，镇内商业服务网点6个，农贸市场1个，小菜市场1个。加油站1个（羡塘铭锌加油站）；大型超市6个（红旗超市、鑫历超市、万家乐超市、惠民超市、爱燕超市、惠琴超市），个体工商户43个。全镇从事建筑业1036人，交通运输仓储业和邮政业496人，批发与零售业1048人，住宿和餐饮业171人。

2015年，全镇外出务工9756人（省外7007人、省内县外1574人、县内1175人），年收入0.56亿元。

二、社会事业

2015年，辖区内有初级中学1所（羡塘中学），教学班19个，在校学生856人，教职工57人；小学6所，在校学生1440人，教职工77人；公办幼儿园1所，在园幼儿328人，教师11人。有公立医院1家（羡塘卫生院），病床17张；村级卫生室13个，村卫生员20人。有村幸福院6个（龙虎村、桃源村、五星村、红旗村、三合村、阴桥村）。有文化站1个，建筑面积300平方米，内设阅览室、舞蹈馆，藏书5300册，年阅览量51000人次，常年对外开放。乡境内群众喜好篮球运动，各村每年在春节期间自发组织村民举办篮球比赛。

2015年，全镇实现村村通电话和通邮件，通村公路里程55千米，通组公路里程41.2千米，建成加油站1个。农电网覆盖全镇各村组，全镇用电户数7346户；移动4G信号覆盖全镇，广播电视覆盖率达90%。镇境内有邮电支局1个，电信代办点1个，移动代办点1个，金融网点机构1个，网吧2个，红旗、龙虎、和平3个村有农村淘宝站共3个，红旗村有快递代办点2个。全镇有集贸市场2个，羡塘集市日期为巳日（蛇日）和亥日（猪日），董照集市日期为子日（鼠日）和午日（马日）。

三、脱贫攻坚

2014年，全镇有建档立卡贫困户598户1957人，贫困发生率12.7%，2014年脱贫133户592人。2015年有建档立卡贫困户1136户3671人，贫困发生率10.854%，2015年脱贫120户517人。

2014年，镇境内完成瑶山、白硐饮水工程和比纳岩脚、西混杨柳井地质灾害搬迁工程。三合石板、洛浩明绸、小坝、和平上寨、五星木内等通组道路硬化工程投入使用。完成桃源村小木井组、龙虎村新城组至纳架组沿线太阳能路灯安装。是年，开始实施瑶山、白硐及董照片区4个村通村油路、阴桥村翁筛组至甲奉村满者组的通组道路硬化工程及西混村、桃源村等4个人饮安全饮水工程、岗金新村20口水池水窖。

2015年，完成董照街面拓宽硬化，完成地质灾害搬迁2处57户，危房改造352户；完成通村油路、通组道路硬化工程项目共102千米，安全饮水工程14处；安装太阳能路灯200余盏。

附：原羡塘乡简介

羡塘乡

1991年8月，撤销原羡塘乡（1978年称羡塘公社，1984年称羡塘乡）、西混乡（1978年称西混公社，1984年称西混乡）、兴安乡（1978年称新安公社，1984年称兴安乡）建制，设置羡塘乡。辖双合、三合、民用、新城、绸绢、龙虎、纳架、杉木、红旗、永红、拉力、甲奉、播选、乌木、小木井、白硐、三星、洛木、拉苕、比纳、西混、汪洋、摆前、洛浩、明绸、桥边、董平、遥山、三星28个行政村，136个村民小组，173个自然寨，3417户17716人，其中汉族9184人、布依族8096人、苗族436人。乡人民政府驻红旗村羡塘寨。距县城72千米。

羡塘乡位于惠水县东南部，地跨北纬25°44′～25°52′、东经106°43′～106°53′之间。东连平塘县大塘镇，最东点位于瑶山村骑马树组；南接平塘县克度镇，最南点位于比纳村水淹坝组；西邻抵季乡，最西点位于三合村蛮降组；北界太阳乡，最北点位于三合村蛮降组，南北长约25千米，东西宽约20千米，总面积90.9平方千米。2013年全乡耕地总资源2160公顷，其中常用耕地1151公顷（水田560公顷），临时性耕地1009公顷。

境内矿产资源有方解石矿、白绵石矿、萤石矿，主要分布在洛浩村。

乡境地处山区、半山区，地势北高南低，地形地貌以坝子、河流、山脉和丘陵为主。境内主要山峰有尖坡、关刀山、熊家坡、岭岗山、奇壁大坡、和尚坡、对叉坡等，最高山峰对叉坡位于瑶山村鱼塘坎组，海拔1300米。海拔最低处位于洛浩村老林寨摆郎河流出境处，海拔666米。境内平均海拔1000米。

境内耕作制为一年一熟，土壤主要为黑土，适宜农作物种植。农作物主要有水稻、玉米、豆类、小麦、油菜。1982年粮食总产量4517吨。1994年后，大力推广科学种田和良种良法，粮食产量不断提高。2013年全乡种植粮食作物2378公顷，粮食产量7345吨。

2001年，全乡28个行政村合并为10个行政村。2013年，全乡辖红旗、绸绢、三合、甲奉、乌木、白硐、遥山、洛浩、西混、比纳10个行政村，136个村民小组，173个自然寨，169个村民小组，5659户，22091人，其中少数民族人口10597人（布依族9690人、苗族805人），占总人口的47.97%。主要居住汉族、布依族和苗族3个世居民族。

1988年，乡内村民开始外出务工。1995年外出务工人数1820人，总收入499万元；2008年，外出务工6030人，总收入3015万元，人均收入1378元，外出务工人员占全乡总劳动力的52.3%。2013年，外出务工人员5328人，返乡创业人员1116人，外出务工人员年收入1.5亿元。羡塘乡是黔南州劳务输出先进单位，外出务工收入是全乡主要经济来源。

2004年12月31日，惠水县开展第一次经济普查。辖区内有个体经营户130户（有营业执照84户、无营业执照46户），从业人数164人，营业收入699.5万元。其中工业11户、建筑业1户、交通运输电信业29户、批发业3户、零售业73户、餐饮业3户、卫生福利业1户、居民服务业1户、其他服务业8户。

1991年有小学22所，教师135人，其中公办教师90人，教学班76个，在校生2616人。2003年，开展“两基攻坚”，中小学生入学率得到提高。2009年，全乡小学在校生2494人，适龄儿童入学率为99.3%，毛入学率105.69%，超过省人民政府“两基”验收的指标。2013年全乡有中学1所，有教师43人，学生943人；小学8所，专任教师71人，在校学生1374人，入学率99%；有幼儿园1所，专职老师7人，在园儿童150人。

2013年，建有乡卫生院1个，占地面积2500平方米，业务用房1400平方米，床位25张，有职工22人（其中卫生技术人员17人），配备有200毫安X光机、B超机、心电监护仪、血球分析仪、半自动生化分析仪，救护车等医疗检查及急救设备。有村级卫生室7个，乡村医生10人，无私人诊所。2013年，全乡参加新型农村合作医疗人数19546人、占全乡比例95%。

2013年有文化站一个，面积300平方米，内设舞蹈馆、阅览室，藏书5100册。乡境内群众喜好篮球运动，各村在春节期间自发组织举办篮球比赛。

2013年，乡内有大型超市6家，餐馆5家，旅社3家，有供电所1个，邮政所1个。境内有一个集贸市场，面积4500平方米，集市日期按地支推算，巳日（蛇日）和亥日（猪日）赶集，场天参与交易的人员约15000人次。

1978年，建成当平水电站，解决新安、西混两公社一带村寨用电。1992年12月，国家电网架通。2013年，国家电网覆盖率达100%。2009年，全乡安装电视卫星接收器3500套，拥有电视机3367台，1451户安装电话，3376人配置手机。2013年，全乡电视、电话覆盖率达80%。移动信号实现全覆盖。

1985年羡塘至董照公路建成通车，1990年修通羡塘至平塘县克度公路。2009年，全乡境内公路101条，长203千米，有158个自然村寨通车，占总自然村寨的91%；2013年，全乡9个村全部完成村村通公路建设。每天都有发往县城、平塘克度镇、平塘塘边镇的班车及发往广东等地的长途客车。

羡塘龙虎粉丝是县内外著名土特产。2013年全乡有龙虎粉丝作坊4家，销售总额突破100万元。

羡塘是典型的布依族聚集地，民族节日主要有“三月三”“过了年”“四月八”“七月半”。境内保留着左定若定溜（粑棒舞）、当喷（织布舞）、羡塘布依族铜鼓舞、羡塘竹编制作工艺、八音坐唱、“七月半”等具有地方特色的非物质文化遗产。“羡塘燕子洞”是著名的旅游景点，1982年6月被县人民政府公布为县级风景名胜保护单位。

第六节　王佑镇

2014年3月，撤销原王佑镇、长安乡、打引乡建制，设置王佑镇，辖原王佑镇、长安乡、打引乡3乡镇行政区域。980县道贯穿全境，镇人民政府驻王佑村，距县城49千米。

王佑镇地处惠水县西南部，地跨北纬25°41′～25°53′、东经106°26′～106°35′。东连断杉镇（最东点位于团坡村下天星桥），西邻长顺县代化镇、敦操乡（最西点位于西南村白麻组），南抵罗甸县边阳镇（最南点位于打永村当郎组），北界芦山镇（最北点位于冷水村总共寨），地处惠水、罗甸、长顺三县交界处。辖区东西长13千米，南北宽10千米，总面积192.7平方千米。2015年末全镇耕地总资源5599.7公顷，其中常用耕地1433公顷（水田1071公顷），临时性耕地4166.7公顷。森林覆盖率达70%。

2015年，辖王佑村、红星村、昌明村、冷水村、平贡村、长腊村、冉告村、新华村、西南村、新然村、伙塘村、场坝村、建华村、打永村、董上村、和平村、团坡村共17个行政村211个村民小组，8730户34573人（城镇人口3289人、乡村人口31284人），少数民族人口32931人（布依族30757人、苗族2048人），占总人口的94.2%。世居民族为布依族、苗族和汉族。2015年全镇出生736人，出生率21.3‰，人口自然增长率14.4‰。

镇境内有涟江河、王佑河（又称茶大河）、拉牛河和长安河（打引段称打梦河）4条河流，建有青山河电站和团坡电站。建有3座水库（马鞍井水库、翁闹水库、翁高水库）。辖区内建有水厂6座，日供水2800吨，6288户饮用安全卫生水。

镇域属王佑峰林盆地低山丘陵区，境内山地、丘陵、山间盆地交叠起伏。海拔为666～1300米，平均海拔为950米。耕地一般分布在海拔800～1200米，辖区内地表水下渗强烈，地下水位低，地表大面积缺水。辖区属亚热带季风温润气候区，多年平均气温17℃，极端最高气温35.8℃，极端最低气温为-6.9℃，年日照时数1086～1276小时，年无霜期310天，年平均降水量1200毫米。

境内主要山峰有老鹰坡、努母大坡、若亚大坡、老豹山等，最高山峰老豹山位于新然村麻幺寨，海拔1381.8米。全县海拔最低点位于打永村打场寨，海拔666米。

境内有35千伏变电站1座，用电户数7781户。辖区内建成农村地面卫星接收站4个，4个村通宽带，移动、联通、电信4G信号覆盖全镇。境内实现村村通自来水、通汽车村、通邮件、通电话、通有线广播。辖区有金融机构营业点4个，电信、移动代办点4个，农村淘宝站5个，快递3家，农村集贸市场3个，其中：王佑集市日期为每周一，长安集市日期为每周五、打引集市日期为每周二。

境内旅游资源丰富，海里峡谷、天生桥、长安温泉、拉夜瀑布等都具有开发价值。

王佑是典型的布依族聚居乡镇，民族建筑独具风格，民族服饰艳丽多姿，民族节日独具风韵，民族风情古朴淳厚，人文景观奇特，传统文化源远流长。六月端午节、长安布依歌曲、长安扎染、长安乐器、布依“鸡八块”等非物质文化遗产独具特色。

一、地方经济

地方经济以第一产业为主。2015年，完成财政收入2433.87万元，实现农业总产值21656.5万元。农村常住居民人均可支配收入为7035元。

农业以种养殖业为主。种植业主要农作物有水稻、小麦、玉米、油菜、高粱、薯类、蔬菜、茶叶等。2015年种植农作物3067公顷（其中谷物2303公顷、豆类186公顷、薯类578公顷）、经济作物1440公顷。粮食总产量12585吨（其中谷物11095吨、豆类244吨、薯类1246吨）。全年种植蔬菜764公顷，产量10511吨。2015年有茶园26公顷，生产茶叶13吨；有果园面积410公顷，生产水果972吨，种植业总产值完成14059.7万元。养殖以牛、猪、羊、禽类等为主，2015年出栏牛9408头、生猪16522头、山羊816只、家禽41267只，肉类总产1716吨（其中猪肉产量1410吨、牛肉产量184吨、羊肉产量8吨、禽肉产量82吨），养殖业总产值完成4874.6万元。

王佑镇境内自然风光秀丽，生态环境优美，为守住辖区的绿水青山，拒绝发展工业企业。2015年，镇境内有页岩砖厂1个，个体经营户40户。

二、社会事业

2015年，辖区内有初级中学1所（王佑中学），教职工50人，教学班15个，在校学生805人；小学10所（建华小学、打引小学、中水小学、王佑小学、红星小学、平贡小学、长安民族小学、西南小学、伙塘小学、新华小学），教职工129人，教学班62个，在校学生1840人；幼儿园4所（王佑幼儿园、长安幼儿园、打引幼儿园、红星幼儿园），教职工10人，学前教育教学班5个，在园儿童226人。

2015年，辖区内有文化站3个（王佑文化站、打引文化站、长安文化站），其中：王佑文化站面积300平方米，有图书5000余册，音响乐器5套；打引文化站面积300平方米，有图书5000余册，音响乐器5套；长安文化站面积60平方米，有图书3000余册，音响乐器3套。辖区内有卫生院1所，面积217平方米，病床50张，卫生人员39人；有村卫生室15个，村卫生员15人。全镇29311人参加新型农村合作医疗，参合率96%。

三、精准扶贫

2014年，共识别贫困村14个（董上村、打永村、团坡村、场坝村、昌明村、平贡村、伙塘村、新然村、和平村、王佑村、红星村、长腊村、新华村、建华村），贫困人口为2805户11707人，贫困发生率为34.8%。2014年脱贫人口200户1009人；2015年脱贫人口266户1347人。

截至2015年，完成通组公路建设36.44千米，饮水安全工程4个，修建拦河坝33道，安装太阳能路灯1301盏，完成农村危房改造965户。

附：原王佑镇、长安乡、打引乡简介。

王佑镇

1991年9月，撤销王佑区公所（1978年称王佑区革命委员会，1979年恢复称王佑区公所）和王佑乡（1978年称王佑公社，1983年称王佑乡）建制，设置王佑镇。辖王佑、幸福、纳任、昌明、冷水、翁松、平贡、三合、兴义、过播、红田11个村，71个村民小组，59个自然寨，1692户，9040人，其中：少数民族6939人（布依族6888人、苗族51人），布依族占全镇总人口的76.2%。镇人民政府驻王佑村，距惠水县城约48千米。

王佑镇位于惠水县西南部，地跨北纬25° 45′～25° 53′ 、东经106° 34′～106° 35′ 。东连断杉镇，最东点位于昌明村冗连寨；南接长安乡、打引乡，最南点位于昌明村纳任组；西邻长顺县睦化乡，最西点位于团结村旁院寨；北界芦山镇，最北点位于冷水村总共组。南北长约10千米，东西宽约13千米，总面积69.8平方千米。2013年全乡耕地总资源1936公顷，其中常用耕地446公顷（水田339公顷），临时性耕地1490公顷。

境内山地、丘陵、山间盆地交叠起伏，属峰林盆地低山丘陵区，平均海拔950米。主要山峰有老豹山、若亚大坡和冗忙坡。最高山峰老豹山位于红星村与长顺县睦化乡交界处，海拔1381.8米。镇境内海拔最低点位于拉牛河下游纳任段出境处，海拔750米。镇内喀斯特溶洞众多，知名的有昌明犀牛洞、纳任协孝洞、叫花洞群等。镇域属温带季风气候，年平均气温17℃，无霜期300天。

镇境内有涟江河、王佑河（又称茶大河）和拉牛河3条河流。境内建有水库1座（马鞍山水库），水面150亩，库容32万立方米，干渠长7千米，灌溉面积40公顷。在涟江青山河段建有青山河电站，1996年并入国家电网。2013年辖区有变电站2座，供电线路有9条599千米，配变180台，用电户数2785户。

2013年镇内有页岩砖厂1个。

2001年，将11个村合并为5个村。2013年，辖昌明、王佑、团结、三合、冷水5个村，71个村民小组，3025户11254人，其中少数民族人口9539人（布依族9331人、苗族115人），布依族人口占总人口的82.9%。主要居住汉族、布依族和苗族3个世居民族。

镇域经济以农业生产为主。耕作制为一年一熟。土壤主要有黄色石灰土、黄色旮旯土。主要种植水稻、玉米、小麦、豆类等农作物。2013年，全镇种植粮食作物1226公顷，粮食总产量4424吨，种植业总产值3571.1万元。养殖以牛、猪、禽类为主。2013年，全镇出栏牛2628头、生猪6213头、山羊205只、家禽15756只，肉类总产497.6吨（其中：猪肉产量379吨、牛肉产量63吨、羊肉产量0.6吨、禽肉产量49吨），养殖业总产值2439.6万元。2013年全镇农民人均收入达6195元。

2004年12月31日，惠水县开展第一次经济普查。辖区内有个体经营户99户（有营业执照46户、无营业执照53户），从业人数159人，营业收入347.11万元。其中工业18户、交通运输电信业24户、零售业46户、餐饮业3户、卫生福利业1户、居民服务业2户、文化体育和娱乐业3户、其他服务业2户。

境内公路主要有980县道和3棵树经平贡村至长顺县睦化乡县道2条公路，公路里程98千米。实行家庭联产承包责任制以后，农民收入逐步增加，村民组织自发修建通村通寨公路，截至2009年底全镇实现村村寨寨通公路。2008年王佑至威远段公路改造为四级沥青公路。2013年，完成塘草组、王佑寨组、纳共组、上苑组、下苑组、屯脚组6条通组公路路面硬化。

1991年镇内有中学1所，完小1所，村小3所，教师50余人，在校生1330余人。2013年，境内有中学1所（王佑中学），教职工52人，教学班级15个，在校学生769人；小学3所，（王佑小学572名学生、36名教师，24个班级；平贡小学130名学生，8名教师，6个班级；红星小学211名学生，8名教师，6个班级），教职工52人，教学班级36个，在校学生913人；幼儿园3所（王佑幼儿园3班156名学生5名教师；快乐宝贝幼儿园3名教师，98个学生，2个班级；王佑智星幼儿园3名教师，100个学生，2个班级）教职工11人，教学班级7个，在校儿童354人。2012年起，全镇中小学全面实施学生营养餐改善计划，913名学生受益。

2013年，镇内有卫生院1所，面积192平方米，病床18张。配备有手术室1间，救护车1台，医务人员12人。有敬老院1座，面积650平方米，配备大型影视休息厅，厨房和卫生间配套设施齐全。

2013年，镇建有综合文化站1个，面积300平方米，配备有电脑、音响、乐器等设施设备，藏书5000余册，创作有《三槽诗联》，编修了《王佑镇志》。

镇内建有1座烈士陵园，革命烈士纪念碑高约3米，葬有14名烈士。2010年对烈士陵园进行维修改造。

镇境内布依族葬俗、婚俗、育儿、节日等习俗得到较为完整传承，民族节日主要有“三月三”“过了年”“四月八”“六月六”和重阳节。

长安乡

长安乡位于惠水县西南部，地跨北纬25°48′～25°56′、东经106°33′～106°34′。东抵王佑镇和打引乡，最东点位于新华村然梭寨；南接长顺县代化镇、敦操乡，最南点位于西南村白麻寨；西邻长顺县睦化乡、代化镇，最西点位于西南村翁来寨；北界王佑镇，最北点位于新然村麻腰寨。东西长9千米，南北宽7千米，总面积44.9平方千米。2013年全乡耕地总资源1309公顷，其中常用耕地432公顷（水田281公顷），临时性耕地877公顷。乡人民政府驻长腊村，距县城64千米。

辖区除西南村的白麻、翁高等少数地方属喀斯特地貌外，乡境内绝大多数是砂岩、沙页岩地貌，溶洞不多。境内多为黄胶泥和灰色泥土壤，乡内主要种植水稻。平均海拔950米。最高山峰老豹山海拔1381.8米。境内海拔最低处位于新华村王船坝子，海拔800米。多年平均气温16.7℃，1月平均气温6.3℃，7月平均气温24.4℃。无霜期310天。年降雨量1250毫米。境内水稻的成熟期较周边的睦化乡和王佑镇提前10天左右。

境内小河小溪较多，水流量均不大。除了修建水碾碾米外，仅能解决乡内农业用水和生活用水。20世纪90年代以前，境内水碾较多，后逐渐被各种打米机所取代。境内大小瀑布99处，规模较大是位于长腊村的拉夜瀑布，宽约35米，高约60米。建有翁闹、翁高2个水库，蓄水100万立方米。境内有2口温泉常年水温在28℃，具有旅游开发价值。

长安布依族保留着独特的长安布依文化。长安布依歌、长安扎染、长安乐器、长安六月粽子节等均是优秀的非物质文化遗产。长安布依族土布扎染于2006年9月名列省级非物质文化遗产名录，长安布依族吹打乐于2009年9月名列省级非物质文化遗产名录。最隆重的民族节日是六月端午节，待客的最高礼仪是敬吃“鸡八块”。民族器乐主要有铜鼓、唢呐、大号、姊妹箫、三弦琴。传统体育娱乐项目主要有打“格螺”、抱架腰（摔跤）和丢花包。

1978年称长安公社，1984年4月改称长安乡。1991年，全乡辖：长腊、拉冉、把两、新华、打然、火塘、西茂、西南、合顺等9个行政村，79个村民小组，128个自然寨，1715户，9521人，均是布依族。年末全乡耕地面积6788亩，其中田5546亩，土1242亩。种植水稻、玉米、小麦、豆类等主要农作物。山林面积7000余亩，其中用材林2000余亩。耕畜4300多头。

2001年，将11个村合并为5个村。2013年，辖长腊、冉告、新华、新然、火塘、西南6个村，64个村民小组，2692户10921人，其中：少数民族人口10875人（布依族10856人），布依族人口占总人口的99.4%。

境内有集贸市场1个（长腊市场），赶场日期为每周五。

2004年12月31日，惠水县开展第一次经济普查。辖区内有个体经营户26户（有营业执照6户、无营业执照20户），从业人数28人，营业收入47.22万元。其中工业8户、交通运输电信业2户、零售业16户。

乡域经济主要是一产，二产和三产很薄弱。2013年，全乡种植粮食作物1034公顷，产量3914吨，农业产值2492.8万元；全年出栏牛2679头、生猪5278头、家禽18031只，肉类总产497.6吨（其中猪肉产量310吨、牛肉产量7吨、禽肉产量33吨，牧业产值2000万元）。截至2013年，全乡仅有1个砂石厂和1个罗马柱小型加工点。

2013年，全乡10个村民组通水泥路，里程21.1千米。

1991年，乡境有小学6所，教师50人，在校生2000多人。2012年全面实施农村学生营养午餐改善计划，全乡1083名学生受益。2013年，长安民族学校初中部撤并到王佑中学，全乡共有小学4所，教师66人，27个教学班，在校学生907人。

2013年，乡境内有卫生院1所，面积600平方米，病床4张，医技人员10人，配备手术床、显微镜、自动气血分析仪、11项尿分析机、心电图机、理疗仪、手高压消毒锅等设备。有村卫生室3个，村卫生员6人。

2012年，建成乡综合文化站，面积60平方米，设有多功能活动厅和文化资源共享室，配套电脑、音响、乐器和图书等。

打引乡

打引乡位于惠水县西南部，地跨北纬25° 41′ ～25° 54′ 、东经106° 34′ ～106° 35′ 。东抵断杉镇和罗甸县边阳镇（最东点位于团坡村下天星桥），西邻长安乡和长顺县敦操乡（最西点位于建华村巴超寨），南抵罗甸县边阳镇（最南点位于打永村当郎组），北界王佑镇（最北点位于团坡村长冲组）。东西长22千米，南北宽20千米，总面积78平方千米。2013年全乡耕地总资源1650公顷，其中常用耕地540公顷（水田311公顷），临时性耕地1110公顷。乡人民政府驻场坝村，距县城66千米。

1978年称打引公社，1984年称打引乡。1991年，辖场坝、洗滚、和平、团坡、齐心、打永、打场、建华、民结、董上10个村，72个村民小组，85个自然寨，1826户9751人，除1440人为苗族外，均为布依族。2002年，将10个行政村合并行为6个行政村。2013年，打引乡辖场坝村、团坡村、打永村、建华村、和平村、董上村6个村，76个村民小组。2849户11853人，其中农业人口2521户11572人，少数民族11841人（布依族9975人、苗族1863人），少数民族占全乡总人口的99.9%。

乡境地处山区，属喀斯特地形地貌，有丰富的青石头资源。境内有位于团坡村的上、中、下天生桥、场坝村的打梦河“一线天”景点、董上村的棺材洞等自然奇观。境内最高峰努母大坡位于和平村播班寨，海拔1241米，海拔最低处位于打永村打场寨渡口，海拔666米，全乡平均海拔880米，多年平均气温16.8℃，年无霜期280天，年平均降雨量1100毫米。

涟江河流经乡境东部，在场坝村打场寨出境。境内河流1条（打梦河），汇入涟江。境内建有团坡电站，总装机80万千瓦，年发电量超过2.1亿千瓦时。2013年建成场坝、建华、团坡3个村水利工程。

2004年12月31日，惠水县开展第一次经济普查。辖区内有个体经营户11户（有营业执照4户、无营业执照7户），从业人数20人，营业收入23.83万元。其中工业2户、交通运输电信业2户、零售业7户。有集贸市场1个（打引市场），赶场日期为每周二。

1959年修通打引至王佑的公路，2012年改造为四级沥青油路。2013年，完成场坝、建华、和平三村路面硬化，里程9千米；完成团坡村中克茶、建华村巴超组、和平村纳朝组等9个组通组公路11.3千米。

地方经济主要是一产。农业生产主要以传统种养殖为主。主要种植水稻、玉米、高粱、小米、红稗、黄豆、南瓜、红苕、烤烟、土烟等农作物，2013年播种粮食作物1041公顷，产量3433吨。养殖以牛、猪、禽类为主，2013年出栏牛2928头、生猪5944头、山羊387只、家禽16222只。肉类总产497.6吨（其中猪肉产量470吨、牛肉产量70吨、羊肉产量3吨、禽肉产量43吨）。全年实现农业生产总值6455万元，年农民人均收入5136元。

2010年建成乡文化站，设有图书阅览室和电子图书室，藏书500册。2013年，全乡建成农村地面卫星接收站21个，2个村通有线广播，实现村村通电话。

1991年，全乡有小学6所，教师43人，在校生700余人。2013年，全乡有小学6所，教师53人，教学班级13个，学生629人；幼儿园1所，教师2人，在园儿童69人。

2013年，境内有卫生院1所，面积300平方米，病床5张，医务人员6人；有村卫生室5个，村卫生员5人。

第七节　芦山镇

1991年8月，撤销原芦山镇（1978年称芦山公社，1984年称芦山镇）、雅羊乡（1978年称雅羊公社，1984年称雅羊乡）建制，设置芦山镇。辖芦山、硐口、羊马、董戎、民族、麦旁、冗亚、小井坡、小石、洛号、滩绕、森罗、播绕、纳桥、冗才、响水、雅羊、群中、格我、拉然、花鱼、四明、河兴、新华、鱼湾25个行政村，168个村民小组，133个自然寨，3918户20316人，其中汉族9997人、布依族10087人、苗族224人，其他民族8人。县道980贯穿全境，镇人民政府驻芦山村，距县城72千米。

2001年，将25个行政村合并为15个行政村。2015年，全镇辖芦山、羊马、硐口、小石、麦旁、滩绕、纳冗、水井坡、格我、花鱼、河心、民族、响水、勤中、鱼湾15个行政村和1个居委会，164个村民小组215个自然村寨，6409户24678人，其中：少数民族人口12252人（布依族12206人、苗族33人），占总人口的49.5%。少数民族节日有“三月三”“四月八”“六月六”端午节、“七月半”等布依族婚嫁、祭祀等民俗传承完整。

芦山镇位于惠水县西南部，地跨北纬25° 56′～25° 96′之间，东经106° 29′～107° 68′。东抵好花红镇、断杉镇，最东点位于响水村关山寨；南接王佑镇，最南点位于花鱼村格当寨；西邻长顺县摆所镇，最西点位于格我村牛角冲寨；北界长顺县长寨街道，最北点位于小石村店房寨，南北长约25千米，东西宽约20千米，总面积90.9平方千米。2015年全乡耕地总资源2958.3公顷，其中常用耕地1027公顷（水田672公顷），临时性耕地1931.3公顷。

芦山，原称“六山”，以附近的凤凰山、狮子山、瓦窑山、夜合山、栎木山和鸭头山得名。元朝初年到清代为卢山长官司司治驻地。长官司长官姓卢，称“卢山”。1968年后更名为芦山。镇内芦山、洞口、羊马一带的草纸生产为农家传统副业，迄今有200多年的历史，造纸技艺1989年已列入贵州省非物质文化遗产名录，堪称中国古代造纸术的“活化石”。除手工造纸外，还有竹器编织、砖瓦、染布、鞭炮、饮食等行业。

镇境多属土坡丘陵，亦有部分岩山、坝子。境内最高山峰张家坡位于群中村四五组，海拔1209米。海拔最低处位于芦山村八组，海拔915米。境内平均海拔987米。

镇域主要有镁、煤、方解石、页岩、大理石及石灰石等矿产资源，已探明存量为1000吨，分别分布于纳冗至滩绕一线的煤矿，勤中、河心村的镁矿，水井坡、麦旁、格我村的方解石矿，鱼湾村的页岩矿以及民族、花鱼、芦山、格我等村的大理石矿等。

镇境北部有高车河、中部有麦旁河，土地肥沃，适宜农业生产。种植水稻、玉米、小麦、油菜等粮食作物和生姜、核桃、杨梅、板栗等经济作物。芦山豆腐皮是县内外著名土特产。

芦山是县城通往王佑、长安、打引乡镇的出入门户，又是长顺县通往代化的必经之地。交通便利，水源丰富，人口集中，是乡镇企业发展的有利条件。附近乡镇的经济贸易活动大部分在芦山场进行。芦山场赶场日期为每周五，赶场人数万人以上。芦山场是周边乡镇经济贸易集聚活动中心，芦山素有商贸古镇之称。

镇境内的旧时卢番长官司遗址及山峰“屯堡”仍保存完好，汉族的花灯、布依族的民歌、剿匪故事、“望郎回”山峰的传说、尚存的民居古屯和古庙，以及清朝乾隆时期的古戏楼台，精雕细琢的古戏楼建筑，露天造纸博物馆，摩崖石刻“进步连升”，纳冗至响水一线的“生态村寨”，响水村的“月亮湾”等均是具有开发价值的旅游资源。2011年1月，县人民政府将位于小石村的卢承恩墓列为县级文物保护单位。

一、地方经济

地方经济以三产为主，一、二产业相应发展。改革开放后，镇内乡镇企业发展较快。1991年镇内有机制土纸厂1个（硐口纸厂），个体手工土纸作坊40家。个体工商户从业人数较多。

2004年12月31日，惠水县开展第一次经济普查。辖区内有个体经营户324户（有营业执照156户、无营业执照168户），从业人数436人，营业收入1245.2万元。其中工业64户、交通运输电信业107户、批发业5户、零售业125户、餐饮业3户、租赁和商务服务业5户、卫生福利业3户、居民服务业5户、其他服务业7户。

2015年，镇内商业服务网点473个，农贸市场2个，加油站1个（芦山加油站）；大型超市2个（华联超市、好乐购），个体工商户468户全镇从事工业生产1068人，建筑业833人，交通运输仓储业和邮政业464人，批发与零售业725人，住宿和餐饮业302人，其他行业4035人。

2015年，全镇外出务工4819人（省外2942人、省内县外1052人、县内825人），实现劳务输出收入8000万元。

2015年，芦山镇工农业总产值3.5亿元（工业总产值4000万元、农业总产值31000万元），财政收入80万元，农村常住居民可支配收入8638元。

农业以种养殖业为主。镇境内耕作制为一年一熟。2015年，全镇种植粮食作物2167公顷，产量8865吨。其中：水稻种植798公顷，产量5523吨；小麦种植380公顷，产量658吨；玉米种植302公顷，产量1266公顷；马铃薯种植330公顷，产量864吨。全镇种植经济作物1110公顷，其中油菜种植282公顷，产量4780吨；中药材种植400公顷，产量85吨；蔬菜及食用菌种植256公顷，产量3828吨。2015年末全镇果园面积208公顷，其中苹果33公顷、梨园23公顷、柑橘25公顷、桃园39公顷、葡萄园29公顷、杨梅园30公顷。养殖业以猪、牛、鸡等为主，2015年末，牛存栏5385头，猪存栏11800头；活家禽39358只。年出栏牛954头、猪12834头、活家禽49750只。

2015年，全镇有养殖专业合作社7个，养殖示范点12个。有省级中药材高效农业种植产业园区1个（名称），入驻企业5家，种植中药材及经果林1.5万亩。有5家砂石厂和9家标砖厂、1家管道厂。

二、社会事业

1991年，镇内有初级中学1所（芦山中学），中心完小2所（芦山小学、雅羊小学），村级小学10所，教师159人，在校学生2860人。2015年，辖区内有初级中学1所（芦山中学），教学班18个，在校学生718人，教职工51人；小学3所，在校学生963人，教职工54人；村级教学点3个，在校学生184人，教职工16人；公办幼儿园1所，在园幼儿120人，教师16人。

全镇有学校11所，其中小学10所，在校学生2477人，教师115人；中学1所，在校生1287人，教师57人。卫生院1所，拥有16张床位，医务人员14人。

1991年，镇内有卫生院1所和村级医疗点2个（雅羊、硐口），医务人员10人。2015年镇内有公立医院1家（芦山卫生院），病床42张；村级卫生室5个，村卫生员10人。

1982年10月建成芦山公社广播电视站，正常转播广播电视节目。1991年，镇人民政府驻地建有电影院和电视差转台。1995年8月建成有线电视网络，覆盖芦山、硐口、羊马3个村546户，传输电视节目25套，是全县唯一实现广播电视全覆盖的乡镇。2015年，镇内有文化中心1个，面积800平方米，有图书3000册。全镇有农家书屋16个，图书48000册。

2015年，全镇15个行政村实现村村通自来水、通公路、通电话和通邮件，通村公路里程15千米，通组公路里程6千米，建有加油站1个。农电网覆盖全镇各村组，全镇用电户数4512户；移动4G信号覆盖全镇，5个村通宽带。镇境内有邮电支局1个，电信代办点1个，移动代办点1个，金融网点机构1个，网吧2个。建成电子商务服务站1个，农村淘宝站5个，快递代办点2个。

三、脱贫攻坚

2014年，全镇有精准扶贫建档立卡贫困户568户1039人，贫困发生率1.2%，2014年脱贫143户619人。2015年有档立卡贫困户568户1029人，贫困发生率1.019%，2015年脱贫99户433人。

2015年，完成2个村通村公路建设，总里程15千米；完成通组公路建设450千米。2015年没有实施危房改造；完成安全饮水工程2处，惠及325户1752人；安装太阳能路灯80盏。

第八节　雅水镇

2014年3月，撤销雅水镇、抵麻乡、太阳乡建制，设置雅水镇。新设置的雅水镇辖原雅水镇、抵麻乡及原太阳乡的摆王村、摆俄村、播哨村、西牛村、蓬路村、洛平村，镇人民政府驻雅水村，距县城38千米。

雅水镇位于惠水县中东部，地跨北纬25° 53′～26° 1′，东经106° 48′～106° 65′。东、北与摆金镇相连，最东点为西牛村老甲奇组；南邻断杉镇、羡塘镇，最南点为摆俄村农场组；西连好花红镇，最西硐房村龙跃组；最北端为摆炉村摆炉组。全镇总面积265平方千米。2015年末全镇耕地总资源6467.6公顷，其中常用耕地2004公顷（水田1579公顷），临时性耕地4463.6公顷。森林覆盖率58%。

2015年，全镇辖雅水、道力、大龙、街上、播潭、新民、葡林、下兴、摆炉、摆王、摆俄、蓬路、播哨、西牛、洛平、旧寨、地关、硐房、摆亚、公朋20个行政村，217个村民小组，241个自然村寨8386户37402人，其中少数民族人口26252人（布依族19532人、苗族6565人），占全镇总人口的70.19%。

镇境东部、北部与摆金镇以摆郎河为界，是县内大河流之一——摆郎河（又称霸王河），经新民

雅水镇政府办公区

村、街上村、洛平村、西牛村流入羡塘镇境。辖区内有洛平河、西牛河、拉麻河、洋泗河、播翁河、公朋河7条。建有水库5座，水头水库（又称槟榔湖）、同谷水库、冗乍水库、摆亚水库、搭昌水库。有引水工程27处，有效灌溉农田9380亩。2015年，完成水头水库、同谷水库、搭昌水库和冗乍水库的除险加固，建设小山塘9个。

镇域地处丘陵地带，属山区和半山区。地势西南较高，中北部较低。境内主要山峰有糯米坡、鸡冠坡、三脚坡、嘎牙坡、播哨坡、马鞍山、白岩脚坡等，最高山峰马鞍山位于地关村，海拔1369.4米，平均海拔1100米。镇域属喀斯特地貌，气候宜人，素有“小春城”之称。辖区年平均气温在14～17℃之间，年均降雨量1154毫米，年平均日照1325小时，年无霜期280天。

镇域矿产资源丰富，主要锌矿、钾矿、硼矿、煤矿、硅矿、铝土矿、镍矿、大理石。主要分布在播潭、道力、摆炉、公朋、大龙、摆王、蓬路、葡林、街上村。

雅水素以“景和民风纯，百里鱼米香”著称，是国家级非物质文化遗产——枫香印染技艺的发源地，是贵州优质生态大米——“雅晶米”的核心产区，是“雅水老红米”产地。其生长周期长，由山泉水灌溉，富含铁、铜、硒等微量元素，具有较高的保健和营养价值。

镇境属典型布依族集聚地区，“四月八”和“六月六”等民族节日多姿多彩。辖区内非物质文化遗产主要有枫香染、刺绣、剪纸、农民画、布依花棍舞、布依古歌、苗族古歌、芦笙舞、唢呐等。流传于雅水地区传统的枫香绘染技艺，至今播潭村小岩脚寨杨氏仍传承着，其清雅的蓝底白花，朴素的纹理，严谨、明快大方的构图，楚汉风格的造型，“蝴蝶展翅”“多子石榴”“双凤朝阳”“大屏牡丹”“如云钩藤”“日月团花”等，反映了布依人追求美好生活的愿望和崇尚自然、敬重神灵的民族特征，被誉为“画在土布上的青花瓷”。2008年6月入选国家级非物质文化遗产名录。杨光成老艺人2012年被批准为布依族枫香染国家级非物质文化遗产传承人。省级布依枫香染非物质文化遗产传承人有杨昌飞、杨鸿昌、杨艳娥。雅水地区的农民画，吸取布依族、苗族传统的剪纸、刺绣、枫香染的民族民间艺术成分，作品充满乡土气息。布依剪纸色彩鲜明、图案栩栩如生，展现了布依人热情厚道、崇尚自然的民族特征。雅水布依族花棍舞享有原生态布依迪斯科的美誉。枫香染、农民画、花棍舞艺人曾参加省内外各种赛事，取得可喜的成绩，为民间技艺的传承和发展做出了榜样。

一、地方经济

地方经济以一产为主。2015年，完成全社会固定资产投资24100万元，实现工农业生产总值77100万元，其中农业总产值完成36282.6万元。实现财政收入230.06万元。农民人均纯收入为7460元。

农业以种养殖业为主。主要种植水稻、小麦、玉米、豆类、烤烟等农作物。2015年，全镇种植粮食作物4188公顷，产量18776吨，其中种植水稻1717公顷，产量12246吨；种植小麦647公顷，产量1125吨；种植玉米635公顷，产量2817吨；种植高粱49公顷，产量230吨。种植经济作物1948公顷，其中种植油菜470公顷，产量813吨；种植烤烟133公顷，产量224吨；种植蔬菜735公顷，产量10444吨；种植瓜果153公顷，产量4086吨。年末全镇实有果园242公顷，其中梨园146公顷，桃园25公顷，杨梅园36公顷。养殖业以养牛、猪、禽类为主。2015年出栏牛2233头，年末存栏10818头；出栏生猪18522头，年末存栏17030头；出栏山羊248只，年末存栏397只；出栏活家禽50009只，年末存栏66630只。实现牧业总产值5142.4万元。

2015年，入驻雅水特色优质米产业园区企业20家，其中规模企业4家（贵州金晨农产品开发有限公司、惠水县阳光茶场、贵州三月天茶业有限公司、贵州省惠水县兴民生态农业开发有限公司）。成立有农民专业合作社6个（贵州惠水绿雅香米专业合作社、惠水县鑫泰园种养殖农民专业合作社、惠水县鑫兴农种植专业合作社、惠水县道力鑫鑫源种养殖专业合作社、惠水县新农人种养殖农民专业合作社、贵州省惠水县兴农香米种植农民专业合作社）；建成100亩红米品种提纯复壮基地1个；建成茶叶种植基地2个、加工基地1个，种植茶叶5000亩；建成中药材种植基地2个1600亩。金晨公司和兴民米业2家粮食企业投资7000万元，建成2条年产5万吨生产线。

2015年，辖区内有食品加工业5个（贵州金晨农产品开发有限公司、贵州省惠水县兴民生态农业开发有限公司、惠水宏发大米加工厂、贵州省惠水县兴农香米种植农民专业合作社、贵州惠水绿雅香米专业合作社），建材企业4个（贵州省沐峰管业有限公司、惠水县友国门窗加工厂、惠水县万家乐装饰工程部、惠水县乔哥彩钢瓦加工厂）。辖区内有大型超市7个，个体工商户34户。建成各类电子商务服务网点8个，雅水大米等农特产品实现网络化销售。镇域内有集贸市场3个（雅水场、牛场场、洛平场）。

二、社会事业

2015年，辖区内有初级中学1所（雅水中学）、教职工119人，初中教学班32个，在校学生1500人；有中心小学3所（雅水小学、太阳小学、抵麻小学），村级完小3所（合爱小学、甲来小学、洛平小学），村级教学点5个（摆亚小学、栗木小学、西牛小学、摆俄小学、下兴小学），教职工201人，小学教学班72个，在校学生1980人；有学前教育教学班9个，在校学生342人，教职工22人；有幼儿园3所（雅水幼儿园、太阳幼儿园、抵麻幼儿园），教职工16人，在园儿童342名。

辖区内有综合文化站3个（雅水社区文化站、抵麻社区文化站、太阳社区文化站），面积900平方米，有图书4000册，计算机10台。2015年，建成镇文化广场1个，建成村文化广场13个、村文化活动室20个、农家书屋20个，实现村村全覆盖。建成镇级文体工程1个，村级篮球场3个，村级文体工程3个。

2015年，全镇有卫生院3个（雅水中心卫生院、太阳卫生院、抵麻卫生院），面积4000平方米，有床位27张，医护人员36人。建成村级卫生室19个，村级卫生员20人。31867人参加新型农村合作医疗，参合率100%。12026人参与养老保险，参保覆盖率达103.33%。建有养老院1个（雅水敬老院），面积2000平方米，床位70张。辖区内建有农村客运汽车站3个（雅水站、抵麻站、太阳站）。

辖区内有变电站1座，全镇8346户居民由国家电网供电。建有水厂1个（雅水镇拉力水厂），16个村受益自来水，5395户饮用安全卫生水。辖区内实现村村通汽车、通邮件、通电话，建成农村地面卫星接收站58个，10个村通有线电视，7个村通有线广播，7个村通宽带。辖区有金融机构营业点1个（惠水农商银行雅水支行），邮政网点6个，农村淘宝站6个（雅水村、地关村、大龙村、摆俄村、摆王村、摆亚村）。

2014年，建成摆俄村“四在农家·美丽乡村”项目，建成通村水泥路4条29.3千米，通组硬化路9.75千米，惠及洛平、播潭、摆炉、播哨、摆王、摆俄、蓬路、雅水、摆亚、葡林10个村，完成219户危房户和茅草房户改造。2015年，建成街上村“美丽乡村·四在农家”示范项目，建成通组水泥硬化路31条31.4千米，实现村村通水泥路（油路）目标。

三、精准扶贫

2014年，共识别贫困村11个（摆俄、摆亚、播哨、地关、公朋、硐房、街上、新民、道力、下兴、西牛村），其中深度贫困1个（西牛村）。全镇贫困人口1513户5664人，贫困发生率为14.5%。2014年脱贫人口177户838人；2015年脱贫150户758人。

附：原雅水镇、太阳乡、抵麻乡简介。

雅水镇

1991年9月，撤销雅水区公所（1978年称雅水区革命委员会，1979年恢复称雅水区公所）、雅水乡（1978年称雅水公社，1984年称雅水乡）、合爱乡（1978年称合爱公社，1984年称合爱乡）、党古乡（1978年称党古公社，1984年称党古乡）、洛平乡（1978年称洛平公社，1984年称洛平乡）建制，设置雅水镇。辖播甲、打白、摆珠、翁进、摆炉、场坝、播潭、响铃、葡萄、道流、新庄、岩脚、洋泗、大龙、下兴、牛角、播脚17个行政村，102个村民小组，103个自然寨，2937户15245人，其中布依族7419人，苗族4224人，汉族3592人。镇人民政府驻雅水村，距惠水县城约39千米。

雅水镇位于惠水县中南部，地跨北纬25°56′～26°1′，东经106°50′～106°40′之间。东连斗底乡、摆榜乡，最东点位于街上村牛尾组；南接太阳乡，最南点位于播潭村小岩脚寨；西邻好花红乡，最西点位于大龙村雷坡寨；北界鸭绒乡、摆金镇，最北点位于摆炉村摆炉组。镇域东西长约19千米，南北宽约10千米，面积121.9平方千米。2013年末全镇耕地总资源2831公顷，其中常用耕地1054公顷（水田884公顷），临时性耕地1777公顷。森林覆盖率36%。

镇域地处半山区，地势较高。境内最高山峰播潭大坡位于播潭村，海拔1295米。镇境平均海拔1100米。年平均气温14.3℃～16.2℃，无霜期262～289天，极端最高气温34.2℃，极端最低气温-8℃。年日照时数为1200～1320小时，年降水量1200毫米以上。镇境呈丘陵地貌，水土保持良好，土壤肥沃，主要种植水稻、玉米、小麦、油菜等农作物。境内盛产大米，是“雅晶米”核心产区，“雅水老红米”主产地。

镇境有集贸市场1个（雅水场），是惠水县东南部商业中心和农产品集散地。逢地支酉日（鸡天）和卯日（兔天）轮转赶场。赶场人数约万人。

境内探明的矿藏主要有钾矿、硼矿、锌矿、煤矿、硅矿、铝土矿，主要分布在雅水村、播潭村、葡林村、摆炉村、大龙村。

摆郎河流经镇境东部，镇南部建有水头水库（又称槟榔湖），蓄水量990万立方米。

镇境内建有982县道，乡道3条（雅水至断杉、雅水至羡塘、雅水至斗底），交通便利。

2001年，全镇17个行政村合并为9个行政村。2013年，辖雅水、大龙、下兴、道力、摆炉、新民、播潭、葡铃、街上9个行政村，102个村民小组，4592户18873人，其中少数民族14732人（布依族9444人、苗族5257人），占全镇总人口的78.1%。2013年，全镇人口出生率7.12‰。

1991年，全镇工农业总产值完成1365.5万元，其中农业总产值完成1365.5万元。稻谷种植940公顷，产量4696吨；玉米种植面积80亩，产量214.5吨；小麦种植403公顷，产量697吨；马铃薯种植36公顷，产量76.6吨；杂粮种植75公顷，产量96.6吨；红苕种植31公顷，产量46.6吨；大豆种植面积15公顷，产量5.7吨。

2004年12月31日，惠水县开展第一次经济普查。辖区内有个体经营户140户（有营业执照111户、无营业执照29户），其中工业18户、交通运输电信业30户、零售业72户、住宿业1户、餐饮业9户、租赁和商务服务业2户、卫生福利业1户、居民服务业2户、其他服务业5户。

2013年，全镇种植粮食作物1883公顷，产量7072吨，其中种植水稻910公顷，产量4916公顷；种植小麦364公顷，产量484吨；种植玉米238公顷，产量880公顷；种植高粱40公顷，产量206吨；种植豆类52公顷，产量68吨；种植马铃薯193公顷，产量461吨。种植经济作物760公顷，其中种植油菜152公顷，产量250吨；种植烤烟50公顷，产量86吨；种植土烟10公顷，产量23吨；种植蔬菜385公顷，产量4675公顷。完成农业产值4718.8万元。

镇内养殖业主要以养牛、马、猪、家禽等为主。2013年，出栏牛814头，年末存栏4055头；出栏马175头，年末存栏398头；出栏猪10790头，年末存栏8021头；出栏家禽32738只，年末存栏31161只。完成牧业产值4614.1万元。

2013年年末，全镇农民专业合作社3家（惠水县富兰特色米业农民专业合作社、惠水县雅水布依特色米种植农民专业合作社、贵州惠水金牛养殖专业合作社）、工商企业4家（惠水县添宝农稼农业发展服务中心、惠水县希望农资服务中心、贵州惠康大药房连锁有限公司雅水分公司、惠水县兴旺金属制品加工厂）、粮油加工企业1家（惠水县雅珍粮食加工厂）、石材加工企业1家（惠水县洪源石雕加工厂）、砂石厂1家（惠水县道力砂石厂）、页岩砖厂1家（惠水县诚信水泥制品厂）、矿粉厂9家，全年完成工业总产值11220万元。

2013年工农业生产总值完成1.487亿元，完成财政收入39.42万元。农民人均纯收入6314元。

1991年，镇境有中学1所（雅水中学）、公办小学2所、民办小学12所，公民办教师99人，在校学生2250人。1991年雅水镇被惠水县评为“农教、普教”先进单位。1996年雅水镇被黔南州评为“扫盲先进单位”。2013年，镇有初级中学1所（雅水中学），教师86人，22个教学班，在校学生1209人。有镇中心校1所（雅水小学）、村级8所（合爱小学、播潭小学、栗木小学、葡萄小学、下兴小学、道力小学、响铃小学、摆炉小学），教师72人，教学班级44个，在校学生1207人。2012年，辖区内全面实施农村学生营养午餐改善计划，惠及2534名学生。

1991年，雅水卫生院占地2087平方米，建筑面积1486平方米，有病床20张，职工12人。2013年，雅水卫生院占地4300平方米，建筑面积1520平方米，有病床20张，职工18人。建有村级卫生室8个，村级卫生员11人，有私人药店3家。

2011年，建成镇综合文化站，规模300平方米。设置有多功能厅、培训室、图书室、阅览室、电子信息共享室和储藏室，配置计算机11台，藏书5000余册。2013年，建成农家书屋9个，共藏书3150册。高寨、小岩脚、播潭、洋黄、新寨、满打、摆炉、大岩脚8个村寨建有篮球场。

雅水镇素以“雅韵枫香，水秀天成”著称，人文和自然资源丰富，是中国优质大米之乡、国家级非物质文化遗产“枫香印染技艺”之乡，全县最大的优质水禽养殖基地，黔中地区著名的鱼米之乡。发源于播潭村小岩脚的布依族枫香印染技艺制作工艺距今有200余年历史。1991年被黔南州授予“民间艺术之乡”称号，境内的布依族枫香绘染技艺、农民画和农民剪纸已成为雅水镇3张文化名片。

太阳乡

1991年9月撤销董照乡（1978年称董照公社，1984年称董照乡）、太阳乡（1978年称太阳公社，1984年称太阳乡）、洛平乡（1978年称洛平公社，1984年称洛平乡）建制，设置太阳乡。辖摆王、摆俄、石门、播哨、新寨、蛮莫、田坝、街上、阴桥、风坡、五星、岗金、和平、西牛、洞口、高平16个行政村，91个村民小组，138个自然村寨，2461户12738人，其中，布依族8025人，苗族1184人。乡人民政府驻摆王村，距县城48千米。

太阳乡位于惠水县东南部。地跨北纬25° 50′ ～25° 56′ ，东经106° 52′ ～106° 43′ 之间。东抵摆榜乡、平塘县大塘镇，最东点为岗金村杉木冲；南连羡塘乡，最南点为和平村望南；西邻抵麻乡、抵季乡，最西点为摆俄村摆塘组；北界雅水镇，最北点为播哨村上播寨。乡境东西长20千米，南北宽14千米，面积141.1平方千米。2013年，全乡耕地总资源2621公顷，其中常用耕地798公顷（水田534公顷），临时性耕地1823公顷。森林覆盖率31.8%。

2001年12月，将16个行政村合并为10个行政村。2013年辖摆王、摆俄、五星、阴桥、和平、岗金、西牛、洛平、蓬路、播哨10个行政村，91个村民小组，138个自然村寨，3843户15482人，其中少数民族人口10468人（布依族9062人、苗族1388人），占全乡总人口的68%。2013年全乡人口出生率6.64‰。

乡境属丘陵和峡谷盆地。境内最高山峰播莫坡位于播哨村，海拔1343.1米；海拔最低点位于和平村望南摆郎河下潜处，海拔959米。地势呈中间高，四周低，地形地貌类型多样，地表崎岖不平，植被覆盖率低。耕地多分布于丘陵山地间的洼地或沟谷地，分布较大的是在峰林间较低洼的小坝子上。土壤旱地以沙壤为主；水田以班黄泥及黏性较重的黑壤为主，土质较肥沃。主要种植水稻、玉米、高粱、小麦、油菜、豆类等农作物和核桃、茶叶等经济作物。产于岗金村的“岗金鸡”，风味独特，素有“黔中土鸡王”之称。

乡境内有农村集贸市场1个（洛平场），集市日期是逢地支寅日（虎天）和申日（猴天），轮转赶场，赶场人数约千人。

辖区内旅游资源主要有地处太阳乡与雅水镇交界的槟榔湖，摆郎河流经乡内洛平村、西牛村、岗金村，景观极具观赏性；位于摆俄村及洛平村彰显古代劳动人民智慧和胆略的“八角庙”，数百年前少数民族为防御匪患在洞口寨、西牛寨、下河龙寨、西洋坪寨、播脚寨、蛮莫寨、田坝寨等村寨用巨石砌成的石屯尚存完好。

太阳乡民族文化底蕴深厚，非物质文化遗产有布依族花棍舞、手工缝制的“背扇”和“滚服”（布依语：衣服的意思）、枫香染技艺、农民画、布依古歌、唢呐等。

境内大理石（黑石材）储量丰富，誉为“太阳黑”。2013年有石材企业7家。

2013年，全乡种植粮食作物1796公顷，其中种植水稻710公顷，产量3624吨；种植小麦479公顷，产量590吨；种植玉米218公顷，产量830吨；种植高粱86公顷，产量830吨；种植豆类88公顷，产量123吨；种植马铃薯127公顷，产量317吨。种植经济作物529公顷，其中种植油菜96公顷，产量114吨；种植土烟6公顷，产量6吨；种植蔬菜185公顷，产量2125吨。全年完成农业总产值8113.1万元，完成财政收入276.49万元，农民人均纯收入5164元。

1991年，乡内有九年一贯制学校1所，公办小学1所，民办小学9所，教师82人，教学班44个，在校学生1534人。2013年，乡内有九年一贯制学校1所（太阳小学），村级小学7所（蛮莫小学、洛平小学、西牛小学、摆俄小学、播哨小学、董照小学、阴桥小学），教师97人，教学班23个，在校学生1197人。2012年全面实施农村学生营养午餐改善计划，惠及1108名学生。

2011年，建成乡综合文化站，面积300平方米。设置有多功能厅、培训室、图书室、阅览室、电子信息共享室、储藏室等功能用房，藏书5000册，电子信息共享室配置计算机11台。2013年全乡建成农家书屋10个，共藏书3600册。

2013年，有乡属卫生院1所（太阳乡卫生院），在编在岗卫技人员11人；建有村级卫生室9个，有村级卫生员11人。2013年14529人参加农村新型合作医疗，参合率达97.6%。

2013年完成"一事一议"财政奖补通组道路硬化建设5.3千米，完成小康建设重点村摆俄村的西洋坪组、播哨村槟榔组串寨路建设1.8千米，完成62户农村危房改造。

抵麻乡

1978年，牛场公社辖洛汪、公朋、摆亚、元围、大寨、硐房、地关、旧寨8个生产大队，47个生产队。1984年8月改称抵麻乡。1991年，辖洛汪、公朋、摆亚、元围、大寨、硐房、地关、旧寨8个行政村，47个村民小组，81个自然村寨，1384户，6961人，其中布依族1583人，苗族437人，占全乡总人口的29%。乡人民政府驻地关村，距县城44千米。

抵麻乡位于惠水县东南部，地跨北纬25° 53′ ~25° 57′ ，东经106° 41′ 9~106° 38′ 之间。东抵太阳乡，最东点为旧寨村罗拥组；南连抵季乡、断杉镇，最南点为摆亚村下坝组；西邻甲戎乡，最西点为硐房村翁坪组；北邻好花红乡和雅水镇，最北点为地关村大窝凼。辖区南北长13千米，东西宽11千米，面积66平方千米。2013年末全乡耕地总资源1874公顷，其中：常用耕地413公顷（水田336公顷），临时性耕地1461公顷。主要种植水稻、玉米、小麦、豆类、烤烟等农作物。

2001年12月，将8个行政村合并为5个行政村。2013年，辖旧寨村、摆亚村、地关村、硐房村、公朋村，47个村民小组、81个自然村寨，2221户8165人，其中少数民族人口3017人（布依族2330人，苗族637人），占全乡总人口的37%。2013年，全乡人口出生率5.57‰。

乡境地处山区，地势较高。境内最高山峰马鞍山位于地关村，海拔1369.4米。乡域平均海拔1200米。辖区内仅有1条小河沟（公朋河），建有小型水库2个（翁渣水库、摆而水库），水资源缺乏。

乡境内有农村集贸市场1个（牛场），集市日期是逢地支丑日（牛天）和未日（羊天），轮转赶场，赶场人数约2000人。

境内有硼矿、钾矿、镍矿等矿产资源，主要分布在公朋村、硐房村、旧寨村。

2004年12月31日，惠水县开展第一次经济普查。辖区内有个体经营户34户（有营业执照10户、无营业执照24户），其中工业5户、交通运输电信业9户、零售业18户、餐饮业1户、其他服务业1业。

乡域经济主要是发展农业生产。2004年，在地关村试种烤烟50亩取得成功。2013年，全乡规范化、集约化种植烤烟194公顷，完成烤烟产值450万元，烤烟生产逐步成为乡域经济的支柱产业。

2013年，全乡种植粮食作物977公顷，产量2958吨，其中：种植水稻327公顷，产量1498公顷；种植小麦122公顷，产量198吨；种植玉米170公顷，产量606公顷；种植高粱2公顷，产量9吨；种植豆类19公顷，产量29吨；种植马铃薯213公顷，产量559吨。种植经济作物868公顷，其中种植油菜181公顷，产量162吨；种植烤烟194公顷，产量410吨；种植蔬菜256公顷，产量3378吨，种植瓜果155公顷，产量2364吨。2013年，全乡出栏牛264头，年末存栏2249头；出栏马52头，年末存栏185头；出栏猪4573头，年末存栏4078头；出栏家禽21755只，年末存栏16112只。

2013年年末，全乡共有个体户6家（惠水县张老菊副食品店、惠水县贤文食品店、惠水县摆而农家店、惠水县丁兴友食品店、惠水县黄土坡食品经销店、惠水县啊英食品店）。

2013年，全乡完成工农业生产总值530万元，完成财政收入20万元。农民人均纯收入5495元。

1991年，有九年一贯制学校1所（牛场学校），教师25人，在校学生600人；有民办小学4所，教师12人，在校学生400人。2013年，有中心小学1所（抵麻小学）、村级小学3所（撒米小学、地关小学、公朋小学），教师48人，教学班级26个，在校学生945名。2012年。全面实施农村学生营养午餐改善计划，惠及915名学生。

2011年，建成乡综合文化站，面积300平方米，设置有多功能厅、培训室、图书室、阅览室、电子信息共享室、储藏室、办公室等功能用房，藏书5000册、配置计算机11台。2013年，建成农家书屋5个，共藏书1751册。

2013年，建有乡卫生院1所，面积450平方米，卫技人员8人；建成村级卫生室5个，有村卫生员5人。

辖区有森林1888公顷，森林覆盖率65%，有“天然氧吧”之美誉。乡境地处高原山地与石灰岩喀斯特地貌交接地带，自然景观丰富独特，公朋至甲耳峡谷山谷交错，古道幽幽，山屯与石桥交相辉映。境内传统非物质文化遗产有布依歌、山歌、唢呐、傩戏、芦笙舞、手工纺织、刺绣等。

第九节　摆金镇

2014年3月，撤销原摆金镇、鸭绒乡、斗底乡、摆榜乡建制，设置摆金镇，辖原摆金镇、鸭绒乡、斗底乡、摆榜乡4个乡镇所辖行政区域，镇人民政府驻摆金村，距惠水县城23千米。

2015年，全镇辖摆金村、长新村、大华村、杨茂村、扪摆村、清水苑村、立新村、马道村、瓮金村、单耙村、关山村、甲浪村、花厂村、谷把村、卜所村、毛栗村、大坪村、水冲村、上田村、斗底村、党古村、旁才村、白龙村、掌满村、石板村、甲坝村、蛮河村、高寨村、冗拱村、盘井村共30个行政村和摆金镇居民委员会，252个村民小组，15295户63187人，其中少数民族52101人（苗族44693人、布依族7302人），占总人口的82.46%。人口出生率12.2‰，人口自然增长率10.16‰。

摆金镇地处惠水县东北部，位于北纬25° 58' ~ 26° 10'，东经106° 39' ~ 106° 57'。东抵岗度镇、平塘县大塘镇，最东点为高寨村新寨组；南邻雅水镇，最南点为蛮河村摆甲寨；西交好花红镇，最西点为水冲村大地寨；北靠涟江街道、濛江街道，最北点为关山村摆本大寨。辖区南北宽39千米，东西长34千米，面积349.64平方千米。2015年末全镇耕地总资源7899.1公顷，其中：常用耕地2490公顷（水田1539公顷），临时性耕地5409.1公顷，人均耕地0.56亩。森林覆盖率53.18%。

摆郎河贯穿镇境，辖内有斗底河、翁呆河、甲浪河、岗金河、翁岗河、党古河、掌满河等河流汇入摆郎河，在蛮河村河边寨流出镇境。2015年，镇境内建有小（2）型水库4座（三八水库、虎狼水库、甲架水库、长满水库），总库容110万立方米，可灌溉农田2100亩；有引水工程20余处，有效灌溉农田面积7750亩。

镇域地处半山区，地势东南、西北较高，中间为盆地。境内主要山峰有磨子坡、鸳鸯坡、马娘大坡、乌嘴坡、虎形山、掌满大坡、楼梯坡等，最高山峰楼梯坡位于冗拱村，海拔1491.6米。镇域平均海拔1100米。镇域有多处地质灾害隐患点，主要为马道村三组谷通哨滑坡、斗底村岩下一组地裂、蛮河村斜坡崩塌和危岩体、扪摆村二组山体滑坡等。

镇境内地势高差大，地形地貌结构复杂，在不同地形和地势影响下，温湿度地区差异显著，日照差别大，雨水分布不匀。辖区年平均气温为15.8℃，年均降雨量1250～1300毫米，年平均日照1200小时。

镇域矿产资源较为丰富，分布较广，主要有：煤、锰、石英石、石灰石、白绵石、方解石和75号硅矿，其中煤的蕴藏量尤为丰富。据勘察探明，煤矿储量达500万吨，锰矿储量达10万吨，75号硅矿达300万吨。石灰石在全镇均有分布，煤主要分布在关山村、杨茂村、大华村等。大量材质好的白绵石和方解石主要分布在鸭绒片区。

镇区内交通便捷，惠水至都匀309省道、惠水至平塘944县道穿境而过。2015年，全镇完成通村道路硬化建设349.5千米，通组道路硬化50.1千米，31个村（居）实现村村通硬化道路。

摆金镇素有"民族文化歌舞之乡"美誉，境内山清水秀、气候宜人、民风淳朴，民族文化底蕴深厚。有摆金马肉、摆金六白猪肉、摆榜鸡肉丸子、摆榜泡糟酒等美食文化；有鸭绒苗族蜡染、谷蔺布、谷蔺锦等苗族手工艺品；有摆金苗族竹器、铁器、银器等苗族手工艺品；有摆金苗族正月十七、摆金、鸭绒苗族三月三"歌若吉"芦笙节，有鸭寨苗族"秋坡节"，有摆榜苗族大年三十的结婚礼俗，"耍嘎街生"情人节，跑马坡节、跳月节等丰富多彩的民族节日。

摆金镇有古遗址、古墓葬、古建筑、石窟寺及石刻、近现代重要史迹及代表性建筑以及其他景观30处；长新村石头寨洞棺葬景观被列为省级重点文物保护单位，清水苑大洞遗址等29处景观被列为惠水县级文物保护单位；摆金马鞍井千亩原始森林、摆金千亩大坝田园风光、摆榜万亩大草原是夏季休闲避暑胜地。

一、地方经济

地方经济以农业为主，二、三产业相应发展。2015年，完成财政收入237万元。完成全社会固定资产投资为2.41亿元。农民人均纯收入为7460元。

农业以种养殖业为主。粮食作物主要有水稻、玉米、小麦、马铃薯等。2015年全镇种植粮食作物4843公顷，其中水稻种植1670公顷，产量11715吨；玉米种植885公顷，产量820吨；小麦播种面积665公顷，产量1150吨；马铃薯播种面积756公顷，产量2030吨。经济作物主要有油菜、烤烟、蔬菜、茶叶等，2015年，全镇种植经济作物2887公顷。其中油菜种植613公顷，产量1026吨；烤烟栽种227公顷，产量395吨；蔬菜种植1598公顷，产量20679吨。2015年，全镇有果园426公顷（梨园184公顷、柑橘园89公顷、桃园27公顷），茶园面积973公顷，其中采摘面积238公顷，产量121吨。建有茶叶种植基地2个、加工基地1个。畜牧业以养殖牛、马、猪、家禽为主。2015年全镇出栏牛2313头，年末存栏牛14157头；出栏马846匹，年末存栏马2278匹；出栏猪29217头，年末存栏26863头；出栏家禽90234只，年末存栏90677只；渔业主要以鱼类养殖为主，2015年淡水养鱼24公顷，产量76吨。

摆金地区工商企业以食品和建材为主。2015年，辖区内各种类型工商企业239家。其中：国有分支机构1家（中国邮政集团公司贵州省惠水县摆金邮政支局），个人独资企业分支机构1家（惠水县南方液化气供应站摆金代销点），旅游公司1家（惠水县隆盛农业旅游开发有限公司），农民专业合作社1家（惠水县长新富民种养殖专业合作社），农民专业合作经济组织2家（惠水县斗底用水农民专业合作社和惠水立新种养殖农民专业合作社），有限责任公司4家，合伙企业4家，有限责任分公司13家，有限责任（自然人投资或控股）公司16家，个人独资企业180家（大多数系位于摆榜水晶产业园的水晶加工厂）。加油站2家（惠水县雅水供销社马道加油站和惠水县石油支公司摆金加油站）。

改革开放以来，摆金地区个体民营经济快速发展，特别是进入21世纪后，民营经济发展更快。2015年，全镇登记注册的个体工商户总计847家，行业涵盖百货、服装零售、食品、餐饮服务、白酒制造、谷物磨制、住宿业、种子、化肥、中草药、烟草、建材、装潢、照相、铁艺、银饰、首饰、音像制品、烟花爆竹、农机修理、汽车修理、五金零售、维修、通信设备零售及维修、水晶、木材加工、石材加工、砂石开采、租赁、咨询、理发及美容服务、化妆品、家电修理、寄存、电子游戏。全镇从事食品行业的245家，从事餐饮行业的45家，从事服装行业的55家，从事百货行业的23家，从事零售行业的23家，从事理发、美发、美容服务行业的17家，从事家电零售和维修26家，从事铝合金行业的12家，从事摩托车零售及维修行业的31家，从事水晶加工销售行业的19家，从事化肥零售行业的13家，从事饲料零售行业的19家，从事种子零售行业的23家，从事五金零售行业的34家，从事烟花销售行业的13家，从事手机销售及维修行业的14家，从事一般旅社及住宿服务行业的4家。

镇内有农村集贸市场4个（摆金场、摆榜场、鸭绒场、鸭寨场），摆榜市场日期为星期五，摆金市场日期为亥日（猪天）和巳日（蛇天）甲子场，鸭绒市场日期为戌日（狗天）和辰日（龙天）甲子场，鸭寨市场日期为丑日（牛天）和未日（羊天）甲子场。

二、社会事业

2015年，辖区有中学3所（摆金中学、鸭绒中学、摆榜中学），教职工162人，教学班级61个，在校学生2835人；小学12所，教职工255人，教学班级141个，在校学生5222人，学前班在校人数766人；幼儿园5所，其中：中心幼儿园3所（摆金幼儿园、鸭绒幼儿园、摆榜幼儿园），村级幼儿园2所（甲浪幼儿园、关山幼儿园），教职工70人，在园儿童738人。

辖区内有综合文化站4个（摆榜社区文化站、斗底社区文化站、摆金社区文化站、鸭绒社区文化站），面积1100平方米，有图书20000余册，计算机20台。2015年，完成摆金村文化广场建设，建成村级文化广场30个、文化活动室30个、农家书屋30个，建成摆金镇敬老院1所，实现村（居）农民文化体育场所、“农家书屋”村村全覆盖。

2015年，全镇有卫生院4所，面积7000平方米，病床45张；村级卫生室26个，专业卫生人员88人，全镇新型农村合作医疗参保人数22880人，参合率98%。

2015年，全镇完成人饮工程4个，受益农户720户，解决了3120人饮水困难。2015年末，全镇23个村8723户使用自来水。

2015年摆金镇邮政电信30个村全部通电话，14个行政村通宽带，设有邮电支局（所）1个，电信、移动通信代办点各1个、金融网点机构2个、网吧2个、农村淘宝站5个，快递业务点2个。2015年10月，成立摆金镇农村电商服务站暨民贸民品数字营销孵化中心，建成农村电商服务站7个，实现摆金马肉、生态茶叶、银器、民族刺绣等特色产品线上销售。建成农村地面卫星接收站85个，有线广播通村数15个，有线电视通村数13个。

2015年辖区有变电站1座，14081户居民由国家电网供电。

2015年，摆金小城镇“三区五路”框架初步完成，完成车站路、新元大道、政府路路网建设。建成摆金镇烟叶站、摆金镇文化站、摆金幼儿园、扶贫生态移民工程、摆金新农贸市场、摆金行政服务中心。2014年，省人民政府命名摆金镇为“州级小城镇示范乡镇”。

三、精准扶贫

2014年，辖区30个行政村有深度贫困村10个、一般贫困村10个，贫困户3203户12226人，贫困发生率19.51%。2015年脱贫462户2234人，贫困发生率下降3.56%；2014年实施扶贫项目共5个，投入项目资金118.22万元；2015年财政投入扶贫资金共416.5万元，实施扶贫项目10个，项目覆盖16个行政村、1553户贫困户，贫困户覆盖率89.34%。

附：原摆金镇、摆榜乡、斗底乡、鸭绒乡简介。

摆金镇

1991年8月，撤销原摆金镇（1978年称摆金公社，1984年称摆金镇）、甲浪乡（1978年称甲浪公社，1984年称甲浪乡）、大华乡（1978年称大华公社，1984年称大华乡）建制，设置摆金镇，辖马道、摆架、街上、摆金、冗章、孔引、楼房、黎光、杨梅坡、苏新、长寨、高寨、清水、邀贤、谷通、大华、金银、瓮孔、米新、砂木、扪摆、甲浪、屯脚、单耙、单阳、打铁、朗平、摆本、冗阶、水淹坝、小寨31个行政村，1个居委会，166个村民小组，102个自然寨，4122户，20824人，其中苗族12944人、汉族6156人、布依族1703人。

2001年，全镇将31个行政村合并为12个行政村。2013年辖摆金、杨茂、清水苑、立新、长新、关山、甲浪、扪摆、单耙、马道、瓮金、大华12个行政村（76个村民小组、61个自然寨）和摆金居委会（6个居民小组），6099户24884人，其中少数民族人口18135人（苗族15949人、布依族2128人），少数民族占总人口的72.88%。

摆金镇位于惠水县东北部，位于北纬25° 58′ ~26° 100′ ，东经106° 75′ ~106° 87′ 。东接岗度乡、宁旺乡，最东点为长新村石头寨；西邻和平镇和鸭绒乡，最西点为单耙村单阳寨；南面与斗底乡和雅水镇相连，最南点为扪摆村水淹坝寨；北面与高镇镇和甲烈乡交界，最北点为杨茂村杨梅坡寨。镇境东西长20千米，南北宽25千米，镇域面积125.7平方千米。镇人民政府驻摆金村，距县城23千米。

地处坝子和半山区，辖区地势地貌以浅切割峰丛为主，兼有浅切割夹层岩、构造高台地、岩溶高丘、岩溶低丘、河谷盆地、岩溶盆地等多地貌类型，属中亚热带季风湿润气候区，同时具有亚热带高原山地季风湿润气候特征，年平均气温为15.8℃，年均降雨量1250~1300毫米，年平均日照1200小时。

镇境地处坝子和半山区，境内主要山峰有筲箕坡、砍烧坡、乌嘴坡和虎形山等。最高山峰虎形山位于关山村，海拔1438.1米，海拔最低点位于清水苑村摆郎河流出境处，海拔968米。镇域平均海拔1100米。

辖区内的甲浪河、岗金河汇入摆郎河，在清水苑村4组流出镇境。镇境建有滴水岩自来水供水工程和滴水岩至清水苑、滴水岩至黎光、龙骨坡至冗章、石头寨至岗金、摆角至三八水库等灌溉水渠，确保全镇3500亩稻田灌溉和摆金、清水苑、摆金居委会等村（居）的人畜饮水。

镇境内矿产资源主要有煤、锰、石英石、石灰石、白绵石、方解石和75号硅矿等。已勘察探明煤矿储量有500万吨，主要分布在关山、杨茂、大华等村；锰矿储量10万吨，75号硅矿300万吨；石灰石在全镇均有分布。

2013年全镇耕地总资源2739公顷，其中常用耕地870公顷（水田452公顷），临时性耕地1869公顷。可利用草地面积0.62万亩，林地面积7663.89公顷，森林覆盖率40%。镇境内生长有金叶含笑（俗称凌花树）、红豆树、糙叶树等珍稀树种，有堪称贵州“银杏之王”的千年古银杏树、红豆杉、重阳木、柏木、兰果树等，有马鞍井千亩原始森林和枫香树林。

辖区内农业耕作为一年一熟，土壤主要以黄胶泥为主，适宜农作物种植。主要种植水稻、玉米、豆类、小麦等粮食作物和油菜、晒烟和烤烟等经济作物。杨茂、清水苑、长新、摆金等村稻田水源较好，能满足农田灌溉；大华、瓮金、甲浪、扪摆、马道、单耙、关山、立新等村绝大多数是望天水田，土壤肥沃，保水性较好。2013年，全镇种植粮食作物1969公顷，产量6457吨。其中稻谷638公顷，产量3297吨；小麦344公顷，产量463吨；玉米460公顷，产量1730吨；豆类123公顷，产量153吨；薯类285公顷，产量605吨。

2004年12月31日，惠水县开展第一次经济普查。辖区内有个体经营户305户（有营业执照245户、无营业执照60户），从业人数394人，营业收入1823.76万元。其中工业43户、交通运输电信业18户、批发业6户、零售业170户、餐饮业37户、租赁和商务服务业8户、卫生福利业2户、居民服务业9户、文化体育和娱乐业6户、其他服务业6户。

2010年以来，全镇加大农业产业结构调整力度，生猪、土鸡养殖和经济作物种植规模不断扩大。2013年全镇种植经济作物1207公顷。其中：油菜种植504公顷，产量563吨；烤烟种植168公顷，产量425吨。蔬菜种植353公顷，产量4935吨。年末实有茶园205公顷，年产茶叶29吨。2013年全镇出栏牛1081头，年末存栏3680头；出栏马509匹，年末存栏1127匹；出栏猪8186头，年末存栏8781头；出栏家禽49572只，存栏36310只。2013年农民人均纯收入6066元。

省道309线横贯境内，是都匀至惠水和贵阳至平塘的公路交叉点，是惠水县中东部人流、物流及经济、文化交流中心和物资交流“聚集地”，是县域内商贸重镇。摆金镇民国时期以来一直是惠水县东部的商贸中心，店铺甚多，营业旺盛。摆金场为甲子场，每逢地支亥日（猪天）和巳日（蛇天）轮流赶场（每六天赶一场），周边县（镇）群众万人到此进行粮食、蔬菜、鸡鸭、家禽、牲畜等农产品交易。

1978年，辖区内建有谷大公路（国道320线）、摆西公路和摆雅公路3条过境公路，均为砂石路面。2005年，完成省道309（原国道320线）、摆西公路和摆雅公路油路改造。2006年全镇13个村（居）村民组通路率达97%。至2012年实施“一事一议”项目，修建通村通组水泥硬化道路。2013年，13个村（居）24个村民小组共完成道路硬化46.7千米。2013年，摆金村建成车站路、新元大道、政府路3条主干道。

1972建成摆金农电工程，辖区内大部分村寨由国家电网供电。2000年起全面实施农村电网改造，全镇13个村（居）实现国家电网全覆盖，2013年，全镇5523户居民由国家电网供电。

1978年，辖区内设有摆金邮政所，县城到摆金的邮件由县邮电局摩托车运递，摆金到辖区内各公社（乡）、大队（村）的报刊邮件由邮递员骑自行车投递。1985年，辖区内的乡镇全部通电话。1994年12

月，摆金邮电所开通程控电话。2013年，全镇12个行政村实现村村通电话、村村通邮件。

1991年，镇内有中学1所（摆金中学），教师30人，教学班6个，在校学生300人；小学20所（民办小学14所），教师101人（民办教师24人），教学班7个，在校学生2523人；幼儿园1所，教师5人，在园儿童150人，入学率达90%。2003年，全镇开展“两基”攻坚，中小学教学质量和学生入学率得到提高，达到省人民政府“两基”验收指标。2012年，全镇中小学校全面实施学生营养午餐改善计划，惠及学生3728人。2013年，全镇有初级中学1所（摆金中学），教师62人，教学班级28个，在校学生1296人；有中心小学1所，村级完小5所，教学班级45个，在校学生2210人；公立幼儿园1所（摆金幼儿园），教师18人，教学班级5个，在园儿童277人；私立幼儿园1所（金宝宝幼儿园），教师3人，教学班级2个，在校儿童51人。

2013年，建有摆金卫生院，占地3040平方米，建筑面积800平方米，有卫技人员51人，病床47张。有村级卫生室12个，村级卫生员12人；有药店5家，私人诊所2个。2013年新农合参合人数18668人，参合率达98.25%。

1982年，建成摆金电影院，座位503座。1992年起建设地面卫星电视接收站。1999年起，逐步实施“广播电视村村通”建设。2013年，全镇建成农村地面卫星接收站13个，6个村通有线广播，2个村通宽带。

2013年，建有摆金镇文化站。设置有信息资共享室、图书阅览室、多功能厅、棋牌活动室、办公室、辅导培训室和储藏室，配备有电脑、投影仪、各类乐器、音响、体育器材、图书、报刊等文体活动器材，藏书5000册，配备11台计算机。有村级农家书屋12个，远程教育站点4个，建有村级农民体育健身场所9个，村民在节日期间自发组织开展篮球比赛、山歌比赛等文体活动。

镇境内旅游资源丰富，有崖墓2处（石头寨棺材洞和仙人桥）、有乐善桥、悠远桥、世旺桥等20余座古石桥，清水苑大洞挖掘发现古人类化石，被列为县级文物保护单位。旅游景点主要有清水苑田园风光、马鞍井千亩原始森林、神秘的仙人洞葬、摆架枫香林等。

镇域是以苗族为主体的多民族聚居区，保留着苗族银饰、背扇、蓑衣、长号、唢呐、大号、大鼓和布依族蜡染等民族传统工艺品制作工艺，传承了跳花场、采茶节、“三月三”“四月八”等具有特色的民族节日。辖区内苗族聚居的32个村寨自发组织了32支常年不散的芦笙队，承担着苗族村寨红白喜事的演奏和外出参加表演的任务。苗族舞蹈主要有饭箩舞、背牌舞、粑糟舞等。1992年9月摆金镇被省文化厅命名为“贵州省民族歌舞艺术之乡”。

辖区内的非物质文化有苗族芦笙舞、苗歌、竹艺编制、铁器制作工艺和银器制造工艺等。摆金的特色马肉，具有恢复肝脏机能、促进血液循环、预防动脉硬化、增强人体免疫力等功效。摆金土烟种植历史悠久，香气纯正，余味回甜，是制作高级雪茄烟的上好原料。

摆榜乡

1991年9月，撤销上摆乡（1978年称摆榜公社、1984年称上摆乡）、下摆乡（1978年称摆榜公社、1984年称下摆乡）、洛平乡（1978年称洛平公社、1984年称洛平乡）建制，组建摆榜乡。辖旧连、甲坝、平寨、石板、龙坝、呆工、盘井、高寨、冗拱、新寨、同改、蛮河、长冲13个行政村，52个村民小组，69个自然村寨，1704户，8483人，其中：苗族6443人，汉族1077人，布依族963人。摆西公路贯穿乡境，乡人民政府驻地甲坝村，距县城46千米。

摆榜乡地处惠水东部，地跨北纬25°50′～25°55′，东经106°45′～107°26′之间。东抵平塘县大塘镇，最东点为高寨村石头寨；南连太阳乡，最南点为（蛮河）村河边寨；西邻斗底乡，最西点为盘井村盘井寨；北界宁旺乡，最北点为（高寨）村楼梯坡。乡境东西长8千米，南北宽20千米。面积82.2平方千米。2013年全乡耕地总资源2196公顷，其中：常用耕地413公顷（水田390公顷），临时性耕地1783公顷。

乡境内土壤主要以黄胶泥为主，适宜农作物种植。耕作制为一年一熟，主要种植水稻、玉米、马铃薯等粮食作物。晚粳米、黑糯米是摆榜乡的特产之一。2013年种植粮食作物983公顷，产量3841吨。其中：水稻种植452公顷，产量2599吨；玉米种植196公顷，产量706吨；种植马铃薯260公顷，产量453吨。种植经济作物431公顷，其中：油菜种植22公顷，产量25吨；蔬菜种植346公顷，产量4222吨。全年完成农业产值4621.2万元。全年出栏牛544头，年末存栏2065头（肉牛1147头、役用牛918头）；出栏猪2798头，年末存栏3991头；出栏马142头，年末存栏808头；出栏家禽33384只，年末存栏24449只。实现牧业产值1875.5万元。

2001年，将13个行政村合并为6个行政村。2013年，辖冗拱、高寨、盘井、甲坝、石板、蛮河6个行政村，52个村民小组，69个自然村寨，2725户，11527人。其中：少数民族10009人（苗族9460人、布依族544人），占全乡总人口86.8%。属典型的苗族聚居地区，多数村寨建在竹林之中。

摆榜系苗语“必棒”的译音，即高山平原之意。地势较高，是一个缓冲平台。全乡除蛮河村属于喀斯特地形外，石板、甲坝、盘井、高寨、冗拱5个村均属构造高台地。境内最高山峰楼梯坡位于冗拱村，海拔1491.6米；境内海拔最低点位于蛮河村摆郎河流出境处。全乡平均海拔1490米左右。辖区内常年气温较低，每年冬春季节多是雨雾天气，日照少，对农业生产影响极大。多年平均气温13.6℃，无霜期年平均207天，年平均日照时数2232.6小时，年总辐射116.5千卡/平方厘米，平均年降水量1100毫米，年平均降雨日数为109天。乡境内森林覆盖率32%。有山鸡、野兔、野猪等野生动物；有万亩草原、梯田风光和金盆漏底瀑布群构成摆榜独特的自然景观。晚粳米、黑糯米是摆榜特产，2012年，惠水县人民政府将摆榜乡申报列入国家农产品黑糯米主产区。

摆郎河从境内蛮河村流出乡境。境内建有水库2座（虎狼水库和甲架水库），蓄水42万立方米，可灌溉稻田3000亩。

乡内地下矿藏已探明有硅矿，主要分布在甲坝村。

1980年7月，在甲坝村开辟甲坝集贸市场，每逢星期五赶场，每场达万人以上，上市的大米，旺季达五、六万斤，耕畜达200余头。甲坝是全县有名的牛马交易市场和粮食市场。粮食除了本地特产黑糯米外，其他品种数量也很丰富，如粘米、糯米、碗米（粳米）等，平时上市量20000斤左右，秋收到春节期间可达十余万斤。甲坝市场的鸭子、鸡蛋、木材上市成交量在县内也享有盛誉。

2004年12月31日，惠水县开展第一次经济普查。辖区内有个体经营户79户（有营业执照35户、无营业执照44户），从业人数44人，营业收入304.03万元。其中：工业24户、交通运输电信业8户、零售业35户、餐饮业5户、租赁和商务服务业1户、卫生福利业1户、居民服务业1户、其他服务业4户。

2012年，位于石板村的贵州恒伟同心创业孵化园（摆榜乡返乡农民工创业孵化园）开工建设，2013年有26家水晶加工企业入住生产。

1967年建成摆西公路。1987年修建甲坝至上摆公路，全长7千米，砂石路面。2001年，全乡基本实现村村通公路目标。2004年摆西公路完成油路改造。2011年起逐步实施“一事一议”项目修建村级水泥道路。2013年完成6个村总长9千米通组道路硬化。

1991年，乡境内有公办小学3所，民办小学8所，教师30余人，在校学生800人。2013年，全乡有初级中学1所，教师26人，在校学生479人；有完小2所，专任教师27人，在校学生539人。小学入学率为99.13%，初中入学率为95.39%。

2013年，建有乡级卫生院1所，有病床15张，医护人员10人；村级卫生室6个，村级卫生员6人，无私人诊所。2013年新型农村合作医疗参合人数6590人，参合率达96%。

2013年，建有文化站一个，面积200平方米，藏书5100册。有村级农家书屋5个，远程教育站点2个，建村级篮球场等农民体育健身场所6个，村民在节日期间自发组织开展篮球、山歌比赛等文体活动。

2013年，全乡实现村村通汽车、通电话，4个村通自来水，1756户饮用安全卫生水。2个村通宽带、通邮件、通有线广播，建成地面卫星接收站7个，2442户农户由国家电网供电。

摆榜苗族风情多姿多彩，民族节日主要有正月初一到十五的“要嘎街生”（情人节）、二月的跑马坡（赛马节）、六、七月间跳月节（夜间芦笙节）等，民俗有大年三十夜结婚、丧葬杀牛祭祖、斗牛等，保留着质朴的原生态状态。非物质文化遗产传承主要有长号、唢呐演奏、苗族歌舞等。

斗底乡

1991年9月，撤销斗底乡（1978年称斗底公社、1984年称斗底乡）、党古乡（1978年称党古公社、1984年称党古乡）建制，设置斗底乡。辖上寨、下寨、新庄、掌满、岩下、六磨、党古、旁才、蛮绕、摆陇10个行政村，45个村民小组，38个自然寨，1139户，54614人，其中：布依族2651人，苗族2196人，汉族767人。摆西公路贯穿乡境，乡人民政府驻地斗底村，距县城41千米。

斗底乡位于惠水县城东部，地处北纬26° 01′ ~26° 04′，东经106° 81′ ~106° 91′，东、南面与摆榜乡接壤，最东点为斗底村岩下蛮冗寨，最南点为掌满村大寨；西和雅水、摆金镇为邻，最西点为蛮绕村石头寨；北与摆金镇、宁旺乡相连，最北点为党古村大田湾寨。乡境东西长14千米，南北宽12千米，总面积77平方千米。2013年，全乡耕地面积1052公顷，其中：常用耕地362公顷（水田135公顷），临时性耕地690公顷。森林覆盖率达50%。

辖区地处山区、半山区，地势北高南低，地形地貌以坝子、河流、山脉和丘陵为主。境内最高山峰位于掌满村掌满大坡，海拔高度1398米。平均海拔1100米左右，属高原山地季风湿润气候，平均降雨量为1250~1300毫米，无霜期为297天，年平均气温≥16℃，月平均气温为17.3℃。

摆郎河穿过乡境，境内的斗底河、党古河、翁岗河（又称磨阳河）、掌满河、新庄河5条大小河流全部汇入摆郎河。建有水库1座（掌满水库），蓄水15万立方米。

境内已探明矿产资源主要有页岩矿、大理石等。主要分布在斗底村。

2001年，将全乡10个行政村合并为5个行政村。2013年，全乡辖斗底、掌满、党古、旁才、白龙5个行政村29个村民组，1782户6516人，其中：少数民族5561人（布依族4410人、苗族人口1146人），占85.3%。

斗底村有条常年流水的溪沟，四周是较大的斜坡，围着一个百余亩的田坝，状若农民收割稻谷用的挞斗，故称“斗底”。辖区内水源条件较好，境内有河流小溪10余条，可灌溉稻田100公顷。乡内宜林面积较为宽广，多数村寨附近有森林。

乡境内耕作为一年一熟，土壤主要以黄胶泥为主，适宜农作物种植。农作物主要有水稻、玉米、豆类、小麦、油菜等。掌满、斗底、党古3个村水源较好，旁才、白龙2个村主要靠望天水，但土壤较为肥沃，保水性较好。2013年，全乡种植粮食作物740公顷，产量2568吨。其中：水稻种植300公顷，产量1535吨；玉米种植140公顷，产量457吨；小麦种植45公顷，产量102吨，马铃薯种植120公顷，产量293公顷。全乡种植经济作物453公顷。其中：油菜种植84公顷，产量132吨；烤烟种植37公顷，产量56吨；蔬菜种植233公顷，产量2592吨。

2010年后加大农业产业结构调整力度，不断扩大生猪、黑山羊、土鸡养殖和脱毒马铃薯、茶叶、竹菌种植等规模。2013年旁才村开发500亩荒山种植茶叶，全乡种植核桃、梨子、桃子等经果林300亩，年末果园面积84.1公顷。2013年，全乡有规模养殖户9户（其中黑山羊养殖2户），全乡年出栏牛447头，存栏1770头；出栏马45头，存栏198头；出栏猪2629头，存栏3159头；出栏家禽14051只，存栏15671只。全年农民人均收入5269元。

1978年，仅上寨村和党古村通车，公路为砂石泥土路面。1988年，党古村民集资投劳修建党古大寨至党古桥乡村公路，1990年建成党古桥。1991年后多数村寨自行集资投劳修建乡村公路，2001年基本实现村村通公路。2004年摆西公路完成油路改造。2011年起逐步实施“一事一议”项目修建村级水泥道路。2013年，全乡5个村共完成“一事一议”项目道路硬化9千米。

1991年有公办小学2所（党古、斗底），民办小学11所，教师36名，在校学生970名。2013年，全乡有完小2所（党古、斗底），无村级教学点。教师27人，教学班级15个，在校学生539人。2012年，全面实施农村学生营养午餐改善计划，惠及496名学生。

2013年，乡内建有卫生院1所，村级卫生室1个，有病床15张，医护人员5人，村级卫生员4人，无私人诊所。2013年新农合参合人数6590人，参合率达99.8%。

2013年，全乡建成农村地面卫星接收站58个。移动网络覆盖全乡，5个村通电话，1个村通宽带，1个村通有线广播。

2013年，乡内建有文化站1个，面积200平方米，藏书5100册。建有村级农家书屋5个，远程教育站点2个，村级篮球场等农民体育健身场所6个，村民在节日期间开展篮球、山歌比赛等文体活动。

斗底是典型的少数民族聚集地，党古、斗底和六寨3个自然村寨极具布依族特色，寨内保留有古建筑和古城墙，2006年，六寨列为县非物质文化遗产重点保护单位。乡境内有岩脚高洞、党古棉花洞等溶洞群，洞内岩溶变化大，有奇石岩溶奇观；岩脚寨棺材洞保存有百年前洞葬棺木。党古、哨上、旁才等古屯原貌保存完整。

乡境内少数民族节日主要有“三月三”和“四月八”。党古村糯米坡是当地少数民族“四月八”集会活动的场所。辖区内非物质文化遗产主要有粑棒舞和芦笙舞。

党古村是惠水特色优质米主产区，手工种植，米质优良。

鸭绒乡

1991年9月，撤销鸭绒乡（1978年称鸭绒公社、1984年称鸭绒乡）、鸭寨乡（1978年称鸭寨公社、1984年称鸭寨乡）建制，设置鸭绒乡。辖干河、提同、司岗、卜所、花厂、兴摆、大平、旧寨、鸭寨、上田、哨上、谷把、火石、毛栗、水冲、大地、竹子17个行政村，80个村民小组，74个自然寨，2894户，14779人，其中：苗族13565人，汉族1206人，布依族8人。摆（金）雅（水）公路贯穿乡境，乡人民政府驻上田村，距县城29千米。

乡境地处惠水县中北部，地跨北纬26° 01′ ~26° 02′，东经106° 43′ ~106° 44′。东抵摆金镇，最东点为卜所村平寨；西邻三都镇、好花红乡，最西点为水冲村架棚寨；南连雅水镇，最南点为上田村石奔冲寨；北界和平镇，最北点为大坪村高寨。乡境东西长13千米，南北宽15千米。面积72.4平方千米。2013年全乡耕地总资源1954公顷，其中：常用耕地845公顷（水田562公顷），临时性耕地1109公顷。

境域内耕作为一年一熟制，土壤主要以石灰土为主，兼有少量黄土，适宜农作物种植。2013年全乡种植粮食作物1679公顷，产量5303吨。其中：种植水稻542公顷，产量3195吨；种植小麦520公顷，产量531吨；种植玉米303公顷，产量952公顷；种植马铃薯103公顷，产量291吨。种植经济作物720公顷，其中：种植油菜104公顷，产量121吨；种植烤烟183公顷，产量247吨；种植蔬菜316公顷，产量3284吨。全年农业生产总值达7578万元，农民人均纯收入5928元。辖区内有农村集贸市场2个（鸭绒、鸭寨），鸭寨场逢地支丑日（牛天）和未日（羊天）轮换赶场；鸭绒场逢地支戌日（狗天）和辰日（龙天）赶场。

2001年12月，将原17个行政村合并为7个行政村。2013年，全乡辖花厂、卜所、上田、谷把、大坪、毛栗、水冲7个行政村，91个村民小组，4702户，18912人。其中：少数民族人口17707人（苗族17572人、布依族135人），占全乡总人口的93.6%，苗族人口占全乡总人口的92.9%。

乡境中东部地势较平坦，部分村寨处于惠水盆地的四级阶地上的石灰岩地区，丘陵起伏，乡境西部属于山区。境内主要山峰有磨子坡、鸳鸯坡、马娘大坡、摆苑大坡、杨家山等，最高山峰摆苑大坡位于水冲村硐土寨，海拔1384米。全乡平均海拔1150米。常年平均气温16.8℃，平均最低温度-3℃，平均最高气温32℃，年降雨量1200毫米，全年日照时数1200-1320小时，无霜期年平均295天。

境内已探明矿产资源有主要有煤矿、白绵石和石灰石矿，全乡均有分布。辖区内有鸭寨上田油罐冲岩洞、马跳岩岩洞、平冲岩洞、竹子冲岩洞、毛栗坪竹子洞等溶洞群，洞内有奇石岩溶奇观。

乡境水资源贫乏，乡境内无河流，大部分农田用水主要靠雅水水头水库储水灌溉。辖区内建有雅水水头水库至鸭绒、鸭寨水渠8千米，确保400公顷稻田灌溉用水。2006年建成油罐冲供水工程，花厂、卜所、上田、谷把、大坪、毛栗6个村使用自来水，全乡基本结束饮水难的历史。

乡境内多数村寨屋前屋后都种有柿子、梨子、桃子和李子等果树，盛产梨、方柿等水果，俗有“梨柿之乡”的美誉。境域内保存有金丝榔、枫香树、红豆树、白果树等古树。

1958年建成摆雅公路穿过乡境。1978年建有鸭绒经鸭寨至雅水的乡村公路，均为砂石泥土路面。1998年全乡实现村村通公路，2012年实现组组通公路，乡村公路全是沙石泥土路面。2005年摆雅公路完成油路改造，2010年建成鸭绒经斗蓬至和平镇新城村的村级水泥硬化道路。

1991年，全乡有九年一贯制学校1所（鸭绒民族学校），公办完小1所（鸭寨小学），民办小学9所，公民办教师70人，在校学生2338人。2013年，全乡有中学1所（鸭绒中学），教学班20个，在校学生932人；完小2所（鸭绒民族学校、鸭寨小学），教学班33个，在校学生1328人；幼儿园1个，教师7人，在园儿童328人，已无村级教学点。2012年，境内学校全面实施农村学生营养午餐改善计划，惠及学生1297人。

2013年，乡内建有卫生院1所，有病床46张，医护人员11人；建有村级卫生室7个，村级卫生员7人；有私人诊所2个。2013年，全乡18668人参加新型农村合作医疗，参合率98.25%。

2013年，全有文化站一个，面积200平方米，藏书5100册；有村级农家书屋7个，远程教育站点4个；

建有花厂、谷把、水冲3个村级农民体育健身场所，村民在节日期间开展篮球、山歌比赛等文体活动。

乡境属典型的苗族聚集地，鸭绒、鸭寨等自然村寨极具苗族特色。乡境苗族同胞有悠久的传统文化，喜爱歌舞。苗族姑娘擅长刺绣、织细纹土布，缝制精美衣裙。花厂村的三月三“歌若吉”、谷把村的秋坡节“贾署”民族节日氛围浓厚，主要内容有赛马、摔跤、对歌、芦笙舞等。三月三“歌若吉”节日保留着女青年用竹饭萝盛五色糯米饭送情郎等浪漫传统民俗。非物质文化遗产主要有粑棒铜鼓舞、苗族芦笙背扇舞等，民族民间工艺品主要有蜡染、谷蔺布、谷蔺锦、银器饰品等。

第十节 岗度镇

2014年3月，撤销岗度乡和宁旺乡建制，设置岗度镇，辖原岗度乡和宁旺乡行政区域。309省道贯穿全境，是惠水县东大门。镇人民政府驻岗度村，距县城43千米。

岗度镇位于惠水县东北部，地处半山区，地跨北纬26° 04′ ~26° 19′，东经105° 77′ ~107° 09′。东连贵定县云雾镇、平塘县掌布乡（最东点位于柏栗村河边寨），西邻摆金镇（最西点位于宁旺村甲壤组），南抵摆金镇、平塘县大塘镇（最南点位于龙田村磨角寨），北界龙里县湾滩河镇（最北点位于岗度村石板寨），地处惠水、龙里、平塘3县交界处。辖区东西长24千米，南北宽18.9千米，总面积289.2平方千米。2015年末全镇耕地总资源4657公顷，其中常用耕地994公顷（水田768公顷），临时性耕地3663公顷。森林覆盖率53.96%。

2015年，辖岗度村、宁旺村、火阳村、龙泉村、黄土村、龙田村、本底村、龙塘村、石烧村、新摆村、柏栗村、白水河村12个行政村，131个村民小组，5979户，24543人。其中少数民族人口19301人（布依族12851人、苗族6380人），占全镇总人口的78.6%。全年出生614人，出生率25‰，人口自然增长率21.63‰。

镇境内主要河流有岗度河、本底河、麻冲河和白水河4条河流。建有岗度电站和本底电站。建有水库4座（蛇场水库、柏栗、高寨水库、花冲水库）。建有水厂1座，日供水110吨，12个村4874户饮用安全卫生水。

镇域属山区和半山区，地处缓冲高原地带。境内海拔高低悬殊，最高海拔1690米，最低海拔960米，平均海拔1210米。辖区属亚热带季风气候，多年平均气温14.4℃，平均年降水量1250毫米。

境内主要山峰有藤子山、鲍家山、横山、老鹰岩、杉木冲坡、龙塘山等，最高山峰龙塘山位于龙塘村，海拔1691米。全镇海拔最低点位于白水河村亚龙寨，海拔960米。

境内已探明矿藏资源有石灰石、石英砂、煤、砷和锑等，石英砂、煤、砷分布在宁旺片区一带，锑矿分布于本地村新寨一带。

境内有变电站1座，用电户数6031户。辖区内12个村通电话，12个村通邮件，2个村通有线广播，2个村通有线电视，2个村通宽带，移动、联通、电信4G信号覆盖全镇。辖区有金融机构营业点1个，电信代办点1个，移动代办点1个，农村淘宝站5个，快递2家，网吧1个。辖区内有农村集贸市场2个（岗度场和宁旺场），集市日期按地支推算，每六天一场，岗度场为卯日（兔天）和酉日（鸡天）轮流赶场；宁旺场为辰日（龙天）和戌日（狗天）轮流赶场。

境内旅游资源丰富，民族文化特色浓郁。岗度河和本底河在境内形成王猛瀑布、火龙瀑布、外丈瀑布、打条瀑布、锅底潭瀑布、滴水崖瀑布等瀑布数十个，具有旅游开发价值。物质文化遗产主要有本底布依四合院，摆朗白蛇古桥、甲壤石拱桥、摆祥云盘、荒田云盘、苗族铜鼓等，非物质文化遗产主要有苗族“姊妹箫”和“香花舞”。

镇域特色农产品主要有黑糯米、苦丁茶、高树茶、珍珠板栗、柿子和刺梨等，高树茶是宁旺村特有茶种，树龄上百年。岗度苦丁茶具有降脂、降压和提高免疫力等保健作用。烤烟和茶叶种植是经济的龙头产业。

一、地方经济

地方经济以一产为主，一、二产业相应发展。2015年，岗度镇农业总产值18167.8万元，农村常住居民可支配收入7489元。

农业以种养殖业为主。镇境内耕作制度为一年一熟，主要种植水稻、玉米、豆类、小麦、油菜等农作物。2015年，全镇种植粮食作物1864公顷，产量8131吨。其中水稻种植827公顷，产量5423吨；小麦种植244公顷，产量422吨；玉米种植282公顷，产量1220公顷。经济作物种植1560公顷，其中油菜种植399公顷，产量681吨；烤烟种植360公顷，产量539吨；蔬菜及食用菌种植628公顷，产量8867吨。2015年末全镇果园面积290公顷，其中梨92公顷、柑橘77公顷、桃54公顷。养殖业以猪、牛、马、鸡等为主，2015年，猪年末存栏11608头，牛存栏7442头，马存栏3247匹；家禽45498只；年出栏活家禽59847只。

烤烟和茶叶作为镇域经济的支柱产业，2015年，全镇烤烟种植面积360公顷，合同收购533300千克。2015年新增春茶种植面积273亩，年末茶叶种植面积197公顷。全镇有茶叶专业合作社2个，茶叶生产企业3家。

2012年8月，位于镇境内龙塘山的“贵州宁旺烟花爆竹产业园”和“贵州惠水龙塘山风电场一期工程”开工建设。2015年，有6家企业落户园区建成投产，其中4家已通过省级验收；有6家配套企业建成。2015年完成固定资产投资7018万元。总投资15亿元的龙塘山风电场一期工程32台风机建成并网发电。

2015年，镇内有小菜市1个，大型超市1个（光明超市），个体工商户236个。

2015年，全镇8105人从事农业生产，2353人从事工业行业，801人从事建筑业，422人从事交通运输仓储业和邮政业，557人从事批发与零售业，160人从事住宿和餐饮业，6093人从事其他行业。

2015年，全镇外出务工6604人（省外4588人、省内县外1115人、县内901人）。

二、社会事业

2015年，辖区内有初级中学2所（岗度中学、宁旺中学），教学班17个，在校学生823人，教职工71人；小学11所，在校学生1725人，教职工121人；幼儿园2所，在园幼儿233人，教师12人。辖区内有文化中心1个，房屋面积70平方米，有图书3000余册。卫生院2所，病床14张，卫技人员16人；计生服务站2个，卫技人员16人；村级卫生室10个，村级卫生人员10人，全镇7634人参加新型农村合作医疗，参合率为97%。有养老院1个，床位32张；村幸福院2个。

2015年，全镇实现村村通自来水、通汽车、通电话和通邮件，通村公路里程52千米，通组公路里程39.41千米（2017年实施）。农电网覆盖全镇各村组，全镇用电户数6031户。

三、精准扶贫

全镇有本底、柏栗、龙塘、龙田、新摆、白水河6个深度贫困村，2014年建档立卡贫困户957户3913人，其中脱贫173户862人，贫困发生率12.1%；2015年建档立卡贫困户848户3352人，其中脱贫157户731

人，贫困发生率11.7%。

2014年，争取资金201万元实施人饮设施和道路硬化工程，实施财政奖补项目“一事一议”通村道路硬化工程12千米；完成全镇289户危房改造任务，完成火阳村163万元人饮工程和高寨水库除险加固工程。2015年，完成全镇314户农村危房改造任务，完成财政奖补项目“一事一议”路面硬化程8.3千米。

附：原岗度乡、宁旺乡简介。

岗度乡

1991年8月，撤销岗度乡（1978年称岗度公社，1984年称岗度乡）、本底乡（1978年称本底公社，1984年称本底乡）和关山乡（1978年称关山公社，1984年称关山乡）建制，建立岗度乡。辖屯上、岗度、甲找、扁街、干脚、黄土、岗倒、高坡、掌弄、白栎、井山、小河、盘龙、本底、上本底、石烧、摆若、董榜、火洋、火闹、翁弄、长地23个行政村，104个村民组，74个自然寨，2245户，11338人，其中布依族7042人；苗族2883人，汉族1409人。省道309贯穿全境，乡人民政府驻岗度村，距县城44千米。

2001年12月，将23个行政村合并为6个行政村。2013年，辖岗度、黄土、柏栗、本底、石烧、火阳6个村，62个村民小组，3697户13783人。其中少数民族11929人（布依族8467人、苗族3461人），占总人口的86.55%。2013年，全乡人口出生率为3.56‰。

岗度乡位于惠水县东北部，东连贵定县云雾镇、平塘县掌布乡（最东点位于柏栗村河边寨），南邻宁旺乡（最南点位于柏栗村柏杨组），西抵摆金镇、甲烈乡（最西点位于火阳藤子山），北界龙里县羊场镇（最北点位于岗度村石板寨），地处惠水、龙里、平塘3县交界处。辖区东西长35千米，南北宽10千米，总面积134.1平方千米。2013年末全镇耕地总资源3353公顷，其中常用耕地600公顷（水田410公顷），临时性耕地2753公顷。传统种植水稻、玉米、小麦、豆类、油菜等粮食作物。2013年全乡种植粮食作物934公顷，产量4173吨。其中稻谷481公顷，产量2754吨；小麦82公顷，产量99吨；高粱142公顷，产量703吨。全乡种植蔬菜255公顷，产量3238吨。2013年年末，全乡实有茶园233公顷，产量33吨。

烤烟和茶叶是乡域经济的支柱产业。1990年前，烟叶种植主要以土烟为主，年均种植3.38公顷，年均总产15.3吨。1998年后，烟叶种植主要为烤烟，品种主要为K326，是年种植烤烟88公顷，产量163吨；2008年，推行精细化种植，产量大幅提高。2013年，全乡烤烟种植354公顷，产量639吨。2013年实现烤烟税收341万元，占全乡财政总收入的68.2%。

全乡为山区和半山区，境内岗度河、本底河、蛇场水库溪流3条河，流经大部分村寨。2013年，乡内有水库2个（蛇场水库、柏栗水库），2011年对柏栗水库进行除险加固，2012年10月竣工。

境内主要山峰有藤子山、鲍家山、横山、老鹰岩、杉木冲坡、神王山、牛坡等，最高山峰横山位于岗度村，海拔1484米。

境内已探明矿藏资源有石灰石和锑等，石灰石分布广泛，锑矿分布于本地村新寨一带。

2013年，境内用电户数3020户。辖区内6个村通电话，6个村通邮件，2个村通有线广播，建成农村地面卫星接收站61个，1个村通宽带，移动、联通、电信4G信号覆盖全乡。辖区有金融机构营业点1个，电信代办点1个，移动代办点1个。

岗度是惠水县东北部的商业中心，是规模较大的农副产品集散地。乡境内有农村集贸市场1个（岗度场），集市日期按地支推算，每六天一场，卯日（兔天）和酉日（鸡天）轮流赶场。

境内旅游资源丰富，民族文化特色浓郁。岗度河和本底河在境内形成的岗度"七一瀑布"具有旅游开发价值。物质文化遗产主要有本底布依四合院，摆朗白蛇古桥等。

辖区有宜林荒山十万余亩。2012年，建成500万元的生态畜牧种草养牛场1个。2013年，全乡有个体工商户346户，农民专业合作社2家。

2004年12月31日，惠水县开展第一次经济普查。辖区内有个体经营户57户（有营业执照28户、无营业执照29户），从业人数70人，营业收入124.32万元。其中工业17户、交通运输电信业19户、零售业18户、餐饮业2户、其他服务业1户。

1991年，乡境有公办小学2所，岗度小学附设初中班，民办小学18所，有公民办教师60余人，在校生1280余人。

2013年，境内有中学1所（岗度中学），教职工42人，教学班级11个，在校学生589人；小学5所（岗度小学、本底小学、柏栗小学、摆若小学、黄土小学），教职工52人，教学班级23个，在校学生930人。2012年起，全镇中小学全面实施学生营养餐改善计划，1519名学生受益。

2013年，镇建有综合文化站1个，面积300平方米，设置有多功能厅、培训室、图书室、阅览室、电子共享室、储藏室、办公室等功能用房，配备有计算机、音响、乐器等设施设备，图书室藏书3500余册、电子共享室配置电脑11台。建有农家书屋6个，藏书10000册。

2013年，乡境内有卫生院1所，面积328平方米，床位9张。设置有产房、待产室、化验室、放射室、手术室等业务用房。年末有职工10人。全乡有村卫生室4个，卫技人员4人。全乡12163人参加新型农村合作医疗，参合率为96%。

宁旺乡

1991年9月，撤销原宁旺乡（1978年称宁旺公社，1984年称宁旺乡）、祥摆乡（1978年称祥摆公社，1984年称祥摆乡）建制，设置宁旺乡。辖宁旺、大寨、高火、摆朗、摆坝、摆祥、甲壤、祥摆、摆猛、中坡、荒田、江龙、黄田13个行政村，69个村民小组，65个自然寨，1580户8084人，其中布依族3090人、汉族2794人、苗族2200人。乡人民政府驻宁旺村，距县城32千米。

2001年，将13个行政村合并为6个行政村。2013年，辖宁旺、龙泉、龙塘、新摆、白水河、龙田6个村，69个村民小组，2428户10402人。其中少数民族7324人（布依族4497人、苗族2800人），占全乡总人口70.4%。

宁旺乡位于惠水县东北部，东连平塘县掌布乡，最东点位于白水河村亚龙组；南接摆榜乡、平塘县大塘镇，最南点位于龙田村甲用寨；西邻摆金镇、斗底乡，最西点位于火阳村下火堕寨；北界岗度乡，最北点位于龙塘村龙井寨。东西长35千米，南北宽21千米，总面积151.2平方千米。2013年全乡耕地总资源2160公顷，其中常用耕地1151公顷（水田560公顷），临时性耕地1009公顷。

境内矿产资源有石英砂、煤、砷等，主要分布在宁旺村和龙塘村。已探明煤矿贮量500万吨，品位高，便于开采。2013年乡境内有证煤矿企业2个（宁旺煤矿和鑫朋煤矿），年产量9万吨；有砂石厂1个。

乡境地处缓冲高原地带，属半山区。地形地貌以坝子、河流、山脉和丘陵为主。境内最高山峰龙塘山海拔1691米，位于龙塘村，是中国100大避暑名山之一。乡境内以种植水稻、玉米、油菜等农作物为主，特色农业有烤烟、茶叶、黑糯米、水果、蔬菜等；特色产业有种草养牛和娃娃鱼养殖。

2013年，全乡种植粮食作物1097公顷，产量3527吨。其中水稻361公顷，产量1961吨；小麦242公顷，产量352吨；玉米252公顷，产量771吨。全乡种植经济作物637公顷，其中油菜221公顷，产量365吨；烤烟153公顷，产量202吨，实现产值464.4万元；种植蔬菜255公顷，产量3238吨。年末全乡有养牛场1个，存栏140头（主要品种是西门塔尔）；有大鲵（娃娃鱼）养殖场1个，有母鱼20条，商品鱼苗2000条。

境内的白水河发源于龙塘山东麓，由西向东出境。因河床浅，河底水呈白色而得名“白水河”。在龙塘村摆祥组建有花冲水库，可灌溉稻田500亩。

1968年，建成火（堕）祥（摆）公路，全长28千米。2012年，建成火堕路口至滕家寨5千米通乡油路，完成宁旺至岗度乡黄土村通村公路水泥硬化，全程8.3千米，实现全乡村村通公路、通汽车。

宁旺陶瓷厂生产的坛、缸、钵、罐、碗等陶器，工艺考究，有百年历史。宁旺搪瓷厂于20世纪末破产。

1991年有公办小学2所，民办小学20所，教师60余人，教学班50个，在校学生1000余人。2013年全乡有九年一贯制学校1所（宁旺中心校），教师36人，教学班级12个，学生751人；有小学7所，教师25人，在校学生420人。2012年起，全镇中小学全面实施学生营养餐改善计划，1171名学生受益。

2013年，建有乡卫生院1个，面积360平方米，床位3张，有职工8人。有村级卫生室6个，村卫生员6人。2013年，全乡8304人参加新型农村合作医疗，参合率96%。

2013年，建有文化站1个，面积300平方米。农家书屋6个，有图书1万余册。

2013年，境内有变电站1座，用电户数2197户。辖区内6个村通电话，6个村通邮件，2个村通有线广播，建成农村地面卫星接收站8个，1个村通宽带，移动、联通、电信4G信号覆盖全乡。辖区有金融机构营业点1个，电信代办点1个，移动代办点1个。

宁旺场是乡境农副产品集散地，集市日期按地支推算，每六天一场，辰日（龙天）和亥日（狗天）轮流赶场。

乡境有祥摆采育林场和斗底畜牧场2家企事业单位。

2004年12月31日，惠水县开展第一次经济普查。辖区内有个体经营户26户（有营业执照13户、无营业执照13户），从业人数29人，营业收入55.91万元。其中工业5户、交通运输电信业5户、零售业15户、餐饮业1户。

2013年，乡内有餐馆1家，有邮政所1个，贵州农村信用合作社1个，移动、电信营业厅1个，移动网络覆盖全乡。

2012年3月，龙塘山风力发电一期工程开工建设，12月31日实现首台机组并网发电，2013年，乡境内的贵州宁旺烟花爆竹产业园区有5家企业建成投产。

第四章　地质　地貌

第一节　地　质

惠水地区在大地构造上，属于上扬子地台褶带的黔南古陷褶断束，地质构造以褶皱构造为主，向斜背斜相间，呈北东至南西走向，隔挡式平行排列。具有背斜成山，向斜为谷地的规律。中生代末期的燕山9运动，形成了一系列大致南北向的褶皱带。自东向西主要有斗底畜牧场背斜，摆金向斜，大坝—斗蓬背斜，雅水—抵季背斜，涟江向斜，雅羊背斜，王佑穹窿等，其延伸方向大致为北东向。背斜轴部出露较古老的泥盆、石炭地层。向斜轴部为三叠系地层，并有下第三系红色岩系堆积。

上述构造控制着地层的出露，所有地层均顺应构造线的延伸方向，以背斜为中心由老到新或以向斜为中心，由新到老作带状平行排列。

根据《贵州省区域地质志》的划分，县域境内地层以上古生界泥盆系（D）、石炭系（C）为主，少量分布二叠系（P）及中生界三叠系（T），现从老到新简介：

泥盆系（D）——出露于王佑、本底、翁昭及龙滩河以北等地区，面积130平方千米，县境仅出露中统和上统；主要有中统龙洞水组（D2l）独山组（D2d）及上统高坡场组（D3gp）。

中统龙洞水组（D21）：为一套富含珊瑚及腕足类的台地相碳酸盐岩。以深灰色中厚层及厚层泥晶灰岩夹灰黑色泥灰岩为主，下部含少许燧石结核。中部夹灰色厚层中—粗晶含铁砂质白云岩，斜层理发育，含较多鲕状赤铁矿颗粒及黄铁矿晶粒。底部为深灰色中厚层含白云质砂质灰岩与黑色泥质砂岩互层。

中统独山组（D2d）：为一套灰岩与砂岩交替出现的地层，以本底、王佑分布较多，自下而上岩性由厚层灰黄色块状粉砂质泥岩和页岩层，过渡到砂质泥岩和粉砂岩，以及浅灰、灰白色厚层块状细砂岩和石英砂岩。下部夹有少量生物灰岩及泥灰岩，顶部为厚层块状白云岩或泥灰岩。

上统高坡场组（D3gp）：为一套灰、深灰色为主的厚层、块状白云岩地层；本底及王佑地区南部分属不同相区，本底地区以新寨为界，其西北称高坡场组（D3g）；东南面称望城坡组（D3w）及尧梭组（D3y）。主要岩性以灰色厚层块状细—中晶白云岩为主，望城坡组及尧梭组顶部为致密块状灰岩。王佑地区南部，下部称桑郎组（D3s），主要为灰黑色薄—中厚层灰岩，燧石灰岩夹页岩；上部称代化组（D3d），为灰色薄层灰岩及泥质条带灰岩。

石炭系（C）——石炭系分布广泛，占全县总面积的一半以上；地层层序齐全，最大厚度达1938米。主要有下统汤粑沟组（C1t）、祥摆组（C1x）、旧司组（C1j）、上司组（C1s）、摆佐组（C1b），上统黄龙组（C3h）及马平组（C3m）。

下统汤粑沟组（C1t）：深灰、灰黑色中厚层、厚层细晶~泥晶灰岩、泥质灰岩，夹燧石灰岩、瘤状灰岩及泥灰岩。

下统祥摆组（C1x）：为灰黑—灰白色中厚层、厚层细—中粒砂岩、石英砂岩、石英岩状砂岩，夹深灰色黏土岩、炭质页岩及1～7层无烟煤。煤层上、下的页岩中普遍含菱铁矿结核，或夹透镜状菱铁矿。

下统岩关组（C1y）：主要为深灰色中厚层灰岩夹泥质条带灰岩及泥灰岩。

下统大塘组（C1d）：大塘组下部称旧司段，自下而上为砂岩夹页岩、薄煤层、灰岩、泥灰岩、页岩等组成。

下统旧司组（C1j）：以深灰、灰黑色中厚层泥晶灰岩及黏土（页）岩为主，夹较多泥灰岩、燧石灰岩及硅质岩。

下统上司组（C1s）：上部称上司段，以深灰、灰黑色中厚层泥晶—微晶灰岩、生物屑灰岩为主，夹少量泥质灰岩、泥灰岩、燧石灰岩、白云质灰岩及个别黏土（页）岩。

下统摆佐组（C1b）：以浅灰白色灰岩为主，底及上部为浅灰色白云岩。

上统黄龙组（C3h）：为浅灰、灰白色中厚层~块状泥晶生物屑灰岩、生物屑泥晶灰岩、亮晶生物屑灰岩，夹少量灰白色燧石灰岩及白云岩。

上统马平组（C3m）：为浅灰、灰白色厚层块状细晶—泥晶灰岩、泥晶生物屑灰岩，夹亮晶蜓灰岩、深灰色含泥质瘤状泥晶灰岩，局部夹燧石灰岩和白云岩，底部0.5米至数米常为紫红、灰绿色瘤状灰岩夹灰绿色页岩。

二叠系（P）——二叠系广泛出露于惠水盆地东西两侧及摆金、田坝、团坡等向斜的翼部，分布面积约占全县面积的四分之一，最大厚度达1152米。主要有中统梁山组（P2l）、栖霞组（P2q）、茅口组（P2m）及上统大隆组（P3d）、吴家坪组（P3w）和长兴组（P3c）。

中统梁山组（P2l）：以灰—灰白色中厚层—厚层细砂岩、石英砂岩、石英粉砂岩及灰、深灰色黏土（页）岩为主，夹炭质页岩及0～8层煤（线），局部可采，煤层（线）单层厚0.05～1米。局部尚夹似层状或透镜状灰色灰岩、泥灰岩。

中统栖霞组（P2q）：为灰、深灰色中厚层、厚层泥晶—微晶灰岩、含燧石结核灰岩及生物屑灰岩，栖霞组底部为碳质页岩夹泥炭岩和含泥质条带及燧石结核，中上部为厚层块状灰岩，下部多夹泥灰岩及黏土岩薄层，上部或顶部常为灰、浅灰白色厚层豹皮状白云质（化）灰岩及细至中晶白云岩。

中统茅口组（P2m）：为浅灰、灰白色厚层块状泥晶生物屑灰岩及深灰色中厚层燧石灰岩夹硅质岩。

上统大隆组（P3d）：为深灰色薄层硅质岩、硅化黏土岩及薄层绿泥石化泥灰岩、黏土质绿泥石岩夹鲜绿色蒙脱石化玻屑凝灰岩。

上统吴家坪组（P3w）和长兴组（P3c）：系含煤地层，主要为黄褐色泥页岩、碳质页岩、硅质页岩、硅质岩、煤层与燧石灰岩互层。

三叠系（T）——分布于田坝、团坡等向斜轴部及赤土以北地区，主要为下统罗楼组（T1l）、大冶组（T1d）及中统新苑组（T2x）、边阳组（T2d）。

下统罗楼组（T1l）：以灰、紫红色黏土岩、薄—中厚层灰岩为主，夹较多砾屑灰岩、少量泥灰岩及个别玻屑凝灰岩薄层。富含菊石及少量双壳类。

下统大冶组（T1d）主要为灰色薄片状灰岩及灰绿、灰黑色泥页岩及其互层。

中统北部青岩组由生物礁相灰岩、泥灰岩、角砾状灰岩和泥页岩组成韵律层；南部新苑组（T2x）为灰、黄灰色薄—中厚层黏土岩、钙质粉砂质黏土岩，夹灰色薄层泥质粉砂岩、细砂岩及灰、深灰色薄—

中厚层瘤状灰岩、泥晶灰岩及泥灰岩。

中统边阳组（T2d）为灰绿、褐黄色薄至中层钙质石英砂岩夹泥岩粉砂质泥岩。

下第三系——出露于惠水盆地两侧及南部田坝向斜盆地，为内陆河流及山间盆地在干热条件下的堆积产物。岩性下部为角砾岩，角砾成分为来自附近的灰岩和少量燧石碎块，经沙、泥、钙质胶结，最厚达60米；上部为紫红色厚层泥岩及含粉砂质泥岩，普遍含钙质，厚110米。

第四系——主要分布于惠水盆地及县境内大小河谷及沟谷底部，山麓和山间盆地及溶蚀洼地底部。主要为冲积、洪积、湖积以及残积和坡积。惠水盆地第四系主要为河湖相的洪积——冲积岩，由砾石层和沙土层组成，有些地段夹泥炭层。

第二节　地　貌

一、地貌特征

惠水属喀斯特盆地地貌，碳酸盐岩出露占全县面积的65%，各种喀斯特形态，如峰丛、峰林、溶蚀的盆地、洼地、盲谷、漏斗、溶洞、天生桥、嶂谷、溶沟、石芽等。县境位于苗岭山地南端，北连黔中山原，南接黔南峡谷，正好是苗岭山地向广西丘陵盆地过渡的斜坡地带，总的地势北高南低，最高点位于县境东北部宁旺乡境内的龙塘山，海拔1691米，最低点位于县境西南部打引乡打场寨附近涟江河谷，海拔666米。县境大部分地区海拔在900～1300米之间，全县平均海拔1100米左右。

地貌发育受构造的控制　惠水县在燕山期造山运动所形成的一系列构造（褶皱和断裂），是地貌发育的基础，对地貌的空间和形态变化起着明显的控制作用。一般来说，具有背斜成山，向斜成谷的规律，但由于后期流水的侵蚀切割，也会出现背斜为谷向斜为山的倒置地形。涟江向斜东西两侧为深大断裂分割，中部下陷成为地堑式的断陷盆地，涟江曲流转折极不自然，盆缘有明显的坡折线。王佑穹窿轴部出露中泥盆砂泥页岩，抗风化力弱，经流水的侵蚀成为低山丘陵河谷盆地，而四周的石英砂岩和石灰岩抗风化力强，地势高起，构成以长安为中心的倒置盆地。王佑与长顺睦化分界线上的老豹山成为东陡西缓两侧不对称的单面山。雅羊背斜轴部张性裂隙发育，地表水和地下水大量汇聚，逐渐形成倒置的溶蚀盆地。

岩石的产状和岩性硬度不同，也表现出特有的构造地貌形态。摆榜一带处于西关背斜的北段，岩层产状近于水平，质地坚硬的石英砂岩出露地面，呈现平台构造景观。雅水—抵季背斜大面积出露下石炭砂页岩，地貌上出现起伏不大的高丘陵和单面山，与四周的石灰岩峰丛山地形成明显对照。

岩性差异在地貌上的不同表现　惠水县境全部为层积岩地层，岩性差别很大。根据岩石的矿物组成和化学成分不同以及在地貌上不同表现，可划分为纯碳酸盐岩岩组、夹层岩岩组、碎屑岩岩组以及红岩和松散沉积物。

惠水纯碳酸盐岩分布面积广，占全县总面积的65%（不包括夹层岩）。各类碳酸盐岩质地纯，结晶性好，溶解度高。石灰岩类CaO（生石灰）含量为45%~55%，白云岩类CaO含量为30%，MgO（氧化镁）含量为17%~20%，两类岩石的酸不溶物极少。而且碳酸盐岩的刚性好，在构造力的作用下，产生了不同方向的断层和裂隙系统，透水性强。非碳酸盐岩夹层为相对隔水层并起到局部堵水作用，有利于地下水的富集和溶蚀通道的发育。在多雨的亚热带气候条件下，发育为典型的以峰丛石山为主的喀斯特地貌。

在碎屑岩及质地不纯的碳酸盐岩分布地区，地下水的溶蚀作用微弱，是以流水的剥蚀——侵蚀作用为主，地貌上表现为常态的中低山和丘陵地貌。

红色岩系属陆上碎屑沉积，碎屑成分以碳酸盐为主，地貌上兼有溶蚀、侵蚀形态，如涟江盆地、摆金坝子等。

地貌发育与侵蚀基面变化 新生代以来，随着整个贵州高原大面积掀斜式抬升，导致红水河侵蚀基面急剧下降，这一因素对惠水地貌发育影响极大。涟江干流全长235千米，与作为相对侵蚀基面的海拔280米的红水河河面相比，总落差达1020米，各段河床纵比降出现明显变化。在满玉以上涟江河床蜿蜒迂回于宽谷盆地之中，水流平缓。满玉至摆亚涟江流出盆地进入峡谷区，水流平直，河曲下嵌但下切深度不大，以上河床纵比降为2.7%。摆亚至打场河18千米河段，涟江进入石灰岩峡谷区，下切深度达300～500米，河谷形态为嶂谷，河床纵比降为11%。打场河段以下河谷逐渐展宽，河床纵比降减至2.5%。

由于新构造运动具有间歇性特点，在上升过程中出现几次停顿，使涟江河谷出现数级阶地。一级阶地高出涟江水面5～6米，二级阶地高出涟江水面13至15米，三级阶地高出涟江水面20～40米，四级阶地高出涟江水面50～70米。惠水盆地边缘还有相对高180米、250米的两级剥蚀面，前者为盆缘的长岭岗，后者为东西两侧的峰顶面。

总之，惠水地区是一个差别上升的地块，上升的速度超过了剥蚀的速度，从而引起外营力性质和强度等一系列变化。

二、地貌类型

峰丛中山 是全县分布最广的岩溶地貌类型，面积1000平方千米，占全县总面积的40.5%，根据相对高差分为浅切割和中切割两种类型。

浅切割峰丛中山：这类地貌海拔1000米以上，相对高度一般200～300米，少数超过400米，广泛分布于九龙、大龙、斗篷、清水苑、水源、宁旺、斗底、兴安、西混、翁垒、断杉、新场等地区的全部及大部分地区和大华、鸭寨、合爱、抵麻、党古、洛平、董照、羡塘、抵季等地区的部分地区。地表物质的组成大部分为石炭—二叠的厚层块状石灰岩及白云质灰岩。地表形态以大面积密集分布的峰丛石山为主，多数石山具有连座性，峰丛之间有许多封闭性洼地和漏斗。峰洼面积之比为8：1至10：1。

中切割峰丛中山：分布于王佑和断杉之间的涟江峡谷两岸地带。由于碳酸盐地块受不同方向构造力的作用，岩体破碎，断裂发育，涟江为适应下降的侵蚀基面，沿裂隙下切500~600米，导致地表水强烈渗透，出现大量深竖井和落水洞，地表崎岖，山高谷深。土层浅薄，耕地田少土多，缺水严重。

夹层岩中山 指的是碳酸盐岩与碎屑岩的夹层或互层。主要有下石灰岩关组和上二叠系吴家坪至长兴组地层。面积291.4平方千米，占全县总面积的11.8%。分布于县境东北部黑苗寨、摆纪和斗底畜牧场一带和北部大坝乡以及摆金向斜、涟江盆缘地带。由于岩性中有泥质、硅质成分及夹层，岩溶不发育，仅局部出现一些浅碟形漏斗和落水洞。东北地区受流水的切割，相对高度增大，一般为200～400米，坡度增大。涟江盆地盆缘及七里冲、乌落关一带，以及摆金等地，所含燧石灰岩构成山体中心部分。地表为较厚的泥、页岩、硅质岩的风化物覆盖，尤其以山麓坡积物较厚，相对高度200～300米，坡度20至35度。

在石灰岩夹层中也发育有溶洞、落水洞，导致许多河床漏水甚至成为干河谷。

砂页岩中山 分为浅切割和中切割两类砂页岩中山，前者主要分布于太阳、洛平、董照、抵季等地的大部分地区以及岗度东面的对门坡、高摆当，面积233.4平方千米，占全县总面积的9.5%。主要岩性为下石炭大塘组旧司段的砂页岩及中泥盆的石英砂岩，多数山头海拔高度在1500米以下，相对高度200至

300米，坡度一般为16～25度，仅沟谷边坡较陡。在河谷及沟谷底部，地势平坦，多为冲积性土。

中切割砂页岩中山：主要分布于宁旺龙塘山和祥摆一带，岩性主要是下石炭砂页岩及泥灰岩。由于受构造影响，地壳上升幅度较大，沟谷下切较深。龙塘山海拔1691米，祥摆采育林场以东河谷底部海拔893米，相对高度达500～800米，河谷及沟谷边坡坡度大。

低山 海拔在1000米以下，仅有一个类型，即浅切割砂页岩低山，分布在长安、王佑、打引乡的西北部，面积65平方千米，占全县土地总面积的2.6%。岩性主要为中泥盆独山组砂页岩及少量生物灰岩年、泥灰岩，构造上处于王佑穹隆的中心部位。由于岩性软，易风化，受到流水的侵蚀，地势下降，相对高度200~400米。大小河流向盆地中心汇集，成为向心水系，然后切穿东南盆缘并潜入地下，后注入涟江。长安一带坡缓谷宽，土壤多为黄泥、黄沙泥及冲积性水稻土。盆缘山麓，沟谷风化层厚，多为酸性硅质、硅铝质黄壤。

丘陵 全县丘陵地貌分布较为广泛，面积653平方千米，占全县总面积的26.4%。根据相对高度不同分为高丘、低丘；根据岩性差异分为岩溶丘陵、夹层岩丘陵、砂页岩丘陵以及红岩丘陵。

岩溶丘陵：主要分布于岗度、本底、关山、甲烈、大华、鸭绒、鸭寨、芦山、雅羊等地。岗度、本底及王佑附近的岩溶丘陵由上泥盆白云岩组成。白云岩易风化为白云砂，导致丘陵坡度缓减，溶丘之间有地表河流，谷地宽展。鸭绒、鸭寨、关山一带，岩性为中上石炭质纯灰岩，经长期溶蚀，地表残留有相对高度仅几十米的孤丘、残丘，而且出现大面积的溶沟、石芽，典型的岩浪地，由于岩层裂隙发育，地表缺水。芦山、雅羊一带，由于地下水的大量富集，溶蚀作用强烈，出现一些大型的溶蚀盆地，地下水位高。盆缘石山被溶蚀分割，出现连座峰林和孤峰。

夹层岩丘陵：主要分布于涟江盆地盆缘及长田乡一带，岩性为上二叠、三叠系的夹层岩。由于砂、泥、页岩较多，地表风化层厚，山丘浑圆，相对高度100米以下，谷地宽平，水源条件好。

砂页岩丘陵：分布于党古、雅水、抵麻、定理、董朗等地及芦山、甲戎、王佑等乡的部分地区。雅水等地地面坡度不大，相对高度不到100米，具有谷宽坡缓坡长的特点。河谷底部平坦，岩层渗水性差。董朗、芦山一带出露中三叠砂泥页岩，沟谷深切，相对高度大于100米，砂页岩风化后多为硅铝质黄壤。

红岩丘陵：分布于涟江盆地南北两端及东西两侧。下第三系红色岩系构成涟江河谷的三、四级阶地的基座，在山麓地带红岩被流水分割成相对高度30～60米的丘陵，丘顶浑圆，风化层厚，多为紫色土，沟谷中为紫色泥田。红色角砾岩分布地区，有岩溶现象，在董朗大桥一带出现石林式丹霞地貌。

盆地与台地 县境内盆地与台地面积为227.5平方千米，占全县总面积的9.2%，涟江盆地是断层下陷由河流冲积而成。整个盆地有耕地7万亩，占全县耕地面积的五分之一。涟江进入盆地中河曲发育，河谷中有河漫滩和1～4级阶地。

一级阶地高出现代河床3～6米，台面标高860米，为基座阶地，其物质组成以县城南3千米大坡寨一级阶地剖面为代表，基岩为下第三系紫红色黏土质粉砂岩。

二级阶地高出河水面13～15米，台面标高980米，为基座阶地。以惠水城北罗九苑二级阶地剖面为代表。基岩为下第三系红色泥岩。

三级阶地高出河水面20～40米，台面标高1000米，沿河两岸呈不连续的台地，惠水县城、纸厂、三都镇均坐落于此阶地；为基座阶地。以惠水县城西杨家路剖面为代表。基岩为下第三系紫红色泥岩。

四级阶地零星分布于涟江盆地两侧，呈平顶丘陵或圆包状残丘，高出河面60至70米，大多由红色岩系组成，表面仅残留少量砾石。

其他河谷地分布于摆金、雅水、长安等地，面积不大。

岩溶盆地：主要有雅羊、羡塘、岗度、宁旺、大华等。多为封闭性和半封闭性，有河流通过，面积数百亩至上千亩，土壤为冲积性水稻田和大眼泥田。地下水位较高，泉水出露较多。

构造高台地见于摆榜乡的同改、呆公、平寨、龙坝等地，出露的下石炭砂岩平铺地表。整个地块作地垒式上升成为高台地，海拔1400～1500米。台地下部有石灰岩夹层，因溶蚀塌陷致地表零星出现浅碟形洼地。

三、土壤

全县分为4个区，即：西北部河谷盆地盆缘山地黄壤、黄泽土土地，主要包括原长田、赤土、姚哨、惠明、金石、毛家苑、大龙、九龙等乡和高镇、和平、三都3个乡镇的全部，大坝、半坡乡的部分，包括3个国有农场（七里冲、赤土、烂坝），面积为358.6平方千米，占全县土地总面积的14.52%；中部丘陵山地。峰丛洼地黄壤、石灰土交错分布，以石灰土为主，黄壤为次。在石灰岩地区为大眼泥田、黄大土泥土、黄岩泥和黄石旮旯土；黄壤中又以黄泥田、黄沙泥土、硅铝质黄壤为主的土壤土区，主要包括摆金、甲浪、大华、甲烈、斗底、鸭绒、雅水、合爱、太阳、董照、党古、斗篷、定里等乡镇的全部，宁旺、大坝、羡塘、抵麻、断杉乡的部分，总面积938.8平方千米，占全县土地总面积的38.01%；南部峰林盆地、峰丛洼地石灰土、黄大眼泥、黄石旮旯土、黄岩泥土、黄大土泥土、鸭屎泥土、黄沙泥土、紫泥土、潮泥田土区，主要包括原王佑区的全部，断杉区的水源、甲戎、董郎、新场、翁垒、西混、兴安等乡和三都区清水苑等乡的全部，羡塘乡、抵季乡、断杉乡、抵麻乡的大部分，总面积874.4平方千米，占全县土地总面积的35.4%；东北部中山、溶丘、台地，北部以石灰土为主，南部以黄壤为主。为硅铝质黄壤、黄石旮旯土、黄石灰土、黄大眼土、黄沙泥土、斑黄泥田、黄潮泥田、大眼泥田、青眼泥田土区。主要包括原摆金区的上摆、下摆、祥摆、岗度、斗底等乡的全部，宁旺乡的6个村、关山乡的摆罗村及2个国有农场（斗底畜牧农场、祥摆采育林场），总面积298.2平方千米，占全县总面积的12.07%。

第三节　地质灾害

2001年起，县地矿局开展汛期地质灾害防治预报工作，在全县范围内开展地质灾害防治，开展地质灾害隐患排查。对地质灾害隐患点进行跟踪监测。做好地质灾害预报预警。编制和落实《惠水县地质灾害防治预案》，督促指导有地质灾害的乡镇编制《地质灾害应急预案》，发放避灾明白卡，建立监测点实施监控。2004年，开展地质灾害隐患排查60次，发现地质灾害隐患7处。

2007至2011年，全县发现地质灾害隐患点79处，涉及全县25个乡镇，安全受威胁人数为4018人，对地质灾害隐患点建立监测点实施监控。实施地质灾害隐患点治理工程9个，地质灾害隐患治理搬迁664户，财政投入资金650万元。

2012年，全县发现地质灾害隐患点77处，涉及1058户4950人，急需搬迁移民户121户556人。

2015年，全县地质灾害隐患点87处，涉及1221户5726人，威胁财产5327万元。为确保人民群众生命财产安全，主要采取搬迁避让及工程治理。县共投入治理经费101.642万元，对9处地质灾害隐患点采取应急处置措施。搬迁避让486户，经费共810万元。未发生一起因地质灾害隐患造成的人员伤亡事件。

表1-5

2015年惠水县地质灾害隐患点统计表

乡、镇	村	组	灾类	规模（立方米）	规模等级	威胁户数	威胁人口	威胁财产（万元）	险情等级	初始变形（发现）时间	影响因素	拟采取措施
羡塘镇	西混村	瓮崖组	崩塌（危岩体）	6000	小型	12	49	60.00	小型	2009	自然	群测群防、搬迁避让
羡塘镇	西混村	大湾汪洋组	崩塌（危岩体）	800	小型	18	70	90.00	小型	2011	自然	群测群防、搬迁避让
羡塘镇	龙虎村	龙猫组	崩塌（危岩体）	5700	小型	18	85	90.00	小型	2011.6	自然	群测群防、搬迁避让
羡塘镇	龙虎村	中寨组	崩塌（危岩体）	1200	小型	31	150	155.00	中型	2011	自然	群测群防、搬迁避让
羡塘镇	红旗村	杉木组	崩塌（危岩体）	2100	小型	17	85	85.00	小型	2010	自然	群测群防、搬迁避让
羡塘镇	红旗村	白鸡组	崩塌（危岩体）	3000	小型	25	75	125.00	小型	2011	自然	群测群防、搬迁避让
羡塘镇	红旗村	冗弄二组	崩塌（危岩体）	1800	小型	13	50	65.00	小型	2001	自然	群测群防、搬迁避让
羡塘镇	红旗村	腊元组	崩塌（危岩体）	1800	小型	13	50	65.00	小型	2009	自然	群测群防、搬迁避让
羡塘镇	瑶山村	摆掌组	不稳定斜坡（潜滑）	54000	小型	5	50	25.00	小型	2004	自然	群测群防、搬迁避让
羡塘镇	红旗村	桥头组	崩塌（危岩体）	1500	小型	15	60	75.00	小型	1963	自然	群测群防、搬迁避让
羡塘镇	洛浩村	打寒组	崩塌（危岩体）	1950	小型	11	67	55.00	小型	2008	自然	群测群防、搬迁避让
断杉镇	定里村	蛮才组	崩塌（危岩体）	6000	小型	17	56	85.00	小型	2010	自然	群测群防、搬迁避让

续表1-5

乡、镇	村	组	灾类	规模（立方米）	规模等级	威胁户数	威胁人口	威胁财产（万元）	险情等级	初始变形（发现）时间	影响因素	拟采取措施
断杉镇	上坝村	纳洛组	崩塌（危岩体）	8000	小型	4	12	20.00	小型	2006	自然	群测群防、搬迁避让
断杉镇	上坝村	抹阳组	崩塌（危岩体）	1500	小型	4	16	20.00	小型	2009	自然	群测群防、搬迁避让
断杉镇	上坝村	大土上坝组	崩塌（危岩体）	2000	小型	20	105	100.00	中型	2012.5	自然	群测群防、搬迁避让
断杉镇	上坝村	上坝大土组	崩塌（危岩体）	8000	小型	20	105	100.00	中型	2010	自然	群测群防、搬迁避让
断杉镇	上坝村	岜洞组	崩塌（危岩体）	3000	小型	5	28	25.00	小型	2010	自然	群测群防、搬迁避让
断杉镇	花山村	格坨组	崩塌（危岩体）	3600	小型	30	140	150.00	中型	2011	自然	群测群防、搬迁避让
断杉镇	代京村	比茂组	崩塌（危岩体）	2400	小型	14	64	70.00	小型	2012	自然	群测群防、搬迁避让
断杉镇	代京村	齐毕组	崩塌（危岩体）	1440	小型	6	24	30.00	小型	2010	自然	群测群防、搬迁避让
断杉镇	抵塘村	洞口组	崩塌（危岩体）	2800	小型	8	40	40.00	小型	2011.5	自然	群测群防、搬迁避让
断杉镇	抵塘村	石厂抵塘组	崩塌（危岩体）	2400	小型	10	48	50.00	小型	2010	自然	群测群防、搬迁避让
断杉镇	纳理村	对门组	崩塌（危岩体）	900	小型	11	27	55.00	小型	2009	自然	群测群防、工程治理
断杉镇	纳理村	拉机组	崩塌（危岩体）	1750	小型	5	16	25.00	小型	2008	自然	群测群防、搬迁避让
断杉镇	新场村	孟寨组	崩塌（危岩体）	13150	小型	56	232	280.00	中型	1976	自然	群测群防、搬迁避让

续表1-5

乡、镇	村	组	灾类	规模（立方米）	规模等级	威胁户数	威胁人口	威胁财产（万元）	险情等级	初始变形（发现）时间	影响因素	拟采取措施
断杉镇	新场村	干坝组	崩塌（危岩体）	1800	小型	10	44	50.00	小型	2008	自然	群测群防、搬迁避让
断杉镇	光荣村	小翁巴组	崩塌（危岩体）	300	小型	6	29	30.00	小型	2008	自然	群测群防、工程治理
断杉镇	光荣村	翁纳组	崩塌（危岩体）	80	小型	8	37	40.00	小型	2009	自然	群测群防、工程治理
断杉镇	摆惹村	鞋里组	崩塌（危岩体）	1800	小型	3	16	15.00	小型	2009.7	自然	群测群防、工程治理
断杉镇	摆惹村	冗麻组	崩塌（危岩体）	1600	小型	11	43	55.00	小型	2003	自然	群测群防、搬迁避让
断杉镇	八大村	松场组	崩塌（危岩体）	1500	小型	10	39	50.00	小型	2010	自然	群测群防、搬迁避让
断杉镇	满贡村	满贡组	滑坡	160	小型	1	5	5.00	小型	2006	自然	群测群防、搬迁避让
王佑镇	西南村	岩脚组	崩塌（危岩体）	2500	小型	5	25	25.00	小型	2010	自然	群测群防、搬迁避让
王佑镇	伙塘村	下苑组	崩塌（危岩体）	1600	小型	6	30	30.00	小型	2010	自然	群测群防、工程治理
王佑镇	董上村	摆根组	崩塌（危岩体）	1500	小型	6	25	30.00	小型	2010	自然	群测群防、工程治理
芦山镇	纳冗村	四组	滑坡	1500	小型	2	11	10.00	小型	2007	自然	群测群防、搬迁避让
芦山镇	群中村	四组	崩塌（危岩体）	1230	小型	11	55	55.00	小型	1993	自然	群测群防、搬迁避让

续表1-5

乡、镇	村	组	灾类	规模（立方米）	规模等级	威胁户数	威胁人口	威胁财产（万元）	险情等级	初始变形（发现）时间	影响因素	拟采取措施
芦山镇	麦旁村	四组	地面塌陷		小型				小型	2005	自然	利用水泥灌浆进行回填务实，顶部放置防水胶带
芦山镇	麦旁村	十四、十五组	崩塌（危岩体）	1350	小型	28	143	140.00	中型	20世纪90年代	自然	群测群防、搬迁避让
芦山镇	硐口村	三、四、十五组	崩塌（危岩体）	900	小型	15	65	75.00	小型	2006	自然	群测群防、搬迁避让
涟江街道	甘昌村	大山组	滑坡	24000	小型	3	16	15.00	小型	2006	自然	群测群防、搬迁避让
涟江街道	长征村	冷水组	崩塌（危岩体）	160	小型	卫生院	19	20.00	小型	2010	自然	群测群防、工程治理
涟江街道	九龙村	马门组	崩塌（危岩体）	600	小型	3	15	15.00	小型	2005	自然	群测群防、搬迁避让
涟江街道	九龙村	九龙山组	崩塌（危岩体）	2000	小型	35	177	175.00	中型	2011	自然	群测群防、搬迁避让
涟江街道	民中村	岩脚组	崩塌（危岩体）	1600	小型	5	21	25.00	小型	2009	自然	群测群防、搬迁避让
涟江街道	九龙山村	新寨组	崩塌（危岩体）	105	小型	11	55	55.00	小型	2005	自然	群测群防、搬迁避让
好花红镇	河坝村	新寨组	滑坡	6000	小型	7	40	35.00	小型	2007	自然	群测群防、工程治理
好花红镇	好花红村	努力一组	不稳定斜坡（潜滑）	10000	小型	10	50	50.00	小型	2007	自然	群测群防、搬迁避让

续表1-5

乡、镇	村	组	灾类	规模（立方米）	规模等级	威胁户数	威胁人口	威胁财产（万元）	险情等级	初始变形（发现）时间	影响因素	拟采取措施
好花红镇	小龙村	十九组	不稳定斜坡（潜滑）	4000	小型	10	56	50.00	小型	2007	自然	群测群防、搬迁避让
好花红镇	三都村	十六组	滑坡	9000	小型	1	4	5.00	小型	2008	自然	群测群防、搬迁避让
濛江街道	桥洞村	四组	不稳定斜坡（潜滑）	8000	小型	2	9	10.00	小型	2010	自然	群测群防、工程治理
濛江街道	桥洞村	四组	滑坡	3600	小型	101省道60米		12.00	小型	2006.6	自然	群测群防、工程治理
濛江街道	龙泉村	三组	滑坡	500	小型	3	12	15.00	小型	2007.7	自然	群测群防、工程治理
濛江街道	桥洞村	白岩脚组	崩塌（危岩体）	3600	小型	6	28	30.00	小型	2010	自然	群测群防、搬迁避让
雅水镇	播哨村	槟榔组	滑坡	1800	小型	4	15	20.00	小型	2006	自然	群测群防、工程治理
雅水镇	公朋村	羊毛组	崩塌（危岩体）	5400	小型	2	9	10.00	小型	2007	自然	群测群防、搬迁避让
雅水镇	公朋村	洛旺组	滑坡	10800	小型	12	50	60.00	小型	1997.5	自然	群测群防、搬迁避让
雅水镇	公朋村	公朋组	滑坡	8000	小型	7	35	35.00	小型	1980	自然	群测群防、搬迁避让
濛江街道	新坝村	黑石头组	崩塌（危岩体）	6000	小型	2	10	10.00	小型	1999	采煤活动	群测群防、搬迁避让
摆金镇	马道村	三组	滑坡	2625	小型	3	12	15.00	小型	2006	自然	群测群防、搬迁避让
岗度镇	白水河村	鑫朋煤矿	滑坡	50000	中型	275	1370	565.00	特大型	2012.5	自然	群测群防、工程治理

续表1-5

乡、镇	村	组	灾类	规模（立方米）	规模等级	威胁户数	威胁人口	威胁财产（万元）	险情等级	初始变形（发现）时间	影响因素	拟采取措施
濛江街道	兴章村	岩脚组	不稳定斜坡（潜滑）	32000	小型	21	105	105.00	中型	2010	自然	群测群防、工程治理
断杉镇	八大村	二、三组	不稳定斜坡（潜滑）	39000	小型	30	140	150.00	中型	1977	自然	群测群防、工程治理
好花红镇	三联村	滴答（五组）组	滑坡	1500	小型	2	9	10.00	小型	2007.7	自然	群测群防、工程治理
摆金镇	斗底村	岩脚一组	不稳定斜坡（潜滑）	60000	小型	20	105	100.00	中型	2009	自然	群测群防、搬迁避让、工程治理
摆金镇	蛮河村	六组	崩塌（危岩体）	600	小型	3	17	15.00	小型	2012	自然	群测群防、搬迁避让
摆金镇	蛮河村	七组	崩塌（危岩体）	24	小型	5	17	25.00	小型	2011.6	自然	群测群防、工程治理
摆金镇	蛮河村	四组	崩塌（危岩体）	1400	小型	2	4	10.00	小型	2012	自然	群测群防、搬迁避让
摆金镇	蛮河村	唐家河边组	崩塌（危岩体）	1400	小型	4	14	20.00	小型	2009	自然	群测群防、搬迁避让
摆金镇	蛮河村		崩塌（危岩体）	16000	小型	2	7	10.00	小型	2003	自然	群测群防、搬迁避让
摆金镇	蛮河村	三组	崩塌（危岩体）	7200	小型	2	8	10.00	小型	2002	自然	群测群防、搬迁避让
摆金镇	蛮河村	三组	崩塌（危岩体）	4800	小型	3	12	15.00	小型	2010	自然	群测群防、搬迁避让
断杉镇	大坡村	冗抹组	不稳定斜坡（潜滑）	1750	小型	32	134	160.00	中型	2012.6	自然	群测群防、工程治理
岗度镇	白水河村	十组	滑坡	8400	小型	11	60	55.00	小型	2010	自然	群测群防、搬迁避让

续表1-5

乡、镇	村	组	灾类	规模（立方米）	规模等级	威胁户数	威胁人口	威胁财产（万元）	险情等级	初始变形（发现）时间	影响因素	拟采取措施
岗度镇	白水河村	下祥摆组	滑坡	4200	小型	4	20	20.00	小型	2004	自然	群测群防、工程治理
岗度镇	蛮河村	沙挡组	崩塌（危岩体）	880	小型	1	1	5.00	小型	1997.6	自然	群测群防
好花红镇	河坝村	花地组	滑坡	750	小型	5	23	25.00	小型	2012.7	自然	群测群防、工程治理
断杉镇	八大村	磨乃组	崩塌（危岩体）	400	小型	12	51	60.00	小型	2013.3	自然	群测群防、工程治理
王佑镇	场坝村	拉雅组	崩塌（危岩体）	130	小型	8	36	40.00	小型	2013.3	自然	群测群防、工程治理
摆金镇	扪摆村	二组	不稳定斜坡（潜滑）	13000	小型	37	179	185.00	中型	2013.4	自然	群测群防、搬迁避让
王佑镇	董上村	当劳组	崩塌（危岩体）	840	小型	10	57	50.00	小型	2013.4	自然	群测群防、搬迁避让
断杉镇	上坝村	七关组	崩塌（危岩体）	800	小型	4	23	20.00	小型	2013.5	自然	群测群防、搬迁避让
断杉镇	纳理村	拢关寨	崩塌（危岩体）	1000	小型	15	72	75.00	小型	2013.6	自然	群测群防、搬迁避让
断杉镇	木兴村	长冲组	崩塌（危岩体）	650	小型	12	56	60.00	小型	2013.6	自然	群测群防、搬迁避让
断杉镇	代京村	齐毕组	崩塌（危岩体）	700	小型	1	3	5.00	小型	2013.7	自然	群测群防、搬迁避让
好花红镇	翁金村	窝当组	地面沉降	0.08千米	小型	9	51	45.00	小型	2013.8	自然	搬迁避让
芦山镇	花鱼村	九、十组	崩塌（危岩体）	2000	小型	55	248	275.00	中型	2013.8	自然	群测群防、搬迁避让

表1-6

2015年惠水县地质灾害隐患点治理工程统计表

治理地点	年度	金额（万元）
惠水县断杉镇龙井关	2009	17.8
惠水县羡塘乡龙虎村	2010	9.72
惠水县抵季乡抹阳组	2010	23.4
惠水县宁旺乡白水河	2010	8.622
惠水县打引乡场坝村拉雅	2010	15.8
惠水县打引乡打水村纳毛	2010	6.9
惠水县长田乡湾河	2010	5
惠水县羡塘乡白鸡寨组	2011	11.7
惠水县长田乡桥洞村土桥贵丰实业公司旁边坡	2011	0.5

第四节　主要山峰

一、主要山峰

龙塘山　位于县境东部岗度镇龙塘村，地处东经106° 56′，北纬26° 07′，海拔1691米，为县境内最高山峰。坡顶有口山塘，常年流水，故称“龙塘山”。

楼梯坡　位于县境东部，摆金镇冗拱村，地处东经106° 54′，北纬26° 02′，海拔1491.6米。坡度较陡。攀越如爬楼梯，故称“楼梯坡”。

藤子山　位于县境东北部岗度镇火阳村，地处东经106° 51′，北纬26° 11′，海拔1409米。山上生长毛藤较多，故称“藤子山”。

海坝山　位于濛江街道新坝村，地处东经106° 48′，北纬26° 09′，海拔1415米。在此居住的苗族妇女以海贝壳作妆饰，称“海巴苗”，以此称“海巴山”，后演变为“海坝山”。

龙洞山　位于濛江街道红星村，地处东经106° 48′，北纬26° 09，海拔1430米。山脚下溶洞出水，称“龙洞”，故称“龙洞山”。

鲍家山　位于岗度镇岗度村，地处东经106° 55′，北纬26° 10′，海拔1559米。山上有个小冲，原是鲍姓家族产业，称“鲍家冲”，故称“鲍家山”。

横山　位于岗度镇岗度村，地处东经106° 58′，北纬26° 10′，海拔1484米。坐落于高摆党、中摆党、下摆党之间的长形山，故称“横山”。

虎形山　位于摆金镇长新村，地处东经106° 50′，北纬26° 07′，海拔1438米。山的形状似虎，故称“虎形山”。

鸟嘴坡　位于摆金镇清水苑村，地处东经106° 48′，北纬26° 05′，海拔1415.3米。山顶形似鸟嘴，故称“鸟嘴坡”。

高尖坡　位于摆金镇翁金村，地处东经106° 44′，北纬26° 08′，海拔1430米。坡顶尖且高，故称

“高尖坡”。

鸡冠坡 位于濛江街道兴章村，地处东经106° 43′，北纬25° 10′，海拔1444.9米。坡顶岩石似鸡冠，故称“鸡冠坡”。

莲花山 位于涟江街道龙井村，地处东经106° 40′，北纬26° 04′，海拔1401.4米。山顶岩石形似莲花，故称“莲花山”。

摆羊坡 位于濛江街道云顶村，地处东经106° 46′，北纬26° 14′，海拔1503米。系苗语的译音，即高坡之意。

螺蛳山 位于濛江街道兴章村，地处东经106° 51′，北纬26° 11′，海拔1421米。因山形似螺蛳，故称“螺蛳山”。

老豹山 位于王佑镇新然村，地处东经106° 26′，北纬25° 48′，海拔1381.8米。早年山上树木茂盛，杂草丛生，常有老豹出没，故称“老豹山”。

老鹰坡 位于王佑镇新然村，地处东经106° 27′，北纬25° 26′，海拔1037米。早年常有老鹰在此山栖息，故称“老鹰坡”。

糯米坡 位于雅水镇新民村，地处东经106° 47′，北纬26°，海拔1273.1米。此山多生长糯米柴，故称“糯米坡”。

三宝坡 位于涟江街道三合村，地处东经106° 40′，北纬26° 06′，海拔1362米。因此山为三座大坡连成一串，故称“三宝坡”，系定番州古十二景之“三宝连云”。

第五章　气　候

第一节　气候特点

惠水县属中亚热带季风湿润气候，冬无严寒，夏无酷暑，气候温和，雨量充沛，雨热同季。根据1978至2015年气象资料统计，县内年平均气温16.0℃，年平均积温为5839.4℃，年平均降雨量1200.4毫米，年平均日照总时数1170.9小时，年平均蒸发量为1468.1毫米，年平均雷暴日数40天，年平均无霜期309天，年平均风速2.0米/秒，最多风向为东北风。

第二节　气　温

县内地势东北较高，西部、南部、东南部地势较低，气温呈东北低、西到南高的分布状态。春季平均气温在13.6℃至19.6℃之间，但冷热变化大，时常受从北方南下强冷空气的入侵影响，易爆发强降温天气；夏季平均气温在22.6℃至25.5℃之间，南北气温相差不大；秋季平均气温在14.8℃至18.8℃之间；冬季平均气温在1.2℃至8.6℃之间，波动振幅较大，县境东北部的岗度、摆榜地区偶有凝冻天气出现。

县内气温最冷月为1月，月平均气温6.0℃，最热月为7月，月平均气温24.0℃，1978至2015年历史极端最低气温-6.9℃，出现在1983年12月29日；历史极端最高气温35.3℃，出现在1994年8月5日；年平均相对湿度80%，最小相对湿度5%，出现在1979年2月24日。

表1-7

1978—2015年逐年平均气温表

单位：℃

年度	年平均气温	年度	年平均气温	年度	年平均气温	年度	年平均气温
1978	15.8	1988	15.6	1998	16.7	2008	15.7
1979	15.9	1989	15.5	1999	16.3	2009	16.6
1980	15.7	1990	16.3	2000	15.8	2010	16.4
1981	15.8	1991	15.7	2001	16.3	2011	15.6
1982	15.5	1992	15.4	2002	16.4	2012	15.7
1983	15.7	1993	15.7	2003	16.8	2013	16.9
1984	14.9	1994	16.1	2004	16.0	2014	16.6
1985	15.5	1995	15.6	2005	16.2	2015	17.3
1986	15.6	1996	15.4	2006	16.5	38年平均值	16.0
1987	16.5	1997	15.9	2007	16.0	—	—

表1-8

1978—2015年逐年积温表

单位：℃

年度	年积温	年度	年积温	年度	年积温	年度	年积温
1978	5760.9	1988	5724.9	1998	6104.6	2008	5755.4
1979	5785.3	1989	5651.4	1999	5952.5	2009	6049.9
1980	5727.9	1990	5934.3	2000	5779.8	2010	5970.8
1981	5751.8	1991	5745.7	2001	5943.4	2011	5691.0
1982	5672.7	1992	5636.4	2002	5998.2	2012	5755.4
1983	5715.3	1993	5715.3	2003	6129.0	2013	6165.5
1984	5438.1	1994	5879.5	2004	5859.0	2014	6074.2
1985	5648.4	1995	5681.8	2005	5919.1	2015	6302.3
1986	5678.8	1996	5624.2	2006	6031.6	38年平均值	5839.4
1987	6010.3	1997	5794.4	2007	5837.0	—	—

第三节　降雨量

县内降雨主要集中在每年5至8月，降雨占全年降雨量的66%左右，其中6月为最多。1978至2015年，年最大降雨量1616.8毫米，出现在2014年；年最小降雨量811.4毫米，出现在2013年。年日降雨量≥50毫米的暴雨日数为161天，平均每年4.2天；6月出现的频数最多，为28.6%；5月、7月次之，各占18.6%、26.1%。

表1-9

1978—2015年逐年降雨量表

单位：毫米

年度	年降雨量	年度	年降雨量	年度	年降雨量	年度	年降雨量
1978	1012.5	1988	1356.6	1998	1204.2	2008	1427.0
1979	1474.8	1989	874.5	1999	1402.9	2009	965.0
1980	1330.0	1990	1153.5	2000	1183.0	2010	1106.6
1981	870.6	1991	1258.8	2001	941.0	2011	893.9
1982	1187.4	1992	1099.2	2002	1186.1	2012	1288.1
1983	1380.1	1993	1316.7	2003	1041.4	2013	811.4
1984	1205.3	1994	1130.7	2004	1254.7	2014	1616.8
1985	1285.6	1995	1261.0	2005	970.0	2015	1486.1
1986	1013.7	1996	1170.8	2006	1176.4	38年平均值	1200.4
1987	1168.3	1997	1380.5	2007	1331.4	—	—

表1-10

1978—2015年逐年暴雨日数表

单位：毫米

年度	年暴雨日数	年度	年暴雨日数	年度	年暴雨日数	年度	年暴雨日数
1978	1	1988	12	1998	8	2008	7
1979	6	1989	2	1999	7	2009	4
1980	7	1990	2	2000	3	2010	2
1981	1	1991	6	2001	1	2011	3
1982	1	1992	3	2002	4	2012	5
1983	3	1993	4	2003	2	2013	1
1984	4	1994	1	2004	7	2014	9
1985	7	1995	3	2005	2	2015	6
1986	4	1996	5	2006	3	38年平均值	4.2
1987	6	1997	3	2007	6	—	—

第四节　日　照

1978至2015年，县内年平均日照为1170.9小时，日照百分率为26.5%，其中以1997年为最少，日照百分率仅为19.8%；1978年为最多，日照百分率为36%。在四季分配上，夏季日照最多，为411.1小时，其中8月的平均日照时数为163.9小时，占夏季日照的39.9%；春季日照304.4小时，秋季日照时数为295.8小时，冬季日照时数仅为159.5小时。

表1-11

1978—2015年逐年日照时数表

单位：小时

年度	年日照时数	年度	年日照时数	年度	年日照时数	年度	年日照时数
1978	1570.9	1988	1294.6	1998	1236.1	2008	1190.1
1979	1244.5	1989	1233.0	1999	1175.4	2009	1265.7
1980	1256.9	1990	1329.6	2000	967.0	2010	1244.4
1981	1368.5	1991	1135.9	2001	972.0	2011	1108.7
1982	1169.2	1992	1192.6	2002	1083.9	2012	916.9
1983	1311.2	1993	1093.0	2003	1134.2	2013	1206.6
1984	1215.8	1994	919.4	2004	1128.6	2014	1037.5
1985	1253.5	1995	1000.0	2005	1086.2	2015	1157.9
1986	1141.7	1996	1004.4	2006	1316.3	38年平均值	1170.9
1987	1394.3	1997	875.8	2007	1261.4	—	—

第五节　雾　云　雷暴

雾　惠水的大雾主要出现在每年的8月、冬季与春季，全年出现大雾最多天数为20天，出现在2000年和2008年；大雾最少天数2天，出现在1988年和2012年；平均每年出现6天左右，月最多天数为7天。大雾在惠水坝区、南部出现概率小，在东部、东北部的岗度、摆榜等地势高处出现概率大。

云　根据1978至2015年气象资料，县内以阴天较多，按总云量统计平均每年晴天日数为22天，阴天为227天；按低云量统计平均每年晴天日数为38天，阴天日数为183天。

雷暴　1978至2015年，县内出现雷暴天气累计年平均日数为40天，最多年有65天，出现在1982年，最少年有17天，出现在2014年。4至8月为盛行期，其中6月、7月、8月出现的频率最大，平均7天；12月出现的频率最小，均为零天。雷暴平均初日在2月7日，最早为1月1日，平均终日为10月30日，最晚为12月31日。

第六节　风向　风速

根据1978至2015年气象资料统计，县内年平均风速为2.0米/秒，瞬时最大风速为38.0米/秒（相当于十二级大风，出现在1992年5月9日）；年最多风向为东北风，北东北风次之；1至3月平均风速最大，月平均风速为2.3米/秒，8月平均风速最小，月平均风速为1.4米/秒。县内夏季盛行东南风，冬季盛行东北风，具有明显的季节变化。

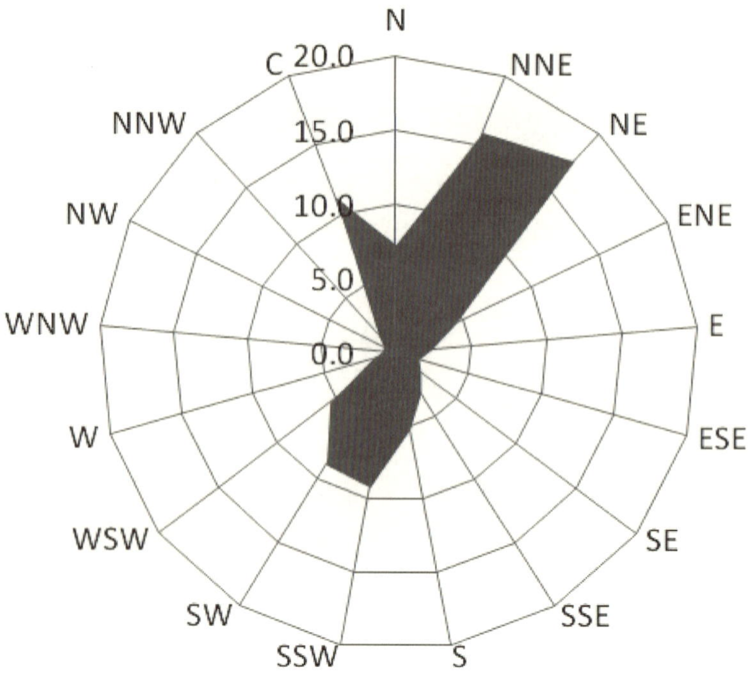

历年年平均风向频率（风向玫瑰图）

表1-12

历年年平均风向频率表

单位：%

风向	N	NNE	NE	ENE	E	ESE	SE	SSE	S	SSW	SW	WSW	W	WNW	NW	NNW	C
风向频率	7.3	15.9	17.5	4.5	2.4	1.6	2.1	3.2	5.2	9.2	8.9	5.6	1.7	0.9	0.9	1.7	11.3

表1-13

历年月平均风速表

单位：米/秒

月份	1月	2月	3月	4月	5月	6月	7月	8月	9月	10月	11月	12月	年平均
平均风速	2.3	2.3	2.3	2.2	2.1	1.8	1.7	1.4	1.7	1.8	1.9	2.1	2.0

第七节 霜 雪 凝冻

霜 通常出现在冬季和初春晴朗微风的夜间，1978至2015年，平均每年出现7天，2014年最多，为12天。初霜最早出现时间为2000年11月2日，2009年3月14日的霜冻是38年中终霜出现最晚的时间，也是霜冻灾害最重的一次。县内最长无霜期为366天，最短无霜期为252天，平均无霜期为308.9天。

雪 县城每年均有降雪天气现象出现，多为雨夹雪。1978至2015年，平均每年出现2.8天，形成积雪的天数平均为2天。降雪天气持续时间最长为8天，出现在2011年；积雪时间最长为9天，出现在1983年；积雪最大深度为14厘米，出现在1982年。2011年降雪天气8天最长；积雪维持时间最长为1983年的9天；

积雪最大深度为1982年的14厘米。

凝冻（雨凇或雾凇） 凝冻现象主要由雨凇或雾凇生成。县内凝冻天气通常出现在冬季和初春，均是由雨凇造成的，且主要出现在海拔较高的地区，县城出现概率较小。受大环境影响，约3～5年出现1次，持续时间均较短，2008年1月13日开始的凝冻天气最为严重，持续19天。

表1-14

1978—2015年凝冻雨雪灾害天气统计表

单位：天

年度	积雪	霜	雨凇	年度	积雪	霜	雨凇
1978	2	8	0	1998	0	5	0
1979	0	5	1	1999	2	11	0
1980	0	6	0	2000	5	8	2
1981	0	6	2	2001	0	8	0
1982	6	10	2	2002	3	6	2
1983	9	9	1	2003	4	4	0
1984	1	5	15	2004	3	12	0
1985	0	4	0	2005	3	3	0
1986	0	14	0	2006	0	11	0
1987	0	11	0	2007	1	5	0
1988	1	2	0	2008	0	4	19
1989	0	7	2	2009	0	9	0
1990	2	3	0	2010	0	9	0
1991	2	1	2	2011	5	1	0
1992	3	14	0	2012	2	1	0
1993	3	18	0	2013	1	5	2
1994	0	3	0	2014	0	12	1
1995	3	9	0	2015	0	5	0
1996	0	8	0	平均值	2	7	1
1997	0	3	0				

第八节 气象灾害

惠水县气象灾害主要有干旱、暴雨、冰雹、雷电、冻害、霜冻、秋绵雨、大风、低温冷害等。

干旱 干旱在惠水四季都有可能出现，发生在3月1日至31日的春旱为早春旱；发生在4月1日至5月31日的春旱称为晚春旱；把发生在6月1日至6月30日（初夏）的夏旱称为洗手干；把发生在7月1日至8月31日（盛夏）称为伏旱。1978至2015年县内平均每年发生大小干旱27次，以2009年8月至2010年5月的秋冬春季连旱最为严重。

2009年8月至2010年5月，惠水县遭遇极端异常的气候影响，降水持续偏少，气温持续偏高。县内降水总量320.6毫米，比历年同期偏少419.2毫米；期间蒸发量为871.3毫米，降水量与蒸发量相差为-728.9毫米，水分严重亏缺，这是县有气象记录以来最严重的干旱。干旱造成惠水县水库蓄水量减少。全县21座水库的蓄水量仅为278万立方米（应蓄水量为1908万立方米），仅为14.5%。水库干涸5座，山塘干涸140处。除县城区、三都镇、高镇镇所在地供水基本正常外，其他乡镇不同程度因旱缺水，乡镇所在地实行限时供水的有6个，严重缺水2个。全县26.11万人，15.2万头牲畜出现饮水困难。农作物受灾面积达16.8万亩，绝收8.4万亩，占总播种面积65%；绝收16.2万亩，占总播种面积38.2%。全县林木干死7万亩，森林受灾面积15.14万亩，直接经济损失2000万元，间接损失为直接损失的5～6倍。

暴雨　24小时降水量为50毫米或以上的强降雨称为“暴雨”。暴雨会造成洪涝灾害和水土流失，导致山洪暴发，水库垮坝，房屋被冲塌，农田被淹没，交通和电讯中断，给社会经济和人民的生命财产带来严重危害。县内一般出现在5～8月。据气象资料统计，1978至2015年，惠水县暴雨灾害出现15次。

1998年6月16日和6月23日，县内出现两次强暴雨，6月16日降水量为125毫米，6月23日降水量114.5毫米。高镇、和平镇、三都镇、好花红乡均受到不同程度的洪涝灾害。

2014年7月3日晚上到4日上午，县内大部分乡镇出现暴雨，羡塘乡降水量113.4毫米、鸭绒乡降雨量105毫米。此次强降水造成羡塘镇、摆金镇、芦山镇、雅水镇、王佑镇、岗度镇、涟江街道、濛江街道受灾。受灾人口21530人，紧急转移人口228人，农作物受灾面积550公顷，成灾面积296公顷，倒塌房屋2户4间，严重损坏房屋3户6间，一般损坏房屋4户8间。造成直接经济损失438万元，其中农业经济损失218万元，基础设施损失200万元，家庭财产损失20万元。

2014年7月15日晚上至7月17日早上，县内普降大到暴雨县城累计降雨量为114.5毫米，全县累计降雨量在152.1毫米（九龙站点）～31.2毫米（摆榜站点），涟江街道、濛江街道、芦山镇、王佑镇、好花红镇、断杉镇、羡塘镇、岗度镇遭受暴雨洪涝灾害的袭击。洪涝灾害受灾人口28891人，紧急转移人口425人，需紧急生活救助人口274人，需过渡性救助人口229人，农作物受灾面积1087.4公顷，成灾面积639.7公顷，绝收面积40.6公顷，损坏耕地面积3公顷，倒塌房屋16户48间，严重损坏房屋13户32间，一般损坏农房37户92间。洪涝灾害造成直接经济损失1336.5万元，其中农业经济损失673.5万元，基础设施损失239万元，公益设施损失255万元，家庭财产损失169万元。

2015年5月26日夜间县内出现暴雨天气过程，最大雨量为高镇131毫米。据民政局统计，此次暴雨造成涟江街道办事处、濛江街道办事处和好花红镇受灾；受灾人口8506人，紧急转移人口426人，无人畜伤亡情况；农作物受灾面积307公顷，成灾面积202公顷，绝收面积5公顷；倒塌房屋1户3间，严重损坏房屋10户30间，一般损坏房屋25户79间；洪涝灾害造成直接经济损失718万元，其中农业损失598万元，基础设施损失70万元，家庭财产损失50万元。

2015年6月7日夜间，全县出现大范围暴雨天气过程，共出现大暴雨1站；暴雨20站；最大雨量为甲戎105.7毫米。据民政局统计：此次暴雨造成涟江街道办事处、濛江街道办事处、好花红镇、岗度镇和芦山镇受灾；受灾人口10600人，紧急转移安置人口65人，无人畜伤亡情况；农作物受灾面积855公顷，成灾面积580公顷，绝收面积12公顷，其中经济作物受灾95公顷，成灾面积62公顷，绝收面积2.1公顷；严重损坏房屋1户3间，一般损坏房屋15户52间；洪涝灾害造成直接经济损失1033万元，其中农业损失940万元，基础设施损失58万元，家庭财产损失35万元。

冰雹　一般出现在春季或春夏之交，是一些小如绿豆、黄豆，大似栗子、鸡蛋的冰粒，对农作物的危害很大。县内每年都有冰雹出现，一般出现在3～6月。影响县境的冰雹路径主要为三路：一是长顺威远—好花红—断杉；二是安顺平坝—长顺改尧—高镇—摆榜—平塘；三是三都—断杉—雅水。

1979年4月17日三都、雅水、断杉三个区25个公社，122个大队，524个生产队，8395户遭受雹灾，受灾夏季农作物面积43756亩，春季作物包苞4440亩，稻秧660亩打伤75人，其中重伤8人，损坏房屋1816间。4月28日，姚哨区、摆金区降雹，局地有少量面积受轻灾。

1980年4月11日，雷阵雨中夹降冰雹，九龙、大龙、惠明、斗篷、鸭绒、鸭寨7个公社和七里冲果树场遭受重灾，最大雹粒有鸭蛋大。4月12日，雷雨中夹降冰雹，长安、打引、太阳、洛平4个公社遭受重灾。11至12日两次雹灾有339个生产队，6145户33568人受灾，各种农作物受灾面积14509亩，其中，小麦10961亩（无收8746亩）、油菜2164亩（无收2151亩）、杂粮281亩、绿肥1035亩。10月13日，雅水公社11个大队遭受中等强度雹灾。10月16日，三都、三合公社有7个生产队遭受雹灾，雹粒如手指大，但来势凶猛，强度大，降雹约持续10分钟，受灾面积1520亩（全无收400亩），损失未收粮54.5万千克。

2013年3月12日至4月24日，县内遭受五次风雹灾害袭击，19个乡镇145个村526个村民小组遭受风雹灾害，受灾人口51830人，紧急转移安置180户795人，需救助人口12250人；农作物受灾面积2532.4公顷，成灾面积1761.7公顷，绝收面积1012.58公顷；倒塌房屋22户101间，房屋严重损坏310户1556间，房屋一般损坏1230户2395间。造成直接经济损失4841万元，其中农业经济损失3705万元，基础设施损失100万元，家庭财产损失1036万元。

凝冻　冬季在强冷空气的作用下导致冰块、冰花牢牢地盖在田园山川、草木菜蔬上。导致树叶被冻蔫、菜被冻枯，严重的冰冻天气可破坏有线通信、影响电力输送、中断交通运输、冻死牲畜、冻坏农作物等。惠水的冰冻主要出现在1～2月。1978至2015年全县冬季凝冻共出现3次，分别是2008年、2011年、2012年，以2008年最为严重。

2008年1月13日至2月3日，县内遭受历史罕见的凝冻灾害，持续22天，其中1月27日出现年极端最低气温，仅为-4.2℃。全县农作物受灾面积9865公顷，绝收面积4998公顷。10818间房屋不同程度损毁，倒塌房屋4914间，紧急转移受灾群众3580人。全县22家规模工业企业停产。全县电网因冰灾造成2条110千伏线路杆塔损坏1基，断线6处，2条35千伏线路杆塔损坏5基，断线6处，23条10千伏主线路无法正常供电，共计倒杆649基，断线364处，受损电力线路长达300多千米，导致1座110千伏变电站、5座35千伏变电站停运，电网受损涉及20余个乡镇，造成全县大面积停电。中国移动光缆线路损失50千米，基站损坏15个，信号中断18个乡镇2天。市电损坏30千米。

霜冻　是一种较为常见的农业气象灾害，是指空气温度突然下降，地表温度骤降到0℃以下，使农作物受到损害，甚至死亡。县内通常出现在冬季和初春，2009年、2014年均出现过霜冻灾害。

2009年3月14日的霜冻是1978至2015年中终霜出现最晚的时间，也是霜冻灾害最重的一次。据统计，全县马铃薯受灾面积20000亩，早瓜4000亩，早糯玉米500余亩，棒豆480亩，西红柿、茄子20余亩。小麦、油菜和蔬菜等作物受到不同程度的危害。

秋绵雨　在每年9月～11月，连续5天或5天以上逐日降雨量大于或等于0.1毫米的持续阴雨天气称为秋季绵雨。秋季绵雨对农业的危害较大，轻者使水稻、玉米成熟期延长，重者则使秋收作物倒伏、谷粒生芽。县内秋绵雨灾害出现频率为5到6年出现一次。2015年9月出现重度秋绵雨天气，分别为9月3日至9月

12日持续10天、9月17日至9月23日持续7天、10月3日至10月10日持续8天，达到重度秋绵雨，推迟水稻收获，水稻被水浸泡，导致倒伏、霉烂，稻谷产量和品质均受影响，大约减产3%～4%。

大风　瞬时风速达到或超过17米/秒（或目测估计风力达到或超过8级）的风为大风。大风会毁坏树林、农作物、地面设施和建筑物，是一种灾害性天气。惠水的大风天气一般出现在3～8月，4～5月较为频发。统计时段内共出现25次大风，其中1992年出现5次大风为最多年份，分别为2月、4月各1次，5月出现3次；其次是2007年4月出现2次，5月出现2次。

低温冷害　指农作物在生育期间，遭受低于其生长发育所需的环境温度，引起农作物生育期延迟，或使其生殖器官的生理机能受到损害，导致农业减产。县内低温冷害主要体现为倒春寒、秋风等常见灾害。

1986年4月末到5月初，县内遭强冷空气影响，出现倒春寒天气，使早熟的小麦遭低温冷害无收，部分秧田造成烂秧。

2002年8月10日至20日，县内遭受秋风灾害，该次秋风过程持续11天，日平均气温为17.2℃，受秋风影响，县内是年水稻减产40%～50%。

雷电是大气中的放电现象，一般伴有阵雨，有时还会出现大风、冰雹等强对流天气。雷电天气出现有时会带来灾害，如毁坏建筑物、危及人身安全、损坏电子产品等，有时还引起火灾。惠水雷电主要出现在春夏两季，秋冬季较少。

据不完全统计，县内因雷电造成人员伤亡的天气过程有两例：1979年8月9日赤土高洞坡遭雷电击中3名在家村民，8月10日大龙公社冷水河1名9岁女孩在家中遭受雷击致死。

洪涝灾害　1978年以来，在全球气候变暖的大背景下，全国气候总体异常，降水年际年内差异增大，极端天气事件增多增强，水旱灾害发生频率高，范围广、强度大，灾情重。

表1-15　**1979—2015年主要重大洪灾情况表**

年度	地点	灾情	资料来源
1979	全县	连续暴雨，水淹耕地666.67公顷，大水冲坏卧龙桥洞一洞。	县气象局
1980	姚哨区 三都区	特大暴雨，水淹耕地1000公顷，房屋倒塌20余间，涟江杀害鱼塘冲毁	县气象局
1992	全县	降雨量达239毫米，涟江河水位超过其正常高水位的2米多，最大洪峰流量163立方米/秒，受灾人口19万人，房屋倒塌110间，农作物受灾面积2733.33公顷，冲毁山塘4座，直接经济损失3000万元，死亡3人。	县防汛办
1999	全县	连续暴雨，全县25个乡镇受灾，房屋倒塌462间，农作物受灾面积4266.67公顷，洪灾造成直接经济损失5087万元	县防汛办
2000	全县	连续暴雨，全县25个乡镇受灾，受灾人口近18万人，房屋倒塌220间，死亡人口2人，农作物受灾面积6346.67公顷，洪灾造成直接经济损失5630万元	县防汛办

续表1-15

年度	地点	灾情	资料来源
2007	全县	连续暴雨，全县25个乡镇受灾，羡塘乡乡政府驻地300户房屋进水，最大水深达1.5米左右。全县受灾人口12.8万人；房屋倒塌97间；房屋损坏446间；农作物受灾面积3533.33公顷，山体滑坡4处，4条公路中断6个小时；损坏路基路面20.1千米；损坏输电线路14.3千米，损坏通信线路12.6千米，水利设施水毁98处35.44千米。死亡人口3人，造成直接经济损失达2980万元	县防汛办
2012	和平镇等19个乡镇	受灾人口5.2万人；农作物受灾面积4893.33公顷；房屋倒塌30间；转移人口46人，公路中断4处；水利设施的损坏28处；全县直接经济损失达6656.2万元	县防汛办
2013	全县	受灾人口6762人，倒塌房屋6间，严重损坏6间，紧急转移14人；农作物受灾面积152.53公顷，成灾面积76.67公顷，10.67公顷，造成直接经济损失443万元	县防汛办
2014	全县	受灾人口24976人，紧急转移人口226人，农作物受灾面积484公顷，成灾面积285公顷，绝收面积16.6公顷，农房倒塌3户9间，严重损坏农房1户2间，造成直接经济损失578万元	县防汛办
2015	全县	受灾人口9350人，紧急转移人口28人；农作物受灾面积713.33公顷，成灾面积226公顷，绝收面积11.33公顷；倒塌房屋2户6间，损坏房屋8间，造成直接经济损失886万元	县防汛办

在历次洪水中，1999年洪水最为严重，为1954年以来最大一次洪水。6月30日全县遭暴雨袭击，降雨量66毫米，沿河两岸农田，房屋遭大水淹没，7月2日又降暴雨，雨量59.2毫米，7月15日晚至16日1时许，又遭特大暴雨袭击，降雨量114毫米，牛场桥水位已封桥洞。造成山洪暴发，河水暴涨。此次洪水，全县受灾户数3.35万户，受灾人口16.6万人，粮食减产4952吨，冲毁桥梁4座（乡村桥），水淹学校15所，死2人，伤91人。其中县城附近受灾户300多户，2000多亩农田被淹。210、320国道中断2次达20多小时。造成直接经济损失5000多万元，间接损失及社会影响无法估量。

第九节　气象观测与服务

1958年1月，惠水姚哨赤土农场气候站建成并投入使用，归县农业局管理；1958年8月，惠水姚哨赤土农场气候站更名为贵阳市惠水县气候服务站，1963年11月更名为惠水县气候服务站，1966年1月更名为贵州省惠水县气象服务站；1968年7月，受县革委会办公室直接领导，单位名称改称惠水县气象站革命生产领导小组；1970年11月由县人民武装部直接领导，名为惠水县气象站，属部队建制；1971年2月，单位名称改为惠水县气象服务站，属地方建制；1971年6月，单位名称再次更名为惠水县气象站；1980年4月惠水县气象站更名为惠水县气象局，实行局站合一管理制度；1981年11月，实行上级气象部门与地方政府双重领导、以上级气象部门为主的管理体制，隶属黔南州气象局。2007年1月，惠水县气象站升级为国家气象观测一级站，站名为惠水国家基本气象站。2013年3月，成立惠水县人工影响天气办公室，属地方机构，机构规格为股级，核定编制4人，归县气象局管理。2015年，惠水县气象局内设综合办公室、气象应急办公室；下设气象台、气象服务中心、农气站，人工影响天气办公室等事业股室，有气象工作者21人。

气象观测 县内气象观测主要分为地面气象观测与农业气象观测两大类。

地面气象观测 主要通过位于城区的本站及各乡镇的区域自动站完成观测任务。

本站观测。本站于1958年1月1日至1960年12月31日，每天01时、07时、13时、19时（地方平均太阳时）进行人工观测；观测项目包含气温、空气湿度、气压、云、天气现象、降水、蒸发。

1961年1月1日起，观测时次为08时、14时、20时观测（北京时间），并开展11时、17时两次补充观测，02时记录用自记纸记录代替。观测项目增加能见度、风、雪深、日照、地面温度（不含草温）和浅层地温（5厘米、10厘米、15厘米、20厘米）。1961年4月1日至1988年12月31日，每日07时至18时，每小时向贵阳磊庄飞机场拍发航危报。其间，1973年开始发小天气图报。1985年5月1日，向贵州省气象台拍发重要天气报。

2005年1月1日开始，建成七要素（气温、气压、空气湿度、风向、风速、降水、地温）自动气象站并投入运行，同时增加深层地温（40厘米、80厘米、160厘米、320厘米）观测。2007年1月1日，观测时次改为每天进行02时、08时、14时、20时4次定时观测，05时、11时、17时、23时4次补充天气观测。2008年12月31日20时，增加电线积冰观测。2013年7月1日20时开始，正式起用DZZ4新型自动站，增加草面温度观测。2015年1月1日正式启用能见度自动观测仪和DSC型称重式降水传感器，能见度和固态降水观测实现自动化观测。

区域自动站观测。1984年，建成惠水县雅羊公社和甲浪公社气象哨。1989年，停止气象哨运行。2002年8月，建立摆榜乡阜康堂药材基地气象哨，观测气温、空气湿度、降水、日照、地温。2003年7月，摆金两要素（气温和降水）自动气象站建立，2003年12月，增加雅水、王佑两要素自动气象站。2006年1月，在摆榜乡阜康堂药材基地气象哨设立10米风能勘测风塔。2007年7月，增加长田、三都、岗度、甲戎、断杉、大龙、羡塘7个两要素自动气象站。2010年10月增设芦山中学地质灾害监测点，2012年6月增设宁旺园区监测点。2015年，县内有25个区域自动站，覆盖惠水辖区。

农业气象观测 农业气象观测主要是农作物观测和物候观测。农作物观测有水稻和小麦。物候观测中动物观测对象有家燕、青蛙。植物观测对象有垂杨、梓木、皂角、悬铃木、刺槐。

大气观测场（2009年摄）

1959年开始农业气象观测。1966至1977年，中断观测。1982年1月1日，恢复农业气象观测。1982年3月，开始自然物候观测，观测项目为植物和动物。业务主要为作物生长发育状况观测、土壤水分观测、自然物候观测、农业气象情报服务。2008年观测项目增加土壤水分观测人工观测，2012年设立土壤水分自动观测站三都上衙站和和平站，观测层次为10～50厘米。2014至2015年增加水稻、油菜、小麦、金钱橘等作物生长实景自动观测，与人工观测同时运行。

气象服务主要包括气象预报预警、气象为农服务、人工影响天气、防雷减灾、农村综合经济信息服务、气象科技服务与技术开发、气象科普宣传7个方面。

气象预报预警　县内天气预报工作始于1959年，以三图（点聚图、曲线图、剖面图）作为基本工具，建立简易天气图和预报方法。1984年4月至1995年12月，预报资料接收工具使用JCZ-80型气象传真收片机，主要接收贵阳、北京等地的天气形势图，遵循以图（指反映大气范围天气变化的天气图）、资（指本站气象历史累积资料）、群（指气象人员、人民群众的实践经验和天气谚语）三者相结合的预报途径。2000年通过网络接收天气雷达、天气云图及数值预报指导产品等，开展订正天气预报。2006年，通过手机短信平台发布天气预报和预警，年均发布预报预警信息25万余条。2008年后，增加因特网发布渠道，在县民族中学新校区、县客运站、惠明炮点、三都炮点设电子显示屏等方式发布气象信息。2014年开通QQ群“气象局预报服务”“惠水气象服务”微博号、“惠水气象”微信公众号，在好花红旅游景区增设电子显示屏等渠道提供实时气象信息。2015年通过国家突发事件预警信息发布平台对外发布气象灾害预警信息，为政府部门开展防灾抗灾工作提供科学的决策依据。规范制作发布“重要气象信息专报”“气象信息报告”“气象信息快报”和“专题气象服务”4种气象公众服务。

气象为农服务　1958至1982年，主要服务内容为年景预报、季度决策服务、农事天气预报。1969至2002年，为林业部门植树造林和飞机播种提供气象服务。1983年开展年度气候评价和作物气候评价。1984年5月，承担向中国气象局和贵州省气象局编发农业气象旬（月）报告的任务。1985年，完成惠水县农业气候区划，同年开展纸质形式的农业气象情报服务至2005年。1986年9月起，每年9月制作全县水稻产量预报。1995年2月开始，每年为县森林防火指挥部发布森林火险气象等级预报。2003年，开展地质灾害气象预警预报。2005年，开始汛期乡镇雨量信息服务；同年，开始每年制作年度和季度农业气象决策服务材料。2006年，租用中国移动“资讯通”短信平台，向县委、县人大、县政府、县政协和相关部门发布天气预报和预警服务。至2015年为农服务主要为农业气象情报、农业气象预报、农业气候评价与分析。

人工影响天气　惠水县的人工影响天气工作始于1969年，由惠水县人民武装部选拔民兵开展防雹作业训练。1973年，自制土火炮防雹作业试验成功，惠水县科委组织全县人工防雹工作，在三都公社、毛家苑公社的11个大队开展。1975年，试验“三七”高炮防雹作业，人工土火箭防雹与“三七”高炮防雹并行。1978年，发展到6区（镇）47个公社300多个大队596个炮点，防雹人员由183人发展到1920人。1979年，全县改为“三七”高炮防雹作业，结束人工土火箭防雹的历史。1987年，人工防雹工作由惠水县气象局管理，人员选配由气象局负责。1992年，成立惠水县人工降雨防雹指挥部，指挥部设在气象局，指挥长由县长担任，气象局长担任常务副指挥长。2010年5月购置一辆人工增雨火箭作业用车及一套人工增雨火箭弹发射装置，主要用于开展人工增雨抗旱救灾。2010年5月，实施天气小雷达建设项目，有效实时监测县境的天气系统的生成、发展、移动、消亡等整个过程，配合人工高炮和人工增雨火箭使用，提高人工影响天气工作的效益。2015年组织实施人工影响天气作业22次，单次作业最大影响面积300平方千米（高炮）至825平方千米（火箭）。

防雷减灾　1991年8月，惠水县气象局与惠水县安全生产委员会联合下文组织对全县机关、学校、工厂等房屋建筑的防雷设施进行普查，在全县开展避雷安全检测工作。1998年，成立惠水县防雷安全办公室，负责全县的防雷设施安全检测和防雷工程安装、验收。2002年，改称惠水县防雷减灾办公室。2008

年，更名为惠水县防雷减灾中心，负责提供雷击风险评估、防雷图纸评价、防雷装置验收等技术服务。2003年，成立惠水云天避雷装置安全检测站，提供防雷装置检测技术服务800余次。2004年，成立黔南州风云公司惠水县分公司，服务内容为气象资料服务、防雷图纸设计、防雷工程安装，至2015年年均服务次数930余次。

农村综合经济信息服务 2000年，惠水县气象局成立农村综合经济信息服务中心惠水县分中心，收集全县农业综合经济信息（包括农产品价格、农产品供求、招商引资、农业时政等）并在“贵州农经网”上发布，为农户和涉农协会、农村经纪人免费提供信息服务。2003年，建成摆榜乡农村综合经济信息服务站，为惠水县第一个乡级农村综合经济信息服务站。2005年，建成10个乡镇农村综合经济信息服务站。2007年6月，全县25个乡镇全部建成农村综合经济信息服务站。2007年3月，建立惠水县第一个村级农经信息服务点——九龙村农村综合经济信息服务点。至2015年，农村经济信息服务年均2万余条，为10余家农民企业、社区等提供专项服务。

气象科技服务与技术开发 1964年10月，在贵州省气象局指导下，开展农业气候资源调查，编写《惠水地理与气候》。1971年，编印《惠水十年气候总结资料》。1978年，编印《惠水历年各月逐日气象资料》。1980年11月，惠水县成立农业气候区划组，开展气候资源调查分析和区划，1981年，编印《惠水地面气候资料》。1985年12月，完成《惠水县农业气候区划》编制。2001年，用幻灯片软件和“121”语音软件开发了电视天气预报制播系统，2003年，升级并在全州推广应用。2015年通过中央资金三农建设项目的实施建成惠水县级公共气象业务系统，并投入气象服务业务工作应用。

气象科普宣传 1985年开始，惠水县气象局为全惠水县中小学校的科普教育单位，每年均组织有上千人到气象局参观学习。2005年后，通过节日宣传活动、手机短信等方式宣传气象科普知识。2007年，惠水县气象局举办惠水县“气象杯”青少年象棋大赛。2009年惠水县游泳协会举办“气象杯”冬泳运动会，向学生和观众宣传气象防灾减灾知识。2009年起，每年开展“3・23”世界气象日、“5・12”防灾减灾日专题宣传。2011年后，采取在惠水县党政办公网络设置电子显示屏等方式进行气象科普宣传。

第六章 水资源

第一节 水系河流

惠水县位于苗岭南侧，所有河流均属珠江水系。全县径流资源比较丰富，共有河流259条，总长968千米，县内流域面积2470平方千米，其中流域面积在500平方千米以上有2条，其流域面积分别为涟江流域（含涟江22条）和坝王河流域（含坝王河11条）。河网密度为平均每平方千米0.392千米。主要河流有涟江河、坝王河（霸王河）（又名摆朗河）及曹渡河支流。

涟江河是县内最长的河流，发源于贵阳市的花溪区党武及龙里县的水场一带，由青岩的洛登流入惠水县境。自北向南纵贯全县西部，在南部打场寨渡口出境，经罗甸县汇入红水河。全长235千米，其中流经惠水县境内河段长89.5千米，流域面积1181平方千米。出境处河口的多年平均流量43.88立方米/秒，平均径流深610毫米，多年平均径流总量5.69亿立方米。涟江河在县境内有翁吟河（进入县境烂坝林场称濛江）、龙滩河、鱼梁河、冷水河、威远河、水源河、芦山河、王佑河（二级支流）、长安河等9条长10至45千米支流，总长158.7千米，其中县境内河长95.5千米。

坝王河发源于本县甲烈地区，自北向南经摆金、斗底、雅水、董照、羡塘等地注入平塘县，纵贯县境东部。惠水县境内河段长66.5千米，流域面积900.7平方千米。出境处河口的多年平均流量20.77立方米/秒。坝王河有甲浪河、钢金河、翁岗河、掌满河、董照河、三岔河等6条10千米以上的支流，总长71.5千米。

县东北部的岗度河、本底河、麻冲河、石板河、白水河等5条较大支流，均往东注入平塘县境的曹渡河，总长66千米，在本县境内流域面积171.6平方千米。

摆郎河　流经濛江街道、摆金镇、雅水镇，于平塘县公鹅下潜，后从羡塘镇燕子洞出露，在洛浩村老林寨附近出境。境内干流流程64千米，流域面积1150平方千米。摆郎河系布依、汉语的合称，即背后河之意。以摆金镇蛮河村摆郎河边的“摆郎河”寨名命其河名。该河流在县境纳入甲浪河、钢金河、翁岗河、掌满河、三岔河等支流。

翁吟河　位于县城北部濛江街道，发源于花溪区马铃乡谷中村盐井。进入涟江大坝称“濛江”，于县城濛江街道长新村抵蒙河段汇入涟江，境内流程约39千米。河名系布依、汉语的合称，翁吟即冷淡冲之意河名即深山中的大河之意。《定番州志》称为“牂牁江”。

龙滩河　位于濛江街道，发源于花溪区高坡乡云顶村。流经云顶村，于龙泉村汇入涟江。因河床水位较深，似“龙潭”，故称“龙潭河”，后演变为“龙滩河”。

冷水河　《定番州志》称“崇水”。发源于长顺县长寨街道板沟村白水牛寨附近，流经涟江街道长征村和好花红镇百鸟河村，在好花红镇金田村金石寨附近汇入涟江。流程约14.5千米，因河水常年温度较低，故称“冷水河”。

董敖河　《定番州志》称为“惠水”发源于长顺县长寨街道永增村潮井寨，流经涟江街道甘昌村和好花红镇三联村，在好花红镇兴涟村安潭寨附近汇入涟江，流程约15千米。以好花红镇三联村董敖寨名其河名，1941年原定番县以此河名改称惠水县。

鱼梁河　《定番州志》称为“仙水”。发源于好花红镇小龙村波云洞，在好花红镇金田村金石寨附近汇入涟江。流程约11千米。河道进入涟江大坝的地形象鱼脊梁，故称“鱼梁河”。

水源河　发源于好花红镇水源村老寨以东附近山洞，在黄花塘汇入涟江流程约2.5千米。以水源寨命其河名。

芦山河　发源于芦山镇麦旁村麦旁寨附近，在鱼湾村鱼湾寨以南纳入发源于格我村的支流后汇入涟江，流程约11.5千米。以“芦山”镇名命其河名。

王佑河　又称“茶大河”，发源于王佑镇与长顺县交界的若亚大坡东麓，在王佑镇王佑村戎拉寨附近汇入涟江流程约9千米。以王佑村名命其河名。

长安河　发源于长顺县睦化乡木令山麓，在王佑镇和平村纳入发源于老豹山的拉牛河，在打永村打场寨附近汇入涟江，以原“长安”乡名命其河名，流程12千米。

甲浪河　发源于摆金镇花厂村松荣寨，在摆金村汇入摆郎河流程约12千米。以“甲浪”寨命其河名。

钢金河　发源于摆金镇关山村，流经长新村，在清水苑村高寨附近汇入摆郎河，流程约10千米。以长新村“钢金”寨名命其河名。

磨洋河　发源于岗度镇斗底畜牧场境，流经摆金镇党古村，在党古村六寨附近汇入摆郎河流程约11

千米。以“磨洋岗”寨命名其河名。

掌满河 发源于摆金镇甲坝村，流经掌满村，在蛮河村汇入摆郎河。流程约18千米，以“掌满”村掌满寨名命名其河名。

董照河 又称“底下河”。发源于雅水镇公朋村附近山谷。于雅水镇摆俄村夹尔寨附近纳入发源于播莫坡南麓的溪流。在羡塘镇和平村董照寨附近下潜后汇入摆郎河。以董照寨名命名其河名，

羡塘河 发源于断杉镇定理村，流经羡塘镇的龙虎、红旗村和白硐村，于红旗村汇入摆郎河，在洛浩村老林寨附近出境，流程约16千米。以原“羡塘”乡寨名命名其河名。

岗度河 发源于岗度镇岗度村王松寨附近，在石烧村出境汇入曹渡河。以“岗度”寨名命名其河名。

本底河 发源于岗度镇龙塘村摆朗寨附近，流经本底村，在石烧村董榜寨附近出境。县境流程约20千米。以本底寨名命名其河名。

白水河 发源于岗度镇龙塘村龙塘山东麓，流经祥摆采育林场境，在白水河村亚龙寨附近出境，县境流程14.5千米。因该河床浅，河水呈白色，故称“白水河”。

第二节 地表水

全县地表径流总量达16.119亿立方米，多年平均径流深为652毫米，径流系数为0.51。县内地表径流的分布基本上和降水的分布趋势一致，一般是东部多，中部少，西部山区较多。东部山区径流深达750毫米，中部平坝地区径流深仅600毫米，西部地区 毫米。在季风气候条件下，径流的季节变化大。冬季（12至2月）是河流最枯的季节，径流量仅为全年的5%；春季（3至5月）是河流径流增多的时期，径流量可占全年27.5%，但3月尚属旱季，4月中旬开始进入雨季，故径流量增加的数量不大；夏季（6至8月）是河流径流最多的时期，这一时期径流量高达47.82%；秋季（9至11月）径流量逐渐减退，秋季径流量占全年19.68%。径流量年际变化大，偏丰年径流总量为19.987亿立方米，平水年为15.635亿立方米，枯水年为9.107亿立方米，丰水年与枯水年的来水量，均比多年平均总水量增多或减少28%左右。

第三节 地下水

惠水县地下水分为岩溶型地下水、山区基岩裂隙地下水、松散层孔隙水。三种类型地下含水层为：

岩溶型地下水：县内岩溶水，主要分布在石灰岩地区，以石灰岩为主的岩溶水，多为裂隙溶洞水，含水丰富，水量变化大，多以泉的形式排泄于河流。如甲烈小龙井地下水，受张裂控制，自西而东发育，流程3千米，出露于摆金西侧，高于河水面30米，由高2米、宽1米溶洞流出，出口流量为11.52升/秒；金石村鱼梁地下水，受地层走向及90°至270°裂隙控制，自北向东，自东向西，形成地下多股出露，泉成洞穴状，流量为139升/秒。

山区基岩裂隙水：赋存于碎屑岩中，分布在构造裂隙或风化裂隙带内，大多为潜水型，流量小，水质好，一般流量小于1升/秒。基岩裂隙水虽水量较少，但分布广泛，对山区人畜饮用和农村小型供水作用较大。

松散层孔隙水：主要分布在河谷盆地。县内涟江河谷盆地面积79平方千米，为第四系分布区，含水内在岩组为Q，赋存大量孔隙水，流量小，一般流量为0.1至0.2升/秒。

附：地下河

县境内有大小地下河32条，分别排泄于涟江河和坝王河。主要分布情况为：

排入涟江河的地下河系有12条，其中，较大的地下河有鱼梁地下河、水源地下河和五里桥地下河。

鱼梁地下河　由北东两条支流组成，总长26千米，补给面积139平方千米，是县内最大的地下河。北支流发源于磨石坝，经斗篷的老满冲、摆界，在安家坑与东支流汇合，全长10千米，流域面积约50平方千米。东支流发源于坝王河的甲烈至摆金段，流经丹耙、高寨、长冲，至安家坑与北支流汇合，流程16千米，除接受坝王河之漏水外，流域面积约80平方千米。两支流汇流后，径流3千米，在金石村苑口组北800米处出露。出口的平均流量为4.22立方米/秒。

水源地下河　发源于坝王河的摆金下游高寨一带的河床漏水处。另外，岗度、宁旺一带的地下水，也从深层补给本地地下河。本地地下河从源头流经冗阶、新寨、冗潭，最后在水源村附近出露，全长约29千米。出露后与发源于抵麻乡的蛮拱地下河，以及发源于元围的龙滩地下河汇合为明流，即水源河。

五里桥地下河　由两支流组成，一支流发源于断杉镇龙田坝一带，经松定、水淹坝至五里桥，全长6千米。枯流为29.8升/秒。另一支流发源于断杉镇所纳附近，经翁崽、平月在龙头桥流出，全长13千米，枯流为204升/秒。两支流汇合后明流一段又入羡塘毛力洞，最后在天星以50米落差形成瀑布，直泄而下落入涟江。排入坝王河的地下河系，大小共有20条，较大的有甲烈地下河、翁垒地下河、抵季地下河。

甲烈地下河　发源于岗度鱼洞，上游有地表水补给，受45°至225°裂隙控制，自东北向西南发育，在甲烈地区北东2千米处出露，全长13千米。

翁垒地下河　由两支流组成，西支流发源于断杉高头寨，经花山至翁垒拉落与东支流汇合，长约14千米。东支流发源于翁垒，经平湾、上坝到拉落与西支流汇合，长约6千米。两支流汇合后径流2千米，在惠水、罗甸、平塘三县交界处出境。

抵季地下河　发源于抵季，经抵塘到平塘县巨木出露，并与西混村流来的地下河汇合，长约9千米。

坝王河的六寨至羡塘河段　由于受裂隙控制，地下河在河谷两岸呈羽毛状分布，大致有平行近东西向的地下河14条，往坝王河排泄。这些河一般长度在10千米左右，补给面积小，动态变化大，以明暗结合的形式出现。

第四节　水政执法

1992年2月，成立黔南州水电局公安科驻惠水县办公室，办公室设在水电局（股级），编制5人，实有3人，均着公安服装办公，配有北京吉普车公安号牌车1辆，544手枪1把，配有手铐、警棍等警用设备。主要协助当地公安机关侦破全县破坏水利工程和水电站违法案件。负责水电局办公区、宿舍区综治及培训工作。1990年完成了对农灌用水和工业用水的普查登记，这一阶段对取用水管理的流程体现为登记—纳入—管理。落实水政监察规章，对各类水事违法案件进行查处，调解各类水事纠纷，对侵占河道，挤占渠道的违法案件严厉打击。

2000年为规范公安队伍管理，撤销黔南州水电局公安科驻惠水办公室，并上交办公警用设备。2000年惠水县作为全省第一批水政监察规范化建设试点单位于2000年成立水政监察大队并通过验收，与水资源办合署办公，为水利局事业股级单位，编制9人，其中，设大队长1名（副科级事业人员），副大队长1名。实有人员4人，省水利厅配备执法微型车1辆。主要工作主抓各类水事违法案件、行政处罚、水行政许可受理并征收水资源费与水土保持费，及时上缴国库。2002年《建设项目水资源论证管理办法》出台后，建立了取水许可论证审批制度，使水资源做到有偿用水和计划取用水，并建立取水台账。2000至2010年，查处破坏水利工程、侵占河道、非法采沙、非法电鱼等案件40余起。至2010年，全县总用水量已达1亿方以上，水资源费（征收了5.6万元）、水土保持费（征收了11万元）做到应收尽收。

2011年后，省水利厅重新配置汽车1辆，根据权责清单，制定行政处罚事项85项、行政强制事项12项、行政征收事项3项、行政许可事项7项、行政服务事项6项。至2015年，查处破坏水利工程、侵占河道、非法采砂、非法电鱼等案件20余起，水资源费累计征收18万元，水土保持费累计征收139万元。

第五节　水资源管理

惠水县水资源较为丰富，多年平均地表径流总量16.119亿立方米，平均径流深为610毫米，径流系数为0.48，产水模数为60.9万立方米每平方千米。人均占有水量3502立方米，亩均耕地水资源量为1932立方米；地下水3.65亿立方米，容水7.986亿立方米，共27.755亿立方米。

县内水资源管理工作始于1988年《中华人民共和国水法》（以下简称水法）的颁布实施，其后经历了两个标志性的发展过程，即2002年新《水法》的颁布和2011年中央1号文件关于《实行最严格的水资源管理制度》的出台，水资源管理经历了从纳入到规范到严格的过程。

第一阶段（1989至1999年），为县水资源管理的初级阶段。1989年在水利局设立水政水资源办公室，主要职责是宣传《水法》，树立全民保护水资源和节约用水意识。开展取用水普查，1990年完成对农灌用水和工业用水的普查登记，对取用水管理的流程体现为：登记—纳入—管理。落实水政监察规章，对各类水事违法案件进行查处，调解各类水事纠纷，对侵占河道，挤占渠道的违法案件严厉打击。

期间，对涟江河水质进行调查，对涟江河沿岸的险峰厂、永安厂、纸厂等11家企业污水排放情况进行排查。对全县336处井泉的分布位置、泉水流量、形成原因进行调查。

同时，贯彻落实“取水许可制度实施办法”，对厂矿企业用水进行登记造册，对险峰机床厂、永安电机厂、纸厂、农药厂颁发《取水许可证》，开始收取水资源费，全县收取水资源费约3000元。与好花红乡政府共同处理三联村组与组之间水事纠纷一起。

第二阶段（2000至2010年），为水资源管理全面进入规范化、科学化和法治化阶段。2000年，成立水政监察大队。2002年，贯彻落实《建设项

第二届中国水安全会议在惠水县城召开（2014年摄）

目水资源论证管理办法》，建立取水许可实行水资源论证审批制度，全县水资源做到有偿用水和计划取用水，并建立取用水台账。2010年，全县总用水量1亿方以上，水资源费做到应收尽收、有偿使用。

2000至2010年，全县办理取水许可13家，年收取水资源费约3万元，与州、县、乡镇共同处理好花红乡与三都镇大岩脚水事纠纷。由城乡建设局负责组织建设大围污水处理厂，处理能力7000吨/日，安装彩虹桥至永红桥污水收集主管网，在永红桥下游建设污水提升提泵站。划定鱼梁水库、龙塘水厂、程番水厂3处县城供水水源保护设施。

第三阶段（2011至2015年），为执行最严格水资源管理制度的阶段。水资源管理工作逐年加强，严格开展水资源论证、严格取水许可的审批，2014年，印发《关于执行最严格水资源管理制度的实施意见》并组织落实。2015年，启动“惠水县城总体规划水资源论证”工作，提倡节约和保护水资源，控制用水总量，提高用水效率，确保以水定城、以水定地、以水定人、以水定产。

至2015年，全县办有取水许可企业24家，年收取水资源费4万～7.7万元之间。新建财经大学商务学院一体化污水处理厂、城北污水处理厂、好花红污水处理厂、三都污水处理厂。

是年，全县用水总量为1.047亿立方米，用水效率得到提高，重要水功能区水质达标率100%。

第七章　矿产资源

第一节　矿产储量与分布

一、矿产资源储量

惠水县地质条件复杂，矿产资源较丰富。截至2015年，全县发现20余种矿产，矿区（点）95余处，其禀赋特点主要是：

能源矿产煤炭，煤类为烟煤及无烟煤，面积约380平方千米，占全县15%。其烟煤分布长田向斜，七里冲向斜、摆金向斜，上表资源量约6550万吨；无烟煤分布龙井背斜、惠水斗底畜牧场背斜，上表资源量约1191万吨。

金属矿产有铁矿，地质工作程度低。

非金属矿产有石灰石、硅石分布广，雄雌黄矿、黏土矿、方解石、白云石、冰洲石、水晶等矿产零星分布。

2015年，全县发现矿种已开发利用7种，矿区（点）87余处。资源储量没有变化。

二、矿产资源勘查现状

惠水县矿产资源调查与勘查，始于20世纪40年代。截至2010年年底，全县地质勘查程度为普查。完成全县1：20万区域地质、矿产、水文地质及化探扫面，在县内北部完成了少量1：5万区域调查。

是年，全县共有探矿权3个，其中，煤矿详查探矿权1个，面积3.642平方千米；铅锌多金属矿普查探矿权1个，面积16.16平方千米；铁矿探矿权1个，面积16.16平方千米。

随着地质勘查体制的改革，矿业勘查投入多元化、主体多元化趋势明显。全县资源潜力较大，资源储量有相当大的上升空间。社会投资活跃主要勘查的矿种有煤、石灰岩、砂岩、方解石、萤石、石材等。

2015年底，全县地质勘查程度无变化。全县有效探矿2个，其中煤矿勘探矿权1个，面积3.66km^2；铅锌多金属矿普查探矿权1个，面积16.16km^2。

表1–16

惠水县主要矿产资源储量表

矿产名称	矿区数（个）	资源储量单位	储量	基础储量	资源量	保有资源储量	未上表资源量
煤	4	亿吨	—	—	>0.8457	0.8457	0.1301
砷	—	千吨	—	—	238	238	—
铁	—	万吨	—	—	3	3	—
水泥用灰岩	2	万吨	—	—	8000	8000	—
泥炭（腐殖酸煤）	—	万吨	—	—	—	—	22
饰面用灰岩	—	万立方米	—	—	>500	—	>500
水泥配料用黏土	—	万立方米	—	—	>200	—	>200
建筑石料用灰岩	—	万立方米	—	—	>10000	—	>10000
耐火黏土	—	万吨	—	—	—	—	>20
粉石英	—	万吨	435	483	856	1339	—
萤石	1	吨	—	—	—	—	2268

第二节　矿产开发

矿产的开发主要为石灰石、少量大理石、硅石及萤石矿产。随着西部大开发战略实施，全县开发利用的矿产有煤、黏土、粉石英、水泥用灰岩、建筑用石料灰岩、建筑用砂、砖瓦用页岩等，初步形成以煤炭、石灰岩为龙头，其他矿业为辅，带动全县经济社会发展状况。

2004年，完成矿产资源储量数据库建设，于11月通过州级评审验收。截至2010年12月，全县有采矿证143个，其中省级发证24个、州级发证11个、县级发证108个。

能源矿产：煤炭矿山24对，为小型矿山，其中，试运行矿井有6对，建井、技改状态矿井6对。建井9对，注销1对，是年矿业产值5355万元。

非金属矿产：矿山119个。其中，州级发证水泥用灰岩矿山2个，方解石矿山5个、硅石矿山2个、萤石矿山2个；县级发证的页岩制砖矿山28个，砂石矿山80个。2010年，矿业产值1.7亿元左右。

根据经济社会发展对矿产资源的需求、资源和环境的承载能力及国家宏观调控政策等，鼓励开采本县具有资源优势矿种。通过规划分区管理及采矿权的投放，全县主要矿产的开采及调控总量分别是：

能源矿产　适度扩大生产能力，满足市场需要，调控煤炭开采总量，2015年，生产矿井23对，规划煤炭开采总量135万吨，2020年达220万吨。

非金属矿产　水泥用灰岩　水泥用灰岩调控总量2015年700万吨。2020年达500万吨。

建筑用灰岩：2015年320万立方米。2020年为500万立方米。

砖用页岩：2015年调控总量86万立方米。其中，页岩制砖需50万立方米，水泥的配料需用页岩36万立方米。

其他矿产：硅石、萤石等非金属矿产，开采总量应遵循与经济发展相适应的原则，合理开发。

矿山企业要严格按采矿许可规模进行生产，开采量超过许可规模10%的需变更采矿许可证。

2015年12月，全县有采矿证87个，其中，省级发证4个，州级发证7个，县级发证76个。

第三节　矿产管理

1989年5月，成立“惠水县矿产资源监督管理办公室”（股级），挂靠县经委，列为政府系列。1992年12月，将“惠水县矿产资源监督管理办公室”更名为“惠水县矿产资源管理办公室”，升格为副局级机构，列入政府系列，归口县人民政府办公室管理，定编9人。1994年3月，县级机构改革，撤销原县土地管理局、矿产资源管理办公室、环保站3个单位，整合职能，组建县国土资源管理局，内设矿管股管理全县矿产资源。

县矿管办成立后，对全县25个乡镇的矿产资源进行实地踏勘，初步查明县境内矿产资源共有五大类（黑色金属、有色金属、冶金辅助原料、燃料、化工原料及非金属）共241个矿种。

1989年，全县有开采金属矿、非金属矿、煤矿、砖瓦黏土等采矿点200余个，办理开采许可证的采矿点仅有27个。1991年，对全县矿点进行普查登记，完成75个采矿点的登记和颁发采矿许可证工作；完成36个矿山、矿点的定界立桩；征收矿产资源管理费、补偿费39000元。1992年，完成采矿登记107个，完成采矿登记发证57个及定界立桩，完成两费征收50800元。1993年，办理采矿许可证50个，完成两费征收42500元。

1989至1993年，矿管办对全县436个矿点开展矿山安全生产大检查15次，处理矿山纠纷125起，查封无证矿井23口，制止无证非法开采16起，取缔采矿2起，参与处理矿山死亡事故12起，加强矿山的安全管理。

1994至2000年，县矿产资源管理部门累计下达行政指令213道；处理矿山纠纷116起；制止违法行为18起，制止无证开采60起；取缔无证开采小煤窑18口，取缔非法采矿点146处、关闭矿洞86个。帮助企业完成地质监测报告61个，完成矿山矿产储量登记61个，完成“采矿许可证”换发28个。累计办证94个（其中煤炭48个、有色金属3个、化工1个、建材42个），发放采矿证97个（其中：煤炭68个，建材21个，非金属矿8个），办理矿产品经营凭证21个，个体购矿登记2个；吊销7个不符合办矿条件小煤窑的采矿许可证。查处矿山死亡事故6起。查处案件28起，纠正违法行为40起。通过年检，查清全县年内共有个体采矿企业和矿产品加工企业135个，持证开采和经营的103个，持证率达76%。

1996年3月，根据国务院《关于整顿矿业秩序维护矿产资源国家所有权的通知》，县政府成立由分管县长任组长，地矿局局长、煤炭局局长任副组长的惠水县治理整顿矿业秩序领导小组，制定《惠水县矿业秩序治理整顿三年规划》，对全县矿业秩序进行全面治理整顿，重点治理杨家山煤矿区、石英砂厂硅矿区、大水井至七里冲建材矿区、三都旧场建筑砂矿区、甲戎至断杉煤矿区。采取边宣传、边检查；边清理、边治理；边整顿、边落实的方式进行。对零星、不成型、无证开采、乱挖滥采的矿点，坚决予以取缔；对基本符合开采条件、有一定经济基础和规模的，责令限期补办开采手续；1996至1999年，通过治理，取缔无证采矿点60个、炸封矿井（洞）90个、拆除非法砖瓦窑42个、立案查处2起，有效制止违法开采和乱开滥采的行为。至1999年底，全县共有矿山113个，持证开采111个，持证率为98%，资源补偿费征收面为100%，征收率达70%，全县矿业秩序基本实现全面好转。

2001至2012年，矿管部门严把矿山安全生产管理，加强矿山安全巡查。开展矿山秩序整治，对矿山进行巡查检查，取缔各种无证矿山，完善采矿登记手续。全县累计取缔无证煤窑257个，教育非法采矿人员116人，查处非法矿山39个。完成对57至134个矿山的年检，协议和挂牌出让矿山采矿权58宗，征收矿产资源补偿费834.86188万元，完成全县矿山企业的资源储量占用登记，以及15个煤矿企业的资源回采率调查。办理页岩采矿许可证4个、砂石采矿许可证59个。完成13家煤矿整合为8家的煤炭资源整合。开展非煤矿山整合，19个签订《整合协议》。完成全县134个矿山矿业权实地核查的外业实地核查。采石场数量整合为9个，全县石矿场复绿面积100002平方米。整顿规范矿产资源开发利用秩序，2012年，县级发证矿山数量由132家减少为114家。

2013年，完成全县145个采矿权和2个探矿权年检，其中，省级发证煤矿24个，州级发证12个，县级发证19个；全县进行采矿权延续、变更、出让登记40家，征收资源补偿费201万元。缴存矿山地质环境治理恢复保证金92.1万元。

2015年，根据《省人民政府办公厅关于加强砂石土资源开发管理的通知》和《惠水县人民政府办公室关于印发惠水县沙石矿山整合管理方案的通知》文件要求，全县砂石土矿山整合后有县级发证采矿权50个。

1989—2015年惠水县矿产资源补偿费征收情况一览表

表1-17　　单位：万元

征收年度	征收金额	征收年度	征收金额	征收年度	征收金额	征收年度	征收金额
1989	—	1996	3.868	2003	11.436	2010	—
1990	—	1997	—	2004	68.8772	2011	—
1991	3.9	1998	—	2005	43	2012	154.25
1992	5.08	1999	—	2006	—	2013	201.19
1993	4.25	2000	—	2007	—	2014	40.8
1994	—	2001	—	2008	114.8	2015	50.36
1995	2.6	2002	—	2009	3083.48	—	—

第四节　地质环境管理

2008年，开始对辖区内县级发证的矿山企业征收地质环境治理恢复保证金，实行专户管理，由县国土局和县财政局对保证金进行监管。2008至2015年，县级发证矿山共缴存保证金948万元。

截至2015年，全县有4家矿山企业因项目征地被关闭，全部退回所缴存的保证金共计15.3万元；惠水县长田乡大冲煤矿、惠水县断杉镇大坡煤矿属于省级发证企业，两家矿山企业因对地质环境进行治理恢复，申请使用保证金共299.22万元。惠水县长田乡大冲煤矿地质环境治理工程于2015年实施，复绿面积1.36公顷。

第八章 生物资源

第一节 植物资源

惠水县地带性原生植被为中亚热带常绿阔叶林，由于历史的原因，原生植被带被破坏殆尽，只有交通极不便利或少数村寨附近的风景林有少量分布（如摆金镇的马鞍井、祥摆等地见到残存碎片，龙塘山北坡海拔1450米以上的原始山地上有常绿落叶阔叶混交林小片残存）；石灰岩地区的原始常绿落叶阔叶混交林也呈零星分布；境内主要分布的是常绿阔叶次生林、人工马尾松林、落叶阔叶（混交）次生林、灌丛、灌草丛（草坡）及农业植被。森林植被次生性突出，主要植被类型有丝栗栲，甜槠栲林、青冈栎、化香、多脉鹅耳栎、扁制栲、圆果花楸林、麻栎林、枫香、响叶杨林、马尾松林、白栎、茅栗灌丛、火棘、小果蔷薇等。乔木树种主要有马尾松、白杨、桦木、枫香、栎类、栲类、樟类、女贞及杨梅等乔木果树，灌木树种主要有火棘、化香、月月青、悬钩子等。

据2013年5月《惠水县林木种质资源调查研究报告》：县有木本植物123科379属1174种（含栽培植物155种）。其中，裸子植物8科19属34种，被子植物115科360属1140种。按生活型划分，藤本及藤状灌木196种、灌木种类474种（常绿灌木236种、落叶灌木238种）、乔木种类470种（常绿乔木233种、落叶乔木237种）。其中I级保护树种红豆杉，II级保护树种华南五针松、黄杉、翠柏、篦子三尖杉、香果树、榉树，省级保护树种有三尖杉、紫楠、刺楸、青钱柳、青檀等6种，另有兰科植物41种。

主要用材树种72科125属318种；主要野生木本观赏植物74科111属328种；果树树种有31科56属229种；木本药材116科320属1017种；油脂类树种41科77属256种；饮料树种18科46属75种；饲料树种10科12属16种；蜜源树种49科75属236种；芳香树种39科70属173种；鞣料树种20科33属106种；染料树种19科22属31种；纤维树种（不含木材纤维树种）27科57属145种；木本森林蔬菜20科31属77种。

一、种类记录

有：长蕊杜鹃、交让木、石斑木、华南猕猴桃、川杨桐、蓝果树、汤饭子荚蒾、大叶酸藤子、云贵山羊角树、贵州桤叶树、柿、樟、盐肤木、红茴香、白栎、乌饭树、圆锥绣球、滇白珠、山地杜茎山、多花山矾、凹脉柃、短梗南蛇藤、山枇杷、乐昌含笑、亮叶含笑、厚叶冬青、山莓、小花红苞木、少叶黄杞、皱叶悬钩子、小果冬青、中华槭、十齿花、喜树、杠柳、无刺鼠李、秃瓣杜英、大果蜡瓣花、老鸦糊、披针叶卫矛、山钩樟、汤饭子、水石榕、云雾青风藤、栲、藤黄檀、藤构、赤楠、赤杨叶、尖叶四照花、野鸭椿、海金子、羊角藤、木姜子、锥序蔷薇、周毛悬钩子、藤黄檀、厚叶鼠刺、长蕊杜鹃、穗序鹅掌柴、野茉莉、云雾清风藤、大叶栀子、合欢、桃叶石楠、野桐、南酸枣、长瓣马蹄荷、银木荷、蕈树、厚皮香、香果树、马尾树、东方古柯、星毛鸭脚木、尾叶樟、槲栎、漆叶泡花树、山杜英、虎皮楠、水蛇麻、山花冬青、小花清风藤、银钟花、朴树、狭叶方竹、中南鱼藤、毛杜英、乌柿、榄壳锥、圆锥菝葜、冬青、尖叶毛柃、岩卫矛、大青、耳叶鸡矢藤、青皮木、假紫龙树、小果冬青、独山瓜馥木、毛桐、猴欢喜、赛楠、绒毛猕猴桃、飞龙掌血、粗叶木、绿花崖豆藤、柳叶虎刺、大叶钩藤、苦木、长序莓、竹叶青冈、短梗大参、红花木莲、笔罗子、冬青、长瓣马蹄荷、麻栎、金线吊乌龟、昆明山海棠、白花悬钩子、吊钟花、一叶萩、大白藤、小果蔷薇、毛白杨、月季花、云实、毛栗、细粘毛忍冬、山乌桕、狗骨柴、湖北算盘子、北枳椇、黄梨木、深山含笑、石灰花楸、红皮树、水团花、长叶水麻、蜡瓣花、豆腐柴、海州常山、光枝勾儿茶、灯台树、球果荚蒾、梭罗树、肤毛悬钩子、薄果猴欢喜、毛叶木姜子、川榛、老虎刺、灰白毛莓、粉枝莓、多脉榆、薄叶鼠李、野漆树、大叶醉鱼草、粗壮女贞、疏松悬钩子、华素馨、西蓝木兰、小叶女贞、乌桕、南天竹、头序楤木、滇鼠刺、水锦树、贵州蒲桃、忍冬、蔓胡秃子、野蔷薇、贵州金丝桃、珍珠荚蒾、刺梨木、奶浆藤、三叶木通、三叶海棠、狭叶含笑、领春木、黄常山、瑞木、毛枝蛇葡萄、臭蜡树、红柴枝、囊托羊蹄甲、三叶崖爬藤、南方荚蒾、山矾、翼梗五味子、粉花绣线菊、云贵鹅耳枥、香港四照花、黄杞、板栗、短梗南蛇藤、丝栗、细枝柃、崖豆藤、梨叶悬钩子、粗康柴、序叶荨麻、老鸦糊、假柴龙、鄂西清风藤、竹叶花椒、粗糠树、冠盖藤、披针叶八角枫、贵州连蕊茶、构荆、紫弹树、粗毛玉叶金花、革叶猕猴桃、杠香藤、小梾木、华中五味子、尾叶樱桃、长序南蛇藤、青钱柳、旱禾树、青榨槭、圆锥菝葜、长叶贵州石楠、鹅耳栎、山桐子、紫楠、红果罗浮槭、黄花倒水莲、贵州青冈、越南勾儿茶、皂柳、灰白毛莓、香冬青、荔波鹅耳枥、钩枝鹊梅藤、黄心夜合、青篱柴、柳叶润楠、厚叶鼠刺、大叶柯、大叶柯、香港鹰爪花、多花山竹子、大叶柯、香花球兰、蒙自吊石苣苔、无毛崖爬藤、毛穗杜茎山、卵果海桐、黔桂润楠、香叶树、十大功劳、全圆火棘、光叶榉、川钓樟、金腺荚蒾、李、云山八角枫、黄连木、小果菝葜、领春木、贵州桑寄生、长柄水青冈、小叶虎皮楠、毛桐、长穗桑、莲叶桐、锈毛络石、香花崖豆藤、华山姜、大叶楠、皱叶雀梅藤、光叶铁仔、薄果猴欢喜、披针叶天仙果、短柄粉叶柿、定心藤、中华常春藤、杍壳、喜树、楠竹、阔叶箬竹、铁冬青、石栎、檫木、马桑、尼泊尔桤木、中国旌节花、鸡桑、防己、油桐、桤木、笔罗子、小果南烛、丝栎栲、水竹、猴樟、梓木、小果栲、周毛悬钩子、星毛羊奶果、大枝绣球、中华猕猴桃、细齿樱、小叶石楠、厚皮锥、霜叶南蛇藤、贵定桤叶树、钟咢木（伯乐树）、映山红、中华槭、香木莲、野茉莉、齿叶黄皮、华西绣线菊、月月青、石山鼠李、烟管荚蒾、滇铁榄、华夏子楝树、构、川鄂爬山虎、葡萄茎榕、深裂八角枫、平塘榕、柘树、红花桑寄生、狭叶方竹、小乔木紫金牛、鹊儿舌头、绒毛鹊梅藤、糯米条、香花崖豆藤、葡茎榕、石风车子、石斑木、小漆树、狭叶链珠藤、苦枥木、独山石楠、亮叶鼠李、革叶鼠李、针齿铁仔、广西越橘、褐叶青冈、岩生鹅耳枥、托盘青冈、大果冲麻、粉叶枸子、柳叶水丝梨、俗名：夜关门、水麻、水石榕、贵州叶下珠、青香木、华夏子楝树、薄叶山橙、黄花恋岩花、显脉青藤、密花树、滇桑、贵州鼠李、粉被黄栌、杠香藤、山蜡梅、清香木、革叶鼠李、平叶密花树、安平十大功劳、巴豆、香槐、柳叶润楠、五层龙、慈竹、大叶云实、胡桃枫杨、山梅花、沙河崖冬青、小叶黄杨、柔毛油杉、女贞叶忍冬、毛叶花椒、柔枝槐、兰屿九里香、拔契、楠木、槲栎、迷蒙花、黑壳楠、小蓬竹、小黄花、扶芳藤、中华野独活、风湿木、青檀、三对节、蚬壳花椒、薄叶鼠李、清风藤、野扇花、薄叶乌口树、黄泡、棱枝八月瓜、大叶蚊母树、尖叶茶、棕竹、豆腐柴、总状扁黑木、臭牡丹、狭叶子珠、青桐、喙果崖豆藤、川桂、棕竹、栎子青冈、山香圆、大花枇杷、防城紫金牛、三木通、中华大节竹、润楠、薄叶山矾、少花桂、异叶梁王茶、阿里山十大功劳、蒙自桂花、石血、青冈、黔竹、球核荚蒾、胀果树参、毛柘藤、清香藤、杜仲、厚果崖豆藤、厚壳树、重阳木、紫弹树、抱茎菝葜、刺秋、虫珠毛葡萄、圆叶乌桕、竹叶榕、南岭柞木、布荆、京梨猕猴桃、野毛漆、乌冈栎、革叶卫矛、红叶下珠、野茉莉、木防己、了哥王、长穗桑、杨梅叶蚊母树、云贵鹅耳枥、贵州海桐、刺叶花椒、刺叶冬青、尖叶榕、贵州鹅耳枥、小果蔷薇、翠柏、箬竹、二刺六道木、灰叶花楸、窄叶青冈、狭叶球果荚蒾、五针松、刺叶花椒、紫云小檗、皱叶雀梅藤、短叶黄杉、毛果石楠、白瑞香、规定杜鹃、尾叶越橘、灰粘毛忍冬、红肤杨、野漆树、大叶紫珠、西域旌节花、微毛樱桃、毛蒟、栀子皮、安顺润楠、云南旌节花、云南双盾木、七叶树、尖叶槭、木芙蓉、湘楠、长柄石柑、绒毛山胡椒、毛叶杜英、佛顶珠、中华槭、海金子、硬斗石栎、深山含笑、阔瓣含笑、少脉山矾、山茶、毛脉南山枣、绒毛润楠、马银花、黄果黄肉兰、小叶青冈、细柄百两斤、鼎湖钓樟、刺花椒、钩栲、甜槠栲、短梗大参、云南鹅耳枥、百色猴欢喜、尖叶瓜馥木、子弹树、白簕、日本杜英、中国旌节花、平塘榕、铁仔、中华青夹叶（叶上果）、金佛山含笑、皂角、长柄水青冈、棱角枝槲寄生、雪松、香樟、小果冬青、法国梧桐、石榴、离核桃、山荆子、大叶女贞、灰毛杜荆、多体蕊黄檀、柞木、黄毛猕猴桃、华素馨、毛花忍冬、黔贵木兰润楠、云南槲寄生、大叶杜樱、椤木石楠、茶、槐、清香木姜子、栓皮栎、杨梅、蒙自吊石苣苔、水竹、总状山矾、长蕊杜鹃、虎刺、寒梅、威灵仙、巫山新木姜子、南川牛奶子、响叶扬、醉鱼草状荚蒾、白蜡树、硬叶冬青、构棘、化香树、毛叶黄檀、昆明海桐、栓皮栎、黄心夜合、毛脉南酸枣、多脉猫乳、黄常山、木姜子、毛桐、玉叶金花、波缘娄天花、木防己、绒毛木蓝、柔毛崖豆藤、铁冬青、云南泡花树、黑壳楠、短柄垂子荨麻藤、马蹄荷、披针叶八角枫、小叶杜茎山、黄毛榕、珍珠榕、旱禾树、云南柳、白蜡树、厚壳树、宜昌橙、黄褐毛忍冬、石岩枫、刺壳花椒、剑叶紫金牛、乌材、大叶斑鸠菊、冬青、披针叶卫矛、网脉山龙眼、狗骨柴、大果蜡瓣花、滑叶润楠、鹿角锥、青灰叶下珠、多花山竹子、革叶铁榄、日本五月茶、狗骨柴、毛枝格药柃、无刺鼠李、纳雍槭、粗穗石栎、黔椴、阔叶槭、亮叶月季、锐齿槲栎、裂叶海棠、楹树、金樱子、紫珠、木防己、山杨、刺葡萄、野桐、含羞草叶黄檀、劈理、竹叶榕、异叶榕、黑风藤、杨梅叶蚊母树、樟叶槭、乌饭树、厚朴、榉树。

调查发现贵州新记录种1种：剑叶紫金牛。在王佑镇新然村发现罕见千亩马蹄荷天然林。

县境内的主要引种树种19科32属47种（包括变种、亚种、变形种）。

二、珍稀树种

珍稀濒危树种资源有17科22属28种。其中，国家一级保护的植物（树种）有3种，占全国（51种）5.88%；国家二级保护植物有13种；贵州省级保护树种12种。列入红皮书中的有17种，其中濒危3种，稀有7种，渐危7种。列入濒危植物名录13种，其中濒危2种，稀有7种，渐危4种，二级7种，三级6种。参照《中国重点保护野生植物资源调查》中“国家重点保护野生植物濒危等级对照表”，列入IUCN物种濒危等级评价中的有11种，其中极危等级1种，濒危等级3种，易危等级3种，依赖保护等级2种，接近受威胁1种。

三、古树大树

县古树大树资源主要以枫香、黄连木、榉树为主，其中，枫香最大胸围708厘米、最大年龄约1500年；黄连木最大胸围628厘米、最大年龄350年。古树群共25个，古树群内古、大树共920株，断杉镇8个、摆金镇7个、濛江街道6个、岗度镇3个、原羡塘乡镇2个。

县共有1303株古大树，无名木资源，共32个科，49个属，60个种。达到100年及以上的古大树共1303株。全县各镇均有分布，主要为：断杉镇409株、摆金镇300株、濛江街道280株、岗度镇193株、其余少数散落在各乡镇。树龄最大3000年左右的银杏树位于摆金镇冗族村冗族组。胸径1米以上的大树有356株，其中，最大胸围831厘米为分布在王佑镇冷水村过长组的冬青。

表1-18

2015年惠水县400年以上树龄古树大树名木统计表

树名	树龄（年）	树高（米）	胸围（地围）（厘米）	冠幅（米）	地点
银杏	3000	27.1	647	22.3	摆金镇冗章村
枫香	1500	20.6	343	13.5	濛江街道交椅村
银杏	1500	15.3	398	12.95	濛江街道交椅村
冬青	1000	27.1	831	19.65	王佑镇冷水村
枫香	1000	25.6	361	15.5	岗度镇龙泉村
香樟	1000	23.6	823	30.55	濛江街道红星村
香樟	1000	23.5	443	15.95	岗度镇龙泉村
香樟	1000	23.1	411	16.2	岗度镇龙泉村
香樟	1000	22.6	421	18.05	岗度镇龙泉村
古茶树	1000	6.1	50	7.95	岗度镇龙泉村
古茶树	1000	5.1	15	3.95	岗度镇龙泉村
古茶树	1000	4.2	46	3.2	岗度镇龙泉村
古茶树	1000	4.1	46	3.35	岗度镇龙泉村
古茶树	1000	4.1	38	3.05	岗度镇龙泉村
银杏	800	25.1	512	24.8	雅水镇雅水村
麻栎	600	27.5	386	21.65	摆金镇关山村
柏木	600	25.4	450	23.3	濛江街道新坝村
黄心夜合	600	24.2	587	16	断杉镇定理村
古茶树	600	4.1	20	1.55	岗度镇龙泉村
古茶树	600	3.8	19	1.45	岗度镇龙泉村
重阳木	500	30.7	587	16.15	摆金镇花厂村
榉树	500	27.5	530	20.35	濛江街道新哨村
重阳木	500	26.1	471	16.55	摆金镇扪摆村
桑树	500	25.7	340	16.8	濛江街道甲烈村
油杉	500	23.6	527	19.1	雅水镇雅水村
榉树	500	22.8	634	27.2	濛江街道红星村
柏木	500	20.6	460	13.75	濛江街道红星村
柞木	500	17.4	488	12.7	濛江街道红星村
银杏	500	16.8	550	12.4	濛江街道长新村
榉树	500	15.6	514	19.35	濛江街道红星村

续表1–18

树名	树龄（年）	树高（米）	胸围（地围）（厘米）	冠幅（米）	地点
古茶树	500	7.8	20	5.7	岗度镇龙泉村
古茶树	500	7.1	36	5.65	岗度镇龙泉村
古茶树	500	3.3	31	2.9	岗度镇龙泉村
重阳木	400	25.5	634	17.2	摆金镇花厂村
柞木	400	20.2	466	15.1	濛江街道红星村
柏木	400	17.3	431	14.75	濛江街道兴章村
古茶树	400	7.1	17.5	3.15	岗度镇龙泉村
古茶树	400	6.1	36	5.75	岗度镇龙泉村
古茶树	400	2.6	29	2.5	岗度镇龙泉村
古茶树	400	2.4	27	2.35	岗度镇龙泉村
古茶树	400	2.4	22	2.6	岗度镇龙泉村
古茶树	400	2.3	27	2.45	岗度镇龙泉村
古茶树	400	2.3	25	2.4	岗度镇龙泉村
古茶树	400	2.2	24	2.25	岗度镇龙泉村

第二节　动物资源

惠水县域内有脊椎动物近300种，隶属5纲33目近200属。其中，水产动物4目9科30属40余种，鸟类有15目42科95属130余种，哺乳动物有9目18科28属30余种。

一、家畜家禽

主要有猪、水牛、黄牛、马、骡、山羊、狗、猫、兔、鸡、鸭、鹅等。

猪：本地猪占40%。摆金六白猪属肉脂兼用型，是省内优良品种。引进的猪有内江猪、巴克夏、苏白猪、新金猪、杜洛克等。

牛：水牛占63%，黄牛占37%。惠水水牛是省内优良牛种。引进的有摩拉牛、尼里牛、辛地红、短角牛、黑白花（奶牛）等。

羊：县内无本地品种。1966年引进毕节山羊500只，进行饲养繁殖。1981年从沿河县引进山羊100只试养繁殖，成活率72%。1982年又从沿河引进100只饲养。

马：主要是本地马。

鸡：本地鸡占70%。引进的有来航鸡、澳洲黑、芦花鸡、白洛克、贵农黄、罗斯鸡、火鸡等。

鸭：本地麻鸭占90%。引进的有江西大麻鸭、四川麻鸭、湖南麻鸭、北京鸭等。

兔：1960年，涟江坝区群众自发引进安哥拉、大耳朵、力克斯等兔饲养繁殖，曾经兴盛一时。当时县城市场出现兔市，每场有千余只出售。1963年后养兔农户逐渐减少。

二、鱼类

有鲤、鲫、鳡鱼、南方马田鱼、青鱼、草鱼、中华细鲫、大鳞鱲、泉水鱼、云南光唇鱼、白甲鱼、似鳡、多斑金钱鱼、鱼户鲤、麦穗鱼、棒花鱼、福建棒花鱼、银色颌须鱼句、片唇鱼句、贵州鲦鱼、大鳍刺鳑鲏、南方长须鳅鮀、泥鳅、短体条鳅、条鳅、乌鳢、凹尾鮠、越南鲶、黄鳝。引进武昌鱼、非洲鲫鱼、大鲵（娃娃鱼）、雨蛙、蛙、树蛙、姬蛙、乌龟、鳖、田螺、虾、蟹等。大鲵为国家二级保护动物。

三、主要害虫天敌

姬蜂多种、绒茧蜂多种、金小蜂多种、赤眼蜂多种、小蜂多种、黑卵蜂多种、螯蜂多种、食蚜瘿蚊、食蚜蝇多种、寄蝇多种、花蝽、褐姬猎蝽、猎蝽、黑肩绿盲蝽、中国虎甲、青翅蚁形隐翅虫、七星瓢虫、龟纹瓢虫、异色瓢虫、大草蛉、中华草蛉、中华东蚁蛉、蜘蛛多种、步甲等。

四、蛇类

平鳞钝头蛇、赤链蛇、王锦蛇、灰腹绿锦蛇、紫灰锦蚊黑线亚种、黑眉锦蛇、八线游蛇、丽纹游蛇、乌游蛇各亚种、虎斑游蛇、翠青蛇、山溪后棱蛇、灰鼠蛇、滑鼠蛇、黑头剑蛇、乌梢蛇、绞花林蛇、五步蛇、烙铁头、菜花烙铁头、竹叶青各亚种。

五、鸟类

苍鹭、白鹭、鸢、松雀鹰、红隼、灰胸竹鸡、红腹角雉、红腹锦鸡、棕背田鸡、白胸苦恶鸟、山斑鸠、火斑鸠、回声杜鹃、大杜鹃、斑头鸺鹠、普通夜鹰、普通翠鸟、啄木鸟多种、小云雀、灰沙燕、家燕、金腰燕、灰鹡鸰、白鹡鸰、灰喉山椒鸟、黑枕黄鹂、卷尾多种、八哥、丝光椋鸟、喜鹊、灰树鹊、大嘴乌鸦、白颈鸦、红尾水鸲、灰林即鸟、白顶溪即鸟、橙翅噪鹛、树麻雀、白腰鸡、大山雀、绿背山雀、黄腹山雀、黄眉山雀、红头长尾雀、膀绿绣眼鸟、黄胸柳莺、鹟翁多种、北灰鹟、金翅雀、鸦多种。在鸟类中，红腹角雉、红腹锦鸡为保护动物。

六、兽类

中国鼩猬、华南缺齿鼹、滇西北中麝鼩、灰麝鼩、福建喜马拉雅水麝鼩、菊头蝠多种、西南鼠耳蝠、福建小蝠、蹄蝠多种、普通伏翼、华南长翼蝠、猕猴、华南穿山甲、江西草兔、云南灰尾兔、湖北红白鼯鼠、松鼠、华南鼬、黄鼬、鼬獾、河北狗獾、华南狗獾、华南猪獾、华南大灵猫、华南小灵猫、斑林狸、华南果子狸、食蟹蠓、华南豹猫；华南野猪、林麝、海南赤麂、小麂、苏门羚等。其中，二类保护动物有猕猴、林麝、穿山甲；三类保护动物有苏门羚、大灵猫、小灵猫。

断杉野生猕猴

七、县内列国家二级保护动物名录

野生动物中：大鲵、红腹角雉、白鹇、红腹锦鸡、苏门羚、大灵猫、小灵猫、猕猴、穿山甲、猕猴、林麝、斑灵狸、穿山甲等10余种列入国家Ⅱ级保护动物名录中。

鸟类中：褐翅鸦鹃、凤头鹰、黑鸢、褐冠鹃隼、斑头鸺鹠、领鸺鹠、白琵鹭、白尾鹞、雀鹰、普通鵟、燕隼和红隼为中国国家二级重点保护动物。

第三节　自然资源管理与保护

县水土流失面积608.5平方千米，占土地总面积的24.64%。25度以上的陡坡开荒地21285亩，占旱地面积的14.8%。水土流失的结果，山上基岩裸露，山下水打沙壅，耕地面积逐年缩小。县坝区仅占总面积的9%，稳产高产农田仅占耕地的20%。中低产田占耕地总面积61.24%，中低产田土面积大，粮食生产水平低、发展速度慢。有林业用地1152945亩，林地383487亩，占33.26%。有牧业用地1032225亩，天然牧草以禾本科为主，其次为豆科、莎草科和菊科，一般生长快，再生性强，产量高，利用季节达8～9个月；多数草场零星分散，农林牧地交错，难于集中开发；集中连片的草场多分布在边远山区，离村寨远，交通不便，水源不足，人畜饮水困难；禾本科草中纤维素含量多，易老化，大多数只宜前期利用。可供养殖水面有3019亩，已利用1840.9亩，利用率为60.98%；已利用的池塘亩产鱼50千克左右，水库亩产10千克左右，扩大养殖面积和提高单产潜力大。随着人口增长，对农产品的需求增加，管理保护不够到位，导致县自然资源逐年衰退，生态环境趋于恶化。

为合理利用和保护自然资源，县实行农业自然资源开发利用和生态环境的治理保护相结合的方针，全面规划，协调眼前经济利益，正确处理好经济效益、社会效益同生态效益之间的关系，根据不同地区自然的特点和优势，以及农业生物的生态特性，确定资源的利用方向，安排适宜的作物和耕作制度，建立合理的农业生产结构，采取不同的保护、培育和改造自然资源的措施。坚持与保护、培育、改造相结合，在对自然资源利用的同时，重视资源的保护和培育，并对不利的自然条件加强改造，使农业生产处于良性循环，高产稳产，避免自然资源的退化和破坏。根据县内的农业自然资源开发利用情况，集约经营具有大农业观点，种植业、林业、畜牧业、副业、渔业坚持以内涵为主扩大再生产，提高耕地、林地、草地和水面的单位面积产量，提高土地利用率。继续抓好坝区稳产、高产农田建设，实行谁改造谁受益和土地转包有偿转让的政策，鼓励农民投劳投资改造耕地，改造中低产田土。狠抓培肥，大种绿肥，实行秸秆还田，增施圈肥，因土用肥，增施氮肥，重视增施磷肥。兴修水利、冷滥田开沟排水，坡土改梯土，修拦山沟，沉沙凼等，合理开发利用山丘、水面。加强土地管理，制止任意占用耕地的歪风和买卖土地等违法活动。严禁乱砍滥伐，杜绝山林火灾，控制采伐量，经营和保护好现有林地资源。加快速生丰产用材林基地和经济林基地建设，积极营造防护林和薪炭林，开展全民义务植树，提高森林覆盖率，增加森林蓄积量。在原雅水镇、抵季乡、太阳乡和和平镇等乡镇实施人工种草。鼓励和扶持群众充分利用养殖水面，发展水产业。宣传贯彻土地法、森林法、渔业法、环保法等，保证农业自然资源的永续利用。

一、野生植物保护

1982年，开展古大稀树种调查，全县有18株古树列入首批调查范围。2000年，在摆金冗章千年古银杏树王前，召开惠水县保护古、大、稀树木现场会，制定《惠水县保护古、大、稀树木的实施意见》，倡议全社会为保护摆金古银杏树王捐资，共收到捐款39020元，完成该树的复壮及其树王宫的修建。在全县范围内开展部分古、大、稀树木的调查、登记、建档管理，印发《惠水县城“百株大树移植”工程实施方案》，在全县实施。2009年组织救护摆金镇谷通红豆树。2011年，建立县古树名木档案，进行挂牌保护，禁止砍伐、移栽，严禁在古大稀名木上刻画、剥损树皮、掘根、攀树、折枝、悬挂物品或者以古树名木为支撑物；在古树名木树冠垂直投影5米范围内划定保护范围；对森林旅游景观重点开发区内的古大稀名木，如大龙乡九龙寺内的银杏，加强水肥管理，通过打孔、换土等方式改善土壤环境，进行人工保护。

二、野生动物保护

2000年，开展野生动植物保护法律法规执行年活动。由人大牵头，成立有县林业、公安、交通、工商局等参加的工作领导小组，负责组织检查推进工作，下设办公室在林业局，设立举报电话；在全县各中心林业站增挂了“县林业局xx中心野生动植物管理工作站”站牌，实行一套机构两块牌子的管理模式，明确林业站负责人和持有有效“林政资源管理，野生动物保护”执法证的2～3人负责此项工作；组织对县城及乡镇的畜禽市场、野味餐馆等进行联合检查，加强对贩卖运输的检查，共放生蛇700多条，其他动物200多只（条）。2002年，依法审核上报办理野生动物经营许可证9本，经批准办理野生动物驯养繁殖许可证2本。2003年4月，开展“春雷行动”，查获违法经营野生动物餐馆2家，端掉非法收购贩卖野生动物窝点1个、缴获野生动物88只（条）、储藏冰柜2台。对收缴的野生动物进行摄像并在县有线电视台播放，将活体野生动物果子狸、竹鼬、野鸡、蛇、斑鸠等全部放归大自然，对违法人员进行处罚。2006年，开展打击破坏森林资源和野生动植物资源的专项“破案攻坚战”和打击破坏林地和野生动物资源违法犯罪的“绿盾行动”。

2006至2010年期间，结合县“爱鸟周”活动“野生动物保护宣传月”活动“科技三下乡活动”的开展，向群众发放野生动物保护宣传资料5万余份；开展各项保护野生动物的专项行动，集中打击破坏野生动物资源的违法犯罪活动，对全县的养殖、经营场所、主要宾馆饭店、交通运输要道等进行检查，对违法运输、经营野生动物进行查处，检查中发现部分饭店及菜市场有违法经营野生动物的现象，查获没收野鸡23只、蛇150余千克、穿山甲5只、野兔76只，对违法养殖经营给予打击，取缔未办证的养殖场2户，确保宾馆饭店的点菜柜、商店、药店等不销售野生动物及其产品，不开展野生动物表演、展示。

三、野生动物饲养

根据国家林业局《商业性经营利用驯养繁殖技术成熟的陆生野生动物名单》，鼓励发展养殖技术成熟的相关野生动物的养殖。在鼓励发展养殖的同时，严把审核关，对不符合规定的、驯养繁殖技术不成熟的不予审批。对已审批发证的单位进行管理，并按期进行年审，规范全县野生动物养殖经营的合法化，促进野生动物保护管理事业的发展。2008年发展私营竹鼠养殖场1家。是年，贵州省天圣特种动物养殖场在原高镇建成私营野竹鼠饲养场，年存栏600对。2012年，在七里冲茶果场水井湾建成私营野鸡养殖场，年存栏5000只。是年，原抵季乡政府组织群众在蛮纳村林场建成野鸡养殖场，年存栏6000只。2014年，在濛江街道半坡村蛇养殖场，年存栏5000条。是年，在摆金镇鸭绒社区上田村建成私营豪猪养殖100多头。2015年，在涟江街道甘昌村建成蛇养殖场，年存栏10000多条。

第九章　土地资源

第一节　资源概况

1983年8月，县开展大规模的农业资源调查工作，根据1：5万的地形图勾绘量算和各专业区划调查统计资料，初步查明全县各类土地资源。2015年，全县土地总面积为247179.02公顷。

耕地　据1982年土壤普查统计，全县耕地面积38194公顷，占全县土地总面积的15.46%（其中，水稻田23102.2公顷，旱作土15091.8公顷），在净耕地中，水稻田16286.4公顷，占耕地面积的62.94%；旱作土约958.47公顷，占耕地面积的37.06%。全县垦殖指数为10.47%。全县绝大部分宜垦土地已被开垦利用，现有土地后备资源匮乏，质量差，所处位置偏远。2012年，全县耕地面积为53460.10公顷，其中，水田27875.56公顷，旱地25584.54公顷。

园地　1984年，全县集中连片种植的园地面积501.4公顷，占总面积的0.2%。2012年，全县园地面积1205.83公顷。

林地　1984年，全县林业用地为76863公顷，占土地总面积的31.12%。其中：有林地25565.8公顷，疏林地约17052.07公顷，灌木林地约24197.27公顷，未成林造林地约23.33公顷，苗圃地约13.67公顷。2012年，全县林地面积为129280.37公顷，其中：有林地64263.88公顷，灌木林地47542.20公顷，其他林地17474.29公顷。

草地　1984年，全县草地面积共68815公顷，占总面积的27.86%，其中，500亩以上成片草场141处，面积29710.2公顷，零星荒山草坡39104.8公顷。2012年，全县草地面积为28704.2公顷，其中，人工牧草地76.08公顷，其他草地28628.12公顷。

建设用地　1984年，全县城镇和农村居民点的生活、生产及居民点内部交通用地共约2834.07公顷，占土地面积的1.15%，其中，城镇占地约2074.07公顷，农村居民占地约2626.67公顷。城乡居民点范围以外的工矿企业用地共约487.93公顷，占土地总面积的0.19%。2012年，全县建设用地面积为5369.17公顷，其中，建制镇780.14公顷，村庄4244.76公顷，采矿用地174.98公顷，风景名胜及特殊用地169.29公顷。

交通用地　1984年，城乡居民点范围以外的交通用地共约728.87公顷，占土地总面积的0.30%。其中，公路占地674.6公顷，农村道路占地约54.27公顷。2012年，全县交通运输用地面积为2018.14公顷，其中，公路用地482.90公顷，农村道路1535.15公顷。

水域　1984年，全县水面约1797.87公顷，占土地总面积的0.73%，其中，河流水面约1584.07公顷，水库142.4公顷，池塘71.4公顷。2012年，水域及水利设施用地面积1596.85公顷，其中，河流水面1227.28公顷，水库水面164.60公顷，坑塘水面72.82公顷，水利设施132.15公顷。

其他土地　1984年，其他用地面积约56868.47公顷，占土地总面积的23%。其中，特殊用地140公顷，裸土、沙地、裸岩、石砾地等难利用地约56668.47公顷。2012年，其他土地面积12257.23公顷，其中，沙地164.24公顷，裸地12026.16公顷，内陆滩涂66.83公顷。

表1-19

农村土地利用现状表（2012年度汇总表）

单位：公顷

行政区域名称	土地总面积	农用地合计	耕地(01)	其中 水田(011)	旱地(013)	园地(02)	其中 果园(021)	茶园(022)	其他园地(023)	林地(03)	其中 有林地(031)	灌木林地(032)	其他林地(033)	草地(04)	人工牧草地(042)	其他农用地
惠水县	247179.02		53460.10	27875.56	25584.54	1205.83	952.68	208.32	44.83		64263.88	47542.20	17474.29	76.08	76.08	15006.53
和平镇	8920.03	7095.83	2084.72	1023.40	1061.32	183.75	139.54	37.98	6.23	4357.96	2708.57	966.41	682.98	10.80	10.80	458.60
高镇镇	8208.78	6547.73	2178.44	1551.59	626.85	65.49	48.80	2.59	14.10	3933.00	1815.77	1682.56	434.67	0.08	0.08	370.72
三都镇	6522.92	4720.91	1898.67	1195.03	703.64	64.12	64.12	0.00	0.00	2402.33	1221.70	175.30	1005.33	0.00	0.00	355.79
摆金镇	12565.54	10873.47	2522.15	1128.22	1393.93	33.98	10.81	23.17	0.00	7663.89	4956.16	1468.11	1239.62	0.00	0.00	653.45
雅水镇	12541.78	10556.43	3557.82	2708.41	849.41	7.67	7.67	0.00	0.00	6010.22	4748.89	220.34	1040.99	0.00	0.00	980.72
断杉镇	16698.27	12855.40	3113.08	1242.71	1870.37	50.17	39.18	0.32	10.67	8673.71	2870.53	4383.56	1419.62	0.00	0.00	1018.44
芦山镇	8975.16	7810.02	2643.99	1147.29	1496.70	11.91	11.91	0.00	0.00	4469.99	1083.67	2764.89	621.43	0.00	0.00	684.13
王佑镇	6551.57	4721.33	1557.22	844.44	712.78	18.08	17.02	1.06	0.00	2737.16	1554.86	724.00	458.30	0.00	0.00	408.87
长田乡	5698.87	3144.76	1273.81	505.38	768.43	111.55	110.20	0.25	1.10	1336.78	1200.78	126.24	9.76	0.00	0.00	422.62
摆榜乡	8216.27	5973.81	2460.22	1731.55	728.67	3.55	2.96	0.00	0.59	3004.58	1631.54	993.46	379.58	0.00	0.00	505.46
斗底乡	6706.31	5436.74	1103.54	768.60	334.94	0.00	0.00	0.00	0.00	3993.50	2366.30	575.61	1051.59	0.00	0.00	339.70
甲烈乡	7189.56	5989.84	1605.85	613.16	992.69	0.13	0.00	0.13	0.00	3884.22	2379.41	979.41	525.40	0.00	0.00	499.64
岗度乡	13629.59	11037.61	2587.80	1531.76	1056.04	44.75	0.64	44.11	0.00	7737.13	3026.88	3470.37	1239.88	0.00	0.00	667.93
宁旺乡	13795.35	10681.96	2152.06	1329.18	822.88	84.12	3.68	80.44	0.00	7785.49	2909.58	2263.67	2612.24	0.92	0.92	659.37
鸭绒乡	7236.20	4817.49	1922.92	849.13	1073.79	81.39	81.39	0.00	0.00	2232.90	1822.53	201.70	208.67	55.40	55.40	524.88
太阳乡	13943.68	11784.23	2813.56	1946.36	867.20	1.55	1.35	0.20	0.00	8157.05	5522.24	1079.83	1554.98	0.00	0.00	812.07
羡塘乡	16365.08	13588.34	2373.15	1429.84	943.31	11.19	11.19	0.00	0.00	10595.00	3880.92	6408.46	305.62	0.00	0.00	609.00
甲戎乡	9087.33	7745.63	1778.03	552.91	1225.12	10.51	9.53	0.00	0.98	5347.90	1630.22	3183.51	534.17	0.00	0.00	609.19
抵季乡	19861.17	17745.89	3498.95	1155.13	2343.82	43.17	32.22	10.95	0.00	13082.84	6143.39	6763.25	176.20	0.00	0.00	1120.93
大龙乡	9535.46	7077.43	1590.55	544.59	1045.96	48.55	47.48	0.87	0.20	4980.33	1583.86	2913.16	483.31	0.00	0.00	458.00
大坝乡	7116.05	5633.44	1626.33	757.47	868.86	19.51	13.26	6.25	0.00	3556.72	1743.73	1515.22	297.77	0.00	0.00	430.88
抵麻乡	6225.84	5320.25	1619.30	845.47	773.83	98.71	98.71	0.00	0.00	3115.36	1776.50	974.09	364.77	0.00	0.00	486.88
长安乡	5036.54	3833.77	1482.41	1014.32	468.09	19.65	16.51	0.00	3.14	1749.12	1626.69	70.62	51.81	0.00	0.00	582.59
打引乡	7934.85	7034.64	1851.00	560.85	1290.15	2.86	2.86	0.00	0.00	4470.12	1361.12	2507.96	601.04	0.00	0.00	710.66
好花红乡	8616.82	7001.96	2164.53	898.77	1265.76	189.47	181.65	0.00	7.82	4003.07	2698.04	1130.47	174.56	8.88	8.88	636.01

行政区域名称	其中 设施农用地(122)	沟渠(117)	坑塘水面(114)	田坎(123)	农村道路(104)	建设用地	其中 建制镇(202)	村庄(203)	采矿用地(204)	风景名胜及特殊用地(205)	公路用地(102)	水库水面(113)	水工建筑用地(118)	其他土地(12)	其中 河流水面(111)	沙地(126)	其他草地(043)	裸地(127)	内陆滩涂(116)
惠水县	9.13	111.34	72.82	13278.09	1535.15	6037.48	780.14	4244.76	174.98	169.29	482.90	164.60	20.81	42112.63	1227.28	164.24	28628.12	12026.16	66.83
和平镇	0.39	6.55	3.03	370.36	78.27	759.98	416.61	209.20	28.07	44.44	58.33	3.33	0.00	1064.22	61.72	3.60	661.22	321.56	16.12
高镇镇	3.04	4.21	7.21	279.92	76.34	658.83	176.41	361.98	39.15	14.87	57.55	7.07	1.80	1002.22	114.20	8.00	676.22	186.10	17.70
三都镇	0.00	18.79	0.73	263.57	72.70	318.74	51.21	213.54	15.91	27.52	10.21	0.00	0.35	1483.27	133.14	0.30	1287.72	46.93	15.18
摆金镇	0.00	2.38	2.64	593.88	54.55	326.08	49.67	217.85	13.86	14.87	25.78	4.05	0.00	1365.99	46.65	0.08	728.25	591.01	0.00
雅水镇	0.00	8.54	0.51	877.61	94.06	263.09	24.47	146.56	0.98	0.76	12.14	78.18	0.00	1722.26	47.21	0.00	1308.56	366.49	0.00
断杉镇	0.10	7.39	12.97	927.11	70.87	305.37	18.20	217.63	15.96	7.24	42.23	1.19	2.92	3537.50	43.83	0.00	2319.81	1170.49	3.37
芦山镇	0.28	1.42	4.83	631.97	45.63	251.77	31.73	202.94	3.82	2.32	10.96	0.00	0.00	913.37	58.93	0.00	131.13	723.10	0.21
王佑镇	0.00	1.86	1.90	385.01	20.10	148.88	11.84	112.64	1.02	3.94	15.98	3.14	0.32	1681.36	43.54	0.00	1291.56	346.26	0.00
长田乡	0.22	2.37	3.02	370.97	46.04	306.17	0.00	273.72	11.81	0.03	20.53	0.00	0.08	2247.94	44.68	145.19	1877.21	176.98	3.88
摆榜乡	0.00	5.84	10.46	426.31	62.85	90.82	0.00	79.24	0.64	1.73	4.10	5.10	0.01	2151.64	20.56	0.00	1965.09	165.99	0.00
斗底乡	0.00	0.96	0.00	309.41	29.33	76.95	0.00	63.04	0.00	0.06	11.07	2.78	0.00	1192.62	30.82	0.00	1111.94	49.86	0.00
甲烈乡	0.38	0.22	0.51	436.65	61.88	125.94	0.00	121.87	0.00	0.42	3.65	0.00	0.00	1073.78	28.76	0.00	134.40	910.62	0.00
岗度乡	0.75	6.47	1.10	573.03	86.58	205.46	0.00	174.80	5.05	0.24	10.51	14.86	0.00	2386.52	59.57	0.00	2115.77	211.18	0.00
宁旺乡	0.42	0.98	0.00	565.45	92.52	117.70	0.00	96.47	0.26	6.72	4.51	9.74	0.00	2995.69	46.74	0.00	2771.01	177.94	0.00
鸭绒乡	0.00	2.35	5.86	450.44	66.23	152.01	0.00	141.39	1.85	3.34	5.43	0.00	0.00	2266.70	2.35	0.00	1261.09	1003.26	0.00
太阳乡	0.00	3.41	0.61	724.35	83.70	141.59	0.00	127.76	2.28	0.21	9.15	2.19	0.00	2017.86	61.50	0.00	1827.05	129.01	0.30
羡塘乡	0.00	4.91	4.03	514.70	85.36	243.99	0.00	216.24	2.05	2.16	20.66	2.88	0.00	2532.75	69.62	0.00	1152.55	1310.58	0.00
甲戎乡	0.18	5.16	1.05	566.04	36.76	190.14	0.00	152.07	3.14	5.10	29.83	0.00	0.00	1151.56	69.34	0.00	315.57	762.91	3.74
抵季乡	0.00	5.31	0.40	1011.03	104.19	248.83	0.00	217.11	0.06	10.04	21.40	0.00	0.22	1866.45	12.82	0.00	988.34	865.29	0.00
大龙乡	0.00	11.28	2.51	392.65	51.56	225.62	0.00	170.88	7.39	8.29	38.58	0.48	0.00	2232.41	21.08	0.00	1006.71	1204.62	0.00
大坝乡	3.37	5.26	1.69	378.38	42.18	191.34	0.00	145.96	13.12	2.10	20.67	9.49	0.00	1291.27	40.63	0.00	902.61	341.70	6.33
抵麻乡	0.00	1.16	3.61	439.86	42.25	107.98	0.00	95.01	0.15	0.70	9.99	2.11	0.02	797.61	3.49	0.00	716.73	77.39	0.00
长安乡	0.00	2.44	1.70	553.83	24.62	152.88	0.00	110.90	0.00	6.90	14.57	18.01	2.50	1049.89	35.39	0.00	995.51	18.99	0.00
打引乡	0.00	1.29	0.64	669.11	39.62	150.05	0.00	114.91	3.40	3.47	15.68	0.00	12.59	750.16	49.97	0.00	408.52	291.67	0.00
好花红乡	0.00	0.79	1.81	566.45	66.96	277.27	0.00	261.05	5.01	1.82	9.39	0.00	0.00	1337.59	80.74	7.07	673.55	576.23	0.00

表1-20

农村土地利用现状表（2015年度汇总表）

单位：公顷

行政区域	土地总面积	耕地(01)	其中		园地(02)	其中			林地(03)	其中			草地(04)	其中		城镇村及工矿用地(20)	其中				交通运输用地(10)	其中		水域及水利设施用地(11)	其中					其他土地(12)	其中			
			水田(011)	旱地(013)		果园(021)	茶园(022)	其他园地(023)		有林地(031)	灌木林地(032)	其他林地(033)		人工牧草地(042)	其他草地(043)		建制镇(202)	村庄(203)	采矿用地(204)	风景名胜及特殊用地(205)		公路用地(102)	农村道路(104)		河流水面(111)	坑塘水面(114)	内陆滩涂(116)	沟渠(117)	水工建筑用地(118)		设施农用地(122)	田坎(123)	沙地(126)	裸地(127)
涟江街道	18455.52	3606.53	1482.25	2124.28	225.24	180.92	38.55	5.77	9260.10	4219.74	3879.23	1161.13	1663.00	10.80	1652.20	993.59	512.09	393.94	34.96	52.60	297.87	169.33	128.54	125.17	82.31	5.41	16.06	17.56	0.00	2284.02	2.38	751.93	3.37	1526.34
濛江街道	28213.21	6598.10	3346.44	3251.66	192.33	168.51	9.22	14.60	12605.21	7114.75	4273.60	1216.86	3544.52	0.08	3544.44	1323.37	309.02	924.22	72.85	17.28	437.75	205.44	232.31	297.50	227.39	12.09	27.70	11.88	1.88	3214.43	12.51	1456.70	143.74	1601.48
好花红镇	24227.11	5779.75	2607.86	3171.89	256.60	247.80	0.00	8.80	11719.35	5525.26	4487.43	1706.66	2269.69	8.88	2260.81	761.21	65.74	637.57	24.06	33.84	331.99	154.89	177.10	330.32	282.67	3.57	18.92	24.61	0.55	2778.20	4.73	1384.72	7.37	1381.38
摆金镇	34724.35	8012.68	4471.70	3540.98	118.92	95.16	23.17	0.59	16893.67	10775.36	3238.88	2879.43	5121.71	55.40	5066.31	596.13	53.60	506.18	16.35	20.00	259.25	46.33	212.92	142.81	100.38	18.96	0.00	11.53	0.01	3579.18	2.19	1780.03	0.08	1796.88
雅水镇	26478.02	6965.15	4821.34	2143.98	107.73	107.73	0.00	0.00	13100.25	9331.15	1517.96	2251.14	3272.28	0.00	3272.28	364.31	32.21	328.58	2.06	1.46	220.28	25.70	194.58	178.14	78.42	4.73	0.00	13.11	0.02	2269.88	1.57	1775.74	0.00	492.57
断杉镇	36559.39	6566.24	2357.57	4208.67	92.88	70.94	11.27	10.67	21748.08	9011.37	11144.33	1592.38	3284.38	0.00	3284.38	489.80	22.65	434.64	16.02	16.49	327.62	154.34	173.28	90.21	56.63	13.37	3.37	12.51	3.14	3960.18	0.27	1929.56	0.00	2030.35
芦山镇	8975.20	2704.76	1142.20	1562.56	11.91	11.91	0.00	0.00	4416.31	1062.10	2745.37	608.84	112.44	0.00	112.44	245.93	31.85	207.94	3.82	2.32	57.32	10.96	46.36	65.39	58.93	4.83	0.21	1.42	0.00	1361.14	0.59	637.72	0.00	722.83
王佑镇	19522.97	4887.73	2416.78	2470.95	40.59	36.39	1.06	3.14	8955.63	4541.94	3302.58	1111.11	2695.59	0.00	2695.59	373.26	14.36	340.17	4.42	14.31	130.51	46.23	84.28	175.29	128.90	4.24	0.00	5.59	15.41	2264.37	0.00	1607.43	0.00	656.94
岗度镇	27424.89	4771.19	2852.03	1919.16	126.68	4.32	122.36	0.00	15502.05	5932.97	5719.27	3849.81	4824.75	0.92	4823.83	320.72	0.67	307.78	5.31	6.96	194.38	15.02	179.36	139.44	106.30	1.10	0.00	7.44	0.00	1545.68	8.76	1147.87	0.00	389.05
羡塘镇	22598.19	3483.79	2102.10	1381.69	11.39	11.19	0.20	0.00	14738.12	6578.87	7164.60	994.65	1649.34	0.00	1649.34	277.74	0.00	271.97	3.40	2.37	136.85	26.21	110.64	116.14	103.40	4.03	0.30	4.91	0.00	2184.82	0.17	793.76	0.00	1390.89
合计	247179.02	53375.92	27600.27	25775.82	1184.27	934.87	205.83	43.57	128938.77	64093.51	47473.25	17372.01	28437.70	76.08	28361.62	5746.06	1042.19	4352.99	183.25	167.63	2393.82	854.45	1539.37	1660.41	1225.33	72.33	66.56	110.56	21.01	25441.90	33.17	13265.46	154.56	11988.71

第二节　开发利用

一、土地利用详查

为查清全县各种土地的类型、数量、分布和利用状况，建立土地统计、登记制度，加强管理。1988年，中共惠水县委、县人民政府成立了以分管副书记为组长，有关单位领导为成员的“惠水县土地资源详查领导小组”，领导土地详查工作，抽调23名技术人员组成详查队开展详查，进行权属划界，外业调绘。1988年8月15日至23日集中培训，8月24日至9月12日，完成和平镇和姚哨乡30平方千米的实习详查，签订土地权属协议书31份、争议缘由书2份，图斑调绘728个，每平方千米243个，耕地利用系数田土坎实测点14个。试点结束后详查队分成9个组开展详查工作。1988年，完成17个乡镇164个村、4个国营农林牧场共768.5平方千米的外业调绘，签订权属协议书365份、争议缘由书14份，查处违法占地2起，完成田图坎利用系数实测点154个，图斑调绘每平方千米26.4个，解决历史遗留土地纠纷17起。1989年完成耕地利用系数实测376个，测绘航片1668张（隔片作业），涉及万分之一地形图113幅，其中整幅72幅，图斑调绘51886个。土地权属划界合格率为90.2%，航片接边合格率为86.9%，图斑调绘合格率为89.4%，耕地利用系数实测合格率为96.4%。完成图幅控制115幅，完成图斑量算78幅，完成图斑37560个。至1990年，共签署土地权属界线协议书1143份、土地权属争议原缘由书38份，解决历史遗留土地纠纷18起；完成耕地利用实测378个，完成图斑调绘76458个，图斑控制124幅。1990年12月26日至28日，经省州土地工程技术专业人员组成的联合验收组对惠水县土地资源详查成果进行验收，合格率达89.1分，予以验收。

1996年，完成全县25个乡镇、428个村、8个农林牧场土地变更调查工作。1996年10月31日，惠水县耕地减少了7918.4亩，园地增加2709.7亩，林地增加18261亩，牧草地增加4670.3亩，居民及工矿用地增加640.9亩，交通用地增加16.1亩，水域增加13.9亩，为利用土地增加11606.4亩。

1999年，全面开展权属划界、外业调绘工作，解决历史遗留土地权属争议53起，耕地利用系数实测425个，测绘航片1858张（隔片作业），涉及万分之一地形图156幅，图斑调绘5696个。经外业检查验收，土地权属划界合格率为95%，耕地利用系数实测合格率为98.3%。内业工作，完成图幅控制136幅（全县图幅136幅），完成图斑量算图幅78幅，完成图斑39850个。

2001至2003年，开展土地变更调查，涉及全县25个乡镇，变更图斑316个，变更面积2578.1亩，2004年通过州级评审验收。

2009年，开展并完成土地调查（农村部分）野外调查工作，完成全县2472平方千米120幅1：10000标准分幅卫片的外业调绘工作，调绘图斑63578个；内业完成田土坎系数测量及120幅卫片图外业调查全部修改。经统计，全县土地总面积247179.02公顷，其中耕地53392.67公顷，园地1279.84公顷，林地130379.55公顷，草地28339.04公顷，城镇及工矿用地5079.79公顷，交通运输用地1955.12公顷，水域及水利设施园地1661.50公顷，其他土地25091.51公顷。

二、土地分等定级与地价评估

1982至1984年，根据国务院《关于开展第二次土壤普查》的精神，全县组织开展土壤普查工作。根据土壤普查统计，全县共有5个土类、11个亚类、44个土属、122个土种。根据土壤基本特征、生产性能、生产水平及生产潜力等因素，综合评价，将土地分为8个级，其中1～4级为耕地，5～7级为林、牧用地，8级为非生产用地。经过普查，全县一级地为9642亩，均为水田，主要分布在涟江河谷盆地；

二级地为101053亩（水稻田95642亩、旱地5429亩）以涟江河谷盆地为主；三级地为117532亩（水稻田77851亩、旱地39681亩），全县各地均有分布；四级地为103681亩（水田61089亩、旱地42592亩）；五级地为185424亩（旱作土29568亩、自然土155856亩）；六级地为1473706亩（旱作土26507亩、自然土1447199亩）；七级地为261283亩，均为自然土。八级地1177903亩，基岩裸露80%以上。1993年，根据国家土地管理局《城镇土地定级规程》和黔南州城镇土地分等定级的统一标准，开展土地分等定级试点工作。2006年依据《中华人民共和国土地管理法》《中华人民共和国城镇国有土地使用权出让和转让暂行条例》规定，根据《城镇土地估价规程》开展惠水县基准地价评估工作，2006年11月22日经县政府同意公布实施，评估基准地价为：Ⅰ级：商业用地：1600元/平方米，住宅用地：600元/平方米，综合用地：1200元/平方米。Ⅱ级：商业用地：800元/平方米，住宅用地：300元/平方米，工业用地：130元/平方米，综合用地：600元/平方米。Ⅲ级：商业用地：450元/平方米，住宅用地：240元/平方米，工业用地：100元/平方米，综合用地：320元/平方米。Ⅳ级：商业用地：260元/平方米，住宅用地：120元/平方米，工业用地：90元/平方米，综合用地：160元/平方米。2009年进行基准地价更新工作，2009年9月30日，经县政府同意公布实施，评估基准地价为：Ⅰ级：商服用地：1980元/平方米，住宅用地：760元/平方米。Ⅱ级：商服用地：1400元/平方米，住宅用地：480元/平方米，工矿仓储用地：180元/平方米。Ⅲ级：商服用地：800元/平方米，住宅用地：320元/平方米，工矿仓储用地：140元/。Ⅳ级：商服用地：480元/平方米，住宅用地：190元/平方米，工矿仓储用地：110元/平方米。2013年再次进行基准地价更新工作，2013年11月27日经县政府公布实施，评估基准地价为：Ⅰ级：商服用地：2350元/平方米，住宅用地：920元/平方米。Ⅱ级：商服用地：1680元/平方米，住宅用地：680元/平方米，工矿仓储用地：220元/平方米。Ⅲ级：商服用地：980元/平方米，住宅用地：460元/平方米，工矿仓储用地：170元/平方米。Ⅳ级：商服用地：560元/平方米，住宅用地：250元/平方米，工矿仓储用地：140元/平方米。

2004年，对全县农用地（耕地）进行分等定级，全县耕地面积51831.347公顷，其中，一级7774.8520公顷，占耕地总面积的15%；二级23324.5560公顷，占耕地总面积的45%；三级20732.9386公顷，占耕地总面积的40%。

三、惠水县县城基准地价情况

2004年7月至2005年12月，委托黔南州土地勘查规划所开展惠水县城、高镇镇以及其他23个乡镇政府所在地基准地价评估工作，评估面积5060.56公顷，县政府以惠府函〔2006〕99号文件批准实施。

2015年，全县耕地面积53255.84公顷，其中，一级9405.40公顷，占耕地总面积的17.7%；二级31449.15公顷，占耕地总面积的59.1%；三级12401.29公顷，占耕地总面积的23.29%。

表1-21　　2006年惠水县城区基准地价　　单位：元/平方米

用途＼级别	Ⅰ级	Ⅱ级	Ⅲ级	Ⅳ级
商业用地	1600	800	450	260
住宅用地	600	300	240	120
工矿仓储用地	—	130	100	90
综合用地	1200	600	320	160

2008年6月委托贵州仁和行不动产评估有限公司开展惠水县县城、高镇镇以及其他23个乡镇政府所在地基准地价评估工作，县城评估面积11.71平方千米，县政府以惠府办发〔2009〕151号文件批准实施。

表1-22

2009年惠水县城区基准地价

单位：元/平方米

用途＼级别	Ⅰ级	Ⅱ级	Ⅲ级	Ⅳ级
商服用地	1980	1400	800	480
住宅用地	760	480	320	190
工矿仓储用地	—	180	140	110

2013年3月委托贵州仁和行不动产评估有限公司开展惠水县县城、高镇镇以及其他23个乡镇政府所在地基准地价评估工作，县城评估面积27.63平方千米，完成基准地价更新调查，编制《惠水县基准地价更新工作实施方案》通过相关部门评审，县政府以惠府函〔2013〕345号文件批准实施。

表1-23

2013年惠水县城区基准地价

单位：元/平方米

用途＼级别	Ⅰ级	Ⅱ级	Ⅲ级	Ⅳ级
商服用地	2350	1680	980	560
住宅用地	920	680	460	250
工矿仓储用地	—	220	170	140

四、土地利用规划

1990年，绘制《保护地块示意图》《乡、村基本农田保护区片块登记表》《1∶50000基本农田保护区图》。1992年，完成《土地利用现状分析》《土地适宜性评价》《土地利用分区》《土地需求量预测》《土地战略研究》《农田保护区规划》6个专题的研究及绘制《惠水县县级土地适宜性评价图》。1993年完成《惠水县土地利用总体规划（草案）》《土地利用现状分析》《土地利用分区》及规划图、评价图。1997年，开展土地规划修编，完成《惠水县土地利用总体规划（草案）》《基本农田保护区规划》《土地利用分区》《土地利用总体规划图（1∶50000）》《基本农田保护区规划图（1∶50000）》。2000年，完成25个乡镇土地利用总体规划修编。2006年，完成长田、高镇、大坝3各乡镇基本农田保护区调整划定工作和《贵州省惠水县基本农田保护示范区建设规划方案》的编制。2007年，《土地利用总体规划修编大纲》《耕地与基本农田保护研究》通过州级评审论证。2010年，完成《惠水县土地利用背景与战略研究报告》《惠水县土地利用总体规划修编前期“四查清、四对照”工作报告》《惠水县（1996—2010年）土地利用总体规划实施评价报告》，通过省级验收。2011年，完成《惠水县土地利用总体规划（2006—2020年）》《和平镇土地利用总体规划（2006—2020年）》编制，成果通过省级验收并获贵州省人民政府批复实施；完成其余24个乡镇《土地利用总体规划》的编制或修编，并通过省、州修编审查且获黔南州人民政府批复。2012年，完成《惠水县土地利用总体规划

（2006—2020年）》数据成果报省审查，完成《贵州省长田工业园区申报省级开发区土地利用方案》编制并通过省级评审。

五、土地开发

1978年以来，县人民政府对土地垦殖实行优惠鼓励政策，保护集体、个人合法垦殖利用权益，并对开荒与水土保护、山林保护的协调发展作出明确规定。除开荒新增耕地外，还积极推行复垦，以保障经济与环境的和谐发展。随着乡镇企业的发展迅速，历年采矿、挖砂、取石、取土等造成的挖损、塌陷、压占等土地破坏逐年增多。1988年以来，县土地部门根据国务院发布的《土地复垦规定》进行广泛宣传与清查，敦促责任人进行复耕，使废弃地经复耕后变为梯田、果园、菜地、旱地和绿化地等。

1988至1990年，惠水县开发和整治农用土地10670亩，被国家土地管理局表彰为"全国土地开发先进县"。1991年，全县清理整顿砖瓦窑占地，拆除砖瓦窑179座，复垦土地385.19亩；完成土地开发1553亩（耕地533亩，非耕地1020亩），超黔南州下达计划91.4%。1992年开发土地2255亩。1993年，全县开发耕地814亩。1998年开发整理土地450亩，复垦35亩，引进资金开发荒山6200亩。1999年，全县清理拆除砖瓦窑152座，平整恢复耕地321.12亩。2001年开发整理土地650.2亩。2002年开发荒地784亩。2003年，开发荒地300亩。2005至2007年，配合贵州省国土资源厅土地开发中心、土地整理中心实施、摆榜乡、宁旺乡、羡塘乡耕地开发项目，2008年通过省、州验收，开发后新增耕地2815.5亩。2009年，完成岗度乡本底村营盘山等8个土地开发项目，11月全部通过州级验收，共新增耕地1953.57亩。2011年完成三都镇土地整理项目，新增耕地131.7亩；完成甲烈乡等6个土地开发项目的竣工验收，共新增耕地2376.6亩。

2011至2012年，惠水县在长田乡实施低丘缓坡开发项目，规划总面积3万亩，选点于长田龙泉项目区、土桥项目区、高镇镇明田项目区和大坝项目区共4个区。至2012年，共投入资金1.9亿元，完成实施面积2100亩，作为贵州星长征集团等13个工业项目标准化厂房用地。惠水县低丘缓坡建设工作于2012年4月13日在全省规划会上作经验交流发言。至2013年，县已实施低丘缓坡等未利用土地开发利用试点工作，平整场地105.58公顷（1583.7亩），其中耕地161.32亩，总投资1012亿元。

2013至2015年，县共实施26个土地开发整理项目，新增耕地6210亩，建成高标准基本农田面积50468亩。

六、非耕地资源开发

1997年，县国土部门着手开发利用荒山荒坡。1998年，完成和平镇、三都镇10056亩益农荒山的调查，全年共出让转让荒山35660亩，村集体转让收入53.49万元。

2012年5月，《惠水县低丘缓坡荒坡荒滩等未利用土地开发利用试点项目土地利用方案》通过省国土厅评审，项目落户于长田乡长田村和龙泉村，总面积200公顷。2012年底，试点项目区累计投入资金2亿元，完成土地平整2000亩。

为缓解建设用地供需矛盾，国土部门实施城乡建设用地增减挂钩。惠水县第一批（2010年度）指标150亩和第二批（2011年度）200亩的城乡建设用地增减挂钩试点建设项目于2012年5月完成并于7月31日通过州国土局验收，10月10日通过省国土资源厅复核，于11月投入使用。2011年度200亩项目已实施完成，通过州国土局和省国土厅复核。

2012年度，根据州国土资源局《关于下达2012年度城乡建设用地增减挂钩周转指标的通知》文件安排，下达惠水县周转指标为400亩。项目拆旧地块分布在断杉镇的摆惹村；羡塘乡的百硐村和红旗村；大龙乡的九龙村；抵季乡的翁平村、上坝村和蛮纳村；芦山镇的响水村；甲戎乡的青藤村和甲戎村；打引乡的场坝村和团坡村，项目共搬迁307户农户，搬迁1296人。整个项目涉及拆旧区440.15亩、建新安置区11.33亩，建新留用区388.67亩，共计使用挂钩周转指标400亩，项目预算投资3229.72万元。

2013年度，根据省国土资源厅《关于分解下达2013年度城乡建设用地增减挂钩周转指标的通知》文件安排，下达惠水县周转指标为200亩。项目拆旧地块分布在雅水镇的雅水村和大龙村，共涉及1个乡镇的2个行政村。项目共需搬迁180户农户，搬迁739人。整个项目涉及拆旧区220.27亩、建新安置区17.51亩，建新留用区182.49亩，共计使用挂钩周转指标200.0亩，项目预算投资2374.78万元。

2014至2015年度，州局未下达惠水县城乡建设用地增减挂钩周转指标。

七、基本农田保护

贵州省土管局将惠水县作为全省划定基本农田保护区试点，县委、县人民政府成立“惠水县划定基本农田保护区工作领导小组”，从土管、农业、区划、水电、城建等部门抽调技术骨干组成技术中心组，县委、县人民政府、区、乡镇分管领导及县土管局长亲自抓，从1989年7月至1990年4月，在惠明乡试点的基础上，省土管局聘请贵州农学院土化专业86级31名学生参加，经过培训，在全县范围内推开。全县六区一镇51个乡镇429个行政村2839个村民组66160户，全县总面积2470平方千米，有耕地面积296160亩，除自留地28608亩和规划年内立项建设用地2500亩外，被列入基本农田保护区的耕地有265152亩，占88.2%，共有428842块，其中列为一级保护区的84493.6亩，有114297块，列为二级保护区的115386亩，有190658块，列为三级保护区的65271.87亩，有123917块。

划定基本农田保护区，进行了《规划年内人口增长预测》《规划年内粮食需求增长预测》，绘制了《保护区地块示意图》《1：5万基本农田保护区图》填写《乡村基本农田保护区地块登记表》《保护通知书》。县政府印发《关于加强基本农田保护区土地管理的规定》以布告形式印刷2500份，在各区、乡、村、集镇和机关学校张贴，并在各基本农田保护区立标志牌16块。

1989年7月，惠水开始建立基本农田保护区，1990年元月3日《贵州日报》头版头条刊登新华社专电，报道主标题为：惠水建立基本农田保护区，副标题为：稳定政策，稳定家庭联产承包责任制。惠水基本农田保护区编制的经验和方法受到省人大、省政府的肯定，并在全省推广，1990年省政府办公厅转发的《全省土地管理工作会议纪要》中指出，可先在商品粮基地县和大中城市推广“惠水农田保护区规划的经验”开展基本农田保护和蔬菜基地保护区规划，力争在1991年底基本完成全省基本农田保护区规划任务，贵州省士管局1990年8月在惠水召开全省基本农田保护区规划编制研讨会，以惠水的做法为蓝本，拟定“贵州省基本农田保护区规划编制技术及要点”，在全省开展划定基本农田保护区工作，1990年12月4日《贵州日报》头版以“我省24县建立基本农田保护区”为题，报道新华社专电，肯定惠水基本农田保护区的作用。

1990至1991年，划定基本农田保护区，清理整顿砖瓦窑占地，和平镇、三都镇拆除砖瓦窑75座，平整还田202.39亩，种上水稻、红薯、蔬菜等作物。加强土地资源开发利用，1989年至1991年，全县开发、复垦土地10670亩，比州下达的土地开发任务1713亩超6倍完成，长田乡开发土地1000亩，其中双牙村摆才组29户在猪场、梨树关一带开荒地30亩，种植西瓜、辣椒等。

1991年7月，贵州省和黔南州土管部门组织专家对惠水县基本农田保护区规划进行鉴定。惠水县25个乡镇、428个村、2839个村民组共有耕地296160亩，除自留地28508亩和建设用地2500亩以外，列入基本农田保护区的耕地265152亩（一级保护区84493.6亩、二级保护区115386.53亩、三级保护区65271.87亩），占耕地总面积的89.5%。

1996年，完成惠水县基本农田保护规划（1：50000规划图）。划定基本农田保护区面积723751.8亩，占全县耕地总面积（857036.7亩）的85%。其中：一级保护区283094.8亩，占保护区面积的38.1%；二级保护区459080.1亩，占保护区面积的61.9%。1999年，组织实施和平镇大围坝区“基本农田保护区”项目建设，建成面积650亩；2001年完成全县25个乡镇、428个村、436个保护区、461份基本农田保护责任合同的签订，基本农田调整划定工作通过县级验收。2004年，完成全县25个乡镇基本农田保护检查，建成《惠水县基本农田保护区后备资源数据库》；建立1个高标准基本农田保护区（三都镇民中村、新苑村、马田村、旧司村、三都村共计面积5769.7亩）。使全县基本农田保护面积达50676.64公顷，基本农田保护率为86.79亩。2006年，完成了长田、高镇、大坝3个乡镇基本农田保护区调整划定工作，组织实施和平镇大围坝区“高标准基本农田保护区”建设，建成面积550亩。完成《贵州省惠水县基本农田保护示范区建设规划编制方案》，规划面积110326亩。2007至2011年，进一步完善基本农田保护档案，基本农田保护图件实行备案管理，实现实地、台账、保护标志三统一；建立县、乡、村、组、户五级保护责任制，逐级签订《基本农田保护责任状》。在此基础上，狠抓基本农田保护示范区建设，组织实施国家级摆金坝631.2公顷土地整理项目和省级高镇赤土坝土地整理项目，三都金石、天鹅坝土地整理项目等65个，项目面积总规模4310.4公顷，新增耕地面积1260.9公顷，总投资1.43亿元。

2012至2015年印发《中共惠水县委、惠水县人民政府关于加强涟江坝区耕地保护的实施意见》《惠水县千亩以上坝区耕地保护实施方案》等相关耕地保护文件，规范和强化耕地和基本农田保护工作的政策措施。对全县范围内22个千亩大坝、3个五千亩大坝、1个万亩大坝实行重点保护，划定保护边界，明确保护范围，结合永久性基本农田划定工作，设立13块基本农田保护标志牌和3860个保护界桩，严禁现有村寨向外扩展，强化耕地和基本农田保护工作。

第三节 土地管理

一、机构设置

1986年前，惠水县的土地管理职能归县城乡建设局及县农业局内设土管股承担。1987年3月，成立县土地管理局，定编人员19人，内设办公室、用地股、地籍股、法规股和土地勘测规划站。六区一镇建立土管所，定编14人，配14人。51个乡镇明确各乡镇长或副镇长兼任土管员；429个行政村委主任和4个镇街道居委会主任兼管土地；县委、县政府分别有一名副书记（副县长）、六区一镇各有一名区镇长分管土地，形成县、区、乡镇、村四级土地管理网络。

1988年5月，建立“县城建设领导小组”，审批建设用地；12月，将“县城建设领导小组”扩大为12人，明确县城规划建设用地，由领导小组审批，规划区外建设用地，由县土管局审批。

1994年3月，撤销县土地管理局和县矿产资源管理办公室的独立建制，将原先土地管理局、矿产资源管理办公室、县环保站3个单位合并组建惠水县国土资源管理局。内设办公室、建设用地股、法规监察股、矿管股和环保站，共有干部职工40人。2001年改称惠水县国土资源局。

2011年5月，县机构改革，县国土资源局设办公室、人事教育股、规划股、用地管理股、地籍管理股、测绘管理股、矿权管理股、资源环境股、法规监察股9个内设机构和25个乡镇国土资源所。下属惠水县土地开发与储备交易中心和惠水县国土资源执法大队2个副科级事业单位。

2015年，惠水国土资源局设综合科、地籍管理科、资源与环境管理科、规划与用地管理科4个内设机构，下属惠水县土地开发和储备中心、惠水县国土资源执法监察大队2个副科级事业单位。下属10个镇街道国土资源管理所。县国土资源系统编制102人，年末实有在职人员89人。

二、管理工作

1987年3月，成立县土地管理局后，先后开展土地详查工作、土地分等定级、实施基本农田保护，严格建设用地管理，规范审批程序，合理开发利用土地等工作。

1993年，县土地管理部门在县城城区和城乡接合部采取多种形式开展“土地与经济”主题宣传活动，重点宣传国务院1990年5月19日55号令以及惠水县实施55号令的暂行规定，提高全民对土地政策改革的认识，增强土地公有制意识。县政府针对土地一级市场初具雏形，政府控制土地资产的法律法规尚未完全出台，而土地二级市场活跃，管理失控地产收益大量流失的现状，及时颁布实施了《惠水县人民政府关于〈中华人民共和国城镇国有土地使用权出租和转让暂行条例〉的贯彻实施意见》，成立实施领导小组，结合实际，划分地段，区分类别，制定收费标准。对城内土地二级市场进行清理，全年办理土地出租、转让242宗，上缴土地出让金7.1万元，代征代缴营业税1万元。

是年，成立了“土地开发股份有限公司”，在高镇划定商业开发小区53.86亩，按照“统一规划、统一征地、统一开发、统一出让、统一管理”的原则，经县计划部门立项，逐级审查报批后出让。全年共出让地块18宗5500平方米，为财政创收5.4万元。1993年8月，撤销“土地开发股份有限公司”。

1994年，改革供地方式，把国有土地使用权纳入平等、竞争机制，将位于县城环城路南侧、交通要道与规划路之间的部分国有土地1314平方米进行拍卖，最高价650元/平方米，最低价405元/平方米，拍卖地价总额65万元。

1995年起，以国有土地使用权出让为突破口，启动土地交易市场。由政府垄断土地一级市场，开展国有土地使用权出让工作。2001年起，全县经营性用地使用权原则上实行招标拍卖。2003年，国土资源部《招标拍卖挂牌出让国有土地使用权规定》正式实施。结合土地市场清理整顿、规范土地行为制度，惠水县立即停止一切出让国有土地使用权行为，经营性用地一律实行公开招标、拍卖、挂牌出让，成立“惠水县土地收购储备交易中心”，承担全县国有土地的公开招标、拍卖、挂牌出让。

2013年，按程序依法完成位于和平镇环城西路宗地、长田乡工业项目地块等15宗国有建设用地土地使用权挂牌出让工作，出让土地面积688.4亩，出让成交价款3.2448亿元。其中城镇建设用地10宗，成交价3.08亿元，工业用地5宗，成交价2368万元。同时，12月底拟挂牌出让纸酒路一侧地块、殡仪馆等3宗国有建设用地，挂牌出让底价9800万元。

2014年，完成抵蒙寨片区等10宗国有建设用地土地使用权挂牌出让工作，出让土地面积552亩，出让成交价款计4.7亿元。

2015年总计挂牌出让1宗土地（国有），用地单位为贵州合祥饮料公司，项目为PET瓶坯、PET瓶及饮用水生产项目，出让面积为3.156公顷，出让价款为391.40万元。

表1-24

1995—2015年国有土地公开拍卖、挂牌出让情况一览表

年度	地宗数量（宗）	面积（平方米）	收缴土地出让金及其他费用（万元）	代扣耕地占用税（万元）
1995	14	971	48.474694	10.6842
1996	10	762.52	25.5	1.5
1997	0	0	0	0

续表1-24

年度	地宗数量（宗）	面积（平方米）	收缴土地出让金及其他费用（万元）	代扣耕地占用税（万元）
1998	2	4472	143.122264	1.14546
1999	4	633	7.4	0.3165
2000	13	1950	28.6	0.975
2001	9	2790	84.8	1.395
2002	23	3220	41.86	1.61
2003	6	510	13.8	0.255
2004	3	13900	353.5	3.95
2005	4	9700	326.1	4.85
2006	3	97323	487.2	3.8929
2007	9	174536	799.159	97.74
2008	6	87973	580.8	40.0277
2009	5	71777	588.45	36.1756
2010	5	218277	22852.94	11.1979
2011	5	260517.4	28800	120.358
2012	6	291867	19800	138.9286
2013	39	1131435	46170.4	1765
2014	19	1191184	61386.1	1834.4
2015	10	347508	22299.7	590.76

三、测绘管理

1998年，国土资源管理系统机构改革，将测绘管理工作纳入国土管理工作范围。经惠水县人民政府批准成立了测绘管理股，及时与城建部门办理工作移交手续。年内收集整理各种测绘成果图件资料119份。1999年起，做好基础测绘工作，对全县范围内的测绘点实行定期检查，并制定保护措施。2006年起，测绘管理股负责办理县属有关部门测绘资格证书的年检，完成县级测绘资质的考核和复审，强化测绘市场的监督管理；负责做好县城GPS（E）级控制网点（埋设）管护工作；治理整顿地图市场秩序；完善和落实测绘成果保密监管措施。2008年完成《惠水县地籍测绘规划》编制，完成县境内6个GPS（E）级网点和9个GPS（C）级网点的选址埋设。2009年在高镇镇开展《惠水县地籍测绘规划》示范点工作，完成1：500地形图测绘5.4平方千米，测绘成果于2009年5月通过黔南州国土局验收；对9个GPS（C）级网点实行重点保护。2010年完成地形测量40宗，测图总面积12万平方米。2011年，惠水县被国土资源部表彰为“全国测绘依法行政工作先进集体”。

四、建设用地管理

1978至1983年，惠水县无专设国土资源管理机构，凡涉及机关、厂矿、学校及企事业单位基本建设用地的征用、划拨、审批，均由县革委会下属的县民政局承办征拨手续。1982年6月后改由县城乡建设环境保护局负责办理。1984年6月以后，由县农业局内设的土地管理股承办一切征用土地手续。

农村农民建房用地，1978年以前由建房人申请，生产队、大队审查，公社批准。1980年以后由人民公社（乡镇人民政府）转报区公所批准。

1983年，在县城“画眉场”征地547平方米给军队离休干部建房。1984年征用县城星光村北门坡头上土地3.2亩给离休干部建房和县人大机关修建职工宿舍；因修建县府路，为沿塘坎15户居民搬迁到西山坡征地12.3亩。1985年城乡机关、厂矿、学校、企事业单位、离休干部、职工、居民、农民建房共600余户，一共占地130亩。

1988年5月，建立“惠水县县城建设领导小组”审批建设用地，明确县城规划区内建设用地由领导小组审批，规划区以外建设用地由县土管局审批。1989年7月撤销“惠水县县城建设领导小组”，县政府规定：从1989年8月起，所有单位和城镇居民在县城建房，全部由县人民政府审批。县人民政府委托县土管局审批建设用地，随之也就结束土地管理体制多头、分散、失控、失管的状态，排除干扰，城乡土地由县土地管理局依法统一管理。

1988年，县政府印发《关于加强乡镇村建设用地管理的通知》，规定：农村居民原有宅基地面积不变，新建住宅的应该严格控制宅基地面积，城镇和坝子地区5人以上户使用宅基地面积不得超过130平方米，4人以下户不得超过120平方米；半山区5人以上户不得超过170平方米，4人以下户不得超过140平方米。

1988年以后，县土地管理部门坚持“一要吃饭、二要建设”的方针，本着“节流开源”并举，清查非农业建设用地，严格用地审批，规范建设用地管理。

根据《国务院关于深化改革严格土地管理的决定》，从2009年起，严格执行土地利用总体规划和年度土地利用计划以及农用地转用计划，对各项目建设用地实行集体会审决策制度；围绕全县招商引资和建设项目的需要，做好项目用地报批工作，确保重点建设项目用地；加强用地跟踪管理。截至2012年年底，县国土部门实现全县耕地总量的动态平衡，保证各项建设项目用地。同时加强对农村宅基地的管理工作，推行和完善宅基地管理一条龙服务，为农村居民建房选址规划。2001年至2012年，累计办理4406户农村个人建房用地报批。2013年，全县审批农村建房用地990宗（包括87宗地移名），用地面积184.56亩。同时申报并获省州人民政府批准惠水县2013年第一批农村村民建房农转非用地面积165亩（其中和平镇45亩、其他24亩，镇120亩）。

表1-25

1988—2015年惠水县建设用地审批情况一览表

年度	州下达用地计划（亩）			县政府批准用地情况							
	计划数	耕地	非耕地	国家建设	用地数量（亩）	乡镇企业建设	用地数量（亩）	个人建房	用地数量（亩）	合计	用地数量（亩）
1988	320	128	192	22起	78.83	1起	9.28	776起	182.61	798起	261.34
1989	422	233	139	19起	44.96	乡镇企业建设及个人建房		934起	153.7	953起	252.66
1990	350	210	140	11起	22.78	1起	0.08	650起	117	662起	189.86

续表1-25

年度	州下达用地计划（亩）			县政府批准用地情况							
	计划数	耕地	非耕地	国家建设	用地数量（亩）	乡镇企业建设	用地数量（亩）	个人建房	用地数量（亩）	合计	用地数量（亩）
1991	256	120	136	7起	12	0	0	139起	23.02	146起	35.02
1992	462	188	274	24起	164.9	0	0	57起	2.2	81起	167.1
1993	53	37	16	34宗	67.3	乡镇村建设3件	10.5	233件	31.5	270件	109.3
1994	87	63	24	30宗	33	集体建设	0.2	100户	17.8	134件	51
1995	68	54	14	3宗	7.76	集体建设	2.5	45户	9.47	46件	19.73
1996	72	49	23	4宗	46.5	集体建设	1.6	107户	22.5	108件	70.6
1997	75	52	23	5宗	65	集体建设	3.6	41户	8.5	43件	77.1
1998	68.9	48	20.9	4宗	33	集体建设	9.7	75户	16	76件	58.7
1999	66	55	11	3宗	35	集体建设	7.3	86户	18.2	86件	60.5
2000	260	185	75	5宗	260	集体建设	8.6	89宗	10	90件	278.6
2001	135	109	26	6宗	97	集体建设	5.2	104宗	30.75	106件	132.95
2002	128	96	32	7宗	89	集体建设	7.8	128宗	27.4	130件	124.2
2003	82.5	70.1	12.4	3	85	集体建设	0.8	300宗	44	301件	129.8
2004	98	72	26	3	46	集体建设	6.4	339宗	44.8	339件	97.2
2005	69	52	17	4	38	集体建设	7.3	233宗	40.3	235件	85.6
2006	146	102	44	6	139	集体建设	10.2	208宗	37	211件	186.2
2007	150	99	51	3	312.8	集体建设	54	578宗	93	579件	459.8
2008	240	165	75	4	187	集体建设	25	411宗	159.8	412件	379
2009	60	40.8	19.2	3	55	集体建设	13.9	904宗	166.7	905件	235.6
2010	246.3	164	82.3	12	577	集体建设	3.4	280宗	61.6	283件	642
2011	239	171	38	9	3420	集体建设	55	657宗	117.96	657件	3592.96
2012	631	435	196	12	1833	集体建设	18.7	985宗	178.02	985件	2029.72
2013	1222.8	590.1	632.7	29宗	685.2	29	1185.1	1458	284	1516	2154.3
2014	603.6	342.75	260.85	10	530.4	10	696.2	1184	230	1204	1456.6
2015	510	290.85	219.15	10	361.6	1	47.3	816	171	827	579.9

五、地籍管理

1990年，按照《城镇地籍调查规程》，县土管局开展城镇土地登记发证工作。1990年1月，组织对和平镇新民路119宗地进行权属调查和界址调查、勘丈绘制宗地图，4月经黔南州土管局验收合格后报贵州省土管局核准同意，7月25日，惠水县人民政府召开首批城镇地籍颁证大会。同年对小猪巷、新民巷、牛场街共204宗地进行权属调查和界址调查，绘制地宗图。12月25日，惠水县人民政府颁发了“国有土地使用证”。全年颁发“国有土地使用证”323宗，办理土地权属变更登记手续更换证书121户（其中机关单位9户、个人112户）。至1995年，完成和平镇城镇地籍调查登记发证工作，对达到“权属合法、界址清楚、面积准确”2979宗地颁发“国有土地使用证”，办理土地权属变更登记手续更换证书454宗，转让7宗。受理宅基地权属纠纷132件，调处92件。1993年，在三都镇金石村对农村宅基地进行调查、登记、勘丈、发证329宗，调处纠纷12件。1994至1995年，在三都镇开展镇级国有、集体土地使用证调查登记发证，共勘丈绘制地宗图1050宗。同时对贵州险峰机床厂和永安电机厂工矿区地籍进行调查、权属审核、注册登记，颁发“国有土地使用证”。

1996年，土地登记发证工作由城镇拓展到农村。2004年，县国土部门对惠水县城城区6平方千米开展数字化地籍调查，2004年12月通过贵州省国土资源厅的验收。

表1-26

1996—2015年土地登记颁发“土地使用证”情况一览表

年度	颁证数量（宗）	其中		土地变更登记（宗）	出让土地面积（平方米）
		国有土地（宗）	集体土地（宗）		
1996	419	111	308	22	7183.5
1997	15303	249	15054	45	21850
1998	12365	306	12059	35	19243
1999	865	210	655	25	18342
2000	782	485	297	24	57432.4
2001	572	504	68	32	77004.3
2002	511	431	80	35	47025
2003	482	403	79	85	49500
2004	519	462	57	91	73920
2005	662	403	259	89	63145
2006	1023	596	427	108	86198.4
2007	1290	1003	287	258	147477
2008	1293	817	476	266	94635
2009	1621	855	766	352	91635
2010	557	317	240	143	37145.6
2011	1710	659	1051	425	72501.4
2012	1961	737	923	454	91278.6
2013	2491	917	1574	1239	16475603.5
2014	2242	1005	1237	1305	28962503.1
2015	1982	1166	816	1432	8142498.77
合计	48650	11737	36913	6465	54636121.6

第四节　土地执法监察

1978至1986年，由于国民经济快速发展，农民收入逐年增加，农村建房需求逐年增多，加上土地管理体制不健全等因素，全县农村建房不批就建，少批多建的现象日益突出。县土地管理部门成立后，开展了多次专项非农建设用地清理和土地执法监察行动。1987年实施《土地管理法》以来，占地建房219户，其中：手续合法88户、违法用地131户（后办理手续113户，立案查处18户）。

1988年，开展土地清查工作，处理遗留的13起违法占地；处理6起违法占地建房（4起下基脚、1起砌砖建房、1起立起柱头），拒不拆除。查处惠明乡回龙村将集体土地0.487亩卖给惠水纸厂案件，实际地价4999元，处以没收非法卖地款3459元，处以惠水纸厂罚款3459元，处以责任人某某罚款1729.5元。

1990年，开展越权批地清查，共清查110起，面积3268.91㎡。处理局级以下干部违法、违章、违纪的“三违”建私房14起，其中6起处以罚款0.68526万元，8起处以拆除建筑物，收回土地551.42㎡；处理县级干部1起，罚款0.1378万元。查处违法占地案件18起（占地2566.66平方米），收回土地2006.66平方米；拆除建筑物1起，补办手续3起。

1991年，清理县级干部违法占地建私房3起，罚款0.59332万元。查处违法占地案件43起（占地4456.2平方米），拆除建筑物32起，收回土地3763.2㎡，补办手续11起。

1992年，完善土地监察机构设置，成立了“惠水县人民法院驻土地管理局执行室”。处理违法占地案件25起，收回土地1420㎡。

1993年，清理摆金镇非法审批出让土地2.8亩、雅水镇2.42亩、长田乡2.8亩，全部补办用地手续。

1993年，对和平镇回龙村、星光村越权批地进行检查。1994年，对和平镇大坡、六坡、兴河、高旺等村开展非农业建设用地清理，共检查667户，发现违法占地268户，处理264户，占地28000平方米，收取税费4万元；全年共清理补办用地手续270户，立案查处11起。

1995年，在全县范围内开展土地管理执法检查，查出违法用地193件，处理100件；违法批地34件，处理23件。

1996年，查处违法用地48户，其中拆除建筑物2户，恢复耕地10343㎡，没收非法建筑物1户，补办用地手续28户；开展从1987年以来违章、违法案件清理，共清理68件。

1991至1997年开展非农建设土地清查，全县共查清非农建设用地：国家建设用地142宗，面积672.14亩（耕地面积661.17亩），其中违法用地48宗，面积337.25亩（耕地面积331.44亩）；集体建设用地66宗，面积164.51亩（耕地面积113.16亩），其中违法用地22宗，面积89.26亩（耕地面积46.22亩）；个人建房用地3967宗，总面积672.14亩（耕地面积503.89亩），其中违法用地1052宗，面积185.41亩（耕地面积126.04亩）。征而未用土地1宗，面积30亩，闲置成片土地1宗，面积20亩。

1998年10月，省国土厅在三都镇开展土地管理“三无”乡镇活动试点，清查立案三都镇非农业用地30宗，参与拆除砖瓦窑20余座，有效保护了耕地。试点工作于1999年12月17日通过贵州省土地管理“三无”乡镇创建活动验收组验收。

1999年，开展清查越权批地152起，用地4268.91㎡。处理科局级以下干部职工违法、违章、违纪的“三违”建房19起，收回土地1021.12㎡。查处违法占地案件26起。

2000年6月，建立“惠水县土地执法监察大队”，承担全县土地执法监察职能。从此，建立健全了县、乡、村三级土地执法监察网络，县局设土地执法监察大队，乡镇有土管监察中队，村、组有兼职土地监察员或土地信息员。建立完善县、乡两级土地执法巡查责任制，坚持责任到人的监察动态巡查制度，把常规巡查和重点巡查结合起来。

2001年，发现土地违法案件118件，及时制止76件，立案查处21件。为国家挽回经济损失26.04万元，罚没款2.27万元。

2003年，清理1991至2002年期间违法违规用地96宗，立案查处22宗，清理收缴土地出让金160.25万元。

2004年，根据《贵州省国土资源动态巡查责任制实施意见》要求，把测绘执法和地质灾害防治工作的内容纳入了巡查责任范围，制定了《惠水县国土资源动态巡回检查责任制度》，划分巡查区域、制定巡查路线，明确各乡镇所负责辖区日常巡查并联络本辖区内各村土地检查员和组信息员工作，形成县、乡、村、组四级巡查网络；开展土地市场治理整顿工作，共清理出非法占地、非法转让土地和闲置土地面积109.15亩；设立土地管理信访室，安排专人负责接待来信来访，对外公布举报电话，设立举报箱。

2005年，开展国土资源执法监察依法行政、文明执法活动，全年共开展巡查1077次，巡查发现并制止土地违法76件、矿产违法353件，立案查处土地违法9件、矿产违法1件，公开曝光拆除非法占用基本农田实施养殖业建设1宗，协助黔南州国土资源执法支队完成蔬菜育苗中心项目查处；开展严厉打击煤矿违法生产活动，积极配合惠水县联合执法工作组对断杉镇、长田乡、宁旺乡等涉煤乡镇进行治理整顿，依法炸封取缔非法小煤窑132口、填平井口64个，没收非法开采机械设备及运输工具，依法传唤6人；开展国土资源执法模范乡镇创建活动，完成好花红乡、高镇镇、三都镇、芦山镇国土资源执法模范乡镇创建并于2005年11月26日通过黔南州国土资源局验收。

2006年，继续深入开展土地市场治理整顿工作，共清理出违法占地及非法买卖土地行为34件（涉及面积40.1亩），立案查处10件（涉及面积37.56亩），处罚金额33.48万元；贯彻落实省州炸封取缔非法采煤窝点专项工作会议精神，2006年6月至7月，共炸封非法采煤窝点487次，收缴雷管8枚、炸药1.2千克，捣毁工棚19间，设立警示牌75块，依法刑事拘留24人，并于7月18日依法将赵海非法盗采、破坏矿产资源一案移交司法机关追究刑事责任；充分发挥新闻媒体宣传舆论作用，在惠水电视台新闻栏目中曝光赵永福、宋吉林等涉嫌盗采煤炭资源违法行为进行行政拘留及对101省道拓宽钉子户进行强制拆除；完成摆金镇、雅水镇、羡塘乡、王佑镇国土资源执法模范乡镇创建顺利通过黔南州国土资源局验收，授予“验收合格”牌匾。

2007年，开展国土资源巡查2260次，巡查发现并制止土地违法行为187件、矿产违法行为2886件，结合惠水县土地执法百日行动，立案查处未批先用违法行为31件，其中16件由省国土资源厅立案查处，处罚款187.2063万元，15件由县国土资源局立案查处，处罚款405.07万元，立案查处以租代征违法行为1件，该件由国土资源局立案查处，拆除建筑物2280㎡及并处罚款0.45万元；2007年11月2日，向黔南州自然资源局申请对岗度乡、鸭绒乡、甲烈乡、甲戎乡创建国土资源执法模范乡镇验收。

2008年，开展国土资源巡查2568次，巡查发现并制止土地违法行为117件、矿产违法行为4215件，立案查处并移送县人民法院强制执行土地违法案件2件，立案查处矿产违法案件3件，处罚没款16.38万元；履行惠水县炸封取缔非法采煤窝点工作领导小组办公室职责，下达炸封取缔非法采煤窝点督办通知17份，参与配合炸封取缔非法小煤窑336件，移送公安机关行政拘留29人；开展全县范围4家合法探矿权人履行法定义务清查工作，发现并查处贵州省惠水县长田乡天峨煤矿“以探代采”违法行为。

2009年，开展巡查2799次，巡查发现并制止土地违法53件、矿产违法1706件，立案查处土地违法24件、矿产违法7件，其中移送司法机关追究刑事责任案件1件，惠水县法院以刑事附带民事判决书〔2009〕惠刑初字第85号判刑2人；开展严厉打击非法采矿行为行动，参与配合炸封取缔非法小煤窑833件，移送公安机关刑事拘留1人、治安处罚5人、治安拘留39人。

对断杉镇一非法小煤窑点进行现场整治（2009年摄）

2010年，土地卫片执法检查范围覆盖全国所有的县、市、区、旗行政管辖区域（不含港、澳、台地区），开展2009年度土地卫片执法检查工作并通过省级验收；县人民政府印发了《惠水县土地执法监管共同责任制度》，明确乡镇、国土、建设规划、城管、公安、纪检监察等部门工作职责。

2011年，开展2010年度土地矿产卫片执法检查工作，完成103个土地卫片疑似违法图斑、8个矿产卫片疑似违法图斑的执法监督检查工作并通过省级验收；开展国土资源动态巡查2430次，制止违法用地125件、非法采矿行为1573件，立案查处土地违法17件、矿产违法1件；配合城建局、和平镇、高镇镇人民政府等部门开展拆除违章建筑行动，拆除房屋16栋、屋基6个。

2012年，开展2011年度土地矿产卫片执法检查工作，完成65个土地卫片疑似违法图斑、16个矿产卫片疑似违法图斑的执法监督检查工作并通过省级验收；开展国土资源巡查2486次，现场制止国土资源违法行为834件（其中炸封小煤窑227件），立案查处土地违法13件，收缴罚没款42.89万元。

2013年，国家土地督察武汉局对惠水县进行2012年度土地例行督察，县国土局结合2012年度土地矿产卫片执法检查工作，积极开展35个土地卫片疑似违法图斑、12个矿产卫片疑似违法图斑核查工作及查处整改工作；开展国土资源巡查1880次，制止土地违法行为163件，制止矿产资源违法行为286件，配合乡镇人民政府炸封或用挖机填平小煤窑井口累计247件。

2014年，县人民政府印发了《惠水县严厉打击盗采矿产资源行为的规定》，全县形成各司其职、各负其责、密切配合、协同作战的联合打击盗采矿产资源合力；开展2014年土地矿产卫片执法监督检查工作，完成142个土地卫片疑似违法图斑、1个矿产卫片疑似违法图斑的执法监督检查工作并通过省级验收；开展国土资源巡查1758次，现场制止国土资源违法行为360件（其中炸封小煤窑158件），立案查处矿产违法3件；参与联合执法打击取缔“两违”建设，拆除两违建筑30余户。

2015年，开展2014年度土地矿产卫片执法检查工作，完成257个土地卫片疑似违法图斑、5个矿产卫片疑似违法图斑的执法监督检查工作并通过省级验收；开展非农建设项目占用万亩以上坝区耕地核查工作，发现并立案查处整改14件；开展国土资源巡查1934次，巡查发现并制止土地违法行为117件、矿产违法行为231件，立案查处土地违法31件、矿产违法2件；参与联合执法打击取缔“两违”建筑7户，拆除建筑物面积5400㎡。

表1-27 **1988—2015年惠水县土地纠纷来信来访调处情况一览表** 数量：起

年度	土地纠纷数量	调处数量	调处率	来信来访数量	调处数量
1988	71	70	98%	14	14
1989	26	26	100%	8	8
1990	22	22	100%	61	60
1991	54	54	100%	57	55
1992	34	34	100%	0	0
1993	32	32	100%	0	0
1994	42	40	97%	16	16
1995	17	17	100%	2	2
1996	60	60	100%	87	87
1997	59	59	100%	40	40
1998	47	47	100%	42	42
1999	13	13	100%	109	107
2000	27	27	100%	77	72
2001	33	31	96%	45	44
2002	30	30	100%	12	12
2003	54	50	93%	10	10
2004	23	23	100%	5	5
2005	15	11	73%	7	7
2006	67	67	100%	23	23
2007	17	17	100%	8	8
2008	23	23	100%	8	8
2009	45	45	100%	11	11
2010	30	30	100%	43	43
2011	13	13	100%	14	14
2012	8	8	100%	6	6
2013	45	44	98%	10	10
2014	38	38	100%	5	5
2015	55	55	100%	7	7

从1996年起，国土部门开展“三无”（无违法用地、无违法批地、无违法管地）乡镇创建活动。1996年将高镇镇建成全县首个“三无”乡镇。1997至2003年，在毛家苑乡、和平镇开展创建工作，累计完成全县25个乡镇的“三无”乡镇创建。2004年，为巩固“三无”创建成果，三都镇被黔南州国土资源局评选为创建国土资源执法模范乡镇；2005年，在高镇、芦山、好花红3个乡镇开展“创模”活动，2005年通过黔南州国土局验收。

第二篇　人口　民族

第一章　人　口

第一节　人口数量

1979年，全县总户数为59686户，其中农业户53028户；总人口为314244人。是年出生7564人，死亡2488人，出生率为24.3‰，自然增长率16.3‰。1980年，全县总户数为60292户，其中农业户53265户；总人口为320994人。是年出生6747人，死亡2045人，出生率为21.24‰，自然增长率14.81‰。2000年，第五次人口普查，全县总户数为92859户，总人口为388896人；是年出生8373人，死亡3333人，出生率为21.54‰，自然增长率12.96‰。1979至2000年的21年间，人口由314244人增加到388896人，增加74652人，年均增长1.13%。2010年，第六次人口普查，全县总户数为96789户，总人口为342647人；是年出生4860人，死亡2818人，出生率为14.18‰，自然增长率5.96‰。2000至2010年的10年间，人口出生率下降7.36个千分点，自然增长率下降了7个千分点。

2015年，全县总户数124933户，总人口458651人。是年出生9797人，死亡2298人。其中，涟江街道26112户，76512人；濛江街道18228户，63121人；摆金镇15295户，63187人；雅水镇8386户，37402人；断杉镇12029户，45182人；芦山镇6409户，24678人；王佑镇8730户，34573人；岗度镇5979户，24543人；羡塘镇6912户，27528人；好花红镇16853户，61925人。

表2-1　　1979—2015年惠水县人口变化情况表　　单位：户、人

年度	总户数	总人口	出生人数	死亡人数	出生率（‰）	自然增长率（‰）	年度	总户数	总人口	出生人数	死亡人数	出生率（‰）	自然增长率（‰）
1979	59686	314244	7564	2488	24.3	16.3	1985	66160	336455	4185	2540	12.44	4.89
1980	60292	320994	6747	2045	21.24	14.81	1986	67144	339419	4399	2285	12.96	6.23
1981	61060	325744	6421	2431	19.7	12.2	1987	68354	341462	4848	2598	14.2	6.59
1982	62015	330270	5992	2347	18.1	11	1988	70653	350885	5094	3023	14.52	5.9
1983	63809	332451	4377	2301	13.2	6.3	1989	72288	355174	4782	2409	13.54	6.72
1984	65097	334655	4517	2650	13.5	5.6	1990	74095	359430	5892	2858	16.39	8.44

续表2-1

年度	总户数	总人口	出生人数	死亡人数	出生率（‰）	自然增长率（‰）	年度	总户数	总人口	出生人数	死亡人数	出生率（‰）	自然增长率（‰）
1991	74508	361945	4144	2016	11.45	5.88	2004	103017	426123	4666	1890	10.95	6.51
1992	78713	367521	5085	2287	13.84	7.61	2005	105969	427791	4878	1977	11.4	6.78
1993	77872	370085	4817	2092	13.02	7.36	2006	107682	431664	3871	2855	14.7	8.34
1994	78331	374175	5922	2331	15.83	9.6	2007	108734	434869	3708	2771	12.92	7.8
1995	81439	378244	6865	2573	18.15	11.35	2008	110773	439456	4333	2905	14.27	6.95
1996	82829	382270	7392	3005	19.34	11.48	2009	113847	442520	4945	2773	14.4	7.5
1997	84344	386288	6572	2678	17.01	10.08	2010	96789	342647	4860	2818	14.18	5.96
1998	88982	395332	8456	3020	21.39	13.75	2011	121794	452767	4791	3996	12.67	5.92
1999	90544	397591	5858	2347	14.73	8.83	2012	124473	452566	4559	4806	12.5	5.81
2000	93722	412106	8527	2591	20.69	14.4	2013	124536	451091	2212	2244	4.9	0.07
2001	95272	416088	5949	2415	14.3	8.49	2014	125372	449147	1834	1049	4.08	1.74
2002	96117	418431	4455	2153	10.65	5.5	2015	124933	458651	9797	2298	21.36	16.35
2003	99866	421904	7025	2911	16.65	9.75							

第二节　人口分布

根据第五次人口普查登记结果，全县少数民族常住人口231274人，占总人口的59.46%；第六次人口普查，少数民族常住人口202173人，占总人口的59%。少数民族以布依族、苗族为主体，分布基本特征是：分布面积广，全县各乡镇均有分布；经济发展不平衡，总体发展水平滞后，惠水县少数民族特别是苗族多居于山区或半山区，经济、文化、教育等方面发展比较落后；民族传统文化保存良好，民族旅游资源丰富。县内少数民族在长期的生产和生活中，形成了优良的民族传统，民俗风情多姿多彩，民族文化风格独特，长期以来的深厚积淀，孕育了优秀的好花红民族文化品牌；著名布依民歌《好花红》就发源于惠水县好花红乡。惠水县民族地区生态环境、传统农耕文化保持较好，风光优美独特，具有得天独厚的打造民族风情与自然风光完美结合的民族旅游业优势；汉族与少数民族相应融合，在县城周边约20千米范围内，少数民族尤其是布依族与汉族同化比例较高。

惠水布依族人口分布在全县25个乡镇1075个自然村寨。重点分布在长安、王佑、打引、雅水、抵麻、摆金、岗度等乡镇，所涉及面积约1272平方千米，占总面积的51.6%。

惠水苗族人口在全县25个乡镇均有分布，万人以上的有鸭绒和摆金两个乡镇。惠水苗族有8个支系，分为摆金支系、鸭寨支系、岗度支系、董上支系、大坝支系、摆榜支系、斗底支系、长田支系。其中6个支系分布于涟江以东的摆金、鸭绒等片区。惠水毛南族是全国人口较少民族之一，主要分布在惠水县和平、高镇两镇涟江沿岸的7个村，总人口2200人。

第三节 人口构成

2010年11月1日，开始第六次人口普查，以该日零时为标准时点的普查登记时间。此次普查登记，全县总户数为96789户，其中家庭户95255户，集体户1534户。平均家庭户3.51人。常住人口数为342647人，其中男性175514人、女性167133人，性别比为1.05：1。

惠水县第六次人口普查各乡镇人口统计表

表2-2

单位：户、人

乡镇	总户数	总人口	男	女	性别比（女=100）	平均家庭户户均人口
合计	96789	342647	175514	167133	105.01	3.51
和平镇	18829	63353	31817	31536	100.89	3.29
高镇镇	7506	25975	13354	12621	105.81	3.43
三都镇	4644	17928	9108	8820	103.27	3.82
摆金镇	5038	19640	9907	9733	101.79	3.88
雅水镇	3554	12704	6393	6311	101.3	3.58
断杉镇	4785	17122	8836	8286	106.64	3.56
芦山镇	4699	15065	7621	7444	102.38	3.20
王佑镇	2216	6804	3425	3379	101.36	3.06
长田乡	2545	9638	5234	4404	118.85	3.52
摆榜乡	2083	7383	3759	3624	103.73	3.61
斗底乡	1317	4218	2201	2017	109.12	3.91
甲烈乡	2019	6897	3657	3240	112.87	3.37
岗度乡	2674	9241	4697	4544	103.37	3.40
宁旺乡	2016	7351	3861	3490	110.63	3.60
鸭绒乡	3711	14335	7347	6988	105.14	3.84
太阳乡	2926	10770	5562	5208	106.8	3.66
羡塘乡	4285	15369	7912	7457	106.1	3.57

续表2-2

乡镇	总户数	总人口	男	女	性别比（女=100）	平均家庭户户均人口
甲戎乡	2964	10283	5320	4963	107.19	3.48
抵季乡	3970	14081	7390	6691	110.45	3.53
大龙乡	3240	11613	6080	5533	109.89	3.56
大坝乡	2099	7381	3788	3593	105.43	3.52
抵麻乡	1580	7028	3741	3287	113.81	4.44
长安乡	1947	5602	2870	2732	105.05	2.84
打引乡	1989	6033	3094	2939	105.27	3.03
好花红乡	4153	16833	8540	8293	102.98	4.04

一、常住人口

根据第六次人口普查登记结果，全县常住人口为342647人，与第五次人口普查2000年11月1日零时的388896人相比，10年共减少46249人，减少11.89%。年平均递减1.19%，减少原因主要为：外出务工、经商等流出人口较多。

二、人口自然变动

根据第六次人口普查登记结果，2009年11月1日至2010年10月31日，全县常住人口中的出生人口为4860人，出生率为14.18‰；死亡人口为2818人，死亡率为8.22‰；自然增长人口为2042人，自然增长率为5.96‰。与2000年第五次人口普查相比，出生率下降了7.36个千分点，自然增长率下降7个千分点。出生人口中男婴为2725人、女婴为2135人，出生人口性别比127.63。与第五次人口普查，出生男婴4408人，出生女婴3965人，出生人口性别比为111.17，出生人口性别比上升了16.46。

三、家庭户人口

根据第六次人口普查登记结果，全县常住人口中共有家庭户95255户，家庭户人口为333917人，平均每个家庭户的人口为3.51人，比2000年第五次人口普查的4.19人减少0.68人。

四、性别构成

根据第六次人口普查登记结果，全县常住人口中，男性人口为175514人，占51.22%；女性人口为167133人，占48.78%。总人口性别比（以女性为100，男性对女性的比例）由2000年第五次人口普查的106.91下降为105.01。

五、年龄构成

根据第六次人口普查登记结果，全县常住人口中，0～14岁人口为87948人，占25.67%；15～64岁人口为221540人，占64.66%；65岁及以上人口为33159人，占9.66%。

表2-3

惠水县第六次人口普查人口年龄结构统计表

单位：人

年龄别	总计	人口数		占总人口比例（%）	年龄别	总计	人口数		占总人口比例（%）
		男	女				男	女	
0周岁	4754	2683	2071	1.39	50～54周岁	18328	9316	9012	5.35
1～4周岁	17887	10042	7845	5.22	55～59周岁	17917	9005	8912	5.23
5～9周岁	24788	13441	11347	7.23	60～64周岁	14997	7302	7695	4.38
10～14周岁	40519	20681	19838	11.83	65～69周岁	12860	6069	6791	3.75
15～19周岁	29606	15014	14592	8.64	70～74周岁	9956	4511	5445	2.91
20～24周岁	19863	9717	10146	5.80	75～79周岁	6046	2641	3405	1.76
25～29周岁	19388	9826	9562	5.66	80～84周岁	2891	1211	1680	0.84
30～34周岁	23652	12626	11026	6.90	85～89周岁	991	315	676	0.29
35～39周岁	27934	14707	13227	8.15	90～94周岁	326	88	238	0.10
40～44周岁	27415	14586	12829	8.00	95～99周岁	75	20	55	0.02
45～49周岁	22440	11708	10732	6.55	100周岁以上	14	5	9	0.00

六、民族构成

根据第六次人口普查登记结果，全县常住人口中，汉族人口为140474人，占41%；布依族人口118103人，占总人口的34.47%；苗族人口80003人，占总人口的23.35%；其他民族84070人，占总人口的24.54%。全县各少数民族人口为202173人，占59%。与2000年第五次人口普查相比，汉族人口减少17148人，上升0.47%；各少数民族人口减少50902人，上升0.47%。

表2-4

惠水县第六次人口普查民族人口情况统计表

单位：人、%

乡镇	总人口	汉族	布依族	苗族	土家族	毛南族	其他	少数民族占总人口比例
合计	342647	140474	118103	80003	507	1589	1971	59.00
和平镇	63353	35024	13442	13609	176	160	942	44.72
高镇镇	25975	15113	6393	2656	181	1385	247	41.82
三都镇	17928	9683	6001	2147	17	8	72	45.99
摆金镇	19640	5337	1410	12823	6	—	64	72.83
雅水镇	12704	2835	6403	3444	2	—	20	77.68
断杉镇	17122	6674	9126	1246	24	—	52	61.02

续表2-4

乡镇	总人口	汉族	布依族	苗族	土家族	毛南族	其他	少数民族占总人口比例
芦山镇	15065	7465	7366	197	10	—	27	50.45
王佑镇	6804	1122	5537	86	25	—	34	83.51
长田乡	9638	4053	4138	1350	11	15	71	57.95
摆榜乡	7383	814	367	6184	1	4	13	88.97
斗底乡	4218	597	2823	786	—	4	12	85.85
甲烈乡	6897	2274	1817	2795	—	—	11	67.03
岗度乡	9241	1435	5387	2415	1	—	3	84.47
宁旺乡	7351	2223	2855	2245	11	—	17	69.76
鸭绒乡	14335	747	63	13470	—	1	55	94.79
太阳乡	10770	2808	6716	1198	1	—	47	73.93
羡塘乡	15369	7774	6920	567	12	2	96	49.42
甲戎乡	10283	5927	3296	1001	8	3	51	42.36
抵季乡	14081	9170	3718	1146	5	1	42	34.88
大龙乡	11613	5004	3124	3453	3	—	29	56.91
大坝乡	7381	3624	1058	2681	1	6	17	50.90
抵麻乡	7028	4478	1992	539	2	—	17	36.28
长安乡	5602	9	5587	4	—	—	2	99.84
打引乡	6033	9	5066	957	1	—	0	99.85
好花红乡	16833	6275	7498	3004	9	—	47	62.72

七、各种受教育程度人口

根据第六次人口普查登记结果，全县6岁以上常住人口316043人，具有大学（含大专）文化程度的人口为9262人，具有高中（含中专）文化程度的人口为18834人，具有初中文化程度的人口为100060人，具有小学文化程度的人口为140897人（以上各种文化程度的人包括各类学校的毕业生、肄业生、在校生）。

同2000年第五次人口普查相比，每10万人中具有大学文化程度的由178人上升为2988人；具有高中文化程度的由3915人上升为6075人；具有初中文化程度的由18428人上升为32277人；具有小学文化程度的由50592人下降为45451人。

全县常住人口中，15岁及以上人口254699人，文盲人口为42588人；同2000年第五次人口普查相比，文盲人口减少25719人，文盲率由25.86%下降为16.72%，下降了9.14个百分点。

表2-5　**惠水县第六次人口普查6周岁及以上人口受教育程度统计表**　单位：人

乡镇	总计	未上过学	小学	初中	高中	大学专科	大学本科	研究生
合计	316043	46990	140897	100060	18834	6875	2343	44
和平镇	59229	3310	17679	22553	9990	4018	1645	34
高镇镇	24174	2035	10256	8827	2497	389	169	1
三都镇	16405	1356	6961	7201	662	172	52	1
摆金镇	18031	1147	9825	6559	386	80	33	1
雅水镇	11714	1346	5966	3954	276	151	21	—
断杉镇	15628	2600	7901	4489	470	142	26	—
芦山镇	13883	2377	6102	4794	374	170	64	2
王佑镇	6185	1803	2562	1524	189	93	14	—
长田乡	8860	1165	4322	2959	335	69	10	—
摆榜乡	6721	2267	3240	1040	90	68	16	—
斗底乡	3794	929	1936	796	75	46	12	—
甲烈乡	6394	1850	2825	1510	111	89	9	—
岗度乡	8410	1982	4187	1980	165	80	14	2
宁旺乡	6720	1437	3552	1517	127	80	7	—
鸭绒乡	13142	1871	6721	4032	296	166	54	2
太阳乡	9893	1339	5331	2863	241	100	19	—
羡塘乡	13962	2244	6607	4415	462	184	50	—
甲戎乡	9501	2275	4777	2100	225	103	21	—
抵季乡	13026	3231	6650	2707	332	95	10	1
大龙乡	10728	2374	5106	2938	257	46	7	—
大坝乡	6815	1112	3821	1675	114	89	4	—
抵麻乡	6551	1249	2912	2014	265	87	24	—
长安乡	5110	1839	1989	1054	123	92	13	—
打引乡	5503	1898	2655	794	101	52	3	—
好花红乡	15664	1954	7014	5765	671	214	46	—

八、职业结构

根据第六次人口普查登记结果，全县从业人员中从事农、林、牧、渔的13218人，占73.9%；从事制造业的1420人，占7.94%；从事交通运输、仓储和邮政业的330人，占1.85%；从事建筑业387人，占2.16%；从事教育的343人，占1.92%；从事批发和零售业932人，占5.21%；从事公共管理和社会组织的407人，占2.28%，其他劳动者847人，占4.74%。在16周岁及以上的人口中，从业人口占本年龄段总人数的74.4%，占总人口的53.44%；不从业人口占本年龄段总人数的25.6%，占总人口的46.56%。

九、城乡人口结构

根据第六次人口普查登记结果，全县城镇人口总数71115人，其中农业户口38127人，非农业户口32988人，非农业户口人口占总人口比重为46.39%；乡村人口数为265027人，其中，农业户口259098人，非农业户口5929人，非农业户口人口占总人口比重为2.24%。

十、婚姻状况

根据第六次人口普查登记结果，全县15周岁及15周岁以上的人口有24474人。其中，未婚人口5008人，占20.46%；初婚有配偶16984人，占69.4%；丧偶2220人，占9.07%；离婚262人，占1.07%。与2000年第五次人口普查相比，未婚人口比例下降0.15%，初婚有配偶人口比例下降0.03%，丧偶人口比重上升2.08%，离婚人口比例上升0.33%。

十一、家庭结构

根据第六次人口普查登记结果，全县有家庭户95255户，家庭人口333917人，占全县总人口的97.45%，每户平均人口为3.51人。与2000年第五次人口普查相比，平均每户减少0.68人。全县单身户11511户，占家庭总户数的12.08%；2人户17836户，占总户数的18.72%；3人户20962户，占全县总户数的22.01%；4人户20124户，占总户数的21.13%；5人户13526户，占总户数的14.20%；6人户6695户，占总户数的7.03%；7人及以上户2706户，占总户数的2.84%。从全县的家庭结构来看，家庭规模逐渐缩小，多数是3～5人户。家庭户的类别是：一代户有24275户，占总户数的25.48%；二代户有46796户，占总户数的49.13%；三代户有23294户，占总户数的24.45%；四代户有890户，占总户数的0.93%。家庭户类别以二代人组成的家庭户为主，其次是三代人组成的家庭户。

第二章　计划生育

第一节　政策法规

1979年7月，贯彻《贵州省计划生育暂行办法》，提倡晚婚、晚育、少生、优生，鼓励一对夫妇只生育一个孩子，开始发放“独生子女证”。

1982年1月，印发《惠水县计划生育暂行规定》，其中明确规定：国家供应夫妻双方商品粮的，一对夫妇只生一个孩子，农村一对夫妇提倡只生一个孩子，控制第二胎，杜绝第三胎。单位职工办理《独生子女证》的，由单位发给奖金100元，并每月补助保健费4元；农村夫妇办理《独生子女证》的，可多划一份责任田。

1989年4月14日，印发《中共惠水县委惠水县人民政府关于认真贯彻实施〈贵州省计划生育试行条例〉的规定》，明确规定：一对夫妇只生一个孩子，禁止早婚早育，严禁计划外生育；坚决实行“一胎上环，二胎结扎，超怀补救”的技术决策。

2006年8月1日起，根据《贵州省“独生子女父母光荣证”办理规定》，全省统一将“独生子女证”更新为“独生子女父母光荣证”。

2008年7月8日，印发《惠水县农村计划生育利益导向暂行规定》，各乡镇人民政府和县直各工作部门在发展生产、扶贫开发、新农村建设、基础设施建设等项目投入方面，要优先向农村独生子女户及二女绝育户倾斜，切实解决他们在生产、生活、医疗、教育、住房等方面的困难。

2012年1月4日，印发《关于全面加强人口和计划生育综合治理工作确保实现“双降”目标的实施意见》，要求全县各级各部门充分认识做好人口计生工作的重要性和紧迫性，树立人口观念，在各自的职责范围内，对人口计划生育工作实施综合治理，继续把人口计生工作作为“天下第一难事”抓紧抓好，严格执行党政一把手“亲自抓、负总责”，确保实现“双降”（降低人口出生率和自然增长率）的目标。

2013年6月28日，印发《惠水县人口计生“双诚信、双承诺”工作实施方案》，提出“政府诚信、群众守信、村民互信、和谐共信”的工作目标，在全县人口计生领域强化诚信道德、服务意识、制度建设，扩大群众参与，增强社会自治功能，实现行政管理与基层群众自治的有效衔接和良性互动，切实维护广大群众计划生育合法权益，促进全县人口出生率、自然增长率“双降”目标实现，开启县人口计生管理服务新机制。

2014年5月20日，印发《惠水县开展“诚信计生·幸福家庭创建活动实施方案”》，以“创建幸福家庭·促进社会和谐”为主题，倡导科学生育，倡导健康生活，促进守法诚信，促进勤劳致富，促进幸福和谐，逐步提高计生家庭的幸福指数。

第二节　节育措施

1971至1979年，国家实行控制人口增长，县在城关镇、县属机关、各企事业单位施行“四术”（男扎、女扎、上环、引产）和口服避孕药等节（绝）育措施。

1979年7月，提倡晚婚、晚育、少生、优生，落实“一对夫妇只生一个孩子”的方针和“一胎上环，二胎结扎，杜绝多胎”的方针政策。

1983年，组织3800余人的计划生育宣传队，由县领导带队，分赴城镇、乡村广泛宣传“一对夫妇只生一个孩子”的方针和“一胎上环，二胎结扎，杜绝多胎”的措施，执行《计划生育暂行规定》。

1986至2005年，计划生育工作主要依靠大量的行政手段实施计划生育政策。乡镇党委、政府以计划生育为工作的中心，实施“一票否决”。这一时期，超生的人员以外出打工逃避计划生育的情况较多，各乡镇成立计划生育工作组，在农忙和春节前后突击抓计划生育工作。

2006年后，通过加大计划生育政策、宣传引导力度，群众优生优育意识不断增强，计划生育工作有序推进。

第三节　计划生育服务

一、避孕节育

1978年，计划生育工作进入一个新的发展阶段。1980年，中央发表《关于控制我国人口增长问题致全体共产党员共青团员的公开信》，提倡一对夫妇生育一个孩子。1982年9月，中共十二大把实行计划生育确定为基本国策，同年11月，写入新修改的《中华人民共和国宪法》。县于1982年开始实施：一胎上环，二胎结扎的计划生育政策。

1984年，成立“惠水县计划生育宣传技术指导站”，承担全县“上环、结扎、人流、引产”计划生育“四术”服务、避孕节育咨询、不孕症诊治、生殖健康保健、避孕药具管理、计划生育知识宣传教育培训。1991年，设立“和平镇计划生育服务站、高镇镇计划生育服务站、王佑镇计划生育服务站、芦山镇计划生育服务站、雅水镇计划生育服务站、摆金镇计划生育服务站、断杉镇计划生育服务站、三都镇计划生育服务站”等8个中心镇服务站；为帮助已作结扎的生育对象再生育（原生育的子女因故死亡），1995年开展“输卵管、输精管”复通术。1997年，建完大龙乡等17个乡级服务站。2005年创建县级优质服务合格县。2010年“惠水县计划生育宣传技术指导站”更名为“惠水县人口和计划生育服务站”，是年通过创建贵州省优质服务先进县的达标验收。2012年，引进输卵管腹腔镜结扎术，减少手术对象手术的痛苦。2013年10月，惠水县计划生育服务站通过国家质量管理体系认证，为创建国家级优质服务先进县的达标验收奠定基础。

是年，把创建全国计划生育优质服务先进县列为县政府“十件实事”之一。全县共投入1000万元用于县、乡计划生育服务阵地建设、器械设备配置及更新、宣传教育、国家免费孕前优生检查等工作。按照“四优一满意”（四优：环境优美、技术优良、管理优秀、服务优质、一满意：群众满意）标准，借助“玛丽斯特普”模式［玛丽·斯特普Marie Charlotte Carmichael Stopes（1880至1958年）英国节制生育的提倡者］。以玛丽·斯特普命名的玛丽斯特普国际组织是国际性公益组织，主要关注低收入人群的生殖健康，致力于向基层群众提供相应的低成本、高效率和可持续的生殖健康教育和服务，倡导积极、健康和负责任的生活态度），加大投入倾心打造的非医院化计划生育公共服务品牌，让站房环境变得舒适、温馨，优质服务机制得到全面落实，计划生育免费技术服务全面开展。2013年11月，县通过了创建全国计划生育优质服务先进县考核评估小组的考核验收。

二、生殖健康

2004年起，免费开展农村妇女病普查普治工作，提高群众生殖健康水平。以乡镇服务站为阵地，为育龄妇女进行B超、白带常规、电子阴道镜、乳透等项目的生殖健康检查。至2015年，为全县84270名妇女建立生殖健康档案卡，同时，实施宫颈癌筛查项目。

另开展“生殖健康进校园”活动，定期到各初、高中学校开展生殖健康知识讲座，提高青少年生殖健康知识知晓率，防止早婚早育现象发生。

三、出生缺陷干预

2005年，开始实施出生缺陷干预工作，免费发放叶酸片预防神经管畸形，建立健全监测网络，实施出生缺陷干预监测报告制度。

2012年，惠水县被纳入国家免费孕前优生健康检查试点县，免费开展孕前优生健康检查服务。建立“优生实验室”，成立出生缺陷评估工作领导小组，配备专业设备，在全县开展以病史询问、体格检查、风险评估、实验室检查、病毒筛查等为主要内容的孕前优生健康检查。

第四节　计划生育管理

一、机构建设

1973年5月，设立惠水县革命委员会计划生育委员会办公室，负责计划生育政策的宣传实施，控制全县人口增长。

1978年1月，县计划生育委员会办公室改为县计划生育领导小组办公室。是年起，在上山下乡知青当中，招收录用计生专职干部共56名，安排到各区革命委员会和人民公社，专职负责计划生育工作。

1984年1月，县计划生育领导小组办公室改为县计划生育委员会。

1994年3月，县计划生育委员会更名为县计划生育局，内设办公室、发展规划股、宣传教育股、法规信访股，各乡镇设计划生育办公室；2003年3月，设立县流动人口计划生育管理办公室、县计划生育科技办公室。同年4月，建立县计划生育服务站。

2004年9月，县计划生育局改为县人口和计划生育局，2011年12月，设立人口和计划生育执法大队和出生人口性别比综合治理办公室。

2014年12月，撤销县人口和计划生育局，撤销县卫生局，合并组建惠水县卫生和计划生育局，共22名行政编制（含4名机关工勤人员），内设办公室（突发公共卫生事件应急指挥中心）、规划考核信息科（县人口和计划生育领导小组办公室）、法制信访科（行政审批科）、公卫基卫科、爱国卫生运动委员会办公室、医政药政医管科（中医民族医药发展科）、妇幼健康服务科（出生缺陷干预科）、宣教奖扶科、财务科（项目办公室）共9个股（室）；下辖人口和计划生育执法大队、出生人口性别比综合治理办公室、计划生育科技办公室、流动人口管理办公室共四个全额事业公益一类机构，事业编制共20名。

2015年县卫计局内设办公室（突发公共卫生事件应急指挥中心）、规划考核信息科（县人口和计划生育领导小组办公室）、法制信访科（行政审批科）、公卫基卫科、爱国卫生运动委员会办公室、医政药政医管科（中医民族医药发展科）、妇幼健康服务科（出生缺陷干预科）、宣教奖扶科、财务科（项目办公室）9个股（室）。辖区内有公立医疗卫生机构30家，其中县属医疗卫生机构5家：县医院（二级甲等专科医院）、中医院（二级甲等综合医院）、县卫生监督所、县疾控中心、县妇幼保健院；乡镇中心卫生院5家、一般卫生院15家；社会办社区卫生服务站4家；非公立医院5家（涟江医院、百姓医院、仁爱医院、惠兴医院、协和医院）；个体诊所13家；村卫生室216个，村卫生员226人，村级计生专干210人；全县总病床1325张。全县公立医疗卫生机构在职正式职工893人，其中卫生技术人员838人（高级职称37人、中级职称 145人、初级职称 380人、无职称276人）；执业（含助理）医师525人，执业护师（含护士）174人。平均每千人口拥有卫技人员数 1.8人。

2015年4月，整合县妇幼保健院、县计划生育服务站，组建成立“惠水县妇幼保健计划生育服务中心”，同时加挂“惠水县妇女儿童医院”牌子，为县卫生和计划生育局所属副科级公益一类事业单位，不再保留县妇幼保健院、县计划生育服务站。

二、宣传教育

1983年，各乡镇、村寨在土坎、围墙、农村民房上用石灰、油漆书写标语，通过群众会、黑板报、干部上门宣讲等形式进行宣传，引导群众改变生育观念。

1996年，制作宣传资料下发乡镇，通过媒体广泛宣传；镇、村、组书写标语、制作板报，宣传计划生育“三为主”（宣传教育为主、经常性工作为主、避孕节育为主）。

是年，开展“五期教育”（青春期、新婚期、孕产期、育儿期、中老年期），在各村召开村民大会、制作宣传栏、黑板报宣传。县计生局与县教育局配合，每学期在全县初中、高中班开设讲座，宣传青春期性健康教育知识。

2001年，开展“婚育新风进万家活动”，计生干部深入少数民族村寨，重点宣传禁止早婚早育、杜绝多孩生育的政策。

2005年，获全省人口计生宣传教育改革创新先进县称号，2006年，荣获全国婚育新风进万家活动先进县荣誉称号。

2011至2015年，全省计生工作提出“降低人口出生率、降低自然增长率”（以下简称“双降”）目标，利用广播电视、手机信息、制作光碟、散发资料、悬挂标语、制作大型广告牌等方式开展宣传；县计生局、县计生协会深入乡镇举办讲座，宣讲“双降”政策。

三、流动人口管理服务

2003年，成立惠水县计划生育局流动人口管理办公室，统筹做好流动人口服务管理与维权服务工作，按期接收、反馈、流动人口流动、生育、避孕节育、妇检等信息，流动人口信息统计准确率98%。县属各相关职能部门加强联合执法检查，依法管理流动人口。25个乡镇均有流动人口服务管理专职（兼职）人员，负责辖区内流动人口信息采集登记、办理“流动人口婚育证明”以及信息协查反馈工作；建立本地区出租房屋、流动人口、用工单位管理档案，实行一户一档、一人一表，对本地区流动人口实行周查月报制度。

全县推广“同住一个村、共为一个家、爱村如爱家、家和万事兴”的服务理念，营造和谐的社会氛围；依法落实流动人口子女入学、卫生防疫、劳动保障等各项政策，切实维护流动人口的合法权益。

加强户籍地与现居住地的沟通协作。与省内、外多个县（市）的计划生育部门签订流动人口计划生育双向服务管理协议书，同时，运用国家PADIS信息系统，核实育龄信息，提高服务管理能力和水平。2012年，开展创建流动人口优质服务管理合格县活动并顺利通过验收。

四、村为主和村（居）民自治

2002年，全县212个村，11个居委会，基本实现“村为主”的村165个、居委会9个，全县巩固“村为主”188个村（居），实行“村民自治”123个村（居）。

2003年，实行计划生育村民自治。村党支部和村民委员会有独立自主地处理计划生育事务的权利，自觉承担计划生育工作职责，教育村民履行计划生育的义务，维护村民的合法权益。坚持以人为本，让村民最大限度地获得计划生育的参与权、自主权、民主权、监督权。通过民主选举、民主决策、民主管理和民主监督的途径，达到群众“自我管理、自我教育、自我服务”的目的，让群众自己管理自己，做计划生育的主人。

各村成立人口与计划生育小组，有村计生专职干部，有村（居）民自治委员会、监事会，有村民自治代表会议组织。有育龄妇女自管小组长或中心户长。各村制定计划生育《村（居）民自治章程》《村（居）民自治公约》。其工作目标：开展宣传动员，调动群众自觉参与率达90%以上；与育龄群众签订计划生育合同，对村（居）民公约和计划生育合同的履约率达95%以上；全面落实计划生育工作任务，实现自我管理，妇检率（包括流入人口）95%以上；育龄群众的计生政策法规，避孕节育、生殖保健知识的知晓率85%以上；开展婚育、节育、生产、生活方面的服务，群众对计划生育工作的满意率达90%以上。

高镇镇涟江村荣获2011年“全国人口计生基层群众自治示范村”称号。好花红乡好花红村荣获2012年“全国人口计生基层群众自治示范村”称号。

至2015年12月，全县累计210个村全面推行村民自治，实现村民自治的村（居）179个，实现比例达85.23%。计生协议签约率达95.48%，违反计生协议后履约率达96.47%，村服务室达197个，人口主任（计生专干）应配备210名，已配备213名。育龄妇女自管小组长应配备2312名，已配备2312名，人口主任（计生专干）、育龄妇女自管小组长报酬落实2525人，每人每年120元，落实率100%。

五、信息管理

2002年，全县25个乡镇计生办和县计生局统计股均配备计算机，开启了县计生信息化工作的大门。

2004年3月，正式启动“人口计生信息化”建设工作。6月，全县42万人口约11万育龄妇女的家庭档案信息全部录入微机，采用“贵州省育龄妇女信息系统（简称WIS）”（乡级版）软件进行管理。

2007年，规划、实施全县25个乡镇计生局域网的VPN改造工程，同时，参与“贵州省人口计生信息系统（简称PIS1.0）”的升级试点，县人口计生工作走在全州前列。

2008年，完成全县计生系统联网共享PIS数据，提高全县PIS数据的即时性、准确性和完整性。

2011年，按照PIS2.0软件的设计要求，搭建了健全的SQL数据库软件“订阅、发布”服务功能，使全县人口计生基础数据库的数据资料，得到安全可靠的异地备份和高质量的稳定传输、应用。

2014年8月，建立“村（居）民自治诚信档案管理（查询）系统”，支持人口计生“双诚信、双承诺”工作的开展，方便办事群众。10月，安装“贵州省人口计生利益导向四项制度信息系统”，用于管理人口计生奖励扶助的对象确认、资金发放等工作。

2015年，实施“三按月便携式办公系统”，支持县人口计生“三按月”工作的开展，该系统的数据与PIS2.0数据实时同步更新，并开发出与系统相对应的手机App软件，方便广大人口计划生育工作者和包村干部。

六、利益导向

2002年，县出台24条政策，要求农业、民政、畜牧、教育、公安等60多家部门，对农村独生子女户和二女结扎户大力扶持，为农村独生子女户和二女结扎户夫妻双方办理社会养老保险，每人200元，由县直部门帮助缴纳。凡符合条件的对象每人发放“农村独生子女和二女户家庭政策优惠待遇证”，是年为112户家庭办理了养老保险。

2004年，印发《惠水县农村独生子女户、二女结扎户养老保障实施方案》，规定凡符合生育条件的农村独

惠水县奖励扶助金首发仪式（2005年摄）

生子女户和二女绝育户，办理养老保险的夫妇，由计生局发放“农村独生子女和二女户养老保障证”。年满60 周岁的，按年领取最低每人每年40元养老金；农村独生子女户和二女绝育夫妇发生死亡的，发给一次性丧葬补助费1000元。2004年，共有1119户办理“养老保障证”，其中，独生子女269户，二女结扎850户。共有符合条件的18人领取养老金，每人每月40元，全年480元。

2005年起，实施《农村部分计划生育家庭奖励扶助制度》。奖励对象为1973年1月1日以后出生，1973年以来，没有违反计划生育法律法规和政策规定生育，现存一个子女或两个女孩或子女死亡现无子女，年满60周岁，按人年均不低于600元的标准发放奖励扶助金，直到亡故为止。2009年，奖励扶助发放标准提高到每人每年720元。

2007年起，实施“计划生育家庭特别扶助制度”。将伤残等级为1—3级的独生子女家庭及独生子女死亡家庭、女方年满49周岁以上的夫妻双方纳入特别扶助，每人每年发放特别扶助金1200元；2011年提高到2000元。2013年起，提高独生子女死亡家庭特别扶助金到4800元；2015年起，提高独生子女死亡家庭特别扶助金到7260元，独生子女伤残家庭为3240元。

2008年起，实施“少生快富”工程（“少生快富”“计划生育家庭特别扶助制度”“计划生育家庭特别扶助制度”合称为国家人口和计划生育利益导向“三项制度”）。农村符合条件放弃政策内生育的并办理《独生子女证父母光荣证》的家庭，一次性给予男孩户奖励2000元，女孩户4000元。2011年，提高到每户统一发放一次性奖励6000元。

是年，制定《惠水县农村计划生育利益导向暂行规定》，明确农业、发改、卫生、畜牧、人事劳动和社会保障等部门在实施农业科技培训，安排基础设施建设项目，改水改厕，扶贫开发，调整产业结构，安排就业等方面优先安排农村计生户，并在政策资金等方面给予倾斜。

2012年，印发《中共惠水县委 惠水县人民政府关于全面加强人口和计划生育工作确保实现“双降”目标的实施意见》，提出按照省发〔2011〕17号文件精神，从2011年起，实施计划生育奖励制度、保障制度、救助制度、优惠制度。在“三项制度”基础上增加节育奖、农村养老保险、基础养老金、特别扶助一次性抚慰金等奖励和补助项目。

1996年起，对农村计划生育家庭实行“三结合”（计划生育与发展经济相结合、与帮助农民脱贫致富相结合、与建设文明幸福家庭相结合）帮扶制度。县成立“三结合”领导小组，组长由县委分管副书记担任，副组长由分管副县长、人口和计划生育局局长、民政局局长担任，成员单位为县直涉农部门。县政府与各部门签订“三结合”帮扶责任书，把帮扶任务分解到全县各部门，列入各单位年终考核的重要责任目标。

第五节 县计划生育协会

1991年6月，惠水县计划生育协会成立，时为社会团体组织。

2010年9月28日，将县计划生育协会列入群团序列，为县委领导下的正科级群众团体，核定事业编制4名，设会长1名（兼）、专职副会长1名（正科级）、办公室主任1名。

2012年6月27日，在全县25个乡镇成立乡镇计划生育协会，为各乡镇党委领导下的副科级群团组织，核定25个乡镇计划生育协会事业编制各1名，其中设会长1名（乡〈镇〉党委书记兼任），专职副会长1名（副科级）。

2013年3月1日，下发《关于增设县计划生育协会秘书长的批复》，同意设县计划生育协会秘书长（副科长级）。同时，23个乡镇计生协专职副会长和县计生协秘书长均配备到位。

是年，县计划生育协会设立“人口福利·生育关怀基金”专户，专项用于生育关怀行动等公益事业，资金来源以县财政投入为主。该项工作荣获“2013年全省计生协工作进步奖”称号。2015年12月，全省计生协“人口福利·生育关怀基金”工作推进会在惠水县召开。

2013至2015年，县计生协连续三年获全省计生协单项工作进步奖。全省计生协“人口福利·生育关怀基金”工作推进会、全州创建计生协家庭服务中心现场推进会分别于2015年12月18日、6月26日在惠水召开。县在中国计生协做经验交流发言2次，内容分别是：用项目促发展 以服务暖人心；群众健康好花红。在省计生协大会上做经验交流发言4次，内容分别是：政府财政投入 开展生育关怀；抢抓机遇强组织 健全机制促发展建设；以“五家五和”为载体 推进人口文化；大胆创新 积极作为——推进计生协家庭服务中心创建工作深入开展。县生殖健康项目、“安居工程”项目分别荣获“全省计生协优秀项目”称号。2013年、2014年、2015年连续三年获全州计生协工作目标绩效考核一等奖。2014年荣获全州计生协工作突出奖，2015年获全州计生协单项工作创新奖。

围绕“五家五和”开展“创建幸福家庭活动”。“五家”是：文明立家，健康安家，优生乐家、致富兴家，奉献传家；“五和”是：家庭和睦，环境和美，邻里和气，社区和善，社会和谐。该项工作荣获2014年“全省计生协工作进步奖”。创建计生协家庭服务中心，2015年新建10个示范点，各计生协家庭服务中心以宣传倡导、诚信计生、生育关怀、便民惠民、矛盾调处、红白喜事等服务内容为会员和计生家庭开展服务；州级示范点为好花红镇好花红村，通过创建计生协家庭服务中心，给计生协会会员和计划生育家庭带来更多福利。

全省计生协“人口福利·生育关怀基金”工作推进会在惠水举行（2015年摄）

2015年5月12日，印发《中共惠水县委、惠水县人民政府关于进一步明确〈惠水县计划生育协会主要职责、内设机构和人员编制规定〉的通知》，在镇（街道）设立计划生育协会，为各镇（街道）党委（党工委）管理的副科级群团组织，每个镇（街道）各核定2名事业编制。其中：各设会长1名（党委〈党工委〉书记兼），专职副会长1名（副科长级），秘书长1名（副科长级）。2015年全县有县、镇（街道）、村（居）计生协组织221个，会员45678人。年末惠水计生协会机关有干部职工3人。

第三章　民族与民族事务

第一节　民族结构与分布

惠水县是一个多民族聚居县，境内居住着汉、布依、苗、毛南等17个民族。1952年惠水县共辖8个区，40196户179258人。其中彝族（即后来的布依族，下同）人口占总人口的38.9%，苗族人口占总人口的21.7%，汉族人口占总人口的39.21%，其他民族人口占总人口的0.19%。

2015年，全县汉族172652人，占总人口的38%；少数民族285999人，占总人口的62%。少数民族中：布依族172319人，占总人口的37%，分布于各镇、街道人数为：涟江街道18078人、濛江街道17491人、好花红镇23722人、摆金镇7302人、岗度镇12851人、雅水镇19532人、断杉镇18372人、芦山镇12206人、王佑镇30757人、羡塘镇 12008人。苗族108429人，占总人口的23.6%，分布于各镇、街道人数为：涟江街道20485人、濛江街道13656人 、好花红镇8562人、摆金镇44693人、 雅水镇6565人、 断杉镇4028人、 芦山镇33人、 王佑镇2048人、 岗度镇6380人 、羡塘镇1979人。毛南族2084人，占总人口的0.4%，主要分布在涟江街道139人、濛江街道1922人、好花红镇19人、断杉镇2人、摆金镇、岗度镇各有1人。除以上民族外，人口百人以上的少数民族有土家族629人、侗族448人、彝族342人、回族220人、水族200人、仡佬族189人、白族165人、黎族122人。另有待识穿青人149人。

第二节　布依族

2008年，全县布依族人口为162580人，占全县总人口的36.47%。分布在全县315个行政村（占全县73%），1057个自然村寨（占全县42%）；居住区域面积1364.6平方千米，占全县总面积的51.29%。

一、布依族代表性文化

布依族代表性建筑——中华布依第一堂屋

2006年11月19日，将布依族民歌经典《好花红》发源地——惠水县好花红乡辉岩村辉油寨王宗裕（布依族）家三合院建筑命名为“中华布依第一堂屋”。“中华布依第一堂屋”牌匾由贵州省政协原常务副主席、贵州省布依学会会长王思明题写并授牌。“中华布依第一堂屋”已成为县布依族博物馆和民族文化旅游的一个景点和亮点。

二、布依族代表性古碑

《永垂不朽告示碑》，石碑一块，佚名撰文。清道光三十年（1850）五月佚名抄刻。碑文记述官府关于寨民每年应纳条银及不准土司格外苛虐加征的规定。对研究布依族政治和经济有参考价值。该碑位于太阳乡董照村旁来布依寨。一面有字，112字，碑面1.60米×0.86米。青石，楷书。保存完好。

《流光百代告示碑》石碑一块，佚名撰文。清光绪三十二年（1906）4月佚名抄刻。碑文系官府关于

“各寨每年赴司照定纳（银）”“及从前杂派概行免革（除）”的通知。对研究布依族历史有参考价值。该碑位于抵季乡双屯村定里布依小寨。一面有字，碑面1.40米×0.74米，500余字。青石。碑被拆断置于水井边做洗衣板用。碑文大部分清晰。

《清定碑记》石碑一块，佚名撰文。清光绪二十年（1894）佚名抄刻。碑文记述各寨收清并上缴钱粮情况。对研究布依族政治和经济有参考价值。该碑立于抵麻乡大寨布依寨。一面有字，碑面1.52米×0.82米。青石，楷书，保存完好。

布依族竹竿舞

三都镇平地布依寨前田园交错处杨烈墓碑，碑高1.53米，宽0.70米，厚0.12米。碑正文楷书阴刻“故显考杨公烈大人之墓”，右上方书“万历元年季春月谷旦立”，左下方为子孙三代落款，碑眉自右至左横书“燕翼贻谋”四个大字。是惠水县发现最早的布依族墓碑之一。注：万历元年即为1573年。其次是羡塘乡洛浩布依寨罗朝相墓碑立于乾隆三年（1738）二月十九日。注：罗朝相之孙罗连廷系清道光年间文秀才，皇清待诰修职部；玄孙，罗士廉，清文举人，前清特授登仕郎，清朝时，任广西州判；罗士林，前清文林郎（文举人），清朝时，在四川任州判；来孙，罗应试，清光绪年间武秀才；罗应聘，前清光绪丙戌年文林郎，文秀才。

岗度乡井山村庄上布依寨有一座中华民国6年（1917）7月立的墓碑。为亭阁式建筑，石围垒砌，当地人称为“灵房碑”，十六合，正碑、护栏碑碑帽均为“山”字形。正碑帽宽1.8米、高0.8米，檐长1.4米，厚0.4米，宽1.13米。正碑从脚（底部）到帽顶高2.5米。内碑面（板）宽0.95米，高1.3米。内空0.43米，卷洞门宽0.62米，高0.84米。夹杆（合柱）高1.3米，宽0.94米，护栏碑碑高0.52米，檐高0.27米，宽0.38米，护栏碑从底部到帽顶高1.75米。护栏碑两边碑面（板）各高0.96米，宽0.77米，厚0.14米。墓碑前设有八字形石阶步入阁内……墓碑前是一个梯形庭院……，正碑碑文叙述死者生平及对子孙的嘱咐。

三、布依族代表性族谱

《定远侯王氏重修族谱》不分卷、1册，民国2年（1913）7月三槐堂重刻。记惠水王氏氏族世系。记述惠水县甲烈乡布依族王姓的源流，迁徙情况。对研究布依族历史有参考价值。民国2年手抄本。草纸，简装，楷体，墨书，页面25.5厘米×14.5厘米，墨框23厘米×13厘米，无边栏，42行，6000字，白口，保存完好。

《杨氏族谱》不分卷，1册，佚名撰，记杨氏氏族世系。记述惠水县和平塘县克度地区布依族杨姓的源流，迁徙情况。对研究布依族历史有参考价值。手抄本。简装、楷体、墨书，页面25.5厘米×14.5厘米，墨框23厘米×12厘米，无边栏，421行，8000字，白口，保存完好。

四、布依族代表性传说

龙犀马与罗公鸪的神奇故事。传说羡塘乡布依族聚居的杉木寨“保交”（布依语译音头人）的后裔与龙犀马的神奇故事。这匹马力大无比，该马路过的地方流传着许多有趣的故事：马蹄印；所到地方成地名；人马影子印岩上。

神井与血藤的故事。传说很久以前，大坝乡批弓布依寨上寨北面的山脚下，有一股水从石缝中往外流，长年不断，水清清凉凉的，当地布依族村民称它为“神井”。井的上方生长着一颗两人合抱的参天大树，还有一根如大碗口粗的扭扭藤（布依语叫告营），犹如一条巨龙，顺着水沟边上延伸。有一年夏天，狂风把井口上方的大树扭翻横卧井口，压住“告营”，众寨民到水井处挑水不方便，于是七手八脚地把横卧在井上的大树裁断搬开，由于人多不小心，伤了形如巨龙的“告营”其伤口的水整整流了七七四十九天，使原本清清的井水变成了“血红”的水，吃又不敢吃，众寨民纷纷议论，为什么会这样？一些年长的老人们说：这根藤自古以来就静静地躺在这条水沟边上，它是这口井的现身龙王。因砍树伤害了它的“血筋”，才躺了这么长时间的“血水”。只有敬供龙王，请求龙王原谅，说明这是天灾，不是我们有意，是误伤，请龙王不要责怪凡民，并向龙王赔礼谢罪。于是，全寨人出钱买了各种供品去敬供龙神。从此，神藤停止“流血”，井水也恢复了原来的清凉。“神井”而由此得名。

五、布依族代表性古籍

《白雪阳春》（诗集手抄本），1册，46页。

教子诗词等（罗朝兴于1924年新抄记本），9500字。

六、布依族名溯源碑

2004年7月，贵州省布依学会根据国家民委1953年10月10日（1953）第77号文件批准布依族族称的决定和布依族人民的要求，从2003年初开始征集碑文，经征集专家、学者、群众的意见，审议定稿。全文是：“《布依族名溯源碑》：中华布依，源远流长。百越后裔，雄立夜郎。开拓西南，世代荣昌。万千聚落，棋布八方。族称不一，文明难彰。一九五三，集会贵阳。群贤毕至，族名共商。统称布依，源清本扬。优秀传统，光大弘张。振兴中华，共谱新章。刻石以志，万古流芳。甲申年六月初六日。”共22句话，88个字。第一块《布依族名溯源碑》于2006年7月10日在长安乡西南村落成，省布依学会会长王思明和县有关领导应邀参加揭碑仪式；第二块《布依族名溯源碑》于2006年11月28日在好花红乡辉岩大桥（向阳桥）南端落成；第三块《布依族名溯源碑》于2012年7月24日在高镇镇濛涟布依寨“文笔塔”处落成。

七、布依族代表性古屯

惠水县布依族村寨，多数依山傍水，风景秀丽。在寨子的附近，有不少风景独特的古屯，主要建筑在靠近村寨险要的山巅、山腰、洞穴和水域之处。这些古屯明万历年间（1573—1620年）就开始建筑，清末时期较多，极少数建于民国初年。其用途主要是抵御官府镇压和预防匪患。现在有的风貌犹存，有的遗迹可辩，它既是布依族人民团结御敌的历史见证，又是布依族村寨神奇山光水色的点缀；既是布依族的文物遗产，也是布依族古建筑文化的重要反映。据初步统计，全县共有大小古屯168座。其中依山傍水而建的129座，依洞而修、屯洞合一的37座，傍水而筑、靠水防御的2座。这些古屯的建筑，多数是一个寨子集体修建，有的是两个或多个寨子联合修筑，也有独户自行修建的，其建筑规模之大，工程之难，地势之险，令人称奇。

甲戎乡青藤大寨古屯 青藤大寨左侧水头寨斜对面高约数百米的半山腰，地势险要，洞口上面是悬崖陡壁，笔直而上，右边相距300多米有一道关口，一条小路自下而上；左边是大山，无路可上；山脚是开阔的田坝。洞口的对面有200多米高的高山挡住，洞口下面是开阔的凹地。要进洞必须从山脚向上爬40～60度的陡坡，且无路，左拐右拐攀登而上。居高临下，易守难攻。洞口砌有一道石墙（部分已垮），洞口宽60多米，高70多米，洞内宽大，向后山倾斜，深达两千多米，能容纳几千人，有泉水可供饮用。后山有一出口，可守可退，此洞在历史上发挥过两方面的作用：一是以洞生财，因洞内有硝泥，每年都有村民到洞里熬硝出售，据说年产量在5吨左右；二是以洞抗暴，同治三年（1864年）布依族首领陈乔生率千余人参加义军，与麻哈潘明杰等苗族义军联合攻打定番、安顺、归化、广顺、清镇、平安、贵定等地。同治六年（1867），太平天国失败后，清王朝调集兵力分四路向贵州进军，对贵州义军进行镇压，陈乔生率千余义军再次攻打定番城时，各路义军遭到清军伏击，双方伤亡惨重。陈乔生率义军冲出包围，退守抵季乡的雅州牛洞，不久移至大寨硝洞据守。因陈乔生是布依族首领，族中团结，当地不少人参加义军。时任贵州巡抚的曾璧光派总兵李荣春、李昌福等率数千清军向这里大举围剿三年，日夜发生战斗，死伤很多，后因义军内部出了内奸并暗伤陈乔生，内奸从后洞出逃，并暴露硝洞的秘密后路，加之清军采取示谕招安，陈乔生信以为真，带领队伍出洞，被骗到贵阳遭害。

此屯距青藤大寨约1000米处，有座高约600多米、宽400多米的大岩山，半山间有一个大洞，洞口往上到山顶约300多米是一壁如刀切的悬崖，峭壁倾斜30度遮盖在洞口上面，洞口左右有两个相距约400多米的关口，中间是一个大窝凼，地势开阔，十分险要。从山脚下左右两边有小路可上，但需爬40度以上的陡坡约200多米才到达洞口，洞内宽大平坦，深达几千米（未详探查），可容纳上万人；还有阴河水流不断，在战乱年代是一处藏身避乱的好地方。辛亥革命时期，由水头等7个布依族寨民捐银135两，投劳修筑了洞口围墙，围墙长60米，高6米，厚2米，按一定方位和距离设置射击炮眼，还在墙的右端设置洞门。洞门是高3米、宽2米的石拱门，门楣上阴刻有“忠义洞”三个大字。在拱门外又筑有一堵高墙把门遮住，并设有外门，在外面看不见内拱门。在围墙顶上往洞内方向看，对面相距4米的洞壁悬崖上刻有一首诗，其诗曰：“揖镶成风置不谈，征诛历朝尚桓桓。君子头防为思患，藏身顾命有所瞻。”落款为参加修筑该屯的各寨寨名及捐款人员名单。

濛江街道濛涟布依寨古屯　为清朝雍正年间（1723—1735年）民众为防匪患而修筑，名为小河油井坡屯。除西面坡不太陡外，其余三面均是陡坡，乱石旮旯加杂草，各种刺及灌木丛生，不易攀登。屯占地面积千余平方米，四周围墙全用粗大毛石砌成，围墙因地形而筑，高2～3米不等，宽15～25米不一，长50多米，东高西低，只有一道石门可入屯内。从石拱门进入屯内不远，就见一个天然洞穴，洞口又有两道人造石拱门，门的侧面有枪眼。从石拱门进入洞穴内，基本是向下走。屯中有四个出口，即南面油井坡半山腰一个，长40多米，属上部；东面一个，属中部；北面小河坎边一个，长40米，属下层；比较远的出口是在东面的另一个山头，距屯约600米。四个出口均有人造石拱门，十分坚固。洞内还有几座人造石拱门，洞内有山有水，有石花、钟乳石、石柱等千姿百态。洞穴虽不算高大、宽敞，但岔道和弯道多，有上有下，是一座可藏、可防、可攻、可退的人造与自然相结合的古城堡。可称得上是“奇特的屯洞融合”。

第三节　苗　族

惠水苗族是黔南州苗族人口最多的县。据2015年统计，县内共有苗族人口108429人，占全县总人口的23.6%，均分布居住在县内8个镇和2个街道境内。

惠水境内苗族共有9个支系，即：摆金支系、鸭寨支系、大坝支系、摆榜支系、岗度支系、董上支系、斗底支系、长田摆竹支系、长田罗马支系。聚居的各支苗族虽然语言、服饰和习俗等方面均有差异，但总体属于西部方言群体，具有自身的文化传承。

惠水的各支苗族和其他地方的同胞一样，能歌善舞，多才多艺。但民间文化活动历来为自娱自乐，很少对外宣传展演。县民宗局、文化局等有关部门密切配合，组织对苗族文化遗产进行发掘整理，多次邀请专家、学者和记者到苗族地区采风、观摩，指导群众性文化活动，先后举办摆金镇民族艺术节、鸭绒花厂“三月三”艺术节、鸭绒谷蔺“秋坡节”、摆榜“跑马节”、岗度摆若斗牛节、大坝批弓斗牛节、九龙“六月六”摔跤节等传统民族节日活动。1998年12月、2004年12月、2009年12月，召开县苗学会换届会议期间，均举行苗族文艺会演，各个苗族支系组织文艺队伍参演。县举行的好花红艺术节，均有苗族乐器、歌舞节目与布依族歌舞同台展演。

1997年，由县民宗局联合组织省级“民族歌舞艺术之乡”摆金镇高寨村的芦笙歌舞队，参加贵阳地区欢庆苗年暨桐木岭“跳场”联欢活动，省内多家新闻媒体关注并作报道。

1999年2月24日（农历正月初九），组织鸭绒、摆金、摆榜的文艺队伍90多人参加省苗学会举办的苗年联欢会演出，摆金高寨的芦笙舞《欢乐的苗家》、鸭绒的《粑槽舞》、摆榜的大号及芦笙舞《苗家金凤凰》深受观众欢迎。特别是摆榜的10支大号首次在贵阳演奏，震动了贵阳，给观众留下了深刻的印象。

苗族祭鼓

2000年5月11日（农历四月八），组织鸭绒、摆金、摆榜、九龙的苗族文艺队伍100余人赴贵阳参加省苗学会主办的“四月八”游演活动。12日《贵阳晚报》第七版在《我省苗胞喜庆“四月八”》的通栏标题下称“这是历年来，我市规模最大、苗族支系最全的一次游演活动”，刊登了惠水县摆榜苗族10支大号在贵阳大十字表演的图片。15日《贵州日报》第七版在“苗胞欢庆四月八”的通栏标题下，刊载惠水摆金的《笙歌劲舞》、摆榜的《长号冲天》图片新闻。

2001年4月27日至5月5日，应北京中华民族园和中央民族大学苗学会的邀请，组织14人的苗族芦笙歌舞队与省苗学会组团，赴北京参加“四月八”节目演出活动，受到中央领导和国内外观众的欢迎。中央电视台、《北京晚报》《贵州日报》等多家新闻媒体作了报道，提高了贵州、黔南和惠水的知名度。惠水代表队所演出的《芦笙舞·丰收乐》《粑槽舞》《饭箩舞》《背扇舞》等节目被评为一等奖。

第四节　毛南族

据2015年统计，惠水有毛南族2084人，占全县总人口的0.4%，占全县少数民族人口数的1%。主要居住在涟江流域沿岸的高镇镇、和平镇，处于涟江坝子及贵惠公路沿线。

有关史籍方志记载，毛南族（佯僙人）“以岩穴为居，山高地瘠，田寡人稀”“佯僙居万山之中，荆壁而则以渔猎为业”。而迁居惠水和平、高镇的毛南族均居住在气候、土地、交通条件较好的区域。

新中国成立前，以卧龙桥为界，称毛南族（佯僙人）居住区域为“上八寨”——秦家寨、平寨、旧司、交椅、满告、明田、马脑、泡木冲等10个自然村寨，均属和平、高镇两镇所辖区域，气候温和，冬无严寒夏无酷暑。平均海拔980米，地处涟江大坝腹地。涟江街道秦家寨近百户村民，是县内毛南族聚居较为集中的主要村落。

一、婚姻习俗

惠水毛南族有史以来，实行一夫一妻制，重婚纳妾是被禁止的。男人中年丧偶（失妇）者可以续弦，也有忠于亡妇终身不再娶的。而寡妇（失夫）再嫁则多受限制，邻里舆论为不贞节。婚姻形式以男娶女嫁为主。无儿有女可收养儿子（抱儿子），也可招女婿（入赘）上门，养子及上门女婿所生之子，永远继承女家姓氏，不归宗、不改姓。

历代王朝以至民国毛南族人处于被统治阶层，受尽凌辱欺压，但其民族自尊心较强，在居住区域内无其他民族，概不与外族通婚，族内同姓按父系血缘关系排辈须在五服以外方可通婚。由于环境局限，多与习俗相近的布依族及苗族通婚，与汉族通婚少之又少。进入20世纪30年代后，与多族通婚，才较为普遍。

新中国成立前，毛南族人没有婚姻自主权，须由父母包办，“父母之命，媒妁之言”是男女婚姻绑定不可违背的规矩，男女青年不许自由交往。有违者，往往遭到父母的暴力虐待，甚至撵打出家门或按父母决定强行成亲。毛南族人迷信生辰八字，婚前需请人严格推排，如“八字相克”，即使男女双方父母关系好、男女双方有感情，也不能结缘。毛南族女青年一旦结婚，必定受到“嫁鸡随鸡、嫁狗随狗”和“姑娘菜籽命，嫁落肥吃肥，嫁落瘦吃瘦”的约束。解放后，青年男女互相爱慕，自由恋爱，私订终身，但最终还须请媒人出面说合，经双方父母同意方能成婚。过去，毛南族青年男女“玩表”唱歌受到严格限制，男女青年因唱情歌遭父母兄长干预的情况时有发生。毛南族人在过去还有姑表婚的习俗，流行“舅家讨外甥，哼都不敢哼”的说法。毛南族人的婚姻还有一种特色习俗，叫“走媳妇路”，即男女不满20岁就结婚的，婚后两、三年内媳妇常年在娘家住，只在农忙季节或逢年过节或夫家有婚丧大事，才由夫家派一对女孩提一篮糯米饭去接媳妇到夫家，住一、两日后又回娘家，如此往返，直至生儿育女后，才在夫家定居。

毛南族人按照《中华人民共和国婚姻法》规定，到了法定年龄才结婚，不再有近亲结婚的习俗，自由恋爱很普遍，早婚后“走媳妇路”的习俗基本无存。

毛南族传统婚姻必过几关。第一关：父母之命、媒妁之言，还有八字相投才可择吉日结婚，也有一部分由双方父母意愿订的“娃娃亲”“背带亲”，甚至有出生就由双方父母意愿而定“胎儿亲”，胎儿未生不知是男是女，父母以兴趣而定。第二关：讨八字。第三关：送报贴，看日子。第四关：接亲宴客、迎来送往。接亲嫁女的日子，男女双方都要请厨师操办酒席宴客，女方为一天，男方为三天。新娘进门后，三天不得出门，新郎新娘不能同房，三天后新娘到厨房看一眼，挑着水桶到饮水的井边或河边（表示挑水），即返回娘家。回娘家的第二天，接老外婆（丈母娘）及亲友到男家，拦门唱歌（同时以粽叶扇拍打老外婆身上，以示洗尘），双方歌手相互对唱栏门歌，进门入席，以贵宾礼节招待三天。对唱酒歌（严禁唱山歌情歌）悠扬、歌声通宵达旦，第三天午饭后，男家歌手以高昂的歌声送老外婆及亲友回家。送老外婆回家当天，男方接老外公（岳父）一行8～10人不等（以双数为佳）来男家做客，也是进出三天，第二天为宗亲请客招待，每餐必有一味狗肉，无狗肉即不成礼仪，第三天送老外公一行回家，必杀一只狗敬亲（毛南族人杀狗敬亲家，有历史传说），并以一只狗腿送到家。惠水毛南族的接亲拦门歌，即席敬酒歌、告别歌，至今流传不衰，是毛南族婚庆文化的最大特色。历史上毛南族人的婚姻习俗程序较繁杂，20世纪中叶以来，崇尚婚姻自由，但仍遵循认亲、讨八字、报日子等传统习俗，程序有所简化，但结婚的拜帖、六礼中的谢厨红礼等习俗依然保留。

二、丧葬习俗

毛南族的丧葬习俗在毛南族人聚居的平塘县，还沿袭古时习俗，少有变异。迁入惠水的毛南族经数百年传承，对老一辈历来有“重生厚葬”的传统，正如嘉靖《贵州通志》记载“父母死则焚其衣服，殉以牛马”的一样，父死杀牛使其在阴间有牛耕田，母死杀猪祭之使其在阴间有猪喂，经济条件较差的人家杀不起牛，也必须去买牛头、牛蹄、牛尾、牛皮等，以代表牛的全身，再用竹木支撑起来代替整牛祭祀，以了却“超度”亡人的心愿。

毛南族人“开丧”超度的习俗，至今仍严如法定，无论死者是百岁老人，或是十天半月婴儿，都非做不可。只以老者隆重、少者平淡之分，不得有无之别。如死者无亲生儿子、侄子，其遗者继承者也必须做。如果儿子这辈人无力做，孙子、曾孙也非补做不可，否则要受指为未尽孝道之责。

惠水毛南族一般实行棺装土葬，许多家庭会为老人有生之年（一般是50岁以上）早早准备“寿材”。在老人病危时，提前做好丧葬的准备，如买好香、烛、纸钱、鞭炮、白布、缝制老衣、铺盖，尤其要做成特制的葬靴和葬帽（女的则制作马褂布衣）等等。丧葬礼仪过程颇为复杂且独具民族特色，至今仍存。

三、民族语言

毛南族语言属汉藏语系、壮侗语族、侗水语支，其语言含意相当一致，没有方言的区别，只有土语的差异。过去，惠水毛南族有自己的语言，但没有文字。如今，惠水毛南族普遍使用汉语，有部分懂布依语。在高镇镇交椅村毛南族聚居的寨子中，有个别老人会讲毛南话、会唱毛南歌，但中年以下的人群基本不会讲毛南话了。总体而言，在惠水，毛南语是一种处于衰弱中的语言，因此，对惠水毛南语的抢救、传承已是当务之急。

四、民族节庆

因与汉族和布依族杂居，毛南族的节日在名称上有一部分与周边民族相同或接近。毛南族人也过中国传统的春节、元宵节、清明节、端午节、中元节、中秋节、重阳节等节日。此外，惠水毛南族过本民族特有的节日源远流长，相传不止，其主要节日有：火把节、迎春节、桥节、过小年、过端午、女儿节。

火把节　火把节在旧历除夕之夜举行。吃过年夜饭后齐集庆贺。相传，为毛南先民为保住自己领地，吓跑想强占土地者的壮举。火把节是以重现当时阻挡外强入侵的壮大场面为内容的盛大节日。当夜，各家各户自备火把凑集柴火，以吹牛角、吹长号、敲锣打鼓为号令，男女老幼齐集寨中，锣鼓带头，高举火把，人声鼎沸，挨家挨户上门祝贺，各家放鞭炮相迎，一祝新年快乐，二为主家驱赶邪恶、撵耗子，三是主人家发红包，并凑集钱、肉办宵夜。户户祝福完毕，各寨人高举火把向上八寨佯僙寨的交椅“佯僙坝”（现称“羊场坝”，今之险峰机床厂所在地）集中，将火把用藤索串联在山边，接着开始竞技比赛，各寨由一人相互对骂（骂得越凶越吉利），然后相互由一名青壮年潜入对方寨子人员集中所在地，秘捉对方人员做俘虏，押回本寨人员集中地，灌以酒肉使其醉倒为胜。长久相传，逐渐形成了毛南族的重大神圣节日。

迎春节　于立春之日举行，参加者均为年过花甲的妇女，男人不许参加，如需要只请个别的帮厨做饭。立春之日午饭后，老年妇女们身穿古老的民族服饰，提着酒肉、糍粑等供品，来到按历书预先选定

大新村毛南族欢庆传统佳节“三月三”

吉利方位的坝子上凑食饱餐一顿。饭前必先焚香燃烛祭奠天地，祈求天神赐予是年好收成，保佑来年风调雨顺、五谷丰登、六畜兴旺。

桥节 桥节于每年桃花盛开时节，即三月前后举行，时间并不固定。俗称“修桥补命”，意在有子保子、无子求子。传说毛南族的祖先曾生五子，五子都陆续死去，夫妻二人昼夜伤心哭泣。有一天来了一位秀才，问明夫妻二人何故伤心之后，秀才说：“只要你夫妻二人愿意做桥，五子就可团圆。”夫妻二人答应，请秀才帮忙做桥，后来夫妻二人连生三男二女，一家七口团圆。从此，毛南族人没有子女的就做桥求子，有了子女的就做桥保子女长命富贵，已做了桥的，每年桃花盛开的季节都要“热桥”。此习俗代代相传，由于每年这一季节家家户户要做，便形成今日的“桥节”。做“桥”，即为用木或竹扎成桥状，外以彩纸裱糊，再吊花串，桥形如楼台亭阁，选于流水沟溪旁或田坎水口处，用石板或木枋搭成过桥板，立好后即称为“某某家的桥”。立桥当天家人要选点种植一株青树苗（培养成活），在树苗上吊花布条称为“某某长命树”（花树）。立桥时要用酒肉、糯米饭、染红鸡蛋等摆设敬供，遇过路人要请其饮酒祝桥。外婆家、至亲或近邻要送鸡、鸭和红糯米饭，主人家杀鸡宰鸭，主客唱歌热闹并大吃一天，客人走时给其打发红鸭蛋。“热桥”也是于每年三月前后办理，相似“做桥”时宴请宾客。“做桥”后生子的家庭更加热闹，主人要杀猪款待宾客。“做桥”和“热桥”大多以妇女前来庆贺。

过小年（又称“冬年”） 毛南族祖先以腊月为岁首，旧历每年冬月最后一天是毛南族过“小年”的日子。在这天杀猪设宴祭供祖先、宴请宾客相互祝贺，并走亲串寨、拜望长辈，是一个隆重的节日。随着与聚居区其他民族的交往同化，逐渐以过春节为最隆重的节庆了，但“小年”的习俗不变，节日礼仪仍留存，到时各家要打粑粑、做豆腐、买酒肉或杀鸡祭奠祖先，辞旧迎新以示庆祝。

开蛇洞、塞蛇洞 二月初二开蛇洞，毛南族人用香藤浸泡的水来泡糯米，打成香藤粑，清香味流溢。意为春天已到，蛇可出洞。塞蛇洞，是在农历的重阳日（九月初九），毛南族人用新糯米打粑粑，焚香燃烛，以酒肉供奉祖先，在屋外烧纸钱。意为已进入冬季，以粑粑塞蛇洞，使蛇在洞冬眠，蛇要到来年春暖花开时开蛇洞后方能出来。

女儿节 父母到达天命之年（50岁）以后，女儿要择日为俩老添粮增福，称为“扶禄马”。所择“吉日”，一般在插秧前。届时，女儿、女婿为老人送衣服、送大米，必须亲手做一碗大米饭、一碗米酒请老人吃喝，女儿还要给老人送一只大雄鸡（此鸡不能杀吃，不能卖，留喂越久越好）。族人和寨邻也来祝贺，所送礼物是数量不等的大米和酒，主人家要安排专人将送来的米从一只箩筐舀进另一只箩筐中，反复多次，意为给老人添粮增寿。现在，“扶禄马”大多选择在农历“六月六”举行，女儿担任重要角色（已婚的女婿必须到场），故称为“女儿节”。

第五节　民族学会

一、布依学会

（一）会员代表大会

1999年12月，县布依学会成立并在县城召开第一次会员代表大会，布依族代表144人出席。会议选举学会理事28人，常务理事9人，选举了会长、副会长、秘书长、副秘书长。

2002年4月，在县城召开第二次会员代表大会，出席会议的会员代表98人。会上增选理事18人，常务理事8人。学会理事增至48人，常务理事增至17人。

2010年12月，在县城召开第三次会员代表大会，136名代表出席。大会选举理事会理事61人，常务理事25人；选举会长1人，常务副会长3人，秘书长由1名常务副会长兼任。

（二）学术成果

1999至2015年，撰写并编辑出版4本有关惠水布依族文化的书籍、画册，抢救濒临失传而有独具民族特色的传统史料。

2001年9月出版《惠水布依族》，该书分为族源族称、人口与村寨、社会政治、经济建设、风情习俗、风景文物、教育卫生、文学艺术、语言文字、人物记略共10章41节，全书35万字，首次印刷4000册。

2003年，协助编纂县第一本布依族村寨志——《辉油寨志》出版，全书共6.5万字。2005年5月出版《惠水布依族文化》，分为好花红的历史溯源及其他、布依族民歌、布依族服饰文化、布依族建筑文化、自然风光与旅游文化、布依族乡村寨文化、布依族民间故事精选等8章，20万字，共印1200册。

2007年完成布依族古籍编目资料收集20件，其中古碑类13件，古籍讲唱类6件，古籍书籍类1件，被收入《中国少数民族古籍总目提要》（布依族卷）一书中。

2014年8月出版《惠水布依族文化（二）》，全书25.5万字，共印1200册。2015年12月出版画册《布依烟影——惠水布依风情掠影》。

2000至2015年，学会会员为县政协编辑的《惠水县文史资料》撰写采用文稿65篇。

（三）学术交流

先后参加省布依学会在安顺黄果树、六枝特区、黔西南州、贵阳市、黔南州内的贞丰县、望谟县、关岭县、荔波县、花溪区、白云区、乌当区、清镇市、平坝县、长顺县举办学术研讨会和有关节日活动。多年来，先后有19篇论文被有关会议采用：2002年10月“2002年中国布依族文化与旅游论坛暨贵州省布依学会年会”采用3篇；2005年12月“省布依学会第三届第二次会议暨第九次学术论坛”采用2篇；2006年“中国布依族铜鼓文化学术研讨会”采用1篇；2006年“惠水好花红民族文化品牌战略研讨会”采用4篇；2008年省布依学会召开的“布依族民居建筑文化研讨会”采用2篇；2008年贵州·贞丰“六月六布依族风情——贞丰县布依文化与乡村旅游论坛”采用3篇；2012年“贵州省布依族古文字与摩文化典籍望谟研讨会”采用1篇；2013年在黔南州举办的“我们的节日——贵州·黔南‘六月六’布依族文化艺术节”和“布依族节日文化（六月六）的传承保护与开发利用文化论坛”的活动中，惠水县布依学会选送的3篇文章被收入论文汇编。代表性论文有：《谈谈努力打造好花红民族旅游文化品牌》《试谈惠水地区布依族干栏式民居住宅建筑》《惠水布依族枫香染价值保护与旅游产品开发初探》《惠水布依族服饰》等。

二、苗学会

惠水苗族总数为黔南州苗族人口最多的县。1994年4月，惠水县苗学会成立。在党委、政府领导和支持下，积极开展苗学研究活动，弘扬苗族传统优秀文化，助推民族地区经济社会发展。

苗学研究成果　1994年后，组织编写《惠水苗族》，于1995年9月由贵州民族出版社出版发行。该书已流传至日本、英国、美国等国家和中国港、澳门、台湾地区，对于提高惠水苗族的知名度具有重要意义。

2010年6月，编辑出版《惠水苗族山歌集》。这本山歌集先后经过16年的搜集整理，内容丰富，类别齐全，有古歌、苦歌、礼俗歌、排歌、猜（盘）歌、情歌及其对唱等，共1550首。

结合省、州开展苗学研究活动的课题安排，组织会员和苗学爱好者对苗族聚居区的政治、经济、历史、文化、教育、风俗习惯等方面进行专题调研，撰写调查报告和学术论文。共组织撰写有较高质量的学术论文、调查报告共98篇，平均每年6篇多，共计583200余字。

挖掘苗族文化　苗学会在深入调研、认真搜集整理资料的基础上，先后组织撰写《惠水县鸭寨苗族支系“开路经”简介》《惠水县鸭寨苗族支系“开路经”全译》《摆金冗章苗寨调查》《九龙苗族风丧习俗》《长田罗马支系访谈录》《惠水县斗底支系苗族丧葬习俗》《惠水苗族的巨变》等调研报告和学术论文，挖掘出苗族民间传说和宗教诵经，佐证惠水苗族的先人远古时期曾居住在北方和东方水域地区，后迁徙到惠水定居。

组织苗学专家学者和县苗学会会员深入苗族聚居乡镇专题调研，分别撰写《惠水苗族地区经济状况及其发展的探索》《神奇多彩话摆榜》《贵州高摆榜再调查》《摆榜乡苗胞温饱之路》《惠水县打引董上村贫困原因及扶贫的建议》《种草养畜是苗族贫困山区增收致富的好路子》《党引清泉苗寨来》和《浅议惠水苗族特种米——黑珍珠》等论文或调查报告，为探索惠水苗族地区脱贫致富之路，推动苗族地区经济社会发展，提供了借鉴参考。苗学会副会长、黑糯米研究专家吴邦琮等牵头，多次向县委、县政府提出实施黑糯米产业战略和开发惠水黑糯米系列产品的建议，受到重视和采纳。

组织对苗族文化资源进行调查，形成《惠水县鸭寨苗族支系风俗简介》《惠水县摆金镇今夕情况回顾》《抓好九龙寺建设、促进苗寨发展》《汉语普通话与惠水城区方言异同分析》《九岚拥寺“佛法僧宝”大印发现纪实》《参加全国第二届涿鹿炎黄蚩三祖文化学术研讨会情况回顾》《惠水鸭寨苗语虚词的特点和作用》《惠水苗族歌舞队赴北京参加“四月八”演出》《从贵阳到惠水的苗族文化调查——鸟居龙藏访黔100周年》《苗家金凤凰罗秀英》《记全省自由式摔跤冠军王文明》《惠水县苗族民间体育的历史现状及发展趋势》《应把芦笙列入体育比赛项目》《摆金镇——贵州省第一艺术之乡》等近20篇论文、纪实和调查报告，挖掘和抢救丰富多彩的苗族传统文化，扩大了苗族文化的社会影响力。

组织对农村的基础教育进行调查研究，先后形成《明清及民国时期惠水教育概况》《冗章小学堂创建始末》《苗乡实现“普九”教育面临的困难及对策之我见》《惠水县摆若村苗族教育情况调查》《惠水县苗族集居区教育现状及思考》《鸭绒民族学校的发展与效益》《惠水县明清两代入学中举人名辑录》《惠水县新中国成立后五十七年教育工作的回顾》《甲烈小学史略》《摆金中心小学百年沿革简介》《改革开放三十年的惠水教育》等论文或调查报告，为县推进苗族地区教育发展提供有益参考。

第六节　民族事务

一、机构

1978年至1979年，县民族工作由县委统战部负责。1980年6月，恢复成立惠水县民族事务委员会；1994年3月，县级机构改革，将县政府宗教事务科和县民族事务委员会职能融合，组建惠水县民族宗教事务局（简称县民宗局），负责全县民族宗教工作，内设办公室；2000年1月，成立惠水县天主教爱国会，挂靠在县民宗局办公；2015年2月，增设股级事业机构惠水县民族研究所。2015年，县民宗局内设综合科（股级，编制1人）1个科室；下属惠水县宗教执法大队（副科级，编制3人）、惠水县民族研究所（股级，编制3人）、惠水县天主教爱国会（股级、编制2人）3个事业机构，在职在编干部职工12人。

二、民族团结进步

1978年后，党的民族政策得到重视和落实，县成立民族政策、民族团结宣传领导小组，主管民委副县长任组长。领导小组利用重大节庆活动在县境内特别是边远少数民族村寨免费放映电影等，宣传党的民族政策。1981年农历六月初六，经国家民委批准，贵州省文化局和贵州省民委在惠水县董朗大桥组织"六月六"歌节，省内10多个民族的200多名歌手、乐手、群众10万余人参加歌会。之后，县每逢"三月三""四月八"、端午、"六月六"民族节日，都要组织开展民族文化活动，促进民族文化繁荣和民族团结进步。

1987年，黔南州人民政府将8月定为民族团结宣传月后，全县每年采取专题学习、发放宣传标语等多种形式，宣传《中华人民共和国民族区域自治法》等民族法律法规。

2005年，民族团结进步创建活动正式被确定为国家的一项法定活动。县民族团结进步创建工作在县民族工作领导小组领导下，积极开展民族团结进步宣传，定期对民族团结进步创建示范单位进行命名表彰。

2013年，成立惠水县民族团结进步创建工作领导小组，指导全县开展民族团结进步创建活动。县财政是年开始，每年均预算10万元以上的民族团结进步示范创建工作经费。全县机关、企业、社区、镇（街道）、学校、驻惠部队建立健全以基层党组织为核心的创建工作网络，指定1～2名工作人员常年抓好民族团结进步创建工作，建立了横向到边、纵向到底的创建工作组织领导体系，形成大创建工作格局。县委、县政府切实加强对创建活动的领导，经常听取创建工作情况汇

布依族山歌比赛

报，及时协调解决突出问题。将创建工作列入各单位年度目标考核，定期组织以副县级领导带队的督查组对各单位创建工作推进情况进行督促检查，提升新形势下民族团结进步创建水平。

2013至2015年，在《贵州民族报》发表新闻稿100余篇，省级以上媒体报道县民族文化活动专版3版。在城区、高速路以及县、乡主干道等先后制作大型广告牌50余幅、民族团结宣传标语3000余条；在城镇社区路灯杆上悬挂民族团结宣传灯箱广告条幅600余幅；编印《民族法律法规汇编》20000册发放到各族群众手中。推进民族政策法规进机关、进乡镇、进企业、进学校、进社区、进农村、进部队、进寺观教堂、进新社会组织，夯实民族团结和谐的群众思想基础。在各机关、企业、学校和部队等单位党组织中心组学习、干部教职工培训中增加民族政策法规内容，并通过专题讲座、问卷解答等形式深入宣传民族政策法规。党校开设民族理论政策法规课，培训各族青年干部1200余人次。出版《好花红》教材，将枫香染等民族传统工艺和民族文化纳入县内各中小学课堂，让学生自觉传承优秀民族文化。以好花红村景区为龙头，深入推进景区建设，逐步实现"村庄变景点"的目标。以驻惠部队为资源，引导参加县、州、省及国家级的传统龙舟比赛，帮助县发展民族传统体育。以"管理好、治安好、环境好、团结好、服务好"为创建标准，将民族团结进步创建拓展到社区，实现"让城市更好接纳少数民族群众、让少数民族群众更好融入城市"的工作目标。以"爱国爱教、维护社会和谐稳定 "为主题，团结引导宗教教职人员和广大信众，开展扶贫济困活动，宣传国家民族宗教政策，为经济社会发展、民族团结和构建和谐社会作贡献。

至2015年，先后有县综治办（2014年）获国务院表彰为"全国民族团结进步模范集体"、县交通局（1988年）被国家民委命名为"全国民族团结进步先进集体"；县民政局（2008年、2013年）、罗国江（2008年）、花仁富（2013年）分别获省政府表彰为"全省民族团结进步先进集体""全省民族团结进步先进个人"；和平镇凤山社区（2013年）、好花红镇好花红村（2013年）、鸭绒民族小学（2013年）、贵州永红食品厂（2013年）、县民政局（2014年）、惠水县城关六小（2014年）、涟江街道涟江社区（2015年）、涟江街道甘昌村（2015年）、惠水民族中学（2015年）分别获省委宣传部、省统战部、省民委联合命名为"贵州省级民族团结进步创建示范单位"。

三、民族成份更改、更正

根据〔1981〕民政字第601号关于《国务院人口普查领导小组、公安部、国家民族事务委员会关于恢复或改正民族成份的处理原则的通知》和〔1986〕民政字第37号《国家民族事务委员会关于恢复或改正民族成份问题的补充通知》文件，从1987年开始，县民族事务委员会每年为县内符合规定的个人审批恢复或改正民族成份申请，至1996年5月，共审批 319人的申请。1996年6月后，省民委和省公安厅联合下文规定公民民族成分更改更正由县级民族工作部门进行审查，经上一级民族工作部门核实后，报省民族工作部门审批。县级民族工作部门不再行使审批权，只负责公民民族成分更改更正的受理和初审。2000年根据省民委《关于暂停更改个人民族成份的通知》，县民宗局暂停更改个人民族成份工作，2001年根据省民宗委《关于恢复办理个人更改民族成份的通知》，自2001年6月1日起，恢复办理个人更改民族成份工作。到2015年共办理276人的民族成份更改申请。

四、毛南族的认定及帮扶工作

（一）毛南族的认定。1980年前，县境内居住数量不等的佯僙人，与分布在平塘、独山的佯僙人同被归并为布依族。佯僙人对布依族族称一直未予接受和认可，多次要求划分成为单一民族。1981年7月，省召开首次民族识别工作座谈会，对佯僙人等未定民族识别工作做出统一规划和具体安排。1981

年11月至1983年6月，黔南州民族识别工作组和平塘县民族识别工作组联合对平塘、惠水、独山的佯僙人进行民族识别调查。1983年7月，平塘、惠水、独山县人民政府以平府（1983）54号文件联合上报州和省人民政府，申请佯僙人族称认定为佯僙族，未获批准。1986年后，县贯彻落实（1986）民政第252号《关于我国的民族识别工作和更改民族成分的情况报告》文件精神，对境内佯僙人给予享受少数民族待遇的同等政策。1989年，县建立民族工作识别小组，对姚哨区境内4个乡、7个村、21个村民组391户1974名佯僙人的族属问题进行调查识别，就佯僙人族属问题召开先后有1100余人参加的座谈会12次，经过宣讲党的民族政策，分析论证和思想疏导工作，按照国家民委确定的“从有利于民族团结和民族自身发展出发，对于相互近似的民族集团，即其语言基本相同，民族特点相近，地域相连，而且形成密切经济联系的，尽可能相互合为一体，认定为同一民族”的原则，根据佯僙人自身与毛南族在语言上大部分相同，在民族特点上相近和历史上的渊源情况，县内广大佯僙人一致同意认定族称为毛南族。1990年4月3日，县人民政府以惠政〔1990〕2号文件，向黔南州人民政府呈报认定申请；1990年6月11日，黔南州人民政府以黔南政通〔1990〕9号文件报省人民政府审批。1990年7月27日，贵州省人民政府以〔1990〕黔府通106号文件批复同意：惠水县1974名佯僙人认定为毛南族。

2015年，县境内毛南族有2916人，主要居住在濛江街道赤土村、交椅村、姚新村、涟江村、司蒙村、山后村和涟江街道大新村。

（二）人口较少民族（毛南族）帮扶工作。2001年，国务院原则同意国家民委提出的关于扶持人口在10万以下的22个民族（以下统称人口较少民族）发展的具体建议。毛南族作为10万人以下的人口较少民族，被国家列入重点扶持。

2004年，惠水县毛南族人口2630人，占全县总人口的0.6%，主要聚居在涟江流域的沿岸的高镇、和平2镇7个村81个居民组、45个自然村寨。其中高镇镇有赤土、交椅、姚新、司蒙、山后、涟江6个村64个村民组，和平镇有大新村1个村17个村民组。人口上，高镇镇交椅村566人、姚新村564人、赤土村464人、山后村236人、司蒙村335人、涟江村220人，和平镇大新村245人。

惠水毛南族群众虽聚居涟江坝区，但受历史影响，经济社会仍然相对落后。2004年末，惠水毛南族聚居区低收入人口2182人，占该地人口数的13%。人均纯收入1160元。有38个自然村寨共976人未解决人畜饮水困难问题。村级公路通车里程为127千米，但大部分为简易沙土路面，晴通雨阻；村级卫生室卫生医疗设备简陋，治疗条件极差；农业水利灌溉设施因年久失修损毁严重；村级小学基础配套设施严重不足；各村均无村级经济实体和经济积累，自我发展能力弱。

毛南族聚居村“万元田”示范种植技术培训会（2009年摄）

根据《扶持人口较少民族发展

规划（2005—2010年）》，县“十一五”期间的人口较少民族扶持工作，主要以改善人口较少民族聚居村基本生产生活条件和增加农民收入为重点，从基础设施“四通”（通水、通电、通路、通广播电视）、产业结构调整、教育教学和医疗环境改善、农村危房及无房户修建、民族文化传承保护等方面进行重点扶持，扶持投入资金达1821.8万元。其中以“四通”为主的基础设施建设投入1217.5万元；以发展双孢蘑菇、花卉苗木种植、蛋鸡养殖、反季节蔬菜种植推广、能繁母猪养殖等产业为主的产业结构调整扶持投入407万元；改善教育教学和医疗环境投入171万元；帮助16户农村危房及无房户修建投入24万元；民族文化传承保护方面投入2.3万元。

根据《扶持人口较少民族发展规划（2010—2015年）》，“十二五”期间，县整合民宗、发改、财政、扶贫等部门资源，先后在人口较少民族聚居地区实施项目133个，投入资金6461万元，全县7个人口较少民族聚居行政村在围绕安全饮水、道路硬化、卫生医疗、文化教育、就业创业、财产保险、产业发展、安居住房、卫生厕所、环境整治和产业发展等方面实现全覆盖，截至2015年年底，惠水县7个毛南族聚居行政村贫困户154户650人（其中毛南族14户53人），实现了贫困人口大幅度减少。惠水县7个毛南族聚居行政村农民人均可支配收入超9000元，高于全县、全州、全省平均水平。完成通组公路14条57千米，完成9600平方米串户路及庭院硬化；建成供水管网25.3千米，日供水能力达2.1万吨，农村自来水覆盖率达100%。稻田的有效灌溉面积达80%，高产稳定基本农田4161亩，粮食作物单产达281千克，单位耕地面积拥有农机总动力达0.71千瓦/亩。“四在农家·美丽乡村”建设累计完成6千米河道疏浚、整治工作，整治排污管道24千米，垃圾池280个。建成濛涟寨、交椅村、山后村等500平方米以上民族文化广场 4 个。建成电信、移动、联通机站17座，建成数字电视联网光缆20千米，通讯网、互联网建设覆盖率达100%。完成学生宿舍建设2000平方米，卫生院扩建600平方米。7个村农村贫困人口纳入低保率100%，新型农村养老保险参保覆盖率达93.34%，新型农村合作医疗参合率100%；人民群众对社会治安的满意度达98.07%，万人交通事故死亡率为0.34%。开展集中式饮用水源地保护，集中饮用水水源地水质达标率为100%；城乡垃圾集中处理率为90%。村建有固定办公场所，并实行党务、村务公开民主管理，农村社区建设覆盖率达100%，和谐社区达标率100%，村民自我管理教育实现程度达100%。城乡社区基层民主自治建设完善率为100%；产业结构调整实现以花卉苗木种植、蔬菜种植为主的第一产业，其中花卉苗木种植面积达2000亩，蔬菜种植达1200亩；实现以农家乐、建筑和物流服务为主的第三产业，其中7个村共有农家乐21户，建筑服务从业人员600余人，物流运输车辆190辆，农村劳动力转移就业超过了50%。7个村通过成立合作社、劳务公司、建筑公司等方式，实现了村均集体经济收入5万元以上，其中赤土村村级集体收入超过100万元。7个村扎实开展了民族政策“四项教育”和六进活动，民族团结进步创建活动成效明显，未发生民族纠纷事件。指导成立惠水县毛南族研究学会，积极开展对惠水毛南族语言、民俗风情、饮食文化等进行研究，指导挖掘毛南猴鼓戏，补助资金建立毛南斗笠陈列馆，创作《毛南欢歌》《毛南人家幸福多》等歌曲，毛南族文化得到进一步传承保护。

2015年11月26日，全省人口较少民族扶持工作现场会在惠水县召开，副省长蒙启良出席会议并作重要讲话；年末，县7个人口较少民族（毛南族）聚居村率先实现小康建设全部通过省民宗委委托贵州省区域经济研究会开展的第三方评估，惠水7个村位列省人口较少民族率先实现小康村的前列方阵（小康提升型）。

表2-6　贵州省惠水县人口较少民族聚居行政村2015年全面小康实现程度评估表

监测指标	权重	赤土村	交椅村	山后村	姚新村	涟江村	大新村	司蒙村
		实现程度	实现程度	实现程度	实现程度	实现程度	实现程度	实现程度
一、经济发展	25	25	25	25	25	25	25	25
二、社会和谐	12	10	10	10	10	10	10	10
三、生活质量	25	24.6	24.6	24.6	24.6	24.6	24.6	24.6
四、民主法制	10	10	10	10	10	10	10	10
五、文化教育	14	13	13	13	13	13	13	13
六、资源环境	14	13	13	13	13	13	13	13
实现程度（%）		95.6	95.6	95.6	95.6	95.6	95.6	95.6

五、民族经费使用

民族经费及有关专项资金的安排，是党和国家为帮助少数民族和民族地区经济和社会各项事业，解决少数民族生产生活方面存在的特殊困难而在国家预算中每年安排用于少数民族地区特殊的补助经费。

1980至1985年，共争取各类民族经费260.16万元。一是投入132.41万元用于民族地区的基础设施建设。其中投入20万元补助架设摆金到摆榜20余千米1万伏的输电线路，帮助摆榜地区于1985年4月通电，投入2万元补助架设斗篷到高坪的输电线路，补助6万元修筑断杉至雅羊公路16千米，补助4万元修筑下摆至上摆公路7.5千米，补助资金2.8万元对秦家寨、杨梅寺、桐木寨、和尚庄等7处渡口加固及渡船修整。二是投入23.36万元解决人畜饮水困难，完成打引公社董上4个苗族村人畜饮水水池建设，补助甲浪公社修建蓄水池1个等。三是投入61.08万元扶持民族地区教育。其中投入资金30.4万元，解决惠水民族中学新建教学楼、实验室、食堂、宿舍等一批基础设施，投入资金16.34万元，解决甲坝、长安、鸭绒等民族小学的校舍和教学设备。四是解决少数民族地区看病难问题。投入资金40.81万元，修建三都区医院350平方米病房1栋、县医院综合病房1栋和摆榜医院。五是解决看电视难问题。投入2.5万元帮助摆金、芦山、断杉、王佑等地修建电视差转台，解决看电视难问题。

1986至1990年，争取到各类民族资金210万元。资金主要用于改善民族地区的基础设施建设、解决人畜饮水困难和扶持民族地区教育。

1991至1995年，争取到各类民族资金230万元。资金主要用于改善王佑镇、长安乡、打引乡基础设施建设，解决人畜饮水困难和扶持民族地区教育等。

1996至2000年，争取各类民族资金225万元，实施项目55个。一是争取到少数民族发展资金和专项扶贫经费140万元，用于边远少数民族地区的村级公路建设、人畜饮水工程等基础设施建设。其中投入14万元补助14个乡镇卫星电视站配套建设，投入10万元建设岗度乡岗度村至黄土村公路，投入20万元建设王佑镇王佑村至兴义公路，投入15万元建设甲戎乡河坝大桥建设，投入9万元建设断杉镇宜令至纳角公路建设，投入6万元建设甲戎乡冗鱼小学教学楼，投入5万元补助建设宁旺乡民族卫生院，投入10万元建设抵季乡蛮纳人饮工程。二是争取到民族经费“两山”专项资金20万元，其中投入5万元建设打引乡村公路，投入5万元建设王佑镇王佑村至兴义村公路改造，投入5万元建设打引乡董上村人畜饮水工程，投入5万元建设长安乡拉夜桥。三是争取到少数民族建房补助费15.6万元，用于补助县边远少数民族地区危房改造、茅草房改造、火灾户（无房户）建房共计70户。四是争取各级民族教育经费23万元，补助边远地区学校基础设施建设和教学配套设施建设。其中投入4.5万元维修鸭绒民族学校教室，投入10万元专项补助王佑中学寄宿制学校建设，投入2万元补助建设甲戎乡冗鱼小学等。五是争取州级民族补助经费18.4万元，用于县民宗局计生"三结合"帮扶等工作。六是争取少数民族地区乡镇企业专项贴息8万元，贴息惠水县制氧厂80万元贷款。

2001至2005年，共争取各类民族资金406.35万元，实施项目84个。一是争取少数民族发展资金292万元，主要用于边远少数民族地区的村级公路建设、人饮工程、学校危房发行等以及县7个毛南族聚居村优良猪规模养殖、村级公路改造、人饮工程建设等。其中投入4万元解决摆榜乡小学危房改造，投入6万元建设王佑镇中学学生食堂，投入6万元建设断杉镇木兴村公路，投入20万元建设赤土村人饮工程，投入10万元建设高镇姚新村人饮工程，投入12万元建设交椅村公路，投入7万元帮助高镇镇满告村发展优良母猪养殖，投入7万元帮助高镇镇交椅村发展优良母猪养殖等。二是争取"两山"（麻山、瑶山）专项经费25万元，补助建设王佑镇红星小学危房改造5万元、打引乡董上村卫生室建设5万元、王佑镇平贡村人饮工程5万元、打引民族小学学生食堂建设5万元、打引乡场坝村优良母猪养殖建设5万元。三是争取少数民族建房补助资金15.6万元，补助县边远少数民族地区及7个毛南族聚居村完成危房改造、茅草房改造、火灾户（无房户）建房51户。四是争取民族教育和文化民族文化专项经费36.5万元，用于边远地区民族学校学生宿舍、校舍以及文化站建设。其中投入20万元修建甲坝民族小学学生宿舍及食堂，投入4万元完成长田乡文化站建设，投入3.5万元组建惠水县民族歌舞队，投入5万元改善惠水四中办学条件和民族教育师资培训。五是争取省、州级民族经费37.25万元，用于扶持少数民族地区建设小水窖80口、沼气池120个，以及补助计生"三结合"帮扶、计生养老保险155户。

2006至2010年，共争取到中央和省级少数民族发展资金2142万元，实施项目172个。重点在县人口较少民族（毛南族）聚居地区实施"四通"（通水、通电、通路、通广播电视）工程，先后实施赤土村、姚新村满告组、大新村秦家寨、山后村等人饮工程，彻底改变了当地原来"老干龙"状况，7个毛南族村基本解决人畜饮水问题，实现"四通"。先后投入32万元在大新村秦家寨修建秦家寨石拱桥1座，结束了秦家寨毛南族群众千百年来渡船过河的历史；投入24万元帮扶16户毛南族群众维修和新建住房。投入49万元补助摆榜乡甲坝村、王佑镇昌明村等12个边远民族村寨完成通村道路硬化。投入407万元用于发展双孢蘑菇、花卉种植、蛋鸡养殖、反季节蔬菜和良种肉猪养殖等产业，促进了民族地区的产业结构调整。投入32万元补助建成高镇中学综合教学楼、学生宿舍及学生食堂5560平方米。投入75万元建成姚新、司蒙、涟江3个村卫生室1200平方米。

2011至2015年，共争取到中央和省级少数民族发展资金2328万元，共实施项目160个，重点用于县人口较少民族（毛南族）产业建设和基础设施建设，促进人口较少民族率先实现全面小康，同时兼顾县内边远少数民族地区经济社会建设。2011年，投入45万元改造姚新村40户民居，投入80万元在大新村新建公厕1个、垃圾转运站1个，铺设沿河步道和沿河绿化。2015年，共投入420万元，用于推进涟江街道大新村、濛江街道姚新村、司蒙村、交椅村等7个毛南族聚居村的村级道路硬化、路灯亮化、村级文化广场等建设，进一步完善了毛南族群众聚居区的生产生活条件。投入66万元建成涟江街道九龙村占地290平方米木结构苗族文化陈列室，投入30万元建成九龙村民族文化广场项目。

六、民族特色村寨建设

2011年，好花红乡好花村、大龙乡九龙村、和平镇大新村、雅水镇播潭村、甲戎乡青河村被列入《贵州省“十二五”民族事业发展十大推进计划》重点扶持的特色民族村寨。

2011年至2015年，县民宗局投入民族特色村寨建设经费674万元，实施项目30个。一是投入48万元用于建设规划及民族文化等传承保护。其中投入5万元补助民族特色村寨规划，投入10万元征集好花红村布依族民族文物，共征集布依族服饰、生产生活用具等50余件，布展于村内的“布依第一堂屋”，投入8万元用于惠水毛南族文化保护与传承，投入15万元在大新村组建毛南民族歌舞队等。二是投入466万元用于民族特色村寨的基础设施建设。其中投入80万元修建和平镇大新村沿河步道、公厕、垃圾池及沿河绿化，大新村面貌焕然一新。投入4万元对雅水镇播潭村小学校舍进行改造。先后投入66万元建设大龙乡九龙村9间290平方米木结构苗族文化陈列室。投入100万元先后建成好花红村布依寨寨门、司蒙村毛南族特色村寨寨门、山后村毛南族民族特色寨门及附属设施、交椅村毛南族寨门等。投入216万元先后建成、大新村民族文化广场及附属设施、九龙村建设民族歌舞表演场及环境整治、王佑镇团坡村民族文化活动广场及附属亮化等附属设施、大新村2000平方米广场绿化、美化及村庄亮化、电子商务店建设等。三是投入100万元对特色民居进行维修改造。其中投入20万元维修改造长安乡长腊村特色民居40户，投入30万元维修改造大龙乡九龙村特色民居10户，投入10万元维修改造好花红乡好花红村特色民居10户，投入40万元维修改造和平镇大新村特色民居20户。四是投入60万元推进民族特色村寨产业结构调整。其中投入20万元在大新村实施现代农业配套设施建设。投入20万元建设大龙乡九龙村水上民族歌舞表演台和庭院产业种养示范，完成2200平方米水池防漏硬化，养鱼5000尾，QQ农场示范种植50亩。投入20万元补助大新村、司蒙村、山后村15户农户发展民族特色农家乐。

2014年，好花红镇好花红村、涟江街道九龙村被国家民委命名为“全国第一批少数民族特色村寨”。

七、民贸民品工作

民族贸易和少数民族特需商品生产工作，通常称为民贸民品工作，是民族工作的重要内容。进入“八五”以来，国家对民族贸易和民族特需商品定点生产企业实行流动资金贷款优惠利率、技术改造贷款财政贴息和税收减免等新的“民贸三项照顾政策”。

2006年，惠水县被商务部批准为民族贸易县。

2012年，成立惠水县民族贸易和民族特需商品生产优惠政策工作领导小组，县财政每年安排50万元作为民贸民品工作奖励基金，用于相关部门和金融单位开展民贸民品利差补贴工作奖励。是年申报认定7家企业为民贸企业。2013年新增申报认定51家。2014年县政府出台《关于设立惠水县扶持民贸民品企业和产业发展资金实施方案》，设立200万元民贸民品和产业扶持专项资金；是年新增认定9家民贸企业。2015年新增认定15家，累计认定民贸民品企业82家，通过审核清理后退出11家，实有71家，其中民贸企业70家，民品企业1家（贵州永红食品有限公司）。

2012至2015年，县内民贸民品企业累计从银行获得优惠利率（即基准利率）贷款105694万元，获得中央财政贴息资金1131.61万元，中小企业发展专项资金29万元，中央专项贴息资金14万元。其中，2012年实现优惠贷款200万元，获得中央财政贴息资金1.44万元；2013年实现优惠贷款9740万元，获得中央财政贴息资金10.60万元；2014年实现优惠贷款38262万元，获得中央财政贴息资金503.37万元，中央专项贴息资金14万元；2015年，实现优惠贷款57492万元，获得中央财政贴息资金

616.2万元，中小企业发展专项资金29万元。

2015年，全县民贸民品企业实现年总产值138919万元，年销售额132480万元，年利润10321.24万元，上缴税金3766.87万元，就业人数达3340人（其中少数民族就业人数2141人）。

表2–7

2015年民族贸易县民族贸易民品企业及其经销商品汇总表

企业名称	经销《目录》商品或生产生活必需品或收购农副产品名称
惠水县诚康大药房	民族药品
贵州桐欣缘医药有限公司	中成药、化学制剂、生物制剂等
贵州神康原生态食品有限公司	贵州三宝、淀粉制品
惠水县古夜郎布依枫香染专业合作社	布依枫香染
贵州黔红食品有限公司	辣椒酱
惠水县朝芳民族刺绣农民合作社	蜡染、刺绣及民族服装成品
贵州捷成电器制造有限公司	电机、电子产品、家用电器
贵州天虹志远电线电缆有限公司	电线电缆
贵州和元管道有限公司	塑料管道、管件、塑料制品
贵州赤金塑胶有限公司	塑料工业包装制品、农产品
贵州省腾龙新型建材有限公司	混凝土
惠水县鑫隆农资有限责任公司	化肥、农药
贵州省耐尔福科技发展有限公司	加气混凝土
贵州惠安纸业有限公司	卫生纸
惠水县腾飞建材有限责任公司	扎丝、镀锌铁丝、圆钉
贵州外贸神彩包装有限责任公司	包装材料
贵州博方民族药业开发有限公司	生姜茶
贵州众源印铁制罐有限公司	茶叶包装
贵州百年原址酒业有限公司	白酒
贵州恒瑞辰机制造有限公司	橡塑机械设备
贵州省惠水布依好花红装饰工程有限公司	少数民族特色饮食、黑糯米等农产品、民族工艺品
贵州鼎盛峰建筑装饰材料有限公司	民族工艺园林景观仿木、环保建材
贵州永昊热能设备制造有限公司	水重力热管热器系列产品
惠水县摆若茶业农民专业合作社	绿茶种植加工
贵州省惠水县黔穗水晶饰品有限公司	特色民族水晶饰品

续表2–7

企业名称	经销《目录》商品或生产生活必需品或收购农副产品名称
贵州振宏成套柜体有限公司	高低压配电柜
惠水县亿众石材雕刻加工厂	民族刺绣、石材雕刻加工
惠水县华祥石材厂	石材工艺品
惠水天宇钢结构有限责任公司	彩钢复合板
惠水县九龙山野鹿庭院产业合作社	苗族特色饮食
贵州惠水人春钢结构工程有限公司	材料构件、集装箱
贵州长安电机制造有限公司	电动机
贵州精钻高合金材料有限责任公司	苗锅、稻镰、水田步犁等农具
惠水县三木实业有限责任公司	页岩砖制品
贵州楚智建材科技有限公司	助磨剂、混凝土外加剂
贵州省惠水恒兴特种铸造有限公司	耐磨铸件
惠水县中洲塑业有限公司	塑料包装袋生产销售
贵州恒源远东液压系统技术有限公司	液压系统零部件
贵州金晨农产品开发有限公司	大米、杂粮、粉丝等农产品
惠水县恒基水泥制品有限公司	各种建筑石料及商砼
贵阳味莼园食品股份有限公司	调味品
贵州惠水富源轮胎有限公司	翻新轮胎
贵州鼎盛泡沫包装有限公司	泡沫包装销售
惠水县锦鸿摩托车销售有限公司	摩托车及配件、建材等
惠水县粮油购销公司	稻谷、大米等农产品
摆榜返乡农民工创业有限公司	水晶饰品
贵州惠水思宇电力实业有限公司	电线电缆销售
贵州禾和露食品有限公司	复合蛋白饮料及果味饮料
贵州龙程标牌制作有限公司	标牌及电力工具
贵州圣元防水材料有限公司	防水材料
贵州德利正贸易有限责任公司	建材、家电、民族服装
贵州裕彩水晶装饰工艺制品有限公司	水晶工艺品
贵州千滋食品有限公司	速冻食品
贵州沁亿心食品有限公司	饮料生产销售

续表2–7

企业名称	经销《目录》商品或生产生活必需品或收购农副产品名称
惠水县邦国原生态米种植专业合作社	优质大米
惠水县中医院	中医药
贵州惠水金牛养殖专业合作社	肉牛
贵州名人居家居有限责任公司	家具
贵州威嘉环保科技有限公司	玻璃钢化
贵州省惠水县金芳畜革贸易有限责任公司	食肉、皮革等
贵州省惠水县逢源贸易有限公司	民族日用百货
贵州卡布国际卫生用品有限公司	民族卫生用品
贵州耐尔福顺成建材有限公司	民族建材
贵州惠水好花红旅游开发有限公司	少数民族服饰销售
贵州美瑞特林木开发有限责任公司	花卉苗木销售
贵州惠水金石源建材发展有限公司	民族建材
惠水县好佳源养殖农民合作社	鸡、鸡蛋和有机肥
贵州惠水玺源药材种植有限公司	中药材、绿色蔬菜、家禽、家畜
贵州惠水益康药材种植有限公司	中药材种植
贵州省惠水县宏运贸易有限公司	民族建材
惠水永红食品有限公司（民品企业）	牛肉系列清真食品

八、民族干部的培养任用

县委和县政府历来重视培养少数民族干部，注重民族干部配备，在边远少数民族乡镇的班子配备中，确保有当地主要少数民族干部1名以上干部进入乡镇党政班子，县内民族干部数量逐年增长。1999年至2008年，县委党校与省委党校、中央党校合作，在县委党校招收省委党校函授大专班、中央党校本科班，开设经济管理、公共管理等班级，提升在职民族干部学历。2009年后，党校每年均开展2至3期乡、村两级民族干部培训。至2015年，累计培训干部3000余人次；截至年底，全县县处级干部42人，其中少数民族21人，占县处级干部总数的50%；科级领导干部共588人，其中少数民族干部317人（副科级216人、正科级101人），占科级领导干部总数的53.9%。

第三篇　中共地方组织

第一章　中共惠水县委员会

第一节　党员代表大会

中共惠水县委员会成立于1949年11月25日。1956年5月12日至16日，中国共产党惠水县第一次党员代表大会召开，标志着惠水县党内民主选举制的开始。至1977年，先后召开中国共产党惠水县第二次、第三次代表大会。1978至2015年，先后召开第四次至第十二次代表大会。

一、第四次代表大会

中共惠水县第四届委员会任期两年零7个月（1978年9月—1981年4月）。

中共惠水县第四次代表大会于1978年9月12日至16日在县城召开。出席会议正式代表506人，其中少数民族代表283名，占代表总数的56.3%，代表全县5639名党员出席会议。大会听取、审议并通过县委第一书记邱耀国代表中共惠水县第三届委员会作题为《团结起来，乘胜前进，紧跟英明领袖华主席继续新长征》的工作报告，听取和审议县纪律检查委员会工作报告。选举产生中共惠水县第四届委员会委员34人，候补委员5人；选举惠水县出席中国共产党黔南州第四次党员代表大会代表48名。中共惠水县委四届一次全会选举邱耀国、谢邦全、王启发、梁登峰、陈文明、董兰宾、盖华英、柳祥林、岳成志、郝鑫中、罗祯科、冯永敬、潘治安、陈国英、罗德明15人为常务委员会委员，选举邱耀国为县委第一书记，谢邦全为书记，王启发、梁登峰、陈文明、董兰宾、盖华英为副书记；选举产生第四届县委纪律检查委员会委员7名，选举盖华英为书记，潘治安、吴盛荣为副书记。

中共惠水县第四次代表大会会场（1978年摄）

出席黔南州第四次党代会正式代表（48名）

王兴荣（苗族）、刘树清、张治光、龙德康、陆兴琳（女，布依族）、吴修美（女，布依族）、石锦云（女，布依族）、杨正考（苗族）、秦元秀（女，苗族）、蒋成荣（苗族）、罗跃芝（苗族）、石化智、梁秀明（苗族）、王家昌（布依族）、谢启英（女）、黄章学（布依族）、罗国菊（女，布依族）、陈国先（布依族）、陈开国

（布依族）、罗荣锦（苗族）、罗世珍（女，布依族）、罗老英（女，布依族）、危永贤、罗廷相（布依族）、罗天龙（布依族）、吴光顺（苗族）、杨金妹（女，布依族）、龙成学（苗族）、杨玉坤（苗族）、杨洪菊（女，布依族）、罗正祥（布依族）、周亚丽（女）、陈应伦（苗族）、芦光华、王庆绩、梁五车（布依族）、吴邦琮（苗族）、邱耀国、谢邦全、罗廷礼（布依族）、郭汝培（女）、陈尧阶、李宏业、杨应忠（布依族）、朱治华、罗万和（布依族）、陈泽沛、石发祥。

二、第五次代表大会

中共惠水县第五届委员会任期4年零4个月（1981年4月—1985年5月）。

中共惠水县第五次代表大会于1981年4月18日至23日在县城召开。出席会议正式代表408人，其中少数民族代表221名，占代表总数的54.1%，代表全县6004名党员出席会议。大会听取、审议并通过县委书记谢邦全代表中共惠水县第四届委员会作题为《贯彻调整方针，促进安定团结，进一步加强和改善党的领导》的工作报告，听取和审议县委纪律检查委员会的工作报告，选举产生中共惠水县第五届委员会委员33名，候补委员6人；选举产生出席州第五次党代表大会的代表39名、候补代表4名。中共惠水县委五届一次全会选举王启发、冯永敬、吴邦元、张景海、陈文明、陈国英、罗德明、岳成志、黄逢荫、盖华英、梁登峰、董兰宾、谢邦全13人为常务委员会委员；选举谢邦全为书记，梁登峰、陈文明、王启发、董兰宾、盖华英为副书记；选举产生第五届县委纪律检查委员会委员6名，选举盖华英为书记，吴盛荣为副书记。

出席黔南州第五次党代会正式代表（39名）

谢邦全、王世祥（布依族）、李定国、姚光明、石发祥、陈泽沛、罗用奇（布依族）、吴邦琮（苗族）、高英雄、陈应刚（布依族）、吴盛荣、罗万和（布依族）、陈登贤（布依族）、杨金妹（女，布依族）、秦元秀（女，苗族）、黄永达（布依族）、陈胜、梁五车（布依族）、王荣清、罗世珍（女，布依族）、王庆绩、梁秀明（苗族）、邱耀国、龙成学（苗族）、吴光盛（苗族）、吴邦福（苗族）、杨正考（苗族）、姚珍云、谢廷洲（布依族）、罗廷相（布依族）、罗天龙（布依族）、杨洪菊（女，布依族）、汤兰英（女）、庭朝贵（苗族）、黄章学、陈开国（布依族）、罗跃芝（苗族）、罗国菊（女，布依族）、蒋成荣（苗族）。

候补代表（4名）

石化智、杨章兰（女，苗族）、陈必光（布依族）、谢启英（女）。

1983年1月31日召开中国共产党惠水县党员代表会议，应到代表112人，实到代表100人，选举惠水县出席黔南州党代会会议代表7名：王世祥（布依族）、王文炳（苗族）、罗来珍（女，布依族）、吴邦琮（苗族）、陈国英（女，布依族）、陈文溢（苗族）、张金光。

三、第六次代表大会

中共惠水县第六届委员会任期3年零4个月（1985年5月—1988年9月）。

中共惠水县第六次代表大会于1985年5月18日至22日在县城召开。出席会议正式代表275人，其中少数民族代表149人，占代表总数的54.18%，代表全县7186名党员出席会议。大会听取、审议并通过县委书记郝鑫中代表中共惠水县第五届委员会作题为《加强党的建设，振兴惠水经济》的工作报告，听取和审议县纪律检查委员会的工作报告，选举产生中共惠水县第六届委员会委员29人，候补委员4人。中共惠水县委六届一次全会选举王泽洪、石朝江、李让寅、张文玖、陈泽沛、罗礼明、罗廷礼、郝鑫中、莫长青、覃素洁10人为常务委员会委员，常委会选举郝鑫中为书记，莫长青、石朝江、陈泽沛、李让寅为副书记；选举产生第六届纪律检查委员会委员5人，选举吴盛荣为书记，杨培坤、赵允光为副书记。

四、第七次代表大会

中共惠水县第七届委员会任期3年零4个月（1988年9月—1992年1月）。

中共惠水县第七次代表大会于1988年9月19日至24日在县城召开。应到会代表300人，出席会议正式代表295人，其中少数民族代表139人，占代表总数的46.3%，代表全县8927名党员出席会议。大会听取、审议并通过县委书记郝鑫中代表中共惠水县委第六届委员会作题为《解放思想、深化改革、迎接九十年代的新发展》的工作报告，听取和审议县纪律检查委员会的工作报告，选举产生中共惠水县第七届委员会委员31人，县委候补委员4人。中共惠水县委七届一次全会选举李让寅、陈泽沛、罗廷礼、郝鑫中、莫长青、徐德林、黄瑞奇、覃素洁8人为常务委员会委员，常委会选举郝鑫中为书记，徐德林、莫长青、李让寅、陈泽沛为副书记；选举产生第七届纪律检查委员会常务委员会委员5人，选举吴盛荣为书记，杨培坤、蒋永忠为副书记。

五、第八次代表大会

中共惠水县第八届委员会任期4年零10个月（1992年1月—1996年10月）。

中共惠水县第八次代表大会于1992年1月14日至17日在县城召开。大会应出席代表235名，实到代表214名。其中少数民族代表138人，占代表总数的58.7%，代表全县8380名党员出席会议。大会听取、审议并通过李让寅代表中共惠水县第七届委员会作题为《坚定信心、团结进取、把兴县富民事业推向前进》的工作报告，听取和审议县纪律检查委员会的工作报告，选举产生中共惠水县第八届委员会委员33人，候补委员4人。中共惠水县委八届一次全会选举李让寅、张文玖、陈泽沛、杨胜勇、张和林、胡昌荣、罗廷礼、黄瑞奇、罗廷相、陈玉兴10人为常务委员会委员，选举李让寅为书记，张文玖、陈泽沛、杨胜勇、张和林为副书记；选举产生第八届纪律检查委员会常务委员会委员5人，选举罗廷相为书记，杨培坤、蒋永忠为副书记。会议还选举出席中共黔南州第六次代表大会代表24名。

出席黔南州第六次党代会代表（24名）

邱耀国、郝鑫中、王兴儒（苗族）、邓邦奎、白世富（布依族）、刘忠英（女）、李让寅、李国梁、李崇政、杨世明（苗族）、杨正金（布依族）、吴文辉（苗族）、吴永福（苗族）、邱育星、张文玖、陈玉兴、陈芳菊（女）、陈洪秀（女，布依族）、罗庆书（布依族）、罗廷相（布依族）、罗家云（女，苗族）、罗家林（布依族）、柯希菊（女）、黄善兴（壮族）。

六、第九次代表大会

中共惠水县第九届委员会任期4年零8个月（1996年10月—2001年6月）。

中共惠水县第九次代表大会于1996年10月15日至18日在县城召开。出席代表240名，代表全县9303名党员出席会议。大会听取、审议并通过黄桂祥代表中国共产党惠水县第八届委员会作题为《抓住机遇，加快发展，为实现我县“九五”计划而努力奋斗》的工作报告，听取和审议县纪律检查委员会的工作报告，选举产生中共惠水县第九届委员会委员33人，候补委员5人，县纪律检查委员会委员17人。中共惠水县委九届一次全会选举黄桂祥、陈玉兴、罗廷礼、吴文辉、陈国英、罗廷相、黄瑞奇、左润华、龙燕祥9人为常务委员会委员，选举黄桂祥为书记，陈玉兴、罗廷礼、吴文辉为副书记；选举产生第九届纪律检查委员会常务委员会委员5人，选举罗廷相为书记，王培恩、杨昌龙为副书记。

七、第十次代表大会

中共惠水县第十届委员会任期5年零4个月（2001年6月—2006年10月）。

中共惠水县第十次代表大会于2001年6月18日至21日在县城召开。大会应出席正式代表242名，实到237名，其中少数民族代表130人，占代表总数的53.7%；妇女代表35名，占代表总数的14.4%。大会听取、讨论并审议通过黎俊敏代表中国共产党惠水县第九届委员会作题为《用“三个代表”重要思想统揽全局，为实现富民兴县伟大目标而努力奋斗》的工作报告，听取和审议县纪律检查委员会的工作报告，选举产生中共惠水县第十届委员会委员33人、候补委员5人，县纪律检查委员会委员19人，选举出席中国共产党黔南州第八次代表大会代表24名。中共惠水县委十届一次全会选举黎俊敏、向忠雄、吴文辉、罗兴惠、杨昌龙、徐选民、邓邦奎、王正祥、邓国江、龙兴和、白新11人为常务委员会委员，选举黎俊敏为书记，向忠雄、吴文辉、罗兴惠为副书记；选举产生第十届纪律检查委员会常务委员会委员7人，选举杨昌龙为书记，邓明恒、张海波、汤德义为副书记。

出席黔南州第八次党代会代表（24名）

王康振、莫长青（布依族）、王良英（女，布依族）、韦勇（布依族）、邓国江、石尚华（女）、田刚（布依族）、任素（女）、向忠雄（土家族）、刘良惠（布依族）、李国梁、杨昌龙（布依族）、杨昌乐（布依族）、吴朝彪（苗族）、佘喜平、张璞、张著刚（土家族）、陈宇（布依族）、陈万祥（布依族）、罗世荣（布依族）、罗兴惠（女）、胡卫群（女）、徐德林（布依族）、黎俊敏（布依族）。

八、第十一次代表大会

中共惠水县第十一届委员会任期5年（2006年10月—2011年10月）。

中共惠水县第十一次代表大会于2006年10月18日至20日在县城召开。大会应出席正式代表259名，实到257名，其中少数民族代表151人，占代表总数的58.3%；妇女代表53名，占代表总数的20.5%；代表全县11789名党员出席会议。大会听取、讨论并审议通过向忠雄代表中国共产党惠水县第十届委员会作题为《抢抓新机遇、争创新优势，努力推进惠水经济社会更快更好地发展》的工作报告，听取和审议县委纪

中共惠水县第十次代表大会（2001年摄）

律检查委员会的工作报告，选举产生中共惠水县第十一届委员会委员42人、候补委员8人，县纪律检查委员会委员23名。中共惠水县委十一届一次全会选举向忠雄、吴丹、罗兴惠、王正祥、罗必刚、卢宗学、黄俐伶、杨朝伟、邓庆国、朱奉余10人为常务委员会委员，常务委员会选举向忠雄为书记，吴丹、罗兴惠为副书记；选举产生第十一届纪律检查委员会常务委员会委员7人，选举黄俐伶为书记，邓明恒、张海波为副书记。

九、第十二次代表大会

中共惠水县第十二届委员会任期4年零2个月（2011年10月—2016年10月）。

中共惠水县第十二次代表大会于2011年10月26日至28日在县城召开，大会应出席正式代表259名，实到255名，其中少数民族代表146人，占代表总数的56.3%；妇女代表43名，占代表总数的16.6%。大会听取、讨论并审议通过吴丹代表中共惠水县第十一届委员会向大会作题为《立足新优势、把握新机遇，为全面融入黔中经济区、建设经济强县而努力奋斗》的工作报告，听取和审议县纪律检查委员会的工作报告，选举产生中共惠水县第十二届委员会委员42人、候补委员8人，县纪律检查委员会委员23名。中共惠水县委十一届一次全会选举吴丹、万庆华、何林海、黄俐伶、朱奉余、代昌军、潘鸿广、李友军、兰京、陈宇10人为常务委员会委员，选举吴丹为书记，万庆华、何林海为副书记；选举产生第十二届纪律检查委员会常务委员会委员7人，选举黄俐伶为书记，陈应国、罗正洪为副书记。

第二节　县委常委会及工作机构

中共惠水县委员会成立于1949年11月，由县委委员和候补委员组成。1978至2015年，惠水县先后选举产生第四届至第十二届中共惠水县委员会，第四届至第七届县委每届任期3年，第八届至第十二届县委每届任期5年。

一、常务委员会

中共惠水县常务委员会为县委的常设机关，由每届第一次县委全体委员会议选举产生，常务委员会由书记1人，副书记2～5人，常务委员若干人组成。届中，由上级党委根据工作需要对县委常委会组成人员进行调整。县委常委会的主要职责即召集县委全委会议，向全委会报告工作，组织实施上级党组织的指示和全委会决议，管理干部，贯彻执行党的路线、方针、政策，结合惠水实际，对全县经济社会发展进行研究决策。研究决策时按照党的个人服从组织、少数服从多数、下级服从上级、全党服从中央的组织原则作出决定。

县委常委会实行集体领导和个人分工负责相结合的方法，开展党的纪律检查、党的组织建设和思想建设、干部管理、政治宣传、统一战线、政策研究、民族宗教、办理来信来访等方面的工作，坚持党对人民武装、政法工作的领导。常委会委员明确分工，各司其职，做好分管工作并向县委负责。

表3-1

中共惠水县委第四届至十二届领导人名录

届次	姓　名	职　务	性别	民　族	籍　贯	任　期	备注
第四届（1978.9—1981.4）	邱耀国	第一书记	男	汉　族	贵州福泉	1978.9—1979.6	
	谢邦全	书　记	男	汉　族	贵州开阳	1978.9—1981.4	
	王启发	副书记	男	苗　族	贵州惠水	1978.9—1981.4	县革委会主任
	梁登峰	副书记	男	汉　族	河南柘城	1978.9—1981.4	
	陈文明	副书记	男	苗　族	贵州惠水	1978.9—1981.4	
	董兰宾	副书记	男	汉　族	山东曹县	1978.9—1981.4	县革委会副主任
	盖华英	副书记	男	汉　族	山东垦利	1978.9—1981.4	县纪委书记
	柳祥林	常　委	男	汉　族	山东牟平	1978.9—1981.4	县人武部政委
	岳成志	常　委	男	汉　族	山西乡宁	1978.9—1981.4	县人武部部长
	郝鑫中	常　委	男	汉　族	贵州惠水	1978.9—1981.4	县革委会副主任
	罗祯科	常　委	男	苗　族	贵州惠水	1978.9—1981.4	县革委会副主任
	冯永敬	常　委	男	汉　族	山西莘县	1978.9—1981.4	人大常委会副主任
	潘治安	常　委	男	布依族	贵州惠水	1978.9—1981.4	县纪委副书记
	陈国英	常　委	女	布依族	贵州惠水	1978.9—1981.4	团县委书记
	罗德明	常　委	男	布依族	贵州惠水	1978.9—1981.4	
第五届（1981.4—1985.5）	谢邦全	书　记	男	汉　族	贵州开阳	1981.4—1983.12	
	梁登峰	副书记	男	汉　族	河南柘城	1981.4—1982.2	
	陈文明	副书记	男	苗　族	贵州惠水	1981.4—1983.12	县人民政府县长
	王启发	副书记	男	苗　族	贵州惠水	1981.4—1983.12	县人大常委会主任
	董兰宾	副书记	男	汉　族	山东曹县	1981.4—1983.12	县政协主席
	盖华英	副书记	男	汉　族	山东垦利	1981.4—1983.12	县纪委书记
	郝鑫中	副书记	男	汉　族	贵州惠水	1982.6—1983.12	
	莫长青	副书记	男	布依族	贵州惠水	1983.12—1985.5	
	吴永福	副书记	男	苗　族	贵州惠水	1983.12—1985.5	
	石朝江	副书记	男	苗　族	贵州黄平	1984.9—1985.5	
	冯永敬	常　委	男	汉　族	山东莘县	1981.4—1983.12	县人大常委会副主任
	吴邦元	常　委	男	苗　族	贵州惠水	1981.4—1983.12	县人民政府副县长
	张景海	常　委	男	汉　族	山东齐和	1981.4—1983.12	县公安局局长
	陈国英	常　委	女	布依族	贵州惠水	1981.4—1985.5	县委组织部部长
	罗德明	常　委	男	布依族	贵州惠水	1981.4—1983.12	

续表3-1

届次	姓　名	职　务	性别	民　族	籍　贯	任　期	备注
第五届（1981.4—1985.5）	岳成志	常　委	男	汉　族	山西乡宁	1981.4—1983.12	县人武部部长
	黄逢荫	常　委	男	汉　族	江西	1981.4—1983.12	县委宣传部部长
	李让寅	常　委	男	汉　族	安徽凤台	1983.12—1985.5	县委办公室主任
	罗廷礼	常　委	男	布依族	贵州惠水	1983.12—1985.5	县委统战部部长
	张文玖	常　委	男	汉　族	贵州安顺	1983.12—1985.5	
	李宏智	常　委	男	汉　族	四川郫县	1983.7—1985.5	县人武部政委
第六届（1985.5—1988.9）	郝鑫中	书　记	男	汉　族	贵州惠水	1985.5—1988.9	
	莫长青	副书记	男	布依族	贵州惠水	1985.5—1988.9	
	石朝江	副书记	男	苗　族	贵州黄平	1985.5—1986.8	
	陈泽沛	副书记	男	汉　族	贵州惠水	1985.5—1988.9	
	李让寅	副书记	男	汉　族	安徽凤台	1985.5—1988.9	县政协主席
	徐德林	副书记	男	布依族	贵州独山	1986.5—1988.9	县人民政府县长
	王泽洪	常　委	男	布依族	贵州惠水	1985.5—1985.12	县人民政府副县长
	罗礼明	常　委	男	布依族	贵州惠水	1985.5—1986.5	县人武部部长
	覃素洁	常　委	女	壮　族	广西环江	1985.5—1988.9	县委组织部部长
	罗廷礼	常　委	男	布依族	贵州惠水	1985.5—1988.9	县委宣传部部长
	张文玖	常　委	男	汉　族	贵州安顺	1985.5—1988.9	县人民政府副县长
	黄瑞奇	常　委	男	壮　族	广西河池	1986.11—1988.9	县人武部政委
第七届（1988.9—1992.1）	郝鑫中	书　记	男	汉　族	贵州惠水	1988.9—1990.2	
	李让寅	书　记	男	汉　族	安徽凤台	1990.2—1992.1	
	徐德林	副书记	男	布依族	贵州独山	1988.9—1992.1	县人民政府县长
	莫长青	副书记	男	布依族	贵州惠水	1988.9—1990.2	
	李让寅	副书记	男	汉　族	安徽凤台	1988.9—1990.2	
	陈泽沛	副书记	男	汉　族	贵州惠水	1988.9—1992.1	
	哈弼强	副书记	男	回　族	贵州贵阳	1990.3—1992.1	
	张文玖	副书记	男	汉　族	贵州安顺	1990.7—1992.1	县人民政府县长
	杨胜勇	副书记	男	苗　族	贵州福泉	1991.10—1992.1	
	覃素洁	常　委	女	壮　族	广西环江	1988.9—1990.2	县委组织部部长
	黄瑞奇	常　委	男	壮　族	广西河池	1988.9—1992.1	县人武部政委
	罗廷礼	常　委	男	布依族	贵州惠水	1988.9—1992.1	县委宣传部部长
	张和林	常　委	男	汉　族	福建	1990.3—1992.1	县委组织部部长

续表3-1

届次	姓 名	职 务	性别	民 族	籍 贯	任 期	备注
第七届（1988.9—1992.1）	吴盛荣	常 委	男	汉 族	贵州都匀	1990.3—1992.1	县纪委书记
	胡昌荣	常 委	男	汉 族	贵州惠水	1990.7—1992.1	县人民政府副县长
第八届（1992.1—1996.10）	李让寅	书 记	男	汉 族	安徽凤台	1992.1—1994.4	
	黄桂祥	书 记	男	汉 族	贵州福泉	1994.4—1996.10	
	张文玖	副书记	男	汉 族	贵州安顺	1992.1—1993.5	县人民政府县长
	陈泽沛	副书记	男	汉 族	贵州惠水	1992.1—1995.1	
	杨胜勇	副书记	男	苗 族	贵州福泉	1992.1—1993.5	
	张和林	副书记	男	汉 族	福建	1992.1—1995.11	县人民政府县长
	罗廷礼	副书记	男	布依族	贵州惠水	1993.6—1996.10	
	陈克炜	副书记	男	汉 族		1994.2—1996.1	挂职
	陈玉兴	副书记	男	汉 族	山东曹县	1994.8—1996.10	县人民政府县长
	吴文辉	副书记	男	苗 族	贵州惠水	1995.4—1996.10	
	欧阳昌佩	副书记	男	汉 族		1996.3—1996.10	挂职
	吴仕伦	副书记	男	汉 族		1996.4—1996.10	挂职
	胡昌荣	常 委	男	汉 族	贵州惠水	1992.1—1993.5	县人民政府副县长
	罗廷礼	常 委	男	布依族	贵州惠水	1992.1—1992.12	县委宣传部部长
	黄瑞奇	常 委	男	壮 族	广西河池	1992.1—1996.10	县人武部政委
	罗廷相	常 委	男	布依族	贵州惠水	1992.1—1996.10	县纪委书记
	陈玉兴	常 委	男	汉 族	山东曹县	1992.1—1994.8	县委组织部部长
	陈国英	常 委	男	布依族	贵州惠水	1993.5—1996.10	县人民政府副县长
	王泽清	常 委	男	布依族	贵州惠水	1993.6—1995.1	县委农工部部长
	左润华	常 委	男	布依族	河北唐山	1995.5—1996.10	县委组织部部长
	杨 华	常 委	男	汉 族		1995.4—1996.5	挂职副县长
	郝洪中	常 委	男	汉 族	贵州惠水	1995.4—1996.5	挂职副县长
第九届（1996.10—2001.6）	黄桂祥	书 记	男	汉 族	贵州福泉	1996.10—1997.11	
	黎俊敏	书 记	男	布依族	贵州独山	1998.6—2001.6	
	陈玉兴	副书记	男	汉 族	山东曹县	1996.10—2000.2	县人民政府县长
	罗廷礼	副书记	男	布依族	贵州惠水	1996.10—2000.7	
	吴文辉	副书记	男	苗 族	贵州惠水	1996.10—2001.6	
	黎俊敏	副书记	男	布依族	贵州独山	1997.11—1998.6	主持县委工作
	欧阳昌佩	副书记	男	汉 族	贵州黄平	1996.10—1997.1	挂职

续表3-1

届次	姓　名	职　务	性别	民　族	籍　贯	任　期	备注
第九届（1996.10—2001.6）	吴仕伦	副书记	男	布依族		1996.10—1997.1	挂职
	杨　平	副书记	男	汉　族		1998.3—2000.1	挂职
	骆用定	副书记	男	汉　族	贵州龙里	2000.2—2001.6	县人民政府县长
	沙先贵	副书记	男	回　族	安徽霍邱	2000.3—2001.6	
	陈国英	常　委	女	布依族	贵州惠水	1996.10—1998.12	县人民政府常务副县长
	罗廷相	常　委	男	布依族	贵州惠水	1996.10—1998.12	县纪委书记
	黄瑞奇	常　委	男	壮　族	广西河池	1996.10—1998.5	县人武部政委
	左润华	常　委	男	布依族	河北唐山	1996.10—1997.4	县委组织部部长
	龙燕祥	常　委	男	汉　族	贵州惠水	1996.10—1998.12	县人民政府副县长
	张海铭	常　委	男	汉　族	山东	1998.5—1998.12	县人武部政委
	陈祥斌	常　委	男	布依族	贵州长顺	1998.6—1998.12	县人民政府常务副县长
	罗兴惠	常　委	女	汉　族	陕西安康	1996.10—2001.6	县委组织部部长
	杨昌龙	常　委	男	布依族	贵州惠水	1999.5—2001.6	县纪委书记
	徐选民	常　委	男	汉　族	河南陕县	2000.9—2001.6	县人武部政委
	廖京生	常　委	男	汉　族	贵州贵阳	2001.4—2001.6	挂职副县长
第十届（2001.6—2006.10）	黎俊敏	书　记	男	布依族	贵州独山	2001.6—2003.7	
	杨筑萍	书　记	女	苗族	贵州剑河	2003.7—2006.5	
	向忠雄	书　记	男	土家族	贵州德江	2006.5—2006.10	
	向忠雄	副书记	男	土家族	贵州德江	2001.6—2006.5	县人民政府县长
	吴　丹	副书记	男	汉　族	云南大理	2006.3—2006.10	县人民政府代理县长
	吴文辉	副书记	男	苗　族	贵州惠水	2001.6—2003.3	
	罗兴惠	副书记	女	汉　族	陕西安康	2001.6—2006.10	
	杨政模	副书记	男	侗　族	贵州台江	2003.1—2006.10	县纪委书记
	陈治松	副书记	男	苗　族	贵州都匀	2003.11—2006.10	
	李仕华	副书记	男	汉　族		2001.6—2003.4	挂职
	蒙强炳	副书记	男	汉　族		2003.3—2003.12	挂职
	高贵龙	副书记	男	汉　族		2003.3—2003.12	挂职
	周志龙	副书记	男	汉　族		2004.2—2005.3	挂职
	程敏智	副书记	男	汉　族		2004.3—2005.3	挂职
	苟渝新	副书记	男	汉　族		2005.3—2006.3	挂职
	张启院	副书记	男	汉　族		2005.3—2006.3	挂职

续表3-1

届次	姓　名	职　务	性别	民　族	籍　贯	任　期	备注
第十届（2001.6—2006.10）	谭　夔	副书记	男	汉　族		2006.5—2006.10	挂职
	徐选民	常　委	男	汉　族	河南陕县	2001.6—2006.8	县人武部政委
	邓邦奎	常　委	男	汉　族	贵州龙里	2001.6—2006.3	县人民政府副县长
	王正祥	常　委	男	布依族	贵州惠水	2001.3—2006.10	县人大常委会副主任、县委办主任
	邓国江	常　委	男	汉　族	贵州瓮安	2001.6—2006.9	县委组织部部长
	龙兴和	常　委	男	汉　族	贵州惠水	2001.6—2003.12	县委政法委书记
	白　新	常　委	男	苗　族	贵州都匀	2001.6—2005.8	县委宣传部部长
	卢宗学	常　委	男	汉　族	陕西岐山	2006.8—2006.10	县人武部政委
	廖京生	常　委	男	汉　族		2001.8—2004.3	挂职副县长
	张川涛	常　委	男	汉　族		2006.3—2008.3	挂职副县长
第十一届（2006.10—2011.10）	向忠雄	书　记	男	土家族	贵州德江	2006.10—2010.12	
	吴　丹	副书记	男	汉　族	云南大理	2006.10—2011.10	县人民政府县长
	罗兴惠	副书记	女	汉　族	陕西安康	2006.10—2010.7	
	万庆华	副书记	男	布依族	贵州长顺	2011.6—2011.10	
	谭　夔	副书记	男	汉　族	贵州瓮安	2006.10—2007.3	挂职
	李先文	副书记	男	汉　族			挂职
	罗登军	副书记	男	汉　族			挂职
	莫利红	副书记	女	布依族	贵州荔波		挂职
	吴　郁	副书记	女	汉　族			挂职
	王正祥	常　委	男	布依族	贵州惠水	2006.10—2011.10	县委宣传部部长
	罗必刚	常　委	男	布依族	贵州龙里	2006.10—2011.10	县委政法委书记
	卢宗学	常　委	男	汉　族	陕西岐山	2006.10—2011.10	县人武部政委
	黄俐伶	常　委	女	苗　族	贵州罗甸	2006.10—2011.10	县纪委书记
	杨朝伟	常　委	男	布依族	贵州惠水	2006.10—2010.10	县人民政府常务副县长
	邓庆国	常　委	男	汉　族	贵州平塘	2006.11—2010.10	县人民政府副县长
	朱奉余	常　委	男	汉　族	贵州贵定	2006.11—2010.10	县委组织部部长
	闫　俊	常　委	男	汉　族		2007.3—2008.7	挂职副县长
	钟仁茂	常　委	男	汉　族		2008.5—2010.5	挂职副县长
	刘德明	常　委	男	汉　族		2009.4—2010.4	挂职副县长
	吴　郁	常　委	女	汉　族		2010.4—2010.4	挂职副县长
	马红梅	常　委	女	汉　族		2010.5—2010.4	挂职副县长

续表3-1

届次	姓 名	职 务	性别	民 族	籍 贯	任 期	备注
第十二届（2011.10—2016.10）	吴 丹	书 记	男	汉 族	云南大理	2011.10—2013.8	
	万庆华	书 记	男	布依族	贵州长顺	2013.8—2016.10	
	万庆华	副书记	男	布依族	贵州长顺	2011.10—2013.8	县人民政府县长
	王文旭	副书记	男	汉 族	贵州福泉	2013.8—2016.10	县人民政府县长
	韦成波	副书记	男	水 族	贵州三都	2013.5—2014.9	
	兰 京	副书记	男	汉 族	四川江安	2014.10—2014.12	
	黄俐伶	副书记	女	苗 族	贵州罗甸	2014.12—2016.10	
	何林海	副书记	男	布依族	贵州瓮安	2011.10—2013.5	
	赖 武	副书记	男			2014.4—2015.3	挂职
	林 云	副书记	男			2015.4—2015.12	挂职
	何腾荣	副书记	男			2013.4—2014.3	挂职
	黄俐伶	常 委	女	苗 族	贵州罗甸	2011.10—2014.12	县纪委书记
	雷白光	常 委	男	布依族	贵州荔波	2014.12—2015.12	县纪委书记
	朱奉余	常 委	男	汉 族	贵州贵定	2011.10—2013.9	县委组织部部长、县人民政府常务副县长
	代昌军	常 委	男	土家族	贵州思南	2011.10—2014.2	县人武部政委
	张建平	常 委	男	汉 族	贵州长顺	2014.2—2015.12	县人武部部长
	潘鸿广	常 委	男	水 族	贵州三都	2011.10—2014.10	县委政法委书记
	孙 造	常 委	男	汉 族	贵州瓮安	2014.10—2015.12	县委政法委书记
	李友军	常 委	男	汉 族	贵州瓮安	2011.10—2014.10	县人民政府副县长
	罗国江	常 委	男	布依族	贵州惠水	2014.10—2016.10	县人民政府副县长
	兰 京	常 委	男	汉 族	四川江安	2013.1—2014.9	县委组织部部长
	瞿 健	常 委	男	穿青人	贵州毕节	2013.8—2015.12	县委组织部部长
	陈 宇	常 委	男	布依族	贵州惠水	2011.10—2016.10	县委宣传部部长、县人民政府副县长
	张 元	常 委	男	苗 族	贵州龙里	2013.1—2014.11	县人民政府副县长
	刘惠江	常 委	男	汉 族	贵州惠水	2015.4—2015.12	县委宣传部部长
	肖 丹	常 委	女			2013.1—2014.3	挂职副县长
	罗 丕	常 委	男			2014.4—2014.10	挂职副县长
	陈长秀	常 委	男			2014.4—2015.5	挂职副县长
	蔡定朝	常 委	男			2015.4—2015.12	挂职副县长
	王 蔚	常 委	男			2015.6—2015.12	挂职副县长

二、县委工作机构

1978年底，县委工作机构为县委办公室、县委组织部、县委宣传部、县委统战部、县委纪律检查委员会（1984年5月升格为副县级机构，称中共惠水县纪律检查委员会）、县委政法小组（1982年3月改称县委政法委员会）、县委党校和直属机关委员会8个部门。1984年1月恢复设立县委农村工作部（1994年3月撤销），9月建立信访科（1989年12月改为信访办，2007年3月改建为信访局）。1985年4月建立机要室（1990年8月改为县委机要局）。1986年1月建立县委老干科（1987年10月改称老干局，1994年3月改称离退休干部局，1997年1月改称离退休干部工作局）。1989年11月成立惠水县关心下一代协会（1995年更名为惠水县关心下一代工作委员会）。1990年8月建立县保密局和县委党史研究室。2015年末，县委工作机构为县委办公室（归口管理督查考核局、县委政策研究室、县委国安办、县委保密局、县委机要局）、县委组织部、县委宣传部、县委统战部、县委政法委员会、县机构编制委员会办公室、县委党校、县直属机关工作委员会、县委党史研究室、县关心下一代工作委员会10个部门。

第三节　决策制度和决策方式

一、决策制度建设

历届县委在深入调研、广泛征求意见的基础上，先后制定了《中国共产党惠水县委员会工作规则》《中共惠水县委常委会议制度》《中共惠水县委常委会民主生活会制度》《中共惠水县委常委会中心组学习会议制度》《县委常委领导干部“讲正气、树新风、当表率”约法六章》《惠水县领导干部挂点服务企业联系制度》《中共惠水县委惠水县人民政府关于进一步严肃工作纪律营造良好发展环境的十条规定》《中共惠水县委惠水县人民政府关于切实改进县四家班子领导下基层调研的六条规定》《惠水县进一步完善和加强县、乡镇机关干部与群众密切联系工作制度》《中共惠水县委常务委员会党风廉政建设责任制》《中共惠水县委重大事项决策制度》等一系列规章制度。

二、决策方式

中共惠水县委按照集体领导民主集中制的原则进行决策，重大事项决策通过召开会议集体研究决定。县委决策会议主要有党员代表大会、县委全体委员会议、县委常委会议、书记办公会议、县委专题会议、常委办公会议、县四家班子联席会议、党政联席会议、县委工作会议等。

（一）县委全体委员会议

县委通过召开县委全会的方式履行下列职责：制定贯彻执行党中央和上级党组织决策部署以及县党代表大会决议、决定的重大措施；讨论和决定全县经济社会发展战略、重大改革事项、重大民生保障等经济社会发展重大问题；讨论和决定全县党的建设方面的重大问题，审议通过重要党内法规或规范性文件；决定召开县党代表大会或党代表会议，并对提议事项先行审议、提出意见；听取和审议县委常委会的工作报告或专项工作报告，对县委常委会及其成员的工作进行监督和评议；选举县委书记、副书记和常委会其他委员，并报上级党委批准；通过中国共产党纪律检查委员会全体会议选举产生县纪委书记、纪委副书记和常委会其他委员；审议和投票表决各镇街道党政领导班子、县级部门领导班子正职拟任人选和推荐人选。在县委全会闭会期间急需任用的，由县委常委会会议作出决定，决定前征求县委委员的意见；决定递补县委委员；批准辞去或决定免去县委委员、候补委员；决定改组或者解散下一级党组织；决定或追认给予县委委员、候补委员撤销党内职务以上党纪处分；研究讨论全县有关党政群机构设立、变更和撤销方案；对常委会提请决定的事项或应当由县委全会决定的其他重要事项作出决策。县委全体会议每年至少召开2次，也可根据工作需要召开。县委全体会议议题由常委会确定。县委全体会议由县委委员、候补委员、县纪委委员出席，县委常委会主持。县委常委会根据工作需要确定有关方面的负责人列席。县委全体委员会议或全委（扩大）会议必须有三分之二以上的县委委员到会方能举行。决定有关事项时，由县委委员进行表决，以赞成票超过应到会委员人数的半数通过。县委委员表决采取举手或无记名投票的方式进行。决定多个事项时，逐项进行表决。

1978至2015年，中共惠水县委共召开县委全委会议或全体（扩大）会议63次。

表3-2

1978—2015年县委全委会议召开情况统计表

届　别	召开会议（次数）	出席情况
第四届	5	34名县委委员、5名候补委员、7名县纪委委员出席会议
第五届	7	33名县委委员、6名候补委员、7名县纪委委员出席会议
第六届	5	29名县委委员、4名候补委员、11名县纪委委员出席会议
第七届	6	29名县委委员、4名候补委员、11名县纪委委员出席会议
第八届	7	33名县委委员、4名候补委员、15名县纪委委员出席会议
第九届	9	33名县委委员、5名候补委员、17名县纪委委员出席会议
第十届	9	33名县委委员、5名候补委员、19名县纪委委员出席会议
第十一届	9	33名县委委员、5名候补委员、19名县纪委委员出席会议
第十二届	6	42名县委委员、8名候补委员、23名县纪委委员出席会议

（二）常务委员会会议

县委常务委员会会议按照“集体领导、民主集中、个别酝酿、会议决定”的基本原则。一般每月召开2次，也可根据具体情况和工作需要灵活召开。会议研究的内容有：传达贯彻上级党委的方针、政策、重要会议精神和重大决策部署；对全县重要问题作出决定；对同级地方国家机关、人民团体、经济组织、文化组织和其他非党组织的领导机关中党组请示的问题作出决定；按照干部管理权限和程序，负责推荐、提名、任免干部；决定有关干部的奖惩；研究需由常委会讨论决定的其他重要事项。提交常委会会议的议题，按照分工先由常委签署意见，交由县委办公室统筹协调，报书记审定后，提交常委会议研究。干部议题由县委组织部按照有关规定办理。涉及编制、经费等问题，先征求相关领导和部门的意见。县委常委会议由书记主持，书记不能参加时，由书记委托的副书记主持。必须有半数以上常务委员到会方能举行。研究干部任免、奖惩等议题时，必须有三分之二县委常委到会方能举行。进行表决时，以赞成票超过应到会常委人数的半数为通过。常委会议决定的事项，常委按照分工抓好落实。应由有关部门办理的事项，由县委办公室或督查考核局督办，并由有关部门将落实情况书面向常委会报告。

1978至2015年，中共惠水县委共召开县委常委会会议941次。

表3-3

1978—2015年县委常委会议召开情况统计表

届　别	任期（年、月）	召开会议（次数）
第四届	1978.9—1981.4	93
第五届	1981.4—1985.5	152
第六届	1985.5—1988.9	73
第七届	1988.9—1992.1	77
第八届	1992.1—1996.10	79
第九届	1996.10—2001.6	82
第十届	2001.6—2006.10	133
第十一届	2006.10—2011.10	119
第十二届	2011.10—2016.10	133

三、书记办公会议

书记办公会议由县委书记根据工作需要确定会议议题和召开时间。会议议题范围主要是酝酿需提交常委会议研究决定的重要问题，协调落实常委会议决定的有关事项，酝酿有关重要事项，交流日常工作开展情况。出席人员为县委书记和副书记。酝酿干部问题时，县纪委书记、县委组织部部长列席。

四、民主生活会

县委民主生活会由县委书记或者书记委托的副书记主持，每年召开一次，必要时不定期召开专题民主生活会。主要检查总结一年来县委常委班子及成员贯彻执行党的路线、方针、政策的情况，回顾总结常委班子成员在思想上、政治上、工作上的情况，对照执行《中国共产党党员领导干部廉洁从政若干准则（试行）》和党风廉政建设责任制的情况，以及执行上级党委、纪委廉洁自律有关规定的情况，开展批评与自我批评。会前由县纪委、县委组织部分别向黔南州纪委、黔南州委组织部报告民主生活会召开的时间和内容。会后及时写出报告，并在一定范围内通报民主生活会召开情况。对征求到的意见和建议进行立项分解，由县委常委会按照分工研究落实整改。

1978至2015年，中共惠水县委共召开民主生活会34次。

第四节　决策举要

一、中共惠水县第四届委员会（1978年9月—1981年4月）

工作重心转移　1979年1月，召开三级干部会议，贯彻落实中共十一届三中全会精神，实事求是地解决历史遗留问题，决定把全县的工作重心转移到经济建设上来，调动各方面积极因素建设四个现代化。全县先后有600多个生产队推行包产到组、联产计酬的生产责任制。

落实干部政策 1978年12月，成立“惠水县落实政策领导小组”，抽调33人组成办公室，受理“反右派”“反右倾”“四清”“文化大革命”时期的冤、假、错案的甄别、平反、改正工作。坚持实事求是，有错必纠的原则开展落实政策工作。至1979年底对全县612件案件进行逐案复查、落实政策结束。审查党员案件85件，其中：维持原处理决定46人；属于冤、假、错案，给予甄别平反39人（其中恢复党籍1人、撤销错误处分20人、免予处分1人、减轻处分7人）。1980年，平反冤、假、错案工作重点转移到复查四个时期政治运动以外的116件历史遗留案，经过复查，对其中102件案件给予平反改正。全县冤、假、错案复查和落实政策工作于1982年基本结束。在落实干部政策的同时，党的基层组织积极吸收优秀分子入党。

为“四类分子”摘帽 1979年3月至5月，对4345名四类分子（地主、富农、反革命分子、坏分子）进行审批摘帽，落实政策。其中：平反改正306人，摘帽3873人，缓摘166人。对6704名地主、富农子女改定成分为“社员”。

决定题要 1979年，中共惠水县委县革命委员会印发《关于向对越自卫还击战中英雄们学习的决定》号召全县共产党员、共青团员、革命干部、民兵和广大群众，认真学习英雄们崇高的爱国主义和革命英雄主义精神，促进安定团结，加速“四化”建设。

1980年，中共惠水县委《关于搞活农村经济夺取一九八零年农业全面丰收的意见》；领会中央、省委关于放宽农业政策的指示精神，拉林公社党委认真搞好试点，实行分类指导。

实行家庭联产承包责任制 1980年7月，召开三级干部会议，讨论在全县范围内实行定土地、定劳力、定投资、定产量、定报酬的“五定一奖”家庭联产承包责任制，出台《中共惠水县委关于贯彻执行中发〔1980〕75号文件，进一步加强和完善农业生产责任制的安排意见》，对加强和完善农业生产责任制工作进行安排部署。1981年3月，在雅水区雅水公社开展家庭联产责任制工作试点：上缴国家的，留足集体的，剩下是个人的，下半年在全县推开。

二、中共惠水县第五届委员会（1981年4月—1985年5月）

开展林业“三定” 1981年6月，召开四级干部会议，讨论利用自然资源开展多种经营。印发《关于开展林业“三定”的意见》，安排部署做好“稳定山林权、划定自留山、确定国家和集体山林的管理责任制”的林业“三定”工作。1981年在雅水区洛平公社开展林业“三定”试点工作，1982年在全县范围内开展林业“三定”，1983年3月结束，全县42个公社2378个生产队完成林业“三定”。通过林业“三定”，做到“山有主、主有权、权有责、责有利”。

1981年为了加强和改善党的领导，切实行使地方国家权力机关、政权机关的职权，充分发挥人民政协组织的作用，第五届县委常委会讨论通过了《关于县级党政领导机关和人民政协组织工作职责范围的初步划分意见》，1982年为了进一步完善和做好承包、购销合同的签订和兑现工作，中共惠水县委、县人民政府印发《关于签订兑现承包、购销和技术联产合同的若干规定》。

开展地名普查 1981年9月，成立惠水县地名普查领导小组开展地名普查工作，至1983年5月结束。共普查全县3031条地名，其中属新增地名378条，改名145条，变字664条，消失、废弃地名90条。

稳定和完善家庭联产承包责任制 1982年3月，印发《关于签订兑现承包、购销和技术联产合同的若干规定》，对稳定和完善家庭联产承包责任制作出规定：所有实行包干到户责任制的生产队，都必须根据国家计划签订承包合同，明确各方权利、责任、义务；生产队与农户签订承包合同必须符合国家的政策和计划要求。

实行政社分设　1983年3月，在三都区毛家苑公社进行政社分设工作试点，坚持“五不变”（坚持包干到户生产责任制不变、现有社队规模原则上不变、生产资料公有制不变、社队债权债务不变、原有干部性质不变）原则，分别建立乡党委、成立乡人民政府、按照大队规模建立村党支部和村民委员会，以生产队或自然村寨建村民小组。7月召开全县三级干部会部署第一批12个公社政社分设工作，10月，在全县区（镇）书记会安排第二批15个公社政社分设工作。

延长土地承包期　1984年2月，召开三级干部会议，贯彻落实上级关于延长土地承包期和“大稳定、小调整”指示精神，明确社员承包集体土地承包期从1980年起，至2000年止，20年不变。对死亡绝户、农转非户、外迁户的责任地，以及荒芜弃耕的承包地由集体收回作为机动地转包给种田能手经营。对生、死、嫁、娶等人口自然增减，一般不作调整。

实行政社分设　1984年4月，全县49个人民公社实行政社分设，建立49个乡党委，选举产生49个乡人民政府。

发展“两户一联”（各种农业专业户、重点户和经济联合体）。1984年，全县农业、林业、牧业、副业、渔业、商业服务等各种专业户、重点户发展到5071户；各种经济联合体发展到257个，种草养畜牧草种植14200亩，引进黑白花奶牛46头、杂交牛579头。黑糯米种植1602亩，生姜种植609亩，柑橘种植13万株，育橘苗37.8亩。

发展乡镇企业　1984年8月，印发《关于发展乡镇企业若干问题的决定》，推动乡镇企业大发展。要求各国营企业坚持平等互利的原则，采取大厂带小厂、“母鸡孵小鸡”的办法，从信息、技术、资金、物资、设备等方面扶持乡镇企业的发展。各乡镇发挥地区优势，大力发展以砖瓦、砂石、预制品为主的建材业；发展以粮食、油料、粮油副产品为主的粮油加工、饲料加工、食品加工业；发展以竹器、藤器为主的编织业；发展以熟食、旅社、修缮、推销为主的服务业；发展以小水电为主的能源业；发展以马车、拖拉机、汽车为主的交通运输业；发展以柑橘、黑糯米、西瓜、地萝卜、生姜为主的种植业；发展以牛、猪、鸡、鹌鹑、鱼为主的养殖业；发展以民族特需商品、传统产品、黑糯米酿酒等为主的地方工业。

三、中共惠水县第六届委员会（1985年5月—1988年9月）

开展整党工作　加强和改善党的领导。1985至1986年，县委分三批对全县61个党委、18个党组、15个党总支和670个基层党支部、7749名党员进行整党，从思想上、政治上、组织上进行全面整顿。经过整党，全县各级党组织的战斗力得到增强，共产党员的先锋模范作用得到进一步发挥；一批党性强、作风正、有强烈事业心和高度责任感的优秀中青年党员被选入各级领导班子。

开展核查“三种人”工作　1984年4月至1987年2月，建立核查领导小组及办公室，开展核查工作。查清了“文化大革命”期间的7起大事件和51起非正常死亡案件，查清了13名核查对象、69名考察对象、4名清理对象和11名记录在案对象的问题。其中涉及须定性处理的案件，均按照政策和程序逐件逐人作出结论和处理决定。对属于“三种人”性质和犯严重错误的10人，给予开除党籍2人、留党察看1人、党内严重警告1人、党内警告5人、撤销行政职务1人。对在“文化大革命”中犯有严重错误，后调外地工作的3人开展核查，查清问题后将核查材料转交其所在单位党组织处理。

开展民主评议党员　1989年5月，印发《关于开展民主评议党员工作的安排意见》，在总结试点经验的基础上，从6月初开始，分三批开展民主评议党员工作。

推动经济发展 1986年实现全县工业总产值2920.89万元，获黔南州完成工业产值计划先进县；1986年全县工农业总产值为12026.76万元，为黔南州第一个实现从1980年到2000年工农业总产值翻两番的县，也是全州第一个实现目标翻番的县，荣获全省“增收致富”先进县荣誉。

发展“四小”经济（小菜园、小果园、小牧场、小加工）。实行家庭联产承包生产责任制以后，激发了广大农民的生产积极性，乡镇企业发展迅速，全县出现了一批以家庭“四小”为代表的家庭经济模式。为加速农村商品经济发展，1987年8月，在芦山镇、金石乡、姚哨乡开展“关于逐步完善社会化服务体系，扩大家庭经营规模”试点工作，10月底试点结束。3个乡镇共建立和完善乡级经济组织3个，乡级经济服务组织10个，专业协会4个，村级经济组织18个，发展专业协会4个，发展会员193人。9月，批转县委农工部、县农委《关于发展我县“四小”经济的意见》，促进“四小”经济大发展。农村“四小”经济作为家庭规模经营发展商品经济的成功经验，在全县得到有效推广，引起省委、省政府的高度重视。

开展抗旱救灾 1986年11月至1987年6月，惠水遭遇百年罕见旱灾，全县降雨量仅61.1毫米，全县107条河流、溪流有103条枯竭，80%以上地区人畜饮水困难。县委动员全县各级各部门和全县各族人民投入抗旱救灾，农业生产基本实现满栽满种，农村经济稳定发展。1987年7月，县委、县人民政府对51个抗旱救灾先进单位和39名先进个人进行了表彰。

发展粮烟油生产 1987年10月，印发《关于加大粮烟油增产跨度的十项政策性规定及强化三条服务工作线的决定》，大力发展粮烟油生产，促进农村经济发展和农民增收。

加强政治协商和民主监督 1989年8月，印发《中共惠水县委关于加强政治协商、民主监督工作的规定》，对政治协商的主要内容和形式、民主监督的主要内容和形式、保护政协委员民主权力等方面作出规定。

四、中共惠水县第七届委员会（1988年9月—1992年1月）

加强治理整顿，推进深化改革 1990年1月，中共惠水县七届三次全委（扩大）会议讨论通过了《中共惠水县委关于进一步搞好治理整顿和深化改革的意见》。要求全县各级党政组织一定要结合实际，认真贯彻执行《中共中央关于进一步治理整顿和深化改革的决定》和省、州党委结合贵州和黔南实际作出的进一步搞好治理整顿和深化改革的决议和实施方案。用三年时间，基本完成治理整顿任务。继续深化改革和对外开放，克服当前经济工作中的困难，努力实现国民经济持续、稳定、协调发展。

推进民主决策科学决策 1990年9月，印发《关于民主决策科学决策的暂行规定》，对决策的原则和内容、方法和步骤、决策和决策执行中的责任、检查与监督等程序进行规定，建立健全民主科学决策程序。

建立县直机关九项工作制度 1990年11月，印发《县直机关九项工作制度》：领导干部蹲点制度、干部下基层制度、领导接待群众来信来访制度、县直工作部门党组书记汇报工作制度、县直工作部门和群众团体分口汇报工作制度、县几大班子办公室主任联席会议制度、县直学校工作汇报制度、向党外人士通报情况制度、离退休干部工作汇报制度，要求全县各区（镇）、县直工作部门认真研究执行。

加快经济建设 1990年8月，中共惠水县七届四次全委（扩大）会议总结了1990年前8个月的工作，研究部署后4个月党建工作和经济工作，超前安排三秋工作。1990年，全县工农业生产总值完成16524万元，比上年增长9.49%；粮食总产量为10553万千克，比上年增长19.99%，荣获“贵州省1990年度粮食生产”先进县二等奖；社会商品零售总额为11291万元，比上年增长1.1%；农民人均纯收入为

484元，比上年增长4.3%。

发展教育事业　1990年，全县适龄儿童入学率达95.2%，49个乡镇完成“双教”自检验收。

制定十年规划和“八五”计划　1991年3月，中共惠水县七届五次全委（扩大）会议讨论通过了《中共惠水县委关于制定十年规划和“八五”计划的建议》。惠水县“八五”目标：到1995年全县国民生产总值（按1980年不变价格计算）年递增速度为8%，达到24500万元；粮食总产量年递增3.44%，达到12.08万吨；财政总收入年递增9.68%，达到2500万元；人口自然增长率控制在10‰左右，到1995年末全县总人口为37.82万人。“九五”目标：到2000年国民生产总值（按1980年不变价格计算）年递增6.46%，到2000年达33500万元；粮食总产量年递增3.88%，达到14.615万吨；财政总收入年递增9.86%，达到4000万元；年内人口自然增长率控制在8‰左右。

建立健全新建乡镇党政群团组织　1991年8月，贵州省人民政府批复同意惠水县撤销58个区（镇）、乡镇建制，合并建立25个乡镇。是月，县委印发《中共惠水县委关于在建镇并乡撤区过程中召开新建并乡镇党代表大会的安排意见》，转发《惠水县人大常委会党组关于开好建镇并乡撤区工作中新建乡镇人民代表大会第一次会议的意见》，对召开新建乡镇党代会和人民代表大会第一次会议作出安排部署。9月，批转县人武部、都匀预师步兵第二团《关于在“建并撤”工作中加强乡镇武装部、预备役营连部、基干民兵连连部建设的报告》，要求各乡镇结合实际认真研究执行。12月，印发《中共惠水县委关于召开新建乡镇团代会妇代会科代会的通知》，召开新建乡镇团代会、妇代会和科代会，选举产生新建乡镇共青团、妇女联合会和科学技术协会领导班子。

五、中共惠水县第八届委员会（1992年1月—1996年10月）

开展查赌禁赌　1992年7月，印发《关于查禁赌博执纪的规定》，对查禁机关单位党员、干部职工赌博的执纪问题作出规定。在全县开展以查赌禁赌为重点的除“六害”斗争。

开展村民自治示范活动　1992年10月，印发《关于开展村民自治示范活动的意见》，对开展村民自治示范活动的目的意义、方法步骤、标准要求、组织领导等方面作出规定。按照“宣传教育、组织实施、检查验收”三步走，开展村民自治示范活动，要求在1993年10月前完成，1993年11月进行检查验收。

发展劳务输出　1994年6月，印发《关于进一步开展好劳务输出工作的通知》，旨在进一步加快劳务输出的步伐，扩大劳务输出的规模，使之步入经常化、规模化、效益化的轨道。

制定“八七”扶贫攻坚计划　1994年10月，印发《惠水县八七扶贫攻坚计划（1994—2000）》。目标是：到2000年稳定解决惠水县10.7万贫困人口温饱问题，计划农业总产值达43499万元，年递增6.3%。主要措施：进一步加强基础设施建设，改变教育卫生的落后状况；从实际出发，采取有力措施，加快扶贫开发力度；以农民收入为核心，坚持市场导向，发挥区域优势，有计划有步骤地发展高效经济作物；抓好乡镇企业，促进种、养业，加快协调发展；把劳务输出作为经济发展点，重点做好贫困户较集中的乡村劳务输出；狠抓基础设施建设，促进城乡经济发展；加快农、科、教结合步伐，不断提高劳动者素质；加强组织领导，强化服务，精心组织实施。

推动麻山地区扶贫　1994年11月，印发《惠水县麻山地区两乡一镇扶贫对策与措施》。主要措施：实行休养生息政策；改善生产生存条件；改善人畜饮水；加快公路交通能源建设；实施开发项目；分期分批组织劳务输出；抓好科教文卫建设；严格控制人口增长。（两乡一镇即：打引乡、长安乡、王佑镇）

加强农村基层党组织建设 开展惠水县农村社会主义思想教育活动。分两批进行。首批于1991年12月初开始，至1992年4月中旬，第二批农村社教工作于1992年5月下旬起，10月上旬止。通过认真查找突出问题有针对性开展教育，深入开展党的农村基本政策教育，同时抓好村级组织整顿的配套建设，做好验收和检查，加强上下联系和宣传指导；通过社教活动出现了“思想新、班子新、制度新、作风新”的新景象，促进农村各项工作开展，疑难问题和突出治安问题得到处理，科技兴农得到促进，群众法制观念得到加强，计划生育工作有新突破。1995年1月，成立县“四个一”工程领导小组，印发《关于加强农村基层组织建设的意见》《1996年农村基层组织建设工作安排意见》和《关于做好选拔培养村级后备干部工作的意见》，要求认真抓好以党支部为核心的村级组织“四个一”工程建设，广泛开展党员“双带”活动，整顿和加强农村后进党支部，增强农村党支部的凝聚力和战斗力。

推进农村基础设施建设 1995年7月，建立县四家班子党员领导干部到基层挂乡包村开展工作机制，推动落实好“五个好”目标、“四个一”工程，加强农业和农村基础设施工作。是年，建成428个村级服务室；建成110千伏变电站2座、35千伏变电站5个，变电容量为14150千伏安。启动年发电量达1亿千瓦时的海里水电站建设。

六、中共惠水县第九届委员会（1996年10月—2001年6月）

加强精神文明建设 1997年1月，印发《关于加强社会主义精神文明建设的实施意见》，要求各级各部门党组织、全县党员和广大干部要落实好中共十四届六中全会《决议》，为惠水两个文明建设努力奋斗。

加强人口与计划生育工作 1997年3月，印发《关于进一步加强人口与计划生育工作的意见》。主要措施：实行目标管理责任制；严格执行计划生育，加强人口计划管理；以农村为重点，加强基层基础工作；加强宣传教育，树立计划生育光荣的新风尚；加大妇检工作力度，提高孕前管理水平；加强计划生育统计和规范化管理；加强计划外生育费和统筹费的收、管、用工作；部门配合，加强流动人口管理；因地制宜开展计划生育“三结合”工作；增加经费投入，提供物质保障。

深化干部人事制度改革 1997年4月，县委办公室、县人民政府办公室批转《惠水县公务员制度试行和参照机关非领导职务设置实施方案报告》和《关于行政机关、党的机关工作人员过渡为国家公务员、党的机关工作者实施办法的报告》。7月，面向全县从非统配大专毕业生中公开招考并录用17名公务员。

开展建设“平安惠水”工作 1997年2月，印发《关于抓好惠水县社会治安综合治理“平安工程”的意见》。1998年6月，印发《关于实施综合治理平安建设“安全小区”“治安模范村、居委会、单位、院落”活动工作意见》。推进《惠水县社会治安综合治理第二个五年规划》和《惠水县综合治理平安工程实施方案》的贯彻落实。

发展烤烟生产 1998年7月，印发《关于加强烤烟生产中后期田间管理、成熟采收、科学烘烤的紧急通知》，要求承担烤烟生产任务的乡镇和部门切实抓好中后期烤烟生产的田间管理、成熟采收、科学烘烤工作，确保烟叶质量。11月，印发《关于建设主料烟生产基地的决定》，提出把惠水县建成优质主料烟生产基地。

推进荒山开发，建设畜牧业强县 1998年12月，印发《关于加快惠水荒山开发的若干政策规定》，有计划地对县境内70万亩宜林宜牧荒山进行综合开发利用。同月，印发《关于加快惠水县发展畜牧养殖产业化进程的意见》，发展畜牧业，建设畜牧业强县。

中共惠水县委片区工委成立大会（1999年摄）

成立县委派驻片区工作委员会 1999年4月，印发《关于成立中共惠水县委派驻各片区工作委员会及有关事宜的通知》，召开中共惠水县委派驻各片区工作委员会成立大会，在全县设立5个片区工作委员会，5月1日正式挂牌开展工作。2001年7月，撤销县委派驻五个片区工作委员会，召开片区工委工作总结会。经过2年零3个月的运行，各片区工委在县委的领导下，发挥应有作用，完成县委安排的各项任务，达到了县委成立片区工委的目的。

加强党风廉政建设 1999年6月，印发《中共惠水县委常务委员会党风廉政建设责任制》；7月，印发《关于进一步加强党政一把手思想作风和工作纪律的有关规定》。《规定》指出：各级党政一把手要充分认识自身岗位和职责的重要性；要带头弘扬正气，抵制邪恶，积极工作，敢于负责，身体力行，率先垂范；在任何情况下，都必须坚持党性原则，遇到不正常的情况，要及时向县委报告；要坚守岗位，深入群众、深入基层、扎实工作；确需召开各种会议和举办其他活动，事前要向县委、县政府请示同意后方可进行；要求一把手参加的会议，要按时参会，不得缺席；面对当今社会、经济以及各方面形式多样化的发展趋势，要坚定党的信念，保持清醒的政治头脑。

开展“三讲”教育活动 1999年11月，中共惠水县委召开县级领导班子、领导干部“三讲”教育学习动员会，按照省委和州委的安排部署开展“三讲”教育学习活动。2000年7月至9月，中共贵州省委“三讲”教育巡视组进驻惠水县开展工作。2000年7月，惠水县委召开“三讲”教育动员大会，要求各部门要按照《实施方案》的具体安排和要求，扎实有效推进惠水县的“三讲”教育工作。10月，印发《中共惠水县委常务委员会工作规则（试行）》《中共惠水县委领导干部民主生活会制度》《中共惠水县委领导干部民主生活会制度》《中共惠水县委中心组学习制度》。

大力发展经济 2000年，结合惠水经济社会发展实际，提出了建设贵阳“后花园”的战略构想；确立了“围绕贵阳搞建设、依托贵阳谋发展”的发展定位；提出了“优一、上二、兴三、建市”的发展思路。不断加大经济结构调整力度，大力发展非公有制经济，二、三产业在国民经济中的比例逐年增长，农业产业化经营初见成效。是年，国内生产总值年均增长8.5%，工农业生产总值年均增长15.2%，财政收入年均增长11.5%，农民人均纯收入年均增长9.7%。

加强基础设施建设 2000年，紧紧围绕西部大开发战略的历史机遇，不断加快基础设施建设步伐，累计完成固定投资4.9亿元。先后启动和投运海里电站、湾塘变电站、县城外环东路、农村电网改造、村村通广播电视和光缆建设等重点基础设施建设项目，改善群众生产生活条件。把城镇建设作为县域经济发展的重要突破口和增长点，着力加强道路、绿化、供水、照明等城镇基础设施建设，加快城镇化进程，县城面积由1.7平方千米迅速扩大到2.8平方千米。

七、中共惠水县第十届委员会（2001年6月—2006年10月）

加强人口与计划生育工作 2001年7月，印发《关于进一步加强全县人口与计划生育工作的通知》，采取县四家班子包片、25名县级领导干部包乡、50个县直部门挂乡的工作机制，加大计划生育工作力度。2003年6月，印发《中共惠水县委关于进一步加强人口与计划生育工作的决定》，着力抓好“五个落实”（抓领导落实、抓人员落实、抓经费落实、抓措施落实、抓《条例》贯彻落实），人口与计划工作进一步加强。

推进依法治县 2001年10月，印发《惠水县依法治理领导小组关于深入开展法制宣传教育和依法治理工作五年规划》，召开惠水县“三五”普法依法治理总结表彰大会，表彰先进集体10个和先进个人19人，推动“四五”普法依法治理工作的深入开展。

实施党政机关机构改革 2001年11月，印发《惠水县县级党政机关“三定”工作的实施意见》和《惠水县党政机构改革的实施意见》，12月，印发《惠水县乡镇党政机构改革的实施方案》，2002年1月，印发县、乡镇两级《党政机关职能配置、内设机构和人员编制的规定》。

开展合并行政村工作 2001年12月，印发《关于认真做好合并行政村工作的决定》，明确并村基本原则，要求严格掌握政策，严格操作程序，科学制定并村方案，精心组织实施，积极稳妥开展并村工作，促进农村经济发展。是月，印发《关于加强村级管理和规范村级制度的通知》，进一步巩固合并行政村工作取得的成果，加强合并后的村级管理，规范村级各项制度。

开展“三级联创”活动 2002年7月，印发《关于深入开展创建“五个好”村党支部“六个好”乡镇党委和农村基层组织建设先进县活动的实施方案》，召开“三级联创”活动动员大会，安排部署“三级联创”工作。8月，印发《关于在全县机关部门和乡镇、站所开展创建“优良作风、优质服务、优美环境、优雅言行”部门和站所活动的通知》，推动“三级联创”活动引向深入，推动农村基层组织建设先进县创建工作。

实施“建设经济强县”战略 2003年12月，召开中共惠水县十届五次全委（扩大）会议，确定2004至2008年惠水县建设经济强县、“撤县建市”目标：国内生产总值达到30亿元以上，二、三产业在国内生产总值中的比例达到60%以上，财政收入达到1.6亿元以上；城市人口达到12万人左右，达到小康城市人口标准；城区面积达12平方千米左右；用3至5年时间建成“二纵、二横、一连线”的城市道路基本骨架，完成白果大道、园台东路、园台西路、县府南路、上马南路、惠明路建设，建成三星级宾馆2个，物流配送中心2个。

推进新阶段扶贫开发 2005年，以摆榜乡和68个一类贫困村为重点，坚持从落实“三个基本”（即：改善基本生产生活条件、拓宽基本增收门路和提高基本素质）入手，切实转变作风，通过采取办点示范、典型引路、社会帮扶等措施，使农村贫困群众收入增长幅度较大，基本生存条件不断改善，基本增收门路得到拓宽，人口素质明显提高。是年，全县各级领导干部共创办增收示范点665个，全县68个一类贫困村农民纯收入平均达810元以上，整体实现越过温饱线，全面实现中共贵州省委提出的“五大目标”。2006年，全县有6000余人越过温饱线，其中摆榜乡农民人均纯收入达1150元，人均占有粮食456.7千克，全乡贫困人口由扶贫前的8659人下降1323人，下降了67.7%。

八、中共惠水县十一届委员会（2006年10月—2011年10月）

加强党的建设 深化和巩固“三个代表”重要思想学习教育成果，扎实开展保持共产党员先进性教育活动，制定和落实“下评上、上评下”、工作目标管理考核、“四联四帮”党建帮扶、党委议事决策等制度，不断建立健全巩固先进性教育活动成果的长效机制。坚持按制度选人、用人、管人，认真抓好乡镇班子换届和县直部门机构改革，通过“两选一推”及时对软弱涣散的村级班子进行调整和充实。贯彻落实党风廉政建设责任制，制定完善相关制度，形成风清气正的良好氛围。2008年3月，印发《关于开展党的基层组织建设年活动的实施意见》；5月印发《关于实施“党建带工建”工程创新开展党的基层组织建设年活动的意见》，探索总结了“1+4”党建工作模式（“1”即以实施“党建带工程”为主线，“4”即实施“党建带工程”进农村、进企业、进社区、进机关），促进基层组织建设的创新和发展。是年，惠水县被中共贵州省委评为“全省基层组织建设先进县”。

加强精神文明建设　坚持“依法治县”方针，切实抓好民主法治和精神文明建设，双拥工作成效显著，荣获省级“双拥模范县”称号。推进司法改革，社会治安综合管理通过省级复查验收，获“红旗县”称号。加强公民道德建设和社会主义荣辱观教育，推进文化教育事业发展，成功打造了“好花红”民族特色品牌，举办两届“好花红”艺术节、多彩贵州暨“涟江处处好花红”等文化赛事，进一步提高惠水知名度。先后获得了全省人口和计划生育工作突出进步奖、全国婚育新风进万家活动先进县、全国老龄工作先进县、创建省级文明城市工作先进县等表彰和荣誉称号。2008年3月26日在新华网、《贵州日报》等媒体发布提炼“惠水精神”征文启事，截至5月25日，共收到来自全国各地的征文稿件162篇。通过专家、评委认真评审，18篇征文获得优秀以上奖项。6月30日举办“惠水精神”论坛，确定将“惠水精神”提炼为“乐观进取、务实创新、向上争先”，并建议在实践中逐步加以完善。

推进经济结构调整　县委坚持以经济建设为中心，着力推进经济结构调整，转变经济增长方式，提高经济增长质量和效益，产业结构性矛盾逐步缓解，社会生产力水平明显提高，综合经济实力不断增强。2005年惠水县国民生产总值达到13.5亿元，年均增长10.4%，超过省、州增长速度。经济结构调整取得重大进展，非农产业比重不断提高，一、二、三产业结构由54.2∶24.4∶21.4调整为42.2∶29.4∶28.4，实现了优一、增二、增三的目标。农业产业化经营稳步推进，粮食生产连续三年大丰收，特色农产品基地逐步扩大，“订单农业”领域不断拓宽，畜牧业发展不断加快，农产品加工企业档次不断提升。工业经济发展突飞猛进，以险峰、川东、永红为代表的一批老工业企业进一步壮大，以好媳妇、贵医制药为代表的一批新型工业企业建成投产；冶金、磷化工、医药、食品、电力、机械制造六大支柱产业初具规模，产业聚集效应日益凸现，工业对财政的贡献率50%以上，财政总收入1.14亿元。非公有制经济迅速发展壮大，旅游业逐渐成为新的经济增长点，服务业日趋活跃，城乡商贸进一步繁荣。

推进工业强县战略　2008年1月，印发《关于进一步加快工业化进程的决定》。总体目标任务：力争到2010年全县工业总产值36亿元以上。具体工作措施：重点抓好1～5亿元企业建设，力争到2010年贵州惠水（长田）创新企业科技示范基地营业收入20亿元以上；重点发展壮大特色优势产业和装备制造业，扶持做大磷化工业，加快发展包装工业，发展壮大建材工业，培育、发展和引进高技术新产业，优化提升其他产业；抓好工业园区规划建设，培育发展产业集群；加大招商引资力度，大力发展循环经济；强化科技进步，增强企业自主创新能力，实施中小企业成长工程，促进中小企业和非公有制经济加快发展；进一步完善基础设施建设。2011年1月，印发《关于进一步大力实施工业强县战略的意见》，明确做大做强工业经济，推动全县经济社会跨越式发展，实现“2345”工业发展新格局，加快新型工业化进程的工作思路。一是突破“两个百亿”：工业总产值年均增长22%以上，工业固定资产投资年均增长30%以上，到2015年两者突破100亿元。二是实施“三大工程”，即大企业培育工程、品牌培育工程、上市培育工程。三是提升“四个比重”：到2015年，工业经济对全县经济增长的贡献率40%以上，工业税收占全县财政收入的比重70%以上，非公有制经济占工业总产值的比重85%以上，第二产业从业人员占全社会从业人员的比重提升到20%以上。四是壮大“五大产业”：到2015年，形成装备制造、以食品加工为主的特色产业、新型建材、以包装印刷为主的轻工业、精细化工五大支柱产业。

加强招商引资，扩大对外开放 2011年4月，印发《关于加强招商引资工作进一步扩大对外开放的意见》。主要措施：按照“一园四区五产业”的发展规划，提升完善长田山地生态工业园长田项目区和大坝项目区，初步形成大龙项目区和明田项目区，优化产业布局，延长产业链，增强工业发展后劲；通过招商引资建设2～3个投资10亿元以上大型旅游度假项目和城市建设综合开发项目，逐步完善旅游产业体系，把惠水建设成为贵州休闲养生度假旅游目的地，带动全县第三产业快速健康发展；建立和完善招商引资政策促进体系，建立健全招商引资体制机制，加大财政投入力度和金融支持力度，着力构建改善投资环境长效机制，加大适应招商引资扩大开放的人才队伍建设；加大招商引资工作的宣传力度，努力构建惠水“6631”经济社会发展新格局。

巩固提升扶贫开发成果 探索总结了“三个基本”扶贫开发模式和经验，新阶段扶贫开发卓有成效，解决了2.9万人的温饱问题，帮助了4.8万名低收入人口实现增收。新建、扩建和改造学校160多所，城乡教学条件大为改观。城乡水、电、路等基础设施进一步增强，“村村通”广播和电视人口综合覆盖率分别达到92.3%和78.6%。城镇养老、医疗、计划生育利益导向机制等社会保障制度基本建立，城乡最低生活保障、农村特困群众救助和义务教育阶段“两免一补”等政策覆盖面进一步扩大。

推进现代农业综合开发 2009年4月，印发《关于加快现代农业综合开发的意见》，《意见》明确：按照“围绕增收调结构、突出特色闯市场，依靠科技增效益”的思路，实施“农业跟着产业走、产业跟着龙头走、龙头跟着市场走”战略布局，大力发展优质米、畜牧业、烤烟、蔬菜、水果、花卉、茶叶等优势产业，以一年多熟为载体，着力在涟江坝区探索发展“万元田”种植模式。到2010年，全县农业总产值达16亿万元，粮食产量达17万吨，农民人均收入达3390元左右，年均增长6%以上。主要措施：创新农业投入、土地流转、农业经营、扶持激励等发展机制，确保现代综合农业开发健康、有序、良性发展；加快农业招商引资力度，依托优势产业招商、农业园区招商、龙头企业招商、旅游资源招商，力促现代农业综合开发向多元化方向发展；壮大龙头企业，构建利益共享、风险共担的产业发展体系；加强质量安全体系建设，提升农产品质量，打造名特优产品；强化科技支撑，增强现代农业综合开发科技含金量；实行县建园、乡镇建村、村建点、组建户的“四级示范带动”措施，引导产业向规模化、区域化、商品化方向发展；加强领导，确保现代农业综合开发取得实效。

加快发展茶产业 2008年6月，印发《关于加快全县茶产业发展的意见》，推进农业结构调整和茶叶产业优化升级，促进农业增效、农民增收，扎实推进新农村建设。目标任务：坚持每年新种1万亩的速度推进，到2011年，全县茶园面积达4万亩，2012至2017年力争实现黔南州下达的7万亩目标。主要措施：大力扶持茶叶产业发展，着力培育茶叶龙头骨干企业，夯实科技兴茶基础，大力实施精品名牌战略，广泛开拓产业销售市场，建设规模化发展、规模化管理机制，加强组织领导，建立激励机制，推动茶产业发展。

构建惠水“6631”经济社会发展新格局 2010年11月，印发《关于加快发展 加速转型 努力构建惠水“6631”经济社会发展格局的意见》，即围绕建设“6个惠水”目标，抓好6大外联通道，着力构建3大优势产业经济板块，奋力推行统筹城乡一体化协调发展的和谐工程，确保五年内全县地区生产总值实现翻番。主要措施：通过五年时间，努力建设“6个惠水”目标，即建设实力富裕惠水、宜居创业惠水、畅通便捷惠水、平安和谐惠水、生态文明惠水、健康幸福惠水；抓好“贯通县境6大外联通道建设”，即：抓惠水-贵阳无障碍城市大通道建设、惠水—贵阳高速公路建设、惠水—都匀高速公路建设，惠水-安顺高速公路建设、惠水—兴仁高速公路建设、惠水—罗甸高速公路建设；加快以做大做强长田工业园区为抓手的工业经济板块、着力构建以做特做美“山水园林城市”为抓手的城镇经济板块、着力构建以做大做优“185富民增收工程”和服务业为抓手的农业产业化经济模块；统筹城乡协调发展和谐工程，加快城乡一体化发展步伐。即：统筹城乡生产力和人口布局，进一步优化社会机构；统筹城乡产业发展，进一步优化产业结构；统筹城乡创业就业，进一步优化劳动力结构；统筹城乡规划建设，进一步优化人居环境；统筹城乡社会事业，进一步优化公共服务；统筹城乡精神文明，进一步优化社会风气；统筹城乡生态建设，进一步优化生态环境；统筹城乡民主法制建设，进一步优化社会管理；统筹城乡综合配套改革，进一步优化发展体制机制。

加快城镇化进程 2011年1月，印发《关于加快城镇化进程促进城乡协调发展的实施意见》。主要目标：城镇人口较快增长，全县城镇化率每年提高2个百分点，到2015年力争达45%以上，到2020年力争达50%以上。主要措施：进一步优化城镇布局，形成科学合理城镇体系，加快形成“一心二带三点”的城镇发展格局（“一心”即以县城为中心、“二带”即沿101省道和惠罗高速形成的三都-断杉城镇带、沿309省道和昌明至安顺高速形成的岗度—大龙带，“三点”即芦山、雅水、羡塘三个重点乡镇），逐步形成以县城为龙头、建制镇为重点、新农村为补充的城镇发展格局；注重科学规划引领，强化城镇规划建设管理；加快城镇经济发展，强化城镇化产业支撑；大力发展工业经济、现代农业、第三产业，培育城镇特色经济；加快基础设施建设力度，提高城镇综合承载能力；加快路网基础设施建设、市政公共设施建设、城镇生态文明建设、公共服务及民生工程建设；创新户籍管理、投融资、土地管理、人才引进等体制机制，增强城镇化发展活力；坚持建管并重，提高城市管理水平，丰富文化内涵；加强组织领导，切实推进城镇化快速健康发展。

制定实施中长期人才发展战略 2011年10月，印发《惠水县中长期人才发展规划纲要（2010—2020年）》。战略目标：到2020年，培养和造就数量充足、结构合理、素质优良、富有创新活力，能够适应经济社会发展历史性跨越需要的人才队伍，力争全县人才发展的各项主要指标到达全省平均水平，为加快推进全面小康社会建设和实现全县经济社会发展历史性跨越奠定人才基础。主要任务：统筹推进各类人才队伍建设，包含党政人才、企业经营管理人才、专业技术人才、技能人才、农村实用人才、社会工作人才等；加快重点领域人才队伍建设，包含基础领域人才队伍建设、重点产业人才队伍建设、城镇发展人才队伍建设、生态建设与环境保护人才队伍建设、社会发展领域人才队伍建设；优先开发创新型科技人才。主要措施：实施“四个一”人才工程、党政干部素质提升工程、优秀企业家培育工程等12项人才发展重点工程；加快人才发展体制机制建设；完善党管人才领导体制，改进人才管理方式，创新人才培养开发机制、评价发现机制、选拔任用机制、整合配置机制、激励保障机制；积极营造人才发展的良好环境，建立完善人才公共服务体系，坚持人才资本投资优先，大力推动人才创业创新，促进人才向农村基层和民族地区、边远地区流动。

九、中共惠水县第十二届委员会（2011年10月—2016年10月）

加强党的建设 开展党的群众路线教育活动。于2013年1月27日启动，2014年4月结束。本次活动涉及全县83家单位、535个基层党组织、14496名党员。按照省委“三实三用”和州委“三思三干”总载体，以“三真三民”为内容，坚持聚焦“四风”边查边改，坚持以民为本，提升服务质量，不断加强严督实导。注重分类指导多措并举，加强舆论宣传活动的开展，使干部思想认识得到了提高，党群关系得到了好转，存在一些突出问题得到了解决，改革发展的任务得到推进。

开展“三严三实”专题教育活动。于2015年4月底启动，是年10月结束。通过坚持问题导向，建立问题清单，边学边改，深化专项整治，坚持把专题教育和推动经济社会发展历史性跨越相结合，在深化“四风”整治、巩固和发展党的群众路线教育实践活动成果上、在守纪律讲规矩、优化政治生态上见实效。

全州工业发展大会在惠水召开（2014年摄）

认真贯彻落实“以改革创新精神全面推进党的建设新的伟大工程，以党的基层组织建设带动基层工青妇组织建设”的要求，出台《关于进一步加强和改进党建带群团工作的实施意见》《关于进一步加强和改进新形势下党史工作的实施意见》，惠水县获全省基层组织先进县称号。

开展创先争优活动 以“五创五比”（即：比百姓富，创全面小康示范村；比生态美，创生态文明示范村；比乡村特，创特色魅力示范村；比自治强，创诚信自治示范村；比党建厚，创党建引领示范村）为载体，先后举办两届“涟江骄傲人物”评选活动；出台进一步加强互联网管理工作的实施意见，在全县基层党组织和党员中深化拓展创先争优活动。

推进精神文明建设 大力打造“好花红”民族特色文化品牌，先后成功举办了“好花红”艺术节，多彩贵州暨“涟江处处好花红”，多彩贵州暨“永红”旅游形象大使选拔大赛，“龙游涟江·好花更红”等四届艺术节，惠水知名度进一步提高。广场文化、社区文化、农村文化进一步繁荣，群众精神文化生活日益丰富。教育事业健康发展，“两基”工作顺利通过省政府“基本合格县”验收和国家教育部复查，高考成绩上升到全州第二位。惠水县先后获得全省人口和计划生育工作突出进步奖、全国婚育新风进万家活动先进县、全国老龄工作先进县、创建省级文明城市工作先进县等表彰和荣誉称号，精神文明创建成果得到了巩固和加强。

加快工业强县步伐 进一步加强工业基础设施建设，长田工业园区先后被命名为“贵州创新企业科技产业示范基地”“贵州省中小企业成长示范基地”“贵州乡镇企业产业集聚示范区”“全国农产品加工创业基地”“贵州省新型化工业产业示范基地”，初步形成了“一园四区六大产业”（即：一园：长田工业园；四区：大坝工业区、大龙生态经济示范区、七里冲工业区和永红工业区；六大产业：食品加工、新型建材、装备制造、精细化工、物流等六大工业产业）的发展新格局。“向山要地”工程得到进一步扩大。2012年8月，成功申报为贵州惠水省级经济开发区。

启动城北新区建设 以建设“山水田园城市”为目标，按照“稳南扩北、产城互动、完善功能、突出特色”的发展定位，以“南衔老城、北承高镇，西畔濛水、东临涟江”为思路，对城北新区进行规划建设。

发展花卉苗木产业 2012年5月，中共惠水县委、县人民政府制定《关于加快全县花卉苗木产业发展的意见》。从2012年起，每年按照5000亩的速度推进，力争在“十二五”期末，规划建成以和平、高镇、三都、大坝、大龙为核心区的5万亩花卉苗木产业园区，花卉苗木综合经营收入达15亿元以上。促进花卉苗木产业向规范化、标准化、产业化、设施化、工厂化方向建设，辐射带动全县花卉苗木产业的发展，把惠水建成贵州最大的花卉苗木基地和供给基地。

推进农业园区建设　2012年10月，惠水县委、县人民政府制定《关于加快农业产业园区建设的意见》，以创建省级现代农业示范区为引进，高标准建设“黔南涟江现代农业产业园区、黔南云雾山现代农业（扶贫）产业园区、黔南麻山山地农业（扶贫）产业园区”州级“三大园区”和“惠水雅晶特色大米农业产业园区、断杉片区立体生态产业园区”县级“两大园区”。加快发展花卉苗木、时鲜果蔬、经济林果、生态绿茶、坚果核桃、种草养鹅、优质烤烟、有机高粱、中药材、特色大米（红米、黑糯米、香米）、林下养鸡等主导产业。到2015年，实现粮经比例达35：65，力争产业园区总产值51亿元以上，农产品加工率50%以上；农民人均纯收入突破1万元以上；新培育1个国家级重点龙头企业、5个省级重点龙头企业、20个州级重点龙头企业；培育万元乡镇14个，万元村74个。

开展民族团结进步繁荣示范县创建工作　2012年12月，印发《惠水县进一步加强民族工作加快少数民族和民族地区经济社会发展的实施意见》。目标任务：把惠水建设成为全国民族团结进步繁荣发展示范县和全省承接产业转移、旅游休闲度假、民族文化保护和生态文明示范县，建设成为黔中经济区重要战略支点，推动惠水县经济结构实现明显优化，少数民族群众生产生活条件得到明显改善。主要措施：建立和完善工作机制，加强和改善党对民族工作的领导；进一步加快少数民族和民族地区经济社会发展；加大财政投入和金融支持力度，加强基础设施建设，大力扶持民族贸易和民族特需商品生产产业，加强民族地区生态保护和旅游开发力度，重点抓好少数民族贫困乡镇扶贫开发工作；进一步加强少数民族和民族地区社会事业发展；切实抓好民族文化、民族体育、民族区域教育和医疗卫生等事业；进一步加强少数民族人才队伍和干部队伍建设；进一步推进民族团结事业，积极创建全省民族团结进步繁荣示范县。

启动全面建成小康社会建设　2013年1月，印发《关于2018年全面建成小康社会的实施意见》。目标任务：到2018年确保全面小康监测指标全部达到或超越省定标准，实现全县地区生产总值113.26亿元，城乡居民和农村居民人均可支配收入分别到23030元、11190元，财政税收30亿元，全县城镇化率50.8%以上。主要措施：大力实施“十大计划”，集中力量突出重点、突破难点，全面加快惠水小康社会建设进程。具体包括：经济跨越计划、收入倍增计划、扶贫减贫计划、教育突破计划、美丽涟江计划、和谐创建计划、城乡通畅计划、保障兜底计划、文化提升计划、城镇扩容计划。

实施科教兴县和人才强县战略　2013年1月，印发《关于深入推进科教兴县和人才强县战略的实施意见》，培养和造就一支数量充足、结构合理、富有创新活力，能适应社会经济发展历史性跨越需要的人才队伍，力争在“十二五”期末实现人才发展的主要指标到达全州乃至全国平均水平。到2015年，全县人力资源总量达到5万人，高技能人才占技能劳动者的比例20%以上。

推进治理体系和治理能力现代化建设　2014年8月，印发《关于深入实施“5531”工程扎实推进治理体系和治理能力现代化的实施意见》。统筹推进“五个建设”，推动全县经济社会后发赶超、跨越发展。加快经济发展，着力建设“四个新区”（“环贵阳产业新区、环贵阳宜居新区、环贵阳生态新区、环贵阳文化新区”）；强化社会管理创新，着力建设平安惠水；加快民生保障，着力建设幸福惠水。加快生态保护，着力建设生态惠水；是夯实基层基础，着力建设活力惠水；整合“五种力量”，形成齐抓共管的社会治理新格局；突出党委总揽全局、协调各方的领导核心作用；是突出政府社会管理和公共服务的职能作用；突出群团组织联动共建的职能作用；是突出社会组织协同管理的职能作用；突出志愿者队伍参与的基础性作用。满足“三个需求”，即满足群众生理需求、物质需求、精神需求，不断提升人民群众幸福指数。贯彻“一条红线”，形成联系服务群众体制机制。深入开展党的群众路线教育实践活动；积极宣传动员群众参与社会治理；建立完善群众工作制度。

创新联系服务群众工作 2014年9月，印发《关于实施“五夜”工作法进一步深化联系服务群众工作的意见》，即推广以“夜学提素质、夜访体民情、夜办送民需、夜调促民稳、夜巡保民安”为主要内容的工作法，切实解决联系服务群众“最后一千米”问题，进一步转变干部作风，树立群众观点，增强发展意识，提高服务效率。“五夜”工作法的实施主体主要为镇（街道）、村（居、社区）两级干部，镇（街道）所属各部门干部职工，服务对象为本辖区群众、企业及社会其他组织。工作方式及主要内容为：工作方法平时学，特需群体定时访，群众事务错时办，群众矛盾约时调，防范重点随时巡。

县四家班子领导到摆榜乡走访群众（2014年摄）

推进“10个10亿、4个100”培育工程 2014年10月，印发《关于围绕“百千万”工程推进“10个10亿、4个100”培育工程的实施意见》。工作目标：通过培育10个产值10亿元以上企业；培育100家2000万元以上产值规模企业、100家新兴现代服务企业、100家成长性好的微型企业、100家种养殖企业（合作社）。到2017年，力争全县工业总产值225亿元以上，年均增长20%以上；农业总产值达16.5亿元，年均增长8%以上；第三产业总产值达45.7亿元，年均增长22%以上。

推进全面依法治县 2014年12月，印发《关于全面推进依法治县的实施意见》。主要目标：按照中央确定的“建设中国特色社会主义法治体系，建设社会主义法治国家”的总目标，优化经济、社会、文化和生态建设的法治环境。到2020年，实现法治实施高效、法治监督严密、法治保障有力，党内法规得到严格遵守，党员干部法治思维和依法办事能力明显提高、公民法治意识和法律素质普遍增强；全县各项事业全面纳入法治化轨道，基本形成严格执法、公正司法、全民守法的依法治县新格局。主要任务：坚持依法行政，进一步加快法治政府建设进程；坚持公正司法，进一步提高法治建设公信力；坚持社会法治，进一步提高法治建设服务水平；坚持学法用法，进一步提高全民法治理念和意识；坚持保障有力，进一步强化依法治县配套建设；坚持依法执政，进一步加强和改进党对法治工作领导。

推进百鸟河数字小镇产业发展 2015年8月，印发《关于加快百鸟河数字小镇产业发展的意见》。目标任务：围绕“大数据、大健康、大教育”的产业发展定位，以“镇·园·村”三级发展模式，实现生态、生活、生产“三生”于一体、人与自然和谐相处、生产与生活相得益彰。力争3至5年内，实现小镇“五个一”［即引进100家以上大数据开发企业（其中10家以上世界知名企业），实现带动相关产业规模100亿元以上，解决1万名以上大学生创业就业，培育10家以上上市公司，引进10名左右“两院院士”到数字小镇领军产业研发］的目标。

第二章　纪检监察

第一节　机　构

1978年9月，县委四届一次全会选举产生县委纪律检查委员会委员、副书记、书记，11月成立办事机构，正式开展工作。1980年，县纪委有专职干部6人，三都、摆金两区各配1名专职干部。第五届县委纪委产生方式与第四届一样。第六届后均由同届县党代会选举产生县纪委委员、同届县纪委一次全会选举产生县纪委常务委员，常务委员会选举产生副书记、书记。所产生的县纪委领导班子任期与县委领导班子任期相同。1984年5月，中共惠水县委纪律检查委员会升格为中共惠水县纪律检查委员会（副县级）。纪检组织的主要职责是：监督、执纪、问责。全县共有纪检专（兼）职干部28人。

1986年，县纪委下设办公室、案件审理科。全县六区一镇中，除和平镇外，姚哨、三都、摆金、雅水、断杉、王佑6个区分别建立了纪检组。1988年1月，全县六区一镇均配备了纪检组组长。4月，恢复县监察局。1990年3月，县纪委纪检科、审理科改为纪检室、审理室，并增设信访室。1992年，县纪委有纪检、审理、控申、廉政、办公共5个室。1991年8月，全县建镇并乡撤区调整合并为25个乡镇，均召开了乡镇党代会，选举产生了乡镇纪委班子。

1993年县纪委与县监察局合署办公。县纪委常委由5人增至6人。内设机构有：办公室、纪检监察室（含纠风工作）、案件审理室、执法监督研究室、控告申诉（含举报中心）信访室、党风廉政教育室6个室。全县25个乡镇及县公安局分别建立了纪委、县直机关各主管局均配备专（兼）职纪检员共70人。县计委、县财委、县国税局、县地税局、县工商局、县农工委6个委（局）建立了纪检组，配备了专职纪检组组长或副组长。

县（委）纪委第四届至第八届领导班子均任期3至4年不等，1996年10月后，县纪委第九届领导班子，根据修订后的《中国共产党章程》规定，任期5年。

1999年4月至2001年7月，县委为加强农村工作，成立了和平、摆金、雅水、断杉、王佑5个片区工作委员会，委任了片区纪检员7名。

2008年，纪检监察综合室及非公有制经济发展侵权投诉中心为县纪委内设机构，并在16个县直部门协调派驻纪检监察机构，设纪检组长1名（副科级）、监察主任1名（部门股级干部兼任），纪检组长在部门内部调剂，综合室主任1名（副科级），在纪检监察机关调剂。

2012年，已配备和应配备而未配备的县政府22个工作部门的纪检组长纳入县纪委、县监察局统一管理，设立4个派驻纪工委监察分局，为县纪委、县监察局下设的正科级机构。各单位的纪检组长编制实行专编专用。4个派驻纪工委监察分局编制26名，其中，纪检组组长22名，工勤4名；4名纪工委书记由县纪委常委兼任。每个纪工委监察分局配备人员2～10名，设书记（正科级）1名、副书记（兼任监察分局局长等级为正科级），第1至第3纪工委监察分局设纪工委委员（纪检组组长兼任）5至7名，每个纪工委监察分局设工作人员1名。

2015年，惠水县纪委（监察局）共有9个内设机构，即办公室、党风政风监督室、信访室、案件监督管理室、第一纪检监察室、第二纪检监察室、案件审理室（案件申诉、复查复议室）、干部室、教育研究室。全县共设置派驻机构44个，县纪委监察工作机构干部职工20人。

第二节　党风廉政建设

1978至1979年，结合落实干部政策工作，对全县5600多名党员进行党的实事求是传统作风教育。结合违纪案件的查处，选择了严重违纪违法、贪污挪用党费和赃款赃物、违章机动车肇事三件典型案例通报全县各机关部门及乡镇，以教育广大党员、干部遵纪守法，树立全心全意为人民服务的宗旨意识及正确的世界观、人生观。

1980年，在全县机关、学校、企事业单位组织党员认真学习中共十一届五中全会通过的《关于党内政治生活的若干准则》和胡耀邦《关于搞好党风、严肃党内政治生活的几点意见》的讲话，以此为党内组织生活会的内容，联系实际认真讨论，提高党员干部对搞好党风重要性的认识，对照“准则”勇于开展批评与自我批评。

1981年，贯彻执行省纪委〔1981〕36、37号《关于禁止党员、干部利用职权为亲属子女谋求特殊照顾的通知》《关于禁止党员、干部用婚丧嫁娶请客收礼的通知》，以惠纪发（1981）29号文件印发全县，以党风带动社会风气的好转。

1982年，贯彻执行省纪委《坚决制止党员干部参加封建迷信活动》的通知，教育基层党组织和党员必须保持思想上、组织上的纯洁。通过某公司党支书黄某拒收钱物及几名干部利用职权谋取私利的正反典型在全县通报，教育广大党员、干部要自觉遵守党纪国法，自觉筑牢反腐倡廉的思想防线。

1983年，为推进全县党风根本好转，明确提出纪检工作的指导方针是抓好执政党的党风建设，首要任务是维护党的政治纪律，工作方法是坚持群众路线搞好调查研究，工作目标是加强党风党纪教育，狠刹不正之风。

1984年，继续抓全县各级党组织实现党风明显好转，每年进行两次对照检查，并形成制度。主要以是否坚决执行中共十一届三中全会以来的路线、方针、政策，坚持民主集中制情况，有无利用职权谋取私利和严重的官僚主义等三方面为重点开展工作。全县各级党组织制订实现党风明显好转的规划。

1985年，建立党风责任制，把端正党风、严肃党纪列入党委议事日程，县委常委负责和处理各自分管工作的党风党纪方面的问题，一级抓一级，层层负责，每半年进行党风抽查和年终党风大检查。

1986年，以端正党风为中心，加强对党员“三性”（即德性、党性、理性）教育为重点，进一步落实党风责任制，实现党风好转规划。实行3个月一次党风汇报和半年、年终党风对照检查制度。通过抓典型示范，协助各级党委搞好整党工作。

1988年，按照中共十三大坚持从严治党的要求，集中力量管好党纪、协助党委管好党风，加强党员的党纪党规教育，坚持常抓党风建设。

1989年，全县各级纪检组织积极协助各级党委，着力解决以权谋私、贪污、受贿、弄权渎职、奢侈浪费以及党政机关经商办企业等问题。以量化分数90～100分、70～89分，69分以下3个等次为衡量所在单位党风建设好、一般、差的标尺。

1990年，县委印发《关于党风建设的十条要求》，推进党的思想、组织、作风建设，要求党员特别是党员领导干部要率先垂范、廉洁奉公，勤政为民、不谋私利、弘扬正气。建立健全廉政制度和“两公开、一监督”专项制度，抵制歪风邪气，严防和消除各类腐败现象的滋生和蔓延。建立县委廉政建设领导小组，县委书记任组长。

1991年，组织党员干部参加省纪委举办的党风、党纪知识100题竞赛，指导县有关部门组织基层党支部，参加建党七十周年党的知识竞赛和中共十三届七中全会精神学习，组织收看省纪委推荐的《普通一官》电视剧；学习省纪委、省监察厅《关于在建镇并乡撤区工作中确保国家、集体财产不受侵犯的通知》，对有关人员事先敲警钟；贯彻落实中央办公厅、国务院办公厅《关于认真检查对照对严禁用公款吃喝送礼等有关规定执行情况的通知》，把严禁用公款吃喝送礼、挥霍浪费作为整治腐败、加强党风廉政建设的一项重要内容，从严查处党内违纪案件，以治理“三乱”（即乱收费、乱罚款、乱摊派）为重点，以党风的好转促进行风、社会风气的好转。

1992年，利用电教形式播放党风党纪及国际形势教育录像片，利用典型国家安全案件进行党风党纪教育，将县公安、税务、工商等15个试点单位的党风廉政建设经验，总结汇编成册，向全县推广。

1993年，重点开展教育、纠风查案、建制堵漏等方面工作。重视学习教育，各单位坚持每周二、五学习制度，重点学习中共十四大报告，江泽民总书记等领导讲话。认真查处违纪案件，切实纠正行业不正之风。

1994年，开展“两公开一监督”（即办事制度、办事结果公开、接受群众监督）活动，减轻农民负担、整顿机关作风，严禁元旦、春节期间用公款请客送礼、挥霍浪费、突击花钱、滥发奖金实物等。

1995年，对照中纪委关于领导干部廉洁自律两个五条规定，开好各级党组织的专题民主生活会。省纪委《贵州党风廉政》等刊物出版发行，要求县直机关、乡镇党委，用党费统一征订到每一个基层党支部。

1996年，利用电教形式，播放《存亡警世》《风骨铮》等21部教育片、20余场次，有万余人观看。在全县党员干部中开展一次党纪政纪条规知识竞赛。

1997年，领导干部的廉洁自律进一步加强，全县有74名领导干部主动拒绝“吃喝玩乐”邀请，有18名领导干部主动将礼品上交登记，未出现顶风违纪购买小汽车和为配偶子女经商办企业提供优惠条件的发生。

1998年，结合对全县通信工具进行清理，清出用公款安装的住宅电话233部，全部过户给个人；移动电话46门，折价过户4门，收缴11门，在邮电局销号和退回被占单位经费，停机19门，按规定配置的12门；清出寻呼机233个，其中，过户给个人108个，上交县财政及县纪委34个，退回企业11个，符合条件留用的80个，收回资金13.8036万元，财政每月节约开支近2万余元。制定有关规定，对符合条件配置住宅电话、移动电话的人员，公务通话费实行规定限额、超额自负；凡县内公务接待、会议伙食一律在县委招待所或乡镇食堂就餐等。

1999年，继续对配置有通信工具和通信话费对象进行规范，压缩公务接待活动开支，严格执行公务接待标准。全县节约会议及公务接待伙食费近10万元，节约会务费15万元。县纪委监察局代表县委、县政府与新任的28个科局长签订勤政廉政责任状，推行干部打招呼制度，全县共向30人次干部打了招呼。清理非专职驾驶员驾驶公车问题。县委、县政府有关领导主动将个人驾照交纪检监察机关，并对两名用公款考驾照的副科级干部进行处理，责令将所用公款及驾照交县纪委监察局。加强预算外资金的管理，全县纳入财政专户管理的预算外资金近800万元。

2000年，执行收支两条线规定，全面推行会计委派制，进行“收支两条线”清理，取消了6个不合理收费项目，金额达132.4434万元；取消53个银行账户。全年纳入财政专户管理的预算外资金共900多万元。在10个县直工作部门、428个村、28个厂分别开展政务、村务、厂务公开，密切党群、政群、干群关系及接受群众监督的工作透明度。

2001年，通过贯彻落实《廉政准则》“八项规定”，认真对照检查，自查自纠，有7名县处级领导主动上交礼金0.93万元。全县建立科级以上领导干部廉政档案413宗，继续抓好21个县直机关、428个村、15个厂的三公开工作。全年利用2起典型案例和10部党风廉政电视教育片，对广大党员干部进行教育。2月中旬至5月中旬，开展了为期3个月的委、局全体干部，重点是领导班子成员参加的“三个代表”重要思想学习教育活动。

2002年，严格规范领导干部从政行为，抓好领导干部廉洁自律工作，签订各乡镇党风廉政建设责任状，并将此列入党政班子政绩考核的重要内容。年终开展党风廉政建设检查，推行党政领导干部述廉制度，本年度，县委、县政府、县纪委主要领导对乡科级以上领导进行诫勉谈话和打招呼共56人次。

2003年，结合检查清理党政机关违规修建楼堂馆所及党政干部违规建私房问题，对全县行政事业单位移动电话使用，话费报销和停（减）薪留职人员不停（减）薪情况进行清理整顿，全年清查20个单位及乡镇、收缴违规资金20万余元，挽回经济损失30多万元。开展机关作风教育整顿活动，利用县有线电视网络播放10部党风廉政教育专题电视片，发放754本《领导干部廉政手册》，通过通信和宣传渠道发出156条廉政信息和警告警句。

2004年，推行责任追究制，全年对10名乡科级干部进行责任追究，给予纪律处分和组织处理，多名领导干部主动上交收受的礼金1.8万元。进一步完善会计委派制和会计结算中心工作，4月成立政府采购办和采购中心，加强“收支两条线”的管理，进行专项清理，共清理“小金库”资金213万元，收缴29万余元。进一步完善干部人事监督管理，对一名新任副科级干部因不合格被免职。开展清理工程款和拖欠农民工工资300万元。

2005年，根据中央、省、州纪委要求，将反腐倡廉工作寓于保持共产党员先进性教育活动中，全面学习、宣传、贯彻中共中央《建立健全教育、制度、监督并重的惩治和预防腐败体系实施纲要》，采取组织观看《忠诚卫士》、上党课、作党风廉政专题讲座等形式，开展对党员的教育工作，把党风廉政教育与党的先进性教育活动有机结合。

2007年，开展机关作风教育整顿，继续组织对国家公职人员和国有企业负责人投资入股煤矿开采的清理，对1个有煤矿企业乡镇的领导班子进行集体诫勉谈话，纪委负责人同下级党政主要负责人谈话50人次，配合县委、政府开展领导干部任前谈话115人次，诫勉谈话10人次，领导干部述职述廉155人次。结合机关作风教育整顿活动，县机关各单位通过加强理论学习、业务培训、警示教育、健全制度、建立党、团员示范岗等行之有效的办法及措施，着重解决好本部门存在的门难进、脸难看、事难办、不作为、乱作为、相互推诿等问题。开展以“讲正气、树新风”为主题的教育，促进干部作风进一步好转。开展社会主义荣辱观教育，推动廉政文化进机关、社会、家庭、学校、企业、农村，促进社会风气进一步好转。

2008年，围绕中心、服务大局，加大督查力度，推行各项制度改革，加强“三公开”工作及经济责任审计，促使预防腐败关口前移。

2009年，继续推进惩防体系建设，完善责任考核办法，维护党风廉政责任制的严肃性，本年度责任追究8人，涉及乡科级干部8人；对新提拔的67名乡科级干部进行廉政谈话和廉政考试，公开、公平、公正选调干部、招聘人员，接受社会和群众监督。

2010年，开展廉政风险防范试点工作，将县建设局、县民宗局作为试点。组织离退休老干部撰写勤政廉政材料《涟江不老松、辉映夕阳红》。

2011年，加强党员领导干部思想教育，筑牢拒腐防变思想防线，通过引导党员干部特别是领导干部算政治、经济、自由、家庭、名誉、亲情、健康“七笔账”筑牢拒腐思想防线。严格执行换届“5个严禁、17个不准、5个一律”要求，确保县第十二次党代会换届选举成功。全面推行基层党务公开工作。

2012年，建立3个县级和50个村级党务公开示范点，设置党务公开专栏540个，意见建议箱74个，13595名党员公开承诺事项22726件，党员干部报告个人有关事项7822人次，任前廉政谈话145人次，科级干部述职述廉536人次。与县检察院联合开展预防职务犯罪警示教育。

2013年，严肃上班纪律和考勤制度，重点整治公职人员上班打麻将、擅自离岗脱岗行为，定期不定期对各机关单位干部工作作风和县城内的300余家酒店、茶楼、娱乐场所进行明查暗访40余次。组织开展机关部门“服务企业、服务群众、服务基层”满意度测评，对测评排名靠后的10家单位进行诫勉谈话和通报批评。对1个乡镇党政主要领导违规购车及3名干部公车私用行为进行诫勉谈话。对6名工作不实，措施不力，导致本乡镇群众到县赴州进省集体上访事件的领导干部进行问责，其中，通报批评4人，诫勉谈话2人。对1名治理违章建筑、违法用地不力的乡镇长作提出主动辞职，调离岗位处理。组织召开全县副科级以上领导干部警示教育大会，有600余名副科级以上干部接受廉政教育。组织党员干部到县反腐倡廉，预防犯罪警示教育基地参观，乡镇、机关党员干部1000余人深受教育。发挥县党风廉政建设预防职务犯罪宣讲团的作用，继续深入乡镇、部门开展廉政宣讲10余场次，领导干部接受教育800余人。

2015年，全县66个单位围绕“两个责任”“四风”损害群众利益、廉洁自律等方面存在的突出问题，进行自查自纠，共查找突出问题归类19个，制定整改措施24条，43个单位主动上缴违规发放的津补贴，加班费等214.97万元。按照抓早抓小的要求，针对存在的问题进行甄别，全县共对248人进行约谈，对不主动检查和报告自身存在违纪行为的党员干部，进行深入查实和从严处理。

第三节　执法监察

1978至1988年3月，由县委纪律检查委员会（1984年5月后为县纪律检查委员会）行使行政监察职能。1988年4月后，由县监察局行使行政监察职能。至1992年，行政专项监察与党风廉政建设、纠正不正之风工作一同进行，没有严格区分。

1987年，贯彻执行《党内监督条例》抓好各级党组织一年两次民主生活会召开，作为制度坚持。通过党内的民主生活会，能充分发扬党内民主，加强党内监督，依靠领导班子自身力量解决矛盾和问题，达到更好的一手抓建设、一手抓党风、严肃党纪、从严治党的目的。

1993年，县纪检监察合署办公后，对开展夏季农副产品收购，要求对农民一律不准打白条的督查工作。

1994年，认真开展清理加重农民、企业负担的“三乱”（乱收费、乱罚款、乱摊派），清理全县在职干部违纪购房和用公款超标装修个人住房，清理了单位设小金库、干部拖欠公款三项工作。

1995年，开展对农用化肥供应的执法监察，全县5月在供销社（点）组织各种化肥18904吨进行让利销售，减轻农民负担28万元。协助县水利局对1994年州下拨的防汛抗旱经费被县挪用解决职工工资造成资金不到位进行检查，督催县财政归还了3万元。对各种基金和乱收费进行执法监察，仅1994年，全县形成收入并纳入部门管理的六项基金达91万元，是年结余近16万元。对县城8所中小学和幼儿园收费进行清理，清理出违规收费2起，金额20万余元。

1996年，重点对中、小学校收费、种子销售、工程招投标进行执法监察、冻结8所学校不合理收费20万余元，组织有关部门清理了6人违反规定经营杂稻种子18125千克，金额达29.96万元，给予6人工商罚款3000元，没收种子12460千克，并给予党政纪处分2人。参与了县医院宿舍等5个基建项目的公开招标工作。

1997年，继续开展减轻农民负担的执法监察，保护农民利益。继续对有预算外资金来源的单位和部门进行重点清查，清出县计生局从1993年以来所收的办公费等10余万元长达5年不入账，且有公款私存、设小金库等现象，按规定进行了处理。

1999年，开展对建筑市场的执法监督，杜绝“条子工程、亲属工程、领导工程”，全县招投标工程项目7个，资金达720万元，名列全州第一。对县粮食流通体制改革的执法监察，县粮食存储企业以保护价收购粮食18895.7吨，顺价销售和陈化粮销售2160吨，配合工商部门查扣非法收购粮食25.951吨，上交财政罚款35.29万元。对医药购销、征兵、招生、招干及职称考评的执法监察，收到良好效果。

1998至2000年，全县各乡镇共收教育附加费603万元，上缴财政90.7万元，314.1万元用于学校教育事业，近200万元被乡镇挪作他用。县纪委县监察局在调查核实的基础上，对问题较严重的个别乡镇提出监察建议。同时，对1999至2000年的扶贫资金368.7万元进行了联合检查，无挪用现象。

2000至2001年，抓好建筑市场的规范及工程的招标工作，共公开招标建设项目16个，涉及金额1257.64万元。对全县农村教育专项基金进行执法检查。

2002年，对行政事业单位318个账户进行清理整顿，保留231个，撤销87个。对社会资金的执法监察，使社保资金得到了完善管理并合规使用。完成上级交办的国债资金管理使用，自然救灾款使用。继续整顿规范种子（含农药、化肥等）市场经营秩序、安全生产事故等方面的执法监察，全县发生安全事故5类，共死亡26人，伤18人，造成经济损失95.3万多元，均采取相应措施处理。

2003年，协助相关部门推行行政审批制度改革，清理越权定价收费10项，涉及农民减负的38项，取消21项。税费改革后，所涉及取消农民减负的计生、优抚、屠宰等11项涉农项目，从原来的2369万元降至1048.33万元，减负率达60.28%。全县所有的乡镇、村、机关企事业单位均建立了“三公开”制度。配合有关部门推动党政领导经济责任审计制度、产权交易进入市场、经营性土地使用权招标拍卖挂牌出让、规范有形建筑市场等方面的执法监察。

2004年，开展专项资金管理的监督检查，对挪用农业、民宗、水利、卫生、建设72.2万元和挤占水利局50.15万元，责成整改并限期归还。对国有经营性土地实行招拍挂执法监察，依法收回国有土地使用权2宗，招拍挂2宗成交1宗1.39万平方米。成交价353.5万元，查处1宗223平方米，聘请60余人为特邀监察员，查处投诉80件，为11户挽回经济损失13950元。配合县法制办清退和平镇17户农户土地征用费3万元。

2005年，对全县11个基层国土所及相关部门对农民建房进行清理，查出违规资金11万余元，对1个乡镇领导班子进行诫勉谈话。对和平、王佑两镇国土所长立案调查。清理拖欠农民工工资119635元。查处乡镇派出所乱收费1起，收缴违纪资金1000元。检查排污单位50多家，查处违法行为13起。检查基层国土所乱收费1起，收缴违纪资金6万元。

2006年，开展救灾扶贫、财政扶贫专项资金的执法监察，均未发现问题。对土地市场和资源开发的执法监察，清理出违法占地、非法买卖土地69.48亩。配合有关部门清理拖欠农民工工资50余万元。开展清理国家公职人员和国有企业负责人投资入股煤矿开采工作，县农业局一名职工入股煤矿即撤资5万元。落实对新上任乡镇党委书记、副书记、纪委书记及25个县直部门党政一把手廉洁自律存在的问题诫勉谈话制度，共对216名干部进行任前谈话，1名干部进行诫勉谈话。

2007年，加强对环境保护法律法规和政策贯彻落实的监督检查，对惠水造纸厂超标排放污水作停产整顿并处罚金5000元，对县农机公司在企业改制中侵吞国有资产的问题，收缴违纪资金12.5万元，清理拖欠农民工工资35万余元，监督县供销社、水泥厂、单采血浆站的改制工作，在抓治理商业贿赂专项工作中，县公安局经侦大队副大队长将拒收的贿赂款1.5万元交局纪委。

2008年，加大对重大决策部署执行情况的监督检查，县财政拨出专项经费用于培训，县政府主要领导与25个乡镇、23个县直部门，21个化工企业签订目标责任书，落实县宏矾厂、西电腾龙公司等化工高耗能技改。对2宗违法用地予以拆除并处罚。严格市场准入制度，加强商品房预售管理；处理污染事故与纠纷2起，环境行政违法2起。清理拖欠工程款1288.62万元，民工工资67.27万元，另受理群众关心的热点问题，如县供销社、县水泥厂改革改制等。

2009年，督促国土部门继续开展违法用地清理工作，及时制止违法用地21宗，实施土地开发项目16个，增补土地4853.58亩，投入资金1454.58万元。对行政机关及其公务员履职及工作效率情况进行监督检查。对26个单位231项行政审批项目进行清理，保留221项，取消10项，清理出20余个需“废、改、立”的行政规范文件。全县因工作不力和行政乱作为涉及责任追究14人。

2010年，加强对中央扩大内需，促进经济增长及中央投资项目政策措施落实情况的监督检查，全县国有建设用地的招投标拍卖出让，廉租房用地、交通用地（共56.9419公顷）方面未发现违法违纪情况。全县共发生各类生产安全事故10起，死亡13人，未发现涉及公职人员违纪违法。

2011年，加强对市场价格调控政策措施执行情况的监督检查，督促有关部门将34.2万元价格调节基金生活补贴在春节前发放到贫困户中。加强对规范和节约用地政策措施落实情况的监督检查，共对县10个项目用地进行预审，面积由原来的9.8331公顷减至9.0465公顷，节约用地0.7866公顷。加强对矿产资源出让，对资源和环境保护、水利建设等方面的执行政策情况开展监督检查，均未发现问题。强化国有产权交易监督，处置县汽车队资产收入130万元用于该企业改制职工安置。推进公开、公平、公正选调干部和招聘工作人员工作。

2012年，对农村生产生活用水、河道治理，病险水库治理等工程进行监察，未发现违纪违法问题。督促8家企业投资300万余元新建和完善环保处理设施，对画眉冲煤矿等7家企业责令改正违法行为，对大冲煤矿等5家企业下达了行政处罚告知书。

是年，围绕民生问题开展监督检查：组织相关单位对11个专项40个涉农资金项目和中央预算内投资项目督查，责令整改有关问题32个。对40类150个民生项目和10件实事督查，责令整改有关问题15个，另对保障性住房建设和管理情况，城镇房屋拆迁，节能减排，“一事一议”财政奖补试点，183个交通类项目，86个销售网点财政补贴家电下乡等进行督查。深入对推进工程建设领域突出问题进行专项治理，检查项目37个，责令整改20个，对房地产项目22个，土地出让项目33宗，矿权出让181宗进行专项清理，发现问题5个，责令整改5个。加强对水利、资源节约、环境保护、节约用地、矿产资源开发等方面政策措施落实情况的监督检查，检查项目152个，资金16300万元，发现问题15个，督促整改15个，参与3起安全生产事故调查，责任追究5名乡科级干部。围绕厉行节约开展监督检查，对36个单位41辆违规车辆进行处理，还对86个单位的公务用车开展了重点检查。对评比达标表彰、庆典、研讨、论坛等活动进行清理和规范，清理了收费许可证82个，收费项目61个，涉及金额38510.54万元。处理乱收费行为33次，清退违规资金20余万元。清理拖欠农民工工资，为165名农民工追回拖欠工资85.6万元，对中、小学春秋入学收费清查，清退违纪金额20余万元。

2013年，开展“入百村进千家”涉农资金专项督查，检查乡镇68个（次），进村151个（次），抽查农户1300余户，检查学校162所（次），卫生院及卫生室139个（次），检查项目179个，涉及资金2.8亿余元，发现并责令整改问题36个，抽查8所独立中学和10所小学，促进“两免一补”等政策得到有效落实。

2014年，在全县10个镇（街道）设立10个民生监督特派组，加强对民生项目、资金的监督，统一制作举报箱10个，印制民生监督特派组职责宣传牌235张，发放工作职责明白卡2万张，组织开展了对教育收费、生态公益林补偿基金、住房保障资金、农村低保金、农合医保补助等专项资金的监督检查。重点对2011至2013年，全县7500余户农村危房改造补助资金，发放情况进行核查，发现问题242个，办结212个，涉及资金130万元。通过开展监督检查，受理群众举报等形式，发现涉及民生问题的案件线索22件，立案8件，办结3件，党政纪处分3人。

2015年，创新监督方式，开展“民生信访”进村入户活动，由被动接访向主动下访转变，整合民生监督资源，将10个民生监督组分为4个协作区，融入纪检组力量，发挥反腐败协调小组作用，推行“上下协同、左右联动、交叉办案”的工作机制。组织开展了农合医疗报销、危房改造、征地拆迁、农业补贴、低保金、助学金、免学费、计生政策等落实情况的监督检查，重点开展2012年以来镇、村两级涉农乱收费清理，2013年、2014年度城乡低保金、农机具补贴、国家助学金，免学费政策落实情况的监督检查。是年，全县各民生监督组共办理民生问题866个，办结771个，转立案70件（含2014年立案14件）办结62件，涉及金额369.39万元，给予党政纪处分49人。

第四节　纠风工作

1983年，开展纠正干部突击退休、子女突击顶替不正之风工作，全县共办理干部离休、退休42人，符合离退休条件的10人，符合病退的13人，不符合离退休条件的19人，经审查纠正，符合条件顶替22人，不符合有关政策规定，退回原集体单位工作的1人，不符合离退休条件，收回原单位工作的19人。

1985年，配合县物价局对违反政策乱涨价的13个单位进行全面检查，收缴资金67390元，退回消费者431元；清理多发奖金单位14个，共涉金额99565.78元，补纳奖金税9409.26元，清理出利用公款旅游单位3个，涉及人员作退还公款处理。

1986年，纠正有关县党政机关经商办企业3个，干部职工“五留”种烤烟及停薪留职46人。

1987年，严肃工作纪律、反对和纠正无组织无纪律的资产阶级自由化，对县党政机关工作纪律进行大整顿，严格各单位上下班及请销假制度，杜绝部分干部职工上下班迟到及早退歪风发生。

1988年，开展税收、财务、物价三查工作，要求各有关部门乡镇查缺补漏、完善各项制度、大刹用公款游山玩水之风、大吃大喝之风、滥发奖金补贴等。

1990年，围绕进一步治理整顿和深化改革这个中心，加强纪律、严肃执纪、惩治腐败、旗帜鲜明地反对动乱；坚持抵制和反对资产阶级自由化，同一切各自为政、各行其是、阳奉阴违、有令不行、有禁不止、上有政策、下有对策的行为作坚决斗争。

1991年，以纠正行业不正之风，治理“三乱”为重点，采取有力措施，把严禁公款吃喝送礼、挥霍浪费作为整治腐败、纠正不正之风的重要内容。同时，贯彻执行上级纪律监察关于在建镇并乡撤区工作中确保国家集体财产不受侵犯的要求，纠正个别乡镇趁机瓜分财物的行为。

1992至1995年，通过抓典型，狠刹赌博之风，以好的党风、政风带动民风。进一步纠正行业不正之风，清理停止有关部门、乡镇的不合理收费，以减轻企业、经营者及农民负担。开展纠正部门行业不正之风，治理乱收费和减轻农民负担工作。清理纠正领导干部乘坐超标小汽车1辆及违反规定使用警车号牌车4辆。

1996年，治理公路“三乱”（即乱设卡、乱罚款、乱收费），撤销了210国道上县内长田检查站，清理中小学乱收费、冻结处理（县城8所）207650元，清理出全县124所中、小学乱收费计160482元。对非法销售种子进行清理，涉及此事6人，种子18125千克，金额29.96万元，给予工商罚款3000元、没收种子12460千克的处理，并对涉及甲戎乡党委主要领导进行了立案查处。清理干部职工住房，有违规违纪行为78人（科局级32人）。对县农行办公楼、县医院、县人事局宿舍等基建工程进行招投标监督。

2000年，开展医药市场执法检查2次，检查医疗卫生单位27个，个体诊所45个，取缔非法行医个体户4个，销毁过期、假冒伪劣药品价值2.3万元，同时，降低143种药品价格，涉及金额0.5万元，平均降价10%；会同物价、计统等部门对全县范围内农网改造工程和一户一表问题进行大检查。

2001年，配合卫生工商部门抓好医疗购销市场不正之风，开展10次医药市场执法大检查，取缔非法药品生产经营户30个，销毁伪劣药品152种，价值1.4万元，劣质医疗器具10余种，价值万元以上，没收医药广告牌8块。严格执行一项改革，八个禁止（即农村税费改革。禁止平摊农业特产税屠宰税，一切要农民出钱出物出工的达标升级，一切没有法律、法规依据的行政事业性收费，面向农民的集资，各种摊派行为，强行以资代劳，在村里执行对下乡干部取消招待费，用非法手段向农民收款收物）规定，纠风办检查3次，取消涉及违规收费项目16个，减轻农民负担158万元。

2003年，对违规收费的两所学校，城关一小收取的12.82万元，县民中收取的42.3513万元按上级有关文件规定处理。清理涉农收费项目涉及9个部门38个收费项目，取消11个项目，保留27个项目。对县人民医院、县中医院药品采购实行招标、整治医药市场、销毁伪劣、过期药品、医疗器械总值2.18万元，取缔非法药品经营户9个，对县土管局地矿股自2001年以来到各大、小煤矿收取各种收费未开发票问题，涉及1名享受副县级待遇的干部，县纪委县监察局报州纪委立案查处并移送司法机关处理。

2005年，对中、小学校贯彻执行国家“一费制”情况进行检查，对出现违规即存在超标收费、吃回扣、虚报贫困学生名册的太阳、董照小学，挪用公款还个人贷款的双井、太阳小学等责令整改。将部分中、小学违规收费8.2万元上缴县财政；对芦山、三都国土所白条现象收取农户土地复垦费责令整改。

2008年，切实纠正损害群众利益的不正之风，有力开展中、小学乱收费，市场价格监督，治理公路“三乱”减轻农民负担进行行风评议，县工商、税务、财政、供电等窗口部门，从社会各界中聘请了近80名行风义务监督员。组织开展行风监督工作。

2009年，强化扩大内需暨涉农专项资金43254.78万元的监督，严格春秋中、小学入学收费检查，春季清理违规收费3项，住宿费45.53万元，一小资料费10.2万元及二小补课费10万元全部清退。秋季清理二中违规收取的桌凳费9.59万元，四中收取的择校费6.46万元，予以清退。注重减轻农民负担工作，全县政策性减负3803.5087万元，农民人均减负94.61元。

2011年，与县人劳社保局联合办理拖欠民工工资53件，涉及523人金额110万元。与县交通局联合查处出租车乱收费19起，拼客5起，拒载4起。开展食品、药品专项整治，查处10家未取得“餐饮服务许可证”餐饮单位，责令限期整改。查处药品安全问题6个，金额1385元。查处医疗器械安全问题1件。结合“环境建设年”活动，对全县109家相关行政事业性和服务性收费的263个收费证、88个项目进行审查，根据上级有关文件，连续两年共取消行政事业性收费项目67项（其中涉企收费项目17项），停止征收8项，降低收费项目6项。

2012年，清理乡镇集贸市场7个，共取缔违规经营使用药品摊点20个，没收摊贩自配药品胶囊11千克，配制药酒14瓶，中药饮片25种8.5千克，消毒产品冒充药品2件80瓶，价值4000余元。全县药品不良反应注册用户156户，上报药品117份，立案查处药品案件3件金额825元，罚没款共3322.5元。开展农资市场检查，发现涉嫌违法经营主要农作物种子案9件，立案2件，结案2件，处罚2000元，对食品药品安全的监督检查，餐饮业立案3起，2家企业经营假药查处罚没3692.5元。

2015年，开展专项监督检查20余次，查处违反中央“八项规定”精神及“四风”问题7起15人，给予党政纪处分的5人。查处违反工作纪律的15起16人，分别给予通报批评和责令写出书面检查等处理。全县66个单位围绕“两个责任”“四风”损害群众利益、廉政自律等方面存在的突出问题开展自查自纠。共查找出突出问题归类为19个，制定整改措施24条。按照抓早抓小的要求，针对存在的问题进行甄别，及时开展约谈工作，全县共对248人进行约谈，对不主动检查和报告自身存在违纪行为的党员干部进行深入核实和从严处理。

第五节　案件纠正与查处

1978至1979年，与有关部门复查、改正一批冤、假、错案。平反改正208件，维护原处理决定212件。根据中央有关精神，针对中共十一届三中全会前后复查结案的案件和复而不服的128个案件，再次进行复查审理。通过复查，改变原复查结论和意见的共54人，并查处了新老违纪案件14件，其中超生1件，贪污受贿7件，违法乱纪3件，打击报复1件，不正当两性关系2件，给予党纪处分8人，其中，撤销党内职务2人，严重警告3人，警告3人，免予处分6人。

1986年，共受理查处违纪案件35件，结案34件，给予党纪处分的31人，其中，开除党籍的11人，留党察看的9人，撤销党内职务的1人，严重警告的4人，警告的6人，免于处分的3人。

1988年，开展了三查工作（即查税收、查财务、查物价）大检查，查处各种违纪金额258883元。

1989年，查处并通报了姚哨区斗蓬乡财务管理混乱，将计生罚款用于吃喝的案例。

1990年，受理党员违纪案28件，共处分党员31人，其中，开除党籍15人，留党察看10人，严重警告3人，警告2人，免于处分1人。31人中有科局级干部1人。

1992年，与公安部门查处党员重大赌博案，并给予一名科级党员干部开除党籍和工作籍处分。

1993年，查处党政违纪案16件19人，对县公安局的8名干警“乱收费、乱罚款、乱打人”进行了批评教育及诫勉谈话，调离了县公安局。查处县检察院、县税务局、县农行、县卫生局、县劳动人事局等单位的不合理收费，以及乡镇宅基地占田费、烤烟扶持费、治安费等收费。

1994年，开展了自清、自查、自纠工作，全年共查出贪污、挪用、以权谋私、乱收费、乱罚款、乱摊派等腐败现象和行业不正之风现象20余种，其中，贪污挪用涉及金额50余万元，个人吃回扣2万余元，乱收费、乱罚款、乱集资5万余元，查处了违反党政纪案件16件19人，给予党政纪处分6人，另移送检察机关14件20余人，挽回经济损失18余万元。

1997年，查办结各类案件30件，其中，经济案件15件，诈骗案件1件，嫖娼3件，赌博1件，重大责任事故1件，违反计划生育政策超生4件，违反社会道德4件，违反工作纪律1件。党纪立案9件，涉及科局级干部6人，政纪立案18件，涉及科（局）级干部3人，司法处理案件3件，涉及科（局）级干部1人。党纪处分：开除党籍9人、留党察看2人，撤销党内职务3人，严重警告4人，警告4人。政纪处分：开除公职2人，撤职5人，降级6人，记大过1人，警告1人。挽回经济损失7万余元，追回赃款5.5万余元。

2000年，处理违反“收支两条线”案件1件，金额2万余元。

2001年，继续查处了“违反收支两条线”案件1件，涉及金额20余万元。

2004年，查处损害群众利益案件3件，收缴违纪资金7.44万元；立案查处以权谋私案件1件1人，清退违规住房1套，为国家追回资金5.8万元。

2005年，查处违反经营性土地使用权招、拍、挂出让制度案件1件，给予1人党纪处分，查处重大安全事故责任追究，党纪处分1人，政纪处分3人。

2006年，查处商业贿赂案5件，涉及金额5万元；查处安全生产事故严格责任追究2名正科级和1名副科级干部，并给予党内警告2人，行政记大过1人。查处土地违法案件17件38.85亩，处罚32.48万元，清理出违法占地105件43.25亩，纠正97件，立案查处5件，处罚1.47万元。查处环境违法案件8起，取缔豆腐加工小作坊1家，处罚噪声扰民3家，停产整顿超标排污4家。全年受理的案件中，涉及乡科级干部4人，给予开除党籍22人，留党察看6人，党内严重警告1人，党内警告3人，免予党纪处分1人。给予行政记大过1人，行政记过1人，行政警告2人，解除行政处分1人。收到党纪复查案件及申诉各2件，经复查维持原处分决定。

2007年，查处安全生产事故4起，责任追究2名正科、1名副科及1名干部，分别给予行政降级、记大过、行政警告处分。查处商业贿赂案件2件，收缴违纪资金1.5万元，并给予党内严重警告1人，党内警告2人。

2008年，查处安全生产事故5起，责任追究8人，移送司法处理1人。查处违反《行政许可法》乱收费行为2人。

2009年，查处非法买卖土地案1件，开除党籍2人。配合查封非法煤窑800余个（次），刑拘非法业主22人，判刑2人，收缴原煤260余吨。

2011至2012年，审结违反党政纪案件30件，涉及乡科级干部8人，党纪处分27人，其中：开除党籍8人，留党察看1人，撤销党内职务1人，党内严重警告12人，党内警告5人，政纪处分3人，开除公职2人，行政记过1人，含双重处分1人。案件中贪污受贿3件，万元以上经济案2件，挽回经济损失20万元。

2013年，立案查处25件，办结25件25人，给予党政纪处分23人，挽回经济损失87.8万余元。

2014年，立案查处30件39人，涉及乡科级干部13人，办结24件33人，给予党政纪处分33人，其中，移送司法机关案件4件6人，挽回经济损失120万余元。

2015年，初步核实党员干部违纪问题线索179件，经调查核实立案66件，办结73件（含遗留案件）处分76人，其中，乡科级16人，给予党纪处分57人，政纪处分20人，双重处分1人，移送司法机关3人，挽回经济损失188万元。

第六节　纪检信访工作

1978至1979年，收到群众来信1700余件次，接待群众来访700余人次。其中，绝大多数为申诉复查改正冤、假、错案。在控告信中，反映党员和基层党组织侵犯党员权利，打击报复，任意打骂群众，违法乱纪的22件，不讲政策、随意没收罚款，侵犯群众正当利益的7件，道德败坏、乱搞两性关系的12件，除4件由县纪委直接受理外，其余按“分级、归口”处理，转有关部门查处。

1980至1985年，收到群众来信325件，群众来访289人次，信访数量下降，揭发控告信上升。

1986至1996年，收到群众来信125件，属纪检系统62件，重复件9件，属非纪检系统63件均已全部转办。62件中，党员申诉5件，揭发、控告以权谋私10件，违反财经纪律3件，贪污盗窃8件，违法乱纪、捆绑逼供11件，其他25件。

1997至2006年，受理群众来信来访和电话举报100件次，其中，来信94件，来访5次，电话举报1次，通过核实，提供案件线索21件予以立案，办结率100%。

2007年，收到群众来信来访、电话举报65件，实际受理55件，办结50件，涉及乡科级干部10人，通过信访渠道收缴违纪资金4.33万元，信访发出监督通知书7份，诫勉谈话12人，保护干部10人，批评教育16人，转立案1人。

2008年，收到群众来信来访、电话举报111件（除业务范围外），实际受理88件，办结86件，检举控告信访中，涉及乡科级干部20人，自办信访案件47件，转立案5件，通过信访收缴违纪违规资金3.69万元，挽回经济损失5万余元，发出书面监督通知书3份，诫勉谈话10人，批评教育3人，澄清保护干部10人；根据黔南纪通〔2008〕26号文件精神，开展公开大接访活动，2008年7月20日至8月5日，固定接访8件15人；7月27日，在人民广场流动接访5件5人，8月3日和9月5日，下乡镇接访1件1人，主要领导坐班接访2件5人；受理外来投资者投诉案件3件，调解外商经营纠纷1件。

2009年，接待农民来信3件，来访16人次，来信来访反映事件14件，处理9件，5件待办理。

2011至2012年，收到群众来信来访，电话举报及网上举报共87件（除业务范围外），实际受理67件，办结61件，转立案2件。涉及乡科级干部26人，其中，贪污贿赂3件，违反廉洁自律4件，发出书面监督通知书2份，诫勉谈话9人，批评教育8人，澄清保护干部10人。

2013年，受理信访81件，办结80件，待办理1件。

2014至2015年，收到群众来信来访、电话举报及网上举报共178件（除业务范围外），受理105件，办结104件，转立案1件，通过查办信访件，提供案件线索67条，澄清保护干部14人。

第三章　组织工作

第一节　党员队伍建设

1978至1989年，为改变党员构成“四少、两多”（即知识分子党员少、工交财贸第一线党员少、两户一联党员少、妇女党员少、党员文化偏低多、年岁偏高多）的状况，制定了新时期组织发展党员工作计划。其间，发展党员3561人，其中生产第一线党员1631人，妇女党员466人，少数民族党员1310人。

1990至1999年，按照“坚持标准、保证质量、改善结构、慎重发展”的方针，发展党员1590人，其中，生产第一线党员1196人，妇女党员304人，少数民族党员942人。

2000至2012年，共发展党员4233人，其中，生产第一线党员3250人，妇女党员1375人，少数民族党员2437人。

2013至2015年，共发展党员715人，其中生产第一线党员295人，妇女党员114人，少数民族党员272人。

表3-4

1978—2015年惠水县支部、党员结构表

年度	支部数	机关	农村	党员数	机关	农村	性别、民族（人数）	
							女性	少数民族
1978	537	125	412	5639	1053	4586	539	3465
1979	550	138	412	5708	1085	4623	541	3511
1980	610	154	456	5918	1193	4725	589	3574
1981	685	204	481	6599	1794	4805	632	3613
1982	696	267	429	6873	2058	4815	596	3622
1983	699	245	454	6915	1924	4991	562	3633
1984	703	212	491	7186	2045	5141	646	3802
1985	697	255	442	7963	2434	5529	808	4189
1986	717	274	443	8665	2681	5984	924	4527
1987	743	312	431	8927	2915	6012	963	4651
1988	758	310	448	9164	3105	6059	996	4760
1989	758	323	435	9200	2983	6217	1005	4775

续表3-4

年度	支部数	机关	农村	党员数	机关	农村	性别、民族（人数）	
							女性	少数民族
1990	718	275	443	8337	2198	6139	859	4637
1991	699	254	445	8380	1521	6859	888	4659
1992	719	272	447	8645	1515	7130	906	4795
1993	718	273	445	8716	1539	7177	924	4807
1994	711	267	444	8811	1541	7270	939	4846
1995	706	264	442	9176	1703	7473	955	4885
1996	702	265	437	9303	1640	7663	1039	4934
1997	713	271	442	9497	1733	7764	1097	5258
1998	708	267	441	9567	1662	7905	1095	5331
1999	721	279	442	9927	1872	8055	1163	5579
2000	724	283	441	10109	1993	8116	1211	5630
2001	726	286	440	10467	2128	8339	1282	5801
2002	497	279	218	10714	2211	8503	1410	6075
2003	500	283	217	11107	2270	8837	1483	6186
2004	502	277	225	11474	2184	9290	1603	6576
2005	505	180	325	11789	2082	9707	1717	6913
2006	508	184	324	12252	2144	10108	1815	7198
2007	515	183	332	12706	2217	10489	1895	7215
2008	518	180	338	13008	2083	10925	1965	7230
2009	520	181	339	13341	2525	10816	2055	7485
2010	519	179	340	13595	2659	10936	2180	7587
2011	512	175	337	13896	2781	11115	2340	7770
2012	495	158	337	14342	2976	11366	2586	7977
2013	472	158	314	14586	3071	11494	2648	8121
2014	472	158	314	14839	3180	11623	2705	8271
2015	479	278	201	15057	3203	11789	2762	8393

第二节　基层组织建设

1978至1987年，采取分类指导党的基层组织建设，做到“两清、四有、五方便”（两清：准确弄清全县所辖的各级党组织各个时期的党员数量、质量结构及行业分布情况，及时地弄清党员的变动和流向情况；四有：农民党员有党费证和完备的入党手续、基层党支部有党员花名册、“三会一课”制度和组织生活记录表、各级党委有完备的党员卡片及村级后备干部花名册；五方便：方便完善党组织和党员的资料管理；方便基层工作，减轻工作负担；方便开展工作需要，随时掌握本地的党员结构和数量；方便年终统计和汇总，避免出现漏报和重报现象；方便资料查阅，提供正常使用）。

1988至1997年，全县建立业余党校，配备教学设备，引导党员开展“双带”（党员带头致富、带领群众致富）活动。在全县428个村实施“四个一”工程（建好一个支部、选好一名支书、找准一条致富路子、建立一套管理制度），整顿后进村党支部54个，其中，有31个三类支部上升为二类支部，23个三类支部上升为一类支部；建立妇女组织418个、民兵组织426个、青年团体384个、经济组织25个。

1998至2006年，惠水县开展乡镇党委“六个好”（配选一个贯彻党的路线方针政策、公正廉洁、团结合作、战斗力强的好班子，首先要选好党性好、作风好、能力强的乡镇党委书记；建设一支精悍高效、素质优良、群众拥护的乡镇干部好队伍；选准一条符合本地实际的发展经济、共同致富的好路子；建立一套行之有效的工作、管理和监督的好制度；保持一种密切联系群众、艰苦奋斗、实事求是的好作风；形成一个坚持两手抓，两手都要硬，促进物质文明和精神文明协调发展的好格局）活动，把农村党的建设列为考核乡镇干部的一项重要内容。在组织培训党员干部的同时，继续开展“三级联创”（即：县乡村三级联动，创建农村基层组织建设先进县、“五个好”乡镇党委和“五个好”村党支部）、创“四优”（优良作风、优质服务、优美环境、优雅言行）活动；搞好“四联四帮”（一个县、乡镇机关部门党支部联系一个农村党支部，一个县机关部门帮扶一个村；一名县、乡镇机关部门党员联系一名农村党员，一名县、乡镇机关部门党员、干部帮扶一个贫困户；一个富裕村党支部联系一个贫困村党支部，帮扶一个贫困村；一名有帮扶能力的农村党员联系帮扶一户贫困户）活动，从有关部门抽调年轻干部组成25个党建扶贫工作队，分赴全县25个乡镇91个贫困村驻村开展党建扶贫工作。

2007至2012年，在党建带工建“六个一”（选派一批帮联干部、建好一批基层组织、壮大一批党工队伍、创新一套保障机制、营造一个安商环境、实现一个强县目标）进企业活动基础上，构建党建带工建“1+4”（“1”即实施“党建带工建”为主线，深化和拓宽党建工作的活动载体；“4”是开展“党建带工建”进农村、社区、企业、机关4个领域活动）工作体系，以党建带工建为主线，统筹了农村、社区、非公经济和机关4个主要领域党建工作。

全县村（居、社区）党组书记、主任培训班开班（2014年摄）

2013年，围绕省委、省政府“两加一推”主基调、“三化同步”主战略和州委“一圈两翼”发展格局，突出“思想解放前沿、统筹发展高地、黔中产业新区、休闲创业乐园、民族文化重镇”的发展战略定位，把党的基层组织建设贯穿于提前建成全面小康和经济社会发展的各个方面。建立村（居、社区）干部报酬增长机制，落实村（居、社区）办公经费，全面提高村（居、社区）干部养老保险、离任村干部补贴。村（居）办公经费2万元/年、社区办公经费4万元/年，工作基本报酬村（居）干部1200元/月、社区干部1400元/月，离任村干部最低补助提高到1500元/年。成立65个同步小康建设县驻村工作队、25个乡镇工作分队，县委明确每年由县财政配套投入1亿元，作为同步小康建设资金。给予每个重点村20万元的小康建设启动资金和5000元的驻村办公经费。

2014年，将基层党组织设置从单位向区域延伸，实行镇园合一，推进非公领域组织联建区域化、队伍联管规范化、区域联动制度化、活动联办常态化“四联四化”模式，新建、联建非公企业党组织10个，实现了非公企业党的工作和党的组织两个100%覆盖。加强对民办高校盛华学院党建工作指导。投入党建工作经费3000余万元，新建或改造村级活动阵地57个，建成群众工作中心（站、室）239个。使村（社区）年办公经费达到4万元以上；村级干部报酬达到1500元/月以上。把扶贫攻坚作为同步小康创建重要基础和“第一民生工程”，围绕扶贫“十大产业”，以精准扶贫“六个到村到户”为抓手，选派610名干部到122个贫困村开展驻村帮扶工作。落实每村20万元同步小康建设启动资金，5000元工作运转经费和农村知识青年每月1000元的工作报酬，为驻村干部缴纳人身意外伤害保险，整合投入配套资金1亿元推动小康建设。是年，争取到省州县各级项目270个，协调资金7400余万元，办成实事好事711件。

2015年，落实全面从严治党“1+6”文件精神，以建设环贵阳“产业新区、宜居新区、文化新区、生态新区”为重点，推进“三严三实”专题教育。制定《关于在全县县处级领导干部中开展“三严三实”专题教育的实施方案》，开展专题教育的16项重点任务。印发《关于在全县开展“三亮一创”活动通知》，在全县党员干部中开展以“亮身份作示范、亮承诺转作风、亮行动树形象、创先锋示范城”为主要内容的主题活动，规范设置身份公示栏、党员佩戴党徽、设立党员岗位标识、实行党员到社区报到制度、签订工作承诺书和廉洁自律承诺书等方式，增强党员先进意识和社会意识。

是年，全县共选派639名驻村干部组建128个驻村工作组到128个行政村开展驻村帮扶。选派108名干部到贫困村任“第一书记”，实现帮扶工作全覆盖。共召开群众座谈会800余场次，走访群众8万余人次，收集涉及民生发展、农业科技、矛盾纠纷等基层群众最关心的民生事项1200余件；帮助联系村制定发展规划128个，争取到省州县各级项目247个，协调项目资金8000余万元。

第三节　干部队伍建设

一、选拔任用

始终坚持干部“四化”（革命化、年轻化、知识化、专业化）标准，严格做到：一是严格执行《党政领导干部选拔任用工作条例》和《贵州省乡（镇、街道）党政领导干部选拔任用工作办法》规定的条件、程序和方法；二是按照州委规定的干部任免程序认真选拔任用干部，实行民主推荐、票决、公示、试用期等制度，确保德才兼备的优秀人才脱颖而出，实现优化配置；三是全面分析和衡量干部德、能、勤、绩、廉5个方面的表现，公平公正任用干部；四是坚持选拔一些具有开拓精神、有能力、有实绩的干部进入领导岗位，注重培养年轻干部、妇女干部、少数民族干部和非中共党员干部。

表3-5

1978—2007年惠水县干部结构表

年度	干部总数	其中	
		女性	少数民族
1978	2867	712	1076
1979	2885	719	1092
1980	2910	729	1103
1981	3310	851	1284
1982	3485	875	1366
1983	3596	936	1442
1984	3553	939	1384
1985	3593	972	1401
1986	3778	1021	1498
1987	3986	1147	1690
1988	4068	1187	1730
1989	4126	1152	1807
1990	4195	1205	1884
1991	4462	1280	1921
1992	4493	1515	2006
1993	4554	1626	2075
1994	4640	1389	2197
1995	—	—	—
1996	—	—	—
1997	—	—	—
1998	—	—	—
1999	—	—	—
2000	5939	1859	2955
2001	6239	2072	3051

续表3-5

年度	干部总数	其中	
		女性	少数民族
2002	6345	1950	3074
2003	6091	1878	3084
2004	—	—	—
2005	—	—	—
2006	—	—	—
2007	—	—	—

表3-6

2010—2015年惠水县公务员结构表

年度	干部总数	其　中	
		女性	少数民族
2010	1057	252	490
2011	1462	364	753
2012	1479	362	770
2013	1540	391	801
2014	1621	430	847
2015	1704	488	914

1995年，印发《关于公开选拔副局级领导干部的通知》，首次公开选拔副局级领导干部（县经贸局副局长、县粮食局副局长、县商业总公司副总经理、县物资总公司副总经理、县轻工总公司副总经理、县卫生局副局长、县建设局副局长、县交通局副局长各1名）。经过严格认真的报名、资格审查、笔试、面试、组织考察、任用等程序，共有107人办理报考手续，经审查有89人符合报考条件。

2002年，印发《关于公开选拔副局级领导干部的通知》，并在《惠水报》和惠水有线电视台进行公告，在全县范围内公开选拔9名副局级领导干部（县教育局副局长、县卫生局副局长、县林业局副局长、县民政局副局长、县发展计划局副局长、县统计局副局长、县审计局副局长、县公安局副局长、县计划生育局副局长各1名）。

2005年，面向社会公开选拔了惠水民族中学校长和副校长各1名、惠水二中副校长1名，促进了干部选拔任用工作的开展。

2007年，面向县内外公开选拔副科级领导干部6名（县经贸局副局长、县水利局副局长、县旅游局副局长、县医院副院长、县中医院副院长、县职业中学副校长各1名）；面向全县公开选拔副科级领导干部5名（县教育局副局长、县物价局副局长、团县委副书记、县司法局副局长、县文体广播电视局副局长各

1名）。

2009年，在县公安局试行了部分有位领导干部公推直选工作，采取民主推荐、民意测验、演讲答辩、无领导小组形式面试、直接选举等程序，选拔了公安局纪委书记和治安管理大队大队长职务各1名，形成选拔少数人、发现一批人、培养一群人的工作机制。

年轻干部学员座谈会（2015年摄）

2012年，加大竞争性选拔干部工作力度，结合惠水县领导班子建设的需要，面向社会公开选拔县委党校副校长、长田工业园区管理委员会产业发展局副局长、长田乡人民武装部部长、大龙乡人民武装部部长各1名。

2013年，印发《惠水县调整不称职不胜任现职领导干部试行办法》，健全干部退出机制。抽调40名干部组成10个干部考察组在全县范围内开展科级后备干部推荐和考察工作。明确了科级后备干部252名，其中，正科级后备干部85名、副科级后备干部166名；少数民族后备干部127名；妇女后备干部75名；非党后备干部48名；30岁以下年轻后备干部33名。

严肃换届纪律工作会（2011年摄）

2014年，根据乡镇行政区划调整，建立区划调整后镇选举工作、镇（街道办事处）设立筹备工作领导小组和临时党委等组织机构，组织召开全县领导干部大会，公开推荐镇（街道办事处）党政正职人选，并结合领导干部届中考察，开展镇（街道办事处）领导班子配备工作；提出县政府机构改革人事安排有关原则、政策，对领导班子调整配备原则、任免等提出建议。配合相关部门抓好质监、工商管理权限下放工作，印发《关于进一步规范和简化股级干部任免职办理程序的通知》《惠水县股级干部任免审批暂行规定》，下放股级干部的任免权限，实行股级干部任免备案制。

2015年，印发《惠水县选拔任用科级领导干部动议办法（试行）》，规范动议程序。印发《关于进一步规范组织人事和机构编制工作的通知》，重申组织人事和机构编制工作纪律；探索制定《惠水县科级领导班子和领导干部综合考核评价办法（试行）》和《加强对干部德的考核制度》《领导班子和领导干部年度考核制度》《在完成重大任务、应对重大事件和实施重大项目中考察干部制度》《科级领导干部工作纪实制度》等制度。

二、落实干部政策

中共十一届三中全会以来，干部工作坚持贯彻执行中央和省、州委关于落实干部政策相关规定。十五年中，在四个时期五个方面共处理干部204人，从1978年12月开始复查，到1993年底，逐个查复结束。通过复查，属于冤假错案给予平反的114人，占55.8%；部分错误纠正的50人，占24.5%；维持原结论的40人，占19.6%。其中，恢复党籍14人，恢复公职135人，作退休退职等安置的30人，撤销四类分子帽子的29人，占100%；撤销刑事处分及劳教的65人，占61.9%；工资明显偏低给予适当照顾补贴的15人；更改干部参加革命工作时间的9人（抗日战争时期的7人，解放战争时期的2人）。

表3-7　**1978—1993年惠水县落实干部政策情况汇总统计表**

项目	结案情况				落实政策善后工作情况													更改干部参加革命工作时间	
											补发工资		财务清退		困难补助				
	结案总数	全改	部分改	维持	撤销刑处及劳教	恢复党籍	恢复公职	安排工作	离退局	退职	人数	金额	人数	金额	人数	金额	工资补救至21级	1937年7月6日以前	1937年7月6日以前
合计	204	114	50	40	65	14	135	135	30	—	46	97032	6	1750	11	1400	15	7	2
文化大革命	133	61	38	34	30	4	48	73	5	—	46	97032	6	1750	11	1400	—	—	—
四清	8	4	3	1	4	1	4	3	1	—	—	—	—	—	—	—	—	—	—
反右倾	33	27	3	3	14		5	3	2	—	—	—	—	—	—	—	—	—	—
反右派	25	20	4	1	4		13	7	6	—	—	—	—	—	—	—	—	—	—
地下党	—	—	—	—	—	—	—	—	—	—	—	—	—	—	—	—	—	—	—
游击队	2	1	1	—	—	—	—	—	—	—	—	—	—	—	—	—	—	—	—
历史老案	3	1	1	1	13	9	65	49	16	—	—	—	—	—	—	—	—	—	—

三、教育培训

1993至1997年，全县共举办培训班25期，培训各类干部8700人次。选派111人到州委党校培训，7人到省委党校培训，7人到深圳培训，11人到北京培训，1名乡党委书记到四川挂职。

1998至2002年，共完成省委党校本、专科招生2075人，省委党校在职研究生班学习4人。全县共举办培训班21期，培训各类干部3388人次。选派到州委党校培训39人，省委党校培训83人，11名村干部和企业管理干部到四川双流、郫县挂职锻炼。

2003至2006年，完成省、州调训593人次，其中，副县级以上领导干部89人次，副局级以上领导干部123人次。在读省委党校大专和本科函授班的干部职工共计1662人，在职研究生班3人。组织举办各类干部培训30期，培训干部3220人次。

2007年，健全机制，深化干部教育培训。主要做法：1. 走“外向型”教育培训的路子。邀请省内外干部管理学院等高等院校和经济发达地区的专家、学者采取学术报告会、座谈会、交流会等，不断提高干部培训档次。2. 推行“开放式”培训。采取依托名校教师资源，通过名校的品牌感召力、优秀的师资以及良好的育才氛围，为县开展上规模、上档次的培训。县财政投入100余万元，组织100名中青年干部到北京大学、清华大学学习中共十七大理论和发展县域经济等相关知识。3. 树立“以经济带干训，以干训促经济”的培训理念，百名中青年干部与惠水县在京人士以座谈培训的方式召开了促进家乡发展座谈会。

2008年，加大干部培训，举办机关干部、乡镇干部、村干部、科级后备干部、少数民族干部、女干部和党外干部等培训班，共培训干部2000余人次。举办专题知识讲座，全年共安排十一期专题知识讲座，由县级领导干部、省内专家、学者讲解《对惠水未来发展的构想》《以改革创新精神加强党的基层组织建设》《领导干部的心理素质和心理调节》等11个专题。开展在线教育，先期投入资金2万余元，采取购买专家知识讲座光碟，充分利用多媒体、电视等可视影像为教育平台，开展干部在线教育。抽调24名干部参加州委党校举办的中青班、民干班学习，20人次县级领导干部参加调训，250名乡科级以下干部参加各类培训班。

2009年，深化拓展“讲党性、重品行、作表率”活动。抽调24名干部参加州委党校举办的中青班、民干班学习，150名领导干部分别到深圳经理进修学院、山东省潍坊市、省委党校等参加各类培训班。选派50名中青年干部参加在浙江大学举办的学习实践科学发展观理论研修班。邀请现任德国欧中经济技术交流促进会会长、中欧合资欧华管理技术公司总裁杨佩昌，就当前金融风暴对县域经济的影响及应对措施进行专题讲座。与县人事局、贵州师范大学联合举办了事业单位计算机中级应用能力培训和行政机关公务员电子政务培训班，共培训4000余人。对全县200余名副科级以上领导干部进行普通话培训。举办全县妇女干部培训班，培训40余人，同时对25名乡镇组织员进行业务培训。

2010年，加大干部培训力度，提升干部整体素质。县委、县纪委、组织部领导对拟提拔的领导干部进行廉政谈话，对他们进行任前廉政考试，并将廉政考试成绩作为干部使用的重要依据。结合“践行宗旨”教育活动的开展，县四家班子领导、县直部门主要负责人、乡镇党政主要领导120人到贵州王武监狱进行警示教育。抽调24名干部参加州委党校举办的中青班、民干班学习；抽调53名领导干部到中央民族干部学院、上海市委党校、香港、深圳、南京、省委党校等参加各类培训班。组织乡镇党委书记、乡镇长、人大主席等分三批共100人到上海世博园学习考察，分批组织部分四家班子领导、县直部门负责人、乡镇党委书记到重庆、贵阳、遵义、花溪等地区参观考察。举办妇女干部、党外干部、专业技术人员培训班，并对全县在职人员进行计算机培训，共培训4432人次。

2011年，选派28名干部参加州委组织部中青班、民干班，3名县级干部参加州党外干部培训班，2名少数民族县级干部参加黔南州县级少数民族干部培训班。39名乡镇长、副乡镇长参加“贵州省乡镇长城乡规划建设管理培训班”培训。选派2名干部赴四川参加财政管理干部培训班，先后组织80名干部赴北京、香港、深圳、山东等省市和地区，深入学习农业产业

惠水县举办党的群众路线教育实践活动“先锋比学、实干为民”主题知识竞赛（2014年摄）

化、社区管理、招商引资和园区经济等方面知识。选派百名青年干部、党务工作者赴厦门大学、井冈山干部培训学院学习。选派2名县级干部参加“观风论坛——贵州省领导干部周末大讲堂”专题讲座，25名干部参加贵州省领导干部第一期在线学习。

2012年，选派48名领导干部参加省、州各类型培训。组织25个乡镇乡镇长、党委副书记、分管计划生育工作的副乡镇长参加乡镇领导班子成员培训班、乡镇党委专职副书记农业产业化和计划生育专题培训班培训。选派5名年轻科级干部到江苏海安、海门开展为期1年的挂职锻炼。先后组织40名干部赴深圳、厦门等省市和地区，深入学习农业产业化、城市建设与规划、社区管理、招商引资和园区经济等方面的知识。组织33名改任非领导职务干部到井冈山革命圣地学习，44名2011年以来全县新任科级干部到省委组织部培训中心培训。组织全县25个乡镇党委书记、部分县直部门和企业负责人参加在中山大学举办的惠水县“扬帆十八大　领航新惠水”主题培训班培训。组织全县乡镇党委副书记、部门副科级以上领导干部、政工人员和办公室主任共计600人观看《雨中的树》，以李林森先进事迹激励和鞭策广大党员和干部。创新学习培训方式，选派5名县级干部参加“观风论坛——贵州省领导干部周末大讲堂”专题讲座。邀请国防大学王宝付教授对全县副科级以上干部作当前国际战略形势与国家周边安全环境讲解。组织开展“处长下基层·送智促发展”专题讲座，利用周末晚上对全县副科级以上领导干部进行培训，连续举办专题讲座6期，内容涉及国防知识、国发2号文件精神解读、县域经济发展、知识产权维护等。开办“惠水大讲堂”，由本县县级领导、科技、卫生、安监、统计等业务单位主要领导授课，组织开展的县级领导大讲堂、科局长大讲堂参训5500人。利用县电视台“专家在线讲座”、送学下乡、远程教育、现场培训等方式，举办各类培训班50期，参训2万人次。

2013年，举办各类专题培训班14期，培训党员干部3000余人次，培训对象涉及村党组织书记、驻村干部、入党积极分子、非公党务干部、党代表及新进事业人员等。各单位自行开展培训5700余人次。完成省、州调训44批次，培训干部134人次。

2014年，不断完善培训主阵地建设，县财政投入100万元用于县委党校中专体制升格软、硬件建设费用。从在职教师中选调3名专职教师（其中1名为高级教师，2名为中级教师）充实党校师资力量，已培训各类干部7期共7000人次。共完成调训91批次，培训干部347人次，其中县级领导干部98名、科级领导干部206名、一般干部43名。共开展警示教育培训191批次，培训10000余人。同时，各镇（街道办事处）各部门组织干部进行“公开承诺”、观看反腐倡廉教育片、到“红色”基地受教育等形式，不断增强干部构筑拒腐防变思想防线的自觉性。

2015年，举办各类专题培训班20期，培训党员干部5000余人次，培训对象涉及村党组织书记、“第一书记”、基层公务员、中青年干部、组工干部、纪检干部、专业技术人员及新进事业人员等；各单位自行培训10760余人次；完成省、州调训68批次，培训干部345人次。10月至11月，共举办两期“纪检监察干部纪律审查业务培训班”和一期“学习井冈山精神，践行‘三严三实’培训班”，共70余名纪检监察干部以及70余名县领导、镇（街道）和部门主要负责人奔赴井冈山，接受革命传统教育和理想信念教育。在抓好主体培训班的同时，各系统结合专业岗位要求开展干部选学培训，按照专业技术人员继续教育培训需求，在县委组织部和县人社局的监督下自主开展专业培训，共培训人员10760余人次。

第四节　人才工作

2000至2006年，为加强对知识分子、科技人才工作的领导与协调，建立了由县委书记任组长，县长、分管领导任副组长，县直有关单位和部门主要负责人任成员的人才工作领导小组。领导小组下设办公室在县委组织部，并配备了专职工作人员，完善工作机制，形成人才工作的整体合力。开展科技宣传月活动，抓好知识分子、科技人才推优评选表彰工作。期间，全县共推荐20名优秀人才参评，有7人获奖。其中，获州政府特殊津贴奖1人，获州优秀科技人才奖2人，获科教兴州荣誉奖4人。为全面掌握全县各类人才总体情况，2000年、2003年、2005年分别对全县4000多名知识分子、科技人员以及具有副高级职称以上的60多名专业技术人员基本信息进行了采集和入库工作。

2007至2012年，增设“人才工作办公室”，为县委组织部副科级内设机构。全县共有各类人才20249名，其中党政人才1487人，达到一定规模的企业经营管理人才850人，专业技术人才4147人，生产达到一定规模的农村实用人才3520人。人才数量占全县人口总数的4.5%。在高层次人才方面，共有副高级职称人员135人，硕士研究生学历（位）以上人员8人。创新机制吸引八方英才，出台“1+3”人才政策（《中共惠水县委关于深入推进科教兴县和人才强县战略的实施意见》《紧缺急需和高层次人才引进暂行办法》《优秀人才表彰奖励暂行办法》及《人才发展专项资金管理办法》）；同时，投入近1000万元重点用于人才及智力引进、人才培养、科研扶持和奖励补助等，推动“人才强县”战略深入实施。借助和发挥贵州大学在科技、人才、学科等方面优势，与贵州大学签订《贵州大学惠水县人民政府全面合作协议》《贵州大学惠水县人民政府2012年度项目合作框架协议》《惠水县与贵阳市同城发展战略研究项目》等8个合作协议，全面促进惠水县人才工作迈上新台阶。

2013年，建立人才工作联席会议制度和县四家班子领导联系优秀人才制度，印发《中共惠水县委关于深入推进科教兴县和人才强县战略的实施意见》《惠水县紧缺急需和高层次人才引进工作暂行办法》《惠水县优秀人才表彰奖励暂行办法》《惠水县人才发展专项资金管理使用办法（试行）》等文件，进一步优化全县人才工作政策，推动人才工作走向制度化、规范化、科学化轨道。启动2012年度全口径人才资源统计监测工作。据统计，2012年度人才资源总量为25352人，每万人人才资源数734.63人。其中，党政人才总数1639人，专业技术人才7839人，企业经营管理人才2802人，技能人才9667人，农村实用人才3405人。人才招录、招聘和引进工作，一年来共招录选调生7名，公务员63名；共招聘事业单位工作人员354名，其中，专项招聘乡镇事业单位工作人员109名，面向高校公开引进紧缺急需人才63名，面向社会公开招聘事业单位工作人员182名，全年共引进硕士研究生4名。在全县范围内开展公开遴选优秀人才工作，涉及遴选单位38个共101个职位。其中，行政机关2个，遴选4名。参公管理事业单位4个，遴选12名；全额事业单位32个，遴选85名。

2014年，共引进各类人才297名，其中硕士研究生5人，中级以上职称6人。建立“贵大·惠水校县合作农业科技馆”、合作服务中心。与贵州财经大学商务学院、黔南职业学院、盛华职业学院、惠水职业学校等签订“人才订单”，两年来，共向辖区各企业输送各类技能人才1000余人，培养农技人员500余人。2008年起，县财政每年至少预算200万元作为人才工作经费，用于实施对人才的激励与关怀。对新建入驻百鸟河数字小镇的高精尖人才，给予所得税奖励、居住疗养、安家补助等等一系列优惠。五年来，共发放高层次人才津贴150万余元。2014年出资1000万余元建成人才公寓楼，共66套房，总面积3960平方米，解决92名人才的住房问题。同时，对安心创业，有技术的人才，给予科研、创业等补助经费，已发放补助经费100余万元。共选派100余名人才到工业园区、征拆办等重点项目和领域工作，选派50余名人才驻村工作，面向基层遴选57名优秀人才到县直部门工作，提拔了40余名人才到工业园区、高效农业园区、旅游园区等任职，营造良好用才氛围。

2015年，重点引进“211”“985”工程院校本科及以上学历或中级以上专业技术职称、具备党政管理和企业管理才能及小康建设所需的各类紧缺人才。是年，共招录公务员87名（含镇〈街道办事处〉选调生12名，检察院选调生2名），其他公务员及选调生均招录到镇（街道办事处），招录到基层工作人员占招录总数的95%。事业单位招聘各类事业人员200人，除少部分用于县直事业单位急需紧缺的专业外，其余全部用于补充镇（街道办事处）事业单位，占招聘总数的70%。从水城县农村工作局引进1名作物栽培与耕作学硕士研究生到县农村工作局茶叶产业化发展办公室工作。共选派各类人才参加上级调训68批次345人。选派690名干部组建同步小康驻村工作组开展驻村帮扶工作（其中50名为机关事业单位年轻干部），选派30名具有全日制本科及以上学历，具备一定发展潜力的优秀年轻干部到社区服务中心（群众工作中心）挂职，新增人才公寓18套，总面积1080平方米，解决28名人才住房问题。出台《关于加快百鸟河数字小镇产业发展的意见》等人才工作文件，从引进、激励、关怀、服务等各方面对各类人才给予政策支持。

第五节　老干部工作

一、机构设置

1986年1月，建立中共惠水县委老干科，为县委组织部内设科室，管理服务全县老干部103人，其中离休干部81人。1987年10月，组建成立中共惠水县委老干部局，为县委直属部门。1994年3月，改称惠水县离退休干部局。1997年1月，改称惠水县离退休干部工作局，主要承担全县离退休干部的管理服务工作。2001年12月，县离退休干部工作局行政编制4人，其中局长1人、机关工勤人员核定1人，由县财政全额拨款。2011年11月，设综合股，为内设机构，人员编制在内部调剂；增加工勤编制1人，由县财政全额拨款。2013年2月17日，增设老干部活动中心，为股级事业内设机构，设主任1人，增加事业编制3名。2015年7月11日，行政编制4人，内设办公室，办公室设主任1人，工勤编制2人。2014年，根据省编办字〔2013〕182号文件精神，省州垂直管理单位县工商局的离休干部3人下划到惠水县，列为惠水县离退休干部工作局服务和管理对象。1986至2015年，县属离休干部逝世79人。2015年惠水县有离休干部25人。

二、老干活动中心建设

1986年，修建老干活动室，总建筑面积为100平方米；县政府拨款4000元作房屋修缮、设备购置经费。1995年，县老干活动室新旧用房200平方米。1997年，老干活动室设有阅览室、象棋室和麻将室和台球室，财政拨款修建围墙、厕所。2003年，撤旧建新，完成250平方米的老干活动室改造。2005年12月，县政府划拨30万元作为老干活动中心建设启动资金；2006年省委、省政府明确全省68个非经济强县可立项修建老干活动中心；2007年7月，惠水县进入全省17个批准立项的县市之列，省、州划拨项目建设资金50万元，其中省40万元、州10万元；县老干活动中心选址在凤山顶上老广播站原址，县政府匹配资金80万元；在建设过程中，县政府再拨40万元，完善配套设施。惠水县老干活动中心建设，由省、州、县三级财政总投资200万元，被列入2008年省、州“十件实事”。2008年老人节，惠水县老干活动中心建设项目竣工并投入使用，活动中心占地面积3650平方米，主楼建筑面积1056平方米，设有教室、多功能活动室、阅览室、棋牌室、会议室、办公室等；有休闲长廊1幢，面积327平方米。2009年，安装老干活动中心会议室、教室、二野军大惠水校史研究会办公室空调；2月19日，黔南州部分县老干活动中心建设经验交流座谈会在惠水县老干活动中心召开。2012年，修建县老干活动中心2号楼，面积400平方米，投资35万元。2013年12月，中心被贵州省老干部局评为全省四星级示范性老干部活动中心。2015年，县政府拨款48万元改造老干部活动中心门球场硬件设施，门球场建筑面积1080平方米，门球场顶部为钢架棚结构，地面铺设塑胶草坪，新建门球场管理室1间、棋牌室2间。

三、落实离退休干部待遇

（一）住房待遇

根据黔府〔1984〕11号文件精神，采取国家补助、个人自建的办法，解决离休老干部自住房建设问题。按不同级别分别发给建房补助费，享受地专级待遇的发给6000元，县团级5000元，一般干部4000元。建房用地按照城建规划，由国家统征和个人征拨相结合，优先照顾离休老干用地。利于服务和管理，除少数因特殊情况分散用地外，划分为3个较大的片区：第一老干住宅区、第二老干住宅区、第三老干住宅区。

1986年领取建房补助的离休干部14人，总计金额6.4万元，其中行政事业单位12人，金额5.5万元；企业单位2人，金额0.9万元。同年底，全县离休干部81人，领取建房费76人，占93.8%；征拨到建房用地的34人，加之1985年前已征拨到建房用地的29人，共计63人，占已离休干部总数的85.14%。实行国家补助、老干个人自建房屋，自住房产权归个人所有，国家今后不再承担水、电和房屋维修等费用。

1986年以来，惠水县解决退休干部建修房屋补助费4万元，按工龄进行补助，30年以上者给予补助600元，20年以上500元，19年以下400元。针对在离退休干部自住房建设工作中，7位老干因居住外地为领取补助费未建房，6位划有地基未建房，4位未划地基的情况，县政府研究决定：已领取建房补助费未建房的，可按标准购买公有住房，但不再享受各种优惠折扣；原批准的建房用地予以收回。

（二）生活待遇

1986年，县委、县政府批准，按省规定标准统一补发1982年的特需费，共补发32人，其中行政事业单位18人，企业单位14人。1988年，离休干部每人每年安排特需经费150元，其中20%交老干局统一掌握使用，80%发给个人。1991年后，特需经费150元全部发给个人。2002年1月1日起，特需费调整为每人每年500元，其中200元发给个人，属行政事业费开支的，县财政按离休干部数将特需费拨到各单位；属企业开支的，由所在单位按年度发给个人。

1988年，行政19级以下离休干部的交通费和取暖费，按州下达的文件全部落实；是年，除个别老干部成年子女不符合招工条件要求外，老干部的子女就业基本得到安置。

1989年，年满70周岁以上的离休干部13人，每人每月领取护理补助费30元；是年，根据县委办公室惠办发〔1989〕9号文件精神，对全县取得大、中专学历证书的离休干部发放知识分子补贴，全县取得学历证书的离休干部44人，领取补贴43人。

1991年起，享受地厅级待遇的老干每4年发给健康休养费300元。

1992年，9个企业性质单位的14名离休干部未领到新增交通费、洗理费、书报费（“三费”）；压电水晶厂、县食品公司无力发放3名离休干部工资，县政府将其列入县财政开支，解决工资问题。

1993年，省老干字〔1993〕5号、黔人资〔1993〕6号、黔劳险字〔1993〕16号文件规定增加行政、事业和企业单位离休干部待遇，全县93名离休干部，除企业单位压电水晶厂、县食品公司离休干部3人由县财政拨款到主管部门发放外，其余均在原单位发放。

1995年，年满70周岁以上的离休干部护理费每月调整为100元。1998年，县委常委会议决定，5月起，全县企业单位离休干部26人的生活待遇全部转由县财政拨付，企业离退休干部的离退休费得到足额发放。

（三）政治、职级待遇

1991年，晋升享受副地厅级待遇的离休干部5人，晋升享受副县级待遇的离休干部5人。1992年，工资改革前，行政19级晋升享受副县处级待遇的离休干部13人。1995年，县委拨专款5000元，组织家居农村享受副县级以上待遇的离退休干部共20人，到贵阳进行为期两天的参观。1997年，州委组织部下文明确20世纪50年代在州直部门曾担任科级职务的离休干部2人享受正县处级待遇。1998年，对50年代曾担任区科级实职的2人退休干部，上报州审批，享受副县级待遇。

2002年11月24日，将惠水县解放初期剿匪战斗中牺牲的革命烈士事迹，收集整理成《英烈录》。

2007年9月13日，原二野军大随营学校部分外地校友到惠水县，前往烈士陵园向英烈敬献花圈，悼念回访全县6个乡镇烈士陵园。

2008年，离退休老干部以亲身经历为题材，完成惠水发展回忆录稿件撰写，汇编成《前进中的惠水》一书。5月26日，四川汶川地震发生后，县委组织部在县委大院开展缴纳特殊党费活动，离退休党员现场缴纳特殊党费，缴纳上千元的退休干部7人。

2011年，先后组织老干部到贵阳、安顺等红色革命旅游胜地、开发区、县内工业园区、城镇化建设、新农村示范建设点、烈士陵园、招商引资项目基地、盛华职业学院、惠水高速公路建设点等地参观考察。2013年，组织副科级以上退休党员干部50余人，赴黔东南州丹寨、榕江、黎平、锦屏、从江五县参观学习暨过组织生活。2015年，组织二野军大惠水校史研究会学员以及部分退休干部到百鸟河数字小镇参观；组织部分离休干部和二野军大惠水校史研究会学员30余人，经惠罗高速公路到罗甸参观其县城建设及红水河大桥建设。

四、活动开展

1986年，邀请险峰、八普的老年门球队与惠水县门球队进行友谊比赛。

1995年，成立县老年体协，开展门球、台球、跳棋、象棋、麻将、书法、绘画、斗鸟等活动。邀请长顺、花溪及险峰、八普等单位的老年门球队到惠水开展联谊赛。同年，抗日战争和世界反法西斯战争胜利50周年，县关工委离休老干根据自己的亲身经历讲述抗日战争和解放战争革命故事，到全县城乡中小学对青少年进行爱国主义教育。

1998年，老干部前往贵州省广顺劳改农场，对惠水籍的劳改犯进行帮教；在创建文明县城活动中，20名离退休老干部参加市容监督工作。

1999年，二野军大惠水校友撰写完成回忆录《情系涟江》。

2000年，离退休老干部撰写完成《夕阳红》《晚霞颂》两本书籍出版。

2009年，离退休老干部历时两年，完成《前进中的惠水》《战斗在涟江》《惠水书画摄影集》3本书籍出版。9月，县离退局组织的老年舞蹈队代表黔南州老干工作系统，参加省委老干局在省委大礼堂举办的“庆祝国庆60周年老干部文艺晚会”演出，其中舞蹈《苗岭风情》荣获优秀奖。

2011年11月，全省老年门球运动会在惠水举行，16支老年门球队参赛。

2013年5月，在鸭绒乡举办惠水县第一届基层老年学校文艺汇演活动，来自全县15所基层老年学校、10所乡镇老年文艺队、县老干活动中心离退休干部、老年大学学员近千人参加演出。6月2至3日，举办“涟江杯”老年门球邀请赛，来自全省的15支代表队参赛，惠水县离退休干部组成的老年门球队获第一名。

2014年2月，在甲戎乡甲戎村举办“进万家门、知万家情、暖万家心”马年迎春文艺汇演；5月，组织老干活动中心文艺队赴甲戎中心校开展“明礼知耻、崇德向善”老少同乐庆“六一”活动；组织老干活动中心文艺队到好花红乡兴涟村开展“学习牛的品格精神　昂首阔步齐奔小康路”文艺会演。

2015年，惠水县老干部活动中心俏夕阳艺术团，获“全国健身秧歌、健身腰鼓及手拍鼓大赛”手拍鼓项目，12人组B组规定套路二等奖。

老干局成立以来，部分离退休老干部每年春节为群众书写赠送春联上千幅。组织离退休老干部参加全州12县（市）老年书画联展；与惠水县老年书画研究会共同主办全州第二届第三次老年书画联谊展、全州第三届第三次老年书画联谊展。组织老年书画爱好者参加黔南州三届第五次老年书画联谊会，送展作品25幅，获1个一等奖、2个二等奖。

五、先进表彰

1994年，大龙小学原校长袁正民退休后担任居委会主任，对失足青年、失学儿童的帮教成绩突出，被评为全省“关心下一代”先进工作者。原三都镇干部雷明恕退休后任金石村党支部书记，组织群众集资修建石桥1座，修复提灌站2座，新增灌面200多亩，架设电线2000多米。

1999年，离休干部冯永敬、退休干部雷明恕及县老年大学离退休干部党支部受到州委组织部、州离退局的表彰，参加全州“双先”表彰会。

2004年6月，惠水县离休老干部冯永敬被评为全省老干部先进个人，受省委组织部、省老干局表彰；作为贵州省先进离休干部代表，受中组部表彰，被评为全国离休干部先进个人。

2009年5月，县水利系统离退休干部党支部被省委组织部、省老干局评为全省先进离退休干部党支部。

2014年10月，在纪念新中国成立65周年贵州魅力老人评选活动中，离休干部冯永敬被评选活动办公室、晚晴杂志社评为“贵州魅力老人”；离退休干部冯永敬、路禧锟、任书印、吴永福、余来保5人被授予“美丽贵州·魅力老人”称号。

第六节　老年教育

惠水县老年大学1989年11月成立，1990年5月27日举行开学典礼，有学员40余名，开设卫生保健、中草药、养殖、种植、太极拳等课程，有6位外聘老师。2008年10月7日搬迁到县老干活动中心办公，设校长1名（兼老年教育工作领导小组办公室主任）。

1990年1月至2003年12月，县老年大学以老同志自我管理为主，没有在编在职干部。随着人口老龄化的增加，办学规模的不断扩大，2003年12月调原县民政局党组书记到县老年大学任校长。2004年2月明确县老年大学为事业编制单位。2005年9月，在贵州省老年教育发展20周年暨贵州省老年大学成立二十周年庆典会上，惠水县老年大学被评为“贵州省老年教育先进老教办”。

2009年1月，中共贵州省委组织部、贵州省人事厅印发《关于都匀市党校等36个县级六类机关所属事业单位列入参照公务员法管理范围的通知》，明确惠水县老年大学为事业“参公”单位。2010年6月，明确惠水县老年大学为县委直属正科级事业单位。2012年8月，增加县老年大学事业编制2名，增加后，县老年大学事业编制为4名，工勤编制1名。2014年12月29日，惠水县老年大学被贵州省老年教育工作领导小组办公室授予“省级老年大学示范校”称号。2015年7月，明确县老年大学为县委直属正科级公益一类事业单位，设3个内设机构（办公室、综合科、教务科），核定事业编制4名，其中设校长1名（正科长级，兼老年教育工作领导小组办公室主任、离退局副局长），副校长1名（副科长级，兼老年教育工作领导小组办公室副主任、教务科科长）；主任（科长）2名；工勤编制1名。

一、基层老年学校

1994年8月，惠水县第一所基层老年学校（原和平镇星光村老年学校）成立，学员35人。2014年8月25日，惠水县第一所基层远程老年教育学校站点（涟江街道西山社区）成立。至2015年底，全县已建立县、镇（街道）、村老年大学（学校）22所，在校学员2270人，占全县6万多老年人口数的4%。其中县级老年大学1所（即惠水县老年大学）；镇（街道）10所，分别是：濛江街道老年学校、雅水镇老年学校、好花红镇老年学校、摆金镇老年学校、岗度镇老年学校、断杉镇老年学校、王佑镇老年学校、羡塘镇老年学校、涟江街道老年学校、芦山镇老年学校；村级老年学校11所，分别是：涟江街道星光村老年学校、涟江街道惠明村老年学校、好花红镇好花红村老年学校、好花红镇崇学村老年学校、好花红镇甲戎村老年学校、濛江街道赤土村老年学校、濛江街道红星村老年学校、摆金镇卜所村老年学校、雅水镇摆王村老年学校、岗度镇宁旺村老年学校、芦山镇芦山村老年学校。已建的乡镇、村老年学校，设有自己的校牌和领导班子，有一定的教学经费、活动场地和教学课程安排，有50人以上学员参加学习。县老年大学开设有健康教育、书法、国画、舞蹈、民乐、太极拳（剑）、园艺、京剧、音乐、诗词楹联、体育健身、电声乐等专业课。基层老年学校开设有时事政策、法律知识、科技兴农、卫生保健、文艺等课程。学校无专职教师，均以聘请县内外热爱老年教育工作、有专业特长的人员担任教师，无教材。在课时安排上，县老年大学每学期不低于15周，基层老年学校每月不少于1~5课时，主要采取农忙时少学，农闲时多学的灵活教学方式。

贵州省第六届老年人运动会象棋比赛在惠水举行（2011年摄）

二、教学活动

县老年大学建立后，多方面、多学科开展教学活动；组织学员参加省、州健身、文艺等比赛活动。2008年6月26日，在贵州省第五届中老年优秀舞蹈节目展演暨中国舞蹈家协会首届中老年舞蹈比赛选拔赛中，惠水老年大学舞蹈队表演的舞蹈《涟江情韵》获“展演奖”；舞蹈《涟江情韵》反映了惠水布依族儿女在美丽的涟江河畔载歌载舞的情境。2008年7月26日，在上海举行的第六届世界华人“今夕年华”中老年国际才艺邀请赛中，惠水老年大学舞蹈队表演的舞蹈《苗岭风采》获“金奖”；舞蹈《苗岭风采》反映苗族儿女每当丰收时节，聚集在一起打腰鼓、吹芦笙、跳起欢快舞蹈庆祝丰收的景象。2010年11月8日，黔南州“福彩杯”农村老年文艺展演在都匀举行，县老年大学学员代表惠水县农村老年文艺队参演的声乐《好花红的歌美滋滋的唱》获“一等奖”；舞蹈《鼓》和器乐《喜洋洋》《众手浇开幸福花》分别获“二等奖”。舞蹈《鼓》采用原生态表演形式，一群苗家儿女伴着用木棍敲打的节拍，跳起欢快的舞蹈，节奏明快，欢快跳跃。2012年3月15日至19日，惠水县老年大学组织舞蹈班代表黔南州，参加在遵义市习水县举行的贵州省第二届农民运动会，荣获健身秧歌自选套路“二等奖”、健身秧歌规定套路“三等奖”。2012年7月11至12日，组织舞蹈班代表惠水县参加在惠水举行的2012年“体彩杯”贵州省老年人健身秧歌比赛，荣获健身秧歌规定套路、自选套路“优胜奖”“体育道德风尚奖”。2014年7月9日至11日，组织舞蹈班参加在惠水举行的2014年贵州省老年人健身球操比赛，荣获比赛规定套路“优胜奖”、自编套路“优胜奖”“体育道德风尚奖”；时桂萍老师荣获“编排创新奖”。2015年6月13日至6月15日，组织舞蹈班参加在甘肃省张掖市高台县举行的2015年“晋昌源杯”全国健身秧歌、健身腰鼓及手拍鼓大赛，获“二等奖”。

三、爱心活动

1999年，惠水县发生持续50多天的大旱和50年难遇的特大水灾，101位学员向灾区捐款2100元，97位学员向断杉镇全日制特困女童捐助926元。2001年8月3日，130余名学员向摆榜乡甲坝小学捐款300元、衣服1073件、生活用具110件、作业本600本、铅笔300支。2004年4月16日，县老年大学牵头组织全体教职员工、关工委、二野军大惠水校史研究会和县老年书画研究会的115名老干部向原大龙乡响水小学捐款1800元。2005年5月30日，组织部分学员向原大龙乡九龙小学捐款800元。2008年5月21日，县老年大学牵头组织全校干部及教职员工、关工委干部、二野军大惠水校史研究会和县老年书画研究会的老同志共计139人向灾区捐款12585元。2010年1月7日，组织学员向原抵季中心小学捐资1000元、衣物325件；4月9日，组织79名学员向摆金镇大华村捐款4260元，资助该村开展抗旱工作。2015年5月26日，组织百名学员在老年大学校园内为身患白血病的好花红镇辉岩小学二年级学生曹翔杰捐款4450元。

发挥老干部的余热作用，组织老同志以各自特长服务社会。1999年至2015年，开展春节义务书赠春联活动，参加县委举行的重大庆祝活动，配合相关单位到县内的企业、厂矿、乡镇开展送文化下乡活动，参与关心下一代工作，在学员中组织“五老”（即：老干部、老战士、老专家、老教师、老模范）人员，深入全县中小学校开展爱党、爱国、爱家乡的“三热爱”教育和法制宣传教育工作，开展帮教失足青少年等活动。

四、文化活动

1996年，书画班学员创作书法作品参加省、州书画摄影展，有两幅作品获省书画展奖，有1幅被《黔南日报》采用刊登。14篇诗词刊登在省《松鹤苑》和《晚晴》杂志上。2005年，书画班学员创作作品在校园开展纪念抗日战争胜利60周年书画展。2006年，学员创作作品在校园举办纪念红军长征胜利70周年暨迎接中国共产党惠水县第十一次代表大会召开书画展。

2000年7月27日，在县影剧院举行建校十周年庆祝大会。省、州老年大学和县四家班子及县直相关部门领导、离退休老同志、基层老年学校代表共计600余人参加。会上，对12名老年教育先进工作者、4个老年教育先进单位、4名优秀教师、21名优秀学员进行表彰。

2008年10月7日，举行惠水县老干活动中心竣工揭牌仪式暨庆祝贵州省第二十一个老年节活动。县四家班子领导及县直部门负责人，县老年大学全体教职员工、二野军大惠水校史研究会和县老年书画研究会的全体会员、县离退局、关工委全体干部共计400余人参加活动。庆典举行揭牌仪式和文艺表演。

2010年5月27日，在县影剧院举行“惠水县老年大学成立20周年暨惠水县老年教育发展20周年”庆典大会。县四家班子领导、县老年教育工作领导小组成员单位、已建有老年学校的乡镇领导和基层老年学校校长以及县老年大学教职工共计300余人参加。庆典会上，对“关心重视老年教育先进乡镇”“先进基层老年学校”“老年教育先进工作者”“老年教育优秀教师”“优秀老年学员”进行表彰；发放惠水县老年大学第六届学员结业证书；进行了庆典文艺演出；全体与会人员参观学员书画展。

2013年5月17日，在鸭绒乡集贸新区文化广场举办以“宣传十八大·同步小康路”为主题的惠水县第一届基层老年学校文艺汇演。全县15所老年大学（学校）30支文艺代表队，共计500余人参加演出。对文艺表演节目进行评比并颁发奖牌和奖金，和平镇星光村老年学校表演的舞蹈《欢聚一堂》获一等奖；鸭绒乡卜所村老年文艺队表演的舞蹈《苗家背扇芦笙舞》、岗度乡老年学校表演的小合唱《苗族民歌》获二等奖；甲戎乡老年学校表演的山歌《歌颂鸭绒》、鸭绒乡老年学校表演的舞蹈《苗家粑槽铜鼓舞》、好花红乡老年学校表演的舞蹈《苗乡侗寨》获三等奖；其余参赛队获“优秀奖”。会演大会上，鸭绒乡党委、乡政府对7户鸭绒乡第一届敬老爱幼模范家庭进行了表彰。

第七节　关心下一代工作

一、机构设置

1989年11月，拟成立惠水县关心下一代协会。1990年5月，惠水县关心下一代协会正式成立，协会设立理事会，有常务理事和理事各1人。是年有基层关工委组织39个。1995年3月，将惠水县关心下一代协会更名为惠水县关心下一代工作委员会，简称惠水县关工委。关工委是以离退休老干部为主体，县党政有关部门和群团组织负责人参与，以关心、培养、教育全县各族青少年健康成长为目的的群众性工作组织。

1989至1996年，关工委以离退休老干部自我管理为主。1996年12月11日，县委组织部为县关工委调配专职工作人员1人。2003年12月，任命县关工委主任。

2004年2月，县编委明确县关工委事业编制2名。2010年6月，将县关工委办公室挂靠在县离退休干部工作局。

2015年3月，调整惠水县关工委办公室机构，升格为副科级事业单位，挂靠在惠水县离退休干部工作局，核定事业编制2名。8月，惠水县关工委办公室事业单位列入参照公务员法管理范围。是年，基层关工委组织发展至270个，其中县关工委1个、教育局关工委1个、供电局关工委1个、镇（街道）关工委10个、村（社区）关工委205个、学校关工委52个。2010年、2015年，分别被贵州省关工委和贵州省精神文明办评为全省关心下一代工作先进单位。

二、青少年教育

1978至2015年，惠水县关工委与县老年大学、县离退休干部工作局及各成员单位协调配合，为贫困学生和留守儿童筹集爱心助学资金120万余元，资助学生2800余人。

1993年，创办“惠水县关心下一代协会学前班”，在班学生60多人。请退休老教师和有幼教专业知识的教师任教，教学内容以简笔画、静物写生、美术字、汉语拼音、音乐舞蹈等为主。

1998年，组织“五老”（老干部、老战士、老专家、老教师、老模范）帮教团赴广顺监狱和惠水县看守所对在押人员进行帮教。2004年，组织学生到看守所接受现身说法教育15次，接受教育的学生2000余人次。

2012年，和平镇西山社区关工委创办黔南州首个青少年“假日学校”。12月，中国关工委支学助教办公室“感恩励志中国行”讲师团团长南翎绍雄，到惠水民族中学为师生们举行“关爱明天、普法先行”校园法制大讲堂报告会。

2013年，好花红村建立“村校”联合关工委。5月29日，省关工委副主任王惠业、州关工委常务副主任孔繁英率贵州省关心下一代慰问团、黔南州关心下一代慰问团，到惠水县打引民族学校和建华小学开展“六一”慰问和捐赠活动。省慰问团向打引乡捐赠17.5万元和价值9.6万元的设施、图书及学习生活用品；州慰问团向建华小学捐赠人民币4.2万元，用于修建学校围墙，购买校园广播、学生活动器材、“留守儿童”之家用品以及学生服装等。2014至2015年，关工委共筹集爱心助学资金2.5万元，资助贫困大学生9人。

省州关工委在羡塘镇举办惠水县留守儿童代理家长培训班（2015年摄）

2015年，在长田社区建立“村校企”联合关工委。县关工委与县妇联、团县委、县教育局、县教育督导办协商，联合发出《爱心救助倡议书》，为好花红镇辉岩小学学生曹翔杰募集爱心救助款21万元，为惠水民族中学学生龙星雨筹集到爱心捐赠资金32万余元。9月，由省关工委主办，州关工委、惠水县关工委承办的留守儿童代理家长培训班在羡塘镇举办。10月，县关工委到芦山镇中、小学，王佑镇中、小学，大龙小学等学校开展中国抗日战争暨世界反法西斯战争胜利70周年巡回图片展。

第四章 宣传工作

第一节 思想理论

1978年，县委宣传部属县委正科级工作部门，内设办公室、理论教育室、新闻通讯室，行政编制6人，工勤编制1人。2001年，成立县精神文明指导委员会办公室，挂靠县委宣传部，人员从宣传部现有编制调剂。2004年2月建立新闻中心，事业编制6人。

1978年12月，中共十一届三中全会召开。1979年1月，惠水县召开742人参加的全县干部会议，贯彻落实中共十一届三中全会精神，加强理论教育学习。1984年3月，召开各区（镇）党政领导和有关部门负责人参加的电话会议，宣传和贯彻落实中央〔1984〕1号文件精神，统一思想认识。

1987年4月12日，省委书记胡锦涛到惠水调研时指出：要把坚持四项基本原则的教育引向深入，教育的重点要放在县直机关和党员干部。4月14日，县委召集县四家班子党员负责人参加的常委（扩大）会议，传达学习和讨论省委书记胡锦涛的讲话精神，进一步加快推进两个文明建设。

1990年4月，印发《关于贯彻落实中共中央和省委、州委〈关于加强宣传思想工作的通知〉的意见》，要求各级党组织要不断提高思想认识，切实加强对宣传思想政治工作的领导。

1991年3月，为贯彻落实中共十三届七中全会精神和贵州省委、黔南州委扩大会议精神，印发《中共惠水县委关于今后十年及“八五”期间主要奋斗目标和实施措施的安排意见》，分别从组织领导、学习宣传、计划制订、措施落实、行动见效5个方面提出工作要求，把中央和省、州会议精神落实到位。

1994年5月，召开县直机关干部职工思想解放大讨论动员大会，号召全县上下行动起来，按照贵州省委、黔南州委关于解决思想大讨论有关文件精神和要求，把大讨论领导好、组织好、开展好。1996年12月，印发《惠水县1996—2000年干部教育培训规划》，进一步提高干部思想政治素质，打造政治坚定、思想作风过硬、德才兼备的干部队伍。

2000年1月，印发《关于加强和改进思想政治工作的意见》，分别从：思想政治工作要坚持正确的方针原则；深入扎实地在全县开展思想政治教育工作；积极探索新形势下思想政治工作的新规律和新方法；常抓不懈，稳步推进，把思想政治工作任务落实到基层；切实加强党的领导，建立健全思想政治工作机制5个方面提出工作要求。

2001年，探索理论教育工作结合实际的新举措、新方法，不断加大理论工作力度。拟订县委中心学习组《学习方案》《学习制度》，作好中心组理论学习记录，加强与乡镇、部门党委（党组）的联系，开展理论学习指导和督查工作，协助制订学习计划，修订学习制度，提供理论学习资料（五年累计发送理论学习资料12000余册）。组建学习中共十六大精神宣讲组深入全县各乡镇、机关、厂矿、学校、农村进行宣讲，举办学习中共十六大精神研讨班4期。在全县上下兴起学习“三个代表”重要思想新高潮，举办以《“三个代表”重要思想学习纲要》为主要学习内容的读书班2期。以知识竞赛、讲座、培训班、演讲比赛为平台，配合县委开展好“三个代表”重要思想学习教育和保持共产党员先进性教育活动等重大理论学习，组织县内媒体开辟专栏、专题进行报道。据统计，“十五”期间共刊播理论学习新闻稿件2000余篇（条），刊登理论调研文章和学习心得体会500多篇，指导各乡镇、部门办黑板报、宣传栏500余期。对全县理论工作队伍进行调查摸底，建立一支高素质的理论工作队伍，健全全县政治思想工作网络，要求每位成员每年写出2篇以上理论学习心得或工作研究文章，5年累计在州级以上媒体发表理论调研文章60余篇。

2006年，加强与乡镇、部门党委（党组）的联系，不定期地到部门、乡镇调研，指导制订学习计划，修订学习制度，提供理论学习资料，丰富广大干部群众的学习内容。各乡镇、部门办黑板报、宣传栏共232期，及时宣传了中央、省、州、县的各项方针政策。以知识竞赛、形势报告会等为平台，深化各级党委（党组）对理论学习重要性的认识，增强学习的自觉性和主动性。结合第三批先进性教育活动举行形势教育报告会，邀请省委讲师团专家作报告；6月底，举行了一场党的知识竞赛。抓好理论调研，共收集理论学习文章或工作调研文章41篇，报送州委宣传部7篇，在内部刊物《涟江风采》上刊登13篇，在州级以上媒体发表9篇，完成舆情信息50余条。

2007年初，为县委中心学习组拟定《学习方案》《学习制度》和征订《理论与当代》理论读物。将省委、州委宣传部门提供的《辩证法随谈》《2007年理论热点面对面》《十七大报告辅导读本》《十七大报告学习辅导百问》《十七大文件汇编》《十七大党章修正案学习问答》等学习资料发送到每个成员手中。做好中心学习组理论学习会记录等工作。抓好乡镇、部门党委（党组）中心组理论学习，不定期到部门、乡镇调研，指导调整学习计划，修订学习制度，结合实际提供个人学和集体学的理论篇目，不断丰富全县干部群众的学习内容，拓展全县干部群众的知识面。各乡镇、部门党委（党组）切实做到学习时间有保证、学习出勤有记录、学习讨论有专题、学习专题有主讲、联系实际有效果。各乡镇、部门办黑板报、宣传栏共300余期。结合全县宣传思想工作会议精神，年初拟定并下发《全县理论学习安排意见》，要求乡镇、部门党委（党组）中心学习组每月开展理论学习不少于2次，每个成员年底前要写出2篇以上理论学习心得或工作调研文章。会同县纪委、党校、机关党委、组织部等部门，以知识竞赛、讲座、培训班、演讲比赛为平台，深化各级党委（党组）对理论学习重要性的认识，增强学习的自觉性和主动性。共邀请省内外党务专家、经济专家到惠水举办专题讲座3期，参加培训的干部3000余人次。中共十七大召开前夕，共有60余篇反映改革开放以来特别是中共十六大召开以来经济社会发展新举措、新风尚、新变化、新成就的新闻作品在省、州、县媒体刊（播）。中共十七大召开期间，组织万名机关党员干部职工和离退休老同志收听收看中共十七大盛况，共有20余篇反映各族干部群众喜庆中共十七大召开、热评中共十七大报告的新闻作品在省、州媒体刊（播）。中共十七大闭幕后，为迅速在全县掀起学习宣传贯彻中共十七大精神的热潮，从县直部门、乡镇挑选100名中青年领导干部赴北京大学、清华大学参加为期12天的“十七大精神”理论研修。邀请省委宣讲团成员、省法制办副主任舒葳韧，州委宣讲团成员、州委党校常务副校长王庭举在全县领导干部大会上作宣讲报告；组建县委中共十七大精神宣讲团相继走进全县25个乡镇作宣讲报告。县委分别召开中心组理论学习（扩大）会议和全县领导干部大会，认真学习宣传贯彻中共十七大精神，并对各级各部门学习提出了具体的安排意见。县直部门、乡镇党委（党组）先后召开理论学习专题会。全州县级干部学习中共十七大精神培训班开班期间，相继举办县直部门、乡镇领导干部学习党的中共十七大精神培训班3期，为期9天，共有398名领导干部参加培训。共收到全县领导干部学习中共十七大精神心得体会文章130余篇，其中，有10余篇心得体会文章在州、县媒体上刊登。共发送中共十七大精神学习书籍等资料6000余册。

2008年，县委中心学习组拟订《学习方案》《学习制度》，征订《理论与当代》《贵州宣传》《黔南宣传》等理论读物。认真做好中心组理论学习会记录。加强与乡镇、部门党委（党组）的联系，抓好乡镇和部门党委（党组）的理论学习，不定期到部门、乡镇调研，指导调整学习计划，修订学习制度。各乡镇、部门办黑板报、宣传栏共200余期。参与抗凝冻抢险救灾宣传报道工作，向省州宣传部门推荐一批抗灾救灾先进集体和个人。“5·12”汶川大地震后，及时向上级业务部门提供各级各部门党组织、党员干部抗震救灾捐助活动信息。组织全县理论工作者撰写“纪念改革开放三十周年”理论调研文章10篇，报送4篇。参与承办“惠水精神”征文大讨论活动，组织省内9位知名学者对省内外作者撰写的162篇“惠水精神”大讨论文章进行评选，并将入围作品收入《“惠水精神”征文选编》。

2009年，拟定《中共惠水县委中心组2009年理论学习季度计划》，修订理论学习制度。按照深入开展第二批学习实践科学发展观活动的安排部署，各单位及时成立领导小组，按时召开动员大会，认真制定工作方案，围绕“抢抓机遇、科学发展、富民强县”主题，结合自身实际，认真开展学习调研、分析检查、整改落实三个阶段的工作，达到了党员干部受教育、科学发展上水平、人民群众得实惠的预期目标。在认真总结第二批学习实践活动的基础上，第三批学习实践活动参学单位稳步推进，注重结合实际突出实践特色，在农村、社区、学校、企业引起了强烈反响。

2009年4月，与县直机关党委联合行文，组织县直机关党员参加全省“学习中国特色社会主义理论”知识竞赛，共收到1883名党员的知识竞赛答题卡，占总数2047名的92%。在“双百”评选活动中，收到选票3000多张，其中有效选票2000多张。6月中旬，县委学习实践办组织第二批参学单位的广大党员干部职工填写答题卡。全县共有77个参学单位1800余名党员干部职工参赛。是月，惠水县委学习实践办举办了“践行科学发展观·立足本职争先锋”解放思想大讨论活动，县四家班子领导及800余名县直单位党员干部一同观看了演讲。

是年，全县理论工作者共在州级以上报刊发表调研文章7篇。拟定了《惠水县2009年“创新理论宣讲季”工作方案》《惠水县学习实践科学发展观宣传方案》，制作了《山歌唱科学发展观民歌》《“三句半”快板宣传科学发展观》光碟，并在县有线电视台上滚动播出。

2010年，开展先进人物宣讲6场；开展中共十七届五中全会、中央经济工作会议和省委十届十次全会精神宣讲10场次；各部门、乡镇开展各类宣讲105场次。开展“百村、百企、百校”思想政治工作和重点工作调研（“三百调研”），共收到调研文章19篇，在州级以上媒体或刊物刊登理论文章6篇。报送惠水县供电局思想政治工作调研报告《突出增强队伍凝聚力、战斗力，为企业发展保驾护航》获全省“三百调研”优秀成果三等奖。

2011年，结合“作风建设年”“创先争优”等活动，运用网络学习平台推进全县各级党组织理论学习。县委中心组学习13次。围绕“四个要务”（把中心组学习作为一把手要务、领导干部修心要务、全员学习要务、提高执行力要务），全县各级各部门党组织共开展专题理论学习380场次，举办干部职工理论学习园地220期。

2011年3月，深入乡镇宣讲中共十七届五中全会精神及省州县全会精神10场，听众1000余人。开展中共十七届六中全会和省委十届十二次全会精神宣讲。省委宣讲团在县城举行中共十七届六中全会和省委十届十二次全会精神宣讲报告会，全县副科级以上领导干部700余人聆听宣讲报告；州委讲师团赴乡镇宣讲2场，受众200余人。组织开展涟江骄傲人物先进事迹宣讲报告会5场。全县相关部门、各乡镇举办主题宣讲活动120场次。围绕惠水“十二五”规划的重点领域、“6631”经济社会发展新格局和地方特色、民族特点，组织领导干部和理论工作者深入乡镇、企业开展调查研究，共收到理论调研文章74篇，在省州报刊发表调研文章5篇。

2012年，向各中心组成员及各乡镇、部门发送由中宣部理论局编辑出版的《下一步的方向在哪里》300余册，在9月开展的读书学习活动中，编印《惠水县委中心组学习读书会学习资料汇编》200册，收集领导干部撰写的心得体会100多篇。组织开展“四学四创”“社科理论下基层”“三实三创、推动跨越”解放思想大讨论等活动。向省州报送各种征文、论文50余篇，其中调研报告22篇、论文5篇、创新创意工作方案4篇，州政协副主席、惠水县委书记吴丹撰写的理论调研文章《因地制宜　探索实现“三化同步”的有效途径》等3篇理论文章刊登在《贵州日报》。报送舆情信息73期，获中宣部采用2期，省、州委宣传部采用40余期。组织开展中共十八大精神及国发二号文件、省委十一次党代会精神宣讲活动。创新性开展宣讲和学习，采取“听（广播）、看（会议盛况）、学（报告原文）、写（心得）、诗（歌颂）、讲（宣讲）、唱（山歌）、舞（文艺舞蹈）、书（宣传册子）、画（挂历）、报（报刊专栏）、网（网络宣传）、广（广告、专版宣传）、谈（入户谈）、会（专题会、座谈会）、解（解读）、教（教学生）、赛（演讲比赛）”等形式，在全县范围内开展中共十八大精神宣传活动，共发放宣传中共十八大挂历1万余册，征集颂扬中共十八大精神诗词100余首，到全县乡村、企业、学校等开展宣讲120场次，参加宣讲报告会的干部群众、企业职工10万余人。

2013年，继续抓好中共十八大精神贯彻落实，形成“一册、一碟、一画”（一本学习经验文章集、一张贯彻落实中共十八大精神学习情况光碟、一本突显全县上下积极广泛开展学习贯彻落实中共十八大精神宣传画册集）学习集成。针对不同行业，单位（部门）不同行政职能或事业职能，倡导有目标性、方向性的课题调研、自主调研，形成具有现实指导意义和实践特色的调研报告；全县各乡镇、单位（部门）党员领导干部撰写理论文章100余篇，积极参加省、州杂志专栏投稿，完成投稿工作目标任务。开展理论骨干、舆情队伍培训4次，全县性培训1次。

2014年，县委常委（扩大）暨中心组召开学习会议22次，带动全县上下形成良好学习风气，全县开设各类讲座、座谈会共30余次。深入开展中共十八大，中共十八届三中、四中全会，习近平总书记系列重要讲话精神和省委十一届五次全会、州委十届五次全会精神等理论宣讲宣传活动。县级领导分别就挂点单位及乡镇深入开展学习分类指导，副科级以上领导深入村、寨开展主题集中宣讲，全年共开展宣讲活动100场次，1万余人次参加宣讲活动。组建县、镇（街道）、村三级宣讲队伍80余支，抽调300余人组建65个“同步奔小康”驻村工作组，继续深入基层与百姓同吃同住同劳动，传精神，带学帮学助发展。继续采取“学（报告）、唱（山歌）、听（广播）、舞（文艺演出）、报（报刊专栏）、会（座谈会）、赛（演讲）”等多种形式推动广大党员干部群众理论学习引向深入。

2015年，县委中心组共组织召开学习会议27次，结合“三严三实”专题教育，召开两次“三严三实”专题学习研讨，通过领学、重点发言、集体研讨、表态发言等进一步学习领会其重要内涵和具体要求。组织召开座谈会、经验交流会及现场学习观摩会，用党的理论创新成果打造和谐美丽惠水的经验。依托“百姓宣讲团”“道德模范”“宣传部长上讲堂暨领导干部上讲堂”“三创一亮”、精准扶贫暨贫困村（寨）遍访等系列活动，面向基层群众理论宣讲1000余场，总结一批理论武装工作先进单位和优秀个人的经验和事迹，推动理论武装工作向纵深发展。县直机关、镇（街道）党委（党组）将意识形态工作和中心组学习纳入重要议事议程，将中共十八大，中共十八届三中、四中、五中全会精神、习近平总书记系列重要讲话精神，省委十一届系列全会、州委十届系列全会精神融会贯通，作为各级中心组、各单位（部门）、镇（街道办事处）开展理论学习的重要内容，做到有会议召开、有会议精神传达就有理论学习，有工作安排部署就有理论学习。

第二节　宣传报道

1978至1989年，编印《惠水机关报》12期，主要宣传全县经济社会发展状况，县委县政府重大决策，中央、省、州重大方针政策。开展中华人民共和国35周年宣传活动。1985年3月24日，为纪念中国工农红军长征50周年，经济日报社记者罗开富，沿中国工农红军长征的足迹，由贵阳青岩步入惠水长田，在惠水4天时间沿红军长征时经过的山寨进行采访，形成专题报道4篇。

1984年，惠水为中华人民共和国35周年纪念日营造良好氛围环境。

1987年7月，以党支部为单位，组织收看电视差转台播放惠水县新闻专题片，学习邓小平的重要文章《党和国家领导制度的改革》。

酝酿座谈中发〔1987〕16号文件精神，1989年9月，采取形式多样的方式庆祝中华人民共和国成立40周年。各单位组织干部职工收听收看中央人民广播电台、中央电视台转播的首都各界群众庆祝中华人民共和国成立40周年大会实况。

2001至2005年，围绕州委提出的“431”发展战略和县委“撤县建市”的目标，围绕县委、县政府的中心工作大局，把握正确舆论导向，按照“三贴近”的要求，完成《惠水报》《涟江风采》、惠水新闻（有线电视、广播）的采编播等工作，其中报纸每年编发稿件800余篇，广播站每年编播稿件1100余篇，电视台每年编播电视新闻1500余条，为全县各项建设事业提供舆论支持。县内每年开展的各种重大活动，及时在县内媒体上开辟专栏、专题，有重点地开展新闻宣传报道，宣扬县民政局、扑火烈士唐正坤、山寨愚公罗景福等一系列先进典型。外宣稿件的数量和质量逐年得到提高，2004年以后，每年在州级以上新闻媒体刊播宣传惠水经济社会发展的稿件1600篇（条）以上，报刊、电视、广播用稿数大幅度增加。2004年县委宣传部被《贵州日报》评为先进单位，4名获奖；被《黔南日报》评为“先进记者站”。完成各年度的党报党刊征订发行任务，每年均获州报刊发行工作领导小组表彰，荣获2次第一名、1次第二名、1次第三名的荣誉称号。

2006年，唱响主旋律，打好主动仗，牢牢把握正确舆论导向。全年共编辑出版《涟江风采》30期，完成《黔南日报·惠水专页》的稿件采写，编播电视新闻1209条、广播新闻2000余条，结合2006年多彩贵州旅游形象大使选拔大赛惠水赛区海选赛等重大活动，制定专题报道方案，做好宣传报道策划，邀请州以上媒体记者到惠水进行采访报道。对各种重大政治活动和节庆日的宣传报道制定细化报道方案，完成“两会”宣传和科技宣传月、安全生产宣传月报道工作。结合第三批保持共产党员先进性教育活动的开展，《涟江风采》、县有线电视台开辟专栏、专题，及时报道各阶段活动情况。

2007年，及时印发季度宣传报道安排意见，对重大事件，做到先策划、后报道。全年共编辑出版《涟江风采》36期，刊发稿件1000余篇；完成《黔南日报·惠水专页》的稿件采写，刊发稿件630篇；县有线电视台在自办节目中播出电视新闻1506条（其中新闻消息1476条，专题30条）；广播站在自办节目中播出稿件2108条。结合2007年多彩贵州舞蹈大赛、“龙游涟江”等重大活动，组织采访报道，邀请省州媒体记者到惠水进行采访报道。针对“整脏治乱”专项行动和机关作风教育整顿，拟定专门的宣传报道方案，《涟江风采》、县有线电视台开辟专栏、专题，及时报道各阶段活动情况。《黔南日报》、黔南电视台、贵州人民广播电台等媒体分别对开展活动情况进行了报道。注重提升宣传能力建设，抓好全县新闻宣传通讯员的培训工作，6月底进行为期两天的培训，培训人数150人。定期不定期组织县新闻部门召开新闻宣传通气会，使各乡镇、各部门采编的新闻稿件在县、州、省的用稿量有所上升。

2008年，共编辑出版《好花红风采》36期，刊发稿件1000余篇；完成《黔南日报·惠水瞭望》稿件采写，刊发稿件660余篇；在中央、省、州及其他媒体刊发稿件1417篇。深入宣传中共十七大、省委十届三次、四次全会、州委九届三次、四次全会及上级有关精神，在《黔南日报·惠水瞭望》《好花红风采》开辟专栏进行报道。1月23至2月20日，新闻中心在省、州各媒体发表稿件21条，在《好花红风采》刊载14条（其中长篇通讯2篇），图片21张。“5·12”汶川大地震后，及时报道抗震救灾中涌现出来的先进人物、典型事迹，通过网络、报刊等形式及时宣传干部群众抗灾救灾的具体行动。结合2008多彩贵州舞蹈大赛、“惠水精神”论坛、纪念改革开放30周年、迎奥运等重大活动，邀请省州媒体记者到惠水进行采访报道。针对“整脏治乱”专项行动，《好花红风采》、县有线电视台开辟了专栏、专题，及时报道各阶段工作情况。

是年，分别制作《好花红故乡——惠水》专题片，《想涟江》《故乡年年好好红》《好花红的歌美滋滋地唱》《好花红》4个MTV，制作了2008年工作台历和惠水山水风光宣传挂历。其中由著名青年歌唱家王宏伟演唱的《好花红的歌美滋滋地唱》受到社会各界赞誉，由青年歌唱家王庆爽和全国总工会独唱演员王艺霖分别演唱的《想涟江》《好花红》MTV在中央电视台音乐频道播出，《好花红故乡—惠水》专题片在中央电视台的中文国际频道中播出，收到良好效果。在贵阳市龙洞堡机场、花溪桐木岭、青岩设立了3块大型广告牌，宣传惠水良好投资环境、秀美山水田园风光、浓郁民族风情等，提高惠水的知名度和影响力。

2009年，以系统、片区乡镇为单位组织开展通讯员业务知识培训。深入系统单位和乡镇开展通讯员写作培训4期，参训300余人次。组建惠水县网络舆论引导队伍（简称网评员队伍），成立交流QQ群，召开惠水县网络评论工作及培训会。在县城2个主要文化书籍经销店，设置免费报纸赠阅点。半年内共赠阅《好花红风采》38期3800份，深受广大群众欢迎。扩大发行范围，从5月开始，采取寄送的方式，邮寄到全州12个县（市）县委、县政府、宣传部，以及贵阳市各区委、区政府、区委宣传部等单位，进一步扩大对外宣传范围，提升知名度。

2010年，抗旱救灾期间，新闻中心、电视台在省、州各类媒体发表关于森林防火和抗旱救灾稿件157篇（条），图片45幅。共完成采编《黔南日报·惠水瞭望》50期，《好花红风采》46期；共有9条稿件被中央级媒体采用；568条稿件被省级媒体采用（其中文字401条，图片167幅；748条稿件被州级媒体采用，其中文字573条、图片175幅）。应对新闻宣传的一些重大事件，成功处理了“21世纪经济报道社失实报道”等三起涉及新闻宣传的事件，避免了对惠水形象的负面影响。组织开展理论宣讲员、网络评论员、通讯员集中培训，提高“三员”工作水平。

2011年，围绕“三个建设年”“创先争优”“四帮四促”活动和“换届年”工作，政法综治维稳及强化创新社会管理工作，庆祝建党90周年系列活动，学习宣传贯彻中共十七届五中、六中全会精神和省州县全会精神等，有计划、有部署、有重点开展宣传报道。应对“7·13”拆迁案件、长田“11·26”炸封小煤窑案件等突发事件，发挥网评员队伍的作用，做好网上舆论监督引导，有效降低网络舆论负面影响。

是年，组织“好花红”少儿合唱团赴京参加央视《大风车》节目，向全国广大观众展示新时期惠水布依族、苗族少年新风貌、新追求，受到广泛好评。组织和协助相关部门出版《阳光雨露好花红》《化蝶》等新时期民歌集及画册，制作了《奇山异石》《惠水扶贫成果展示》等对外宣传光碟，印制以好花红旅游文化为主题的新年台历，向外推介惠水多姿多彩民族文化、秀美山水风光的重要外宣品。在公路沿线、贵阳市交通要道设置户外广告牌6块，全方位多形式宣传惠水。

2012年，营造喜迎（庆）中共十八大的浓厚氛围。中共十八大召开前，重点宣传和展现中共十七大以来惠水县经济社会及各项事业发展所取得的巨大成就，邀请部分干部群众代表结合实际，就衣食住行、上学、看病、文化生活等座谈近年来的新发展、新变化、新感受，通过成就回顾，展现巨大变化，增强发展信心；中共十八大期间，重点报道干部群众、企业职工、社区居民等收看收听十八大开幕式和闭幕式实况；中共十八大闭幕后，重点宣传全县各族群众贯彻落实和学习十八大精神的情况。对全县贯彻落实国发2号文件情况、“三化同步”建设成就、第四届“好花红”艺术节进行宣传报道。

是年，在“黔南骄傲人物”评选活动中，组织县内记者和邀请中央、省州媒体对大山深处的“夫妻学校”黎永清夫妇，乡村医生杨正娥、张秀芬等进行深入采访。采用专题、通讯、特写、侧记等手法对典型人物进行全方位报道，分别在中央电视台、新华网、《贵州日报》《黔中早报》、贵州电视台、《贵州都市报》《贵阳晚报》《黔南日报》等重点刊播。组织记者对县“两会”“三实三创、推动跨越”“四帮四促”“创先争优”“连民心，惠民生，建设幸福和谐新惠水”、领导调研、春播春种、秋收冬种等活动进行深入采访，依托《黔南日报·惠水瞭望》《好花红风采》优势平台进行宣传。创新宣传形式，通过“我的这十年”“走基层、看变化”等专栏，多角度、全方位展现基层群众生活。

是年，共编辑出版《黔南日报·惠水瞭望》49期，其中彩版3期，刊发稿件490余篇（幅），《好花红风采》49期，刊发稿件1000余条（幅）。借助“多彩贵州踏春行”“深化走转改、聚焦三化同步、喜迎十八大”“《贵州日报》记者惠水行”“百名记者涟江行”等全国、省、州主流媒体记者到惠水采访活动，促进外宣稿件在各级媒体用稿量大幅提升。共在中央电视台、《经济日报》等中央级媒体发稿26篇（条），在《贵州日报》发稿141篇，《黔南日报》发稿1000余篇，其他省级媒体发稿107篇，被中央、省、州采用视频新闻300余条。制作完成画册《魅力抵季》、专题片《“185”工程领跑惠水农业》《“三化同步”打造活力惠水》等外宣品。接待州级以上国内外媒体记者860余人次。

2013年，围绕主题，推出优质稿件。在中央电视台《新闻联播》播出《贵州惠水：喜庆欢乐新年共享开心生活》和《马帮驮水队》；在新华每日电讯图文并茂刊登《布依新派年夜饭：大鱼大肉退次席》等稿件；在省州主流媒体推出了反映惠水中国梦宣讲的稿件《惠水山歌唱响中国梦》，该稿件被省委宣传部宣教处作为典型传送至中宣部，时任省委宣传部部长喻红秋阅读该信息后做出批示，肯定惠水做法。策划拍摄的《斗牛大赛》等新闻相继在央视新闻联播播出；借助贵州日报开设的“书记、县长访谈”专栏推出书记县长访谈文章；借助“十三村、十三镇”重点专题，推出整版报道；在贵州新闻联播分三期推出“甘昌村的牛人”村支书杨杰典型人物系列报道。以全国定向锦标赛、第五届黔台两地少数民族经贸文化交流活动在惠水举办，以及深圳文博会、“多彩贵州”舞蹈大赛等展览、展演活动为契机，加大宣传力度，展示惠水多姿多彩的民族文化和经济发展成就。

是年，在中央电视台、凤凰卫视、新华每日电讯等中央级媒体发稿24条；在新华网发稿247条（其中要闻版56条）；在《贵州日报》发稿209条（其中一版19条，含头条1条，报眼2条）；在《贵州宣传》发稿20条；在中央电视台采用20条，贵州电视台发稿68条；在《黔南日报》发稿1420条；在黔南广播电视台发稿442条。全年在各级各类媒体共发稿2430条。

2014年，围绕省“两加一推”主战略、州“一圈两翼”新格局，按照“选准主题、突出特色、做精策划”的思路，唱响主旋律，与新华社、中新社、《贵州日报》《黔南日报》等上级主流媒体对接，及时报送各种活动新闻稿件。分别在新华网、《贵州日报》《黔南日报》上刊发了题为《心系群众知冷暖，心装群众谋发展》的整版报道，邀请各级媒体记者到惠水采访，采写了一批生动反映全县开展群众路线教育活动典型做法和经验的稿件。

是年，围绕“一圈两翼”的发展格局，打造彰显“山水田园”特色的贵阳南部新区，与《贵州日报》合作，采写了《惠水明天惠更好——惠水县在新型城镇化路径中定位“新”城》专题，反映惠水县在城镇建设中突出科学规划、产城互动、文化融合、生态保护等理念，宣传“宜居、宜商、宜业、宜游、宜学”的城市定位和打造“产业新城、生态新城、文化新城、休闲新城”的成功做法。

是年，以“三月三”、清明节、端午节、“六月六”等特色民族节日为平台，从不同角度表现惠水少数民族特色过节的喜庆场景，其中新华社记者李春惠采写的《毛南族传统节日听民声》作为通稿在新华网等一些中央级主流媒体刊发，《黔南日报》刊发表现惠水清明习俗的《布依族：清明怎么过》特刊。对端午节和“七一”系列活动以专题报道、画册、视频光盘等形式充分向外界展示好花红文化的独特魅力。向外推出独具特色的惠水美食、服饰等民族民间文化产品，全方位展示惠水“三化同步”发展成果。

是年，围绕“吃、玩、游、乐”4个主题，组织记者采取体验式、探访式采访，分别推出《尝不尽的惠水味道》《贵阳人的惠水假日》等专题报道，借助“好花红”实景演出，全面向外界推荐展示惠水特色饮食、秀美山水、民族风情、人文历史，报道引起了较好反响，为打造惠水特色旅游文化品牌营造了良好氛围。

是年，在中央级媒体发稿8条；在新华网贵州分社刊发稿件1052条（幅）、中新社贵州分社15条（幅）；在《贵州日报》219条（幅）、其他省级媒体54条（幅）、《贵州电视台》刊登稿件68条；在《黔南日报》946条（幅）、《黔南电视台》等州级媒体发稿546条。全年在州级以上媒体共刊发稿件2908余条（幅）。通过惠水县官方微博、微信加大对外宣传，发稿1000多条，在多彩贵州网开辟惠水宣传窗口，上传稿件（视频）1000余条。

2015年，通过创新新闻宣传口径管理，深入开展党的方针政策宣传、主题宣传、成就宣传。共编辑《好花红风采》61期，共刊登稿件1966条。在《人民日报》《光明日报》、中央电视台《新闻联播》等中央级媒体发稿26条；在新华社贵州分社刊发稿件1710条，其中要闻509条；在《贵州日报》、贵州电视台、贵州广播等省级媒体刊登稿件299条；在《黔南日报》、黔南电视台、黔南广播等州级媒体刊播新闻1433条。

是年，在《人民日报》刊登《一路公益一路行——惠水杨秀祥的新年愿望》一文；中央电视台《中国新闻》播出《贵州：布依村寨趣味活动　尽显新年温情》；《贵州日报》专版刊登专题《喜庆祥和迎新春》《惠水石烧村喜迎新年》；在黔南日报刊登《多彩民俗闹新春　城乡处处年味浓——惠水县春节文化活动掠影》专题。在《贵州日报》策划刊登的专版、专题10个，在《黔南日报》刊登的专版、专题21个。

第三节　精神文明建设

1978年中共十一届三中全会后，精神文明建设工作逐步强化。1981年3月，县开展了“讲纪律、讲道德、讲文明、讲礼貌、讲秩序”和“心灵美、语言美、行为美、环境美”热爱祖国、热爱中国共产党、热爱社会主义的“五讲四美三热爱”活动。7月，由贵州省、州民族事务委员会组织的布依族“六月六”歌节在惠水拉林公社（今断杉镇董朗村）董朗大桥举行，参加群众4万人，全省各地少数民族歌手代表300多人参加民歌演唱，群众精神文化生活不断丰富。

1987年9月，印发《关于严禁在婚丧嫁娶中大操大办的规定》，提倡节俭操办酒席。

1993年7月，县委召开“七一”表彰大会，表彰在两个文明建设中涌现出的40个党支部和60名党员，号召全县各级党组织和各条战线上的广大党员，加快改革步伐，振兴惠水经济，为祖国建设和实现兴县富民的目标而努力奋斗。

1998年10月，县委、县政府印发《关于全县坚持不懈地抓好创建文明卫生城镇活动的通知》，在全县深入开展创建卫生城镇活动。11月，县委、县政府批转县文明办《在全县开展评选“文明公务员”“文明干警”“十佳人民教师”“文明单位”“文明村寨”“文明户”“文明企业”“文明个体工商户”的请示》，在全县范围开展文明评比活动。

1999年2月，印发《关于命名1995—1998年度县级文明乡镇、文明单位等称号的决定》，在雅水镇召开全县精神文明建设经验交流暨命名大会。印发《关于广泛深入持久地开展创建文明单位、文明行业和争做文明公民活动的决定》，要求“三文明”活动要高举邓小平理论伟大旗帜，坚持“两手抓、两手都要硬”的方针，以共创惠水美好形象，面向新世纪为主题，以创建文明单位、文明行业为重点，全面提高公民文明素质和城乡文明程度。

惠水县精神文明建设经验交流暨命名表彰大会召开（1999年摄）

2001年，深入宣传贯彻《公民道德建设实施纲要》，群众性文娱活动蓬勃开展，社区文化丰富多彩，文明思想深入家庭，学习科技、学习先进典型蔚然成风。在城镇开展“五好文明家庭”活动，带动社区文化发展；每月组织一次的广场文艺活动，丰富机关干部和市民群众的精神文化生活。清理整顿文化娱乐场所，维护先进文化健康发展；开展“树文明新风、建和谐社会”主题活动，提高行业的诚信意识和服务水平；开展军（警）民共建精神文明活动，为“双拥”工作奠定基础；在乡村开展“文明乡镇”“文明村寨”“十星级文明户”等创建评选活动，州级文明单位创建与村级开展共建的“四个一”工程有序推进；在学校开展“弘扬民族精神、做合格小公民”等活动和治理整顿校园周边环境，未成年人思想道德建设工作不断加强。开展“婚育新风进万家”活动，获得“全国婚育新风进万家活动先进县”的荣誉称号。

是年，围绕撤县建市目标，加大“卫生与秩序”主题创建活动工作力度，实现绿化、美化、亮化、净化。加强督查力度和制度建设，制定一系列规章制度，落实“门前三包”责任，确保了县城整洁有序。加强基础设施建设，使县城主要街道路面得到改造，绿地面积大幅增加，公共设施不断完善，特别是在县城主要街道安放百块“精神文明警句碑”和百颗雕刻唐诗宋词的异石，为县城又增添一道亮丽的风景线。发挥舆论引导和监督作用，利用县内媒体宣传创建成果，曝光不良行为，教育广大市民。2001至2004年度，荣获省级创建工作先进单位2次、省级创建工作先进县城1次，荣获州级创建工作一等奖2次、二等奖1次、三等奖1次。文化、科技、卫生、法律“四下乡”“四进社区”取得较好效果。每年均组织相关部门开展送文化、卫生、科技、法律下乡（进社区）活动，通过发放《中华人民共和国婚姻法》《中华人民共和国义务教育法》《中华人民共和国传染病防治法》、环境保护、农牧业科技知识等多种宣传资料，组织医疗队下乡义诊，免费赠送药品，放映科教电影，演出文艺节目，赠送和义务代写春联等活动，“四下乡”“四进社区”活动形式多样，内容丰富。

2006年，举行惠水县“整脏治乱暨巩固创建成果万人签名”活动，明确全县各机关单位和部门的责任区域，成立督查、市容市貌、乡容镇貌等7个工作组，明确相关的工作职责。协调推进工作。以深化《公民道德建设实施纲要》为切入点，以活动吸引人，以环境改造人，以典型引导人，以氛围影响人，扩大教育效果。以全国第五个公民道德宣传月为契机，组织“《公民道德建设》知识竞赛”活动。开展未成年人思想道德建设，利用建党85周年和红军长征胜利70周年之机，举办“弘扬长征精神，建设美好贵州”演讲比赛、征文活动以及重走长征路活动，并开展了网吧整治等一系列活动。利用节日、纪念日开展丰富多彩的文艺活动、比赛等，在文化广场开展大型广场文艺演出和“我做合格小公民”主题活动。

是年，开展“讲科学、改陋习、树新风”“广场文艺”等活动，进一步弘扬了科学精神和社会新风。各单位开展了“八荣八耻”荣辱观教育。评选表彰精神文明建设先进集体和先进个人。在全县201个村均设立了一块反邪教警示教育永久性标语警示牌，宣传崇尚科学，关爱家庭，珍惜生命，反对邪教，抵制邪教，破除迷信，移风易俗。开展每月2次的广场文艺活动，丰富广大市民的精神文化生活。对创建活动中成绩突出的31个文明单位、5个文明乡镇、12个文明村寨、10名文明教师、10名文明干警、10名文明公民、10名文明个体工商户进行表彰。

是年，继续抓好农村精神文明建设，“文明村寨”“十星级文明户”创建活动扎实开展。继续开展送文化、卫生、科技、法律下乡（进社区）活动，通过放映爱国主义教育影片、文艺演出、发放农业科技知识、卫生保健知识和《中华人民共和国婚姻法》《中华人民共和国义务教育法》《中华人民共和国传染病防治法》等多种宣传资料“四下乡”“四进社区”活动。送图书下乡26000余册，放映电影164场，慰问演出6场，向群众赠送和义务写春联6万余幅，发送宣传资料10万余份，送科技录像带1310盘，举办科技大集23场、科技培训班75次，培训农民3000余人，发送160余万元的器械药品，办医务人员培训班17次，培训医务人员524人，利用场天派医疗队下乡义诊11次，诊治农民474人。

2007年，围绕“树惠水形象、创良好环境”主题，开展“诚信惠水、从我做起”系列活动。围绕“迎奥运”和“整脏治乱”专项行动，开展以“讲文明、讲卫生、讲科学、树新风”为主要内容的“三讲一树”活动、“与奥运同行”游行、“五一”财税杯、片区乡镇篮球赛、第十届“丰收杯”篮球友谊赛和中小学生“未成年人思想道德建设”演讲活动。组织广场文艺下乡镇、进社区。开展“20字”公民基本道德规范宣传教育，制定“市民文明公约”“惠水县文明市民手册”等，制作文明宣传警示碑安装于广场、小区和主要街道。开展以“弘扬民族文化、建设小康社会”为主题的系列宣传教育活动。深入开展文明单位、文明村镇、“青年文明号”“巾帼文明岗”“十星级文明户”等各种形式的创建活动。全年共开展各种创建活动20余次，其中大型活动10余次，2万余人参加；推荐上报州级文明单位（含复查）19个、文明乡镇（含复查）7个、文明村（含复查）12个；授予一批“平安商店”30个、平安企业10个、平安学校40余个，全县“平安村组”达80%以上，“平安家庭”达80%以上；向州申报推荐了电信公司等4个窗口单位为州级“青年文明号”；积极创建“百城万店无假货示范一条街”等活动，取得了良好效果。开展军（警）民共建精神文明活动，“八一”期间举行了隆重的纪念和表彰大会，共表彰县武警中队等拥政爱民先进单位2个，表彰团县委、公安局等拥军优属先进集体28个，表彰拥政爱民先进个人6人、拥军优属先进个人24人、模范复员退伍军人10人、模范军属8人、模范军嫂4人。县委主要领导亲自带队慰问惠水籍驻藏部队官兵，为军（警）民共建谱写军（警）之歌打下坚实基础。好花红乡辉岩村、三都镇百鸟河村“农民文化家园”建成使用。根据《惠水县2006—2010年“整脏治乱”专项行动工作纲要》，制定了《惠水县2007年“整脏治乱”专项行动实施方案》，完善了《目标考核制度》《督查通报制度》《属地责任制度》《黄牌警告制度》《城镇环境卫生综合治理暂行规定》和《城镇环境卫生综合治理处罚暂行规定》等制度。结合“保护母亲河——清淤涟江”行动和举行“万人迎奥运倒计时一周年”等活动，结合春节、“三月三”民歌节“五一”黄金周、端午节等重大节庆活动，选定大龙乡九龙村、和平镇惠明村、好花红乡辉岩村等十余个试点村作示范带动，按照“一整、二培、三建、四改、五化”的要求，着力在新村建设、道路改造、社会事业发展与人居环境整治，水利环保与农田基本建设、能源工程、生态修复工程和产业发展等项目上实施治理。开展“五创五比”（干部创事业比奉献、百姓创家业比和谐、农民创产业比增收、能人创企业比贡献、学生创学业比成绩）创建活动，通过主题演讲、群众评议、电视专访等形式先后推出了一批先进人物，用身边事教育身边人，培养树立了一批先进个人典型，做到学有典型、赶有目标，形成了横到边、竖到底和全员参与、共创文明的和谐局面。

2008年，印发《惠水县2008年度县直单位（乡镇）综合目标管理考评办法（试行）》，提高了精神文明建设的考核分值。3月，制定《惠水县精神文明建设指导委员会成员单位责任制度》《惠水县评选表彰县级文明村镇（单位）等的暂行办法》。印发《2008年全县精神文明建设工作要点》及实施方案。在创建中做到“三突出”，即突出经济建设和业务工作，突出“以人为本，注重教育”的方针，突出为民办实事。关爱“留守儿童”，通过为“留守儿童”建立档案，全面推行代理家长制度，开展党团员、村干部、教师、妇联等与留守儿童结对帮扶，及时发现和解决留守儿童的生活、学习困难和情感、心理问题；鼓励和支持兴办民办幼儿园，解决留守儿童的教育、管理问题等。全县为留守儿童送去衣物、学习用具等价值6万余元的物品和8万元助学金，通过法律援助，成功调解了一起青少年人身伤害赔偿案，受害人得到赔偿金15000余元。打击和查处了开设赌博机的游戏室8家，收缴赌博机33台，查封乡镇黑网吧2家，收缴电脑设备20套。举办“我为奥运添光彩、迎奥运美工”活动，在县二幼开展“我心中的奥运”百米画卷绘制、毛笔字表演活动；在全县开展爱国主义教育读书活动。开展法制教育警示课、“崇尚科学、抵制邪教”反邪教警示教育征文评选和反邪教图片展，并让学生走进看守所听取青少年服刑人员现身说法，增强青少年的法制意识。结合“五创五比”创建活动、“迎奥运、讲文明、树新风”礼仪活动、“满意在好花红故乡惠水”文明礼仪知识竞赛活动和文化、卫生、科技、法律“四进企业”活动等，在全县掀起了“与文明同行，共建和谐满意惠水”热潮。

2009年，组织开展了“平安文明乡镇（单位、家庭）”创建活动，以创建“平安家庭”为主要载体，建立便民服务站35个，全县共有35个村被评为精神文明示范村，创建“平安文明家庭”达108734户。组建以农村党员为骨干的文艺队伍和老年歌舞队72支，演出150场次。开展了主题为“唱响红色歌曲·歌颂伟大祖国”的大型国庆歌咏比赛。举办好山好水好花红摄影展、惠水县60周年变化图片展、60米诗书画长卷展等系列活动，把爱国主义教育贯穿于歌颂祖国和“我们的节日”主题活动始终，一些社区利用社区“乡土艺人”的影响，大力加强社区文化建设。

2010年，围绕《“满意在好花红故乡惠水”主题活动2010年实施方案》，深化主题活动。表彰了2009年度20名“涟江骄傲”人物和3名有特殊贡献的优秀企业家，在全县开展“涟江骄傲”人物先进事迹宣讲。建立了“惠水县‘五创五比’模范疗养基地”，组织2007年、2009年两届“涟江骄傲”人物赴息烽疗养基地疗养。中央电视台《新闻联播》和《身边的感动》栏目报道了“涟江骄傲”人物黎永清的先进事迹。

是年，利用学雷锋月、清明节等活动契机，组织中小学生参加志愿者服务、“手拉手”结对帮扶活动和“缅怀革命先烈、弘扬民族精神”主题活动，开展了以“大手牵小手，培育礼仪花”“小手拉大手，礼仪进万家”“城乡手拉手，文明你我他”为主题的未成年人文明礼仪普及活动；在中小学校、幼儿园开展“绿色家园”环保低碳主题活动。

2011年，印发《惠水县平安建设考核实施办法》，制定46条优惠政策，全县共创建“平安家庭”88520户，创建率95%以上，群众享受优惠政策资金1.4亿元。开展礼仪知识专题讲座、“好婆婆、好媳妇、好妯娌”评选、“五好文明家庭”“三八红旗手”等评选活动。围绕省级文明县城复查，按照《全国文明城市测评体系（县级版）》指标要求，通过召开会议、书写宣传标语，刊登和发放“致全县人民文明创建的一封信”，发放“整脏治乱”专项行动纪实画册，利用《好花红风采》、县广播电视台、政府门户网站等媒体大力宣传，营造浓厚氛围。

2013年，制定《2013年精神文明工作安排意见》《关于加强“道德讲堂”建设推动公民思想道德教育的意见》《关于深入开展道德领域突出问题教育治理活动方案》等，紧扣中共十八大精神，开展以“八荣八耻”为主要内容的社会主义荣辱观宣传。在惠水电视台、《好花红风采》开设了“十八大精神”“不文明行为曝光”专栏，通过各类媒体的大力宣传，让广大市民明耻辱；结合“我们的节日”主题活动，春节期间开展“新春团拜会”“迎春灯谜谜语竞猜”“激情健身操”等丰富多彩的文化体育活动；清明节期间组织城关一小、二小、三小、民中、二中等学校师生和机关干部等万余名少先队员、团员青年、干部群众到十二楼台参加祭扫烈士陵园活动，组织了“绿色清明　文明祭祀——我们的节日·清明节”网上祭扫主题活动；端午节期间，举办了“多彩贵州·惠水2013端午‘龙游涟江’系列活动”，参与群众15万人。各乡镇、村寨结合当地的民族节日相继开展了各种丰富多彩的文化活动，有鸭绒乡“三月三”奔小康文艺活动、长安乡“六月六”、大龙乡九龙“六月六”苗族摔跤斗鸟等，全县共举办了100多场次，另有600余支专门服务于农村红白喜事的山歌队、秧歌队。通过2012年“黔南骄傲”年度人物评选活动，好花红乡乡村教师黎永清、唐乔英夫妇被评为“黔南骄傲”十大年度人物，甲戎乡卫生院卫生员杨正娥获得第三届贵州省道德模范人物提名奖。通过系统牵头单位推选向省州推荐申报“我推荐、我评议身边好人”共14名，方启涛、方华两人进入提名。在全省“最美贵州人”“最美女性”评选中，推荐的周明元入选“贵人善行——最美劳动者”、唐乔英入选“贵人善行——最美巾帼者”、陈正菊入选“贵人善行——最美女村干部”、黄肖弘入选“贵人善行——最美女企业家”、杨正娥入选“贵人善行——最美妈妈”候选人。

是年，以《贵州省文明单位测评体系》为导向，以深化“满意在贵州”主题活动为抓手，重点抓好政务服务部门、窗口服务单位和公共服务行业创建文明单位活动。在党政机关开展“创文明机关、做人民满意公务员”活动，在单位企业开展文明单位评选和“践行道德承诺”活动，在社区开展“文明社区”“文明楼院”“文明家庭”评选活动，弘扬家庭美德。在全县范围内开展了文明单位、文明乡镇的申报、复查工作，72个州级文明村镇和单位（窗口）、118个县级文明村镇和单位（窗口）先后完成申报、复查材料的上报工作。在文明城市创建工作中，对照《文明城市测评指标》进行自查，抓好整改落实，健全工作机制。印发《惠水县创建全国文明县城总体工作方案》《惠水县创建全国文明县城目标管理量化考核办法》《惠水县集中整治县城规划区内违法用地和违法建设工作实施方案》和《惠水县城市综合管理办法》等系列文件。按照《全国文明城市测评体系（县级）》《未成年人思想道德建设测评体系》《志愿服务测评体系》和《全国城市文明程度指数测评体系（2013年版）》要求，将测评指标逐项分解落实到相关责任部门与单位，召开全县动员大会，确保各项测评指标全面落实。围绕推动全省“5个100工程”之一，惠水涟江度假综合体项目建设，高起点编制和实施了城北新区规划建设；启动以惠水高级中学、惠高大道等项目为重点的城北新区建设；加大旧城改造和新区建设力度，实施了日处理105吨生活垃圾的县城生活垃圾卫生填埋场等城市综合体建设，针对生活噪音、不文明行为、餐饮行业、交通秩序、烟花爆竹等突出问题进行专项整治行动，投入资金3.6亿元解决城乡基础设施建设，完成县城管局的组建等一系列工作，解决基础设施建设投入不足、环境卫生差、执法督导力度不到位等问题。

是年，继续抓好未成年人思想道德建设工作。坚持流动图书室，报刊阅览室，借阅室实现每天连续10小时开放制度，电子阅览室实现每天3小时开放制度，此外，还为学生增加周末、节假日、寒暑假的开放服务。开展利用图书馆教育，对部分初中学生进行入馆教育；组织学生图管员，开展图书情报知识、怎样利用图书馆资源及读者借阅制度等培训；开设网络资源信息检索，吸引更多学生走进图书馆、利用图书馆。举办《传统阅读与电子阅读比较》读书讲座，在“六一”“一二·九”节日深入幼儿园、社区、村镇农家书屋基层点开展读书及捐赠活动等，影响广大群众加入志愿者服务行列及公益事业中来。建立“微笑小屋”活动为载体，在鸭绒乡、羡塘乡两地中心学校建立“留守自立自强中心”，进一步关心关爱留守儿童和弱势群体。开展丰富多彩主题活动，5月县委宣传部、县文明办、团县委、关工委、妇联、教育局、高镇镇等部门组织开展了“美丽中国梦”系列主题演讲、“祖国好·家乡美”主题活动——文明礼仪知识竞赛、“复兴中华，从我做起”演讲比赛，来自全县25个乡镇30所小学的35名选手、23所中学的31名选手参加了演讲比赛和知识竞赛。6月初，组织了爱心企业到长安乡开展募捐及举行20余名儿童“走出大山游城市”手拉手联谊活动等。

是年，继续加强文化市场整顿，文化部门联合公安、工商、消防等有关部门组成联合执法队伍，采取不定期检查的方法，不间断地对全县网吧进行了检查，开展了对网吧的专项治理。对全县网吧实行24小时监控，设立并公布了举报电话，重点对接纳未成年人、超时营业、无证经营情况进行突击检查。共出动检查人员1013人次，检查网吧经营场所81家次，停业整顿5家，工商部门取缔无证经营网吧2家；收缴了盗版光碟5万余张，淫秽光碟3700余张；对全县39家（个）出版物经营业、娱乐场所经营业、印刷业和网络文化经营业的许可证，进行年度核验和换证，并对其经营情况统计。

是年，开展春晖感恩关爱活动，团县委、妇联、教育局、民政局等部门和时映房地产开发有限公司等一批爱心企业、惠水义工等民间慈善组织到县福利院、乡镇等开展关爱贫困未成年人活动，共捐赠了捐款、复印机、学习用具、文体用品、衣服等价值100余万元的爱心捐款和物资；通过项目申报，引进社会爱心企业上海艾麒信息科技有限公司为惠水县摆榜乡摆榜小学捐资40万元援建爱心学生宿舍；同时组织开展了“关爱农民工子女”大家访活动，同农民工子女、留守儿童、代理家长交心谈心，对他们进行心理帮扶和疏导，各类团体和个人共计走访500余次。在2012年建设两所“乡村学校少年宫”的基础上，又向上争取到资金20万元建成好花红乡好花红小学“乡村少年宫”。

是年，实行“家庭、学校、社会”三位一体的青少年工作机制，以学校教育为主渠道，县关工委、政法委、法治办、团县委、妇联、教育局、公安局、司法局、检察院等部门先后到城关一小、二小、民中、二中、三中、四中开展“法制进校园”活动。64个县属单位在县城好花红商贸街开展大型法制宣传活动，向过往行人发放《中华人民共和国未成年人保护法》《中华人民共和国预防未成年人犯罪法》《中华人民共和国禁毒法》宣传资料1200余份。全年累计进行未成年人咨询和宣传教育资料发放15000余份。相关部门组织城关一小160名六年级学生到县看守所青少年法制教育警示基地接受现身说法教育。

是年，抓好志愿服务和公益广告宣传工作，通过积极组建青年突击队，汇聚各个领域的专业人才开展“千支突击队·立功献青春”活动，共组建医疗服务、安全生产、供水工程、抗凝抢险、招商引资等突击队20余支，参与青年2000余人次。组织干部职工和西部计划志愿者利用赶场天的有利时机，到县长田工业园区、西山社区、民中、大龙乡以及各乡镇开展“送法律、送温暖，推动法律援助”的主题活动，向县民族中学、乡镇村民发放宣传材料5000余份，现场开展咨询300人次，受教育人群达5300人次。团县委对接联系团省委青少年维权中心、省律师协会到惠水民族中学、高镇中学开展“花季护航——法律知识进校园”活动。在植树节、“6·5”世界环保日期间，惠水民族中学等志愿者1000余人到涟江河边开展“为青山增绿、给党旗添彩——植绿护绿在行动”义务植树活动和“环保宣传—保护涟江河”行动。累计开展志愿服务活动20余次，参与志愿行动人数2300余人次。

是年，继续推进农村文明建设，围绕“四在农家·美丽乡村”，按照“生产发展、生活宽裕、乡风文明、村容整洁、管理民主”新农村建设和州委要求，以自然村寨为基础，以村庄规划为先导，以改善农民生产生活条件、提高农民素质和提升农村文明程度为目标，着力将好花红乡好花红村打造为“四在农家·美丽乡村”省级示范点。以培育好产业、营造好乡风、打造好环境、建设好队伍、造就新型农民“四好一新”文明村寨建设为抓手，重点推进好花红乡好花红村“富在农家、学在农家、乐在农家、美在农家”四在农家的全面创建工作，着力建设布局合理、功能配套、村容整洁、环境优美、乡风文明、人与自然和谐相处的美丽乡村。依托“千户布依寨”项目积极打造省级“四在农家·美丽乡村”示范点。甲烈乡红星村、和平镇大新村、三都镇金田村等一批“四在农家·美丽乡村”示范点正在按照规划开展工作。

2014年，以建设社会主义核心价值体系为根本，推动全县精神文明建设工作向纵深发展。继续推进未成年人思想道德建设，组织开展以“祖国好·家乡美”为主题的“学习雷锋做美德少年”活动、“童心向党”歌咏比赛和“中华经典优秀童谣诵读传唱”活动、“中国梦我的梦”诗文书画大赛、“诵读国学经典”、成人礼等形式多样的未成年人思想道德建设活动，积极开展“向国旗敬礼，做有道德的人”网上签名寄语活动，参与人数达到32288人，促使未成年人养成良好的品行。全年共评选出县级“祖国好·家乡美”主题活动组织奖3个，“美德少年”15名，中华经典优秀童谣诵读传唱和“童心向党”歌咏活动奖14个，“中国梦·我的梦”诗文书画大赛59篇（幅），“中国梦·我的梦”优秀指导老师奖41个。向州报送“祖国好·家乡美”之“中国梦·我的梦”诗文书画大赛作品35篇（幅）。积极培育社会主义核心价值观，大力实施《公民道德建设实施纲要》，倡导富强、民主、文明、和谐，倡导自由、平等、公正、法治，倡导爱国、敬业、诚信、友善，抓好县级道德讲堂总堂建设，推动各镇（街道办事处）、各单位部门开展道德讲堂“积德榜”建设，并把“道德讲堂”等延伸至村级，共建设道德讲堂280余个，开展活动730余次，参与人数为62000余人次。全县利用各种形式开展各类核心价值观宣传学习共500余次，开设培育和践行社会主义核心价值观主题活动160余次，张贴绘制各类宣传标语、喷绘、手绘、海报等近万平方米。围绕“环境美、产业美、生态美、精神美”“四美”和以“培育新农民、倡导新风尚、发展新文化”为主要内容，以村庄环境、农民素质、生活秩序、文化氛围、村风民风、公益服务为重点，积极开展“四在农家·美丽乡村”示范村建设。将高速公路沿线、产业园区周边、风景区沿线的10个村作为示范点重点打造，推进“二配三建四改治八乱”和“六有四化三提高”建设［配强带头人、配齐班子；建美丽民居、建和谐村居、建幸福乡村；改水、改灶、改厕、改圈；治房屋乱建、车辆乱停、垃圾乱倒、污水乱排、粪土乱堆、柴草乱放、畜禽乱跑、秸秆乱烧；有为民服务中心、有文体活动场所、有便民教育宣传中心（栏）、有卫生室、有垃圾中转点、有公共厕所；道路硬化、村寨绿化、街道亮化、环境美化；村民综合素质提高、人均收入水平提高、群众幸福指数提高］。通过建立村规民约和召开村民小组会、群众征求意见会300余次，规范引导群众提升居住环境质量，现已投资近5亿元的“好花红”民族风情、濛江街道红星村“美丽乡村”、司濛村“田园风光”建设成为全县新农村建设的样板。根据“坝区上设施、山区调结构”的思路规划种植型产业，在坝区的乡村发展“花卉苗木、精品蔬菜、特色水果”三大产业，在山区乡村培育烟、茶、药、果、米、畜等优势产业；依托自然资源优势规划养殖型产业；利用涟江水利风景区、九龙寺、燕子洞等旅游资源布局旅游产业，在好花红、九龙、司濛等村发展“住农家屋、吃农家饭、干农家活、享农家乐、购农家物”为主要内容的乡村旅游业，现全县已发展农家乐100余家。同时，通过实施“村绿行动”，整合林业、农牧等资金，在实施“美丽乡村”建设的村主干道、休闲广场等地进行绿化，规划建设“依山傍水、村在林中、房在园中、人在景中”的山水田园村庄10个。以小康建设为载体，投入资金近5000万元，完善了60个村文化广场、农家书屋等建设。按照“四在农家·美丽乡村”要求，突出重点，抓好民族特色村寨建设。在濛江街道的米丹毛南寨投入100万元，完成40户民居改造；在涟江街道的九龙苗寨投入40余万元，建成4000平方米民族活动广场及360平方米民族歌舞表演台等。投入资金16万元，培训少数民族群众1000余人次。开展“多彩贵州文明行动”，围绕优美环境、优良秩序、优质服务和提高群众满意度入手，开展县城和乡村环境综合治理，协调相关职能部门加大道路交通秩序、农贸市场、公共厕所、城乡野广告、行人交通秩序、饮食环境及安全、建设工程施工和城区公共交通营运秩序等综合治理，印发《惠水县市民文明宣传手册》《惠水县单位公务车辆及单位干部、职工私家车辆文明行车管理办法》和开展月考核、加大基础设施投入、加强不文明行为曝光力度、开展驾驶员培训等，城乡环境、秩序、卫生等得到了明显改善，人民群众的满意度也明显提高。

2015年，以“学习雷锋做美德少年”“童心向党”歌咏比赛、“中华经典优秀童谣诵读传唱”“中国梦我的梦”诗文书画大赛、“诵读国学经典”“向国旗敬礼，做有道德的人”、成人礼等活动为平台，广泛发动中、小学生参与3万余人。共评选出县级“祖国好·家乡美”主题活动组织奖3个，“美德少年”15名，中华经典优秀童谣诵读传唱和“童心向党”歌咏活动奖14个，“明礼知耻·崇德向善”读书征文奖7个，“墨香校园中华美德颂”书法绘画大赛奖7个，优秀童谣人创作征集奖6个，“美德校园道德讲堂我来讲”演讲奖项6个，中小学生“少年向上，真善美伴我行”征文活动获奖作品84篇，优秀指导教师奖50名。组织开展“讲文明树新风”“六一基层行”。2015年，共建设道德讲堂285个，开展活动750余次，参与人数63500人次。2014至2015年度文明单位创建活动中，共有130多个单位部门申报参加评选，创建覆盖率30%以上，创建效果明显。群众性精神文明创建建成文化信息资源共享工程惠水县支中心、179个文化信息资源共享工程村级服务点、5个社区文化共享室、25个乡镇综合文化站，建成农家书屋210个，建成村级篮球场137个，健身路径17条，成立好花红民乐团等8个民间文艺团队，成立各类体育健身协会17个。

第五章　统一战线

第一节　落实统战政策

一、对原工商业者的区别

1979年12月至1980年8月，开展原工商业者比较集中的商业（供销社）和工业行业的区分工作，采取主管部门掌握对象，召开座谈会等形式，共掌握原工商业者计443人，其中区别为劳动者420人，不给予区别的地主兼工商业18人，其他的5人；区别为劳动者的420人中：小商小贩395人，小手工业者25人；区别前原工商业者443人，共有股金38284.83元，区别后为劳动者的420人，共有股金30699.84元；其中小商贩395人，共有股金27268.81元，小手工业者25人，共有股金3431.03元；未区别的地主兼工商业的18人，共有股金2394.41元，其他5人共有股金190.58元；1981年对工商业者的入股定息12000元全额予以补发。

二、落实党的宗教政策

据1978年12月统计：全县有天主教场所3所，分布在城关、摆金、甲戎，天主教教徒600余人；基督教场所1所。2000年2月29日，县编办根据州办发〔1999〕19号文件，批复同意建立惠水县天主教爱国会，为股级事业单位，隶属县宗教事务局，设置事业编制2名，经费列入县财政预算。2001年12月17日，在充分调查的基础上，县政府召开了县委统战部、县民宗局、县林业局、县国土局、摆金镇负责人联席会议，专题研究落实县林业局林工商公司占用的2478.6平方米的园地收归摆金天主教堂，原县国土局错发的该园地土地证予以收回，重新办理土地使用权证给摆金天主教堂；鉴于摆金林业站已建有部分建筑物的实际，经县民宗局协调，摆金天主教堂同意将部分用地转让给摆金林业站，由县林业局按10元/平方米价格一次性付给摆金天主教堂作为补偿。

2002年11月29日，县城街道进行升级改造，地处县城惠民路的基督教堂需拆迁，县政府在原教堂右侧无偿划拨土地493平方米，由教堂投入247537.12元，用于新建基督教堂。

三、落实党对国民党起义、投诚人员政策

1979年，通过全县机关、企事业单位摸底及本人提出申诉，应落实起义、投诚人员政策的对象共计21人。经过大量的调查核实，甄别审核，这21人中有的在当地解放后向人民解放军或当地政府报到；有的虽属起义投诚人员，又有档案记载，但后犯有新罪；有的属被人民解放军俘虏；有的是被人民解放军击散后抓住的伪军逃兵，共计17人，不予认定为起义投诚人员。经查实有4人被认定为起义投诚人员，这4人中有2人因历史问题被处理下放回家劳动改造，有1人工资受到降级，有1人不需要落实政策。对处理下放的2人已收回安排了工作，工资降级的1人已予以纠正，全县落实对国民党起义、投诚人员政策工作于1980年7月基本结束。

四、落实党的侨务政策

1979年，在全县范围内进行归侨、侨眷的调查摸底工作并进行造册登记，1981年7月召开全县归侨、侨眷、外籍华人亲属代表座谈会，传达学习中央、省州有关侨务方面的政策和中央领导的重要批示，通过学习提高了认识。

五、落实错划右派复查安置政策

根据中发〔1978〕11号、55号两个文件精神，1979年4月，完成对错划右派的摘帽、安置复查政策落实工作。全县原划右派40人，外地调入8人，共计48人。中发〔1978〕11号文件下发前，已摘帽27人；1978年5月27日至6月5日，县委先后行文摘掉了右派帽子，并发给摘帽通知书。中发〔1978〕55号文件下达前，已安置在集体所有制和全民所有制单位的27人；中发〔1978〕55号文件下达后安置的21人。

六、开展党外人士代表人物调查工作

1981年，开展对各方面党外人士考察活动。通过考察妥善安排使用好党外人士，调动他们的积极因素，充分发挥他们的代表性作用。在充分考察了解的基础上，全县审定了22名有代表性的党外人士代表人物。

七、落实部分州、县政协委员政策

1984年，县委统战部本着对当事人负责、对历史负责的严肃态度，对2名州政协委员、7名县政协委员的申诉材料进行了深入细致的调查取证及严格审查，对1人按正科级政治经济待遇予以纠正；对1人撤销原记大过处分，决定免予处分；对1人改正工龄、1人补发工资。

第二节　台湾事务

1979年，根据中央、省州有关对台工作文件精神，为保证对台工作的顺利开展，恢复成立对台工作领导小组，组长由县委副书记董兰宾担任，下设办公室安排两名专职干部，要求各区（镇）、公社党委、县属各部办委局党组和机关、企事业单位党支部安排一名成员分管统战对台工作。

2012年，县委调整对台工作协调领导小组，县委副书记任组长，县四家班子分管领导任副组长，相关部门为成员，并完善了《对台工作应急方案》等。

2014年5月7日，县委调整对台工作领导小组，县委书记万庆华任组长，县委副书记、县人民政府县长王文旭任副组长，县有关部门负责人任成员。

2015年10月，根据省州有关文件精神，惠水县外事办公室、侨务办公室、台湾事务办公室整合为“中共惠水县委外事侨务和台港澳工作办公室”，加挂“惠水县人民政府外事、侨务和港澳工作办公室”牌子，为正科级工作机构，与县委统战部“三块牌子，一套人员”合署办公。

1978年7月，县委从县区有关部门选配9名干部作为对台宣传特邀通讯员，开展对台宣传组稿工作。其间共完成对台组稿25篇，其中有2篇被福建前线台采用。认真落实党的各项对台政策，共落实11起。1982年，是落实对台政策的重要一年，切实做好在台人员、在台人员家属通信联系等方面的普查登记工作。1982年7月31日，召开县区乡三级干部参加的对台工作会议，宣传对台方针政策，县委副书记董兰宾在会上作《认真落实党的各项对台政策，争取台湾早日回归祖国》讲话，会后以县委文件下发至各基层单位，随后，县机关以系统为单位召开专题会议传达贯彻；农村以区为单位召开区、乡镇、村会议传达贯彻。

1983年，全县登记的去台人员45人（不包括第二、三代），台属64户290人。1986年全县登记的去台人员55人（不包括第二、三代），台属94户494人。1987年11月2日台湾当局开放探亲后，全县登记的去台人数逐年增加，1987年全县登记的去台人员61人，1988年登记去台人员97人，1989年底登记去台人员102人，1990年登记去台人员114人，1991年6月底登记去台人员124人，台属有240户，800余人。

1983至1991年，受理台胞台属申诉案件16起（含1982年以前结案11起），已于1985年以前全部落实结案。另有5起台属申诉的房产问题，经查实是属于土改前的遗留问题，已派人向申诉人作解释，不属落实台属政策范围。贯彻落实对待台属“一视同仁，不得歧视”政策，安排台属担任州县人大代表、政协委员的16人，其中政协常委2人；台属子女担任县直机关副局长（含工程师以上职称）职务的18人。

1983至1991年，全县组写对台宣传稿件近100篇，被中央或全国性对台宣传单位采用的14篇（其中海峡之声3篇，中央对台广播部2篇，云南台2篇，中国新闻社1篇，中央台和海峡台采用寻找亲人稿件6篇）；《贵州日报》和贵州台采用稿件5篇；惠水广播站采用稿件50余篇。认真开展了台胞返乡探亲接待工作及台属因私赴台及台胞回原籍定居工作，自1987年11月台湾当局开放探亲后至1991年，全县共接待台胞141人次。1987年第一个回乡探亲的是罗桂珍女士，1988年38人次，1989年37人次，1990年40人次，1991年25人次。1988年11月台湾当局允许大陆台属赴台探亲奔丧，1990年，惠水县有2人赴台奔丧、探望兄病。

1992年后，对台工作主要体现在密切两岸经济关系，大力促进两岸间“三通”（通邮、通商、通航），推动两岸各项交往交流。据1992年统计：全县去台人员127人，在台的第二、三代189人，台属253户

831人，在台人员查明已死亡的12人，在台人员中杳无音信的7人。

1997至2001年，共接待台胞207人次。其中：1992年15人次，1993年11人次，1994年18人次，1995年15人次，1996年19人次，1997年20人次，1998年12人次，1999年70人次，2000年15人次，2001年8人次。

1993年，去台人员韦福成等37名惠水籍同乡共同筹资50余万元，在惠水县城北郊三汊河边（濛江桥头）兴建一所民办台惠联谊中学，校舍建设和学生奖学金由台湾惠水籍同乡会筹资落实，任课教师由县政府选派公办教师带薪担任。学校为封闭式三年制初中，1994年8月学校建成并开始招生。学校有公办教师4人，校工2人，学生30余人，原惠水民族中学高级教师周世雄担任第一任校长，直至2001年因病逝世；当时已有教师15人，校工4人，学生200余人。2000年9月至2007年8月，由于办学规模的不断发展壮大和惠水籍台湾老一辈同乡渐渐老去，同乡们逐渐丧失继续办学的能力，2002年，经协商后学校由县政府接管，并将原“台惠联谊中学”正式更名为“惠水第四中学”，同时启动学校的重新选址扩建工程。2006年9月，将学校从老校区搬迁到新校区（白果大道）继续办学，学校有教职工140人，学生2573人，有43个班，占地面积68亩。

1997年1月，台胞林隆谭等商人在惠水投资2300多万元新建贵州宏机金属工业硅有限公司（位于惠水县和平镇大坡村），厂区占地面积4000平方米，设计工业硅年产量4400吨，产品70%外销（主要销往日本、新加坡等），30%内销（台湾）。该厂于1998年7月正式开炉，2000年，实现产值4000多万元，提供税收260万元，该厂在促进惠水经济发展的同时，也造成了严重的烟尘污染。2001年，县委、县政府就该厂烟尘污染问题召开专题会议，研究解决治污问题。2001年、2002年该厂连续投资1000多万元治理烟尘污染，均不能彻底治污。由于原材料市场、限电和国家对高能耗、高污染企业产能限制政策等原因，该厂最终停产。

1999年8月至2001年4月20日，县台办为台属肖光珍办理台胞肖光和（肖光珍胞弟）的遗产新台币114906元（当时人民币兑新台币比价为1：0.45）、金戒指2枚（重21克）的接收继承。据不完全统计（除以上办学办厂投资外），这期间台胞捐给家乡修路、补路等公益事业及补助给亲属建房、助学助困等约98万元。

2003年，惠水县在台台胞68人，涉台婚姻11人。2014年，惠水县在台台胞49户，153人，有台属56户290人，涉台婚姻29人。10月17日，在省州台办、省旅游观光杂志社有关领导陪同下，台湾三立电视台一行12人到惠水县毛家苑乡（现好花红镇）、羡塘乡拍摄布依风情片。

2003年10月29日，在州台办及县有关部门负责人的陪同下，台商陈赞舜到惠水县考察有关基地，投资大牲畜品改。2002至2015年，共接待台胞及台湾考察团共607人次。其中：2002年5人次，2003年12人次，2004年12人次，2005年4人次，2006年4人次，2007年4人次，2008年5人次，2009年7人次，2010年10人次，2011年40人次，2012年200人次，2013年200人次，2014年380人次，2015年460人次。

2009年8月8日，台湾遭受“莫拉克”台风，县委统战部、县对台办发出向台湾灾区捐赠倡议书，积极捐款9816元。

2009年，台湾威盛集团董事长王雪红女士通过所设立的威盛信望爱基金，在惠水县三都镇百鸟河景区投资创办高等职业学院“贵州盛华职业学院”，它是贵州第一所全日制普通高等民办大学专科学校，学制三年。2009年开工建设，2010年9月开始在全国高考计划内统一招生，生源地以贵州为主，覆盖到周边的云南、四川、广西、湖南等省区，每年招生规模为600～800人。首批开设康复治疗技术、酒店管理、计算机应用技术、茶生产加工技术、园艺5个专业。截至2015年底，学院总投资近3亿元，有教师128

人（其中外籍教师20人），学生1200人。

2012年10月26日至10月27日，台湾中华资青总会会长邓耀辉先生为团长的“百名两岸同胞黔南行，共话合作发展”考察交流团来惠水县交流考察。

2013年8月13日，台湾媒体“九黎十八寨”民族采风团以赖连金为团长的一行11人，来惠水县参观考察长田工业园区龙泉“向山要地”项目、贵州盛华职业学院等。8月24日至8月27日，“第五届黔台两地少数民族经贸文化交流研讨会”在惠水召开。10月25日，台湾嘉义现代农业交流团一行37人前来惠水参观考察；10月28日，台湾中草药交流团罗文强先生一行23人前来惠水进行考察交流。

2013年10月28日，中共中央台湾工作办公室，国务院台湾事务办公室主任张志军到惠水，对贵州盛华职业学院进行调研。

2015年4月21日至23日，惠水县承办“中华一家亲，两岸好花红”暨2015年海峡两岸欢度“三月三”民族节日活动，接待来自海峡两岸的嘉宾共300余人。组委会安排民族歌舞表演、380余人长桌宴等活动，举行千人联欢篝火晚会，活动取得圆满成功，得到了国台办、国家民委与省州领导的好评。

是年12月26日，以台湾国民党中常委、海峡两岸劳工发展交流理事长侯彩凤为团长的高雄市基层人士考察交流团一行44人到惠水县参观考察。

1992至2015年，县每年均召开台港澳眷属和侨属代表中秋茶话会及惠水县各族各界代表人士迎春座谈会，县四大班子领导及相关部门负责人看望慰问台港澳眷属和侨属代表以及各族各界代表人士，听取他们对惠水经济社会发展、推进台港澳事务工作的建议和意见，宣传政策，交流思想，对他们各自生活上遇到的困难和问题予以协调解决，使台港澳侨属感到祖国大家庭的温暖，促进台港澳侨属更加爱国爱岗敬业，为祖国统一多做贡献。

第三节　侨务和港澳工作

1978至1992年，侨务工作由县政府侨务办公室负责。1993至2007年，由县政府办公室外事侨务科负责。根据《关于巩固和壮大新世纪新阶段统一战线的实施意见》，为增强惠水县侨务工作职能，提高统战工作对外协调与沟通能力，2008年，将县政府办外事侨务科与县台办工作职能、人员编制并入县委统战部，实行一套人员、两块牌子合署办公。2015年，根据省州有关文件精神，惠水县外办、侨办、台办整合为“中共惠水县委外事侨务和台港澳工作办公室”，加挂“惠水县人民政府外事、侨务和港澳工作办公室”牌子，为正科级机构，与县委统战部实行“三块牌子、一套人员”合署办公。

1981年，协商推荐惠水县七里冲茶果场职工、越南归国华侨罗琼秀（女）为贵州省归国华侨代表大会代表。

1982年8月，开展港澳同胞、海外侨胞的普查摸底工作。据统计：全县共有归国华侨1户8人，侨眷3人，外籍华人亲属7人；共有港澳同胞、海外侨胞28户120人；惠水籍华侨所在国家10个，主要分布在美国、加拿大、巴西、缅甸、马来西亚、柬埔寨等。

1982年，成立县侨联小组，选举归侨罗琼秀为组长，侨眷韩寰光为副组长，开展侨务活动。是年，推荐惠水二中教师、港澳眷属吴瑞珠（女）为归侨侨眷先进代表，出席贵州省归侨侨眷先代会。

2000年8月，港澳眷属吴瑞珠之表弟表妹邝家勇、邝家玉、邝家惠三兄妹，将在国外读书勤工俭学打工所获2万元港币、1.1万元人民币捐给惠水教育事业；吴瑞珠将1998年获得的黔南州3.18科技人才奖800

元，捐给打引小学“小升初”考试录取惠水民族中学总分第一名的优秀生唐桂花。是年，在黔南州第四届归侨侨眷代表大会上，推荐张勋惠为黔南州第四届归侨侨眷委员会委员。

2001年进行全县侨情普查，全县9户归侨中，有特困户2户，下岗2人，待业1人；归侨侨眷待业青年5人；外籍华人眷属46人中，下岗4人，待业青年7人；港澳眷属157人中，下岗5人，待业青年9人，特困户1户。

2001至2011年，香港主力电器制品有限公司每年对惠水县边远山区优秀教师进行奖励。摆榜乡上摆小学教师唐汉林、长安乡新华小学教师谢廷开、鸭寨小学教师王海、甲烈乡冗哨小学教师罗国友等受到奖励（每人获奖3000元）。

2008年5月12日四川汶川地震发生后，惠水县归侨侨眷捐款捐物4000多元支援灾区。

2009年起，拓展惠水县同海外华人华侨及友好人士的联系，助推惠水经济发展，县委统战部及县侨办采取平时调研走访慰问、会议交流、主动约谈和网络沟通等形式，加强同港澳同胞、华人华侨的联系和联谊；特别在传统佳节前夕，县侨办通过手机等通信联络工具，向县内港澳眷属、归侨侨眷并通过他们向海外的亲人问好及致以节日的问候和祝福。

2009至2014年，县侨办帮助罗琼金等6名贫困归侨人员向省、州侨联申请，每人每年获得生活补助1800元，5年共计54000元。2010年，帮助已故侨眷陈练武按有关政策恢复对其工龄的认定，其家属获一次性补助6800元。2011年，香港同胞陈志生之女到惠水外婆家度假，被高楼住户丢物砸中受伤，县委统战部、侨办领导及时予以合法处置，并到家中看望，时常关心康复情况。2014年，协助贫困老归侨罗德胜办理房屋拆旧建新加层手续。

2007至2012年，坚持以侨为桥，及时向外宣传惠水的优势和“两欠”等不足，积极开展引资助学。2007至2012年，共接待港澳同胞和华人华侨350余人次，接受助学捐赠款约800万元。其中2007至2012年9月，接受助学捐赠款553.4万元人民币。

表3-8

2002—2012年惠水县同胞华侨捐资助学统计表

捐赠人	职业或身份	所在地	捐资时间	捐资项目	捐资额
黎德强	香港旺角劳工子弟学校教师	中国香港	2002.3	捐资修建惠水县大龙乡小瓦小学综合教学楼	24万元
黎德强	香港旺角劳工子弟学校教师	中国香港	2003.1	向惠水县大龙乡小瓦小学捐赠学习用具	0.6万元
张顺来	华侨	马来西亚	2003.6	资助惠水县甲坝小学	0.7万元
周云万	企业家	中国香港	2003.10	向惠水县摆榜云万小学捐赠学习用品	6.2万元
周锦兴	华侨	加拿大	2004.4	捐资修缮惠水县摆榜小学教师宿舍	1万元
鲍绍钧	爱尔兰华侨协会会长	爱尔兰	2004.12	捐资修建惠水县高镇镇爱尔兰华侨希望小学	30万元
简耀光	香港慈恩基金会副会长	中国香港	2005.2	引资修建惠水县太阳乡洲立中学综合教学楼	15万元
黄紫薇	个人	中国香港	2005.7	捐资修建惠水县芦山镇黄炜聪小学综合教学楼	12万元

续表3-8

捐赠人	职业或身份	所在地	捐资时间	捐资项目	捐资额
黄佩球	香港爱德基金会董事长	中国香港	2007.1	捐资修建惠水县王佑镇球安希望小学综合教学楼	17.5万元
刘百行	香港小平教育基金会	中国香港	2007.3	捐资修建惠水县摆金镇大华小平小学综合教学楼	15万元
刘百行	香港小平教育基金会	中国香港	2007.3	捐资修建惠水县芦山镇小平小学综合教学楼	18万元
徐宪清	香港慈恩基金会义工	中国香港	2007.6	引资修建惠水县雅水镇克明小学（原甲来小学）	13万元港币
徐宪清	香港慈恩基金会义工	中国香港	2007.6	引资修建惠水县大坝乡焕珍小学（原大堡小学）	13万元港币
徐宪清	香港慈恩基金会义工	中国香港	2007.6	引资修建惠水县大坝乡邢凤英小学（原水库小学）	6万元港币
徐宪清	香港慈恩基金会义工	中国香港	2007.7	引资修建惠水县大坝乡陈何冰希望小学（原山河小学）	12万元港币
徐宪清	香港慈恩基金会义工	中国香港	2007.9	引资补助惠水县太阳乡太阳洲立中学贫困学生活	0.41万元
刘建国	美籍华人	美国	2007.9	资助惠水县摆榜乡43名考入高中就读贫困学生	6万元
刘广祥	华侨	南非	2007.11	捐资修建惠水县甲烈乡刘广祥第一小学综合教学楼	13万元
刘广祥	华侨	南非	2007.11	捐资修建惠水县芦山镇刘广祥第一中学综合教学楼	30万元
刘广祥	华侨	南非	2007.11	捐资金修建惠水县抵麻乡刘广祥第二中学综合教学楼	25万元
郭勋亮	香港慈恩基金会义工	中国香港	2009.1	引资修建惠水县断杉镇野洋信泽小学综合教学楼	12万元港币
郭勋亮	香港慈恩基金会义工	中国香港	2009.1	引资修建惠水县抵季乡雅州小平小学综合教学楼	15万元港币
郭勋亮	香港慈恩基金会义工	中国香港	2009.1	引资修建惠水县太阳乡太阳洲立中学学生宿舍楼	12万元港币
郭勋亮	香港慈恩基金会义工	中国香港	2009.1	引资修建惠水县好花红乡满意村显明卫生室	3万元港币
郭勋亮	香港慈恩基金会义工	中国香港	2009.1	引资修建惠水县大龙乡龙瓦村胡大孝卫生室	3.5万元港币
徐宪清	香港慈恩基金会义工	中国香港	2009.5	引资修建惠水县打引乡团坡村黎秀庄卫生室	3.5万元港币

续表3–8

捐赠人	职业或身份	所在地	捐资时间	捐资项目	捐资额
陆莹佩	香港慈恩基金会义工	中国香港	2009.1	引资资助惠水民中二中52名在读贫困高中学生	3.58万元
郭勋亮	香港788天地同学会	中国香港	2009.1	引资修建惠水县芦山镇788雅羊小学综合教学楼	14万元
缪　亮	个人	中国香港	2009.4	捐资修建惠水县抵季乡文立小学综合教学楼（原蛮纳小学）	10万元
冯咏娴	香港慈恩基金会义工	中国香港	2009.4	向抵季乡中心校、抵季乡雅州小平小学、断杉镇中心校、断杉镇野洋信泽小学、大坝乡中心校、大坝乡大保焕珍小学、大坝乡邢凤英小学、大坝乡陈河冰小学、高镇镇中心校、高镇镇长岭小学捐赠了总价值约为3万元的中小学生适用图书	3万元
冯咏娴	香港慈恩基金会义工	中国香港	2009.4	引资7500元人民币对大坝中心校15名初三贫困学生进行支助，补助他们进入高中继续学习	0.75万元
方康莉	香港慈恩基金会义工	中国香港	2009.4	向打引小学、长田小学、城关第五小学、断杉小学、新场小学捐赠了总价约8000元的各类小学生适用图书；在断杉小学与学生开展游戏角活动，向断杉小学捐赠了总价值约6000元的书架11个和各类课外活动玩具11套	1.4万元
杜绮庄	香港慈恩基金会义工	中国香港	2009.4	向抵季乡翁垒小学、三都镇小龙小学、太阳乡洲立中学捐赠了中小学生适用图书	2万元
李豪立	香港华娱卫视台长	中国香港	2009.9	捐资金修建惠水县抵季乡翁垒小学综合教学楼	15万元
梁炳林	父子二人	中国香港	2009.9	捐资修建惠水县大坝乡慧仪中心校综合教学楼	15万元
梁炳林	父子二人	中国香港	2009.9	捐资修建惠水县太阳乡慕贞小学教学楼	8万元
梁炳林	父子二人	中国香港	2009.9	捐资修缮惠水县鸭绒乡锡群小学教学楼	2万元
赵炯辉	香港慈恩基金会义工	中国香港	2010.3	引资资助惠水民中二中66名在读贫困高中学生	3.76万元
郭勋亮	香港慈恩基金会义工	中国香港	2010.9	引资修建惠水县鸭绒乡知行社民族学校综合教学楼	25万元港币
梁雅诗	香港学富国际研习中心	中国香港	2010.9	捐资修建惠水县大龙乡学富国际研习中心学校综合教学楼	20万元港币
廖丽贤	个人	中国香港	2010.9	捐资修建惠水县宁旺乡高火小学教学楼	15万元港币
郭勋亮	香港慈恩基金会义工	中国香港	2010.9	代表梁炳林先生向惠水县大坝乡10名民中在读高一学生发放助学金	0.5万元

续表3-8

捐赠人	职业或身份	所在地	捐资时间	捐资项目	捐资额
李克敬	华侨	加拿大	2010.11	捐资修建惠水县断杉镇中心卫生院办公楼	10万元港币
廖丽贤	个人	中国香港	2010.11	捐资修建惠水县鸭绒乡鸭寨小学综合教学楼	20万元港币
郭勋亮	香港慈恩基金会义工	中国香港	2010.11	引资资助惠水县抵季乡翁垒小学残疾和单亲家庭学生	1.5万元
赵炯辉	香港慈恩基金会义工	中国香港	2011.4	引资对惠水126名优秀在读贫困高中学生进行资助	6.7万元
郭勋亮	香港慈恩基金会义工	中国香港	2011.5	引资修建惠水县羡塘乡杨梅小学综合教学楼	25万元港币
郭勋亮	香港慈恩基金会义工	中国香港	2011.5	引资修建惠水县抵季乡上坝小平小学综合教学楼	25万元港币
郭勋亮	香港慈恩基金会义工	中国香港	2012.1	引资修建惠水县宁旺乡摆坝小学综合教学楼	20万元港币
李豪立	香港华娱卫视台长	中国香港	2012.3	捐资资助惠水县抵季乡翁垒小学残疾和单亲家庭学生	7.16万元
赵炯辉	香港慈恩基金会义工	中国香港	2012.3	引资对惠水80名优秀在读贫困高中学生进行资助	4.5万元
黄美仪	香港慈恩基金会义工	中国香港	2012.5	引资对抵季乡翁垒小学生太阳乡洲立学校学生进行资助	2.8万元
陆莹佩	香港慈恩基金会义工	中国香港	2012.8	陆女士从2010年起到2012年8月三年共资助惠水县断杉镇木兴村大硐组武汉大学在读大学生金光兴4万余人民币.	4万元
陆莹佩	香港慈恩基金会义工	中国香港	2012.8	引资资助太阳洲立中学考入惠水高中一年级学生	3.3万元
郭锦超	香港慈恩基金会义工	中国香港	2012.8	个人捐资惠水民中在读高中学生罗洋秀	0.33万人币
屈沛泉	个人	中国香港	2012.8	个人捐资惠水县甲戎乡青藤村刚以592分理科考上四川大学就读的陈亮芬同学	1.1万元
余英慧	个人	中国香港	2012.9	个人资助惠水二中2012年高一学生吴艳书学杂费	0.36万元
李萍端	个人	中国香港	2012.9	个人资助惠水民中2012年高一学生钟家林生活费	0.3万元
邝韵子	香港慈恩基金会义工	中国香港	2012.8	引资资助惠水县断杉敬老院老人和甲戎、断杉5位独居老人	0.7万元
梁炳林	父子二人	中国香港	2012.10	资助民中高一大坝籍学生27人×500元/人	1.35万元
郭勋亮	香港慈恩基金会义工	中国香港	2012.10	资助断杉镇木兴村大硐组在贵州民院在读大学生	0.5万元

2011年，共安排走访贫困归侨眷30人次，发放慰问款物9000余元，发放州侨办下拨贫困归侨生活补贴1.08万元，接待来信来访90余次。

2014年4月，侨商王善芝到惠水县投资城北综合体建设项目，是贵州省“5个100工程”之一；该项目总投资约12亿元，总用地17.82公顷（178020平方米），其中，城市广场占地10.94公顷，净建设用地6.88公顷，总建筑规模约19.066万平方米，容积率1.97%，主要有百货商场3.18万平方米，家具广场1.65万平方米，星级酒店1.84万平方米，公寓3.51万平方米，写字楼0.98万平方米，电影院0.46万平方米，家电广场1.18万平方米。

是年，全县共有归侨12人，华侨37人。华侨主要分布在泰国、美国、加拿大、尼日利亚、马来西亚、德国、新加坡、缅甸、澳大利亚、新西兰、英国、日本等国家。归侨主要来自越南。定居港澳的同胞和定居海外的侨胞主要特点：年龄明显年轻化，平均年龄39岁；女性多以在外务工中外嫁联姻定居，男性多以外出学习、经商定居为主；文化程度明显由初小文化到高中、大学文化转变。

2015年5月，县选送一名优秀年轻女教师赴菲律宾华语学校任教一年。

第六章　政法委工作

第一节　机　构

1978年9月，建立中共惠水县政法核心小组；1984年2月，更名为中共惠水县政法小组；3月，更名为中共惠水县委政法委员会。1985年设立惠水县社会治安综合治理办公室，1990年设立惠水县维护稳定办公室，2000年设立惠水县防范处理邪教办公室，核定为正科级机构，2015年在职22人。其中书记1人（副县级），副书记3人（正科级），专职副主任3人（副科级）。县委政法委作为县委领导和管理政法工作的职能部门，与县社会治安综合治理委员会办公室合署办公，统一管理。县委政法委内设办公室（政工科、研究室）、综合股（执法监督科、社会治安综合治理工作科、维护稳定工作科、防范和处理邪教工作科）。

第二节　队伍建设

1978至1984年，中共十一届三中全会后，政法工作的重点主抓冤、假、错案平反等。1984年，建立统一行动领导小组，着力抓各部门、各单位保卫组织建设及公检法队伍管理，负责组织指挥开展打击刑事犯罪出击行动，在姚哨区、工矿区组织成立武装巡逻组。

1985至1992年，建立政法委党支部，调整县打击经济领域犯罪领导机构，加强县普及法律常识领导小组建设。重点抓政法干警政治理论和业务知识学习。组织参加大、中专自学考试，公安局有2人通过自学获得大专毕业证书，12人获得中专合格证。安排法院11人参加全国法律业余大学“专业证书”学习。组织开展“百日无违法违纪”竞赛和党风党纪检查、执法执纪活动。按照省委政法委《关于清理调离不适合做政法工作人员的通知》要求，开展从严治警廉政建设。共警告和通报批评12起13人违法行为，清理调离不适合公安工作的干警6人，辞退4名合同制民警，不适合法院工作的干警2人；3名干警受到省、州表彰，2名干警荣立三等功。

1993至1996年，重点开展“从严治警”教育整顿活动。政法干警3人受省表彰，3人立三等功；州嘉奖36人，县嘉奖6人、嘉奖集体3个；县表彰72人次、先进集体3个，先进个人21人；2名不适合做政法工作的干警被调出。以贯彻“三大”禁令为契机，结合廉政教育和干部考评开展干警纪律作风建设，学习贯彻落实新颁布实施的《中华人民共和国人民警察法》《中华人民共和国检察官法》《中华人民共和国法官法》，开展电视大学、业余大学、自学考试助考等在职专业学历培训，在职干警的大、中专学历比例明显上升。

1997年，按照中央、省“关于开展树执法形象、展卫士风采”的要求，组织开展政法干部队伍集中教育整顿。期间参加教育整顿354人，其中：政法委8人，公安211人，检察院43人，法院64人，司法28人。副局级以上领导干部17人，科、所、队、庭、处、室基层领导98人，干警239人，参与率100%。通过教育整顿，共查处15起违法违纪线索23人，查实12起20人。分别对作风拖拉2起3人，弄虚作假1起1人，参与赌博1起3人，要特权、搞特殊1起1人，乱收费、乱罚款6起11人，徇私枉法、谋取私利1件1人进行处理，通报批评和待处理15人，免去职务待岗处理3人。

1998至1999年，结合“三讲”教育活动，对政法机关各部门人事管理、人员任用、纪律作风开展自查自纠，即：在人事管理、人员任用上是否有不讲原则乱拉关系，搞任人唯亲，不按程序考核的不正之风；在执法活动中是否有要特权、搞特殊、执法不公、枉法裁判的违纪行为；纪律作风上是否有“吃拿卡要、欺压群众、行贿受贿、作风粗暴、影响干警形象”等问题，共考核任用56人，免职3人。按照加强政法系统干部队伍建设管理要求，组织开展对政法系统中层干部年度考核，通过组织评议，开展政法系统执法执纪大检查，共收到群众举报干警违法违纪4起，查处违纪干警5人，除名1人。开展“树执法形象、展卫士风采”反腐败斗争集中教育整顿工作，查处违法违纪20人，通过民主评议政法委、综治办，获总分93分，定为优秀。

2000至2011年，开展“三五”法制宣传教育和依法治理工作，开展政法系统执法执纪大检查。开展政法机关“三个保护”教育学习，围绕开展公正执法教育整顿活动，加快推进政法改革步伐，抓好政法机关基本素质考试。开展对《政法机关作风教育整顿》学习回查，完善改造管理制度，使政法工作制度规范化。开展社会主义法治理念教育活动。组织全体政法干警参加法治理念统一考试。组织开展“解放思想大讨论”活动。组织全县政法干警参加全省政法系统考试，合格率98%。开展全县政法干部教育培训，组织政法机关干部20人到北京大学参加加强政法工作能力提升培训班学习。

2012至2015年，强化机关作风教育整顿，以“五个意识”“六要十八不要”为抓手，加强政法干警思想作风建设。先后采取公开招聘、公开报考等方式，不断加强政法队伍建设，共招录协警100人、民兵应急分队30人，充实基层政法力量。开展“开门评警”“公正廉洁执法”“聚焦执法公正”系列宣传教育活动。全县527名政法干警驻村入户到基层，以“融入民生警务、满足群众需求”为重点，与527户困难群众认门联亲结对子，用实际行动认真践行“警民一家亲”的服务宗旨，帮助困难群众解决一批现实困难和问题。开展正风肃纪和政法干警核心价值观教育实践活动。以“十破十立”和“三严三实”为载体，开展“正风肃纪”“开门评警”“公正廉洁执法”“聚焦执法公正”系列宣传教育活动，解决机关一些干部存在的学风不浓，观念滞后，不适应形势发展需要和工作要求的问题。2015年，被国务院评为

“全国民族团结进步模范集体”称号。

第三节　综合协调与监督

1982至1990年，指导县政法各部门认真处理好专政与民主、严格治安管理与搞活经济、打击犯罪与预防犯罪、依法惩办与教育改造关系，开展打击杀人、强奸、爆炸等六类犯罪活动。协调解决多起开展打击刑事犯罪行动的疑难案件。协调部门组成531人的社会力量参与打击违法犯罪，共收容各种犯罪分子195人。协调处理案件43件（次）。

1991至1998年，在组织抓“严打”战役的同时，指导协调公安、检察院、法院、司法局等部门抓好疑难案件查处工作，组织召开政府部门主要领导会议，研究排查刑事案件，列出5起重大拐卖人口案件侦破。协调处理案件56件（次），协助考察、管理政法干部队伍，严把科、所、队、庭、室干部提拔任用质量关。协调处理信访案件32件，其中：督办25件，转办7件。

1999至200年，修订完善《政法委内部目标考核细则》《惠水县政法委案件协调督查制度》和《惠水县政法委案件协调督查办法》，进一步完善政法委职能制度建设。按照中办发〔1999〕6号文件要求，与县委组织部协调开展选拔任用中层干部工作，实行中层干部竞争上岗，严格考核关，共考核审查政法中层干部200余人。

2003至2005年，评查政法机关办理案件15件，从严监督执法机关开展执法办案活动，促进公正执法。

2006至2008年，受理涉法案件23件、妥善处理23件。

2009至2015年，协调处理案件42起，集体讨论疑难案件38件，形成专题会议议题25个，交政法各部门办理。

第四节　社会治安综合治理

1985至1986年，出台《进一步加强社会治安综合治理五年规划意见》，实行谁主管、谁负责。在县城和乡镇所在地成立专业联防队，村所在地成立义务联防大队，深化社会治安综合治理工作。

1984至1987年，开展3次“严打”战役，依法逮捕各类违法犯罪嫌疑人458人，破获各类案件103件，摧毁犯罪团伙25个，缴获赃款赃物38万元。

1984至1995年，开展五次打击拐卖妇女儿童专项行动，查清拐卖案件5件，逮捕拐卖人口犯罪嫌疑人15人。

1996至1997年，启动惠水县“平安工程”创建工作，将综治工作列入县十大工作任务来抓，纳入各级党、政一把手的工作实绩进行考核。成立以县委书记、县长为正副组长、县四家班子分管领导为成员的惠水县社会治安综合治理“平安工程”创建领导小组，组织开展“集中打击、专项斗争、重点治理”为内容的“严打”斗争，围绕“破大案、追逃犯、打团伙、抓现行”为重点，开展一系列整治斗争和专项治理，妥善处置了几起反响较大的群众性治安案件，消除不安定隐患。通过实施“一重视、二到位、三配合、四落实、五效果”，共成立治保会439个1912人；调委会439个1776人；普法小组387个1442人；兼职联防队330支1769人；帮教小组253个925人；护村护寨队466支2332人，护林护路队240支1576人，护校护厂队123支561人；义务消防队408支2808人；授予“治安模范村（居）”227个，“治安模范户”10700户，“遵纪守法户”13874户。制定《惠水县实施综合治理平安工程，开展创建“平安小区”“治安模范村、单位、院落”活动工作方案》，共创建“平安小区”20个，“治安模范村”80个，综合治理工作基本形成纵到村、横到边的工作格局。

1998至1999年，开展《社会治安综合治理第二个五年规划》“平安工程”创建工作。县、乡镇、部门完善了群防群治队伍建设，共成立治保会470个，2433人；调委会512个2123人；普法小组512个2200人；兼职联防队429支3117人；帮教小组387个1624人；护村护寨队579支5788人，护林护路队240支1576人，护校护厂队164支805人；义务消防队505支3979人。创建“文明小区”34个，“平安小区”27户，237个“治安模范”院落。县委、县政府授予8个乡镇“治安红旗单位”；2个乡镇“治安合格单位”；“治安模范村（居）”262个；“治安模范户”28020户；“遵纪守法户”50289户。

2000年，印发《惠水县社会治安综合治理委员会关于加强全县矛盾纠纷排查调处工作的实施意见》《惠水县关于治理学校社会治安及周边地区环境的安排意见》《惠水县2000年社会治安综合治理工作要点》，推进社会治安综合治理工作。

2001至2005年，成立惠水县“打黑除恶”领导小组和“严打”整治斗争领导小组办公室，制订《惠水县“严打”整治斗争工作意见》《惠水县“三五”综治规划》，与乡镇和机关单位签订禁毒和综治目标管理责任书。召开全县社会治安、整顿和规范市场经济秩序工作会议，贯彻省社会治安整顿和规范市场经济秩序工作会议精神，部署全县治安防控工作，是年打掉地方恶势力团伙9个，查处违法人员21名。

2008年，在提高“六个能力”、防止“六个问题”、营造“六个环境”上下功夫，开展“平安惠水”创建活动。2008至2010年，连续三年荣获黔南州“平安建设先进县”，分别荣获“省级文明城市”“全省十佳民营经济发展县”等称号，连续三年实现无严重危害国家安全事件、无重特大群体性事件、无影响当地社会治安的重特大刑事犯罪案件、无严重破坏经济秩序案件、无重特大安全生产事故、无重特大公共安全事件、无进京非正常上访的“七无”工作目标。

2009至2011年，县被省综治委表彰为2009至2010年平安建设先进县，三年群众安全感分别达91.83%、92.86%、93.29%。

2012年，以实施“同心、同向、同行、同位、同达”的五同工程为引领，推进政法工作服务和保障经济发展、社会稳定思想建设。投入200万元完善了园区服务大厅规范化建设，为园区企业及驻地群众提供安商护企、法律支持、矛盾化解、民生保障等综合服务。制订《关于开展产业园区专项整治行动工作方案》，对产业园区突出的治安问题开展大排查、大整治活动，维护了园区治安状况稳定。建立政法系统联系服务企业制度，政法系统领导干部、公安干警挂联59家企业结对帮扶，确保实现常态化。加大“严打、严防、严管、严治”工作力度，着力加强了社会面的控制，深入开展“雷霆行动”“打黑除恶”，严打“两抢一盗”“命案侦破”“治爆缉枪”“清网行动”“信息采集会战”“禁毒人民战争”等专项整治。建设县城4个出城治安卡点、3个社区和1个园区治安岗亭，规范建设4个社区、3个住宅新区、51所中心学校、1个医院警务室；全县80%以上的村（社区）建立群防群治组织，长田、高镇、三都等乡镇村级治安联防组织发挥作用效果明显；20余个机关办公区及职工住宅小区、6个银行、46所学校、1个医院、17个园区企业和部分乡镇共安装视频监控探头1731只，建成技防入户418余家。其中，安装入侵报警器材125台，技防入私人住户30户、宾馆旅店54户、住宅小区21个、商铺210户。以创建“平安和谐幸福新惠水”为目标，围绕“五联五创”高标准推进平安家庭细胞工程建设。是年，全县共创建平安家庭97402户，创建率达98.9%；创建平安村寨201个，创建率达96.6%；创平安小区22个，创建率100%；

创平安单位90个，创建率94%。2007至2012年度，群众安全感指数分别为80.00%、84.68%、91.83%、92.86%、93.29%、94.77%。

2013至2014年，强化护航经济建设，充分发挥法律法规赋予的各项职能，开展形式多样的法律服务工作，协调处置重大矛盾纠纷和突出信访问题115件，开展“同步小康”活动，投入资金10万余元，帮助挂点断杉镇抵塘村解决办公用房建设和办公设备及道路交通建设等问题。2013年，全县安全感测评为99.41%，位居全省第一，社会治安群众满意度98.63%，位居全省第四。2014年，为有效解决联系群众“最后一千米”问题，县财政一次性投入1500万元，推进各级群众工作中心（站、室）建设，实行“一厅式”受理，“一揽子”服务，确保对群众反映的诉求在窗口基本化解完毕。

2015年，全县立刑事案件1546起，破287起，立案数较上年下降4.27%，破案数较上年上升10.02%；全县共发命案6起，侦破6起，侦破率100%（其中濛江街道、断杉镇、羡塘镇、岗度镇、芦山镇、王佑镇无命案发生），命案发案数同比下降57%，每10万人命案发案率由2015年的2.8%降至1.2%，民转刑命案下降60%。2014年度惠水县被列入命案重点整治县和社会治安重点整治县，2015年成功出列。

是年，探索创新社会管理工作方式，运用大数据、信息化创新社会管理机制，在县城凤山社区试行社区网格化管理。在好花红镇探索村级微信警务通和“小天网”工作，逐步打造平安建设“大数据”系统；在全州率先探索乡镇政法委员会改革工作，得到州委政法委肯定。在涟江街道办事处成立基层法制办、村（社区）电子普法站，得到中央改革办的认可和时任贵州省委书记陈敏尔、副书记谌贻琴的表扬和肯定。

是年，省对惠水县安全感测评调查结果为98.46%，比2014年（97.67%）上升0.79个百分点，全省排名第10位，全州排名第二位；满意度测评调查结果为98.07%，比2014年（96.03%）上升2.04个百分点，全省排名第41位，全州排名第7位，综合排位全州第三。

第五节 维护社会稳定

1997年，开展查禁、取缔邪教组织专项斗争，共查获取缔涉及17个乡镇边远地区邪教组织集会点83个，邪教组织人员650人，处罚邪教骨干100余人，缴获邪教组织书籍43份和千余元活动经费，防范和制止邪教组织在全县的发展、蔓延。

1998年，处置了甲戎乡平久村“3·11”群体性上访事件，大坝乡与花溪区高坡乡“7·14”民族纠纷，和平镇部分居民“8·20”集体到省政府上访等10起影响大的群体性治安案件。

2012年，处置长田“11·26”群体性案件，化解长田工业园区阿乐食品公司和金芳公司排污导致近百户400余名群众饮用水源及农田污染问题、长田工业园区向山要地项目建设导致部分群众房屋不同程度受损问题、县水利局下属3个灌区管理所要求将工资列为财政全额拨款问题、画眉冲煤矿生产导致和平镇星光村沙子哨村民生活用水枯竭问题、和平镇“7·13”事件善后及涉及拆迁问题、高镇镇高镇村方家苑与水围寨因水事纠纷引发的堵路群体事件、出租车经营权顺延等14起重大不稳定因素。化解贵州红华物流公司法人代表杨践到省、州上访、宁旺乡赵忠绿上访、中卫导航诈骗案涉及惠水黄金发上访、断杉镇八大村丰佩书上访等十余件突出信访问题。对惠水县年产2000吨优质酱香白酒异地改造项目，惠兴、贵惠、惠罗高速公路建设项目，惠水好花红少数民族特色风景区建设、惠水县轮胎制造及造纸机械项目、惠水县长田工业园区家具产业园建设项目、惠水县欢乐岛旅游项目、惠水县长田工业园区贵桥物流园建设项目、城南片区开发建设、五月花职业学院、惠水绿色森林世界休闲体育项目等进行社会稳定风险评估，确保项目顺利实施。做好涉军群体和“三方面人员”疏导稳控工作。

2015年，加强在黔境外非政府组织管理，做好在惠新疆维吾尔族、藏族流动人员的情况摸底排查，及时防范“三股势力”活动，实现预警、预知、预防、预控。强化应急处置预案，完成县级150人的应急处突队伍组建，确保1小时应急响应机制逐步健全和完善。对涉及省、州、县重大决策（重点项目）的19个项目开展社会稳定风险评估，接待协调处理涉法涉诉信访案件38件，均能按“诉访分离”由涉及的政法部门依法办理。共接待群众来信来访234起2712人次，镇（办）群众工作中心站（室）共接访群众来信来访1162批和1173人次。

深入开展“无邪教”创建活动，基本实现全县原邪教组织成员无一出现反复、无新增邪教组织和成员、无反宣事（案）件、无非法插播事（案）件、无邪教组织违法犯罪事（案）件为工作目标。组织开展同“法轮功”及其他邪教组织的斗争，在重大节日和省、全国“两会”期间不断健全完善反邪教长效机制，全县25个乡镇208个村（社区）共签订家庭拒绝邪教承诺书107399户，占全县家庭总户数的92%。加强反邪教警示教育阵地建设，创建无邪教乡镇25个、无邪教村201个、无邪教社区4个、无邪教单位82个，防范和处理邪教成果有效巩固。

第六节　社会管理创新

2012年，探索社会管理创新模式，和平、大龙、岗度等乡镇“五合一”便民利民服务平台建设进一步规范化，群众办事难问题有效解决。芦山镇探索实施关爱留守儿童帮扶新机制，开展“平安商贸”创建活动，助推市场管理，税收年超10万元。断杉镇开展警务进矿区活动，在辖区企业安置社区矫正及刑释解教人员3人。长田乡、大坝乡探索企业“五进”工作模式，12家企业职工工伤死亡赔偿、企业矛盾纠纷、企业安全生产、职工计划生育政策落实等问题得到有效解决。摆榜乡巧建苗族婚嫁理事会、巧设乡风文明志愿者协会、巧评乡风文明示范户，助推社会矛盾化解和乡风文明建设。鸭绒乡开播汉苗“双语广播”宣传平安建设政策法规。斗底乡以提升适用农民技术技能、保障维权、困难帮扶为重点，积极实施“三关”工程。从创建“平安细胞”工程入手，以“平安家庭”创建为切入点，全力推进平安工程建设，走出一条集“小安”为“大安”的平安建设工作模式。建立“一个中心+N个站+N个调解小组+N个调解员”的模式。在县级建立“惠水县矛盾纠纷排查调处中心”，在乡镇依托综治工作中心建立村、组、自然大村寨综治工作站（点）。深入推进和谐产业园区创建，助推园区企业稳健发展。“特殊人群”管控措施不断完善，掌控治安局面能力得到提升。

第七章 其他党务工作

第一节 党校教育

中共惠水县委党校创办于1960年6月，创办之初至1972年5月，借用惠水师范校舍办学。1972年6月至1976年9月，惠水师范恢复招生，党校无教学地点，在县委办公楼内设一间办公室挂牌办公，教学培训均临时借用县直机关一些大会议室住宿和上课。1976年10月至1978年2月，党校迁至七里冲贵阳汽车三场农场办学。1978年2月至2000年，党校迁至双龙井办学，借用七里冲果树场空房和黄家大地生产队仓库作办公和教学用房；1978年和1979年在此地先后修建了两栋砖瓦结构共480平方米的教学用房，每期可以容纳百人左右的学员进行教学。2000年10月，党校搬迁到杨家路惠水县民族职业中学校内，与职校合署办公。2006年6月，县划拨坐落于惠水民族中学正大门前的原县图书馆（一楼一底共1000平方米）给党校作为干部教育基地。2013年，成立体制升格工作领导小组，申请增加人员编制、完善学校硬件设施建设；成立资料小组，收集整理各类资料等以完成体制升格工作。2014年11月，为迎接体制升格验收，党校从原图书馆整体搬迁至新校区，新校区位于县行政服务中心和惠水职校之间，顺利通过体制升格评估验收。是年，成立体制升格工作领导小组、申请增加人员编制、完善学校硬件设施建设、成立资料小组收集整理各块资料等方面来完成体制升格工作，并顺利通过体制升格评估验收。2015年，县委党校内设办公室、教务科、培训管理科、教学科研室、远程教育信息科、后勤保卫科，有专职教师7人。年末，在职干部职工人数为15人。

县委党校2015年占地面积40.5亩，建筑面积9340.53平方米，党校拥有纸质图书5058册，电子图书286000册、报刊资料29种。

一、教育培训

1987至2001年，与县委组织部、县委宣传部、县劳动人事局等单位联合举办乡镇干部培训（轮训）班和村支书、村主任培训（轮训）班共20余期，培训（轮训）乡镇干部500余人次，培训村支书、村主任800余人次。配合县委组织部和县直机关党委培训入党积极分子10余期，培训入党积极分子600余次。与县委组织部合作，对全县436名乡镇干部分四期进行轮训。完成乡镇干部的培训工作。

县委党校校区

2003年，建成干部远程教学网站，10月27日，参加全省农村党员干部现代远程教育工程县以上网站开通仪式。4月，县委组织部利用远程教育为全县职工干部培训班全体学员进行培训。

2005至2006年，与县信访局联合举办信访法制培训班，全县25个乡镇分管信访员及县直有关人员共190人参加培训。与机关党委、团县委联合举办县直机关各部门共31个党支部入党积极分子培训班。与县直机关党委、团县委联合举办第六期入党积极分子培训班。利用党校远程教育对有关单位人员进行了预防艾滋病培训。

2007年，共举办各级各类培训班，培训轮训各级各类干部共10期903人次。其中协助县财政局财政决算培训1期150人；协助统计局农业普查培训1期50人；协助财政局工资软件培训3期150人；协助政府法制办执法人员知识更新培训3期450人；与县直机关党委、团县委联合培训入党积极分子1期57人；与县科技局联办科技项目培训1期46人。

2008年共举办各级各类培训班，培训轮训各级各类干部共7期746人次。

2009年举办各级各类培训班，培训轮训各级各类干部26期3553人。

2010年，完成大规模培训干部工作任务。与县委宣传部和县环保局合作，举办2期领导干部培训班，培训副科级领导干部160人，内容分别为防艾知识宣传和环境保护宣传。与县人事劳动和社会保障局共同举办新进人员培训班和专业技术职称培训班，培训对象为新进人员和全县事业单位专业技术人员以及其他社会组织专业技术人员，参训人数共4232人。培训内容为职业道德、知识产权法律制度、公文写作和创新建设等。配合县直机关党委举办党务干部培训班和入党积极分子培训班，培训对象为县直机关党务干部和入党积极分子，参训人数201人，培训内容为党章、党的基础知识、党史、如何开展党建党务工作等。创新培训方式，主动送课上门，送课到非公经济党委，授课对象为非公经济组织入党积极分子，授课内容为党的章程、党的光荣历史和中共十七大精神解读，参训人员79人；送课到县人事劳动和社会保障局，授课对象为2009年县事业单位新进人员，授课内容为公务员礼貌礼仪，参训人员232人。协助县人事劳动和社会保障局、县财政局举办事业单位招考和财政系统行政执法考试。协助团县委举办两期大学生志愿者培训。

2011年，先后举办培训不同层面的干部400余人次。组织送党课到基层、到企事业单位，为271名干部群众进行授课。

2012年，共开展6期培训，参训人员1800人次。与县机关党委联合举办入党积极分子培训班，参训人员88人，培训对象为县直各部门的业务骨干。与县非公有制经济党委联合举办入党积极分子培训班，83人参加培训；举办非公有制企业基层党务干部党建知识业务培训，57人参训。县委宣传部安排，到断杉镇开展省十一次党代会精神宣讲活动，断杉片区各乡镇党政班子成员、断杉镇政府干部、部门干部、各村支部书记和村主任参加。

2013年，进一步推进干部培训工作，在单独办班的基础上，发挥多部门联合办班效能，先后与县委组织部、县人社局、县直机关党委、非公有制经济党委等部门联合办班，培训对象涉及村干部、党员干部、非公有制经济组织党务工作者、事业单位新进人员等。全年共计举办主体班5班8期，短期班2期，参训干部达1253人。举办同步小康驻村干部培训班，全县65名驻村干部参加培训。举办为期3天的全县直机关第十三期入党积极分子培训班，59名入党积极分子参训。举办非公党务干部培训班，共57名非公党务入党积极分子参训。举办基层党务干部和村级远程教育站点操作管理员培训班，各乡镇党委组织员、基层党务工作者、村级远程教育站点操作管理员共60余人参加培训。举办惠水县党代表培训班，中共惠水县第十二届党代会部分党代表共50人参加培训。举办第一期2013年度事业单位新进人员初聘培训，全县260余名事业单位新进人员参训。落实中共贵州省委组织部、中共贵州省委党校《关于举办深入学习习近平总书记系列重要讲话精神专题培训班的通知》，与县委组织部联合举办县级干部和乡（科）级干部深入学习习近平总书记系列重要讲话精神专题培训班，全县442名干部参训。根据黔南州人力资源和社会保障局《关于开展全州事业单位新进人员初聘培训工作的通知》，与县委组织部、县人力资源和社会保障局联合举办为期5天的“2013年第二期事业单位新进人员初聘培训班”，260名事业单位人员参加培训。根据《2013-2017年惠水县干部教育培训规划》，举办了村（居、社区）干部培训班、全县入党积极分子培训班、全县妇女干部培训班、新任副科级领导干部培训班、事业单位专业技术人员和管理人员继续教育培训班。全年共计举办主体班5班8期，短期班2期，共培训干部6845人次。落实基层干部轮训要求，举办全县村（居、社区）党组织书记、主任培训班，全县村（居、社区）党支部书记、村（居）民委员会主任、各乡镇党委副书记及县委选派到村任支书助理和主任助理的60名机关干部共500人参加培训。组织县直机关第十四期45名入党积极分子培训，提高新发展党员的政治觉悟和综合素质。举办全县基层妇女干部培训班，全县基层妇女干部共116人参加了培训。举办为期两天的全县科级领导干部培训，全县84名新任科级领导干部参训。举办为期一个月的事业单位专业技术人员和管理人员继续教育培训，此次培训分为8期进行，培训对象为2013年全县新进事业人员和全县事业单位专业技术人员、管理人员，全县6000余人参加了培训。此次培训的目的在于提高惠水县事业单位人才队伍整体素质，通过培训，促进新进事业人员较快完成角色转换。举办科级后备干部培训班，全县100名科级后备干部参加了培训。此次培训目的在于帮助后备干部优化自身知识结构，逐步提升政治理论素养和工作能力，为惠水县经济社会的发展提供人才支持。由县委组织部牵头，县委党校与县人民检察院联合，开展预防职务犯罪进党校工作，在所有的主体班中均开设了“预防职务犯罪”课程，组织30余名村干部旁听县人民法院对“董某某、张某某等7人贪污案件”的审理，增强了干部预防职务犯罪的意识。

2015年，发挥全县党员干部教育培训主阵地、主渠道作用，按照年初制定的干部教育培训计划开展干部培训工作，从省、州邀请领导干部和专家教授为学员授课。全年共计举办培训15班22期，共计培训干部5249人（在全省县级党校中首次开办为期1个月的年轻干部培训班）。举办4期全县领导干部依法行政培训，全县共1580余人参加了培训。举办为期一个月的第一期年轻干部培训班，全县40名优秀年轻干部参加培训。举办全县村（居、社区）党组书记、主任培训，培训分为4期进行，来自全县208个村的（居、社区）党组织书记、村（居）委会主任共计431人参训。启动全县各镇（街道）非领导公务员三年轮训计划，举办全县镇（办）非领导班子成员公务员培训，共计140人参加培训。举办贫困地区干部培训，全县各镇（办）扶贫工作站、财政分局、县扶贫开发局、县财政局共计51人参训。举办为期5天的全县2015年事业单位新进人员初聘培训，126名事业单位新进人员参训。培训以公共知识科目和业务知识及技能两方面进行。举办为期5天的基层妇女干部培训班，举办为期3天的《党政领导干部选拔任用工作条例》专题培训，县直各部门分管领导、政工人员、各镇（街道）分管领导、组织委员共计130人参训。举办为期2天的全县纪检监察干部培训，来自各镇（街道）纪委书记、副书记，县直各工作部门纪检组长、监督室主任，县纪委监察局全体干部共计80余人参训。本次培训的内容主要有《纪律审查及案件管理的基本知识》《纪检监察信息写作知识》等相关方面的知识、政策、法规。举办为期3天的全县贫困村“第一书记”专题培训，全县108个村的108名“第一书记”参训。村级工作内容繁杂，通过培训，“第一书记”的素质和能力得到提升，观念得到更新，更快适应新环境、新形势，在驻村工作中更好发挥作用，带领群众致富。由县委组织部牵头，与县人社局联合举办4期全县事业单位专业技术人员和管理人员继续教育培训班，全县1931人参训。举办为期2天的学习贯彻中共十八届五中全会精神推进宣传思想工作培训，全县100人参加培训。举办2期大扶贫战略专题培训，采用个人自学与集中专题辅导相结合，全县副科级领导、村（居、社区）党支部书记及委员会主任、同步小康驻村工作组组长及派驻“第一书记”共计425人参训。举办为期4天的少数民族干部培训，共计56人参训。

是年，承办“贵州省调研组赴黔南党校系统调研座谈会”和全州党校系统第一届精品课评选会议。

二、学历教育

1980年9月至1982年7月，招收60名农经管理员和社干进行了两年脱产学历培训，毕业后全部分配到各区农技站和公社管委会工作。

1982年9月至1984年5月，根据县委组织部、劳动人事局、县纪委等5个单位的文件精神，面向全县各行各业招收年轻学员58名进行培训，毕业后分回各单位，少数留在县直机关工作。

1984年9月至1986年7月，依托贵州省广播电视大学的支持，开办贵州省电大惠水县委党校党政干部基础专修专业，面向县直机关和乡镇，招收党政干部学员35名，同时接受永安电机厂7名中层干部跟班学习。通过电视广播教学和聘请贵州大学、贵阳师范学院等院校老师面授辅导，脱产学习两年的全体学员顺利毕业，获取大专学历并成为之后诸多部门的骨干。

1999年，根据省委党校招生办招生会议精神，开展干部职工在职学历招生工作。在较短的时间内，全县干部职工报考学历教育的考生217名，其中大专学历以上免试生15名，应试生202名；因缺考6名，实际参考考生196名。经过统考，录取学员192名，占报名数的88.5%，占应试数87.6%，占实际参考考生人数的91.3%。在录取的192名学员中，经管专业90名，行文专业55名，法律专业47名；县直机关、部门学员139名，乡镇学员53名；少数民族学员101名，占52.6%，女学员69名，占35.9%。

为提高学员考试录取率，举办考前补习班，聘请省委党校、贵阳市委党校有丰富教学经验、功底扎实的教师到惠水进行考前辅导。第一批录取按570分划最低录取分数线，惠水县录取156名；第二批调剂录取36名（主要为麻山、瑶山及边远山区的少数民族考生）。

2000年，基本完成1999年3个专业189名学员上学期的教学任务，7月中旬举行学期考试。抓好2000年函授招生工作，报考本科、专科的考生共500多名。

2001年，干部学历教育重点是防止学员流失。1999年原有学员894名，由于客观因素，到2001年学员为832名，流失学员62名。通过改进教学、管理和服务，上半年学期考试实行补考9名学员，考试及格率96%。为纠正部分学员混文凭倾向，提高学员面授率，将往年的听课分值从10分提升为20分，作业分从20分降到10分，杜绝了部分学员旷课的不良现象。全年函授招生报名考生364名，录取考生294名，占计划250名的111.7%。录取率占报名考生的80.8%，比全省平均录取率高出11.7个百分点。此外，根据有关规定，安排专门课时，在全体学员中开展保密教育。

2003年上半年在册函授学员486名，其中本科学员102名，专科学员384名，单科考试及格率95.4%。建立健全函授站各项规章制度，出台了惠党校发〔2003〕01号文件《关于加强函授学员教育管理的实施办法》，从面授考勤打分标准到作业打分标准等方面，对学员进行学习监督管理。是年报名考生259人，经考试录取199名，超额19人完成180名招生计划。根据有关规定，安排专门课时，在全体学员中开展了党性教育。

2004年上半年，县委党校在册函授学员399名，其中本科学员113名，专科学员286名，新生报名入学121名。通过第一学期的教学，各科教学质量有了一定的提高，单科考试及格率94%。

2004年函授报名考生121人，经过考试100%录取，完成招生计划（160名）的75.6%。

2005年上半年，县委党校在册函授学员261名，其中，本科学员96名，专科学员165名，单科考试及格率95%。全县报名考生60人，完成是年招生计划的60%。

2007年上半年报名129人，注册69人，另有60人下半年录取注册，超额完成年初100人的招生计划。

党校形成大专、本科两个学历层次和公共管理、法律两个专业，在校函授学员共3个班107人（专科38人，本科69人）的办学规模。完成招生计划后，使在校生稳定在144人。同时，完成省州组织和人事部门下发的50名一村一名大学生的学历教育招生工作任务。

2008年上半年，报名47人，注册47人，超额完成年初40人的招生计划，在校函授学员共4个班212人（专科96人，本科116人）的办学规模

2009年，继续完成原有三个班级的教育教学工作，即本科法律专业班（46名）、专科法律专业班（56名）、一村一名经济管理班（28名）。注册录取40名一村一名电大生，专业为畜牧兽医。完成省、州组织和人事部门下发的40名一村一名电大畜牧兽医大专班的招生任务。全年共有在校生284名。

2010至2014年，完成省委党校法律函授本科班和省电大法律函授班的教育教学任务。发挥多部门联合办班的效能，创新办学模式与黔南州电大合作，举办100人的村干部学历提升培训班（学制两年），增强村干部的能力和素质。

表3-9

1978—2015年中共惠水县委党校培训情况统计表

培训时间	期数	培训人数	培训地点	备注
1978.3.15—6.25	第11期	47	双龙井	
1978.9.19—12.20	第12期	31	双龙井	
1979.5.21—6.21	第13期	22	双龙井	
1979.7.10—8.10	第14期	31	双龙井	
1979.10.5—11.3	第15期	35	双龙井	
1979.12.15—12.29	第16期	73	双龙井	
1980.4.15—6.14	第17期	40	双龙井	
1980.8.25—9.3	第18期	105	双龙井	
1986—2000	共9期	850	党校	村干部
1986—2000	共24期	2800	党校	乡镇干部
2000.4—2000.5	共4期	436	组织部	
2005.4.26—4.28	共1期	190	党校	
2007	共10期	903	党校	
2008	共7期	746	党校	
2009	共26期	3553	党校	
2010	共7期	4643	党校	
2011	共4期	400	党校	
2012	共6期	1800	党校	入党积极分子
2013	共10期	1253	党校	
2014	共10期	6845	党校	
2015	共22期	5249	党校	

第二节 机关党委工作

一、机构建设

1959年7月，成立中共惠水县直属机关总支委员会，包括县委办、县委组织部、县监委、县委统战部等几个属于县委机关的党支部，不包括政府机关，设总支书记1人、副书记2人，由县委直接任命，均为兼任，无办公地点。1967年3月，机关党组织停止工作。1973年3月，建立中共惠水县直属机关委员会（简称机关党委）。

1986至2010年，惠水县机关党委经历四次换届选举。第一次：1986年4月24至26日，中共惠水县直属机关委员会召开第一次党员代表大会，应到会代表60人，实际到会代表55人，代表县直机关852名党员参会，会议选举产生第一届直属机关委员会，委员8人。机关党委正式挂牌，在县委办公楼有办公室1间。第二次：1991年7月18至20日，中共惠水县直属机关委员会召开第二次党员代表大会，应到会代表133人，实际到会代表121人，代表县直机关1484名党员参会，会议选举产生第二届直属机关委员会，委员9人。第三次：2001年7月20日，中共惠水县直属机关委员会召开第三次党员代表大会，党员代表67人，代表县直机关1700余名党员参会，听取并通过题为《加强机关党建工作，促进两个文明建设》的报告。选举产生第三届直属机关委员会，委员9人。第四次：2010年6月21日，中共惠水县直属机关委员会召开第四次党员代表大会，党员代表98人，代表县直机关1826名机关党员参会，选举产生第三届直属机关委员会，委员11人。

二、基层组织

1983年底，县直机关设立2个党委（中共惠水县商业局党委和县经济委员会党委）、6个党总支、89个党支部，机关党员678人，涵盖县委、县政府机关党组织和国有企业党组织。其中，县委机关总支包括：县委办、统战部、政协办、组织部、宣传部、纪委、工青妇、党校共8个支部。县政府机关总支包括：政府办、人大办、民政局、战备办、民委、人事局、司法局、广播事业局、科委、农办、畜牧局、农业局、水电局、林业局、物价局、劳资局、建环局、物资局、公安局、检察院、计生委、法院、图书馆、电影公司、新华书店、七里冲果树场、良种场、祥摆伐木场、建筑公司，共29个支部。县商业局党委包括：食品公司、五金公司、酒厂、服务公司、民贸公司、盐业公司、石油公司、蜜饯厂、药材公司、蔬菜公司、工区商店、供销社、日杂公司13个支部。县财贸系统总支包括：财办、财政局、人行、农行、建行、工商行、税务局、外贸站8个支部。县粮食局总支包括：粮食局机关、粮食直库、城关粮店3个支部。县教育局总支包括：教育局机关、城关一小、城关二小、城关三小、惠水民中、惠水二中、惠水师范、幼儿园，共7个支部。县工交系统包括：农机局、农机厂、供电局、水泥厂、铸钢厂、煤矿、晶体厂、矿产办、铁合金厂、经委、计量局、邮电局、交通局、运管所、汽车队、养护段、养护工区、轻工局、印刷厂、木螺钉厂、棕竹社21个支部。

1992年5月成立县公安局党委。1993年供销社联合社成立党委，归机关党委管辖。1999年1月11日，公安局党委直接隶属县委管理。2007年成立非公有制经济党委（含工商局），2008年成立国税局党委，不属机关党委管辖。2009年撤销供销社联合社党委。

2012年6月，机关党委辖91个党支部，机关党员2094人。8月，县委在教育部门成立教育工委，所辖教育系统基层党组织系统不归机关党委管辖。

2013年1月至6月，中共惠水县机关党委辖9个总支、82个党支部，机关党员1768人。6月20日，经县机构编制委员会研究同意，撤销中共惠水县直属机关委员会，组建中共惠水县直属机关工作委员会。辖2个直属党委、9个总支、110个党支部，党员2251人。

2014年，县直机关工委在职职工6人，辖117个基层党支部（党委），党员2276人。

2015年中共惠水县直属机关工作委员会内设办公室机构，下辖惠水县机关党员服务中心股级事业单位，年末有在职职工7人。

2015年县直机关工委下辖120个基层党组织（其中含公安局、国税局两个基层党委），2495名党员（其中离退休党员508名）。

表3-10

2012年惠水县直属机关党委所辖党支部情况表

系统	所辖支部							总支	91
党群系统	县委办	人大办	政府办	政协办	纪委监察	宣传部	组织部	—	17
	机关党委团委妇联	总工会	编委办	科协	档案史志局	残联	党校	—	
	统战部工商联	离退局	老年大学关工委	—	—	—	—	—	
政法系统	政法委	法院	检察院	司法局	—	—	—	—	4
财贸系统	财政局	地税局	审计局	烟草局	—	—	—	—	7
	供销社	鑫农农资公司	兴竹日杂公司	—	—	—	—	供销总支	
农委系统	农工局	七里冲茶果场	赤土农场	斗底畜牧场	—	—	—	农业总支	16
	民政局	民宗局	环保局	气象局	林业局	国土局	—	—	
	水利局	自来水公司	水利老干协会	涟江灌区管理所	水库灌区管理所	小龙灌区管理所	—	水利总支	
计委系统	发改局	统计局	惠水调查队	粮食贸易公司	—	—	—	—	12
	住建局	城管大队	规划办	公用局环卫站	房管所房改办	—	—	住建总支	
	人社局	人社退休干部支部	行政服务中心	—	—	—	—	人社总支	
文教卫系统	卫食药局	县医院	中医院	疾控中心	保健院	合医办	计生局	卫生总支	19
	文广局	广播电视台	文化馆图书馆	—	—	—	—	文广总支	
	教育局	惠水二中	惠水四中	惠水职校	一幼	二幼	—	—	
	民中行政支部	理科支部	文科支部	—	—	—	—	民中总支	

续表3-10

系统	所辖支部							总支	91
经贸系统	工信局	安监局	质监局	公路管理段	电信公司	邮政局	盐业公司	—	16
	交通运输局	公路管理所	运管所	黔惠客运站	—	—	—	交通总支	
	商业总公司	民贸易公司	五金公司	服务公司	食品公司	—	—	商业总支	

二、党员发展

1973年3月，中共惠水县委恢复成立惠水县直属机关党委（临时），临时机关党委在县委的直接领导下开展党组织活动，负责县直机关党员发展的审批、对党员的教育和管理工作。

1976年10月，临时机关党委按照中共中央“积极、慎重”的建党方针，在县直机关逐步建立党总支和党支部，并在县直机关培养优秀积极分子加入党组织。

2012年，发展预备党员43人，转正53人，收缴党费23.8万元。

2013年，制定《惠水县2013年县直机关基层党建工作要点》。发展新党员20人、30人预备党员按期转正，培养入党积极分子115人；上缴党费32万余元。

2014年，县直机关党组织发展新党员19人，预备党员转正20人，收缴党费42.6万元。

2015年，县直机关党组织发展新党员22人，预备党员转正24人，收缴党费549698.38元。

三、作风建设

1986至1991年，开展民主评议优秀党员105人，评选先进党支部23个，协助县纪委立案检查案件20件21人，其中开除党籍7人，留党察看8人，严重警告2人，信访接待15件24人。

1991至2001年，省、州、县党委、县直机关党委共表彰党支部90个、党员162人。协助县纪委查处违纪党员20人，给予党内警告3人，开除党籍17人。

2001至2012年，共召开两次表彰大会，表彰优秀党员165人，获县级表彰优秀党务工作者8人，全县“党建带群团”“抗旱救灾”优秀党员25人，获县机关党委表彰39人。

2008至2011年，获“五好基层党组织”命名分别为：省级2个，州级14个，县级39个。

2012年，机关党委表彰优秀党员29人，优秀党务工作者19人，先进基层党组织15个。2013年，获得州“五好基层党组织”称号党支部8个；全州园区党建“双七增辉”基层党建示范点命名工作现场会在惠水召开。2014年，“五好基层党组织”命名表彰，获省委命名基层党组1个，获州委命名基层党组1个、基层党组织4个。2015年，成立“县直机关党员志愿服务队”。

四、活动开展

1979至1989年，开展县直机关各党组织整风运动。组织学习贯彻中共十一届三中全会精神，建立完善“三会一课”制度，开展“统一思想，整顿作风，加强纪律，纯洁组织”整党教育活动，开展贯彻十三届四中全会精神为主要内容的思想教育活动，加大坚持四项基本原则、坚持改革开放和反对资产阶级自由化的宣传力度。

1992至2000年，组织机关党员干部学习邓小平南方讲话、开展真理标准问题的学习讨论、学习贯彻《中共中央关于加强党同人民群众联系的决定》、贯彻执行县委制订的《关于党风建设的十条要求》、

"永远跟党走"诗歌朗诵比赛（2011年摄）

学习贯彻中共十四大报告、邓小平建设有中国特色社会主义理论；开展"解放思想，振奋精神，真抓实干，加快发展"的大讨论；开展学习孔繁森、纪念反法西斯战争胜利和红军长征胜利60周年活动；组织学习中共十五大精神，举办迎接香港回归祖国庆祝活动；机关各基层党组织参与创建党的农村基层组织示范村、"四在农家"等活动。

2001至2015年，开展为期三个月的"三个代表"重要思想学习教育活动。2002年，开展机关作风教育整顿活动；开展"五好"（党支部有一个好班子，一支好队伍，一套好机制，一条好思路，一个好作风）基层党组织创建活动；开展"创建学习型党组织，争当学习型党员"活动；县直机关各党组织开展"保持共产党员先进性教育"活动；开展"学习党章、遵守党章、贯彻党章、维护党章"活动；把党的建设工作列入县直机关和乡镇目标管理考核内容，开展机关党建考核工作；组织学习胡锦涛在中纪委第七次全会上的讲话和中共十七大、省委第十次、州委第九次和县委第十次党代会精神；开展"四联四帮四增强"和"六兴六建"进机关促服务系列活动；印发《关于进一步加强和改进机关党建工作的意见》，创建"五好"基层党组织；开展机关党组织庆"七一"党史知识抢答赛活动，组织县直机关60余名党务工作者分赴井冈山、韶山开展重走长征路，接受革命传统再教育活动；创办《惠水机关党建》季刊。

第三节　党史资料征编

1990年8月，建立中共惠水县委党史研究室，系惠水县委直属正科级单位，与县史志办合署办公。2011年10月，单独设立中共惠水县委党史研究室，编制3人。党史研究室虽然行文单独设立，但2011至2012年一直处于一无人员、二无办公地点的状况，所有工作均由县档案史志局地方志股承担。

2013年3月，调配党史研究室主任专职人选。2015年通过惠水县事业单位招聘统考，惠水县委党史研究室录用工作人员1名；10月，调配党史研究室副主任专职人选1名。至此，党史研究室实有干部职工3人。

一、编纂党史资料

1991年10月，与县委组织部、县档案局（馆）共同编纂出版了《中国共产党贵州省惠水县组织史资料——贵州省惠水县政（权）军（事）统（战）群（团）系统组织史资料》，全书72万字、印数1000册，上限为1949年1月，下限为1987年12月。

1994年10月，与县委组织部共同编纂出版了《中国共产党贵州省惠水县组织史资料——贵州省惠水县政军统群系统组织史资料》（续编一），全书25万字、印数500册，上限为1988年1月，下限为1992年12月。

2006年12月，与县档案局共同编辑出版了《中国共产党贵州省惠水县历史》（第一卷），全书30万字、印数1000册（精装、平装各500册），上限为1949年11月，下限为1978年12月。

2009年10月编辑出版了《中国共产党贵州省惠水县历史大事记》，全书45万字、印数1000册，上限为1949年11月，下限为2008年12月。

2010年10月，与县委组织部、县档案局共同编纂出版了（续编二），全书33.5万字、印数1000册，上限为1993年1月，下限为2003年12月。

2011年11月，与县委组织部共同编纂出版了（续编三），全书15万字、印数1000册，上限为2004年1月，下限为2010年12月。分别记录了1949年1月至2010年12月中共惠水县组织机构、惠水县政权系统、军事机构、统一战线和群团组织的建立、沿革及领导人名录，历届全县党代会、党员代表大会、县人民代表大会、全县各族各界代表会议和县政协各届全体会议以及群团系统各届代表大会概况。

2012年，惠水县档案史志局被黔南州史志办（黔南州党史研究室）评为“全州党史工作先进集体”。

二、党史理论研究

2012年，报送专题论文《党史文化与少数民族文化》（陈应明撰写）入选《全国党史文化论坛文集》（第三册）。文章阐述总结了惠水建设特色文化村寨、开展民族文化进校园活动、打造《好花红》民族文化品牌等弘扬党史文化与开发利用少数民族文化的成功经验及做法，旨在找准弘扬党史文化和保护、开发、利用少数民族文化的结合点和切入点，充分发挥以史鉴今、资政育人的职能，围绕中心、服务大局、服务发展，为树立社会主义核心价值观，构筑精神高地，推动社会主义文化大发展、大繁荣，实现后发赶超提供理论借鉴。

三、革命遗址遗迹普查

2010年，按照中共中央党史研究室的统一部署，开展革命遗址遗迹普查工作。通过普查，惠水县共发现遗址遗迹33处〔其中革命事件遗址14处、烈士墓（纪念碑）遗址7处、剿匪战斗遗址12处〕，拍摄图片200多张。普查成果通过中共黔南州委党研室和中共贵州省委党研室评审。

2015年，按照黔南州史志编纂委员会下发的《关于〈图说长征〉编辑相关工作的通知》要求，开展“红军途径惠水区域的旧址及遗址”普查工作，拍摄遗址今貌，考察遗址所在地经济社会发展、交通基础设施建设等情况，及时将收集的相关图片和资料整理后报州。主要有：

红军巧夺牛场桥遗址 牛场桥，始建于明嘉靖年间，原名“迎恩桥”，位于惠水县城北0.5千米，横跨濛江之上，上通省城贵阳，下连长顺、罗甸，是为交通要道。1935年4月10日，中央红军一军团教导营在陈士榘的率领下，为夺取定番（惠水）县城，打通红军大部队过境的通道，沿公路两侧伪装向县城进发。途径牛场桥时谎称“中央军九十三师”骗过换哨的国民党警备队兵，趁警备队松懈时，一把将警备队长从桥上推下河，其余警备兵见状丢枪逃跑，随后红军先头部队很快往县城冲击。红军巧夺牛场桥，虽然一枪不发，但有重要历史意义。现桥保护完好，列为县级文物保护单位。

红军召开群众大会遗址——惠水天主教堂 惠水天主教堂位于县城内原三都路（今长征路中街），整个建筑沿街而建，计有大小房屋11幢，其中两幢为西式建筑，进门左侧为石板天井，四周有围墙维护，内有果园花圃，时为惠水县较好的建筑之一。1935年4月10日，中央红军长征驻惠水，主要驻扎在原三都路（今长征路）一带，指挥部设在天主堂内。次日下午，红军于教堂内召开群众大会，宣传革命主张，约有二三百人参加。红军干部站在台阶上向群众宣传红军是为群众谋利益的、是为群众打天下的队伍，消除了群众恐惧心理；还将土豪、反动分子及反动机关抢夺劳动群众得来的财物偿还给劳苦工农。最后，在天主堂内和各家各户驻扎的红军将住所打扫干干净净，并向百姓表示感谢才离去。现天主教堂内虽有住房改造，但原貌保存基本完好，为县级保护单位。

大龙乡九龙红军墓　1935年4月中旬，中央红军途经惠水县九龙片区西进长顺县。大队伍走过之后，九名红军战士因伤掉队，暂住在九龙民中村岩脚寨的单独一农户家中。当地土豪、保长罗子华得知这个情况后，立即指使他的儿子罗绍铨纠集匪众30余人，将红军战士暂住的三间草房重重包围。经过激烈搏斗，九名红军伤病员战士终因寡不敌众，被罗子华、罗绍铨、罗朝高等匪众抓获，并残忍杀害于岩脚寨马头关，尸体被丢入岩洞。1970年10月16日，九龙公社党委政府组织当地群众将红军遗骸打捞上来，安葬在九龙山寺庙遗址前，并为红军建立了烈士纪念碑。2001年，九龙红军墓迁往惠水县革命烈士陵园，纪念碑已经拆除，遗址处恢复建设了九龙寺。

长顺县人民政府暂住惠水遗址——卧龙　卧龙位于县城南8千米，属三都镇九门村，解放前为粮仓重地。解放初期，土匪猖獗，多处攻打新建立的人民政权，长顺县新建立的人民政府被土匪攻占。此时，长顺县人民政府所有机关干部约六七十人，在县长的带领下武装进驻卧龙。一方面协助惠水县人民政府保护卧龙粮仓，另一面主动逼近匪占区与匪斗争，并配合惠水县三雅区司汉民区长率领的军政人员进行剿匪战斗，直至第二次长顺解放，暂驻惠水卧龙的长顺县人民政府迁离。

第四节　机要工作

一、机构

1952年5月，惠水县建立了县委机要组。1956年12月，惠水县委机要组撤销。1967年年底，中央印发《关于加强管理机要工作的决定》，规定：县一级机要密码机构全部撤销，县级机要人员全部改行安置。

1985年成立惠水县委机要室，主要承担机要通信、文书处理、保密等工作，属“三位一体”（承担县委、县政府机要工作，业务隶属州委机要科）科级机要工作机构。1988年4月，印发《中共惠水县委机要室二十四小时值班制度（试行）》《中共惠水县委机要室“三位一体”工作实施细则（试行）》等相关管理制度。

1990年8月，成立中共惠水县委机要局，设编制5人。撤销中共惠水县委机要室。1994年4月，撤销县委机要局的独立建制，其工作职能并入县委办公室。在县委办公室内设机要股，对外加挂机要局牌子。1995年，恢复县委机要局，归口县委办公室管理；成立县委密码工作领导小组，下设办公室在机要局，机要局长兼任办公室主任。1997年7月，县委机要局设置人员编制5人；其中局长1人、副局长1人、科员2人、办事员1人。同年8月，设置县委机要局（密码工作领导小组办公室），撤销县委办公室机要股，工作职责划归县委机要局。其行政编制5名：配备局长1名、副局长1名。2000年，县委机要局并入县委办公室，改设机要科。

2001年3月，将县委机要局更名为县委办公室机要局，规格为副科（局）级，编制单列，人员编制不少于5人，单独开展业务工作。2001年10月，县委办公室机要局（密码工作领导小组办公室）设置为副科级机构。2001年12月，县委办公室机要局（密码工作领导小组办公室）明确领导职数1名、行政编制4人。2003年4月，增加县委办机要局（原行政编制4人）事业编制1人，列入参照试行公务员制度管理范围。2004年8月，设立“惠水县国家密码管理委员会办公室”，对外挂牌，行使政府密码管理职能，县国家密码管理委员会办公室与县密码工作领导小组办公室、县委机要局实行“三个机构，一套人员”的管理体制，不另增加人员编制。

2007年3月，将惠水县国家密码管理委员会办公室更名为惠水县国家密码管理局；将县委办公室机要局更名为县委机要局。更名后的惠水县国家密码管理局和县委机要局实行“一个机构，两块牌子”管理体制，原隶属关系职级和职能不变。2010年5月，在县委机要局内设信息安全科，增设副局长1名（股级），信息安全科设科长或副科长1名。不增加人员编制，所需编制在原有编制中调剂。2012年3月，成立惠水县党政系统电子政务内网信息网络技术管理中心，为县委机要局（县国家密码管理局）所属股级事业单位，编制3名，其中设主任1名；列入财政全额预算管理。2015年5月，县委机要局（惠水县国家密码管理局、密码工作领导小组办公室）设局长1名（副科长级），副局长1名（股级），行政编制2人；保留县党政系统电子政务内网信息网络技术管理中心，为县委机要局所属股级事业单位，事业编制3名，设主任1名（股级）；县委机要局人员编制为5人（行政2人，事业3人）。

二、工作开展

1978至2005年，制定本地党政密码工作要点，负责传真机收发电报，做好传真设备使用和管理维护，做好密码通信、文书处理、保密工作。1999年建立惠水县乡传真通信网；2002年7月，开通州到县加密电子邮件系统；2003年3月，开通州到县2兆光纤数字电路，州到县加密电子邮件得到充分使用；2004年11月，在原有乡镇传真网络建设基础上，开通8个乡镇的县乡计算机网络通信。

2005至2009年，2005年建设密码通信主渠道网络，负责县直部门电报收发和密码电报管理，保障密码和密码通信绝对畅通安全；2005年开通党委、政府32门保密专网语音电话，建立县到乡计算机宽带通信网络，完成全县25个乡镇计算机通信网络建设并投入使用；2006年建设电子政务内网网络，为党委系统信息化网络建设提供安全可靠传输保障；2007年11月，开通24个乡镇和4个县直部门安全电子公文传输系统（商密）并运行使用。

2009至2015年。抓好全县密码（设备）使用管理，加快本地电子政务内网建设和管理工作，稳步推进党委系统信息化建设，进一步规范密码电报使用管理，提供安全可靠电子政务内网加密视频会议保障服务。2011年12月，完成党政综合信息保密网用户业务迁移工作并运行使用。2012年11月，在电子政务内网二期工程建设中完成县委政法委、县编办的横向接入工作。2013年，继续抓好电子政务内网二期工程建设，分别完成县人大、县政协、县法院、县检察院等25家单位电子政务内网平台横向接入工作。

第五节　保密工作

一、机构

1980年恢复建立惠水县保密委员会，县委保密委员会办公室，明确有兼职办公人员。

1982年9月，将保密办公室改设属县委办公室，并配备专、兼职保密干部。主要职责是监督检查全县各级各部门的保密工作，制定完善保密制度，开展保密教育、保密宣传和保密检查，查处失泄密案件。

1990年8月，成立中共惠水县委保密局，编制4人。

1994年3月，撤销县委保密局，工作职能并入县委办公室，称为县委办保密股。

1994年4月，撤销“县委保密局”独立建制。

1995年5月，恢复县委保密局独立建制。

2001年10月，惠水县委保密委办公室（保密局）设在县委办，为副科级机构。12月，明确保密委员会办公室（保密局）行政编制2人。

2013年5月，成立县国家保密局保密技术检查中心，为保密局股级机构，事业编制3人。

二、工作开展

1980至1990年，开展保密大检查23次，整顿健全县各级各部门保密组织89个，并制定各种保密职责和守则。

1991至2011年，立足防范窃密泄密，构筑人防、物防、技防相结合的综合防护体系，每年开展文件资料定点销毁工作。对照新颁布《保密法》完善各项制度，做好《保密法》的宣传工作，贯彻落实“五五”保密法制宣传教育规划。开展纪念《保密法》颁布20周年和新颁布的《保密法》学习宣传教育活动，在国家法制宣传日发放保密宣传资料，提高干部群众对《保密法》的认识，增强保密意识。组织全县保密干部参加“保密知识测试问卷”、组织县保密委成员单位开展《保密法》知识竞赛、组织新进工作人员保密知识培训等活动。

2001年，惠水县国家保密局荣获国家保密局授予“全国保密先进单位”荣誉称号。

2012至2015年，加强专职保密队伍建设，对县公安局、县安监局、县卫生局等20多个部门和全县25个乡镇党政办公室负责人开展了保密工作培训，进一步提升专职人员的保密意识。以播放光碟、专题讲座等形式，对干部职工进行保密教育，增强干部职工保守国家秘密的责任感和使命感。采取形式多样的宣传教育方式，提高群众对《保密法》的认识，增强群众保密意识，使保密知识深入人心、家喻户晓，形成全民参与保密工作的大格局。加强对涉密部门的涉密计算机、U盘、移动硬盘、文件、县内党政网（OA网）和涉密计算机信息系统的检查。开展文件资料定点销毁工作。

第六节　机构编制

一、机构编制管理

（一）管理机构

机构编制工作的管理机构是机构编制委员会。1980年之前惠水县无机构管理专门机构。1981年成立惠水县编制委员会，编制委员会下设办公室在县人事局，配备专职人员，与人事局合署办公。

2001年，县编制委员会办公室从县人事劳动和社会保障局剥离，单列设置惠水县机构编制委员会办公室（县编委办），为县机构编制委员会的常设办事机构，正科级建制，列入县委工作部门系列，是县委和县人民政府的工作机构。其基本职责是：负责草拟全县机构改革和行政管理体制改革方案及组织实施；负责全县各级各部门机构编制管理工作；负责全县事业单位登记管理工作。

2007年单独设立惠水县事业单位登记管理局，为县编委办管理的副科级机构。2014年明确惠水县事业单位登记管理局为县编委办管理的副科级行政机构。

2012年成立惠水县政务信息管理中心，为县编委办管理的副科级事业单位，对全县机构编制进行实名制系统维护管理及中文域名注册工作。2015年县编办内设综合科、业务科2个科室，所属事业单位政务信息管理中心，在职干部职工10人。

（二）机构设置

县级机构改革　1984至2015年共经过了6次县级机构改革。1984年县级党政机关机构改革。设置县委工作部门6个，即：县委办公室（含保密和党史资料征集工作）、县委组织部（含老干部工作）、县委宣传部、县委统战部（含对台工作）、县政法委、农村工作部（含城镇工作）。设置县政府工作部门

27个，即：县政府办公室、计划委员会（含农业区划工作）、科学技术委员会、统计局、物价局、民政局（含退伍军人和军队离休、退休干部安置工作）、司法局、公安局、林业局、水电局、财政局、税务局、粮食局、商业局、工商行政管理局、卫生局（含爱国卫生运动委员会工作）、文化局、计划生育委员会、民族事务委员会、城乡建设环境保护局（负责基本建设、城乡建设、环境保护工作）、广播电视局（与县广播站合署办公）、劳动人事局（由劳动局、人事局、编制委员会办公室合并组成，保留编制委员会办公室名称）、经济委员会（由经济委员会、工业交通局的工业部分、轻工业局合并，恢复手工业联社）、农牧局（由农业局、畜牧局合并组成）、教育局（由教育局、体育运动委员会合并组成，保留体育运动委员会名称）、审计局、交通局。县档案局与县档案馆合署办公两块牌子，一套人员，委托县委办公室和政府办公室双重领导，县物资局改为县物资供应公司，县社队企业局改为县乡村工业公司，县农机局与县农机站合并组成县农机管理服务站，归县经济委员会领导。县农机研究所、县农机公司保留不变，归县农机管理服务站领导。县供销社改为县供销社联社，为企业单位。撤销县农林办公室、县财贸办公室、县战备办公室、县工交局。按照党章、宪法和人民团体有关章程规定设置的机构9个，即：县纪律检查委员会、县人大常委会、县政协、县人民检察院、县人民法院、县总工会、共青团县委、县妇女联合会、县科学技术协会。县直属机关党委，按党章规定设置，不计机构个数。

1994年县级机构改革　设置县委工作部门9个，即：县委办公室（撤销机要局、保密局独立建制，工作职能并入县委办公室，对外加挂机要局、保密委员会办公室和县政府保密局牌子；撤销信访办公室的独立建制，工作职能分别并入县委办公室和县政府办公室）、组织部、离退休干部局（原老干部局更名）、宣传部（含精神文明建设指导、对外宣传和与人民武装部共同承担国防教育工作）、统战部（撤销对台办公室的独立建制，工作职能并入统战部，对外加挂县委台湾工作办公室和县政府台湾事务办公室牌子）、政法委员会（社会治安综合治理委员会办公室与其合署办公）、纪律检查委员会、直属机关党委、农村工作领导小组办公室（加挂农发办公室牌子，撤销农村工作部）。设置县政府工作部门23个，即：县政府办公室（撤销经济体制改革委员会办公室的独立建制，工作职能并入县政府办公室；法制、侨务、外事工作仍由县政府办承担，对外加挂外事办公室牌子）、经济贸易局（含经济协作和医药工作；撤销经济委员会、财贸委员会和对外经济协作办公室的独立建制，合并组建为经济贸易局；撤销商业局、物资局、轻工局的行政序列建制，分别改建为企业公司，其行政职能并入经济贸易局）、粮食局（与粮油贸易公司实行两块牌子一套人员）、农业局（撤销农村经济委员会、农业局的独立建制，合并组建为农业局；撤销农机局、畜牧局的独立建制，改建为农机技术服务中心、畜牧技术服务中心，其行政职能并入农业局）、林业局（含绿化和护林防火工作）、水利局（含地方电力和防汛抗旱工作）、教育与科学技术局（撤销教育局、科学技术委员会的独立建制，合并组建为教育与科学技术局）、计划统计局（撤销计划委员会、统计委员会，合并组建为计划统计局）、民政局（含军供支前工作）、审计局、财政局（含国有资产管理工作）、交通局（含战备支前运输工作）、卫生局（含爱国卫生工作）、公安局（含国家安全工作）、司法局、工商行政管理局（撤销工商行政管理局、物资局、技术监督局的独立建制，合并组建为工商行政管理局，加挂技术监督局牌子）、国土资源管理局（含移民工作；撤销土地管理局、矿产资源管理办公室的独立建制，合并组建为国土资源管理局，加挂环境保护局、矿产资源管理局牌子）、建设局（含房改和人防工作；撤销城乡建设环境保护局的独立建制，改建为建设局）、计划生育局（将计划生育委员会更名计划生育局）、人事劳动局（将劳动人事局更名为人事劳动局；机构编制委员会办公室列入党委系列，为科级建制）、文体广播电视局（含文联工作；撤销文教卫生委员会、体育运动委员会、广播电视局、文化局的独立建制，合并组建为文体广播电视局）、民族事务局（含宗教工作；撤销民族事务委员会、宗教科独立建制，合并组建为民族事务局）、乡镇企业局、监察局（与县纪委机关合署，实行一套机构、两个机关名称的体制，不占县政府机构限额）。按照宪法和有关规定保留设置的机构5个，即：人大常委会、政治协商委员会、县人民检察院、县人民法院、县人民武装部。设置群团组织7个，即：县总工会、团县委、妇女联合会、工商业联合会、科学技术协会、老龄委员会、残疾人联合会。

2001年县级党政机构改革 设置县委工作部门9个，即：纪律检查委员会（监察局与其合署办公）、县委办公室（含政策研究、信访、机要、保密工作）、组织部、宣传部（精神文明建设指导委员会办公室设在宣传部）、统一战线工作部（含对台湾工作）、政法委员会（社会治安综合治理委员会办公室与其合署办公，一个机构两块牌子；维护社会稳定领导小组办公室设在政法委，为正科级机构）、机构编制委员会办公室（单独设置，列入县委工作部门）、直属机关党委；离退休干部工作局（归口组织部管理）。设置政府工作部门25个，即：县政府办公室（法制办公室设在县政府办公室）、发展计划局（撤销计划与经济贸易局独立建制，分别组建发展计划局和经济贸易局，含招商引资和对外协作工作，挂招商引资局牌子）、经济贸易局（含非国有经济管理、乡镇企业和煤炭行业管理工作；撤销乡镇企业局，其行政职能划入经济贸易局）、教育局、科学技术局、民族宗教事务局、公安局（含国家安全工作）、监察局（与纪委机关合署办公，不占机构限额）、民政局（老龄工作委员会办公室设在民政局）、司法局、财政局（含国有资产管理工作）、人事劳动和社会保障局（建立统一的人事劳动和社会保障行政机构，将人事劳动部门管理的城镇职工社会保险、机关事业单位社会保险，民政部门管理的农村社会保险，卫生部门承担的公费医疗管理职能，统一由人事劳动和社会保障局承担）、国土资源局（撤销国土局和地质矿产局，合并组建国土资源局）、建设局、交通局（含战备支前运输工作）、水利局（将水利电力局更名为水利局，含小水电建设和防汛抗旱工作）、农业局（含农机工作；撤销农业机械事业管理局，其行政职能划入农业局）、林业局、环境保护局、卫生局（含爱国卫生工作）、计划生育局、审计局、统计局、粮食局、文体广播电视局、物价局（物价所与其合署办公，一个机构两块牌子，不占政府机构限额）。设政府议事协调机构的常设办事机构1个，即：农业办公室（农业综合开发办公室、扶贫开发办公室）。设行使部分行政管理职能的事业单位4个（县政府直属事业单位），即：畜牧事业管理局、旅游事业管理局、档案局（与档案馆实行局馆合一体制，一个机构两块牌子）、供销合作社联合社。按照宪法和有关规定保留设置的机构4个，即：人大常委会、政治协商委员会、县人民检察院、县人民法院。设置群团组织6个，即：县总工会、团县委、妇女联合会、工商业联合会、科学技术协会、残疾人联合会。

2004年县政府机构改革 本次改革主要是县政府机构改革，县委工作部门维持不变。设置县政府工作部门25个，即：县政府办公室（含国防教育、外事、侨务、人防等工作；县政府法制办公室设在县政府办公室）、县发展和改革局（含招商引资和对外经济协作工作，挂县招商引资局牌子）、县经济贸易局（含非国有经济管理工作，挂非公有经济发展促进局牌子）、县教育局、县科学技术局、县民族宗教事务局、县公安局（含国家安全工作）、县监察局（与县纪委机关合署办公，不占政府机构限额）、县民政局、县司法局、县财政局、县人事劳动和社会保障局、县国土资源局、县建设局、县交通局、县水利局、县农业局、县林业局、县环境保护局、县卫生局、县人口和计划生育局、县审计局、县统计局、县粮食局、县乡镇企业管理局（加挂县煤炭工业管理局牌子）、县文体广播电视局（挂县新闻出版局牌子）、县物价局（县物价检查所与其合署办公，一个机构，两块牌子，不占政府机构限额）。设置议事协调机构的常设办事机构2个，即：县农业办公室、县扶贫开发办公室（县农业综合开发办公室）。设置县政府直属事业机构5个，即：县档案局、县旅游事业管理局、县畜牧事业管理局、县供销合作社联合社、县安全生产监督管理局。县委工作部门、人大常委、政协、法检两院及群团组织机构保留不变。

2011年县政府机构改革 本次机构改革通过职责整合，共设置县政府工作部门23个：县政府办公室、教育局、统计局、公安局、民政局、司法局、国土资源局、林业局、水利局、人口和计划生育局、审计局、民族宗教事务局、环境保护局、县监察局（县监察局与县纪委合署办公，不计入政府机构个数）、发展和改革局（撤销原县发展和改革局、科学技术局、物价局、粮食局及招商引资局独立建制，整合组建发展和改革局）、工业和信息化局（撤销原经贸局、乡镇企业局独立建制，组建工业和信息化局）、农村工作局（加挂扶贫开发局牌子，将农业局、农业办公室、畜牧兽医局、农业机械服务中心、扶贫开发办公室和乡镇企业局农产品加工职能整合划入农村工作局）、县文体广电旅游局（加挂新闻出版局〈版权局〉牌子，将县文体广播电视局、旅游事业管理局职能整合，组建文体广电旅游局）、卫生和食品药品监督管理局（将卫生局、省以下垂直管理的食品药品监督管理局的职能，整合划入卫生和食品药品监督管理局）、交通运输局（将交通局的职责与建设局指导和管理城市客运的职责整合，划入交通运输局）、住房和城乡建设局（将建设局除指导和管理城市客运的职责、住房制度改革领导小组办公室职责，整合划入住房和城乡建设局）、安全生产监督管理局（由直属事业机构调整为县政府工作部门）、财政局（将县农业综合开发办公室职能划入县财政局，不再保留县农业综合开发办公室）、县人力资源和社会保障局（县人事劳动和社会保障局更名）。县人民政府直属事业机构2个：县档案史志局（将县档案局、史志编纂办公室承担的地方志职责整合，组建县档案史志局）、水利水电工程移民局（新组建）。设其他机构1个：县供销合作社联合社。为加强对风景名胜区的管理，2013年5月设立惠水县涟江燕子洞风景名胜区管理处，为县人民政府管理的副县级事业单位。

2014年县政府机构改革 本次改革以政府职能转变为核心，继续简政放权，优化机构设置，严控人员编制，提高行政效能。

这次县政府机构改革设置县政府工作部门24个：县政府办公室、县发展和改革局、县教育局、县工业和信息化局（挂县商务局牌子）、县民族宗教事务局、县公安局、县监察局（与县纪委合署办公，不计入机构个数）、县民政局、县司法局、县财政局、县人力资源和社会保障局、县国土资源局、县环境保护局、县住房和城乡建设局、县交通运输局、县农村工作局、县水务局（水利局更名）、县文化和旅游局（县文体广播旅游局更名）、县卫生和计划生育局、县市场监督管理局（挂县工商行政管理局、县质量技术监督局、县食品药品监督管理局牌子）、县审计局、县林业局、县安全生产监督管理局、县统计局、县城市管理局。县政府直属机构1个：县扶贫开发局。县政府直属事业机构7个：县档案史志局、县水库和生态移民局、县人民政府政务服务中心、县投资促进局、县人民政府金融工作办公室、县机关事务管理局、县公共资源交易中心。设政府其他机构1个：县供销合作社联合社

乡镇机构设置 1990年前，全县六区一镇均未设置专门内设机构，由工作人员专职或兼职从事相关工作。1991年，开展建镇并乡撤区工作，将原来的6区1镇51个乡调整为8镇17乡。8镇：和平镇、高镇镇、雅水镇、三都镇、断杉镇、芦山镇、王佑镇、摆金镇。17乡：长田乡、大坝乡、毛家苑乡、大龙乡、甲戎乡、抵季乡、羡塘乡、甲烈乡、宁旺乡、岗度乡、斗底乡、摆榜乡、鸭绒乡、太阳乡、抵麻乡、打引乡、长安乡。各乡镇党委设党委办公室、武装部、团委、妇联；乡镇人大主席团；纪律检查委员会；乡镇政府设政府办公室、乡镇企业办公室、计划生育办、民政福利股、文教卫生股、社会治安

综合治理办公室。县级业务部门延伸到乡镇设立的机构有：公安派出所、法庭、工商所、税务所、财政所、土地管理所、村镇建设管理所、乡镇企业管理站、交通运输管理站、文化广播电视站、教育辅导站、计划生育技术指导（服务）站、农业技术经营管理综合服务站、林业站、水利站、农机站、卫生院。1997年根据管辖区人口多少，将25个乡镇分为一、二、三类确定公职人员编制，其中一类2个、二类16个、三类7个。在乡镇机构设置方面，党的工作机构设有：纪律检查委员会（与监察室合署办公）、党政办公室（既是党委的机构，又是政府的机构）、政法委（与社会治安综合治理办公室合署办公）、人民武装部（不占机构限额）；政府工作机构设有：教科文卫办公室、民政办公室、计划生育办公室；人大主席团及群团按有关法律法规及章程设置。2001年实行乡镇机构改革，主要进行职能调整。其中划出职能：县直部门设在乡镇的公安、司法、卫生、土地管理等机构和人员，由乡镇与县直主管部门双重领导，以县主管部门管理为主；划入职能：县直部门设在乡镇的农业（畜牧）、农机、乡镇企业管理、文化、教育、广播电视、计划生育、村镇建设等事业机构和人员，以乡镇领导为主，业务上接受县主管部门指导。经过职能调整后，党委工作机构维持不变，政府机构设有：社会事务办公室、计划生育办公室、经济发展办公室、城镇建设管理办公室（和平、高镇、三都、摆金、雅水、断杉、芦山、王佑、长田、羡塘、毛家苑共11个乡镇单独设置，其他乡镇在经济发展办公室增加村镇建设管理工作）。乡镇人大、共青团、妇联机构按照各自章程设置。2011年乡镇机构改革以转变政府职能为核心，理顺职责关系，创新体制机制。通过进一步理顺职责，乡镇设党政办事机构5个：党政办公室、社会事务办公室、经济发展办公室、人口和计划生育办公室、社会治安综合治理办公室；此外和平镇增设规划建设环保办公室。乡镇人民代表大会、纪委（监察）、政法委、人民武装部、工会、共青团、妇联等组织按有关法律、章程和规定分别设置并挂牌子。乡镇党委、政府管理的事业机构设置9个：农业服务中心、人力资源和社会保障服务中心、科技宣教文化信息服务中心、村镇建设服务中心、人口和计划生育服务站、水利站、林业站、财政所、安全生产监督管理站。法律法规明确县级政府部门在乡镇延伸设立的机构：公安派出所、司法所、人民法庭、工商行政管理所、地方税务所、国土资源管理所、中小学校、卫生院。2012年在各乡镇增设乡镇计划生育协会，为群团组织。2014年乡镇行政区划进行重大调整，将25个乡镇调整设置为8个镇2个街道，即：好花红镇、断杉镇、羡塘镇、王佑镇、芦山镇、雅水镇、摆金镇、岗度镇；涟江街道、濛江街道。各镇（不含好花红镇和摆金镇）设置党政办事机构6个，即：党政办公室、社会事业办公室、经济发展办公室、卫生和人口计划生育办公室、社会治安综合治理办公室、规划建设环保办公室（加挂城镇综合执法室牌子）。镇人大主席团、纪委、政法委、人民武装部及工会、共青团、妇联、残联、计生协会等组织机构，按照有关法律、章程和规定设置。镇（不含好花红镇和摆金镇）党委政府管理的事业机构设置股级7个、副科级2个。股级事业单位分别是：农业技术综合服务中心（含农业、农机、畜牧兽医、水产等，加挂农产品质量安全监督管理站和动物卫生监督分所牌子）、人力资源和社会保障服务中心、科技宣教文化信息服务中心、村镇建设服务中心、水利站、林业站、安全生产监督管理站（其职责由县政府授权履行）；副科级事业单位分别是：社区综合服务中心（加挂群众工作中心牌子）、财政所（加挂惠水县财政局某某镇财政分局牌子）。好花红镇和摆金镇属省、州行政体制改革试点镇，设置党政机构9个：党政办公室（法制办公室）、经济发展办公室、社会事务管理办公室、社会治安综合治理办公室（群众工作办公室）、安全生产监督管理办公室、卫生和计划生育办公室、综合行政执法办公室（综合行政执法队）、国土资源和规划建设环保办公室、财政所。设置事业机构7个：农业综合服务中心、人力资源和社会保障服务中心、科技宣教文化信息服务中心、卫生计生院、水利站、林业站、政务服务中心。街道办事处设置党政办事机构8个：党政办公室、社会事业办公室、经济发展办公室、卫生和人口计划生育办公室、社会治安综合治理办公室、城市管理服务办公室、安全生产监督管理办公室（职责由县政府授权履行）、城镇综合执法室。街道办事处人大、纪检、政法、人民武装机构按县人大常委会、纪委、政法委、人民武装部的派出机构挂牌设置；办事处工会、共青团、妇联、残联、计生协会按照有关法律、章程和规定设置。街道办事处事业机构设置股级3个、副科级2个。股级事业单位分别是：社会保障服务所、城市建设服务中心、产业发展服务中心；副科级分别是：社区综合服务中心（加挂群众工作中心牌子）、财政所（加挂惠水县财政局某某街道办事处财政分局牌子）。县级部门派驻镇（街道办事处）的机构包括：公安派出所、司法所、国土资源管理所、农村交通运输管理所、人民法庭、市场监督管理分局、地方税务分局、国家税务分局、卫生和人口计划生育服务中心、统计调查中心、中小学校及幼儿园、审计分局等。

开发区的设置 2012年，为实施“工业强县”战略，成立了惠水县长田工业园区管理委员会，为惠水县政府管理的副县级事业单位。2013年为进一步提升惠水县工业园区的建设发展，加快实施工业强县战略，经省人民政府同意，设立贵州惠水经济开发区管理委员会（中共贵州惠水经济开发区工作委员会），为中共惠水县委、惠水县政府的派出机构，正县级规格。2014年将长田工业园区与经济开发区职责整合，在贵州惠水经济开发区加挂长田工业园区牌子。

（三）事业单位登记管理

2001年，根据国务院《事业单位登记管理条例》及实施细则的规定，正式办理全县事业单位法人登记、注销、更名手续。之后，事业单位登记管理工作步入规范化、法制化轨道。至2015年，共办理全县事业单位法人登记事项202件，同时对法人登记单位每年进行年检，并及时在网上公示，合格率达100%。

（四）中文域名注册管理

2011年根据中央、省、州关于进一步加强党政群机关和事业单位网上名称管理的通知要求，正式启动全县政务和公益机构中文域名管理工作。2015年全县共成功申请中文域名586个，实现党政群机关和事业单位中文域名注册全覆盖。

二、机构编制

1984年惠水县实行了机构改革，改革后的党委机关、政府机关、人大常委、政协、人民团体机关共41个，编制428名，实有在职人数526人；到1988年，上述机关共55个，编制数494名，实有在职人数589人。

1990年党政群机关编制数625名，实有人员743人（其中党委行政编制数101名，在职人数100人；人大行政编制数16名，实有在职人数18人；政府行政编制数471名，实有在职人数592人；政协行政编制数14名，在职人数13人；群团组织行政编制21名，实有在职人数20人，机动编制2名）。全县51个乡镇，编制数572名，实有在职人数514人（其中：党委实有在职人数146人；政府实有在职人数324人；人民团体实有在职人数44人）。政法编制255名，实有在职人数239人（其中：人民检察院编制数37名，实有在职人数37人；人民法院编制数62名，实有56人；司法编制数28名，实有在职工人数23人；公安编制数128名，实有在职人数123人）。全县共事业单位478个，编制数4626名，实有人数4542人。

1991年党政群机关编制数493名，实有人员607人（其中党委行政编制数98名，在职人数98人；人大行政编制数16名，实有在职人数21人；政府行政编制数340名，实有在职人数446人；政协行政编制数14名，在职人数14人；群团组织行政编制21名，实有在职人数28人，待分配编制4名）。全县25个乡镇，编制数572名，实有在职人数570人（其中：党委编制数为133名，实有在职人数129人；人大编制数41名，实有42人；纪委编制数42名，实有25人；政府编制数297名，实有在职人数265人；人民团体编制数50名，实有在职人数50人）政法编制257名，实有在职人数248人（其中：人民检察院编制数37名，实有在职人数37人；人民法院编制数64名，实有60人；司法编制数28名，实有在职工人数26人；公安编制数128名，实有在职人数125人）。全县共事业单位432个，编制数4933名，实有人数5078人。

1994年，为加强全县机构编制科学化、规范化、法制化管理，严格控制机构编制膨胀，在全县各行政机关、事业单位使用《机构编制管理证》，进一步规范人员调配，合理计划用编，形成有效的机构编制管理约束机制。

2002年，为加强机构编制动态管理，以《机构编制管理证》为载体，及时准确掌握各单位实有人数情况，认真按照控编补员制度办理相关手续，严格控制人员不突破现有核定编制总数。

2006年，按照省、州机构编制部门要求，积极推行“控编补员申报”“严禁超编进人”“凡进必考”等控编管理制度，有效防止机构编制膨胀和反弹。

2008年，建立和完善机构编制、实有人员和财政预算管理相互配套协调约束机制。在全县机关、事业单位实行编制、人事、财政统一核发工资制度。机构编制部门负责审核各部门的编制数和实有人员数；人事部门负责审核在编人员的工资标准和工资总额；财政部门负责在编人员工资核发。审核每月进行一次。在省编办下达补充部分行政编制后，对全县各级党政群机关原自行核定事业编制全部核销，进一步规范编制管理，消除行政、事业混编现象。

2009至2011年，按照省、州机构编制部门“加强机构编制管理，实现五年内机构编制只减不增”的总体要求，积极探索和改进机构编制管理方式、方法，逐步建立和完善机构编制管理工作决策机制、综合协调机制，有效控制编制人员增长。

2012年，在全县各级党政群机关和事业单位推行实施《贵州省网络机构编制实名制》管理，实现人员编制数、实有人员数和财政开支数相对应和“一人一编一账”的机构编制实名制管理制度，严格有效控制机构编制膨胀。

2014年，根据中央“约法三章”有关规定，紧紧围绕本届政府任期内财政开支人员只减不增总目标，严格按照“严控总量、盘活存量、优化结构、增减平衡”要求，州编委办审核下达惠水县2014年底各类编制核定总量，即：党政群机关行政编制1076名，政法专项编制486名，事业编制7524名，到2017年底只减不增；机关工勤编制128名，须只减不增，逐年核减。

第七节　政策研究

1997年7月中共惠水县委办公室设立调研督办股，为县委办内设机构，设股长和副股长1名，2001年12月党政机构改革，惠水县委政策研究室升格为惠水县委办公室内设副科级机构，编制2名，其中主任1名（副科级），工作人员1名。2011年8月，县委政策研究室升格为正科级机构，人员编制为3名，其中主任或副主任1名，工作人员2名。2013年3月设立县小康办，下设在县委政策研究室，县委政策研究室主任兼任县小康主任，人员从相关部门抽调。2014年3月设立县委改革办，设在县委政策研究室，县委政策研究室主任兼任县委改革办主任，人员从相关部门抽调。2015年3月设立依法治县办，设在县委政策研究室，与县委改革办合署办公。2015年惠水县委、县政府印发《关于进一步明确中共惠水县委办公室主要职责、内设机构和人员编制规定的通知》，指出:县委政策研究室为县委办公室内设正科级机构，设主任1名（正科长级，兼任县委改革办主任，县委依法治县主任），副主任2名（其中：1名兼任县委改革办专职副主任，1名兼任县委依法治县办专职副主任），科长1名（股级）。保留县小康办，为县委政策研究室所属副科级事业单位，编制4人，其中:设主任或副主任1名，科长1名（股级）。

县委政研室主要根据党的路线、方针、政策，围绕县委的部署和意图，对有关经济、社会、政治、文化和党建等方面开展调查研究，提出意见和建议，供县委决策参考；根据县委的指示，单独或组织力量共同起草、修改县委部分重要文件、文稿和领导讲话稿；根据县委意图和上级精神，组织、协调力量进行重大专题的调研；根据需要组织撰写宣传、阐释党的路线、方针、政策的文章；完成县委和县委领导交办的其他任务；完成中央、省委和州委政策研究室下达的工作任务。

2001至2008年，县委政策研究室分别就全县农业结构调整、农民增收、务工经济、土地流转、旅游业发展、大棚蔬菜种植、扶贫开发等课题开展调研，并形成调研报告，为县委提供决策参考，部分调研报告被州委办公室《黔南调研》采用。

2009至2015年，县委政研室共创办了县级刊物《惠水政研》50余期、《决策动态参考》30余期，报州刊物《政策研究》50余期、《建设经济强乡镇简报》70余期。其中《惠水县平价肉店调查与思考》《涟江河保护与开发》《长田园区分为省级经济开发区和长田工业园区建设的建议》《融入大贵阳建设新惠水——“一圈两翼”战略新格局下的惠水路径选择》《热丰收下的冷思考——和平镇斗篷山区马铃薯产业发展调查》《贫困突围——来自惠水县扶贫攻坚的调研报告》等调研成果，成为党委、政府指导工作的参考。

第八节　信访工作

一、机构

1950至1966年期间，全县的信访工作由县委会、县人民政府的秘书部门或办公室内指派专人负责。“文化大革命”期间，信访工作中断。1970至1972年由惠水县革命委员会政治部群众工作组恢复信访工作。1973年党政机构分设后，县委办公室内设立信访组办理群众来信来访。

“文化大革命”结束后，1981年县革委（1983年复称县政府）办公室设信访组。1984年9月，县委办公室信访组、县政府办公室信访组合并组建县委、县政府联合信访科，为局级单位。从1985年起，各区（镇）、乡镇及县属各部门相继建立信访小组，县委、县政府、县人大常委会还建立领导值班接待日制度。1989年12月，县委、县政府联合信访科改称信访办公室。1994年3月，撤销信访办公室的独立建制，工作职能分别并入县委办公室和县政府办公室，归口县委办公室。

2004年，建立县处理信访突发问题及群体性事件联席会议制度，联席会议召集人由县分管领导组成，成员单位由县直综合工作部门分管负责人组成；联席会议设5个专项工作组：涉法涉诉问题工作组，农村山林土地水事纠纷问题工作组，城镇建设问题工作组，国有企业改制问题工作组，企业、军转干部、复退军人问题工作组；县处理信访突发问题及群体性事件联席会议下设办公室在县信访局，负责联席会议日常工作，信访局长兼任办公室主任，加大了要事解决的力度。

2005年，健全信访网络，加强基层信访工作，全县25个乡镇、县直工作部门明确了分管信访工作领导和专（兼）职信访工作人员，建立了信访接待室。201个村明确了信访联络员。

2007年3月，撤销县委、县政府信访办公室，改建为县委、县政府信访局。信访局设接访办信股、综合股和督查股3个内设机构，核定编制6名，其中：行政编制2名，“参公”事业编制4名；设正副局长各1名。

2009年，成立惠水县矛盾纠纷排查调处中心，设立了6个以县分管领导任组长的调解工作组，强化对重大矛盾纠纷的排查化解力度。

2010年4月，成立县矛盾纠纷排查调处中心，县长为调处中心主任；中心设立了以县分管领导任组长的6个调解工作组，强化对重大矛盾纠纷的排查化解力度。

2013年12月，成立惠水县委群众工作委员会，工作委员会下设群众工作中心在县信访局，具体承担日常工作。县委副书记任群众工作委员会书记，所有县委常委为副书记。县委群众工作委员会主要职责：贯彻落实党的群众路线，执行中央、省委、州委关于群众工作的方针政策和决策部署；研究提出群众工作的总体规划和重要决策，拟定相关工作规范和措施；指导和协调全县各级各部门、社会团体、企事业单位的群众工作；调查社情民意，征集群众意见建议，分析群众工作形势，及时向县委提出完善政策和改进群众工作的建议；总结推广群众工作方面的先进典型和经验。2015年，信访局内设综合股、接访办信股。信访局下设县投诉受理及信访信息中心事业机构一个。全局有在职职工13人，其中行政9人，工勤1人，事业3人。

三、信访接待

（一）接访办信

1972至2003年，对群众的来信来访，按照“分级负责，归口管理”的原则，一般情况下接转有关部门调查处理，属重大问题的信访件和省、州、县交办的立案件，由信访工作人员配合有关部门调查或自行立案调查。此期间分两个阶段：第一阶段（1972至1985年），据不完全统计，共收到人民群众来信6047件，接待来访1386人次，其中：反映违法乱纪和不正之风问题的1635件（次）；要求解决历史遗留问题，落实有关政策的1487件；要求解决福利、工资等问题的372件；反映经济、文化、教育、卫生等方面问题的371件，其他问题3568件。第二阶段（1985至2003年），据不完全统计，共收到人民群众来信825件，接待来访1459人（次），来信来访合计2284件（次）。其中申诉类239件（次）、揭发控告114件（次）、求决类1728件（次）、其他203件（次）。

2004至2012年，共接待群众来信来访1252批，3915人次。2004至2005年，县党政领导共接待群众来访10批216人次（其中：个体访3批4人次，集体访7批212人次）。2006年接访13批62人次，其中集体访5批44人次（其中企业改制问题3批22人次、农村“三农”问题4批9人次）。2007年共接待群众来访94批246人次。

2008年，共接待群众来访（含咨询类来访）287批718人次（含县委书记大接访接待数），其中在“县委书记大接访”活动中，采取集中接访、坐班接访、重点约访、带案下访、包案息访等方式开展县委书记大接访，参与接待的县及县以下干部760人次，县委书记、县长18人次，县级领导干部203人次，县直部门乡镇领导549人次。累计接待群众来访236批、512人次；当场解决的33件40人次；领导包案129件303人次；落实责任单位74件169人次。通过开展集中接访、坐班接访、重点约访、带案下访、包案息访工作，及时、妥善化解了一批群众来信来访问题，使社会更加和谐稳定。

2009年共接待群众来访145批528人次，其中县委书记、县长及县、乡镇、部门党政主要领导每周二定期接待群众来访的“三级联动”接访形成了制度化。共开展县领导信访接待日18次，参与信访接待县级领导23次，接待群众来访72批，311人次，现场解决信访案件11件，当场解释答复26件，批示交办的35件。其中县委书记接访日4次，接待群众来访77人次，批示5件；县长接访日3次，接待群众来访45人次，批示7件。

2010年，共接待群众来访186批583人次，其中初信初访168批448人次（含“三级联动”领导接访5批8人次、初信2件2人次）。初信初访中纪检监察1批2人次；政法20批63人次；劳动社保20批40人次；教育1批2人次；卫生计生15批30人次；交通能源环保3批9人次；民政18批24人次；农业农村14批26人次；国土资源、水利、林业39批148人次；城乡建设36批140人次；经济综合1批4人次。来信来访中，当场答复和引导群众到相关部门反映问题的134件（批），其余27件（批）信访局均立项交办，已办理回复24件。

2011年，共接待群众来访180批，826人次（来信3件3人次）来访177批823人次，其中：集体访28批558人次。初信初访160件631人次；重访20件195人次。集体访20件195人次，个访163件275人次。来信来访件中，纪检监察2件2人次；政法18件64人次；劳动社保22件261人次；教育1件1人次；卫生计生6件6人次；交通能源环保17件96人次；民政24件108人次；农业农村7件10人次；国土资源、水利、林业43件140人次；城乡建设34件121人次；政治综合1件3人次，经济综合7件18人次。其他来访4批8人次。来访总量中，当场答复和引导群众到相关部门反映问题的131件。交办31件，已办结回复31件。转办18件，已办结回复18件，初信初访率100%，到期结案率100%。同年，开展“三级联动”视频接访工作。县委、县政府领导在“三级联动”视频接访活动中，共接访12批39人次，涉及信访事项12件。其中当场解决1件，当场批示交办11件，已得到解决的5件。并对重点信访案件实行下访、约访。8月中下旬，县纪委在信访局视频接访室开展“接访、走访、回访”（三访）活动，重点受理国家惠民政策落实不到位损害群众利益、群众合理诉求长期得不到解决、干部作风不实、损害发展环境、违反换届工作纪律等方面的问题。开展“三访”活动以来共接待来访群众33批46余人次，涉及信访案件32件，已办理回复18件，14件正在办理之中。县纪委开展的“三访”平台，拓宽了群众信访的渠道，以确保上访群众反映的问题事事有回音、件件有落实。

2012年，共接待群众来访172批，898人次。其中集体访30批656人次，个访142批242人次；初信初访147批698人次；重访25批200人次。来信来访总量中，纪检监察2批7人次；政法18批18人次；劳动社保23批181人次；卫生计生13批18人次；交通能源环保13批94人次；民政24批300人次；农业农村21批68人次；国土资源、水利、林业37批98人次；城乡建设24批89人次；其他6批24人次。来信来访总量中，涉及信访事项172件。当场答复和引导群众到相关部门反映问题的135件；转交办37件，已办结回复36件，初信初访率100%，到期结案率100%。是年，开展“三级联动”视频接访服务工作。县领导在“三级联动”接访活动中，共接访39次，约访7次，下访15次，接访有记录、有处理意见及结果。复杂疑难信访由县主要领导或分管领导包案，县领导包案信访案件16件，已办结6件，10件正在化解之中。州“三级联动”信访信息系统交办惠水县信访件10件，回复9件，到期回复率100%（其中有1件未到期，正在办理之中）。

2013年，共接待群众来信来访63批109人次，本年度无集体访和重访。来信来访总量中：政法1批1人次；交通能源环保3批9人次；劳动社保6批10人次；民政10批17人次；农业农村2批3人次；国土资源、水利、林业20批30人次；城乡建设20批38人次；其他1批1人次。来信来访总量中，涉及信访事项187件。当场答复和引导群众到相关部门反映问题的56件，转交办56件，已办结回复53件。

2014年，共接待群众来信来访212批1388人次。其中集体访55批1105人次，个访155批286人次；初信初访176批1050人次；重访36批338人次。涉及信访事项212件。当场答复和引导群众到相关部门反映问题的69件，转交办143件，办结回复143件，办结率100%。是年，县领导到县群众工作中心坐班接访166天，接访群众85批233人次，坐班接访批示交办信访事项23件，办结回复23件。

2015年，共接待群众来信来访272批，3130人次。其中集体访91批2460人次，个访143批252人次；初信初访188批1860人次；重访46批852人次。涉及信访事项212件。当场答复和引导群众到相关部门反映问题的100件，转交办134件，办结回复129件，办结率96%。是年，县领导到县群众工作中心坐班接访166天，接访群众85批233人次，坐班接访批示交办信访事项23件，办结回复23件。“书记县长群众直通交流台”共收到各种信访诉求24件，已办结回复24件，办结回复率100%。“12345”民心热线共收到各种诉求223件，已办结回复223件。同时在贵州省信访综合业务系统共受理上级交转办信访件106件，已办结回复106件。

（二）信访案件办理

1985至2003年，对州及州以上信访部门交办的信访事项，尽力在规定时限内办结。上级交办的信访案件，均属惠水县有关部门正在处理或处理了但信访人不满意的信访疑难问题。1987年、1991年半年、1992年、1997年、1998年、1999年、2000年、2001年上半年，8年来上级立案交惠水县办理的信访案件及自立案件共388件，通过调查、核实、催办、督办、协办，办结率为100%。其中：省立案件23件，州立案件8件、县立案件55件、自立案件234件。

2004至2015年，11年以来上级立案交惠水县办理的信访案件共252件。其中：

2004年县立案件29件，办结率45%。

2005年州立案34件、办结率100%。其中反映山林、土地、水事问题7件；企业改革改制问题2件；城镇拆迁安置补偿问题2件；计划生育问题4件；土地征用问题2件；涉法涉诉3件；科局以下领导干部问题5件，其他问题9件。自立案14件，办结13件，办结率92%。

2006年，共办理信访案件30件，其中省州交办案件21件，其中，省领导批示件1件（土地承包权属问题）；省长信箱4件（土地问题1件，计划生育问题1件，教师举报领导贪污、以权谋私1件，拖欠工程款问题1件）。州信访局交办16件，办结16件，办结率100%（三农问题9件，村级组织问题2件，企业退休职工待遇问题1件，拖欠工程款问题1件，计划生育问题1件，干部以权谋私问题1件，纠纷涉法问题1件）。自立自办初信初访案件9件，办结9件，办结率100%（企业改制问题1件，办结1件；三农问题4件，办结4件；环境问题1件，办结1件；其他问题3件，办结3件）。

2007年共办理信访案件26件，其中省、州立案交办14件，办结率100%。自立案件12件，办结率100%。初信初访案件中，求决类11件，申诉类1件，揭发控告类1件。主要反映的是城乡建设、土地资源管理、社会保险、工资待遇、教育、人口计生、环境保护、交通运输等问题。县领导批示交办3件，办结3件。反映的主要问题为城镇规划、土地资源管理等。

2008年州级以上立案交办信访事项共27件，办结23件，办结率85%。

2009年上级立案交办信访案件共26件，办结率69%。

2010年上级立案交办信访案件16件，办结率94%。

2011年中央、省、州立案交办案件18件，办结率为94%。

2012年共办理信访案件29件，省、州立案交办信访案件19件，到期办结率为100%。州“三级联动”信访信息系统交办信访件10件，回复9件，到期回复率100%（其中有1件未到期）。

2013年切实加强对矛盾纠纷的排查调处，开展矛盾纠纷和信访问题排查化解“百日攻坚战”专项行动，组织力量集中排查和调处矛盾纠纷和突出信访问题。对各种信访苗头，逐一摸底、查清原因、理清思路、落实责任、疏导稳控、化解到位。“百日攻坚战”专项行动开展以来，共排查交办矛盾纠纷、信访案件、信访积案71件，共办结71件，办结率100%，其中：省委常委包案2件，办结2件，省联席会议交办黔南的113件中涉及惠水的9件，办结9件，办结率100%；省维稳小组交办黔南的117件涉及惠水县的10件，办结10件，办结率100%；州联席会议交办15件，办结15件，办结率100%；县联席会议自查交办19件，化解19件，办结率100%。第二次“百日攻坚战”省联席会议交办9件，化解9件，化解率100%；第三次州联席会议交办3件，化解3件，化解率100%。第四次省州联席会议交办4件，已化解4件，化解率100%。是年，“书记省长群众直通交流台”群众意见和诉求集中交办，涉惠水县的共8件，已化解8件，化解率100%。2013年共排查出重大矛盾纠纷11件，已化解11件，化解率100%。对排查出的问题，逐一建立了台账，制定了预案，落实了包案领导和责任人，限期办结。通过深入排查全力化解，大量矛盾纠纷在基层妥善得到解决，上访群众在基层得到有效解决，人员稳控到位，有力地预防和减少越级上访、集体访，重复上访现象发生。

2014年，信访局在规定时限内办结中央、省、州交办信访案件。中央、省、州立案交惠水县办理的信访案件共23件，通过催办、督办、协办，办结23件，到期办结率为100%。是年，落实省委常委包案2件，办结2件；州委常委、副州长包案7件，办结7件；州第一轮集中交办县级化解17件，办结17件；县交办20件，办结20件。州第二轮集中交办4件，办结4件。州第四季度集中交办12件，办结12件。州交办环境污染类信访案件4件，办结4件。2014年，按照“排查得早、发现得了、控制得住、解决得好”的要求，每季度组织力量进行全方位拉网式排查，切实掌握可能引发集体上访的重点事、重点人和一些苗头性、动态性及倾向性问题，做到未访先知，接访有备。是年通过两个四级个案台账，共排查重大矛盾纠纷15件，化解15件。省、州联席办交惠水县办理矛盾纠纷及信访案件86件，办结86件，办结率100%。

2015年，中央、省、州立案交惠水县办理的信访案件共12件，通过催办、督办、协办，办结12件，到期办结率为100%。是年，县信访局落实省委常委包案督访1件，已化解1件，化解率100%；省联席会议集中交办5件，已化解5件，化解率100%；州委常委包案化解5件，已化解5件，化解率100%；省联席办第二季度集中交办惠水县共79件，已化解79件；省联席办第三季度集中交办惠水县共12件，已化解12件；省联席办第四季度集中交办惠水县共69件，已化解69件。通过3个四级个案台账，共排查重大矛盾纠纷18件，化解18件。省、州联席办交办惠水县矛盾纠纷及信访案件117件，办结117件，办结率100%。

第四篇　群众团体

第一章　工　会

1978至2002年，全县有基层工会140个，会员11672人。1984年，县总工会成立党支部。2002年机构改革后，县总工会设行政编制3人，实有干部职工5人。2012年，设立中共惠水县总工会党组，内设综合办公室（加挂女职工委员会办公室，经费审查委员会办公室牌子），设立直属事业机构即惠水县困难职工帮扶中心（股级），定编6人，即行政编制3人。事业编制3人。2014年全县行政区划调整后，全县8个镇、2个街道办事处及经济开发区、4个城市社区，均建立工会联合会，明确镇（街道）党委、党工委副书记任工会联合会主席，配备1名专（兼）职工会副主席（股级）。在濛江街道（经济开发区）成立总工会。

2015年，全县共有工会组织634个，工会会员59363人，其中企业工会301个，会员16669人，机关、事业单位工会333个（含村、社区工会组织），职工及农民工会员42694人。

第一节　会员代表大会

1978至2015年，惠水县总工会共召开5次代表大会。

1973年12月，召开惠水县总工会第六次代表大会，出席会议代表288名，大会选举产生惠水县总工会第六届执行委员会委员19名。举行六届一次全委会，选举主任1名、副主任2名。

1982年2月，将县总工会第六届委员会领导班子中的主任、副主任改称主席、副主席。1984年2月，充实、调整县总工会第六届委员会领导班子，设主席1名、副主席2名。

1986年10月，召开惠水县工会第七次代表大会，出席会议代表156名，特邀代表26名。选举产生惠水县总工会第七届委员会委员19名，选举常务委员会委员6名。选举主席1名、副主席1名。1987年2月，选举副主席1名。1992年6月增补选举副主席1名。

1993年7月，召开惠水县总工会第八次代表大会，出席会议代表150名，特邀代表4名，列席代表11名。选举产生惠水县总工会第八届委员会委员17名，选举常务委员会委员7名。选举主席1名、副主席1名。选举经费审查委员会委员，召开经济审查委员会全体会议，选举经济审查委员会主任1名。

1999年1月，召开惠水县总工会第九次代表大会，出席会议代表116名。选举产生惠水县总工会第九届委员会委员19名，选举常务委员9名。选举主席1名、副主席1名。选举经费审查委员会委员5名，召开经济审查委员会全体会议，选举经济审查委员会主任1名、副主任1名。

2001年3月，召开惠水县总工会第九届全委会，替补选举主席1名；12月，召开县工会第九届全委会，替补选举主席1名。2001至2009年，县总工会全委会先后替补选举副主席4名。

2010年6月，召开惠水县总工会第十次代表大会，出席会议代表99名。选举惠水县总工会第十届委员会委员23名，选举常委委员9名。选举主席1名、副主席2名。选举经费审查委员会委员5名，召开经济审查委员会全体会议，选举经济审查委员会主任1名。

2012年3月，惠水县总工会全委会替补选举主席1名、副主席、（常务）副主席1名。

第二节　劳动竞赛　劳模选树

1986年，县总工会印发《关于开展劳动竞赛工作成绩评比的通知》，全县70%以上的企业开展了各种形式的劳动竞赛，参赛1120人。

1987至1997年，在全县开展以深化企业改革、增强企业活力、提高经济效益为中心，实现“增产节约、增收节支”为目标的社会主义劳动竞赛。各企业厂矿成立“双增双节”领导小组，制定措施、分配指标，将任务落实到班组和个人，厂矿企业工会和生产科抓督促检查、兑现奖惩。1991年，各企业厂矿业工会开展“创优、创新、创先、创汇、创最佳经济效益”和“质量、品种、效益、安全”“优质文明服务”等社会主义劳动竞赛。开展职工提合理化建议活动，共提建议1200条，被采纳253条。

1998至2006年，开展群众性经济技术创新活动，先后有川东磷化工公司、县铁合金厂、电力公司、医院等单位参与；各级工会组织开展岗位练兵、技术革新、技能比武、技术发明创造活动。

2008年，企业工会围绕“创建学习型组织，争做知识型职工”，广泛开展“合理化建议”和“百万职工大练兵”活动。组织职工学知识、学技术，参学职工1.2万余人次。提出建议326余条，采纳192条，付诸实施121条。

2009至2015年，在全县工会组织开展以“感恩、奉献、永远跟党走”“解放思想，加快跨越发展”“讴歌辉煌成就，凝聚奋进力量”“凝聚正能量、共筑中国梦”等主题思想教育活动，围绕县提出的“工业强县、城镇化”带动战略，在长田工业园区组织职工参加全省百个工业园区“五比一创”（比技术技能，比节能减排，比献计献策，比经济效益，比安全生产，创和谐企业）竞赛，开展劳动、技能大比武、技术创新、“我为企业献一策提金点子”活动。开展以提升职工技能素质，搞好安全生产为重点，以创建“工人先锋号”和“安康杯优胜企业”为目标的“携手保增长、和谐促发展”为主题的竞赛活动，实现企业增效，职工增收、发展和谐。贵州惠水经济开发区荣获全省工业园区综合评比第一名，贵州阿乐食品公司大件班、惠水长安电机公司大修班，荣获贵州省“工人先锋号”称号，西南水泥有限公司荣获贵州省“安康杯”优胜企业，惠水县腾飞建材有限公司荣获贵州省返乡农民工创业示范企业。在开展“全国第二届书香‘三八’——‘阳光女性·幸福中国’读书征文活动”中，惠水县总工会荣获优秀组织奖，贵州永红食品公司职工方启兰荣获全国《女职工劳动保护特别规定》知识竞赛活动优秀个人奖，县农工局荣获全省动物防疫技能竞赛三等奖，惠水黔灵女家政公司荣获全省“中国梦·劳动美”女职工家政技能竞赛三等奖。

选树劳模始终围绕“党建带工建、党工共建、创先争优”活动的开展，结合评选劳模、“五一劳动奖章”、职业道德标兵、金牌工人、最美劳动者等契机，涌现出长田工业园区成为全省百个工业园区“五比一创优胜园区”，惠水经济开发区荣获“贵州省劳动关系和谐园区”；贵州永红食品公司一车间包装工段，荣获“全国‘五一’巾帼标兵岗”称号，县农业局陈文良被国务院表彰为“全国粮食生产突出贡献先进个人”，享受全国劳模待遇；县人大常委会吴邦琮、惠水川东磷化工公司方启涛荣获全国“五一劳动奖章”；班世忠、刘嘉元、刘忠英、龙丛云、方继录、雷良翠、龙明香、付泽培、腾九华、李鼎权、吴开秀、代延川、郝洪忠、张超、龙燕祥、周贤怡先后荣获省劳动模范、省先进工作者、省五一劳动奖章（状）。

第三节　维权帮扶

1989年，成立“惠水县总工会女职工委员会”，在女职工中开展自尊、自信、自立、自强的“四自”教育活动。1996至2012年，成立县总工会劳动法律监督委员会。95%以上企业、事业单位建立劳动法律监督和劳动争议调解委员会（或工作小组），选配调解员。推行全员劳动合同制度，签订劳动集体合同、工资集体协商协议、劳动卫生安全保护集体合同、女职工劳动特别保护集体合同。参与劳动纠纷调解134件，接待职工群众来信来访85件。其间，西电龙腾公司19名职工到县总工会上访，要求解决其养老保险和工资补偿问题。县总工会与县人社局成立工作小组，通过协调圆满解决。编印《工会法律法规读本》和《农民工维权手册》2000册发给农民工，学习掌握劳动法律法规政策知识，以维护自身的合法权益。

2013年，县人大常委会听取和审议县总工会关于执行《中华人民共和国工会法》的情况报告，提出审议意见：加大《中华人民共和国工会法》等工会法律法规的宣传力度；各方配合，形成合力，切实维护职工的合法权益；加大《中华人民共和国工会法》的执法力度，加强对《中华人民共和国工会法》实施情况的监督检查，促进工会法贯彻实施。

2013至2015年，在惠水经济开发区开展“建会、建制、建家”（即建工会组织、建协商制度、建职工之家）活动。与人社局、安监局多次联合执法，已建工会企业工资集体协议、集体合同建制率100%，劳动安全卫生保护专项集体合同签订率100%，女职工权益保护专项集体合同签订率100%。利用普法契机送法进乡村、进企业、进街道、进园区，让职工（农民工）懂法、知法、守法，维护自身合法权益。参与处理工厂安全事故、建筑工地安全事故、煤矿安全事故共11起。

县总工会困难职工帮扶中心，各乡、镇（街道）、企业职工服务站（点）竭诚为困难职工服务，建设困难职工（农民工）档案资料信息库5000余人次，向困难职工群体开展“春送岗位、夏送清凉、秋送助学、冬送温暖”关爱帮扶活动。开展关爱慰问大病女职工和留守儿童活动，举办政治思想、种养殖、钳工、电工、烹调、汽车维修等培训，提高职工（农民工）思想道德素质和就业创业本领。筹措资金300多万元，共为3万余人次困难职工（农民工）提供生活救助、就业技能培训、职业介绍、子女上大学、维权等帮扶服务。

第四节　民主管理

1986至1988年，全县有25个厂矿和单位建立职工代表大会制度，召开职代会听取并审议本单位工作报告，民主评议领导干部。1991年，75%的厂矿和单位建立职代会。1992年，企业开展转换经营机制，全面推进民主管理工作。2001年，全县建立职代会的厂矿企业占应建数的95%。

2002年，成立厂务公开领导小组，制定《惠水县厂务公开评分标准》。县总工会按照评分标准，对推行厂务公开的单位进行督促检查，全县有96家国有企业、集体企业、学校，推行厂（校）务公开。2003年，厂务公开全面推开。2012年11月，调整惠水县厂务公开暨新建企业工会组建工作领导小组，全县263家国有企业及控股企业、事业单位厂务公开，职代会制度全覆盖。其中，川东磷化工公司、天虹志远电线电缆公司、县自来水公司、惠水县民族中学作为示范推动点。

第五节　文体活动　职工之家

1984年，惠水县第一届工人运动会在县城关镇、雅水水头水库举行，共有15支代表队、400人参加游泳赛、自行车赛、田径赛，100人获个人奖，5支代表队获团队奖，选拔44名优秀运动员组队代表县参加黔南州第二届工人运动会。参加田径、游泳、自行车三项比赛，有35人获单项奖，其中，获8个单项第一名，获团体总分第二名和精神文明运动队。随后，在县队选拔12名运动员代表黔南州参加全省工人运动会，取得好成绩。县队又有2名运动员被选拔为省代表队员参加1985年全国第二届工人运动会。

1987年，在全县工会开展创建职工“五小”活动，80%的工会办起了小食堂、小澡堂、小理发室、小医务室、小活动室。

1985至2010年，各基层工会利用每年的元旦、春节、“三八”“五一”“七一”、国庆等节日，组织开展职工篮球、乒乓球、排球、羽毛球、围棋、象棋、跳棋、拔河、登山、智力测验、业务知识抢答赛。与相关部门共同举办“劳动的礼赞”“扬青春旋律、展劳动风采、建和谐惠水”“红五月、迎国庆”“唱响红色歌曲、歌颂伟大祖国”等为主题的舞蹈、诗朗诵、歌咏比赛。

全县职工运动会（2009年摄）

2011至2014年，在惠水经济开发区举办“全县非公企业职工趣味运动会”“周末职工篮球赛”“兄弟企业手牵手、健康稳步朝前走”篮球运动会、“全县非公企业职工文艺晚会”“职工中秋文艺晚会”“党群同心·百企展翼”表彰暨文艺演出。2012年，惠水川东磷化工公司举办“走进惠水20年”文艺晚会，展现企业文化，激发职工团结奋进的热情。

开展创建模范职工之家工作。贵州天虹电线电缆有限公司工会、贵州阿乐食品公司工会荣获全国模范职工之家称号；县地税局工会荣获“全国模范职工之家”称号；县人行、县国税局工会荣获“贵州省模范职工之家”称号；泰安水泥厂工会、惠水二中、三中、三都中学工会、县国税局工会、县地税局工会荣获“省职工书屋”称号；泰安水泥制品公司工会、惠水腾龙新型建材有限公司工会、金芳畜革贸易公司工会、县城关三小等一批企业、机关事业单位工会荣获州总工会“先进职工之家”称号。

2015年，《工人日报》刊载《大山深处的活力工会》对羡塘乡龙虎村工会组织为本村赴省外打工的农民工家庭做好保障服务事迹进行了宣传报道。

第六节 资产及会费管理

1991年，惠水县工人文化宫及办公楼建成，占地面积836.5平方米，建筑面积1307.18平方米，为拓展广大职工学习知识、娱乐休闲、陶冶情操的阵地，也是全县精神文明建设的重要窗口。2010年，惠水县工人文化宫和办公楼房经鉴定为危房，用于置换拆除重新建设。

根据《中华人民共和国工会法》《贵州省工会条例》等法律法规和全国总工会、贵州省总工会、黔南州总工会文件要求，在全县工会组织开展工会经费收缴管理工作。2012年，县总工会、县地税局、县人行召开沟通协调会，推进企业工会经费（建会筹备金）由地税代收工作。2015年，县财政全额拨款的行政、事业单位工会经费，先按职工工资总额的1%列入县财政预算（县财政经济实力增强后再按足额2%的比例列入财政预算），并按规定比例拨付各单位使用及上交上级总工会。工会经费用于工会活动和服务职工开支。对工会资产及工会经费的管理使用，实行年度工会经费收支预算、决算制度和审计制度，实行严格的工会经费收支管理内控制度，加强工会经费和工会资产的监督管理。

第二章 共青团

第一节 代表大会

1978至2015年，共青团惠水县共召开11次全委会，选举产生书记6人，副书记6人（其中，4名书记由第十二次、第十二次、第十五次、第十六次代表大会选举产生；2名书记由十六届二次全委会、十六届三次全委会选举产生），选举出席黔南州团代会代表114名。

第十二次代表大会 1981年7月，召开共青团惠水县第十二次代表大会，到会代表229名。会议听取、审议、通过第十一届委员会题为《团结起来同心同德为四化建设贡献青春》的工作报告；选举产生共青团惠水县第十二届委员会委员29名，选举出席共青团黔南州第四次代表大会代表5名。十二届一次全委会选举常务委员11名，选举书记、副书记各1名。

中国共产主义青年团惠水县第十三次代表大会召开（1987年摄）

第十三次代表大会 1987年7月，召开共青团惠水县第十三次代表大会，到会代表188名。会议听取、审议、通过第十二届委员会题为《组织起来投身革命为开创共青团工作新局面而努力奋斗》的工作报告；选举产生共青团惠水县第十三届委员会委员25人，候补委员4

人。选举出席黔南州团代会的代表26名。十三届一次全委会选举产生常务委员10人，选举书记、副书记各1名。

第十四次代表大会 1992年6月，召开共青团惠水县第十四次代表大会，到会代表104名。会议听取、审议、通过第十三届委员会题为《团结奋进 勇于开拓 把共青团工作推向前进》的工作报告；选举产生第十四届委员会委员、候补委员7名，选举出席共青团黔南州第六次代表大会的代表23名。十四届一次全委会选举产生常务委员7名，选举副书记1名。

第十五次代表大会 1999年2月，召开共青团惠水县第十五次代表大会，到会代表79名。会议听取、审议、通过十四届委员会题为《高举旗帜 团结奋进 把共青团工作全面推向二十一世纪》的工作报告，选举产生共青团惠水县第十五届委员会委员19名，候补委员2名，十五届一次全委会选举产生常务委员

第十六次代表大会 2010年6月，召开共青团惠水县第十六次代表大会，出席会议的有县四家班子领导、团州委领导；共青团惠水县第十六次代表大会代表；不是代表的第十五届团县委常委、部分老团干、群团部门有关负责人等101名，会议听取、审议、通过第十五届委员会题为《深入践行宗旨 坚定理想信念 为实现惠水经济社会发展历史性跨越而努力奋斗》的工作报告，选举产生共青团惠水县第十六届委员会委员21名。十六届一次全委会选举产生常务委员6名，选举书记、副书记各1名。

第二节 团的建设

1978年，全县有基层团委6个，基层团支部38个，基层团总支3个，专职团干6人。

1985至1988年，在农村团组织中开展“百业夺匾赛”、农村青年活动阵地建设活动，推进农村团组织建设，按照“一强、两轻、三高”（事业心强；年纪轻，家庭负担轻；热情高，文化水平高，群众威信高）标准调整建立团支部63个、团总支15个。

1989至1991年，开展基层团支部升类、升级达标竞赛活动，调整不齐不力团支部班子32个，新建团支部15个。至1991年底，全县基层团委有27个，基层团总支3个，团支部共78个，其中，一、二类团支部有58个，松瘫（四类）半松瘫（三类）团支部20个。

1992至1997年，先后开展团12项主要工作达标活动、团组织阵地建设活动、“双合格”（合格团委、合格团支部）竞赛活动，整顿松瘫团支部15个，改选团支部书记12人，支委60人，新建团支部16个，涌现一批有房屋、有设施、有制度、有活动的青年之家，其中，惠水县和平镇星光村青年之家、惠水县酒厂青年之家获州级优秀青年之家称号。

1998至2000年，坚持“打基础，抓基层，重落实，求实效”的工作方针，按照“四个一”（一套团支部班子、一块宣传阵地、一项重点或亮点工作、一套服务台账）的标准，整顿松、散、软团总支11个，全县建立团总支24个。惠水县公安局团总支被授予全省先进团总支称号，惠水县电信局团支部被表彰为省级先进团组织；建行惠水县支行职工申家琴、惠水县公安局交警大队干警华学勇荣获全省优秀共青团员。

2010至2015年，落实团省委、团州委关于加强非公经济团建工作的相关要求，成立惠水县非公经济团委，非公经济团委接受共青团惠水县委和县非公经济党委的领导，负责按“党建带团建”有关要求，开展全县非公经济组织、新社会组织团建工作和相关活动。先后成立共青团惠水县委驻上海市静安区工作委员会、共青团惠水县委驻浙江省台州市工作委员会、共青团惠水县委驻贵阳高校区工作委员会、共

青团惠水县委派驻浙江省绍兴市越城区工作委员会、共青团惠水县委驻广州市工作委员会，为在外地工作的惠水籍青年服务。成立中国少年先锋队惠水县工作委员会，进一步加强少先队工作。注册开通“青春好花红”微信公众号，创新惠水共青团对外宣传渠道。2015年，全县共有14个基层团（工）委，19个团总支，526个团支部，1978名团员，有专职团干2人，兼职团干2人，挂职团干1人。

第三节　少先队工作

1978年10月，恢复少先队组织。是年，全县有少先队大队26个，大队辅导员26人。

1982年后，共青团惠水县委联合县教育部门在全县少先队组织中，开展五讲四美三热爱（五讲指“讲文明、讲礼貌、讲卫生、讲秩序、讲道德”；四美指“心灵美、语言美、行为美、环境美”；三热爱指“热爱祖国、热爱社会主义、热爱中国共产党”）和文明礼貌月活动。

1985至1987年，在全县少先队组织中，开展“五有”（有组织、有辅导、有活动、有阵地、有制度）建设，全县少先队组织不断发展，至1988年，全县中心小学、中学少先队建队率为100%，全县有少先队员1.03万名、大队辅导员226名。

1989年，共青团惠水县委贯彻全国少工委发出的“关于广泛开展学赖宁，学‘十佳’，争做优秀少先队员活动的通知”精神，结合《中国少年先锋队教育纲要》《小学生日常行为规范》和《小学德育教育纲要》，在全县少先队员中，广泛地开展“学赖宁，学‘十佳，争做优秀少先队员”活动。

1994至2012年，共青团惠水县委举办各种夏令营5次，培训班14期；创建“省级红旗大队”2个，“州级红旗大队”6个；获省、州各级优秀少先队员、优秀少先队辅导员、优秀少先队集体表彰265个（次）；以《爱国主义实施纲要》《中华正气》《国旗下讲话》等，作为少先队教育的主要内容，举行18岁成人宣誓仪式、“手拉手”献爱心等活动；开展济贫助学、帮残扶困活动，救助贫困学生284名，帮助残疾青少年5名，救助资金累计36.65万元；建立县级“青少年维权岗”1个、青少年法律学校7所。

2013至2015年，在县民族中学、县二中举行“点燃青年激情与自信”成人节宣誓仪式，2000余名学生参加活动。在县烈士陵园组织开展以“缅怀革命先烈、发扬爱国精神”为主题的清明祭扫活动，县民族中学、二中、四中、职校、一小、二小、三小、五小、濛江实验小学、天宝幼儿园等各学校师生代表共2000余人参加活动。联合省青少年维权中心到惠水三中、高镇中学等开展法制宣讲；联合县司法局、县检察院、关工委等单位，到芦山等片区中小学进行爱国主义教育及法制宣讲。有8名少先队员和2名辅导员获州级表彰。惠水县大龙中心校少先队大队辅导员杨文艺，被表彰为“贵州省优秀少先队辅导员”，惠水县城关六小少先队大队、惠水县城关六小六（2）班中队少先队，被表彰为“贵州省优秀少先队集体”，惠水县城关第三小学少先队员杨菁钰，被表彰为“贵州省优秀少先队员”。

2015年，全县有少先队员19416人，少先队辅导员297人，少先队大队166个，少先队中队1700个。

第四节　希望工程

1992年，希望工程在惠水县开始实施。全县个体工商户为“希望工程”捐款3886元，在全州同行第一。1994年至1995年全县个体户又自发组织开展向“麻山”贫困地区捐款。1999年，团县委、县邮政局、县希望工程办公室联合在全县范围内发行“贵州省希望工程邮政邮资明信片”。至2010年，希望工程工作共计引进境内、外各界爱心组织和个人捐款1387.1万元。其中，建校款1207.88万元，用于惠水县内73所希望小学的建设，改善14600名学生的学习环境；青年甘泉水窖工程建设款96.04万元，分别在长田乡双庆村、芦山镇芦山村、打引乡打永村等建设农村饮水工程，解决13000余人的饮水问题；助学款83.18万元，救助县内贫困学生9125人。

2011至2015年，获得贵州省青基会200台微波炉捐助，分别分配到全县25个乡镇的46所小学，解决各校小学生不能吃上热饭的问题。引进贵州希望工程首个希望食堂——惠水县长田乡冗普小学“东风南方希望食堂”，由深圳市东风南方实业集团有限公司捐赠15万元援建，同年底投入使用。争取到浙江真实人生网络科技有限公司、北京青基会捐款50万元，用于惠水县长田乡合心村真实人生希望小学、惠水县长田乡冗普真实人生希望小学建设。组织贵州省“爱恩联盟”两百余名爱心人士到抵季乡代京小学，现场捐赠7万余元爱心助学善款和文教用品，捐建爱心图书室，落实对该村小儿麻痹症留守儿童的成长结对资助。争取到团省委及国酒茅台、习酒、康德等省内外企业，向县内20名高考贫困学子进行捐助，资助金额10万元。协调团省委中国青少年发展基金会与九阳公司，为摆金镇关山小学、好花红乡清水小学等六所山区小学，配置价值15万元的九阳希望厨房设备。引进智慧贵州LP1公益团队捐资25万元，筹建惠水甲浪小学希望食堂和惠水响水小学希望食堂；与县教育局协作，引进社会爱心企业上海艾麒信息科技有限公司为摆榜乡摆榜小学，捐资40万元援建爱心学生宿舍，奠基当日，上海交大安泰学院捐助3600套被子和文具。争取到康德、国酒茅台公益助学金12.8万元资助学生26人。在三都镇金田村组织开展“贵州绿色希望工程·共建一个绿色家园”活动，争取到贵州省青少年发展基金会“绿色希望工程”活动项目，获得艳红桃、枇杷等果树苗1500株，种植面积覆盖30亩。“六一”儿童节，与贵阳星力集团取得联系，到长安乡开展募捐及举行手拉手联谊活动。争取到“宏立城”“习酒·我的大学”“国酒茅台·国之栋梁——希望工程圆梦行动大型公益活动”等希望工程助学活动，为县内52名高考学子、40余名品学兼优的贫困小学生、初、高中生，争取到45万余的助学金。联系社会爱心企业上海艾麒信息科技有限公司到摆榜乡摆榜小学捐资40万元援建的爱心学生宿舍竣工，由社会爱心人士捐资40万元的羡塘镇董照小学希望工程项目申报成功。

争取到宏立城、习酒、国酒茅台等希望工程助学活动，为县200余名高考学子、500余名品学兼优的贫困小学生、初中生和高中生争取到总额200余万元的助学金。争取到省青少年发展基金会的捐款80万元，用于援建羡塘镇董照小学、岗度镇高火小学。

表4-1

2001—2009年惠水县希望工程捐资情况表

实施年度	项目名称	捐助单位（个人）	捐资（万元）	备注
2001	上黄小学教学楼	美国燃灯基金会	3	
	森林小学教学楼		3	
	冗益小学教学楼		3	
2002	九龙小学教学楼		3	
	河西小学教学楼	香港惩教社	8	
	摆榜小学教学楼	周云万（香港）	60	含其他投资

续表4-1

实施年度	项目名称	捐助单位（个人）	捐资（万元）	备注
2003	冷水小学教学楼	美国燃灯基金会	3	
	打永小学教学楼		3	
	纳桥小学教学楼		3	
	小瓦小学教学楼	黎德祥（香港）	30	含其他投资
	热敖小学教学楼		13	
	惠水一小教学楼	邵逸夫（香港）	15	
	和平四小教学楼		10	逸夫楼
2004	冗哨小学教学楼	美国燃灯基金会	3	
	高镇小学教学楼	爱尔兰华侨	30	
	斗蓬小学教学楼	梁剑凌（香港）	34	
	石门小学教学楼	美国燃灯基金会	3	
2005	团结小学教室	香港惩教署	7	
	赤土小学教学楼	中国公共安全杂志社	20	
	太阳中学综合楼	慈恩基金会	15	太阳洲立中学
	大龙中学综合楼	台湾台塑集团（明德）	40	
	花鱼小学教学楼	黄紫薇（香港慈恩基金会）	10	台山黄伟聪小学
		美国燃灯基金会	3	
	和平小学教学楼	美国燃灯基金会	3	
	甲奉小学教学楼		3	
	下兴小学教学楼		3	
	新合小学教学楼		3	
	新哨小学教学楼		3	
	批弓小学教学楼		3	
	板长小学教学楼		3	
2006	长冲小学教学楼	大连荣顺教育基金	20	长冲荣顺希望小学
	王佑小学教学楼	黄佩球（香港）	17	
	板长小学教学楼	美国燃灯基金会	3	
	吉安小学教学楼	香港苗圃行动	20	吉安村福韶助学长征苗圃希望小学

续表4–1

实施年度	项目名称	捐助单位（个人）	捐资（万元）	备注
2006	太阳蛮末小学教学楼	上海天安保险公司	30	太阳乡天安希望小学教学楼
	鸭绒新寨白杨小学	郑蒂　李辰建	3	
	大坝上龙慈辉小学	慈辉佛教基金会	3	
	太阳播哨慈辉小学		3	
	羡塘瑶山慈辉小学		3	
	大坝水库慈辉小学		3	
	抵麻地关慈辉小学		3	
	斗底党古慈辉小学		3	
	大坝兴隆小学	吴仁伟　林莉	3	
	大坝南桥小学	应礼迪　袁秋红	3	
2007	大华小学教学楼	小平教育基金会（慈恩基金荐）	15	大华小平小学
	芦山小学综合楼		18	芦山小平小学
	关山小学教学楼	贾宓（青基会）	20	贾宓爱心小学
	大保小学教学楼	杨纯清（香港基督教协进会荐）	13	焕珍小学
	山河小学教学楼	陈何冰（慈恩基金）	12	陈河冰希望小学
	甲来小学教学楼	杨纯清（香港基督教协进会荐）	13	克明小学
	水库小学教室	邓建基先生（慈恩基金荐）	6	邢风英小学
	长安小学教学楼	台湾台塑集团（明德）	45	长安明德小学
	惠水民中教学楼	邵逸夫捐款	65	
	惠水民中宿舍楼	朱英龙	30	绣山楼
	大坝学校宿舍楼		14	
	道力小学教学楼	尹桂棠（慈恩基金） 林建岳（香港基督教协进会荐）	9	泰雄小学
	打引小学综合楼		15	梅艳芳小学
	甲烈小学综合楼	刘广祥（慈恩基金会）	13	刘广祥第一小学
	牛场小学综合楼		25	刘广祥第二中学
	芦山中学综合楼		30	刘广祥第一中学
	黄土小学教室（宁旺）	陈伯豪	18	招嘉骆咏雪小学

续表4-1

实施年度	项目名称	捐助单位（个人）	捐资（万元）	备注
2009	城关六小综合楼		20	
	甲坝民族小学综合楼	苗圃行动	20.88	香港苹果基金
	小木井小学教学楼	侨爱新村建设	10	
	砂子哨小学教学楼		10	
	大坝中心学校综合楼	梁炳林	15（港币）	大坝慧仪中心
	鸭绒小学教学楼		16（港币）	鸭绒知行社民族学校
	鸭绒新寨小学教学楼		2.5（港币）	新泰锡群小学
	三都中心小学综合楼		40	马时武希望小学
	高寨小学教学楼		—	
	雅州小学教学楼	小平教育基金会	15（港币）	雅州小平小学
	播哨小学教学楼	梁炳林	8（港币）	播当慕贞小学
	太阳中心校宿舍楼	角川洲立集团有限公司	10（港币）	角川洲立中学
	野洋小学教学楼	雷胜明	12（港币）	野洋信泽小学

第五节　春晖行动

2004年，共青团贵州省委组织发起“春晖行动”。至2010年，全县共有200多名春晖使者反哺故乡，帮助家乡建设，捐献建设资金229.9万元，项目主要涉及教育、交通等。2008年9月，惠水县羡塘乡人民政府工作员龙安玉被省委组织部、省文明办、团省委、省教育厅、农业厅、省扶贫办表彰为全省优秀春晖使者。

2011至2015年，团县委组织在贵阳、长顺等地工作的惠水籍春晖使者，募集善款10000元购买两头年猪、电热毯、食用油等物品，到羡塘乡龙虎村对贫困群众、困难党员、创业代表、空巢老人和留守儿童家中进行走访慰问。申报5万元“春晖家园计划”项目在斗底乡党古村实施，撬动乡、村两级60多万元资金，建成通村水泥路、布依寨门和村民文化广场。在大龙乡甘昌村响水小学举行“连民心·惠民生”春晖感恩关爱活动，为空巢老人、留守儿童、残疾人送去帮扶金、计算机、电热毯等慰问物资，折合金额2.5万元。组织在外务工春晖使者杨秀祥及深圳义工，为雅水镇中心学校进行捐赠，向受捐助的10位品学兼优、家庭贫困的同学发放助学金5000元和1500册图书等爱心物资。到县福利院、大龙乡开展春晖送温暖活动，为孤寡老人、“五保户”等送去20床棉被和20件棉衣。到鸭绒乡开展“春晖行动——我与家乡共发展”关爱留守儿童慰问活动，共捐赠30件保暖内衣、25件棉衣、40余条裤子、60双袜子、围巾和帽子等物资，共计10000余元。在大龙乡甘昌村、斗底乡党古村春晖基地围绕种养殖技术、焊接技术、机床加工等，累计开展青年技能培训4期，培训800余人，提升青年综合素质。组织召开“春晖行动——我与家乡共发展”座谈会暨礼聘“春晖使者”大会，春晖使者、返乡创业青年以及基层团组织负责人共40余人参加座谈会，聘请王江怀等25名优秀大学生为惠水县“春晖使者”。

第六节　志愿者行动

1994年启动青年文明工程，成立惠水县青年志愿者大队，开展创建“青年文明号”活动。是年，命名首批县级“青年文明号”1个。青年志愿者大队成立后，逐渐形成以团组织为核心，以青年为主体，中、青、少广泛参与的志愿者服务队伍，开展形式多样，内容丰富的青年志愿者服务活动。

1998年，成立黔南州青年志愿者协会惠水分会，18个乡镇团委分别成立青年志愿者服务站，全县组建青年助耕队、志愿者服务队、学雷锋小组96个，长期为“五保户”、军烈属、困难户提供服务。

2000至2002年，将每年3月确定为“惠水县‘3·5’学雷锋青年志愿者服务月”，全县2800名在册青年志愿者累计向社会提供服务2万余小时。

2004年起，根据团中央、教育部、财政部、人力资源和社会保障部，联合实施大学生志愿服务西部计划，团县委做好派遣到惠水县志愿者的迎接、培训和岗位分配工作。

2006年后，对安排到惠水县从事支教、支农、支医和扶贫工作的“三支一扶”高校毕业生做好管理服务工作，县内给予服务期满且考核合格的“三支一扶”“西部计划”大学生志愿者，凡参加惠水事业单位招聘的考生享受一定加分或同等条件优先录用的政策优惠。

2010至2014年，成立惠水县青年创业就业服务中心，以中心为依托，建立专业生产、农资销售、营销、货运、信息网络技术专业协会，常年为县内团员青年进行各类专业技能培训。组织实施“红心永向党·劳动展青春”红五月系列活动。在“六一”儿童节开展“惠水县百名山区儿童走进贵州高校”主题活动。全县102名来自山乡的品学兼优的留守儿童、孤残儿童、农村计生户儿童到贵州师范大学和贵州大学，并组织大学生志愿者与儿童们结对交友，接受来自惠水县青年企业家协会捐赠的数千元文具用品和贵州师范大学、贵州大学4万余元的爱心善款。开展以“植绿护绿”志愿者、绿色青年突击队为组织形式，推进“共青团员林”“植绿护绿”志愿者林等主题活动，引导团员青年开展义务植树活动。组织志愿者走进集市、社区、企业进行法制宣传。组织书法爱好者，春节期间在雅水镇、摆金镇等乡镇，举办“义务为民写春联活动”。会同县残联、县肢残协会、盲人协会、志愿者等利用场天向四川雅安地震灾区开展献爱心活动，募集到善款10788.6元。2014年以创建“省级文明县城”为契机，组织大学生西部计划志愿者，开展整脏治乱、保护“母亲河”等志愿服务活动。联系贵阳玉蝶电线集团为雅水

惠水县“119青年志愿者在行动”启动仪式在县文化广场隆重举行，广大志愿者在仪式上庄严宣誓（2006年摄）

镇、摆金镇、岗度镇300名贫困儿童捐助物资15万元整。联系“育鹰计划”志愿者为甲戎乡、断杉镇等贫困学生捐资2.2万元。陈正菊荣获贵州省“五四青年奖章”，肖健获贵州省“优秀志愿者”表彰。2014年黔南州第六届旅游产业发展大会在惠水县好花红镇好花红村举办，组织30名青年志愿者为各级领导、嘉宾和游客提供旅游、交通、景点介绍等各项咨询及便民服务。

2015年，以关爱农民工留守子女为工作重点，组织西部计划志愿者与好花红镇辉岩小学44名留守儿童结对子开展帮扶活动。联合贵阳市供电局团委在王佑镇长安社区伙塘小学，开展“同心共筑安全梦·安全知识进校园”活动；组织惠水各行各业的近500名志愿者参与服务“中华一家亲·2015年海峡两岸各民族欢度三月三节暨贵州惠水好花红节”文化活动。

2006至2015年，到惠水服务的西部计划大学生累计107人，到惠水工作的“三支一扶”人员216人，全县有各类志愿者1万余人。

第七节　青年活动

1984至1986年，在全县团组织中开展3项绿化工程（造林绿化、荒山绿化、通道绿化）活动。成立惠水县青少年教育委员会。先后举办法律知识竞赛、法制培训班58期，培训1289人次。举办专题讲座107期，培训9802人次。

1988至1994年，以“爱我惠水，建我惠水”为主线，举办“美在惠水大奖赛”等10余个活动。举办三届惠水县青少年文化艺术节活动；开展“学雷锋，树理想，作奉献”等一系列爱国主义、集体主义、社会主义教育；开展“学习孔繁森、学习徐洪刚”系列教育活动；开展讲职业道德、守职业纪律、增强职业责任、苦练职业技能教育和“雷锋在我身边”“伟大的党、光荣的共青团”等主题知识竞赛、读书比赛、征文和书画展活动。

1995至1999年，开展团干部、农村实用技术及培训，培养农村“星火带头人”1090人；以培养“四有”跨世纪新人为目标，开展“读一本好书、做一件好事、写一篇心得体会”“五四运动与迎接新世纪”“无怨无悔共青缘”等活动；开展《预防未成年人犯罪法》等法律法规宣传和“远离毒品、珍爱生命、从我做起”禁毒宣传教育活动，累计帮教256人次。

纪念五四运动暨中国共青团成立七十周年大团日活动
（1992年摄）

2003至2015年，在全县团组织开展“建设现代新惠水，共青团怎么办”大讨论及“告别生活陋习，争当文明使者，建设现代新惠水”签名活动。推进“服务万村行动”，以“绿色”培训为依托，推广科技项目，培养青年致富带头人25名，创办青年绿色科技示范单位1个。成立贵州省首家县级青年企业家协会，搭建惠水青年企业家学习交流、发展事业、奉献社会、参与团组织活动的平台。与惠水二中联合，邀请深圳道弘集团有限公司讲师团，到惠水二中举行“唤醒心中的巨人”感恩励志教育演讲会。联系泸州慈善基金会到好花红乡石头村，看望慰问“4·15”火灾受灾的4户人家，送去2800元慰问金、被子、衣物。联合安监、工会、妇联等15家单位和部门，在惠水县农贸市场联合开展以“安全发展·预防为主”为主题的宣传活动。组织干部职工及志愿者十余人，参加县组织的“绿色惠水”建设三年行动计划启动仪式暨义务植树活动。

第三章　妇女联合会

1978年前，由惠水县民主妇女联合会改名为惠水县妇女联合会。1978至2001年，县妇女联合会行政编制3名，无内设机构，因工作职能调整，将县妇女儿童工作委员会办公室设在妇联，负责妇女儿童工作委员会的日常工作。2004年，将全县25个乡镇的行政村合并为201个、4个社区，均建立妇联、妇代会组织，组建率100%。

2013年2月，成立惠水县妇女儿童工作委员会办公室，为县妇女联合会所属股级事业单位，事业编制1名，其中，设主任1名。2015年，县妇联内设办公室，行政编制3名（设主席1名、副主席1名，主任1名），惠水县妇女儿童工作委员会办公室为股级公益一类事业单位，事业编制1名。

第一节　妇女代表大会

1979年9月，召开惠水县第五届妇女代表大会，出席会议代表576名，会议听取、审议、通过题为《全县妇女动员起来，一心奔向四个现代化，为加速我县国民经济的发展而奋斗》的工作报告，会议选举惠水县妇女联合会第五届执行委员会委员38人。在五届一次全委会上选出常务委员12人（主任1名、副主任1名）。

1986年12月，召开惠水县第六届妇女代表大会，出席会议代表204名，会议听取、审议、通过题为《艰苦奋斗，勇于开拓，在两个文明建设中发挥“半边天”作用》的工作报告，会议选举惠水县妇女联合会第六届执行委员会委员29人。在六届一次全委会上，选出常务委员14人（主任空缺、副主任2名）。

1998年1月，召开惠水县第七届妇女代表大会，出席会议代表100人，会议选举惠水县妇女联合会第七届执行委员会委员19人。在七届一次全委会上，选出常务

惠水县妇女第七次代表大会（1998年摄）

委员7人（其中主席1名，副主席1名）。

2005年5月，召开惠水县第八届妇女代表大会，出席会议代表110人，会议听取、审议、通过题为《认真实践“三个代表”重要思想为富民兴县和妇女儿童事业的发展而努力奋斗》的工作报告，会议选举惠水县妇女联合会第八届执行委员会委员21人。在八届一次全委会上，选出常务委员6人（其中主席1名、副主席1名）。

2010年6月，召开惠水县第九届妇女代表大会，出席会议代表95人，会议听取、审议、通过题为《以科学发展观为指导，与时俱进，务实创新，团结动员全县妇女为实现惠水和谐发展而努力奋斗》的工作报告，会议选举惠水县妇女联合会第九届执行委员会委员19人。在九届一次全委会上，选出常务委员9人（其中，主席1名，副主席2名）。

第二节　妇女教育与巾帼建功活动

一、妇女教育培训

1978年，全县六区一镇（除姚哨区外）举办妇女干部培训班，学习全国第四次妇女代表大会文件精神。

1979年12月，三都区妇联举办妇女骨干培训班，组织各大队妇代会主任、节约用粮积极分子、计划用粮积极分子参训，学习中央关于发展农业的两个决定、计划用粮、节约用粮的有关精神。

1980至1982年，姚哨、雅水、王佑、城关等12个区（镇）妇联举办基层妇干培训班，学习邓小平同志《目前的形势和任务》的报告和五中全会精神。在城关镇召开街道及星光大队部分妇女座谈会，主要学习《中华人民共和国婚姻法》。全县村级妇代会利用整顿妇代会的机构，组织妇女学习党的十二大文件精神。

1983至1985年，召开全县农村老年妇女干部座谈会，参会人员均为20世纪50年代从事妇女工作的老干部，年龄最大的75岁，最小的51岁，座谈内容主要为中共十一届三中全会给农村带来的新变化。举办惠水县第一期幼儿教育讲座，全县公办、民办、边远地区的幼儿教师和六区一镇的妇干共38人参加，邀请省民进、省幼儿师范学校、贵阳市南明区教师代表授课。

1987至1990年，举办文化补习班和扫盲培训班共38期，实用技术培训28期，参训人员954人次。分别在三都区、姚哨区、摆金区、雅水区举办种、养殖培训班6期，其中，橘秆栽培技术培训3期、食用菌栽培培训1期、双杂粮技术培训1期、科学养猪1期，参训妇女100余人次。在摆金高寨村举办早茶培训班1期，参训37人。与县科委、农业局等部门联合举办小麦、油菜等实用技术培训班42期，参训妇女409人次。举办农村妇女实用技术培训班1期，建“双学双比”活动联系点60余个。办扫盲班点543个，参加扫盲培训妇女7601人，脱盲妇女3860人。

1991至1995年，举办文化扫盲班368期，参加扫盲妇女6514人，脱盲3867人。配合县妇幼保健院组织开展“三优”骨干培训，共开办8期14个班点，县各区、乡、村卫生员和“三优”骨干共364人参训，其中妇女294人（少数民族妇女152人）。举办惠水县《九十年代儿童发展规划纲要》宣传骨干培训班，培训内容为《20世纪90年代儿童发展规划纲要》，各乡镇妇联干部、保健员等85人参加培训。举办“橘秆氨化实用技术培训班”两期，通过讲课与到长田村实地参观，各乡镇妇联、畜牧站工作人员等102人参训。举办“九十年代儿童发展规划纲要中期目标”暨腹泻儿童高发期的防治培训班，培训内容为消除骨髓灰质炎、新生儿破伤风、百日咳、腹泻儿童高发期的防治等，县妇联、县防疫站、保健院、城区一、二、三小负责人，以及各乡镇妇联、防疫员、保健员60余人参训。

1998至2002年，举办实用技术培训班120期，培训妇女15600人次，能掌握1～2门新技术妇女7800人。在和平镇回龙村举办“无公害蔬菜”栽种培训班，培训妇女93人。利用农民夜校、农民文化科技学校等阵地开展扫盲培训，全年参训妇女2561人，脱盲妇女2476人。组织全县副科级以上妇女领导干部、各乡镇妇联主席，以及各行业妇女代表200余人，到东山生态园“三八”经果林科技示范基地，进行绿地造林技术培训暨93周年“三八”国际妇女节座谈会。各级妇联组织举办农村妇女扫盲培训和各类实用技术培训，全县参加扫盲学习妇女659人，脱盲妇女617人；实用技术培训207期，培训妇女8350人次。开办“农村技术培训班”，主要培训科学种植牧草、水稻主要病虫防治、脱毒马铃薯种植等，培训妇女1000余人。组织全县副科级妇女领导干部、乡镇妇联主席、机关妇委会主任共80余人到贵阳金阳新区参观学习；8月，联合县委组织部开展全县副科级妇女领导干部培训班，并组织参训人员到都匀斗篷山、龙里药业基地参观学习。组织100余名副科级以上妇女干部，到开阳、息烽县考察学习。举办各类农业实用技术培训35期，参训的农村妇女1224人，组织27名农村妇女参加全州“整村推进”农技培训。村委会妇女干部培训班。成立惠水县“黔灵女”家政服务部，举办为期15天的首期“黔灵女”家政服务培训班，50名妇女参训。

2011至2015年，通过村、社区“妇女之家”阵地建设，联合农业、畜牧、林业、文化、劳动就业等部门，开展黑糯米种植、金钱橘种植、枫香染制作、家政服务、计算机操作等妇女技能培训班。共226期，500多名农村妇女参训，300多名妇女通过培训重新走上了新的岗位。开展妇女干部以会代训，各乡镇妇联主席、机关妇委会主任等参加，就“女性形象塑造与素质提升”为主题。举办“女性大讲堂”暨全县妇女干部培训会，县直机关、企事业单位及乡镇副科级以上妇女领导干部50人参训。惠水县黔灵女家政服务部获省五星级“巾帼示范基地”称号。举办惠水县基层妇女干部培训班，培训十八届三中全会内容，惠水经济发展情况、男女平等基本国策、民族文化继承与发展，以及妇女维权常识等，100多名妇女参训。

2015年，组织贵州盛华职业学院民族文化传承中心、羡塘镇妇联开展锦绣计划培训100人，培训资金10万元。联合县扶贫局、贵州婷婷职业学校举办“雨露计划·锦绣女”民间刺绣技能培训，共培训妇女400名，其中，普训300名、骨干培训100名。联合县扶贫局、科协在断杉镇、羡塘镇开展三期种养殖、中药材种植等实用技术培训，250余名妇女参训。

二、重要活动

1978年，断杉区甲戎公社召开“三八”节纪念大会，500多人参会，县妇联授予“三八”水库一面锦旗。雅水区场坝大队苗族女青年杨章兰，当选全国妇联第四次代表大会代表赴北京参会。是年，第一所区属幼儿园——摆金幼儿园成立，入学儿童34名。

是年，以改变少数民族地区的婚姻旧习俗为目标，与县法院组成婚改工作组，到苗族聚居的姚哨区斗篷乡开展试点工作，根据《婚姻法》相关条款，制定婚改公约（即：提倡晚、稀、少，实行男25周岁、女23周岁的结婚年龄），倡导勤俭办婚事、婚事新办，提倡在元旦、“三八”节、国庆节、10月25日（惠水解放日）为结婚日，鼓励到公社举行集体婚礼等。

1980至1983年，为纪念“三八”国际妇女节70周年，组织县属各企、事业单位400多名妇女和200多名青年，到万鸡山一带植树造林300多亩，划定造林片区以“三八林”“青年林”命名。向全县女青年

县妇联组织开展妇女干部职工“四自”“四有”演讲比赛（1999年摄）

发出倡议，号召各级共青团、妇联组织积极开展改革婚礼活动，大力提倡新式婚姻“六字原则”（文明、节俭、热闹）和两种形式婚礼（集体婚礼、家庭婚礼）。结合三都区毛家苑公社开展政社分设试点工作，根据全国妇联指示，着重整顿了基层妇女组织，采取弄清现状，宣传发动妇女群众对妇女组织的认识；建立健全班子，落实干部报酬；以会代训，提高干部素质；制定工作条例，建立学习站等措施。

1984至1990年，城关镇妇女刘忠英创办惠水县永红牛肉干厂，工人70多名，产品远销省内外，年产值达80万元。举办首届集体婚礼活动，4对新婚青年参加，婚礼来客千余名。向全县发放移风易俗，从简婚事倡议书1000份。联合县总工会举办县属机关、厂矿、学校等单位举办中老年迪斯科比赛活动。

1992年，组织妇女参加植树造林50017亩，封山育林2750亩，共植树266995珠，参加坡改梯工程53处，面积3565亩。动员广大妇女参加公捕公判大会31次，参加人数达2.5万人。在“三八”国际妇女节期间，开展拔河、篮球比赛，并举办独生子女运动会。

2001至2005年，开展计生“三结合”帮扶工作，全县妇联系统通过结对子，帮扶28户，投入资金5000余元。组织实施“春蕾计划”项目，开办5个“春蕾”女童班，帮助80名失、辍学女童重返校园。以摆榜乡“大地之爱，母亲水窖”工程为示范点，配合有关部门实施人畜饮水和改厕工程，全县有1211名妇女参加实施人饮工程8处，受益人口5500余人；农村改厕工程11处，受益人口9500余人。与教育局、关工委、文广局、凤山社区，共同举办“六一”做合格小公民文艺会演。电视台开辟“巾帼风采”专栏，对摆榜乡石板村、三都镇九门村，曾荣获“三八红旗手”“致富女能手”“双学双比”先进个人称号的王发英、李启菊等进行采访报道。依托“母亲健康快车”“母亲水窖”“降消”等项目，到边远乡镇开展送健康理念、送健康知识、送健康服务活动。健全“母亲水窖”管护制度，使摆榜乡集合村6个村民小组301户1535人受益。

2006至2010年，举办首次两地分居干部家属座谈会。与电视台开设“涟江半边天”栏目，以先进典型不断鼓励广大妇女。开展爱国主义教育活动，组织县城各小学学生到影剧院观看电影《闪闪的红星》《小兵张嘎》。开展“四联四帮”与计生“三结合”帮扶工作相结合，广泛引导农村妇女投身农业和农村产业结构调整中。永红食品有限公司副董事长刘忠英参加贵州省首届女企业家经济发展论坛。是年，在和平镇惠民村建立全县第一个巾帼示范村。开展庆“三八”健身操比赛，以及组织机关女干部到涟江河畔，开展“保护母亲河”义务植树活动。启动“妇女之家”建设工作，为和平镇涟江社区和鸭绒乡谷把村“妇女之家”揭牌。

2011至2015年，在全县党建带群团创先争优活动中，开展“妇女之家”建设，在25个乡镇208个村组建208个“妇女之家”基层组织，引导广大妇女积极投身社会主义新农村建设、和谐社区建设。“妇女之家”结合初、高中学生毕业之机，组织一期粑棒舞和枫香染技艺培训，让更多的人学习传承粑棒舞和枫香染。“妇女之家”为吸引更多的游客走进布依民歌《好花红》的发源地辉油寨（好花红村前称），组建民族礼仪服务队、民族文化宣传队、乡村烹饪技术互助队、金钱橘种植管理服务队等，并通过参加各类培训、开展各项活动，提升综合素质、创新思路，为好花红村布依风味的新农村建设服务。组织巾帼志愿者走进苗寨留守儿童之家，开展“亲情分享”活动，与留守儿童一同换新衣、编蛋笼、包粽子、煮饺子、打柴、喂猪、贴窗花等亲身实践锻炼。实施省第十四期“母亲水窖”项目，其项目资金近150万元落户王佑镇平贡村，解决3803人用水困难问题。争取到“母亲健康快车”1辆，为偏远地区妇女儿童开展免费义诊活动，支持县妇女儿童健康事业发展。完成10所“留守儿童”之家创建，羡塘小学、王佑中学获州级“留守儿童之家”荣誉称号。涟江街道西山社区被命名为省级“优秀妇女之家”；惠水县奇峰茶叶种植基地获省三星级“巾帼示范基地”称号，惠水县良惠种植专业合作社获州“巾帼示范基地”称号。筹资7万余元，以受省、州以上表彰的优秀女性、优秀妇女组织、“最美家庭”等素材为主题摄制系列展现好花红女性风采的宣传专题片，荣获全省优秀基层妇女组织——西山社区的专题片《巾帼无须眉》、省最美家庭——雅水李国富家庭的专题片《家，幸福和文明的摇篮》、省巾帼示范基地——羡塘杨冬莲药材种植基地的专题片《山的笑靥》、州优秀流动妇女平安之家——凤山社区的专题片《凤山之栖》、省最美女村干部——陈正菊的微电影《美丽乡愁》。特邀惠水词、曲作者陈德云和李小平谱写惠水妇女之歌——《阳光下的雨露》，邀请中央民族乐团青年歌手魏伽妮演唱，并将该歌曲在全县妇女同胞中传唱。涟江街道西山社区“妇女之家”，获“贵州省五星级示范妇女之家”荣誉称号和奖金10000元。

三、评选表彰

1978至2000年，主要开展“三八红旗手”“三八红旗集体”“文明家庭”“优秀教师”“优秀少先队员”等评选表彰活动。1987年，评选表彰县妇幼保健院、糖业烟酒公司、鞋业厂布鞋车间为“三八红旗集体”；李群英、罗国芳、何惠兰等59名为“三八红旗手”；雷德昌等7户为“五好家庭”。

“六一”期间表彰优秀教师、辅导员、保育员130多名，表彰少先队员、“三好”学生400多名，表彰“三八红旗手”188名、“三八红旗集体”8个、“五好家庭”60户，表彰优秀班干、好孩子、“儿童工作先进个人”“优秀春蕾园丁”“优秀家长”各1名、先进基层妇女组织、先进妇代会等。发展少先队员近1000名。

2001至2010年，评选表彰“三八红旗集体”7个，评选表彰“三八红旗手”45名，评选表彰“巾帼文明示范岗”2个、“巾帼建功标兵”5名、“双学双比先进工作者”5名、“科技致富”女能手5名、“好婆媳”6名、“模范丈夫”2名，评选表彰县级“五好文明户”96户、乡级“五好文明户”110户、“五好文明家庭”7户。县工商局张学英家庭荣获省“整脏治乱”专项行动先进妇女，凤山社区李峰家庭荣获省“优秀家庭”称号。2010年，召开庆祝“三八”国际妇女节100周年表彰大会暨趣味体育比赛活动，表彰“科技致富女能手”“巾帼建功标兵”等先进个人，“五好文明家庭”“三八红旗集体”“巾帼文明示范岗”。

2011至2015年，在“三八”节期间，对全县“三八红旗手”“三八红旗集体”“巾帼标兵”“致富女能手”等236名优秀妇女进行表彰。表彰“十佳巾帼文明岗”“十佳基层妇女组织”“巾帼敬业之星”“巾帼勤劳致富之星”“巾帼爱老敬老之星”“五好文明家庭”等48个单位和个人。评选表彰“三八红旗集体”1个、“五好文明家庭”10户、“三八红旗手”10名、“优秀巾帼志愿者”10名。

四、妇女儿童关爱活动

"万名妇干下基层五级联动强服务行动"（2015年摄）

1982至2000年，开展多种方式，为全县各族儿童特别是边远少数民族地区小学和幼儿园捐赠人民币，捐助图书、练习本、文具、教具、玩具、体育器材等物资，帮助解决个别学校饮水等实际困难，慰问困难学生等，捐资捐物折款近4万余元。

2001至2010年，新建一所春蕾女童班，救助50名失、辍学女童重返校园。对边远小学学校和小学学生、幼儿园孩子开展各种捐资捐物慰问活动达4万元。同时，争取到香港惠明慈善基金会捐资25万元，援建羡塘乡稠绢"春蕾小学"，争取到该基金会12万元助学金帮助50名女学生完成高中学业。

2011至2015年，落实假日学校项目资金20万元，落户西山社区"妇女之家"。开展"庆'六一'、送温暖"活动，为岗度乡本底小学的孩子送去慰问金和慰问品，并捐助1万余元改善校区基础建设。为大龙乡九龙村16户贫困留守儿童和残障妇女家庭，送去慰问金和物资共计6000元。争取北京音乐之声项目资金6.8万元，资助藤子小学和雅羊小学170名困难学生。推荐县内8名特困生到成美扶贫巾帼励志中专班免费学习3年。开展"我们就在你身边"中秋关爱行动主题活动，慰问留守、孤残妇女儿童120人。

五、评先选优

1979年9月，县城关派出所所长陈芳菊、城关镇胜利队妇女队长姜素珍荣获"全国三八红旗手"证章。1984年4月，县第二中学女教师朱碧华荣获《人民日报》《光明日报》《体育报》《中国青年报》《健康报》《文汇报》《中国教育报》等单位授予的"全国优秀班主任"金质奖章。2000年，断杉镇女童班黄再英获"省十佳春蕾女童"荣誉称号。2008年，戴继芬家庭获省第四届家庭文化艺术节汇报演出活动优秀才艺奖。2013年，罗继环荣获省第三届"温暖贵州·福利彩票"敬老爱老助老"四个十佳"和敬老模范单位评选表彰活动之"十佳敬老好媳妇"荣誉称号；黄肖弘、陈正菊分别荣获全省"贵人善行"最美贵州女性之"最美女企业家""最美女村官"的荣誉称号。2014年，雅水镇摆炉村李国富家庭、涟江街道甘昌村邓从清，分别获"贵州最美家庭"和"贵州省十佳贤妻"荣誉称号。

第三节　妇女儿童权益维护

1984至1985年，在王佑区开展"维权"宣传月，成立由妇联、青年团、宣传部门、公安、法庭等为成员单位"维权"领导小组，开展妇女儿童维权工作。各区（镇）普遍开展维护儿童合法权益法制宣传，通过广播、宣传栏、会议及举办妇女法律知识培训等，将法律知识普及到妇女群众中。县妇联举办妇女干部普及法律常识培训班，县妇联执委、县属机关单位、厂矿工会的女工委员，区、乡、街道的妇女干部共75人参训，主要学习和讨论《中华人民共和国宪法》《中华人民共和国婚姻法》《中华人民共和国刑法》和

《中华人民共和国继承法》系列法律条文。省妇联主任杨初桂亲临培训班，并给学员讲课。

1986至1990年，全县六区一镇举办妇女普法学习班，184名区、乡妇女干部和计划生育专干参加学习。举办普法培训班12期，参加妇女1091人，开办法制专刊111期，共接待来信来访656人次，其中，来信299件，来访357人次。

1991至2000年，配合公安机关侦破拐卖人口案件58起、摧毁拐卖人口团伙15个98人、打击处理拐卖妇女儿童的犯罪分子106人、解救妇女51名、解救儿童14名。配合公安、司法部门开展社会治安综合治理工作，摧毁卖淫嫖娼点5个。组织开展法律知识竞赛3次，出专刊53期。共接待来信来电来访272件，接待咨询210人次。

2002至2015年，在7个乡镇推行妇女陪审员制度，7名妇女干部走上法庭为弱势群体排忧解难。开展“三八”维权周宣传活动。接待来信来访案件24件，处理14件，协调帮助咨询10件。开展法律进校园活动，组织300名青少年学生参加现身说法教育大会。到好花红乡，开展“关爱妇女儿童，反对拐卖”法制宣传活动。开展以“深化妇女普法教育　促进构建和谐社会”为主题的“三八”维权周法律宣传咨询活动。从有关部门抽出法律知识强的业务骨干组成10支维权志愿者队伍，到农村、社区、企业开展为期一周的宣传活动，向广大妇女宣传《中华人民共和国婚姻法》《中华人民共和国国土资源法》《中华人民共和国人口与计划生育法》《中华人民共和国妇女权益保障法》《中华人民共和国劳动法》等法律知识，共发放宣传资料3万余份，现场解答群众在婚姻家庭、土地、职工工资、医保、房产纠纷、社会抚养费征收等问题400余个，解决15起纠纷。在镇级“妇女之家”建设10个“妇女儿童基层维权岗”示范点，在社区创建“流动妇女平安之家”，为流动妇女提供法律法规、政策等咨询服务，接待妇女儿童维权服务164人次，为老人争取合法权益11起，帮助适龄儿童重返校园8人，化解各种矛盾纠纷54起，开展妇女儿童维权活动8场，维权培训妇女503人次，提供法律援助33人次。启动妇女信访代理制度，建立县、镇（社区）、村三级妇女信访代理网络，切实维护妇女儿童合法权益。联合民政局挂牌成立“惠水反家庭暴力庇护站”。组织县妇儿工委成员单位在县文化广场，开展“建设法制惠水·巾帼在行动”——百家联动送法到家为主题的“三八”维权周活动，发放宣传资料5000余份。

第四章　科学技术协会

第一节　代表大会

1980年8月，召开惠水县科学技术协会第一次代表大会，出席会议的代表110名。会议审议和通过县科协第一次代表大会筹备情况及会后重点工作建议的工作报告；通过《惠水县科协章程》；选举县科协第一届委员会委员25名、常务委员9名；选举主席（兼）1名（时任县政府副县长），副主席3名。

1987年12月，召开惠水县科学技术协会第二次代表大会，出席会议正式代表86名，特邀代表14名。会议审议和通过《团结奋斗、深化改革，为振兴惠水经济贡献才智》的工作报告，修订了《惠水县科协章程》，选举县科协第二届委员会委员22名。在二届一次全委会上，选举县科协第二届委员会常务委员

11名；选举主席1名、副主席1名、秘书长1名。

1999年1月，召开惠水县科学技术协会第三次代表大会，出席会议正式代表100名，特邀代表14名。会议审议和通过县科协第二届委员会工作报告，修改了《惠水县科协章程》，选举县科协第三届委员会委员15名。在三届一次全委会上，选举县科协第三届委员会常务委员9名，选举主席1名、副主席兼秘书长1名。

2010年6月，召开惠水县科学技术协会第四次代表大会，出席会议正式代表85名，特邀代表8名。会议审议和通过题为《科学发展，服务为本，推进科协事业再上新台阶》的工作报告；修改了《惠水县科协章程》；选举县科协第四届委员会委员21名。在四届一次全委会上，选举县科协第四届委员会常务委员9名，选举主席1名、副主席2名，1名副主席兼秘书长。

第二节　学会组织

1980至2015年，县先后成立有关学会13个。

县农学会　1980年3月成立至2013年10月，有会员82人。其间，通过学术交流及技术指导，在“两杂良种”“农业先进种植技术”的推广、调整农业产业结构、发展特色农业产业等方面发挥积极作用。共获得省、州农业科技成果奖、县农业技术改进奖近百个（项）。

县林学会　1980年5月成立至2003年12月，有会员63人。其间，通过开展全县森林资源的普查，对全县的育林与采伐同步发展进行了科学规划。通过开展年会活动，交流学术论文数十篇。

县医药学会　1980年8月成立至2003年12月，有会员93人。其间，聘请省内外知名专家教授来县讲学，开展学术交流，开展基层医务人员培训。

县科普创作学会　1982年6月成立至2003年12月，有会员65人。其间，创办科普小报、刊物、科普橱窗、展览等形式，向群众提供健康向上的科普资料，普及群众日常实用科学知识。

县畜牧兽医学会　1982年12月成立至2005年10月，有会员75人。其间，开展学术年会交流，对全县畜禽工作中的饲养、繁殖、疫病防治等方面进行学术探讨交流。

县水电学会　1984年8月成立至2003年12月，有会员68人。其间，组织会员对全县水电资源进行勘测设计，科学论证，向县提出兴建电站、山塘、水库，整修配套提灌工程等建议。

县组织人事研究会　1986年6月成立至2003年12月，有会员36人。在州召开的学术年会上发表交流文章近10篇。

县电子学会　1986年9月成立至2003年12月，有会员64人。其间，举办微机知识培训班，利用场天进行电子知识的介绍及维修服务等。

县苗学会　2001年8月成立，有会员121人。主要通过挖掘研究惠水苗族历史及民歌、饮食、民俗等传统文化，传承弘扬苗族优秀传统文化。

县布依学会　2001年8月成立，有会员154人。主要通过挖掘研究惠水布依族历史及民歌、饮食、民俗等传统文化，注重挖掘布依族民歌好花红优秀传统文化。

县医学会　2007年1月成立，有会员557人。主要通过召开学术年会，交流医务人员在医治患者过程中出现疑难杂症方面的诊治经验、学术探讨，通过创办医学期刊、发表学术论文等形式，促进全县医务人员的医疗水平得到提高。

县经济开发促进研究会 2010年12月成立，有会员55人。主要通过对县工业、农业、服务业等方面的发展进行调研，为县委、县政府提供决策建议，促进地方经济社会发展。

县税务学会 2011年10月20日成立，有会员665人。主要通过联系税务界、理论界、教育界、工商企业界及有关方面关心税收理论研究的人士进行理论探讨和学术交流，促进县税务征收与发展，为地方经济发展服务。

第五章 文学艺术界联合会

惠水县文学艺术界联合会（简称惠水县文联），是中国共产党惠水县委员会领导的，由全县各文学艺术家协会和文学艺术工作者组成的人民团体，是中共惠水县委和县人民政府联系文艺家的桥梁和纽带。县文联成立于1992年3月，2001年县文联经费正式列入县财政预算，保障了文联工作的正常运转；2013年1月单列设置独立编制，属正科级人民团体，定编4人。2015年下设6家协会（作家协会、美术家协会、音乐家协会、书法家协会、摄影家协会、诗词楹联学会）；1个工作部门（县文联办公室）、1个影视创作机构（贵州刺藜花人传媒公司）。截止年底，作家协会会员40人、摄影家协会会员65人、书法家协会会员106人、美术家协会会员33人、音乐家协会会员80人、诗词楹联学会会员126人，文联机关在职干部职工5人。

县文联成立后，在上级文联的指导下，各文艺家协会经常开展各种活动。组织作家、艺术家进行政治理论和艺术理论学习和探讨；组织各类文艺演出的鉴赏和评论；举办各类艺术展览；召开各类学术研讨会、座谈会；举办旨在培养文艺新人的讲座、讲习班，开展纪念文化名人的活动等。组织和鼓励艺术家深入基层第一线采风创作，开展调查研究，并为他们提供必要的协助。

第一节 代表大会

1991年5月，成立惠水县文学艺术界联合会筹备委员会，由惠水县摄影家协会、书法家协会、文学戏剧家协会、民间文艺家协会和戏剧家协会以集体会员的形式联合组成。

惠水县文学艺术工作者第二次代表大会（2000年摄）

1992年3月，召开惠水县文学艺术界第一次代表大会，选举产生第一届委员会委员5名，选举主席1名、副主席1名、秘书长1名。

2000年8月，召开惠水县文学艺术界第二次代表大会，选举产生第二届委员会委员7名，选举主席1名，副主席兼秘书长1名。

2008年3月，召开惠水县文学艺术工作者第三次代表大会，出席大会的正式代表89人，特邀列席代表11人。会议表决通过了县文联第二届委员会工作报告、《第三届文学艺术界联合会选举办法》及《惠水县文学艺术界联合会章程》，选举产生惠水县文学艺术界联合会第三届委员会委员21人、常务委员11人；选举主席1名、副主席兼秘书长1名。

第二节　协会工作

惠水县文联实行团体会员制，团体会员有作家协会、摄影家协会、书法家协会、诗词楹联学会、美术家协会、音乐家协会。在惠水县文学艺术界第三次代表大会上，经主席办公会提名，各协会代表大会选举协会主席等。2015年，县文联有作家协会会员40人、摄影家协会会员65人、书法家协会会员109人、美术家协会会员33人、音乐家协会会员80人、诗词楹联学会会员126人。

一、惠水县诗词楹联学会

惠水县诗词楹联学会是县文学艺术界联合会的成员单位之一。2007年5月，按照上级文化部门有关文件要求，县文联成立“惠水县诗词楹联学会”筹备组，负责成立筹备工作。2008年3月，召开惠水县诗词楹联学会成立大会。会议通过学会章程，选举产生第一届组织机构、理事会，选举会长1名、副会长3名、秘书长1名。2012年6月，召开第二次会员代表大会，进行组织机构换届选举，选举会长1名、副会长1名。2015年3月，召开第三次会员代表大会，聘任名誉会长1名，选举会长1名、副会长1名、秘书长1名。惠水县诗词楹联学会有会员126名。其中，有省诗联会员20名，州诗联会员19名。

2009年在开展纪念中华人民共和国成立60周年暨改革开放30周年活动期间，县诗词楹联学会配合上级宣传部门，创作并制作了集诗、书、画为一体的60米长卷，分别在贵州永红食品有限公司成立25周年庆祝活动期间和惠水县国庆60周年歌唱大赛期间展出。

学会每年参与县组织的“送文化下乡”活动。选派有书法功底的会员与县“三下乡”文艺演出队下到各乡、镇为群众书写赠送春联。坚持开展诗词进校园活动，明确专人负责与民族中学、县第二中学、第三中学、好花红中学、三都中学、断杉中学、王佑中学保持联系，培养发展老师入会，在学会会刊中选用师生作品。参与大型会议宣传活动及节庆活动。参与惠水县历届“好花红艺术节”的宣传。2014年9月，配合“黔南州第六届旅游产业发展大会”前组委会做好相关筹备工作，为好花红镇拟写对联300多副，承编了《好花红丛书》之一的《诗画惠水》。2015年（农历）三月三“中华一家亲·两岸好花红”活动筹备期间，参与了“文林郎之家”“印染之家”“歌舞之家”的整体布置，圆满完成上级安排的任务。参与承办惠水县第十八届至第二十五届的迎春征联活动，负责出联和来稿评审。

组织诗词楹联爱好者进行创作，向贵州省诗词楹联学会主办的《贵州诗联》投稿。2007第7期《贵州诗联》为惠水专设“惠水新风”栏目，刊登了惠水县18名作者的19首作品。《贵州诗联》5次为惠水县设专页（2007年第7期、2009年第11期、2012年第6期、2012年第7期、2013年第7期）。2012年，每月有惠水诗联会员的作品在《贵州诗联》上发表。姜洪臣、王道生、饶林昭的诗词作品被中国文联出版社出版的《中华诗词·文库》（贵州卷）收录；王道生、杜航、李忠贤、陈启洲、董开平的《布依风情》《家乡巨变》《沁园春·“好花红”惠水》《山寨行》《羡塘燕子洞（对联）》作品入编《纪念贵州建省600周年》大型诗、书、画集。2014年，《贵州诗联》调整为以市州为单位设专页，在该刊第9期的“黔南专页”中，惠水县诗词楹联学会有8名会员的9首作品刊出。

县诗词楹联学会会员作品在各级各类活动中受到肯定和表彰：2011年7月李忠贤“竭虑殚精‘十二五’蓝图绘制，国强民富唯是举；前仆后继，九十年旗帜飘扬，乾转坤旋总风流”等三幅楹联作品在“中国诗酒文化协会”编辑出版的《党旗颂》上发表，获二等奖。2013年10月董开平作品“鹧鸪天四季涟江”参加中国“天籁杯”第十届诗词大赛，获中华当代文学学会《诗词世界》杂志社颁发金奖。2013年张安福诗词作品《秋夜涟》在第三届“炎黄杯”国际诗书画印艺术大赛中获铜奖；在州诗词楹联学会组织开展的“歌颂党、赞中华、扬国学”诗词大赛中，张安福、白华超、谢永亮的作品同时获优秀奖。是年，诗联学会选了19名会员的52首作品参加黔南州“婚育新风进万家”美术、书法、民族山歌创作比赛，有14名会员的15首作品分别获得三等奖、优秀奖和入围奖。2015年8月张安福、杨通祥、杨光德、罗应录、陈辉的作品入选都匀市南沙洲绿地公园征联。2009至2015年，连续6年被黔南州诗词楹联学会评为全州“先进集体”称号。

惠水县楹联比赛 1986年12月，新春佳节到来之际，为丰富人民群众节日文化生活，县委要求各单位、各部门及城乡群众自写春联张贴，然后由文化部门组织相关人员到单位、家庭收集评奖，评出一等奖4幅，二等奖6幅，三等奖10幅。1987年12月，由县文化部门发起第一届迎春征联比赛。1987至2015年，有5年未举办活动，共举办征联比赛23届。1987至1996年，征联启事和评选结果均通过张贴公告等形式发出，1997年增加在《惠水报》上刊登，2000年增加在县广播、电视台播发，2010年通过互联网向县内外发布。作品均由县文化部门收集并组织文学艺术界知名人士统一评奖。截至2015年，共评出一等奖4名，二等奖59名，三等奖147名。

二、惠水县音乐家协会

2007年10月，成立惠水县音乐家协会筹备委员会，制定《惠水县音乐家协会章程》。2008年3月，在惠水县文学艺术界第三次代表大会上，经主席办公会提名，惠水县首届音乐家协会代表大会选举吴庆为惠水县首届音乐家协会主席，惠水县音乐家协会正式成立。

2013年，惠水县音乐家协会换届选举主席1名、副主席15人、秘书长1名。

惠水县音乐家协会会员作品在各级各类活动中受到肯定和表彰：吴庆作品《好花红在布依人的心窝上》，获贵州省2004年度五个一工程奖。2002年唐绍禹作品《请到我们山寨来》获《光明日报》主办的“光明杯”全国红歌比赛金奖。2005年李晓平作品《好花红的歌美滋滋地唱》获黔南州创作一等奖，歌唱家王家伟演唱并录制歌碟流传。2011年4月，惠水县音协辅导罗平平、华奥民、徐哲品等12位学生参加中央电视台《风车大舞台》栏目举办的全国青少年儿童文艺会演及比赛，小合唱《把我们的家乡美化》获得全国第一名。2007至2015年，协会连续开展《中国音乐学院》全国社会艺术类考级工作。

三、惠水县书法家协会

1983年，县书法学会成立，县委宣传部长黄逢荫任会长，有会员42人。学会经常举办培训班，免费对单位，学校书法爱好者进行培训，作品在文化馆橱窗，文化广场展出。多人作品参加省内外书法展览，有的被书法界刊物收入。

2010年7月，召开第一次会员代表大会，选举产生惠水县书法家协会第一届理事会（17人组成）和常务理事会；选举常务理事会名誉主席1名、主席1名、副主席4名、秘书长1名。有会员105人，其中中国书法家协会会员1人，贵州省书法家协会会员15人，黔南州书法家协会会员21人。

2011年1月，县书法家协会参与举办惠水县教育系统“凯峰杯”书画作品展。7月，举办惠水县纪念中国共产党成立90周年书法展。2013年2月，举办惠水县首届书法临帖展。2014年3月，召开惠水县书法家协会第二次常务理事会，会议选举产生第二届惠水县书法家协会常务理事会，选举主席1名，副主席6名，秘书长1名。2014年，举办“大益杯”第二届书法临帖展。2015年1月，举办惠水县第二届书法临帖展。

协会会员书法作品在各级各类活动中受到肯定和表彰：州书法家协会副主席、县书法家协会主席吴应祥2010年获贵州省第二届美术专业比赛书法篆刻类专业人才提名奖和贵州省人口和计划生育书画摄影大赛书法类优秀奖；2011年荣获贵州省首届“恒安杯”篆刻展一等奖、首届“同和杯”全国书法展三等奖、中国西泠网名茶篆刻展优秀奖（最高奖）；2012年加入中国书法家协会，12月获贵州专业文艺奖·书法奖篆刻类一等奖；2014年应邀为贵州第三届“恒安杯”篆书隶书篆刻展评委；2015年获金石迎春——北兰亭首届篆刻艺术展优秀奖（最高奖）、贵州省第六届“茫父杯”书法展二等奖，随中国书法家协会代表团访问日本，参加第26回中日友好自咏诗书交流展东京展开幕式。作品曾在《书法》《书法报》《书法导报》《贵州日报》《贵州都市报》《贵州画报》《贵州书艺》《黔南日报》《今日黔南》《黔南广播电视报》等报刊上发表。省书法家协会会员、省芙峰印社会员、州书法家协会理事、县书法家协会副主席彭培松2011年获贵州省首届“恒安杯”篆刻展三等奖；2012年获贵州省“和谐生活 拒绝毒品”禁毒书法绘画比赛优秀奖；2014年获黔南州“忠诚跟党走、敬业作奉献”职工书法摄影大赛书法三等奖；2015年获“中天未来方舟杯”颂祖国、爱家乡，共筑中国梦全国美术书法作品网络大赛书法组优秀奖。省书法家协会会员、州书法家协会会员，县书法家协会副主席曹显信在部队期间书法作品曾获军级比赛二等奖，后获黔南州税务系统二、三等奖，全省国税系统一等奖；2010年书法入选“情系国税”全国书画大赛作品展；2011年书法入选首届中国《千字文》书法大展；2012年书法作品获全国颜体大字入展；2012年篆刻作品获贵州省二届“恒安杯”入展；2014年获贵州省计划生育协会书法类三等奖。省书法家协会会员、州书法家协会理事、县书法家协会副主席兼秘书长蓝树霖2013年作品入展贵州省第二届“恒安杯”篆刻艺术大赛；2014年4月获黔南州“忠诚跟党走、敬业作奉献”职工书法摄影大赛书法三等奖；指导曾燕颖在2011年贵州省“祖国美，家乡好”书法大赛活动中获黔南赛区书法一等奖；指导蓝家松、王兴茹在第17届“保利杯花溪之夏艺术节”全省书画展中获学生组三等奖；指导蓝家松在2015年全省“祖国好，家乡美”书法大赛活动中获学生组一等奖。

四、惠水县摄影家协会

1979年11月9日，黄达武、杜伟健、赵崇友、杜航自发成立摄影组，组合笔名“杜武友”积极向报社投稿。

1983年11月，惠水县摄影学会成立，有理事会成员7人、会长1人、副会长1人、会员40人。会员主要从事业余摄影创作、摄影理论研究、暗房技术应用等工作。举办会员影展，展出作品百余幅。是年，与荔波、从江、威宁、凯里摄影学会共同举办6县（市）摄影巡回联展，展出作品百余件，促进兄弟县文化交流。

2007年11月，召开惠水县摄影家协会第一次会员代表大会，有会员代表共20人。会议制订和通过了惠水县摄影家协会章程，选举产生由6人组成的理事会，聘请顾问2名，选举主席1名，副主席2名、秘书长1名。2009年5月，增选副主席1名。2015年，县摄影家协会有中国摄影家协会会员1人、贵州省摄影协会会员5人、黔南州摄影家协会会员47人、惠水县摄影家协会会员109人。

协会积极开展和参加各级各类活动。2009年，举办《好山好水好花红》摄影展。2010年，与惠水在线合作开设摄影论坛、建成惠水摄影网交流平台、承办惠水对外宣传《相约好花红》大型画册出版。2012年，开展摄影知识培训，邀请黔南州摄影家协会主席申军讲授《摄影艺术作品的构成》、副主席周锦溪讲授《风光摄影的画面表现》，组织举办端午摄影展，举办“喜迎十八大，共建新惠水”会员作品展。是年，邀请新加坡影艺研究会副会长、艺术摄影家王世发到惠水举行摄影讲座。2013年承办“多彩贵州”惠水2013端午“龙游涟江”系列活动——希望教育杯“最美惠水”摄影比赛及展硕希望杯摄影展。2013年承办“最美惠水小康梦”摄影展和中华人民共和国64周年国庆“魅力惠水摄影展”。2013年创办惠水县摄影家协会会刊。2014年承办的“六月六”系列活动暨中国（惠水）民族民间龙舟大赛“龙游涟江·风情惠水”摄影展。是年，中国文联、中国摄协举办志愿服务贵州摄影扶持项目计划培训，在贵阳、遵义、都匀开展为期四个月的摄影培训，县摄影家协会丁华松、丁正君、何涛、任晓敏被批准参加培训，全部获得中国文联、中国摄协颁发的结业证书。是年，为黔南州第六届旅发大会承办“美丽惠水·好花正红”摄影展，为“好花红丛书”提供图片。2015年4月，海峡两岸各民族欢度三月三民族文化节“中华一家亲·两岸好花红”活动在惠水举办，县摄影家协会为活动纪念册提供图片。是年，在好花红镇好花红村开展新农村建设摄影培训班。

会员积极创作，参加各级各类摄影活动。黄达武摄影作品《上门女婿挑重担》1981年入选中国摄影家协会贵州分会举办的“贵州省青年摄影艺术作品展览”展出，荣获二等奖。裴家琪作品《秋色》《不染》1987年入选中国摄影家协会贵州分会与神剑文学艺术学会贵州省分会举办的“神剑首届摄影艺术作品展览”；作品《好奇》入选中国摄影协会贵州分会与贵州铁道摄影协会举办的“首届全省黑白摄影艺术展览”。1990年7月，赵崇友作品《乡场龙车》《寻常农户家》分获贵州省摄影家协会与贵州《党的生活》杂志社联合举办的农村新生活摄影比赛一等奖和优秀奖；2008年11月，作品《牧鸭》获“情满贵州”摄影大赛二等奖；2011年3月，作品《赶着鸭群奔小康》获贵州省第十一届摄影铜奖。丁华松2005年至2009年连续五年获“贵州省摄影家协会优秀会员”；2008年12月获“贵州省首届尼康杯黔像奖”铜奖；2007年8月作品《路》获“寻找中国数码摄影师”贵州站优秀奖；2009年9月作品《路》获“贵州省第九届新长征文艺奖”优秀奖；2008年作品《破冰》获得平遥国际摄影展二等奖；作品《生活》2009年入选“贵州省第十一届摄影展（艺术类）”。王新摄影作品《晨韵》《中国福》2011年入选“贵州省第十一届摄影展”（艺术类）；摄影作品《民间跳水》2012年7月获“西铁城国际摄影大赛”三等奖；2013年摄影作品《小渔村》获“第五届多彩贵州·中国原生态国际摄影大赛展”民居环境一等奖。2015年4月作品《展会组图》获“中国铸造协会纪实摄影比赛”一等奖。刘惠鸽2012年5月获“贵在责任、贵在关爱”全国网络摄影大赛相机类优秀奖；2012年10月作品《醉美青河》《罗甸大小井风光》入选黔南州“聚焦家乡美、喜迎十八大”纪实摄影比赛；2014年9月作品布《布依族蜡染》获黔南州“爱家乡、晒家底”摄影大赛优秀奖。彭惠喜摄影作品《希望在田野》2009年10月在黔南州普法依法治州领导小组办公室举办的“法制黔南”摄影大赛中荣获优秀奖。吴桂莲于2011年8月的作品《向往之舞》获“十三届全国当代摄影艺术纪实摄影”优秀奖。白子辉于2013年12月的摄影作品《希望》获中国计生协“生育关怀行动”摄影评选为优秀作品。周凯2013年元月作品《党的温暖》《抢收归来》获都匀军分区政治部“黔南映像、后备军风采”摄影比赛二等奖、三等奖；2014年元月作品《苗乡洞舞》获都匀军分区政治部“黔南映像”摄影比赛二等奖。

五、惠水县作家协会

惠水县作家协会成立大会暨第一次代表大会，于2015年11月召开，与会代表54人，会议选举产生第一届理事会主席1名，副主席3名。秘书长1名，副秘书长1名。理事会员7名，会员中有贵州省作家协会会员8人，黔南州作家协会会员15人，惠水县作家协会会员31人。

惠水县所有创作人员都是业余创作，作品有戏剧、话剧、小说、散文、歌词、诗歌等。改革开放以来，有数以千计的作品发表在《人民日报》《中国戏剧》《当代文学》《中国文学》《当代汉诗》《中国诗歌》《贵州作家》《文艺报》《贵州民族报》《花溪》《山花》《星星》等报刊上。其中，中国戏剧家协会、中国少数民族戏剧学会会员周世雄（1943—2000）1980年创作的花灯剧《典型人家》，上演后获贵州省戏剧创作一等奖，1981年10月赴京演出后获文化部优秀剧目奖；《官儿·头儿·弟兄伙》在第二届全国少数民族戏剧创作评奖中获银奖。世界华文诗人协会、贵州省作家协会会员张显华出版诗集4本，作品在全国及省州文艺评奖中多次获奖，诗歌《公社社员》被译为朝鲜文，生平及作品被收入《中国中青年诗人传略》等书。贵州省作家协会会员胥忠国（1947—2013），20世纪80年代在《山花》等发表诗歌多首（组），所作歌词《好花红在布依人的心窝》获贵州省十六大征歌优秀奖，贵州省"五个一工程"奖；《红盾之歌》《水利人之歌》获"中国第三届群众创作歌曲大赛"金奖，撰写有《惠民大桥碑》等文。词曲作家、诗人王泽洲出版作品有诗集《远山》、散文集《中国风》、诗论《面向人类》《王泽洲词曲作品集》《王泽洲词曲音乐作品电视集》等。贵州省作家协会会员曾雁平，所作诗歌《说书的盲人》《草棚和老人》《正午》《燃烧的方式》分别被《抒情百首诗》《新世纪诗选》《贵州的诗歌》等书收入，其中，《燃烧的方式》诗组（14首）获黔南州人民政府颁发的"黔南布依族苗族自治文艺奖"二等奖。贵州省作家协会会员卢恒，所作《卢恒的诗歌》诗组（15首）被《当代文学》海外版收入。贵州省作家协会会员、惠水县作家协会主席陆大庆，获"贵州省第二届专业文艺奖""黔南州1997—2000年文学创作奖"，散文诗《铁质的心》获中国作家世纪论坛全国作品评比三等奖，诗歌《很远很远的毛泽东》获"贵州省庆祝党的十六大诗歌朗诵大赛"创作评比二等奖，诗歌《中国马》获中共贵州省委宣传部和贵州省文学艺术界联合主办的第二届贵州专业文艺奖，获惠水县委、县政府"十佳文化（艺）工作者"称号。贵州省作家协会会员、惠水县文学艺术界联合会主席罗永荣所作歌词《守望》获"黔南州第四届文艺奖"三等奖，《中国梦·我的梦》获黔南"好花正红"演唱大赛声乐类三等奖。贵州省作家协会会员吴大勇所作诗歌《孤独的日子》获东方文艺诗歌大赛一等奖。黔南州作家协会会员张安福，所作散文《午夜听雨》获中国散文网大赛银奖。贵州省作家协会会员王红创作的《父亲的梨》获黔南州首届《夜郎文学》散文新人奖。黔南州作家协会会员花应周20世纪90年代起先后在《夜郎文学》《花溪》《中原》《中国文学》《当代文学》等文学刊物发表小说，创作的《送行》获《中原》文艺杂志1990年全国微型小说大赛一等奖，创作的中篇小说《流年》2014年被《中国文学》收入。黔南州作家协会杨凯创作的诗歌《小村之夜》《在风中》等被《民族作家》《诗眼》等文学刊物刊载。黔南州作家协会会员陈占相，创作的散文《旧书的温度》《老街》等被《中国文学》《贵州日报》等报刊刊载。惠水县作家协会会员梁仕国创作的《好花红赞》《胜利之歌》等作品被《中国文学》《大型诗集》等文学刊物刊载。施国俊创作的散文《边防记事》、小说《入党》等刊载在《中国人才》杂志、《黔南报》等报刊。

六、惠水县美术家协会

惠水县美术家协会于2007年初组建筹备组，开始以美协的名誉开展工作。2008年3月正式成立。3月26日，召开第一次会员代表大会，有会员代表33人（省会员1人、州会员5人），会议产生理事12人，常务理事9人，会议选举主席1人，常务副主席1人，副主席3人，秘书长1人，副秘书长1人。

2010年3月，召开第二次会员代表大会，有会员代表共53人（省会员3人、州会员12人），选举产生理事15人，常务理事9人，选举主席1人，副主席2人，秘书长1人，副秘书长1人，聘请名誉主席1人。2012年增补副秘书长1人。

美协先后组织共100余件作品参加县"凯峰杯60年国庆美术展"（美协组织承办）、"庆'七一'勤政廉政书画展""第四届好花红艺术节暨端午龙游涟江书画展""黔桂两省区十七届县市书画展""黔南州老年书画联展”及其他省州画展、书画展等。罗先荣、傅桂崇、李兴福三人作品共六件收录在1949—2010年《黔南美术作品集》；会员作品40余件收录《惠水县书画摄影集》；多件作品登载入《好花红》文艺季刊。会员中有30多件国画作品收入“六十国庆60米长卷”，不完全统计从2003年后均有会员作品在省州获奖。

协会多次与长顺、平塘、罗甸等县进行文化交流和笔会，经常组织会员到乡镇、机关、学校、企业、村寨举行笔会，开展送画下乡活动。

第三节　文艺活动

惠水县文学艺术界联合会机关，围绕县委、县政府各个时期各项中心工作，联系、联络、发动、带领和参与所辖协（学）会开展采风、创作、指导、辅导等工作，投入县内各项重大文艺项目创作和活动。先后完成首届中国贵州惠水好花红艺术节的舞美设计、制作工作和本届艺术节主会场大型赞助广告设计、制作工作；完成第二届中国贵州惠水好花红艺术节立体彩车设计、制作工作；完成惠水涟江垂钓园开幕式策划和指导实施工作；完成第三届中国贵州惠水好花红艺术节总策划、总编导工作；完成首届贵州惠水涟江垂钓节开幕式文艺演出总策划、总编导工作；完成“多彩贵州”第一、第二、第三届惠水选（赛）区总策划、总设计工作；完成2007年首届“龙游涟江·歌飞四海”大型文化旅游推介活动总策划、总编导工作；完成中国人民解放军建军70周年惠水县“好花红儿女爱长城”大型主题文艺颁奖、慰问活动总策划、总编导工作；完成2008年“5·12爱支撑着天”惠水大型社会募捐烛光晚会总策划、总编导工作；完成惠水首部电视专题片《好花红故乡—惠水》的拍摄脚本撰写和拍摄置景工作；完成惠水首部MTV音乐电视片《想涟江》《涟江处处好花红》和《好花红》的拍摄脚本撰写及现场置景、副总编导等工作；完成2008首届中国贵州惠水“盛世和韵·好花更红”大型迎春灯会的总策划、总设计工作；完成2009年迎春广场大型文艺晚会“春到涟江”的总策划、总编导工作；完成2009年“永红25周年庆典”总策划、总编导工作；完成第三届贵州惠水“金钱橘节”开幕式总策划、总编导工作；完成惠水首次申旅的首个声光电三维立体大型舞台剧“印象好花红”总策划、总编导工作；完成首届“春满涟江”新春音乐会和首届“月到中秋分外明”中秋音乐会总策划、总编导工作；完成2009年全省春耕工作现场会惠水主会场“锦绣涟江”的外宣主题策划、设计、创作、制作和大型田原风光配乐专题《锦绣涟江》的摄制等工作；完成2009年“涟江骄傲人物”大型文艺颁奖晚会总策划、总编导工作；完成国家级非物质文化遗产保护名录《好花红调》的全面普查、收集、录音、拍摄《好花红调》影音合辑及设计、编撰、出版《好花红调》精装版工作。

2010年，与相关单位联合并担纲执导摄制MTV音乐电视片《守望》，被国内5家省级电视台选播。2013年，与相关单位联合并担纲执导摄制，由县委、县政府出品的电视片《暖屋》，被国家卫计委作为优秀影视作品，选送国际媒体平台交流轮播。组织诗词楹联学会参与县文化馆组织举办第二十一届惠水迎春征联活动，收到省内外作者应征作品千余件，评出佳联16幅。组织音协参与举办“迎春文艺晚会”和“两会文艺演出”。组织音协参与组织策划2013年多彩贵州歌唱大赛惠水赛区的选拔、创作、排练等系列工作，选拔出8个节目参加黔南州赛区的比赛，获得两个二等奖、一个三等奖、两个优秀奖的好成绩；惠水原生态唱法《摆榜酒歌》节目和流行唱法歌手桂熙被推选代表黔南州参加省赛。

2014年春节，组织和带领县书法家协会分赴雅水、摆金、芦山、王佑、羡塘、断杉等十多个乡镇开展送春联活动，为人民群众写（送）春联近千幅。4至5月，组织、带领县诗词楹联学会、县美术家协会、县书法家协会、县摄影家协会分别深入好花红镇好花红村和断杉镇八大村，开展创作采风活动，收集、整理了大量的诗歌、音乐、美术、摄影、书法素材，为村创作和赠送部分文艺作品。7月，配合县委组织部举办“惠水县‘七一’红歌比赛”。8月，举办“惠水县‘大益茶庄杯’书法大奖赛”，组织各协会参与《潮涌涟江》的主题创作和来稿编辑工作。9至11月，为迎接黔南州第六届旅游发展大会，文联机关所有干部职工及县诗联、音协、摄协、美协、书协等协会全力投入到“州旅发大会”相关项目工作的策划、设计、创作、编审和具体实施中。如：主会场的布置、中华第一布依堂屋的调整充实、“桔祭”祭台的设计施工、好花红村各农家乐餐馆匾额、对联的题撰等，为好花红乡村旅游注入丰富文化内涵，题写330多幅具有好花红风土文化内涵的楹联。

2015年初，组织各文艺骨干参与省文联开展“送欢乐，下基层”送文化下乡广场演出活动，创作排练节目和书写春联参与送文化下乡活动，为雅水、摆金、王佑、好花红、断杉等十多个乡镇群众撰写春联千余幅。举办了“2015年黔南州作协文学改稿培训班”，组织省、州文学专家和黔南州12个县市文联领导、作家和文学爱好者76人到百鸟河数字小镇、好花红电子商务村、布依堂屋采风创作，创作的部分作品已发表在《夜郎文学》和《山花》杂志。组织县诗协、美协、书协40余位艺术家到断杉镇八大村、好花红镇好花红村、海里峡谷采风10余次，为当地群众和旅发大会留下了百余幅文艺作品。由县委宣传部牵头，举办惠水县“祖国好，家乡美”校园美文和童谣比赛并取得圆满成功，部分作品推荐到州分获一等奖和三等奖。对接州文联为高镇小学、高镇中学、大坝小学安排文艺自愿教师6名，得到学校师生和家长的好评。组织各文艺家到断杉、好花红等乡镇采风并对当地艺术爱好者开班培训100余人次。组织参与2015年中国·惠水“中华一家亲，两岸好花红”暨“三月三民族文化节活动”，配合参与惠水端午节“国际龙舟邀请赛”各项活动；组织各文艺骨干参与抓好“黔南州第六届旅游产业发展大会”、中秋节文艺演出、《好花红山水实景演出》等活动。

第六章　残疾人联合会

第一节　代表大会

1990年12月，惠水县残疾人联合会成立，由县民政局代管并合署办公。同月，召开惠水县残疾人联合会第一次代表大会，出席会议代表78名，其中残疾人和残疾人亲友代表52名，占正式代表总数的66%；特邀代表32名。会议听取《残联筹备工作报告》，选举产生惠水县残疾人联合会第一届主席团。一届一次主席团全委会选举主席1名，副主席3名；推选1名副主席为主席团理事会理事长；聘请县政府副县长陈国英（女，布依族）担任联合会名誉主席。

1995年，县残疾人联合会从县民政局分离，为县属常设正科级办事机构，实行理事长负责制，对全县残疾人及残疾人事业具有公益性服务、事业管理职能。6月，召开惠水县残疾人联合会第二次代表大会，出席会议代表84名，其中残疾人和残疾人亲友代表53名，占正式代表总数的63%；特邀代表31名。会议审议和通过惠水县残疾人联合会第一届执行理事会所作的工作报告，选举产生惠水县残疾人联合会第二届主席团。二届一次主席团会议选举主席1名、执行理事会理事长1名、副理事长1名；聘请县政府副县长陈国英担任联合会名誉主席。

1999年3月，召开惠水县残疾人联合会第三次代表大会，出席会议代表87名，其中，残疾人和残疾人亲友代表56名，占正式代表总数的64%；特邀代表31名。会议审议和通过惠水县残疾人联合会第二届执行理事会所作的五年工作报告，选举产生惠水县残疾人联合会第三届主席团。三届一次主席团会议选举县政府副县长熊传刚为主席，副主席各1名；选举执行理事会理事长1名、执行副理事长3名。1999年12月，县调整县残联理事长。

2006年9月，召开惠水县残疾人联合会第四次代表大会，出席会议代表81名，其中残疾人和残疾人亲友代表56名，占正式代表总数的69%；特邀代表32名。会议审议和通过惠水县残疾人联合会第三届执行理事会所作的五年工作报告，选举产生惠水县残疾人联合会第四届主席团。四届一次主席团会议选举时任县政府副县长杨凤玲为主席；选举执行理事会理事长1名，副理事长2名；聘请县政府县委副书记罗兴惠为名誉主席。

2012年9月，召开惠水县残疾人联合会第六次代表大会（根据中国残疾人联合会、贵州省残疾人联合会文件要求，因全国各省残联成立时间不同，导致代表会议级别不统一，第五次代表会议统一改为第六次代表会议），出席会议代表78名，其中，残疾人代表和残疾人亲友代表53名，占正式代表总数的68%。会议审议和通过惠水县残疾人联合会第四届执行理事会所作的五年工作报告，选举产生惠水县残疾人联合会第六届主席团。六届一次主席团会议选举县政府副县长韦晓燕（女、布依族）为主席，选举副主席3名；选举执行理事会理事长1名、副理事长1名；聘请时任县委副书记何林海为名誉主席、县政府副县长刘宇为名誉副主席。10月，建立县残联六届执行理事会党组。

第二节　残疾人事业

一、主要工作

1991年，举办反映残疾人风采和扶残助残的“残疾人在祖国的怀抱”摄影展，展出作品42幅，选送黔南州残联影展12幅。其中有4幅作品荣获三等奖。10月，选送8名残疾人运动员参加黔南州首届残疾人田径运动会，盲人青年王咏梅在参加女子组100米及跳远、铅球比赛中，荣获两枚金牌，一枚铜牌；聋哑人运动员龙文秀参加800米、1500米比赛中，获得两项第一；盲人褚东升分别取得了100米男子铅球、立定跳远第二、三、四名。

1997年，选派残疾人运动员龙文秀参加全省残疾人登山运动，取得全省同类别第四名优秀成绩；10月，肢残青年龙飞、刘开林参加全州残疾人及残疾人工作者歌唱演出分别获第二名和鼓励奖，县残联获组织奖。2011年，残疾运动员朱元静（女），多次代表贵州省、黔南州参加全国及省级比赛，先后获得19枚金牌、2枚银牌。2012年8月，惠水特殊教育学校聋哑学生梁应艳（女）参加贵州省第一届残疾人田径锦标赛，分别获100米、200米、400米田径比赛金牌。

1991至2010年，开展全国首次“助残日”活动，发放宣传资料近10000份，解答群众咨询1000多人次。

第22次“全国助残日”活动期间，联合县卫生疾控、教育等部门，分别开展“世界防治麻风病日”“爱耳日”“爱眼日”等活动，散发宣传资料1800余份。组织参加“全州残疾人文化园”活动，肢残歌手刘开林荣获演唱比赛一等奖、盲人秦锐荣获二等奖，县特殊教育教师黄炜（女）荣获优秀奖；肢残人陈周芬（女）“枫香染”、特校学生梁应艳（女）“十字绣”作品获得“优秀作品”。

1994年，县设弱智班1个。县有7至15岁三类残疾儿童753人，其中，视力残疾儿童43人，随班就读4人，入学率9.3%；听力残疾儿童326人，随班就读15人，入学率4.6%；弱智儿童384人，随班就读213人，入学率55.5%。特殊教育机构综合三类残疾人儿童入学率30.8%。1995年，三类儿童入学率达54.5%，超过35%入学率指标要求；职业培训68户78人。1997年，三类残疾少年儿童389人，入学165人，入学率为42.4%，达上级40%的目标。1998年，三类残疾儿童476人，入学205人，入学率45.6%。州残联举办汉语双语盲文骨干培训班，惠水选派1人参加，为盲文推广开好头。1999年，三类残疾儿童共计406人，入学100人，入学率25.5%；职业教育培训盲人按摩1名，职业培训272人，其中，城镇92人，农村180人。2000年，三类残疾儿童共计319人，入学96人；残疾人职业教育职业培训210人，农村种植业170人，盲人保健按摩44人。2001年，三类残疾儿童共计340人，入学100人；残疾人职业教育职业培训230人，农村种植业180人，盲人保健按摩50人。

2008年，建立县特殊教育学校，将残疾儿童少年教育纳入县义务教育体系，在中、小学普及残疾儿童少年随班就读。聋哑残疾儿童少年到县特殊教育学校就读，严格执行“两免一补”政策。全县适龄残疾儿童317名，在校就读265人，入学率为76.8%。2012年，县特殊教育学校在校职工13人，学生32人；办学模式为听力、智力二类残疾少年儿童六年级义务教育学校。至2015年，县特殊学校有各科老师15人，设置聋哑班2个，启智班3个，在校学生67人，开设语文、数学、综合实践等课程。2015年，残疾人运动员罗锦彪（男）在天津参加全国残疾人运动会上获3块金牌，1块银牌。分别获100米、100米、200米、50米自然游泳第一名，其中，100米和200米自由泳比赛成绩打破全国记录。

二、其他康复工作

1994至2000年，完成儿童矫治19例，聋人语训3人，精神病人康复1人，智障儿童康复训练25名，低视力配用助视器19例，肢体康复残疾38例，假肢装配79例，矫形器装配171例，聋儿语训27例，聋儿家长培训16名，配备残疾人用品用具1057件，盲人按摩培训6名。

2001至2010年，完成智障儿童康复训练、低视力配用助视器、肢体康复训练、康复训练配用具、聋儿语训、聋儿家长培训、肢体康复训练、盲人定向行走等共计292人，矫形器装配827例，残疾人用品用具432件，麻风畸形康复矫治手术2例，主要机构训练2名，家庭训练3名，假肢装配8例，完成辅助用具301件。

2011至2015年，假肢装配50例，智障儿童康复训练、低视力配用助视器肢体康复训练、聋儿语训、聋儿家长培训、肢体康复训练、盲人定向行走等共计202人，完成辅助用具932件。

第三节 光明工程

“光明工程”是中国残联推出，由卫生部、财政部共同牵头，实施的一项惠及贫困人口的免费白内障手术计划。由县残联牵头组织各镇（街道）人民政府、办事处以及卫生院，“村两委”负责通知当地患者集中筛查，对符合要求的对象，免费接送。患者持本人申请表及本人身份证、合医卡在民政局、医保局盖章后到指定医院进行手术治疗。

表4-2　**1991—2015年惠水县视力康复白内障复明手术统计表**

年度＼项目	视力康复白内障复明手术（例）	年度＼项目	视力康复白内障复明手术（例）
1991	5	2004	91
1992	42	2005	91
1993	95	2006	—
1994	40	2007	98
1995	53	2008	110
1996	53	2009	110
1997	52	2010	110
1998	62	2011	132
1999	54	2012	132
2000	70	2013	132
2001	80	2014	201
2002	67	2015	201
2003	93		

第四节　就业创业工作

1990年12月《中华人民共和国残疾人保障法》颁布实施。1991年，县通过各种渠道解决就业的残疾人共计319名，帮助39名残疾人工商个体户减免税务工商税费。是年，摆金镇残疾人杜兴伦创办福利厂，安排13名残疾人就业，为支持残疾人创业，县残联通过民政部门借款2万元对杜兴伦予以帮助。

1995年，建立县残疾人劳动服务所，贯彻省关于安排残疾人就业政策，鼓励残疾人开办集体私营企业及从事个体经营。据统计，城镇有一定劳动能力的残疾人350余人，就业人员计315人，就业率达90%。1996年，就业208人，就业率65%。1997年，有91名残疾人参加烤烟种植技术培训，有4名青年盲人参加黔南州安排的培训就业。

1999年，根据上级“协助做好下岗残疾职工的再就业工作”要求，帮助下岗残疾职工刘勤俭、陈小明从事钟表修理、小皮革加工经营；选派1名盲人到黔南州参加培训就业；盲人褚东升开办全县第一个规范化按摩所，安置5名盲人就业。全县完成机关事业单位按比例安置12人，集中安置31人，个体从业28人。是年，向上级争取支持康复扶贫贷款指标80万元。

2000年，城镇残疾人职业培训44人，残疾人安置就业65人，收取保障金2.9万元。2001年，城镇残疾人职业培训50人，残疾人安置就业60人，其中，按比例安置10人，集中安排20人，个体从业33人，收取残疾人保障金3500元。

2002年，县印发《关于批转县残联分散按比例安排残疾人就业实施意见的通知》，先后安排27名残疾人就业，选派5名残疾人参加各种技能培训班。是年，城镇残疾人参加职业培训28人，已安排残疾人就业23人，个体从业70人，收取残疾人保障金9150元。

2003年，安排18名城镇残疾人、农村60名残疾人就业；收取残疾人保障金5万余元；安排2名盲人到都匀学习按摩、5名盲人到按摩院学习技术。通过各类扶贫开发措施，解决893名贫困残疾人温饱，将756户贫困残疾人纳入农村保障、85名残疾人纳入低保。

2004年，组织28名城镇残疾人参加计算机培训，对农村175名残疾人进行实用技术培训。

2005年，经协调，贵阳金龙水泥厂有限公司编织袋厂招收罗先忠、杨小惠等35名残疾人进厂工作。派选7名残疾人到省、州参加盲人按摩和摩托车修理培训，组织120名残疾人参加种植养殖培训。

2006年，组织45名城镇残疾人参加计算机培训，农村150名残疾人学习实用技术培训，选派8名盲人参加全州盲人按摩、家电、缝纫等技术培训。扶贫工作中，为334名残疾人解决温饱并脱贫。

2007年扶持545名农村贫困残疾人解决温饱，520名残疾人得到帮助。

2008年，县永红食品公司接收吴发挥等28名残疾人到该厂养牛场上班；11月，对农村136名残疾人进行实用技术培训。

2009年，组织68名城镇残疾人参加计算机培训，对农村136名残疾人进行实用种植养殖业技术培训。

2010年，组织28名城镇残疾人参加计算机培训，对农村106名残疾人进行实用技术培训。

2011年，全县各类企业安置残疾人75名，支持16名残疾人个体户开业和个体户从业。全县有盲人保健按摩机构4家，从业人员14人，具备中级技术等级32人，初级技术等级6人；举办残疾人技能技术培训班15期，开设残疾人种植养殖业等课程，共培训715人次，培训后实现85%残疾人稳定就业。选送参加省、州计算机、盲人按摩培训25人次。

2012年，组织20名城镇残疾人参加计算机培训，对农村102名残疾人及亲属进行实用技术培训，选派3名盲人参加全州盲人按摩、家电、缝纫等技术培训，资助3.5万元鼓励支持残疾人创业。征收了98万元残疾人保障金。建有省级残疾人示范点1个。肢残残疾人班正学在好花红镇枇杷村创办“小寨种植养殖基地”，规模4000余亩，种植苹果3760亩，196000株，花椒181亩。安置8名残疾人就业。

2015年，全县共有8家盲人按摩机构，残疾人就业共达24人。

第七章　工商业联合会

1950年12月，成立惠水县工商业联合会。“文化大革命”期间停止活动，1987年12月恢复县工商联，1995年1月成立惠水县商会，与县工商联合署办公（加挂商会牌子），实行两块牌子一套人员。县工商联（商会）内设办公室。

第一节　代表大会及组织机构建设

一、机构

1987年12月，工商联恢复，时设主任1人，副主任1人（兼秘书长），未设立办公室。

1997年10月，明确工商联机关工作人员过渡为国家公务员。工商联机关设置行政编制2名，领导职务设主席1名，非领导职务设科员1名。

是年，惠水县工商联成立党组。党组书记由县委统战部领导兼任，党组成员若干名。县委统战部与县工商联（商会）组成联合党支部，设支部书记、组织委员、宣传委员各1名。

2001年12月，印发《关于惠水县工商业联合会职能配置内设机构和人员编制方案的通知》，明确县工商联不设内设机构，县工商联机关行政编制为2名，其中会长1名、副会长1名。

2007年11月，县工商业联合会增设办公室为股级内设机构，设主任1名，不另增加人员编制，所需人员编制在县工商业联合会内部调剂。

2015年5月，印发《关于进一步明确惠水县工商业联合会主要职责、内设机构和人员编制规定》，明确县工商业联合会内设办公室，核定行政编制2名。其中设会长1名（县领导兼任），专职副会长1名（正科级），秘书长1名（专职副会长兼任），主任1名（股级），工勤编制1名。由财政全额预算管理。

二、历次代表大会

1987年12月，召开惠水县工商业联合会第五届会员代表大会，参会代表100名，其中：城镇各行业原工商业会员代表45名、国营企业代表18名、团体会员代表13名、集体会员代表9名、乡镇企业代表10名、个体企业代表5名。实际到会的正式代表78名，列席代表30名。大会听取《惠水县工商业联合会第五届会员代表大会筹备工作报告》，听取和审议通过《惠水县工商业联合会第四届执行委员会工作报告》。选举惠水县工商业联合会第五届执行委员会会员13名，选举主任委员1名、副主任委员2名、秘书长1名（兼）。

1991年4月，召开惠水县工商业联合会第六届会员代表大会，参会代表100名，其中国营企业代表21名、集体企业代表10名、团体企业代表10名、乡镇企业代表10名、个体工商代表1名、其他行业代表32名老会员代表7名，实到代表92名。列席代表30名，特邀代表26名。大会审议通过王荣清代表第五届执行委员会作的题为《充分发挥民间商会作用，为振奋惠水经济做出新的贡献》的工作报告，选举县工商联第六届执行委员会会员15名。召开县工商联第六届执行委员会第一次会议，选举主任委员1名、副主任委员2名、秘书长1名（兼）。

1995年1月，召开惠水县工商联六届六次执委（扩大）会议暨惠水县商会成立大会，县工商联六届执委、各分会负责人及省、州、县相关部门负责人参会。会上，宣布县委同意成立惠水县商会的批复和《关于惠水县工商联加挂惠水县商会牌子的通知》。县委、县政府与会领导向惠水县商会授会牌和会印。

1997年3月31日至4月1日，召开惠水县工商联（商会）第七届会员代表大会，参会代表120人，列席代表10名，特邀代表25名。代表实际到会77名。大会审议通过了杨正辉代表第六届执委会作的题为《振奋精神抓住机遇开拓进取求实创新为我县经济建设做出新贡献》的工作报告。选举第七届执行委员会委员27名，选举县工商联第六届执委会常务委员13人，选举县工商联（商会）会长1名、副会长6名、秘书长1名（兼），此次换届将工商联主任称谓改称会长。

2001年10月，召开惠水县工商联（商会）第八届会员代表大会，参会代表121名，其中私营企业及个体工商户代表69名、三资企业代表1名、工商所7名、国税分局7名、地税分局7名、乡镇分管领导25名、正副会长人选（国家干部）5名。列席代表20名、特邀代表55名。大会审议通过了杨正辉代表第七届执委会作的题为《实践“三个代表”重要思想，开拓进取，扎实工作，努力把全县非公有制经济推向一个新高潮》的工作报告，选举产生惠水县工商联（商会）第八届执行委员会委员31名。选举八届执委会常委13名，选举会长1名、副会长6名、秘书长1名（兼）。

2006年7月，召开惠水县工商联（商会）第九届会员代表大会，参会代表135名，其中：工商联27名、县个协20名、私营企业18名、乡镇代表70名，实到116名。列席代表34名，特邀代表34名。会议听取和审议通过杨正辉代表第八届执委会作的题为《发挥桥梁助手作用，促进非公经济发展》的工作报告，选举产生第九届执行委员35名。召开第九届执委会第一次全体会议，选举执委会常委17名，选举会长1名、副会长10名、秘书长1名（兼）。

2011年11月，召开惠水县工商联（商会）第十届会员代表大会，参会代表248名。其中：九届执委委员45名、直属会员代表7名、乡镇代表93名、长田工业园区代表16名、湖南商会代表39名、浙江商会筹备组代表26名，实际到会代表171名。列席代表41名，特邀代表34名。大会听取并审议通过了吴丹萍代表第九届执委会作的题为《当好桥梁助手，促进和谐发展，努力开创新形势下工商联工作新局面》的工作报告，选举第十届执委会委员45名。召开第十届执委会第一次全体会议，选举第十届执委会常委21名。第十届执委会第一次会议选举工商联主席1名、副主席11名、秘书长1名（兼）。选举产生惠水县商会会长1名、副会长12名、秘书长1名（兼）。此次换届将工商联会长称谓改称主席。

第二节　基层商会组织建设

1987年，工商联恢复后，未恢复和建立基层商会组织。1990年在六区（姚哨区、三都区、摆金区、雅水区、断杉区、王佑区）、一镇（城关镇）恢复和建立工商联组织。1991年8月，县开展建镇并乡撤区工作后，基层工商联组织以各中心镇为主开展工作。

2008年1月，召开惠水县湖南商会第一届会员代表大会，选举惠水县湖南商会理事13名、会长1名、副会长2名、秘书长1名。7月，商会组织成立党支部，时有党员3名，随着商会党组织不断发展壮大，商会党支部党员发展到43名，其中自身发展党员26名。通过党建带动，商会先后成立了团支部、妇代会、工会，且发挥其职能作用。2012年1月，召开湖南商会第二届会员代表大会，选举理事15名、会长1名、副会长3名、秘书长1名。2015年，惠水县湖南商会被州委、州政府授予“黔南州十佳民间商会”称号。

2013年11月，召开惠水县小微企业商会会员代表大会，选举惠水县小微企业商会会长1名，副会长4名，秘书长1名（兼）。

2015年5月，召开羡塘惠水商会第一届会员代表大会，审议通过《贵州省惠水县羡塘惠水商会章程》和《贵州省惠水县羡塘惠水商会选举办法》；选举会长1名、秘书长1名、选举监事长1名、常务副会长1名、常务副会长4名、副会长7名。羡塘惠水商会办公地点设于惠水县涟江中路欢乐岛11栋2楼，面积500平方米。

2015年10月，召开惠水县王佑镇商会第一届会员代表大会，审议通过《贵州省惠水县王佑镇商会章程》和《贵州省惠水县王佑镇商会选举办法》；选举会长1名、秘书长1名、监事长1名、常务副会长1

名、副会长3名。商会办公地点设于王佑镇王佑村委办公室二楼，面积300平方米。

2015年12月，召开惠水县川渝商会第一届会员代表大会，审议通过《贵州省惠水县川渝商会章程》和《贵州省惠水县川渝商会选举办法》；选举会长1名、秘书长1名、监事长1名、常务副会长3名、副会长8名。商会办公地点设于惠水县涟江街道办上马南路财富中心5号楼6楼，面积800平方米。

第三节　会员状况

1987年，工商联恢复之初，共有老会员198人，其中，第四届老执委健在的有13人。是年吸收新会员57名。新老会员共255人。工商联恢复后，开展发展新会员工作，至1990年共吸收新会员102人。

1993年6月，经对工商联会员统计，共有会员339人，其中新会员53人、团体会员20人、个人会员266人。1997年，共有会员424人，其中新会员363人。2000年，共有会员440人，其中团体会员15人、企业会员43人、接收新会员54人。2005年年底，共有会员425人，其中新增会员14人、企业会员2人。2009年，工商联开展会员重新登记工作，重新登记会员411人，其中个人会员301人、企业会员16人、团体会员5人。

第四节　光彩事业

1988至2010年，永红食品厂共捐赠1.35万元开展扶贫济困，捐资10万元修建南门桥桥头公路路面。2006至2010年，采取“公司+农户”方式，每年从外省购买价值60万元的肉牛幼仔，发放给部分乡镇农户饲养，并负责回购。

1999至2001年，个体工商户彭和全捐赠“光彩事业”资金累计2.2万元。

2007年，惠水恒兴铸公司联合部分省外企业，捐赠10万元建王佑镇平贡小学教学楼。永红食品公司为多彩贵州组委会捐资40万元。

2008年，县发生部分乡镇凝冻灾害，惠水县湖南商会组织会员捐款2万多元，购买抗凝物品棉被和食品等送到灾区甲烈乡群众手中。四川发生地震后，湖南商会组织会员捐款2万多元购买食品送到绵阳灾区；贵州永红食品公司捐赠价值50万元的牛肉食品组织运往四川灾区；工商联副会长彭和全及会员李峰参与省红十字会运送救灾物资到成都；县工商联连续两天在县人民广场开展募捐活动，组织动员群众为汶川灾区捐款5万元。是年，在抗凝救灾和抗震救灾光彩事业活动中，县内民营企业和非公经济人士共捐款706万元。

惠水湖南商会送物资到四川绵阳灾区（2008年摄）

2009年，民营企业和非公经济人士投入“光彩事业”共535万元。其中，时映房地产公司捐款40万元，建设三都小学教学楼开工；省蒲公英助学会到抵麻、打引两乡分别开展捐资助学活动，受助学生200名，捐资捐物折计人民币近2万元；组织永红、恒兴等公司购置10吨水泥送到抵季乡翁平村拉引组，帮助苗族村寨开展社会主义新农村建设；广州何俊萍女士到抵麻乡为小学捐赠折合人民币2万余元的教学用品；北京佐佑人力资源有限公司刘艳女士捐资30万元，为高寨小学修建一栋教学楼；惠水县时映房地产开发有限公司董事长马时武捐资45万元修建和平镇高坪村一组到四组的道路硬化工程；惠水川黔磷化工有限公司捐资25万元修建“川东希望小学”；贵州永红公司通过项目实施形式，向和平镇、鸭绒乡等乡镇农户发放肉牛700头，价值360万元。

2010年，惠水时映房地产开发公司向三都镇三都小学捐赠40万元建教学楼；在是年的抗旱救灾工作中，惠水私营企业主和个体工商户，积极出车、出钱、出物、出力，每天出动几十台车辆送水到饮水困难的乡村，以李正林为代表的非公有制经济人士，坚持送水时间长达一个多月，体现了“一方有难，八方支援”的精神。

2011年，惠水县川东磷化工公司向和平镇砂子哨小学捐赠10万元建教学楼。非公经济人士为县扶贫济困、捐资助学、抗灾救灾、新农村建设，共捐款捐物折合人民币40多万元。

2012年，贵州永红食品有限公司等民营企业和非公经济人士为县扶贫济困、捐资助学、抗灾救灾，新农村建设共捐款捐物折合人民币40多万元。

2013年，县内民营企业和非公有制经济人士捐款32万元，帮助王佑镇贫困学生、芦山镇花鱼村修路、打引乡建华村高考学生入学难、甲戎乡青藤小学解决教学设施等困难。

2014年，县内民营企业和非公有制经济人士捐款47万元，帮助解决涟江街道九龙村和王佑镇高考贫困学生入学、羡塘镇西混小学添置教学和体育器材，以及慰问县武警中队退伍战士。

2015年，县内民营企业和非公有制经济人士捐款63万元，帮助涟江街道龙瓦村群众活动场地建设，“八一”期间慰问县武警中队和消防大队，民族节日“七月半”期间，捐助羡塘镇开展山歌赛，“美丽乡村”示范村建设，帮助花鱼村修建通组公路和篮球场等。

第五节　民营企业选介

一、贵州永红食品有限公司

始建于1984年，现已发展成为拥有员工1200人，集研、养、产、加、销于一体的贵州省内规模最大的牛肉干制品生产企业。2000年，公司纳税总额为177万元。到2012年，纳税总额为2284万元，12年间增长近13倍，累计上缴税收1.5亿元，为地方经济发展做出贡献。

作为农业产业化国家重点龙头企业、国家级扶贫龙头企业，公司采取“市场牵龙头，龙头带基地，基地连农户”的模式发展肉牛养殖，先后投资1000多万元，建立优质育肥牛示范基地，作为联系农户、培训农户的窗口。通过年加工牛肉近3000吨，间接带动农户养殖增收。

在国家相关鼓励政策支持下，公司快速发展，规模不断扩大。公司利用自身资源，拓宽就业渠道，解决农村富余劳动力就业和下岗职工再就业。在岗1200余人中，专业技术、管理人员占25%；下岗失业人员占10%；农村劳动力占65%；少数民族约占35%。解决残疾人就业15人。

公司由成立之初的作坊式小厂发展成为惠水地区规模最大的合资企业，公司先后荣获农业产业化国家重点龙头企业、国家级扶贫龙头企业、全国第一批农产品加工示范企业、全国新农村建设百强示范企业、国务院授予的“全国就业先进企业”等荣誉称号。

公司热心公益事业和光彩事业，参与扶贫济困、抢险救灾、捐资助学等活动。近几年来，先后捐资捐物折合人民币600多万元，树立了良好的企业形象，多次受到党政部门的表彰。

二、贵州黔红食品有限公司

创建于2003年6月，是惠水县招商引资重点企业，位于惠水县大龙生态经济示范区，占地面积4806平方米，企业注册资金50万元，总投资500万元。公司立足于以农产品为原材料进行食品深加工，主要生产“黔红牌”辣椒酱系列产品。企业在发展过程中得到了省、州、县各级各部门的大力扶持，产品结构调整和加工工艺方面不断完善，产品质量不断提高，市场覆盖面不断扩大。2005年11月，被评为农业产业化经营“州级重点龙头企业”称号；2006年6月，通过ISO9001质量管理体系认证；2011年，全国通用信用等级评估其信用等级评定为A级。

2005至2011年，连续被惠水县委，县政府评为“非公有制经济之星”称号。2007年10月，公司通过了QS认证；2010年，“黔红”商标获“贵州省著名商标”认定；2011年，获州“185农业产业化工程”先进集体称号；2012年3月，获省工商局颁发“重合同、守信用单位”荣誉称号；2013年，获“农业产业化省级重点龙头企业”、州诚信经营示范单位称号，通过质量管理体系AA级认证。

三、贵州万盛矿用电缆有限公司

始建于2006年，2007年2月投产，总占地面积18822.88平方米，有固定资产4250万元。公司位于长田工业园区，紧邻101国道，距贵阳市30千米，是省内唯一一家集研发、生产销售为一体的专业矿用电缆企业，注册商标《乾龙牌》。

该公司严格按照国内的GB、JB、GJB、MT标准，拥有先进的生产设备及完善的检验、测量和试验设备，现有电缆生产线10余条，年生产电缆达3500万米。主要产品有煤矿用电缆、采煤机电缆等30多个品种。公司产品广泛用于电力系统、电信、煤矿、石油化工、建筑、冶金、交通及城市的基础建设等领域。产品均取得国家强制性产品认证（CCC），国家煤矿安全许可证（MA），并通过ISO9001-2000质量体系认证。公司先后荣获黔南州、惠水县重技术企业、重合同守信誉企业、百强示范企业、优秀外来投资企业、文明单位等荣誉称号。

四、贵州长龙金属加工有限公司

公司是一家生产再生铅及铅合金的股份制企业，成立于2007年7月，注册资金1000万元。位于长田工业园区（C区），厂区占地面积约100亩。是贵州省第一家再生铅行业环保通过省环保厅审核验收，并获得《危险废物生产经营许可证》的环保型企业。有两条11000吨/年再生铅生产线，生产的铅合金产品，质量稳定，受到衡阳水口山金信铅业有限公司等客户的好评，另销往四川、浙江、广东、重庆、云南等省，产品供不应求。公司年产值上亿元。至2015年，共上缴国家税收近1000万元。2009至2011年，分别被黔南州政府、惠水县政府评为优秀外来投资企业、非公有制经济之星。

五、贵州致力穿山机械设备有限责任公司

成立于2010年3月，注册资金980万元，是贵州省惠水县唯一一家专门从事采矿设备、建筑工程用机械设备制造为一体的装备制造业公司。公司现有年生产挖掘式装载机300台的能力和条件，具有相配套的检验、检测设备仪器，年销售挖掘式装载机80台，年销售收入3000万元。现已形成科研、生产、市场营销为一体的管理和经营模式，在省内外建立数十个营销网点。公司获得环境管理体系（ISO 14001：

2004）、质量管理体系（ISO 9001：2008）、职业健康安全管理体系（GB/T28001-2001）认证。企业经营范围：采矿设备、采石设备、建筑工程用机械的设备制造、维修及销售；自产产品的进出口业务。主营业务：轨行式挖斗装载机系列、履带式挖斗装载机系列、煤矿用挖斗装载机系列产品。

六、惠水县光彩经济担保有限公司

惠水县光彩经济担保有限公司，是由惠水县工商联（商会）组织成立的一家民营经济担保公司，成立于2007年9月，注册资金100万元，有8个股东。公司与县信用联社合作，共担保427户民营企业和个体工商户，向银行贷款1226万元。2010年，因无力按国家行业要求追加注册资金至500万元而停业。

第八章　其他社团组织

第一节　学术协会

中共十一届三中全会后，掀起了一个学科学、用科学，依靠科学技术发家致富的热潮。农村特别需要一个科普群众组织给予生产上的技术指导、生活上的科学帮助。1982年9月中共十二大后，在农村进一步健全农村党的基层组织以及经济、行政、群众团体的基层组织已经迫在眉睫。科普协会的主要任务：把热心科技工作的领导干部、农村科技工作者和各类能工巧匠组织起来，通过技术交流、技术讨论、技术培训等多种形式提高他们的技术水平，壮大农村科技队伍；向乡镇党委提出有关农村工作中的科技建议，并通过科普宣传、技术培训、技术交流、科技咨询等多种形式，把科学技术送到广大农民手中。

1983年7月至1985年12月，建立了六区一镇（科级）所设的科普协会：

姚哨区科普协会　三都区科普协会　摆金区科普协会　雅水区科普协会　断杉区科普协会　王佑区科普协会　和平镇科普协会

同期，建立了51个乡镇（股级）所设的科普协会。

1991年8月后，全县行政区域进行调整合并为25个乡镇（科级）。各乡镇分别按照新的行政区划先后于同年底和次年初召开科学技术协会代表大会，依照各乡镇制定的科协章程选举本乡镇科协领导成员。

2014年3月，县调整行政区划，将25个乡镇合并为8个镇、2个街道。新组建10个镇（街道）科普协会。

第二节　学术交流与科普

1980年，县农学会、县林学会、县畜牧兽医学会、县水电学会、县医药学会共举办五次学术交流活动。分别就黑糯稻良种选育、大力推广“两杂良种”“农业先进技术”、育林与采伐同步发展规划、种草养畜及畜禽疫病防治、合理利用水资源、发展县医药事业、提高医疗水平等方面进行交流。

1981年，县农学会聘请中国柑桔研究所黄良芦教授、省植物园曾宪章高级工程师到县讲授柑橘病虫害防治技术；县林学会聘请省农学院教授到县讲授育林与采伐同步发展规划；县医药学会聘请省有关专家到县讲学，开展学术交流20次，县2000多人参加学习。

1982年12月，印发第一期《惠水科普》，之后每两月印发一期《惠水科普》，每期印发3000余份，为县内科技人员、农民群众服务。

1983年，开展科技下乡20多场（次），咨询服务2万多人（次），赠发《科技信息报》3000余份，资料4万余份。优价售给农民《柑橘栽培》《葡萄栽培》《家庭养鸡》等适用技术丛书20多种400多册，展出《普及科学知识，破除封建迷信》《农村科技致富一百例》等图片14场（次）1千余份，观众达2.5万人（次），放映科教影片《杂稻育秧技术》《生态与我们》《预防肝炎》等30多部82场，观众达5.8万人（次）。

1984年，县林学会组织会员交流学术论文30多篇，其中有4篇刊登在《黔南林业科技》杂志上；县畜牧兽医学会为发展畜牧业生产，积极进行《种草养畜基地项目》的调查论证，获农业部定项开发，并经上级检查验收获得成功。

第三节　青少年科普

1980年举办第一期航模辅导员学习班，有县民族中学、二中、师范、城关一、二、三小学，各区重点小学以及险峰、永安二厂和八普子弟学校共20名教师参加。学习班采取讲授飞行原理与实际制作相结合的方法，边学边干。参加人员已掌握了独立制作橡筋弹射、牵引橡筋动力航模飞机的制作技术，为全县培养了第一批航模辅导员。辅导员返回各自学校后，立即组织青少年开展航模活动。县民族中学和永安厂子弟小学即组织了学生航模小组，共有42人参加活动。

1980至1983年，在县城内各中学发放“预防近视”“卫生与健康”“安全用电”等科普资料图片2600余份，利用学校阅览室及橱窗进行青少年科普教育。

1984年，在姚哨区等6个区公所所在地开展青少年科普宣传8场（次），发放科普资料、图片5000余份。

1985至1986年，到姚哨区、三都区等6个区公所所在地开展青少年科普宣传17场（次），发放科普资料、图片1万余份。

1987年，组织县中小学生300余人到贵阳科技展览馆参观人造地球卫星图片、科技知识展览。

1988年，组织全县三学好生、特长生代表40人，在12名辅导员的带领下，开展为期3天的夏令营活动〔从惠水县城—九龙乡九龙村（重走长征路接受革命传统教育）—贵阳市青少年活动中心—花溪（全国夏令营基地贵州营地）—返回县城（采集动植物标本，撰写科普小论文）〕；到六个区公所所在地开展青少年科普宣传15场（次），发放科普资料、图片8600余份。

1989年，到县城内及6个区公所所在地开展青少年科普宣传8场（次），发放科普资料、图片5600余份。

1990年，到6个区公所所在地开展青少年科普宣传14场（次），发放科普资料、图片9300余份。是年，按国务院1988年2月发布的《扫除文盲工作条例》标准，经省人民政府检查验收，惠水县实现无盲县目标。

1991年，组织中小学生不定期开展课外科普活动，举办一年一度的小发明、小制作、小论文及数、理、化、生物知识竞赛。开展青少年科技夏令营活动。

1992年，组织开展全县第二届初一、初二中学生数学竞赛。

1993年，组队参加全国“希望杯”数学竞赛决赛（第二试）；在25个乡镇开展青少年科普宣传25场（次），发放科普资料、图片8600余份。

1994至1997年，落实国务院《扫除文盲工作条例》（修订后），采取全民动员、举办各类认字班、培训班等方式，开展扫盲工作，特别是青壮年中妇女、少数民族文盲扫盲工作。据统计，全县扫除青壮年文盲12526人，其中青壮年中的妇女9984人。1997年11月，经省政府验收，县实现了基本扫除青壮年文盲县。

是年，组织中小学生参加小发明、小制作、小论文及数、理、化等学科知识竞赛；在州外语教学研究会在县召开年会之际，聘请外语教师到县民族中学等学校教授外语实验课，针对县中学外语教学实力与学生学习状况，提出提高外语教学水平及学生学习外语的有益方法、建议。

1998年，到25个乡镇所在地学校开展青少年科普宣传25场次，发放科普资料、图片8800余份。

1999年，到25个乡镇所在地中心学校开展青少年科普宣传30场次，发放科普资料、图片1万余份；在全县开展90天扫毒大行动中，做好中小学生的防毒、拒毒教育及珍惜生命、远离毒品教育，将毒品危害和禁毒的基本法律列入中小学生思想品德课的教学内容，且每学期不低于10个课时。

2000年，县教育局、县科技局联合行文，要求各乡镇科协要把青少年科技教育纳入议事日程，各中小学科协及有关部门要密切配合，形成合力，确保中学生科技教育落到实处；要建立健全各项规章制度，配齐配好科技辅导员队伍；要开展丰富多彩、富于创造性的科技教育活动，使40%以上的中小学生掌握一、二项实用科学技术；要结合中小学课程改革，开足上好科技教育密切相关的课程。是年，组织到全县25乡镇所在地中心学校进行“崇尚科学文明，反对迷信愚昧”图片展。全县25个乡镇157所中小学校已配备科技辅导员157名。

2001年，组织举办县青少年生物与环境科学实践活动，开展科技夏令营、计算机操作竞赛、科学小论文、小发明、小制作、演讲比赛等活动25场次；举办科技竞赛1次，参赛2500余人。

2002年，在全县各乡镇中心学校开展科普宣传26场次，发放科普资料、图片1万余份。

2003年，组织开展青少年科技创新大赛活动；在县城内中学，邀请省科研院校专家作科普报告；举办高水平的青少年科普知识讲座；发放“非典”防治宣传资料1000余份。

2004年，在全县各中小学开展青少年科普宣传36场次，发放科普资料、图片1.3万余份；组织参加州第一届青少年科技创新大赛。

2005年，组织参加州第二届青少年科技创新大赛及“大手拉小手”青少年科技传播活动；邀请省科协组织的科普大篷车到毛家苑中小学展出“崇尚科学，关爱生命，维护人权，反对邪教”的科普画展；通过讲解员对“笼中鸟、拓扑游戏、锥体上流、平衡测定、双耳辩白”等20余项展件进行操作示范，给中小学生们上科普课。

2006年，组织参加州第三届青少年科技创新大赛、全省信息学、生物学奥赛、“大手拉小手”青少年科技传播活动；在全县各中小学开展青少年科普宣传40场次，发放科普资料、图片1.5万余份；创建县青少年科普基地1个（惠闽花卉苗木开发中心）；创建县青少年科技特色学校1个（断杉中学内）；邀请广州英豪教育报告团方忠访教授一行4人到县城关一小、二小、三小和一幼作当代子女教育特殊问题及对策专题报告4场。

2007年，组织参加州第四届青少年科技创新大赛、全省信息学、生物学奥赛、“大手拉小手”青少年科技传播活动；选派10名优秀中学生，在县民中教师罗国兵的带领下，第一次到北京参加出资赞助人——贵州籍企业家刘江先生、惠水籍主持人吴霓组织的“爱国，科普教育”为主旨的夏令营活动；继续加强县青少年科教基地、青少年科技特色学校建设，并对特色学校的48名中学生进行法制科普教育，发放科普小册子144份；在州科协的协调下，邀请中国家庭教育研究协会的专家到县城关一小作“为了明天——未成年人家庭教育”科普报告会，参会200余名家长、老师接受了一次树立正确教子观及提高师资综合素质的科普教育；组织城关二小师生56人到省科技馆参观学习。

2008年，组织参加州第五届青少年科技创新大赛、“大手拉小手”青少年科技传播活动；组织断杉中学50人到省科技馆参观学习。

2009年，组织参加州第六届青少年科技创新大赛及全省生物学联赛；组织断杉中学特色班学生53人到省科技馆参观学习；在惠水民中教师吴朝惠的带领下，第二次选派10名中学生参加刘江、吴霓组织的夏令营活动。

2010年，组织参加州第七届青少年科技创新大赛、全省信息学、生物学奥赛、“大手拉小手”青少年科技传播活动；加强县青少年科技教育基地建设；在高镇中学龙玉文老师的带领下，第三次选派10名中学生参加刘江先生、吴霓博士组织的夏令营活动。

2011年，组织参加州第八届青少年科技创新大赛和全省信息学、生物学竞赛，县民中90名学生参加初赛，2名获得复赛资格，1名获三等奖；在断杉等5个乡镇中心学校举办地震知识讲座5场，并向县内5所中小学4000余人发放新编的《地震防御常识》宣传读本4000余册。

2012年，组织参加州第九届青少年科技创新大赛和全省信息学、生物学竞赛，全县231名学生参加初赛，4名获得复赛资格；并通过评选在众多优秀作品中选举部分作品参加全省青少年科技创新大赛，2名获得二等奖；本年由于降雨时间长，先后组织了大龙乡等5个乡镇中心学校举办地震、地质安全知识讲座5场，并发放了资料4000余册；组织城关一、二、三小150名学生到三都镇金田村开展花卉育苗、中药材采挖等夏令营体验活动。

2013年，县青少年科普辅导活动中心由原来重点城内中小学校转变为每年利用全国科普日、科普活动周等到各学校开展课外科技活动。在第十五届中国科协年会在贵阳召开前夕，北京天文馆科普大篷车进驻民中，组织了中小学生5000余人观看了“奇妙的星空”及各种展板；组织民中、二中学生参加全省奥数比赛获三等奖5名；组织参加州第十届青少年科技创新大赛及省28届大赛，并参观了贵州科技馆；邀请龙里县科普大篷车到城关二小开展科普进校园活动，该校1500名师生参与；在大龙等地质灾害多发乡镇，对中小学生开展防震减灾知识培训4次，发放相关资料5000余册；举办惠水县青少年夏令营活动，一、二、三小150名同学到三都镇金田村开展花卉育苗、中药材采挖等体验活动。

2014年，在城关一、二小开展“防邪知识进校园”活动，同时在全县中小学生中启动“培养和弘扬社会主义核心价值观、自觉防范抵御邪教侵蚀”有奖征文活动，通过评审共上报10篇参评；组织民中、二中学生参加省第一届青少年科普知识竞赛，使同学们加深了对雾霾、地沟油的危害，垃圾分类的好处，地震后逃生等知识的了解。

2015年，在县青少年活动中心，集中城关一、二、三小师生参加青少年科普知识竞赛；同时在全县中小学开展了“科普进校园”“防邪知识进校园”活动。采用挂图《欺世害人的邪教头目》巡展10场（次），发放《反邪教警示教育青少年读本》1万册。继续开展好“培养和弘扬社会主义核心价值观、自觉防范抵御邪教侵蚀”有奖征文活动，进一步净化校园环境，增强了县青少年学生的识邪、防邪、反邪意识。

第四节　其他群众组织

一、个体劳动者协会机构

1983年惠水县个体劳动者协会成立，接受上级协会、工商行政管理机关、社团登记管理机关的业务指导和监督管理，独立自主地开展工作。县个体劳动者协会（以下简称县个协）实行“三自方针”，即“自我教育、自我管理、自我服务”。

1983至2015年，制定和修改《惠水县个体劳动者协会章程》共八次。章程规定，会员为个体经营者或从员，按照政府有关部门规定缴纳会费，同时享有权利和义务。会费年度交纳标准为60元至300元不等。县个协代表大会每五年召开一次，进行换届。闭会期间由理事会开展日常工作，对代表大会负责。会长为本会法定代表人，负责召集和主持理事会和常务理事会，秘书长主持办事机构日常工作。到2014年底，全县有个体会员6469户，从业人员16070人，会员实有资本达4.2亿元。根据个协章程规定，每五年进行一次换届。已进行四次换届。

县个协立足县域经济发展实际，搭建创业指导平台、经济援助平台、法律救助平台、诚信辅助平台及光彩论坛，构建和谐发展的“会员之家”，提高全县个私经济可持续发展能力。计划经济时期，惠水县农产品主要销往贵阳。20世纪80年代末，由个体户组成的农产品供需纽带逐步形成一定规模。如原三都镇有200多户个体户在贵阳从事经营活动，具备“产、销、运”一条龙条件，方便贵阳市民生活。在供需关系推动下，一些专业村寨也应运而生，如小龙村专门贩运大米，金石村专门贩运仔猪，芦山形成了“豆腐村”“造纸村”等。

1988年，组织实施个体私营经济在1987年基础上增长10%的计划，将户数、产值、营业额、税收进行分解并落实到各乡镇。各工商所组织工商干部深入所管辖乡镇开展工作，宣传省州县放宽政策文件精神，营造宽松环境和给予分类指导，传输信息，沟通业务，组织资金互助会，解决经营资金、生产需求的困难，采取大户帮小户、党员帮群众、大厂带小厂、坝子带山区的工作措施，推动全县个体私营经济发展。1991年5月，举办为期三天的钟表培训班，55人参加培训，考试合格后由相关部门发放“技术合格证”。1994年，县个体户组织资金互助会73个，互助资金76万元，帮助个体户解决周转经营问题。组织部分会员到香港、澳门等地参观学习。1995年，个体私营经济在县财政收入中“三分天下有其一”。

采取思想教育和职业道德教育相结合方式，在全县范围开展评选“诚实信用店”“文明个体户”“先进个体户”活动。1997年全县评出诚实信用店10个、文明个体户84户、先进个体户40户。建立资金互助会35个，为会员提供担保证明28份，贷款总额为150万元，发挥了资金互助会在生产经营中的互助作用。组织1492名个体户举行不吸毒、不贩毒、不种毒宣传活动，承诺拒毒禁毒。深入种植养殖行业进行调查，召开种植养殖业个体工商户生产交流会，交流生产经验，调动创业和扩大再生产的积极性。在会员中积极开展养老保险、医疗保险宣传服务工作，推行会员医药优惠卡制度，以个体医药零售店为重点，在和平镇辖区推行会员医药优惠卡试点工作，持优惠证受益会员达到100人以上。1998年，县个协组织个体户参加省个协、私协联合会举办的摄影、书画艺术大赛。县个协组织个体户选送参赛作品7件，均获优胜奖。

1999年组织38名个私协会理事到长顺县个私协，就协会的组织机构建设、思想建设、作风建设、制度建设、党团组织建设等方面进行了交流。1999年后，相继成立惠水县个体劳动者协会食品零售行业分会、矿石粉行业分会、烟草行业分会、运输行业分会、美容美发行业分会，并制定了各行业的自律公律。2004年，分别到高镇、摆榜、芦山3个农村集贸市场进行场天文艺演出，受到广大个体户的好评。在县影剧院举办以工商、个协、私协文艺节目为主，以“光彩的事业、多彩的祖国”为主题的国庆晚会。开展“致富思源，富而思进”教育活动，组织21户个体户到边远、贫困的打引乡开展帮扶活动，共筹集捐款2280元，学生文具、日用品、化肥、农用具、衣物等1669件（折价6000元），送到原打引乡农户和贫困学生手中。

2005至2015年，县个协共有26个会员小组，个体户任会员小组组长，每个会员小组有1到2个政治辅导员，组织会员小组学习20余次，参加学习的会员4000余人。聘请各工商所片区管辖人员为个协政治辅导员。聘请常年法律顾问2名，为维护会员的合法权益提供法律援助，协调处理3起侵害会员权益事件，使之得到圆满解决。

二、私营企业家协会

1990年4月，成立惠水县私营企业协会（以下简称县私协）。依据《贵州省私营企业协会章程》，制定和修改本会章程。会员是经工商行政管理机关核发营业执照的私营企业（包括个人独资企业、合伙企业、公司制的私营企业，以及其他组织形式的私营企业）及其从业人员。县私协在属县委、县政府领导，在黔南州私营企业协会和惠水县工商行政管理局的指导下开展工作，对全县私营企业履行“自我教育、自我管理、自我服务”的工作职能。县私协下设办公室负责办理日常性工作，即宣传教育、服务、维权等，按州私营企业协会规定的工作职责、范围开展工作。县私协下设理事会、常务理事会，每5年召开一次会员代表大会进行换届。私营企业加入惠水县私协后，每年必须按有关规定交纳会费，本着取之于会员用之于协会的工作原则，用于惠水私协所需的办公费用、组织会员开展活动及用于会员技能培训、搭建交流学习平台、维护合法权利平台、慰问困难会员、召开会员年会等费用。会员费的收取原则是自愿认缴费额，一般收取标准为每户在2000元以下。至2014年，县私协有会员441户，注册资本6.4亿元。全县非公有制经济从业人数近3万人。

在改革开放初期，县私协开展全县私营经济的情况调查，理清全县发展私营经济的基本状况、存在问题及发展对策思路，为县提供参考。1994年，县印发关于发展个体私营经济的20条意见，把发展个体私营经济作为经济工作重点，列入考核乡镇工作十大指标之一。是年，全县有私营企业37户，从业人员818人。私营企业成为纳税大户之一，成为县域经济重要组成部分。

2011年，惠水山区旱灾灾害严重，县非公有制经济党委在长田工业园区召开抗旱工作座谈会，号召非公有制企业积极支持抗旱救灾。私营企业捐款54746元，支援全县抗旱救灾，并积极参加抗旱救灾活动。会员出资、赠物总计68000元支持抗旱救灾，并参与“六一”国际儿童节等捐资助学活动。

县个私协副会长、惠水县湖南商会秘书长李正林，在工商联组织开展的光彩事业活动中，带头捐款捐物，积极地引导组织会员热心参与，先后在县抗冻救灾、抗震救灾、抗旱救灾、扶贫济困、新农村建设、学校基础设施建设等方面给予支持帮助。先后获得“全州百佳个体工商户”“县优秀个体户”“涟江骄傲提名人物”“非公有制经济之星”“优秀共产党员”、县“抗旱救灾”优秀共产党员等多项荣誉称号。

县私协会员单位贵州永红食品有限公司，广辟就业门路。公司的1200余人中，75%为社会待业人员和农村剩余劳动力；15%为国有企业下岗职工；共安置国有企业下岗职工、社会待业人员和农村剩余劳动力1000余人。公司捐资120多万元，改善教育基础条件，资助一批失学及贫困学生。积极参与希望书库捐赠活动，投入20万元资金购1500余册书，捐赠给惠水县第四（满坝）小学、抵麻小学、宁旺乡苹果希望小学。2008年5月，公司向四川灾区捐赠1000件卤汁牛肉，价值人民币50多万元，同时组织员工捐款近5万余元支援灾区。带动11000多户农户发展养殖业，平均每户增加2000元，开创了市场经济条件下，以开发式扶贫为主的模式。

三、消费者协会

1990年3月，成立惠水县消费者协会（简称县消协）。

受理申诉。据1990年到1997年的8年统计资料显示，县消协受理投诉案件312起，争议金额10万元，为消费者挽回经济损失32426元。投诉内容涉及房屋渗水面积缩小、县物资公司液化气供应站断供等情况。1998至2014年，共受理消费者投诉905件，为消费者挽回经济损失686626元，有效地保护了消费者的合法权益。

“3·15”活动。从1983至2015年，县3·15活动由县城广场主场宣传推广到各乡镇主要市场宣传，开展现场3·15文艺演出；由工商部门主持，县委宣传部门共同参与，县四家班子领导参加；最初由单一的对各种假冒伪劣食品的现场展示及现场接待消费者咨询，活动结束后进行销毁的方式，到执法部门共同参与每年通过有主题的大型宣传，增强消费者维权意识。

农村消费维权。1998年，主持召开“打假保春耕座谈会”，邀请县四家班子领导、县直有关部门负责人、农民代表参加。是年3月，出动宣传车55辆次，分赴全县各乡镇进行宣传教育，有形式、有内容、效果好，受到农村消费者的好评。1999年，分别在全县的25个乡镇、167个自然行政村、5个社区、2个成型市场、5个综合市场、5个旅游景点、7所中小学校，共设置216个消费维权监督、投诉站，聘请216人为投诉站负责人，加强农村消费者的维权保护。

接待来访。1978至2014年，通过“3·15”活动现场接待的群众达15000人。到县工商局“12315”申诉举报中心的来访群众272人次。通过接待来访，与各工商所配合调查调解，调解率在98%以上。

“12315”消费者网络建设。2009年后，县工商部门在13个乡镇建立了13个消费者协会基层分会和30个“消费者投诉站”、30个“12315”联络站。通过“一会二站”工作，全县消费者权益保护工作在全县推开。

第五篇　人大　政府　政协

第一章　人民代表大会

第一节　历次人民代表大会

一、代表

代表产生　1978年恢复县级人民代表大会制度，9月19日至22日，召开县第八届人民代表大会第一次会议，出席会议代表由基层和部门推荐、组织审定，共524名代表。1980年，县人大代表采用直接差额选举产生。全县登记选民16.39万人，占总人数的51.68%，被剥夺政治权利151人，停止选举权的44人，无法行使选举权利的344人。参加选举县人大代表的选民15.06万人，占选民人数的91.85%。选举产生第九届人民代表大会代表234人。1984年，依法进行县人大代表换届选举。全县共划分为101个选区，各选区根据分配的代表名额和代表结构要求，自下而上酝酿确定正式候选人。各选区按多数选民意见，以多于应选代表二分之一至一倍的差额确定正式候选人，并以无记名投票方式选出第十届人民代表大会代表243人，其中：工人、农民和其他劳动者代表108人，占44.9%；干部代表77人，占31.3%；科技、知识界代表39人，占16%；人民解放军、爱国民主人士、侨眷、台属、起义人员等方面的代表19名，占7.8%。代表中的中共党员代表144人，占59.6%；非党代表99人，占40.4%；妇女代表55人，占22.6%；少数民族代表138人，占56.7%。至第十届人民代表大会第一次会议召开前，1名代表因病去世，出席会议代表共有242人。第十一届、第十二届、第十三届、第十四届、第十五届、第十六届县人民代表大会代表，均采用无记名投票直接差额选举产生。第十三届划分为92个选区，选举日是1993年1月10日；第十四届划分为85个选区，选举日是1998年1月15日；第十五届划分为80个选区，选举日是2003年1月8日；第十六届划分为80个选区，选举日是2006年11月10日；第十七届划分为83个选区，选举日是2011年11月10日。

2015年，全县划分83个选区，共登记选民24.46万人，占全县人口总数的52.6%，经过选民自下而上酝酿推荐确定正式候选人，以无记名投票方式选出第十七届人民代表大会代表206人。经代表资格审查委员会审查，当选的206名代表的选举产生程序符合法律规定。当选的代表中，中共党员133人，占64.56%；女50人，占24.28%；非党75人，占45%；汉族84人，占40.78%；少数民族122人，占59.22%；工人12人，占5.82%；农民93人，占45.14%；研究生4人，占1.94%；本科57人，占27.67%；大专及高职52人，占25.24%；中专、职高及高中24人，占11.65%，初中68人，占33.01%，小学1人，占0.48%。

1978至2015年，县人民代表大会代表结构最显著的变化是知识分子比例增多，代表文化层次提高。第十七届人大代表中，小学及小学文化以下者仅1人，占本届县人大代表总数的0.48%；具有大专以上文化的代表113人，占代表总数的54.85%。从第八届至第十七届，各届代表的任期，与同届人民代表大会届期一致。

表5-1

惠水县全国及贵州省人民代表大会代表名录

级别	届别	代表姓名
全国人大代表	第三届	李国庆（布依族）
	第五届	杨靖洲（布依族）
	第六届	杨靖洲（布依族）
	第七届	杨靖洲（布依族）
	第十一届	杨凤玲（女、布依族）
贵州省人大代表	第三届	杨靖洲（布依族）
	第五届	罗应学（布依族）、杨靖洲（布依族）、陈永荣（布依族）、班启秀（女，布依族）、陈正邦（苗族）、霍文吉
	第六届	王启发（苗族）
	第七届	王启发（苗族）、吴邦琮（苗族）
	第八届	徐德林（布依族）、白世富（布依族）、周兴祥
	第九届	徐德林（布依族）、吴金兰（女，苗族）、龙康林、高连峨
	第十届	陈国英（女，布依族）、曾艳（女）、吴邦学（苗族）
	第十一届	陈国英（女，布依族）、吴丹萍（苗族）、罗国江、释崇慈
	第十二届	罗兴惠（女）、万庆华（布依族）、占建芳、罗永慧

表5-2

惠水县第八届至第十七届人民代表大会代表人数统计表

届别	代表总数	性别		民族		党派		职业					学历	
		男	女	汉族	少数民族	中共党员	民主党派和无党派	工人	农民	干部	知识分子	军队及其他	大专以上	初中以下
第八届	524	—	—	—	—	—	—	—	—	—	—	—	—	—
第九届	234	—	50	—	135	—	74	2	106	94	15	17	—	—
第十届	243	188	55	105	138	144	99	108		77	39	19	—	—
第十一届	193	153	40	81	112	139	54	—	—	—	—	—	19	58
第十二届	216	173	43	97	119	111	62	—	—	—	—	—	—	—
第十三届	218	169	49	91	127	139	79	98		83	35	2	37	41
第十四届	206	158	48	87	119	133	73	134		68	65	4	65	18
第十五届	206	151	55	75	131	130	76	103		73	82	3	125	81
第十六届	206	149	57	74	132	139	67	107		85	96	5	127	79
第十七届	206	156	50	84	122	133	73	12	93	79	113	2	137	69

代表活动 代表活动是代表履行代表职务的重要组成部分。多年来，县级人大及其常委会不断采取多种形式搭建人大代表开展活动的平台，支持代表紧紧围绕县委工作的中心和大局，围绕民主法治建设，围绕本级人大及其常委会的工作要点，开展各种活动，充分发挥了人大代表知情参政、桥梁纽带、模范带头的作用。

代表分组及培训 按照方便组织代表开展活动的原则，将本级人大代表编为若干小组，定期和不定期地组织代表开展学习、参观、视察、调研等闭会期间的活动。2000年12月县第十四届人大常委会通过的《关于加强代表工作的意见》，规范了代表活动的内容、形式以及如何充分发挥人民代表的作用等，促进代表小组活动经常化和制度化。

建立联系代表制度 县人大常委会制定了县级人大领导班子联系本级人大代表的制度和办法，从县人大常委会组成人员到乡镇人大主席、副主席，均明确了联系本级人大代表的对象和走访人大代表的基本要求。做到定点、定人、定时或不定时地走访代表，及时向代表了解所在地区的经济社会情况，将他们反映的意见和建议交由有关机关研究处理，支持代表履行职务。

搭建代表活动平台 2015年全县10个镇（街道）均建立“代表联络站”专题会议。每个联络站基本做到“八有”（有活动室、有专人负责、有办公设备、有学习资料、有活动制度、有工作计划、有活动记录、有工作总结）。此项工作得到州人大的充分肯定，2015年9月18日，全州代表联络站建设观摩现场会在惠水召开。

建立代表联系选民制度 为使代表了解、掌握、准确反映社情民意，每个代表小组建立代表活动制度，每位代表必须联系选民3～8人，广泛征求选民的意见，并将意见带到大会上。同级人大对代表联系工作进行不定期抽查，改变部分代表只当代表不发言、不反映情况的现象。

参加工作评议和述职评议 县、镇两级人大组织对有关国家机关开展工作评议和对“一府两院”组成人员进行述职评议时，邀请一定数量的人大代表参加，要求被评议对象按照群众意愿改进工作。1998年以来，县人大常委会先后邀请多名本级和省州驻县人大代表参加对县级机关多个单位和个人进行评议。

开展“五带头”“五个一”活动 县、乡镇两级人大组织开展“五带头”（带头落实党的方针政策、带头关注民生、带头致富、带头扶贫帮困、带头维护社会稳定”）和“五个一”（到本人所在选区走访一次、向人大机关反映群众意见和要求一次、向政府提出意见建议一条、参加代表视察调研一次、掌握实用技术一门）活动。县九届人大以来，每届人大任期内均组织开展评选优秀人大代表活动，重点表彰依法履行代表职责和在“五带头”“五个一”活动中工作突出的人大代表。

代表视察和调研 县人大常委会每年均组织省、州、县三级人大代表集体视察和进行专题调研一至两次。视察的内容主要围绕是年本级人民代表大会确定的任务和本地区工作的需要及人民群众关心的难点热点进行安排，专题调研的项目则按照“小型、专题、深入、实效”的要求进行选择。视察、调研中注意深入实际，走访群众，了解真实情况，一分为二评价工作。视察和调研后，及时写出报告，形成集体意见和建议，当面或书面与“一府两院”进行交换，有效推进各项工作。每届人大代表除对国民经济、社会发展计划及财政预算执行情况进行视察外，围绕各个时期的重点工作进行视察。

第九届人大常委会 主要对市场物价、社会治安状况、城市环境卫生、农村生产责任制的落实、防病治病、商业服务质量等工作进行视察调研。1992年7月，对断杉区出现地方性甲状腺肿大流行进行视察调研，责成商业部门在地甲病高发区供应碘盐，县防疫站对食盐含碘量进行测定等。

第十届人大常委会 主要对乡镇企业发展、“两户一联”发展、优抚工作、教育工作（中小学的住房和教育设施）等工作进行视察调研。

第十一届人大常委会 主要对交通建设、水利、民族等工作及偏远乡镇看报难等进行视察调研。1989年11月，通过视察帮助党古乡生产自救、安排人民生活，民政部门购买3吨多救灾化肥，集中发放给灾情严重、困难较大的农户，并注意解决缺粮户的救济粮和回销粮。1988年3月，摆榜乡群众反映发展农业需解决耐寒耐旱的“意大利一号”良种，通过视察调研，责成县种子公司落实解决种子二万千克。

第十二届人大常委会 主要对科技兴农、《企业法》执行情况，铁合金厂、黄磷厂等发展情况进行视察调研。

第十三届人大常委会 主要对社会治安管理处罚条例、基层公安工作、农业法的贯彻执行情况，减轻农民负担情况，县城市容市貌、引资引项、海里电站兴建、惠罗公路改造等工作进行视察调研。1993年3月，针对个别乡镇硬套农民人均纯收入的5%收取统筹费和继续收取县政府已宣布取消的收费项目问题，通过视察调研，建议政府职能部门对涉农收费项目，应办理持证收费手续，依法收费，严禁向农民“乱伸手”“乱收费”“乱摊派”，切实减轻农民负担。

第十四届人大常委会 主要对城市规划法执行情况，创卫工作、非公有制经济发展及国企改革、“普九”教育、扶贫工作、农业产业结构调整、环境保护等工作进行视察调研。

第十五届人大常委会 主要对断杉镇、羡塘乡异地扶贫移民安置工程实施情况和小城镇建设，摆榜乡扶贫攻坚，招商引资，发展畜牧业生产，长田工业经济项目建设，农业生产资料价格及销售，农村电网改造，退耕还林、沼气池建设，农村小型水利经营权转让拍卖，新农村建设等工作进行视察调研。

第十六届人大常委会 主要对农村合作医疗、社会主义新农村建设试点、农业生产和农村经济发展、建立健全社会保障体系、林权制度改革、整脏治乱、农村危房改造、返乡农民工创业就业、廉租房项目建设、基本农田整理、土地开发、农田水利设施建设、城建，石漠化综合治理、寄宿制学校基础设施建设及管理、“185”工程、加强和创新社会管理、工业强县等工作进行视察和调研。2010年7月针对县城饮用水源保护工作，组织驻县省、州、县三级代表开展视察和调研，向县政府提出不能在水源地保护区内实施房屋建设项目等建议，县政府予以采纳。

第十七届人大常委会 主要对“四路一区”项目建设、长田工业园区建设、2011至2012年事业单位招聘人员使用情况、2012至2013年招商引资企业投资生产情况、县城总体规划修编情况、城北新区规划建设、“欢乐岛”旅游开发、涟江现代农业产业园区建设、乡镇行政区划调整后运行情况、城北实验小学建设、好花红村“四在农家·美丽乡村”建设情况、长岩村茶产业基地建设情况、摆金镇小城镇建设等工作进行视察调研。2014年3月至10月组织196名代表开展“进法庭、听庭审”活动，听取法庭庭审案件40件。

二、人民代表大会

县人民代表大会是全县人民通过选举产生的县一级最高权力机关，代表全县各族人民行使地方国家权力，选举产生县级“一府两院”（县人民政府、县人民法院、县人民检察院）的组成人员，对其负责并报告工作、接受其监督。

1978年（宪法）规定，县、市、市辖区的人民代表大会每届任期三年。1982年宪法和《中华人民共和国地方各级人民代表大会和地方各级人民政府组织法》规定，县、自治县、不设区的市、市辖区、乡、民族乡、镇的人民代表大会每届任期三年。1993年八届全国人大一次会议修改宪法，将县级人大的任期由三年改为五年。2004年，地方各级人民代表大会和地方各级人民政府组织法修正案将地方各级人民代表大会每届任期由3年改为5年。惠水县于2006年底实现县、乡同步选举。县人民代表大会的任期第八届（1978年）至第十二届（1993年）任期均为三年，从第十三届（1993年）至第十七届（2016年）均为五年。县人民代表大会每年至少举行一次会议，会期3至8天。县人民代表大会会议须有三分之二以上代表出席始得举行。代表因病或者其他特殊原因不能出席会议，会前要书面向县人大常委会请假，未经批准两次不出席会议的，依法终止其代表资格。每次全体会议举行前，大会秘书处负责向大会主席团报告代表出席会议情况，代表参加代表团讨论的情况要作认真登记并报告大会主席团。县人民代表大会会议公开举行，大会全体会议设代表席、列席席，必要时设旁听席。人民代表大会会议期间，代表在会议上的发言和代表团分组审议的发言，由秘书处整理简报印发给与会者。代表在会议上的发言有免责权、不受法律追究。

县人民代表大会举行会议时，大会主席团、县人大常委会、县人民政府、县人民法院、县人民检察院可以向人民代表大会提出属于本级人民代表大会职权范围内的议案、由主席团决定是否列入会议议程。代表10人以上联名，也可向大会提出议案。经议案审查委员会审查，提出报告，由主席团决定是否列入会议议程。主席团决定不列入议案的可以作为代表建议、意见处理。经主席团决定列入会议议程的议案，经各代表团审议，提请大会全体会议表决后，交县有关部门实施。有关部门应当在大会闭会后的3个月内，向县人大常委会提出实施情况报告。

县人大常委会、县人民政府、县人民法院、县人民检察院在县人民代表大会会议上所作的工作报告、由各代表团审议，大会秘书处根据代表的审议意见，向主席团提出对工作报告的修改意见、起草相应的决议草案，由主席团决定提请大会全体会议表决。代表在人民代表大会期间提出的建议、意见，由县人大常委会代表工作委员会交有关部门处理。有关部门必须在大会闭会后3个月内办理完毕，最迟不得超过6个月，并将办理情况答复代表。

1978至2015年，共召开10届34次县人民代表大会会议，会议基本议程为：听取和审议县人民政府工作报告、国民经济和社会发展计划报告、财政预算和决算报告、县人大常委会工作报告、县人民法院工作报告、县人民检察院工作报告，选举。

第八届县人民代表大会 本届人民代表大会任期2年零3个月，共召开全体会议1次。

第一次会议 1978年9月19日至22日在县城召开，应到代表556人，出席会议代表524人。会议审查通过县革命委员会《抓纲治国继续革命，为实现新时期的总任务而奋斗》的报告；选举县革命委员会主任1名、副主任共7名、县革命委员会成员33名、县人民法院院长1名、县人民检察院检察长1名；选举出席黔南州第七届人民代表大会代表52名。

胡家敬、韦连秀、罗宁清、向念侨、梁志华、刘宏珍、吴开华、吴大泽、江雁芳、胡微、陈光英、左云山、陈志秀、岑绍祥、陆初生、王文光、肖开太、何士萱、王付云、吴妹富、王启发、杨通富、桑德明、陈国英、张家兰、罗廷金、吴开和、罗兴年、陈恩福、唐华文、陈国民、杨翠良、杨培俊、刘廷珍、黄锡奎、罗先书、杨胜录、刘锡荣、罗用奇、罗光英、王世英、罗云辉、白友生、耿仁平、罗先才、张建民、班治平、罗荣义、杜瑞章、刘克俊、王世柱、吴发清。

说明：因1978年9月至1980年12月未召开黔南州第七届人民代表大会，根据州安排，惠水县第九届人民代表大会第一次会议于1981年1月重新选举出席黔南州第七届人民代表大会代表85人

第九届县人民代表大会 本届人民代表大会任期3年零8个月，共召开全体会议3次。

第一次会议 1980年12月27日至1981年1月3日在县城召开，出席会议代表234人。会议审议通过《惠水县革命委员会工作报告》《惠水县财政预决算报告》《惠水县人民法院工作报告》《惠水县人

民检察院工作报告》；决定设立惠水县人民代表大会常务委员会，选举县人大常委会主任1名、副主任6名、委员8名；会议决定恢复惠水县人民政府，选举县长1名、副县长6名；选举县人民法院院长1名、县人民检察院检察长1名；选举出席黔南州第七届人民代表大会代表85名。

丁永珍	方继录	王文光	王文超	王玉华	王付云	王世英	王启发	韦佩恩
韦莲秀	尹金华	刘兴田	刘廷珍	刘宏珍	刘克俊	刘锡荣	冯化云	左云山
龙玉兰	卢明伦	卢绍芝	朱伦忠	朱绍先	白友生	向念侨	杨　礼	杨天清
杨昌菊	杨昌雄	杨国仁	杨通富	杨翠良	杜瑞章	李登云	张家兰	张健民
吴大泽	吴开华	吴开和	吴正荣	吴发清	吴妹福	陈文明	陈光英	陈廷金
陈国兴	陈国民	陈国英	陈恩福	陆初生	余启祥	岑荣珍	岑绍祥	罗天华
罗云辉	罗宁静	罗必洪	罗先才	罗先书	罗兴年	罗光英	陈志秀	罗用奇
罗廷金	罗再文	罗应学	罗昌云	罗荣义	罗家富	胡　微	胡家敬	赵录明
唐华文	耿仁平	班世忠	班治平	班国才	桑德明	梁志华	黄锡奎	程　实
雷启丰	潘金凤	黎美英	王世祚					

第二次会议　1982年3月22日至29日在县城召开，出席会议代表185人。

第三次会议　1983年3月8日至11日在县城召开，出席会议代表184人。

第十届县人民代表大会　本届人民代表大会任期2年零10个月，共召开全体会议3次。

第一次会议　1984年9月5日至9日在县城召开，出席会议代表218人。会议审议通过县人民政府工作报告；批准1983年国民经济计划执行情况和1984年国民经济、社会发展安排情况报告；批准1983年财政决算和1984年财政预算报告；审查县人大常务委员会工作报告、县人民法院工作报告、县人民检察院工作报告；采取等额选举的方法选举县人大常务委员会主任1名、副主任6名、委员8名；选举县人民政府县长1名、副县长4名；选举县人民法院院长1名、县人民检察院检察长1名。

第二次会议　1985年5月7日至10日在县城召开，出席会议代表186人。

第三次会议　1986年3月1日至5日在县城召开，出席会议代表236人。选举出席黔南州第八届人民代表大会代表63人。

王　平	王文超（苗）	王玉先（苗）	王永章（苗）
王传明	王兴儒（苗）	王启发（苗）	王家伦（布依）
王庭秀（布依）	王祚初	王朝香（女、苗）	韦昌明
韦莲秀（女、苗）	龙清翠（女）	卢正琴（女）	卢明伦（布依）
卢新涛	白亮奎（布依）	刘大兰（女）	刘庚田
刘天宝	刘嘉仁	汤克林	花文忠（布依）
李家胜（苗）	杨光亮（布依）	杨光辉（苗）	杨佐平（女）
杨昌雄（苗）	杨培先（苗）	杨通智（布依）	吴世英（苗）
吴永昌	吴莲英（女、苗）	余大均	邱耀国
陈万元（布依）	陈天金（布依）	陈凤昌（布依）	
陈发松（布依）	陈发荣（苗）	陈廷金（布依）	陈运祥（布依）
鸣再友	陈德兰（女、布依）	罗永贤（布依）	罗占菊（女、布依）
罗应学（布依）	罗秀刚（布依）	罗明光	罗德忠（布依）

罗德斌（布依）	陈开珍（女、布依）	赵世福	徐忠学
徐德林（布依）	班桃芬（女、布依）	黄永学（布依）	崔　官
曾庆和	曾庆晏	雷启丰（布依）	潘正兰（女、苗）

第十一届县人民代表大会　本届人民代表大会任期2年零10个月，共召开全体会议3次。

第一次会议　1987年7月23日至27日在县城召开，应到代表193人，实到代表192人。会议听取和审议《惠水县人民政府工作报告》，审查和批准《惠水县国民经济社会发展第七个五年计划》《惠水县1986年国民经济、社会发展计划执行情况和1987年计划草案的报告》《惠水县1987年国民经济和社会发展计划》，听取和审议《惠水县1986年财政决算和1987年财政预算》，听取和审查县人大常务委员会工作报告、县人民法院工作报告、县人民检察院工作报告。选举惠水县第十一届人民代表大会常务委员会主任1名、副主任4名、委员14名；选举惠水县人民政府县长1名、副县长4名；选举县人民法院院长1名、县人民检察院检察长1名。

第二次会议　1988年4月19日至22日在县城召开，实到代表176人，会议补选县人大常委会委员4名，补选县人民法院院长1名。

第三次会议　1989年3月28日至4月1日在县城召开，实到代表156人。

第十二届县人民代表大会　本届人民代表大会任期2年零10个月，共召开全体会议3次。

第一次会议　1990年5月12日至17日在县城召开，应到代表216人，实到代表207人。会议听取和审议通过《县人民政府工作报告》《惠水县1989年国民经济、社会发展计划执行情况及1990年计划安排工作草案的报告》《惠水县1989年财政决算和1990年财政预算安排的报告》《县人大常务委员会工作报告》《县人民法院工作报告》和《县人民检察院工作报告》。选举县第十二届人民代表大会常务委员会主任1名、副主任4名、委员14名；选举县人民政府县长1名、副县长4名；选举县人民法院院长1名、县人民检察院检察长1名。

第二次会议　1991年4月9日至13日在县城召开，实到代表195人。会议选举出席黔南州第九届人民代表大会代表38人。

李自伦	陈建东	郝鑫中	王　勇（苗）
王文顺（苗）	王文炳（苗）	王泽清（布依）	王恩华（布依）
甘文芳（女）	石化礼（布依）	卢忠培	代元英（女）
白世富（布依）	李让寅	杨永秀（女、苗）	杨光权（苗）
杨光超（苗）	杨国美（女、苗）	杨培俊（布依）	吴邦本（苗）
余歌今	陈大莲（女、布依）	张文玖	陈发琴（女、布依）
陈昌礼	陈晓松（女）	罗廷相（布依）	罗进兴（苗）
罗灿荣（布依）	罗绍兴（布依）	罗胜敏（女、布依）	董文范
罗德纯（布依）	庭仕华（苗）	班世忠（苗）	黄达武
黄启兰（女、布依）	罗国厚（女、苗）		

第三次会议　1992年4月7日至9日在县城召开，实到代表162人。

第十三届县人民代表大会　本届人民代表大会任期5年，共召开全体会议5次。

第一次会议　1993年3月23日至27日在县城召开，应到代表218人，实到代表208人。会议听取和审议通过《惠水县人民政府工作报告》，审查和批准《惠水县1992年国民经济社会发展计划执行情况和

1993年计划安排草案的报告》《惠水县1992年财政决算和1993年财政预算草案的报告》，听取和审议《惠水县人大常委会工作报告》《惠水县人民法院工作报告》和《惠水县人民检察院工作报告》。选举县人大常委会主任1名、副主任4名、委员14名；选举县人民政府县长1名、副县长5名；选举县人民法院院长1名、县人民检察院检察长1名。

第二次会议　1994年3月14日至17日在县城召开，实到代表187人。

第三次会议　1995年3月22日至25日在县城召开，实到代表178人。

第四次会议　1996年4月15日至19日在县城召开，实到代表192人。会议补选县长1名，选举出席黔南州第十届人民代表大会代表37人，名单如下：

王启敖（苗）	白秀芝（女、布依）	陈建东	赵青华
黄剑英（布依）	王飞燕（女、苗）	王文顺（苗）	王兴儒（苗）
王青林（布依）	王明兴（布依）	王恩海（苗）	周绍昌
方启秀（女）	龙康林	申建忠	白正琼（女、布依）
杨　军	刘克珍（女、布依）	黄桂祥	杨凤玲（女、布依）
杨存良（布依）	杨昌龙（布依）	李正忠（苗）	吴大泽（苗）
吴明珍（女、苗）	吴金兰（女、苗）	吴新华（苗）	陆贵平
陈开茂（布依）	陈文凤（女、布依）	陈玉兴	陈德兰（女、布依）
王国芳（女、布依）	郑国麟	班世忠（苗）	徐德林（布依）
刘忠英（女）			

第五次会议　1997年3月11日至14日在县城召开，实到代表181人。

第十四届县人民代表大会　本届人民代表大会任期5年，共召开全体会议6次。

第一次会议　1998年3月18日至23日在县城召开，应到代表206人，实到代表199人。会议听取和审议通过县人民政府工作报告、惠水县1997年国民经济和社会发展计划报告、惠水县1997年财政预算执行情况和1998年财政预算报告、县人大常委会工作报告、县人民法院工作报告和县人民检察院工作报告。选举县人大常委会主任1名、副主任6名、委员13名；县长1名、副县长6名；选举县人民法院院长1名、县人民检察院检察长1名。

第二次会议　1999年3月16日至19日在县城召开，实到代表167人。

第三次会议　2000年3月14日至18日在县城召开，实到代表178人，会议补选县长1名。

第四次会议　2001年3月16日至21日在县城召开，实到代表170人。会议补选县长1名，选举出席黔南州第十一届人民代表大会代表37名。

李吉才	何永康	佟乐亚（女、满）	柏怀珍（布依）
袁克勤	王乙未（布依）	王飞燕（女、苗）	邓生龙（布依）
龙兴国（苗）	龙瑞林（苗）	申建明	刘忠英（女）
刘学辉	刘崇珍（女、布依）	刘嘉元（布依）	杨凤玲（女、布依）
杨应波（布依）	杨靖辉（苗）	吴咏梅（女、苗）	吴桂莲（女、苗）
吴新华（苗）	陈文凤（女、布依）	陈全福（布依）	陈沛松（女）
罗莉（女）	罗国江（布依）	罗德胜（布依）	郑国麟
庭权（苗）	骆用定	班　峰（苗）	徐德林（布依）

黄培豪　梁仕荣（布依）　葛嵩涛（女、布依）　程世钧（苗）
黎俊敏（布依）

第五次会议　2001年9月24日至26日在县城召开，实到代表155人，会议补选县长1名。

第六次会议　2002年3月14日至17日在县城召开，实到代表194人。

第十五届县人民代表大会　本届人民代表大会任期3年零10个月，共召开全体会议4次。

第一次会议　2003年2月26日至3月3日在县城召开，应到代表206人，实到代表202人。听取和审议通过县人民政府工作报告、《惠水县2002年国民经济与社会发展计划执行情况及2003年国民经济和社会发展计划报告》《惠水县2002年财政预算执行情况和2003年财政预算报告》、县人大常委会工作报告、县人民法院工作报告和县人民检察院工作报告。选举县人大常委会主任1名、副主任6名、委员14名；县长1名、副县长5名；选举县人民法院院长1名、县人民检察院检察长1名。

第二次会议　2004年3月9日至12日在县城召开，实到代表189人。

第三次会议　2005年3月13日至15日在县城召开，实到代表184人，会议补选县长1名。

第四次会议　2006年3月14日至16日在县城召开，实到代表189人。

第十六届县人民代表大会　本届人民代表大会任期5年，共召开全体会议5次。

第一次会议　2007年1月6日至9日在县城召开，应到代表206人，实到代表201人。会议听取和审议通过《县人民政府工作报告》《惠水县2006年国民经济与社会发展计划执行情况及2007年国民经济和社会发展计划报告》《惠水县2006年财政预算执行情况和2007年财政预算报告》、县人大常委会工作报告、县人民法院工作报告和县人民检察院工作报告。选举县人大常委会主任1名、副主任5名、委员15名；县长1名、副县长5名；选举县人民法院院长1名、县人民检察院检察长1名。选举出席黔南州第十二届人民代表大会代表37名。

王培安　田茂清（土家）　杨明荣（苗）　吴大鸿（苗）
莫春开（布依）　王飞燕（女、苗）　王志勇（苗）　王学元（苗）
王昌福（布依）　龙江惠（女）　向忠雄（土家）　刘晓玉
阳军（苗）　李明德　李家贵（苗）　杨　华（苗）
杨发考（布依）　杨发会（布依）　杨应波（布依）　杨淑惠（女、布依）
杨靖辉（苗）　吴　丹　佘喜平　张　蓝（女）
陈占恒（布依）　陈声国（布依）　陈国英（女、布依）　陈统云（女）
罗莉（女）　罗永荣（布依）　罗兴明　罗昌明（布依）
罗德惠（布依）　郭静雯（女）　彭和全　谢廷斌（布依）
谢家鸿（布依）

第二次会议　2008年1月20至22日在县城召开，实到代表204人。

第三次会议　2009年1月7日至10日在县城召开，实到代表199人。

第四次会议　2010年3月2日至5日在县城召开，实到代表196人，会议补选县人大常委会主任1名、副主任1名。

第五次会议　2011年元月10日至13日在县城召开，实到代表195人。

第十七届县人民代表大会　本届人民代表大会任期至2015年届期未满，共召开全体会议4次。

第一次会议　2012年1月4日至6日在县城召开，应到代表206人，实到代表199人。会议听取和审议并通过县人民政府工作报告、县人大常委会工作报告、县人民法院工作报告和县人民检察院工作报告；审议并通过《惠水县2011年国民经济和社会发展计划执行情况及2012年国民经济和社会发展计划报告》《惠水县2011年财政预算执行情况和2012年财政预算报告》。选举县人大常委会主任1名、副主任6名、委员16名，县长1名、副县长6名；选举县人民法院院长1名、县人民检察院检察长1名。选举产生出席黔南州第十三届人民代表大会代表39名。

邓帮奎	杨永英（女、布依）	吴秀全（布依）	罗宁（布依）
万庆华（布依）	王　勇（苗）	王友波（布依）	王坤义（布依）
王恩达（布依）	龙玉伦	龙江惠（女）	白　嵋（女）
兰　京	杨光祥（苗）	杨昌智（布依）	黄培庄
李明（苗）	李兴兰（女、布依）	吴　丹	吴邦应（苗）
张国祥	陆光霞（女）	陈　林（苗）	陈玉琴（女、苗）
陈朝敏（布依）	陈德云（布依）	罗永荣（布依）	罗兴明
罗兴惠（女）	罗应魁（布依）	罗秋萍（女）	罗洪斌（布依）
洪德云	秦　英（女、苗）	黄春林（苗）	曾向东
谢本懿	裴承元（苗）	杨胜英（女、布依）	

第二次会议　2013年2月27日至3月1日在县城召开，实到代表198人。

第三次会议　2014年2月22日至24日在县城召开，实到代表188人，会议补选县人民政府县长1名。

第四次会议　2015年2月4日至6日在县城召开，实到代表195人。

1980—2015年惠水县人大常委会历届领导人名录

表5-3

届　次	职　务	姓　名	性别	民　族	任职时间
第九届	主　任	王启发	男	苗　族	1981.1—1984.9
	副主任	冯永敬	男	汉　族	1981.1—1984.9
		杨靖洲	男	布依族	1981.1—1984.9
		张世荣	男	汉　族	1981.1—1984.9
		周林柏	男	汉　族	1981.1—1984.9
		杨培俊	男	布依族	1981.1—1984.9
		石发先	女	布依族	1981.1—1984.9
第十届	主　任	王启发	男	苗　族	1984.9—1987.7
	副主任	冯永敬	男	汉　族	1984.9—1987.7
		杨靖洲	男	布依族	1984.9—1987.7
		张世荣	男	汉　族	1984.9—1987.7
		周林柏	男	汉　族	1984.9—1987.7
		杨培俊	男	布依族	1984.9—1987.7
		戴君梓	男	汉　族	1984.9—1987.7

续表5-3

届　次	职　务	姓　名	性别	民　族	任职时间
第十一届	主任	王启发	男	苗　族	1987.7—1990.5
	副主任	杨培俊	男	布依族	1987.7—1990.5
		杨靖洲	男	布依族	1987.7—1990.5
		李定国	男	汉　族	1987.7—1990.5
		陈尧阶	男	汉　族	1987.7—1990.5
第十二届	主　任	杨培俊	男	布依族	1990.5—1993.3
	副主任	李定国	男	汉　族	1990.5—1993.3
		陈尧阶	男	汉　族	1990.5—1993.3
		吴邦琮	男	苗　族	1990.5—1993.3
		何子强	男	汉　族	1990.5—1993.3
第十三届	主　任	徐德林	男	布依族	1993.3—1998.3
	副主任	吴邦琮	男	苗　族	1993.3—1998.3
		何子强	男	汉　族	1993.3—1998.3
		胡昌荣	男	汉　族	1993.3—1998.3
		袁云音	女	汉　族	1993.3—1998.3
第十四届	主　任	徐德林	男	布依族	1998.3—2003.2
	副主任	何子强	男	汉　族	1998.3—2003.2
		姜克信	男	布依族	1998.3—2003.2
		罗兴全	男	布依族	1998.3—2003.2
		王正祥	男	布依族	1998.3—2003.2
		杨凤玲	女	布依族	1998.3—2003.2
		李正忠	男	苗　族	1998.3—2003.2
第十五届	主　任	陈国英	女	布依族	2003.2—2007.1
	副主任	龙燕祥	男	汉　族	2003.2—2007.1
		杨昌龙	男	布依族	2003.2—2007.1
		罗兴全	男	布依族	2003.2—2007.1
		李正忠	男	苗　族	2003.2—2007.1
		吴金兰	女	苗　族	2003.2—2007.1
		熊传刚	男	汉　族	2003.2—2007.1

续表5-3

届 次	职 务	姓 名	性别	民 族	任职时间
第十六届	主 任	陈国英	女	布依族	2007.1—2009.12
		罗兴惠	女	汉 族	2010.3—2012.1
	副主任	龙燕祥	男	汉 族	2007.1—2009.12
		杨昌龙	男	布依族	2007.—2012.1
		李正忠	男	苗 族	2007.1—2012.1
		吴金兰	女	苗 族	2007.1—2012.1
		刘学辉	男	汉 族	2007.1—2012.1
		刘晓玉	男	汉 族	2010.3—2012.1
	副调研员	罗兴全	男	布依族	2007.1—2008.5
第十七届	主 任	罗兴惠	女	汉 族	2012.1—2015.12
	副主任	杨昌龙	男	布依族	2012.1—2015.12
		邓庆国	男	汉 族	2012.1—2015.12
		吴金兰	女	苗 族	2012.1—2015.12
		吴平权	男	苗 族	2012.1—2015.12
		刘学辉	男	汉 族	2012.1—2015.12
		刘晓玉	男	汉 族	2012.1—2015.5

三、人民代表大会议案、建议批评意见和决议、决定、议案

1987年起，县人民代表大会会议期间，大会主席团、县人大常委会、县人民政府和县人民法院、县人民检察院以及10人以上代表联名，可以向本级人民代表大会提出属于本级人民代表大会职权范围内的议案，由大会主席团决定是否列为大会议程。列入会议议程的议案，提议案机关和提议案领衔人向代表大会提供有关的说明和资料。列入会议议程的议案由各代表团审议，大会秘书处根据审议情况提出审查报告，主席团决定提交大会全体会议表决。县人民代表大会对议案的表决，以全体代表的过半数通过有效。由代表大会全体会议表决作出的议案立案决定，分别交县人大常委会或县人民政府、县人民法院、县人民检察院执行。其中，第九届人民代表大会共收到议案0件，第十届人民代表大会共收到议案3件，第十一届人民代表大会共收到议案206件，第十二届人民代表大会共收到议案119件，第十三届人民代表大会共收到议案90件，第十四届人民代表大会共收到议案86件，第十五届人民代表大会共收到议案82件，第十六届人民代表大会共收到议案32件，第十七届人民代表大会共收到议案56件。以上收到的674件议案，经审查有3件列为议案，其余的均不符合代表议案要求，未予立案，将671件转为建议办理。

代表建议批评意见（以下简称建议） 1980年，人民代表大会制度恢复后，在每次县人民代表大会召开期间，均设立议案审查委员会，负责收集整理人大代表提出的建议，经审查后，交相关部门办理。从第十五届起，由县人民政府组织政府工作部门、县人民法院、县人民检察院等承办单位主要领导参加的人大代表建议专题交办会，人大和政府领导提出具体办理的质量和时间要求，由县人大常委会代表工作委员会负责跟踪督办，必须做到：件件有回音、事事有着落。1981至2015年，收到3038件，加上不

属于议案范围转为建议的671件，共计3709件。具体每届为：第九届706件、第十届393件、第十一届261件、第十二届234件、第十三届242件、第十四届331件、第十五届456件、第十六届415件。2012年1月县十七届一次人代表会议收到《关于在全县范围内制定对征地拆迁补偿安置指导政策的建议》（第116号），县人民政府根据代表建议，结合实际印发了《惠水县县城规划区及新区土地征收与补偿安置办法》《惠水县县城规划区内房屋征收与补偿暂行办法》，规范了县城规划区及新区土地征收、补偿及房屋征收工作，切实保障被征地农民和被征收房屋所有权人的合法权益，推进了县城镇化建设。县十四届人民代表大会期间收到代表对水利局答复县人民代表关于县城水价问题的意见不满意的回复，县人大常委会责成重新办理，县水利局重新办理，局领导亲自向代表说明情况，直到代表满意为止。

决议和决定 1980年12月人大常委会选举建立，在代表大会闭会期间主持日常工作。1981至2015年，共召集本级人民代表大会34次，召开人大常委会会议233次，其中，第九届县人大常委会召开例会22次、第十届召开18次、第十一届召开18次、第十二届召开18次、第十三届召开32次、第十四届召开33次、第十五届召开29次、第十六届召开39次、第十七届至2015年年底召开6次；共听取县人民政府、县人民法院、县人民检察院工作报告688次，作出决定、决议338项，制定16项暂行办法和规章制度。历届县人民代表大会所作出的重要决议、决定：

“五年”计划 1987年7月24日，县第十一届人民代表大会第一次会议决定批准《惠水县国民经济和社会发展第七个五年计划》；1991年4月13日，县第十二届人民代表大会第二次会议通过《（关于惠水县国民经济、社会发展十年规划和“八五”计划报告）的决议》；1996年4月19日，县第十三届人民代表大会第四次会议通过《关于惠水县国民经济和社会发展“九五”计划和2010年选举目标纲要（草案）的决议》；2001年3月21日，县第十四届人民代表大会第四次会议决定批准《惠水县国民经济和社会发展第十个五年计划纲要》；2006年3月16日，县第十五届人民代表大会第四次会议通过《关于惠水县国民经济和社会发展第十一个五年计划纲要及纲要报告的决议》；2011年1月3日，县第十三届人民代表大会第五次会议通过《关于惠水县国民经济和社会发展第十二个五年规划纲要》。

常规报告 《关于惠水县政府工作报告的决议》《关于惠水县国民经济和社会发展计划执行情况及国民经济和社会发展计划的决议》《关于惠水县财政预算执行情况及财政预算的决议》《关于惠水县人民代表大会常务委员会工作报告的决议》《关于惠水县人民法院工作报告的决议》《关于惠水县人民检察院工作报告的决议》。

第二节 常务委员会

一、历届常务委员会

根据1979年7月1日五届全国人大二次会议通过的关于修正宪法若干规定的决议和重新制定的《中华人民共和国全国人民代表大会和地方各级人民代表大会选举法》《中华人民共和国地方各级人民代表大会和地方各级人民政府组织法》的规定，对国家民主选举制度做出重大改革，同时规定在县级以上地方各级人民代表大会设立常务委员会。

惠水县人民代表大会常务委员会设立于1980年，是县人民代表大会的常设机关，对县人民代表大会负责并报告工作。1978年第八届县人民代表大会未设常务委员会，代表大会闭会后有关事宜，先后由县人民政府、县人民委员会、县革命委员会的办事机构办理。1980年12月27日至1981年1月3日，惠水县举行第九届人民代表大会第一次会议，决定设立县人民代表大会常务委员会（以下简称县人大常委会），并选举产生第九届县人大常委会组成人员。县人大常委会由主任、副主任、常委会委员组成，任期和同届人民代表大会一致。县人大常委会的职权，《地方组织法》第四十四条规定为14项，可概括为监督权、重大事项决定权和人事任免权。县人大常委会坚持民主集中制原则，集体行使职权，会议作出决议、决定。县人大常委会的决议决定、审议意见，以全体组成人员的过半数通过。县人大常委会设立代表资格审查委员会，审查代表的选举是否符合法律的规定，并向代表大会或人大常委会报告代表资格审查情况。根据工作需要，设立办事机构和工作机构，为人大及其常委会和主任会议行使职权服务。县人大常委会自成立以来，历经第九、十、十一、十二、十三、十四、十五、十六届任期，进入第十七届任期。县人大常委会在全县发展的各个历史时期，始终坚持中国共产党的领导、人民当家作主与依法治县的有机统一，认真履行宪法和法律赋予的职权，监督支持"一府两院"依法行政和公正司法工作，讨论和决定重大事项，决定、任免国家机关工作人员，发挥人大代表作用和加强常委会自身建设等方面做了大量工作，为加强民主法治建设、促进全县经济社会发展发挥重要作用。

二、工作机构与制度建设

工作机构　1981年1月县人大常委会成立后，常委会工作机构相继建立，工作机构及人员配置随着形势的发展和不同时期人大工作的需要，逐步完善并在县人大常委会的直接领导下开展工作。1981年3月，县人大常委会设办公室。1984年9月设置代表工作委员会、财政经济工作委员会、法制工作委员会、民族工作委员会、教育科学文化卫生委员会。1998年7月，增设信访督察室；同年11月，增设研究室；2002年4月，县级机构改革，撤销研究室；2008年3月，将民族与农村经济工作委员会分设为农业农村工作委员会和民族与宗教工作委员会，同时增设环境与资源保护工作委员会。常委会下设的各工委（室）主任、副主任均由县委提名，县人大常委会任免。2015年，县人大常委会工作机构为"七委二室"：代表工作委员会、法制工作委员会、财政经济工作委员会、农业与农村工作委员会、教科文卫工作委员会、民族与宗教工作委员会、环境与资源保护工作委员会、办公室、信访督查室。

制度建设　县人大及其常委会根据《宪法》《地方组织法》《监督法》等法律法规的规定，结合工作实际，在实践中不断探索、创新，认真总结，建立健全各项工作制度。

会议制度　建立和完善了《惠水县人民代表大会常务委员会工作规则》《对"一府两院"的监督制度》《重大报告事项制度》《惠水县人大常委会专题询问办法》《讨论决定本行政区域内重大事项制度》《人事任免制度》《公民旁听人大常委会会议办法（试行）》《关于县"一府两院"执行落实县人大常委会决议决定审议意见情况定期报告的规定》等会议制度。

工作制度　建立和完善了《惠水县人民代表大会常务委员会关于联系人大代表制度》《惠水县人民代表大会常务委员会组成人员守则》《惠水县人民代表大会常务委员会评议办法》《惠水县人大常委会代表联络站室工作制度》《县人大常委会关于加强代表工作意见》《县人大常委会关于对国家机关及其工作人员进行评议暂行办法》《惠水县人大常委会组成人员联系本级人大代表办法》《惠水县人民代表大会代表建议、批评和意见办理工作规定》《惠水县人大常委会规范性文件备案审查工作规定》《接待处理群众来信来访制度》等工作制度。

第三节 常委会主任会议

一、主任会议的职权

地方组织法第四十八条规定，“县、自治县、不设区的市、市辖区的人民代表大会常务委员会主任、副主任组成主任会议。主任会议处理常务委员会的重要日常工作”。主任会议建设是县级人大自身建设的重中之重，它虽不是实体权力机构，但它肩负着人大及其常委会的重托，基本职能是为人民代表大会和常委会行使职权服务。主任会议由常委会主任召集并主持，也可以由主任委托副主任召集并主持会议，主任会议每两个月举行一次，必要时可临时召开。

惠水县人大常委主任会议设立于1982年，主要负责处理常委会的主要日常工作：

决定提请常委会会议审议的决议或决议草案。

向常委会提出属于常委会职权范围内的议案，提请常委会会议审议。

讨论县人民政府、县人民法院、县人民检察院向常委会提出的议案，决定提请常委会会议审议，或者先交常委会有关工作机构调查、提出报告，再提请常委会会议审议。

讨论常委会组成人员3人以上联名提出的属于常委会职权范围内的议案，决定是否提请常委会会议审议，或者先交常委会有关工作机构调查、提出报告，再决定是否提请常委会会议审议。

向常委会提出代表资格审查委员会主任委员、副主任委员和委员的建议名单，提请常委会会议通过。

提议组织关于特定问题的调查委员会，由常委会决定。讨论常委会五分之一以上组成人员书面联名提议组织关于特定问题调查委员会，决定提请常委会审议，或者先交常委会有关工作机构调查、提出报告，再决定提请常委会审议；向常委会提出调查委员会主任委员、副主任委员和委员的建议名单，提请常委会审议通过。

讨论常委会组成人员3人以上联名提出的常委会职权范围内的撤职案，决定是否提请常委会审议；或者由主任会议提议，经常委会决定，组织调查委员会，根据调查委员会的报告审议决定。

讨论常委会组成人员3人以上联名提出的对县人民政府、县人民法院、县人民检察院的质询案，决定交由受质询机关答复。

决定常委会会议召开的日期和会期，拟定会议议程草案。

提出提交县人民代表大会审查的常委会工作报告草案，拟定召开县人民代表大会会议的日期、议程、日程安排草案和有关准备事项，提请常委会会议审议。

提出常委会年度工作要点草案，提请常委会会议审议。

通过常委会年度监督工作计划。研究常委会组成人员、县人大代表执法检查、视察、调查等工作，并组织实施。

指导和协调常委会工作委员会的重要工作和重要活动，决定对某些专项工作进行视察、检查和专题调查，并听取情况汇报，提出处理意见。

听取县人民政府及其所属部门、县人民法院、县人民检察院的专题工作和重要事项的汇报，提出处理意见。

主任会议对人大及其常委会，以及常委会的工作机构的工作，起着重要的核心作用。

二、历届主任会议

第九届县人大常委会主任会议（1982至1983年）　建立了主任会议制度。办理二次会议提案287件；研究处理群众来信来访166件。

第十届县人大常委会主任会议（1984至1986年）　对《关于惠水县提供优惠条件、引进资金、先进技术人才、振兴经济的决定》进行讨论；对县人民法院报的“对个别人侵占国家土地报告”进行认真讨论等。

第十一届人大常委会主任会议（1987至1989年）　收到来信215件，其中有影响力的1件。有反映三都粮管所靠近三都小学教室修猪圈，污染空气，影响教学环境。县人大与政府以及有关部门共同召开现场办公会及时处理；提出处理意见，及时办理，做到不拖、不推、件件有落实等。1987年，县人大常委会根据主任会议的提议，作出相应决议。群众反映，社会上一些地区、单位赌博成风，影响了县社会主义精神文明建设和社会治安秩序，不少代表也纷纷要求查禁和取缔赌博，常委会在听取公安局的汇报、学习《贵州省禁止赌博督行条例》的基础上，作出了《关于贯彻实施〈贵州省禁止赌博督行条例〉的决议》，要求各级人民政府、各机关团体、企业及单位和农村、城镇基层组织，把查禁取缔赌博当成自己的义务，公安机关把此项工作作为当前重要任务，通过一段时间的共同努力，取得了明显效果。

第十二届人大常委会主任会议（1990至1992年）　讨论处理一些重要来信来访；召集有关委员对“影响计划、预算执行的重大问题”与县政府及有关部门负责人进行座谈等。

第十三届人大常委会主任会议（1993至1997年）　对提议任免人员进行初审，听取各种意见、统一思想、统一认识；《中华人民共和国宪法》颁布10周年，研究如何进一步贯彻执行，要求各部门在认真检查宪法贯彻执行的同时，结合部门工作，检查与本部门工作有关的法律、法规的贯彻实施情况，写出报告送县人大常委会；对一些重要信件进行研究，及时与有关单位联系、督促办理。群众反映较为强烈、影响较大的砍伐榉木的问题，及时与政府及林业部门联系，并向县委反映后，作出了今后原则禁止砍伐的决定；制定人大常委会主任定期值班接待上访群众制度，对一些重要信件，提交主任会议研究或转分管主任阅批，及时与有关单位联系，督促办理等。1995年5月9日，对提议任免人员进行初审；对重要信件进行研究并督促办理。1993年，主任会议研究群众反映较为强烈、影响较大的砍伐榉木信访事件，作出禁止砍伐的决定；建立人大常委会主任定期值班接待上访群众制度。根据群众对县城安装加密电视反映的热点问题，听取主管部门关于加密电视建议工作报告，提出意见和建议，促进县城加密电视建设，丰富群众文化生活。

第十四届人大常委会主任会议（1998至2002年）　听取和审议县人民政府关于实施《县人大常委会关于开展依法治县工作决议》和《县政府关于开展依法治县工作实施意见》、非公有制经济发展、执行县城总体规划和小集镇建设、《中华人民共和国档案法》的执行、《关于推行殡葬改革工作情况的报告》；县“九五”以来贯彻执行《中华人民共和国残疾人保障法》等情况报告；听取和审议县人民法院《关于民事、行政、经济案件判决生效后强制执行情况的报告》等。

第十五届人大常委会主任会议（2003至2007年）　听取和审议县人民政府关于《惠水县2003年招商引资工作及项目库建设情况报告》、贯彻实施《贵州省农业机械管理条例》情况、摆榜乡扶贫攻坚工作情况、监察案件办理情况等报告；听取和审议县人民法院作的《惠水县人民法院2002年执行工作情况报告》，听取和审议县人民检察院所作的《惠水县人民检察院关于开展预防职务犯罪工作情况的报告》等。

第十六届人大常委会主任会议（2007至2011年） 听取和审议县人民政府关于贯彻实施《宗教事务条例》和《贵州省宗教事务管理条例》、以工代赈移民搬迁项目的实施、凝冻灾害及生产重建、国务院《信访条例》和贵州省《信访条例》、农村危房改造、惠水县公积金管理、惠水县污水处理厂建设运行、城镇饮用水源地保护等工作情况报告；听取和审议了县人民法院执行工作情况、县人民检察院关于2010年预防职务犯罪工作情况报告等。

第十七届人大常委会主任会议（2012至2015年） 听取和审议县人民政府关于《行政服务中心运作情况报告》《关于贯彻执行〈黔南布依族苗族自治州自治条例〉情况报告》、工业节能减排、2010年以来贯彻执行《中华人民共和国工会法》、2014年以来公证工作、精准扶贫等情况报告；听取和审议了县人民法院所作的《关于人民陪审员任职以来工作情况报告》；县人民检察院2012年驻所检察工作情况报告等。

第四节 监督工作

监督工作是人大常委会主要职权，以围绕全县改革发展稳定大局，针对经济社会发展的难点、人民群众关心的热点、社会各界关注的焦点，通过听取审议县人民政府、县人民法院、县人民检察院的专项工作报告来进行。2007年1月1日颁布施行《监督法》以来，县人大监督工作更加法律化、制度化、规范化。

一、法律监督

第九届人大常委会（1982年3月至1983年3月）讨论《惠水县城关卫生管理条例》；通过《惠水县计划生育暂行规定》；作出《关于认真贯彻执行宪法的决议》；通过《惠水县机关、事业单位安全防范工作暂行规定》《关于深入进行打击经济犯罪中严重犯罪活动的决议》。

第十届人大常委会（1984年9月至1986年3月）纠正部分区委不按《地方组织法》相关规定，随意调整乡镇长、副乡镇长，不通过人民代表大会选举的现象，维护了法律的尊严；听取《关于食品卫生法（试行）执行情况的汇报》《〈森林法〉宣传执行情况的汇报》。

第十一届人大常委会（1987年7月至1989年3月）听取县人民政府《关于惠水县宣传贯彻〈中华人民共和国计量法的汇报〉》，作出实施《中华人民共和国计量法》的决议；作出《关于认真贯彻实施〈中华人民共和国治安处罚条例〉的决议》；审议县人民政府《关于修改〈惠水县城镇卫生管理条例〉的议案》；听取县人民政府《贯彻实施〈义务教育法及义务教育规划情况的汇报〉》；听取《关于贯彻实施〈贵州省禁止赌博暂行条例〉的决议》；听取县第十届人大常委会关于实施《计量法》决议执行情况的汇报；听取县人民政府《关于贯彻实施〈义务教育法〉》工作情况汇报；听取县人民法院《关于贯彻实施〈人民法〉》情况的汇报；组织对《计量法》和《矿产资源法》贯彻执行情况的检查、视察；开展对刑法、刑事诉讼法、民法通则、民事诉讼法（试行）、经济合同法等“十法一条例”执行情况检查；征求座谈搜集对《中华人民共和国预算法》（草案）、《贵州省未成年人保护条例》（草案）的意见；

参加实施《中华人民共和国村民委员会组织法（讨论）》工作等。

第十二届人大常委会（1990年5月至1992年4月）分别作出《关于批准一九八九年财政预算部分变更的决议》《关于进一步打击经济犯罪的决议》《关于加强文化市场管理的决议》《关于加强监察工作的决议》《关于进一步加强物价监督检查和管理的决议》；听取关于三个乡镇《婚姻法》和《黔南州执行婚姻法变通规定》；协助县人民政府实施《村民委员会组织法》；听取县人民政府关于《民族区域自治法》实施检查情况报告；听取《义务教育法》实施情况报告；听取关于《中华人民共和国义务教育法》

情况；听取关于《贵州省计划生育试行条例》情况。

第十三届人大常委会（1993年3月至1997年3月）听取县人民政府《关于贯彻执行〈森林法〉情况的汇报》；分别听取县人民法院和县人民检察院关于刑事审判和民事审判工作汇报，关于反贪污贿赂工作汇报；听取《中华人民共和国全民所有制工业企业法》《全民所有制企业转换经营机制条例》《水法》执行情况；常委会检查土地法、水法、公路管理条例、社会治安管理处罚条例、民族区域自治法、企业法等法律法规的执行情况；听取县人民政府关于反腐败斗争情况报告和县人民检察院关于经济案件情况的报告；听取和审议县人民政府关于《产品质量法》《农业法》《农业技术推广法》《教师法》《审计条例》《税收征管法》《矿产资源法》和“二五”普法情况的报告；听取和审议县人民法院关于经济审判工作、县人民检察院关于打击贪污贿赂案件等情况的报告；听取县人民政府关于贯彻执行《城市规划法》《审计法》《劳动法》《食品卫生法（试行）》《治安管理处罚条例》《中国教育改革和发展纲要》等情况报告；听取县人民法院贯彻实施《国家赔偿法》情况报告，听取县人民检察院反贪污贿赂工作情况报告；听取县人民政府关于贯彻执行《传染病防治法》《农业法》《农业技术推广法》《民族区域自治法》《城市规划法》等情况报告；常委会据省、州人大的通知精神，对县贯彻执行《妇女权益保障法》《贵州省未成年人保护条例》《教育法》的情况组织有关部门进行自查。

第十四届人大常委会（1998年9月至2002年9月）作出《关于开展依法治县工作的决议》；作出《关于对任命的国家机关工作人员进行法律知识考试的决定》；审议通过县人民政府《关于贯彻实施〈水法〉情况及小型水利管理体制改革工作情况的报告》；通过《县人大常委会关于加强代表工作意见》《县人大常委会关于对国家机关及其工作人员进行评议暂行办法》；审议通过县政府关于《贯彻落实〈审计法〉工作情况报告》《贯彻实施〈企业法〉和工业生产情况的报告》，审议通过《惠水县人民法院2000年民事案件审判工作情况报告》；审议通过《关于贯彻实施〈贵州省劳动监察条例〉的情况报告》《关于实施〈土地管理法〉情况报告》《关于宣传和贯彻实施中华人民共和国行政监察法的情况报告》《关于实施九年义务教育第一阶段必备办学条件工作情况报告》，作出《关于深入开展法制宣传教育的决定》；听取《惠水县执行〈中华人民共和国公证暂行条例〉工作情况报告》《惠水县2001年度执行〈婚姻法〉、〈婚姻管理条例〉情况报告》；听取和审议《关于贯彻实施〈流动人口计划生育工作管理办法〉情况的报告》《实施〈土地管理法〉情况及耕地占补平衡工作情况报告》；听取和审议《关于实施珠防工程及贯彻实施〈森林法〉情况的报告》。

第十五届人大常委会（2003年5月至2006年11月）审议通过《惠水县‘四五’普法工作情况报告》《贯彻实施〈审计法〉工作情况的报告》；会议听取和审议关于贯彻实施《中华人民共和国药品管理法》的情况报告和贯彻实施《中华人民共和国民族区域自治法》的情况报告；听取和审议《关于贯彻实施〈中华人民共和国人民警察法〉工作情况报告》《惠水县贯彻实施〈中华人民共和国税收征收管理法〉的情况报告》《惠水县贯彻实施〈中华人民共和国科学技术进步法〉情况报告》；听取和审议《惠水县人民检察院2003年自侦工作情况报告》；听取和审议《关于贯彻实施〈中华人民共和国农业法〉及2004年春耕备耕工作情况的报告》《贯彻实施〈中华人民共和国传染病防治法〉情况报告》；听取和审议《惠水县人民法院2004年人民法庭审理案件工作情况的报告》《惠水县人民检察院2004年刑事民事抗诉案件办理情况报告》；听取和审议关于贯彻执行《贵州省土地登记条例》和土地利用总体规划工作情况报告；听取和审议《惠水县关于〈中华人民共和国公务员法〉执行情况的报告》；在第二次会议上，听取审议县人民政府贯彻实施《气象法》和《贵州省气象条例》情况报告后，提出加大县内气象设施投入力度建议，县政府予采纳，投入20万元匹配资金，建成多普勒雷达校检站，提升全县气象服务能力。

第十六届人大常委会（2007年5月至2011年11月）听取和审议贯彻实施《中华人民共和国水法》情况和饮水安全工作情况报告；听取和审议《关于实施〈森林法〉和退耕还林管护工作情况报告》；听取和审议《惠水县贯彻执行〈中华人民共和国环境保护法〉工作情况报告》听取和审议《惠水县贯彻执行〈道路交通安全法〉和〈贵州省道路交通安全条例〉情况报告》；听取和审议关于《惠水县贯彻执行〈中华人民共和国环境影响评价法〉工作情况的报告》；听取和审议《惠水县人民政府关于执行〈食品安全法〉情况报告》《惠水县人民政府关于执行〈行政许可法〉情况报告》；听取和审议《贯彻执行〈贵州省森林条例〉情况报告》。

第十七届人大常委会（2012年3月至2015年3月）听取和审议《惠水县人民政府贯彻执行〈义务教育法〉情况的报告》《惠水县人民检察院2011年公诉工作情况报告》，听取和审议《关于检查〈中华人民共和国环境保护法〉实施情况的报告》。

二、工作监督

第九届人大常委会（1982年3月至1983年3月）听取《一九八一年上半年我县工业生产情况和意见的汇报》《关于我县农业生产和农村工作情况及意见的汇报》《关于我县教育调整工作意见的报告》《关于一九八一年以来我县治安综合治理情况和下步意见的汇报》《关于一九八一年我县计划生育工作情况和下步工作意见的汇报》《关于一九八一年我县民族工作情况和下步工作意见的汇报》《关于一九八一年我县民政工作情况和下步工作意见的汇报》《关于我县财贸工作情况和意见的汇报》《关于农业生产资料供应和农业贷款发放情况的汇报》《关于一九八二年上半年民族经费安排的汇报》《关于民政工作情况和下步工作意见的汇报》《关于惠水县一九八二年上半年工作开展情况的汇报》《关于水土保持工作开展情况的报告》。

第十届人大常委会（1984年9月至1986年3月）听取《关于当前社会治安情况和下步意见的汇报》；听取县人民政府《关于当前我县春耕生产情况的汇报》《关于一九八三年第一季度支农情况和下步工作意见的汇报》《关于植树造林情况和下步工作意见的汇报》《关于抗旱保苗情况的汇报》《惠水县制止“涨价风”情况的汇报》《关于我县科学技术工开展情况的汇报》《关于县人民政府工作部门机构改革和领导班子调整配备情况的汇报》《关于我县农村开发性生产情况和下步工作意见的汇报》；听取县人《关于落实知识分子政策情况的汇报》《关于安排一九八五年全县国民经济和社会发展计划主要招标的情况通报》《关于加强法治宣传、普及法律常识五年规划的报告》，审议县人民政府《关于一九八五年财政预算执行情况和部分变更意见的汇报》。

第十一届人大常委会（1987年7月至1989年3月）听取县政府关于农业生产资料准备情况、各修水利情况和当前抗旱工作情况汇报，作出《关于紧急动员起来战胜灾害夺取农业好收成的决议》；听取“乡镇企业发展情况、民政和土地管理、粮油工作汇报”；听取县人民政府关于商业企业经济体制改革工作情况汇报；听取有关物价、水利、计划生育、交通等工作情况汇报；听取县人民政府《关于劳动人事工作情况的汇报》；听取《关于经济企业深化改革情况的汇报》《关于卫生体制改革情况汇报》《关于畜牧业工作情况汇报》《关于文化工作情况汇报》《关于税务工作情况汇报》《关于烤烟生产情况汇报》《关于民政工作情况的汇报》。

第十二届人大常委会（1990年5月至1992年4月）分别听取和审议“廉政建设、社会治安、交通建设、普法教育、物价监督、扫黄及化肥销售工作”汇报；听取和审议县人民法院关于经济审判工作和民事审判工作以及县人民检察院关于打击经济犯罪情况的汇报；听取和审议县人民政府《关于科技兴农情况报告》《关于农业综合开发工作情况汇报》《关于妇幼保健工作情况汇报》《关于广播电视工作情况汇报》；听取《关于法纪检察工作情况汇报》；听取县人民政府《关于全县农业经济发展》；听取《关于全县农田水利建设情况和今后工作意见的汇报》《关于科技兴农情况和安排报告》《关于乡镇企业发展情况的报告》《关于基本农田保护及规划工作的报告》。

第十三届人大常委会（1993年3月至1997年3月）听取了城镇住房制度改革工作情况汇报；先后听取和审议县人民政府农业生产、植树造林十年规划实施情况、市场建设、国合商业体制改革、乡镇企业发展情况；听取和审议县人民政府关于审计、电力、商业、物价、民政、民族、教育、文化、卫生等工作情况的报告；听取县人民政府关于工业、农业生产、乡镇企业发展情况的报告；听取关于海里电站建设的报告、“二五”普法情况的报告；听取县人民政府关于春耕备耕、工业生产、公路建设、乡镇企业发展、审计、教育、计划生育工作、教育经费筹措使用、发展非公有制经济、招商引资、基层派出所建设等工作情况报告。

第十四届人大常委会（1999年3月至2003年2月）审议通过县人民政府《关于1999年农业生产春耕备耕工作情况的报告》《关于1999年烤烟生产育苗阶段工作情况的报告》；2000年5月20日，由县人大常委会牵头在摆金镇召开“5·20惠水县护树行动现场办公会”，县四大班子领导徐德林、陈国英、吴文辉、罗兴惠、龙燕祥、邓帮奎、吴金兰、许生吉、罗兴全、王正祥、陆世明、杨正辉和县林业局、城建局、土管局、文广局、农业局、卫生局、交通局、工商局、民族事务局、水利局、工商联以及摆金工委、摆金镇党委、政府、摆金镇铁合金厂等部门的负责人出席会议。参加会议的还有摆金镇冗章村的各界人士代表共50多人。黔南州城建局局长程全洪前来参加指导会议。通过《保护冗章古银杏树王的倡议书》；审议通过《关于惠水县畜牧事业生产发展情况的报告》《关于中小学校收费及减轻中小学生过重课业负担情况报告》；审议通过《惠水县农机化工作情况报告》《惠水县民族工作及民族经费使用情况的报告》，听取县工商局关于《惠水县非公有制经济发展情况报告》；审议通过县人民政府《关于实施计划生育‘村为主’工作情况报告》《关于实施九年义务教育第一阶段必备办学条件工作情况报告》；听取《关于我县粮食工作情况报告》《关于文化市场管理工作情况的报告》；听取和审议《惠水县‘义教工程’实施情况的报告》《惠水县乡镇企业工作情况报告》《惠水县开展贫困乡、村扶助解困工作情况报告》《惠水县‘粮—猪—沼’生态工程建设和2002年春耕生产情况报告》，会议同意以上四个报告并作出了审议意见；听取和审议《关于实施渴望工程的情况报告》《关于科技兴农、发展特色农业情况的报告》《关于惠水县合并村工作情况的报告》《关于政务公开工作的情况报告》《关于‘打黑除恶’工作情况报告》，2002年1至10月行政审判工作情况报告，关于2002年1至10月自侦工作情况报告；听取《县人民政府工作报告承诺拟办‘十件实事’兑现情况报告》，听取和审议《县宗教工作情况报告》《惠水县户籍制度改革工作的情况报告》；听取和审议县人民政府关于县第十四届人大六次会议代表建议、批评和意见办理情况的报告。

县第十五届人大常委会（2003年5月至2006年11月）听取和审议通过《春耕生产、农业科技推广工作情况的报告》《惠水县‘四五’普法工作情况报告》《关于我县当前困难群众生活安排情况的报告》；听取和审议受县人民政府的委托所作的实施退耕还林工程的情况报告；听取和审议关于《贯彻实施“义教工程”和“危改工程”，确保“普九”规划实施情况的报告》《惠水县非公有制经济发展情况报告》《惠水县矿产资源管理及资源补偿费征收管理工作情况报告》《长田工业园区建设情况汇报》；听取和审议《惠水县人民检察院2003年自侦工作情况报告》《摆榜乡扶贫捐赠情况汇报》的报告，《惠水县乡镇企业工作情况报告》《惠水县监察工作情况报告》；听取和审议《关于贯彻实施〈中华人民共和国农业法〉及2004年春耕备耕工作情况的报告》《惠水县2003年度农业综合开发项目实施情况报告》《惠水县城镇建设工作情况报告》《惠水县2004年人口与计划生育工作情况报告》《惠水县“两基”工作情况报告》《惠水县2004年1—9月社会治安综合治理工作情况报告》《惠水县第十五届人大二次会议代表建议、批评和意见办理情况的报告》《惠水长田工业项目集中建设区域建设情况报告》《惠水县城镇职工基本医疗保险制度改革情况报告》《惠水县看守所工作情况报告》《2004年惠水县非公有制经济发展情况报告》《惠水县2004年招商引资工作及项目库建设情况报告》《惠水县2004年农民增收工作情况的报告》《惠水县人民法院2004年人民法庭审理案件工作情况的报告》《惠水县人民检察院2004年刑事民事抗诉案件办理情况报告》《畜牧业生产及畜禽疫病防治工作情况报告》；听取和审议2005年春耕工作及良种良法推广情况的报告；听取和审议《社会治安综合治理工作情况报告》《县人民政府关于县十五届人大三次会议代表建议、批评和意见办理情况的汇报》；听取和审议《惠水县2005年规模工业发展情况报告》《关于畜牧业发展情况的报告》；听取和审议关于农民增收工作情况的报告；听取和审议《惠水县文化市场管理工作情况报告》《惠水县农田水利工程建设情况报告》；听取和审议关于贯彻执行《贵州省土地登记条例》和土地利用总体规划工作情况报告；听取和审议《惠水县2006年城镇建设工作情况报告》《惠水县关于社会治安综合治理工作情况的报告》等；在第二次会议上，听取和审议摆榜乡扶贫攻坚工作情况后，提出加强扶贫资金监管建议，县人民政府采纳，设立扶贫资金专户，对摆榜乡扶贫资金管理，增派两名特派员，完善了扶贫资金管理制度，提高资金使用效益。

监督断杉镇、羡塘乡异地扶贫移民安置工程实施情况和小城镇建设情况；摆榜乡扶贫攻坚，招商引资情况，发展畜牧业生产，长田工业经济带招商引资和项目建设；农业生产资料价格及销售，农村电网改造，退耕还林、沼气池建设情况；农村小型水利经营权转让拍卖，新农村建设情况。对县公安局进行评议，通过座谈、阅卷、调查，在肯定公安工作的同时，提出需要整改的意见和建议，公安局制定整改方案。

第十六届人大常委会（2007年3月至2011年12月）听取和审议《惠水县2007年春耕备耕工作情况和种子营销管理工作情况报告》《关于惠水县2006年刑事案件侦察情况报告》《惠水县人民政府关于县十六届人大一次会议代表建议、批评和意见办理情况报告》《惠水县“两基”工作迎“国检”情况的报告》《惠水县关于基层人民调解工作情况的报告》《关于惠水县工业经济发展情况报告》《关于惠水县2007年城镇建设情况报告》《关于惠水县农村合作医疗工作开展情况报告》《关于发展现代农业推进社会主义新农村建设情况报告》《惠水县关于加强民族民间文化保护工作情况报告》《关于惠水县2007年医保资金使用情况报告》《关于惠水县招商引资工作情况报告》《惠水县2008年春耕备耕工作情况报告》；听取和审议《惠水县关于贯彻实施中华人民共和国劳动法工作情况报告》《惠水县药品监督管理工作情况报告》《关于惠水县城乡居民最低生活保障工作情况报告》；听取《关于县第十六届人大二次会议代表建议、批评和意见办理情况的报告》，听取和审议《关于基层人民调解工作情况的报告》《惠水县2008年1-10月城镇建设情况报告》《惠水县2008年1-10月工业经济发展情况报告》《惠水县2008年1-10月行政监察工作情况报告》《惠水县2009年春耕备耕工作情况报告》《惠水县2007至2008年社保资金管理情况报告》；听取和审议关于《惠水县国民经济和社会发展第十一个五年规划纲要实施情况中后期（2006-2008年）评估报告》《惠水县公安消防工作情况的报告》《惠水县电视网络建设及互联网管理工作情况报告》《惠水县林权制度改革工作情况报告》；听取并审议通过《惠水县第十六届人大三次会议代表建议、批评和意见办理情况的报告》；听取和审议关于《惠水县2009年1至10月城镇建设工作情况的报告》《惠水县律师管理工作情况的报告》，听取并审议通过关于《惠水县2009年1—10月工业经济情况的报告》；听取和审议《惠水县春耕备耕工作情况报告》《惠水县义务教育阶段教师实施绩效工资工作情况报告》；听取和审议关于《惠水县毛南族经济社会发展情况的报告》《惠水县2010年以来公安工作情况的报告》；听取和审议通过关于《惠水县第十六届人大五次会议代表建议、批评和意见办理情况的报告》，听取和审议关于《惠水县工业节能工作情况的报告》《惠水县减排工作情况的报告》《惠水县2011年招商引资和工业经济发展情况报告》；听取和审议通过关于《2011年财政预算预备费使用情况的报告》。在第四次会议上，针对公积金归集管既要考虑到县的财力现状，又要兼顾干部职工的利益而提出了应逐步提高干部职工住房公积金缴存比例的建议，县人民政府予以落实。2010年，将匹配干部职工住房公积金的缴存比例由2009年之前的5%提高到了10%。

2012年，针对县城饮用水源的保护，在多次组织专题调研的基础上，组织省、州、县三级代表深入实际开展视察，充分听取各方面意见后，向县政府提出了不能在水源地保护区内实施房屋建设项目等建议，县政府予以采纳，变更了项目点，使该水源点得到保护。发挥省人大代表、省人大常委会委员、省文联副主席、省音协主席崔文玉为在惠水下选代表的优势和作用，借助其在惠水视察的机会，召开有好花红乡和县人大部分工委室、县委宣传部、县文体广播电视局、县文联、县音协等相关部门人员参加的“提升好花红战略品牌，促进惠水经济社会发展”的座谈会，为“好花红”品牌的做强做大出谋划策；同时还在省里为惠水呼吁，尽快促成将高镇、大坡寨两个公路收费站撤除。

第十七届人大常委会（2012年3月至2015年3月）听取和审议《春耕备耕工作情况报告》《惠水县人民检察院2011年公诉工作情况报告》；5月31日，县第十七届人大常委会第3次会议听取和审议《惠水县民族文化建设情况的报告》；听取和审议《整合高标准农田建设工作情况报告》《惠水县人民法院2011年以来行政审判工作情况报告》；听取和审议通过《关于惠水县第十七届人大常委会第一次会议代表建议、批评和意见办理情况报告》，听取和审议《关于惠水县食品安全工作情况报告》《惠水县人民政府关于劳动仲裁工作情况的报告》《惠水县城乡建设工作情况报告》《惠水县城乡规划工作情况报告》《惠水县2012年工业经济发展情况报告》《惠水县2013年春耕备耕工作情况报告》《惠水县2010年以来流动人口及户籍管理工作情况的报告》《惠水县长田工业园区建设情况报告》，听取县人民政府关于《惠水县县城总体规划（2012—2030）》修编工作的报告；听取和审议《惠水县2010年以来民族工作情况报告》《惠水县人民政府2013年安全生产工作情况汇报》《县人民政府2012年以来劳动就业工作情况报告》《惠水县2014年春耕备耕情况报告》《关于规范性文件备案审查工作情况报告》；听取和审议《林业生态建设工作情况报告》《惠水县政府关于工矿、食品加工企业污水处理收集、排放系统运行情况报告》；听取和审议《惠水县2015年春耕备耕工作情况报告》《惠水县人民法院执行工作报告》。

对“四路一区”建设项目，长田工业园区龙泉项目区建设、园区建设情况；2011至2012年事业单位招聘人员使用情况，2012至2013年招商引资企业投资、生产及效益情况，县城总体规划修编情况，城北新区规划建设、“欢乐岛”旅游开发建设、涟江现代农业产业园区建设；“美丽乡村·四在农家”建设，乡镇行政区划调整后的运行；城北实验小学建设及教育教学情况，好花红镇好花红村“四在农家·美丽乡村”建设情况，长岩村茶产业基地建设情况，摆金镇小城镇建设等情况进行监督。通过组织各级人大代表开展“进法庭、听庭审”活动。其间，共组织196名代表参与此项活动，听取法庭庭审案件40件，一些案件在人大代表监督和参与下得到和解，促进法院庭审工作，提高代表的法律知识水平。

第五节 人事任免

1980年县人大常委会设立以来，按照法律法规规定，坚持党管干部原则与人大常委会依法任免相结合行使人事任免权。2003年5月4日，县第十五届人大常委会第2次会议通过《惠水县人民代表大会常务委员会工作规则》，对人事任免的范围、程序方法等作出明确规定，人大常委会监督机制逐步走向规范和完善。1981至2015年，县人大常委会共任免县人大常委会和县人民政府、县人民法院、县人民检察院工作人员1131人次。其中，任命县人民政府副县长42名、免25名；任命县人民政府组阁部门主任和局长435名、免88名；任命县人民法院副院长20名、免9名，任命审判委员会委员、审判员、庭长、副庭长共123名、免77名，任命县人民检察院副检察长19名、免6名，任命县人民检察院检察委员会委员、检察员共95名、免29名；任命县人大常委会各委员会和办公室的正副主任37名、免24名，为国家机关工作正常开展提供了有力的组织保障。

县人大常委会在行使人事任免职权过程中，建立拟任人员任职发言制度和任前法律考试制度，并对任命的干部实行任后跟踪监督。2014年、2015年审议通过了《惠水县人大常委会任前法律考试制度》《惠水县人大常委会任前任职发言制度》《惠水县人大常委会关于对国家机关及其工作人员进行评议工作制度》，根据《贵州省组织实施宪法宣誓制度办法》的有关要求，组织新任命人员向宪法宣誓，彰显宪法权威，增强公职人员宪法和法治观念。为促进人大常委会选举或任命的“一府两院”工作人员进一步增强民主法制观念和人民公仆意识。县人大常委会从1995年起对县政府组阁部门局长（主任）进行述职评议，强化“一府两院”工作人员勤政廉政，恪尽职守，履行职责的意识，保障全县改革开放和经济建设的顺利进行。

第九届人大常委会 任命县人民政府副县长5名、免2名，任命县人民政府组阁部门主任和局长22名、免9名，任命县人民法院副院长2名，任命庭长、副庭长共12名、免3名，任命审判委员会委员、审判员2名，任命县人民检察院副检察长2名，任命县人民检察院检察委员会委员13名、免4名，罢免县人大常委会各委员会和办公室的正、副主任3名。

第十届人大常委会 任命县人民政府副县长3名、免3名，任命县人民政府组阁部门主任和局长59名、免4名，任命县人民法院副院长3名、免2名，任命庭长、副庭长共12名、免6名，任命审判委员会委员、审判员1名、免2名，任命县人民检察院副检察长2名、免1名，任命县人民检察院检察委员会委员11名、免2名，任命县人大常委会各委员会和办公室的正、副主任2名。

第十一届人大常委会 任命县人民政府组阁部门主任和局长39名、免4名，任命县人民法院副院长5名，任命庭长、副庭长共7名、免6名，任命审判委员会委员、审判员12名，任命县人民检察院副检察长4名，任命县人民检察院检察委员会委员4名，罢免县人大常委会各委员会和办公室的正、副主任2名。

第十二届人大常委会 任命县人民政府副县长1名，任命县人民政府组阁部门主任和局长45名、免8名，任命县人民法院副院长1名，任命庭长、副庭长共18名、免12名，任命审判委员会委员、审判员3名、免2名，任命县人民检察院副检察长2名，任命县人民检察院检察委员会委员8名，任命县人大常委会各委员会和办公室的正、副主任2名。

第十三届人大常委会 任命县人民政府副县长8名、免4名，任命县人民政府组阁部门主任和局长50名、免10名，任命县人民法院副院长1名，任命庭长、副庭长共23名、免7名，任命县人民检察院副检察长1名，任命县人民检察院检察委员会委员20名、免8名，任命县人大常委会各委员会和办公室的正、副主任8名、免4名。

第十四届人大常委会　任命县人民政府副县长2名（先后任命骆用定、向忠雄为代理县长）、免4名，任命县人民政府组阁部门主任和局长58名、免15名，任命县人民法院副院长2名、免1名，任命庭长、副庭长共30名、免27名，任命审判委员会委员、审判员11名、免9名，任命县人民检察院副检察长2名、免1名，任命县人民检察院检察委员会委员5名、免5名，任命县人大常委会各委员会和办公室的正、副主任7名、免4名。对县政府工作部门的主要负责人的任职情况进行民主测评，为搞好这次测评，要求测评的干部要作出书面述职报告，并在惠水报刊登，让广大群众知晓，在此基础上发放500余份测评表进行广泛测评，通过民主测评，为县委任用干部提供参考。

第十五届人大常委会　任命县人民政府副县长3名（任命吴丹为代理县长）、免1名，任命县人民政府组阁部门主任和局长43名、免14名，任命县人民法院副院长2名、免1名，任命庭长、副庭长共8名、免8名，任命审判委员会委员、审判员20名，任命县人民检察院副检察长1名、免1名，任命县人民检察院检察委员会委员7名，任命县人大常委会各委员会和办公室的正、副主任5名。2005年，对县政府23个工作部门局长（主任）开展述职评议，通过评议前调查，公开述职进行民主测评，举行常委会进行面对面评议方式，既肯定他们的成绩，又指出其存在的不足并指出努力方向，增强其工作意识、法律意识和勤政廉政意识。

第十六届人大常委会　任命县人民政府副县长3名、免2名，任命县人民政府组阁部门主任和局长77名、免10名，任命县人民法院副院长1名、免1名，任命审判委员会委员、审判员3名，任命县人民检察院副检察长2名、免1名，任命县人民检察院检察委员会委员8名、免3名，任命县人大常委会各委员会和办公室的正、副主任6名、免3名。

第十七届县人大常委会　任命县人民政府副县长17名、免9名，任命县人民政府组阁部门主任和局长42名、免14名，任命县人民法院副院长3名、免4名，任命庭长、副庭长共13名、免8名，任命审判委员会委员、审判员23名、免4名，任命县人民检察院副检察长3名、免2名，任命县人民检察院检察委员会委员19名、免7名，任命县人大常委会各委员会和办公室的正、副主任7名、免8名。

第六节　乡镇人民代表大会

一、代表选举和代表会议

1955年，县内实行乡镇人民代表大会制度。1958年8月，中共中央作出《关于在农村建立人民公社问题的决议》，实行政社合一。县撤乡建社，乡镇体制被政社合一的人民公社取代，乡镇人民代表大会制度中断。1978年宪法规定，人民公社、镇设立人民代表大会和革命委员会。

1979年12月，县召开选举工作会议，部署50个社、镇人民代表选举工作。公社和镇建立选举委员会，大队建立选举工作小组，生产队建立选民小组。全县选民登记163914人。1980年1月30日为选举日，召开选举大会，组织选民投票。应选代表2241名，实际选出2214名。至1980年2月5日，全县各社、镇分别召开代表大会，建立了镇人民政府和各公社管理委员会，选举产生镇长1名、副镇长2名，公社管理委员会主任49名、副主任64名、委员280名。人民公社、镇的人民代表大会会议由人民公社管理委员会、镇人民政府召集。人民代表大会会议每年至少举行一次。

1982年，宪法将“人民公社、镇的人民代表大会每届任期两年”修改为“乡、民族乡、镇的人民代表大会每届任期三年”。根据全国人大常委会《关于县、乡两级人民代表大会代表选举时间的决定》，惠水县于1983年7月至1984年4月分两批选举乡镇第九届人民代表大会代表。全县共划选区690个，登记选民179259人。参加选举的选民共153678人，占选民总数的85.73%。全县50个乡镇共选举产生乡镇人民代表1958名。至4月底，各乡镇先后召开人民代表大会会议，选举产生乡镇人民政府乡镇长50名、副乡镇长60名。乡镇人民代表大会每年至少举行一次。

1985年4月30日，经县十届人大常委会第四次会议决定，高镇镇第一届人民代表大会代表名额为65名，任命高镇镇选举委员会组成人员，审议姚哨区公所《关于将高镇、交椅等5个村第九届乡人民代表转为高镇镇首届人民代表的议案》，决定将赤土、姚哨两乡所辖高镇、旧司、交椅、满告、涟江五个村选举产生的第九届乡人民代表23人转为高镇镇第一届人民代表大会代表。其余42名代表全部经过选举产生。

1987年2月，县、乡两级人民代表大会代表的换届选举工作在姚哨乡试点成功。全县共划选举乡镇代表选区765个，选民登记195102人。提名公布乡镇代表候选人4790名，选举产生乡镇代表1756名。至6月4日，全县52个乡镇先后召开了乡镇人民代表大会。52个乡镇共选举产生乡镇长52名，副乡镇长55名。

1988年5月，全县52个乡镇召开第二次人民代表大会。52个乡镇人代会推选主席团成员299名，推选出常务主席52名。有补选事项的乡镇，人代会先通过罢免乡镇长和副乡镇长的决议，再进行选举。全县乡级人代会罢免乡长2名、副乡镇长3名，补选乡长2名，副乡镇长3名。乡镇人民代表大会每年至少举行一次。

1990年4月3日，全县乡镇人大换届选举工作结束，52个乡镇共选举产生乡镇人大代表1764名，其中，妇女312名，占17.69%；少数民族1112名，占63.04%；非中共党员826名，占46.83%。共选举产生乡镇人大主席团52个，主席团成员276名，其中，常务主席52名，副主席4名；乡镇长51名、副乡镇长49名。乡镇人民代表大会每年至少举行一次。

1991年，按照贵州省委省发〔1991〕6号文件精神和黔府通〔1991〕107号批复，对县原有6个区，1个区级镇，51个乡镇，遵照行政区域划分和调整的政治、经济、民族三大原则，结合人口的分布、居住习惯、历史发展沿革、地理位置等因素，全县行政区域划分为25个乡镇，其中，保留或实行小范围区域调整的8个乡镇，两个乡或三个乡合并区划变更新建的17个乡镇。根据《中华人民共和国选举法》《中华人民共和国地方组织法》《贵州省选举实施细则》的有关规定，行政区划变更后的乡镇，应重新进行乡镇人民代表大会代表的选举。根据1991年8月11日惠水县第十二届人大常委会第九次会议通过的建镇并乡撤区选举工作方案明确，建镇并乡的选举不能视为换届选举。同时决定，17个乡镇行政区域变更后新建乡镇人民代表大会代表名额为704名，其中，和平镇57名、三都镇43名、高镇镇44名、芦山镇43名、断杉镇43名、雅水镇40名、摆金镇44名、毛家苑乡42名、大龙乡39名、抵季乡41名、甲戎乡39名、羡塘乡42名、摆榜乡36名、岗度乡38名、宁旺乡35名、鸭绒乡40名、太阳乡38名。在8个单列乡镇中，因从别的乡镇划入几个村，按每一名代表所代表的人口数，增补了9名代表名额。其中：斗底乡增补6名，长田乡增补2名，甲烈乡增补1名。1991年9月16日，经选举，新建乡镇的704名乡镇人民代表大会代表及增选的9名乡镇人民代表大会代表全部顺利选出，连同8个单列乡镇保留的人大代表，全县共有乡镇人大代表987名。比“建并撤”前的1776名减少44.43%。987名代表构成的比例是：妇女184名，占18.64%；少数民族627名，占63.53%，高于少数民族人口在全县总人口的比例；中共党员602名，占60.99%。在依法重新选举的17个乡镇人民代表大会选出代表后，9月中旬至下旬陆续召开了乡镇人民代表大会会议，选举产生乡镇人大主席团常务主席17名、常务副主席3名，乡镇人民政府乡镇长16名（一乡缺额）、副乡镇长25名。8个单列乡镇，由于机构升格，领导班子人员做了部分调整，除保留乡长1名，副乡长4名，均召开了代表会议，依法选举产生乡镇长6人（打引乡未选出），副乡镇长4名。重新推选主席团常务主席8名、常务副主席1名。乡镇人民代表大会每年至少举行一次。

1993年1月，进行乡镇人民代表大会代表选举工作，选举日为1993年1月10日，共划分选区482个，提名公布候选人5972名。至1月15日，全县25个乡镇完成乡镇代表的选举工作，共选举产生乡镇人大代表1106名。2月，全县25个乡镇全部召开人民代表大会第一次会议，选举产生乡镇人大主席团常务主席25名，常务副主席6名；乡镇长25名，副乡镇长60名。乡镇人民代表大会每年至少举行一次。

1996年2月3日，完成乡镇人民代表大会代表选举工作，选出代表1242名。3月底前，全县25个乡镇全部召开人民代表大会，选举产生乡镇人大主席25名；乡镇长24名，副乡镇长75名。

1999年1月7日，完成乡镇人民代表大会代表选举，全县共划分579个选区，选民登记240387人，选出代表1245人。从1月8日至1月26日全县25个乡镇分别召开人民代表大会，选举产生乡镇人大主席25名，副主席3名；乡镇长23名（芦山镇、羡塘乡未选出），副乡镇长64名。

2002年1月30日，完成全县乡镇人民代表大会代表选举，全县共划分555个选区，选民共249110人，选出代表1243人。从1月12日起至31日，全县25个乡镇分别召开人民代表大会。选举产生乡镇人大主席25名、副主席6名，乡镇长25名、副乡镇长73名。

2004年3月14日，根据第十届全国人民代表大会第二次会议通过的《中华人民共和国宪法修正案》，将乡级人大每届任期由3年改为5年，与县级人大任期相一致。2006年，全县县乡两级人民代表大会任期届满。根据省人大常委会的决定和州委、州人大的安排部署，全县乡镇人大进行换届选举。全县25个乡镇、201个村、10个居委会和县直机关、企事业单位共划分选举乡镇人大代表选区504个，18周岁以上人口292883人，列入选民名单289604人，未列入选民名单3527人。11月10日为选举日，选举日参加投票的选民共266614人，参选率达92.06%。选举产生乡镇人大代表1246名。至11月16日，全县25个乡镇分别召开人民代表大会，选举产生乡镇人大主席25名、副主席25名，乡镇长25名、副乡镇长59名。

2009年4月9日，大龙乡第十七届人民代表大会第三次会议听取和审议大龙乡人民政府《关于进一步加强农村个人建房管理工作报告》，作出关于大龙乡人民政府进一步加强农村个人建房管理工作报告的决议。

2011年，全县乡级人民代表大会任期届满。全县25个乡镇、201个村、10个居委会和县直机关、企事业单位共划分选区502个，18周岁人口322953人，列入选民名单人数317745人，未列入选民名单人数5208人。11月10日为选举日，当天参加选举投票的选民共288228人，参选率达90.71%。选举乡镇人大代表1246名。11月21日至25日全县25个乡镇分别召开人民代表大会第一次会议，选举产生乡镇人大主席25名，乡镇长25名、副乡镇长66名。

2014年3月，乡镇行政区划调整，将原25个乡镇调整设置为2个街道和8个镇。3月18日，县十七届人大常委会第十九次会议决定行政区划调整后新的乡镇人大代表名额总数为474名，其中好花红81名、断杉70名、羡塘58名、王佑63名、雅水65名、摆金81名、岗度56名。决定4月18日为代表选举日。决定新的乡镇人民代表大会的届次一律按第一届第一次计。除芦山镇行政区划保留不变没有进行选举外，其余7个行政区划变动的乡镇均选举了新一届乡镇人民代表大会代表。全县共划分选区202个，选民总数216878人，列入选民名单212486人，未列入选民名单4392人。4月18日当天参加选举投票的选民共183589人，参选率达86.4%。选举产生镇人大代表474人，全县共有镇级人大代表528人（含芦山镇保留镇人大代表54名）。4月25日，7个镇（芦山镇除外）分别召开第一届镇人民代表大会第一次会议，选举产生镇人大主席7名，镇人民政府镇长7名、副镇长24名。镇人民代表大会每年至少举行一次。

二、乡镇人大主席团

1987年，全县各乡镇召开人民代表大会，通过乡镇人民代表大会主席团工作制度，选举主席团，主持乡镇人代会。1991年8月，全县52个乡镇调整合并为25个乡镇，设立25个乡镇人大主席团，配备专职常务主席。25个乡镇先后召开人民代表大会，选举产生主席团成员，在主席团会议上推选常务主席1名。2014年4月，乡镇行政区划调整，将原25个乡镇调整设置为8个镇和2个街道。各镇设置人大主席团，街道办事处设人大工作委员会。

各乡镇人大设立主席团，依法履职，为推进基层民主政治建设发挥了积极作用。建立健全工作机构，配备工作人员。建立健全工作制度，乡镇人大主席团工作日趋规范化、制度化、经常化。定期召开主席团会议，组织代表开展活动。各乡镇人大主席团普遍结合实际，开展执法检查、代表视察、专题调研、走访、接待、联系选民和述职评议，听取和审议政府工作报告，解决人民群众关心的热点、难点问题。搭建代表履职平台。2015年6月，按照全覆盖、制度化、常活动的总体思路，在全县10个镇（街道）建成人大代表联络站10个，人大代表联络室30个。落实活动场所，配备计算机、办公桌椅等设施。将镇人大代表联络站（室）建设成为代表学习交流基地、参政督政平台、联系选民和信息沟通窗口，推进代表活动依法有序开展。

乡镇人大主席团工作：提高乡镇人民代表大会会议质量，确保代表充分行使审议权、决定权等职权。通过组织闭会期间代表活动，开展监督工作，促进法律法规在本行政区域内的贯彻执行，维护广大人民群众合法利益。通过走访、接待选民，受理代表和人民群众的来信来访，倾听人民群众的呼声和要求，督促有关部门解决人民群众普遍关心的热点、难点问题，密切干群关系；通过开展评议、组织代表视察和调研、执法检查、督促办理代表建议、批评和意见等形式，加强对政府工作的监督。

第二章　人民政府

第一节　领导班子

1978年1月至1980年12月，惠水县政权组织机构一直延续革命委员会的形式，第七届县革命委员会任期至1979年9月，第八届县革命委员会任期为1978年9月至1981年1月。1981年1月，惠水县第九届人民代表大会第一次选举惠水县第九届县政府县长、副县长。从此，县级政权组织机构形式为县政府。第九届至第十二届县政府每届任期3年，第十三届至第十七届县政府每届任期5年。县政府县长、副县长任期内，需要调整职务的，由县人民代表大会进行选举产生或县人大常务委员会进行任免。

表5-4

1978—2015年历届县政府领导任职一览表

届次	职务	姓名	性别	民族	籍贯	任职时间	备注
第七届	主任	邱耀国	男	汉族	贵州福泉	1978.1—1978.9	
	副主任	罗应学	男	布依族	贵州惠水	1978.1—1978.7	
		董兰宾	男	汉族	山东曹县	1978.1—1978.9	
		张开贵	男	汉族	安徽	1978.1—1978.9	
		罗祯科	男	苗族	贵州惠水	1978.1—1978.9	
		逯尽孝	男	汉族	河南清丰	1978.1—1981.9	
第八届	主任	王启发	男	苗族	贵州惠水	1978.9—1981.1	
	副主任	董兰宾	男	汉族	山东曹县	1978.9—1981.1	
		郝鑫中	男	汉族	贵州惠水	1978.9—1981.1	
		罗祯科	男	苗族	贵州惠水	1978.9—1981.1	
		冯永敬	男	汉族	山东莘县	1978.9—1981.1	
		王恩贤	男	布依族	贵州惠水	1978.9—1981.1	
		吴邦元	男	苗族	贵州惠水	1978.9—1981.1	
		韦秀珍	女	布依族	贵州惠水	1978.9—1981.1	
第九届	县长	陈文明	男	苗族	贵州惠水	1981.1—1983.12	
	代理县长	徐德林	男	布依族	贵州独山	1983.12—1984.9	
	副县长	吴邦元	男	苗族	贵州惠水	1981.1—1984.3	
		郝鑫中	男	汉族	贵州惠水	1981.1—1981.4	
		韦秀珍	女	布依族	贵州惠水	1981.1—1984.2	
		王恩贤	男	布依族	贵州惠水	1981.1—1984.9	
		彭家林	男	汉族	贵州惠水	1981.1—1984.9	
		李宏业	男	汉族	四川开县	1981.1—1984.2	
		向念侨	男	汉族	湖北黄梅	1984.2—1984.9	
		王泽洪	男	布依族	贵州惠水	1984.2—1984.9	
第十届	县长	徐德林	男	布依族	贵州独山	1984.9—1987.7	
	副县长	王政辉	男	苗族	贵州惠水	1984.9—1987.7	
		王泽洪	男	布依族	贵州惠水	1984.9—1985.12	
		向念侨	男	汉族	湖北黄梅	1984.9—1987.7	
		彭家林	男	汉族	贵州惠水	1984.9—1987.7	
		陈国英	女	布依族	贵州惠水	1985.8—1987.7	

续表5-4

届次	职务	姓名	性别	民族	籍贯	任职时间	备注
第十一届	县长	徐德林	男	布依族	贵州独山	1987.7—1990.5	
	副县长	彭家林	男	汉族	贵州惠水	1987.7—1990.5	
		张文玖	男	汉族	贵州安顺	1987.7—1990.5	
		陈国英	女	布依族	贵州惠水	1987.7—1990.5	
		王政辉	男	苗族	贵州惠水	1987.7—1990.5	
第十二届	县长	张文玖	男	汉族	贵州安顺	1990.5—1993.3	
	副县长	胡昌荣	男	汉族	贵州惠水	1990.5—1993.3	
		彭家林	男	汉族	贵州惠水	1990.5—1993.3	
		陈国英	女	布依族	贵州惠水	1990.5—1993.3	
		徐刚齐	男	布依族	贵州惠水	1990.5—1993.3	
		赵德仁	男	汉族	贵州惠水	1991.5—1993.3	
第十三届	县长	张和林	男	汉族	福建	1993.3—1995.11	
	代理县长	陈玉兴	男	汉族	山东曹县	1995.11—1996.3	
	县长	陈玉兴	男	汉族	山东曹县	1996.4—1998.3	
	副县长	杨世明	男	苗族	贵州惠水	1993.3—1996.12	
		陈国英	女	布依族	贵州惠水	1993.3—1998.3	
		姜克信	男	汉族	贵州贵阳	1993.3—1998.3	
		赵德仁	男	汉族	贵州惠水	1993.3—1998.3	
		徐刚齐	男	布依族	贵州惠水	1993.3—1998.3	
		郝洪中	男	汉族	贵州惠水	1995.4—1996.5	挂职科技副县长
		杨　华	男	汉族	四川资阳	1995.4—1996.5	挂职科技副县长
		邓邦奎	男	汉族	贵州龙里	1996.11—1998.3	
		陈祥斌	男	汉族	贵州长顺	1996.12—1998.3	
		沙先贵	男	汉族	安徽霍邱	1997.11—1998.3	
第十四届	县长	陈玉兴	男	汉族	山东曹县	1998.3—2000.2	
	代理县长	骆用定	男	汉族	贵州龙里	2000.2—2002.3	
	县长	骆用定	男	汉族	贵州龙里	2000.3—2001.6	
	代理县长	向忠雄	男	土家族	贵州德江	2001.6—2001.9	

续表5-4

届次	职务	姓名	性别	民族	籍贯	任职时间	备注
第十四届	县长	向忠雄	男	土家族	贵州德江	2001.9—2003.3	
	副县长	陈祥斌	男	汉族	贵州惠水	1998.3—2003.3	
		龙燕祥	男	汉族	贵州惠水	1998.3—2003.3	
		邓邦奎	男	汉族	贵州龙里	1998.3—2003.3	
		沙先贵	男	汉族	安徽霍邱	1998.3—2003.2	
		吴金兰	女	苗族	贵州惠水	1998.3—2003.3	
		熊传刚	男	汉族	贵州惠水	1998.3—2003.3	
		许生吉	男	汉族	四川	1998.6—1998.12	挂职
第十五届	县长	向忠雄	男	土家族	贵州德江	2003.3—2006.3	
	代理县长	吴　丹	男	汉族	云南大理	2006.3—2007.1	
	副县长	邓庆国	男	汉族	贵州平塘	2003.2—2003.3	
		邓邦奎	男	汉族	贵州龙里	2003.3—2006.3	
		邓庆国	男	汉族	贵州平塘	2003.3—2007.1	
		吴平权	男	苗族	贵州惠水	2003.3—2007.1	
		杨凤玲	女	布依族	贵州惠水	2003.3—2007.1	
		杨朝伟	男	布依族	贵州惠水	2003.3—2007.1	
		廖京生	男	汉族	贵州贵阳	2004.1—2004.3	挂职
第十六届	县长	吴　丹	男	汉族	云南大理	2007.1—2011.10	
	代理县长	万庆华	男	布依族	贵州长顺	2011.10—2012.1	
	副县长	杨朝伟	男	布依族	贵州惠水	2007.1—2010.12	
		邓庆国	男	汉族	贵州平塘	2007.1—2010.12	
		杨凤玲	女	布依族	贵州惠水	2007.1—2010.12	
		吴平权	男	苗族	贵州惠水	2007.1—2010.12	
		陈万祥	男	布依族	贵州惠水	2007.1—2008.1	
		阎　俊	男	汉族	—	2007.7—2008.7	挂职
		钟仁茂	男	汉族	—	2008.5—2010.5	挂职科技副县长
		刘德明	男	汉族	—	2009.3—2010.5	挂职

续表5-4

届次	职务	姓名	性别	民族	籍贯	任职时间	备注
第十六届	副县长	李友军	男	汉族	贵州瓮安	2009.11—2010.12	
		马红梅	女	汉族	—	2010.5—2010.12	挂职科技副县长
		刘　宇	男	汉族	贵州兴仁	2011.10—2012.1	
		朱奉余	男	汉族	贵州贵定	2011.10—2012.1	
		张川涛	男	汉族	—	2006.3—2008.3	挂职科技副县长
		吴丹萍	男	苗族	贵州惠水	2011.10—2012.1	
第十七届	县长	万庆华	男	布依族	贵州长顺	2012.1—2013.8	
	代理县长	王文旭	男	汉族	贵州福泉	2013.8—2014.2	
	县长	王文旭	男	汉族	贵州福泉	2014.2—2015.12	
	副县长	朱奉余	男	汉族	贵州贵定	2012.1—2012.8	
		李友军	男	汉族	贵州瓮安	2012.1—2013.6	
		吴丹萍	男	汉族	贵州惠水	2012.1—2013.11	
		刘　宇	男	汉族	贵州兴仁	2012.1—2014.10	
		罗国江	男	布依族	贵州惠水	2012.1—2015.12	
		韦晓燕	女	布依族	贵州惠水	2012.1—2012.1	
		肖　丹	女	汉族	—	2014.1—2014.4	
		张　元	男	苗族	贵州龙里	2013.2—2014.11	
		冯异星	男	汉族	—	2014.1—2014.9	挂职科技副县长
		韦贞哲	男	—	—	2013.5—	挂职
		何腾荣	男	—	—	2013.5—	挂职
		兰　京	男	汉族	四川江安	2013.8—2014.10	
		王晓冬	女	汉族	山东潍坊	2013.8—2015.12	
		陈长秀	男	—	—	2014.5—	挂职
		罗　丕	男	汉族	—	2014.4—2014.10	挂职
		赵朝阳	男	汉族	贵州贵阳	2014.10—2015.12	
		王维孔	男	汉族	贵州瓮安	2014.10—2015.12	

续表5-4

届次	职务	姓名	性别	民族	籍贯	任职时间	备注
第十七届	副县长	雷良兵	男	汉族	贵州惠水	2014.10—2015.6	
		陈　宇	男	布依族	贵州惠水	2014.12—2015.12	
		蔡定朝	男	汉族	—	2015.4—2015.12	挂职
		王　蔚	男	汉族	—	2015.6—2015.12	挂职
		陈郭勇	男	布依族	贵州长顺	2015.10—2015.12	

第二节　政府工作部门

1978年，县革命委员会下属工作机构有计划委员会、农林办公室、工业交通办公室、财政贸易办公室、文教卫生办公室、劳动工资局、财政局、民政局、卫生局、工业交通局、税务局、工商行政管理局、教育局、农业局、林业局、水利电力局、物资局、轻工业局、粮食局、商业局、供销合作社、农业机械局、手工业管理局、统计局、人防战备办公室、科学技术委员会、体育运动委员会、计划生育办公室、公安局、社队企业管理局、人事局。

1979年，增设烟酒专卖事业管理局；撤销文教卫生办公室；成立县招生委员会、县安全委员会和柑橘基地建设领导小组，分别下设办公室；成立县劳动鉴定委员会、县人民法院审判委员会。

1980年，增设民族事务委员会、司法局、物价局；成立惠水县福利委员会，下设办公室；恢复县交通安全委员会，下设办公室。

1981年增设广播事业局、气象局，复设畜牧局；撤销知识青年上山下乡办公室；成立惠水县编制委员会和县地名普查领导小组，下设办公室。

1982年建立县文化局、设立城乡建设环境保护局，撤销县城镇建设规划办公室、环境保护办公室；撤销县工业交通局，设立惠水县工业局、惠水县交通局；撤销烟酒专卖事业管理局。成立县农业区域规划委员会、县史志编纂委员会、县落实宗教房产领导小组、县社会科学专业干部业务技术职称评定工作领导小组、县城镇劳动就业安置领导小组、县宽释领导小组，均下设办公室。

1983年，县农牧局分设为农业局、畜牧局；成立县绿化委员会、县扶贫领导小组、县落实私房政策领导小组、县基层供销社体制改革领导小组，均下设办公室；社队企业局改为乡村工业公司；撤销县农林办公室、财贸办公室。

1984年机构改革，设置县政府工作部门27个：县政府办公室、计划委员会（含农业区划工作）、科学技术委员会、统计局、物价局、民政局（含退伍军人和军队离休、退休干部安置工作）、司法局、公安局、林业局、水电局、财政局、税务局、粮食局、商业局、工商行政管理局、卫生局（含爱国卫生运动委员会工作）、文化局、计划生育委员会、民族事务委员会、城乡建设环境保护局（负责基本建设、城乡建设、环境保护工作）、广播电视局（与县广播站合署办公）、劳动人事局（由劳动局、人事局、编制委员会办公室合并组成，保留编制委员会办公室名称）、经济委员会、手工业联社（列入政府机关）、农牧局（由农业局、畜牧局合并组成）、教育局（由教育局、体育运动委员会合并组成，保留体育运动委员会名称）、审计局、交通局。

1985年，将县乡村工业公司更名为县乡镇企业管理局（列入政府机关）；成立县老龄问题委员会、县城镇房屋普查领导小组、县粮棉布补助工程建设领导小组、县工资改革领导小组，下设办公室；建立中央农业广播学校惠水县分校和“贵州省中等师范函授广播学校黔南分校惠水县中函工作站”。

1986年，恢复县轻工业局；成立县无线电管理领导小组，下设办公室；建立县食品工业办公室、县劳动争议仲裁委员会办公室、劳动保险事业管理股；决定县酒厂、县水泥厂升格为区局级企业。调整全县档案工作领导体制，县档案局为县政府的直属局。县档案馆为科学文化事业机构，归口县档案局管理。

1987年，建立县土地管理局；成立县烟草专卖局和贵州省烟草公司惠水县公司，实行“两块牌子、一套机构”；将县农业机械管理服务站更名为县农业机械管理局。

1988年，贵州省烟草专卖局以〔1988〕中烟黔政字第9号文件批复：同意建立惠水县烟草专卖局、惠水县烟草公司；成立县城规划实施和房屋建设审批领导小组，下设办公室；撤销县统计局，成立县统计委员会；将县护林防火指挥部更名为县森林防火指挥部。

1989年，成立惠水县蚕业公司；将县交通运输管理站更名为公路运输管理所（副区级）。

1990年，成立县标准计量管理局、县文学艺术界联合会；建立县地名委员会，下设办公室；县计量所更名县计量局、县老龄问题委员会更名为县老龄委员会、县劳动服务公司更名为县劳动就业办公室；县农机局归口县农委，县农机公司归口县经委；县职工教育办公室归口县总工会；恢复县物资局；成立第十一届亚运会惠水县集资领导小组，下设办公室。

1991年，成立县残疾人联合会，由县民政局代管；成立县残疾人事业领导小组，下设办公室；成立县文物管理委员会，下设办公室。

1992年，建立县房改工作领导小组，设立县住房制度改革办公室（常设机构，正局级）；成立县住房制度改革领导小组；设立县体制改革办公室，设立县政府法制科（副局级）。

1994年，政府机构改革后设置县政府工作部门24个：县政府办公室、经济贸易局、粮食局、农业局、林业局、水利局、教育与科学技术局、计划统计局、民政局、审计局、财政局、交通局、卫生局、公安局、司法局、工商行政管理局、国土资源管理局（加挂环境保护局、矿产资源管理局牌子）、建设局、计划生育局、人事劳动局、文体广播电视局、民族事务局、乡镇企业局、监察局（与县纪委机关合署，实行“一套机构、两个机关名称”的体制）。县残疾人事业领导小组更名为县残疾人工作协调委员会，为县政府议事协调机构；设置惠水县政府教育督导室。

1995年，在县乡镇企业管理局挂县煤炭工业局牌子，实行“一套人员、两块牌子”；在县国土资源管理局挂矿产资源管理局、环境保护局两块牌子，实行“一套人员、三块牌子”。

1996年，将县教育科学技术局分设为惠水县教育局和惠水县科学技术委员会；县农机技术服务中心更名为县农业机械事业管理局，为县政府直属科局级事业单位；建立县城市开发建设管理委员会。

1997年，成立县政府督查室（副局级）。将成立县文物管理所（股级）。

1998年，将原县矿产资源管理局更名为县地质矿产局，为独立建制科局级机构，列入政府系列。

1999年，将县科学技术委员会更名为县科学技术局。

2001年，县级党政机构改革后，设置政府工作部门26个：县政府办公室（法制办公室设在县政府办公室）、发展计划局（挂招商引资局牌子）、经济贸易局、教育局、科学技术局、民族宗教事务局、公安局、监察局（与纪委机关合署办公）、民政局（老龄工作委员会办公室设在民政局）、司法局、财政局、人事劳动和社会保障局、国土资源局、建设局、交通局、水利局、农业局、林业局、环境保护局、卫生局、计划生育局、审计局、统计局、粮食局、文体广播电视局、物价局；设政府议事协调机构的常设办事机构1个，即：农业办公室（农业综合开发办公室、扶贫开发办公室）；设行使部分行政管理职能的事业单位4个（县政府直属事业单位）：畜牧事业管理局、旅游事业管理局、档案局（与档案馆实行局馆合一体制，“一个机构、两块牌子”）、供销合作社联合社。

2002年，县老龄委员会更名为县老龄工作委员会，下设办公室。

2003年，成立贵州省惠水·长田工业园管理委员会；惠水县民族职业中学更名为惠水县民族职业技术学校；成立县人事争议仲裁委员会。

2004年，县政府机构改革，设置县政府工作部门27个：县政府办公室（县政府法制办公室设在县政府办公室）、县发展和改革局（挂县招商引资局牌子）、县经济贸易局（挂非公有经济发展促进局牌子）、县教育局、县科学技术局、县民族宗教事务局、县公安局、县监察局（与县纪委机关合署办公）、县民政局、县司法局、县财政局、县人事劳动和社会保障局、县国土资源局、县建设局、县交通局、县水利局、县农业局、县林业局、县环境保护局、县卫生局、县人口和计划生育局、县审计局、县统计局、县粮食局、县乡镇企业管理局（加挂县煤炭工业管理局牌子）、县文体广播电视局（挂县新闻出版局牌子）、县物价局；设置议事协调机构的常设办事机构2个：县农业办公室、县扶贫开发办公室（县农业综合开发办公室）；设置县政府直属事业机构5个：县档案局、县旅游事业管理局、县畜牧事业管理局、县供销合作社联合社、县安全生产监督管理局。

2005年，成立县突发公共事件应急委员会，下设办公室。

2006年，成立县非物质文化遗产保护工作领导小组，下设办公室；县政府残疾人工作协调委员会更名为县政府残疾人工作委员会。

2007年，成立县新型农村合作医疗领导小组办公室、县机关事务管理局、县应急管理办公室；县规划和建筑方案审查委员会更名为县城乡规划委员会。

2008年，成立县茶叶产业化发展领导小组办公室。

2009年，县畜牧事业管理局更名为县畜牧兽医局；成立县甲型H1N1流感防控工作领导小组，下设办公室；成立整合实施农田水利设施建设项目领导小组，下设办公室。

2010年，成立县社会救助工作局（副科级）和县社会救助服务中心，“实行两块牌子、一套人员”机制；成立县第一次全国水利普查工作领导小组，下设办公室；成立县农村合作医疗办公室，撤销县新型农村合作医疗领导小组办公室。

2011年，成立县“四路一区”（惠水至贵阳城市大道惠高段、环城西路、上马北路、长新路；搬迁安置区）项目建设领导小组，建立“四路一区”领导小组办公室；贵州省惠水·长田工业园管理委员会更名为惠水县长田工业园区管理委员会。

2011年，县政府机构改革共设置县政府工作部门24个：县政府办公室、教育局、统计局、公安局、民政局、司法局、国土资源局、林业局、水利局、人口和计划生育局、审计局、民族宗教事务局、环境保护局、县监察局（县监察局与县纪委合署办公）、发展和改革局、工业和信息化局、农村工作局（加挂扶贫开发局牌子）、县文体广电旅游局〔加挂新闻出版局（版权局）牌子〕、卫生和食品药品监督管理局、交通运输局、住房和城乡建设局、安全生产监督管理局、财政局、县人力资源和社会保障局；设置县政府直属事业机构2个：县档案史志局、水利水电工程移民局；其他机构1个：县供销合作社联合社；设立惠水县涟江燕子洞风景名胜区管理处，为县政府管理的副县级事业单位。

2012年，成立县龙塘山风力发电项目协调领导小组，下设办公室；成立贵州宁旺烟花爆竹产业园区管理委员会，下设办公室；成立县土地房屋征收管理办公室。

2013年，县新型农村和城镇居民社会养老保险试点暨被征地农民就业和社会保障工作领导小组更名为惠水县城乡居民社会养老保险试点工作领导小组，下设办公室；成立县好花红乡千户布依寨特色小城镇建设工作领导小组，下设办公室；设立惠水县城北、城南土地房屋征收管理办公室；成立惠水恒升村镇银行组建工作领导小组，下设办公室；成立县城市规划展览馆项目建设工作领导小组，下设办公室；成立惠水县2013年中央投资电网建设与改造工作领导小组，下设办公室。

2014年，县政府机构改革设置县政府工作部门25个：县政府办公室、县发展和改革局、县教育局、县工业和信息化局（挂县商务局牌子）、县民族宗教事务局、县公安局、县监察局（与县纪委合署办公）、县民政局、县司法局、县财政局、县人力资源和社会保障局、县国土资源局、县环境保护局、县住房和城乡建设局、县交通运输局、县农村工作局、县水务局、县文化和旅游局、县卫生和计划生育局、县市场监督管理局（挂县工商行政管理局、县质量技术监督局、县食品药品监督管理局牌子）、县审计局、县林业局、县安全生产监督管理局、县统计局、县城市管理局；设置县政府直属机构1个：县扶贫开发局；设置县政府直属事业机构7个：县档案史志局、县水库和生态移民局、县政府政务服务中心、县投资促进局、县政府金融工作办公室、县机关事务局、县公共资源交易中心；政府其他机构1个：县供销合作社联合社。成立贵州惠水经济开发区管委会，设立11个工作机构：党群工作局、纪检监察室、政法综治局、财政审计局、安全生产管理局、社会事务管理局、征收安置工作局、公用事业管理局、项目服务中心、科学技术服务中心、人力资源服务中心。成立贵州惠水百鸟河数字小镇投资开发有限公司，公司隶属于惠水县政府管理。

2015年，县土地开发与储备交易中心更名为县土地开发和储备中心。

2012 年 7 月 30 日，惠水县人民政府金融工作办公室（简称县金融办）成立，为县人民政府办公室管理的正科级事业单位。2013 年，县金融办核定事业编制 13 名，年末在编人数 6 名。2014 年，根据县政府职能转变和机构改革调整为县人民政府直属正科级公益一类事业单位。主要职能：“保证落实，指导管理、推动发展、协调服务、维护稳定”。担负县域金融行业服务与监管、推进政银企“三位一体”联运机制、投融资体系建设等责任，促进地方政府与金融机构、企业之间联系，信息交流，提高金融资源的分配效率。是年，内设综合科、金融科、资本市场科。核定事业编制 13 名，在编人数 8 名。2015 年，核定事业编制 13 名，在编人数 10 名。

服务与监督　2012 年，全县共有银行业金融机构 5 家，小贷公司 2 家。年末，全县银行机构各项存款余额 39.76 亿元，较年初增加 6.23 亿元，同比增长 18.58%；全县银行机构各项贷款余额 21.54 亿元，较年初增加 5.17 亿元，同比增长 31.58%。

2013 年，全县共有银行业金融机构 5 家，小贷公司 3 家。年末，全县银行机构各项存款余额 44.78 亿元，较年初增加 5.01 亿元，同比增长 12.59%；全县银行机构各项贷款余额 26.42 亿元，较年初增加 4.88 亿元，同比增长 22.65%；全县小额贷款公司贷款余额 0.3753 亿元。同年，县金融办协调引入县外资金注册 5000 万元的鑫泰小额贷款有限公司。经省、州金融办审批，10 月正式开业。同年，县金融办配合县银监办等部门，指导和帮助惠水恒升村镇银行做好筹建工作。是年11月底，惠水恒升村镇银行取得开业许可证，12月底，开始试营业。

2014年，全县共有银行业金融机构6家，保险机构6家，小贷公司3家。年末，全县银行机构各项存款余额50.67亿元，较年初增加6.37亿元，较年初增长14.4%；全县银行机构各项贷款余额39.23亿元，较年初增加13.14亿元，较年初增长50.37%。全县小额贷款公司贷款余额0.79亿元。同时，协调指导贵州荣欣融资担保公司在惠水成立，注册资本金1.07亿元，陆续和县内外多家银行完成授信签约。

2015年，全县共有银行业金融机构6家，保险机构6家，小贷公司3家。县金融办会同县人行、银监办、市监局、公安局及镇（街道），于2013年5月26日、2014年6月15日、2015年5月15日，在县组织开展"预防和打击非法集资""树立正确理财观念，警惕非法集资陷阱"等主题宣传教育活动。全县银行机构各项存款余额60.78亿元，较年初增加10.1亿元，增幅19.94%；全县银行机构各项贷款余额48.21亿元，较年初增加8.98亿元，同比增长22.89%；全县小额贷款公司贷款余额0.82亿元。

政银企合作 2013年，推进贵州永红食品有限公司做好上市工作。牵头协调和帮助其改制重组，股权变更，完成中外合资公司注册登记。同时，扩充上市企业后备资源，组织有关乡镇和长田工业园区、经开区对辖区内企业进行摸底，在与企业形成一致意见的基础上，筛选拟上市后备资源库的优质企业。

2014年，县金融办组织召开惠水园区企业挂牌工作培训会；聘请上海中信证券公司等专业机构专家到县进行企业挂牌上市工作座谈与培训，鼓励和引导成长性好，发展潜力大的园区企业在资本市场直接融资；继续筛选县域发展较好、条件充分的企业进入拟上市后备资源库；搭建政、银、企相互沟通的互动机制。

2015年，与贵州兴黔财富资本管理有限公司就发行企业债券进行交流；召开金融支持宁旺烟花爆竹产业园发展政银企工作座谈会；做好县域企业上市推荐和指导服务。

服务地方经济 2013年，会同县财政局、银监办、人行县支行完善《惠水县2013年金融机构支持地方经济发展考核办法（暂行）》，通过重点鼓励信贷投放，将信贷增长指标按照省、州有关文件精神落实到各银行，激励县内银行金融机构加大信贷投放力度。做好银行与项目单位的协调服务，配合县融资平台和项目单位策划融资项目，2014年，协调向县内、外各类金融机构融资到位5.54亿元。

2015年，编制《惠水县2015年银行信贷产品及拟融资项目推荐》宣传册，向县内、外银行金融机构进行推荐。协调向县内、外各类金融机构融资到位资金12.07亿元。配合县民宗局、财政局、人行县支行落实好《民族贸易和民族特需商品生产贷款贴息管理暂行办法》和《中国人民银行关于民族贸易和民族特需商品生产贷款利率有关事宜的通知》精神，做好全县园区企业民贸民品生产贷款贴息申报，降低企业融资成本。每月做好银行数据和金融部门《信息通联》收集、整理。开通"惠水好花红金融"微信公众号，利用微信交流平台，宣传金融工作方针政策，搭建政府、金融机构和企业之间的信息交流，促进金融支持县域经济发展。

融资 2013年以来，牵头将《财政部关于政府和社会资本合作示范项目实施有关问题的通知》等有关PPP操作指南文件要点和PPP项目成功案例制作成PPT课件，拓展PPP项目库编制思路，为推进PPP项目奠定基础。参加"贵州省政府与社会资本合作模式（PPP）专题培训会"，在全县成功举办政府与社会资本合作（PPP）模式项目包装策划专题培训，提升对PPP模式的认知和实践能力。配合县财政局指导水务局编制《惠水县供排水（供水、污水处理）PPP项目实施方案》，上报参加省财政厅第一批省级PPP项目推荐会。2015年，成功推荐供水、污水打捆PPP项目2.96亿元。配合项目实施单位策划、包装PPP

项目22个，拟总投资额超过130亿元。

第三节 行政方式

集体领导 1978至2015年，县政府坚持全体会议制度、政府常务会议制度和县长办公会议制度。

政府全体会议制度 县政府全体会议由县长、副县长、办公室主任、各局局长组成，由县长召集和主持。县政府办公室副主任列席会议，并根据需要可安排有关部门、单位负责人列席会议。会议主要任务：传达贯彻中共中央、国务院，省委、省人民政府，州委、州人民政府和县委的指示、决定和会议精神，以及县人民代表大会及其常务委员会的决议、决定；讨论决定县政府工作中的重大事项，部署县政府工作。县政府全体会议原则上每半年召开一次。

政府常务会议制度 县政府常务会议由县长、副县长、办公室主任组成，由县长或县长委托县政府负责常务工作的副县长召集和主持。县政府办公室副主任列席会议，县政府法制办公室作为专门席位列席会议，并根据需要可安排有关部门、单位负责人列席会议。主要任务：讨论决定县政府工作中的重要事项；讨论县单行条例草案；审议县政府规范性文件草案；讨论和通报其他重要事项。县政府常务会议视议题情况召开。县政府1990年1月3日召开第十一届政府第一次常务会议，截至2015年12月，共召开276次县政府常务会议。

第十一届人民政府共计召开5次常务会议。

第十二届人民政府共计召开46次常务会议。其中1991年4月17日，第21次常务会议决定，同意《惠水县公费医疗管理暂行规定》；同意工商局1990至1995年市场建设规划意见；11月23日，第31次常务会议原则同意《惠水县政府若干制度》（会议制度、工作联系制度、文件签批签发制度、请示报告制度、代表建议制度和政协提案办理制度、联系群众制度、接待制度、部门会议审批制度）。1993年2月15日，第46次常务会议研究摆金天主教堂房产政策问题。

第十三届人民政府共计召开16次常务会议，其中，1993年4月17日，第1次常务会议原则同意《国有土地使用权转让、出租、抵押暂行规定》，同意“土管局关于开展农村宅基地申报登记发证试点工作的报告”，并先行在三都镇、和平镇、高镇镇进行农村宅基地登记发证试点工作。1993年12月4日，第4次常务会议讨论决定建立“惠水县公安局巡逻巡查队”，在全县25个乡镇人民政府设置民政股。1995年12月13日，第10次常务会议讨论决定建立公安刑侦大队和巡警大队。1997年3月18日，第14次常务会议研究决定成立县政府督查室，同意将县供销社机关列入事业编制，其所需经费纳入县财政预算管理。

第十四届人民政府共计召开28次常务会议，其中，1998年4月13日，第1次常务会议研究建立城镇居民最低生活保障制度。9月8日，第4次常务会决定设立抵季初级中学，为二类初级中学，校名为惠水县抵季中学。2002年1月14日，第5次常务会议研究香港宝泰投资有限公司《关于拟在惠水县成立贵州省宝贵能源开发建设有限公司开发涟江水能源的请示》、和平镇人民政府《关于置换部分国有资产的报告》和建设局《关于惠水电影院拆除重建的请示》等事宜，审议2002年惠水县拟办“十件实事”；1月29日，第6次常务会议研究县文体广播电视局《关于春节期间发行“即开型”体育彩票的报告》，原则同意发行体育彩票，发行收入中县级所得用于县体育中心建设；4月2日，第9次常务会议研究同意《惠水县渔梁水库饮用水源保护区管理办法》；5月9日，第10次常务会议听取县教育局汇报实施“义教工程”情况、县卫生局汇报争取建设疾病预防控制中心项目的情况，同意成立惠水县兴惠房屋拆迁有限公司，印发《关于农村独生子女和二女结扎户享受优先优惠待遇的决定》；10月10日，第18次常务会议研究《惠水县招商引资优惠政策》《关于鼓励外来人员到县城定居的有关规定》《惠水县妇女发展十年规划》《惠水县儿童发展十年规划》；11月14日，第19次常务会议同意以县政府名义批转实施《惠水县社会劳动力管理暂行办法》和《惠水县劳动力市场运作方案》；研究县城总规修编工作。2003年2月10日，第23次常务会议同意成立惠水县长田绿色产业园区开发公司、惠水县城镇建设开发公司、惠水县国有资本运营公司，研究《关于进一步加快工业经济发展的意见（讨论稿）》。

第十五届人民政府共计召开54次常务会议，其中，2003年3月4日，第1次常务会议研究建立健全《惠水县政府工作规则》；4月7日，第4次常务会议研究教育工作和公医改革事宜、研究金三角商贸城内面门面享受优惠政策事宜、县法院办公大楼和姚哨法庭办公楼置换事宜；8月22日，第8次常务会议研究成立花溪至惠水一级公路改扩建工程领导小组，原则同意成立惠水县供水有限责任公司，研究"两基"攻坚工作和医保工作。2005年1月27日，第27次常务会议听取长田工业园区管委会工作汇报和2004年度财政收支情况汇报，研究贵阳万达工贸有限公司拟投资黄磷生产项目事宜、县国土资源局《关于增设煤炭探矿权的请示》和县信用联社《关于申请减免乡镇信用社土地使用权出让金的报告》事宜；2月28日，第28次常务会议研究《关于进一步加强畜牧业发展的意见》和《关于鼓励机关（事业）单位及个人到农村创办助民增收涉牧示范实体的意见》；3月7日，第29次常务会议研究教育局《关于设立惠水县高考、中考奖励基金的请示》、九龙磷化工公司黄磷生产项目优惠政策、县残联《关于收取残疾人就业保障金的请示》和县民政局《关于同意扣取城镇义务兵家属优待金的报告》；3月23日，第30次常务会议研究县建设局《关于惠水县城总体规划第二轮修编有关工作的报告》和申请给予县消防大队集体记功事宜，同意以县政府名义向黔南布依族苗族自治州政府申请为县消防大队集体记二等功；4月20日，第31次常务会议听取长田工业园区管委会《关于长田工业园区项目签约的情况报告》，研究长田工业园区管委会《关于给予博爱药业等公司贷款贴息方案的报告》、城市客运管理体制、县消防大中队营房建设、垃圾转运站建设、县国企办《关于协议转让晶体材料厂资产的请示》和县交通局《关于申请解决摆通油路改造征地经费的请示》等事宜；6月3日，第32次常务会议听取县发展和改革局、建设局、国土资源局、交通局分别汇报县"十一五"总体规划、城镇规划编制、土地利用规划、交通网络建设等工作进展情况，原则同意《惠水县教育质量奖励暂行办法》；10月25日，第36次常务会议研究海里水电站改革改制有关问题；11月3日，第37次常务会议研究成立长田工业园区中小企业信用担保有限责任公司有关问题。2006年4月13日，第44次常务会议研究调整三都镇移民工程和《惠水县政府关于进一步规范建设用地管理工作的意见》；4月27日，第45次常务会议研究和平镇、芦山镇、雅水镇、长田乡政府办公楼建设、汽车站建设等事宜，讨论《中共惠水县委、惠水县政府关于加快旅游业发展的意见》；7月27日，第48次常务会议研究"平安惠水"报警与视频监控系统建设、县城道路交通信号灯安装、县中医院整体搬迁易地重建等事宜；8月23日，第49次常务会议研究申报"中国金钱橘之乡""中国糯米之乡"工作；10月16日，第51次常务会议研究1–9月全县工业经济运行和工业企业纳税奖励暂行办法；12月30日，第54次常务会议研究公积金、住房增量补贴和职工奖金发放及乡镇补助事宜。

第十六届县政府共计召开67次常务会议，其中，2007年1月10日，第十六届第1次常务会议研究烤烟生产、"两基"工作迎接国家督导检查、白果新区建设、供销社体制改革等事宜，原则同意惠水涟江、水头、小龙3个小（1）型水利工程管路单位体制改革方案，同意全县副高级职称及以上人员、硕士学位及以上人员实行岗位补贴，纳入2007年财政预算，年底一次性发放；4月10日，第6次常务会议研究县城拦污沟建设工作方案。2008年2月22日，第18次常务会议研究建设县、村两级图书馆；6月10日，第24次常务会议研究惠水县高考奖励办法等事项；8月7日，第26次常务会议研究将投入市场的出租车和公交车纳入有偿有期限使用和农村低保工作；9月12日，第27次常务会议同意设立财政国企改制资金专户，统筹使用各类企业改制资金，原则同意修建县交通局办公综合楼、2008年廉租住房建设实施方案和《关于进一步加强屠宰行业税收管理的意见》。2009年7月31日，第38次常务会议原则同意时映房地产开发有限公司在南苑花城小区西侧修建天宝幼儿教育基地、原则同意川东磷化工公司在七里冲工业园区范围内建设1万吨食品级磷酸盐生产线建设用地；12月29日，第43次常务会议原则同意《惠水县客运机动三轮车人力三轮车管理暂行规定》。2010年1月20日第44次常务会议研究农村低保工作、恢复县环境监测站、涟江路和惠明路等土地拆迁遗留安置问题和甲烈“11·25”事件处理问题等事项；1月29日，第45次常务会议研究县中医院建设和医药卫生体制改革等事宜；3月16日，第46次常务会议研究关于县酒厂破产和县中医院贷款等事宜；4月9日，第47次常务会议研究2010年事业单位公开招聘工作人员、“普九”债务补偿、惠兴高速公路建设、永红公司获“中国驰名商标”给予奖励、县肉联厂资产处置、雅水镇雅水村等地进行土地开发等事项；4月28日，第48次常务会议研究给予龙腾铁合金公司电价补贴、摆金雅水芦山和羡塘等乡镇汽车站移交乡镇管理、处置甲戒老乡镇府办公区域房产土地、2010年村（社区）干部报酬问题等事宜；6月27日，第49次常务会议研究国有资本运行、机动三轮车运行、实施肉联厂资产处置和职工安置方案、增加县级粮食储备建立县级粮油储备、新农合以卡代证推广工作；7月24日，第50次常务会议研究县行政服务中心建设问题、草地生态畜牧产业化种草养牛科技项目2010年实施方案、采矿权价款及矿产资源补偿缴纳标准、启动杨梅坡农民安置小区建设、险峰大道与周边土地前期基础设施建设、摆金小城镇建设、调整2006年7月1日退休普工人员补贴问题、加强城市防空建设和易地建设费征收管理等事宜；9月18日，第51次常务会议研究和平镇工商所办公房建设用地、欢乐岛游乐场所项目建设、接转2007年28名“特岗教师”为正式教师的问题、处置供销社资产等事宜；12月24日，第54次常务会议研究涟江北路（抵蒙寨）东侧1号和2号国有建设用地使用挂牌出让、粮食购销企业退休职工医保、提高城市低保标准、永红食品公司建设等事项，审定《惠水县扶助残疾人优惠政策实施办法》。2011年2月22日，第56次常务会议研究建设乡镇示范性幼儿园——摆金幼儿园事项；11月9日，第65次会议审定《惠水县财政性资金拨付暂行规定》，研究解决粮食企业职工安置和建设西路道路改造等事宜；12月11日，第67次常务会议研究关于县职校2012年中央预算内资金项目建设事宜，研究关于组建民兵应急队伍骨干分队事宜。

第十七届县政府共计召开60次常务会议。其中2012年1月6日，县政府第十七届第2次常务会议研究《惠水县政府工作规则》《2012年政府工作报告》任务分解、报送惠水县城乡居民社会养老保险试点实施方案、祥摆采育林场森林林木林地流转、解决惠水县2011年度石漠化综合治理工程等中央投资项目县级配套资金和发放2011年职工住房增量补贴等事宜；2月5日，第3次常务会议研究支持永红公司上市和“好花红故乡”商标使用权等事宜；7月2日，第10次常务会议研究扶贫开发、惠高大道建设合同、启动环西路建设、部署惠水县第二轮县志修编工作、长田园区、污水处理厂及垃圾填埋场建设等事宜；12月14日，第18次常务会议研究2013年“十件民生实事”内容，审定《惠水县进一步加强民族工作加快少数民族和民族地区经济社会发展实施意见》，研究《惠水县全面建成小康社会行动计划》。2013年1月21日，第19次常务会议研究农村公路建设、长田工业园区及经济开发区闲置土地清理情况、摆金中心卫生院异地改造、处置违法违章建设问题、创建国家级计划生育优质服务先进县、惠水县2013年处置拖欠农民工工资工作等事项，审定惠水县关于国家投资建设项目审计的相关规定；2月2日，第20次常务会议研究城北城市综合体建设相关事宜；7月25日，第26次常务会议审定《惠水县政府机关关于深入推进“效能革命”优化发展环境的实施方案》，研究国有资产处置及金融工作、提高协勤人员工资待遇等事项；11月3日，第28次常务会议审定《惠水县财政资金管理规定（暂行）》《惠水县森林防火奖惩办法》《惠水县城乡居民最低生活保障工作问责办法》《惠水县城市综合管理办法》《惠水县国土资源局关于审批惠水县土地整治规划的请示》《惠水县公共租赁住房管理实施细则（暂行）》，研究关于对县乡镇企业局等5家单位、企业债务的处理建议等事项。2014年1月11日，第31次常务会议研究2014年全县国民经济和社会发展计划主要指标、《惠水县2014年第一批公共租赁住房实物配租工作方案》、鼓励支持和引导个体私营等非公有制经济发展等事宜，审定《贵州惠水经济开发区管理委员会关于组建贵州惠水经济开发区投融资公司的请示》；4月16日，第37次常务会议研究《关于在迁寨还田中实施住宅置换城镇产权房或集中安置的意见》《关于加强涟江坝区耕地保护的实施意见》，审定《惠水县进一步加强和规范行政行为联席会议制度》和《惠水县严厉打击非法盗采矿产资源行为的规定》；8月15日，第39次常务会议研究《关于惠水县2014年面向社会公开招聘人民法院和人民检察院事业单位工作人员的报告》《关于2014年面向县外公开引调国家机关、事业单位人员情况报告》《关于调整事业人员住房增量补贴计算基数的请示》《关于对乡镇区划调整后街道办事处工作人员享受浮动工资的请示》《关于解决城市管理协管员工作经费的请示》《关于接转2011年“特岗教师”为正式教师的请示》《惠水县砂石土矿整合关闭方案》等事项，审定《惠水县公共租赁住房和廉租住房并轨运行实施细则》；11月25日，第43次常务会议研究《惠水县被征地农民养老保险实施办法（试行）》《惠水县殡葬改革工作实施方案》《惠水县殡葬改革管理暂行办法》《惠水县行政区域火化区划方案》《惠水县集中治丧补助办法》《惠水县殡葬改革突发公共事件应急预案》《惠水县党员干部带头推动殡葬改革的通知》《关于县城居民生活用水价格调整方案的请示》《关于印发〈惠水县政府关于进一步加强国有建设用地供应管理的实施意见〉的请示》等事项。2015年4月8日，第47次常务会议研究贵州惠水百鸟河数字小镇筹建委员会《关于申请成立贵州惠水百鸟河数字小镇管理委员会的请示》《关于审定惠水县公共资源交易管理暂行办法的请示》和《关于审定惠水县公共资源交易项目目录的请示》，审定《涟江现代高效农业示范园区管理方案（讨论稿）》《关于加快推进全县“1+3”农业园区建设的实施意见（讨论稿）》《2015年烤烟生产工作安排意见（讨论稿）》《惠水县2015年度人口和计划生育责任目标考核办法》《惠水县2015年度财政预算编制》；5月23日，第50次常务会议审定《关于支持商贸物流业加快发展有关政策措施》《关于支持工业企业加快发展有关政策措施》《关于促进房地产市场健康发展的意见》，研究《关于惠水县国家机关、事业单位移动通讯费用补贴管理暂行规定的请示》、县城管局《关于城市环境卫生市场化运作经费来源的请示》和《关于城市卫生市场化运作的实施方案》；10月22日，第57次常务会议审定《惠水县“两违”建筑分类处置方案》《惠水县县城规划区内房屋征收与补偿暂行办法》，研究建设惠水县应急避难所、引进免费师范毕业生到校进行聘用、好花红旅游景区发展、投融资建设等事宜；11月29日，第59次常务会议审定《惠水县计划生育特殊家庭扶助工作实施方案（送审稿）》，研究县公安局《关于申请面向社会招聘事业编制人员的报告》。

县长办公会议制度 县长办公会议由县长、副县长、办公室主任组成，由县长或县长委托县政府负责常务工作的副县长召集和主持。县政府办公室副主任列席会议，县政府法制办公室作为专门席位列席会议，并根据需要可安排有关部门、单位负责人列席会议。主要任务是研究处理县政府日常工作中的重要事项，讨论决定其他事项。县长办公会议原则上每周召开一次。

第八届县政府共计召开县长办公会议共76次，其中，1978年11月8日，讨论城市建设规划问题。1979年1月3日，研究2%职工升级问题；1月6日，审批磷肥厂、水泥厂、煤场的提成奖励问题；2月9日，关于建设防雹指挥部的问题；12月10日，研究农业税减免和粮食征收减免；1980年6月17日，研究选举出席州代表问题；10月17日，研究县计委代县革委会起草的土地征拨文件和县城规划问题。

第九届县政府召开县长办公会议共计78次，其中，1981年1月5日，研究县政府成立后政府工作如何开展、人员分工、制度健全等工作，并组织学习《中华人民共和国地方各级人民代表大会和地方各级人民政府组织法》；1月30日，研究讨论机构编制问题；4月30日，研究军队退伍干部安置问题和公交方面问题；6月12日，研究教育调整问题；7月11日，研究抗旱、防治病虫害问题。

第十届县政府召开县长办公会议共93次，其中，1987年3月3日，研究讨论是否引进日本水泥生产线和是否撤销矿业公司等问题。

第十三届县政府召开县长办公会议17次。

第十四届县政府召开县长办公会议共61次，其中，1999年3月22日，研究同意县建设局建立"城镇园林绿化管理站"；1999年5月31日，研究同意成立"惠水县涟江风景名胜区管理站"。

第十五届县政府召开县长办公会议共54次，其中，2003年4月22日，研究全县非典型肺炎防治工作；6月6日，研究关于加强财源建设和清收财政周转金等事宜；10月27日，研究摆榜乡甲坝村平寨组公路建设。2004年3月11日，对全县安全生产工作进行安排部署；9月16日，研究加强农业税征收工作；9月21日，研究固定资产投资和2004年度"十件实事"建设。2005年4月12日，研究讨论关于建设惠水狮乐功放建设厂和惠水遥贸包袋厂事宜；4月20日，研究长田工业园区与安全招商引资企业优惠政策；6月7日，研究惠水县"十一五"省级储备项目上报工作；6月21日，研究加强县城管理工作；12月1日，研究加快长田工业园区建设和引进啤酒生产项目。

第十六届县政府召开县长办公会议共83次，其中，2008年1月10日，研究涉老部门建设事宜；4月4日，研究白果新区建设工程事宜；9月12日，研究九龙寺建设和规范管理事宜，决定由县林业局负责将涉及九龙寺后山村民耕种土地按照要求进行退耕还林；9月23日，研究安全生产工作，加强对企业及非煤矿山、道路交通、易燃易爆物品和危险化学品的监管。2009年3月12日，研究县中医院项目建设用地事宜；4月22日，研究辉岩村社会主义新农村建设事宜。5月6日，研究长田工业园区及长田乡小城镇建设事宜；2010年1月6日，研究惠水至兴仁高速公路惠水境段征地拆迁事宜；1月15日研究百鸟河村盛华学院项目基础设施建设事宜；6月13日，研究建设三都休闲度假观光、生态旅游水产养殖基地事宜；7月7日，研究加快高镇镇"185"工程及城镇规划等事宜。2011年3月17日，研究盛华职业学院配套设施建设事项；3月30日，研究城乡规划编制及重点项目建设事宜；9月1日，研究加强棚户区改造和九龙景区环境建设事宜。

第十七届县政府召开县长办公会议共101次，其中2012年1月11日，研究惠高大道建设事宜；2月21日，研究龙塘山风力发电项目建设事宜；4月17日，研究安全领域"打非治违"专项行动；5月31日，研究推进味莼园项目建设事宜。2013年1月16日，研究惠罗高速公路建设事宜；3月1日，研究推进贵州科技职业学院项目建设事宜；6月14日，研究推进大坝环线公路等项目建设工作；10月5日，研究好花红特色示范小城镇建设工作；11月27日，研究贵州盛华职业学院二期及惠水软件基地建设工作事宜。2014年1月15日，专题论证惠水县县城总体规划建设用地指标；3月8日，研究惠水县思源实验学校建设工作；4月9日，研究加快机电产业园区建设事宜；7月10日，研究"王老吉"项目建设事宜；8月20日，研究好花红村布依堂屋保护性修复工作；12月3日，研究"可口可乐"项目建设事宜；12月9日，研究百鸟河数字小镇建设工作。2015年4月5日，研究加强全县道路交通安全生产工作；6月16日，研究好花红千户布依寨建设工作；9月8日，研究推进贵州永红航空机械有限责任公司项目建成投产工作。

目标管理　1984年起，每年年初，按照是年县委、县政府确定的主要工作任务以及各乡镇、各部门实际情况设立考核项目，确定任务指标，由县委书记、县长或分管副县长与单位负责人、乡镇长签订目标责任书，每半年（或每季度）和年终由督查考核局抽调人员组成考核组对责任单位进行考核，并将考核结果汇总后由县委、县政府研究决定按奖惩方案执行。

1984年8月，中共惠水县委、县政府与各区（镇）区委、区公所签订1984年承包任务书，主要指标包括物质文明和精神文明两大项，其中物质文明建设包括工农业总产值、粮食总产量、财政总收入和人口自然增长率控制4项指标。全面完成承包任务的区（镇）、乡，县给予区（镇）1000～1200元、乡300～500元一次性奖金；承包任务一半以上未完成的，扣发党政领导全年工资的2%，全部未完成的，扣发全年工资的4%。1984年12月，中共惠水县委、县政府对各区（镇）、乡镇全面开展承包合同进行检查验收，兑现奖惩。

1990年8月，中共惠水县委第七届十次全委（扩大）会议讨论通过《惠水县政府关于对1990年主要经济指标进行考核奖励的通知》。考核对象为党纪党风建设检查合格的区公所及和平镇人民政府，主要考核6项经济指标：工农业总产值、乡镇企业总产值、粮食总产量、粮食订购数、财政总收入、多胎率及“四术”（结扎、上环、引产、人流）任务，考核奖励分三等：一等奖发给奖金5000元，锦旗一面；二等奖发给奖金3000元，锦旗一面；三等奖发给奖金2000元，镜框奖状一块。

2003年，惠水县政府对县直部门、国有企业等开展年度行政效能建设考核考评工作，2005年新增10个单位（部门）进行试点，考核分为优秀、合格、不合格3个档次，优秀单位：民政局、财政局、人事劳动和社会保障局、教育局；合格单位：发展和改革局、林业局、人民医院、中医院、财保公司、自来水公司。

2005年1月15日，县政府印发《惠水县2005年烤烟生产收购工作目标量化考核评分奖惩办法的通知》，明确设置一等奖1名、奖金2万元；二等奖1名，奖金1.5万元；三等奖1名、奖金1万元，鼓励奖1名，奖金0.5万元。

2006年12月30日，县政府第十五届54次常务会议决定：按在职职工每人300元标准发放年终奖，离休人员按每人200元标准、退休人员按每人150元标准发放年终慰问金。

2010年，成立惠水县目标管理考核工作领导小组，下设办公室，负责州对县及县对乡镇、部门目标任务的分解、制定和目标管理考核工作。2014年7月，县委政府督查室更名为惠水县督查考核局，县目标办划归县督查考核局管理，负责全县目标考核工作。

惠水县2010年度25个乡镇年终目标考核内容主要为农业农村工作、党务工作、人口和计划生育工作、财税工作、安全工作、社会事业等10个方面，经过考评，以考评总分从高到低分别取一、二、三等，乡镇一等奖1名（和平镇）、二等奖3名（高镇镇、羡塘乡和太阳乡）、三等奖4名（岗度乡、雅水镇、鸭绒乡和好花红乡），分别发给奖金3万元、2万元、1万元，所得奖金可用于奖励干部职工。按照“一票否决”要求，对党风廉政建设、安全生产、计划生育、社会治安综合治理等任何一项被否决的乡镇，取消评奖资格。凡单项考评得分达不到60分的乡镇，取消评奖资格，同时取消该乡镇党政主要领导年终一次性奖金。凡考评总分达不到60分的，定为不合格乡镇，同时取消该乡镇领导班子成员年终一次性奖金，一般干部职工年终一次性奖金只发50%，并由县委组织部对党政主要领导进行诫勉谈话。

县直各单位目标体系由“共性目标”和“业务目标”两部分构成。共性目标主要有组织建设、党风廉政建设、精神文明建设、社会治安综合治理、党建扶贫、人口计生工作和办公室工作等9项，总分值40分。业务目标以履行职能职责为重点，以完成县委、县政府和上级主管单位重要工作部署为主要内容，分值为60分。由县目标管理考核办公室进行考评，评定得分，依分值从高到低列出名次，报县目标管理考核领导小组审核，评选出奖励等次和处罚单位。2010年县直单位考评结果：一等奖3名（法院、财政局和国税局）、二等奖7名（检察院、机关事务局、发改局、人事局、司法局、地税局和供电局）、三等奖9名（编委办、工商联、民政局、农业局、计生局、民宗局、经贸局、工商局和质监局），奖金分别为2万元、1.5万元和1万元，所得奖金可用于奖励本单位干部职工。按照“一票否决”要求，对党风廉政建设、安全生产、计划生育、社会治安综合治理等任何一项被否决的部门，取消评奖资格。凡单项考评得分达不到60分的单位，取消评奖资格。凡考评总分达不到60分的，定为不合格单位，同时取消该单位领导班子成员年终一次性奖金，一般干部职工年终一次性奖金只发50%，并由县委组织部对单位主要领导进行诫勉谈话，把年度考评结果作为领导干部选拔任用的重要依据。

2015年4月，印发《惠水县2015年度镇（街道）目标管理考核办法》和《惠水县2015年度县直机关（含垂管单位）目标管理考核办法》。镇（街道）考核内容包括经济发展综合测评（增比进位）、民生工程、社会事业、平安建设、政治保障等共6大类27项指标。考核采取千分制，实行分项考核、综合计分。考核得分在800分以上（含800分）的镇（街道），获优秀等次奖的按实有在编在岗干部职工人数5000元/人的标准给予奖励；获良好等次奖的按实有在编在岗干部职工人数4500元/人的标准给予奖励；获合格等次奖的按实有在编在岗干部职工人数4000元/人的标准给予奖励；考核得分在800分以下的镇（街道），领导班子不给予奖励，其他实有在编在岗干部职工按4000元/人的标准给予奖励。获优秀等次奖的镇（街道）除享受5000元/人的奖励外，另奖励党政主要领导3000元/人、党政其他班子领导2800元/人、其他在编在岗干部职工2500元/人。相关工作被“黄牌警告”的镇（街道），考核分值在优秀等次范围的，按实有在编在岗干部职工人数5000元/人的标准给予奖励，不享受追加部分的奖励；相关工作被“一票否决”的镇（街道）按单位实有在编在岗人数对除党政主要领导和分管领导外的其他干部职工给予人均4000元的奖励，并处罚党政主要领导和分管领导各4000元。综合考核总分低于800分的，实行挂黄牌制度，处罚党政主要领导各5000元、其他党政班子成员各4000元，由县纪委和县委组织部对党政班子进行诫勉谈话，并在全县通报批评，连续两年挂黄牌的对党政主要领导进行问责；低于700分的，处罚党政主要领导各1万元并责令引咎辞职，处罚其他党政班子成员各8000元。2015年度全县10个镇（街道）目标管理考评结果为优秀等次3名（涟江街道、断杉镇、摆金镇）、良好等次5名（岗度镇、好花红镇、芦山镇、濛江街道、羡塘镇）、合格等次2名（雅水镇、王佑镇）。

惠水县2015年度县直机关（含垂管单位）目标管理考核办法将88个部门（含垂管单位）划分为县委办、县政府办、县人大办、县政协办及党群部门、经济发展部门、社会管理部门、临时机构、垂管单位五类进行考核。实行千分制考核，考核目标分解为业务目标和公共目标两个部分，同时设立加减分项目。业务目标主要考核州对县考核目标任务，州与县签订的责任状及州级行文下达的目标任务，县委全委会、县政府工作报告明确的目标；公共目标考核固定资产投资、经济发展综合测评、政务服务中心进驻、小康社会建设、深化改革、班子建设和党建（含工会、共青团、妇联、小康驻村）、党风廉政及行政效能建设、宣传思想及精神文明建设、“多彩贵州”文明行动、平安建设（含维稳、综治、防范和处理邪教、信访等）、安全生产、生态文明建设、依法治县、计划生育、县委县政府安排的其他工作共15

项指标。按考核部门（单位）分类各设3个等次（优秀等次、良好等次、合格等次）进行奖励，获优秀等次奖的按实有在编在岗干部职工人数5000元/人的标准给予奖励；获良好等次奖的按实有在编在岗干部职工人数4500元/人的标准给予奖励；获合格等次奖的按实有在编在岗干部职工人数4000元/人的标准给予奖励；考核得分在800分以下的部门，领导班子不给予奖励，其他实有在编在岗干部职工按4000元/人的标准给予奖励。获优秀等次奖的部门除享受5000元/人的奖励外，另奖励主要领导3000元/人、其他班子领导2800元/人、其他在编在岗干部职工2500元/人。被州级以上"一票否决"的单位直接划为合格等次，按单位实有在编在岗人数对除领导班子成员外的其他干部职工给予人均4000元的奖励；单位综合考核总分低于800分的，实行挂黄牌制度，处罚单位主要领导5000元、班子其他成员各4000元，由县纪委和县委组织部对单位班子进行诫勉谈话，并在全县通报批评，连续两年挂黄牌的对单位主要领导进行问责；低于700分的，处罚单位主要领导1万元并责令引咎辞职，处罚其他班子成员各8000元；垂管单位的考核排位向其上级主管部门通报。2015年度县直机关目标管理考核结果为：县委办、县政府办、县人大办、县政协办及党群部门优秀等次14名〔县委办、人大办、政府办、政协办、纪委（监察局）、组织部、政法委、宣传部、人武部、党校、离退局（含老年大学、关工委）、编委办、团县委、红十字会〕，良好等次6名（统战部、总工会、机关工委、妇联、文联、工商联）、合格等次2名（残联、科协）；经济发展部门优秀等次7名（财政局、发改局、统计局、农工局、住建局、交通局、科技局），良好等次12名（水务局、环保局、国土局、工信局、国税局、地税局、金融办、移民局、供销社、公共资源交易中心、投促局、审计局）、合格等次3名（林业局、扶贫局、国资公司）；社会管理部门优秀等次7名（教育局、人社局、市场监管局、卫计局（含计生协会）、政务中心、民政局、文旅局）、良好等次10名（法院、检察院、公安局、司法局、安监局、民宗局、信访局、合医办、机关事务局、档案史志局）、合格等次1名（城市管理局）；临时机构优秀等次1名（百鸟河数字小镇管委会），良好等次3名（城南征收办、城投公司、城北征收办）；垂管单位优秀等次1名（气象局），良好等次1名（农商行），合格等次3名（财保公司、工行、公积金管理中心）。

第四节　施政辑要

惠水县第八届革命委员会（1978年9月—1980年12月）

拨乱反正　对"文化大革命""四清""反右派""反右倾"四个时期处理的干部、职工案件进行复查，实事求是地做出复查结论。完成对"地、富、反、坏分子"摘帽、地富子女新定成分和右派分子的复查、摘帽、改正和安置工作。全县4345名"四类分子"，已摘帽3877人，错划的306人已全部改正；为6704人地富子女新定成分；全县右派分子全部摘帽，对错划的34人进行了复查改正。

国民经济　全县生产总值由1978年的4908万元增加至1980年的6003万元，全社会固定资产投资总额从1978年的76万元增加至1980年的128万元，乡镇企业数量从1978年的559家增加至1980年的691家，乡镇企业总值从1978年的139万元增加至1980年的631万元；金融机构存款余额从1978年的731万元增加至1980年的1295万元，城乡居民存款余额从1978年的77万元增加至1980年的166万元；社会消费品零售总额从1978年的2045万元增加至1980年的2533万元。

农业　在农业战线贯彻执行调整、改革、整顿、提高的方针。1980年初，惠水县贯彻《中共中央关于农业发展若干问题的决定》，推行联产计酬责任制。

农业生产总值从1978年的1131万元增加至1980年的1385万元。1980年在灾害频频的情况下，全县粮食总产量稳定在8.39万吨以上。全县生猪存栏96700头，大牲畜存栏62650头，柞蚕产量8.65万千克，柑橘产量60万千克。1979年全县调减1331个生产队，“一定五年”粮食征购基数243.55万千克。1980年，调减在生产队粮食征购基数89万千克，调减农业税42.6万元，完成造林1.7万公顷。

柑橘产业 1978年，全县有柑橘面积6千余亩，橘树20余万株，其中，老树9万余株，产量为200至300万斤。同年9月21日，县革委向州革委及省革委报送《关于建设柑橘基地的报告》。对全县柑橘种植作出规划：以姚哨、城关、三都两区一镇为重点，利用涟江两岸长约30千米低矮山坡，开垦8千亩荒地作为公社、大队、生产队联办橘园；以七里冲果树场为骨干，上至姚哨的濛江坝，下至三合公社华表，全长15千米，开垦橘园5千亩；加强现有9万余株老橘树更新改造；继续扩大断杉、雅水两区现有橘园，摆金、王佑两区各开辟一个点，每个点500亩以上；鼓励社员在房前屋后和集体划给的自留地上大种橘树，收入归社员所有。品种主要是橙类（包括锦橙、血橙占20%）、温州蜜橘（占70%）、本地金橘和川橘（占10%）。

1979年，全县复壮原有9万余株老树，从外地引入橘苗47万余株，全县有36个公社、76个大队、391个生产队栽培橘树。同年5月8日，县革委印发《关于大力发展柑橘生产的意见》。制定搞好规划、健全制度、激励集体、鼓励社员、重点保护、立足是年等具体措施。

1981年6月22日，印发《关于积极发展农村多种经营的意见》，落实管理责任制，加强橘园管理，复壮更新，提高单株产量；积极发展新橘园，力争柑橘产量恢复到历史最高水平（350万斤）。

工业 工业生产总值从1978年的2731万元增加至1980年的3342万元，关停闭产个别无原料、无销路、长期亏损的企业。皮鞋、土纸等轻工业产品有较大幅度增长。

社会事业 开展科研项目118个，先后建立了县科协和农业、畜牧、林业、水电学科学会及科普创作协会。1978年起，通过考核评审，考试方式，将民办教师逐步转为公办教师。1979年和1980年，全县录取省内、外大、中专学校学生618人。全县基本消灭了炭疽、白喉等疾病，控制了乙脑、流脑、疟疾、麻疹等传染病的流行。计划生育工作成效明显，办理250对青年夫妇独生子女证；人口自然增长率从1978年的17.29‰下降到1980年的13.4‰。

政权建设 全县49个公社和城关镇，选举社镇代表2215人，选出正、副镇长和公社管委会正、副主任116人。建立县司法局、法律顾问处和公证处。

基本建设 1978年，有2条国道（210线、320线）贯穿县境，通车里程124千米，其中，沥青路面27千米，泥沙路面97千米。惠（水）长（顺）、摆（金）西（关）、摆（金）雅（水）、威（远）王（佑）、断（杉）羡（塘）、断（杉）雅（羊）、火（隍）祥（摆）等县、乡公路及村道均为泥石路，晴通雨阻现象严重。1979年新建扩建公路35千米，建成小水电站3个，装机容量920千瓦。基本建设投资总额完成160余万元，建筑面积14359平方米。

惠水县第九届人民政府（1981年1月—1984年8月）

“六五”时期，县政府从整顿工业企业、发展农村多种经营等方面。搞好经济建设。1981年，对县内上山下乡知识青年工作安排全部完毕。

1984年2月，召开全县三级干部会议，贯彻落实《中共中央关于一九八四年农村工作的通知》精神，明确各公社社员承包集体土地的承包期限为20年：从1980至2000年止，20年不变。全县63862户农户签订承包合同，承包耕地267236.62亩。

国民经济 全县工农业总产值由5847万元增长到7892万元（1980年不变价），增长34.97%，年均增长11.65%。其中，财政收入由336万元增长到476万元，增长41.67%，年均增长13.93%；财政支出增长34.77%，年均增长11.59%；财政收入增长速度高于支出增长幅度，实现了收支平衡。国内商品纯购进总值由1189万元增长到1807万元，增长51.98%，年均增长17.33%；社会商品零售总额（不含农民自销额）由3070万元增长到4272万元，增长39.15%，年均增长13.05%。

稳定完善农业生产责任制 1981年，逐步发展包产到户或包干到户的承包责任制。1983年，全县签订承包合同农户54014户，占总农户数的98.3%。在雅水区洛平公社开展林业"三定"试点工作。1982年在全县范围内开展林业"三定"，1983年3月结束，全县42个公社2378个生产队完成林业"三定"。1401个生产队26921户社员划定自留山，面积80656亩；446个生产队划定造林任务山，面积83913亩；1824个有集体山林的生产队建立林业生产责任制，面积473000亩。全县2378个生产队建立护林制度，订立护林乡规民约。明确农民在自留山和房前屋后种植的竹木，归个人所有，可自由支配，允许继承。通过发放农贷和下拨各种支农资金，帮助"少、边、穷"地区发展生产；通过签订和兑现承包合同，延长土地、山林承包期，调动农民的积极性。进一步稳定和完善农业生产责任制，促进农村商品生产发展，出现以种植、养殖、运输和农副产品加工为主的专业户和重点户5351户、新的经济联合体550个，占全县总农户的9.7%。全县粮食总产量由8394万千克增长到9332万千克，增长11.17%，年均增长3.72%；农业总产值增长34.6%，年均增长11.53%。

企业扭亏增盈 在发展地方工业上，抓企业扭亏增盈，疏理流通渠道，搞活经济。对产品无销路、无发展前途以及人员多的企业实行关停并转。1981年筹办县石英砂厂；1983年关闭河口纸厂。争取省、州投资和贷款，对企业进行技术改造。分期分批对企业进行全面整顿，完善经济责任制或经营责任制。1983年全县预算内7个国有工业企业盈亏相抵，净盈利9.39万元。结合县情实际，对企业干部管理、劳动管理、生产经营、经济分配和劳保福利改革等5个方面制定了扩大企业自主权的16条规定。全县工业总产值增长36.85%，年均增长12.82%。

1984年，制定适合县情的简政放权措施，采取逐级分解，层层承包和扭亏增盈工作，使企业应变能力有所增强。

商业、供销体制改革贯彻"国家、集体、个人一齐上"的方针，县内多种经济形式，多种经营方式、多种流通渠道的城乡商业网络已初步形成，部分商业小型企业和饮食服务行业进行了"三个划转"，供销合作通过体改"三性"有所恢复，国合商业购销均有所增长。财政体制改革方面：根据有关文件精神，用立法形式把国家和企业的分配关系固定下来，初步克服了部分企业吃国家"大锅饭"的弊病；改变以往待预算落实后再安排各企业任务的做法，在年初提出财政包干方案，使财政和企业事先做到心中有数；把支援人民公社投资，不发给地区发展资金，少数民族机动金和县机动财力共50多万元下放到区、（镇）管理；1984年下半年起，对公费医疗实行定额管理，包干到单位掌握使用。

1985年8月和1987年4月，贵州省委书记胡锦涛到惠水县视察时，对惠水县发展"四小"经济的思路和做法给予充分肯定。

教育、科学、文化、体育、卫生事业 落实知识分子政策，为420名科技人员评定技术职称。增加教育、科研、文化、卫生事业投入，1983年比1980年增加52.7%。3年全县共录取大、中专学生692名，其中1983年录取293名，是恢复高考制度后录取人数最多的一年，教育教学质量明显提高。全县小学入学率达80%。建立了34个区、乡科普协会；1983年兑现44项科技成果奖金。完成血丝虫病和地甲病以及饮用水源的普查工作，血丝虫病已基本消灭。新建电视差转台3个，农村文化站17个。1982年颁布《惠水县计划生育暂行规定》，落实独生子女政策和“五保”政策，人口自然增长率下降到7‰，3年全县人口净增数减少了2520人。3年共安置城乡待业人员3123名。

政权建设 1983年4月，在毛家苑公社开展政社分设试点，1984年4月，全县49个公社完成政社分设。各乡均召开乡人民代表大会，建立乡人民政府和乡农工商联合公司。全县建立429个村民委员会，2546个村民小组。

县级机构改革 1983年10月，进行县级二级机构改革，1984年3月底完成。改革后保留二级机构24个，合并成立的3个，新设置的2个，共29个，比原来的39个机构减少10个。各工作部门配备正副职干部65人，比原来减少25人。1984年8月完成三级机构改革，三级机构改革前266个，正副职领导成员439人，改革后保留三级机构238个，减少28个；正副职领导成员349人，减少90人。学习借鉴六盘水市建立党政机关干部岗位责任制经验，采取“纵包横保”办法，把任务逐级落实到基层，全县50个乡镇分别同各区签订承包合同，7个区镇与县签订承包合同；县属47个局级以上单位有45个单位建立了干部岗位责任制。

惠水县第十届人民政府（1984年9月—1987年7月）

“七五”时期，县政府从扩大企业自主权发展乡镇企业，整顿交通市场。本着因地制宜、讲求实效的原则调整产业结构，发展家庭小牧场、小菜园、小果园、小加工作坊，建立农、林、牧、副、渔、工、商、建、运、服综合服务农业经济体系。

1985年，取消粮食统购，实行国家合同定购，粮食流通体制从统购统销走向合同定购与市场收购的“双轨制”购销体制。

1986年10月1日起，惠水县国营企业新招工人均按合同制工人进行使用，并签订劳动用工合同，在此之前的国营企业职工认定为固定工。取消退休工人“子女顶替”和内部招收职工子女制度，面向社会公开招工，择优录用。

国民经济 1985年，顺利完成惠水县国民经济和社会发展第六个五年计划。1986年全县工农业总产值完成12026万元，比1980年翻了一番，比1983年增长52.45%。全社会消费品零售总额由1983年的3531万元增长至1986年的5699万元。1986年全县粮食生产在遭遇严重自然灾害的情况下总产量达9.4万吨，比1983年增长0.57%。全县财政总收入由1983年的477万元增长至1986年的792.16万元，比1983年增长66%。1985年8月，惠水县工资制度改革套改工作全面铺开，12月底完成。以个人原有工资标准加上副食品补贴为基数，就近套入五类地区新工资标准，再在此基础上高套一级。此次参加工资改革行政事业单位115个，共3876人。改革后，全县月增资69575.98元，全年增值总额834911.76元。人均增资17.95元，从1985年1月1日起执行。1986年，全县全民所有制单位职工月工资收入人均93.2元，比1983年增长57.17%；农民人均纯收入267元，比1983年增长92.72%。全县1329户农民新建住房，建房面积114200平方米，城乡居民存款余额达1396.3万元，比1983年增长248.64%。

改革开放 在农业方面抓稳定和完善家庭联产承包责任制。本着“大稳定，小调整”的原则完成延长土地承包期工作，调动农民积极性。抓产业结构调整开展“增百致富”。1985年，制定适合县情简政放权措施，逐级分解，层层承包，责任到人，扩大企业自主权和健全以承包为主要形式的经济责任制，逐步完善企业经营机制，抓企业全面整顿和扭亏增盈。全县15个国营工业企业，6个实行承包经营企业的产值和效益均实现提高普遍推行劳动合同用工制度，扩大企业用工权利。1986年试行国营企业干部职工离退休基金统筹发放制度。完善多种形式的经营责任制，疏通商品流通渠道，打破地区、部门互相制约的格局，发展集体和个体商业，1986年全县有个体商户1573户，从业人员1615人，年营业额1126万元。在全县7区（镇）建立财政所，各乡镇配备财政员，加强基层财务监督和管理。在全县国营工、商、交企业实行“利改税”，确保财政收入；支农资金实行有偿收回，下放到区，基本做到安排及时，使用得当。公费医疗费按照工资档次包干到单位管理使用。结合县情资源实际，从1984年起，县政府陆续制定了加速发展乡镇企业的优惠条件和措施，建立了管理服务机构。1986年全县加工、采矿、建材、铸造、造纸等乡镇企业3614个，年产值1686.8万元。引进技术和人才，开发资源，扩大再生产。三年共引进资金250万元，引进技术8项，引进人才31人。争取企业技改资金1890万元，进行技改项目12个，增强企业生产能力，提高企业产品质量和经济效益。在三都、姚哨等地引进早菜生产技术，增加农民收入。1986年全县有“四小”农户3499户。

社会事业 从1980年起，县政府对民办中小学教师队伍进行整顿。1984年前，县内小学、初中、高中的学制均为混乱，小学实行五年制，另有六年制，农村初中实行二年制，高中实行二年制。1985年进行教育体制改革，把分属于不同管理层次的学校收归县政府管理，由县教育行政管理部门管理辖区内的幼儿园、小学、初中、高中、中等职业学校。管理全县教师的调动、招聘、校长的任命和教师职务（职称）评聘等工作。1985年以后，县内的小学、初中、高中的学制发生了变化，小学五年制改成六年制，初中、高中的二年制全部改为三年制。

1986年前全县有民办教师625人，整顿后，1986年底前民办教师合格（含基本合格）582人。实施《义务教育法》，增强教师素质，提高教学质量。全县3年内共有513名学生被省内外大中专院校录取；全县有12个乡镇实现普及初等教育和基本无盲；3年共参加高等教育自学考试445人次，单科合格率29%。3年新建教学用房19639平方米，新建和维修教职员工宿舍2272平方米。完善城乡医疗体系建设。逐步充实乡级卫生人员，逐步改变边远山区缺医少药的状况。1986年全县有病床327张，比1983年增长37.9%。建立县级药检机构，查处伪劣药品。对县城内500余家饮食、食品加工、生产、经营厂家和摊点建立食品卫生监督档案。加强文化建设。基本完成《惠水县志》初稿编纂，调整档案工作领导体制，加强档案业务建设，积极提供利用。开展文明村寨、文明单位建设活动，评选出城关一小、惠水县幼儿园、八大村（断杉区）等文明村寨和单位。建立乡以下文化站44个，建立县民族文工队，各区建立了电视差转台。加强科技工作。全县完成了工业、农业、房屋、中药材4项普查课题，38个项目分别获省、州、县三级科技成果奖。计划生育工作得到加强。对区、乡计划生育专职干部管理体制进行改革，提高工作效率。3年全县人口自然增长率均控制在7‰。

1984年后，惠水县因地制宜发展以户为主、以商品生产为目的的家庭小果园、小菜园、小作坊、小牧场的“四小”经济，成为发展农村经济的突破口。全县农村“四小”从1984年886户发展到1987年的3740户。1985年8月和1987年4月，时任贵州省委书记胡锦涛到惠水县视察时，对惠水县发展“四小”经济的思路和做法给予充分肯定。1984年8月，印发《关于发展乡镇企业若干问题的决定》，采取有效措施发展乡镇企业。要求各乡镇要摸清、开发本地资源，发挥地区优势，继续办好以砖瓦、砂石、预制品为主的建材业；以粮食、油料、粮油副产品为主的粮油加工、饲料加工、食品加工业；以竹器、藤器为主的编织业；以熟食、旅社、修缮、推销为主的服务业；以小水电为主的能源业；以马车、拖拉机、汽车为主的交通运输业；以柑橘、黑糯米、西瓜、地萝卜、生姜为主的种植业；以牛、猪、鸡、鹌鹑、鱼为主的养殖业；以及以民族特需商品、传统产品、黑糯米酿酒等为主的地方工业。1996年8月，印发《关于推行个体私营企业缴费明白卡制度的通知》，维护个体工商企业的发展环境。1997年全县乡镇企业发展到4849家（其中：产值在100万元以上的企业36户）；全县个体工商户3985户，从业人员4823人。

1985年4月，印发《惠水县关于提供优惠条件引进资金、先进技术和人才振兴经济的决定》，介绍惠水资源和优惠条件，开展资金、技术、人才“三引进”工作。

惠水县第十一届人民政府（1987年8月—1990年4月）

国民经济 1989年，工农业总产值达到15093万元（按1980年不变价计算），比1986年增长25.5%，年均递增7.8%；其中：工业总产值为4771万元，比1986年增长63.4%，年均递增17.8%；农业总产值为10321万元，比1986年增长13.3%，年均递增4.3%。粮食生产在连续几年遭受严重自然灾害情况下，1989年全县总产量87948吨，3年上交国家定购粮26437.9吨，超0.3%完成州下达任务。家庭小果园、小菜园、小作坊、小牧场“四小”经济，成为发展农村经济的突破口，1989年全县农村“四小”已从1987年的3740户，发展到8126户，增加了1.7倍；创造产值2681万元，占农业总产值的1/4。1989年完成财政总收入1427万元，比1986年增长80.2%，年均递增21.7%。1989年财政总支出2118万元，比1986年增长57.1%，年均递增15.2%；其中支农资金和教育经费的支出有较大增长，分别比1986年增长162.6%和42.1%，年均分别递增37.9%和12.4%。1989年全县社会商品零售总额达10214万元，比1986年增长53.5%，年均递增15.3%。全县个体工商业已由1986年的2928户发展到3692户，增长了26.1%。严格控制物价上涨，3年来共查处各种违纪金额200余万元，入库108万余元。以承包经营和租赁形式，深化企业改革，开展“双增双带运动”。清理、整顿公司、压缩固定资产投资项目，对42个不同性质公司进行清理，在公司兼任职务的9名党政干部全部辞去所兼职务。乡镇企业逐年发展壮大。1989年全县有采矿、机修、建材、铸造、造纸、粮油加工等乡镇企业3952户，总产值3220万元，比1986年增长91%，年均递增24.1%。3年新增等级公路2条20千米，建成过车桥梁1座，新增机动车辆汽车374辆、拖拉机551辆、摩托车874辆。人民生活水平有明显提高。1989年全县农民人均收入448元，比1986年净增187元，年均净增47元；农村新建住宅83200余平方米。完成全县115个国家机关事业单位3876名干部职工工资改革第一阶段的套改工作。1989年全民所有制职工工资总额2230余万元，人均工资1710元。较好纠正乱涨价，滥发奖金、实物，违反规定，发放各种补贴，制发服装，利用公款外出旅游。党政机关经商办企业等方面的问题。农民人均收入和职工人均工资分别比1986年增长34.9%和33.1%，年均分别递增10.5%和10%。1989年城乡人民储蓄余额2266万余元，比1986年净增1274万余元，年均递增31.7%。

1988年，财政实行下放到区乡、对部分事业单位试行财政包干试点；进一步推动金融、体制、商业、供销推行经营承包送货下乡；建立“清理整顿公司”，“清理固定资产投资项目”，“信贷、现金大检查”领导小组，全县清理出1986年下半年以来成立的公司9户；党政干部在公司兼职3户；党政机关经商办企业一户，在该企业兼职党政干部9名，经整顿后辞职（企业职务）3人；辞去党政机关职务5人，维持现状1人。

1989年完成引进对外经济技术协作项目15个，引进资金569万元。1990年完成对外协作项目17个，引进资金50万元。

教育文化 1987年8月起，惠水县初步实施《义务教育法》，狠抓普及初等教育，调整中等教育，开展职业技术教育工作，全县中小学教师通过离职进修和电大中函学习。启动全县中小学教师专业技术职务（职称）评聘工作，1988年9月结束。1989年全县适龄儿童入学率达91.3%，初等教育普及率为85%，16～40周岁的青壮年非文盲率为85.2%。鸭寨、合爱、九龙、半坡、大坝、王佑、雅羊、甲戎、兴安、摆金共10个乡镇均达到省、州规定的“实现普及初等教育、实现基本无盲单位”的标准，县政府颁发“双教”或“普教”验收合格证。全县获取“双教”验收合格证的乡镇占总数的80.4%。编辑出版发行《惠水县志》《惠水县综合农业区划》《惠水县组织史》《中国民间故事集成·惠水县卷》《中国民间歌谣谚语集成·惠水县卷》等文化成果。全县25个乡镇建立了文化站。全县累计建成卫星地面接收站6座，电视覆盖面积达到562平方千米，比3年前增加1.8倍。

广泛开展文明礼貌，“学英模，见行动”建设文明单位，“职工之家”等活动，深入进行“四有”教育。

医疗卫生 1989年基本消灭丝虫病、地甲病和疟疾，各类传染病发病率大幅度下降；3年发现脊髓灰质炎、白喉、百日咳；计划免疫“四苗”覆盖率达85%以上。1989年全县医疗机构有病床432张，较1986年增加105张。1989年人口出生率13.5‰，自然增长率6.7‰。3年共完成计划生育“四术”任务22732例，1989年完成11306例。

农业科技 1985年，进行农村经济的第二步改革，抓产业结构调整，举行“增百致富”大讨论。开展资金、技术、人才“三引进”，促进经济发展。3年共推广“双杂”良种52万千克；1989年推广地膜覆盖早菜生产技术2459亩，是1986年的4倍；推广旱地分带轮作新技术4134亩，叶龄模式栽培5千亩。抓科学技术的普及和推广，完成科研课题10个，初步建立科技示范典型。

基层政权建设 1989年全面实施《中华人民共和国村民委员会组织法》，全县共选出村委会主任418名。

社会事业 在基本建设方面，实行有计划地控制，突出重点，全县实施基建、零星土建和技术改造在建工程项目28个，总投资781万元，清理全县干部“二建”建私房16起。1988至1989年，被评为全省社会治安综合治理先进县。1990年4月底，全县累计完成居民身份证申办底卡154754人，占应颁发人数的63.6%。3年共安置待业人员3626人（次）；劳务输出2786人（次）。

惠水县第十二届人民政府（1990年5月—1993年3月）

“八五”时期，县政府从加快工业经济和个体私营经济发展，开展劳务输出等方面发展经济。

1990年，粮食合同定购改为国家粮食定购。1993年，取消购粮证，粮油经营和价格全面放开。

国民经济 1992年，国民生产总值为32490万元（按1990年不变价计算），比1989年净增13086万元，年均递增18.75%。工农业总产值为37203.61万元，比1989年增长28.5%，年均递增8.72%，其中：工业总产值为10198万元，年均递增19%；农业总产值为27005.61万元，年均递增5.65%；乡镇企业总产值为7444万元，年均递增10.94%；财政总收入为1617.9万元，比1989年净增190.48万元，年均递增4.26%；社会商品零售总额为13674.63万元，年均增长10.21%。

农村经济 稳定和完善家庭联产承包责任制，坚持发展粮食生产，大力推广农业实用技术，加强农田水利基础设施建设，实行农业综合开发，改善农业生产条件。1990年开始实施农业综合开发，投入资金867万元，完成22个项目，改造中低产田5.04万亩，改善和新增灌溉面积2.44万亩，连续2年获全省水利建设先进县三等奖。1992年粮食总产量为115674.52吨，比1989年净增27725.81吨，年均增长9.56%，荣获全省粮食生产先进县二、三等奖。3年植树造林86100亩，封山育林10.82万亩。完成“土地利用总体规划”，国有土地发证登记1041宗。农业生产内部结构发生变化，在农业总产值中，种植业所占比重由1989年的39.86%下降到1992年的35.58%。

工业经济 通过开展对外经济技术合作，兴办了农药厂、植酸厂、合金铸钢厂等10个企业，扩大和改造了惠水酒厂、铁合金厂的生产规模，部分亏损企业通过兼并、联办、承包、租赁等机制转换，增加活力。1992年，国有预算内企业全部实现扭亏增盈；引进工业项目17个，资金2423万元，工业总产值在工农业总产值所占比重由1989年的21%上升1992年的27%。乡镇企业总数发展到4651个，全县有16个百万元产值企业大户中，乡镇企业有7个。

基础设施建设 3年共投资2100万元进行基础设施建设。完成县城环城公路改造工程；完成惠水至紫云狗场公路惠水段第一期改造工程；建成县城商业一条街。

改革开放 推行流通企业在经营、价格、分配、用工“四放开”改革，增加商业网点，增强企业市场活力。1992年全县国合商业商品国内纯购进总额为3770.27万元，纯销售总额为5995.94万元。建立了城市信用社、房地产信贷部、证券交易所、农村互助储金会；全县25个乡镇均有集贸市场；县城农副产品批发市场建成使用；扶持发展工商企业和个体工商户，1992年，全县有工商企业406户，有个体工商户4018户。进行财政体制改革：对25个乡镇按“定收、定支、收支挂钩、超收奖励、减收自补、自求平衡”的办法，实行“分灶吃饭”；对县行政事业单位采取“全脱、半脱、部分脱”的办法，实行“脱钩自养，创收自补”，促进增收节支，减轻财政压力。1992年全县财政收入比1991年增加262.5万元。有54个单位1475人与财政脱钩或部分脱钩，共节省财政开支70.5万元。有28个行政事业单位筹集资金392.6万元，创办经济实体40个。

社会事业 通过实施《中华人民共和国义务教育法》和开展扫盲工作，经省、州验收评定为“双基”基本合格。加强农村医疗卫生网点建设，儿童计划免疫工作达到标准，传染病发病率显著下降；1990年8月至10月，惠水县民族文工队赴京参加亚运会艺术节表演，演出《请神》《送神》《孟怀元招亲》《土地公婆》等傩舞、傩戏节目和布依族《香花舞》，受到国内外观众赞誉。县城有线电视开通用户2604户，8个乡镇建成地面卫星接收站。1992年全县有2个区（镇）24个乡镇建立了计划生育协会，完成“四术”16359例，全县人口自然增长率为7.75‰。编辑出版《惠水文化艺术志》和《中国民间舞蹈集成·惠水县卷》；完成《惠水县地名志》编纂。全县有7幅作品在全省农民画展中获奖；全县有64个企业参加离退休费社会统筹，统筹资金为257.95万元；农村救灾扶贫基金积累达100万元。1992年，全县清理和补办结婚登记8266对；1992年，全县职工工资总额为3487.7万元，年人均工资为2256元；完成第4次人口普查。

政权建设 1990年建立12个居民委员会。1991年全县完成“建镇、并乡、撤区”工作，有13个业务部门延伸到位，农村基层政权的建设管理和服务功能得到加强和完善。

惠水县第十三届人民政府（1993年4月—1998年3月）

1993年1月，组建惠水县粮食局粮油工业贸易公司。1996年1月1日起，粮食部门实行两条线运行，把政策性业务和商业性经营严格分开。

1994年起，全县耕地承包期再延长50年，非耕地资源开发的承包期再延长60年。1998年7月6日至8月20日，完成大龙乡20个村4968户10701亩耕地的土地承包延期合同签订试点工作，11月6日起在全县铺开，年底完成全县稳定和完善农村土地承包关系工作。此次工作中，坚持“大稳定，小调整”的原则，实行“增人不增地，减人不减地”的政策，全县收回“四户一人”（死亡绝户、外迁户、荒芜闲置户、农转非户、农转非人员）689户4189人的承包耕地3715.69亩。全县25个乡镇428个村76579户签订延长土地承包协议，承包耕地262123.44亩。向农户颁发《土地承包经营权证书》76579本，把土地使用权、收益权、发展权充分赋予农民。在坚持土地集体所有和不改变土地承包规定用途的前提下，经村民委员会同意，农户对土地的经营权和使用权可以自愿有偿转包、转让、互换、入股。

国民经济　1997年完成国民生产总值51362万元，比1992年净增16948万元，年均递增8.3%；工农业总产值完成73220万元，年均递增14.5%；乡镇企业总产值实现51299万元，是1992年的6.3倍。全县工业总产值占工农业总产值的比重由27%上升到51%，产销率达96.4%，超出全省平均水平3个百分点。财政收入完成4635.6万元，年均递增23.4%。有58个行政机关事业单位职工“三费”补贴与财政脱钩或部分脱钩，有16个单位创办经济实体。社会消费品零售总额由1992年的11351万元增加到17409.6万元；金融机构存款余额由7460.6万元增加到20462万元。

非公有制经济　1996年8月，印发《关于推行个体私营企业缴费明白卡制度的通知》，完善个体工商企业的发展环境。1997年全县乡镇企业发展到4849家（其中：产值在100万元以上的企业36户）；全县个体工商户3985户，从业人员4823人，纳税595万元，占工商税的22.4%。全县乡镇企业发展到4849户（其中，产值在100万元以上企业有36户）；

农村经济　坚持稳定和完善农村政策，实施科技兴农，改善农业生产条件。粮食生产连续5年丰收，1997年粮食总产量为132802吨，比1992年净增17128吨，年均递增2.8%；烤烟产量为1598吨，比1992年增长2.3倍；林业生产提前3年实现“十年绿化惠水”目标，森林覆盖率由17.9%上升到25.3%。通过开展扶贫攻坚，共有5.6万农村贫困人口脱贫。王佑、长安、打引3个“麻山”乡镇人均占有粮食上升到319千克。

招商引资　1993年4月，成立惠水县政府社会筹资部，负责办理吸纳社会闲置及零散资金，积极引进外资，支持、促进地方经济和社会各项事业发展。1994年引进项目13个，引进资金840万元。1996年4月，印发《关于加强招商引资工作的通知》。1998年8月，印发《惠水县招商引资实施办法》和《惠水县招商引资税收优惠政策》。5年累计引进工业生产项目82个，到位资金8787万元。

基础设施建设　完成惠罗公路、惠狗公路改造并通过验收。完成市话扩容5000门和光缆通信工程，程控电话装机5720门。建成龙岗110千伏，雅水、芦山、断杉35千伏变电站，供电传输调度实现自动化。建成县城日产10000吨自来水工程并实现供水。

社会事业　基础教育取得新进展，“普九”工作稳步推进，适龄儿童入学率上升到97.59%；扫除青壮年文盲工作通过省级验收。医疗服务水平提高，县人民医院达“二级乙等”标准，县妇幼保健院被评定为“爱婴医院”；计划免疫强化服苗均达到国家标准，全县传染病发病率显著下降。建成农村电视地面卫星接收站和有线电视系统37座，广播电视向乡镇覆盖。在搞好救灾救济的同时，稳妥发展农村救灾扶贫互助储金会。建“双储会”108个，拥有股金210万元、储粮35万千克。1997年全县职工人均年工资4456元，较1992年净增2200元，人民生活进一步改善。有序组织劳务输出，全县劳务输出1.6万人。1997年全县农民人均纯收入为1235元，净增707元，年均增141.4元。

惠水县第十四届人民政府（1998年3月—2003年2月）

“九五”时期，县政府从招商引资，发展非公有制经济，城市建设，发展烤烟生产，发展畜牧业等方面发展经济。

1999年5月，惠水县政府批准成立惠水县粮油收储总公司，同时以各粮食管理所、直属仓库、城关粮店所辖范围为单位建立粮油收储公司，撤销以原各粮食管理所、仓库、粮店为单位设立的粮油公司。同年10月，印发《惠水县粮食局〈推进粮食流通体制改革，实行政企分开的实施方案〉的通知》，县粮食系统实行政企分开。2003年，印发《县政府关于我县国有粮食购销企业改革和发展的实施意见》，推进惠水县粮食购销企业改革。制定《惠水县粮食购销企业改革实施方案》和《惠水县粮食购销公司关于职工安置和全员竞聘上岗实施方案》。在粮食企业系统内召开三个层次的会议（县粮食局领导班子会议、企业经理会议、职工会议）进行充分讨论，报惠水县政府审批后公布实施。通过实施粮改，粮食购销企业职工得到了妥善安置和分流。

国民经济 国内生产总值从1997年的6.6亿元增加到2002年的9.4亿元，年均增长8.4%；三次产业结构由1997年的61：24：15调整为2002年的43：35：22。5年累计完成全社会固定资产投资6.5亿元，年均增长19.3%。2002年财政收入完成7078.3万元，比1997年增长52.7%，年均递增8.9%。财政收入稳步增长实现了财政支出“5个保证”（保证职工工资足额按时发放，保证重要工作和重点建设需要，保证职工交通费、书报费、洗理费三费逐月发放，保证2001年后年终奖按时发放，保证1993年后拖欠职工工资的全额补发）。对全县1993年9月30日前的国家机关、事业单位工作人员进行第二次工资制度改革，从1993年10月1日起执行。全县国家机关、事业单位1993年9月30日在职工作人员4758人，月增加工资总计292283.25元，人均月增加工资61.43元。其中：国家机关1325人，月增加工资103166.75元，人均月增加工资77.86元；事业单位3433人，月增加工资189116.5元，人均月增加工资55.08元。

金融机构存款余额由2.1亿元增加到4.4亿元。

招商引资 1999年9月，成立惠水县招商引资活动领导小组办公室。2001年好花红出租汽车公司通过招商引资进入惠水县城市公共客运市场，共有出租汽车63辆。2002年7月，印发《关于招商引资实行“一站式”服务的通知》。2003年10月，印发《惠水县招商引资优惠政策》。1998至2002年，全县引资项目180个，实际到位资金3.2亿元。

2003年9月，印发《惠水县外来投资者投诉处理暂行规定》，保护外来投资者的合法权益不受侵害。同年10月，印发《惠水县招商引资优惠政策》，对土地政策、税收政策、规费政策作了具体规定。

农村经济 1999年，全县25个乡镇428个村78159户农户379900农业人口，二轮土地延包耕地面积264881.34亩，农民负担共计2639万元，人均负担69.46元。税费改革后农民负担共计1048.33万元，人均负担26.89元。全县农民共减负1590.67万元，人均减负40.8元。2002年全县农业总产值为3.75亿元，年均增长1.2%；植树造林10万亩，森林覆盖率由1997年的25.3%上升到2002年31%；以摆榜为重点的扶贫攻坚成效明显，3.8万农村贫困人口脱贫；“五小”经济逐步发展为“五大”经济；科技兴农力度加大，形成了种植、畜牧、林果和劳务输出4大主导产业。建成早菜、优质米、烤烟、苎麻、黑糯米、生姜、洋芋、药材、花卉9大农产品种植基地。2002年4月，惠水县启动农村税费改革工作。根据《惠水县2002年农村税费改革工作流程》，全县农村税费改革分5个阶段进行，是年底结束。2004年开始逐步降低农业税税率，2005年起取消征收农业税。

工业经济 2002年全县工业总产值完成9.1亿元，年均增长14.7%；规模工业产值完成4.7亿元，年均增长31.3%；工业增加值完成2.9亿元，年均增长153%；乡镇企业产值为13.8亿元，年均增长22%，完成营业收入13.7亿元，年均增长21%。川东、天益等企业进驻惠水，基本建成县城南郊、七里冲、杨家山3个工业园区。5年共引进项目180个，实际到位资金3.2亿元，是前5年的3.6倍。

基础设施建设 完成新建和改扩建210线高镇至三都二级油路、濛江路、县府路、建设西路、人民北路、振兴路等10项路网建设工程，基本形成县城道路网框架；完成210线、320线过境路段改扩建工程，改建县乡公路89千米，硬化部分乡镇所在地过境路面。电信宽带网投入营运，程控电话交换机总容量2.5万门，移动通信网络覆盖14个乡镇，移动电话用户为1.2万户。建成海里电站、湾塘变电站，基本完成全县农网改造；县城水厂日供水能力为1.4万吨，供水供电能力明显提高。旧城改造成效明显，5年累计拆除危旧房980户10.8万平方米，新建8个居民住宅小区。开展城区绿化、美化、亮化涟江河沿岸景观建设，完成百棵大树、百颗奇石、百块文明警示碑进城，县城面貌发生较大变化。5年累计投入城镇建设资金5.5亿元，是前5年的5.6倍，县城面积由原来的2.78平方千米拓宽到5.8平方千米。

经济体制改革 1998年，取消粮票使用，完成新旧体制的磨合。惠水粮食购销体制完成了从计划经济体制到市场定价、自负盈亏、市场自主流通的市场化转变。启动和不断深化商业、物资、供销和粮食等企业改革，全县国有企业改革改制面为100%。深化土地使用制度改革，推行土地有偿使用。全面开展整顿和规范市场经济秩序和药品、卷烟、建筑市场的专项治理。乡镇企业、民营经济已成为县域经济的重要组成部分。2002年，全县非公经济增加值占国内生产总值的比重为33%。养老保险、失业保险和医疗保险等配套改革不断深化，3条保障线运行正常，城镇居民最低生活保障基本做到应保尽保。完成农村土地第二轮延包工作，家庭承包经营制度进一步完善。基本完成农村税费制度改革工作。

社会事业 全面开展“两基”工作，教育教学质量不断提高，5年累计有2707名学生升入中专、师范、职校学习，686名学生升入高等院校深造。至2001年底，惠水县民办中、小学教师由民转公问题全部得到解决。1978至2001年，全县民办教师共计789人转为公办教师。稳步推进“贫四”项目、“义教”工程和“危改”工程建设，5年共投入1557万元资金新建教学楼69幢，建筑面积3.5万平方米；投入“普九”资金330万元；投入资金650万元新建“教师新村”住宅5幢，建筑面积1.4万平方米。开展以创建文明卫生县城为龙头的各项群众性精神文明创建活动，1999年被评为省级卫生县城；创建“双拥”模范县活动取得实效，通过省级验收；建成县文化大楼、广电大楼、雅水精神文明活动中心和县电影院；成功举办两届贵州·惠水“好花红”艺术节。开展行政村合并工作，将428个行政村合并为201个。完成第五次人口普查工作。

民生保障 5年累计为民办实事48件118项。2002年城镇居民人均可支配收入为5100元，比1997年增加1429元，年均增长6.8%；农民人均纯收入为1482元，比1997年增加247元，年均增长3.7%。县城居民人均居住面积由1997年的22平方米增加到2002年的39平方米；农民人均住房面积达26平方米。

民主法治建设 5年共办理人大代表建议408件，政协委员提案376件，办结率100%。开展禁毒和严打整治，强化社会治安综合治理，刑事发案率上升趋势得到有效控制。

惠水县第十五届人民政府（2003年3月—2006年12月）

县政府从招商引资，发展非公有制经济，城市建设，发展烤烟生产，建设工业园区等方面发展经济。

2004年12月30日县政府第十五届二十六次常务会议研究，同意惠水县晶体材料厂、惠水县杨家山煤厂、惠水县振兴铸钢厂、惠水县冶金建材设备机械厂等老国有工业企业进行企业改制。共安置在册职工120人，安置费256.27万元。同意惠水县祥摆采育林场、惠水县汽车队、惠水县农机公司、惠水县乡镇企业供销公司、惠水县肉联厂5家县属企业实施改制并安置职工。

综合经济实力 全县生产总值从2002年的9.5亿元增加到2006年的16.1亿元，年均增长12.1%，超过省、州平均增长速度。三次产业结构由2002年的59.9：24.1：25调整为2006年的39.92：29.45：30.63。4年累计完成全社会固定资产投资17.02亿元，年均增长36.4%。财政收入从2002年的7078万元增加到2006年的13018.8万元，年均增长16.1%。银行存款余额和贷款余额分别由2002年的4.43亿元和4.06亿元增加到2006年的10.18亿元和4.35亿元。

农村经济 2003年后，加大农业产业结构调整，形成种植、畜牧、林果和劳务输出4大主导产业，建成金钱橘、早菜、优质米、烤烟、苎麻、黑糯米、生姜、洋芋、药材、花卉十大农产品种植基地。全县农业总产值由2002年的6.57亿元增加到2006年的10.9亿元，年均增长8.9%。2004年后，粮食生产连续三年获得丰收，其中2006年为15.74万吨；畜牧业产值由2002年的2.2亿元增加到2006年的4.4亿元。4年植树造林26.2万亩，森林覆盖率由2002年的30.8%上升到2006年的40.5%。4年共解决农村5.08万人、1.78万头大牲畜的饮水困难。4年累计投入各类扶贫资金3189万元，解决了26264人的温饱问题，帮助6万多名低收入人口实现增收。4年共输出务工人员6.6万人次，实现务工收入5.54亿元，促进农民增收。有序推进大龙乡九龙村、和平镇惠明村、好花红乡辉岩村社会主义新农村试点建设，完成10个小康村建设。

2004年9月，组建惠水县招商引资局。2005年惠水县通过招商引资引进江苏省吴江三狮水泥有限公司投资2.4亿元，建设年产100万吨旋窑干法水泥生产项目。2003至2006年，引进项目99个，到位资金11.8亿元。

工业经济 全县工业初步形成以制造、冶金、磷化工、食品加工、建材、制药、电力等为支柱产业或主导产业的多门类产业体系。以险峰、川东、永红等为代表的老工业企业进一步发展壮大，以捷成电器、君山印务等为代表的新型规模企业落户惠水建成投产。工业总产值和规模工业产值分别由2002年的8.9亿元和4.1亿元增加到2006年的13.8亿元和12.5亿元，年均增长11.3%和22.9%。2006年，规模工业增加值完成3.6亿元，乡镇企业增加值为2.52亿元。长田工业园区入驻47家企业。

第三产业 2006年完成增加值4.93亿元，比2002年增长73.9%，年均增长14.7%。社会消费品零售总额完成3.03亿元，比2002年增长57.65%，年均增长12.1%。建成农贸批发市场和好花红商贸街等商业设施投入使用；旅游业和房地产业成为新的经济亮点和增长点。4年共接待县内，外游客58.58万人次，旅游收入3286万元。4年全县房地产开发投资1.5亿元，年均增长37.2%。建成好花红商贸街、南苑花城等住宅小区，住房竣工面积13.8万平方米。2006年，全县非公经济业主有4522户，从业人员6985人，注册资本金3.36亿元；个体、私营企业纳税额由2002年1442万元增长到2006年的2889万元。

基础设施建设 农业综合开发工作获2006年全省第一，农业机械推广受到农业部表彰。2002至2005年完成“坡改梯”13076亩，配套建设水池水窖1600口，建成农村沼气池7600口。建成长田工业园区进区公路3条，建成110千伏安变电站1座，建成万吨水厂一期工程。投入资金5.96亿元加快城乡建设。审批项目556个，总建筑面积39.78万平方米。城镇化水平由19.28%提高到27.23%。通过以工代赈带动，建设断杉、抵麻、摆榜等8个乡镇10个农村集贸市场，总建筑面积3.6万平方米；建成高镇、断杉、鸭绒3个乡镇政府办公大楼；25个乡镇政府机关分别建成食堂和澡堂。

改革开放 深化农村综合改革，稳步推进农村税费改革，实施良种、种粮、农机具、农业税直补等支农惠农政策，2005年开始全面免征农业税。以会计结算中心、政府采购、预算外资金管理和部门预算为重点的财政体制改革成效明显。养老、失业和医疗保险三条保障线运行正常。退伍士兵安置改革试点初见成效。逐年对行政审批事项进行清理，行政许可项目进一步规范。深化人事制度改革，公务员考录制度逐步规范。2003至2006年共引进项目99个，到位资金11.8亿元。举办第三届“好花红”艺术节暨首届金钱橘节、“多彩贵州暨涟江处处好花红”和“多彩贵州暨‘永红’旅游形象大使选拔大赛”“百名客商观惠水暨招商引资跨越式发展研讨会”“百家企业涟江行”等系列经贸文化活动，打造“惠水优质米”“中国金钱橘之乡”“中国黑糯米之乡”“好花红故乡”的品牌。

社会事业 累计投入资金5203万元改善学校办学条件，建筑面积25万平方米，新建教学用房11万平方米，生均校舍面积由2002年的2.17平方米增加到3.21平方米。“普九”人口覆盖率达92%，全县小学、初中入学率分别达到98.9%和98.5%。“两基”工作于2004年11月通过省政府评估验收，2005年2月通过教育部复查，被认定为“基本合格”。建成县人民医院门诊大楼、疾病预防控制中心综合大楼、县级传染病区、单采血浆站业务用房等工程。改造和扩建24个乡镇卫生院。初步建立了农村贫困人口医疗救助制度。成功抵御“非典”和有效防控禽流感等重大疾病和疫情。人口自然增长率由2002年的11.45‰降低到2006年的8.34‰，年均下降0.78个千分点，荣获“全省2004年度人口和计划生育工作突出进步奖”和“2001—2005年全国婚育新风进万家活动先进县”称号。广播和电视人口综合覆盖率分别为88%和93%。广泛开展群众性精神文明和文化活动，2006年获创建省级文明城市工作先进县；社会治安综合治理通过省级复查验收，获“治安红旗县”称号；有3个单位获省级“文明单位”称号；双拥工作和老龄工作分别获“双拥模范县”和“全国老龄工作先进县”称号。

法治政府建设　4年累计办结人民代表建议、意见455件，办复政协委员提案286件。办结、办复率均为100%。

民生保障　农民人均纯收入由2002年的1482元增加到2006年的2056元，年均增长8.3%。县城居民人均居住面积从18.5平方米增加到28.6平方米。基本建立城镇养老、医疗、计划生育利益导向机制等社会保障制度；进一步扩大城镇居民最低生活保障、农村特困群众救助和义务教育阶段“两免一补”等政策覆盖面。完善住房公积金财政匹配制度，实行干部职工住房增量补贴。4年累计新增城镇就业人员5055人，实现下岗失业人员再就业1190人，其中“4050”（女40岁、男50岁）人员再就业552人，城镇登记失业率控制在4.6%以内。城镇低保人口实现了“应保尽保”。4年累计办理实事40件，解决了与群众生产生活息息相关的困难和问题。

惠水县第十六届人民政府（2007年1月—2011年12月）

“十一五”时期，县政府从优化经济结构，做好园区经济，加大招商力度，推进基础设施建设，做大工业经济等方面发展经济。惠水县第十六届人民政府围绕“农业富县、工业强县、城建兴县、商贸活县、文化亮县、旅游热县”发展战略，全面完成“十一五”规划，实现“十二五”规划的良好开局。

2007年9月14日，经县政府第十六届十三次常务会议研究原则同意企业进行改制，安置职工96人，安置费233.54万元。2008年12月22日，贵州省黔南布依族苗族自治州中级人民法院作出民事裁定书，宣告贵州省惠水酒厂破产。安置在册职工138名，安置费250万元，偿还企业债务283万元。

2008年1月，全面开展深化集体林权制度改革，经过调查摸底、外业勘界、定权发证等阶段，按时完成集体林权制度改革工作。全县集体林地面积229.3万亩，实际参与林改的林地面积217.3万亩，涉及25个乡镇，200个村，1879个村民组。共完成57648宗地、21万亩的外业勘界确权工作，勘界确权率97.1%。完成全县25个乡镇26541本林权证的发放工作、面积确权到户率达100%。共签订责任山家庭承包合同书2.1万份。在坚持集体林地所有权性质、林地用途不变的前提下，把林地使用权和林木所有权落实到户，确立农民的经营主体地位，并依法保护农民承包和延包的权利。

2007年1月，根据贵州省人民政府黔府发〔2006〕45号文件精神，对全县82个单位8225名（其中：国家机关1612人、事业单位4639人、机关事业离退休1974人）机关事业单位在册人员进行工资套改。工资套改后机关事业单位在职人员月增资1824888.5元，人均月增资292元；机关事业单位离退休退职人员月增资546370元，人均月增资276.78元。

2011年7月，贵州金晨农产品开发有限公司入驻惠水，参与全县粮食种植、生产加工、销售和储备。

经济建设　全县地区生产总值5年累计完成128.84亿元，年均增长14.52%。财政收入累计完成12.16亿元，年均增长27.84%。工业总产值累计完成161.09亿元，年均增长34%。农业总产值累计完成80.19亿元，年均增长8.62%。固定资产投资累计完成95.07亿元，年均增长51.42%。社会消费品零售总额累计完成29.48亿元，年均增长22.18%。三次产业结构进一步优化，从40.3：27.9：31.8调整到27.3：39.2：33.5。

深化改革 完成惠水县汽车队、惠水县农机公司、惠水县乡镇企业供销公司、惠水县肉联厂等8家国有企业改制工作；全面取消农业税，涉农补贴全部实现“一卡通”；全面完成农村义务教育管理体制改革；稳步推进国家基本药物制度等医疗卫生体制改革；全面完成政府部门机构改革，事业单位改革有序推进；累计引进项目135个，到位资金60.8亿元，年均增长52.54%；出口贸易总额累计完成1319万美元。

城乡建设 县城建成城区面积从5.6平方千米拓展到8.8平方千米，城镇化水平达36.51%。建成“三桥两路一园”（涟江大桥、惠民桥、永红桥，白果大道、纸酒路、长田工业园）、涟江河和平镇段河道治理工程。县城污水处理工程建成投入运营。城区商品住宅开发总面积52万平方米。整合实施高标准农田12万亩；治理病险水库8处，实施小流域治理2.7平方千米，新建水池水窖3886个，实施农村安全饮水工程203个，治理水土流失面积18.1平方千米，营林造林30.84万亩，全县森林覆盖率达45%，县城绿地率、绿化覆盖率、人均公共绿地面积分别达到33%、39%、6.1平方米。

社会事业 2006年起分批实行免费发放教科书政策。2008年秋季，全县所有基础教育学校全部实现免费发放教科书。是年起，县内的基础教育学校逐步实行免收取学生学杂费制度，免收学杂费后，由财政按照小学生人均500元，初中生人均700元的标准拨付生均公用经费给学校作办公经费。对贫困住校生发放困难生活补助费。全面落实九年义务教育，高中阶段教育质量不断提升，学前教育、特殊教育、职业教育加快发展，青壮年非文盲率达99.8%，“两基”通过国检和复查验收，新增教师近1000名，建设农村教师周转房334套，新建惠水四中和职校，扩建惠水民中和二中，改造薄弱学校177所。布依民歌（好花红调）、“枫香印染技艺”列入国家第二批非物质文化遗产保护名录。建成25个乡镇综合文化站和201个村农家书屋。建成县医院住院大楼和医技综合楼，县医院晋级“二级甲等”综合医院；建成25所乡镇卫生院，全面完成村级卫生室建设。新型农村合作医疗参合率达98.46%，报销补偿门诊和住院费用1.85亿元。全面实施五项社会保险，累计征缴基金2.31亿元，待遇支付1.65亿元，基本实现城镇职工老有所养、失有保障、病有所医、伤有所治、育有所偿。人口自然增长率为7.29‰，人口出生率为13.91‰。惠水先后被评为“全省双拥模范县”“优抚工作先进县”，三都镇金田村被评为“全国民主法治示范村”。档案事业发展综合评估工作通过州级验收。五年共办成“实事”50件，累计减少农村贫困人口2.7万人。全县新增城镇就业岗位1.05万个，劳务输出4.44万人，实现困难群体再就业0.17万人，城镇登记失业率控制在4.2%以内。社会保险覆盖率达100%，实现应保尽保。建成敬老院、救助中心3个。实施“万村千乡”市场工程70个。新建保障性住房1109套，实施农村危房改造4126户。新建通乡油路140千米、桥梁8座、渡口7道，实施“通达工程”766.8千米，新建乡镇客运站14个。实现农网改造“户户通”，耕、种、收农机作业综合水平达48%。举办各类大型群众体育活动15次，有线电视实现县乡联网，放映公益电影8600余场。全县农民人均纯收入从2006年的2050元增加到2011年的4930元，城乡居民储蓄存款余额从6.33亿元增加到18.26亿元。

依法治县 办理人大代表议案483件，政协委员提案337件，办结率均达100%。受理行政复议申请28件，办结28件，办结率100%。取消行政许可审批24项，归并75项，转变管理方式20项。

转变政府职能 惠水县政府服务中心规范运行，建成25个乡镇便民利民服务中心，办事程序及效能进一步优化。编辑《惠水县政府公报》赠阅到村，实现行政权力网上公开透明运行，政府门户网站获2009年度、2010年度全省县级政府网站绩效评估第六名和第四名，连续两年获全州第一名。

惠水县第十七届人民政府（2012年1月—2015年12月）

县政府从完善基础设施，壮大龙头企业，发展壮大产业等方面推进经济社会又好又快发展。

2015年1月，惠水县粮食购销公司与和平、雅水、三都3个分公司进行整合重组为惠水县粮食购销公司，承担中央和县级储备粮保管、检验、推陈出新、余缺调剂、收购、加工、销售等职责。

国民经济　2015年全县地区生产总值达706942万元，4年累计完成228.02亿元；工业总产值145.17亿元，4年累计完成452亿元；2015年全县完成50万元统计口径固定资产投资121.45亿元（其中房地产开发投资完成16.91亿元），4年累计完成338.34亿元。2015年全县实施招商引资项目246个，到位资金183.8亿元（其中3000万元以上省外到位资金103.88亿元），4年累计到位资金481.52亿元。2015年社会消费品零售额实现16.79亿元（其中：城镇消费品零售额13.46亿元，乡村消费品零售额3.33亿元），4年累计完成49.67亿元。2015年全县财政总收入完成11.37亿元，4年累计完成35.42亿元。金融机构存、贷款余额分别为60.78亿元、48.21亿元，分别是2011年的1.8倍、2.95倍，年均增长分别为20.32%、48.67%。

产业结构调整　2012年，“以185工程”为载体，以结构调整为主线，坝区上设施，山区抓特色，推进农业增产，农民增收，农村发展，实现结构调整在全州规模最大，结构最优，效益最好的目标。全年共实施“185工程”25.4万亩，占任务的108.2%。三次产业比重由2011年的26.5：39.4：34.1优化调整为24.8：34.2：41.0。全县规模工业增加值从12.2亿元增至27.69亿元。2015年全县入驻企业334家，投产157家，规模以上企业75家。惠水经济开发区建成标准化厂房215.2万平方米、路网68.3千米、通信基站17座，引进味莼园、中航永红、金田包装、三一重工等知名企业入驻233家，荣获“全省新型工业化示范基地”“511示范培育园区”等称号。宁旺烟花爆竹产业园在上海股权交易中心“Q板”成功挂牌，引进云月投资集团对永红公司重组包装上市。农业总产值从19亿元增至31.3亿元。成功创建4个省级、7个州县级现代高效农业示范园区；引进和培育县级以上农业龙头企业34家，发展农民专业合作社229家，建设标准化生产基地65个、畜禽规模养殖场207个、示范村47个。发展生态茶叶、优质烤烟、精品蔬菜、花卉苗木等38.9万亩。粮食产量连续稳定在14万吨以上。黑糯米荣获“国家地理标志保护产品”称号。第三产业增加值从11.7亿元增至28.98亿元。成功举办“中华一家亲·两岸好花红”三月三系列活动，承办黔南布依族、苗族自治州第六届旅游发展大会，成功打造好花红大型山水实景演出剧目，涟江水利风景区被水利部评为国家级水利风景区。全县旅游综合收入从5.94亿元增至11.93亿元，年均增长25.2%，累计完成旅游收入39.7亿元。新增个体工商户6288户、民营企业2190家，民营经济生产总值占GDP比重达63%。贵州银行、贵阳银行、恒升村镇银行等成功落户，金融机构增至20家。全县信息产业产值累计完成18.5亿元。百鸟河数字小镇成功引进梦动科技、联想之星、百度等34家大数据企业。成功打造好花红电子商务村，带动发展农村电商服务站66个、发展电微商2000余户，荣获“省级电子商务示范县”。

基础设施建设　贵惠、惠罗、惠兴高速公路建成通车，高速里程93.1千米；完成309省道改造，建成贵惠大道、濛江大道等干道，打通花溪、惠水、长顺同城化通道；新建通村硬化路1100千米，全县通村公路硬化率从19%提高到93%，开通城乡公交线路10条，居民出行便捷指数达83.7%。建成经开区、城北新区和好花红镇等5个污水处理厂。完成农村电网改造2209千米；农村宽带覆盖率达75%以上，通信网络实现100%全覆盖。实施广播电视“户户通”工程2.2万户。建成村级文化信息资源共享服务点201个。建成农家书屋210个、综合文化站25个。

统筹城乡发展　县城城区面积扩至15平方千米，县城人口达15万人，城镇化率达48.9%、绿化率达39.5%；完成县城主干道“白改黑”、街景立面改造等30万平方米，新增城区道路76.4千米；建成涟江尚品、永红花园、朝顺公园等特色小区，累计开发商品房2.2万套、300万平方米；完成机动三轮车退市，新增出租车186辆。完成10个镇（街道）专项规划编制。实施“四在农家·美丽乡村”行动计划，完成大新、濛涟等少数民族特色村寨建设，建成上马堡、九龙、排楼、八大、青河等典型“美丽乡村”，好花红村荣获“中国最美休闲乡村”称号。

生态文明建设 实施“迁寨还田”工程，探索实施“坝长制”“河长制”“森林卫士”等生态环境保护机制，累计完成营造林33.6万亩，实施石漠化、水土流失治理、生态修复148.7平方千米，森林覆盖率提高到52%。承办第二届中国水安全暨水生态文明城市会议。全县主要污染物排放总量同比下降16.5%。荣获“中国生态魅力县”“中国百佳深呼吸小城”等称号。文化活动影响深远。举办国际龙舟邀请赛、全国定向锦标赛等重大活动，荣获“中国民间文化艺术之乡”“中国龙舟之乡”等国家级荣誉。

深化改革 完成重大事项改革37项，全面完成乡镇行政区划调整和政府机构改革，“镇园合一”“区办合一”成效明显，农业综合水价改革、敬老院“公建民营”成为省、州改革亮点。累计完成招商项目435个，到位资金523.2亿元。新增众创空间2家、双软企业1家，累计发展小微企业753户。发展高新技术企业8家、省级科技型企业58家，新增发明专利71件，建成省级以上企业技术研发中心5个，综合科技进步水平指数提升至67.9%。

民生保障 完成原10个贫困乡镇“减贫摘帽”，全县贫困乡镇发生率下降至12%，实现脱贫致富群众6万余人，扶贫生态移民搬迁1210户5608人，消除集体经济“空壳村”104个。城乡低保标准，分别提升至5280元、2580元，累计发放低保金2.6亿元；完成地质灾害点治理12所，完成农村危房改造2.5万余户，建成城镇保障房5378套，实施县府南路、上马路等八大棚户区改造3741户。配备“一村一警”警务助理208名，建成县、镇、村三位一体的群众工作中心237个，信访案件化解率提升至95.6%，荣获“中国最具幸福感城市”称号。

社会事业 全面实施农村学校营养午餐改善计划，惠及5万余名中小学生；高考成绩连续5年位居全州第二；盛华职业学院和贵州财经大学商务学院建成招生；新建民中濛江校区、城北实验小学等10余所中小学。司濛、九龙等35个村被列入国家传统村落保护，好花红村被评为全国“历史古村”；新增国家级、省级文物保护单位3个，国家级、省级“非遗”保护名录10项。连续四次荣获“全省双拥模范县”称号。县镇村三级医疗卫生服务体系日趋完善，“新农合”参合率达98%以上，累计报销5.4亿元，惠及190万余人次。

依法行政 累计办理人大代表建议527件、政协委员提案435件，办结率均为100%；行政许可事项由201项压缩到158项，全面取消非行政许可审批事项。

第五节　综合政务

信息化建设 1991年1月，印发《关于加强信息工作的通知》，各区、镇、乡和县政府各工作部门，把信息工作纳入议事日程，办公室明确一名负责人分管信息工作。各区公所、镇人民政府为县政府信息工作的纵向网络点，县政府各工作部门为横向网络点；层层建立网络，逐级联系；各单位至少明确一名专职或兼职的信息工作员。各单位每月至少向县政府报送4条信息（其中1条为综合性信息），各乡镇向各区公所报送4条以上信息，半年进行一次检查。2008年9月，惠水县信息中心成立，为县政府办公室下设股级事业机构，编制6名，其中，设主任或副主任1名。人员经费列入财政全额预算管理。其工作职责是：1. 承担“惠水县党政办公自动化系统”（以下简称“办公系统”）和“惠水县政府门户网站”（以下简称“门户网站”）的管理、运行、维护及政务信息发布工作；2. 承担县政府网上对外宣传和信息采编工作，组织开发惠水县信息网络资源，推进全县办公自动化和电子政务建设；3. 对各部门及社会各界上传到“门户网站”的信息进行审核、提炼，密切关注互联网上有价值的信息，为县政府决策提供参考信息；4. 组织开展“办公系统”和“门户网站”的应用培训工作，指导各相关部门、乡镇做好公众和企业在“门户网站”网上办事服务工作；5. 负责“惠水县政府门户网站”中“领导信箱”收发和回复的上传工作；6. 完成领导交办的其他工作任务。2013年2月，印发《惠水县机构编制委员会关于调整惠水县信息中心机构编制事项的批复》，惠水县信息中心加挂“惠水县电子政务管理中心”牌子，实行“一套人马、两块牌子”的管理机制，增加负责全县电子政务外网的运行维护、应用开发、管理及对各使用部门进行培训的工作职责。2013年8月，印发《惠水县政府办公室关于缴纳电子政务外网基本使用费的通知》，按照州政府办与中国移动通信贵州公司签订的《黔南电子政务外网一期工程网络与基本应用集成（B包）技术服务合同》规定，电子政务外网基本使用费标准为每个独立核算单位每月300元。已接入电子政务外网单位需从2013年4月1日开始缴费，其他接入电子政务外网单位从接通电子政务外网当天开始计费。2013年，全县接入电子政务外网电网94家；组织编制了《惠水县农村信息化建设规划与实施方案》和《惠水县2013—2015年加快信息产业发展重点目标任务细化分解》，通过加大推进信息化建设，全县信息化应用效果初见成效，年内全县实施信息化项目4个，总投资1.7亿元，其中2个项目已经投产运行，实现产值1.03亿元2014年3月，印发《惠水县机构编制委员会关于增加惠水县信息中心人员编制的批复》，增加惠水县信息中心事业编制13名，增编后的县信息中心事业编制为21名。2014年4月，印发《惠水县政府办公室关于被撤乡镇继续保留电子政务外网的通知》，强调电子政务外网是政务信息化的主要传输网络，要求乡镇行政区划调整之后，被撤乡镇应继续保留电子政务外网，按照区划调整前的建制数来缴纳电子政务外网费用。2014年6月，县参照州信息中心的机构规格，将惠水县信息中心（电子政务管理中心）由股级事业单位升格为副科级事业单位，原核定职数不变。2015年信息产业规模总量完成8.9亿元，占全年计划的178%。其中电子信息制造业完成工业产值4.5亿元；软件服务业完成总收入1亿元；通信和广电网络业务总量完成2.3亿元；在建信息产业项目累计完成投资1.6亿元。

政府门户网站 2007年8月建立县政府门户网站。门户网站设有走进惠水、惠水政务、社会发展、惠水旅游、招商引资、企业服务、公民服务、求职招聘、办事指南、地方频道等栏目，要求各乡镇、各部门充分利用这一平台，宣传和展示惠水在政治、经济、文化建设过程中的工作动态和业绩。2008年底，县政府门户网站开通并试运行。2009年度全省政府系统门户网站测评结果通报，县政府门户网站在全省88个县（市、区、特区）政府门户网站测评得分排名第6名、全州12县（市、区）政府门户网站测评得分排名第1名。2010年，5月日，县信息中心结合政府门户网站发展趋势和《贵州省县（市、区）级政府门户网站绩效评估指标体系》向贵州省电信有限公司惠水县分公司提出了改版意见，对网站首页版头动态flash进行了修改，对网站首页和一级栏目、二级栏目及有关功能进行了优化设置。2010年8月，县政府以惠府办发〔2010〕138号文件明确惠水县政府门户网站是县政府及各乡镇政府、县政府各部门、各直属机构、各人民团体在互联网上发布政务信息和提供在线服务的网上综合平台；县政府门户网站由县政府办公室主管，县信息中心承办并具体负责网站的日常管理与维护工作；文件对信息中心工作职责、加强“信息公开”“公众参与”“在线服务”频道建设作了具体规定。同时对党政办公系统中各单位使用人员、红头模板、文件代字、单位印章进行梳理调整，全县各单位明确一名党政办公系统负责人和一名公文收发员，明确1～2名政府门户网站信息员；各单位需要在党政办公系统流转的文件模板加文件代字以电子版形式报县政府办信息中心。2012年5月，对县政府门户网站群统一规划建设，以县政府门户网站为主站，各乡镇、县政府各工作部门网站为子站组成。党群部门、人大常委、政协、法检两院、各垂直管理部门需要利用县政府网站群建立本部门网站，可向县政府办公室申请建设，不收取任何费用。子站栏目组成：政务公开栏目（机构概况、领导班子、办事指南、政策法规、工作动态、计划总结、领导信箱）、个性栏目（根据乡镇特色、单位实际，规划设置2～4个或更多栏目）。2010年度，县政府门户网站在全省县（市、区）政府门户网站绩效测评排名第四名、全州12县（市、区）政府门户网站测评得分排名第1名。2011年度县政府门户网站在全省县（市、区）政府门户网站绩效测评排名第一名、全州12县（市、区）政府门户网站测评得分排名第1名。2012年度县政府门户网站在全省县（市、区）政府门户网站绩效测评排名第4名、全州12县（市、区）政府门户网站测评得分排名第一名。2013年在贵州省信息化领导小组办公室开展的贵州省政务系统门户网站绩效评估活动中，县政府门户网站荣获全省政府网站绩效评估第十名。2014年度县政府门户网站在全省县（市、区）政府门户网站绩效测评排名第四名、全州12县（市、区）政府门户网站测评得分排名第一名。2015年度县政府门户网站在全省县（市、区）政府门户网站绩效测评排名第六名、全州12县（市、区）政府门户网站测评得分排名第二名。

政府信息公开　2010年8月，对县政府门户网站进行了全面升级，网站一级栏目由原来的5个频道增加到9个频道，拓展了网站功能，丰富了网站内容；完善“政府信息公开”专栏，下设“信息公开制度”“信息公开目录”“信息公开指南”“依申请公开”“信息公开年报”“信息公开意见箱”6个子栏目；在县政府门户网站和政府信息公开目录上建立信息查询，方便社会公众查阅利用政府信息。定期编辑发行《惠水县政府公报》（以下简称《公报》），公布政府重大决策及惠民政策，及时将《公报》送入各部门、各乡镇、各村寨。确定县档案局为政府信息公共查阅点和县政务服务中心为依申请公开集中受理点，确保申请公开及时办理反馈。运用县有线电视和《好花红风采》两个媒体及时报道县委、县政府重大战略、重大事项、重大决定。制定《惠水县政府信息公开工作考核制度》《惠水县政府门户网站信息发布规范制度》《惠水县政府门户网站内容保障工作制度》，对县各部门、各乡镇在政府信息公开工作中的主动公开、依申请公开、不予公开的范围、信息审核、信息发布格式等进行明确规定。明确各乡镇、各部门在县政府门户网站的信息公开工作任务，并细化分解，确保信息及时准确更新到网站相应栏目。惠水县信息中心统筹负责政府信息公开平台规划建设与管理，协调、联络、督促各乡镇、部门网站信息员及时发布相关信息。2009年，全县累计主动公开政府信息1385条，其中机构职能类信息144条，政策法规类信息60条，规划计划类信息3条，统计数据类信息14条，新闻信息1081条，其他类信息83条。2010年，全县累计主动公开政府信息3316条，其中机构职能类信息347条，政策法规类信息102条，规划计划类信息7条，财政统计类信息59条，公共服务类信息507条，工作动态类信息2136条，其他类信息158条。2011年，全县累计主动公开政府信息6310条。其中65个部门主动公开信息5021条、25个乡镇主动公开信息1289条，按信息类别归类：机构职能类信息105条，政策法规类信息158条，规划计划类信息32条，财政统计类信息76条，公共服务类信息472条，新闻信息5311条，其他类信息156条。2012年，全县累计主动公开政府信息6947条，按信息类别归类：机构职能类信息76条，政策法规类信息98条，规划计划类信息17条，新闻信息3387条，其他类信息3369条。2013年，全县累计主动公开政府信息7025条。按信息类别归类：机构职能类信息85条，政策、法规类信息105条，规划计划类信息22条，新闻信息3555条，其他类信息3258条。收到1件依申请公开政府信息，已答复，未收取任何依申请公开费。2014年，全县累计主动公开政府信息19411条。按信息公开渠道归类：通过县政府网站发布信息11373条（其中新闻资讯5984条，视频新闻248条，公示公告72条，政务公开4658条，便民服务234条，其他177条）；通过部门、镇（办）子网站发布信息2548条；通过政府公报公开51条；通过电视、报刊等公开2462条；通过政务微博微信等便于公众知晓方式公开政府信息2977条。2015年，全县累计主动公开政府信息32815条。其中，新闻资讯7812条，发布以县政府及政府办发文的非涉密文件130条（其中规范性公文3条），其他单位发布非涉密公文31条，财政预决算、“三公经费”信息268条，发布《惠水县政府公报》电子版4期。未收到依申请公开政府信息。

“领导信箱”信件处理　惠水县政府门户网站设立“领导信箱”，信息中心工作人员每天及时查收公众通过“领导信箱”提交的信件，根据信件内容转有关职能部门处理并做好回复。对于涉及面广、办理难度大的信件，信息中心及时呈送县领导批示和解决。

2009—2015年度惠水县政府门户网站“领导信箱”信件处理回复情况统计表

表5-5　　单位：件

年度	咨询	建议	投诉	举报	感想	意见	信件总数	处理回复数	回复率
2009	258	105	129	44	16	33	585	434	74.2%
2010	319	98	181	63	35	56	752	744	98.9%
2011	719	159	289	122	47	67	1403	1385	98.7%
2012	586	117	204	70	20	53	1050	1049	99.9%
2013	206	45	15	26	0	8	305	304	99.6%
2014	223	33	116	30	0	20	425	424	99.8%
2015	350	42	159	43	0	26	631	608	96.3%

党政办公自动化系统建设　2007年6月，贵州省电信有限公司惠水县分公司按合同出资建设惠水县政府办公室OA系统，为中共惠水县委办公室、县政府办公室提供50个用户免费使用，在为县属工作部门和乡镇接入OA系统时，为每个县直部门配备2个用户、乡镇配备3个用户。OA系统建成设置总用户255个，其中，25个乡镇共75个，60个县直部门共120个，县四家班子办公室共60个。印章枚数总共143枚，其中县委、县人大常委会、县政府、县政协各2枚，25个乡镇75枚、60个县直机关各1枚。2007年11月在全县范围内启用“惠水县党政办公自动化系统”（简称OA系统），全县所有党政机关单位使用OA系统进行办公，减少纸质文件流转，在全县范围逐步推行无纸化办公。该系统设立个人办公、领导办公、公文管理、档案管理、信息发布、会议管理、文件柜、系统管理六大模块供用户使用。县信息中心负责全县党政办公自动化系统管理工作，根据各单位实际设置电子文件处理签、红头文件模板、电子印章等电子公文处理要素。2008年1月启用OA系统，全县所有非涉密文件材料除印发少量纸质文件存档或对外使用外，全部通过OA系统进行传输，不再下发纸质文件，不再接收非涉密的纸质公文。2010年，对全县党政办公系统进行升级，不再限制各单位用户数量，各单位管理员可自行增加用户数量。同时取消各单位用户必须使用密钥登陆OA系统，转变为用户通过用户名和密码登录OA系统，为OA系统更加深入推广使用奠定基础。2013年7月，印发《惠水县政府办公室关于开展电子政务外网党政协同（移动）办公系统应用推广自查工作的通知》，对黔南州党政协同办公系统的管理情况、培训情况、应用情况进行统计，各单位做好系统应用推广。2013年，全县通过黔南布依族苗族自治州党政协同办

公系统发文2906件，收文并办理7335件。2014年，县通过黔南布依族苗族自治州党政协同办公系统发文4377件，收文并办理17538件。2015年，县通过黔南州党政协同办公系统发文3521件，收文并办理16415件。

机关事务管理 县机关事务管理局2007年3月成立，为县政府所属正科级事业单位。2007年对原检察院办公楼（机关三号综合办公楼）进行维修，组织建设白果新区联合机关服务综合楼由药监、质监、物价、科技等部门在县城，配合长田工业园区管委会完成了行政综合大楼的建设。2007完成了央视拍摄“想涟江”MTV、“第一届龙游涟江暨端午节”和“第二届贵州惠水好花红金钱橘节”系列活动的车辆调度和食宿等各项大型会务活动的后勤保障工作。2009年完成了全国大学生暨青少年藤球锦标赛、全州农民运动会、9·19县城白果大道及涟江大桥通车等系列庆典活动的后勤保障工作，为县四家班子和县直部门提供公务用车服务700余次。2010年完成了全省农业生产现场会、全省农业整合项目观摩会、全州城镇化建设现场会及全州人大相关工作会议等大型活动的后勤保障工作。2012年完成了全省园区项目现场观摩会、全省民族宗教工作现场会、全州产业化园区现场观摩会、省和州“185”工程推进会等工作会议的后勤保障工作。2015年为县四家班子和县直部门提供用车服务500余次，行程5万余千米。

第六节　招商引资

机构 1985年，设立对外经济协作办公室，承担全县招商引资工作；1998年6月，成立“西部开发办公室”；1999年9月，成立惠水县招商引资活动领导小组办公室；2002年5月，成立县招商引资局，属县发展计划局二级副科级单位，同年7月，成立招商引资“一站式”服务办公室；2004年9月，组建“惠水县招商引资局”，属正科级事业机构，核定编制15人，人员参照公务员管理，内设综合股、业务股、办公室；2011年5月，机构改革，将招商引资局职能整合，合并组建县发展改革局，不再保留县招商引资局，同年12月，组建县投资促进局，为县发展和改革局管理的正科级事业单位，设办公室、招商股、综合股、投资服务股，核定编制18人人员参照公务员管理；2013年3月，设立惠水县招商引资项目代办服务中心，为惠水县投资促进局管理的副科级事业单位。项目代办中心内设综合股、行政审批代办股，核定事业编制6名。2014年，设立贵州省惠水县经济开发区管委会，加挂惠水县长田工业园区牌子，下设招商引资局，核定事业编制8人。2015年2月，惠水县投资促进局为县人民政府直属正科级公益一类事业单位，内设办公室、招商科、综合科、投资服务科。

引资签约项目 1985年，引进技术8项，引进人才31人，争取企业技改资金1890万元，进行技改项目12个，增强企业扩大再生产能力。1989年，完成引进对外经济技术协作项目17个，引进资金50万元。1993年4月，成立县人民政府社会筹资部、负责办理收纳社会闲置及零散资金，积极引进外资、支持、促发展。1994年，引进项目13个，引进资金840万元。

2003年，签约引进《惠水县辣椒系列风味食品加工项目》《惠水县黄姜种植及系列加工项目》《惠水县开味乐生产项目》，总投资1.15亿元。

2004年，实现招商引资到位资金27780万元，完成州下达2.5亿元任务的111.12%，同比增长114.4%。其中：续建项目15个，到位资金10640万元，占到位资金总额的38.3%；新建项目27个，合同引资额70000万元，到位资金17140万元，占到位资金总额的61.7%。签约引进《惠水县聚福轩茶业食品生产建设项目》《惠水县汽车橡胶配件生产项目》《惠水县调味品酿造生产项目》，总投资0.35亿元。

2005年，实现招商引资到位资金36600万元，完成州下达3.3亿元任务的110.9%，同比增长31.7%；新签约项目39个，启动建设项目29个，签约引资额75900万元，到位资金14790万元，资金履约率19.5%，项目履约率74.3%。签约引进《惠水县沁心食品厂项目》《惠水县贵骄食品加工项目》《惠水县机动车性能检测项目》等7个，总投资0.59亿元。

2006年，实现招商引资到位资金4.09亿元，完成州下达3.9亿元任务的105%，同比增长11.7%。其中：续建项目21个，到位资金26670万元，占到位资金总额的65.2%；新建项目23个，到位资金14230万元，占到位资金总额的34.8%。是年，县内全社会固定资产投资为6.5亿元，招商引资到位资金形成固定资产投资达3.67亿元，占全社会固定资产投资的56%。招商项目在建设、安置农民工就业、增加农民收入方面发挥了积极作用。签约引进《惠水县无公害生姜种植基地及加工项目》《贵州三宝、粉丝等生产项目》《惠水县豪龙水泥生产项目》等8个，总投资0.518亿元。

2007年，州下达本年度招商引资任务4.6亿元，年底，全县共实施招商引资项目42个，到位资金51540万元，完成州下达任务的112%，同比增长26%。其中：新建项目25个，到位资金13440万元，占到位资金总额的26.1%；续建项目17个，到位资金38100万元，占到位资金总额的73.9%。签约引进《惠水县抗癌药物--紫杉醇提取及深加工项目》《惠水县湟皇文化生态旅游基地项目》《百鸟河乡村生态度假开发项目》等4个，总投资1.42亿元。

2008年，完成招商引资到位资金5.28亿元，占任务的117.3%，签约项目23个，合同引资10.2亿元。2008年，加大走出去、引进来力度，积极服务客商、服务项目，招商引资工作取得一定成绩，全年共洽谈项目60余项，签约项目10个，合同引资3.3亿元。签约引进《惠水天虹电线电缆生产项目》《惠水县琴山逸响主题公园及旅游度假山庄项目》《惠水县涟江生态农业科技园开发项目》等11个，总投资4.739亿元。

2009年，州下达本年度招商引资任务5亿元，年底，全县招商引资到位资金59050万元，完成州下达任务的118.1%，同比增长11.8%。新建项目29个，到位资金44220万元，占到位资金总额的74.9%；续建项目14个，到位资金14830万元，占到位资金总额的25.1%；2009年1—12月，全县新签约招商引资项目32个，签约引资18.54亿元，完成下达任务的185.4%。2008年签约项目履约率73.9%，资金履约率10.6%；2009年签约项目履约率90.6%，资金履约率23.8%；2009年项目履约率、资金履约率均超额完成州下达的任务。签约引进《惠水县长田工业园区贵州省惠水县新金龙水泥有限责任公司异地技改项目》《惠水县天宝幼儿教育基地建设项目》《惠水县摆榜风力资源开发项目》等16个，总投资23.67亿元。

惠水县第一批招商引资项目签约暨惠水至贵阳城市干道惠高段开工仪式（2011年摄）

2010年，州下达本年度招商引资任务8亿元，年底，全县招商引资到位资金10.68亿元，完成州下达任务的133.6%，同比增长81%。新建项目12个，到位资金2.59万元，占到位资金总额的24.3%；续建项目24个，到位资金8.09万元，占到位资金总额的24.3%。2010年，全县新签约招商引资项目11个，签约引资额14.3亿元，完成下达任务的110.2%。2010年签约项目履约率72.7%，资金履约率9.7%。签约引进《惠水县希望玫瑰园房开项目》《惠水县永昊热能设备生产项目》《惠水县挖渣机整机生产项目》等13个，总投资19.011亿元。

2011年，州下达本年度招商引资任务21.36亿元，年底，全县招商引资到位资金33.78亿元，完成州下达任务的158.1%，同比增长216.1%，其中：新建项目33个，到位资金16.94亿元，占到位资金总额的50.1%；续建项目18个，到位资金16.84亿元，占到位资金总额的49.9%。2011年，全县新签约招商引资项目34个，签约引资额196.26亿元（含县内签约），完成下达任务的563.6%。签约引进《惠水县家具产业园建设项目》《惠水县明田创业园建设项目》《惠水县管道天然气项目》等28个，总投资227.968亿元。

2012年，州下达本年度招商引资任务55亿元，年底，全县招商引资到位资金77.29亿元，完成州下达任务的140.5%，同比增长130.1%。其中：新建项目39个，到位资金57.71亿元，占到位资金总额的74.7%；续建项目22个，到位资金19.58亿元，占到位资金总额的25.3%。2012年，全县新签约招商引资项目24个，签约引资额86.25亿元，完成州下达任务的123.2%。签约引进《惠水县10万吨调味品生产项目》《惠水县五月花职业技术学院建设项目》《贵州宁旺烟花爆竹产业园建设项目》等31个，总投资71亿元。

2013年，州下达本年度招商引资合同签约任务为200亿元，到位资金105亿元，省外资金占60%以上，新签约项目履约率70%，新签约资金到位率15%，新签约开工率50%，新签约投产率10%。年底，全县招商引资到位资金105亿元，完成州下达任务的100%，同比增长50.6%。省外到位资金占总额的75.7%。完成签约额183亿元，完成计划的91.5%。是年新签约履约率97.9%，新签约资金到位率12.6%，新签约项目开工率56.5%，新签约投产率28.2%。是年新签约项目资金到位率为12.6%，未达到15%的任务目标，原因为由于温泉旅游休闲度假中心、金田包装产业园、抵濛棚户区城中村改造、濛江城市综合体、五星级酒店、大龙食品产业园等建设项目投资大，正处于在项目前期工作阶段，尚未开工建设，无到位资金，导致资金到位率低。签约引进《惠水县精密机械加工中心项目》《好花红文化广场BOT建设项目》《贵州咖太利华信息科技有限公司》等24个，总投资64.5974亿元。

2014年，全县共实施招商引资项目158个，到位资金115.43亿元，完成州下达任务的85.5%，同比增长9.93%。其中，一产项目8个，到位资金2.84亿元；二产项目90个，到位资金60亿元；三产项目60个，到位资金52.59亿元。是年，全县实现招商引资新签约项目41个，签约引资总额252.49亿元，完成州下达任务的102.7%。其中：一产项目5个，签约引资额4.5亿元；二产项目20个，签约引资额60.79亿元；三产项目16个，签约引资额187.2亿元。签约引进《惠水县永红换热器片生产项目》《双向拉伸聚丙烯薄膜生产项目》《天亿美食城项目》等41个，总投资209.54亿元。

2015年，全县共实施招商引资项目246个，累计上报到位资金183.8亿元（其中3000万元以上省外到位资金103.88亿元），完成计划116.3%，同比增长59.23%；签约项目137个，总投资202.02亿元。其中：一产项目45个，总投资53.51亿元；二产项目63个，总投资25.76亿元；三产项目29个，总投资122.75亿元。签约引进《惠水县好花红电子商务村项目》《惠水县众冠食品包装产业园建设项目》《贵州梦动科技有限公司》等27个，总投资75.745亿元。

优惠政策及措施 1985年4月，印发《惠水县关于提供优惠条件引进资金，先进技术和人才振兴经济的决定》，宣传惠水资源，制订优惠条件，开展资金、技术、人才“三引进”工作。1996年4月，印发

《关于加强招商引资工作的通知》。1998年8月，印发《惠水县招商引资实施办法》和《惠水县招商引资税收优惠政策》。2002年7月，印发《关于招商引资实行“一站式”服务的通知》。2003年10月，印发《惠水县招商引资优惠政策》。2003年9月，印发《惠水县外来投资者投诉处理暂行规定》，保护外来投资者的合法权益不受侵害。同年10月，印发《惠水县招商引资优惠政策》，对土地政策，税收政策，规费政策作具体规定。

2007年，印发《惠水县招商引资优惠政策》，对在惠水依法注册登记和依法纳税的招商引资企业，在土地、税收、品牌发展等方面给予扶持事项进行明确阐述。

2008年，印发《中共惠水县委、惠水县人民政府关于进一步加强工业化进程的决定》，该文件对惠水县发展工业强县的意义、指导思想、发展目标、发展重点、主要任务、保障措施、组织领导等进行明确。

2009年，在原印发《惠水县招商引资优惠政策》的基础上，完善印发新的《惠水县招商引资优惠政策》，对在惠水依法注册登记和依法纳税的招商引资企业在土地、税收、品牌发展等方面扶持进行了新的阐述。

2011年，印发《〈惠水县加快茶产业发展优惠政策〉的通知》对促进茶产业发展，从资金扶持、技术扶持、土地使用等进行明确规定。

2012年，印发《惠水县人民政府办公室关于印发惠水县鼓励投资优惠政策的通知》，对外来企业的投资方式、投资领域、用地扶持政策、优惠扶持政策、促进产业园区发展政策、规费优惠、服务保障等进行了明确阐述。

2013年，印发《惠水县人民政府办公室关于〈惠水县科学技术奖励办法〉〈惠水县鼓励和促进科技创新的扶持办法〉〈惠水县科学技术研究与开发专项资金管理暂行办法〉的通知》，对推动全县科学技术进步、技术创新、技术研发与开发专项资金管理等进行明确阐述。

2015年，印发《中共惠水县委、惠水县人民政府关于加快百鸟河数字小镇产业发展的意见》，对百鸟河数字小镇人才培养、产业扶持、发展定位、企业培育、组织保障等进行明确阐述。印发《惠水县人民政府关于促进房地产市场健康发展的意见》，对在县内从事房地产开发和购买普通商品用房的县内外个人，进行扶持奖励。印发《惠水县人民政府关于印发惠水县促进工业企业发展扶持政策的意见的通知》，对在惠水依法注册登记和依法纳税的招商引资工业企业，在上缴税收、融资发展、品牌创立、技术创新、金融贷款、出口扶持等方面进行明确阐述。印发《惠水县人民政府关于印发惠水县关于支持商贸物流业发展有关政策措施的意见的通知》，对全县商贸物流业在税收、项目数申报、投资投入等方面进行明确扶持。

第七节　公共资源交易与国有投资

县公共资源交易中心　2014年12月成立，归口惠水县政府办公室，为县政府直属正科级事业单位，编制16人。至2015年，惠水县公共资源交易中心在职在岗人员共8名，设综合科（加挂财务室牌子）、监督管理科、工程交易科、政府采购科（加挂政府采购中心牌子）、产权交易科5个内设机构，共完成各类交易项目139个，预算金额为5913.55万元，成交金额为4936.51万元，节约资金977.04万元，平均节约率16.52%。其中，政府采购项目133个，预算金额为4656.28万元，成交金额3765.64万元，节约资金890.63万元，平均节约率19.13%；工程建设项目5个，预算金额为861.28万元，成交金额为794.87万元，节约资金66.41万元；国有产权交易1个，成交金额为376万元，增值金额为20万元。

国有资本运营公司 机构：2003年，根据惠常议〔2003〕3号会议精神，由县人民政府以无形资产及实物方式出资组建惠水县国有资本运营公司（简称县国资公司）。县国资公司为从事国有资产管理，独立享有民事权利和承担责任的国有独资公司，股东为惠水县人民政府。

2004年，经县人民政府专题会议研究同意，将县内文化广场、涟江广场、县委政府大院（含办公大楼）、公安局、商业总公司、凤山宾馆等单位位于县府路两侧的国有土地划拨作为县国资公司注册资本。

2005年3月，县国资公司正式办理营业执照，注册资本为1369万元，共有员工2人。

2005年9月，贵州省惠水长田园区资本营运有限责任公司成立，为县国资公司子公司，主要经营管理园区内的资本运作和投、融资服务工作。2005年11月，根据惠常议〔2005〕11号文件，由县国资公司按照程序组建长田园区中小企业信用担保有限责任公司。

2008年，惠水长田园区资本营运有限责任公司正式办理注册登记，注册资本为1000万元，分别由贵州省黔南布依族苗族自治州国有资本营运有限责任公司出资600万元，县国资公司出资400万元两方共同投资成立。

2009年，县国资公司股东惠水县人民政府作出决定，同意以货币出资方式缴纳3000万元，变更后的注册资本增加至4369万元，变更后实收资本4369万元，占注册资本的100%。

2010年，县国资公司独资股东惠水县人民政府作出决定，同意以土地使用权资产和货币出资方式缴纳出资15631万元，变更后实收资本2亿元，占注册资本的100%。

2014年，县国资公司独资股东惠水县人民政府作出决定，同意以土地、建筑及其他多种资金形式出资43亿元增加注册资本金，变更后实收资本45亿元，占注册资本的100%。

2015年，县国资公司内设综合部、财务部、项目投资部、资产经营部，公司员工23人，其中董事长兼总经理1人、副总经理1人。综合部8人，财务部3人，项目投资部6人，资产经营部4人；有中级职称2人，初级职称3人；旗下共11个子公司，分别为惠水县阳光房屋征收有限责任公司、贵州省惠水长田工业园区中小企业信用担保有限责任公司、贵州省惠水长田园区资本营运有限责任公司、贵州高原交通建设发展有限公司、贵州远景顺文化旅游发展有限公司、贵州惠深旅游投资有限公司、贵州黔能建设有限责任公司、贵州致远海外国有资产经营管理有限公司、贵州涟江建设开发有限责任公司和惠水县城建房地产开发有限责任公司。实收资本451500万元。

重要工作开展情况：2003年8月，县国资公司为县民族中学向农行惠水县支行借款2笔各1500万元合计3000万元的贷款提供担保。该款项用于本县的“两基”教育验收。12月，县国资公司为县民族中学向建行惠水县支行申请流动资金贷款300万元提供担保。

2004年1月，县国资公司为县民族中学在建行惠水县支行贷款1500万元进行担保；1月，县国资公司以30万元向中国华融资产管理公司贵阳办事处收购惠水县水泥厂、惠水县双龙皮玻制品厂、惠水县中西药公司、惠水县酱菜厂、惠水县希望食品厂、惠水县医疗器材厂、惠水县高镇玻纤厂、惠水县民族贸易公司共8户261.87万元债权；12月，县国资公司为惠水县第二中学向建行惠水支行借款150万元提供担保。在州、县两级财政和州资本运营公司的支持下，完成对中水濛江开发公司注入资金900万元，占股4.5%。

2005年9月，在州、县两级财政和州资本运营公司的支持下，县国资公司对中水濛江开发公司注入资金900万元，占股4.5%。12月，县国资公司为惠水县第四中学搬迁新建向农行惠水县支行贷款480万元提供担保。

2006年6月，由县国资公司向州国有资本营运有限公司转借国家开发银行贷款500万元，用于实施“惠水县县城路网建设改扩建”等项目，县人民政府每年安排财政资金对县国资公司进行补贴，确保贷款及时、足额归还。

2007年3月，县国资公司向农发行长顺县支行贷款3000万元，期限8年，贷款本金偿还和利息支付全部纳入惠水县本级财政预算，贷款资金用于惠水县白果新区基础设施建设；7月，经《关于贵州省惠水涟江资源开发公司增资扩股后续工作的股东会议纪要》确认，县国资公司所占贵州省惠水涟江资源开发公司股份为15.61%；8月，县国资公司拨付改制资金445472.27元，完成对县种子公司资产兜底收购工作；8月，根据县第十六届11次常务会议决定，县供销合作社向县国资公司借支112万元，解决县供销社企业改革历史遗留问题；9月，根据《关于惠水县单采血浆站资产结算相关问题的专题会议纪要》由县国资公司牵头，县财政、审计、监察、卫生等部门配合，经结算确定按3074261.45元与华兰生物（惠水）单采血浆有限公司办理县血站资产结算和移交手续，完成县血站改制工作，县血站在改制中国有资产增值6倍。

2008年3月，县国资公司划拨资金292.4万元到贵州惠水涟江资源开发有限责任公司作为该公司增资扩股资金，其中：补充股金86万元，配借资金206.4万元；7月，县国资公司借款70万元给长田乡人民政府，作为长田乡老办公区房屋拆迁安置暂借资金，借款期限1年；8月，县国资公司向农发行长顺支行贷款1000万元，贷款采取县财政补贴性贷款方式进行，期限8年，贷款资金作为惠水县白果新区基础设施建设资金；12月，县国资公司参与竞买原惠水造纸厂（工业区）土地房屋，以1128万元买回惠水造纸厂工业区两宗工业用地及其房屋所有权；10月，根据县人民政府《关于原贵州南木生物药业有限公司资产挂牌出让有关事宜的会议纪要》，由县国资公司对接南木公司以640万元人民币的价格收回其占有原惠高酒厂49130.30平方米的国有土地使用权及相关资产。

2009年7月，根据县人民政府惠常议〔2009〕37号文件精神，长田供水站资产整体移交给县国资公司管理，债权、债务一并移交。涉及长田供水站尚欠县财政1818182.0元的有偿国债资金，由国资公司从长田供水站收益中归还；并明确长田供水站移交后，由国资公司委托长田园区开发总公司经营管理，实行经营目标管理考核。

2010年1月，县国资公司暂借500万元到长田工业园区办账户，其中400万元作为园区水厂建设资金，100万元作为长田至孙家寨道路建设启动经费；4月，县人民政府为加快土地开发实施进度，议定由县国资公司作为项目承贷主体和实施主体，总体负责项目牵头工作。10月，县国资公司借支200万元到县建设局账户，作为惠水县垃圾填埋场项目配套经费；11月25日，县财政拨付2260万元到县国资公司账户，作为货币资本金；11月25日，县国资公司从账户中拨付800万元到县园区办账户，作为投入工业园区基础设施建设经费；11月，县国资公司向农发行长顺县支行贷款2290万元用于惠水县土地开发项目；12月，根据县人民政府第十六届53次常务会会议决定，由县财政拨150万元到县交通局账户作为县交通办公楼建设补助资金，县交通局原有资产统一收归县国资公司管理。

2011年4月，县国资公司投资580万元，融资2300万元组织实施5000亩土地开发，涉及12个乡镇22个点，采取土地开发与茶叶种植一体化的模式，完成茶叶种植面积480亩。6月，由县国资公司组建长田建设投资有限公司，总投资430万元，完成“向山要地”测量、规划编制工作，为长田工业园区的发展提供支持。

2012年8月，根据县人民政府第十七届11次常务会议精神，县国资公司分别组建惠水县工业投资经营有限公司、惠水县农业投资经营有限公司和惠水县城市建设投资发展有限公司3家政府融资平台公司；11月，为扶持当地企业发展，根据县委、县政府工作安排由县国资公司向川东化工、永红食品等12家企业累计提供借款2500万元。

2013年4月，县国资公司为杨勇、胡元辉等301户烤烟种植户向农行惠水县支行贷款1300万元提供抵押担保；11月，县国资公司为县民族中学在工商银行惠水支行贷款3000万元提供抵押担保，为县自来水公司在惠水县农村信用合作联社贷款1500万元提供抵押担保；11月，县国资公司借款300万元给贵州嘉龙机械设备有限公司用于支持该公司生产经营，借款400万元给贵州隆盛兴铁合金有限公司用于支持该公司生产经营，借款600万元给贵州通程兄弟工程机械有限公司用于支持该公司生产经营，借款700万元给贵州豪龙水泥有限公司用于支持该公司生产经营。完成县对外贸易公司资产收购工作，解决公司改制成本，解决职工安置问题。

2014年1月，县国资公司为贵阳万科达商贸公司在工商银行贷款3000万元提供担保，贷款中2000万元用于好花红生态移民搬迁工程；7月，县国资公司通过认缴方式分别成立贵州致远海外国有资产经营管理有限公司、贵州黔能建设有限责任公司、贵州涟江建设开发有限责任公司。

2015年11月，向农发行长顺县支行贷款7.8亿元用于惠水县异地扶贫生态移民搬迁工程一期工程建设；县国资公司用全资子公司资产为贵州长田家具产业孵化园有限公司贷款提供2000万元额度抵押担保。

工业投资经营有限公司 惠水县工业投资经营有限公司的前身是贵州省惠水县长田建设投资有限公司，县国有资本营运有限公司出资设立，成立于2011年7月，注册资本1000万元。2012年8月，惠水县长田建设投资有限公司更名为惠水县工业投资经营有限公司，注册资本由原来的1000万元增加至5000万元，由县国有资本营运有限公司认缴。2013年公司完成总投资1800万元的龙泉项目区1.7566万平方米标准化厂房建设任务；完成总投资3220万元的龙泉项目区1.66千米的1号、2号市政道路建设任务；完成总投资600万元的大坝水厂日处理8000吨生活用水技改任务；完成总投资300万元的湾塘变电站110千伏出线间隔项目；完成总投资750万元的泰安—张安（经开区）2.1千米二级公路改造项目；实施总投资1.7亿元的大坝建材产业园环线12千米二级公路建设项目（经开区）二标段，12月底完工；实施总投资1.6亿元的双合新区11.4千米（二级公路8千米，三级公路3.4千米）1号、2号公路建设项目（长田园区），2014年完工；实施总投资4000万元的惠水县城北新区污水处理工程；向建设银行融资1.5亿元建设明田产业孵化园。2014年分别启动惠水经开区泰安路路面改造工程，与中国建设银行股份有限公司惠水支行签订6000万元贷款合同，启动贵州惠水经济开发区双合新区双庆供水工程建设，建成惠水长田工业园区合兴、双庆1号公路建设项目，建成惠水县经开区大坝建材产业园环线公路建设项目，10月惠水县政府批准成立惠水县濛江建设投资有限公司。2015年湾塘变电站湾（塘）泰（安）110千伏出线间隔，总投资298万元，采取BT方式建设，10月竣工验收；投资3000余万元，建成惠水县城北日处理污水5000立方米的污水处理厂，安装污水收集主管道3千米；投资2500万元，完成泰安路5064米路面改造工程；投资2823.36万元，完成贵州惠水经济开发区双合新区双庆供水工程，新建水厂1座，日供水能力1.2万吨；投资2989万元，完成惠水高镇一条街改造及连接线道路工程，改造道路全长1.425千米。融资方面，2014年，建设银行标准厂房项目建设贷款到位资金6000万元；2015年，与中江国际信托股份有限公司签订1亿元信贷合同，经开区城北污水处理厂及供水系统采用PPP模式与中信水务开展商谈合作。争取资金扶持方面：2014年获得省经信委基础设施建设扶持资金800万元；申报获得省商务厅对经开区明田科技产业园标准化厂房建设贴息补助100万元；申报获得州工信委对公司运营扶持资金150万元；对接县交通部门，申报双合一号路建设项目公路建设扶持资金1200万元。到位扶持资金1050万元。

城市建设投资发展有限公司 惠水县城市建设投资发展有限公司2012年7月成立，为自主经营、独立核算、法人治理结构完善的国有独资企业，注册资金6000万元。公司主要业务是承担城市规划区建设、项目投融资建设及房地产，土地一、二级综合开发，园林绿化、保障性住房建设、市政广告制作发布等。公司遵循“积极稳妥、不断壮大、保值增值、规范运作”的原则，围绕服务县域规划建设、打造山水田园城市的目标，因地制宜促进发展县域经济。2014年4月，出资5000万元注册成立下属子公司“惠水诚远置业开发有限责任公司”，主要经营范围为：房地产开发与营销策划、物业管理、建筑设备租借、建材经营、建筑工程装饰装修、旅游资源开发、投资与资产管理、商务咨询服务等；出资1000万元注册成立下属子公司“惠水顺兴建筑工程劳务服务有限公司”，主要经营范围为：建筑劳务人员派遣服务、建设工程劳务总承包（建筑工程、土木工程、市政工程、道桥工程、水利工程、弱电工程、基础工程、土石方工程、拆房工程、河道疏浚、绿化景观工程、钢结构工程、照明工程、环保工程、楼宇智能化工程、建筑装饰工程、建筑安装工程、机械设备安装工程、水电安装、制冷设备安装）等。按照“三纵五横扣三环”的道路网布局要求实施路网（市政）项目建设，分批次、分时段实施移民搬迁安置区项目建设工作。公司发挥政府投入资金撬动社会投资的杠杆作用，实现投资主体多元化、筹资渠道多样化，有效推动投资、融资、运营及管理诸方面的良性循环。公司以“经营城市未来方略·开启魅力惠水形象”为发展宗旨，发挥现有的工程技术力量，按照项目建设相关要求完成承建的各类工程。截至2015年12月，公司承接市政道路、路网改造项目共计40574.886米，已验收通车项目24519.889米。承接安置房、生态移民房、保障性住房等项目，累计建设547908.5平方米，是年交付使用392508.5平方米。申请中央专项建设基金1.05亿元，累计融资4.0145亿元。

农业投资经营有限公司 县农业投资经营有限公司2012年7月成立。其职责是：创新资金投入机制，改进投入方式，增加财政及社会资金对农业投入的同时，重点创建农业担保、投资、融资平台，体现“法人化管理、市场化运作”的基本理念，发挥“政策集成、资金聚集、资源整合”的复合功能；通过对农业项目（产业）的投资经营、融资支持、担保（贷款）扶持等方式，支持和带动农业走“科技化、规模化、集约化、产业化”的发展道路，引导各类资金下乡、进村、入项目，聚集信贷资金和社会资金投入“三农”领域，推动农业产业跨越式发展，促进各类金融机构为“三农”经济发展搞好综合服务。公司以加快惠水县农业产业发展步伐，推进“三化同步”进程为目标，依法经营、分类整合、规范运作，探索形成投资、融资、担保、经营及管理的有效机制，多渠道增加对“三农”的投入。主要经营范围是：农、林、牧、渔业及服务业；房屋建筑业、土木工程建筑业；人力资源中介服务；职业技能培训服务；移民物业管理；土地开发、整理、利用；房屋租赁等。服务内容主要有：负责扶贫产业的投融建工作，并协调金融部门为贫困户创业提供小额授信贷款等金融服务；负责移民安置区门面、停车场、公共建设用地等国有资产的经营管理；负责移民迁出地的耕地、林地、宅基地等可利用资源的流转、管理和投资开发利用；负责移民劳动力技能培训，并组织、协调、推荐就业服务；负责移民安置区环境卫生、安全保卫、绿化管护、水电维修和公共基础设施的维护等。由于公司人员不足、公司发展不成熟、资金未到位等情况，2012至2015年未开展相关业务。

第八节　政务服务

一、机构

2009年，惠水县行政服务中心成立，内设综合股，编制6人，为县政府办管理的正科级事业单位。2013年，惠水县行政服务中心更名为惠水县人民政府政务服务中心（简称县政务服务中心），2015年，县政务服务中心由县政府办管理的正科级事业单位调整为县人民政府直属正科级公益一类事业单位，年底县政务服务中心内设综合科、业务受理科、网络信息科、投诉监督科（监察室），编制17人。

二、协调服务

2009年，确定县住建局、国土局、公安局、招商局、卫生局、环保局、人事局、文广局、安监局、工商局、质监局、国税局、地税局13家单位为首批进驻单位，办公地点设在县委县政府大楼一楼，总面积为114平方米。

2010年，投入40万元装修250平方米的县精神文明活动中心二楼作为办事大厅。

2011年，中心设置独立窗口21个，综合窗口1个；设4个分中心：县公安局（含交警、消防）、交通运输局、国税局、地税局；4个联系点：烟草专卖局、中国人民银行惠水支行、惠水公路管理段、惠水公积金管理部；投入50余万元租借、维修永红食品有限公司2000余平方米的老办公楼作为临时办事大厅，12月25日，县行政服务中心迁址原永红食品厂老办公楼。

2012年6月，县行政服务中心民政窗口实现全国联网，有效预防重婚、骗婚等违法行为，逐步开展网上预约登记、异地登记等方便快捷的婚姻登记服务；7月启用行政审批电子监察视频监控系统，使审批过程“看得见、管得住”；8月启用电子监察视频监控系统的配套叫号服务机和查询机。

2013年11月，县政务服务中心搬迁至新政务大楼办公，大厅面积近4000平方米，设立106个独立服务窗口，55间后台审批室，划分办公服务区和休息等候区，增设饮水、文印、书写、公厕等便民利民设施。搬迁至新办公大楼后，投入近30万元完善电子视频监察系统建设，视频监控摄像头增加至44个，新增排队叫号机一台以及监控设备设施。

2015年8月，县政务服务中心启用贵州省行政审批系统受理业务，全县37家部门的171项行政许可事项、143项非行政许可事项、43项行政服务事项全部录入贵州省网上办事大厅，按照省政府明确的“能网上审批的一律网上审批”要求，全年有272项事项可实现网上办理，网上办理率76%；是年县政务服务中心深化简政放权，着力清理行政审批事项，规范审批要件、优化审批流程、缩短审批时限，创新推行“一窗统一接件、同步绩效登记、牵头并联审批、一站办结服务”的“四位一体”审批服务运行机制，办结“一窗受理”审批事项311件，平均缩短审批时限85%以上。全县10个镇（街道）、208个村（居、社区）全部建成便民服务中心，全县各镇（街道）配有专职工作人员136名，村（居、社区）配有工作人员837人，镇（街道）便民服务中心和村级便民服务点为群众办理各类事项487103件。

2015年底，县政务服务中心进驻人员114人，其中部门窗口人员78人，进驻单位有整体进驻7家：县人力资源和社会保障局、县司法局、县安全生产监督管理局、县新型农村合作医疗办公室、县公共资源交易中心、黔南州住房公积金管理中心惠水管理部、县机构编制委员会办公室；设独立服务窗口的13家：县财政局、县国土资源局、县住房和城乡建设局、县民政局、县卫生和计划生育管理局、县林业局、县水务局、县市场监管局、县农村工作局、县发展和改革局、县环境保护局、县国家税务局、县地方税务局；设综合窗口的12家：县统计局、县科学技术局、县气象局、县烟草专卖局、县教育局、县民族宗教事务局、县城市管理局、县残疾人联合会、县人民防空办公室、县投资促进局、县文化和旅游局、县工业和信息化局；分中心2家：县交通运输局分中心、县公安局分中心。县档案史志局、中国人民银行惠水县支行、县水库和生态移民局3家单位因情况特殊，经请示县政府同意后暂不进驻。

三、监督管理

2009年后，县行政服务中心先后制定完善实施《中心工作规范》《首问责任制》《一次性告知制度》《限时办结制度》《责任追究制度》《廉政建设制度》《上门服务制度》《预约服务制度》《中心“红旗窗口”及“服务之星”评选办法》等管理制度，规范中心工作运行。2015年，建立服务评价机制，启用服务评价器，采取“一人一机”“一事一评”对窗口工作满意度测评，评价率和满意率未达90%的，当季“红旗窗口”和“服务之星”评选列为“一票否决”。2015年，县纪委派驻纪检组长进驻县政务服务中心督查巡岗，分管监察室，切实抓好纪律作风建设；建立班子领导“排班督查制度”，每周由班子成员轮流值班，带班督查作风纪律和业务办理落实情况；建立“违纪约谈制度”，对在日常巡查中发现的问题严重违纪行为和不听劝阻屡次违反作风纪律的人员，由纪检组长“约谈”部门分管领导，切实解决违反作风纪律问题。设立投诉箱，公布投诉电话，由县政务服务中心投诉监督科负责群众投诉查处，并公示查处结果。

表5-6　2009-2015年进驻单位、事项及办件量统计表

年度	进驻中心单位数	进驻中心事项数	受理事项（件）	办结事项（件）	办结率
2009年	13	68	7	7	100%
2010年	25	203	1831	1822	99.50%
2011年	35	274	7297	6934	95.06%
2012年	30	274	128291	128079	99.80%
2013年	39	318	125327	125188	99.80%
2014年	41	318	210748	210342	99.80%
2015年	37	357	320687	320478	99.90%

第三章　人民政协

第一节　全体委员会议

一、政协惠水县第四届委员会

政协惠水县第四届委员会任期3年8个月，共召开3次全体会议。

第一次全体会议 1980年12月25日至1981年1月3日在县城举行。政协惠水县第四届委员会由16个界别83名委员组成，其中，中共6名、共青团2名、工会4名、妇女联合会3名、农民6名、供销社1名、工商界4名、文艺界3名、科学技术界6名、体育界1名、教育界6名、医药卫生界4名、宗教界3名、归侨1名、少数民族8名、特邀人士25名。出席会议委员73名。会议听取县委副书记梁登峰作《关于我县当前农村工作情况的报告》，会议总结了三届一次会议以来，统一战线工作在“文化大革命”中遭到破坏的经验教训，提出了发扬社会主义民主，发挥政协检查、监督作用，为四化建设广开言路，积极做好对台工作，扩大爱国统一战线，组织学习马列主义、毛泽东思想及时事政治等五项业务。会议选举产生政协惠水县第四届委员会主席1名，副主席6名，秘书长1名，常务委员19名。本次会议收到委员提案87件。出席会议全体委员列席县人大第九届一次会议。

第二次全体会议 1982年3月22日至27日在县城举行。应出席会议委员93名（县政协第一次会议委员83名，因病逝世4名，第二次会议增补14名），出席会议委员79名。会议听取和审议《县政协第四届委员会常务委员会工作报告》和《县政协四届一次会议以来提案工作情况的报告》。会议补选常务委员2名。本次会议收到委员提案96件。参加会议委员列席县人大九届二次会议。

第三次全体会议 1983年3月7日至12日在县城举行。应出席会议委员88名（县政协第二次会议委员93名，因病逝世3名，调走2名），实际出席会议委员77名。会议听取和审议《政协惠水县第四届二次会议以来常务委员会工作报告》和《政协惠水县第四届二次会议以来提案工作情况的报告》。会议决定增设文史资料研究委员会。本次会议收到委员提案100件。到会委员列席县人大第九届三次会议。

二、政协惠水县第五届委员会

政协惠水县第五届委员会任期2年零10个月，共召开3次全体会议。

第一次全体会议 1984年9月3日至10日在县城举行。政协惠水县第五届委员会由17个界别127名委员组成，其中，中共7名、无党派2名、共青团3名、工会3名、妇女联合会3名、工商界3名、供销社1名、文学艺术界2名、科学技术界19名、农林界10名、教育界12名、体育界2名、医药卫生界10名、侨联界3名、宗教界3名、少数民族16名、特邀人士28名。实际出席会议委员118名。会议听取和审议《政协惠水县第四届委员会常务委员会工作报告》和《政协惠水县第四届委员会第一次会议以来关于提案办理情况的报告》。会议选举产生政协惠水县第五届委员会主席1名、副主席6名、秘书长1名、常务委员21名。会议决定在全县6个区建立政协委员小组。会议期间收到委员提案154件。到会委员列席县人大第十届一次会议。

第二次全体会议 1985年5月6日至10日在县城举行。出席会议委员95名。会议听取和审议《政协惠水县第五届委员会一次会议以来的工作报告》和《政协惠水县第五届委员会提案工作委员会关于提案工作情况的报告》；听取全国人大代表杨靖洲传达全国人大第六届三次会议精神。本次会议收到委员提案112件。到会委员列席县人大第十届二次会议。

第三次全体会议 1986年3月1日至5日在县城举行。出席会议委员100名。会议听取和审议《政协惠水县第五届委员会常务委员会工作报告》和《五届二次会议以来提案工作情况报告》。本次会议收到委员提案119件。到会委员列席县人大十届三次会议。

三、政协惠水县第六届委员会

政协惠水县第六届委员会任期2年10个月，共召开3次全体会议。

第一次全体会议 1987年7月23日至29日在县城举行。政协惠水县第六届委员会由17个界别129名委员组成，其中中共7名、无党派2名、共青团3名、工会3名、妇女联合会3名、工商界5名、供销社1名、文学艺术界2名、科学技术界19名、农林界15名、教育界12名、体育界2名、医药卫生界10名、侨联3名、宗教界3名、少数民族16名、特邀人士23名。实际出席会议委员121名。会议听取和审议县政协五届委员会常务委员会工作报告和政协惠水县第五届委员会提案工作情况报告。会议选举产生政协惠水县第六届委员会主席1名、副主席4名、秘书长1名、常务委员20名。本次会议收到委员提案127件。与会委员列席县人大十一届一次会议。

第二次全体会议　1988年4月18日至21日在县城举行。出席会议委员107名。会议听取和审议政协惠水县第六届委员会常务委员会工作报告和第六届一次会议以来提案工作情况报告。本次会议收到委员提案77件。到会委员列席县人大第十一届二次会议。

第三次全体会议　1989年3月28日至4月1日在县城举行。出席会议委员96名。会议听取和审议政协惠水县第六届委员会常务委员会工作报告和六届二次会议以来提案工作情况报告。本次会议收到委员提案81件。到会委员列席县人大第十一届三次会议。

四、政协惠水县第七届委员会

政协惠水县第七届委员会任期2年10个月，共召开3次全体会议。

第一次全体会议　1990年5月11日至18日在县城举行。政协惠水县第七届委员会由16个界别132名委员组成，其中，中共7名、无党派2名、共青团3名、工会3名、妇女联合会3名、工商业联合会3名、工商经济界8名、文化艺术界2名、科学技术界18名、农林界16名、教育界11名、体育界2名、医药卫生界9名、宗教界3名、少数民族16名、特邀人士26名。实际出席会议委员117名。会议听取和审议政协惠水县第六届委员会常务委员会工作报告和政协惠水县第六届委员会一次会议以来提案工作情况报告。会议选举产生政协惠水县第七届委员会主席1名、副主席4名、秘书长1名、常务委员21名。本次会议收到委员提案126件。与会委员列席县人大第十二届一次会议。

第二次全体会议　1991年4月9日至13日在县城举行。出席会议委员97名。会议听取和审议政协惠水县第七届委员会常务委员会工作报告和七届一次会议以来提案工作情况报告，会议增选黄逢荫为七届副主席。本次会议收到委员提案101件。到会委员列席县人大十二届二次会议。

第三次全体会议　1992年4月6日至9日在县城举行。应出席会议委员156名（政协惠水县七届常务委员会第十一次会议协商决定增补27名委员），实际出席会议委员121名。会议听取和审议政协惠水县第七届委员会常务委员会工作报告和第七届二次会议以来提案工作情况报告。本次会议收到委员提案117件。到会委员列席县人大第十二届三次会议。

五、政协惠水县第八届委员会

政协惠水县第八届委员会任期5年，共召开5次全体会议。

第一次全体会议　1993年3月22日至26日在县城举行。政协惠水县第八届委员会由17个界别155名委员组成，其中：中共7名、无党派2名、共青团3名、工会3名、妇女联合会3名、工商业联合会3名、科学技术协会3名、文化艺术界2名、科学技术界18名、经济界16名、农林界21名、教育界15名、体育界2名、医药卫生界12名、宗教界2名、少数民族21名、特邀人士22名。实际出席会议委员143名。会议听取和审议政协惠水县第七届委员会常务委员会工作报告和政协惠水县第七届委员会一次会议以来提案工作情况报告。会议选举产生政协惠水县第七届委员会主席1名、副主席6名、秘书长1名、常务委员21名。本次会议收到委员提案119件。与会委员列席县人大第十三届一次会议。

第二次全体会议 1994年3月9日至10日在县城举行。出席会议委员138名。会议听取和审议县政协第八届委员会常务委员会工作报告和第八届一次会议以来提案工作情况报告。本次会议收到委员提案122件。到会委员列席县人大第十三届二次会议。

第三次全体会议 1995年3月19日至21日在县城举行。出席会议委员139名，列席人员78人。会议听取和审议县政协第八届委员会常务委员会工作报告和八届二次会议以来提案工作情况报告。本次会议收到委员提案91件。到会委员列席县人大第十三届三次会议。

第四次全体会议 1996年3月31日至4月3日在县城举行。出席会议委员125名。会议听取和审议县政协第八届委员会常务委员会工作报告和第八届三次会议以来提案工作情况报告。会议补选陆世明为秘书长。本次会议收到委员提案99件。到会委员列席县人大第十三届四次会议。

第五次全体会议 1997年3月5日至7日在县城举行。出席会议委员152名。会议听取和审议县政协第八届委员会常务委员会工作报告和第八届四次会议以来提案工作情况报告。本次会议收到委员提案75件。到会委员列席县人大第十三届五次会议。

六、政协惠水县第九届委员会

政协惠水县第九届委员会任期5年，共召开5次全体会议。

第一次全体会议 1998年3月17日至23日在县城举行。县政协十届委员会由17个界别160名委员组成，其中，中共5名、无党派人士2名、共青团3名、工会3名、妇女联合会3名、工商业联合会3名，科学技术协会3名、文化艺术界3名、体育界2名、宗教界3名、科学技术界19名、经济界21名、农业界18名、教育界15名、医药卫生界13名、少数民族21名、特邀人士24名。实际出席会议委员151名。会议听取和审议县政协八届委员会常务委员会工作报告和政协惠水县第八届委员会提案工作情况报告。会议选举产生政协惠水县第九届委员会主席1名、副主席6名、秘书长1名、常务委员24名。本次会议收到委员提案82件。与会委员列席县人大十四届一次会议。

第二次全体会议 1999年3月15日至18日在县城举行。出席会议委员152名。会议听取和审议县政协第九届委员会常务委员会工作报告和九届一次会议以来提案工作情况报告。本次会议收到委员提案40件。到会委员列席县人大第十四届二次会议。

第三次全体会议 2000年3月13日至18日在县城举行。出席会议委员160名。会议听取和审议县政协第九届委员会常务委员会工作报告和九届二次会议以来提案工作情况报告。本次会议收到委员提案70件。到会委员列席县人大第十四届三次会议。

第四次全体会议 2001年3月15日至21日在县城举行。出席会议委员141名。会议听取和审议县政协第九届委员会常务委员会工作报告和第九届三次会议以来提案工作情况报告。本次会议收到委员提案72件。到会委员列席县人大第十四届四次会议。

第五次全体会议 2002年3月13日至17日在县城举行。出席会议委员160名。会议听取和审议县政协第九届委员会常务委员会工作报告和第九届四次会议以来提案工作情况报告。本次会议收到委员提案63件。到会委员列席县人大第十四届五次会议。

七、政协惠水县第十届委员会

政协惠水县第十届委员会任期4年，共召开4次全体会议。

第一次全体会议 2003年2月25日至3月3日在县城举行。县政协十届委员会由17个界别160名委员组成，其中，中共5名、无党派人士2名、共青团3名、工会2名、妇女联合会3名、工商业联合会3名，科学技术协会3名、文化艺术界3名、体育界2名、宗教界3名、科学技术界19名、经济界21名、农业界18名、教育界15名、医药卫生界13名、少数民族21名、特邀人士24名。实际出席会议委员148名。会议听取和审议县政协九届委员会常务委员会工作报告和政协惠水县第九届委员会提案工作情况报告。会议选举产生政协惠水县第十届委员会主席1名、副主席6名、秘书长1名、常务委员23名。本次会议收到委员提案116件。与会委员列席县人大第十五届一次会议。

第二次全体会议 2004年3月8日至11日在县城举行。出席会议委员160名。会议听取和审议县政协第十届委员会常务委员会工作报告和第十届一次会议以来提案工作情况报告。本次会议收到委员提案50件。到会委员列席县人大第十五届二次会议。

第三次全体会议 2005年3月12日至15日在县城举行。出席会议委员160名。会议听取和审议县政协第十届委员会常务委员会工作报告和第十届二次会议以来提案工作情况报告。本次会议收到委员提案46件。到会委员列席县人大第十五届三次会议。

第四次全体会议 2006年3月13日至16日在县城举行。出席会议委员159名。会议听取和审议县政协第十届委员会常务委员会工作报告和第十届三次会议以来提案工作情况报告。本次会议收到委员提案66件。到会委员列席县人大第十五届四次会议。

八、政协惠水县第十一届委员会

政协惠水县第十一届委员会任期5年，共召开5次全体会议。

第一次全体会议 2007年1月5日至8日在县城举行。县政协十一届委员会由17个界别168名委员组成，其中：中共5名，无党派人士2名、共青团3名、工会3名，妇女联合会3名、工商业联合会5名，科学技术协会3名，文化艺术界3名，科学技术界19名，经济界27名，农业界18名，教育界15名，体育界2名，医药卫生界13名，少数民族21名，宗教界2名，特邀人士24名。出席会议委员166名。会议听取和审议通过县政协十届委员会常务委员会工作报告和政协惠水县第十届委员会提案工作情况报告。会议选举产生政协惠水县第十一届委员会主席1名、副主席5名、秘书长1名、常务委员27名。本次会议收到委员提案81件。与会委员列席县人大十六届一次会议。

第二次全体会议 2008年1月20日至22日在县城举行。出席会议委员167名。会议听取和审议县政协第十一届委员会常务委员会工作报告和一次会议以来提案工作情况报告。本次会议收到委员提案70件。到会委员列席县人大十六届二次会议。

第三次全体会议 2009年1月7日至9日在县城举行。出席会议委员173名（2008年12月23日县政协第十一届八次常委会议决定：县政协十一届委员会委员由第二次会议的167名增加至173名）。会议听取和审议县政协第十一届委员会常务委员会工作报告和二次会议以来提案工作情况报告。本次会议收到委员提案66件。到会委员列席县人大十六届三次会议。

第四次全体会议 2010年3月2日至3月4日在县城举行。出席会议委员174名（县政协十一届委员会委员由第三次会议的173名增加至第四次会议的174名）。会议听取和审议县政协第十一届委员会常务委员会工作报告和三次会议以来提案工作情况报告。会议对县政协十一届一次会议以来的25名优秀政协委员和12名优秀提案委员进行表彰。本次会议收到委员提案62件。到会委员列席县人大十六届四次会议。

第五次全体会议 2011年1月11日至13日在县城举行。出席会议委员175名（县政协十一届委员会委员由第四次会议的174名增加至第五次会议的175名）。会议听取和审议县政协第十一届委员会常务委员会工作报告和四次会议以来提案工作情况报告。本次会议收到委员提案57件。到会委员列席县人大第十六届五次会议。

九、政协惠水县第十二届委员会

政协惠水县第十二届委员会任期4年，共召开4次全体会议。

第一次全体会议 2012年1月3日至6日在县城举行。县政协十二届委员会由17个界别173名委员组成，其中，中共12名、无党派2名、共青团3名、工会3名、妇女联合会3名、工商业联合会5名、科学技术协会3名、文化艺术界3名、科学技术界21名、经济界26名、农业界19名、教育界15名、体育界2名、医药卫生界13名，少数民族18名，宗教界2名，特邀人士23名。出席会议委员173名。会议听取和审议县政协第十一届委员会常务委员会工作报告和政协惠水县第十一届委员会提案工作情况报告。会议选举产生政协惠水县第十二届委员会主席1名、副主席8名、秘书长1名、常务委员25名。本次会议收到委员提案125件。与会委员列席县人大第十七届一次会议。

第二次全体会议 2013年2月26日至2月28日在县城举行。出席会议委员168名。会议听取和审议县政协第十二届委员会常务委员会工作报告和一次会议以来提案工作情况报告。对2012年度优秀提案领衔人及提案承办先进单位进行表彰。会议补选王晓冬为十二届县政协副主席。本次会议收到委员提案92件。到会委员列席县人大第十七届二次会议。

第三次全体会议 2014年2月21日至23日在县城举行。出席会议委员163名。会议听取和审议县政协第十二届委员会常务委员会工作报告和县政协第十二届二次会议以来提案工作情况报告。会议补选龙瑞林为县政协副主席。本次会议收到委员提案90件。到会委员列席县人大第十一届三次会议。

第四次全体会议 2015年2月3日至2月5日在县城举行。出席会议委员171名。会议听取和审议县政协第十二届委员会常务委员会工作报告和县政协第十二届三次会议以来提案工作情况报告。会议补选杨胜英为县政协副主席。本次会议收到委员提案82件。到会委员列席县人大第十七届四次会议。

表5-7

政协惠水县第四届至十二届领导班子名录

届别	职务	姓名	民族	籍贯	任职时间	备注
第四届	主席	董兰宾	汉族	山东曹县	1981.1—1984.9	
	副主席	逯尽孝	汉族	河南清丰	1981.1—1984.9	
		葛国桢	布依族	贵州贵阳	1981.1—1984.9	
		杨廉贞	布依族	贵州惠水	1981.1—1984.9	女
		杨肇鸿	汉族	四川潼南	1981.1—1984.9	
		杨应鑫	苗族	惠州惠水	1981.1—1984.9	
		韦汉鸿	布依族	贵州惠水	1981.1—1984.9	
	秘书长	陈启明	汉族	贵州息烽	1981.1—1984.9	

续表5-7

届　别	职　务	姓　名	民　族	籍　贯	任职时间	备　注
第五届	主　席	董兰宾	汉族	山东曹县	1984.9—1987.7	
	副主席	吴永福	苗族	贵州惠水	1984.9—1987.7	
		韦汉鸿	布依族	贵州惠水	1984.9—1987.7	
		杨廉贞	布依族	贵州惠水	1984.9—1987.7	女
		葛国桢	布依族	贵州贵阳	1984.9—1987.7	
		杨肇鸿	汉　族	四川潼南	1984.9—1987.7	
		钟应祥	汉　族	贵州平坝	1984.9—1987.7	
	秘书长	王品崇	汉　族	贵州贵定	1984.9—1987.7	
第六届	主　席	李让寅	汉　族	安徽凤台	1987.7—1990.5	
	副主席	吴永福	苗　族	贵州惠水	1987.7—1990.5	
		韦汉鸿	布依族	贵州惠水	1987.7—1990.5	
		杨肇鸿	汉　族	四川潼南	1987.7—1990.5	
		钟应祥	汉　族	贵州平坝	1987.7—1990.5	
	秘书长	王品崇	汉　族	贵州贵定	1987.7—1990.5	
第七届	主　席	徐德林	布依族	贵州独山	1990.5—1993.3	
	副主席	吴永福	苗　族	贵州惠水	1990.5—1993.3	
		韦汉鸿	布依族	贵州惠水	1990.5—1993.3	
		钟应祥	汉　族	贵州平坝	1990.5—1993.3	
		卢运贤	汉　族	贵州惠水	1990.5—1993.3	
		黄逢荫	汉族	江西南城	1991.4—1993.3	
	秘书长	王品崇	汉　族	贵州贵定	1990.5—1993.3	
第八届	主　席	张文玖	汉　族	贵州安顺	1993.3—1998.3	
	副主席	吴永福	苗　族	贵州惠水	1993.3—1998.3	
		查德才	汉　族	上　海	1993.3—1998.3	
		卢运贤	汉　族	贵州惠水	1993.3—1998.3	
		曹登华	汉　族	江西南康	1993.3—1998.3	女
		罗来良	布依族	贵州罗甸	1993.3—1998.3	
		周兴祥	汉　族	贵州长顺	1993.3—1998.3	
	秘书长	王新善	汉　族	广东梅县	1993.3—1996.3	
		陆世明	汉　族	四川安岳	1996.3—1998.3	

续表5-7

届别	职务	姓名	民族	籍贯	任职时间	备注
第九届	主席	陈国英	布依族	贵州惠水	1998.3—2003.2	女
	副主席	罗廷相	布依族	贵州惠水	1998.3—2003.2	
		卢运贤	汉族	贵州惠水	1998.3—2003.2	
		吴平权	苗族	贵州惠水	1998.3—2003.2	
		陆世明	汉族	四川安岳	1998.3—2003.2	
		杨正辉	布依族	贵州惠水	1998.3—2003.2	
		董文海	汉族	贵州惠水	1998.3—2003.2	
	秘书长	陆世明	汉族	四川安岳	1998.3—1999.3	兼
		罗朝光	布依族	贵州惠水	1999.3—2001.3	
		刘豫鸣	汉族	河南安阳	2001.3—2003.2	
第十届	主席	吴文辉	苗族	贵州惠水	2003.3—2007.1	
	副主席	陆世明	汉族	贵州惠水	2003.3—2007.1	
		杨正辉	布依族	贵州惠水	2003.3—2007.1	
		董文海	汉族	贵州惠水	2003.3—2007.1	
		陈友平	汉族	贵州惠水	2003.3—2007.1	
		盖彩云	汉族	山东东营	2003.3—2007.1	女
		吴丹萍	苗族	贵州惠水	2003.3—2007.1	
	秘书长	刘豫鸣	汉族	河南安阳	2003.3—2007.1	
第十一届	主席	吴文辉	苗族	贵州惠水	2007.1—2011.10	
	副主席	龙兴和	汉族	贵州惠水	2007.1—2012.1	
		杨正辉	布依族	贵州惠水	2007.1—2010.12	
		盖彩云	汉族	山东东营	2007.1—2012.1	女
		吴丹萍	苗族	贵州惠水	2007.1—2012.1	
		李国梁	汉族	贵州惠水	2007.1—2012.1	
	秘书长	刘豫鸣	汉族	河南安阳	2007.1—2012.1	

续表5-7

届 别	职 务	姓 名	民 族	籍 贯	任职时间	备 注
第十二届	主 席	王正祥	布依族	贵州惠水	2012.1—2015.12	
	副主席	龙兴和	汉 族	贵州惠水	2012.1—2015.8	
		李正忠	苗 族	贵州惠水	2012.1—2015.12	
		陈友平	汉 族	贵州惠水	2012.1—2015.12	
		盖彩云	汉 族	山东东营	2012.1—2015.9	女
		罗国光	布依族	贵州惠水	2012.1—2015.12	
		吴朝彪	苗 族	贵州惠水	2012.1—2013.2	
		白林贤	布依族	贵州惠水	2012.1—2013.6	
		赵朝阳	汉 族	贵州贵阳	2012.1—2014.11	
		王晓冬	汉 族	山东潍坊	2013.2—2013.9	女
		龙瑞林	苗 族	贵州松桃	2014.2—2015.12	
		杨胜英	布依族	贵州惠水	2015.2—2015.12	女
	秘书长	花应周	布依族	贵州惠水	2012.1—2015.12	

表5-8

惠水县出席贵州省政协会议委员名录

名 称	届 别	委员名单	备 注
政协贵州省委员会	第四届	李国庆（布依族）	
	第五届	李国庆（布依族）、何德崇	
	第六届	张建鹏	
	第七届	吴永福（苗族）、肖盐（宗教界）	
	第八届	熊传刚（无党派）	
	第九届	盖彩云（女，无党派）	
	第十届	盖彩云（女，无党派）	
	第十一届	无	

表5-9

惠水县出席黔南布依族苗族自治州政协会议委员名录

名 称	届 别	委员名单	备 注
政协黔南布依族苗族自治州委员会	第五届	陈国英（女，布依族）、张文玖、王泽淮（女，布依族）、钟应祥、邓振铎、陈启明、罗尚荣（布依族）、杨端荣（女，布依族）、徐罕升、刘武辉	

续表5-9

名　称	届　别	委员名单	备　注
政协黔南布依族苗族自治州委员会	第六届	吴金兰（女，苗族）、刘忠英（女）、钟其金、吴培鸿、邱良田、邓振铎、黄逢荫、王恩政（布依族）、罗尚荣（布依族）、张家桂、饶钰宏、陈其鑫、杨光英（女，布依族）	
	第七届	钟其金、曹登华（女）、韦汉鸿（布依族）、邱良田、杨正辉（布依族）、陈应刚（布依族）、黄逢荫、徐德林（布依族）、杨正学（苗族）、陈其鑫、饶钰宏、王恩政（布依族）、陈练武、张文玖	
	第八届	罗国光（布依族）、杨正辉（布依族）、陈琼（女，苗族）、罗群（女，布依族）、李明德、张文玖、尹玮瑛（女，苗族）、熊传烈、陈培敏（布依族）、唐尚云（苗族）、陈练武、刘豫鸣、胡卫群（女）、陈应刚（布依族）、查德才、陈国英（女，布依族）	
	第九届	陈国英（女，布依族）、吴丹萍（苗族）、刘兴田（侗族）、张昌瑜（女）、陈志新、罗永国（布依族）、张蓝（女）、廖贵生、陈文良（苗族）、罗群（女，布依族）、李明德、罗琼金（女，苗族）、罗国光（布依族）	
	第十届	吴文辉（苗族）、韦元翠（女，布依族）、罗琼金（女，苗族）、陈文良（苗族）、许咏碧（女）、罗定荣、吴咏梅（女、苗族）、蔡娟（女）、肖幼昆、杨凤玲（女，布依族）	
	第十一届	王正祥（布依族）、陈宇（布依族）、罗国光（布依族）、廖武孝、宋仕荣、石春梅（女，毛南族）、王海丽（女）、付雪（女）、王文良（苗族）、罗琼金（女，苗族）、刘绫（女）、吴咏梅（女、苗族）、丰永添	

第二节　常务委员会会议和主席会议

一、常务委员会会议

县政协常委会议是全体委员会议闭会期间的主要协商会议形式，由主席、副主席、秘书长和常务委员组成。常务委员会议每季度召开一次会议，议题由主席会议决定。县政协根据各个时期的工作要求，主要是组织学习党和国家的方针、政策、理论和法律法规，组织学习党和国家领导人的讲话、重要会议精神，组织学习时事及业务知识等；讨论决定县政协及常务委员会会务工作中的重大问题，必要时作出决议；围绕全县经济社会发展，构建和谐社会，建设新农村建言献策，协商讨论县委、县政府的重大决策以及人民群众生活中普遍关心的重大问题，协商讨论县委、县政府及其所属有关部门涉及全县重要工作情况的报告或说明，提出建议和意见；审查重要的建议案、视察报告、专题调研报告、提案和其他重大报告；审议县政协常委会工作报告和提案工作情况报告及文件；协商委员会名单和增补、撤销委员事宜，研究决定县政协内设机构、派出机构调整和人事任免，执行县政协全体委员会议决议。1981年至2012年，政协惠水县委员会共召开常务委员会议134次，其中，政协惠水县第四届委员会召开常务委员会议12次，政协惠水县第五届委员会召开常务委员会议13次，政协惠水县第六届委员会召开常务委员会议15次，政协惠水县第七届委员会召开常务委员会议16次，政协惠水县第八届委员会召开常务委员会议

20次，政协惠水县第九届委员会召开常务委员会议22次，政协惠水县第十届委员会召开常务委员会议16次，政协惠水县第十一届委员会共召开常务委员会议20次，2012年1月至2015年12月，政协惠水县第十二届委员会召开常务委员会议18次。会议议题涵盖经济建设、社会发展和政府工作的方方面面，既有社情民意反映，又有意见建议，对加强党委政府与各族各界人士的联系，促进各项工作落实，推动惠水经济建设、政治建设、文化建设和社会建设发挥重要作用。

二、主席会议

政协惠水县委员会主席会议由政协主席主持，副主席、秘书长出席会议，副秘书长、政协办公室和各专委会正副主任列席。每月至少召开一次。主席会议的议题由主席提出，或由秘书长、秘书长会议提出报主席决定。会议由主席主持，也可由主席委托的副主席主持。主席会议的主要任务：常务委员会会议闭会期间，讨论处理常务委员会重要的会务工作；协商讨论县委和政府的重要决策，以及群众生活中普遍关心的重大问题，提出意见和建议；审查以政协名义向县委、县人大常委会、县政府提出的建议案；决定常务委员会召开会议的日期、议程，审议提交常务委员会会议的文件；讨论决定委员视察、调查和参观等重要活动；审议专门委员会年度工作计划、总结及有关情况的汇报等。1981至2012年，县政协共召开主席会议338次，其中政协惠水县第四届委员会召开主席会议35次，政协惠水县第五届委员会召开主席会议33次，政协惠水县第六届委员会共召开主席会议37次，政协惠水县第七届委员会召开主席会议28次，政协惠水县第八届委员会召开主席会议41次，政协惠水县第九届委员会召开主席会议65次，政协惠水县第十届委员会召开主席会议52次，政协惠水县第十一届委员会召开主席会议47次。2012年1月至2015年12月，政协惠水县第十二届委员会召开主席会议45次。

第三节　工作机构

1981年1月选举产生政协惠水县第四届委员会领导机构，随着政协工作的开展，根据《中国人民政治协商会议章程》规定，逐步建立健全工作机构。1981年1月恢复设置办公室，建立提案工作委员会、宣传学习小组、文史资料组、文卫科技组、民族侨务组、工商组、妇女组、对台宣传组。

1983年3月将文史资料组更名为文史资料研究委员会。

1984年9月政协惠水县委员会五届一次常委会议决定：将宣传学习小组改称学习委员会，将妇女组改称妇幼青年工作组，将对台宣传组改称祖国统一工作组；将文卫科技组分改为科学技术工作组、文体教育工作组和医药卫生工作组，将民族侨务组分改为民族工作组和祖国统一工作组；建立工作组委员会（1987年7月撤销）、经济建设工作组、文体教育工作组、医药卫生工作组、宗教工作组。

1984年12月建立惠水县智力支边联系小组，下设办公室。除1989年7月至1991年8月这个时段外，县智力支边办公室均设在县政协。

1990年5月政协惠水县委员会七届一次常委会议决定：撤销经济建设工作组和文体教育工作组，建立经济科技委员会、文体教育委员会和社会联谊委员会。

1998年5月政协惠水县委员会九届二次常委会议决定：撤销学习委员会和文史资料研究委员会，合并建立学习文史委员会。2001年11月，政协惠水县经济科技委员会和社会联谊委员会合并为经济科技社会联谊委员会。

2015年，政协惠水县委员会工作机构为“六委二室”：办公室、提案法制委员会、经济科技社会联谊委员会、教卫文体委员会、学习文史委员会、人口资源环境委员会、民族宗教委员会和县智力支边领导小组办公室。

第四节　提案工作

政协惠水县各届委员会均设立提案工作机构，负责提案征集、分类整理、审查立案、交办、督办、回复等工作。1981年1月至2015年2月，共收到提案3225件，立案3048件。

一、政协惠水县第四届委员会

政协惠水县第四届委员会，共收到提案301件，经审查，立案280件，21件作为意见转送有关部门。280件提案有3件直接答复，277件按照审查意见分别送承办单位办理，其中：县委部门办理25件，县政府部门办理252件，提案内容涉及政治、经济、文化、教育、卫生、科技和统战等领域，有建议恢复县民族贸易公司，解决少数民族特需商品的提案，经县财政贸易办公室和县民族事务委员会研究，于1982年8月报请县人民政府批准恢复县民族贸易公司；要求解决少数民族地区人畜饮水的建议案，县民族事务委员会1981年拨款1.7万元、1982年拨款4.3万元扶持摆金区甲浪乡修建引水工程，解决该乡单杷、场坝、屯脚3个村的人畜饮水困难和150亩稻田灌溉用水；对于落实宗教政策，归还天主教会和基督教会房产的提案，县人民政府1983年7月12日出台《关于县城天主教会房产处理的决定》：县财政拨款4万元作为占用教堂搬迁补偿费，1984年财政拨款2.5万元作为落实宗教政策的房产退赔费用。

二、政协惠水县第五届委员会

政协惠水县第五届委员会，共收到提案386件，经审查，立案356件。提案内容涉及政治、经济、文化教育卫生、科技、统战和城建等11个方面，按照审查意见分别转交有关部门办理，其中：送县政府工作部门办理339件，送县委工作部门办理14件，送法院办理2件，交县智力支边办公室办理1件。关于保护环境，查清惠水造纸厂污染涟江河情况及解决沿河两岸农民饮水问题的提案，县环保站会同惠水造纸厂、三都区政协委员小组进行调查，协助沿河各村寨制定打井方案，经协商确定由造纸厂支付3600元补助农民打井、修井，初步解决部分村寨的饮水问题。关于建议研制黑糯米药酒的提案，县科委列为科研课题，1984年12月至1986年底共拨付7500元科研经费至县人民医院科研小组研制“黑糯米补肾壮筋药酒”，选择病人观察试用。关于建议普查全县柑橘生产状况的提案，县财政拨款2000元作为普查经费，由县农业区划办公室牵头组织县农业局、县科委、七里冲果树场联合开展普查工作，形成调查报告，为发展柑橘生产提供科学依据。关于在三都、断杉、王佑3个区公所所在地和上摆乡建设电视差转台的提案，县财政拨款1万元为断杉区和王佑区分别购置10瓦的电视差转设备，电视差转台建成使用。关于建议对县内各级各类学校收费标准做出统一规定并监督执行的提案，县人民政府于1987年2月以惠政〔1987〕3号文件批转县教育局《关于中小学、幼儿园收费标准暂行规定的请示报告》，全县学校收费标准问题基本得到解决。

三、政协惠水县第六届委员会

政协惠水县第六届委员会，共收到提案298件，经审查，立案298件。提案内容涉及政治、经济、文化、教育、卫生、科技、统战和城建等11个方面，按照审查意见分别转交有关部门办理，其中，送县政府工作部门办理200件，送县委工作部门办理94件，送法院办理1件，交县智力支边办公室办理1件，由县政协工作机构办理2件。建议受到采纳的提案办理后发挥了积极作用。如关于经常保持和平镇街道清洁卫生，绿化美化环境的提案，县人民政府筹集资金19.4万元重点修建水泥路，疏通下水道，绿化环境，美化城区等取得明显成效。关于进一步落实教会房产问题的提案，一是县财政拨款2500元修建和平镇职工住房，及时腾出并归还被占用的教会房屋；二是协调县印刷厂支付占用天主教会房屋期间的房租费，妥善解决教会房产被占用的历史遗留问题。关于恢复雅水卢阳桥碑的提案，由雅水粮管所补助卢氏后裔经费100元及14包水泥于1990年3月另立新碑。

四、政协惠水县第七届委员会

政协惠水县第七届委员会，共收到提案345件，经审查，立案336件。提案内容涉及政治、经济、文化、教育、卫生、科技、统战和城建等9个方面，按照审查意见分别转交有关部门办理，其中：送县政府工作部门办理320件，送县委工作部门办理6件，送县人大部门办理2件，送县人民法院办理2件，由县政协工作机构办理6件。关于建议县爱国卫生运动委员会支持大龙乡干昌村塘边组修建自来水工程的提案，县卫生局补助经费2000元，同时补助大龙乡排楼村改水经费1000元，扶持群众改善饮水条件。关于建议为摆榜乡甲坝村解决输电线路的提案，县供电局于1992年8月筹集资金架设输电线路，解决甲坝村群众生产生活用电问题。关于建议拨款维修大华至甲烈乡公路的提案，县地方道路养护工区补助甲烈乡720元进行维修。

五、政协惠水县第八届委员会

政协惠水县第八届委员会，共收到提案531件，经审查，立案496件。提案内容涉及工业、农业、经济、文化、教育、卫生、科技、统战、民族宗教、城建和政法等11个方面，按照审查意见分别转交有关部门办理。委员对办理答复的提案感到满意，如关于解决打引乡董上村用电的提案，县供电局及时答复，并补助资金予以解决。关于搞好全县旅游资源开发、宣传、保护和利用的提案，得到县委、县政府的重视和采纳，将开发旅游业纳入议事日程并逐步组织实施；关于雅水小学缺乏教室的提案，县教育局于1998年争取资金26万元为雅水小学修建9个教室规模的教学楼，解决该校校舍紧缺的困难。

六、政协惠水县第九届委员会

政协惠水县第九届委员会，共收到提案339件，经审查，立案299件。所有提案100%办理回复完毕，做到“件件有着落，事事有回音”。提案的办理落实解决了群众和委员普遍关心的许多问题。关于解决自来水水价过高、计费底数过大的提案，县水利局召开会议对水价问题进行专题研究并书面进行回复；决定从1999年1月1日起，取消每月10吨计收底度的规定，按用户实际用水量计收水费。《关于尽快建立县城农产品交易市场》的提案，县建设局研究决定在城郊接合部落实70亩土地建设农产品交易市场，并对新场坝牲畜市场进行改造建设，从根本上切实解决农民进城交易难的问题。《关于征拨民中校内凹地扩建运动场地的建议》的提案，和平镇责成镇国土所和星光村负责人于2002年6月23日到现场实地了解情况后组成征地工作组，对2323.07平方米凹地进行征拨，划拨给民中建设运动场地。

七、政协惠水县第十届委员会

政协惠水县第十届委员会，共收到提案296件，经审查立案286件，10件作来信建议处理，办复率100%。提案主要突出以经济建设为中心，围绕县域经济建设和加快发展、建设社会主义新农村、构建和谐社会等重要问题。建立和完善提案工作制度，修订了《政协惠水县委员会提案工作条例》，印发了《惠水县政协办公室关于办理政协提案的意见》，规范了提案的审查、交办、主办、会办程序，采取现场办案、协商办案、重点办案、跟踪办案、会中办案、二次交办和组织委员视察督办等方式办理提案。在实践中创立了“三见面、两结合办案”“零距离办案”和“捆绑督办提案”等工作机制，取得了群众满意、委员满意、政府满意、政协满意的效果。对《关于解决好离休干部医药费报销难问题》《关于及时交付下岗职工经济补偿金维持稳定的建议》和《关于加强学校内部管理提高教师综合素质的建议》3个提案内容关系经济建设和社会稳定，涉及大多数人民群众的根本利益，引起县委、县政府的高度重视，及时解决了离休老同志59人42.118万元医药费、82名下岗职工补偿金15万元，县教育行政主管部门制定了加强学校内部管理的制度，出台了提高教师综合素质的措施，促进“两基”工作的开展。《关于加强对服务行业人员岗前培训工作的建议》提案，县工商局支持县个体协会于2003年6月和9月分别举办美容美发和个体服务行业从业人员技能培训班，共有36名美容美发从业人员和31名个体服务从业人员参加培训，培训效果良好。《关于解决医疗设备短缺问题的建议》提案，县人民政府于2005年7月5日召开专题会议研究，决定从2004年的医保结余资金中拆借20万元给县中医院用于购置CT设备。县中医院于2005年11月购进价值280万元的CT，方便县内患者诊断病情。

八、政协惠水县第十一届委员会

政协惠水县第十一届委员会，共收到提案336件，经审查立案328件，8件作来信建议处理，办复率100%。委员对提案的办理结果满意率98%以上。《关于保护程番水源的建议》提案，程番水源作为县城居民主要饮用水源始于1980年，现仍作为县城主要水源承担日供水6000吨。为保护水源，县水利部门依据《省人民政府关于划定黔南自治州福泉等9县（市）集中式饮用水源保护区的批复》，在程番水源一级保护区域立桩划界，提出具体的办法和措施保护程番饮用水源。《关于县人民政府2010年继续招考教师且在2009年100名基础上增加100名的建议》提案，经县人民政府批准，2010年全县招考教师120名，全部到岗工作。《关于将县内社会办定点医疗机构与县级、乡级定点医疗机构报销比例调整为相同比例的建议》提案，2010年6月25日，惠水县新型农村合作医疗领导小组召开专题会议，研究《关于将县内社会办定点医疗机构与县乡级定点医疗机构报销比例调整为相同比例的请示》，原则同意从2010年7月1日起，对县内民营定点医疗机构报销比例进行调整，将县内社会定点医疗机构与县乡定点医疗机构合医报销比例调整为相同比例，即：门诊报销比例为60%，住院报销比例5000元以内为75%，5001元以上为85%。《关于适当补贴农村住校生伙食费，提高中小学食肉工程补贴标准的建议》提案，县财政局提请县十六届人大二次会议审议通过，为提高农村在校生伙食费，2008年预算安排100万元，较2007年增加20万元。《关于开通县城至长田乡公交车的建议》提案，县交通局向县人民政府申报，于2007年10月开通县城至长田乡的公交车。

九、政协惠水县第十二届委员会

十二届一次会议至四次会议期间，共收到提案393件，立案369件，24件作来信建议处理，办复率100%。《关于对涟江大桥进行必要维护的建议》提案，县人民政府责成县城市管理局委托涟江大桥设计施工单位对桥体进行整体检测，根据检测评估结果对桥体路面伸缩缝进行改造修复，完成大桥整体维护。《关于惠水县招聘中小学教师需要专业考试的建议》提案，惠水县在2014年事业单位公开招聘工作中，认真听取各用人单位及主管部门的意见，笔试环节分三类设定考试内容，其中教育系统专业技术职位主要考察教育基础知识，卫生系统专业技术职位主要考察医疗卫生基础知识，其他综合类职位考察公共知识。在面试环节，县人事部门与教育部门共同制定教师面试方案，中小学教师各科职位采取专业科目试教，幼儿园教师采取说课和五项基本技能展示，服装专业教师采取现场设计、裁剪、制作等方式来进行考试，基本达到了按专业分类选拔人才的要求。《关于修建城南小学的建议》提案，2014年4月县教育局向省教育厅申报修建城南小学项目获得批准，项目改称“惠水县思源实验小学”，为九年一贯制学校，学校占地50225平方米，建筑面积96995平方米，总投资7000万元，2015年1月开工建设，2016年3月建成投入使用。

第五节　视.察与调研

调查研究是政协委员参政议政的重要环节和有效途径，政协惠水县委员会从四届开始组织委员开展视察调研工作，围绕全县政治、经济、文化、社会各方面及人民群众关心的重点、难点、热点问题与党委、政府亟待解决的重大问题和需要决策的问题采取重点课题研究、经常性建言献策、同步跟踪调查等方式开展各种视察与调研。经过开展调研和视察，精选事关综合性、全局性、前瞻性的课题，形成建议案，向县委、县人民政府报告并得到采纳，对推动县域经济社会的发展起到了积极作用。

一、政协惠水县第四届委员会

1981年11月组织委员到断杉区、姚哨区、城关镇的4个生产队进行调查。1982年组织56名委员到雅水水头水库参观学习综合开发和开展多种经营提高经济效益的做法，对水库的管理和渔业生产发展提出有益意见；县政协妇女工作组配合县妇女联合会到城关镇、摆金区对托幼工作进行考察，文体教育工作组组织委员对鸭绒学校、九龙小学、姚哨中学等学校的教学工作进行视察。1983年组织部分常务委员配合县人大常委到姚哨、三都开展视察和调研。1984年5月组织部分委员到摆金乡对专业户情况开展调查，共收集群众意见、建议43条，采取当面解答或转告有关部门研究办理。

二、政协惠水县第五届委员会

县政协9个工作组分别组织委员对山区发展种草养畜，小龙蜜饯厂、小龙电站、县石英砂厂、县酒厂的生产经营情况和县中药材购销及发展情况，县农村经济发展等进行考察调研26次。对牧场基地、小龙蜜饯厂和小龙电站的生产发展提出了建设性意见并受到重视和采纳；协助县石英砂厂解决生产、生活用水技术问题；撰写了《关于对酒厂生产建设成就调查与建议的报告》《惠水县中药材购销及发展简况的调查报告》《惠水县黑糯米生产基地可行性论证》《要人才增值，当关心教育》等调研报告及建议案，得到县委、县政府及主管部门的重视和采纳。

三、政协惠水县第六届委员会

县政协六届委员会8个工作组和各区镇委员小组及两镇政协联系小组，围绕全县两个文明建设和治理整顿、深化改革实际，普遍开展调查、考察和座谈等活动。经济建设工作组就县酒厂的经营管理邀请有关部门人士进行专题座谈，组织委员和技术人员到酒厂实地考察，撰写专题报告交县委、政府。组织委员对毛家苑乡努力村、金石乡羡田村和龙岗村3个家庭养猪点和惠明乡六坡村家庭养鱼点及县畜牧配种站进行视察和调研。组织委员对县麻风村的开发利用进行实地考察调研。四是王佑区政协委员小组针对王佑地区卫生部门服务态度、化肥供应、水利维修、上级扶持发展麻山地区资金使用等方面存在的问题进行调查研究，提出改进建议和意见。

四、政协惠水县第七届委员会

县政协七届委员会各个工作组围绕全县两个文明建设，普遍开展视察、参观考察和专题调研等活动。组织部分委员和机关工作人员参观考察县五金厂引进新技术生产的“红外线高效节煤炉”，对产品构造、生产规模、产品宣传等方面提出了改进建议。金融财贸组考察县卫生纸厂、水泡冲畜牧农业综合开发项目和青山沟果树种植情况。科技组到王佑区对麻山地区经费使用、青山河电站发电量、团坡电站物资处理等工作进行考察。文教组对大坡小学的德育工作和雅水中学的体育工作进行考察。教卫文体组对惠水县“控制农村人口”工作进行调研后撰写专题调查报告和对惠水县实施《义务教育法》进行检查，对存在的问题提出建议和意见。组织委员和政协机关工作人员对惠水县黑糯米生产、加工、销售，鸭绒乡大坪村非耕地开发，县铸钢厂、合金钢铸造厂生产效益对此，芦山镇和羡塘乡乡镇企业发展进行考察，撰写考察报告4份。

五、政协惠水县第八届委员会

八届县政协共组织委员开展视察调研活动22次，提出意见和建议147条，寓协商监督、参政议政于视察调研之中，为县委、县政府决策提供依据。组织委员对减轻农民负担、乡镇企业发展、教育工作进行调研，对非公有制经济、中药材生产经营、劳服企业、县级机构改革等进行调查，对县农业结构和投入情况、行政事业干部职工停薪留职情况、国有企业深化改革、基层卫生院及县医院现状、基层供销社服务“三农”等进行视察调研，撰写视察调研报告，提出意见和建议，引起县委、县政府及上级部门的重视。省、州将县政协对惠水农业结构和投入情况的调研报告作为向中央反映情况的基础材料。

六、政协惠水县第九届委员会

组织委员对非公有制经济、招商引资、国企改革改制、扶贫工作、下岗职工再就业、生态环境建设、城镇建设、卫生教育、精神文明建设等进行专题视察和调查，形成10余份视察报告和1份建议案。撰写了《关于我县创建文明卫生县城情况视察报告》《关于视察县非公有制经济情况的报告》《惠水县经果林基地建设情况的调查报告》《关于视察惠水非公有制经济情况的报告》《关于我县干部职工政治学习情况的视察报告》《关于提案办理情况的调查报告》《关于个体工商户负担情况的调查报告》《关于惠水民族中学实施教育体制改革的视察报告》《关于参观考察丽江情况的汇报》《惠水县政协关于财政小额扶贫借款使用情况的视察报告》等，提出建议和意见130余条，为县委、县人民政府的决策提供依据，得到县委、县政府的肯定。

七、政协惠水县第十届委员会

组织委员开展对教育、费改税、粮改、网吧、扶贫攻坚、工业园区建设、新农村建设、职业教育、提案办理等多项工作的视察调研。撰写《农业产业结构调整情况分析》《惠水县林业产业结构调整情况报告》《关于县“两基”工作情况的视察报告》等视察和调研报告。提出意见和建议20条，为县委、县政府谋划农业，调整产业结构，发展教育，促进发展提供决策参考依据。

八、政协惠水县第十一届委员会

围绕全县经济社会发展中的热点难点问题，有针对性地安排主席会议和常委会议开展视察调研，分别就工业园区建设、文化产业、社会管理创新、城镇化带动战略、“185”助民增收、农村社会保障等20多个重大课题，组织委员开展调研视察，进行专题协商，5年共提出意见建议258条，有217条建议得到采纳，解决实际问题112个，围绕中心议政。把关注民生、保障民生、改善民生作为视察调研重点，分别就教育卫生、民族宗教、文史抢救、环境保护、旅游产品开发、企业发展等工作，组织协调对口部门开展调研。5年共组织委员200人次参加视察调研，完成调研课题20个，形成调研报告28份，提出意见建议200条，撰写《对长田工业园区企业在金融危机背景下经济运行情况的视察调研报告》《我县学前教育的现状和建议》《关于开发惠水县民族文化旅游产品的建议》《惠水县农村饮水安全问题的调研报告》《毛南族扶持发展工作的调研报告》《关于对县人民法院执行工作情况的调研报告》《关于惠水县民族文化进校园工作的调研报告》《关于对全县森林资源保护情况的调研报告》《关于加快九龙景区建设的调研报告》《社区卫生服务工作发展现状和建议》《惠水县城镇暂住人口管理与服务工作调研报告》《我县“185”富民工程实施情况的调研报告》等视察调研报告。

九、政协惠水县第十二届委员会

4年共组织开展主席会议视察调研、常委会议主题视察调研、专委会专题调研45次。围绕全县经济社会发展中的重点热点难点问题，组织委员开展视察调研活动。分别就扶持小微企业发展、县城文化体育设施建设、促进产业园区健康发展、乡镇文化站建设、县城饮用水水源地水源点保护、保障房安居工程、县中医院搬迁、九龙景区规划建设、农业产业化规划建设、小康示范村建设、土地流转、重点项目推进情况等工作进行视察调研，形成具有针对性和建设性的意见建议，形成调研报告50篇。

主席会议成员视察活动（2015年）

第六节 社会联谊

政协惠水县历届委员会遵循政协章程的规定，突出团结和民主两大主题，通过开展各种形式的社会活动，广泛联系政协委员和各族各界人士，增进友谊和团结，巩固和发展爱国统一战线。通过开展对台湾同胞、港澳同胞及其在大陆亲属的联谊活动，宣传党和国家的政策，推动“一国两制”方针的实施，促进祖国和平统一大业。1981年县政协四届委员会以来，坚持委员活动日和联系委员制度，组织委员和各界人士开展学习、参观、调研、视察等活动，通过在春节、国庆、中秋、重阳节、教师节等重大或传统节日召开座谈会和举办活动，联系各族各界人士，宣传惠水县改革开放取得的建设成就，增进惠水籍海外侨胞、台湾同胞、港澳同胞的广泛团结，为惠水县经济社会发展做出贡献，为宣传惠水县的发展环境、展示惠水县新形象、发展惠水经济奠定基础。

一、政协惠水县第四届委员会

县政协8个工作组围绕党的中心，根据各工作组的工作性质和任务组织座谈会、专题讲座、参观调查等各种活动共40多次，参加活动的委员和各界人士达2000多人次。科技工作组配合科委举办“树木育苗”“农经管理”“科学育秧”知识小讲座，邀请省外园艺专家讲授“柑桔病虫害防治”知识。医药卫生工作组邀请贵州省人民医院外科医生讲授有关“肾功能衰竭”“血尿”等医学知识；由在医院工作的委员主持举办“病历的书写”“霍乱、副霍乱的防治”等专题讲座。对台侨务工作组1984年走访慰问17户台属，对离别祖国30多年的旅美华人戴莹女士回惠水探亲进行周密细致的接待。

二、政协惠水县第五届委员会

每年春节、教师节、中秋节等传统节日或重大节日，县政协均组织驻城区的委员、各界人士、台属和侨眷举行茶话会或座谈会，向与会人员通报惠水改革开放和经济建设取得的重大成就。1985年9月3日，县政协与县委统战部、县委宣传部联合举行各界人士座谈会，纪念抗日战争和世界反法西斯胜利40

周年。1985年和1986年，县政协领导普遍走访6个区的政协委员，参加区政协小组例会。1986年和1987年，与县民委、总工会、文化局、教育局、县妇联、团县委等单位联合举办惠水县第一届和第三届民族小歌手比赛。接待全国政协、贵阳市政协、福泉县政协、龙里县政协等参观考察组到惠水县参观考察经济发展、资源开发、水土保持、早熟蔬菜生产、教学改革等工作，对外展示和宣传惠水。

三、政协惠水县第六届委员会

1987年9月接待惠水县第一个从台湾回乡探亲的罗桂珍女士，并邀请部分台属50余人举行中秋茶话会。1988年3月接待回乡探亲和奔丧的台胞毛福祥、甘聚忠、洪家兴、韦福成、汤克俊等。苗族台胞罗桂珍女士资助亲属修建新房，朱慕文等委员在测量、设计、承包施工等方面给予帮助。协同县民委、总工会、文化局、教育局、县妇联、团县委等单位联合举办惠水县第三届民族小歌手比赛。三都、王佑、姚哨、摆金等区镇委员小组和联系小组，联系各界人士，慰问台属、侨属，协助当地政府解决群众关心的一些实际问题，组织农村技术人员传经送技，带领和帮助群众致富。1989年1月组织部分委员和部分种烟农户前往平塘、瓮安、龙里等地参观学习烤烟生产经验。

四、政协惠水县第七届委员会

组织委员到安顺、织金、贵定、三都、丹寨等地参观学习，借鉴外地经验，从抓种植业入手发展经济。联系省生物研究所资助吴森委员344瓶竹荪菌种，指导发展竹荪种植。在省科学院技术支持和帮助下，县政协在鸭绒乡和惠明乡进行小麦、油菜试验样板田，对新型微生物制剂“小麦根际固氮菌剂”和新型高效广谱无毒植物增产调节剂“802”及“稀土种子磁化”种植试验，推广使用科技成果。指导帮助鸭绒乡大坪村秦发斌等三户农民承包荒山300亩种植桃树6000株、李树2000株、大板栗苗1400株。帮助解决鸭绒乡卜所、提同两个村的人畜饮水问题。协调县委对台办、省黄埔军校同学会惠水联络组，组织部分台属28人举办黄埔军校67周年校庆座谈会，促进祖国和平统一。组织委员对贵定县党政机关办企业、广西凭祥市边境贸易、织金县竹荪生产、贵定县云雾山茶场生产、凯里市政协学委会活动、瓮安县发展烤烟生产和贵阳市花溪区社会办学等工作进行考察学习。接待省、州政协委员考察组及台江、桐梓、瓮安、平塘、六盘水市钟山区和广西环江毛南族自治县等地政协委员考察组到惠水县参观考察。

五、政协惠水县第八届委员会

组织政协委员及各界人士召开毛泽东诞辰100周年、悼念邓小平、黄埔军校建校纪念日、抗日战争胜利50周年、庆祝香港回归等专题座谈会，共同抒发感想、抚今追昔、增强对中国共产党和社会主义祖国的热爱。协调沟通惠水旅台同乡在惠水县兴办民办公助性质的“台惠联谊学校”，建校经费主要由旅台同乡筹集资助，20万元资助款全部到位。为高镇镇、农药厂、螺钉厂、盐业公司、斗底畜牧场、惠水酒厂等单位协调资金、寻找运货车皮及产品销路，帮助解决实际困难。协助引资引项，从广东引进年产值500万元的轧钢厂在高镇建厂投产。联系英籍华人邝家永先生捐献勤工俭学工资积蓄1万元港币资助惠水麻山地区30名贫困儿童完成小学学业。组织部分委员到独山和罗甸学习考察城镇建设经验。

六、政协惠水县第九届委员会

组织部分政协委员和县政协机关老干部到海南参观学习；组织县政协机关干部到贵阳市南明区、毕节地区黔西和大方、龙里等县政协开展友好联谊，邀请黔南州12个县（市）政协领导和其他地（州、市）、县政协到惠水交流经验，扩大政协影响力。各界人士举办中秋茶话会和迎春团拜会，加强交流，增进感情。1998年11月组织由县属工作部门参加的帮教组到广顺监狱开展帮教活动。联系民革贵州省委捐赠6000元帮助长田乡建20个种苗大棚。协调资金150万元、水泥300吨、沼气配套炉具100套帮助王佑镇、大龙乡、长安乡、岗度乡的7个村解决修建沼气池、修路和修建办公用房。

七、政协惠水县第十届委员会

加强与广西南丹、贵阳市各区（县、市）、遵义市凤冈县、黔东南州施秉县及黔南州各县（市）政协的交流和联系，增进友谊，沟通信息，促进发展。加强与社会各界的联系，邀请省、州民主党派、燃灯基金会、香港朋友、美籍华人到惠水贫困地区考察，捐资办学。省民建商请爱德基金会捐资17.5万元援建王佑长安小学；香港同胞黎德强夫妇捐资54.88万元援建斗篷小学、热敖小学；邵逸夫捐资15万元援建回龙小学；美籍华人刘墉捐资4万元援建长田帆轩四小；燃灯基金会捐资69万元援建农村小学19所、村卫生室14所；中水公司捐资15万元援建团坡小学；日本驻华大使馆捐资1000万日元援助摆榜乡卫生院；珠海红十字会捐资30万元改善三都卫生院医疗条件；个体工商界人士捐资32万元帮扶贫困地区发展公益事业。加强与新闻媒体的联系，宣传惠水。县政协邀请贵州日报社、贵州政协报社、贵州电视台、贵阳电视台等多家媒体到惠水进行采访。《人民政协报》《当代贵州》《贵州政协报》《黔南日报》和贵州电视台、贵阳电视台等媒体报道惠水政协围绕中心抓大事、发挥优势办实事的工作情况，宣传推介惠水。协调水泥653吨、资金305.1万元、引进资金596.7万元，购买水泥85吨、化肥1.5吨，投入资金25.48万元办实事。建成贫困地区农村小学31所、修建学校操场2个、绿化校园2个、维修学校4所；建设饮水工程3个、拦河坝1座、桥梁1座；修建村级公路4条20千米。2004年4月引进贵阳弘福寺首座释崇慈法师募集资金搬迁西山寺到九龙寺旧址并复建九龙寺，2005年3月17日开工建设。是年12月，组织合唱队赴黔南州政协参加全州政协系统文艺会演，县政协创作并演唱的《政协委员之歌》获二等奖。

八、政协惠水县第十一届委员会

组织政协委员200人次外出考察学习，学习借鉴外地先进经验，沟通信息，推动工作。参加政协系统各种联谊会和考察学习活动，2008年成功举办黔南州12县（市）政协第三次联谊会，5年共参加12县（市）政协联谊会10次。利用召开全县统战工作和党外干部培训会议及党外人士民主协商恳谈会、中秋座谈会、纪念改革开放30周年文艺晚会、党外知识分子联谊会等活动，邀请各界人士回顾历史，展望未来，激发工作热情。做好各地来惠水考察的接待工作，宣传惠水，扩大惠水的影响力。组织政协委员、统战干部及非公有制经济人士为新农村建设、资助贫困学生、救灾赈灾捐资捐物计1000万元。

九、政协惠水县第十二届委员会

先后组织政协机关干部和部分政协委员分别到荔波、瓮安等县参加12县（市）政协联谊会，到独山、龙里等县政协参观学习，加强与全州各县政协的交流。组织部分政协委员到贵安新区、安顺市及威宁、赤水、仁怀、湄潭、金沙、镇远、凯里、丹寨等县（市）考察城市规划和小城镇建设、工业园区及经济开发区、农业园区、新农村建设及“四在农家、美丽乡村”建设、生态保护和红色文化等工作。接待河北省内丘县及施秉、湄潭、三都、贵定、印江、安顺市西秀区等县（区）政协考察组到惠水参观考察向山要地、花卉基地、城北新区城市规划建设、“三化同步”、九龙寺景区旅游规划建设、乡村旅游、电子商务建设和传统村落保护建设工作。协调水泥2000吨帮助王佑镇实施道路硬化；协调帮扶资金300万元新建蓄水拦河坝40道；争取省州项目资金200万元，修建王佑镇昌明村通组道路。协调财政、交通等部门投入资金200万元，实施青山河峡谷景区3.2千米旅游公路建设。争取项目资金1600万元，修通王佑镇至断杉镇公路。

第七节 文史工作

1981至2015年，政协惠水县各届委员会均设置文史资料工作机构开展文史工作。1981年1月政协惠水县四届一次常委会议决定建立文史资料组，1983年3月将文史资料组更名为文史资料研究委员会，1998年5月政协惠水县委员会九届二次常委会议决定撤销学习委员会和文史资料研究委员会，合并建立学习文史委员会。县政协历届文史资料工作机构认真做好文史资料征集研究和编辑出版工作，每年定期出版一辑惠水文史资料选辑，共编辑出版文史资料29辑。

1983至1985年，县政协文史资料研究委员会整理编辑出版《惠水文史资料选辑》1至4辑，收录稿件75篇，29.1万字，图片15幅，内容包括公元921年以来各个历史时期惠水的重要历史事件和历史人物史料，以及惠水解放后，在农业、工业、政治、经济、文化、教育、卫生、民族风情及旅游资源等方面的重要史料。主要有《惠水前八番十三司的演变》《关于南宁州和古“八番”的始末》《回忆惠水解放》《红军长征过定番》《惠水黑糯米史考》《惠水县柑橘栽培历史考证》《惠水古代十二景》《话惠水民间歌舞》等。

1987至2010年，县政协文史资料工作机构采取印发征稿启事、召开座谈会、上门约稿、专人采写、记录整理等形式，多领域、多层次、多渠道广泛征集文史资料稿件，每年编辑出版一辑《惠水文史资料》，共出版20辑（第5辑至第24辑），收录稿件483篇，251.7万字，图片191幅。内容涵盖农业、工业、政治、军事、经济、文化、教育、卫生、科技、民族宗教、民族风情等方方面面。真实记录了惠水解放及改革开放以来全县各族群众在党的领导下取得的重大成就。1992年6月，惠水县政协文史资料委员会被贵州省政协评为先进工作单位。2007年10月，惠水县政协被评为贵州省政协文史资料工作先进单位。

2011至2015年，县政协学习文史委员会征集、整理、编辑出版《惠水文史》5辑（第25辑至第29辑）。收录稿件210篇，110.9万字，图片712幅。记载了惠水经济社会发展的方方面面，体现了文史工作“存史、资政、团结、育人”的价值。

1992年，应惠水县旅台人士、台湾黔人杂志社社长韦福成之约，为台湾《黔人》杂志出版“惠水风物专号”组稿30多篇6万多字，大篇幅介绍惠水县历史地理、风景名胜、古今人才、科技成果、文化艺术、诗词楹联等，提高惠水知名度。1999年，贵州人民出版、社出版由县政协组织编撰的《涟江神韵》贵州旅游文史系列丛书.惠水卷，2000年荣获黔南州第一届社会科学优秀成果专著类三等奖；2009年，县政协编辑出版《战斗在涟江》，收集了解放惠水时参加接管惠水的第一任县长魏向远和县政协原主席董兰宾等老干部撰写的回忆书稿，纪念惠水解放六十周年。2010年，县政协编辑出版《惠水民歌集》，主要收入新民歌、仪式歌中的贺喜歌、酒歌以及情歌和惠水各民族各地区的山歌曲谱。

县政协《惠水文史》第二十五辑组稿会（2011年摄）

表5-10

惠水文史资料编辑出版一览表

书　名	稿件数量	字数	出版时间	出版形式
《惠水文史资料选辑》第一辑	22篇	7万	1983年1月	内部发行
《惠水文史资料选辑》第二辑	17篇	6.8万	1983年11月	内部发行
《惠水文史资料选辑》第三辑	18篇	7.5万	1984年12月	内部发行
《惠水文史资料选辑》第四辑	18篇	7.8万	1985年10月	内部发行
《惠水文史资料》第五辑	14篇	8万	1987年6月	内部发行
《惠水文史资料》第六辑	22篇	8万	1988年7月	内部发行
《惠水文史资料》第七辑	21篇	8万	1989年8月	内部发行
《惠水文史资料》第八辑	16篇	8万	1990年10月	内部发行
《惠水文史资料》第九辑	29篇	8万	1992年10月	内部发行
《惠水文史资料》第十辑	18篇	8万	1993年12月	内部发行
《惠水文史资料》第十一辑	15篇	8.5万	1994年12月	内部发行
《惠水文史资料》第十二辑	12篇	9万	1996年12月	内部发行
《惠水文史资料》第十三辑	14篇	13.8万	1998年10月	内部发行
《惠水文史资料》第十四辑	16篇	11.4万	1999年4月	内部发行
《惠水涟江神韵》贵州旅游文史丛书	29篇	15.5万	1999年4月	公开发行
《惠水文史资料》第十五辑	14篇	10万	2000年6月	内部发行
《战斗在涟江》惠水文史专辑	15篇	15.5万	2009年11月	内部发行
《惠水文史资料》第十六辑	29篇	14.7万	2001年10月	内部发行
《惠水文史资料》第十七辑	33篇	10.6万	2003年8月	内部发行
《惠水文史资料》第十八辑	26篇	15万	2004年9月	内部发行
《惠水文史资料》第十九辑	30篇	15万	2005年9月	内部发行
《惠水文史资料》第二十辑	20篇	14万	2006年12月	内部发行
《惠水文史资料》第二十一辑	27篇	13.2万	2007年12月	内部发行
《惠水文史资料》第二十二辑	26篇	15万	2008年12月	内部发行
《惠水文史资料》第二十三辑	58篇	31万	2009年12月	内部发行
《惠水文史资料》第二十四辑	43篇	22.5万	2010年11月	内部发行
《惠水民歌集》	14篇	8万	2010年12月	内部发行
《惠水文史资料》第二十五辑	38篇	21万	2011年9月	内部发行
《惠水文史资料》第二十六辑	47篇	21万	2012年10月	内部发行
《惠水文史资料》第二十七辑	40篇	21.5万	2013年12月	内部发行
《惠水文史资料》第二十八辑	42篇	24.8万	2014年12月	内部发行
《惠水文史资料》第二十九辑	43篇	22.6万	2015年12月	内部发行

第八节 智力支边

1984年12月建立惠水县智力支边联系小组，下设办公室，县智力支边办公室均设在县政协。30年来，政协惠水县委员会广泛联系国内外社会团体、民间人士，结合惠水县农村教育、卫生、农业技术具体实际，邀请民进贵州民省委、致公党贵州省委、九三学社贵州省委、农工民主党贵州省委、民建贵州省委国会等各民主党派和省工商业联合会的专家教授、学者和技术人员为惠水县服务，对惠水县的经济发展提供咨询，对工农业技术问题进行咨询或传授，对文化教育、医疗卫生开展讲学，对农民工进行培训，举办各种培训班培训各类人员和乡土人才，促进惠水县经济社会全面、和谐发展。

一、政协惠水县第五届委员会

先后聘请专家、学者、教授、科技人员、专家35人次开展智力支边咨询服务27项，完成23项，包括低盐固态发酵酱油生产工艺、饲料配方、汽酒、醋、水泥生产工艺、天麻人工栽培、淡水珍珠养殖及医药卫生、教育等方面的讲学。组织县内优秀教师到摆金区、雅水区开展讲学活动3人次，898人参加听课。组织科技人员到雅水、合爱、鸭寨3个乡开展乡土人才培训，传授科学养猪、洋芋高产和食用菌栽培技术。邀请县内省书法家协会会员到王佑区举办“书法学习班”，40人参加学习。

二、政协惠水县第六届委员会

以引进先进技术，提高社会生产力，以发展农村经济，为少、边、穷地区寻找致富门路为目的，为企业技改牵线搭桥，提供咨询服务，完成支边项目40个，培训乡土人才400人。加强与各民主党派的联系，争取到九三学社定点支边惠水县。1988年5月，九三学社中央副主席徐采栋到惠水考察，达成支边项目协议。县政协先后从上海、成都等地为小龙蜜饯厂、县鞋厂、县木螺钉厂、县水泥厂、县石英砂厂、永红食品厂、县酱菜厂等企业牵线，引进技术、工艺或进行咨询服务。组织委员或科技人员到王佑、雅水、摆金等少数民族地区进行医药卫生、旱菜、食用菌栽培和民族民间写作、书法等教学活动。

三、政协惠水县第七届委员会

举办乡土人才培训班12期，培训学员811人次。引进优良品种高油玉米试种成功，引进良种食荚豌豆在摆榜乡错季节试种成功，引进生物钾肥进行应用试验效果显著。协调县民族事务委员会、险峰机床厂子弟学校和县税务局等单位共同为鸭绒乡鸭绒学校和鸭寨小学赠送课桌凳60套。邀请贵阳市特级教师、高级教师到鸭绒民族学校讲学。协调联系海信集团贵州有限公司为长安乡火塘村无偿赠送价值2万元的卫星电视接收设备和两台21英寸海信彩色电视机；为打引小学初中部赠送课桌凳30套和课本40套。贵阳市实验小学向长田小学捐赠课桌22张，教师办公桌5张。

四、政协惠水县第八届委员会

县政协八届委员会拓宽智力支边工作范围，助推县域经济建设和扶贫攻坚，共完成支边扶贫项目46个，举办各种类型培训班32期2982人次，应邀到惠水县支边的省、州教授、专家和科技人员共148人次。参与海里电站的论证和选址等各项工作，参与组织劳务输出640人。

五、政协惠水县第九届委员会

引进100万元资金修建和平镇斗篷小学及大坡小学、三都镇平地小学、大龙乡小瓦小学。争取黔南州“寒窗基金”助学款9200元，社会集资5000元，资助少数民族贫困大学生完成学业。争取民进贵州省委帮助长田乡解决建图书室经费4万元，资助羡塘乡价值1万元的图书。联系九三学社贵州省委组织专家到惠水县开展义诊和培训乡土人才1197人次。

六、政协惠水县第十届委员会

开辟将智力扶持和助民增收相结合的新途径。先后引进福建、浙江、四川、北京、贵阳等地苗木花卉和工业企业业主到惠水投资300万元，创办苗木花卉示范基地1个，投资500万元创办企业4家，解决300人就业，每年为下岗职工和农村富余劳动力创收126万元。抓好大龙乡九龙村综合扶贫开发。4年共协调368.25万元、水泥257吨，实施综合开发项目16个。

七、政协惠水县第十一届委员会

五年完成支边项目30项；举办各种类型培训班65期，培训各类人才16000人次；引进无偿捐助资金668万元；到惠水县开展智力支边工作的专家共100人次；联系民主党派、社会团体、民间机构及各界人士捐资530万元修建50所乡村小学教学用房；捐资50万元帮助3000名贫困学生入学。

八、政协惠水县第十二届委员会

县政协领导班子成员深入摆榜地区开展助学活动，协调联系教育、交通部门和“天下贵州人”、永利房地产等爱心团体、爱心企业为摆榜地区50名贫困大学生捐赠助学金100万元。

第六篇 政法 军事

第一章 法 院

第一节 机 构

1973年3月，恢复县人民法院，内设刑事审判庭。1981年6月，增设县人民法院经济审判庭。1987年，惠水县人民法院设审判委员会、刑事审判庭、民事审判庭、行政审判庭、城关人民法庭、高镇人民法庭、摆金人民法庭、雅水人民法庭、三都人民法庭、断杉人民法庭、王佑人民法庭。1990年11月，设立政工科。1991年4月，将原刑二庭更名为告诉申诉庭、增设执行庭。是年，新建岗度、羡塘、芦山人民法庭。对各法庭管辖区域由县人民法院划分确定，均按4人配备，人员从县人民法院现有总编制中调配，设庭长或副庭长1人。

1994年6月，县法院控编由1990年的64名，增加7名。同年8月，建立惠水县人民法院法警队，为正股级机构，编制暂定6人，所需人员从现有编制调配，法警队配备队长或副队长1名。

1997年5月，县法院机构改革后，内设办公室、政工科、刑事审判庭、民事审判庭、经济审判庭、行政审判庭、少年案件审判庭、立案庭、审判监督庭、执行庭、研究室、法警队；同时下设和平、三都、高镇、摆金、雅水、断杉、王佑人民法庭，均为正股级机构。全院行政编制71名（和平、三都、高镇、摆金、雅水、断杉、王佑法庭各4名）。院领导4名，院长1名、副院长3名，各科、室、庭、队配备领导一正一副。1998年，设立县人民法院监察室。

2000年2月，按照精简、统一、效能的原则，撤销和平人民法庭，撤销后原管辖的审判工作由民事审判庭具体负责。在现有执行庭基础上设立执行工作局，与执行庭实行“一套人马、两块牌子”，分别履行各自职能。

2001年12月，根据中共贵州省委办公厅《关于印发〈贵州省各级人民法院内设机构改革实施意见〉》，县法院机构共设19个（13个机关机构，6个人民法庭）庭、室、科局、队：办公室、政工科、立案庭、刑事审判庭、民事审判一庭、民事审判二庭（原民事审判庭、经济审判庭变更为民商事审判一庭和民商事审判二庭）、行政审判庭、审判监督庭、执行工作局（执行庭）、研究室、书记官室、法警大队、监察室。人民法庭设姚哨、三都、摆金、雅水、断杉、王佑6个人民法庭。行政编制为62名，其中，院长1名，副院长3名，政工科科长1名，执行工作局局长1名。正副科级审判员、庭长、副庭长、主任、副主任、大队长、副大队长25名。

2003年10月，撤销惠水县人民法院姚哨人民法庭。2008年3月，增加7名政法专项编制，由62名增至69名。2010年3月，将王佑人民法庭迁址新建于芦山镇，更名为“芦山人民法庭”。2011年6月，设立长田人民法庭、岗度人民法庭。同年10月，增设惠水县人民法院长田人民法庭、惠水县人民法院岗度人民法庭。调整后惠水县人民法院共设三都、摆金、雅水、断杉、芦山、长田、岗度7个人民法庭。各人民法庭设正或副庭长1名。

2014年11月，县法院内设政工科、办公室、立案庭、刑事审判庭、民事审判一庭、民事审判二庭、行政审判庭、审判监督庭、执行工作局（执行庭）、研究室、书记官室、法警大队、监察科、审判管理办公室，核定机关政法专项编制53名。下设三都、摆金、雅水、断杉、芦山、长田、岗度共7个人民法庭。核定政法专项编制20名，其中，三都人民法庭3名，摆金人民法庭3名，雅水人民法庭3名，断杉人民法庭3名，芦山人民法庭3名，长田人民法庭3名，岗度人民法庭2名；各人民法庭设庭长1名（副科长级）、副庭长1名（股级）。另设惠水县人民法院诉讼服务中心，为县人民法院所属股级事业单位。核定事业编制10名，设主任1名。

2015年，将摆金人民法庭、断杉人民法庭、雅水人民法庭、岗度人民法庭、长田人民法庭、三都人民法庭、芦山人民法庭撤并为2个法庭，为第一人民法庭（原摆金法庭）和第二人民法庭（原断杉法庭）。是年，县法院有内设机构14个，分别为政工科、办公室、立案庭、刑事审判庭、民事审判一庭、民事审判二庭、行政审判庭、审判监督庭、执行工作局（执行庭）、研究室、书记官室、法警大队、监察科、审判管理办公室，并设有县人民法院诉讼服务中心；下设第一人民法庭、第二人民法庭。全院政法专项编制73名，事业编制10名，实有政法专项编制70名。

第二节　民事审判与调解

1978至1980年，共收到人民来信1580件，接待来访425人次，对这些来信来访均给予调解、答复和转办，未开展民事审判工作。

1981年，共受理各类民事案件149件，审结122件，其中，离婚案83件，房屋案15件，赡养抚养6件，继承案1件，山林、水利2件，财产案9件，其他案6件，其中，判决和裁定11件。

1982年，共受理民事案件256件，审结209件，其中，婚姻家庭纠纷138件，财产纠纷37件，其他纠纷34件。

1983年，共审结民事案件226件，其中，婚姻案件133件，房屋、山林、宅基地、伤害赔偿61件，其他32件；调解结案215件、判决和裁定11件。

1984年，共受理民事案件188件，审结167件，其中，离婚85件，财产10件，抚养1件，赡养3件，房屋10件，宅基地4件，债务3件，赔偿4件，继承2件，土地、山林、水利4件；判决5件，调解126件，移送其他法院和撤诉的36件。

1985年，共受理民事案件285件，审结265件，其中，房屋34件，继承10件，财产39件，婚姻158件，赡养5件，宅基地8件，山林、水利、土地4件，其他纠纷7件，调解229件，判决23件，裁定、撤诉、终止、移送13件。

1986年，共受理民事案件193件，审结194件（含旧案1件），随着人民群众由生活型向商品生产的转变及生产、生活和交往方式的变化，反映到民事上的经济纠纷中，借款、购销合同纠纷增多。

1987年，共受理民事案件214件，审结176件，其中，离婚92件，抚养1件，赡养2件，财物13件，房屋 25 件，继承 4 件，借贷 1 件，债务 24 件，赔偿 7 件，宅基地 3 件，山林 4 件；判决结案 34 件，调解结案 127 件，移送 1 件，撤诉 10 件，终结 4 件。

1988 年，共受理民事案件 436 件，审结 397 件，婚姻 225 件，房屋 49 件，继承 9 件，债务 58 件，赔偿 22 件，土地 14 件，宅基地 14 件，山林、水利 6 件；判决结案 46 件，调解结案 327 件，裁定、移送、撤诉 24 件。

1989 年，共受理民事案件 504 件，审结 492 件，其中，婚姻家庭纠纷 289 件，债务纠纷 94 件，其他纠纷 109 件。坚持处理民事案件着重调解的原则，调解结案 361 件，占审结数的 73.4%。

1990 年，共受理民事案件 408 件，审结 390 件，其中，离婚 163 件，债务、土地纠纷 110 件，其他纠纷 117 件。贯彻《民事通则》改进审判方式、方法，采取按片区，集中调查，就地调解，既方便边远山区群众的诉讼，又使大量的民事纠纷在基层人民法庭巡回办案中得以解决。

1991 年，共受理民事案件 556 件，审结 533 件，其中，婚姻家庭纠纷 325 件，债务 98 件，赔偿 35 件，房屋 37 件，继承 5 件，宅基地、土地 24 件，林木、水利和其他 9 件。遵照《民事诉讼法》将过去的着重调解修改为自愿合法调解的规定，除法律规定必须调解的外，凡当事人不愿调解的，在查清事实的基础上，依法及时判决，改变过去久调不结现象；另采取强调当事人的举证责任，巡回办案、使用支付令等方式，使大量的民事案件就地解决。（下同）

1992 年，共受理民事案件 627 件，审结 649 件（含旧件），其中，婚姻纠纷 334 件，其他纠纷 315 件。

1993 年，共受理民事案件 635 件，审结 602 件，其中，婚姻纠纷 325 件，其他纠纷 277 件。

1994 年，共受理民事案件 616 件，审结 588 件，其中，婚姻纠纷 157 件，债务纠纷 134 件，其他纠纷 297 件。

1995 年，共受理民事案件 523 件，审结 494 件，其中，婚姻家庭纠纷 229 件，债务纠纷 100 件，损害赔偿 48 件，相邻纠纷 23 件，财务纠纷 49 件，其他 46 件。

1996 年，共受理民事案件 505 件，审结 467 件，有 65% 以上的民事案件，采用“一步到庭”的审判方式审结（即强调当事人的举证责任，做到“一事一证、一证一质、一质一认”“有话说在法庭、有理讲在法庭、有证举在法庭、事实摆在法庭、是非辩在法庭、最后裁决在法庭”）。

1997 年，审结民事案件 337 件，债务、婚姻家庭纠纷案件呈上升趋势。

1998 年，受理民事案件 453 件，审结 447 件，其中，婚姻家庭纠纷 198 件。

1999 年，受理民事案件 401 件，审结 364 件。

2000 年，共审结民事案件 415 件，除婚姻家庭纠纷案件居高不降外，随着商品经济的不断发展，通讯事业也在飞跃前进。为电信部门追回拖欠电信费用 4.5 万余元。

2001 年，共受理民事案件 595 件，审结 594 件。

2002 年，共审结民商案件 766 件。

2003 至 2005 年，共受理民商案件 1200 件，审结 1176 件，解决争议标的 1066.9 万元。

2006 年，共审结民商案件 315 件，在民事审判工作中，坚持“能调则调、当判则判、判调结合，案结事了”的原则及“公正司法，一心为民”的要求贯穿于此项工作的全过程。

2007 年，共受理一审民商纠纷案件 468 件，审结 454 件，调解结案及调解后当事人申请撤诉的 346 件，巡回审理 123 件。

2008 年，共受理一审民商案件 487 件，审结 479 件，调解结案及撤诉 376 件，巡回审理 146 件，取得“审理一案，教育一片”的良好社会效果。

2009 年，共受理一审民商案件 565 件，审结 551 件，调解结案及撤诉 333 件，巡回审理 159 件。

2010 年，共受理一审民商案件 455 件，审结 448 件，调解结案及撤诉 326 件，巡回审理 182 件。

2011 年，共审结一审民商案件 442 件，调解结案及撤诉 325 件，巡回审理 172 件。

2012 至 2014 年，共受理民商案件 1884 件，审结 1823 件，调解及撤诉结案 831 件。

2015 年，共受理民商案件 1043 件，审结 947 件，调解结案 363 件，撤诉结案 206 件。

第三节　刑事审判

1978 至 1980 年，对“文化大革命”期间判处的反革命案件和其他刑事案件 332 件进行复查，属于冤、假、错案的 68 件，占案件总数的 20.4%。其中，反革命案件的复查改判数占原判数的 55.8%；“文化大革命”前后判处有申诉的 201 件，已复查 66 件，其中，属于冤、假、错案的 35 件，改判的占已复查数的 53.03%。其间，共审结各类刑事案件 155 件，其中，公诉案件 63 件，1980 年 1 月 1 日起，实施《刑法》《刑事诉讼法》，按照法定的审判程序，实行公开审判、陪审、辩护、合议等制度。

1981 年，共受理刑事案 92 件，其中，新收案 80 件，审结 80 件，判处案犯 102 名，对杀人、放火、爆炸、抢劫、强奸和其他严重危害社会秩序的犯罪分子，依法从重从快进行惩处。

是年，本着“实事求是、有错必纠”原则，继续复查纠正冤假错案工作，全年共复查各类案件 161 件，复查维持原判 82 件、减刑 55 件、平反 17 件、免刑 4 件、撤销原判 3 件。

1982 年，共受理刑事案件 77 件 106 人，其中，旧存 12 件 25 人，新收 65 件 81 人，共审结 59 件 85 人，除退回检察院侦查及撤回起诉 4 件 7 人外，共判处 55 件 78 人，其中，判处 10 年以上有期徒刑的 3 人，5 年以上 10 年以下 8 人，5 年以下 43 人，缓刑 9 人，拘役、管制 7 人，免刑 5 人，无罪 3 人。

是年，对 1977 年判处的惠水纸厂案件进行复查，对该案错判和重判的案犯进行改判、纠正；对“文化大革命”前判处的刑事案件，重点复查起义、投诚人员犯罪被判刑的 3 件，实事求是的进行了纠正。

1983 年，共审结各类刑事案件 251 件，440 名人犯，根据党中央和全国人大常委会有关严厉打击刑事犯罪活动的决定，选择 41 件有教育意义的典型案件分别到六区一镇召开 23 次规模较大的宣判会，旁听群众达 16 万人次，判处罪犯 80 人，其中，判处死刑立即执行 9 人，死缓 6 人，无期 6 人，有期徒刑 59 人。

1984 年，共受理各类刑事案件 66 件 115 人，审结 54 件 96 人；受黔南州中院委托判处死刑 1 名，无期徒刑 1 人；一审判处 15 年以上 20 年以下 2 人，10 年以上 15 年以下 3 人，5 年以上 10 年以下 18 人，1 年以上 5 年以下 48 人，缓刑 11 人，其他处理 4 人，拘役 2 人，退检察院补充侦查 4 件 6 人。另选择有教育意义的典型案件，分别在打引、芦山、三都等乡镇进行公开审理宣判，旁听群众达 9 万多人。

1985 年，共受理各类刑事案件 153 件 239 人，审结 148 件 222 人，占收案数的 96.7%，其中，属杀人、强奸、抢劫等严重危害社会秩序七类案件 47 件 75 人，占审结案件数的 31.7%；共判处 15 年至 20 年 2 人，10 年至 15 年 4 人，5 年至 10 年 30 人，不满 5 年 108 人，缓刑 31 人，拘役 4 人，管制 1 人，罚金 1 人，无罪释放 1 人，退回检察院补充侦查 24 人，检察院撤诉 4 人，移送公安处理 5 人，其他处理 7 人。

1986 年，共审结各类刑事案件 125 件，共判决人犯 74 人，其中，被判处有期徒刑 64 人，其他刑事处分 6 人，免予刑事处分 4 人。

1987 年，共受理各类刑事案件 121 件，审结 114 件，占受理数的 94.2%，判决发生法律效力 93 件，罪犯 142 人，其中，刑期 15 年以上 20 年以下 1 人，10 年以上 15 年以下 1 人，5 年以上 10 年以下 18 人，5 年以下 85 人，拘役 8 人，缓刑 23 人，其他处罚 6 人。在发生法律效力的案件中，抢劫、强奸、爆炸等 7 个方面的案件 28 件，罪犯被判处有期徒刑 3 年以上 20 年以下的，占该类犯罪总数的 91%。

1988 年，共受理各类刑事案件 148 件，罪犯 225 人，审结 138 件，结案率为 93.24%。在审结的案件中，发生法律效力 124 件，案犯 168 人，被判处 5 年以上徒刑 38 人，5 年以下拘役、管制和缓刑 130 人。另有针对性选择典型案件到王佑、摆金及县直有关系统开庭审判。

1989 年，共受理各类刑事案件 175 件，审结 166 件，案犯 251 人。

是年，到案发地共召开公判大会 7 次，宣判案件 26 件，判处人犯 52 人，旁听群众达 10 万人次，县党政有关领导临场讲话 8 人次。

1990 年，共受理各类刑事案件 203 件，案犯 358 人，审结 201 件，案犯 355 人，判决发生效力 167 件，案犯 292 人，依法判处 15 年以上 20 年以下 9 人，10 年以上 15 年以下 13 人，5 年以上 10 年以下 47 人，5 年以下 196 人，拘役 6 人，缓刑 21 人，免予刑事处分 1 人。始终把打击锋芒对准七类严重的刑事犯罪，全年共受理杀人、抢劫、强奸等七类案件 77 件，案犯 141 人，受理拐卖人口案件 35 件，案犯 89 人，判决发生法律效力 26 件，案犯 60 人，依法判处 15 年以上 20 年以下 4 名，10 年以上 15 年以下 9 人，5 年以上 10 年以下 22 人，5 年以下 25 人，拘役 1 人，缓刑 4 人，特别是对三都镇残杀计生干部的凶犯廖某某被依法执行枪决后，一小撮敌视计划生育政策的犯罪分子，策划为廖犯大办丧事，抬棺游行，严重扰乱社会秩序，针对这一突发案件，当检察机关将案件起诉到本院，仅用 20 天就审理了此案。

是年，根据县的治安形势，开展有针对性的公判活动，召开公判大会 5 次，宣判案件 24 件，判处罪犯 55 人，旁听群众 4 万人次，县委、县政府有关领导讲话 6 人次。

1991 年，共受理各类刑事案件 163 件，案犯 279 人，审结 154 件，案犯 267 人，判处 5 年以上 50 人，判处 5 年以下拘役、管制 214 人，宣告无罪 3 人；其中，受理杀人、抢劫等七类刑事案件 35 件，案犯 48 人，受理拐卖人口案件 15 件，案犯 35 人，判处 5 年以上有期徒刑 10 人，5 年以下 25 人。

1992 年，共受理各类刑事案件 205 件，审结 202 件，判决发生法律效力人犯 339 人，依法判处 5 年以上有期徒刑 78 人，5 年以下 172 人，作其他处理 89 人，其中，共审结七类刑事案件 53 件，案犯 82 人，依法判处 5 年以上有期徒刑 57 人，判处 5 年以下 25 人。

1993 年，共受理各类刑事案件 125 件，人犯 216 人，审结 114 件，判决发生法律效力的人犯 136 人，依法判处 10 年以上有期徒刑 8 人，5 年以上 10 年以下 33 人，5 年以下 66 人，拘役 9 人，缓刑 15 人，拘役缓刑 5 人，在审结的 114 件刑事案件中，属七类重大案件 55 件，人犯 88 人。

1994年，共受理刑事案件158件，审结153件，判决给予刑事处分186人，其中，10年以上有期徒刑12人，5 年以上 53 人，5 年以下 98 人，拘役 6 人，缓刑 15 人，免予刑事处分 1 人，宣告无罪 1 人。审结的案件中，属七类犯罪案件 48 件，案犯 97 人，判处 10 年以上 7 人，5 年以上 36 人。

1995 年，共受理各类刑事案件 135 件，审结 132 件，判处人犯 184 人，其中，10 年以上 11 人，5 年以上 10 年以下 59 人，5 年以下 75 人，拘役 5 人，缓刑 27 人，宣告无罪 2 人，其他处理 4 人。在审结的案件中，属严重危害社会治安 40 件，案犯 68 人。对分别犯有抢劫、重伤、拐卖妇女等犯罪的张某某、李某某、王某某等 10 余人团伙成员均从重判处 10 年以上有期徒刑。

1996 年，共受理各类刑事案件 180 件，审结 179 件，判处人犯 292 人，其中，判处 10 年以上有期徒刑 6 人，5 年至 10 年 89 人，5 年以下 172 人，拘役 9 人，管制 1 人，其他方式处理 15 人，所审结的案件中，属严重危害社会治安等暴力性犯罪 88 件，并选择部分典型的抢劫、故意伤害案件 22 件，人犯 32 人在本县县城公开宣判，打击犯罪分子的嚣张气焰，收到良好的社会效果。

1997 年，共受理各类刑事案件 128 件，审结 126 件，判决发生法律效力的人犯 194 人，其中：判处 5 年以上有期徒刑 21 人，5 年以下 116 人，拘役 11 人，其他方式处理 46 人。

1998 年，共受理各类刑事案件 108 件，审结 108 件，判决发生法律效力的人犯 154 人，其中：判处 5 年以上有期徒刑 14 人，5 年以下 104 人，拘役 3 人，其他方式处理 33 人。

1999 年，共受理各类一审刑事案件 153 件，审结 145 件，判决并发生法律效力的人犯 180 人，其中，判处 5 年以上有期徒刑 38 人，5 年以下 130 人，其他方式处理 12 人。

2000 年，共审结各类刑事案件 141 件，判处罪犯 172 人，其中，判处 5 年以上有期徒刑 32 人，5 年以下有期徒刑的 128 人，其他方式处理的 12 人。

2001 年，全年共受理一审刑事案件 133 件，审结 133 件，判决发生法律效力的 180 人，其中，判决 5 年以上 39 人，5 年以下 113 人，撤诉、调解等方式处理 28 人。

是年，按照“严打”整治斗争的统一安排，及时成立“严打”整治工作领导小组，将严重暴力犯罪、带地域性特点的多发性犯罪、流氓恶势力犯罪、有组织犯罪作为打击重点；配合公安、检察机关组织“缉枪治爆”“打击车匪路霸”“打拐”“禁毒”等专项斗争。

2002 年，共审结一审刑事案件 151 件，判决发生法律效力的 170 人，其中，判处 5 年以上 32 人，5 年以下 128 人，其他方式处理 10 人。

2003 年，共受理各类一审刑事案件 142 件，审结 141 件，判决发生法律效力的人犯 202 人，其中，判处 10 年以上有期徒刑的 20 人，5 年以上 10 年以下的 24 人，5 年以下，拘役、管制的 158 人，撤诉、调解等方式处理的 9 人。

2004 年，共受理各类一审刑事案件 100 件，审结 100 件，判决发生法律效力的人犯 132 人，其中，判处 10 年以上有期徒刑 6 人，5 年以上 10 年以下 16 人，5 年以下有期徒刑、拘役、管制 110 人。撤诉、调解等方式处理 18 人。

2005 年，共受理各类一审刑事案件 103 件，审结 103 件，判决发生法律效力的人犯 147 人，其中，判处 10 年以上有期徒刑 11 人，5 年以上 10 年以下 16 人，5 年以下 109 人，拘役 4 人，管制 4 人，免予刑事处分 3 人。

2006 年，共受理各类一审刑事案件 124 件，审结 124 件，判决发生法律效力的人犯 99 人，其中，判处 10 年以上有期徒刑 5 人，10 年以下 5 年以上 15 人，5 年以下拘役、管制的 79 人。

2007 年，共受理各类刑事案件 118 件，审结 117 件，判处罪犯 123 人，其中，判处 10 年以上有期徒刑 3 人，10 年以下 5 年以上 9 人，5 年以下拘役、管制的 123 人。

2008 年，共受理各类刑事案件 112 件，审结 110 件，判处罪犯 151 人，其中，10 年以上有期徒刑 7 人，10 年以下 5 年以上 21 人，5 年以下拘役、管制 123 人。

2009 年，共受理刑事案件 152 件，审结 150 件，判处罪犯 247 人，其中，判处 10 年以上有期徒刑 16 人，10 年以下 5 年以上 35 人，5 年以下拘役、管制 196 人。

2010 年，共受理各类刑事案件 196 件，审结 196 件，判处罪犯 253 人，其中，判处 10 年以上有期徒刑 17 人，10 年以下 5 年以上 37 人，5 年以下拘役、管制 199 人。

2011年，共受理刑事案件152件，审结152件，判处罪犯201人，其中，判处10年以上有期徒刑17人，10年以下5年以上17人，5年以下拘役、管制167人。

2012年，共受理刑事案件208件，审结207件，作有罪判决319人，其中，判处10年以上有期徒刑23人，10年以下5年以上27人，5年以下有期徒刑拘役、管制264人，免予刑事处罚5人。同时，注重财产刑的依法适用和执行，全年共计收缴罚金58.6万元。

2013年，共受理刑事案件166件，审结166件，作有罪判决164件234人，其中，判处10年以上有期徒刑2人，10年以下5年以上19人，5年以下有期徒刑拘役、管制209人，免予刑事处罚4人；建议检察机关撤回起诉1件1人，判决宣告无罪1件1人。

是年，以暴力性犯罪、“两抢一盗”及毒品犯罪为打击重点，全年审理上述几类案件94件，判处刑罚152人。同时，探索刑事和解，不断加强刑事附带民事诉讼调解力度，全年受理刑事附带民事诉讼案件11件，民事赔偿部分经调解结案9件，为被害人挽回经济损失21.3万元。

2014年，共受理刑事案件178件，审结168件，作有罪判决166件，其中，判处10年以上有期徒刑3人，3年以上不满10年38人，3年以下76人，拘役、管制8人，缓刑41人。

2015年，共受理刑事案件175件，审结167件，作有罪判决182人，其中，判处10年以上有期徒刑5人，3年以上不满10年25人，3年以下106人，拘役18人，管制23人，免予刑事处罚5人，缓刑28人。建议检察机关撤回起诉3件3人。

第四节　经济审判

1981年6月，根据《人民法院组织法》的规定，县人民法院设立经济审判庭。

1982年，共受理经济犯罪案件9件，审结9件，依法判处案犯14人，其中，国家干部职工27名，追回犯罪所得5136.64元及手表3块、电视机1台、衣物等赃物多件；同时，受理了经济纠纷案4件，审结3件，案件诉讼金额15049元，保护了当事人的合法权益。

1983年，审结经济纠纷案件21件，案件争议标的74675元。处理有关经济纠纷方面的来信来访49件。

1984年，审结经济案件6件，案件争议标的1.1万余元。

1985年，受理各类经济纠纷案26件，审结23件，争议标的2.3万余元。

1986年，受理经济纠纷案32件，审结32件，争议标的8.1万余元。

1987年，受理经济纠纷案25件，审结24件，其中：购销合同16件、建设承包合同2件、借款合同4件、其他经济纠纷3件，判决1件、调解11件、移送和撤诉12件。

1988年，受理经济纠纷案18件，审结18件，其中，建筑承包合同2件、购销合同2件，借款合同9件，加工承揽合同2件，财产租赁合同2件，联营合同1件，诉讼标的14万余元。

1989年，受理经济纠纷案69件，审结63件，其中，借款合同29件，居首位，诉讼标的达41.8万余元。

1990年，受理经济纠纷案34件，审结34件，其中，借款合同29件，诉讼标的16万余元。

1991年，受理经济纠纷案35件，审结29件，其中，借款合同20件、购销合同10件，承包合同3件、保险合同2件，诉讼标的11.5万余元。

1992年，受理经济纠纷案189件，审结191件（含旧件），其中，借款合同102件，诉讼标的105.2万元。

1990至1992年，共签发支付令70件，为银行追回逾期贷款31万余元，为18家企业追回县外欠贷款 52.2 万元，为企业清收欠款 30 万余元。

1993 年，受理经济纠纷案件 199 件，审结 183 件，诉讼标的 58 万余元，其中，采取联手收贷方式，依法收贷共审结金融系统起诉的 173 件贷款案件，标的 34 万余元；为 8 家企业追回贷款 17 万余元，为税务部门追回偷税税款 1.2 万元，为商业部门清收 2 千多农户赊销的种子“两棉”款 6.8 万余元。

1994 年，受理经济纠纷案件 112 件，审结 110 件，诉讼标的 60 余万元，其中，受理贷款合同纠纷案 86 件，审结 86 件，为金融部门收回贷款 26 万余元；审理企业内部承包、租赁、联营等纠纷案件 6 件，为供销部门收回内部职工拖欠的铺底资金及承包款 3 万余元。

1995 年，受理经济合同纠纷案件 90 件，审结 90 件，诉讼标的 100 万余元，其中，审结影响企业发展生产借款纠纷案件 21 件，追回货款 45 万余元；审结借款合同纠纷案件 63 件，为金融部门追回资金 11 万余元，审结了企业内部承包合同纠纷案件 6 件，为企业追回拖欠承包款 11 万余元，为县财政追回多年未收回支农固转资金 16 万余元。

1996 年，受理经济纠纷案件 71 件，审结 69 件，诉讼标的 77.4 万余元。

1997 年，审结经济纠纷案件 33 件，诉讼标的 77.6 万元。

1998 年，受理经济纠纷案件 62 件，审结 61 件，为当事人挽回经济损失 54 万余元，其中，审结借款、购销合同纠纷案件 57 件。

1999 年，共受理经济纠纷案件 87 件，审结 87 件，诉讼标的 153 万余元，其中，审结借款、购销合同纠纷案件 64 件。

2000 年，共审结经济纠纷案件 66 件，解决诉讼争议标的 195 万余元，主要审结重点在联手收贷，为企业追回贷款、三角债纠纷等。

2001 年，《中华人民共和国民事诉讼法》修改后，根据社会发展和审判工作需要，民事审判、经济审判统称民商审判。不再单列经济案件进行审理和统计。

第五节　行政审判

1987 年 12 月，设立行政审判庭。按《行政诉讼法》法定受理的范围为：土地、治安、卫生、林业行政案件等和非诉行政案件。

是年，共受理各类行政案件 10 件，审结 10 件，其中，治安行政拘留处罚 1 件，退回土地行政处罚 1 件，不服森林罚款处罚 6 件，森林权属争议 2 件；审结后依法维持原行政处罚 3 件，撤销行政机关处罚 1 件，移送本院有关庭 2 件，撤诉 4 件。

1988 年，共受理行政案件 5 件，审结 5 件，其中，不服治安行政处罚 3 件，不服森林罚款处罚 2 件，审结后依法维持行政机关处罚 3 件，撤销 1 件，当事人要求撤诉 1 件。

1990 年 10 月 1 日，《中华人民共和国行政诉讼法》正式实施。共受理各类行政案件 15 件，审结 13 件，维持行政机关处罚 6 件，判决部分撤销 1 件，判决撤销 2 件，裁定准予撤诉 4 件。

1991 年，共受理行政案件 20 件，审结 17 件，不服林业行政处理 9 件，不服土地管理行政处理 10 件，不服治安行政处罚 1 件；审结后判决维持行政机关处理决定 5 件，判决撤销重新作出处理 5 件，裁定准予撤诉 3 件，驳回起诉 1 件，不予受理 3 件。

1993 年，共受理行政案件 41 件，审结 35 件，其中，审结土地行政案件 19 件，林业行政案件 13 件，治安行政案件 2 件，其他行政案件 1 件。审结后判决维持行政机关处理决定 5 件，判决撤销重新作出处理 11 件，部分维持、部分撤销 1 件，撤诉 15 件，驳回 2 件。

1994 年，共受理各类行政案件 18 件，审结 16 件，其中，维持行政机关决定的 7 件，撤销行政机关决定的 6 件，准予原告撤诉的 3 件。

1995 年，共受理行政案件 25 件，审结 21 件，其中，维持行政机关决定 9 件，撤销行政机关决定 1 件，撤诉 10 件，驳回起诉 1 件。

1996 年，共受理行政案件 20 件，审结 20 件，其中，维持行政机关决定的 5 件，撤销行政机关决定的 2 件，撤诉的 11 件，其他方式处理 2 件。

1997 年，共审结行政案件 17 件，其中，维持行政机关决定 8 件，撤诉 9 件。

1998 年，共受理行政案件 12 件，审结 12 件，其中，全部维持行政机关决定 2 件，部分维持 1 件，撤销行政机关决定 3 件，撤诉 6 件。

1999 年，共受理行政案件 17 件，审结 15 件，其中，全部维持行政机关决定的 2 件，撤销行政机关决定 4 件，当事人撤诉 8 件，判决行政机关作为 1 件。

2000 年，共审结行政案件 12 件，其中，全部维持行政机关决定的 4 件，撤销行政机关决定 3 件，当事人撤诉 3 件，其他方式处理 1 件。

2001 年，共审结行政案件 13 件，其中，维持行政机关决定 6 件，撤诉 3 件，驳回 2 件，撤销行政机关具体行政行为 2 件。

2003 年，共受理行政案件 13 件，审结 13 件，其中，维持行政机关处理决定 6 件，撤诉 3 件，判决行政机关履行法定义务 2 件，撤销行政机关违法行为 1 件，移送中院 1 件。

2006 年，共受理行政案件 2 件，审结 1 件，中止 1 件。审结执行 5 件非诉行动案件，向行政机关提出司法建议 14 次。

2007 年，共受理行政案件 10 件，审结 10 件，审查执行非诉行政案件 1 件，向行政机关提出司法建议 1 次。在工作中，始终坚持“双保护”原则，依法慎重审理好每一件行政诉讼案件。

2008 年，共审结行政案件 12 件，其中，撤诉结案 10 件，受理非诉行政案件 1 件，向行政机关提出司法建议 1 次。

2009 年，共受理行政案件 3 件，审结 3 件，审查非诉行政案件 2 件，向行政机关提出司法建议 5 件（次）。

2010 年，共受理行政案件 3 件，审结 3 件，审查非诉行政案件 2 件，向行政机关提出司法建议 2 次。

2011 年，共受理行政案件 6 件，审结 6 件，审查非诉行政案件 1 件。

2012 年，共受理行政案件 9 件，审结 9 件，其中，协调化解 6 件，共审查受理非诉行政案件 29 件，执结 29 件。全年开展《行政诉讼法》宣传 3 次，行政执法培训 2 次，向行政机关提出司法建议 1 条。

2013 年，共受理行政案件 29 件，审结 29 件，其中，协调化解 19 件，共审查非诉行政案件 12 件，向行政机关提出司法建议 11 件，采纳回复 11 件。

2014 年，共受理行政案件 8 件，审结 8 件，其中，协调撤诉 2 件，依法驳回行政相对人起诉 2 件，依法判决行政机关败诉 1 件，维持具体行政行为 1 件，判决驳回当事人诉讼请求 1 件，裁定不予受理 1 件，审查计生非诉行政执行案件 8 件，裁定准予执行 8 件，涉案金额 7.6 万元，依法执行 6.8 万元。

2015 年 5 月 1 日起，按照省高院、州中院《关于推行行政案件相对集中管辖改革工作方案》等文件要求，惠水县行政案件统一划归龙里县人民法院集中管辖。是年共审查非诉行政执行案件 6 件，共向行政机关提出司法建议 10 件，采纳回复 10 件。

第六节　案件执行

1982 年前，县法院实行“审执合一”，即谁审批、谁执行的方式。

1983 年起，执行工作由“审执合一”逐步向“审执分离”发展。对发生法律效力的判决书、裁定书和调解书及刑事判决、裁定中的财产部分，由人民法院指定执行员、书记员进行执行。

1989 年 4 月，省高院下发《关于加强执行工作的几点意见》后，在县委的领导、县人大常委会的监督及县政府、社会各界的支持下，周密地制定执行计划。

1991 年 5 月，县法院设立执行庭，负责执行工作，并对多年来未执行的案件进行全面清理。是年底，执行 29 件行政案件。对县土管部门申请执行芦山镇部分农户侵占良田建房，集中全院干警首先拔出少数钉子户的违法建筑物。

1992 年，对清理出来的未执行的案件 347 件，安排执行月，组织全院干警开展执行工作，采取教育疏导和强制执行相结合，使多年未执行的案件得到执行。

1993 年，共立执行案件 109 件，总执标的 25 万余元，执行 102 件，已执标的 19 万余元。并在县水电局、县税务局等 7 个单位成立县人民法院驻该单位的执行室。

1994 年，共立执行案件 97 件，全部或部分执行 86 件，已执行标的 16 万余元。其中，10 月下旬至 12 月 5 日，集中力量在王佑等 6 个片区执行案件 46 件，执行标的 9 万余元，经过努力，逐步建立正常的执行工作秩序，“执行难”问题基本得到缓解。

1995 年，共立执行案件 76 件，标的 21 万余元，全部或部分执行 69 件，已执行标的 11 万余元。

1996 年，共立执行案件 99 件（含旧存 41 件），全部或部分执行 59 件，中止 3 件，执行标的 7 万余元。

1997 年，全部或部分执行 135 件，已执行标的 17 万余元。

1998 年，共立执行案件 67 件，已执行 60 件，已执行标的 27.9 万元。是年，成立以院长为组长的未结案清理小组，对历年因各种原因一直未执行的案件进行清理与分析，共清理未结执行案件 121 件，分 3 个执行小组，10 月初，开展为期两个月的集中统一执行行动，共执行各类具有给付内容的案件 115 件，执行金额（含物资）21.3 万余元。

1999 年，共受理执行案件 101 件，已执行 94 件，执行标的 36.85 万元，坚持审执并重的原则，配备执行专用车辆及装备，成立“执行车”活动领导小组，制定行之有效的工作措施、工作纪律、工作方案。

2000 年，共执行各类案件 92 件，执行标的 75 万余元。

2001 年 6 月，成立县人民法院执行工作局。共受理各类执行案件 188 件，全部执行 173 件，部分执行 5 件，被申请人暂无履行能力而中止执行 10 件，执行标的 76 万余元。

2002 年，共执行各类案件 173 件，执行标的 132.95 万余元，中止执行 15 件。

2003 年，共受理执行案件 140 件，执结 132 件，执结标的 82.6 万余元。虽“执行难”有所缓解，但“被执行人难找、执行财产难寻、协助执行人难求、执行财产难动”的“四难”状况仍然存在。

2004 年，共受理执行案件 114 件，执结 110 件，执行标的 155.87 万余元，对是年 6 月底前的 715 件未结执行案件、执行款物及执行卷宗三项清理活动，通过自查，未发现违纪违法行为。

2005 年，共受理执行案件 83 件，执结 75 件，执行标的 180.3 万元。

2007 年，共受理执行案件 78 件，执结 75 件，执结率为 96.1%。超过上级法院规定执结率 85% 的要求。

2008 年，共受理执行案件 99 件，执结 88 件，执结率为 88.9%。根据中央政法委及最高法关于组织开展集中清理执行积案活动，对过去 21 年间 1300 余件执行案件进行清理、审查、登记，共清理出有财产可供执行的案件 41 件，在县政法委统一指挥协调下，顺利执结 10 件。

2009 年，共受理 125 件执行案件，已执结 113 件，执行标的 935 万元，执结率 90.4%。继续清理过去执行积案 241 件，有财产可供执行的案件 46 件，重点执行案件 5 件，被执行人下落不明或无财产可供执行的 195 件。至年底，已全部执结，结案率为 100%，确保执行积案清理目标的实现。

2010 年，共受理 127 件执行案件，已执结 119 件，执行标的 707 万元，执结率 93.7%。按照上级法院安排部署，开展“清理化解执行积案”和“委托执行案件”清理活动，共清理出执行积案 11 件，委托执行案件 20 件，这些案件，采取“五定一包”（即定承办人、定督办领导、定执行措施、定执行期限、定执行目标，明确包案领导）工作举措，在规定的时限内全部执结。

2012 年，共受理执行案件 166 件，执结 166 件，执结标的 671.5 万元，执结率 100%。其中和解结案 42 件。

2013 年，共受理执行案件 127 件，执结 127 件，其中，和解执行 102 件。是年被省高院评为无执行积案先进法院，提前 6 个月完成清理涉及党政机关执行积案工作任务。

2014 年，共受理执行案件 268 件，执结 171 件，执结标的 1519.6 万元，其中，当事人自动履行 32 件，执行和解 42 件，强制执行 83 件，其他 14 件。在执行案件中，加大释明提醒与执行和解、执行威慑与强制执行、加大舆论宣传与执行曝光力度。

2015 年，共受理执行案件 318 件，执结 285 件，执结标的 3156 万余元，实际执行到位标的 1449 万余元，其中，自动履行 75 件，执行和解 17 件，强制执行 93 件，向社会公布失信被执行人员名单（黑名单）74 人，发放限高令（限制高消费）2 人，司法拘留 6 人。继续巩固“无执行积案先进法院”成果，开展“整治消极执行专项活动”，扩大“四查”（即查询被执行人银行存款、土地登记、车辆登记、工商登记）范围，督促被执行人主动、自觉、及时地履行法律义务。

第七节　告申复查与审判监督

1978 年，根据第 18 次全国人民法院司法工作会议及第 19 次全省司法工作会议精神，抽出有审判经验人员，开始复查纠正“文化大革命”中的冤、假、错案。中共十一届三中全会后，拨乱反正的复查工作任务更加繁重，重点复查“反右派、反右倾、四清”和政治性案件、反革命案件。至 1987 年 10 月中共的十三大召开前，完成了复查平反冤假错案的任务。

1978 至 1980 年，对“文化大革命”期间判处的反革命案件和其他刑事案件 332 件进行全部复查，属于冤假错案 68 件。“文化大革命”前后判处有申诉的 201 件案件，复查了 66 件，属于冤假错案 35 件。

1981 年，共复查各类案件 161 件，其中：维持原判 82 件，减刑 55 件，平反 17 件，免刑 4 件，撤销原判 3 件。

1982 年，又对“文化大革命”期间判处的重刑案件进行复查，对其中错判的进行改判纠正，对已经复查处理的“文化大革命”期间再诉案件，继续进行复查，对确属冤假错案的给予彻底纠正，对 1977 年判处的惠水纸厂案件进行复查，对该案错判和重刑案犯进行改判纠正；对“文化大革命”前判处的刑事案件重点复查了起义投诚人员被判刑的3件，均按党的实事求是方针进行纠正。

1983年，按照中共十一届三中全会关于平反冤假错案的方针政策，复查了普通刑事案件160件180人。其中，无罪31件32人，减刑37件45人，免刑8件8人，维持原判84件95人；复查反革命案件55件55人，无罪35件35人，免刑2件2人，减刑2件2人，维持原判16件16人。

1984年，对起义投诚、港澳同胞、台胞台属、侨胞侨眷、知识分子，原判处不当的多年申诉6件老案，给予复查和改正。

1985至1986年，重点对侨胞侨属、台胞台属、起义投诚人员、民主党派人士、地下党、游击队、知识分子四个时期的反革命案件和其他政治性案件进行清理复查，共受理各类申诉复查案676件，属于冤错予以平反减刑及免刑处分108件，宣告无罪266件，其他处理302件。

1987年，经省高院验收，惠水县已100%完成了申诉复查的案件，落实政策工作任务。省高院把惠水县人民法院在申诉复查案件上做到“基本事实清楚，有阅卷、合议庭、审判委员会笔录、案卷装订整齐”达到规范、标准的工作经验，向全省各级法院推广。4月起，共复查受理各类刑事申诉案件23件，审结23件，依法维持原判20件，宣告无罪2件，去掉不实之词1件；办理上级法院托交办案件2件，经多方取证，托交办案件得以及时审结。

1988年，受理申诉复查案件22件，审结21件，经复查，维持原判18件，宣告无罪1件，减刑1件，作其他处理1件。

1989年，受理刑事复查案件32件，审结31件，依法维持原判20件。

1990年，受理申诉复查案件18件，审结18件，其中，依法维持原判11件，改判的5件，其他处理2件。

1991年，根据省高院《关于告诉、申诉审判工作制度化、规范化意见》精神，5月，设立告诉申诉庭（简称告申庭），法院内部有了监督制约机制，实行立审分离，切实解决人民群众告状难问题。

是年，共审理审判监督程序案件11件，审结10件，其中，维持原判8件，改判2件。

1992年，共审查立案告申复查案件431件，转业务庭及时审理，使立案有一个统一标准。

1993年，共审理审判监督程序案件7件，其中，刑事再审3件，民事再审3件，行政再审1件，审结7件，维持原判6件，改判1件。

1994年，告申庭统一审查把关，改进立案审查方法，改变过去立案随意性和“告状难”问题，同时督促人民法庭的告申工作，减少当事人的上访。

1995年5月，将告申庭更名为审判监督庭，将法庭审理的各类案件逐件登记。是年，审查告诉立案232件，从程序、实体上进行监督，在当事人对法院判决、裁定不服，检察院提起抗诉的，进入再审程序，立即提起再审。对认定事实失实、证据不足、适用法律错误的，依法予以纠正与答复。

1996年，共受理申诉案件4件，审查告诉、立案251件。

1997年，坚持公开审判原则，强化庭审功能和当事人举证的责任以及合议庭、独任审判员职责，确立立案与审判、审判与审判监督、审判与执行逐步分离制度，审判监督庭不再承担审查立案职能，强化办案监督、内部监督及一年两次的案件自我评查活动，并自觉接受人大的法律监督。

1998至2000年，受理审结再审案件16件。

2001年，受理审结再审案件11件，改判6件。

2002年，受理审结再审案件5件。

2003年，受理审结再审案件2件，改判2件；审理州中院发回重审案件6件，审结4件，中止审理2件。

2004年，受理审结再审案件3件。

2005年，无再审案件。

2006年，受理审结再审案件6件。

2007年，受理审结再审案件1件，通过纠正错判，切实维护法律的尊严和权威。

2008至2009年，受理审结再审案件3件。

2010至2011年，无再审案件。

2012年，接受人大法律监督和政协民主监督，向县人大进行专题报告2次，检查指导审判工作3次，办理代表议案及交办案件2件。

2013年，强化审判管理监督，提升审判质量效率，全年移送评查案件961件，实现案案评查，经上级法院随机抽查检验，评查优良率为100%，启动人民陪审员“倍增”计划，建立陪审员参审、参调、参陪机制，全年人民陪审员参加审理各类案件95件，参审率达40%。

2014年，围绕司法公开自觉接受监督，提高司法的透明度。在常规监督渠道的基础上，拓展监督载体。开展“万名代表（委员）听千案庭审”“人大代表法庭行”和法院“公众开放日”等活动，把人大代表、政协委员及社会各界请进来，直击庭审现场，面对面监督司法活动。全年向人大及常委会作报告工作2次，接受人大专题调研1次，开展“人大代表法庭行”活动1次，“公众开放日”活动4次，邀请代表、委员旁听庭审38次，组织开展庭审观摩3次，其中，共邀请各级人大代表309人（次），政协委员78人（次）、学生、群代表等103人（次），发放征求意见表、测评表各387份，征求到意见、建议46条，全部给予回复办理。搭建推进审判流程公开、裁判文书公开、执行信息公开“三大平台”，全年微博直播3件案件庭审，网上公开7件庭审视频，裁判文书上网率达100%。增选人民陪审员，广泛吸收社会不同行业、民族、性别、年龄的人员参加陪审工作，提请人大依法任命新一届人民陪审员37名，全年人民陪审员参审各类案件128件，参审率达53.6%。

2015年，继续开展“万名代表（委员）听千案庭审”等活动。全年共邀请各级人大代表190余人、政协委员70余人、村组干部20余人、学生30余人参加40件案件庭审，见证执行案件3件，采纳征求意见建议23条，共邀请人民陪审员161人（次）参加161个案件审理，参审率达54.6%，共公布庭审视频14件，上网公开裁判文书475份，裁判文书上网率达100%。

第八节　司法警察

1978至2004年，县法院设司法警察2名。1994年8月，建立县法院法警队，编制暂定6人，配备队长或副队长1名。2000年调入3人，2003年调出1人，2005年2人转为法警，2010年1人转为法警，2010年调入女法警1人，2014年退休1人，2015年调入1人。2015年底在编法警7人。

在刑事案件审判活动中，司法警察依法实施维护审判秩序，保护审判人员、公诉人、辩护人和其他参与诉讼人的人身安全，预防、制止妨碍刑事审判活动的违法犯罪行为。

司法警察依法押解看管被告人和罪犯，依法传带证人、鉴定人、传递展示证据、保障审判活动顺利进行，参与在辖区内有重大影响的民商事、行政案件的执行、对突发可能造成人员伤亡、财产损失、严重损害司法权威，妨碍审判和执行活动、危及人民法院安全的事件予以处置。始终规范执法行为，不断提高执法水平，确保人民法院审判工作和其他工作顺利进行。

2013 至 2015 年，实行干警学习积分制度、法庭干警跟班学习制度、业务培训制度，加强干警思想政治教育和新颁布法律法规的学习培训，提高觉悟，坚定信念，提升素质。

第二章 检 察

第一节 机 构

1978 年 9 月，惠水县恢复人民检察院，负责对公安机关办理刑事案件的批捕与起诉，对刑事羁押场所进行监督，对诉讼及侦查活动进行监督，对法院审判活动的监督和对国家职务犯罪活动进行侦查；惠水县人民检察院办公地点设在惠水县城关镇园台路 89 号。1981 年，租用县蔬菜公司三楼进行办公，内设刑事检察科、经济检察科、法纪检察科、监所检察科、办公室 5 个业务工作及服务保障机构。1983 年 3 月，县检察院迁至县环城西路 43 号新办公大楼办公。1985 年，增设控告申诉检察机构，与监所检察科合并为控告申诉监所检察科，根据人民检察院组织法的规定，设置检察委员会。

1987 年，县税务局、供销合作社、农业银行和高镇镇设立税务检察室。

1988 年，检察院内设批捕检察科、起诉检察科、法纪检察科、经济检察科、控告申诉监所检察科、办公室、刑事技术组。1989 年增设举报中心，隶属控告申诉监所检察科。1990 年，经济检察科更名为贪污贿赂检察科；将“举报中心”改属贪污贿赂检察科管理；成立政工科，设专职政治协理员 1 名，负责制定干部队伍建设计划，干部教育、培训、考核及考察等各项管理工作，为院党组提拔使用干部决策提供参谋意见。1991 年 6 月，“举报中心”复归控告申诉科管理。1992 年，增设民事行政检察科。贪污贿赂检察科曾更名为贪污贿赂侦查工作局。1996 年 3 月，再次更名为反贪污贿赂侦查工作局。是年 6 月，在原有 42 人的基础上，增加编制 2 人，共计实有编制达到 44 人。

2001 年，县检察院内设办公室、政工科（含法警队）、侦查监督科、公诉科、反贪污贿赂局（内设侦查科、职务犯罪预防科、检察技术科）、渎职侵权检察科、监所检察科、民事行政检察科、控告申诉检察科（举报中心、刑事赔偿工作办公室）机构 9 个；核定行政编制 40 人，其中检察长 1 名，副检察长 3 名，反贪污贿赂局长 1 名，正、副科长（主任）17 名。

2003 年 7 月，县检察院增设 1 名专（兼）职检察委员会委员。2005 年 12 月，县检察院渎职侵权检察科更名为反渎职侵权局。

2006 年 10 月，位于县城百果大道的新技侦大楼建成，县检察院迁至该地办公。

2010 年 4 月，县检察委员会明确了两名专职委员。

2012 年，县检察院成立纪检监察部门，配备纪检组长、监察室主任各 1 名，政法专项编制 48 名。

是年，县检察院实有检察干警 46 人。法律职称检察官 28 人，助理检察员 6 人，书记员 6 人，法警 5 人，工勤人员 1 人。

2014 年，增设惠水县经济开发区长田工业园区检察室、惠水县人民检察院机关检务服务中心。政法编制 50 人，事业编制 10 人。

2015年，县检察院内设机构15个。即办公室、政工科、侦查监督科、公诉科、反贪污贿赂局（内设侦查科）、反渎职侵权局（内设综合科、侦查科）、刑事检察执行局、民事行政检察科（加挂生态环境保护检察科牌子）、控告申诉检察科（举报中心、刑事赔偿工作办公室）、计划财务装备科、未成年人刑事检察科、检察技术科、职务犯罪预防局（内设犯罪预防科、警示教育科、综合指导科）、法警队、案件管理办公室、经济开发区长田工业园区检察室、机关检务服务中心。

是年，惠水县人民检察院政法编制人员50人，实有检察干警50人；事业编制10人，实有干警3人。

第二节　刑事检察

一、机构

刑事检察是检察机关履行侦查监督法律职责的一个重要方面。根据各个时期其承担法律监督的内容和工作职责情况，这项工作的内设机构名称几经变更：1981至1989年8月，机构名称为刑事检察科；1989年9月将刑事检察科分为批捕科、公诉科，实行捕诉分开。2002至2015年，批捕科改称为侦查监督科。

二、刑事检察

1978至1989年间，刑事检察工作贯彻执行中央、省、州工作部署，严格执行国家法律及党的宽严相济的刑事政策，认真开展审查批捕和提起公诉工作，坚决打击各类刑事犯罪，依法严厉打击杀人、抢劫、强奸等严重破坏社会秩序和社会治安的各类刑事犯罪分子，不断改进工作方法，弘扬法治，为群众伸张正义。

1990年，受理移送审查起诉的各类案件252件456人，办结案件252件456人，办结率100%；其中，提起公诉221件405人（含移交州院办理的13件34人），免予起诉17件22人，不诉1件1人，退回公安机关和本院自侦部门补充侦查的13件28人；提起公诉案件人民法院均作了有罪判决。

1991年，受理移送起诉的刑事案件各类179件352人，办结179件352人。办结率为100%。其中向法院提起公诉142件242人，移送州院8件41人，不诉1件1人，公安撤回1件1人，决定免予起诉10件13人。退回公安、本院自侦部门补充侦查尚未报来的17件54人。提起公诉的案件，人民法院均作了有罪判决。此外，起诉科自行补充侦查49件100人。

是年，批捕科受理批准逮捕和移送审查决定逮捕各类案犯189件352人。其中，批准逮捕160件295人（包括决定逮捕5件5人），不批准逮捕14件23人，退回补充侦查15件34人，审结率100%。从批捕的情况看，仅批捕的杀人、抢劫、强奸、重大盗窃、拐卖人口、流氓集团以及破坏电力设备、破坏通信设备等案犯达159名，占批捕数的54%；同时配合反盗窃等专项治理，摧毁盗窃团伙16个72人。

1992年，受理提请批准逮捕和移送审查决定逮捕案件135件206人。经审查，批准逮捕111件202人（其中追捕人犯8人），不批准逮捕14件37人，退回公安补充侦查的9件20人，请示州院待批复的1件1人，受理本院自侦部门移送审查批捕的3件3人；经审查决定逮捕2件2人，决定不予逮捕1件1人，审结率100%；从批捕的情况看，仅批捕的杀人、抢劫、强奸、重大盗窃、拐卖人口、流氓案犯等148人，占批捕数的73.3%；配合各种专项斗争和专项治理，共摧毁犯罪团伙19个81人。

是年，受理移送审查各类刑事案件和自侦案件190件361人。起诉154件290人（含州院移送数），免予起诉25件41人，不予起诉1件2人，撤销案件4件4人。退回补充侦查尚未报来的5件22人，戴罪立功1件2人，审结率达100%，起诉到法院的案件均作了有罪判决。

1993 年，受理提请批准逮捕和移送审查决定逮捕案件 138 件 292 人，受理本院自侦部门移送审查决定逮捕的 6 件 11 人，批准逮捕 117 件 217 人，决定逮捕 6 件 11 人，不批准逮捕 11 件 27 人，退回公安机关补充侦查 11 件 48 人，审结率为 100%。

1994 年，共受理提请批准逮捕和移送审查决定逮捕的案件 155 件 331 人，批准和决定逮捕 135 件 260 人，不批准逮捕 10 件 41 人，退回补充侦查 10 件 30 人，审结率为 100%。

是年，受理移送起（免）诉案件 158 件 264 人，经审查提起公诉 118 件 175 人，免予起诉 12 件 37 人，退回公安机关补充侦查 7 件 20 人，审结率为 100%，提前介入重特大案件 12 件 37 人。

1995 年，受理提请批准逮捕案件 138 件 251 人，经审查，批准逮捕和决定逮捕 107 件 164 人，不批准逮捕 18 件 30 人，退回补充侦查 13 件 57 人，审结率为 100%。

是年，共受理移送审查起（免）诉案件 165 件 253 人，均全部办结。其中，向法院提起公诉 127 件 191 人，移送州院审查起诉 14 件 27 人，本院决定免予起诉 15 件 26 人，退回补充侦查 21 件 34 人，审结率 100%。坚持对重特大案件提前介入的制度，提前介入重特大案件 14 件 14 人。坚持检察机关的自行补充侦查工作，批捕自行补侦 85 人次，起诉自行补侦 32 件。

1996 年，严厉打击严重刑事犯罪作为重点工作，从维护社会稳定的大局出发，增加忧患意识，加大严打力度。全年共受理公安机关和本院自侦部门提请逮捕案件 172 件 340 人，其中，批准逮捕 141 件 248 人，不批准逮捕 13 件 35 人；退回补充侦查 17 件 53 人，公安撤回 1 件 4 人，审结率为 100%。

是年，受理移送审查起诉案件 224 件 401 人，经审查，提起公诉 175 件 306 人（含移送州院起诉 24 件 57 人），免予起诉 15 件 19 人，不起诉 1 件 1 人，移送其他检察院改变管辖 1 件 1 人，退回补充侦查 5 件 8 人，审结率为 100%。

1997 年，受理公安机关和本院自侦部门移送审查逮捕案件 86 件 142 人，其中，批准和决定逮捕 63 件 91 人，不批准逮捕 23 件 51 人，审结率为 100%。

是年，受理移送审查起诉案件 88 件 133 人（含退查重报案件 14 件 19 人），其中，起诉 62 件 95 人（含移送州院 7 件 11 人），决定不起诉 5 件 9 人，公安撤案 1 件 1 人，退回公安机关补充侦查 6 件 9 人，审结率为 100%。

1998 年，共受提请批准逮捕和移送审查决定逮捕案件 135 件 242 人，其中，依法批准逮捕 119 件 182 人，不批准逮捕 16 件 60 人，审结率为 100%。

是年，受理移送审查起诉案件 130 件 202 人（含退查重报 14 件 27 人），其中，依法提起公诉 92 件 134 人，移送州院 11 件 20 人，不诉 6 件 8 人，退查 6 件 11 人，公安撤回 1 件 2 人，审结率为 100%。

1999 年，共受理提清批准逮捕和移送审查决定逮捕案件 140 件 205 人。经审查，批准逮捕 117 件 166 人，决定逮捕 2 件 4 人，不批准逮捕 13 件 27 人，公安机关撤回案件 8 件 8 人，审结率 100%；受理公安机关和本院自侦部门移送审查起诉的各类案件共 154 件 207 人。其中，提起公诉 135 件 170 人（含移送州院审查起诉 10 件 16 人），不起诉 5 件 6 人，退回补充侦查 14 件 22 人，审结率 100%。

2000 年，共受理批准逮捕和移送审查决定逮捕案件 171 件 246 人，其中批准逮捕 127 件 170 人，决定逮捕 5 件 5 人。同时，加强侦查监督，依法不批准逮捕 17 件 41 人，公安撤回 22 件 30 人。加强刑事立案监督，共向公安机关发出《说明不立案理由通知书》3 件 3 人，公安机关均向本院做出书面答复，建议公安机关追捕 3 人。

2001 年，根据《刑事诉讼法》第 87 条的规定，对于侦查机关应当立案侦查而不立案侦查的案件依法开展立案监督，未发现应当立案侦查而不立案的现象。对不符合法定逮捕起诉条件的，依法决定不批准逮捕 20 件 55 人，依法不起诉 2 件 2 人，退回公安机关补充侦查 28 件 52 人。

2002 年，刑事检察工作严格依照《刑事诉讼法》相关规定，依法开展审查批捕和审查起诉工作，依法开展立案监督工作，切实履行检察机关法律监督职责，维护公平正义。

2003 年，共受理提请批准逮捕和移送审查决定逮捕的各类案件 132 件 212 人，审结 132 件 212 人，依法批准和决定逮捕 87 件 135 人，不捕 31 件 61 人；受理各类审查起诉案件 125 件 212 人，审结 133 件 214 人（含 2002 年积存 11 件 14 人和退查重报 21 件 63 人）。其中：起诉 117 件 183 人，不起诉 2 件 5 人，退回补充侦查 32 件 83 人，移送单位撤回 1 件 1 人，移送黔南州人民检察院起诉 2 件 5 人，撤回起诉 2 件 5 人，积存 3 件 12 人。

是年，审理退查吴某八、吴某军等 6 人盗窃、销赃一案，退查后一个月未重报，先后两次口头向公安机关提出纠正违法意见，得到采纳。是年，针对向县法院提起公诉的周清明、罗文辉五人故意伤害案一个半月后仍未开庭的情况，及时向法院提出纠正违法意见，得到采纳和纠正。

2004 年，受理提请批准逮捕和移送审查决定逮捕的各类刑事案件 120 件 203 人，审结 120 件 203 人；批准逮捕 80 件 124 人，不捕 34 件 71 人（占审结数的 28.3%）。其中不构成犯罪不捕 11 件 20 人，退回补充侦查 19 件 41 人，无逮捕必要 4 件 10 人。公安机关撤回 6 件 8 人，办理公安提请复议案件 2 件；通过主动与公安机关协调，提出书面纠正违法通知 2 次，提供法庭证据意见书 10 件，全年介入侦查 10 件，参加重大案件讨论 1 件（次），列出补查提纲 14 件，发出检察建议 3 件，对因涉嫌未成年犯罪无逮捕必要而不批捕的，定期回访 2 人（次）。

2005 年，受理公安机关及本院自侦部门提请审查逮捕的各类案件 106 件 176 人，审结 106 件 176 人，审结率为 100%。经审查，共批准和决定逮捕 73 件 115 人，不批捕 32 件 60 人，不构成犯罪不捕 6 件 13 人，通知补查 18 件 32 人，无逮捕必要 8 件 15 人，公安机关撤回 1 件 1 人。共受理公安机关及本院自侦部门移送审查起诉案件 105 件 154 人（不含上年度退查重报案件 4 件 13 人），经审查，向县人民法院提起公诉 91 件 127 人，不起诉 1 件 1 人，移送州检察院审查起诉 3 件 6 人，退回公安机关补充侦查 43 件 89 人，公安机关撤回 2 件 4 人，积存 2 件 2 人，审结率为 98.6%，不诉率为 1%，办案准确率为 100%，重点打击了暴力犯罪和抢劫抢夺等多发性犯罪，加大了对城乡入室盗窃和农村偷牛盗马犯罪惩治力度。

2006 年，共受理提请批准逮捕和移送审查决定逮捕各类案件 134 件 182 人（自侦部门移送 1 件 1 人），上年积存 1 件 4 人，审结率 100%。共批准逮捕 94 件 122 人（含决定逮捕 1 件 1 人）。不批准逮捕 40 件 63 人（其中：不构成犯罪不批捕 6 件 10 人，通知补充侦查 23 件 35 人，无逮捕必要 11 件 18 人），公安机关撤回 1 件 1 人。办理延长侦查羁押期限 1 件 3 人，检察引导侦查 3 件 3 人。全年介入侦查 7 件，参加重大案件讨论 8 件（次），列出补查提纲 22 件，提供法庭证据意见书 45 件，发出检察建议 6 件（其中，经审查研究决定，改变公安机关定性 2 件 4 人），办理复议案件 1 件，及时有效地打击了犯罪。

2007 至 2011 年，共受理提请批准逮捕移送审查决定逮捕各类刑事案 831 件 1309 人。决定批准逮捕 629 件 920 人，不予批准逮捕 201 件 387 人，公安机关撤回 1 件 2 人；受理移送审查起诉各类刑事案件 817 件 1184 人；经审查，向县法院提起公诉 723 件 1021 人，报州院审查起诉 26 件 52 人，不起诉 33 件 45 人公安机关撤回、退查未重报共 33 件 53 人，积存 2 件 13 人。2008 年，提起公诉的石金超等恶势力犯罪团伙成员 15 人，是年，经二审开庭审理，分别判处 1 年至 10 年不等的有期徒刑；共批捕拐卖儿童犯罪 6 件 6 人，“两抢一盗”犯罪 38 件 62 人（其中抢劫罪 8 件 16 人，盗窃罪 28 件 42 人，抢夺 2 件 4 人）。5 年中，重点集中打击了“战狼帮”“花园坝帮”等恶势力犯罪嫌疑人 52 人，提起公诉 62 人。批捕“两抢一盗”犯罪嫌疑人 366 人，提起公诉 322 人；突出打击危害森林资源的纵火犯罪，共批捕纵火犯罪嫌疑人 40 人，提起公诉 47 人，坚决遏制刑事犯罪高发势头。

2012 年，推进量刑建议改革，对提起公诉的 149 件 229 人案件，依法向法院提出了量刑建议，占提起公诉案件人数的 80.9%，法院采纳率（人数）89.17%。对县人民法院判决的一审案件认为定性、量刑不当的，提出抗诉 1 件（已依法改判）。

是年，共受理提请批准逮捕和移送审查决定逮捕各类刑事案件 229 件 384 人，决定批准逮捕 139 件 233 人，不予批准逮捕 90 件 151 人（其中，不构成犯罪 14 件 29 人，证据不足不捕 45 件 76 人，无逮捕必要 31 件 46 人）；受理公安机关和本院自侦部门移送审查起诉各类刑事案件 208 件 328 人，经审查，向县法院提起公诉 196 件 310 人，报州院审查起诉 5 件 5 人，不起诉 5 件 6 人，积存 2 件 9 人；批捕“两抢一盗”犯罪嫌疑人 63 件 98 人，提起公诉 65 件 107 人，切实维护平安稳定的社会环境。

2013 年，共受理提请批准逮捕和移送审查决定逮捕案件 197 件 321 人，审结 192 件 310 人，审结率 97.46%；批准逮捕 127 件 190 人（含纠正漏捕 4 件 4 人），不批捕 65 件 120 人（含不构成犯罪 8 件 10 人、通知补查 39 件 79 人、无逮捕必要 18 件 31 人）；发出《应当逮捕犯罪嫌疑人意见书》；建议公安提请批准逮捕 4 件 4 人，监督立案 1 件 1 人，监督撤案 2 件 2 人；发出要求提供法庭证据意见书 51 份，补查提纲 53 份，为及时有效地打击犯罪提供有力保障。

是年，共受理公安机关和本院自侦部门移送审查起诉案件 195 件 292 人，其中，公安机关移送审查起诉 191 件 288 人，本院自侦部门移送审查起诉 4 件 4 人，重报 93 件 175 人次，上年积存 2 件 9 人；经审查，向法院提起公诉 169 件 251 人，移送州院审查起诉 9 件 24 人。不起诉 6 件 9 人（绝对不起诉 1 人、相对不诉 7 人、存疑不诉 1 人），退回补查 105 件 186 人次，公安机关撤回移送审查起诉 2 人，年末未结 1 件 3 人。法院作生效判决 146 件 219 人，量刑建议法院采纳率为 91.5%。此外，向侦查机关发出纠正违法通知书 5 份，追诉漏罪 7 起，追漏犯 3 人，提出刑事附带民事诉讼 1 件，发出检察建议 1 份，检察长及副检察长出庭支持公诉 5 次。

2014 年，共受理审查逮捕案件 176 件 269 人，其中，批准逮捕 120 件 167 人，不批准逮捕 61 件 113 人，共受理审查起诉 180 件 265 人，其中，起诉 170 件 241 人，不起诉 6 件 9 人。

是年，增设未成年人刑事检察科，制定并执行专人办理、社会调查、附条件不起诉等制度，与县法院、公安局、司法局、教育局等部门召开联席会议，共同签发《惠水县保护未成年人刑事诉讼权利实施意见》，积极开展“送法进校园”等活动。在惠水县雨露学校挂牌设立惠水县预防未成年人犯罪法制教育基地，帮助失足未成年人改过自新，有效预防未成年人违法犯罪。全年受理审查逮捕未成年人案件 31 件 52 人（含未成年人 44 人），批准逮捕 15 件 25 人。其中未成年人 21 人（含 2013 年未结 1 件 3 人）；不批准逮捕 17 件 31 人（未成年人 27 人，含 2013 年未结 1 人），审结率为 100%；受理审查起诉未成年人案件 22 件 52 人（含未成年人 43 人），起诉 20 件 45 人（含未成年人 37 人、含 2013 年未结 1 件 1 人和移送黔南州人民检察院起诉 1 件 2 人），不诉 1 件 4 人（含未成年人 3 人），附条件不起诉 1 件 2 人，未结 1 件 2 人，审结率 95.46%。

2015 年，侦查监督工作切实贯彻宽严相济的刑事政策，从审查批捕、群众反映、提前介入等方面入手，加大刑事立案监督力度；采取加强配合、强化监督、引导侦查等形式认真开展侦查活动监督工作，以维护司法公正。共受理审查逮捕案件123件195人，审结121件193人，审结率98.3%。批准逮捕75件112人，逮捕率60.9%；不批捕46件81人，不捕率37.3%。向公安机关发出书面纠正违法通知书3份，均已得到回复。对应该立案而不立案的，监督公安机关立案2件2人。

是年，共受理各类刑事案件136件187人，经审查，改变管辖移送黔南州人民检察院3件4人，提起公诉104件142人，不起诉4件12人，附条件不起诉1件1人，撤回起诉1人，一次退回补充侦查57件92人，两次退回补充侦查25件34人，公安机关撤回移送起诉1人。

是年共受理审查逮捕未成年人案件17件24人，批准逮捕5件7人，不批准逮捕12件17人；受理审查起诉未成年人案件13件18人，起诉12件17人，附条件不起诉1件1人。为更好开展未成年人刑事检察工作，建立了办理未成年人刑事案件专门队伍。

2015年，依法严厉打击涉及生态环保领域各类刑事犯罪，共受理公安机关移送审查逮捕涉及生态环保领域刑事犯罪11件17人，批准逮捕6件11人；受理公安机关移送审查提起公诉涉及生态环保领域刑事犯罪24件31人，提起公诉16件23人，监督公安机关立案2件。

三、办理重点公诉大案

2011年11月26日，长田乡人民政府在组织治理非法小煤窑时，导致正在非法开采小煤窑的当地两村民死亡。事发后，在不法分子的煽动下，该地部分村民将死者尸体抬至长田乡政府，并对乡政府进行围攻冲击和暴力打砸。案发后，惠水县人民检察院会同公安等部门，第一时间介入案件的调查与疏导工作。及时向县委政府汇报各阶段案情进展情况。同时，为了稳定死者家属情绪，让死者入土为安，参与案件调查的检察官深入死者家中释法说理，反复作家属疏导情绪工作。经过一个多星期的缜密调查和取证，及时锁定犯罪嫌疑人尚某等5人。是年12月31日，惠水县公安机关以尚某等5人涉嫌犯聚众冲击国家机关罪，向惠水县人民检察院提请批准逮捕；惠水县人民检察院经审查后，于2012年1月6日决定批准逮捕尚某等5名犯罪嫌疑人，案件进入公诉最后，被告人梁某、罗某、尚某等人分别被判处有期徒刑一年6个月，民事赔偿人民币一万元；判处有期徒刑二年，民事赔偿人民币一万元；判处有期徒刑三年，民事赔偿人民币三万元。

2015年，县发生的徐某某、朱某、朱某某等人涉嫌非法吸收公众存款案，是当地历年来发生的一起社会影响较大的刑事案件。具有“涉案金额高、涉及人员广、社会影响大”的三大特点，仅2013至2015年期间，徐某某通过入会大肆发展“会员”方式，以借款和收取所谓会钱为诱惑，大量吸取董某、吴某、殷某等964人的资金，经查证共非法吸收资金1.31亿元。在地方造成了较大的社会影响。是年5月17日，犯罪嫌疑人徐某某主动到惠水县公安局投案；5月18日，立案侦查；同月19日，徐某某被刑事拘留；是年7月8日，同案嫌疑人朱某、朱某某被惠水县公安局逮捕。

是年9月25日，依照刑事诉讼法的有关规定，惠水县人民检察院正式介入徐某某涉嫌非法吸收公众存款案件的审查起诉阶段，共收到案件卷宗65册。抽调精干力量开展案件审查工作后，并当日告知犯罪嫌疑人依法所享有的诉讼权利；同时通过惠水电视台宣传告知各被害人依法所享有的诉讼权利；其间通过缜密案件审查，依法讯问犯罪嫌疑人，并严格审阅全部案件材料和核实案件事实与证据，先后两次退回侦查机关补充侦查。之后，按要求在规定时限内向惠水县人民法院依法提起公诉。最后，被告人朱某、朱某某、徐某某分别被判处有期徒刑四年，并处罚金人民币十万元；判处有期徒刑六年，被处罚金人民币二十万元；判处有期徒刑九年，被处罚金三十万元。

第三节　反贪污贿赂

一、机构

查办贪污贿赂罪案是国家法律赋予检察机关履行法律监督的一项重要职责，是各级检察院的一项重要任务。县检察院从 1982 至 2015 年间，受理查办案件的范围基本上分为两个阶段。在 1997 年的《刑法》未修改前，受理查处的案件统称为经济犯罪案件，在罪名和犯罪主体上都比较广，甚至涉及偷税、抗税罪、发生在金融、公司等企业内部的侵占、走私贩私罪以及投机倒把罪等等，均由检察机关立案侦查。1997 年 3 月新修改的《刑法》经全国人民代表大会审议通过后，根据最高人民检察院、公安部关于案件管辖的规定，检察机关立案侦查的案件主要是发生在国家机关工作人员中，利用职务的便利进行贪污、行贿受贿的案件，其他与职务没有联系的案件划归公安机关侦查。

1990 年，随着案件管辖的变化，县检察院经济检察科更名为贪污贿赂侦查工作局。

1996 年按照最高人民检察院通知精神，为适应反贪污贿赂工作的需要，惠水县人民检察院贪污贿赂侦查工作局更名为惠水县人民检察院反贪污贿赂侦查局。反贪污贿赂局内设侦查科、预防科、综合科。在检察长、检察委员会的领导下，直接办理贪污贿赂、挪用公款、巨额财产来源不明、隐瞒境外存款、私分国有资产、私分罚没财物等犯罪案件的侦查、预审、起诉工作。

1997 年，遵照高检院关于加强内部制约的通知，反贪污贿赂局由原来负责案件“侦、捕、诉”三权一体，改为分别由三部门承担，反贪污贿赂部门只负责对案件的立案侦查。

2001 年，县检察院反贪污贿赂局内设综合科、侦查科、职务犯罪预防科。

二、反贪污贿赂

1981 年，加强经济检察部门的办案力量，深入工厂、农村和机关单位进行摸底调查，严肃处理一批利用职权贪污，使国家、集体财产受到严重损失的犯罪分子，全年共承办经济案件 19 件 23 人。

1982 年，共立案侦查经济案件 16 人；依法决定逮捕 3 人，依法决定起诉和免予起诉 6 人；为国家和集体挽回经济损失 2 万余元，收回木材 360 多立方米，价值 1.9 万余元。

1983 年，共立经济案件 15 件 22 人，年末法院已做出有罪判决 13 件 17 人，为国家和集体挽回经济损失 3.6928 万元。

1984 年，共立经济案件 8 件，依法起诉 5 人，免诉 2 人。为国家和集体挽回经济损失 4 万余元。

1985 年，以“破坏经济体制改革、破坏‘对外开放、对内搞活’犯罪活动，趁搞活经济之机进行贪污、盗窃、行贿受贿、投机倒把、偷税抗税等严重经济犯罪分子”为重点，打击严重经济犯罪，全年立案侦查各类经济案件 13 件，办结 12 件，占全年立案总数的 92.3%；依法起诉 7 件 9 人，免诉 4 人，撤诉 1 人，法院依法判决 5 件 5 人，待判 1 件 3 人。为国家和集体挽回经济损失 7 万余元。

1986 年，确立用一年左右的时间把经济犯罪分子的嚣张气焰压下去的工作目标，制定打击经济犯罪工作的总体规划，全面推进打击经济犯罪活动，共立案侦查各类经济案件 25 件，是年办结 21 件，占立案数的 84%，为国家和集体挽回经济损失 16.6 万余元。

1987 年，坚持“党委领导、检察院主办、各部门配合”的原则，采取“抓系统与系统抓”的方式，加强发案较为突出的商业、粮食等单位系统案件查处工作；成立税务检察室，加强与工商、水电、供销、农行、工行等有关经济主管部门的联系。全年立案侦查各类经济案件 7 件 8 人。为国家和集体挽回经济损失 9 万余元。

1988 年，全年立案侦查各类经济案件 13 件。其中：贪污、挪用案件 9 件，占办结数的 69.23%，办结 12 件占全年立案总数的 92.3%；依法起诉 7 件 9 人，免诉 4 人，撤诉 1 人；法院依法判决 5 件 5 人，待判 1 件 3 人；为国家和集体挽回案内案外经济损失 44.6 万余元。

1989 年，加强与县纪委、监察、三查办、税务、公安、法院等部门的配合，形成反贪污贿赂工作格局。加大对《关于贪污、受贿、投机倒把等犯罪分子必须在限期内自首坦白的通告》的宣传力度。通过宣传，有 1 名犯罪分子携带巨款到县检察院投案自首。全年立案侦查各类经济案件 22 件 24 人，办结 20 件；为国家和集体挽回经济损失 40.18 万元，粮票 1800 多千克。在县公开处理兑现大会上，先后对 8 名经济犯罪分子作了公开的从宽和从严处理。其中：免予起诉 7 件 7 人，逮捕 1 人，充分体现了宽严相济的法律政策。

1990 至 1993 年，共立案侦查贪污贿赂等经济案件 60 件，逮捕案犯 8 人，向人民法院提起公诉 6 件 7 人，追缴赃款财物折合人民币 60 多万元。

1994 年，把打击贪污贿赂等经济犯罪作为检察机关的首要工作，加大打击力度，突出打击重点，依法查处一批贪污贿赂等经济犯罪案件。全年共立案侦查各类经济犯罪案件 11 件 14 人（含万元以上大案 10 件 13 人），其中，贪污 8 件 11 人，挪用公款 2 件 2 人，巨额财产来源不明 1 件 1 人，通过办案挽回经济损失 80 万余元。

1995 年，共立案侦查各类经济犯罪案件 8 件 8 人。其中贪污 3 件 3 人，挪用公款 3 件 3 人，其他经济犯罪 2 件 2 人，通过办案挽回经济损失 60 万余元。

1996 年，集中精力查办大案要案，全年立案侦查各类经济犯罪案件 11 件 11 人，其中，万元的 5 件 5 人，20 万至 30 万元的 3 件 3 人，1000 万元以上的 1 件 2 人，为国家和集体挽回经济损失 1300 万余元。

1998 至 2002 年，共立案侦查贪污贿赂案件 24 件 27 人，大案 5 件 8 人。在查办职务犯罪工作中，严格区分和把握罪与非罪的界限，保护了 49 名被诬告、错告的国家工作人员和国家机关工作人员的合法权益。通过办案为国家挽回经济损失 178.9 万余元。

2003 年，与纪检、监察等部门密切配合，切实加强办案，积极查办和预防职务犯罪。全年立案侦查贪污贿赂案件 7 件，通过办案为国家挽回直接经济损失 18.26 万元。尤其是立案查办了县国土局原党组书记（副县级）王某某贪污要案，实现了立案查处要案零的突破。

2004 年，共立案侦查贪污贿赂案件 5 件 5 人，为国家挽回直接经济损失 18 万元。

2005 年，认真贯彻落实反腐败工作总体部署，重点抓查办和预防职务犯罪工作，加大打击力度。全年共立案侦查贪污贿赂案件人员 5 人，为国家挽回直接经济损失 17.647 万元。

2007 年，加强与纪检、监察、审计等部门的沟通和协作，增强办案合力，加大办案力度。全年共立案侦查涉嫌贪污贿赂案 5 件 5 人，为国家挽回直接经济损失 47 万余元。

2008 年，继续推进查办和预防职务犯罪工作，突出查办涉及群众利益、群众反映强烈的案件，把劳动和社会保障领域贪污、贿赂犯罪案件及涉及农民工技能培训、下岗再就业技能培训的贪污贿赂案件。全年共立案侦查涉嫌贪污犯罪案件 3 件 5 人。为国家挽回经济损失 40 余万元。

2009 年，重点围绕保障民生抓反贪工作，打击侵害农民利益和扶贫开发过程中发生的贪污贿赂案件。全年立案侦查涉嫌贪污案件 5 件 6 人。其中大案 3 件 3 人，年末侦查终结 4 件 5 人。通过办案挽回经济损失 55 万余元。

2010 年，继续围绕“保障民生、打击侵害农民利益和发生在国有企业改革改制过程中的贪污贿赂案件”

为重点开展工作，全年共立案侦查涉嫌贪污贿赂案件3件8人（含大案2件5人），其中，涉嫌共同贪污及挪用公款案1件2人，涉嫌共同受贿案1件3人，涉嫌共同贪污案1件3人。通过办案挽回经济损失75万余元。

2011年，按照省检察院关于开展“三项清理”工作实施方案要求，成立“三项清理”工作领导小组，制定实施方案有序开展清理工作。全年共立案侦查涉嫌贪污贿赂大案6件7人，侦查终结6件7人，其中，涉嫌贪污及受贿1件1人，涉嫌贪污1件2人，涉嫌挪用公款2件2人，涉嫌行贿1件1人，涉嫌受贿1件1人。通过办案挽回经济损失104万余元。

2012年，把查办职务犯罪工作纳入全县反腐倡廉工作大局，坚持检察长亲自抓办案，通过强化侦查一体化机制建设，进一步增强发现犯罪线索、突破案件、固定证据的能力。共立案查办贪污贿赂犯罪案件6件8人。其中贪污受贿1件1人，受贿1件3人，行贿4件4人；侦查终结8件11人（含2011年所立案2件3人），依法向县人民法院提起公诉8件11人，县人民法院判决8件11人，实现是年所立案件是年结，有罪判决率100%，挽回案内外经济损失52万余元。

是年，组织县教育局及县53所中小学校长开展职务犯罪警示教育活动。

2013年，共受理案件线索3件3人，初查3件3人。经初查，立案3件3人（其中涉嫌受贿案2件2人、涉嫌行贿案1件1人，均为大案）。1件1人已作有罪判决，1件1人作存疑不诉，1件1人因犯罪嫌疑人死亡作撤销案件处理。

2014年，反贪污贿赂工作注重对反腐败形势的研判，坚持“老虎”“苍蝇”一起打，继续把查办发生在群众身边损害群众利益的各类贪污贿赂犯罪案件作为工作重点，切实维护稳定、保障民生。通过强化侦查一体化机制建设，进一步增强发现犯罪线索、突破案件、固定证据的能力。正确处理办案数量、质量、效率、规范之间的关系，注重办案安全，重实体，讲程序，努力达到法律效果、政治效果和社会效果的有机统一。2014年共受理案件线索8件16人，初查3件9人；经过初查，立案3件9人（3件均为大案，其中2件8人涉嫌贪污案，1件1人涉嫌挪用公款案），全部侦查终结并移送审查起诉，一审法院均作出有罪判决。通过办案挽回经济损失67万余元。

2015年，以“涉农、医疗卫生、行政执法、征地拆迁”等领域为重点，推进反贪污贿赂犯罪案件查办工作，特别是重点查办发生在群众身边和损害群众利益的各类贪污贿赂犯罪案件和涉农案件。年内共受理案件线索9件11人，初查9件11人。经过初查，立案侦查6件8人（涉嫌贪污2件4人，涉嫌挪用2件2人，涉嫌行贿1件1人，涉嫌受贿1件1人）；侦查终结并移送审查起诉4件6人，通过办案挽回经济损失23万余元；立案查处征地拆迁、行政执法、社会低保等领域贪污贿赂犯罪9人，通过办案挽回经济损失55万余元。

三、重点大案侦破

1996年年初，原惠水县“惠高商贸总公司”法人代表周某某以虚开增值税专用发票形式，进行投机倒把钻营犯罪活动。直接造成地方1270万元巨额的国家经济损失。案发后，惠水县人民检察院及时介入侦查。在抓获周某某和立案后的4个多月时间里，在县委、县人大、县政府、县政协、县纪委的重视支持和县国税局的全力协助下，先后20余次前往省（州）汇报案情，并选派得力干警转战广州、重庆等地调查取证，同时全力追赃。经同“香港富利佳期有限公司”总裁及其代表进行60余次的依法交涉和促谈下，是年4月18日，该香港公司最终派出3名代表自带信汇，从广州用9张汇票汇入惠水县人民检察院赃款账户1300万元。最终，周某某虚开增值税专用发票投机倒把一案，所造成国家1270万元损失的巨额款全部追回，顺利结案。

2014 年，办理了董某某、鲍某某、张某某、罗某某、吴某某、顾某某、钟某某 7 人，因贪污国家征地补偿款一案。是年 3 月，时任惠罗高速公路指挥部办公室副主任、征地组副组长的董某某，与鲍某某在惠罗高速公路断杉镇木兴村、八大村、新场村征地过程中，利用职务之便，伙同张某某、罗某某、吴某某、顾某某、钟某某等人，采取“隐瞒集体土地面积、变更集体牧草地为耕地”等方式，共套取私分国家征地补偿款 527847 元。是年 3 月，惠水县人民检察院立案侦查，除对钟某某采取取保候审外，对董某某、鲍某某、张某某、罗某某、吴某某、顾某某 6 人采取刑事拘留措施，经黔南州人民检察院决定，对上述人员执行逮捕；是年 5 月，进入审查起诉阶段。是年 11 月，惠水县人民法院依法分别作出一审判决：判处董某某有期徒刑十二年并处没收财产 5 万元；判处张某某有期徒刑九年并处没收财产 4 万元；判处罗某某有期徒刑九年并处没收财产 4 万元；判处吴某某有期徒刑五年六个月，并没收财产 3 万元；判处顾某某有期徒刑五年六个月，并处没收财产 3 万元；判处鲍某某有期徒刑五年六个月，并没收财产 3 万元；判处钟某某有期徒刑一年六个月，缓刑两年，并处没收财产 2 万元。2015 年 3 月，黔南州中级人民法院终审裁决，除改判钟某某有期徒刑一年六个月、缓刑两年外，其余均维持一审判决。

第四节　反渎职侵权

一、机构

反渎职侵权检察的前称为法纪检察。其主要任务是对国家机关工作人员侵犯公民人身、民主权利的犯罪行为和渎职犯罪行为进行侦查并依法追究其法律责任，以维护社会主义法制和国家机关的正常活动，保护公民人身权利、民主权利和其他合法权利不受侵犯，保证宪法和法律的正确实施。

2005 年 12 月，惠水县人民检察院渎职侵权检察科更名为“反渎职侵权局”。2012 年 12 月，反渎职侵权局内设综合科、侦查科两个部门。

二、反渎职侵权

1981 年，县检察院贯彻落实全国、全省检察工作会议精神，坚持“严格执法、狠抓办案、加强监督”的工作方针，不断加强法纪检察、反渎职侵权检察队伍建设，积极查处了一批渎职侵权犯罪案件，推动了法纪检察、反渎职侵权检察工作的健康发展。

1981 至 1996 年，查办案件的种类主要有：非法拘禁、玩忽职守、重大责任事故、非法侵入他人住宅、非法搜查、诬告陷害、报复陷害、重婚、破坏邮电通讯等九类罪案，其中玩忽职守案件、重大责任事故案件、“三非”案件（即非法拘禁、非法侵入他人住宅、非法搜查案）等案件。15 年间，共立案查处了各类法纪案件 247 件。其中，1985 年，因法纪检察工作成绩突出，被州检察院评为法纪检察先进单位。

1997 年后，依照修订后的《刑事诉讼法》有关案件管辖规定，检察机关只限于办理国家机关工作人员渎职侵权案件，对原来占绝大多数比例、属一般犯罪主体的渎职侵权案件不再受理。按照最高人民检察院的统一部署和新的案件管辖规定，重点查处国家机关工作人员滥用职权、玩忽职守、徇私舞弊、刑讯逼供和非法拘禁等渎职侵权案件。注重查办修订后刑法规定的新型犯罪案件，并按照高检察院《关于进一步加强预防职务犯罪工作的规定》的有关要求，从办案入手积极开展预防犯罪工作，努力开创反渎职侵权检察工作新局面。共立案查处了渎职侵权案件 40 余件。2000 年 11 月，立案查办惠水县公安局原副局长杨某某、县公安局缉毒大队长孙某某徇私枉法案件。该案是《刑法》和《刑诉法》修订后，在惠水县范围内查处的一起社会反响大的国家机关工作人员渎职侵权案件。

2003 年，共受理渎职侵权案件线索 5 件，初查 5 件，经初查立案侦查 2 件 2 人。

2004 年，共受理渎职侵权案件线索 6 件，初查 6 件，初查率为 100%。经初查以事立案 1 件。

2005 年，共受理渎职侵权案件线索 8 件，初查 8 件，均初查完结。协助黔南州人民检察院立案 1 件 1 人，并协助州院将该案件侦查终结。建立预防职务犯罪联系点 4 个，针对有关部门的具体情形开展送法上门宣传活动 4 次。参加县安全生产监督管理局组织的取缔非法煤窑专项行动，维护了人民群众的生命财产安全和经济的良好运行。

2006 年，共受理渎职侵权案件线索 5 件，初查 5 件，初查率为 100%。初查后以事立案 2 件，其中确定犯罪嫌疑人 1 件 2 人，并向县法院提起公诉。为推动此项工作的开展，10 月，反渎职侵权局正式挂牌成立。

2007 年，共受理渎职侵权案件线索 6 件，初查 6 件，立案 1 件 2 人（滥用职权），侦结并移送审查起诉，法院对 2 人已作有罪判决。

2008 年，共受理渎职侵权职务犯罪案件线索 3 件，初查 3 件。其中：滥用职权案件线索 1 件，玩忽职守案件线索 1 件，违法发放林木采伐许可证案件线索 1 件。以玩忽职守罪立案 1 件 1 人（大案），侦查终结后移送审查起诉。对 2007 年初查的县公安局刑事侦查大队一中队玩忽职守案作出审查结论，并向公安局发出检察建议。

2009 年，全年共受理受贿案件线索 1 件，初查 1 件；立案 2 件 3 人，其中以玩忽职守罪名立案 1 件 2 人，（此案件线索系去年初查的违法发放林木采伐许可证一案），以受贿罪立案 1 件 1 人，侦查终结 2 件 3 人，移送起诉 2 件 3 人。

2010 年，反渎职侵权工作围绕以深入开展查办危害能源资源和生态环境渎职犯罪专项工作为重点，适时介入安全生产事故调查和矿山安全检查。全年，受理私放在押人员案件线索 1 件，初查 1 件，以私放在押人员立案 1 件 1 人，该案移送审查起诉。介入事故调查 5 起，累计投入干警 25 人次。

2011 年，共受理案件线索 3 件，初查 3 件，经过初查，以涉嫌玩忽职守犯罪立案侦查 1 件 1 人。共介入事故调查 6 起并参与事故分析，累计投入干警 28 人次。

2012 年，共受理案件线索 3 件，初查 3 件，初查率 100%。初查后，以违法发放林木采伐许可证罪立案 1 件 1 人，县法院判决有期徒刑一年缓刑一年。共介入事故调查 3 起并参与事故分析，累计投入干警 11 人次。

2013 年，全年受理案件线索 1 件，初查 1 件。经过初查，立案侦查 1 件 1 人涉嫌玩忽职守案，移送审查起诉 1 件 1 人，法院已做出有罪判决。共介入事故调查 5 起，抽调干警配合黔南州调查组对惠水县三都镇金石路段“3・22”交通事故和长田乡大冲煤矿“10・11”透水事故进行调查。

2014 年，全年受理案件线索 2 件 4 人，初查 2 件 4 人。经过初查，立案 1 件 2 人（涉嫌玩忽职守案），已侦查终结并移送审查起诉；积极参与惠水县长田乡“3・27”小煤窑事故调查工作，协助黔南州检察院查办“9・23”专案。

是年，认真组织开展保护珍稀树木和人工水晶产业项目污染治理专项调查；对渎职犯罪比较集中的林业部门进行回访考察，帮助其建章立制，延伸法律监督职能；对办案安全情况采取个人和全局相结合的方法，逐条对照与逐项检查，逐步完善各项安全防范制度；通过开展岗位练兵和业务竞赛活动，全面提升反渎干警素质。

2015 年，共受理渎职侵权犯罪案件线索 4 件 4 人，其中，自行发现 2 件 2 人，上级院交办 1 件 1 人，匿名举报 1 件 1 人。评估后初查 2 件 2 人，初查后立案 1 件 1 人（系 2014 年积存案件），侦查终结并移送审查起诉，法院做有罪判决 1 件 2 人。

第五节 监所检察

一、机构

1981 年，惠水县人民检察院内设监所检察科。1985 年，在 1982 年的基础上，增设控告申诉检察机构，与监所检察科合并为控告申诉监所检察科。1989 年增设举报中心，隶属控告申诉监所检察科。1991 年 6 月，“举报中心”由贪污贿赂检察科管理改属为控告申诉科管理。2012 年 12 月，县检察院内设更名的监所检察科延续履行着监所检察工作职责，全面监督刑罚执行机关“执行刑罚、减刑假释、保外就医”等工作，对看守所的活动是否合法及超期羁押进行监督，贯彻执行上级人民检察院制定的监所检察业务工作细则、规定。

二、监所检察

1999 年，加强对监所“收押、释放、交付执行、关押期限”等项工作的监督，共纠正违法关押 13 件 14 人，不宜关押的 1 件 1 人，不按时释放的 4 件 6 人，纠正对不按规定交付执行的 10 人。全年在押人员超期羁押 31 件 44 人中，纠正 29 件 41 人；开展了对暂予监外执行人员的考察监督，并配合看守所抓获一名保外就医脱管罪犯。

2003 年，监所检察工作力度加大。对超期羁押的 14 件 31 人，提出纠正意见后全部得到纠正；对监管场所管理活动违法提出意见 6 件（次）；对罪犯暂予监外执行进行专项检查，并对发现的问题向公安机关提出 6 条检察建议；办理服刑罪犯又犯罪的审查逮捕 1 件，审查起诉 2 件并依法出庭支持公诉，发出纠正违法通知书 1 份。

2004 年，认真开展监所预防超期羁押检查工作，全年未发生超期羁押情况。会同公安清理了未决犯和已决犯、未成年犯和成年犯混关混押的情况，纠正超期未交付监狱执行刑罚的罪犯 23 人，将保外就医期满未收监的 9 名罪犯收监，对看守所发生留所服刑犯逃脱事故 2 件 2 人进行了督查督办。

2007 年，强化刑罚执行监督工作。共发现 18 名监外执行缓刑罪犯脱管漏管，及时找准原因并向监管机关发出“纠正违法通知书”，依法进行核查纠正；为了防止超期羁押情况的发生，共向办案部门催办 34 件 52 人。其中：书面预警提示 12 件 25 人，口头提示 22 件 27 人。直接向黔南州中级人民法院口头提示案件即将到期 2 件 4 人，杜绝了超期羁押现象发生。是年，监所工作通过了二级达标。

2008 年，在刑罚执行和监管活动中，定期开展监外执行检查，为防止超期羁押，向办案部门催办 60 件 138 人，未发现“超期羁押案件、不及时交付执行、违法留所服刑”等现象。通过与在押和出所人员谈话 92 人（次），促使他们认罪伏法，接受教育。配合监管机关对监区内外进行安全大检查 11 次。针对监管存在的问题，口头和书面提出检察建议 27 次。同时，建立了驻所检察接待制度，检察长驻所指导工作 10 余次，分管副检察长指导工作 25 次，较好地完成了监管和监督工作任务。

2007 至 2011 年，在对看守所派驻检察工作中，对五种监外执行罪犯脱管、漏管情况，发出纠正违法通知书 63 人（次），均得到执行机关采纳；认真开展清理超期羁押专项检查活动，全面推行案件到期预告、催办、跟踪监督等制度，无超期羁押问题发生；与看守所协作配合中，全面排查和打击“牢头狱霸”，坚持抽查与集中检查相结合，重点围绕“六防”环节扎实开展安全防范大检查，保证了看守所安全管理规范和无安全事故发生。

2011 年，监所检察科向办案部门催办 89 件 109 人，未发生超期羁押情况。在日常驻所工作中，发现看守所在执法活动中存在的问题和轻微违法，提出书面纠正检察意见 18 件（次），均得到看守所的采纳；审批留所服刑人员 1 人，审批留所服刑人员减刑 1 人；对照《贵州省检察机关规范化等级检察室动态管理办法》，驻所监察室晋升为二级规范化检察室。

2012 年，加强刑罚执行和监管活动监督。扎实开展对看守所监管活动和刑罚执行活动的监督；强化对执行罪犯的监管和社区矫正活动法律监督；采取口头提醒、书面形式催办案件 156 件 206 人，继续保持无超期羁押；监督监外执行罪犯托管、漏管 32 人（次），发出纠正违法通知书 1 份，纠正监管活动违法情形 11 件（次）。

是年，主动与县社区矫正办进行无缝对接，定期进行信息交换。对脱管、漏管、虚管的情形，及时发现与及时处理，为做好全县社区矫正工作奠定了坚实的基础。

2013 年，围绕黔南州人民检察院下发的《2013 年监所检察工作要点》认真开展各项工作。在防止超期羁押工作中，对案件实行一人一卡登记和提前预警告知，督促办案机关做好案件换押工作，对即将到期案件进行提前预警告知并督促及时换押，全年未发生超期羁押情况。对刑罚执行和监管活动中的违法情形提出书面监督纠正文书 17 份，其中：纠正违法通知书 12 份、检察建议书 2 份、驻所检察建议书 3 份。

是年，认真做好安全防范检察工作，与县公安、武警中队召开联席会议 8 件，对监管场所进行安全大检查 10 次；与社区矫正办召开联席会议 7 次；在社区矫正检察监督中，发现存在有脱管漏管的情况，及时予以纠正 8 件 8 人，并发出检察建议 1 件。是年 6 月 25 日，监所检察工作得到县人大主任会议的充分肯定。

2014 年，按照省（州）院关于《减刑、假释、暂予监外执行专项检察活动实施方案》的要求，切实开展对减刑、假释、暂予监外执行情况的清理摸排工作，逐人建档并对保外就医的“三类罪犯”开展实地走访调查。到乡镇开展社区矫正监督检查 3 次，发现脱管漏管情况后及时向县司法局提出检察建议 3 件；与看守所等成员单位召开工作联席会议 2 次，对刑罚执行和监管活动中的违法情形，提出检察建议 1 件、纠正违法通知书 3 件。

2015 年，监所检察工作充分发挥监督职能作用，推进安全防范各项措施落到实处。元旦、春节等国家重大节假日期间，积极督促和配合看守所对监区进行安全大检查，消除安全隐患。向看守所发出建立 A、B 门的检察建议，已得到落实，确保了监管场所安全；坚持对案件实行一人一卡登记和提前预警告知，督促办案机关做好案件换押工作；对即将到期案件进行提前预警告知并督促其及时换押，向看守所发出纠正违法通知书 1 份，已得到纠正；以维护在押人员权利为重点，切实履行监所检察职责。依法对公安部门查办的 1 件 1 人滥伐林木犯罪案件，对所关押的犯罪嫌疑人进行了羁押必要性审查，被办案部门采纳，并为犯罪嫌疑人办理了取保候审法律手续。

是年，加强对罪犯交付执行与留所服刑情况的监督，确保相关规定落到实处。积极参与看守所召开的会议，了解分析在押人员和留所服刑罪犯的思想动态和改造情况；坚持对办案时限监督，对在押人员实行案件进程跟踪；督促看守所履行好羁押期限预警职责，使办案机关能及时办理换押手续。全年未发生久押不决案件和超期羁押案件。

是年，强化对被监管人合法权益的司法保障。坚持开展检察官接待日活动，落实在押人员教育谈话制度，规范和改进被监管人及其亲属控告、举报和申诉的工作，并更换了驻所检察室检察信箱和牌子。

是年，加强和规范社区矫正检察工作。全年共前往全县 10 个乡镇司法所，进行监外执行（社区矫正）监督检察 2 次，检查中对于不按规定进行的“基础档案、台账录入和考察记录填写工作的部门”等情况，均提出口头检察建议 1 件，对存在脱管、漏管情形的，向司法局发出《纠正违法通知书》文件，以引起执行单位重视，整改并书面回复检察院。

第六节 控告申诉检察

一、机构概况

1985年，随着检察机关法律监督职能的扩展，内部各业务部门职责的调整，增设控告申诉检察机构，与监所检察科合并为控告申诉监所检察科。主要任务是受理群众来信、接待来访，处理涉及刑事、民事、行政案件及诉讼问题的控告、检举、申诉和自首；承办有关的控告、申诉案件；受理人民检察院负有赔偿义务的刑事赔偿案件；结合处理来信来访和办理案件，宣传法制，对来信来访人提供政策法律咨询，帮助提出解决问题的正确途径和法律程序，为民排忧解难；处理矛盾可能激化的控告申诉；参与社会治安综合治理；分析控告申诉情况，及时反馈信息，提供案件线索。

1987年，县检察院设立举报中心。举报中心的任务是：受理犯罪案件举报，结合分析举报情况，转办、举报案件，组织初查某些重大紧急和一时性质不明的案件，其受案范围包括受理贪污、贿赂、偷税、抗税、挪用公款、渎职等刑事犯罪案件；受理侵犯公民民主权利等属于检察机关管辖的其他刑事犯罪案件，严格按照高检院颁发的《人民检察院控告申诉检察工作细则（试行）》全面开展控告申诉检察业务。

2015年，控告申诉检察科内设举报中心、刑事赔偿工作办公室。

二、工作情况

1992年，共受理来信来访和举报228件（次），其中，来信200件，来访18件（次），举报贪污线索10件。认真查办控申案件，程序合法，手续完备；全年共查办控申案件11件。其中：办结重婚2件，“告急”3件；初查：贪污3件、控告3件，挽回经济损失10万余元。

1993年，受理群众来信来访205件。其中来信165件，来访38件（次），重要信访31件（次），查处告急信访4件；以上信访坚持按照“统一受理、认真筛选、及时分流”的原则，交自侦部门及有关单位处理。另办理再申诉案件2件，办理重婚案件4件7人。其中：党员2人，向法院起诉2件3人，免诉2件4人。

是年，共受理举报线索36件，其中，贪污16件，贿赂3件，挪用10件，偷税2件，其他5件。其中：向举报中心举报20件，直接向经济科举报16件，直接初查的5件，追回赃款5000余元。

1994年，县检察院控告申诉部门被黔南州人民检察院评授予了“文明接待室”荣誉称号。

1999年，共受理群众来信82件，来访71件（次）。其中：副检察长亲自接待38件（次），受理举报线索15件，开展举报宣传4次，发放宣传资料300余份。共受理民事申诉案件15件，立案审查5件，初查率为100%，所立案件向黔南州人民检察院提请抗诉1件，建议黔南州人民检察院提请抗诉4件。对未立案的9件案件，积极做好息诉工作，另1件转县法院受理。

2000年，共收到群众来信93件，转相关部门处理。接待来访群众4次，受理刑事赔偿案件3件，已作出处理决定，州检察院维持县检察院所作的决定。

2001年，共受理群众来信98件，接待来访26件（次），其中涉及刑事申诉2件，进行立案监督1件，民事申诉4件，均及时作了分流处理。妥善处理了告急信访和集体上访，开展举报宣传5次，发放宣传资料600余份，较好地发挥了“桥梁”和“窗口”作用。

2002年，依照法律规定，认真开展群众来信来访接待处理工作，及时作出答复。积极开展法治宣传工作，发挥“桥梁”和“窗口”作用，为群众做好服务。

2003 年，共受理来信 36 件，来访 37 次，均及时作了分流处理；处理告急信访 2 件；坚持检察长接待日制度，检察长在接待日共参加接待来信来访 38 件（次），对其中 18 件（次）及时作了批转意见，并转有关部门处理或直接答复来访人。

2004 年，实行“首办责任制”，全年共受理来信 31 件，来访 42 次，对来信来访均及时作了分流处理；受理民事、行政申诉案件 3 件，受理刑事申诉案件 1 件，举报中心对 18 件线索统一归口管理，及时作了分流处理，并妥善处理 2 件告急信访。坚持接待日制度，检察长在接待日共接待来信来访 48 件（次），对其中 21 件（次）及时作了批转意见，转有关部门处理或直接答复来访群众。

2008 年，共受理群众来信来访 60 件（次），妥善处理了涉检信访 2 件，告急信访、集体信访各 1 件；受理了 3 件刑事申诉案件和 3 件举报案件；对 4 件被害人不服公安机关不立案的案件，进行了立案监督；开展法制宣传活动 7 次，下访巡访活动 8 次，及时解决群众咨询和反映的一些法律问题，充分发挥了县检察院控申“窗口”作用。

2007 至 2011 年，发挥控申科文明接待窗口作用，完善检察长接待制度，落实首办责任制，建立了控告申诉举报接访大厅。5 年共受理各类群众来信来访 352 件（次）。其中检察长接访 86 件（次），通过经常性的下访巡访化解矛盾，做到检察环节无涉检信访；办理刑事申诉案件 6 件，办理国家刑事赔偿案 2 件；从办公经费中拿出 7000 元对 5 名受害人进行司法救助，均做到结案了事，息诉罢访；认真开展案件复查、评查工作，共复查、评查案件 9 件，均能做到实体正确，程序合法。

2012 年，开展“举报宣传（月）周”“矛盾纠纷集中排查”“涉检信访积案清理和案件评查”等专项活动。坚持检察长轮流接访制、首办责任制和领导包案制，全年共受理各类群众来信来访 90 件（次），其中，举报 17 件（次），刑事、民事申诉信访 73 件（次），对来访群众反映的情况都给予明确答复，开展下访巡访 6 次；从办公经费中拿出 4000 元对 2 名受害人进行司法救助；复查终结 4 件刑事申诉案件，认为实体正确、程序合法后答复申请人并做好息诉工作。

是年，投入 13 万余元建成三级远程视频接访系统。通过完善“依法处理、教育疏导、刑事救助”等工作机制，解决群众的合法合理诉求，努力实现案结事了、息诉罢访，在检察环节没有发生群众越级上访事件。

是年，以“四帮四促”“联乡驻村”和“认门入户连亲”活动为载体，将检察服务和法律宣传送到乡镇、机关、厂矿企业、学校以及乡村街道，努力把法律监督的触角延伸到基层。院党组成员分组深入乡镇和厂矿企业，召开座谈会 8 次，征集社会各界提出的意见和建议 20 余条，针对意见和建议制定落实了加强和改进检察工作的具体措施，切实增强服务大局的主动性和针对性。

是年 9 月，“全州人民监督员与新刑诉法衔接研讨会”在惠水县召开。

2013 年，开展“举报宣传（月）周”“法制宣传月”等活动和带案下访工作。全年共受理群众信访 69 件（次），其中，举报 9 件（次），刑事、民事申诉信访 60 件（次）。均按时分流处理，没有出现积压和拖延情况；带案下访巡访 5 次，利用诉讼外调解成功处理了 2 件民事纠纷案件，促使双方当事人息诉罢访，取得很好的社会效果和法律效果。初核举报线索 2 件，复查刑事申诉案件 4 件，开展立案监督 3 件，处理涉检信访 1 件，开展法制宣传 5 次，开展司法救助 4 件，工作取得预期的效果。

2014 年，共受理群众举报、信访 73 件 91 人次，均在七日内作了分流和答复处理，没有出现积压和拖延不办的情况。立案复查并办结 2 件信访人不服法院刑事判决提出的刑事申诉案，依法向县法院发出再审检察建议，被采纳并进行改判；进行案件风险评估 4 件 4 人，妥善处理“告急访”1 件，终结涉检信访1件，开展刑事立案监督4件；启动远程视频接访1次，邀请特约检察员参与接访1次；加大检察环节司法救助力度，对4名生活确有困难的刑事被害人及其近亲属开展司法救助，发放救助金8.9万元；开展举报宣传和法制宣传8次，开展送法进校园宣传活动2次。通过宣传，有2人到县检察院投案自首；选派一名检察干警驻县群众工作中心，配合开展接访工作，共接待群众来访咨询67人次，均作好答复处理。

是年，院监所科邀请社会各界人士召开党的群众路线教育实践活动座谈会；3月19日、20日，县检察院以“践行党的群众路线，自觉接受群众监督”为主题开展“检察开放日”系列活动；12月12日，邀请特约检察员参与接访工作。

2015年，共受理群众信访38件40人（次），均在7日内作了分流和答复处理，无积压和拖延不办情况发生；受理刑事申诉案件2件，均因不符合立案复查条件不予立案复查或不符合受理条件而不予受理，分别对申诉人做好答复解释工作。

是年，办理司法救助申请3件，救助金额共计19000元；开展刑事立案监督2件，通过与公安机关联系，调查了解案情，结合案情，做好申诉人的思想工作，使信访人息诉罢访。

第七节　民事行政检察

一、机构

民事行政检察是法律赋予检察机关的一项重要职责，是人民检察院依法对民事行政诉讼实行法律监督的专项业务工作。检察机关通过审查法院民事、行政裁判的合法性，对民事审判活动和行政活动进行监督，维护司法公正。其中，民事审判监督是人民检察院对人民法院审判民事案件和经济纠纷案件的活动是否合法实行监督；行政诉讼活动监督是检察机关对人民法院的行政审判和全部行政诉讼活动是否合法实行监督。1982年颁布施行的《中华人民共和国民事诉讼法（试行）》第12条规定：“人民检察院有权对人民法院的民事审判活动实行法律监督”；第3条规定：“法律规定由人民法院审理的行政案件，适用本法规定”。1991年，第七届全国人民代表大会第四次会议通过《中华人民共和国民事诉讼法》，对审判监督程序抗诉的规定较为完整：明确了抗诉主体；规定了抗诉的法定情形；明确检察机关提出抗诉的案件，法院应当再审；人民法院再审时，应当通知人民检察院派员出席法庭。民诉法的颁行，使人民检察院依法行使民事行政检察职权有了一定的可操作性，促进了民事行政检察工作的健康发展。

1995年，检察院内设民事行政科。1997年，设民事行政检察科。2014至2015年，民事行政检察科加挂生态环境保护检察科牌子。

二、工作情况

1997至1999年间，检察院民事行政检察科依照法律规定，对民事行政违法行为和民事行政审判互动进行法律监督，对确有错误的民事、经济、行政判决、裁定，按照审判监督程序提出抗诉。通过法律宣传、咨询，从有关单位了解情况等寻找案源，遵循“敢抗、会抗、抗准”的原则，查清真相，及时提出抗诉意见报告；积极参与庭审活动，加强诉中监督等，保护公民合法权益不受侵犯，增强了监督效果。

1997年，受理不服法院判决、裁定的民事、经济、行政申诉案件5件，决定立案审查2件，对明显不公、确有错误的案件向上级检察院提请抗诉2件。对人民法院判决、裁定正确的案件，积极做好当事人息诉工作。

1998年，立案办结建议、提请抗诉案件4件。其中，建议提请抗诉3件，提请抗诉一件，审结率为100%。在民事审判活动和行政诉讼活动中开展诉中监督3次。

1999年，受理民事行政申诉案件15件，立案审查5件，全部提出抗诉。对法院判决、裁定正确的9件，积极做好当事人息诉工作。

2000年，共受理案件4件，经审查后，立案3件，全部办结。其中，建议提抗2件，提请抗诉1件。

2001年，共受理民事行政申诉案件4件，立案审查4件（均为一审案件），其中提请州院抗诉2件（再审后2件都已改判），作息诉处理2件。

2002年，依法开展民事行政检察工作，做好民事、行政案件抗诉工作和庭审诉中监督，对法院判决、裁定正确的案件，积极做好当事人息诉工作。

2003年，共受理民事行政申诉案件4件，作息诉处理2件，立案2件，提请抗诉1件，建议法院再审1件（法院启动再审程序），接待群众来访申诉9次；配合县政法委组织法制宣传5次，发放宣传资料200余份。

2007至2011年，认真强化民事行政检察监督，以办理抗诉案件为突破口，拓展监督渠道，创新监督方式。共受理各类民事行政申诉案件69件，立案审查35件。经审查：依法提请和建议提请黔南州人民检察院抗诉7件，发出再审检察建议5件，督促、支持起诉14件，发出检察建议9件，开展立案监督3件；对法院正确的判决、裁定，耐心细致地做好当事人的息诉服判工作，有效地维护了司法权威。

2012年，继续加强对民事审判和行政诉讼法律监督。全年共受理不服人民法院判决民事行政案件11件，经审查决定立案7件。其中，建议提抗和提请州院抗诉各1件，提出再审检察建议2件，对认为裁判正确的7件申诉案件。对涉及国家和社会公共利益的案件，督促起诉2件，支持起诉2件，挽回经济损失26万余元；办理执行监督5件；发出检察建议书1件。

2013年，继续加大民事行政检察工作力度。全年与县法院召开工作座谈会议1次，受理民事行政申诉案件3件（行政申诉1件、民事申诉2件），初查率100%。其中：建议州院提请抗诉1件（已采纳），促成双方当事人和解1件，不支持监督申请1件，出席再审法庭1件（次），法院再审后，通过调解书作出改判原判决，办理督促起诉11件，为国家挽回经济损失66万元。

2014年，强化对环境资源的司法保护，对惠水县生态环境现状及生态环境领域案件进行调研，加强与相关职能部门的沟通协作，配合环保部门对污染企业进行现场检查，行政处罚3家环境违法企业、限期整改1家，向公安机关移送2件违法犯罪线索。

是年，对同级人民法院审判程序违法线索、民事行政执行活动违法线索初查7件，立案受理7件；针对审判程序违法行为发出检察建议1份，针对民事执行活动违法行为发出检察建议6份，同级人民法院均予回复采纳；积极开展督促起诉工作，对相关职能部门发出督促履职检察建议书16份，均得到回复并予以采纳，追回国有土地出让金、人防工程易地建设费等国有资金共1027.7192万元。

2015年，继续加大对生态环境的司法保护力度，积极开展“生态·环境保护检察专项行动”，坚持打击犯罪和修复环境并重。共批准逮捕破坏生态环境犯罪嫌疑人12人，提起公诉27人，查办生态环境领域职务犯罪嫌疑人5人；监督公安机关立案查处涉及生态环境领域案件2件；向行政机关发出督促履职建议51份；配合环保部门开展大气污染防治检查6次；牵头组织召开惠水县“补植复绿”联席会议并形成机制，向行政机关发出补植复绿意见书15份；落实行政执法与刑事司法联动机制，与林业、环保、水务等行政执法机关建立对接长效机制5个。

是年，行使民事行政检察权，加强对涉及生态环境保护领域的行政督促履职。共办理行政督促履职案件52件。重点查处生态环保领域职务犯罪，对群众举报的2件涉及生态环保领域职务犯罪线索进行立案查处，并向人民法院提起公诉，涉及生态环保领域职务犯罪2件4人；积极开展职务犯罪警示教育和宣传工作。先后到林业、国土部门开展涉及生态环保领域职务犯罪警示教育，牵头组织环保、森林公安等部门，到好花红镇三都小学及大龙中心校开展“生态环保牵手进校园”法制宣传活动2次，配合环保部门开展大气污染防治整治检查16次，与相关行政执法机构建立了5个长效机制。

第八节　职务犯罪预防

一、机构

1997年，贯彻落实《贵州省预防职务犯罪工作条例》，在反贪污贿赂局内成立了专门预防机构，配备专职预防人员，将个案预防与行业预防、专门预防与社会预防结合起来，加强综合治理，使职务犯罪预防工作逐步走向规范化、制度化和社会化。积极推动建立县委领导下的预防职务犯罪工作体系，社会化大预防格局逐步形成。

2001年，县检察院核定内设职务犯罪预防科。2013年，撤销原职务犯罪预防科，设立职务犯罪预防局，为直属检察院内设副科级机构。2015年，职务犯罪预防局内设犯罪预防科、警示教育科、综合指导科。

二、工作情况

1999年，共依法初查国家机关工作人员涉嫌贪污贿赂、挪用公款、渎职“侵权”等职务犯罪案件线索12件，初查率100%，初查后立案侦查5件9人。其中：贪污1件1人，挪用公款2件5人，非法拘禁1件1人。

是年，查办发生在国有企业中的贪污贿赂、挪用公款等犯罪案件，立案查处了贵州永安电机厂驻兴义经营部负责人陈建平挪用公款6万余元的案件，为该企业追回赃款6万余元。

2003年，构建“在党委统一领导下，党政齐抓共管、部门各负其责、群众参与”的预防职务犯罪工作格局。

是年，对县自来水扩建工程实施了“双优”创建活动，与惠水县摆金、三都、高镇等乡镇和供电部门建立了预防联系协调制度，并聘请了专门的预防联络员，共同构建预防职务犯罪网络。

是年，依法查办和预防职务犯罪，共受理贪污贿赂、渎职侵权等职务犯罪案件线索16件，初查16件。立案侦查9件9人，侦查终结10件10人（其中1件为2002年积案），移送审查起诉10件10人，通过办案为国家挽回经济损失18.36万元。

2007至2011年，依法查办和预防职务犯罪，共立案侦查职务犯罪案件28件38人。其中：立案侦查贪污贿赂及挪用公款案件23件31人，渎职侵权案件5件7人，年均办案保持在8人左右，通过办案为国家挽回直接经济损失320万元。在立案的职务犯罪案件中，贪污贿赂大案17件，占立案总数的77%。

查处“四改一气”工程和农民工技能培训中的贪污贿赂犯罪案件，教育系统和财税、金融保险中发生的贪污、挪用公款案件，国有企业在破产改制过程中发生的商业贿赂、贪污、挪用公款案件，破坏能源资源领域的渎职犯罪等一批典型案件。

2012年，立案侦查的职务犯罪案件中大案7件8人。积极开展职务犯罪预防工作，先后在教育系统等15家单位开展职务犯罪预防教育25次，发放宣传资料3000余份，提供法律咨询115次，为金融、建筑、教育等领域的16家企业，提供了行贿档案查询服务。

是年6月，中共贵州省委党校教育长周感华带队的哲学部10余名教师一行，到惠水县人民检察院进行预防职务犯罪工作交流座谈。在听取惠水县开展预防职务犯罪工作、查办职务犯罪案件等情况介绍后，各位教师从“加强干部思想教育、强化行政公权力的监督制约、体制机制创新、行政执法人员法律素养构建”等工作角度，多视觉谈了许多很好的意见和建议。

是年12月，与县纪委共同筹建的惠水反腐倡廉、预防职务犯罪警示教育基地挂牌成立，为职务犯罪预防工作搭建了一个重要的平台和载体。一个多月内，共接待县直部门、乡镇干部13批465人。

是年，开展进机关、进企业、进社区、进乡村、进行业、进学校的“六进”活动，增强专项预防、行业预防效果。与纪委、发改、住建部门联合下发《关于在招投标活动中开展行贿犯罪档案查询工作的实施意见》为依据，接受行贿犯罪档案查询522次。结合查办职务犯罪案件，开展预防调查5次，以会释法开展案例剖析警示教育15次，发出检察建议4份。同时，提交职务犯罪发生情况及预防对策综合报告报县委、人大、政府、政协和纪委，四家班子主要领导分别作出重要批示意见，对促进相关行业和系统建章立制、堵塞漏洞、强化管理、遏制和减少职务犯罪起到了积极作用。

2013年，以县警示教育基地为依托，积极开展警示教育，以案释法，从源头上加强预防，减少职务犯罪的发生。全年以县警示教育基地为依托开展警示教育417次，接受警示教育的干部职工达5000余人。

是年，继续加强预防职务犯罪工作。全年开展行贿犯罪记录查询工作360次，共查询了543个投标单位和908名个人。经查询：有犯罪记录的单位5家，有犯罪记录的个人1名，业主单位均做出妥善处置；凡经招标程序开工建设的项目，无一家有行贿犯罪记录的施工队伍或个人进入县建设领域；建立专项预防重点工程2个，建立专项预防联系协调单位1个；全年发出检察建议151条。

2014年，把查办职务犯罪工作纳入全县反腐倡廉工作大局，继续把查办发生在群众身边、损害群众利益的各类贪污贿赂犯罪案件作为工作重点，创新办案机制，在摸准线索上下功夫，在调查取证上花力气，在办案过程中促规范，全年立案查处贪污挪用公款大案3件9人。其中：贪污公款案2件8人，挪用公款案1件1人，所立案件法院均作出有罪判决，通过办案挽回经济损失67万元，做到了立案快、查案快、结案快、质量高。

是年3月4日，惠水县人民检察院对县人民法院60余名干警开展了职务犯罪预防警示教育工作；同月20日，职务犯罪预防部门组织县供电局上百名党员及关键岗位工作人员，前往职务犯罪警示教育基地参观。

是年5月29日，黔南州预防职务犯罪业务工作推进会暨业务培训会议在惠水县检察院召开。

是年，加强与安全生产监督、纪检监察、财税、审计等单位的联系，快速介入安全生产事故调查和矿山安全检察，参与了惠水县长田乡“3·27”小煤窑事故调查；协助州检察院查办“9·23”专案；积极查办重大生产安全责任事故背后的渎职犯罪，立案侦查1件2人玩忽职守案，法院已作出有罪判决。发挥检察机关“在查办渎职犯罪案件，促进国家机关工作人员依法行政、公正司法”等方面的职能作用。

是年，在完善惩治和预防职务犯罪年度报告基础上，实行职务犯罪预防工作专题报告制度，认真分析重点行业、重点领域职务犯罪发案特点、发展趋势，提出防治对策，为反腐倡廉建设提供参考；加强职务犯罪案件剖析，向发案单位和相关部门提出防控风险、完善制度的建议8份，拟写职务犯罪案件分析4篇，开展预防调查5次；与南方电网惠水供电局、中国电信惠水分公司和惠罗高速公路第一合同段项目部等单位，建立专项预防联系机制，并在县城市投资发展有限公司生态移民工程中开展专项预防与宣传，全年开展警示教育193次，运用全国检察机关行贿犯罪档案联网查询系统，提供查询513次，严把入口关，使有行贿记录的施工队伍或个人无隙可乘，不能进入县内建设领域。

2015年，坚持“老虎”“苍蝇”一起打，继续把查办发生在群众身边、损害群众利益的各类贪污贿赂犯罪案件作为工作重点，严肃查处各类职务犯罪。全年共立案侦查贪污贿赂、渎职侵权等职务犯罪案件 8 件 10 人。

是年，坚持将预防职务犯罪关口前移，变被动预防为主动预防、案后预防为案前预防，以深入推进“网上预约查询”服务、《聚焦生态·依法行政·远离职务犯罪》和《检企共建，正风强企》等主题警示教育活动为载体，从源头上加强预防，减少职务犯罪的发生。年内共受理行贿犯罪档案查询 768 次。其中受理网上预约查询 158 次，通过开展《聚焦生态 · 依法行政 · 远离职务犯罪》的专题预防职务犯罪讲座，参加培训人员近 200 余人次；在县委组织部开展的全县第一期年轻干部培训班中，配合对 40 名学员开展了警示教育；积极介入县委组织部、县委党校开展的全县村（居委会、社区）党支部书记、主任培训班，圆满完成 4 期 415 名农村基层主要领导的培训工作；与县烟草专卖局建立预防职务犯罪联系协调制度，按照协调制度为县烟草局的干部职工开展了“检企共建，正风强企”警示教育活动。

是年，与县水务局建立惠水县中央财政资金小型农田水利重点县项目，提供优质的法律服务，营造良好的施工环境和法治发展环境；认真抓好惩防职务犯罪年度报告、专题报告、检察建议的落实，积极推动一批预防建议转化为规章制度和法律法规。

是年，共开展预防职务犯罪“进机关、进企业、进乡村、进社区、进学校”教育宣传活动 16 次；开展警示教育、预防宣传、预防告诫 129 次。利用县好花红广场电子屏幕，滚动播放《渎职篇》《清正廉洁》《腐从一点开始》等廉政公益宣传片，受到群众好评。

第三章　公　安

第一节　机　构

一、机构

1978 至 1982 年，惠水县公安局设立有秘书科、政保股、治安股、刑侦股、预审股、消防股 6 个业务股，下设城关镇、工矿区、摆金区、芦山 4 个派出所，公安队伍干警人数 54 人。

1988 年，撤销惠水县工矿区派出所，所属辖区业务工作由姚哨区派出所负责。县公安局内设秘书科、政工科、纪检、政保科、经文保科、治安科、预审科、刑侦队、看守所、消防科、交警队共 11 个（科）队，下设和平镇、姚哨区、三都区、摆金区、雅水区、断杉区、王佑区、工矿区共 8 个派出所。

1991 年，分别在惠水县和平镇、高镇镇、长田乡、大坝乡、三都镇、毛家苑乡、大龙乡、摆金镇、甲烈乡、岗度乡、摆榜乡、斗底乡、宁旺乡、雅水镇、鸭绒乡、太阳乡、抵麻乡、断杉镇、羡塘乡、抵季乡、甲戎乡、王佑镇、芦山镇、长安乡、打引乡共 25 个乡镇建立公安派出所。

2015 年，县公安局有内设机构 16 个。其中：执法勤务机构为指挥中心（加挂办公室牌子）、国内安全保卫大队、治安管理大队（加挂爆炸危险物品监管大队牌子、生态环境保护安全大队）、刑事侦查大队、经济犯罪侦查大队、交通警察大队（加挂公路巡逻民警大队牌子）、禁毒大队（加挂县禁毒委员会办公室牌子）、巡逻特警大队、公共信息网络安全监察大队（加挂信息通信大队牌子）、出入境管理大队、人口管理工作大队、公安局反恐怖工作大队、法制大队 13 个；综合管理机构：政工室、纪检监察室、警务保障室3个。派出所机构及监管机构与上年相同。派出所26个（含城西派出所），其监管所1个（含看守所、行政拘留所、强制戒毒所）。

全局有公安政法专项编制312名，实有警力295人；50岁以上民警89人，40岁至50岁39名，40岁以下167名，研究生学历4人，大学学历125人，大专学历156人，派出所警力103人，占全县总警力的34.92%。副县级1人，正科级9人，副科级实职51人、副主任科员45人。

第二节 政治安全保卫

改革开放以前，公安政治保卫工作统称为政保股。根据公安部关于“长期打算、内线侦察、依靠群众、适时破案”的方针，政治保卫工作充分发动和依靠群众，对各类反革命犯罪采取隐蔽的、长期的、尖锐的、复杂的侦察手段，防范和破获各类敌特案件，依法对政治间谍、特务、反革命分子等敌对势力和敌对分子的破坏活动，进行侦察、防范和打击，以保证党和国家的安全及人民利益。

1988年起，县公安局政保机构由股改科，内部通称为“一科”。2008年，国内安全保卫大队作为执法勤务机构设置，设大队长、教导员各1名；内设综合业务中队、案件侦查中队，各中队分别设中队长1名，指导员1名。国内安全保卫工作在新的历史时期，主要职责是负责收集掌握社会稳定、国家安全的情报信息和动态，研究拟定政策；排查、掌握、化解不安定因素；负责承办危害社会稳定和国内安全案（事）件的侦查、控制、防范、处置工作；负责在民族、宗教、意识形态领域等方面，维护国家安全的工作，负责打击“法轮功”等邪教组织以及各种有害社会气功组织工作，负责对非政府组织进行调查等工作。

1978年8月，惠水县芦山、雅羊、王佑、长安、打引、断杉区拉林、抵季、新场、定里、翁垒、甲戎及摆金区祥摆等地，大面积发现国民党传单和物品，全县及时组织民兵、干部等共2500余人上山进行搜查，共收缴反动传单54种类1300多张，物品、气球13（种）件。

1979年4月，贵州省公安厅和惠水县公安机关联合侦破反革命集团案件。经查杨某某、刘某某、范某某3名反革命集团成员，从事进行反党反社会主义敌对活动。公安机关在地方群众支持配合下，经过一个多月侦查工作，将杨某某、刘某某、范某某3人全部抓获。

1984年，全县共发生政治案件3起，其中挂钩案、反动信件、反动会道门各1起。

1995年4月5日，惠水县高镇镇涟江村两个村民组与贵州永安电机厂发生土地纠纷，经县土管局调解无效，州、县两级人民法院判决裁定后，两村民组不服判决，欲组织村民百余人包租三部中巴车到省人民政府集体上访。接报后，县委、县政府领导十分重视，组织高镇镇政府、公安部门负责人及时赶赴事发地，对上访群众做深入的教育疏导工作，及时平息了事态。

2012年，为做好中共十八大期间安保工作，围绕建设“和谐平安惠水”，积极推进城区、社区、工业园区及农村矛盾纠纷的排查调处，促进社会和谐。全年共排查出不稳定因素109起，化解82起，调处27起；依法处置群体事件8起，全县群体事件呈下降态势，与2011年同期相比下降了30%，提升了治安防范水平，维护了和谐、平安、稳定的发展环境。

2013年，组织开展处置群体性事件知识培训及技能演练活动。县公安局在岗党委成员、机关各科所队负责人、巡特警大队全体民警等共100余人参加。完成“多彩贵州”惠水2013端午“龙游涟江”系列活动安保任务。完成惠水“寻找美丽中华”全国城市定向锦标赛活动各项保卫任务。

是年，着眼于网上、网下两个战场，纵深推进国内安保大情报信息工作，通过针对性推进各种社会特勤力量建设，及时掌握深层次、内幕性消息。采取有效措施，深入排查、整治突出不稳定因素苗头问题，强化管理和防控。年内，完成各类重大政治保卫任务 10 余次，防止危害国家安全和社会稳定的重大政治事件和大规模群体事件的发生。以“千警千村认门入户连亲”“集市流动警务室”和“联乡驻村”等活动为载体，深化社区警务工作，加大矛盾纠纷排查化解工作力度，全年共排查各类矛盾纠纷 1070 件，调处成功 1017 件，调处成功率 95%。

2014 年，完成地方重大政治活动、节日安全保卫工作，确保各敏感期、节点期间地方社会治安稳定。组织情报、巡（特）警、刑侦、治安、消防、交警、国保、派出所、民兵应急队等部门警种人员 200 余名，在长田工业园区和大坝乡区域开展应急处突拉动演练行动，提升面对突发事件快反处置的能力。

是年，完成惠水端午“龙游涟江”系列活动、惠水好花红山水田园实景演出、民族民间龙舟大赛、“六月六”民族节日、黔南州第六届旅游产业发展大会等系列活动安全保卫工作任务。

是年 11 月 27 日，澳大利亚驻华大使孙芳安、驻成都总领事郭南希、驻华大使馆科学与工业事务参赞司马轩等一行，前往平塘县克度镇参观“中国大射电天文望远镜（FAST）工程”，途经惠水县境内好花红千户布依寨停留参观。其间，完成各项安全警卫任务。

是年，建立健全矛盾纠纷排查调处机制，深入开展调查摸排工作，重点对拆迁征地、矿群矛盾、企业改制、涉军群体等方面存在的不安定因素的调查排查，做好防范处置化解工作。

是年，共参与各类安保任务 60 余次，开展排查工作 50 余次，上报维稳情报信息 30 余期，情况反映 20 余期，网络舆情 60 余期。

第三节　刑事侦查

1984 年，县公安局刑侦股更名为刑事侦查队，设队长 1 名、指导员 1 名、副队长 1 名，拥有刑侦队员 9 名，配备有刑事勘察大、小汽车和三轮摩托及两轮摩托车专用车辆，并通过运用刑事技术手段，开展刑事侦查工作。2007 年，县公安局刑事侦查大队下设综合业务中队、直属中队、技术中队、有组织犯罪侦查中队、警犬驯导中队、责任区刑警中队。2008 年，县公安局刑事侦查大队内增设有组织犯罪侦察中队，机构规格为正股级。

1978 年，贯彻落实全国第 17 次、全省第 22 次公安会议精神及第 3 次全国治安会议精神，进一步加强地方社会治安工作，依据国家法律，结合实际，采取“重拳出击”“从重从快”等各种有效手段，及时侦察破案，严厉打击了各种刑事犯罪活动，有效地保卫了社会主义经济建设和改革开放成果及人民生命财产的安全。

1979 年，贯彻落实黔南州革委有关文件精神，狠抓刑事案件侦破工作，5 月 20 日至 6 月 15 日，共破获各类刑事案件 9 起。其中：凶杀 1 起、盗窃 8 起，另破 13 起，有力地打击了刑事犯罪活动。7 月，贯彻学习《刑法》《刑事诉讼法》等国家法律，有针对性开展反盗窃专项工作，破获重大盗窃集团案 1 起，破盗窃案件 55 起，缴获大量的赃款赃物，依法逮捕罗某某、周某某等 2 名主犯。

1980 年，以落实贯彻彭真在上海、广州视察的两次讲话和省州会议精神为契机，以侦察破案为重点，整治社会治安。

是年 4 月 27 日，刑事干警成功破获姚哨区长田公路桥洞大队卢光某、卢天某、陈应某等 5 人盗窃团伙型“夜袭队”，查获集体仓库大米、私用自行车及电力线等部分被盗赃物。

是年，由公安刑侦队牵头，各警种协同配合，以反盗窃耕牛为专项重点，深挖线索，在战花溪、平塘、龙里、贵定、安顺等地查获被盗耕牛案10起，追缴被盗耕牛24头，协助外县追回6头，缴获部分赃款、手表等赃物，打击处理犯罪嫌疑人14名，其中：逮捕9名，拘留5名。

是年，共破获各类刑事案件56起，其中：重大案件破19起，深挖和摧毁犯罪团伙5个，依法逮捕罪犯72人、拘留43人（转捕32人），保持了对刑事犯罪活动打击的高压态势。

1981年，以综合治理治安为重点，打击刑事犯罪活动。在县域开展的“破大案、挖团伙、堵流窜、抓扒窃”为目标的破案战役中，共破获各类刑事案件29起，破案率达78.4%。其中破重大案件14起，破案率达到93.3%，缴获匕首、火枪等凶器90余件。以刑侦为主力军、多警种合同作战，以“破大案、抓团伙”为主攻目标、破获刑事案件32起，其中重大案件破8起，依法逮捕各类罪犯32名，深挖犯罪团伙9个40人，缴获手表、收音机、录音机、自行车等部分赃物。落实省、州整顿社会治安等会议精神，严厉打击杀人、强奸、抢劫、轮奸、爆炸、纵火等六类犯罪活动。以“挖团伙、打流窜”为重点，破获各类刑事案件53起，摧毁犯罪团伙12个、成员45人，缴获各种凶器230余件，收缴赃款赃物及赃物折款13000余元，依法逮捕罪犯109人。

1982年，立足保卫经济建设，以侦查破案，严厉打击刑事犯罪活动为重点，加强社会治安管理。按照省、州的统一部署，在工矿区、姚哨区、城关镇、三都镇开展了以打击浮在面上的犯罪分子为重点的统一行动。共抓获各类违法犯罪分子93人，缴获部分现金和粮票、手表、自行车等赃物。

是年，根据党中央“坚决打击、一网打尽”的方针和省、州统一部署，以抓大案、挖团伙为重点，开展内查外调，在全县范围内开展专项行动，破获62起案件，挖出团伙19个90人，缴获赃款、赃物折款共计230865元。

1983年8月至1984年5月，共开展5次严厉打击刑事犯罪活动，收押各类犯罪分子831名，其中逮捕459人、劳教9人、少管2名、转外地处理51名、转治安处罚49人；破获各种现行刑事案件79起、积案150余起；摧毁各类犯罪团伙54个成员254人，缴获了一大批赃款赃物，有力地震慑了刑事犯罪分子。

1983年8月至1986年，按照中央“三年为期、三个战役”的战略部署和“从重从快、一网打尽”方针，在全县范围内开展三次战役，打击各种严重犯罪分子的破坏活动。相继破获1983年以付某某为首的8名犯罪团伙、1985年“1·23”程某某故意伤害致人死亡案等大案要案。

1987至1990年，继续严厉打击刑事犯罪活动，以“反盗窃、打流窜、破大案、抓防范”为重要内容，在全县范围内开展专项行动。

1990年，针对拐卖人口突出问题，开展“打拐”专项斗争，抽调21名公安干警组成7个专案组，实行定人、定案、报捕、起诉一条线的办案责任制，分赴湖南、江西、山西、福建、广东、浙江、江苏、安徽、山东、河南、河北、内蒙古12省（区）30余个县（市）调查取证，行程2.5万千米，共侦破拐卖人口案件42起，摧毁拐卖人口犯罪团伙12个59人，解救被拐卖妇女36人，儿童6人。

是年12月26日凌晨1时30分，罗甸县武装警察中队战士张某某、黄某、孙某某、翟某某、彭某、吴某等人，撬开中队武器库盗取“五六”式冲锋枪5支，“五六”式半自动步枪1支、子弹720多发，枪杀中队司务长后，持枪向惠水县方向潜逃。案发后，贵州省公安厅迅速调集警力，集中整合力量，在惠水县断杉区境内对上述6名罪犯进行围歼堵截。惠水县公安局在省公安厅的统一指挥下，调集全局大部分警力参加围歼战斗，驻乡民警张勇在此次围歼战斗中光荣牺牲，交警队队长邹治梁光荣负伤。27日上午8时，在惠水县断杉区所在地将6名罪犯全部俘获。在“12·26”事件围歼行动中，公安干警1死

3 伤、武警官兵 2 死 2 伤、被劫持人质 1 死、现场群众 2 死 1 伤；共死亡 6 人、重伤 7 人、轻伤 7 人，其中男性 18 人、女性 2 人。

1991 年，开展“夏季严打”统一行动，共组成 18 个追捕组，8 个破案组，21 个清查组分头行动。共抓获各类违法犯罪人员 40 人，摧毁盗窃通信线路犯罪团伙 1 个 12 人，破获现案、重大刑事隐案计 14 起，缴获赃款 150 元，钢线、自行车、手板车、嘉陵车等赃物，合计折款 4000 余元。

1993 年，3 月 4 日，公安局干警经过深入侦查，在和平镇摧毁一个以龙某某为首带有黑社会性质的 10 人犯罪嫌疑团伙，抓获犯罪嫌疑人龙某某、邱某某、黄某某、刘某某、王某某等大部分成员，缴获火枪 2 支、匕首 2 把。经查，自 1991 年 10 月以来，该团伙成员邱某某等人秘密组织“黑龙会”，结伙龙某某、刘某某、黄某某、刘某某等 10 人，在每人左臂外侧针刺“龙”字图案，并推举龙某某为老大，其余者以此类推。该团伙携带匕首、火药枪、铁棒等凶器多次窜入县委大院、师范、民中、二中、杨梅坡、马蹄坡、电影院、舞厅、录像室等场所，暴力抢劫、偷摸扒窃，殴打无辜群众达 20 余次，杀死 1 人，打伤群众多人。

是年，7 月 9 日，在夏季治安整顿行动期间，和平镇派出所、惠水造纸厂保卫科两部门携手侦破一起 10 人重大盗窃团伙案。经查：1993 年 4 月至 6 月，和平镇奇龙村村民古某某、王某某、杨某某、罗某某、陈某某 10 名青少年结伙，采取翻窗破门入室手段，先后在县木螺钉厂、县卫生纸厂、惠水造纸厂、县电影院及奇龙村等处作案 10 余次，盗得木螺钉、元钉、减压起动箱、水泵器、电表、钢管、自行车等赃物折价万余元。案破后，从该团伙处缴获木螺钉、元钉 465 千克，自行车一辆、作案工具 5 件（支）、凶器匕首等 3 件。

是年，10 月 4 日，县公安机关在 9 月下旬的破案会战中，力克一起专盗县城单位、商店、个体门市部及居民住宅系列团伙案。经查：1993 年 4 月至 9 月中旬，惠水摆金镇社会闲散人员张某某、结伙甲烈乡村民罗小某、辜某某、长田乡村民罗阿某等人先后流窜县糖酒公司、民贸公司、荣寿服装公司、东海商店、高镇工贸公司及南门街烟酒批发部等 13 家单位、个体及居民点连续作案 13 起，共盗得成衣裤、收录机等各类物资及现金，共计价值 24600 余元。

1994 年 9 月 24 日，县公安机关摧毁以肖某某、刘某某、王某某为首的 6 人重大盗窃团伙。经查：1993 年 10 月至 1994 年 8 月间，该犯罪团伙采取盗、销联网作案手段，先后在县城和平镇盗窃作案 22 起，盗窃各种型号摩托车 8 辆及电视机、洗衣机、喷漆机、衣物、自行车等，折价 21300 元。案破后，追缴被盗建设 60 型摩托车一辆及电视机、洗衣机、自行车等赃物，折价 8000 余元。

1995 年 1 月 8 日，县公安局在开展的“追逃打流”行动中，破获一起鸭绒乡村民吴某某等 4 人结伙的破坏盗割通信设备团伙大案。经查：自 1994 年 10 月至 1995 年 1 月内，吴某某等四犯窜入鸭绒乡高坝附近，盗得正在使用的邮电线路五档，造成当地邮电部门通信中断达 3 个月之久，直接经济损失 20000 余元。

是年，1 月 28 日至 3 月 1 日，县公安机关通过清理登记暂住人口工作，破获深挖一起重大盗窃团伙案件。经查：1994 年 11 月至 1995 年 3 月 1 日内，清镇市清龙乡外来人员罗某某，结伙和平镇无业人员任某某、石某某等共 4 人，先后窜入县邮电大楼、石油公司、汽车站、中巴车上等处盗扒作案 20 余起，盗得红山茶、遵义等各种香烟 20 余箱及其他物资，折价 1 万余元。

2002 至 2006 年，贯彻《落实中共中央关于进一步加强和改进公安工作的规定》、第 20 次全国公安会议和贵州省第 25 次公安会议精神，提高公安机关“两个水平”，本着什么治安问题突出就解决什么问题的原则，不断创新刑事侦查工作机制，定期不定期分析研判治安突出问题，严厉打击各类违法犯罪活动。全县共立刑事案件 3061 起破 1405 起；打掉各类刑事犯罪团伙 66 个，其中强奸犯罪团伙 5 个、盗牛团伙 4 个、抢劫团伙 14 个、盗窃团伙 10 个、伤害团伙 3 个，盗抢机动车辆团伙成员 260 人；深挖破获强奸、盗窃、敲诈勒索等各类案件共计 254 件，成功破获 2005 年“9·26”杀害村委主任案、2006 年“1·15”重大抢劫杀人案、“2·4”抢劫妇女系列案、“10·19”伤害致人死亡案等一批重大案件，摧毁一批犯罪团伙，解决一批治安突出问题，打击抓获一批现行刑事犯罪分子。

2006 年，以构建“平安惠水、和谐惠水”为中心任务，以“打黑除恶”为龙头，以“护一方稳定、保一方平安、促一方发展”为根本，坚持“两手抓，两手都要硬”的严打方针，打防结合、综合治理，强化对多发性、暴力型刑事案件和其他热点案件的重拳打击力度，解决人民群众关注的治安问题，深入全面开展侦查破案、重点治乱、治安防范等一系列公安工作。全年共立各类刑事案件 644 起，破 305 起。全年共刑拘各类犯罪嫌疑人 171 人，其中，刑拘转捕 102 人、直捕 7 人，深挖各类犯罪线索 56 条，破案 25 件。共打掉地方涉黑涉恶犯罪团伙 9 个 50 余人，涉案 50 余起；一举打掉抢劫、盗窃机动车辆、轮奸等重大犯罪团伙 5 个，成员 15 人，抓获网上在逃人员 40 名。

2007 年，继续保持遏制刑事犯罪高压势头，共破获各类刑事案件 316 起，刑事拘留犯罪嫌疑人 212 人，命案侦破实现发 10 起破 10 起的目标，共摧毁各类犯罪团伙 15 个 63 人。成功摧毁了龙某等 10 余人结伙的抢劫、强奸涉恶势力“战狼帮”犯罪团伙，提升了公安机关打击声威。

是年，网上办案、网上作战彰显成效，共录入接警信息 3456 条，录入受理刑事案件 308 件，通过网上各类基础信息串并查询与比对，从中发现线索破案 38 起，并经过指纹信息比对，破刑事案件 4 起，利用指纹倒查比对，破案 1 起。

2008 年，开展集中整治摩托车专项行动，成功打掉了以肖某某、吴某某、陈某某、李某某等 8 人结伙的盗窃摩托车系列案件问题，查获涉案金额 20000 余元。和平镇、摆金镇片区专项行动组共破获盗窃摩托车案件 10 起。通过综合治理无牌无证摩托车，共查扣无牌无证摩托车 300 余辆，依法处理了一批飙车行为人，行政拘留 5 人，督促办理牌照 126 辆，办理驾驶证 83 人。

2009 年，开展“反盗抢、防诈骗”社会治安综合整治行动。破获和平镇“8·19”盗抢摩托车系列犯罪团伙，深挖破获盗（骗）案件 50 余起，涉案摩托车 50 余辆，现场抓获冒充民警查扣他人摩托车的犯罪嫌疑人黎某某、杨某某 2 人，查获涉案摩托车 10 余辆。先后破获和平镇“5·15”持刀抢劫案、“9·30”爆炸案、芦山镇“8·13”轮奸案等一批重大案件，破获地方涉恶犯罪团伙 2 个 25 人，涉案 15 起。

2010 年，开展“百日破案会战”专项行动，打击各种刑事犯罪。全年共立各类刑事案件 1460 起，破 480 起，摧毁各类犯罪团伙 22 个成员 79 人，刑事拘留 347 人，批捕 246 人，移送起诉 150 件 188 人，抓获网上在逃人员 75 人。重拳打掉涉恶犯罪团伙案 1 起，抓获逮捕涉案成员 9 人，破获各类案件 13 起。全年侦破命案 15 起，案件侦办排位黔南州第二名。对重点地区开展社会治安排查整治，集中组织 2 个专案组 40 余人，分赴摆金镇、宁旺乡等地展开热点案件专项侦破工作，先后破获摆金镇系列盗窃案和宁旺乡扰乱社会治安秩序等一批大案，群众满意度进一步提升。

2012 年，继续深化“雷霆行动”，加强刑事案件侦破工作力度，通过攻坚破案，全力破要案、打系列、打流窜、打团伙、挖积案，实现“破案成绩上台阶、三访三评人民满意、维护稳定促和谐”目标。全县共立各类刑事案件 2122 起，破 1084 起，共抓获各类犯罪嫌疑人 1055 人，其中，刑事拘留 444 人，逮捕 178 人，行政处罚 430 人，劳教 3 人，移送起诉案件 180 件起诉 286 人，抓获各类网上在逃人员 216 人，保持了严打犯罪的高压态势。

2013 年 1 月 6 日，组织指挥中心、刑侦、治安、禁毒、交警、巡警、消防、和平派出所等部门警力 60 余人，利用场天在县城文化广场开展“惠水县公安机关冬春季严打暨治安防范”宣传活动。9月6日，县召开全县社会治安集中整治动员部署大会，贯彻落实省、州要求，对惠水平安建设进行动员部署，推进集中整治行动。

是年，以深入推进“打盗抢、保民安”“破案会战”“打黑除恶”等系列专项斗争为契机，重拳打击恶势力犯罪、重大团伙犯罪、盗抢骗侵财犯罪等严重影响群众安全感的恶性犯罪。成功侦破高镇“4·25”诈骗现金17万元案件、长田“5·12”现金被盗案、大坝“6·17”无名尸体案、惠水职中学生徐某某故意伤害致人死亡案、陈某某等人盗抢系列团伙案、毛某某等人盗窃机动车系列团伙案。保持对各类犯罪打击的高压态势。全年共立刑事案件1478起，破931起，破案率62.99%；共抓获各类犯罪人员467人；打击团伙18个，处理团伙成员98人；共破获各类案件318起，抓获各类网上在逃人员147人（其中抓获重点逃犯45人，追回被盗抢车辆75辆、手机130部、现金20余万元，赃物折合人民币110余万元。命案立15起破15起，侦破率达100%）。

2014年，县召开“两节”期间严打整治动员部署大会，公安刑侦工作突出重拳整治，严打恶势力犯罪、重大团伙犯罪、盗抢骗侵财犯罪等严重恶性犯罪。侦破2014年和平镇“1·6”抢劫杀人案、“3·13”王某某故意杀人案、李某某系列诈骗出租车案、罗某某贩毒案、杨某某系列盗窃摩托车案等。

是年，全县破刑事案件893起，其中，八类案件立114起破108起（放火立2破1），故意杀人立5起破5起，涉嫌抢劫杀人立1起未破，故意伤害立39起破33起，强奸立13起破14起，抢劫立56起破56起。抓获各类违法犯罪嫌疑人328人，其中，刑拘328人，批捕158人，起诉212人，抓获“三逃”人员152人，收缴手机56部、摩托车81辆、计算机17台、微型车5辆、人民币183260元等。

2015年9月30日，县召开了400余人参加的“服务群众、打击犯罪”誓师大会，组织“防暴处突方阵、单警装备方阵、交警方阵、警犬方阵”等8个队伍方阵和4个警务车辆、装备方阵，接受县四家班子领导、县人大代表、政协委员及与会代表的工作检验，形成“严打”高压态势。

是年，组织开展打击“两抢一盗”“严打盗抢摩托车犯罪”、命案排查等系列专项行动，成功侦破2015年雅水镇“2·9”故意杀人案、好花红镇“10·29”故意杀人案、夏某某系列盗窃案摩托车案等，保持了对各类刑事犯罪主动进攻的严打高压态势。全县破刑事案件387件，刑事拘留237人，逮捕133人，起诉191人，打掉各类犯罪团伙3个18人，抓获各类网上在逃人员51人；命案侦破6起，侦破率达100%。

表6-1

1978—2015年惠水县刑事案件发、破统计表

年度	刑事案件立案	刑事案件破案	破案率
1978	169	112	66.2%
1979	115	89	77.4%
1980	70	56	80%
1981	64	53	82.8%
1982	52	47	90.4%
1983	95	79	83.2%
1984	58	54	93.1%
1985	76	71	93.4%

续表6-1

年度	刑事案件立案	刑事案件破案	破案率
1986	103	76	73.8%
1987	81	67	82.7%
1988	95	78	82.1%
1989	285	219	76.9%
1990	333	246	73.8%
1991	357	266	74.5%
1992	266	214	80.5%
1993	234	177	75.6%
1994	259	190	73.3%
1995	199	151	75.8%
1996	200	155	77.5%
1997	—	—	—
1998	238	197	82.7%
1999	192	148	77%
2000	544	234	43%
2001	667	256	38.4%
2002	661	286	43.2%
2003	660	286	43%
2004	521	243	46.6%
2005	564	300	56.2%
2006	644	305	47.4%
2007	675	316	46.8%
2008	911	350	38.4%
2009	1146	249	21.7%
2010	1460	480	32.9%
2011	1505	382	25.3%
2012	2122	1084	51%
2013	1478	931	62.99%
2014	1405	893	63.55%
2015	1923	387	20.13%

第四节 治安管理

1978 年，公安部印发治保会工作细则（试行），对新时期新形势下治保会提出新的要求，县公安机关对治保人员进行了培训。治保人员作为公安机关联系群众的治安队伍，在组织群众维护治安、改造“四类分子”、查破案件等方面发挥了积极作用。

1979 年，县贯彻落实全国第 17 次和贵州省 22 次公安会议精神，加强基层治保工作，共整顿建立治保会 351 个，治保组织 1962 个、成员 1962 人，做到大队有治保会，生产队有治保组。

是年，组织治保人员学习宣传全国五届人大二次会议后颁布实施的《刑法》《刑事诉讼法》《治安管理处罚条例》等法律，提高执法守法自觉性。全年协助公安机关查破各类案件 229 起，其中刑事案件 52 起，治安案件 177 起，追回粮食 3500 多千克和部分现金，及耕牛 36 头、马 3 匹、衣物 300 余件等赃物。

是年，治保组在地方各级党委政府领导下，配合公安机关开展以“防火、防盗”为中心的防范工作。

1982 年，全县共建有 507 个治保组织，1776 人，全县 375 个大队、2298 个生产队，制定了乡规民约。

1983 年，为规范特种行业管理，县公安局会同工商部门，以城关镇为重点，对全县的集镇旅店业、修理业、刻章业、废旧金属物资收购业等特种行业进行清理整顿，建立健全规章制度，建立治保会 1 个 6 人、治保小组 3 个 12 人。

1986 年，加强对基层治保组织的整顿与管理，调整充实治保会和治保小组人员。

1990 年，根据黔南州公安局下发《加强治保会建设的通知》和《关于贯彻执行贵州省公安厅〈关于大力加强基层组织建设和公安基础工作的通知〉的意见》，县公安局对治保会进行了业务培训及工作表彰。

1991 至 1993 年，调整充实治保会和治保小组人员，强化基础，推进工作。

1993 年 6 月 10 日，湖南省醴陵市徐某某、曾某某等 3 名外流人员，非法携带公安标志、警服，前往惠水县“惠水酒家”旅店兜售被查获。当场收缴公安臂章 17 个、帽徽 16 个、警号 43 个、肩章 79 幅、领花 77 幅。同日，湖南省汉川县弯水镇外流人员张某某通过不正当渠道购进 163 件“八三”式警服，流窜至惠水县城出售，均被查获。

1994 年，根据贵州省公安厅印发的《大力加强城乡治保会建设的决定》及黔南州政府办公室印发的《关于建立健全全州治安联防制度的意见》文件精神，各派出所对辖区内的治保会、治安联防队进行调整充实，优化成员结构，组织培训，帮助治保会建立健全岗位责任制、学习例会、工作汇报、安全检查、接受群众监督等制度，提高治保会工作水平。

1995 年，县公安机关纠正了以治安队代替治保会的做法，经加强指导，发挥治保组织在社会治安工作中的作用，基本做到村有护村队、厂有护厂队、学校有护校队，派出所有治安队，主要街道和公共复杂场所有治安岗亭，重点要害部位有专门值班人员，楼群院落有守护人员，95% 以上的机关单位、学校、厂矿都落实了安全保卫制度，由上至下层层签订了治安责任书，做到职工按层次管、物品按档次管、车间按特点管、部位按重点管、厂区按规范管，为全县治安稳定做出了贡献。

2000 年，印发《惠水县公安局迎接西部大开发服务措施实施方案》，发挥基层派出所和县公安局实战部门的“窗口”示范作用。

2002 年，创新地方社会治安管理工作，结合安全生产领域“打非治违”专项行动，以“查违规、查隐患、查制度落实”为重点，对危险物品单位开展滚动式安全大检查。全年共排查涉爆单位 45 家，发现整改安全隐患36处，查处违法使用民爆物品案件1件，行政拘留5人，收缴自制炸药280千克、枪支20支；围绕“四防”工作要求，清理整顿非法开采砂石厂、小煤窑129个（处），发现整改治安隐患218处，减少和避免了可防性案件和治安突发事件的发生。

2004年，深入实际推进社会治安防控建设，公开招聘了10人组建一支县城社区专职巡防队，从低保下岗人员中挑选40名治安积极分子组建了县城治安联防队，由各乡镇政府牵头，从乡镇部门中抽调保卫人员，充实和重组乡镇治安联防组织。

2006年，采取“人往基层走、钱往基层投”措施，使基层一线警力达到总警力的61%以上。落实公安部30条便民利民措施，加大公安派出所窗口部门的职能转变和服务措施力度。全县公安派出所在电子警务管理、档案规范化建设及基层设施硬件建设等方面，均取得了明显的发展。探索拓展“警力有限、民力无限”的群防工作渠道，营造“社会是我家、社区治安防范靠大家”的良好氛围，在县城地区增强了物业管理和保安服务业管理。

是年，加大对民爆物品、特种行业及重点部位及场所的安全检查与管理。全县共清理检查30户以上的自然村寨86个，机关单位、企业、学校计205个，爆竹厂15家，砂石厂94家，加油站和液化气销售点14处，清理检查公众娱乐场所50家，旅店60家，共发现整改安全隐患218处，取缔非法燃油零售点3处，清理暂住人口6000余人，盘查可疑对象140名，清理收缴了非法持有火管枪2支、管制刀具17把、炸药49.5千克零25节、雷管200枚、导火索205米，消除了一批社会安全隐患。

是年，全县共建立治安巡防队80支，占重建数的100%，共拥有巡防队伍95人。其中：专职巡逻队4支47人，义务消防队76支907人；全年投入力量6550人次，有效接警1057起，盘查抓获各类犯罪嫌疑人292人。现场抓获的盗窃、抢劫犯罪嫌疑人19人，收缴管制刀具31件，纠正交通违章3880件，调解治安纠纷109件，构筑了基层治安防控的铜墙铁壁。

是年，以警力下沉推进社区和农村警务改革工作为突破口，强化社会治安防范和管理，全县共完成城镇警务室下驻4个和2个驻村警务室，及农村70个驻村、驻企业警务室的下驻前置。新招分配下所民警52名，基层一线警力达到256名，真正形成“大基层、小机关”的构架格局，增强了驾驭治安防控和服务群众能力。按省公安厅要求，加快派出所和警务室建设，统一派出所外观标识和标牌。

2008至2012年，县公安局治安管理大队内设综合业务中队、治安管理中队、户政管理中队、出入境管理中队。内设大队长、教导员各1名，各中队分别设中队长1名，指导员1名。2012年，治安管理大队加挂爆炸危险物品监管大队牌子。

是年，按照“严管、严治”工作要求，加强治安社会化管理。全年受理行政主要案件6162件，查处6071件，查处各类违法人员6077人，其中，治安拘留119人，治安罚款5156人，作其他处理802人，依法查处制造爆炸物品案件1起，打击处理2人。共收缴非法使用炸药453千克、雷管824枚、导火线127米、军用子弹8颗。进一步加强了对涉爆人员的培训管理，全县共有27家旅店，纳入了公安联网管理视线。

是年，北京奥运会期间，会同相关部门深入长田乡，以煤矿、沙石场、修路工程队、水泥厂等16家涉爆企业为清查重点，展开涉爆安全大检查，消除爆炸物品安全隐患，提出相关整改建议。

是年，对县城区域内娱乐场所7家网吧、56家棋牌室娱乐室、12家歌舞厅、10家酒吧、2家电子游戏室全面展开了安全大检查，按照《娱乐场所管理条例》规定，进行登记核查，从中发现4家网吧未认真执行相关登记制度，当场移交县文广局稽查队进行处理。

2010年，贯彻落实上级公安机关“必须严格排查安全隐患、必须严厉整治治安隐患、必须严肃追究责任、必须严密防范措施”的“四必须”的要求，突出了依法严管与严防并举的工作思路，共清理检查娱乐场所 28 家、涉危涉爆单位 96 家、金融单位 5 家、旅店业 44 家、废旧收购 17 家，分别按管理程序进行了整改规范。开展法制进校园活动，对校园安全检查 2000 余人次，派员维护交通秩序及校园周边巡逻 150 人次，排查出治安安全隐患 17 处，取缔“黑网吧”7 家，严处了一批不法行为。是年，共排查出肇事肇祸精神病人 18 名，逐人落实了监护人管控。

2012 年，共清理检查涉爆单位 1085 家次，发现整改不安全隐患 36 处，依法查处违法使用民爆物品案件 1 件，行政拘留 5 人，自制炸药 280 千克、枪支 20 余支。是年，全县共创建公安“示范所”6 个，其中一类所 1 个、二类所 3 个，三类所 2 个。

2013 年 5 月 16 日，在长田派出所召开城乡社区警务战略工作现场会议，就信息化条件下城乡社区警务战略工作进行安排部署。继续推动警力下沉、重心下移、保障下倾发展，形成“基础信息一体化、打防管控动态化、执法办案规范化、服务群众便捷化、队伍管理精细化”的基层基础工作新格局。

是年，按照省公安厅工作要求，将天网工程列为县政府“十件实事”之一狠抓落实。“天网工程”一期建设项目进入前端选点、设计方案评审、招标投标、开工建设工作阶段。已完成前端建设立杆 20 处，相关设备进场建设安装。

是年，落实《黔南州公安派出所基础工作规范》要求，推进信息化条件下派出所规范化建设工作，制定完善派出所内务考核规范管理办法，搞好内务规范，抓好硬件设施建设，抓好软件管理，全年共创建“示范所”6 个，其中，一类所 1 个、二类所 3 个、三类所 2 个，推进派出所执法场所的改造和全省公安机关刑侦示范责任区中队建设。

是年，继续开展治安打防控一体化体系建设，加大查禁“黄、赌、毒”社会行动和开展民爆危品专项整治行动，查处违法人员 1192 人；收缴管制刀具 148 把，炸药 280 千克、雷管 207 枚、导火索 300 米，游戏机 20 台，收缴各种枪支 29 支；清理涉爆企业 27 家、爆破作业点 46 处，清退炸药 1236 千克，雷管 1676 发，发现安全隐患 36 起，整改 36 起。

2014 年，开展矛盾纠纷排查化解、扫黄禁赌、校园周边治安整治、暂住人口房屋租赁清理、保安服务市场清理整治、打赌治爆、打“四黑四害”重点人管控、打击“三电”违法活动、娱乐场所特种行业整治、重点地区排查、公务用枪清理整治、寄递业清查等专项整治，全年查处治安行政案件 6620 件，查处违法人员 5850 人（行政拘留 273 人、行政罚款 1073 人、拘留罚款 96 人、警告 4067 人、其他处理 341 人）；侦破非法持有枪支案件 9 件，非法买卖枪支弹药案 2 起，取保候审 9 人；查处单位非法运输危险化学品刑事案件 2 件，查处涉爆行政案件 7 件，行政罚款 50400 元，行政拘留 5 人，清退炸药 2780 千克，雷管 750 发，组织无害化销毁三氧化二砷 80 余克，销毁日常工作中收缴的炸药 6288 千克，雷管 19686 发，导火索 22.8 米。查处未获公安许可擅自经营旅店案件 4 起，处罚 4 人，查处不按规定登记住宿旅客信息案件 81 起，处罚 81 人；办理爆炸物品购买证 978 份，审批购买炸药 5436164 千克，雷管 66918 发；公共娱乐场所备案 28 份，办理特业证 81 份。

是年，全县共设置社区警务室 4 个、农村警务室 10 个、集市流动警务室 1 个、片区警务室 4 个、警民联系点 23 个；明确示范派出所 10 个、示范民警 27 人；随着全县行政区划调整和乡镇“拆并建”后，在全县 208 个行政村推行了“一村一警”的警务机制，208 名警察助理通过招聘和培训已正式上岗，一村一警务助理工作得到省、州公安部门的肯定。

2015 年，共侦破赌博刑事案件 2 件，取保候审 1 人。查处赌博行政案件 16 件，抓获涉赌人员 68 人，收缴赌资70余万元及麻将机等赌具一批，行政罚款处罚68人。侦破组织妇女卖淫刑事案件3起，刑事拘留5人，取保候审1人；查处卖淫嫖娼行政案件21件，行政拘留卖淫60人；侦破非法制造爆炸物品案3件，刑事拘留1人，取保候审3人，收缴非法制造的爆炸物品292.5千克；侦破非法持有枪支案件3件，收缴非法枪支4支，取保候审3人；侦破非法行医案件1件，取保候审1人。查处违法排放污染物行政案1件，行政拘留1人。

是年，以开展公安派出所建设三年攻坚战为契机，重心下移，关口前移，提高基层社会治安管控能力。全年共设置社区警务室4个、农村警务室10个、集市流动警务室1个、四区警务室4个、警民联系点23个、明确示范派出所10个、示范民警27人。

表6-2

1979—2015年治安案件查处统计表

年度	受理数	查处数（起）	查处率
1979	177	177	100%
1980	267	267	100%
1981	317	317	100%
1982	234	234	100%
1983	176	176	100%
1984	99	93	93.9%
1985	133	128	96.2%
1986	110	110	100%
1987	120	104	86.7%
1988	141	13	1%
1989	247	243	98.4%
1990	227	206	90.4%
1991	279	244	87.5%
1992	—	—	—
1993	316	308	97.5%
1994	268	259	96.6%
1995	308	299	97.1%
1996	403	390	96.8%
1997	—	—	—
1998	298	287	96.3%
1999	296	288	97.3%
2000	412	369	89.6%
2001	1652	1519	91.5%

续表6-2

年度	受理数	查处数（起）	查处率
2002	1067	1042	97.7%
2003	959	916	95.5%
2004	594	575	96.8%
2005	459	448	97.6%
2006	466	424	91%
2007	13363	13343	99.8%
2008	6162	6077	98.6%
2009	5513	5512	99%
2010	1297	1278	98.5%
2011	1052	1029	97.8%
2012	1067	1042	97.6%
2013	1859	1484	79.83%
2014	6800	6620	97%
2015	2958	2181	73.76%

第五节　户政管理与改革

1978 年，县公安机关结合对敌斗争统一行动，对城关及各区公所所在地的常住户口进行重点抽查，并对重点人口加强控制，切实掌握其动态。对农转非户口进行严格审批，对不该批准的进行耐心说服教育，审批中坚持事实准确、理由充分、证明齐全、手续完备。

1979 年，为加强派出所的业务建设，适应工作需要，提高业务知识，安排民警参加全州户籍人员会议，交流户口管理经验，研究是年人口统计问题。

1980 年，开展户口清理，对户口进行整顿，对人口统计进行调查，补报 1980 年出生、死亡人口数。

1982 年，根据贵州省政府关于解决内迁职工家属农转非户口有关问题和省公安、粮食、劳动部门相关文件，对县内迁单位相应地建立专门机构设专人负责此项工作。是年，全县计有家庭 62015 户、人口 330270 人；其中：非农业人口 7425 户、28921 人。户籍管理日常事宜有：对常住户人口的出生、死亡、迁出迁入、变更、更正的登记、注销；对暂住户的登记、注销；办理农转非人口的有关手续；开展户籍调查，为有关部门提供打击刑事犯罪和经济犯罪情况；按规定时间进行人口户籍统计上报。

1983 至 1985 年，惠水县内迁职工农业户口家属子女“农转非”工作，继续按照（1982）省通字第 47 号文件规定，由专人办理，反复深入各内迁厂矿核实，并按照贵州省公安厅下达的指示进行批准。

1986 年以后，全县常住户口管理工作制度日渐完善，派出所户籍内勤工作在坚持按规定办理户口日常业务的同时，着重点逐渐向重点人口管理方面转移。

1987 年 3 月 12 日，根据国务院（1977）140 号文件、公安部（1978）公发（治）71 号和（1980）公

发（治）102 号文件精神，对惠水县农转非户口审批工作做了具体规定。是年，开展居民身份证颁证工作。

1988 年，全县总人口 70653 户 350885 人（男性 177535 人、女性 173350 人），其中非农业人口 29125 人，主要集中在城关镇，计 5992 户 21394 人；少数民族人口 197121 人（含苗族 73382 人、布依族 122992 人、侗族 91 人、彝族 30 人、水族 24 人、回族 165 人、仡佬族 112 人，壮族 80 人、瑶族 16 人、其他族 229 人）。是年，全年进行居民身份证颁证工作，计照相 180000 人，并下发居民身份证 12000 余人。

1989 年，为及时、准确、统一、完整地完成人口资料 11 种报表 193 项内容的统计工作，根据公安部和贵州省公安厅部署，县公安机关采取以会代训方式进行传达和布置，按要求进行了审核和汇总上报。

1990 年，惠水县公安局组建户政科。

1991 年，县公安局在农村开展一家一户小户口簿发放工作，这是农村户口向城市化管理迈进的一步。

1992 年，乡镇实施“建并撤”后，县公安机关完成了全县乡镇派出所户口接管工作。

1993 年，县公安户政部门参加了黔南州公安局召开的户政科长及内勤会议，交流了户政管理有关工作。

1994 年，根据公安部《关于各地出台小城镇户籍管理制度改革方案的通知》要求，按照部署抓好小城镇户口管理改革试点，惠水县开始采用微机汇总人口年报。

2003 年，根据县委、县政府《关于鼓励外来人员到县城定居的有关规定》，结合落实公安部户籍管理七条便民利民措施和“三十条”服务措施规定，再次放宽了进城非农人口落户门槛，只要有合法固定的住所、稳定的职业或稳定的生活来源都给予落户。

2008 至 2012 年，户政管理工作划归治安管理大队，内设户政管理中队；设中队长 1 名，指导员 1 名。

2008 年，开展派出所人口基础信息建设，全县共录入实有人口 435938 人。基础信息采集率完成 100% 以上，保质保量完成黔南州公安局下达的信息采集任务。是年，二代身份证 16 周岁以上人口数办理 207679 人，占全年任务数 64.27%；全县常住人口信息和旅店业数据信息等基础信息采集质量均排位在黔南州前列。

2009 年，公安户政窗口部门推进了信息化公共服务平台的运行。户籍部门实现了“一站式”办理，即办理一次户籍业务，由过去的多次往返变成一次性办结。全县流动人口纳入了微机化管理，废除了手工办证，实现办证、信息采集一体化。

2010 年，县公安户政部门以抓好“六普”工作为着力点，强化人口管理创新举措，切实推进“以证管人、以房管人、以业管人”的工作开展，在全县范围内展开了“涟江一号”专项行动，共排查出特殊人员 781 名，从中了解掌握思路动态和活动轨迹，为治安管控提供依据，从中深挖破获“3·12”冒充警察抢劫案、“3·22”抢夺案等案件。

2012 年，全县实有人口为 451054 人。其中非农业人口 45025 人，农业人口 406029 人。是年，办理居民二代身份证 40883 个。

2013 年，治安管理大队不再内设户政管理中队，户政管理中队单列为人口管理工作大队。9 月 5 日，召开人口信息项目采集工作推进会。

是年，以情报信息工作推动人口管理精细化、精准化建设，情报信息的“导稳、导控、导侦”体系雏形基本形成。1 至 12 月，利用“大情报”基础信息和技战法破案 128 起（配侦破案 103 起，自侦破案 25 起），破案数占全县总破案数的 13.75%，抓获犯罪嫌疑人 62 人，实现以信息化支撑、情报信息主导为主要内容的战斗力生成模式的转变。录入“重大事件预警防范系统”信息 712 条、下发预警指令 744 起。成功处置事件 12 起，通过红色预警抓获在逃人员 21 人，临时布控 2889 人。

第六节　监所管理

2008 至 2012 年，县公安系统设惠水县看守所、惠水县行政拘留所、惠水县强制隔离戒毒所。看守所、拘留所和戒毒所实行“一套人员、三块牌子”的管理体制。核定政法专项人员编制 12 名；其中：分设所长和教导员各 1 名，副所长 3 名。主要负责对在押人员的管理和教育改造工作；负责对有关政策和制度的落实；掌握羁押情况，检查、指导收押场所安全防范工作；负责对拘留人员的执行、管理和教育工作。

1980 年，县公安机关贯彻执行“两法”、《逮捕拘留条例》，贯彻落实第三次全国预审工作会议精神，对看守所进行整顿。

1981 年，县看守所加强制度建设，改进工作方式和作风，做到把犯人当人看，对犯人不体罚，不虐待，不侮辱人格；改进犯人伙食，改善监所卫生条件，减少了犯人疾病，犯人生病得到及时治疗。全年没有发生犯人行凶、逃跑、自杀等重大事故。

1982 年，县看守所有监房 10 间，使用面积 160 平方米，平均每人占 3.2 平方米。

1983 年，县看守所与刑事侦查部门密切配合，在收押人员中对各类刑事犯罪积极开辟侦查破案第二战场。

1990 年，贯彻执行《看守所条例》，加强看守所、收审所、拘留所工作，确保“三所”安全，对“三所”进行整改，制定看守工作制度和干警教育管理意见。

1991 至 1993 年，贵州省计委和省财政厅下拨 34.5 万元，迁建惠水县看守所。

1994 年，国家计委补助惠水县看守所 10 万元，用于解决看守所改造和修缮经费支出。

2000 年 4 月，县看守所搬迁至马蹄坡。

2007 年，进一步深化内务管理，监管工作信息化建设得到加强，初步实现了无纸化办公的目标，同时，认真推进监所电网设施工程建设，确保安全。

2010 年，围绕“紧扣中心抓重点、治理隐患保安全、落实规范树形象、更新理念化和谐、突出亮点争先进、科技强警上水平”的总体要求，以认真吸取六盘水 2010 年“10・3”事件教训为警示，加强公安监管内部制度建设、信息化建设及看守所安全管理，为开辟侦查破案第二战场提供保障。

2013 年，按照“出监（所）接茬无缝对接，管理帮教无一遗漏，异地流动有效管控”的要求，刑释解教信息系统达到 100% 无缝对接。1 至 12 月共签收刑释解教人员 875 人，见面率达到 90% 以上，列管率达到 100%，全年安置刑释解教人员 13 名，重新犯罪率 4.2%，在控率 89.33%。

2014 年 7 月 9 日，公安部监管局局长赵春光工作组一行，在贵州省公安厅监管总队和州、县有关负责人陪同下，到惠水县公安监管一线巡视指导工作。

是年 7 月 25 日，黔南州公安拘留所经验交流座谈会在惠水县拘留所召开，全州 12 县市拘留所负责人共计 30 余人，参加此次交流座谈会。

是年，县看守所加大严管重点人员工作力度，确保重点人员活动轨迹在掌控中。按照“出监（所）接茬无缝对接，管理帮教无一遗漏，异地流动有效管控”的要求，刑释解教信息系统 100% 无缝对接，共签收刑释解教人员 192 人，核实 186 条，见面率达 97% 以上，列管率达 100%。

第七节 禁 毒

改革开放以来，毒品势头逐渐蔓延，县境内毒品时有出现。公安机关按照“三禁”（禁种、禁贩、禁吸）并举、“堵源截流”的工作思路，开展毒品查缉工作。

1992年9月29日，县公安局配合云南省盈江县公安局将潜逃返家至惠水县的贩毒首犯陈某某抓获归案；在其家中搜出毒资30000余元、对讲机2支、电击枪1支、子弹若干以及公安人员佩带的领花帽徽等物。经查：毒贩陈某某1976年从云南省德宏地区当兵返乡后，先后结伙缅甸棒赛的彭某某、保山个体户李某某等人，先后12次从怒江地区贩卖海洛因到下关、保山、大理一带，被云南省德宏地区公安机关查获海洛因5000余克；陈某某畏罪携带毒资15万余元逃回惠水，后被抓获。

1997年7月，县公安局组建缉私缉毒队，设队长1名，民警2名。主要统计全县吸毒人员情况并登记造册、情况摸底；承办涉毒案件的侦破工作。2008至2012年，禁毒大队（加挂县禁毒委员会办公室牌子）下设综合业务中队、毒品案件侦查中队。核定政法专项编制7名，其中：设大队长、教导员各1名，各中队设中队长各1名，指导员各1名（共4名）。禁毒大队主要职责是：组织开展禁贩、禁吸、禁种、禁制毒品工作；承办涉毒案件的侦破工作；参与对精麻药品的安全管理及易制毒化学品管理工作；收集、分析涉毒案件的情报信息，研究毒品犯罪特点、规律，制定对策；负责指导戒毒所工作；承担禁毒委员会办公室日常工作。

1999至2001年，县公安机关禁毒工作坚持“禁吸、禁贩、禁种、禁制”并举和打防结合、预防为主、综合治毒的方针，开展禁毒斗争。县委、县政府重视禁毒工作，县人大常委会、县政协多次组织开展禁毒工作调研和督察，审议禁毒工作方面提案和专议4件。禁毒职能部门齐抓共管，社会各界积极参与，打开禁毒工作新局面。全县由23个成员单位充实到35个成员单位，形成了禁毒工作的整体合力。每年“6·26”禁毒日和“12·28”《全国人大关于禁毒工作的决定》颁布纪念日期间，全县组织开展多层次、丰富性、针对性强的禁毒宣传教育活动，全面加大严打整治毒品违法犯罪活动力度。公安禁毒部门以堵源截流为重点，狠抓大案、要案的破获，共破获毒品案件130件，深挖带出两抢案件12起，摧毁贩毒犯罪团伙28个，逮捕毒品犯罪嫌疑人96名，强制收戒吸毒人员300余人次，铲除非法种植罂粟1000余株。其中摧毁地下吸毒窝点13个，缴获毒品海洛因713.9克、56零包，哌替啶、安定、三唑仑等精神药品4300粒（支）。全县登记在册吸毒人员348名，其中复吸送劳教戒毒150人次。

1999年，全县共侦破各类毒品违法犯罪案件87起，其中刑事处理32件，治安处理55件；共抓获各类毒品违法犯罪嫌疑人322人，其中逮捕贩毒嫌疑人7人、报捕18人、收戒吸毒人员186人，按规定劳教11人；计端掉吸、贩毒窝点12个40余人，缴获毒品海洛因251克、152零包，铲除毒品罂粟原植物468株、罂粟果1394个，查获精神类药品安定注射液100支、盐酸曲马朵液7支、哌替啶3支、三唑仑5227粒。

2000至2004年，全县公审公判毒品犯罪分子共40余名，做到了打击有力、惩处及时；不断开展“无毒社区”“无毒乡镇”“无毒县市”创建活动。至2004年底，全县创建无毒乡镇20个、无毒社区43个、无毒学校19个，其中高镇镇被黔南州禁毒委员会授予先进乡镇荣誉称号，成为创建活动先进典型。

2006年，按照“地方党政高度重视、公安和各职能部门合成作战，全社会共同参与”工作思路，推进全县禁毒斗争的社会化、全民化工作，努力减少毒品危害。是年，全县共查破毒品违法犯罪案件45起，抓获涉毒人员 45 人，收戒 26 人，劳教 19 人；破获贩毒案件 13 起，逮捕嫌疑人 13 人，查缴毒品海洛因 113.49 克。深入县民族中学等学校，开展禁毒法制教育宣传活动，展示宣传图板 70 余幅，受教育面 1500 余人。“6·26”国际禁毒日等重大活动期间，公安、司法等相关部门共散发宣传资料 6000 余份，展出宣传图片 200 余幅。

是年，县投入 196.5 万元，按规范要求修建惠水县戒毒所。

2007 年，加大涉毒案件打击查处、毒品流入堵截及吸毒人员的管理工作力度。共查处毒品刑事案件 12 起，涉毒案件 88 起，缴获各类毒品 13.15 克，抓获涉毒违法犯罪嫌疑人 11 人，强制戒毒 89 人，对 217 名吸毒人员进行了帮教管控。

2008 年，利用“6·26”国际禁毒日和“法制宣传月”等活动时机，开展以《禁毒法》为主要内容的法制宣传活动，提高群众对禁毒工作知识的知晓率，扩大教育面，做到打击与防范双促进。是年，破获毒品案件 25 起，缴获毒品 100 余克，氯氨酮 17.5 克。

2009 年，收缴毒品海洛因 37.5 克。

2010 年，开展毒品查缉行动 14 次，专项治理 20 次，破获毒品案件 33 起，抓获涉案嫌疑人 33 人，缴获毒品海洛因 120.99 克，铲除罂粟原植物 530 株，强制隔离戒毒 48 人，巩固了禁毒工作成果。

2013 年，侦破毒品案件 42 起，抓获犯罪嫌疑人 44 人，缴获毒品 220.46 克（其中海洛因 139.5 克、冰毒 89.96 克），强制隔离戒毒 45 人，社区戒毒 51 人，社区康复 63 人。

2014 年，破获涉毒刑事案件 42 起（其中特大贩毒案件 1 起），抓获犯罪嫌疑人 47 人，缴获毒品海洛因 217.92 克、冰毒 51.36 克，铲除罂粟 76 株，办理涉毒行政案件 68 起，其中强制隔离戒毒 54 人，处置社区戒毒 14 人，社区康复 18 人。

2015 年，破获涉毒刑事案件 10 起，抓获犯罪嫌疑人 11 人，缴获各类毒品 50.34 克，铲除毒品原植物（罂粟）36 株；查获吸毒人员 140 人，处置强制隔离戒毒 108 人。

第八节　经济犯罪侦查

1978 年后，为适应各种经济建设和公安对敌斗争的需要，县公安机关经济文化保卫部门履行对各机关、厂矿、企事业单位基层保卫组织进行指导、督促、检查，开展安全防范、法制宣传教育，对重点单位及要害部门进行保卫工作等职责，为全县经济建设和改革开放保驾护航。

1984 年，县公安局经济文化保卫部门股改为科，设置为内部“二科”；内设正、副科长各 1 名，科员 1 名。

2002 至 2006 年，贯彻落实中央关于整顿和规范社会主义市场经济秩序的文件精神，按职能要求，依法查处破坏扰乱地方市场经济秩序的各类违法犯罪活动。共破获经济案件 16 起，挽回集体经济损失 32 万元，为县开放搞活和改善投资环境。

2006 年，加强与检察院、法院、工商、税务、金融等单位的密切联系，建立联络、互通、案件移送、工作联席等互动机制，围绕事关人民群众身体健康和生命安全及切身利益等突出问题，开展打击“商业欺诈、制售假冒伪劣食品、药品、农资以及商品”等扰乱市场经济秩序的违法犯罪活动，推进“山鹰 2 号”系列专项行动。共受理合同诈骗、偷税等经济案件 3 起，其中受理立案 2 起，移送县国税局另案处理 1 起，支持和配合地方市场经济秩序整治工作。

2007 年，与有关行政执法部门配合，深入开展整治与规范市场经济秩序工作，加大打击经济犯罪力度，共侦办地方经济案件 8 起，为地方企业单位挽回经济损失 169 万元。

2008 年，县公安局刑事侦查大队内增设经济犯罪侦察中队，机构规格为正股级，原经侦业务工作并入刑侦业务工作。

是年，推进公安、工商、税务、金融等职能单位的协作机制，立案侦破各类经济案件 8 起，挽回经济损失 200 万元，维护了地方经济社会秩序。

2009 年，以公安经侦部门为骨干，多职能单位、多警种协同配合，加强对合同诈骗、侵犯商业秘密、涉稳案件等突出案件的侦破工作。侦破一起重大合同诈骗系列案件，为四川泸州第三建筑公司、湖南第四工程公司、重庆诚信建筑工程有限公司等 9 家施工工程队，追回被骗保证金 475 万元，并对案件中反映出来的企业管理漏洞，向企业提出了整改建议。

2014 年，受理经济犯罪案件 60 起，其中立刑事案件 52 起，破 48 起，依法打击处理 13 人，其中刑事拘留 7 人，移送起诉 5 人，挽回受害人直接经济损失 200 余万元，挽回企业经济损失 800 余万元，挽回民工工资 400 余万元，追缴非法所得 11 万余元，查获假烟 74 条，收缴假币 52700 元。

2015 年，共办理各类经济犯罪案件 38 起，挽回经济损失 850 余万元。

是年，查处一起非法集资案件。经查：犯罪嫌疑人徐某某（女，56 岁，居住惠水县和平镇振兴路 8 号）自 2000 至 2015 年期间，采取民间互助会形式，非法吸收公众存款，涉案金额达 1 亿元，受害群众达千人。县公安机关经过 1 年多的缜密案件调查，完成结案。

第九节　巡逻特警

1994 年 10 月，惠水县公安局巡逻警察队成立，属公安局科、所级机构，由县公安局直接领导，内设正、副队长各 1 名，队员编制 20 人，采取 24 小时执勤轮班制。

新的历史时期，公安巡（特）警坚持党的四项基本原则，坚持用建设有中国特色社会主义理论教育民警，不断加强队伍革命化、知识化、年轻化、专业化建设，逐步提高巡逻执勤处警求助能力，开展治安动态防控工作。

1998 年，开展 110 服务社会联动工作，加强 110 联动机制建设，拓宽工作责任面，提高报警服务点 24 小时接处警服务效率，使公安巡警“一警多能”的快速反应能力得到增强。

2002 至 2006 年，公安巡（特）警大队以 110“三台合一”机制为依托，加大县境内城区、重点地区社会面治安动态管控，减少防控盲区。共接处警 9894 起，调解民事纠纷 1109 起，完成各类安全保卫工作、抢险救灾任务 100 余次、救助服务群众 714 件，巡逻防控中共抓获各类违法犯罪嫌疑人 1842 名、缴获火管枪、管制刀具 48 支（件）、查缴被盗摩托车、手机、汽车等赃物折款 50 万元，查获“法轮功”宣传单 650 余份，强化社会面治安管控工作，保障人民群众生命财产安全。

2003 年，在和平镇、高镇镇、摆金镇成立了片区巡警中队组织，社会治安动态管控力度进一步加强。

2008 年，巡逻特警大队作为执法勤务机构设置，分片设置一中队、二中队、三中队；内设大队长 1 名，教导员 1 名、副大队长 1 名，各中队设中队长、指导员各 1 名；采取 24 小时执勤轮班制。

是年，进一步强化 110 指挥中枢的协调、指挥、处置能力，提高可防性案件和警情、预警反应能力，共处警 149 次，提供相关警种转处线索 152 条，现场查获刑事案件 3 起，抓获各类犯罪嫌疑人 60 余名，现场查处行政治安案件 8 起，治安处罚 8 人；作其他处理 3 人，提高了社会满意度，群众安全感进一步增强。

2009年，推进“巡警巡面、派出所巡片、交警巡线、社区民警巡点”四级巡逻防控机制，组织武警协同武装巡逻，囤警街面，整合各种治安防范力量，为迎接国庆60周年创造良好社会治安环境。

是年3月24日，公安110指挥中心通过视频监控探头发现，县城西门农业银行处，有4名形迹可疑男子长时间徘徊于自动取款机旁。17时39分，4名男子便围住正在此处取款的1名储户，采取一人搭话一人佯装换卡方式，窃取了该储户银行卡密码后，一同乘上号牌为贵AK9642的红色吉利轿车离开作案现场，110指挥中心立即发布处警指令，公安巡（特）警快速反应，仅用3分钟时间赶到指令地点，现场抓获4名嫌疑人。

2010年，推进“大巡逻”防控机制，全方位实现社会治安动态管控，本着“整体防控、精确制导、精准打击”的思路，以专业巡（特）警为主力军，合理调动精干警力100余人，全面加强对社会面治安管控，特别针对县城案件多发时段延长布控时间，加大盘查巡防力度，以最大限度抓获夜间盗抢等违法犯罪现行。在县城进出主干道路口设立了治安卡口4个，并派驻巡警定点巡防，接受群众报警救助。全年计发现犯罪线索300余条，查获各类犯罪车辆30余辆，缴获管制刀具50余把。

2011年，加强应急处置和巡（特）警工作，队伍备勤人数增至150名。以做强做大信息化警务平台为依托，突出“动静结合、追堵并用、巡查监控”等互动措施，增加“猫鼠”碰撞概率。发挥电子监控系统的技术优势，对城区街面、重点部位发生的现行抢劫、抢夺等案件迅速查控堵截，力争当场抓获犯罪现行人员。通过视频监控系统和监控视频指令，共计发现各类犯罪线索1000余条，现场直接抓获嫌疑人50余名，破获刑事案10余件，查获各类被盗机动车辆30余辆，其他线索转警110余条。

2013年2月6日，启动“公安、武警、消防、民兵应急分队春节联勤巡逻”工作机制。

2014年1月5日，组织县公安局指挥中心、法制、经侦、刑侦、交警、治安、禁毒、巡特警、消防、和平派出所等部门50余名民警，利用县城场天，在县文化广场开展“全警动员、全民参与、再掀冬季严打整治斗争新高潮”法制宣传活动，以加强社会各界对110的理解和支持，提高广大民众的治安防范意识。

是年3月3日至18日全国“两会”期间，抽调巡（特）警大队、和平派出所警力、会同县应急处突中心、武警部队、民兵应急分队等单位人员，在县城区域展开军警联勤武装巡逻防控工作。

是年，开展“大巡逻、大防控”工作，以特（巡）警为排头兵，多警种合成作战，强化地方社会面治安管控。共投入警力38400人次，出动警车4400台，接处警2422起；破刑事案51件，刑拘13人，抓获各类网上在逃人员14人，盘查可疑人员13600余人次，盘查可疑物品854件次，盘查可疑车辆9695辆次，查扣各类无牌无证无照机动车辆979辆，收缴管制器具87把；参加处置群体性突发事件36起，完成各级别安保警卫任务52次，印发安全防范常识宣传材料5000余份。

是年，为确保县城7个治安岗亭、4个治安卡点、工业园区全天24小时有足够警力巡逻盘查，县公安局“110”指挥室实行全天24小时对城区视频监控进行跟踪，在县城工业园区形成了点、线、面的防范模式。全县每个村建立不少于10人的治安巡逻队，每所学校建立不少于5人的护校队，已完成机关企事业单位41家、娱乐场所8家、服务性行业9家、特种行业5家实名制动态采集系统安装工作。在县城15个责任区内，展开巡逻盘查、设卡堵截、服务救助、维护治安等工作。共抓获现行违法人员68人，现场查获被盗摩托车18辆、建筑钢材若干，收缴管制刀具136把，当场制止违法行为215起，调处纠纷401起，有效挤压违法犯罪空间，控制各类案件的发生。

是年，以“情报主导警务”为指导，以“重点人员动态管控”和“重大事件预警防范”两大应用为重点，不断提升实战情报能力。全年共签收橙、黄、蓝三色预警指令36864条，通过三色预警指令研判，抓获涉案嫌疑人 381 人，破案 476 余起；通过白色预警指令化解涉疆矛盾 1 起；上网布控 1741 人，轨迹发现 2266 条，抓获 495 人破案 412 起，找回失踪人员 226 人；采集抓获刑事作案人员 269 人，采集治安案件查处人员 1293 人，重点人口 940 人，保安从业人员 468 人，涉爆人员 113 人，开锁人员 2 人。

2015 年，全县公安机关共投入社会面巡逻力量 5 万余人次，处置各类有效警情 6000 余起，累计盘查查缉可疑人 36600 人次、可疑车辆 18300 辆次、可疑物品 9150 件次，收缴管制刀具 105 把。全年开展专项行动 16 次，查获违法犯罪嫌疑人 86 人，破获现行案件 54 起，抓获网逃 6 人。

第十节　道路交通安全管理

1978 年起，惠水交通监理站负责全县道路交通管理工作。

1984 年，随着机动车辆的不断增多，黔南州监理站根据上级有关指示，只承办都匀市、都匀县和三都县的入户登记及驾驶员的年度审检工作，同时在黔南州境内另分 4 个片区分别对车辆入户登记和驾驶员年度审检进行办理。惠（水）长（顺）罗（甸）片区的业务由惠水县监理站办理。

1978 至 1985 年，全县共发生道路交通事故 174 起，死亡 20 人，受伤 68 人，经济损失 8725 元。

1986 年，县监理站开始承办车管业务。

1987 年，落实《关于改革道路交通管理体制的通知》文件精神，县完成了交通监理站移交、转警工作。是年，交警部门共上路查车 5304 辆，查纠交通违章 634 辆（次）；开办驾驶员业务培训班 8 期计 220 人、年审驾驶证 914 本（次）、开办交通违章学习班 10 期 189 人、年检机动车 948 辆；新建交通标志 21 个、设立分道栏 118 米、分隔栏杆 355 米、整改路障 90 处。

1988 年 1 月，惠水交通监理站划归惠水县公安局建制管理，设立惠水县交通警察队。

1989 年，全年上路查车 8548 辆，举办违章人员学习班 10 期 165 人，到学校为学生上安全课 4 次，授课学生 1066 人，给个体运输户上安全课 57 次 2001 人，驾驶员每月在交警队学习一次。共检查车辆 563 辆，审验驾驶证 1168 人，举办摩托车培训班 6 期 121 人。2006 年，围绕“降事故、保安全、保畅通”工作目标：县公安交警部门全面加强了道路交通安全整治与管理工作，确保重点国道干线和路线交通的通畅和安全。

1995 年 5 月，交通警察队改建为惠水县公安局交通警察大队，机构级别为副局级，隶属县公安局。编制 13 人。10 月 24 日，惠水县公安局交通警察大队挂牌成立。

2008 至 2012 年，县交通警察大队加挂公路巡逻民警大队牌子，下设综合业务中队、事故处理中队、车辆管理中队、责任区交警中队；核定政法专项编制 18 名，设大队长、教导员各 1 名，副大队长、副教导员各 1 名；各中队、责任区交警中队设中队长、指导员各 1 名。主要负责维护道路的交通安全、交通和治安秩序，开展道路交通安全宣传工作，依法查处道路交通违法行为和处理交通事故，承担公路治安巡逻、道路交通安全保卫等任务。

2009 年，公安交警以信息化公共服务平台入手，大力推进便民利民服务措施的落实，同步实现了道路交通管理办证、信息采集“一条龙”服务。

2010 年，公安道路交通管理工作以创建“平安通畅县区”为目标，大力开展交通秩序整治，努力压减交通事故，提高预防道路事故发生。加大对违法驾驶、疲劳驾驶、酒后驾驶、超载超速行为的查处，暂扣无牌无证摩托车 120 余辆，对农村非营运车辆、农用车辆载人存在的隐患展开了拉网式排查。

2014 年，公安交警部门全年共出动警力 8320 余人（次），共查处交通违法行为 16600 起，处罚

13751 人，教育 25000 人，查处无证驾驶 34 起，行政拘留 34 人；查处饮酒驾驶 1 人、醉酒驾驶 6 起 6 人。是年，全县共发生道路交通事故 121 起，死亡 6 人，伤 8 人；经济损失 382300 元，事故次数与去年同期相比下降 69%，死亡人数下降 25%，受伤人数下降 89%，直接经济损失下降 75%。

表6-3

1986—2015 年道路交通事故情况统计表（含简易程序处理）

年度	交通事故数	死亡人数（人）	受伤人数（人）	经济损失（元）
1986	44	10	39	15870
1987	34	8	3	1530
1988	36	13	35	10000
1989	32	11	41	19590
1990	26	10	2	13100
1991	27	11	28	19490
1992	32	23	40	未统计
1993	24	9	19	20000
1994	20	18	18	83880
1995	16	17	7	7100
1996	11	8	5	4572
1997	149	21	82	未统计
1998	19	12	10	79100
1999	14	10	2	11760
2000	13	13	14	未统计
2001	25	34	18	23400
2002	13	13	14	79200
2003	100	42	116	396130
2004	108	29	137	290270
2005	82	14	107	217250
2006	165	19	68	67710
2007	38	14	57	69200
2008	69	23	81	266700
2009	82	18	33	286250

续表6-3

年度	交通事故数	死亡人数（人）	受伤人数（人）	经济损失（元）
2010	116	11	50	294122
2011	97	10	28	271301
2012	144	7	28	538900
2013	481	45	179	1797650
2014	154	36	31	585200
2015	233	27	156	895201

第十一节 消防管理

1978 年，县义务消防组织正处于恢复重建期间，分别在城镇、农村举办了短期义务消防骨干人员训练班，推动了消防工作的开展。是年 10 月，省治安、消防工作会议后，惠水县委高度重视，从 10 月 24 日至 11 月 2 日，先后 4 次召开全县机关、厂矿企业负责人和保卫干部大会，传达落实全国第三次（治安）消防工作会议精神，会议决定全县“三秋”工作结束后，召开区、社主管政法工作负责人会议安排部署消防工作。

1979 年，围绕保护国家森林资源，大力减少火灾事故发生要求，县委召开了公安、法院、林业、农办等单位负责人会议。会后集中组织公安、法院、林业、农办、电影院、广播站等单位 13 人，宣传车 1 辆及电影放映机等器材，组成宣传调查组，深入全县各区、公社，进行《森林法》等法规宣传，做到家喻户晓。同时对发生过山火的区、公社查明原因，做到“三不放过”，依照《森林法》有关规定进行处理，警示教育广大群众。

是年，消防工作落实“以防为主、以消为辅、防消结合”方针，认真开展“安全月”活动，在全县 49 个公社、374 个生产大队、1914 个生产队和省属厂矿、县属厂矿及有关部门，建立健全了义务消防组织 1121 个 24576 人，增设消防水池 425 个，灭火机 547 只，消防桶 14578 对，消防沙堆 1235 堆。

是年，全县发生重大火灾 9 起，共损失 15 万余元。11 月 7 日 7 时 20 分许，摆金区斗底四队队员陈国某，因乱丢烟头引发火灾，共焚毁农户房屋 32 户 57 间，受灾 149 人；损失农户粮食 1333 千克、集体粮食 15000 千克、生猪 21 头、被子 126 床、衣服 196 件；烧毁五六式半自动步枪 1 支，子弹 37 发。11 月 8 日，雅水区洛平公社西牛大队社员陈海某之子陈洪某，因玩火引发火灾，共焚毁房屋 121 间，受灾农户 24 户 138 人，损失粮食 26550 千克、生猪 31 头、被子 205 床、现金 1000 元、棉絮 137 床及全部农具和家什。

1980 年，惠水县建立消防民警中队，共有 26 人；内设中队长 1 人，指导员 1 人，其中：干部 3 人，战士 23 人。1985 年，消防干警由黔南州公安消防支队调配现役武警担任。1988 年起，县公安局内设消防科。1994 年，惠水县消防民警中队共有战士 24 人。1998 年，由县公安局消防科和消防中队合并成立惠水县公安消防大队，明确为正营级单位，全称为“中国人民武装警察部队贵州省惠水县消防大队”“惠水县公安消防大队”，实行两块牌子、一套人员；下辖惠水县公安消防中队，为正连级单位。县公安消防大队在黔南州公安局消防支队和惠水县公安局的双重领导下，依照《人民警察法》规定，依法履行下列职责：组织、实施消防工作，实行消防监督；指导和监督国家机关、社会团体、企事业组织和重点建设工程的消防监督指导与安全防范工作。是年，县消防中队成立后，消防器材装备有水罐消防车 1 辆，轻便消防车 1 辆。

1982 年，县消防中队对 11 个重点单位进行详细摸底，绘制灭火作战图 7 份，组织 21 次实地演习，共出动消防车 42 辆（次），参加人员 176 人次。

1983 年 11 月 30 日 21 时，惠水县摆金区岗度公社黄土大队第五队社员刘天某，因用火不慎引起灶房墙壁的苞谷杆燃烧起火，酿成重大火灾事故。大火共焚毁农舍房屋 65 间、受灾农户 15 户 80 人，烧毁粮食 20000 千克，衣物 446 套（件）及大部农具家什。

1984 年，县消防中队配备消防和消防指挥专用车辆。

1985 年县消防中队配备大型消防车 2 辆，消防指挥车 1 辆。是年，全县共排出消防重点单位 240 个，先后四次组织 233 人次对全县 560 个单位进行消防安全检查，督促整改 335 处（点）。全县共发生村火 9 起，烧死 5 人，伤 2 人；山林火灾 13 起，过火面积 1230 亩。出动消防车 22 辆（次），消防人员 176 人次，扑灭火警 11 次。

1986 年，县义务消防队在公安机关的指导下，开展消防自救工作。惠水县雅水区党古乡摆拢村满坡组失火，群众奋力扑救，终因水源缺乏而使 13 户受灾。是年，惠水县摆金区斗底乡上寨村发生火灾，公安消防队接到报警迅速出动 1 辆消防车 8 名干警，70 分钟赶到火场，与群众一起采取堵截包围的战术，奋战 1 小时 20 分钟将火扑灭。

1988 年，全县企事业单位用于消防设备资金达 10 万余元，县政府投资 1 万元购置 15 个消防栓安装在县城区，解决消防用水难的问题。是年 10 月 30 日至 11 月 30 日，全县共发生 7 次火灾事故，直接受灾 39 户 228 人，共烧毁房屋 133 间，粮食 44750 千克，直接经济损失 39460 元。

1990 年 11 月 20 日，惠水县摆榜乡新寨村 7 岁孩童杨某某，玩火引起村内火灾，造成新寨村一、二、三组村民 62 户 281 人受灾。计烧死 1 人、烧伤 4 人、烧死生猪 18 头、瓦房 72 间、草房 146 间、粮食 60500 千克、家具 464 件、农具 416 件、棺材 29 盒、圆木 313 根、木方 380 块、木板 93.8 丈，以及被褥、蚊帐、衣物等物资，损失折款合计 83000 余元。

1994 年，县消防工作认真贯彻“预防为主、防消结合”的方针，加大了工作力度，把工作重点转向农村。深入农村检查督促防火工作，贯彻宣传了《贵州省违反消防管理处罚规定》，运用法律武器，与各种违反消防管理的行为作斗争。

1995 年，县公安局消防科认真学习消防法规和有关技术规范、标准，熟练掌握消防业务知识，完善和规范依法监督手续、程序，加大了对火灾事故和违反消防法规行为的查处力度。是年，惠水造纸厂由于违反消防安全规定，导致电路短路发生火灾，造成直接经济损失近 50000 元。县公安局消防科根据有关规定，对该厂给予 5000 元罚款处理，对火灾事故负有直接、间接责任的有关领导和职工共 7 人，分别进行了处罚。3 月 25 日，县人民政府办公楼因使用电器不慎引起火灾，导致整座办公楼 780 平方米面积全部被烧毁，经济损失 10 万元。11 月 6 日，县政府召开全县消防工作暨消防重点保卫单位达标现场会。县政府、县安委会、公安、消防、部门领导及险峰、永安、纸厂、惠高酒厂等 40 多家消防重点保卫单位 60 余名负责人参加会议。

2001 至 2005 年 11 月，全县共发生火灾事故 36 起，死 4 人伤 4 人，直接经济损失 9778590 元。其中：2001 年发生 9 起，死 1 人，伤 1 人，直接经济损失 180870 元；2002 年发生 10 起，死 1 人，直接经济损失 306364 元；2003 年发生 5 起，死 1 人，直接经济损失 118710 元；2004 年发生 5 起，无人员伤亡，直接经济损失 293931 元；2005 年 1 至 11 月底，发生 7 起，死 1 人，伤 3 人，直接经济损失 77984 万元。

2005 年，县消防大、中队有“119”火警电话专线 2 条，电话机 2 部；消防车 2 台、指挥车 2 台、消防水枪 8 支、水带 56 盘、两节拉梯 2 架、消防战斗服 30 套、抢险救援服 30 套；县城有市政消火栓 85 个。

2006 年，县消防中队实行三台合一（即：119、110、112），改由县公安局指挥中心接警。

2007 年，按照“政府统一领导、部门依法监督、单位全面负责、群众积极参与”的要求，加大社会化消防管理与监督工作，完善和健全安全管理防控机制，落实农村 30 户以上村寨的消防安全检查与培训工作。

2008 年，进一步提升防控火灾能力为目标，全面落实消防安全监督工作，结合“119”消防安全宣传活动，推进“入学校、入企业、入社区、入农村、入家庭”的消防安全“五进”活动。以易燃易爆、人员密集场所、消防单位和农村等为重点，有针对性、不定期开展检查，狠抓源头控制，整改了一批安全隐患。

2010 年，公安消防部门积极构筑社会消防安全“防火墙”工程，在不断加强消防监督执法规范化建设同时，积极发挥行业联动作用，纵深推进了“黔安二号”专项行动开展，并督促指导各乡镇派出所开展了对辖区小商场、小旅馆等“九小场所”火灾隐患的排查整治，有效防止农村火灾事故发生。

2011 年，惠水县公安消防大队高配为副团级单位。

2006 至 2012 年，全县共发生火灾事故 65 起，死亡 4 人，直接经济损失 618515 元。

2014 年，公安消防工作强化严检严查跟踪督促整改，共检查单位场所 729 家（次），下发责令改正通知书 266 份，督促整改隐患或违法行为 266 份，对单位实施行政处罚 20 起，罚款 111000 元；对火灾隐患突出的 2 家中小旅店宾馆进行督促整改。年内，全县共发生火灾 9 起，无人员伤亡，直接经济损失 48401 元，未发生较大以上火灾事故。

第十二节　出入境管理

改革开放以来，公安出入境管理工作认真按照公安部外事管理工作会议精神和相关政策规定，开展出入境管理，进一步简化出入境手续。境内申请到国外和港澳地区的人员越来越多，来境内进行探亲访友、洽谈贸易、援建工程、旅游参观的外国人和港澳台胞及华侨的数量不断增多，公安出入境部门坚决贯彻执行国家外事方针政策，对出境做到办证及时，对入境做到热情接待，确保安全。

2007 年，共受理出入境证件 341 件，其中，港澳双程证 205 件、大陆证 3 件、护照 133 件。

2008 年，根据黔南州编〔2007〕20 号和〔2008〕12 号文件精神，出入境管理业务工作，从公安政保部门分离，并入治安管理工作；内设出入境管理中队，分设中队长 1 名、指导员 1 名。2013 年出入境管理工作从治安管理工作中分离，设立出入境管理大队，设大队长、教导员各 1 名。出入境部门按照“政策要开放、手续更简化、管理更有效、措施更到位”的改革思路，以“争创人民满意出入境窗口”活动为主线，以出入境管理工作制度化规范为重点，狠抓公安出入境基层基础工作和窗口建设，全面提供快捷、周到、方便的服务。是年，共受理出入境证件 589 件，其中，港澳双程证 396 件、大陆证 3 件、护照 190 件。

2009 年，共受理出入境证件 789 件，其中，港澳双程证 560 件、港澳单程证 7 件、大陆证 34 件、护照 188 件。

2010 年，共受理出入境证件 954 件，其中，港澳双程证 556 件、港澳单程证 14 件、大陆证 80 件、护照 304 件。

2011 年，共受理出入境证件 1099 件，其中，港澳双程证 647 件、港澳单程证 2 件、大陆证 90 件、护照 360 件。

2012 年，共受理出入境证件 1184 件，其中，港澳双程证 675 件、港澳单程证 8 件、大陆证 26 件、护照 475 件。

2013 年，共受理出入境证件 1914 件，其中，港澳双程证 825 件、大陆证 136 件、护照 953 件。

2014 年，共受理出入境证件 3229 件，其中，港澳双程证 1641 件、大陆证 422 件、护照 1161 件。

2015 年，共受理出入境证件 4508 件，其中，港澳双程证 2002 件、大陆证 909 件、护照 1597 件。

第十三节　立功创模

1991 年，召开离退休干部颁发人民警察荣誉勋章仪式大会，对获二级金盾荣誉勋章和三枚蓝盾荣誉勋章的 6 位公安战线老同志进行授勋。

1993 年，首次对全县 104 名干警进行授衔。其中，警督 32 人（一级警督 3 人、二级警督 15 人、三级警督 14 人）、警司 58 人（一级警司 23 人、二级警司 30 人、三级警司 5 人）、警员 14 人（一级警员 4 人、二级警员 10 人）。

2006 年，共有 29 名民警报功嘉奖，其中：报二等功 1 名，报三等功 16 名，县局嘉奖 12 名，高镇派出所报集体二等功，和平派出所、监管大队报集体三等功。年终对工作突出的 23 名民警进行了优秀等级的评定考核，43 名民警被评为年度先进工作者。

2007 年，共评选表彰先进集体 8 个、先进个人 62 名、县公安局嘉奖 12 名、十佳警嫂 11 名、五好家庭 9 户；和平镇派出所作为先进集体典型，被公安部、省公安厅分别授予“一级公安派出所”和“人民满意派出所”荣誉称号；2 名民警被黔南州公安局推荐参加贵州省“优秀民警”和“三基先进个人”评选，有 7 名民警荣立个人三等功。

2008 年，共表彰先进集体 6 个、先进个人 36 人；县公安局作为 2008 年抗灾救灾工作先进集体，被贵州省公安厅通报表扬。2 个派出所荣获黔南州公安局嘉奖，1 个派出所被评为黔南州优秀派出所，1 个单位荣立抗凝冻工作集体三等功，8 名民警荣立个人三等功，11 名民警荣获黔南州公安局嘉奖，1 名民警被评为黔南州优秀共产党员。

2010 年，按照强化政治建设、能力建设、正规化建设、教育培训、从严治警、从优待警的新要求，继续深入推进“队伍建设年”活动和开展“大走访”爱民实践活动。43 名民警被评为优秀公务员、44 名民警被评为先进工作者、16 名民警受到县局嘉奖，对 13 名表现突出的个人和 5 个集体拟报了三等功。

2012 年，县公安局及消防大队被公安部评为“全国清剿火患先进单位”、长田派出所被评为“全国清网追逃先进集体”，并推荐为全州唯一的“全省保持党的纯洁性教育试点活动先进集体”，指挥中心指挥室被州局评为“文明示范窗口”，巡逻特警大队等 2 个集体荣获集体三等功，13 名民警荣立个人三等功，7 个集体和 3 名民警受到省厅表彰，10 名民警受到州局嘉奖，10 个集体和个人受到县委、县政府表彰。“雷霆行动”获集体三等功。

表6-4

部（省）级以上表彰先进集体

受表彰单位	授予单位	级别称号	授予时间
惠水县公安局交警大队	贵州省委	精神文明建设先进集体	2009 年
惠水县公安局	公安部	清剿火患战役成绩突出先进集体	2012 年 3 月
惠水县公安局消防大队	公安部	清剿火患战役成绩突出先进集体	2012 年 3 月
惠水县公安局长田派出所	公安部	“清网追逃”先进集体	2012 年 3 月

第四章　司法行政

第一节　机构

1980 年 12 月，建立惠水县司法局。2010 年机构改革后内设办公室（计财装备科），法制宣传科、社区矫正管理科、律师、公证工作管理科、法律援助工作科（惠水县法律援助中心）、基层工作管理科、政工科（警务科）。同时，依法治县工作领导小组办公室设在县司法局；在全县 10 个镇（街道）设司法所，为县司法局的派出机构，主要职责是：负责协助镇（街道）政府开展依法治理和行政执法检查、监督工作；指导镇（街道）人民调解和参与重大疑难民间纠纷调解工作；指导开展对刑满释放与解除劳教人员的安置帮教工作；组织开展普法依法治理、法制宣传教育工作；参与社会治安综合治理工作；指导开展本辖区社区矫正工作。

1980 至 2015 年，司法局编制从 18 名逐步增加至 45 名，均为中央政法专项编制。

表6-5

1980—2015 年惠水县司法局人员编制统计表

年　度	编制数（人）
1980—1993	18
1994—2000	35
2001—2007	38
2008—2011	40
2012	43
2013—2015	45

2015年，县司法局设局长1名，副局长2名，纪检组长1名，政工科科长1名（副科级），科长（主任）6名；依法治县工作领导小组办公室主任1名（副科级）；10个司法所各设所长1名。是年底，全县司法队伍共计44人，其中，1人在编不在岗，有大学文化程度29人，大学专科13人，高中文化1人，初中文化1人；退休人员9人，2名享受副县级待遇，6名享受正科级待遇，1人退职。

第二节　法制宣传教育

1990年起，严格按照五年普法规划要求，通过举办法制讲座、发放宣传资料、播放法制电影等形式，推进全县普法宣传教育工作。

“一五”普法　为第一个五年普及法律常识教育的简称。1990年是“一五”普法最后一年，主要采用广播、宣传车、宣传展板上街、发放宣传资料、举办普法培训班等形式，赴全县6区1镇开展《集会游行示威法》宣传。出动宣传车32辆次，组织宣传队2个，宣讲员15人，作报告30余场次，受教育4万人次。年底，组织全县各级领导干部200余人参加普法考试，合格率达98.7%。惠水县第一个5年普及法律常识教育任务全面完成。

“二五”普法　1991至1995年，普法教育对象为领导干部和各类执法干部，开展普法宣传内容有：《中华人民共和国宪法》《中华人民共和国刑法》《中华人民共和国治安管理处罚条例》《中华人民共和国民事诉讼法》《中华人民共和国残疾人保障法》《全国人大常委会关于加强社会治安综合治理的决定》等。

1991年，县调整和充实了“二五”普法领导小组。6月，完成惠水县“二五”普法规划的起草，经县十二届人大常委会第七次会议审议通过，县委、县政府批转全县执行。全县25个乡镇和县直部门结合制定“二五”普法规划。

1992年，组织普法宣传工作队，深入基层宣传水法、土地法、文物保护法和省计划生育条例等法律法规。召开普法专场动员会20余场，咨询740余人次，受教育达6万人次。设立法制宣传广播室，收到广播稿21篇。5月，黔南州普法讲师团来惠水县举办领导干部普法轮训班，参训的县级领导20人，副科级以上领导203人；培训乡镇普法骨干25人、行政村普法骨干201人。集中纠正买卖婚姻、早婚早育、超计划生育和经济合同等方面存在的问题。配合“严打”斗争，打击犯罪分子，教育群众。配合乡镇重新修订村规民约、行政村各项管理等规章制度，调整村级调解委员会。全年共调处各类民间纠纷87起，解决各种矛盾17件。

1993年，以宣传宪法、税收征收管理法、义务教育法、文物保护法、土地管理实施条例、减轻农民负担条例等为主要内容，由人大牵头，县司法局配合，对县60个行政单位开展专业法学习宣传和推行执法责任制情况进行检查，组织8个单位进行学习专业法考试，67人参考，通过率100%。全年办法制宣传专栏12期，出动宣传车巡回乡镇和群众集中地宣传16次，普法宣传人员深入机关、企业、农村宣讲21次，印发宣传资料6124份，征订教材2769套，受教育达5万人次。

1994年，根据“二五”普法规划，对全县普法工作全面部署。对农村社会治安状况进行全面整治，当中，宣传各种法规12部，召开宣传动员会124次，受教育2万余人。

1995年，完成“二五”普法验收评比工作。6月，司法局联合县委宣传部，下发《关于评选全县二五普法先进集体和先进个人的通知》与《关于第二个五年普法教育工作总结验收的安排意见》。8月，召开县普法领导小组会议，抽调20人，由4名县级领导带4个小组，用2个月时间，对“二五”普法工作进行排查。

“三五”普法 1996至2000年，“三五”普法重点对象是各级领导干部，特别是副科级以上领导干部、司法人员、行政执法人员、企业经营管理人员、农村基层干部和青少年。“三五”普法的总体目标主要是，通过在全体公民中开展《宪法》和社会主义市场经济法律知识普及教育，使全体公民特别是广大干部增强法律意识和法制观念，提高各级干部依法办事、依法行政的自觉性与能力，初步实现全方位依法治县。

1996年4月，在总结“二五”普法工作的基础上，对全县“三五”普法启动工作进行安排，制定惠水县第三个五年法制宣传教育工作规划，成立“三五”普法领导小组及办公室，开展普法工作，宣传民主与法制建设理论和社会主义市场经济法律法规、行政处罚法、国家赔偿法等30多部法律法规规章，举办法律培训班9期，培训1400余人次。举办法律法规知识竞赛2次。

1997年，向普法单位和全县发放《农民三五普法读本》《三五普法法律法规汇编》《干部法律知识考试题解》《社会全文法制建设基本知识》，累计10000份册。建立城乡普法联系点61个，办各类培训班36期，培训骨干8214人。

1998年，在党校举办领导干部法律知识培训班12期，编发《依法治县必读本》3万册，培训各级领导干部218人次，组织全县79个部门和单位领导干部613人进行考试，参考率97%，平均成绩86.3分，及格率100%。7月，结合乡级政务公开和村务公开，组织普法宣传员深入全县25个乡镇，2个居委员会，201个行政村开展普法宣传教育和依法治理工作，抓乡村两级干部法律知识培训，宣讲村委会组织法及相关法律法规，使全县普法对象受到一次法治观念教育。

2000年，按照“三五”普法规划要求，采取以城带乡，以会代训，干部上门宣传，办专栏，刷写标语等方式，加强对重点对象的普法宣传教育。组织青少年学习《未成年人保护法》《预防未成年人犯罪法》等法律基本常识。对领导干部举办4期《行政复议法》《合同法》专题讲座，制定《惠水县干部学法用法考试考核办法实施意见》。同年，组织个体工商户和私营企业主、各乡镇干部和农村基层干部以及科级领导干部进行法律知识考试，1200余人参考，通过率100%。据统计，全县组织各类不同形式宣传活动40次，举办专业法学习班35期，上街义务咨询23次，投广播稿40余篇，直接受教育群众5万余人。

“四五”普法 2001至2005年，认真组织各级领导干部和广大人民群众，以全面推进地方、行业、基层依法治理“三大工程”为工作重点，促进公民法律素质和社会法治化管理水平不断提高，扎实开展“四五”普法依法治理工作。

2001年，建立“四五”普法依法治理领导小组及办事机构96个，9月，县人大常委会听取了惠水县普法工作情况汇报后，作出了《关于深入开展法制宣传教育的决议》。10月，印发《惠水县依法治县领导小组关于深入开展法制宣传教育和依法治理工作五年规划》，各部门、各乡镇根据实际，相应制定“四五”普法依法治理规划。全县共有普法依法治理领导小组及办事机构290个，形成从县到乡镇、部门、学校、企业的多级普法工作领导管理体系，制定普法规划的单位、乡镇共148个。

是年6月，县人大开展局级以上领导干部法律知识培训；同年11月，县委、县政府组织股级以上领导干部进行“WTO”法律制度知识培训；县法治办选派一名干部参加全省法制骨干培训；司法局对各司法所负责人及调委会人员、公安局对基层派出所所长进行业务培训。

是年，经依法治县领导小组确定，县国土局、城关一小作为2001年度普法试点单位，为行政执法部门和教育机构的普法依法治理工作提供有益经验。

2002年，印发《关于开展“四五”普法依法治理工作示范点建设的实施意见》，要求各部门、各乡镇结合实际认真开展示范点工作。同时，经认真选点和依法治县工作领导小组研究，印发《关于确定依法治县示范点的决定》，将高镇镇人民政府、县地税局、县民族中学、和平镇凤山社区、三都镇羡田村作为全县的示范点。依法治县领导小组成员单位负责人，分为5个试点工作组，落实抓试点工作。依法治县领导小组办公室负责人及工作人员经常对示范点的工作进行指导和督促检查，使该项工作有序开展，5个工作示范点均取得较好成绩。2003年，全部通过州法制办的检查验收，县地税局代表县出席2004年全州召开的“四五”普法依法治理示范点经验交流会并作交流发言。

2002年7月，由司法局一名副局长带领全县5个“四五”普法依法治理示范点负责人及工作人员，参加黔南州法治办举办的“全州法制骨干培训班”综合培训。

2003年7月，组织全县中学法制副校长参加州法治办举办业务培训等。“四五”期间，县培训一批有丰富工作经验，有领导才能的普法骨干，全县现有普法骨干3000余人。

据不完全统计，“四五”期间，全县开展法律咨询1200余次，上法制课800场（次），送法下乡450余次，各种会议宣传1600余次，广播宣传320余次，录像宣传1500场（次），报刊宣传280次，展出宣传板1600余块（次），宣传图画2700余幅，办宣传栏1800期，召开公捕公判大会7次，印发宣传资料25万余份，受教育40余万人次。县被列为2003年10月贵州省依法治省五周年法制文艺巡回演出两个县之一。

“五五”普法 2006至2010年，坚持“发展是第一要务，稳定是第一责任”理念，把“五五”普法依法治理作为推动经济发展，构建和谐社会和创建“平安惠水”的重要举措，以“一学三讲”为主题，积极开展“法律六进”工作。以提高干部法律素质为重点，开展“法律进机关”；以提高青少年法律意识为重点，开展“法律进校园”活动。法治办、司法局组织编印《惠水县青少年法律知识读本》（中、小学版）共4万余册发放到学生手中，2008年，惠水民族中学在全州禁毒法律知识竞赛中荣获第二名。5年共组织学生到青少年法制教育基地、青少年警示教育基地参观学习2000余人（次）。是年，王佑镇红星村人民调解委员会、和平镇人民调解员姚振林获得省政府表彰。县被评为“2008年度全州平安建设先进县”。以构建和谐劳动关系为重点，开展“法律进企业”。以构建社会主义和谐新农村为重点，开展“法律进农村”，全县建立农民工维权接待站232个，在继续推行村民自治、村务公开和深化民主法制示范村（居）创建工程，至今共创建民主法制示范村190个，评选学法守法示范户2万户、平安家庭84954户，2007年，三都镇金田村被司法部、民政部授予“全国民主法治示范村”荣誉称号。以构建和谐社区为重点，开展“法律进社区”。以提高日常工作服务能力为重点，开展“法律进单位”。在县城保持原100块名言警句书碑基础上，在涟江广场、交通要道上增加了近100块名言警句石。创建“依法办事示范单位”“文明窗口”180个。规范政府行政行为，提高政府依法行政能力。县政府成立规范性文件废、改、立审查领导小组，依据《立法法》规范政府规范性文件，五年共清理废除过时或不当的规范性文件近200件，在惠水县门户网站依据《政府信息公开条例》，扩大政府信息公开范围，坚持

副科级以上领导干部法制培训会（2013年摄）

向法治政府的目标迈进。

“六五”普法　2011至2015年，“六五”普法主要开展以下工作。2011年9月，召开“六五”普法启动动员大会，成立以县委书记为组长、县四家班子主要领导为副组长、各工作部门主要领导为成员的“六五”普法依法治理工作领导小组，落实办公室专职人员3人，健全完善各项工作制度；各乡镇、各部门及时调整工作机构，形成主要领导负总责、分管领导具体抓，专人负责抓落实的工作格局。以“深化法律六进，服务科学发展”为主题，以“五月法制宣传月”“12·4”法制宣传日、“6月安全生产月”“3·8”妇女节“3·15”消费者权益保护日、“4·22世界地球日”“6·25”土地宣传日、“6·26”禁毒日、产业园区“百千万”法制宣传、“科技活动周”、工商局“光彩服务周”等纪念日为契机，以“法律六进”为切入点，以网络、电视、宣传车、宣传展板、广播、上法制课、手机短信、悬挂张贴标语、散发宣传资料、解答咨询、以案释法等形式，开展法制宣传活动，推动广大人民群众学法用法的积极性，在全社会形成崇尚法律、遵守法律、维护法律的良好风尚。印发《惠水县关于开展法治县创建活动的实施意见》，开展“诚信守法企业”、法治学校、平安医院、民主法治示范村、法治乡镇、法治村（居）、法治单位等领域的法治创建活动。各行业、部门根据工作职责，围绕社会关注的热点、难点问题，深入开展各类专项治理。结合县情制定《法治文化建设实施意见》，各乡镇、部门制定相应的实施方案，不断加强阵地建设，建成惠水县预防职务犯罪警示教育基地、“阳光工程”、社区“假日学校”、廉政警示教育基地、《法律讲堂》普法平台、三都镇老年协会等法治文化宣传阵地，借助惠水县普法网、青少年警示教育培训中心、青少年警示教育基地，乡镇法律图书角、党员活动室、法制夜校等宣传阵地，将法治教育融入文化建设。2011年，创新开展法治宣传教育活动，推行“公安警务、治安防范、纠纷调处、情报信息、人口管理、法律服务、应急处突、安全生产、平安建设、安商护企”进园区（“十进园区”）工作，组织40余个单位，对园区开展突出治安问题、涉园涉企矛盾纠纷，“两违”问题，政策法规大排查、大清理、大整治、大宣传“百千万”活动。2012年，启动“关爱明天、普法先行”专题法制宣传教育活动。2013年，县政府办、监察局、财政局、司法局、安监局等27个部门以其相关法律法规为主要内容，开展“处长下基层、送智促发展”系列讲座和科局长大讲堂系列专题培训，以讲促学，增强干部学法用法的积极性。2014年，以“五在”形式（法治创建在企业、调处纠纷在企业、执法检查在企业、维权宣传在企业、百场普法栏目剧在企业）为载体，组织相关单位深入企业开展以企业自建为根本、部门行动为辅助的“非公企业普法行”活动。同年，开展“1+1+1”送法进校园活动，即学生到青少年警示教育基地接受教育1次、学校举行“百场普法栏目剧进校园”放映1次、法制副校长为学生上法制课

惠水民族中学“关爱明天普法先行”校园法制大讲堂（2012年摄）

1次。同年，为挽救存在打架斗殴、寻衅滋事等严重不良行为，且成绩不好、厌学的问题青少年，建成雨露学校。学校实行全封闭半军事化管理，开设国文教育、军事素质培训、心理辅导、兴趣爱好教育、感恩教育和法制教育等课程，既达到帮教管制的目的，又满足个性与共性的培训。2015年，组织各镇（街道）政法委书记、综治办主任、司法局、教育局、关工委普法骨干和各镇（街道）中心校副校长共45人组建合适成年人队伍，负责参与涉及未成年人刑事案件不同诉讼阶段的未成年人合法权益保障工作。

“六五”期间，好花红镇好花红村被司法部授予第六批“全国民主法治示范村”荣誉称号；县被司法部、中宣部评为“全国法治教育先进县”。

第三节　律师事务

1980年12月，成立惠水县法律顾问处。1990年4月，更名为惠水县律师事务所。1996年10月，更名为惠正律师事务所。律师秉承“服务、高效、诚信”的原则，为当事人提供如下法律服务：接受国家机关、公民、法人和其他组织的聘请，担任法律顾问；接受民事、行政案件当事人的委托，担任代理人，参加诉讼；代理各类诉讼案件的申诉；接受当事人的委托，参加调解、仲裁活动；接受非诉讼法律事务当事人委托，提供法律服务；解答法律咨询，代写诉讼文书、合同和其他有关法律文书；对符合法律条件的当事人提供法律援助等。自法律顾问处成立以来，律师队伍的政治素质、业务素质、法律服务水平不断提升，办案质量明显提高。

表6-6　**律师事务所历年律师人数统计表**

年度	律师数（人）	年度	律师数（人）
1980—1987	3	2003—2006	9
1988—1989	5	2007—2010	10
1990—1992	7	2011	5
1993	10	2012	6
1994—1995	12	2013	6
1996	9	2014	7
1997—1998	10	2015	8
1999—2002	8		

1990至2015年，惠正律师事务所累计担任法律顾问403处，办理民事代理781件，刑事代理532件，行政代理83件，非诉讼代理700余件，解答法律咨询13649人次，代写各类法律文书2047件，律师法律援助办理525件。

表6-7

1990—2015年惠水县律师业务统计表

年度	法律顾问（处）	民事代理（件）	刑事代理（件）	行政代理（件）	法律咨询（人次）	代书（件）	法律援助（件）
1990	6	5	—	—	123	20	—
1991	7	2	—	1	88	25	—
1992	9	7	3	—	218	31	—
1993	12	10	11	—	303	55	—
1994	13	21	4	—	360	7	—
1995	12	13	—	2	380	158	—
1996	16	14	2	—	480	80	—
1997—1998	16	48	10	—	901	143	3
1999—2000	10	51	17	8	850	120	9
2001	—	23	7	—	265	40	12
2002	37	40	132	—	365	50	13
2003	34	88	39	7	285	49	24
2004—2005	56	61	17	52	677	103	58
2006	29	39	27	—	355	105	19
2007	36	34	19	—	525	137	21
2008	28	29	16	5	708	73	31
2009	20	105	27	1	925	79	91
2010	41	38	43	2	940	141	41
2011	12	31	44	—	910	102	29
2012	2	24	51	1	940	125	52
2013	2	21	9	1	921	134	20
2014	3	20	31	2	1020	128	33
2015	2	57	23	1	1110	142	69
合计	403	781	532	83	13649	2047	525

第四节　公证工作

1980 年 12 月，成立惠水县公证处，属国家行政体制机构。截至 2015 年 12 月，有公证员 6 名。公证的内容主要有：经济合同、股票、招标、拍卖、提存、公司章程、法人资格、保全证据、债权文书等。公证处为贵阳到惠水高速公路、惠罗高速公路、高旺绿色生态园、长田家具孵化园、四路一区建设、惠水县殡仪馆项目等在征地、对无主坟的搬迁、对违章建筑、违法占地拆除等进行证据保全公证，发挥公证职能作用。

1988 年，公证处工作重点放在搞好县企业的承包经营和租赁经营合同公证工作上。为 31 家工业企业、商业企业、粮油加工企业和餐饮服务行业的公司、厂矿办理了承包经营合同公证，为一家工业企业办理了租赁合同公证，至此，完成了全县的企业承包经营工作。

1997 至 1998 年，是县烤烟发展的重要两年，惠水县烟办根据贵州省烟草局、贵州省司法厅相关文件精神申请办理了摆金、岗度两个乡镇与农户签订 1560 余份《烤烟产购合同》。

2005 年，公证工作除原有开展的公证业务外，逐步拓展到农村集体土地使用权出让、工程建设招投标、住房贷款、外出务工等行业。

2006 年，组织公证员参加省厅培训班集中培训，采取座谈会、自学等形式，提升公证员队伍的政治素质和业务素质。通过集体评议制度，使公证员的执业活动进一步规范，内部管理机制进一步健全，防范风险能力进一步提升，形成“人人诚信服务，人人关注质量”的良好氛围，杜绝错假证的发生。

2010 年，结合开展“《中华人民共和国公证法》宣传周”，深入开展“公证质量年”活动。同年 8 月惠水电视台进行为期一周的宣传，每天播放惠水新闻后插播 2 条以上有关公证宣传标语。在惠水自办报刊《涟江风采》上刊登《中华人民共和国公证法》节选，切实加强对公证法律知识的宣传；集中开展《中华人民共和国公证法》宣传咨询活动，印发宣传资料 10000 余份。

2011 年，公证处围绕工业化、城镇化两个战略重点，办理了长田工业园区贵州广灏公司为贵州紫元公司施工的现场证据保全、大圣砖厂、友谊砖厂保全、贵阳—惠水的高等级公路拆迁、公益慈善晚会等政府需现场公证的证据保全公证工作，充分发挥了公证服务在县经济建设中的作用。同年共办理各类公证事项 804 件。

2012 年，公证队伍紧紧围绕全省发展“两推一加”主基调、“三化同步”主战略和县开展的“同步小康创建”活动，提供全方位的法律服务。

2013 年，围绕县政府中心工作，立足公证职能，在开展社会管理创新、维护社会稳定方面不断拓展公证服务面，为园区内涉及征地的企业、惠水至贵阳高等级公路部分路段办理土地上附着物的证据保全，多次参与了的拆迁、征地工作，为公路建设按进度实施提供有力保障。积极办理园区内的星群制药厂因注册商标侵权申请的网上侵权（广告视频、文字材料）网络证据保全公证和县信用联社申请的理事会、监事会换届、大会公证等。

2014 年，为县促进就业小额担保贷款中心草拟《惠水县促进就业小额贷款反担保协议》并进行公证，促进就业，继续为县廉租房出租、出售、安置房出售前的抽签过程进行现场公证，维护社会稳定。

2015 年，开通公证服务“绿色通道”，为复退军人、家庭困难群众、弱势群体提供公证法律援助，为老弱病残等出行困难群众提供预约上门服务，认真解答法律咨询，细心办理每件公证事项。

20 年来，公证处办理各类公证 15953 件，其中，经济公证 8306 件，民事公证 7647 件。

表6-8

1990—2015年惠水县公证业务统计表

年度	合计（人件）	经济公证（人件）	民事公证（人件）
1990	180	80	100
1991	174	70	104
1992	562	105	457
1993	776	276	500
1994	460	377	83
1995	2801	2692	109
1996	300	199	101
1997	200	54	146
1998—1999	1155	481	674
2000	363	62	301
2001	292	8	284
2002	497	43	454
2003	184	46	138
2004—2005	534	185	349
2006	546	31	515
2007	300	150	150
2008	436	174	262
2009	561	423	138
2010	826	469	357
2011	1010	648	362
2012	1401	769	632
2013	1338	876	462
2014	393	41	352
2015	664	47	617
合计	15953	8306	7647

第五节　法律援助

1999 年，成立惠水县法律援助中心，隶属县司法局、为正股级事业单位，设主任 1 名，工作人员 2 人，无专职法律援助律师。日常工作根据业务需求，统筹协调县域内贵州惠正律师事务所、贵州秀岳律师事务所、惠水县公证处的律师及公证员，为受援群众服务。

县法律援助中心贯彻执行《法律援助条例》和《贵州省法律援助条例》，以改善和服务民生，促进司法公平、公正为出发点，以建立一个符合县情、理念先进、惠及贫弱，保障人权、管理科学、工作高效的法律援助工作模式为目标，依靠广大法律援助工作人员、律师、公证员、基层法律服务工作者，积极履行法律援助的政府责任，为困难群众提供切实的法律帮助。1999 至 2015 年，全县已办理各类法律援助案件 5111 件，解答法律咨询 5243 人次，为维护弱势群体合法权益和社会稳定，做出积极贡献。

2003 年，获黔南州司法局目标管理考核突出奖；2004 年，获省司法厅、省残联“贵州省残疾人维权示范岗”表彰；2015 年，被贵州省评为“贵州省司法行政工作先进集体”。

表6-9

1999—2015 年惠水县法律援助统计表

年度	合计	刑事援助案件（件）	民事援助案件（件）	非诉援助案件（件）	解答法律咨询（人次）
1999	5	4	1	0	134
2000	8	4	4	0	186
2001	13	7	2	4	178
2002	23	9	13	1	153
2003	32	8	16	8	202
2004	67	8	17	42	198
2005	39	11	18	10	221
2006	114	13	14	87	251
2007	159	12	32	115	204
2008	25	4	13	8	185
2009	21	3	8	10	394
2010	39	19	20	0	305
2011	569	23	19	527	298
2012	1221	43	54	1124	302
2013	1147	45	50	1052	625
2014	1443	46	61	1336	681
2015	186	62	87	37	726
合计	5111	321	429	4361	5243

第六节　基层工作

基层工作以人民调解为主，另有对全县“两劳人员”的刑释解教和安置帮教，全县法律服务执业人员（律师除外）的年检注册，社区矫正人员的监管，为司法局基层基础工作的主要任务。

一、人民调解

人民调解委员会是村民委员会下设的调解民间纠纷的群众组织，负责调解处理一般民事纠纷和轻微的可以不追究刑事责任的刑事案件是其主要职能。

1996 年后，全县各乡镇、街道健全完善了乡级人民调解委员会。至 2015 年底，全县建立村级人民调解委员会 208 个，共有调解员 1043 人，基本形成各乡有调解领导小组，村（居）有调解委员会，村（居）民小组有调解员的人民调解网络。1990 至 2015 年，全县共调处各类民间纠纷 22274 余件，防止上访案件 261 件 1245 人次。

二、刑释安置帮教

刑释安置帮教为防止“两劳人员”重新犯罪的一项维护社会稳定的重要工作。1999 年，设立“两劳人员”刑释解教安置办公室，其工作由司法局基层股负责；至 2006 年，基本完善了帮教制度。2010 年，对现有 52 名重点刑释解教人员进行摸底调查，统一建立排查制度、登记制度、档案管理制度和回访制度。安置帮教工作实行一人一卡和电脑管理，做到跟踪帮教，有效降低重新犯罪率。

三、基层法律服务

未取得律师资格但又从事法律服务工作的人员称为基层法律服务工作者，是国家根据现行律师严重不足的具体情况，所采取的一项法律服务补救措施。自 2000 年国家施行基层法律服务“三证”（法律服务资格证、法律服务上岗证、法律服务执业证）执业制度以来，至 2015 年底，全县共有基层法律服务所 6 个，从事基层法律服务工作人员 9 人。基层法律服务所和法律服务工作者代写各类法律文书 1826 份，协办公证 385 件，非诉讼调解 957 件，调处各类纠纷 869 余件。共代理各类民事案件 563 件。

四、司法所建设

2005 年，全县 25 个乡镇司法所均为股级建制，每所编制 3 名，设司法所长 1 名；实行基层司法所由县司法局、乡镇党委、政府双重领导的管理体制。2010 年，25 个司法所均以新建、合建方式配备办公用房，配备电脑、办公桌椅等设备。2014 年，县行政区域规划调整后，25 个乡镇司法所合并为 10 个镇、街道办事处司法所，分别为涟江司法所、濛江司法所、好花红司法所、断杉司法所、羡塘司法所、摆金司法所、岗度司法所、雅水司法所、芦山司法所、王佑司法所。10 个司法所中有濛江司法所、好花红司法所、摆金司法所、断杉司法所、雅水司法所、王佑司法所为省级规范化司法所。

五、社区矫正工作

社区矫正是与监禁刑罚执行对应的一种非监禁刑罚执行方式，是将符合法定条件的罪犯置于社区内，由专门的国家机关在有关部门、社会组织和志愿者的协助下，在判决、裁定或决定确定的期限内，矫正其犯罪心理和行为恶习的非监禁刑罚执行活动。全国的社区矫正试点工作从 2003 年开始，2005 年扩大试点，到 2009 年在全国试行。

2010 年，成立惠水县社区矫正工作委员会和惠水县社区矫正工作委员会办公室，具体组织开展社区矫正工作。

2011 年，印发《关于在全县试行社区矫正工作实施意见》，全面启动县的社区矫正工作。

2011 年 5 月至 2015 年 12 月，共接收社区服刑人员 571 人（女性 49 人）；累计到期解除矫正的 392 人。2015 年底，在册在矫 160 人（女性 13 人），其中，管制 17 人（女性 2 人），缓刑 85 人（女性 9 人），假释 53 人（女性 1 人），暂予监外执行 5 人（女性 1 人）；共接到县法院及全国各地监所委托调查评估函 274 人次（份），并依程序出具《调查评估意见书》266 份；未成年犯罪调查 55 人次。通过严格管理，基本实现无漏管、脱管现象，社区服刑人员在矫正期间，再犯罪率保持在 0.2%以下。

第七节　法制办工作

1991 年 12 月 6 日，县政府下达《关于实施〈行政复议条例〉的通知》。为加强政府对法制工作的领导，县政府决定成立法制办公室，办公室设在县司法局，实行两块牌子，一套人员。各乡镇人民政府和政府各工作部门要有一名领导负责本级政府和本单位的法制工作，并明确 1 ~ 2 人专（兼）职法规复议应诉人员，其职责与县法制办基本相同。

1992 年 12 月 7 日，第十二届县人民政府召开第 44 次常务会议，研究县政府法制机构建立问题。会议议定：根据省州有关文件精神，同意在县政府办公室设立县政府法制科，副科级，编制 3 人。

随着经济建设的发展，政府法制工作逐渐走上正轨。惠水县人民政府法制办公室（以下简称法制办）成立于 2004 年，正科级规格，不设内设机构，事业编制 4 名，其中主任 1 名，副主任 1 名，法制办的党务、财务、后勤工作由县人民政府办公室统一管理。

2007 年，惠水县编办对法制办编制进行调整，安排法制办行政编制 4 名，核销原有机关自定事业编制。

2008 年 12 月，通过全省公务员考试录用 1 名工作人员，开创了全省法制系统唯一通过公务员考试录用工作人员的先例。

主要工作　法制办成立之初，因为各种原因，未完全履行机构职能，除依法办理行政复议案件外，主要承担县人大代表建议及政协委员提案办理以及全县各类信访维稳案件协调处理工作。2007 年后，法制办认真履行机构职责，充分发挥机构职能，在规范性文件审查、各类行政经济合同审查、执法监督、行政复议、案件应诉、重大矛盾纠纷调处、法律顾问工作开展等方面取得显著的工作成果，并得到县委、县政府的肯定。

一、文件合同审查

2004 至 2012 年期间，法制办实际在岗人数从未满足编制要求，长期仅为 2 人，在人员紧缺的情况下，共依法审查政府出台的各类文件 250 余件；审查县政府及各部门签订的各类合同 200 余份；组织政府法律顾问为县政府的涉法事务提供法律意见和建议 200 余条，各类审查意见和建议被县政府领导采纳 90%以上。

二、行政复议及应诉案件办理

惠政（1991）57 号文件就贯彻实施《行政复议条例》提出要求，各级行政机关把《行政复议条例》列入每周二、五政治学习的内容，与有关专门法律的学习结合起来，在熟练掌握《行政复议条例》基本内容的同时，熟练掌握有关专门法律，理解具体行政行为的事实要件和法律依据，以便合法、及时、准确地解决行政争议，做好本级政府和本部门职责范围内的行政复议工作。

县政府法制办公室做好复议案件的受理和审理工作，对符合法定条件的复议申请，积极受理。审理复议案件严格遵循合法、及时、准确、便民的原则，认真调查研究，以事实为依据，以法律为准绳，对违法或不当的具体行政行为，依法予以纠正。

2004 至 2015 年期间，法制办共审理行政复议案件 44 件，参与各类行政诉讼案件办理 93 件，办理的行政复议案件无一起被上级行政复议机关撤销，在行政诉讼案件应诉中无违反法律法规影响案件公平公正处理的情形。

2009 年，高镇镇山后村七、八、九组林地权属发生争议，经原高镇镇人民政府多次组织调处无果后，县政府法制办依法组织县林业局对争议情况进行调查核实并全面收集争议证据材料，在经过大量调查、实地勘查、询问了解知情群众并组织争议各方进行调解未达成一致意见后，县政府法制办提请县人民政府依法对争议作出行政确权处理决定。当事人因不服县政府的处理决定而向黔南州人民政府提起行政复议，州政府作出维持决定后，当事人又向县法院提起了行政诉讼，最后县法院经依法审理，维持了县政府的处理决定。在案件的处理过程中，法制办发挥桥梁作用，积极应诉并加强与当事人的解释和沟通，案件最后得到州人民政府以及人民法院的支持，行政争议最终圆满化解，实现了法律效果和社会效果的有机统一。

同年，县法制办全程参与协调处理了县民族中学与中国建行惠水支行贷款疑难纠纷案件应诉工作。通过长期艰难的沟通协商和积极充分的应诉，州人民法院在多次组织诉讼各方深入沟通协商、达成一致意见的前提下，对案件作出了公正合理的判决，维护了诉讼各方的合法权益。

是年，法制办还参与协调处理了县政府与昶鑫房地产开发有限公司返还财产（涉及原惠明路拆迁）疑难纠纷案件应诉工作。经数次沟通协商，最终就案件争议的焦点达成一致意见，圆满化解争议。

2010 年，法制办全程参与协调处理原和平镇河道治理和滨河路建设拆迁纠纷案件（包括由此引发的 7.13 案件），在纠纷处理的过程中，法制办立足和谐为民的宗旨，努力探索和创新工作方法，与其他部门密切配合，采取多种方式，全方位多角度给予被拆迁户关心和帮助，动用一切可能的力量、创造各种条件积极化解争议，最后在黔南州法院、县法院、法制办及县有关部门的通力协调下，在惠水县影响深远的拆迁纠纷案件最终和谐圆满处理。涉及的程昌美、刘英、魏玉芬等拆迁户为感谢县委、县政府长期以来对其关心、理解、帮助，制作了答谢锦旗赠与县委、县人民政府。处理该起疑难拆迁纠纷案件的先进事迹还得到省政府法制办的高度肯定。

2014 年，共审理行政复议案件 2 件，均为申请人不服镇政府和行政执法部门行政处理决定的复议案件。在对当事人不服行政执法部门行政处罚决定提起行政复议一案中，经组织双方当事人进行调解，最终申请人得到被申请人的谅解并在县政府法制办的主持下达成了和解协议。

三、行政执法培训

2007 年 3 月，开展全县行政执法人员行政执法证换发工作，安排和部署报名、培训、考试、报审等环节，在人少事多的情况下，完成全县 391 名行政执法人员行政执法证件换发及培训工作。8 月，为提高全县领导干部依法行政意识，法制办牵头举办了全县副科级以上领导干部依法行政培训工作，全县 300 余名副科级以上领导干部参加了培训。

2009 年，组织全县 400 余名行政执法人员进行法律知识更新培训，加强行政执法工作的指导，提高执法队伍整体素质。

2012 年，根据省政府换发行政执法证件工作要求，法制办组织全县 306 名换发及 195 名申领行政执法证的执法人员进行执法培训，通过培训考试全面换发全县行政执法证件。

2015 年 9 月 19 日至 20 日，根据省、州工作要求，县政府法制办在惠水县会议中心隆重举行惠水县申领换发贵州省行政执法证培训会议。惠水县国土资源局、环保局、财政局等 22 个县直部门，好花红镇、摆金镇、王佑镇、涟江街道、濛江街道 10 个镇办参与了本次培训，受训 564 人，覆盖了全县的所有区域。培训结束后，法制办公室针对这次培训进行了严密的考核，所有参训人员参加考试，取得合格成绩后申领换发行政执法证。

四、法律顾问工作

1990 年起，开始聘任县政府法律顾问，形成政府法律顾问参与政府重大行政行为、办理行政复议、应诉案件、审查重大合同等工作长效机制。多年来，政府法制办充分发挥政府法律顾问的参谋作用，为政府及各部门严把法律关口，有效推动全县的依法行政工作。

1990 年 8 月 16 日，县政府印发《县政府法律顾问组工作职责》。划定了工作内容及范围；确定的工作原则是：为政府施政提供法律服务，在法律方面起到参谋作用，法律顾问组只接受政府委托，在政府授权范围内处理法律方面的有关事务，不能代表政府对政府的日常工作发表意见或作出工作决策。《工作职责》还提出了法律顾问组工作方法。

1994 年 6 月 27 日，以惠政〔1994〕24 号文件行文，聘任第十三届县政府法律顾问。

1999 年 8 月 20 日，以惠政〔1999〕46 号文件行文，聘任第十四届县政府法律顾问。

2000 年 4 月 18 日，以惠政〔2000〕19 号文件行文，要求各乡镇人民政府、县直各行政执法部门在年内必须聘请常年法律顾问，防止出现违反法律、法规的现象，有效规范政府和行政执法部门的施政行为。

2003 年 8 月，以惠政〔2003〕47 号文件行文，聘任县政府法律顾问。

2012 年 6 月 11 日，以惠府发〔2012〕16 号文件行文，聘任县政府法律顾问。

2014 年，省、州人民政府将依法行政工作纳入目标考核，并要求各级政府及部门普遍建立法律顾问室、聘请专业法律顾问。2014 年 6 月 30 日，印发《惠水县人民政府办公室关于建立健全法律顾问工作制度的通知》，要求各镇人民政府、各部门必须根据文件要求成立法律顾问室，并于同年 9 月底前建立相关工作制度，完成法律顾问聘请工作。

2015 年 3 月 4 日，以惠府发〔2015〕6 号文件，聘任县政府法律顾问。

五、依法决策、建立健全监督机制

2013 年，县政府法制办抽取县住建局、规划办、城管局三家单位实地查看档案资料，针对检查中发现的问题，及时提出整改意见和建议。

2014 年 3 月，制定并印发实施《惠水县规范性文件制定程序和监督管理实施办法》，要求各执法部门严格按规定的程序和要求开展规范性文件备案审查和清理工作。2004–2016 年，惠水县共报备了《惠水县人民政府森林防火禁火令》《惠水县县城规划区内房屋征收与补偿暂行办法》《惠水县县城规划区及新区集体土地征收补偿安置暂行办法》《惠水县自然灾害生活救助资金管理暂行办法》等 30 余件规范性文件备案。

是年 5 月，制定并印发实施《惠水县人民政府重大决策程序规定》，坚持政府重大行政决策未经政府法制办合法性审查以及未经政府常务会议集体讨论通过的不作决定、不予实施，坚持政府制定重大政策广泛征求意见制度。

六、深化行政审批制度改革工作

2013 年，组织开展行政许可审批事项清理工作，共清理出行政许可审批事项 219 项，其中继续实施的行政许可审批事项 171 项，取消和调整行政许可项目 48 项，其中取消的行政许可项目 11 项，转变管理方式的行政许可项目5项，合并26项行政许可项目为8项，事后监管的行政许可项目6项。共清理出非行政许可审批事项107项，其中继续实施的非行政许可事项98项，取消1项，转变管理方式1项，合并1（2项合并为1项）项，事后监管6项。行政许可、非行政许可各部门承诺办理时限均比法定时限缩短50%以上。

2014年，启动全县行政职权目录编制工作，共清理29个部门的行政处罚事项、15个部门共78项行政强制措施、13个部门共60项行政强制执行措施。年底，完成了目录资料收集和编制工作，将清理出的行政许可、非行政许可、行政处罚、行政强制、行政强制执行事项，编制行政职权目录进行公告。

2015年，启动"责任清单""权力清单"编制、清理工作。共清理出行政许可164项，行政处罚2932项，行政强制117项，行政强制执行44项，行政征收39项，行政给付16项，行政确认31项，行政奖励27项，行政裁决1项，行政检查67项，其他类权力134项，共计3572项行政权力；清理出好花红镇行政许可事项21项，行政处罚5项，行政强制执行21项，行政征用1项，行政给付4项，行政确认22项，行政奖励1项，行政裁决3项，其他类129项，共计207项行政职权。并于2016年4月25日，通过县政府门户网站公布后报县人大及州政府进行备案。并就此项工作开展动态管理模式。

七、其他工作

2010年，根据环境建设年工作要求，法制办牵头组织对县行政执法各部门执法事项的清理工作，梳理了各职能部门之间的行政许可审批权限，并对各部门的行政执法事项进行了公告，确保全县各行政执法机关的每项行政许可审批事项均有法可依。

2011年，根据省、州依法行政工作要求，法制办再次对全县各行政执法部门的行政许可及行政审批事项开展清理工作，并清理出全县具有行政许可行政审批权的部门共29个，清理出的行政许可审批事项293项，其中，继续实施的行政许可事项201项，归并75项，取消24项，转变管理方式20项，通过清理，进一步缩减了31%的行政许可审批事项。

2012年9月11日，省政府法制办、行政复议办到惠水县调研县委、县政府处理和平镇河道治理和滨河路建设拆迁纠纷案件工作。

是年，县法制办在原惠明路拆迁历史遗留问题处理工作中取得了实质性的成效。经过大量的工作，原惠明路12户被强拆户中工作难度较大的何元禄户与以法制办、住建局等牵头的拆迁工作组达成一致意见，签订了拆迁安置补偿协议。

是年，县委、县政府首次将法制办单独列为目标考核单位。在全年的工作中，法制办在行政执法监督、行政复议、案件应诉、规范性文件审查、行政合同审查等方面强化责任意识、宗旨意识和服务意识，克服法制办人员紧缺的实际困难，圆满完成工作任务，年度考核中荣获三等奖。

2015年，惠水县率先在全省进行乡镇法制办试点改革工作，在涟江街道办事处设立法制办，开展行政执法、规范性文件审查、土地林权确权处理等工作，取得明显成效，并得到省政府的肯定和推广。

第五章 武 装

第一节 县人民武装部

一、机构

1978年1月，贵州省惠水县人民武装部隶属都匀军分区，设组训、政工、后勤3个科。

1986年6月至1996年5月，惠水县人民武装部改为地方建制，由正团级降为副团级，受都匀军分区和同级地方党委、政府的双重领导。“中国人民解放军贵州省惠水县人民武装部”改称“贵州省惠水县人民武装部”。设军事科、政工科、办公室。

1996年6月起，人武部收归军队建制，“贵州省惠水县人民武装部”改称“中国人民解放军贵州省惠水县人民武装部”，设军事科、政工科、后勤科，隶属都匀军分区。同时，恢复正团级。

表6-10 惠水县人民武装部机构沿革表

时　间	机构名称	内设机构	隶　属
1976.12	中国人民解放军贵州省惠水县人民武装部	组训、政工、后勤3个科	都匀军分区
1981.3		军事、政工、后勤3个科	
1983.1		组训、政工、后勤3个科	
1986.6	贵州省惠水县人民武装部	军事、政工2个科和1个办公室	都匀军分区 中共惠水县委 惠水县人民政府
1996.6	中国人民解放军贵州省惠水县人民武装部	军事、政工、后勤3个科	都匀军分区

表6-11 惠水县人民武装部历届军政主要领导成员表

姓　名	职　务	任职时间	姓　名	职　务	任职时间
柳祥林	政　委	—1979.7	卢宗学	部　长	2001.5—2006.8
任书印	政　委	1979.7—1981.6	徐选民	政　委	2000.3—2006.8
李宏智	政　委	1981.10—1985.10	左　强	部　长	2006.9—2012.2
黄善兴	部　长	1986.6—1996.3	卢宗学	政　委	2006.9—2011.2
黄瑞奇	政　委	1986.6—1997.8	张建平	部　长	2012.3—
周建国	部　长	1996.4—1998.8	代昌军	政　委	2011.3—2014.1
徐德权	部　长	1999.6—2001.4	段卫星	政　委	2014.1—
张海铭	政　委	1997.9—2000.3			

人民武装建设 1978年，按照之前上级颁发的编制，县人民武装部设组训科、政工科、后勤科。1981年3月，组训科改为军事科，1983年1月，军事科复称组训科。1984年，县人民武装部内设4个科（室）。

1986年，根据中共中央、国务院、中央军委《关于县（市）人民武装部改归地方建制的通知》（中发〔1985〕12号），6月，县人武部改归地方建制，接受都匀军分区党委和中共惠水县委、县人民政府的双重领导。人武部级别为副县级，设部长、政委、办公室、军事科、政工科。编制员额22人，干部14人，职工8人。

1996年，根据中共中央、国务院、中央军委《关于县（市、区）人武部收归军队建制的通知》（中发〔1995〕12号）以及省委、省政府和省、州军区关于做好人武部收归军队建制工作的指示，从2月5日全面展开收归军队建制工作，3月29日完成收归军队建制工作任务。人武部级别为正团级，设部长、政委、副部长、军事科、政工科、后勤科。编制员额21人，干部11人（均为现役军人），职工10人。

基层人民武装部 1978至1983年，全县有区、乡镇公社人民武装部49个，全县区、乡及省属厂矿共有专职武装干部61名。

1985年5月，全县49个人民公社武装部整改为51个区、乡镇人民武装部。“公社人民武装部”改称“人民武装部”。

1987年，全县有6个区、1个区级镇以及51个乡镇人民武装部。区、乡镇人民武装部部长参加同级党委，享受党政副职待遇。

1991年8月，根据省委、省政府《省人民政府关于惠水县建镇并乡撤区行政区域变更的批复》，撤销和平镇、姚哨区、三都区、摆金区、雅水区、断杉区、王佑区人民武装部，原51个乡镇人民武装部调整合并为25个乡镇人民武装部。乡镇人民武装部部长参加同级党委并享受党政副职待遇。

2014年4月，惠水县由25个乡镇撤建为8个镇2个街道，基层人民武装部同时由25个撤建为10个基层人民武装部。5月调整基层人民武装部长10人，专武干事20人，基层人民武装部部长参加同级党委。

党组织建设 1978年，按相关规定，中共惠水县人民武装部委员会书记由委员会内产生。中共惠水县委书记兼任县人民武装部委员会第一书记。

1996年，根据《关于县（市、区）人武部收归军队建制的通知》，县人民武装部建立纪律检查委员会。副部长任纪委书记，选举一名党委成员为纪委副书记。

人武部党委建立后，自觉接受上级军事机关党委和同级地方党委的领导，不断加强自身的学习教育，较好发挥人武部党组织在内部建设和带领所属机关、民兵预备役人员完成各项任务中的核心领导作用。

干部职工队伍建设 1978年后，按照上级政治机关的部署，党委和机关认真学习贯彻中共十一届三中全会以来的路线、方针、政策，突出抓机关干部职工和民兵时事政策教育、遵纪守法教育、拥政爱民教育、中国人民解放军根本职能和形势战备教育。利用民兵集中训练、抢险救灾、执行任务和征兵等时机，多渠道拓宽民兵预备役人员教育途径。干部职工和民兵在思想上、政治上、行动上与党中央和中央军委保持高度一致。

二、军事工作

民兵工作 1978年3月，根据贵州省军区、都匀军分区民兵整组工作指示，组织年度民兵整组工作。

1979年2月，组建武装基干民兵机动营1个，由姚哨公社新民大队、惠明公社、城关镇星光大队3个武装民兵连合并组成，归县委、县人民武装部统一调动。

1981 年，对民兵组织进行调整。从“四化”建设和战备需要出发，把民兵制度同预备役制度结合、同战时兵员动员准备工作结合。只在公社、厂矿、企业单位成立民兵组织，不再在机关、学校和一些小单位中建立民兵组织。参加民兵年龄改为 18 ～ 35 岁，其中：基干民兵为 18 ～ 28 岁（少数民族地区和特殊单位延至 35 岁），女民兵年龄为 18 ～ 28 岁，只编为基干民兵。简化民兵组织层次，分普通民兵和基干民兵两种。基干民兵为一类预备役，普通民兵为二类预备役。凡按兵役法应服兵役者，除应征服现役外，均编入预备役之列。凡符合民兵条件 28 岁以下的复员军人和经过基本军事训练的编为基干民兵。

1982 年 3 月，开始动工修建县民兵武器装备仓库和一些附属设施，

1984 年，3 月，县民兵武器装备仓库竣工使用，逐步收缴原分散到各乡镇和各厂矿企业保管的民兵武器装备，集中到县民兵武器装备仓库保管。

1985 年 8 月，对全县民兵组织进行整组。

1986 至 1989 年，全县共编基干民兵连 76 个。

1990 年 3 月，开始修建县民兵训练基地，全县共编基干民兵连 18 个。

1991 年 5 月，县民兵训练基地竣工并投入使用。此后，基干民兵的军事训练集中到民兵训练基地进行。

民兵训练　1978 至 1983 年，共开展基干民兵军事训练 13 期，主要训练内容有：队列、实弹射击、投弹、打坦克、战术和民兵勤务训练等。

1984 至 1988 年，共组织 20 期基干民兵训练，组织基层训练干部（部长、干事）18 期。

1989 至 1997 年，共组织 33 期基干民兵训练，组织基层训干（部长、干事）15 期。民兵军事训练主要以共同科目队列训练、实弹射击、投弹、单兵战术、班排战术、野营拉练、民兵勤务等为主要内容训练。

1999 年 5 月，对民兵应急分队进行为期 20 天的队列、射击、投弹、擒敌、盾棍术和应用战术等科目训练。8 月，对基干民兵进行队列、射击、投弹、单兵战术、政治教育、农业科普知识的学习训练，9 月，组织新任和未经分区集训的 18 名专武干部，参加分区组织的培训。

2000 年，依据“三大条令”和教学大纲，对民兵和民兵干部、专武干部进行民兵勤务、共同科目等训练。

2001 年 4 月，集中 15 天，对民兵应急分队队员进行队列、射击、盾棍术、单兵战术、国防常识、科普知识的学习和训练。9 月，对惠水民族中学 560 名高一新生进行为期一周的军事训练。11 月，组织民兵应急分队配合维护和安全保障惠水县首届好花红艺术节在县城和毛家苑乡举办。

2003 年 6 月，组织民兵应急队员进行为期 15 天的军事训练。

2005 年 8 月，组织民兵骨干参加都匀军分区民兵军事比武，获团体第三名。

2006 年 5 月底至 6 月下旬，分两期对民兵应急小连和大连进行军事训练。6 月，在七里冲挂牌成立“军地两用人才培训基地”。9 月 26 日至 27 日，对全县 25 个乡镇武装部长进行业务培训。

2007 年 5 月下旬至 6 月上旬，分别组织两期基干民兵，进行军事训练和政治教育。

2008 年 5 月，组织民兵“军事三项”比武竞赛训练。

2009 至 2011 年，共开展基干民兵训练 5 期，专武干部集训 2 期。应急抢险分队集训 2 期，高炮骨干集训一期。

2012 年 5 月，开展民兵军事三项比武训练。8 月，组织全县 25 个乡镇专武干部同步参加都匀军分区在三都县组织的全州专武干部军事训练和业务集训。

2013 年 2 月，在摆榜乡创业孵化园成立“惠水县民兵营”（储备队伍）和“惠水县摆榜乡创业园区民兵营”。3 月，为惠水涟江国际酒店 160 名员工进行军事训练。5 月 21 日至 6 月 4 日，在摆榜乡创业园区开展年

度民兵军事训练。8月，组织民兵在福泉市举行参加黔南州举办的“民兵军事三项”比武竞赛，获9块金牌。

2014年1月，在和平镇组织民兵进行应急处突业务训练。4月，组织国动委成员、民兵应急队伍进行轻武器实弹射击训练。

2015年1月，与罗甸县人武部在罗甸县边阳镇联合开展野营拉动演练活动。3月，都匀军分区情报分队在县人武部举行为期10天的骨干集训，全州民兵情报分队骨干参训。3月28日，县人武部牵头组织县水务局干部职工共70余人，在雅水镇水头水库举行联合防汛演练。5月，组织职工、民兵骨干分队到甲戎清河开展野外战备拉练驻训。6月，组织民兵到修文县扎佐毛冲坝训练基地参加贵州省军地“联考联评”考核。10月，完成年度民兵军事训练。

学生军训　根据教育部、总参谋部关于对高等学校和高级中学开展学生军训的通知精神，1978至2015年，对惠水县民族中学高一新生、惠水县第二中学高一新生和惠水县中等职业中学新生的军训，由县人武部牵头组织和实施。2015年，开始对贵州财经大学商务学院大一新生开展军训。

装备管理　1978年后，县贯彻落实上级有关装备管理指示精神，严格执行有关装备管理规定，确保武器装备管理的绝对安全和人武部机关干部职工和民兵执勤、军事训练。2011至2015年，为民兵抢险救灾、应急处突的需要，先后增添运兵车、冲锋舟、橡皮艇、警棍盾牌、灭火器材等装备。

三、政治工作

围绕国家和国防后备力量建设实际、民兵组织性质和任务的特点，确保民兵在各个时期遂行任务为出发点，重点开展坚持中国共产党的绝对领导、爱国主义、国际主义、革命英雄主义、建设有中国特色社会主义等专题教育，保证民兵组织永远置于中国共产党绝对领导之下，使民兵在各个时期参与执行各项任务中发挥重要作用，确保人武部干部、职工在政治上、思想上与党中央保持高度一致。

坚持县、区党委书记兼任县人武部（区武装部）政治委员（政治教导员）制度，健全县（乡、镇）武装工作机构，加强现役武装干部和专武干部队伍建设，在上级军事机关和县委的领导下，人武部党委根据军队政治机关的指示和地方党委宣传教育部门的安排，针对各个时期部队、民兵建设和地方建设的需要，对辖区民兵政治教育认真部署，由人武部政工科督促基层武装部抓好落实。

针对民兵组织的特点，对民兵的政治教育主要采取随机教育和刊授教育相结合进行时事政治教育。随机教育主要利用民兵集中训练、抢险救灾、执行任务和征兵等时机进行。1987至1996年，对民兵政治教育进行一些改革试点，在落实一季一课的同时，以《中国民兵》《西南民兵》《两用人才报》等报刊为主要教材，采用刊授形式进行教育，刊授作业由县人武部分别发到各区、乡，由区乡武装部组织实施。1996年以后，组织基层武装部订阅《中国民兵》《中国国防报》《西南民兵》《国防大视野》等报刊，由基层武装部适时组织民兵集中授课，县人武部在民兵集中训练时，对参训民兵进行考核讲评。

各个时期民兵政治教育的内容有所侧重，爱国主义教育和战备教育是每年政治教育的主要内容。1981至1986年，全县民兵政治教育围绕经济建设这个中心，以总政治部编写的《民兵政治课本》为教材，进行人民战争、民兵光荣传统、民兵性质和任务、怎样当个好民兵等专题教育，增强广大民兵国防观念和搞好生产、为经济建设做出应有贡献的积极性。1989至1993年，广大民兵认真学习中共中央、国务院《告全体共产党员和全国人民书》和《必须旗帜鲜明地反对动乱》等，民兵队伍在思想上、政治上、行动上与党中央保持高度一致。1994年，把《爱国主义教育实施纲要》作为民兵思想政治建设的主线组织学习，继承和发扬爱国主义传统。1997年，根据都匀军分区指示，在民兵预备役人员中开展“爱党爱国爱军”的“三爱”教育，广大民兵预备役人员真正认识香港回归祖国、中共十五大召开和建军70年的辉煌业绩。2000至2012年，在干部职工和民兵中重点开展《关于深化民兵工作调整改革的意见》和《民兵工作条例》《国防法》《兵役法》这“四个教育”。2013年，主要以学习中共十八大精神和习近平一系列重要讲话精神，开展“能打仗、打胜仗”“紧贴使命任务强军”系列军队主题教育活动。2014年，承担成都军区民兵“牢记强军目标、献身强军实践”主题教育先行试点任务。2015年，开展“两学一做”和“学习践行强军目标，做新一代革命军人”主题教育暨“三严三实”专题教育，坚定干部职工和民兵听党话、跟党走的坚强意志。

通过开展民兵思想教育，民兵政治思想素质不断提高。1979年2月，中越边境自卫还击作战，通过宣传战时征兵的重大意义，广大民兵积极响应党中央、国务院、中央军委的战斗号令，纷纷向组织写申请书，有的还写血书，坚决要求上前线，全县范围内很快掀起踊跃报名参军参战热潮，经体检政审合格，230名青年民兵应征入伍。改革开放后，县人武干部职工、民兵在县人武部和基层武装部的组织带领下，投身于惠水的经济社会建设，积极参与西部大开发，参与扶贫攻坚、帮困和捐资助学活动，带头实践党的富民政策，带头勤劳致富奔小康，为建设和谐社会、全面实现小康社会，做出积极贡献。

四、后勤保障

1978至2012年7月，人武部营区位于县府路县委大院46号。1982年3月，动工修建县民兵武器装备仓库和一些附属实施，1984年3月竣工使用。1990年3月，修建县民兵训练基地，1991年5月竣工投入使用。2012年8月，按照贵州省军区和都匀军分区人武部正规化建设达标要求及惠水县委、县政府规划安排，搬迁至惠水县惠高大道旁。坚持党委当家理财，严格经费预算、管理、审核制度，确保日常工作、抢险救灾等工作的顺利完成。

五、参建参治

拥政爱民　1983年，开展纪念“双拥”活动40周年，组织指战员开展思想教育，提高“双拥”工作重要性的认识，协助地方政府部门组织民兵开展优抚工作。1989年4月，将民兵训练靶场划为新建农药厂的厂址。1991年5月，服从县政府决定，将属县人武部管理的国有荒坡946.5平方米，划归县档案局建档案馆用，以实际行动支援地方社会经济发展。1992年，出资为大龙乡冗然村购买碎石机和采石工具、材料，开采建筑用白石子。1994至1997年，派出干部职工参加地方计划生育工作、坡改梯工程、三秋生产、植树造林、扑灭山火、水渠清淤等义务劳动108人次；组织发动民兵参加坡改梯工程、水渠清淤、修建乡村公路、扑灭山火等7500多人次。2000年，为扶贫点大坝乡茶场组农户提供价值4万元的板栗、枇杷、梨子等经济果木苗8000株。摆金镇民兵150人完成500亩经果林种植。2001年，出资为大坝乡茶场组发展肉兔养殖，每户购买种兔20对。2002年，结对帮扶贫困小学生13名；在和平镇落实千亩军民共建生态林种植；帮助岗度乡柏栗村98户群众种植200亩苎麻；在和平镇、高镇镇、三都镇各发展5户民兵科技示范户；成立由退伍军人领头创办的“龙翔鸽业有限公司”和以竹鼬养殖为主的“惠江特种动物养殖场”两个示范基地。2003年年初，都匀军分区在惠水县召开全区扶贫工作研讨会，与会人员对这两个基地参观考察。2004至2005年，先后为惠水县摆金中学、宁旺中学训练“两基”返校学生近700人；捐款8000余元，用于帮扶惠水县高镇小学50名贫困学生；捐款1400元，帮助惠水县平贡小学修建学校铁门；捐资水泥20吨，用于解决高镇镇山后村村委办公室院坝硬化；为高镇镇涟江村8户计生贫困户捐助化肥500千克。2006至2007年，为惠水县和平镇大坡村老年大学捐助1000元；为高镇镇长岩村捐助水泥5吨；为高镇镇计生贫困户捐助化肥500千克，粮种60千克；为社会主义新农村建设联系点好花红乡辉岩村捐资4000元，出资800元为辉岩村建立“青年民兵之家”。2008年，在抗凝冻工作中，干部职工捐款

12000余元和捐赠衣物40余件。2009年，帮扶羡塘乡比纳村30吨水泥，捐助6户计生贫困户1800元。2010年，干部职工投入抗旱救灾第一线，为灾民送水60多天300多人次500余吨。协助羡塘乡西混村、岗度乡火阳村深入深山岩洞找到饮用水源，并铺设水管13000多米。为羡塘乡灾民捐助人民币1.06万元，塑料水桶60个；部分乡镇武装部还成立“民兵义务送水队”“红旗摩托车送水队”，积极排解群众困难。为羡塘乡比纳小学贫困学生捐资捐物5000多元；为羡塘乡比纳村8户计生贫困户捐助化肥1.2吨，慰问贫困老党员6名1200元；慰问贫困退伍老兵和抗日战争老战士3800元；捐款5000元，帮助王佑镇王佑村贫困学生卢小菲、卢小兵姐弟上大学。2011年，组织干部职工、民兵应急分队85人，协调资金近40万元，组成一支骡马运输队为灾区群众送棉被100床、棉衣150套、棉鞋150双、大米1500千克、食用油200千克。出动干部职工、民兵200余人次，运输车4辆，送水车1辆，为受旱灾的大龙乡、羡塘乡、摆榜乡8个村寨送水50余吨，为羡唐乡捐款1.15万元。2012年，筹资2万多元、水泥30吨，帮助羡塘乡甲奉村修通村公路；捐助9000元为桃源村、甲奉村和三合村村委会购置办公电脑；为羡塘中学捐赠价值5万余元的学习文化体育用具；启动断杉镇新场村摆亚组军民共建安全饮水工程；为羡塘乡绸绢小学贫困学生捐款4100元。参加三都镇百鸟河片区义务植树300余株；组织民兵应急分队，参加县2012年好花红艺术节系列活动；民兵应急队伍骨干分队龙舟队，代表惠水县参加在清镇市举行的2012年中华龙舟争霸赛，取得200米直道竞赛第三名和500米直道竞赛第四名成绩。2013年，民兵骨干分队龙舟队参加多彩贵州龙游涟江龙舟争霸赛，获业余组第一名；骨干分队30人参与保障“2013年‘寻找美丽中华’全国定向锦标赛”警戒和裁判工作；干部职工和民兵应急骨干分队200人次，参与长田乡大冲煤矿透水事故救援任务，连续奋战9个昼夜。启动好花红乡甘昌村军民共建饮水安全工程。从省公路局协调经费320万元，修通羡塘乡至白硐村6.4千米乡村公路。2015年，投入水泥30吨帮助修建羡塘镇瑶山村办公楼，建设“党员活动室”和“青年民兵之家”；结对资助新安小学20名贫困学生。为王佑镇冉告村解决资金26.5万元、水泥20吨进行道路硬化和太阳能路灯安装；成建制组织11支1050人的民兵植树造林队；在岗度镇启动250亩民兵茶产业基地建设；协调省水利厅为羡塘镇西混社区解决100万元饮水灌溉项目。

至2015年，先后与县工商局、财政局、国税局、交通局、供电局、移动公司、农村信用社、单采血浆站等14个单位结成“军民共建单位”。军地双方从思想道德风尚、精神文明、文化环境、经济建设等方面开展“同植连心树”“共建文明路”“军民共建街”等多项健康有益的共建活动。

抢险救灾　1978至1985年，共参加扑救森林火灾78次，出动干部职工和民兵7418人；协助“严打”防控33次；安保执勤任务6次130人；道路抢修疏通3次。1986至1996年，先后参与扑救森林火灾、执勤巡逻、抗洪抢险等任务280多起3700余人次。1998年，共组织干部职工50多人（次）和民兵预备役人员190名参加扑灭森林山火，共保护了700多亩山林，为国家挽回经济损失500余万元；组织干部职工和民兵650多人，参加抗洪抢险2次，被县评为“抗洪抢险先进单位”。抽调3名干部参加地方公安的扫毒行动。1990年12月，组织干部职工和基干民兵170余人协助公安执行罗甸县“12·26”抢枪杀人案追堵任务。1996年8月，组织15个乡镇18名专武干部和350余名民兵参与断杉镇杀害公安干警的3名凶犯追捕任务。1997年6月，雅水蓄灌工程主干渠遭大雨袭击多处被水冲毁，县人武部派出2名干部带领民兵150多人参与抢修。2001年11月，惠水县举办首届好花红艺术节，组织带领民兵应急分队120人，配合公安干警负责县城主会场6万多人的秩序维护和安全保障。2003年，全国部分地区发生“非典型性肺炎”传播，县人武部干部职工、民兵积极参与辖区防“非典”活动。2004至2007年，共组织民兵参与社会治安巡逻、抢险救灾、森林防火和煤矿执勤等3560多人次，车辆80余台次。2008年，组织干部职工、专武干部和民兵预备役人员参加抗冻救灾。运送救灾物资30多吨，搭建房屋4间，道路疏通20余千米，铺撒沙石30余车、工业用盐10余吨，协助电力部门抢修被毁线路20多处5000余米，挖电杆坑100余个、拉电线40余千米。2009年，先后8次组织干部职工和民兵280多人次参与扑救山火，减少森林损失1800余亩，民兵应急分队60余人参与安保巡逻执勤。2010年，全年组织干部职工和民兵森林防火分队设关守卡、进山巡逻220余人次，参加扑救山火300余人次。2011年，惠水县民兵应急队伍骨干分队成立，共帮助群众抢栽抢种3次170多人次，参加扑救森林火灾11次。2012年4月30日，组织干部职工和民兵应急骨干队员参加大坝乡三合村惠水利达建材有限公司砂石厂山体滑坡救援处理工作。2013年4月12日，组织民兵1127人，参加县统一组织的“4·12”和平镇高旺寨执法护航行动。2014年，先后出动兵力900余人次，抢运物资2000余件（套），转移被洪水围困群众25人；资助羡塘镇新安小学20名贫困学生1万元，出资1.2万元、水泥30吨修建该校篮球场；为羡塘镇桃源村协调解决水泥20吨。组织民兵应急骨干分队15人，驻守长田乡合兴村，配合当地政府治理小煤窑非法开采。2015年清明节期间，干部职工、民兵应急队伍骨干分队，先后5次参加森林灭火和森林防火执勤，共出动兵力317人次，车辆10余次。

抗洪抢险（1999年摄）

军民共建　1978年2015年，惠水县人武部共与惠水县14个单位结成“军民共建单位”。军地双方从思想道德风尚、精神文明、文化环境、经济建设等方面共同开展“同植连心树”“共建文明路”“军民共建街”等多项健康有益的活动。人武部官兵职工视人民为父母，把驻地当故乡，在认真完成训练教育和战备执勤的同时，积极投身于惠水的抢险救灾、社会治安和经济建设当中，密切军政军民关系，为惠水县全面建设发展做出积极贡献。

2003年，惠水县创建双拥模范县成功后，先后投入资金1400余万元，为县人武部修建营房、武器仓库、训练场、绿化环境，购置车辆、电脑、复印机、摄像机、办公桌椅等硬件设施，为干部职工提供良好的工作环境和生活条件。人武干部职工及家属，把驻地当故乡，视人民为父母，长期以来，在认真完成教育训练和战备执勤任务的同时，投身于县的抢险救灾、社会治安和各项建设，密切军政军民关系。

第二节　中国人民武装警察部队惠水县中队

机构　中国人民武装警察部队惠水县中队（简称武警县中队），正连级单位，位于惠水县城连江街道马蹄坡。1982年，县中队改称县人民武装警察部队，受武警黔南州支队和县公安局双重领导，隶属于武警黔南支队。2014年，经部队编制体制改革，隶属于武警黔南支队四大队惠水县中队。中队长、政治指导员、排长各1人。

支援地方建设　历年来，中队官兵始终牢记宗旨，把驻地当故乡，视人民为父母，积极为地方经济

参与保护母亲河行动（2000年摄）

建设发展、人民安居乐业保驾护航。积极参与军民共建活动，每逢劳动节、儿童节、重阳节等，官兵义务打扫街道卫生，清理垃圾，看望慰问福利院老人、儿童；参与社会募捐活动，始终做到人民武警爱人民，人民武警为人民。1978至2015年间，义务植树1000余株，筹集爱心款8万余元。

抢险救灾　历年来，中队始终坚定正确的政治方向，牢记宗旨，依法从政，从严治警，历茬官兵以“四有军人”为目标、做“忠诚卫士”为使命，安心本职，艰苦奋斗，圆满完成以执勤和处置突发事件为中心的各项任务。每年都会派出兵力，配合地方有关部门参与各类临时勤务，维护社会稳定，保障人民群众安居乐业。扑灭山林大火，完成抗旱救灾，参与抗凝冻、保民生等任务多次，保障了人民群众生命财产安全。

2008年冬季，全国遭受60年难遇的大雪灾，驻地也受凝冻灾害，道路结冰无法通行，高压线路被厚厚的冰块压垮，自来水管被冻住，人民群众的生活、生产受到了严重威胁。灾情就是命令，武警中队官兵闻令而动，积极参与到抗凝冻，保民生救灾行动中去。在寒冬腊月，战士们充分发扬不怕苦、不怕累的精神，持续作战，个个磨破手掌却不肯松开铁镐，坚持继续除冰抗灾。血泡在脚底磨破，与鞋袜粘在一起，却没人叫苦叫累，继续前进。在此次行动中被武警贵州省总队表彰为“抗凝冻　保民生”先进单位，荣立集体三等功。

遂行任务　中队支部坚持把执勤工作放在首位，牢固树立官兵执勤工作无小事的观念，坚持“一切为了中心，一切围绕中心”原则。支部把议勤当成经常性工作来做，支部一班人坚持每月分析中队执勤工作的形势，在议勤中能充分发扬民主，集思广益，在讨论中发现问题，在讨论中寻找对策，统一思想，统一标准，确保了执勤工作不“脱轨”。多年来实现了执勤目标安全无事故。每年担负临时勤务完成圆满。

2014年1月4日，武警县中队两名官兵外出办公期间，在惠水金域广场遇一名持刀抢劫杀人凶手正在逃跑，立即冲上前去，面对歹徒那血淋淋的匕首和凶狠狠的表情，武警官兵并拿出平时练就的过硬本领，生擒歹徒。

军民共建　历年来，主动担负起驻地学校的军训任务，并对军训学员进行国防教育，宣讲党和国家的相关政策；每年节日来临，地方政府也会莅临中队看望慰问官兵，解决官兵的困难。鱼水深情在这里传唱，中队历年与地方达成共建单位为12个。

军事训练　严格按照《军事体育训练与考核大纲》抓好军事训练。科学组训，严格施训，各科目参训率均达95%以上，成绩均在良好水平以上。

历年荣誉　2007年、2008年、2009年、2010年被武警贵州总队评为基层建设先进中队。1999年、2003年、2006年、2007年、2008年、2009年、2010年、2015年被武警黔南支队政治处评为“先进党支部”。2009年参加黔南州军事业务竞赛获第三名；2013年参加“多彩贵州·希望教育杯”涟江龙舟争霸赛获优秀奖；2007 年、2014 年被评为民族团结先进单位。中队先后涌现出大批先进个人和光辉事迹，荣立集体三等功 3 次，多次受到上级部门的表彰，1978 至 2015 年间，有 40 余名官兵荣立三等功，200 多人受到嘉奖，评为“优秀士兵”。

第三节　预备役部队建设

1984 年，都匀陆军预备役师二团团机关、直属队和一营在惠水县编组，团机关营房位于县城西门仓库旁，一营一连在甲戎乡编组，二连在毛家苑乡编组，三连在大龙乡编组，一营炮兵连在三都镇编组，一营机枪连在断杉镇编组。

1985 年，都匀陆军预备役师改称都匀陆军预备役步兵师，所辖各团依次称都匀陆军预备役步兵师第 X 团。

1998 年，都匀陆军预备役步兵师与兴义陆军预备役步兵师合并整编为贵州陆军预备役步兵师，撤销都匀陆军预备役步兵师番号，都匀陆军预备役步兵师第二团相应撤销，在惠水县组建贵州陆军预备役步兵师侦察营，并接管原都匀陆军预备役步兵师第二团营房。组建后的贵州陆军预备役步兵师侦察营由惠水县的党政机关和企事业单位选人编组，涉及财政、交通、卫生、医院、电信等部门；侦察一连由惠水县的和平镇和高镇镇党政机关、企事业单位和自然村编组；侦察二连由惠水县的三都镇和毛家苑乡党政机关、企事业单位和自然村编组。

2005 年，贵州陆军预备役步兵师第二团二营由黔南州福泉市调整到黔南州惠水、长顺、罗甸三县编组。二营营部、步兵四连和炮兵连在惠水县编组，其中：营部由惠水县的党政机关和企事业单位编组，步兵四连在惠水县的和平镇、高镇镇、长田乡和大龙乡党政机关、企事业单位和自然村编组，炮兵连由惠水县的三都镇、好花红乡、甲戎乡、断杉镇党政机关、企事业单位和自然村编组。调整后的贵州陆军预备役步兵师第二团二营的营、连军事主官全部由现役干部担任，政工主官和副职及相应职位由地方相关领导和专业人员担任。

2015 年，贵州陆军预备役步兵师第二团二营在惠水的编组不变。

第四节　消防大队

一、概况

1980 年县公安局消防科组建惠水县消防中队，受黔南州武警支队和县公安双重领导。1985 年黔南州公安消防支队调配现役武警担任消防干警。1986 年装备水压消防车和 119 报警电话，全县各单位、厂矿、企事业单位配置泡沫灭火器 1200 个，泡沫灭火药 1500 余千克，消防池 80 个，各种防火叉、钩 600 余件。1988 年，在重点单位和要害部位配置消防灭火药剂瓶 70 个。1992 年，购置东方消防水罐车 1 辆，省消防总队配备 2020 消防指挥车 1 辆和火灾现场勘查箱 1 个。

1997 年撤科建队后，添置五菱双排座微型车 1 辆及部分消防器材。1998 年由县公安局消防科和消防中队合并成立惠水县公安消防大队，明确为正营级单位，全称为“中国人民武装警察部队贵州省惠水县消防大队”。2001 年新增设“119”消防报警电话 1 对，实现中队、大队拥有 2 条“119”消防专线。

2015 年，消防大队主要负责辖区单位的消防监督检查，火灾事故调查，改建、扩建工程的消防设计审核和验收，审查各单位制定的具体防火办法和防火技术规范，检查消防安全，开展消防宣传等工作。大队一部行政车、一辆皮卡车，下辖1个执勤中队；有水罐车3辆、登高车1辆、高喷车1辆、抢险救援车1辆，通信指挥车1辆；辖区内有消防安全重点单位77个。年末有官兵31人，其中干部9人，战士18人，文职人员4人。在和平镇先后设11具室外消防栓，增购水带和战斗服等器材装备。2002年，县政府为消防部门添置消防车1辆，在和平镇增设消防栓14具。

惠水县消防日活动（2011年摄）

二、宣传与监管

1974至1997年，主要通过公共场所消防安全检查实施监督。消防工作坚持贯彻预防为主的方针，1986至2008年，采取组织重点防火单位参加现场灭火演练，举办消防业务知识培训、编发防火宣传资料、培训义务消防员、张贴标语、召开消防工作试点现场会等形式开展消防安全宣传。1995年，对全县建材、装修、改建的公共文化娱乐场所进行消防安全检查，对电器线路、消防通道、装修材料、灭火设施等方面不符合要求的进行限期整改；对用可燃易然材料装修的，全部进行限期处理；对到期未整改的7家作停业、2家作罚款处理，严格新建文化娱乐场所的消防规划审查。1998年，依照消防法规检察机关、团体、企业事业单位及其他社会单位消防安全，建设工程依法实行消防设计审核，验收和消防设计备案与竣工验收消防备案检查，新增公共聚集场所实行投入使用、营业前消防安全检查。至2017年共659起接警出动记录，出动车辆719辆，出动警力4808人，抢救被困人员332人，疏散被困人员596人，抢救财产价值355万元。参战人员死亡0人，受伤0人。检查13558家单位，发现火灾隐患17403处，督促整改17209处，下发《责令整改通知书》7063份、《行政处罚决定书》358份，责令“三停”单位98家，罚款234.72万元，拘留77人。

三、地方建设

大队共接处警118次，出动消防车207辆次，出动消防官兵769人次，抢救被困人员36人，疏散人员1000余人，抢救财产价值3000余万元。特别是在“3·20”高镇小吃一条街火灾扑救、“6·17”贵惠高速交通事故救援、“6·17”建筑工地儿童坠落事故救援、“7·18”涟江南路轮胎店火灾扑救和省党代会、全国两会、数博会、端午节、“六月六”民族节日、全省及全州重大项目建设观摩会消防安保等急、难、险、重任务中，出色地完成了各项工作任务。

第五节　国防教育

一、简况

20世纪70年代末期，惠水县国防教育与全国一样，处于阵发性、权宜性状态。

中共十一届三中全会以后，国防建设指导思想转到和平时期的轨道上。由于长期的和平环境，加之对国防建设指导思想实行战略性转变缺乏全面理解，一些人的和平麻痹思想有所滋长。随之出现了征兵难、优抚难、民兵预备役工作不落实、当兵不习武等现状。1981 年，根据中央“各级党委、政府和各级军区，要经常对人民群众进行热爱祖国、保卫祖国的教育。”惠水县掀起了支边参战和拥军优属的热潮。

1987 年，党中央向全国人民发出“加强国防教育，增强人民的国防观念”号召，惠水县开展了国防教育活动，多层次、多形式、多渠道的全民国防教育蓬勃开展。

20 世纪 90 年代以来，成立了相应的机构，国防教育活动开始步入经常性轨道。特别是 2001 年 4 月 28 日《中华人民共和国国防教育法》颁布实施后，国防教育工作逐步走上了法制化轨道。

二、机构及人员编制

1991 年 7 月 30 日，成立惠水县国防教育领导小组，组长由县委副书记、县长担任；副组长由县委专职副书记、预师二团团长、县人武部政委、县委宣传部部长、县政府办公室主任担任；成员单位为县委宣传部、县人武部、县教育局、民政局、财政局、总工会、县妇联、团县委、人事局、文化局；领导小组下设办公室，办公地点设在县人民政府。

1992 年 9 月，成立惠水县国防教育办公室，级别为正科级，为县人武装部内常设机构，人员编制 2 人，在县人武装部干部编制数内调剂。由县人武部政工科副科长兼任国教办副主任，军事科 1 名参谋任办事员。

1994 年 1 月，调整惠水县国防教育领导小组；领导小组办公室设在县人武部。

1998 年 7 月，惠水县国防教育领导小组改称惠水县国防教育委员会，主任由县委专职副书记担任；副主任由县政府常务副县长、县人武部政委、县人武部部长、预师二团政治处主任、县委宣传部部长担任；成员单位增加了县委办公室、县政府办公室、县工商联、县公安局；领导小组办公室设在县人武部。

2001 年 7 月，调整惠水县国防教育委员会组成人员，增加一名副主任和 2 名成员。10 月，明确县国防教育办公室为县人民政府和国防教育委员会的常设办事机构，正科级建制，为县政府办公室管理机构，配备人员编制 2 人，其中，由县人武部抽派 1 人，从县党政群机关行政编制总数内调配 1 人，办公地点设在县人武部。惠水县国防教育办公室设主任或副主任 1 名，所需经费由县政府统筹安排。

2004 年 4 月，调整充实县国防教育委员会；副主任增加县委政法委书记和 1 名县政协副主席，成员单位增加县卫生局、司法局、国土局、供电局、电信局、邮政局、移动公司、县直机关党委、县委党校等；领导小组办公室设在县人武部至 2015 年。

三、国防教育基地建设

少年军校 2002 年 7 月，利用暑期在县人武部开办少年军校班一期，招收中小学生 120 人，邀请退伍军人任教官，对学生实行军事化训练、军事化管理。培养中小学生从小树立自强、自立意识。

革命烈士陵园 2003 年 4 月，由县财政投入资金 70 万元，对惠水十二楼台革命烈士陵园实施维修、改造、扩建和绿化，建设成为爱国主义教育基地，同时也成为惠水县国防教育基地。

每年清明节，县均组织全县直属机关、企事业单位、学校师生、驻惠军（警）及广大干部职工到革命烈士陵园举行祭扫活动。

重建革命烈士碑 1977 年，十二楼台县革命烈士陵园建成后，将原建于圆台边的烈士纪念碑迁入陵园内，并分批将 95 位烈士坟墓和被土匪丢弃在河谷、山洞的烈士遗骨、遗骸打捞搬迁到烈士陵园集中安葬。

2003 年清明，县政府重建革命烈士纪念碑，改善相关设施和美化园区环境。2013 年 7 月，惠水县委、县政府在革命烈士陵园增建英烈墙，将在惠水牺牲的英烈名字刻在英烈墙上。

2014 年 3 月，惠水县委、县政府将位于九龙景区的红军墓搬迁到革命烈士陵园，便于管理和进行爱国主义教育和国防教育。

军事训练基地　2012 年，在县野梅岭森林公园内惠水康正旅游开发有限公司建成国防教育军事训练基地。

四、国防教育活动

每年均把国防教育与清明“五四”“六一”“七一”“八一”等节日以及征兵工作结合起来，在机关干部职工和学校师生中开展国防教育，每年接受国防教育的干部职工 2000 余人，学生万余人。

1993 年，贯彻落实党中央、国务院、中央军委关于加强国防教育，增强全民国防观念的一系列指示和决策，在县委、县政府领导和州国防教育办公室的指导下，按照《贵州省国防教育三年规划》和黔南州国防教育领导小组各年度的工作指示，以省国防教育办公室编写的《国防教育系列讲座》为主要教材，在全县广大干部群众和民兵预备役人员、学校师生中广泛宣传国防法规、国防常识，公民的国防观念得到增强。

1994 年，黔南州国教办首次在全州范围内组织公民参加国防知识答题竞赛，分配给惠水县完成 2500 份答卷，完成答题竞赛的重点放在县及乡镇党政机关领导干部和工作人员、企事业单位中层以上干部、部分中学师生。答卷发出 20 天内全部完成答题并收回。

1995 年，结合纪念抗日战争暨世界反法西斯战争胜利 50 周年活动，采取组织观看电视教育片、集中学习相关宣传资料等形式，在县、乡机关、企事业单位、中小学校以及民兵中广泛开展国防教育。

1996年，县人武部收归军队建制。在县国防教育办公室人员编制（地方编制）尚未落实的情况下，“八一”期间，县人武部组织县四大班子领导和县国防教育领导小组成员开展“军事日”活动，座谈军政军民关系，实弹打靶体验军事生活，慰问驻军官兵等。9 月，中学新生入学，人武（专武）干部和退伍军人、民兵骨干，在学校组织高一新生进行为期 7 至 10 天的军事训练，使参训学生既体验了军事生活，又增强了国防意识。

1997 年，以香港回归、纪念建军 70 周年和庆祝中共十五大召开为契机，在机关干部职工、民兵预备役人员、县直机关和学校师生中，广泛开展全民国防教育。组织 2900 多人参加“兴我国防、强我中华”全国国防知识答题竞赛；在全县范围内张贴《中华人民共和国国防法》《贵州省国防教育条例》《征兵工作宣传提纲》800 余份；利用有线电视、广播开展国防教育讲座；组织县人民武装委员会、国防动员委员会、国防教育委员会成员 30 多人学习《中华人民共和国国防法》《贵州省国防教育条例》和开展“军事日”活动；组织基层专武干部和征兵体检组 150 多人打靶，体验军事生活；为县老年大学 70 余名老干部开办国防知识讲座。

1998 年，以落实《中华人民共和国国防法》为主线，以领导干部为重点，坚持重在教育，注重实效。成立预备军人学校，在县人武部和县民族职业中学成立预备军人培训班，学制一年，面向全县招收适龄应征入伍青年、学生进行相关军队知识学习，毕业后符合征兵体格和政治条件的可优先征集到部队服役。为搞好《中华人民共和国国防法》宣传，在《中华人民共和国国防法》颁布一周年之际，县委宣传部、广播电视局和县人武部协同开展《中华人民共和国国防法》宣传月活动，印发宣传资料 1 万余份。9 月，在全县举行《中华人民共和国国防法》宣传日活动中，出动宣传车 5 台（次），设咨询站 26 个，印传单 1 万份，发动千余名青少年学生走上街头、集镇参加宣传。

1999 年，组织召开惠水县人民武装委员会、国防动员委员会、国防教育委员会联合议军会，解决了国防教育办公室工作经费，落实了民兵训练费统筹办法，制订了《专武干部选拔、培养和配备细则》；

组织地方党政领导和机关干部开展“国防日”活动3次；坚持为惠水民族中学高一新生上好入学“第一课”，对450名新生进行为期一周的军事训练；加强了《中华人民共和国国防法》《中华人民共和国兵役法》《贵州省国防教育条例》等国防教育法规的宣传，组织2500多名干部职工、学校师生和民兵预备役人员参加“国防法”知识答题竞赛；组织350名民兵预备役人员参加成都军区《庆祝中华人民共和国成立50周年，学习邓小平理论，学习新〈兵役法〉》知识竞赛；协调惠水县委宣传部、司法局利用广播、电视、惠水报宣传修改后的《兵役法》。

2001年，对惠水民族中学560名高中学生实施军训，进行国防常识教育，举办国防知识讲座；“八一”期间，组织县四大班子领导及县直机关干部100余人开展“军事日”活动，进行国防形势讲座和实弹射击，政委徐选民撰写文章刊登在《惠水报》，宣传《中华人民共和国国防教育法》；翻印了2000份《中华人民共和国国防教育法》和修改后的《征兵工作条例》，在全国第一个“国防教育日”上街进行宣传，在征兵工作宣传阶段散发到基层乡镇；组织县直机关干部职工、学校师生6000人参加全国《中华人民共和国国防教育法》知识答题竞赛；11月20日，县四家班子领导和县直机关干部职工、县直各中小学校师生近2万人，在县城隆重举行新兵入伍欢送大会，使国防教育活动达到高潮。几次活动，县电视台、《惠水报》都作了报道。在“七一”期间，经过精心准备，县人武部选派2名民兵参加黔南州国教委和都匀军分区政治部举办的《青春献给党》演讲比赛，分别获二等奖和三等奖。

2002年，以县国教委和县人武部的名义共同创办了《涟江民兵信息》，每月刊出一期，及时反映惠水国防教育工作情况；在暑假期间，与县委宣传部、县民政局、教育局、团县委等单位共同倡议，县政府行文批准成立“惠水县少年军校”，于7月10日至20日进行首期训练，收到了良好的政治效益和社会效益。结合纪念毛泽东关于民兵工作“三落实”指示发表40周年、“八一”建军节、全国第二个国防教育日和征兵工作等期间，采取召开座谈会、张贴标语、县内新闻媒体宣传等形式，向全县广大人民群众进行国防教育。12月，继续组织一年一度的新兵入伍欢送大会，县直机关干部职工、中小学生和各界群众2万多人隆重集会，欢送新兵入伍。

2003年，为加大国防教育力度，年初，人武部党委与地方党委政府协调将国教办办公经费列入县财政预算，真正落实省编办字〔2001〕56号文件精神，保障国防教育办公室正常开展工作，认真按照《国防法》《国防教育法》和《贵州省国防教育条例》履行职责，推动国防教育向法制化、规范化、社会化方向发展。“八一”期间，组织县四大班子领导和共建单位领导开展“军事日”活动；在学生军训和征兵工作中，对参训学生和广大公民进行国防教育。

2004年暑假期间，与县委宣传部、县民政局、教育局、团县委等单位共同倡议，在全县开展国防知识进万家活动，组织有代表性的学生与人武部的干部职工一起分别到集镇发放各种宣传资料5000多份，收到良好效果。

2005年6月，人武部就贯彻实施《贵州省征兵工作条例》《贵州省民兵预备役工作条例》情况全面回顾，向黔南州人大常委会作了汇报。

充分利用广播、电视、报纸、杂志等多种媒体宣传国防教育，对双拥工作进行报道。

2001至2005年，惠水县双拥宣传报道工作的各类稿件被中央、省、州、县级报刊采用372篇；被州、县电视台新闻报道200余条。同时录制双拥工作光碟28套、印发双拥宣传挂历3000份。在集镇利用农村集市贸易场天开展国防教育活动20余次，发放国防教育宣传资料6万余份。为做好国防教育工作，增强公民的爱国观念，2004年6月，投入8万余元在长田与贵阳交界处修建大型永久性“全省双拥模范县”

标志牌 1 座，长 12 米、高 8.8 米。2005 年在县城外环路、高镇大道两则路灯电杆悬挂印有双拥宣传内容的牌子 81 块，在省道、县道沿线的长田、高镇、和平、甲戎、断杉、大龙等乡镇制作彩瓷宣传图文 18 幅，形成国防教育的良好氛围。

2006 年 3 月，组织服役战士到二中作部队生活体会报告，邀请参加过战斗的同志到县直机关和部分学校举办国防知识讲座，散发资料 5 万余份。

2007 年 7 月，制定并由两办行文发送贯彻落实《全民国防教育大纲》实施意见，在全县城乡掀起国防教育热潮。

2008 年，国教办在“法制宣传月”中，采取上街设点、宣传车下乡进企业、广播电视播放等方式宣传国防法规。6 月，国教办、人武部在惠水二中开设国防教育示范课。同月二中、四中、西山社区成立国防教育领导小组，创办国防教育宣传专栏。9 月，全县各级机关、乡镇相继开展“爱中华、奔小康、强国防大讨论座谈和热爱军队、情系国防”活动，进一步掀起国防宣传工作热潮。

2009 年 4 月，建立形势政策报告会制度，国防计划正式实施，启动仪式于 4 月 25 日晚在人民广场举行，放映电影《集结号》，观看民众近 4000 人。5 月 25 日，组织部、宣传部、国教办等十四个单位组织“广普法、创平安、迎端午、创和谐”文艺晚会，近万名干部参加“四进社区”活动。6 月，全县开展全民国防教育网络知识竞赛活动。10 月，全县隆重开展“赞颂辉煌成就，建设强大国防”活动。

2010 年 4 月，全县广泛开展《国防教育法》颁布实施九周年活动。9 月，编撰“国防教育十二五规划，”开展防汛抗洪救灾民兵应急宣传。

2011 年 3 月，参与全州“国防教育”政策编写《简述中国国防力量》《我国国防简史》入选州《国防教育政策选编》。7 月，审定编印《全民国防教育“十二五”规划》教科书。9 月，国防教育纳入“六五”普法规划。11 月，全县实施机构改革，国教办纳入县政府内置机构并列入考核单位。

2012 年 2 月，多形式推进国防教育“五进”工作。3 月，将县职中纳入国防教育宣传教育基地。5 月，省、州国教办领导到和平镇永兴小区视察国防教育情况，肯定试点工作成绩。9 月，国防大学教授王宝付应邀到惠水作国家安全形势报告。

2013 年，继续多形式推进国防教育“五进”工作。

2014 年 12 月，贵阳市武警支队组织官兵 300 余人到惠水进行野营训练，其间到高镇中学开展联谊活动，给高镇中学学生上了一堂生动的国防教育课。

2015 年 12 月，惠水县国防教育办公室制作了 10 块国防教育宣传展板，分别送到涟江街道大新村、濛江街道长田社区、好花红镇好花红村、断杉镇光荣村、羡塘镇红旗村、芦山镇小石村、王佑镇王佑村、摆金镇摆金村、岗度镇岗度村、雅水镇雅水村进行展出宣传。

第六节　人民防空

1962 年 7 月 19 日，成立县防空防暴指挥部。

1965 年，成立战备指挥部。

1970 年 2 月，成立惠水县革命委员会人民防空小组，同年 6 月改为县人民防空战备领导小组，下设办公室；办公室副主任：陈胜；主任不详。

1975 年 6 月，撤销县人民防空战备领导小组及办公室，成立县战备支前小组，下设办公室。

1981 年，全县以区（镇）、公社两级成立区社联防指挥部，成员分别由各区（镇）公所（政府）、公社管委会、人武部、派出所（特派员）、邮电、交通运输、养护、粮食、卫生等单位负责人组成。两级指挥长分别由一名副区（镇）长、管委会副主任担任。

1984 年 2 月，惠水县战备办公室并入惠水县人民政府办公室。

1987 年 11 月，由县人武部和县政府办公室牵头，组织有关部门按照中央、国务院和省政府的有关规定，制定惠水县《人口疏散安置计划》。省政府分配给县战时安置贵阳市疏散人口 9 万人，除和平镇、斗篷乡、兴安乡不安置疏散人口外，其余区、乡、镇均要安置。各区任务是：姚哨区 15500 人，三都区 15000 人，摆金区 14000 人，雅水区 15000 人，断杉区 17000 人，王佑区 13500 人。有安置任务的区、乡镇和县直有关部门做好相关准备工作。按照“平战结合”的原则与疏散单位紧密配合，落实安置计划，有计划地分片、选点安排落实，并不断修改、充实、完善。

2001 年 8 月，贵州省人民政府、贵州省军区将惠水县确定为省级人防重点城市。

2003 年 6 月，县政府办公室行政科在县文广局、县建设局办公楼顶分别安装一台立式电动防空警报器。手动控制，三相电源，功率 4 千瓦。

2005 年 12 月，县印发《关于组织制订防空袭预案的通知》。由县人防办制订牵头县防空袭预案，各成员单位负责预案起草、图表制作、保障计划编写和数据提供；《防空袭预案》由《基本方案》《附图》《保障计划》和专业队伍组建构成。《保障计划》编制单位要抽派政治可靠、业务熟悉、有一定工作经验的人员负责本单位的制订工作，要切实加强保密，相关资料要按机密件管理，统一交县人防办，杜绝泄密事件的发生。

2010 年 6 月，县印发《关于组织制订省级人防重点城市防空袭方案的通知》，下达城市防空袭方案由基本方案、行动方案、保障方案和附图（表）4 部分组成。基本方案主要包括我情分析、敌情判断、人民防空任务、指挥员基本决心、行动要点（信息防护、人员防护、重要经济目标防护、维护社会稳定、专业队伍编成）、地区协同、组织指挥、各种保障要求、附图附表等。行动方案主要包括指挥所开设、信息防护、人口疏散、疏散人口接收、人员掩蔽（隐蔽）、重大人员伤亡事件处置、心理防护、重要经济目标防护、灯火管制、信息管制、交通管制、治安管制方案和附图附表等。保障方案主要包括空情保障、工程保障、警报、通信保障、交通运输保障、医疗救护和防疫灭菌保障、防核生化武器袭击保障、气象和水文等地理信息保障、物资保障、政治工作保障方案和附图附表等。附图（表）主要包括城市防空袭决心部署图、防空袭工程保障图、防空袭人员掩蔽图、防空袭人员疏散图、防空袭通信警报保障图、城市防空袭指挥序列表。7 月，县政府召开第五十次常务会议，研究关于加强城市防空地下室建设和易地建设费征收管理有关事宜，同意从 10 月 1 日起开始征收易地建设费。8 月，县印发《关于尽快报送重要经济目标防护方案的通知》，要求各相关单位结合重要经济目标性质、战时作用、可能遭袭及平时遭灾等情况，积极组织人员对照重要经济目标分级标准，按照制订防护方案要求落实。是月，县政府召开专题会议研究人防工作“十二五”规划编制工作，安排惠水县人防“十二五”规划编制工作。是月，调整充实县人民防空工作领导小组，领导小组下设办公室在县政府办，具体负责日常事务。8 月，县印发《关于加强城市防空地下室建设和易地建设费征收管理工作的通知》，将人民防空建设依法纳入全县经济和社会发展计划和年度计划，发改部门、建设部门和人防部门根据人民防空的需要和县城建设总体规划，结合县城建设和经济发展水平，按照长期准备、重点建设、平战结合的方针，制定人民防空建设规划并纳入城市总体规划，同步建设。要求城市新建民用建筑，按规定必须修建战时可用于防空的地下室。防空地下室建设坚持“以建为主、以收促建”的原则。建设单位和个人必须严格按人防办批准的修建面积、防护等级和战时用途进行设计修建，不得以任何理由少建、不建或改建为普通地下室。批准修建的防空地下室，经人防办验收，工程质量未达到人防战术技术要求，经整改仍未达标的，建设单位或个人要依法补缴防空地下室易地建设费。城市新建民用建筑，确因地质地形等客观条件限制不宜修建防空地下室的，经县人防办批准，可以不修建，但必须按应修建面积和规定依法缴纳防空地下室易地建设费。规定是年10月1日启动人防“结建”（结合城市新建民用建筑，依法修建防空地下室）工作，并结合惠水县实际制定相应的人民防空建设管理办法。规定惠水县城市内的建设项目，由县人防办负责管理审批，防空地下室易地建设费由县人防办征收，征收的易地建设费缴入国库，纳入县财政预算管理，专项用于人防建设，任何单位和个人不得挤占、截留和挪用。

县人防部门定期对已建项目进行清查，对应建未建防空地下室又没有缴纳易地建设费的建设项目，要依法追缴易地建设费。对未办理防空地下室建设或易地建设手续的新建民用建筑，建设、规划、房产等单位不得办理相应的建设工程规划许可证、建设工程施工许可证和房屋产权证等。特别是高层建筑，必须按人防工程的标准修建地下停车场或地下广场，否则，不予审批相关建设项目。对不按审批程序违规办理相关手续的，将依法追究有关责任人的责任。是月，县调整充实县国防动员委员会成员，县委书记向忠雄任主任，县委副书记、县长吴丹任常务副主任，县人武部部长左强任副主任。动员委员会下设综合办公室、人民武装动员办公室、经济动员办公室、人民防空办公室、交通战备办公室、国防教育办公室。是月，编制完成《惠水县省级人防重点城市防空袭方案》。《方案》以新时期积极防御的战略方针和人民战争思想、以做好信息化战争条件下防空袭斗争准备为核心，从战时防空袭斗争和城市经济社会发展的实际出发，紧密结合信息化战争防空袭特点，充分预见城市战时可能面临的各种复杂情况，全面规划、重点突出、平战结合、实事求是，立足于战时防空，着眼于平时防灾，把应对重特大自然灾害作为城市防空袭方案的一项重要内容，充分发挥人防设施、人防指挥机制和人防专业队伍的优势，为防灾减灾救灾和城市经济社会发展服务。9月，县政府发布《关于开展防空袭警报试鸣演练的公告》。公告于2010年9月18日上午10：00—10：11分，在全县城区范围进行一次防空袭音响警报试鸣演练。9月，县政府召开第五十一次常务会议，同意《惠水县人民防空建设管理办法》从2010年10月1日起实施。9月18日上午10时至10时11分，开展人民防空音响警报试鸣演练。12时，为庆祝《中华人民共和国人民防空法》颁布十四周年及中国人民防空创立60周年，县人防成员单位共计150余人，在县城商贸街开展集中宣传活动，向社会和群众宣传《中华人民共和国国防动员法》《中华人民共和国人民防空法》《贵州省国防教育条例》《贵州省人民防空条例》《黔南州人民防空建设管理办法》等政策法规，并制作宣传展板，悬挂宣传横幅，现场分发宣传资料等。共发放法律法规宣传单和防空、防灾、避灾知识读本20余种15000余份，制作宣传展板30余块，悬挂宣传横幅10幅，回答咨询问题400人次，投入资金约20000余元。9月13日至25日，县人大常委法工委召集人大常委办、人防办、法制办、建设、财政、物价、法院等相关部门召开了备案审查工作会议，经审查，同意备案并批准执行《惠水县人民防空建设管理办法》。26日，印发《惠水县人民防空建设管理办法》，自2010年10月1日起施行。11月，组织县政府办、应急办、人防办、国土、民政、公安、交通、卫生、教育、文广等部门在三都镇三都中学开展突发性地质灾害及防空防灾联合应急演习。12月，县人防办对县人民医院医技综合楼防空地下室项目进行批复，该项目共收缴人防工程易地建设费181200元，实现惠水县人防工程项目审批零的突破。是月，县人防办投入25000元在县人民检察院办公楼顶安装一台电声警报器。2010年审批人防工程项目1个，收缴人防工程易地建设费 181200 元。2011 年县将人防办工作经费列入县财政预算，县印发《关于调整县人民防空领导小组办公室人员的通知》，印发《人防警报设施维护管理制度》。3 月，编制完成惠水县人防“十二五”规划，在《黔南州惠水县“十二五”城镇化建设专项规划》中“实施防灾系统基础设施建设”内规定：“完成城市规划区内人防工程建设规划，并纳入城市总体规划”。4 月，印发《惠水县人民防空建设项目报建联审制度》。11 月，印发《关于成立惠水县人民防空执法队的通知》，成立惠水县人民防空执法队，明确惠水县人民防空办公室为县政府办内设正科级机构，设主任 1 名（正科级），副主任 1 名。

2011 年全年共审批人防工程项目 2 个，其中人防工程建设项目 1 个，共 5621 平方米，人防工程易地建设项目 1 个，收缴人防工程易地建设费 644400 元。

2012 年，将县人防办作为县城乡规划委员会成员单位，县人防办加大对建筑工程的审批和检查，坚持防空地下室应建必建。印发《关于组建人民防空专业队伍的通知》，要求平时按城市市区人口总数的 1‰至 3‰组建，战时根据防空袭斗争的需要，扩编 3 至 10 倍，平时编制 620 人，战时扩编至 2000 人。人防专业队伍包括：抢险抢修、医疗救护、消防、防化防疫、通信、运输、治安共 7 个专业种类。

是年，共审批人防工程项目 5 个，其中人防工程建设项目 2 个，共 11028.14 平方米，人防工程易地建设项目 3 个，收缴人防工程易地建设费共 930500 元。

第七篇 经济综合管理

第一章 计划管理

第一节 计划体制改革

一、管理机构

1994年3月前，县的计划管理机构称县计划委员会，主要负责全县国民经济社会发展计划规划的编制及运行调度，重要商品、重要物资和社会资源的分配，未设内设机构。4月，撤销县计划委员会、统计委员会，合并组建为惠水县计划统计局。内设办公室、计划股、统计股。主要职责是负责全县国民经济和社会发展计划、规划的编制及统计工作，对规划、计划执行情况进行监督和检查及统计。

2001年12月，撤销惠水县计划统计局，建立惠水县发展计划局（加挂招商引资局牌子），为县政府主管全县国民经济和社会发展计划的工作部门，同时划入招商引资和外协办工作职能。内设办公室、计划股。2004年9月，设置惠水县发展和改革局，主管全县国民经济和社会发展工作，内设办公室、综合股、计划股。

2011年，将原县粮食局、县物价局、县科技局工作职责及原县招商引资局行政管理职责划入县发展和改革局，增加节能减排工作职责。内设7个股室：办公室、综合股、投资股、稽查股、价格管理办公室、粮食储备及流通股、科学技术管理股。同时，设立惠水县投资促进局，为县发展和改革局管理的正科级事业单位；设立惠水县节能减排监察大队，为县发展和改革局所属的副科级事业单位；保留惠水县价格认证中心（为县发展和改革局所属的股级事业单位）。2013年3月，将县科技局单列，成立惠水县科学技术局。2015年2月，将原县人口和计划生育局承担的研究拟订人口发展战略、规划及人口政策职责划入县发展和改革局。

二、管理体制

1978至1985年，县级计划体制以计划经济为主、市场调节为辅，实行“统一领导，分级管理”原则，随着经济体制改革的深入，以计划管理为中心的宏观管理严重失控，主要表现为：集中过多、管得过死、指令性计划比重过大，不善于运用经济调节手段。在县级计划管理体制实施改革后，除个别关系全局重大经济活动的计划指标外，一律实行指导性计划，充分发挥市场调节作用。

指令性计划范围的缩小，指导性计划和市场调节范围的扩大，显现开始运用经济和法律手段对国民经济进行调节和控制，行政手段逐步减少。县级计划管理部门在“研究战略、制定规划、宏观调控、总量平衡、产业政策、培育市场、重点建设、协调服务”方针指导下，计划体制改革的重点放在充分发挥市场调节作用，下放计划权力，缩小指令性计划，重视经济手段，实行计划承包制等。县级计划管理把计划工作的重点从年度计划转移到中、长期规划上来，加强国民经济综合平衡和各种经济杠杆的综合运用，逐步建立以5年规划为主，中、长、短期计划相结合，全局规划和专项规划结合的计划体系。在这个体系中，5年规划是国民经济计划管理的主要形式。转变计划思想，抓好制定经济和社会发展的长远规划和总体规划，同时制定若干专项规划。

第二节　计划编制

县级计划的编制是由县计划委员会（发展和改革局）完成。县级计划编制主要有：年度计划、中长期（5年或10年）规划、专项计划。

一、年度计划

每年初，由县发展和改革局按照“统筹兼顾、全面发展、各有侧重点”的原则，结合中期规划分解的年度指标，上年度计划执行情况及是年的发展预测，编制全县年度国民经济和社会发展计划，并提交年初县人民代表大会审议批准后下达执行，内容包括国民经济和社会发展战略、方向、目标、指标及实施措施等。其主体有：指导思想、主要指标计划、发展重点、实现计划的措施和具体计划表。

1978至1985年，以计划经济为主，市场调节为辅。农业方面：贯彻中央“决不放松粮食生产，积极发展多种经营”方针，在保证粮食产量稳定增长的基础上，调整农业内部结构，增加油料、烤烟、蔬菜、茶叶、水果的种植面积；大力发展畜、禽、肉、蛋、渔业生产。工业方面：继续贯彻调整方针，完善和建立多种形式的经济责任制，提高产品产量和质量，降低消耗，提高经济效益。基本建设计划，主要侧重于商业网点与设施，改善教育教学条件，公共娱乐场所和职工住宅等方面。

1995年，年度计划突出深化改革，进行企业股份制试点，扩大内外开放，加强基础设施建设，改善投资环境，加大招商引资力度。农业方面：县组织“四个一”工作队到各乡镇，帮助农民脱贫致富出谋划策，促进全县农村经济不断发展壮大和农业生产稳步增长。工业企业方面：通过转换企业经营机制，逐步把企业推向市场，促进企业在市场经济中不断拓宽思路，挖掘潜力，开发新产品，增强企业的自主经营、自负盈亏、自我约束、自我发展的能力。是年，县电力供应正常，道路、通讯等基础设施日臻完善，企业的产值、产量均比上年有较大的增长。

2000年，年度计划突出抓住西部大开发机遇，依靠科技，加大农业结构调整，发展“两高一优”农业，全年粮食播种面积54.23万亩，产量16.98万吨；蔬菜面积12.1万亩，油料面积5.3万亩，果园面积4万亩，茶园面积1.1万亩。全县工民建、市政基础设施投入19744万元，完成167个住房建设、16个基础设施及绿地、市政工程的建设。全县共引进项目40个，其中，新建项目24个，续建项目7个，在建项目8个，投产项目1个，实际到位资金9349万元。推广无公害栽培技术，开展以滴灌为主的节水农业试点，推广水稻旱育稀植浅栽技术；发展无公害蔬菜及基地建设立项准备工作，实施蔬菜区域化生产。加快基础设施建设，改善投资环境，扩大对内对外开放。对电力、道路、供水、通信等项目建设作重点安排。采取租赁、出租、股份制改造等方式，推进国有企业的改革改制，围绕改革推进各项配套设施建设，加快工业生产步伐，加大产品结构调整，增强品牌效应，推动传统产业优化升级。

2005年，年度计划着力深化改革，以实施“龙头工程”为发展方向，对冶金、磷化工、食品加工、制药、建材、电力、制造等支柱产业给予积极扶持，发展医药、农产品加工，高新技术产业，劳动密集型产业和个体私营经济；配合沿海及大中城市“退二进三”计划，发展与大工业配套的加工业，新上一批技术起点高、产品市场前景看好的项目和“三资企业”，使工业、乡镇企业上规模，上档次，上水平。计划开发团坡水电站，装机容量7.5万千伏安，总投资4.7亿元；新建赤土22千伏变电站，主变1×180兆伏安，计划投资9800万元；新建或改造城市道路12千米，总投资13417万元。

2010年，计划的重点是进一步解放思想、深化改革，在完善县属工商企业“封闭式”改革的基础上，加快县供销社系统、县城建系统、物资行业、农业等部门的改革。乡镇企业结合清产核资、产权界定、产权登记的深入，继续采取股份制、风险抵押承包等多种形式的改革，实行机制创新，改变存在的“家族式”管理方式。逐步采用现代管理并建立现代企业制度，做大园区经济，加大调整和优化农业内部种植业结构，发展特色农业和产业化经营，推进“185”助民增收工程，相应减少粮食作物面积，加大经济作物种植力度。油料作物种植5.3万亩，烤烟种植1.4万亩，蔬菜种植12.1万亩，年末，实有茶园1.1万亩，实有果园面积4万亩。实施通乡油路33千米，通村公路20千米，完成百鸟河景区6.01千米的公路建设；实施“185”工程5万亩，减少贫困人口4400人，解决8.7万农村人口安全饮水问题；实施基本农田整理10000亩，土地开发4000亩，完成石漠化综合治理17.54平方千米，整合实施大坝、高镇、和平、三都40500亩农田水利设施项目。以实施农副产品深加工和生物资源的开发利用创新工程为重点，依靠体制创新、科技创新，发展特色经济、特色产业和特色产品。积极引导企业依托菜、茶、果、畜等优势，扶持农副产品深加工、精加工和流通业、中介业、旅游业，形成农、工、贸一体化经营，延伸农业产业链，带动农业产业化发展。

2012年，年度计划以科学发展观为指导，以转变经济发展方式为主线，以“稳中求进、提速转型”为总基调、总目标，加速发展、加快转型、推动跨越，推进工业强县和城镇化带动战略，保持“三化建设”和各项工作同步发展。计划实施“185”工程23.5万亩，其中，蔬菜15万亩、水果2万亩、茶叶2万亩、核桃4万亩、中药材0.5万亩。整合涉农资金4657万元，建设坝区设施农业1.2万亩，完成200个“三小”工程和1平方千米的小流域治理。计划营林造林4.7万亩，治理水土流失6平方千米、石漠化18.12平方千米。抓园区建设，提升工业经济质量。编制“一园四区”总体规划、大坝建材产业园控制性详细规划、好花红文化旅游产业园规划，建设标准化厂房100万平方米，启动申报省级经济开发区工作。着力“招大引强选优”，以中建材、星长征等企业为龙头，加快配套产业招商，拉长产业链，壮大园区实力。全力支持贵州永红食品公司上市融资。启动涟江河景观延伸工程、好花红广场及城市规划展览馆建设，完成人防工程2000平方米，新开工商品房等建设约10万平方米，解决2万名农村人口饮水安全问题，完成长安、打引通乡油路工程。实施地质灾害移民搬迁100户。加大对教育投入，改善办学条件和中小学校教育布局调整，加快信息教育，有效利用电子计算机、多媒体等现代化教育手段.提高教育教学质量。继续贯彻计划生育基本国策，控制人口自然增长，加强医疗卫生、文化体育、广播电视等社会事业建设。

2013年，年度计划根据《惠水县国民经济和社会发展第十二个五年规划纲要》和《惠水县2018年全面建成小康社会实施意见》提出的目标任务，抢抓国发2号文件的政策机遇，围绕“稳中求进、提速转型”总基调、总目标，编制下达惠水县2013年国民经济和社会发展计划，明确生产总值、工业增加值、固定资产投资、财政等主要指标预期目标，全县生产总值49.55亿元，增长18.5%，其中：第一产业11.35亿元，增长10%；第二产业20.63亿元，增长23%；第三产业17.57亿元，增长18.8%。规模以上工业增加值15.6亿元，同比增长25%，工业固定资产投资40亿元以上，增长40%以上。全社会固定资产投资101亿元，增长53%，其中：固定资产投资89亿元，增长64%。财政总收入7.9亿元，增长30%；其中：一般预算收入4.73亿元，增长30%。社会消费品零售总额11.36亿元，增长18%。招商引资实际到位资金105亿元以上，增长50%以上。人口出生率为12.55%，人口自然增长率控制在5.76%以下。居民消费价格指数控制在国家调控目标范围。完成省、州下达的节能减排目标任务。

2014年，年度计划围绕把惠水建设成为黔中经济区重要的经济增长极和重要节点城市，打造环贵阳的产业新区、宜居新区、文化新区、生态新区，提出全县生产总值工作预期目标59.23亿元，同比增长16.5%，奋斗目标60.04亿元，同比增长18%。提出固定资产投资110亿元，同比增长42.86%的预期目标；实施“工业强县”战略，提升工业园区建设的档次、规模和水平，推进工业经济发展提速、总量提升和质量提高，提出规模工业增加值21亿元，同比增长23%的预期目标。按照“稳南扩北、提速扩容、产城互动、完善功能、突出特色”的思路，推进一批城镇综合开发项目，提出2014年城镇化率提高到43.13%的预期目标。全面加强“三农”工作，稳定粮食生产，扩大特色种养业，推进农业产业升级发展，打造涟江现代高效农业示范园区。把生态文明理念融入经济建设、政治建设、文化建设、社会建设各方面和全过程，建设绿色惠水、生态惠水、美丽惠水，构建“两江”上游和贵阳城市绿色生态屏障，提出抓好国家生态补偿示范、石漠化综合治理、退耕还林、天然林保护、省级森林植被恢复、扶贫生态移民等生态工程建设，确保完成4万亩工程造林，完成13.95平方千米石漠化综合治理、7平方千米水土保持治理、5千米河道治理、5座病险水库治理，易地搬迁扶贫生态移民3450人。

2015年，年度计划按照中央、省、州经济工作会议部署，坚持稳中求进，坚守发展和生态两条底线，提出全面认识新常态、主动适应新常态、积极引领新常态，编制印发《2015年国民经济和社会发展计划》，涵盖地区生产总值、工业、农业、服务业、财政、投资、金融、教育、卫生、就业、节能减排、安全生产等领域主要经济和社会发展指标40余项。确保完成固定资产投资142亿元以上。提出加快贵惠大道，濛江大道、七里冲至威远S309省道扩建改造项目建设，抓好龙骨坡、巴蟒冲水库及病险水库除险加固、饮水安全等水利基础设施建设，推进电网和信息基础设施项目建设，改善发展条件。统筹抓好经济开发区空间布局和产业发展规划，优化投资环境，提高承载力，形成以装备制造、食品药品、包装印刷、新型建材、精细化工为主导的五大产业集群，聚集一批以加工配套、包装配套等为主的中小企业，促进产业链拓展和延伸，确保产业结构日趋合理。完善农业园区配套设施，夯实“三农”基础，突出精品蔬菜、优质大米、金钱橘、生态绿茶、优质烤烟等主导产业。加快现代服务业发展。重点推进百鸟河数字小镇新兴产业发展规划与建设，着力打造以大数据产业为主导的新兴产业基地，促进餐饮、酒店、旅游等传统服务业升级，形成大健康、医疗养生等现代服务业的融合发展。以城市综合体建设为抓手，高标准做好城市设计、规划工作，做好山、水、田、园、城这篇文章，树立惠水城市建设新形象。同步提出以创建生态文明先行示范区，完善修订《贵州惠水鱼梁河国家湿地公园》规划方案，继续申报列入国家湿地公园加快推进生态文明建设。

二、中长期规划　1986至2015年，全县共编制6个五年规划

1986年2月，编制完成《惠水县国民经济和社会发展第七个五年计划（1986—1990）》。在编制过程中，以计划表格形式发放到各职能部门并以滚动计划的方式编制，其内容由农业生产、工业生产、运输邮电、财政信贷、物资、节能、商品流转、粮食购销、外贸、主要商品收购调拨、人口、教育、文化、卫生、体育、基本建设、城镇劳动力平衡、职工人数、重点科技项目、新技术推广和消化吸收项目等组成。

1990年3月，编制《惠水县国民经济和社会发展第八个五年计划（1991—1995）》，并经县人民代表大会审查批准实施。五年规划的主要任务是：把经济建设转移到依靠科技进步和提高劳动者素质的轨道上来，优化生产、产品结构，建设以菜、果、茶、烤烟、肉、鱼为主的生产、加工、销售三位一体的现代化商品基地；大力发展以食品、化工、建材、机械加工为主的县乡工业；培育市场，完善市场体系，加快第三产业发展，提高国民经济整体水平。加强基础设施和以县城为中心的城镇建设步伐，改善生态环境，保持政治稳定、社会进步，经济持续、快速、健康发展。

1994年上半年编制《惠水县国民经济和社会发展"九五"计划及2010年远景目标纲要（1996—2000）》，按照社会主义市场经济体制转变要求，体现市场经济在资源配置中的基础性作用，突出规划的宏观性、战略性和政策性。重点对"九五"计划提出建议，同时，着眼于下世纪初的发展。1996年4月，经县第十三届人民代表大会第四次会议审查通过。"九五"计划，重点是深化改革，落实农村土地承包期再延长30年政策，保持农村稳定；抓好乡镇企业产权制度为主的改革；深化国有和城镇集体企业改革，逐步建立现代企业制度；加大农业产业结构调整，逐步形成"一乡一企""一村一品"特色农业经济，促进城郊型农业向规模化、产业化、现代化方向发展，延伸农业产业链，促进农业产品多层次增值，全面提高农业综合经济效益；发挥"绿色产业"优势和抓住大、中城市及沿海地区"退二进三"战略机遇，加快发展工业、乡镇企业；加快水、电、路、通信和小城镇建设的基础设施建设，改善投资环境，扩大招商引资和对外开放，促进外向型经济发展；建立和完善以县城凯胜农贸市场为主，乡镇农贸市场为辅的市场网络，并完善服务功能，形成体系；继续实施"科教兴县"战略，把经济建设转移到依靠科技进步和提高劳动者素质的轨道上来；建立和完善以养老保险、失业保险、医疗保险、工伤保险和生育保险为重点的社会保障制度。

1999年3月编制《惠水县国民经济和社会发展第十个五年计划纲要（2001—2005）》，2000年10月完成"十五"计划和15年规划纲要初稿，2001年3月，经县第十四届人民代表大会第四次会议审查批准实施。《纲要》提出"十五"计划的总体目标是：围绕"农业稳县、工业强县、商贸活县、旅游兴县"的发展战略，经济增长速度略高于全州水平；产业结构与所有制结构调整有明显成效；经济总量和自我发展、自我积累能力逐步增强；城乡居民生活水平进一步提高，收入水平增长幅度不低于全州平均水平；以交通、水利为重点的基础设施建设有较大改善；特色经济和优势产业进一步发展；扶贫攻坚成果得到巩固；生态建设和环境保护有新的进展和成效，社会事业全面发展，特别是科技教育得到切实加强，人口过快增长、环境恶化趋势得到初步控制；精神文明建设和民主法制建设明显。具体为：着力实施特色经济、对内对外开放和城乡一体化"三大战略"，实现经济总量、结构调整、社会事业发展、生态环境建设、改善人民生活5大目标向前迈进。

《惠水县国民经济和社会发展第十一个五年规划纲要（2006—2010）》，贯彻党的十六大和十六届三中全会关于大力发展县域经济精神，"十一五"规划的总体要求是：以科学发展观统领经济社会发展全局，围绕加快发展为执政富民兴县的第一要务，坚持以经济建设为中心，以实施西部大开发战略为重点，以改革开放和科技进步为动力，以提高人民生活水平为根本出发点，以人为本，转变发展观念，创新发展模式，提高发展质量，加快园区建设、生态建设、小城镇建设和社会主义新农村建设步伐，发展循环经济，推进经济结构调整和经济增长方式转变，推进新型工业化、农业产业化、城镇化和市场化进程，促进经济社会持续快速协调健康发展，构建和谐惠水，全面融入贵阳城市经济圈，打造贵阳优秀卫星城，力争跻身全省经济强县之列。"十一五"期间，要在重点产业上取得重大突破，力争制药、电力、磷化工、建材业、畜牧业、特色食品加工等产业有较大发展；继续利用中东部地区大、中城市和重庆、贵阳“退二进三”政策，以濛江水能开发为载体，以长田工业园区建设为龙头，将县城以北打造为经济长廊，以此申报省级科技示范园区，力争达到国家级示范园区标准；构建惠水投资创业热土，建成制药产业群、特色食品加工群、磷化工集团群，贵州中南部最大的农副产品整合批发市场；在生态建设上取得重大突破，着力建设绿色惠水，精心打造长田至县城18千米生态长廊，把生态效益转化为经济效益，造福于民。

2011年1月，《惠水县国民经济和社会发展第十二个五年规划纲要（2011—2015）》，经惠水县第十六届人民代表大会第五次会议审查批准实施。《纲要》指出，“十二五”时期是县进一步抢抓机遇、加快发展的重要战略机遇期，是夯实基础、推进跨越的攻坚加速期。按照“农业富县、工业强县、城建兴县、商贸活县、文化亮县、旅游热县”的发展战略，立足自身优势和区域经济发展态势，未来五年总体战略定位是：全国“布依”民族产业中心、黔中经济区新兴城市和黔南州北部经济战略枢纽。其支撑和内涵是：黔中经济带设备制造、食品加工和精细化工中小企业聚集区、黔南北部重要物流节点、黔南州“好花红”品牌民族文化产业开发基地、黔中城市群田园风光宜居城市、贵州省休闲养生基地、东、中部产业转移承接先行区、珠江源头生态屏障的重要支撑。主要预期目标：到2015年，全县地区生产总值达到90亿元（是年价，下同），人均生产总产值接近3000美元，居全州前列。全县城镇化率达到45%，中心城区建成区达到12平方千米以上，规划区常住人口12万人以上，城市功能和集聚辐射能力显著增强。农村居民人均纯收入达7900元，全县高中阶段教育普及率85%以上，城镇登记失业率控制在4.5%以内，人口自然增长率控制在7‰以内，森林覆盖率48%，县城垃圾无害化处理率70%、污水处理达标率达到50%。

第三节　计划实施与管理

惠水县的年度计划每年编制完成后，经年初县人民代表大会审议通过，下达各执行单位，县级计划管理部门定期不定期地对计划实施情况进行运行调度。

1995年，全县工农业总产值完成53545万元（1990年不变价，下同），为年计划数的100%。其中，农业总产值31910万元，为年计划数的100%；工业总产值21635万元，占年计划数101.6%。乡镇企业总产值完成25006万元，占年计划数102.9%；乡镇企业收入完成24157万元，为年计划数的105%。粮食总产量完成130172吨，为年计划数的101.1%，完成财政收入3410.7万元，占年计划数的100.02%。完成货运量312万吨，占年计划数208%；货运周转量完成12069万吨/千米，为年计划数241.4%；客运量完成202万人次，为年计划数101%，客运周转量完成23120万人/千米，为年计划数165.1%。社会消费品零售总额完成15531万元，占年计划数的90.8%；对外贸易收购总值完成20.6万元，占年计划数51.5%。全县普教招生11768人，为年计划数108%；职业初中招生75人，占年计划数150%，职业高中招生30人，占年计划数60%；全县适龄儿童入学率为97%。

2000年，全县完成国内生产总值65611万元，占年计划数100.7%；完成农业总产值37096万元，占年计划数100.04%；粮食总产量完成138200吨，占年计划数100.1%；完成肉类总产量18334吨，占年计划数87.3%；工业总产值完成71582万元，占年计划数100.6%，其中，规模以上工业企业完成产值26457万元，占年计划数133.1%。完成乡镇企业总产值105055万元，占年计划数100.1%；完成乡镇企业总收入105152

万元，占年计划数100.05%。完成财政总收入5842.5万元，占年计划数102.7%，其中，县级收入为4003.2万元，占年计划数100.8%。招商引资实际到位资金9349万元，占年计划数110%。

2005年，全县生产总值完成135186万元，占年计划数101.8%；完成农业总产值102758万元，占年计划数的102.92%，粮食总产量完成149730吨，占年计划数102.55%；完成工业总产值119954万元，占年计划数108.07%，其中，规模以上工业产值完成96771万元，占年计划数109.97%；财政总收入完成11422.9万元，占年计划数100.64%；其中，地方财政收入为5970万元，占年计划数100.44%。完成全社会固定资产投资49671万元，占年计划数103.48%；乡镇企业增加值完成21823万元，占年计划数102.94%；招商引资实际到位资金完成36600万元，占年计划数110.91%。人口自然增长率为8.52%，比年计划数低1.75%；农民人均纯收入完成1946元，占年计划数102.96%。

2010年，全县完成地区生产总值289900万元，占年计划数101.01%；全社会商品零售总额完成69600万元，占年计划数98.86%，完成农业总产值175500万元，占年计划数109.69%。完成工业总产值375000万元，占年计划数112.58%，其中，规模以上工业产值完成340200万元，占年计划数114.7%；规模以上工业增加值完成89000万元，占年计划数96.74%。完成全社会固定资产投资195000万元，占年计划数118.18%；招商引资实际到位资金106800万元，占年计划数133.6%；完成财政总收入28000万元，占年计划数104.48%，其中，地方财政收入完成13900万元，占年计划数106.11%。农民人均纯收入完成3712元，占年计划数102%；人口自然增长率为5.5%，比年计划数低2.1%。

2012年，全县完成地区生产总值430000万元，占年计划数101.78%；完成工业总产值735300万元，占年计划数104.67%，其中，规模以上工业总产值完成667600万元，占年计划数101.53%；完成规模工业增加值122100万元，占年计划数105.25%。完成农、林、牧、渔业总产值216600万元，占年计划数91%；完成粮食总产量137500吨，占年计划数91.67%；农民人均纯收入达到5521元，占年计划数93.1%；实施“185工程”24.5万亩，占计划数108.2%；完成全社会固定资产投资659800万元，占年计划数100%；招商引资实际到位资金697000万元，占年计划数126.73%；完成财政总收入60328万元，占年计划数117.7%，其中，地方财政收入完成36443.9万元，占年计划数117.6%。社会消费品零售总额完成96300万元，占年计划数96.78%。

2013年，全县以工业、交通、水利、生态环境为重点的一批重大产业及基础设施项目开工推进，全年全社会固定资产投资完成65.98亿元，增长55.02%，其中，固定资产投资完成54.1亿元，增长47%。工业方面：配套建设“101”省道到龙泉项目区的2千米长、21米宽公路项目，“好花红民族文化产业园”和宁旺烟花爆竹产业园前期建设推进落实。天虹志远、百年原址酒业、致力穿山机械、恒瑞辰机械制造、华创中、小企业服务基地等一批重大项目相继建成投产，新能源项目龙塘山风力发电场一期机组陆续投入运行，味莼园食品、绿色森林世界等一批带动能力强的重大产业项目继续推进。公路建设方面：惠镇高速建成通车，贵惠高速、惠罗高速建设相继开工，通乡油路从赤土到大坝、火堕到宁旺、王佑到长安、拉外到打引建成，实现全县乡乡通油路的目标。水利设施建设方面：完成马鞍山、翁渣等4座病险水库治理，实施农村饮水安全工程，解决农村2万人饮水安全问题，完成5平方千米中、小河流治理。生态环境方面：完成18.1平方千米石漠化综合治理，实施巩固退耕还林成果工程以及扶贫生态移民工程，促进生态环境与经济建设和谐发展。是年，省、州下达全县重大工程和重点项目13个，总投资93.82亿元，年度计划投资33.93亿元，全年累计完成投资40.62亿元，拉动作用显著，形成了对全县经济社会发展的有力支撑。

2014年，继续实施“投资拉动”战略，全年完成社会固定资产投资101亿元，增长53%，其中，固定资产投资77亿元，增长42.32%；农村私人完成投资2.58亿元；跨地区投资完成16.44亿元；规模以下项目完成投资4.98亿元。工业固定资产完成投资36.01亿元，增长18.6%。房地产完成投资15.42亿元，增长156%。是年，计划投资61.19亿元，全年累计完成62.19亿元。

2015年，抓投资计划、分解及运行调度，全年完成固定资产投资97.56亿元，达到省下达目标。抓重大工程及重点项目运行管理。全县是年申报项目33个，其中，省重点项目17个（含2个预备项目），州重点项目16个（含4个预备项目），总投资228.88亿元。印发实施《惠水县“5个100工程”和重点项目考核奖惩暂行办法》。

第四节　以工代赈（坡改梯）

以工代赈是指政府投资建设的基础设施工程，受赈济者参加工程建设获得劳务报酬，以此取代直接救济的一种扶持政策。本阶段，以工代赈是一项农村扶贫政策，国家安排以工代赈投入建设农村小型基础设施工程，贫困农民参加以工代赈工程建设，直接获得劳务收入。各级发展改革部门是以工代赈工作的行政主管部门，承担以工代赈工作的具体管理职责。

1991年县开始实施以工代赈坡改梯工程，以固土保水，防止水流失，培肥地力为主要内容，以建设基本农田为突破口，对坡耕地实行山、水、林、田、路综合治理。至2000年，全县累计完成坡改梯工程4507.57公顷，其中坡土面积3537.73公顷，荒坡改梯土梯田359.86公顷，恢复水毁面积139.91公顷为地，坡改梯高标准营造经果林470.07公顷。全县累计投工224万个，完成土石方量170.7万立方米，砌筑石埂908.8千米，兴建水池45543立方米/1370个，引水渠9.15千米/27条，修建拦山沟88.3千米/519条，建谷坊172立方米/11座，田间步道88.2千米/645条，机耕道27千米/63条，维修乡村公路59千米/71条。工程覆盖25个乡镇389个村1860个村民组，覆盖农户23760户，覆盖人口130680人。2002年起，以工代赈项目分为易地扶贫项目、沼气工程、公路建设和人饮工程。移民工程建成了断杉、羡塘、抵麻、摆金4个乡镇的移民新村，新建移民安置房155栋，安置移民635人，水、电安装为一户一表。配套建设4个砼硬化地坪集贸市场，总占地面积17302平方米，配置钢架大棚2200平方米，摊位530个，硬化新村道路12000平方米；建成4栋公用房，面积193平方米，修建沼气池30口，新建公厕4座，调整耕地226亩。建成摆榜乡226栋砖混结构住房，总建筑面积5207平方米，使226户926人居住条件得到改善；同时，在乡政府驻地建成1155平方米和1470平方米砼硬化场地的小百货市场和农贸市场。在雅水、抵麻、太阳、三都、羡塘、和平6个乡镇实施的400口沼气工程全部竣工投入使用。鸭绒乡哨上人畜饮水工程因资金缺口较大，经请示州发改委同意，暂缓建设。

2003至2004年，以工代赈项目分为易地扶贫、交通建设、水利建设和小流域治理。完成摆榜乡412户帮扶房扩建任务，有效改善了1688人的居住条件，总建筑面积10085平方米。建成三都镇平地村至雅水镇映田村乡村公路，沿线乡镇组织村民投工投劳，按照贵州省乡村公路建设标准建成宽4.5米、长16千米的乡村公路，直接受益和辐射6个村850户3463人。建成摆榜乡上摆公路，公路起点为乡政府驻地，终点为上摆小学。按省四级公路标准建成路基宽4.5米、路面宽3.7米的泥结碎石路，全长8千米，直接受益3个村748户3763人。建成摆榜乡甲坝村公路，公路起点为摆金至通州村公路K24+100m处，终点至平寨片区的4个自然村寨，总长7.23千米。其中：道路主干道长5千米，省标四级公路，路基宽4.5米、路面宽3.7米，泥结碎石路面；村内便道长2.23千米，水泥硬化路面。直接受益群众347户1662人。抵季经代京村公路，起点为抵季乡抵塘村公安组，终点至代京村抹耀寨，路宽4.5米、长8.5千米的通村公路，直接受益群众226户1230人。望城关至东山生态园公路，公路起点为省道309线146K+100m处，终点至东山生态园景区内，全长2.86千米，采用专业队伍施工与群众投工投劳相结合建设，标准为省标四级，路基宽4.5米、路面宽3.7米的泥结碎石。七里冲至九龙山公路，起点为309线152K+600m处，终点至九龙山景区，全长4.8千米，建设标准为省标四级，路基宽4.5米、路面宽3.7米的泥结碎石。羡塘乡红旗村小寨组石拱桥，建设标准为单跨石拱桥，净跨20米、桥面宽7.5米、桥高12.2米。长田乡竹林寨至界碑公路，起点为竹林寨，终点至界碑，全长5.5千米，按贵州省乡村公路技术标准建设。三都至百鸟河公路，起点为省道101线与三都镇鸣钟村公路交叉路口处，终点为惠狗线8K+500米处，建设标准为省标四级，全长11千米。羡塘乡燕子洞公路，公路起点为羡塘乡政府驻地，终点至燕子洞景区内，全长7千米，技术标准为省标四级。长田乡桥洞村公路，起点为省道101线27K+785米处，终点为桥洞村新寨组，全长3千米，省标四级标准建设。水利工程项目，抵季乡完成新建60立方米水池25座、150立方米的水池30座，新增水浇地200亩。断杉镇八大村人饮工程完成新建156立方米的净水构筑物和100立方米高位水池各一座，铺设输配水管7130米，解决1660人和800头大牲畜饮水困难。三都镇大龙苑村至罗番苑村人饮工程，新安装水泵一台，建设20平方米管理用房，铺设供水管3.465千米，解决4340人的饮用水困难问题。摆金镇杨梅坡村人饮工程，新建200立方米的蓄水池和20立方米的集水池各一座，铺设输水管道2.8千米，解决杨梅坡村576人饮水困难。小流域治理项目建设地点为毛家苑乡辉岩村，建设内容为：修建村公路（砼路面）730米，建成金钱橘苗圃基地6亩。

2003年，坡改梯工程项目经州级验收核定，共计完成面积4221亩，占年计划数120.6%，其中：坡改梯946亩，经果林357亩，中低改2918亩，优良率83.77%。2005年，惠水续建及新建以工代赈项目11个，其构成为：交通项目6个、水利项目2个、基本农田建设项目1个、易地扶贫项目2个。是年底，6个交通项目全部建成投入使用；水利项目完成好花红乡辉岩村人畜饮水工程，解决400人和250头大牲畜饮水困难，农田基本建设项目通过州级验收。易地扶贫工程，芦山镇47栋移民房，完成主体39栋、墙体封顶8栋；高镇镇移民房45栋，主体完工30栋，砌筑墙体15栋；好花红乡50栋移民房，底层浇板12栋，底层墙体封顶18栋，基础施工20栋。另外，地质灾害移民安置完成19户98人，摆金镇移民工程进行前期准备工作。

2006年，完成的以工代赈项目有：解决农村10000人饮水困难，建成1800口沼气池和完成10000亩国债防护林工程，完成2005年底未完成的以工代赈工程项目。2007年底，完成以工代赈项目有：建成沼气池1900口，解决农村15200人的饮用水安全问题；2008年，完成易地扶贫搬迁50户227人，解决8000农村人口安全饮水问题；完成27条267千米通村公路建设，涉及14个乡镇34个行政村，直接受益4.6万人，间接辐射带动农村8万余人。2009年，完成通村公路改造241千米，解决5.2万农村人口饮水问题。2010年，完成通村公路改造84千米，解决8.7万农村人口安全饮用水问题。2011年，完成以工代赈项目主要有：整合实施高标准农田5万亩，土地开发2600亩。完成甲戎乡水源河流域20.13平方千米石漠化综合治理；解决6.2万人安全饮水问题，完成40处地质灾害隐患点353户农户搬迁工作。2012年，完成以工代赈项目为：解决2万农村人口饮水安全，完成4座病险水库除险加固、5千米中小河流域治理，硬化通村通组公路95.2千米。整合资金4657万元，实施高标准农田建设3.4万亩。

2014年，共实施以工代赈项目6个，总投资222万元，其中，中央资金132万元，省级资金31万元，地方配套59万元，涉及涟江街道、断杉镇、摆金镇、王佑镇、岗度镇。2015年，共实施以工代赈项目3个，总投资189万元，其中，中央资金170万元，地方配套19万元，涉及好花红镇河坝村、金田村。

第二章 国民经济统计

第一节 机 构

一、县统计局

1954年建立县人民政府计划统计科，1963年改为统计局，1988年撤销县统计局，成立惠水县统计委员会，1994年撤销惠水县计划委员会、统计委员会，合并组建为计划统计局，2001年撤销计划统计局，建立惠水县统计局。职能主要为主管全县统计工作，管理全县经济、社会、人口等方面重要数据统计和国民经济核算工作。办公地点位于涟江街道办事处白果大道机关综合楼1楼。

2015年统计局设办公室、统计业务科、综合测评办公室、普查调查科4个内设机构。下属乡镇统计管理办公室一个正科级单位和统计执法大队一个副科级事业单位，在10个镇（街道办事处）设立统计调查中心，为派出股级事业单位，编制41名。年末统计局有在册职工43人。

二、国家统计局惠水调查队

1984年8月组建“惠水县农村抽样调查队”，简称“农调队”内副科级规格，1989年6月，惠水县农村抽样调查队更名为惠水县农村社会经济调查队，属国家统计局派驻地方行使统计调查职能并依照国家公务员制度进行管理的事业单位，经费列入中央财政预算，在省农调队的领导和指导下开展农村统计调查工作。正科级建制。2007年更名为国家统计局惠水调查队。

国家统计局惠水调查队既是政府统计调查机构，也是统计执法机构，依法独立行使统计调查、统计监督的职权，独立向国家统计局上报调查结果，并对上报的调查资料的真实性负责。同时承担地方政府委托的各项统计调查任务。

2015年，惠水调查队内设办公室，业务一股、业务二股，在职干部职工15人。

第二节 普 查

2010年前，县已将1949至2008年60年的统计资料整理，分别编辑成册。主要内容有：年末总人口及其结构构成，全社会从业人数，职工工资总额及职工平均工资，生产总值GDP及其构成，全社会固定资产投资及其构成，农、林、牧、渔业总产值及构成，工业生产经营情况，财政收入情况，金融机构存贷款余额，社会消费品零售总额，教育卫生基本状况。县的统计资料整理、编辑成册有：各年统计年鉴，以及近年来领导干部手册。

一、农业普查

1996至1997年开展第一次农业普查，通过调查、核实，全县辖25个乡镇，428个行政村，2521个村民小组，14个居民委员会，108个居民小组；进行了地址编码。通过调查摸底，全县1996年末，乡村总户73491户，人口350873人，其中，农村住户73191户，人口349899人。

2005年9月开展第二次农业普查，经普查登记、复查、质量抽查、快速汇总和数据录入，再计算机汇总，全县共有农业生产经营户76059户，农业从业人员155759人，其中，住户农业从业人员154967人，实际耕地面积77.6万亩，生猪年末存栏186802头，牛年末存栏83291头，羊年末存栏1747只，家禽年末存栏723063只，外出从业人数71080人，经计算机汇总普查结果：全县农业户73191户，农业人口349899人；耕地面积272614亩；大牲畜年末存栏82460头；生猪存栏148573头；家禽存栏344737只。

二、工业普查

1985年1月，成立由分管副县长任组长的惠水县工业普查领导小组，开展工业普查（第二次工业普查）。普查时期是1985年，动态指标是1985年情况，静态指标是是年年底情况。少数指标要求增列1980年、1984年的数据。普查内容包括工业产、供、销，人、财、物各个方面等基础资料。对“工业设备”指标还增列出厂年份作比较。普查对象为全县独立核算工业企业62个，其中：乡办、城镇街道办等企业30个。

普查内容：企业基本情况、工业总产值、净产值，主要产品产量及生产能力，产品销售与库存，原材料、燃料、动力消费，能源消费，工业设备，职工人数与工资，财务成本和矿山资源。

普查成果：摸清全县62个独立核算工业企业的基本情况。1985年，全县工业总产值4294.3万元（按1980年不变价计算），其中：全民所有制工业企业3738.9万元，集体所有制工业企业555.3万元，全民所有制工业企业在全县工业总产值中的比重，从1980年的89.48%下降为87.07%；集体所有制工业企业比重，从10.52%上升到12.93%。查清工业行业结构发展变化情况。全县轻、重工业产值比例为31：69。查清职工队伍素质状况。全县独立核算工业企业职工人数6498人，其中：年龄在35岁以下的占57.3%；具有高中以上文化程度的占22.6%，工程技术人员358人。查清投入产出情况。全县独立核算工业企业流动资金2976.7万元，产品销售收入4811.6万元，利润总额509.6万元。

三、产业普查

1993至1994年，开展第一次产业普查（普查数据为1991—1992年度）。普查的范围为县境内专门从事第三产业的企业，事业和行政单位，有商业、运输、金融、保险、房地产、信息、咨询、科学研究、文化教育单位和行政机关，以及第一产业和第二产业企业中附属的第三产业单位、从事第三产业的个体户。

普查内容：第三产业发展规模指标，如销售（营业）收入，销售（营业）成本费用，销售税金、经营利润、附营业务收支净额、行政事业单位业务收支、预算外收支和专项基金收支；第三产业实物资产情况指标，如固定资产原值、库存总值等；第三产业重点行业业务活动的指标，如社会商品零售总额等。

普查结果：第三产业企业单位普查结果显示，1991年营业收入30826万元，1992年37225万元，1992年比1991年增长20.76%。从业人员1991年3211人，1992年3487人。1992年比1991年增加276人。行政事业单位普查结果显示，行政事业收入合计8883.6万元，其中，拨款收入4550.4万元，业务（事业）收入890.1万元，支出合计8242.1万元。第三产业个体户普查结果显示，个体户数1991年3100户，1992年3102户，个体户数两个年度无变化，1991年营业收入3796.3万元，1992年营业收入3976.8万元，1992年比1991年增长4.75%。年末从业人员1991年4111人，1992年4275人。1992年比1991年增加164人。

2004年5月至2005年年底，全县从事第二、三产业法人单位555个，个体经营户5287个；第二、三产业就业人数23751人，其中，第二产业就业人员8199人，第三产业就业人员15552人，全县二、三产业114个企业法人，实收资本总额26242.5万元。全县共有工业企业法人单位69个，就业人员4692人，工业个体经营户685户，就业人员2217人。工业企业法人单位资产合计51088.1万元，负债合计31877.1万元，所有者权益合计19211万元；全县共有建筑业法人企业单位3个，就业人员827人；建筑业个体经营户57户，就业人员463人。建筑法人企业法人单位建筑总产值2530.3万元，其中，建筑工程产值2500.3万元，其他产值30万元；建筑业个体经营收入536.89万元，建筑业企业资产合计5493.5万元，负债合计2379.7万元，企业所有者权益合计3113.8万元。全县共有交通运输和房地产业法人单位9个，就业人员194人，资产合计9266.1万元，批发和零售企业法人单位25个，就业人员535人，全年商品销售额12483万元，住宿和餐饮业法人2个，就业人数23人，全年营业额为125.8万元。其他第三产业法人单位441个，就业人员8627人，营业收入1469.64万元。

2008年5月至2009年8月，开展产业普查。共普查法人单位及产业活动单位1359个，其中，法人单位724个，产业活动单位635个。其类别划分为：农、林、牧、渔业21个，工业企业156个，建筑房地产业18个，住宿餐饮批发零售业59个，服务业42个，行政事业及社会团体431个。共有个体经营户7369个，其中有证个体经营户5428个，无证个体户1921个，从事个体经营11910人。共有规模以上工业39个，总产值19.28亿元，销售产值17.06亿元，全部从业人员年平均人数4244人，规模以下工业116个，营业收入1.5亿元，营业利润2734万元，全部从业人员年平均人数2326人。

四、基本单位普查

1996年，开展第一次基本单位普查。对县域内除农户和个体经济以外所有法人单位和产业活动单位，包括各类企业法人、事业单位法人、机关法人、社会团体法人和基层群众自治组织，以及从事农业、工业、建筑业、交通运输业、批发零售贸易业、餐饮业、服务业等社会经济活动的产业活动单位进行普查。普查时点为1996年12月31日，普查资料的调查年度为1996年。

普查结果：1996年末，全县除农户、个体户以外，共有法人及产业单位1024个，其中，企业法人及产业单位253个，行政法人（国家机关和党政机关）单位及分支机构（乡镇站所）198个，社会团体法人单位78个，其他非营利性机构55个，社区管理型机构（居委会和村委会）440个。

五、经济普查

第一次经济普查 2004年5月至2005年底，组织开展惠水县第一次经济普查。县经济普查分4个组，即工交专业、建筑专业、批发零售贸易餐饮专业，行政事业和服务专业，按照经济普查库清查名录库，转化成4个专业单位清查名单，各专业对单位进行查遗补漏。在数据质量控制上，采取按专业审核录入，对审核出现差错的进行认真复查。通过普查，基本摸清全县经济总量及其结构，建立县基本单位名录库和普查数据库。

普查结果：

全县从事第二、三产业的法人单位555个，个体经营户5287个。第二、三产业就业23751人。其中，第二产业就业8199人，第三产业就业15552人。全县二、三产业114个企业法人，实收资本总额26242.5万元。

全县共有工业企业法人单位69个，就业4692人，工业个体经营685户，就业2217人。工业企业法人单位资产合计51088.1万元，负债合计31877.1万元，所有者权益合计19211.0万元。全县共有建筑业法人企业3个，就业827人；建筑业个体经营57户，就业463人。建筑企业法人单位建筑业总产值2530.3万元，其中，建筑工程产值2500.3万元，其他产值30万元。建筑业个体经营户经营收入536.89万元。建筑企业资产合计5493.50万元，负债合计2379.7万元，企业所有者权益合计3113.8万元。

全县共有交通运输和房地产业法人单位9个，从业人员194人，资产合计9266.1万元。批发和零售业企业法人单位25个，就业535人，全年商品销售额12483.0万元。住宿和餐饮业企业法人2个，就业23人，全年营业额125.8万元。其他第三产业法人单位441个，就业8627人，营业收入1469.64万元。

第二次经济普查 2008年5月至2009年8月，组织开展县第二次经济普查，经清查摸底，入户登记、数据审核录入、分析汇总等工作步骤，共普查法人及产业活动单位1359个，其中，法人单位724个，产业活动单位635个，法人单位当中：农、林、牧、渔业21个、工业企业156个、建筑房地产业18个，住宿餐饮批发零售59个、服务企业42个、行政事业社会团体431个。共普查个体经营户7369个，其中，有证个体经营户5428个，无证个体户1921个，从事个体经营11910人。普查规模以上工业39个，总产值19.28亿元，销售产值17.06亿元，全部从业人员年平均4244人；规模以下工业116个，营业收入1.5亿元，营业利润2734万元，全部从业人员年平均2326人。

第三次经济普查 2013年10月至2014年5月，组织开展第三次经济普查。具体开展清查摸底，入户登记、数据审核录入、分析汇总等工作。共普查法人及产业活动单位2042个，其中，法人单位1094个，产业活动单位948个，在法人单位中：农、林、牧、渔业7个、工业企业350个，建筑房地产业21个，住宿餐饮批发零售118个、服务企业133个、行政事业社会团体465个。共普查个体经营户9128个，其中，有证个体经营户5664个，无证个体户3554个，从事个体经营户25209人。普查规模以上工业54个，从业7460人，营业收入90.72亿元。有资质建筑业3个，从业838人，营业收入1.156亿元。限额以上批发零售业18个，从业380人，营业收入6.5亿元。限额以上住宿与餐饮业2个，从业275人，营业收入0.67亿元。房地产业14个，从业371人，营业收入12.7亿元。重点服务业9个，从业500人，营业收入0.36亿元。

第三节 抽样调查

一、人口变动劳动力调查

2006年下半年起，人口变动劳动力调查是以全国为总体，以各省为子总体进行抽样设计，采取分层次、多阶段和概率比例抽样，最终国家统计局直接抽中惠水县，其中：2006至2009年，开展人口变动调查、劳动力调查（2010年只开展第六次人口普查）。2011年后，只开展人口变动调查，各年度开展调查的小区记录如下（调查基础数据直接上报国家和省，无汇总数据且对地县无代表性）：

2006年10月，抽中三都镇百鸟河村第1小区、第5小区以及九门村第10小区、第15小区。

2007年5月，抽中三都镇百鸟河村第16小区。

2007年10月，抽中三都镇三都村第22小区、第14小区以及九门村第10小区、第12小区。

2008年5月，抽中三都镇三都村第26小区、第33小区以及九门村第19小区、第20小区。

2008年10月，抽中三都镇三都村第22小区、第14小区以及九门村第4小区、第19小区。

2009年5月，抽中三都镇三都村第26小区、第33小区以及小龙村第22小区、第33小区。

2009年10月，抽中三都镇平地村第8小区、第1小区以及三都镇小龙村第4小区、第19小区。

2011年10月，抽中三都镇金田村第4小区。

2012年10月，抽中和平镇大坡村第2小区。

2013年10月，抽中和平镇大坡村第2小区。

2014年10月，抽中三都镇金田村第10小区。

2015年10月，抽中10个镇（街道）凤山社区第18小区、永安居委会第2小区、光明村第2小区、谷把村第5小区、长腊村第4小区共23个小区。

二、农村住户调查

农村住户调查始于1981年，主要由统计局负责。1984年起由农调队负责。通过抽选住户进行日记账，记录其每天的生产、生活收入与支出，测算人均纯收入。

1981至2012年，年样本量50至100户，调查网点全部为农村。2012年，改称城乡一体化住户调查，增加城镇调查网点，年样本量为120户。主要通过住户日记账，调查居民人均可支配收入，同时反映居民固定资产、耐用消费品拥有情况。住户调查同时包括贫困监测、农户固定资产调查，其中，贫困监测主要通过采集住户调查中居民现金和实物收支、住户成员及劳动力从业情况、居民家庭住房和耐用消费品拥有情况、家庭经营和生产投资情况等数据，了解贫困地区的贫困状况、变化趋势和扶贫成效，客观衡量居民收入和基本公共服务与全国平均水平的差距，掌握贫困地区的宏观经济背景和社会发展状况，评估宏观发展与专项扶贫的作用。农户固定资产调查主要是在住户调查中采集住户年中购置的价值较高的固定资产（2015年标准为1000元以上），及年报时采集调查样本村农户新建住房数据，了解居民固定资产拥有情况。

表7-1

1984—2012年惠水县农村住户调查主要指标表

指标 年度	人均总收入（元）	其中：	人均总支出（元）	其中：		人均纯收入（元）
		家庭经营收入（元）		家庭经营支出（元）	生活消费支出（元）	
1984	391	362	324	81	209	292
1985	416	397	412	115	284	283
1986	486	464	462	145	304	321
1987	484	465	473	149	312	315
1988	568	547	532	158	354	391
1989	692	666	693	205	447	464
1990	725	675	681	214	430	484
1991	745	695	701	220	443	499
1992	849	793	799	264	486	550
1993	931	831	945	264	610	621
1994	1164	1062	1043	375	683	724
1995	1484	1351	1362	450	692	861
1996	1692	1362	1461	483	864	1075
1997	1837	1635	1515	498	1048	1235
1998	1983	1715	1635	516	1087	1340
1999	2014	1792	1730	523	1125	1352
2000	2078	1849	1823	546	1225	1395
2001	2170	1653	2103	564	1258	1432
2002	2212	1404	2440	510	1520	1482
2003	2482	1842	2957	643	1901	1645
2004	2738	2054	2831	734	1658	1791
2005	3062	1914	3530	950	1942	1939
2006	3200	2417	3656	961	2201	2050
2007	3575	2713	4168	1012	2627	2432

续表7-1

年度＼指标	人均总收入（元）	其中：家庭经营收入（元）	人均总支出（元）	其中：家庭经营支出（元）	生活消费支出（元）	人均纯收入（元）
2008	4469	3348	5211	1406	3010	2890
2009	4912	3415	6443	1364	3897	3240
2010	5565	3801	6722	1400	3934	3826
2011	6579	4328	7721	1595	4348	4668
2012	7348	4855	8848	1567	5382	5488

说明：国家统计局惠水调查队从2013年起农村住户调查改为城乡一体化住户调查，分为城镇人均可支配收入和农村可支配收入调查，调查指标变更

1977—2015年惠水县城乡居民存款余额表

表7-2

年度	城乡居民储蓄存款余额（万元）	年度	城乡居民储蓄存款余额（万元）
1977	71	1997	12345
1978	77	1998	18049
1979	105	1999	19231
1980	166	2000	19798
1981	232	2001	23247
1982	307	2002	29140
1983	400	2003	34096
1984	566	2004	41363
1985	1042	2005	50806
1986	1325	2006	63261
1987	1600	2007	71370
1988	1669	2008	91793
1989	2500	2009	115401
1990	3429	2010	145738
1991	4306	2011	194934
1992	5288	2012	233594
1993	6359	2013	295029
1994	8246	2014	354920
1995	9775	2015	332944
1996	10025		

表7-3

2013—2015年城乡一体化住户调查指标表

金额 年度 / 指标	2013		2014		2015	
	城镇	农村	城镇	农村	城镇	农村
人均可支配收入	19501	6256	21466	7330	23634	8114
一、工资性收入	11508	2650	11870	2217	15599	2723
二、经营净收入	1741	3097	1798	3439	1683	3533
三、财产性收入	96	33	1732	81	1903	167
四、转移净收入	7252	476	6066	1593	4449	1690
总支出	20456	9676	25176	14213	26678	14361
生活消费支出	13888	6148	16488	7133	17803	7673

三、农产量调查

1984年，由农调队开展农产量调查工作，主要通过对抽中样本村农作物播种面积和产量进行实地调查，分为秋冬播、全年意向、春播、夏收、夏播、秋收、秋冬播意向7个调查期，夏收、秋收又分预产、实产，简称“两意向、三播面、四测产”。

农产量调查数据直接用于国家推算全国农作物播种面积与产量变化情况，对中央进行农业种植结构、产业结构调整等决策提供参考依据。但具体数据对计算全县农作物播种面积与粮食总产量无实际意义，只有其中的主要粮食作物单产水平变化对研究县粮食作物生产情况有一定参考价值。

四、畜禽监测

2008年，设立畜禽监测专业，开展畜禽监测抽样调查。工作方式主要是每年9至10月，由县农工局提供县域畜禽底册，再通过调查队排查摸底上报畜禽清册，国家统计局在上报数据库中抽取生猪、牛、羊、家禽等规模养殖户、散养户、由调查队对抽中户畜禽存栏、出栏等数据进行调查统计，了解畜牧业发展趋势。

2015年，全县共抽中305户养殖户接受调查，其中，散养223户、规模养殖40户、非农养殖单位42家。

五、农产品价格调查与中间消耗调查

农产品价格调查。全面收集农产品生产价格资料，客观反映农产品生产价格水平和结构变化情况，编制农产品生产价格指数。主要通过抽选调查户，由调查户记录出售农产品价格情况，调查员季末入户调查，将数据收集整理后上报。涉及价格调查的农产品包括生猪、牛、家禽、禽蛋、蔬菜、苗木、林产品、水稻等。

中间消耗调查。通过调查户记录农畜产品生产过程中的消耗，如养猪购买仔猪费用、购买饲料、水电、防疫费用等，以了解各地区农畜产品在生产过程中的成本变化情况。

六、其他抽样调查

主要集贸市场价格调查。1997年9月起，全省在10个市、县开展城镇集贸市场价格调查，每月20—25日为采价时点，共调查32个品种价格，数据通过移动终端上报总队。2011年8月，开展贫困乡镇减贫摘帽住户调查，全县贫困乡镇住户调查涉及原摆榜乡、长安乡、打引乡、大坝乡、抵季乡、抵麻乡、斗底

乡、岗度乡、甲烈乡、甲戎乡、宁旺乡、王佑镇、鸭绒乡13个贫困乡镇，设39个调查点，共计390户。

劳动力调查。全称为全国月度劳动力监测调查。2015年7月开展此项工作，全县设9个调查点，其中1个城镇点，每月调查10户，8个农村点，每个点4户，每月调查32户，共计42户。至2015年12月，共计调查252户。调查对象由国家在调查样本库中每月初随机抽选，其中，城镇点每月随机抽选5户新户，5户老户组成该调查点作当月调查样本，农村点随机抽选2户新户，2户老户组成该调查点作当月调查样本，通过系统平台下发。各点调查员深入调查网点访户，在辅调员的协助下，核实调查户是否外出，能否接受调查，并于当月10至14日进行入户调查，数据通过移动终端实时上报国家。

农民工监测。调查人员每季度入户收集调查户家庭基本情况，了解家庭成员从事的行业、职业、收入情况，统计每季度从事务工、农业的总时间，程序录入数据、审核、汇总上报总队。

规模以下工业调查。反映规模以下工业的基本情况、基本总量。调查内容包括企业详细名称、地址、企业法人代码、登记注册类型、人员及企业资产与生产经营状况等；个体经营工业单位的基本情况、人员及生产经营状况等。2011年以前，规模以下工业是指年主营业务收入在500万元以下的工业企业，2011年3月以后新口径标准为2000万元以下。规模以下服务业、小微企业调查反映国家服务业、小微企业的经营状况、经营环境，为政府宏观经济决策提供参考依据。调查内容包括部分服务业行业、小微法人企业的基本情况，经营状况、经营环境、遇到的困难及建议等。

第四节　统计执法

统计执法主要工作内容有：加强依法行政能力建设，提高依法统计水平；采取各种宣传方式，加大统计法律、法规、规章的宣传教育，提高民众对统计法律、法规、规章的知晓率，树立依法治统的思想观念；以统计从业资格认定工作为切入点，抓好统计人员的业务素质建设；开展统计执法检查。

县每年定期开展统计执法检查活动，检察机关、企事业单位、乡镇基层单位原始记录是否健全，是否建立统计台账，有无持证上岗。检查的统计指标有：粮食产量、社会消费品零售总额、工业产值、固定资产投资、劳动工资总额等。通过检查对存在的问题限期整改，如2004年，对县拒绝参加统计年报会的县域两家银行给予行政警告处分。

2002年10月，县统计局长受县人民政府委托向县人大常委会汇报惠水县执行《统计法》工作情况。2009年6月，县监察局、人事劳动和社会保障局、统计局联合行文，转发监察部、人力资源和社会保障部、国家统计局《统计违法违纪行为处分规定》。

县每年开展二次统计执法宣传，向群众发放统计法律法规宣传资料，接待群众统计法律咨询。在开展人口普查、农业普查、经济普查期间，出动宣传车到乡镇、村巡回宣传，在县城和乡镇政府所在地开展咨询活动、悬挂大幅标语，在街道、乡村张贴普查标语，通过广播电视开展普查电视剧的播放宣传。在普查期间，县政府召集全县各部门、乡镇分管统计工作的负责人学习各项普查条例，分管副县长通过县电视台就认真贯彻《统计法》提高依法统计水平作宣传动员讲话。邀请省、州统计专家到此讲课，开展统计从业资格教育培训。积极组织机关、企事业单位、乡镇从事统计工作的人员参加国家、省布置的统计职称考试。

第三章　审计监督

第一节　国家审计

1984年4月，成立惠水县审计局，履行审计监督职能。2011年，政府机构改革保留县审计局，内设办公室、行政事业财政金融审计科、法制审理科，下设惠水县固定资产投资审计中心和经济责任审计所为股级事业单位。核定行政编制12名。2015年，在岗干部职工25人。

至2015年，县审计局依法独立完成国家审计监督，包括县级财政预算执行审计、乡镇财政预决算审计、金融保险审计、专项资金审计、行政事业单位财政财务收支审计、固定资产投资审计、经济责任审计等。审计发现的主要问题有资金管理不规范、隐瞒转移截留财政收入、虚报冒领、虚列支出、应缴未缴预算收入、私设小金库、漏缴税费、高估冒算等。针对审计发现的问题，向被审计单位提出整改意见和建议并作出处理决定。

一、财务收支审计

1985年，对县文化局财政财务收支、县农资公司化肥经营情况以及县民族周转金发放管理等四个项目进行审计，共查出有问题金额89813.50元，其中，违反财经纪律52677.79元，效益问题35714.31元，其他账目差错的1421.40元，应上缴县级财政21439.24元，已如数收缴。

1997年，根据《预算法》和《审计法》，开展县级财政预算执行和其他财政收支审计，此后，县级财政预算执行情况审计成为每年法定必审项目。

“十五”期间，以财政预算执行审计为主线，对县教育、民政、公安、医院、粮食等部门的财务收支及专项资金进行重点审计，查出违规资金上缴财政192万元，较“九五”期间上缴财政的144.8万元增加47.2万元，提出意见建议20条，整改率达100%。审计结果表明，本级预算执行和乡镇决算审计在规范财政收支行为、提高资金使用效益、加强财政管理方面取得成效。

“十一五”期间，对摆金镇、大龙乡、县第二中学、王佑镇、县教育局等乡镇（部门）进行财政财务收支审计，共查出违规资金1612万元，管理不规范资金214万元，并从财政体制、财务管理方面提出有效的整改意见和建议。

“十二五”期间，以预算执行为主线，共查出主要问题金额3519万元，重点关注国库集中支付管理、财政存量资金、“三公”经费情况等方面，加强对财政资金分配、使用和管理情况的监督。提升预算执行审计的影响力，注重从体制、机制、制度层面分析原因，提出改进建议，维护公共财政安全。1984至2015年，实施213项财政财务收支审计，包括县级预算执行情况和其他财政收支审计、乡镇财政预决算审计、行政事业单位审计等。

二、经济责任审计

1998年，将领导干部履行职责情况纳入审计监督范围，开展行政、事业单位领导干部任期经济责任审计工作。

2001至2005年，对县属部门及乡镇党政领导履职期间经济责任共审计49人，共查出违规资金2025万元，管理不规范资金2873万元，提出审计建议78条。

2006至2010年，共开展领导干部经济责任审计5人，查出违规资金468.3万元，管理不规范资金968.4万元，损失浪费资金62万元。

2011至2015年，累计实施领导干部经济责任审计16人，共查出违规资金1148万元，管理不规范资金964万元，根据审计查证或认定事实，区别不同情况，对被审计对象履行经济责任情况作出客观评价，针对被审计单位财政财务收支及资产管理方面存在的问题和薄弱环节提出整改意见和建议。

1998至2015年，县审计局累计实施经济责任审计72项，共涉及70人，对领导干部任期内财务收支的真实、合法和效益情况，国有资产保值增值，重大经济决策，遵守廉洁自律，执行财经纪律5个方面进行考核并作出准确评价，规范了被审计单位的财务收支行为，客观评价被审计对象的经济责任、履职情况，为组织人事部门任用干部提供了参考。

三、固定资产投资审计

1989年，按照省州统一部署，对县13项自筹基建投资的停、缓建项目进行跟踪审计，经审计，13个项目总投资426万元，因有的基建资金不落实，有的属于条件不足等原因，都要求停建或暂时缓建，13个项目全部停止施工，对善后工作提出了处理意见，压缩基建项目370万元。

1999年，开始对固定资产投资审计，重点围绕工程招投标、合同签订、工程造价的真实性以及财务管理、资金使用等情况，对政府投资项目的跟踪审计和竣工决算审计。

2001至2005年，审计查出施工单位高估冒算、多计工程款等违规资金455.82万元，较“九五”期间的93.12万元增加362.7万元，针对审计发现问题，从规范项目管理，提高资金使用效益角度提出可行性建议。

2006至2010年，投资审计项目累计完成126项，送审金额22689万元，审定金额20087万元，核减工程投资2602万元，为政府节约大量资金，有效控制工程建设中的高估冒算、偷工减料、损失浪费等现象。

2011至2015年，投资审计项目累计完成491项，送审金额464300万元，审定金额391700万元，审减金额72600万元。为从制度上规范县国家建设项目工作，陆续出台了《惠水县重大项目跟踪审计实施办法》《惠水县聘请中介机构参与国家建设项目审计管理暂行办法》《惠水县政府投资项目预（结）算审计管理规定》《政府投资审计项目复审规定》。对固定资产投资的审计由单一工程结算审计向财务收支、工程结算、工程管理、经济效益“四结合”审计发展。

四、专项资金审计

专项资金审计以事关民生，社会关注度极高的审计为主，如扶贫资金审计、社会保障资金审计、城镇保障性安居工程跟踪审计等。

1985至1989年，通过开展维护财经纪律，纠正新的不正之风工作，查处违纪案件，检查粮食企业套取国家粮油加价款，进行税收财务大检查，共上缴县财政36.36万元，其中，专项审计上缴21.43万元。

1990年，对县6个行政事业单位进行专项财务收支审计，审计总金额994.7万元，查出违纪资金74.2万元，责成调账21.57万元，违纪资金应上缴财政0.7万元，已缴0.7万元，罚款100元。

1991至1995年，分别开展了县种子公司粮食发展经费审计、农业综合开发资金审计、县交警队、高镇镇政府1986至1991年预算外资金审计，查出挤占挪用资金122.39万元，未到位资金5.31万元。

1996至2005年，针对性地对预算资金多、预算外收入多、专项资金多的单位开展行政事业财政财务审计。审计侧重点放在县财政扶贫资金的收支情况，审计成效明显。查出挪用扶贫资金、违反规定发放小额扶贫资金、异地实施项目等问题，引起了县委、政府领导的重视，对加强县各项财政资金管理发挥了积极作用。

2006至2008年，完成对县2006至2007年扶贫资金情况审计、2005至2007年度农业综合开发资金审计、对福泉市农村低保和新型农村合作医疗资金的交叉审计、抗震救灾资金物资情况审计及2008年抗凝冻救灾资金及捐赠款物情况审计调查。

2009至2010年，按照“财政资金运用到哪里，审计就跟进到哪里”的要求，对专项资金进行全方位监控。通过对中央扩大内需促进经济平稳较快发展措施贯彻落实情况及实施效果专项审计调查、抗震救灾资金及抗旱救灾资金进行跟踪审计、农村合作医疗基金专项审计调查和2009年度中小学校舍安全工程项目执行情况跟踪审计调查。在审计过程中，以资金为主线，摸清各专项资金的底数和流向，找出审计重点，然后再制定翔实的审计方案，有的放矢，确保审计成效。通过审计，揭露项目管理和资金使用等方面存在的问题，提出合理的审计建议，促进各项惠民政策落实。

2011年，实施2008至2010年财政扶贫资金审计，重点审计县扶贫开发局、县财政局、县民宗局、县水利局，对产业推进、劳动力培训等重点项目进行了延伸和追溯，共延伸了88个扶贫项目，占总项目326个的26.99%，抽查项目资金3390.76万元，占审计总金额5916.66万元的55.94%，本次审计查出管理不规范金额657.39万元，审计结果表明，扶贫开发目标总体情况良好，农村贫困人口大幅下降，农村生活条件改善，产业化扶贫得到稳步推进，社会事业得到进一步发展，贫困人口素质和自我发展能力持续提高。

2013至2014年，分别对2012年、2013年城镇保障性安居工程进行跟踪审计。审计中加强对城镇保障性安居工程的持续监督，揭露突出问题，提出合理建议，促进政策落实。查出违规金额8.79万元，管理不规范金额768.79万元。

2015年，实施2014年城镇保障性安居工程跟踪审计，重点对棚户区改造安置、保障性住房分配和管理情况进行审计，调查涉及全县城镇保障性安居工程领导小组办公室含住建（住房保障）、发展发改、财政、国土资源、规划、民政、经开区、教育局等成员单位，抽查开工项目3个59套，基本建成项目1个312套，共371套，占2014年开工任务及基本建成总任务2842套的13.05%，查出管理不规范金额41.66万元，在改善困难群众居住条件、推进新型城镇化建设、拉动投资和消费需求、促进经济增长和社会和谐等方面取得了明显成效。

同年，对县第二季度稳增长、促改革、调结构、惠民生政策措施落实情况进行跟踪审计，涉及19个审计单位，审计结果表明，县在落实取消和下放行政审批事项、推进简政放权、加快城市基础设施建设、促进信息消费、加快重大水利工程建设，解决农村人口饮水安全问题等政策措施得到很好落实。

此外，开展了2008年抗震救灾物资、直播卫星“户户通”、贵惠大道长田段、龙泉项目区二期向山要地场平工程及道路工程、县城北城市综合体中央景观带工程、百鸟河数字小镇大数据互联网营销基地建设（A、B、C、D组团）等20个跟踪审计项目。

第二节　内部审计和社会审计

一、内部审计

1984年以前，县对部分国有企业内部开展审计工作，主要对企业内部财务收支状况进行审查和监督。每年对各单位内审工作进行指导，定期组织内审人员参加省、州内审协会举办的各种培训，提高内审人员审计能力，规范内部审计程序，内审工作领域不断扩大。

1990年，在企事业单位建立内审机构12个，内审人员基本配齐并开展工作。是年，共审计10个单位，其中，工业企业1个，交通企业1个，商粮供企业4个，轻工系统集体企业4个，在已审计的单位中，承包经营审计4个。对审计承包的企业，在抓好财经法纪审计的同时，积极开拓经济效益审计新途径，以增产节约、增收节支为目标，把审计项目深入到生产经营各个环节，通过审计监督达到服务的目的。

1992年4月，县成立内审机构16个，配备内审人员16人，计划审计项目52个。在对原姚哨区供销社第一轮承包经营终结审计时，审出利润不实，1988至1991年原会计结算反映亏损8.1万元（盈亏相抵），审计数字亏损为29.47万元，承包班子正副职仍照拿奖金，还多于职工2～3倍，还有账实不符等问题，差异达6.2万元，查处损失浪费金额0.21万元。

1995年7月，审计署颁布《内部审计工作规定》，县内审工作由企业扩大到部分行政事业单位和学校，审计内容由单一的财务收支审计，扩大到单位内部经营情况审计，审计业务进一步规范。2013年后，不再抽调审计人员参加内审活动及培训。

二、社会审计

1990年，县审计事务所在县审计局的直接领导和业务指导下开展业务，审计4家单位，查证10项，审计总金额5830万元，查出违规金额125.56万元，提供咨询服务14项，采纳建议增收节支约10万元；验资总金额248.8万元。

1991年，县审计事务所受县审计局委托对惠水县物资局1990年度的财务收支进行了审计，重点审查了该单位的钢材进、销及物价政策的执行情况和财务成果，根据相关财务制度认真审计，对该单位财务处理不当之处进行处置。

1992至1997年，为适应经济社会的发展，县审计局对县审计事务所进行整顿，加强对事务所的领导和财务管理，审计业务不断拓宽，积极开展审计查证、验资、咨询服务等工作，先后承接县民族中学办厂的基建财务审计、摆金铁合金厂固定资产审计。

1998年，县审计事务所更名黔南黔诚会计师事务所，人员由州选派进驻。2008年，因不具备从事社会审计资格而撤销。

第四章　物价管理

第一节　价格改革

1978至1992年，确立市场经济体制，县价格管理工作由单一计划价格转向市场价格主体模式。1992年，县建立完善以经济手段引导市场价格的管理体制，同时，加强对行政事业性收费的管理。1998年5月1日，《中华人民共和国价格法》出台，原经营性服务性收费定义为服务性价格。1998至1999年初，是县物价上涨的一次高峰，全县物价总水平上升16.42%，县采取对主要生产、生活资料实行专营，对关系人民生活的78种商品进行监控，整治“乱收费、乱涨价、乱摊派”，对居民消费价格总水平涨幅调控目标5%，商品零销价格总水平涨幅调控目标3%。其中，食品类价格涨幅调控在3%左右，服务收费涨幅调控在12%左右，农业生产资料涨幅调控在3%左右。2002年，率先在全省实行价格公示制度，与雷山县并列获全省先进单位。

2006年9月，贵州省出台《价格管理办法》，同时，取消原《贵州省行政事业性收费管理办法》。2009年，建立价格调节基金的征收制度。2010年，利用价格调节基金，建立政府主导下的平价商店，引导人民生活必需品的市场价格理性运行。在县城试点建立了2个平价超市，一个平价肉店。是年，完成价格调节基金征收3000多万元。

2011至2012年，扶持建立调控商品的生产储备体系。投入价格调节基金250万元扶持完成了6个蔬菜基地建设，同时，从上级争取到最低生活保障对象补贴145万元，人均价格补贴100元、平价店价格补贴5万元。完善市场价格应急体系。重新修订《惠水县价格应急预案》，成功处置3月份的食盐价格和年前猪肉市场价格异常波动，使猪肉价格由15元/市斤回落到12.5元/市斤的理性价位。

贵州省率先成为电力价格改革试点的第一个省份。2012年7月1日起，试行居民生活用电阶梯电价。2013年12月23日，省出台《贵州省居民生活用电阶梯电价实施细则（试行）》。

2014年，贵州省稳步推进县级公立医院医药价格改革试点，将医疗服务价格调整权限下放到各市、州，2015年10月31日，全省75个县的128家县级公立医院全部实现药品零差率销售。同时推进天然气价格改革，完善天然气价格形成机制，推行居民生活用气阶梯价格制度。

2015年，惠水县作为贵州省两个农业水价的试点县，对农业水价开展了成本监审工作。推进水价改革，规范水资源费分类。是年，取消收费许可证制度，加强事中事后监管工作，开展收费情况和收支状况年度报告制度、收费政策及执行情况报告制度，强化收费目录清单制度和收费公示制度。

第二节　价格管理

县的市场价格管理工作，主要是落实日监测和旬分析制度，重点监测与人民群众生活密切相关的生活必需品市场信息，及时上报县人民政府和上级主管部门。加强市场巡查，元旦、春节、五一、国庆期间对重要商品和服务价格进行检查，保证价格的基本稳定。做好市场价格平抑工作，利用价格调节基金做好“米袋子”“菜篮子”的市场平价工作，建立“平价店”“平价超市”，利用经济手段，充分发挥价格杠杆作用，促进市场价格的良性发展。

一、农产品价格

1984年前，94.4%的农副产品属国家定价。1985年，根据国家制定的物价改革方案，县除粮、棉、油、蚕茧、种子等少数合同定购的农副产品实行政府定价，大米、油菜、小麦同时实行计划内和计划外双轨制，其余肉食、禽蛋、蔬菜价格一律放开由市场调节。1986年5月，根据国家对物价分级管理目录及作价方案，对大米、小麦、油菜等15种农产品进行调整。

1993年1月，取消国家粮食定购任务，粮食收购价格由政府定价改为政府指导价；取消计划内和计划外双轨制销售价格，全面放开粮食销售价格；取消粮食定量供应，放开粮食销售价格，取消县属供应范围内的城镇居民、职工、菜农平价粮和生猪饲料平价粮供应；在职职工、离退休人员每人每月发给粮价补贴3元。1999年后，取消粮食收购指导价，实行农村粮食收购按市场价格收购，所有农产品全面实行市场调节价。

二、工业品价格

1984年前，97%以上的工业产品属于国家定价。1985年，根据国家制定的物价改革方案，钢材、机电产品、农药、种子等实行双轨制，取消生产企业计划外销售部分商品在政府定价基础上只加价20%的规定。

1986年5月，按照国家对物价分级管理目录及作价方案，调整了国营商业、供销企业商品价格276种，其中，工业品价格98种、工业食品48种、针纺织品25种、医药价格63种、废钢铁价格27种。是年9月，根据省物价部门有关文件精神，放开国产自行车、黑白电视机、电冰箱、洗衣机、收录机和80支以上纯棉纱及其织物、中长纤维布等7种工业品价格，对进口的黑白电视机、电冰箱、洗衣机、收录机价格也同时放开，由企业按照物价部门规定的最高限价和市场供求情况制定价格，放开经营。

1988年，贯彻执行国家"坚持改革、稳步前进、保持物价基本稳定"的工作方针，县物价局根据上级物价部门的通知，调整商品价格178种。是年，放开13种名烟、名酒价格和主要副食品价格。价格放开后，各种商品价格逐步上扬，国家给每个职工每月2元的副食品价格补贴。

1990年，调整商品价格20大类214种。1991年，调整商品价格20大类269种。1992年，推行国营商业经营、价格、用工、分配"四放开"为主要内容的经济体制改革，实行定价许可制度，按照物价管理权限、作价原则、办法和作价程序，建立健全商品定价、调价、审批、申报、备案制度。1993年1月，国家再次放开37类260种工业品价格，实行企业定价、市场调节。

1999年，县物价部门对大量实行市场调节的价格，依照国家物价政策宏观调控管理。是年，为规范企业价格行为，严格执行《关于商品和服务实行明码标价》规定，统一使用黔南州物价局监制的标价签、（牌）表，明码标价，标价签要填写准确、内容齐全、字迹清楚、签货对位、一货一签，服务收费标准要在醒目位置张贴。

2000年，取消种子销售环节政府指导价，实行市场调节价。是年，取消企业定价许可制度。2007年，调整县城区域自来水价格，居民用水由原来的每吨1.30元调为1.90元，行政事业用水每吨由1.30元调为2.10元，工业用水由原来的每吨1.30元调为2.50元，经营服务用水由原来的每吨1.30元调为3.80元，特种行业用水由原来的每吨5.00元调为9.00元；2008年，取消化肥销售环节政府指导价，实行市场调节价。

2010年，实行三价合一，行政事业、工业、经营用水合称非居民生活用水，价格为每吨3.20元。

2012年12月，实行政府定价、政府指导价目录内的自来水价、电价、水利工程供水价、经济适用房售价、成品油价、食盐价、医疗药品价、生猪定点屠宰加工费、义务教育收费等进行依法管理，其他商品价格实行市场调节。

三、交通运输价格和邮电资费

交通运输和邮电资费价格是重要的基础性服务价格，其价格管理权限分别为州、省、国家，县级价格主管部门的职责是贯彻落实。交通运输价格随着经济的发展，历经多次调整，公路客运价格现已达到0.26元/人·千米。

邮电资费价格，随着科技的不断进步，从原来的手摇座机电话，到现今的数字电话、无线手机、互联网等，邮电资费也随着发展与变化划为三大块资费，分别是电信资费、移动资费、邮政资费。价格也因为多种服务项目而不同，定价权由省级以上价格主管部门确定。

第三节　行政事业收费管理

1990年，为加强收费管理，规范收费行为，开始推行行政事业收费许可证管理制度，对全县行政事业单位的收费项目、收费标准、收费依据进行逐项清理审核，合法的收费按规定给予保留，发放许可证89证，不合法的坚决取消。通过清理整顿，全县共有执收单位114个，有经营服务性收费单位25个，共有收费项目407项。

1993年4月，制止乱收费和取缔非法收费，县物价部门举办行政事业收费执行人员岗位培训班2期，86个执收单位的172人参加培训，并对考试合格者发给贵州省收费管理员岗位合格证，实行持证上岗。是年，全县共有执收单位127个，核定收费项目275项。其中，国家级定价的收费标准15项，省级定价标准224项，州级定价标准32项，县级定价标准4项，全年行政事业收费总额为873.02万元。对国务院和省政府明令停止的收费项目，特别是涉及农民负担的收费项目组织人员进行清理，取消和注销了农村规划建设管理费，乡镇集体、个人矿管费，林政管理费，森林资源更新费，林区管理建设费，绿化费（农村收取部分），房屋所有权登记费（农村部分），农机综合管理费8个收费项目。是年起，实行收费许可证审验制度和收费公示制度。

2000年，根据省物价局公布的实行经营服务收费许可证目录的规定，全县新办经营服务性许可证8个。2002年，全县行政事业性收费继续贯彻中央“清费、治乱、减负”的方针，按省、州物价局的统筹安排，进行收费许可证年度审验，全县有收费许可证80证，取消收费项目16项，转税管理1项，变更四大项。据年度审验统计，全县行政事业性收费总额1325.75万元。县人民政府拨出专项资金5万元，用于印制发放《惠水县城镇居民缴费公示目录》，至是年7月，全县共发放城镇居民缴费公示目录2.3万册，全县25个乡镇426个自然村（社区）共设置农村缴费公示栏（牌）507块，公示率达100%。

2003年6月，全县共颁发行政事业收费许可证80证，颁发新版经营服务性收费许可证25证，全县行政事业性收费总额为1785.32万元。2004年，全县教育系统全面推行“一费制”收费办法。即在严格核定杂费（含信息技术教育费）、课本费、作业本费标准的基础上，按学期一次性统一向学生收取费用。同时，实行教育收费公示制度，发放中、小学收费册15000份。2005至2010年，全县审验经营服务性收费许可证34个、行政事业性收费许可证86个，共有行政事业收费项目101项。

2010至2012年，清理整顿收费秩序，优化发展经济环境。根据国家发改委、财政部《关于公布取消和停止征收100项行政事业性收费项目的通知》、省物价局黔财综〔2008〕92号、省物价局、省财政厅黔价费〔2011〕96号文件通知，从2010年起，在连续三年的年度审验工作中，对全县的行政事业性收费进行全面的清理和规范。2012年，印发《惠水县行政事业性收费目录》和公示《贵州省行政事业性收费目录》。

2013年，对全县各部门收费项目进行全面清理，共清理了公安、工商、文化等18个部门的261项收费项目。2014年，审验收费许可证82个，审验收费项目61项（大项）。2015年，取消收费许可证制度，加强事中事后监管工作，开展收费情况和收支状况年度报告制度、收费政策及执行情况报告制度，强化收费目录清单制度和收费公示制度。是年，清理收费项目二项，降低收费项目一项。

第四节 价格监督检查及行政执法

1984年以前，物价检查由县计划经济委员会负责，是年10月，成立惠水县物价检查所。11月起开展价格监督检查，是年到次年，先后组织，开展元旦、春节、“五一”“十一”4大节日例行商品价格检查和春耕、秋收秋种农用物资价格检查。

1987年，县总工会、县物价局联合建立职工物价监督检查站，对供销、商业企业、饮食服务、工业交通、物资供应企业和个体工商户进行物价大检查，共检查商品8900个，检查衡器293台（杆）。其中，没收有问题的衡器7台，查处物价违纪案件62件。

1990年，物价检查以稳定物价为前提，以制止乱收费、乱涨价为重点，四大节日期间，着重检查与人民群众生活关系密切的日用工业品、副食品价格。春耕生产前，对全县经营农业生产资料的企业进行农资价格检查。

2000年起，开展减负治乱工作，对邮电、农机、交通、农村农民负担、教育收费，公安收费等7项专项检查。2003年，先后组织开展了乡镇土管所收费、教育收费、部分行政事业单位收费、防治非典型肺炎的药品和相关商品价格专项检查，是年，全县开通12358全国价格举报电话的核实处理。2008年初，对凝冻期间的蜡烛等进行了价格应急检查。

2010年，对食盐的价格应急检查，查处对乱涨价行为，有效平息食盐价格异常波动。

2013年，开展教育、环保、建设、涉农、药品和医疗服务、电力、供水、成品油、通信服务市场等专项价格检查，并坚持节日市场价格检查。会同有关部门加强对教育收费的检查力度，对“一费制”的落实情况进行跟踪，抑制教育乱收费的反弹，规范全县教育收费价格秩序。倡导诚信经营，明白消费。开展明码标价专项检查，对超市和专卖店实行明码实价，把明码标价工作延伸到旅社宾馆、停车场、加油站、医疗行业、行政事业单位等及农村乡镇，提高明码标价普及率。

2014年，开展教育收费专项检查。为确保全县义务教育收费政策的贯彻落实，实行教育收费公示制度，对全县农村中、小学校教育收费专项检查，对各民办幼儿园收费备案并公示，督促和规范民办幼儿园办学收费行为。同时，开展涉农涉企收费专项检查。重点对畜牧局、供电局、国土局、广电网络公司、民政局、农业局、各乡镇主要农资经营户进行农资价格检查；开展对长田工业园区开工企业进行走访调查，优化县的投资环境。开展医药卫生服务价格检查，对县医院、药店、乡镇卫生院、社区卫生服务站和零售药店常用药品零售价格进行抽查，实施医疗服务和药品价格明码标价制度，增强收费透明度，做好就医病人服务。加强房地产市场价格监管，规范商品房销售行为。组织房地产开发营销企业销售商品房实行明码标价学习座谈，对商品房销售价格开展明码标价和收费公示备案工作。

2015年，深入治理价格欺诈等违法行为，着重规范网络交易、农贸市场等领域的价格行为，加大对不正当价格行为违法案例的曝光力度。对相对封闭区域价格行为的监管，以明码标价为切入点，开展价格诚信建设。加强价格专项检查工作，深入开展涉农、涉企收费、医疗收费、教育收费等专项检查，严格督促落实清费减负政策。

表7-4

1984—2005年惠水县查处行政执法价格违法情况表

单位：万元

年份＼名称	检查对象	价格监督项目	没收处罚		备注
			没收多收价款	罚款	
1984	商业系统	白糖、烟酒	2	—	1984年、1986年、2004年三次对县物资公司检查，收缴罚没款4万余元。
	县物资公司		—	—	
1985—2000	供销系统	化肥、日杂用品	104	—	
1985—2010	供电部门	电价	70	—	
1987	运输社	运费	203	—	
1988	造纸厂	卷烟纸	8	—	
	食品加工厂	面粉转计划外销售违法行为	—	—	没收违法所得0.85万余元
1989	铁合金厂	计划内用电转计划外用电	7.9	—	
1995	农机	服务收费	2	—	退还农户多收价1.4万余元
1995—2009	教育	乱收费	52.4	—	
1997	移动	资费	3.75	3.75	
1998—2002	公安、交警	违法	17	—	退还消费者10万余元
2003	国土部门	违法	5	—	
2004	民政部门	违法	2	—	
2005	城管部门		30	—	

第五节　价格评估事务

1992年起，开展在所属行政区内，对刑事、民事、经济、行政以及仲裁案件涉及的各种扣押、没收、追缴及纠纷等物品进行价格鉴定，以作为定性量刑的重要依据。

1994年，最高人民法院，最高人民检察院、国家计委和公安部联合下发《关于统一赃物评估工作的通知》，规定赃物评估统一由各级地方政府物价主管部门所属价格事务所承担。

是年4月，《贵州省涉案财物价格鉴证条例》颁布，使价格认证工作有法可依、有章可循，起到了指导和推动作用。

《价格法》出台后，1999年6月，成本调查大队成立。主要工作任务是对重要商品和服务价格进行成本监审，为制定价格做好政策服务。同时对污水处理、自来水供水成本、垃圾处理成本等重要商品和服务价格实行半年、年报制度，并及时上报州物价局。2007至2012年，完成各类成本和价格报表上报42份。

2000年，对县3个农灌供水工程进行成本监审，并上报州物价局，核定县48元/亩的农灌供水价格和库区原水0.20元/吨的价格。

2004年5月1日《中华人民共和国道路交通安全法》颁布实施，道路交通事故由原来的按评估价及双方责任调解处理变为当事人各方协商解决的简易程序，2004年下半年起，县交警大队委托的道路交通事故财产损失认证案件大幅度减少，至2005年年底，已无委托业务。

2003年起，对县自来水供水成本进行定期监审。

2005年、2008年，两次对县民族中学学生公寓定价成本监审。为价格部门对学生公寓住宿价格定价作了基础性成本调查。

2006年，对县出租车进行成本监审，为县政府确定出租车经营权拍卖基价标准提供了成本数据。

2007至2008年，对县城和乡镇进行调整定价监审，成功为县城及乡镇水价调整，提供翔实的成本数据。

2008年，对县污水处理进行定价成本监审，确定县政府与污水处理厂的结算价格。

2001年、2010年，对县环卫部门收费进行定价成本监审。

2014年，完成司法机关、行政执法部门委托的价格评估鉴证业务。全年共受理88件，认证金额142.163万元。

第五章　工商行政管理

第一节　市场管理

一、放活市场

1978年后，根据国家发展社会主义市场经济有关政策，县按照“活而不乱、管而不死”的市场管理原则，逐步放开市场。1982年，允许地区间从事农副产品长途贩运，上市品种有所放宽。1984年起，贯彻国务院调整农副产品购销政策，统管的第一、二类产品由21种减为12种，统购只保留稻谷（大米）、玉米和油菜籽；计划收购药材由30种减为24种；放开经营的主要有：木材、山羊皮、羊绒、牛羊肉、草果、鲜蛋、桐油、柑橘等；放开560种工业品，允许集体企业和乡镇企业自找原料的产品入市；允许个体贩运。

1985至1994年，随着流通体制深化改革，计划分配、专营的钢材、木材、水泥、石油、汽车等主要生产资料实行市场调节。1995年起，取消国家统购政策，实行粮油合同定购和议购；烤烟仍实行专卖管理；石油、汽车、有色金属材料、木材、羊毛、彩电、名牌自行车、缝纫机、洗衣机等主要生产资料和耐用消费品实行国有商业、物资部门、供销社、生产单位专营，禁止就地套购倒卖；同时，执行省规定，把废钢材、锑、平板玻璃、焊条、烧碱、铜芯铝绞线纳入专营；黄金、白银、珠宝、文物、大烟等禁止上市。

至2005年，生产资料、生活资料全部市场化；保留烤烟专卖管理，民用爆破用品专管；化肥、农药由农业、科技、林业三部门相关机构和生产厂经营（有挂靠其经营的个人和企业），严禁毒品等违禁品上市。

2006年，开辟绿色通道，办理下岗职工、大学生、退伍军人、双规人员等证照39户。在落实就业和再就业工作方面：2007年，为下岗再就业等人员办照36户，免收各种规费13230元；发放宣传资料215份。对451户农村小商贩免于工商登记，免收规费4.1万元，同时，着力打造好“12315”工商名片，树立服务型工商新形象。推行“约时定点便民服务”，方便市场主体办事，降低市场主体办事成本，落实行政许可便民原则，2009年，共受理投诉2件，办理注册登记86户。

二、市场监管

1978年，中共十一届三中全会召开后，随着市场逐步发展及工商法规连续出台，县工商部门对市场的监管范围不断扩大，从最初的重点培育市场和打击投机倒把，到红盾护农，质量兴县，根据不断变化的市场需求相应调整工作内容和方式。市场监管模式分为重点检查专项治理和日常巡查监管。

重点监管　1978年，组织四次市场大检查活动，查获各种质量不合格计量器具295把和假冒伪劣物品25种，价值3.5万元。1999年，开展三项食品安全治理，打击制售假冒伪劣食品违法行为。督促全县1191户食品经营户建立进货检查验收、食品质量责任制度、进销货台账、不合格食品退市等7个制度。节日期间进行市场检查，查获过期方便面、袋装水晶葡萄饮料、樱桃罐头、蘑菇罐头、火锅底料、甜面酱、罐头、不合格计量器具和早产桶装饮用水等，总价值5万余元。

2001年，查获过期方便面、袋装水晶葡萄饮料、樱桃罐头、蘑菇罐头、火锅底料、甜面酱、罐头、不合格计量器具和早产桶装饮用水等，总价值4万余元。2004年，对全县1719户食品经营主体进行逐户清理，共查处无照经营九大类食品商238户，警示106户、规范办理营业执照96户；通过“六查六看”，共检查食品经营2183户，索证索票245份，查获问题食品12千克，立案查处食品质量案件3起，罚款1400元。2006年，查获以工业玉米淀粉冒充信用淀粉的工业玉米淀粉40千克。价值700余元的过保质期、变质和“三无”化妆品；没收成品油（汽油）109.5KG。黄色扑克牌41盒；盗版、迷信、淫秽书刊135本；盗版光盘23张。擅自勾兑车用电瓶液经营1户（2桶20千克）；过期变质食品196包（袋）洗发水14瓶；油漆32瓶（桶）；走私旧服装17件；棉被3床；电容器26个；不合格计量器用13把；责令下柜无“QS”认证标志的面条、奶粉、果冻一批，查获早产桶装饮用水100桶，总价值2万余元。2007年，加强对凯胜农贸市场的重点监管，配合县整治办与市场开办者签订市场卫生责任书122份。2011年，出动执法人员245人次，执法车辆3台，查处各类案件4件，罚款2万元。

日常监管　1999年，全县食品经营者签订《食品安全责任书》1268份、巡查人员向工商所长签订《食品安全监管责任书》38份、工商所长向局室签订《食品安全监管责任书》3份。在清理工作中，共出动执法人员313人次，清理全县食品生产、经营1191户。

2000年，制定《关于推行分级分类监管制的具体意见》，把县属企业、个体划分为：A、B、C三类，对不同类型的市场主体采取不同巡查频率。

2002年，推行“定区域、定人员、定任务”巡查制度、通过实施市场巡查，全县共查获各类经济案件1439起，罚款24.06万元。制定市场巡查基本规范和巡查工作标准、巡查工作纪律等规章制度；设立举报箱和监督电话，在主要集市设立公示牌，明确巡查人员职责和监管范围。

2003年，评选出守信用企业16户、警示企业4户。通过县工商局在惠水电视台开辟的《惠水工商》专栏向消费者、个体工商户、企业进行信息公示，公示了县守信企业和不良行为，全年共开展信用信息公示3期。

2004年，建立商品实施索证索票制度；建立市场商品质量监管关口前移，重点单位动态，静态档案；建立试点19户，索证索票246份，责令不合格食品下柜1269瓶（包）。

2005年，索证索票工作索取资料597份，索证索票率达90%以上。落实商品准入重点新增目标27家，超市、食品批发市场索证索票率达100%，重点食品索票索证率达100%，落实“场厂挂钩”“场地挂钩”试点1家；完善商品准入制度5项。

2006年，建立农资市场监管机制，与农资经营户签订《农资经营责任书》。在农资经营户经营过程中建立“两账一卡一书”，建立农资商品质量信誉卡和责任书。每季度对农资经营企业进行信用分类，并在公示栏公示。是年，全县农资经营户中A级305户、B级13户。

2008年，录入个体工商户分层分类登记管理4451户，其中，A级2993户，B级459户，C级15户，待定154户；企业信用分类录入544户，其中，A级275户，B级16户，C级6户，待定247户。

2009年，查处一件罚没款10万元的农药商标侵权案，查处一件罚款7.5万元的煤炭无照经营案；查处经济违法案145件，罚没款45.89万元，查处食品违章违法案16件，收缴罚没款1.83万元，查缴各类假冒伪劣不合格食品328KG。查处取缔黑网吧3户、无照经营网吧3户、超范围经营2户，罚款0.2万元；收缴低俗光盘12本（套）、非法出版物263册（本），创建并实现全县201个无传销社区；查处无照经营案27件，罚没金额2.3万元。

2010年，对奶制品实行备案制度，对县122户奶制品批发户或代理商在工商部门备案41次，备案商品41种，备案率达100%。

第二节　工商企业登记

1978年，实行“以公有制为主体，其他经济成分为补充”的方针，恢复加强企业登记管理。

1982年，国务院发布《工业企业管理条例》，增加开业、变更、注销、名称核定、名称专用、分级核定、资金注册等登记内容；商业实行批发从严、零售放宽、统管（26种商品）从严、小商品农副产品从宽的流通政策；开始换发全国统一营业执照。1985年，全县通过换照的工商企业为全民所有制企业37户（分支机构58个），集体所有制企业330户（分支机构160个）。企业登记均由业务主管部门同意，10万元以上的企业由县计委审批，县工商行政管理局核准发照。是年，国务院发出《关于进一步清理、整顿公司》的通知，县成立清理整顿公司领导小组，对全县全民所有制企业、集体所有制企业中称为公司的企业进行清理整顿，保留公司13个，合并1户，降格1个，撤销2个，自然注销3户，并对违法公司进行立案查处。

1991年3月31日止，对全县166户企业的年检结束。其中：免检40户，年检126户，合格118户，注销8户，收取年检费7700元，加强对企业的联系和管理工作，按照8个片区，建立18个联系点。宣传企业登记法规，组织粮食、计委、经委、商业、供销、险峰厂、永安厂、造纸厂8个单位开展学习宣传知识竞赛，险峰，永安、商业分别获一、二、三名，在各区和县城内组织放映企业商标录像5次，观看125人，出专刊4期，广播宣传8次，开展咨询服务18次。完成《文告》征订和企业法人登记数据库工作。是年3月，全县征订《文告》163份，收取文告费1956元。本月底，全面完成县企业法人登记数据库工作。

1992年，全县工商企业呈现出好的发展趋势，已有工商企业406户，与上年353户相比，增加53户，增长率为15%。其中：全民所有制企业190户，是年157户，比上年同期144户，增加13户，增长率为9%；

联营企业30户，比上年同期16户，增加了14户，增长率87%；私营企业29户，比去年同期18户，增加11户，增长率61%。乡镇企业呈现出发展的好势头，全县已有乡镇企业4610户，比上年同期4350户，增加260户，增长率为5.9%，为国家税费创收1400多万元，发挥了较好的经济效益。

1994年7月，《中华人民共和国公司法》颁布实施，按有限责任公司和股份有限公司要求，对原有的13户公司进行逐户规范。

1995年，举办法律专刊8期，张贴有关标语150条，接受法律咨询150人次，举办一期企业法人代表培训班，共培训企业法人代表33人。公安部门联合举办两次市场咨询活动，发宣传资料150册。走访企业宣讲20多家。

1997年，全县应检企业263户，实检257户，年检率97.5%，超额完成上级下达96%的任务。通过年检，全县有243家被评为A级企业，B级企业仅有13家，注销4户，缓检11户，清理6户无照经营的分支机构。

1998年，全县应检企业323户，实检317户，年检率98.1%。全县有311户企业被评为A级企业，B级企业6户，注销企业4户，缓解5户，清理了6户无照经营的分支机构。对雅水粮管所、摆金粮管所、擅自涂改营业执照登记事项，责令其限期改正，书面说明情况，降为B级企业，罚款200元处理，清理三无企业3户。

2002年，全县登记注册企业389户，注册资金1.35万元。查处各类企业违法违规案件35件，罚款金额6.74万元。

2003年，完成对全县经济户口的微机登录和台账建立，全面实施“经济户口”网络化管理，共存续各类企业399户，其中：非公司国有企业法人43户，非法人企业89户，非公司集体法人企业44户，非法人企业67户，公司14户，分公司17户，私营企业125户，其中，有限公司61户，分公司14户，个人独资企业30户，分支机构2户，合伙企业18户。共办理企业设立登记42户，变更登记81户，注销登记31户。建立市场主体信用评价体系，为加强市场主体监管对市场经营主体进行了分类，评选出守信用企业16户、警示企业4户。

2004年，全县共新增企业48户，其中，私营企业24户，新增注册资本3174.6万元，新增个体户1541户，新增注册资本2231.4万元。

2005年，有内资企业279户，同比分别增长6%，注册资本（金）2.47亿元，同比分别增长10%；私营企业231户，同比分别增长18%，从业人员0.26万人；同比分别增长23%。非公经济缴纳税收额同比增长，占地方财政收入比例不断增大，招商引资25家，资金总额0.26万元。

2014年，县新增市场主体2167户，其中，企业666户、个体工商1453户、农民专业合作社48户，已完成县政府市场主体发展目标（新增个体工商户1300户，企业400户）。通过“审核合一”受理注册登记设立市场主体1275户。是年11月17日，全县共有市场主体11940户，其中：个体工商9602户，投资额73647万元，从业21393人，较上年同期分别增长20%、33%、25%；私营企业1858户，注册资金786884万元，从业20507人，较上年同期分别增长51%、105%、27%；农民专业合作社197户，资金21546万元，从业1469人，较上年同期分别增长36%、41%、30%。

2015年，全县新增市场主体2553户，其中：企业859户（微型企业310户）、个体工商1694户，分别完成县政府市场主体发展目标任务的214.8%和130.3%（目标任务为：新增个体工商1300户，企业400户），农民专业合作社50户；全县市场主体共12297户，其中：个体工商户9773户，投资额75590万元，从业21843人，较去年同期分别增长20%、33%、25%；私营企业2042户，注册资金806515万元，从业22234人，较上年同期分别增长51%、105%、27%；农民专业合作社199户，资金数额21661万元，从业1492人，较上年同期分别增长36%、41%、30%；国有企业283户。

第三节　个体私营企业管理

1979年，全县有个体工商260户。1983年，成立惠水县个体劳动者协会。1984年，国务院颁布《关于农村个体工商业的若干规定》，鼓励农村剩余劳动力从事个体工商业。1987年，国务院发布《城乡个体工商户管理暂行条例》，是年，登记注册个体工商户达3292户，主要经营制造、交通运输、食品、百货、饮食、服务、修理等行业。

1990年，成立惠水县私营企业协会。1991年，全县有个体工商3795户，从业4391人，资金额达684万元，分别较上年年底上升66户，同比增长，为0.93%；从业人员上升95人，为2.2%；资金上升87万元，为14.5%。商业1689户，较上年同期上升0.53%，上年商业占总户数45.8%，是年占44.5%，下降1.3%。工业、服务业和其他行业较上年同期上升1.25%。农村2419户，占总户数63.74%，城镇1376户，占36.3%，农村比例大于城镇发展比例，发展趋势正常。

2001年，全县登记非公有制经济4743户，其中，私营企业92户，个体工商4638户。2005年，全县登记在册个体工商户4329户（含汽车运输户），企业507户，并逐步实现按分类分级管理。2005年，县通过个体劳动者协会和个体私营经营协会，引导组织个私经济会员积极分子从事会员经济活动；组织协会会员参加各种文娱活动，各分会大力培育、支持个私经济发展，为下岗、失业人员提供职业就业技能培训，为会员办理执照，减免相关费用等。同时，个私协会聘请有关技术、农业专家为会员培训有关行业、法律法规技术知识，使之成为政府管理个体私营经济的桥梁和得力助手。

2014年，全县市场主体共12297户，其中：个体工商9773户，投资额75590万元，从业21843人，较上年同期分别增长20%、33%、25%；私营企业2042户，注册资金806515万元，从业22234人，较上年同期分别增长51%、105%、27%；农民专业合作社199户，资金数额21661万元，从业1492人，较上年同期分别增长36%、41%、30%；国有企业283户。

2015年，全县新增个体工商户1878户，同比增长21.6%，个体工商户10547户，从业人员23865人，注册资金9.1001亿元；新增私营企业737户，同比增长33.75%，私营企业2921户，从业人员24129人，注册资金229.095亿元；新增农民专业合作社71户，同比增长9.4%，农民专业合作社达277户，从业人员达2845人，注册资金达3.5587亿元；新增微型企业200户，同比增长55%，全县微型企业达753户，带动就业3769人，注册资金13149.7万元。

第四节　经济合同管理

1979年，县工商局设立合同管理股。

1981年12月，《中华人民共和国经济合同法》颁布，1982年7月1日实施。1983年起，国务院相继颁布《中华人民共和国经济合同仲裁条例》《建筑安装工程承包合同条例》，以及工矿产品和农副产品购销合同条例等13个配套法规。根据上述法规，对县经济合同实行备案管理，建立报表制度，开始确认无效经济合同，对企业经济合同进行鉴证，内容：购销、建筑、加工业等方面。1985年，县工商局经济合同仲裁委员会，对全县经济合同纠纷开展调解仲裁，是年，调解惠水县酒厂与贵州锅炉厂购销合同纠纷案1件。

1990年，县举办企业合同承办人员培训班，宣传经济合同法规。全年共举办企业合同承办人员培训班4期，培训108人，组织学习《经济合同法》《贵州省经济合同管理暂行办法》以及全国统一合同范文本知识，培训人员通过考试基本实现达标，在组织考试合格的基础上，办理企业法人授权委托书93人，发给合格证书107人。2002年，县工商部门严格合同鉴证和企业动产抵押登记。是年，在全县开展“重合同、守信用”评选活动，险峰机床厂，永安电机厂等4户企业被评为“重合同、守信用”企业。是年，县工商部门严格合同鉴证和企业动产抵押登记，全年共鉴证财产租赁合同525份，合同金额1598万元；办理动产抵押登记59份，抵押物价值9425万元，主债权金额6154万元；办理抵押注销登记40份，抵押物价值5253万元，主债权金额3002万元；受理合同纠纷10起，调解10起；组织企业开展“重合同、守信用”企业参评工作，2001至2002年度，共有10户企业分别被评为省、州两级“重合同、守信用”先进企业。

2005年，落实国务院继续深入整顿和规范市场经济秩序的重要决定，在辖区内组织开展对欺诈和虚假合同，霸王条款等明显违法和不平等合同、限制性条款合同、漏洞合同，以及不按规定使用示范文本的隐蔽违规行为进行整治，打击利用买卖重要生产资料、农副产品订购和承揽合同，利用旅游、中介服务及外贸等合同进行欺诈的违法行为。是年，办理动产抵押登记59份，抵押物价值1.35亿元，主债权金额6327万元；办理动产抵押注销登记31份，抵押物价值3828万元，主债权金额2064万元。2004至2005年，全县辖区内有41户企业被县人民政府命名为“守合同、重信用”企业，其中，连续5年以上的16户，连续2年的20户，新命名5户。

2008年，办理动产抵押金额2亿多元。注销1户省级“重合同、守信用”企业。通过培训学习10名农村经纪人取得合法资格。办理动产抵押申请登记7户，主债权金额22260万元，办理注销登记2户，主债权金额6300万元。加强对县龙头企业贵州永红食品有限责任公司与养牛农户签订合同的指导，全年共指导该公司签订养牛合同22份，发放商品牛50头，金额22万元。

2009年，培训农村经纪人4期32人次，培育发展农村经纪人13户，办理动产抵押登记5件，借贷金额57302万元，帮助企业解决融资难问题；组织开展流通领域化肥质量抽检工作，抽取样品6个，不合格1件。

2010年，办理动产抵押登记4件，抵押金额1060万元，担保金额1060万元。2011年，备案房地产买卖合同2起，签约户数332户，金额达12000万元。受理动产抵押登记2件，抵押物价值总额20545万元，担保主债权16570万元。2012年，收集各类格式合同31份，检查格式合同265份，立案查处合同格式条款违法案件4件，罚款人民币9000元。

2015年，以开展“携手共治、畅享消费”为主题的消费者权益日系列活动为契机，对全县公用企业、房开、快递业务企业经营行为进行检查，查处利用虚假广告、格式合同等手段侵害消费权益的行为。

第五节　商标广告管理

一、商标管理

1979年11月起，全国恢复商标统一注册制度，是年，加强与县险峰机床厂、永电机安厂、县酒厂等国有企业联系，清理查验企业商标注册情况。1982年，国家颁布《中华人民共和国商标法》和《商标法实施细则》。1987年，县工商部门查获假冒“永久”牌自行车100多辆，假冒“红塔山”香烟10条，假冒“云烟”12条。1991年，建立商标管理制度。帮助10户有商标企业的单位建立商标管理制度。组织43次检查，发现险峰企业公司无商标印制许可证。擅自印“江畔”牌注册商标5万余张，通知其停止印刷。帮助县铁合金厂核转注册“卧龙”牌商标，促使该厂以注册商标签订150多吨硅铁销售合同。

1994年，举办商标法、广告法规和经济合同培训会，参加培训的企业法人51人。1997年，查处违法侵权商标案14件，没收违法侵权商标食品476千克，香烟4957条，饮料82112袋，限期撤除假冒商标标识4714件（张），罚款680元。开展商标广告法规知识培训，举办培训班一期，参加企业法定代表27人，深入企业宣传商标法、广告法66次。对县印刷业进行一次专项检查，对有印制违法商标行为的印刷户进行销毁模板，限期更正处理。并审定到外地印制的商标21份（970万张）。抓好知名商标信誉维护，为企业争创全省著名商标品牌创造条件，组织和指导县铁合金厂、县酒厂、永红食品厂等企业作好相关市场调查，收集信息和市场占有率等资料，为参加省局举办的全省著名商标评选活动做充分准备。

1998年，帮助企业查询商标注册2件，帮助企业申请注册商标1件，申报全省著名商标3个，规范使用服务商标1个，商标备案2个。

2002年，开展商标验证。对县15户注册商标使用企业的19个注册商标进行验证，验证结果6个合格，其余13个注册商标或改变注册人名义，或改变注册人地址。共查处商标案12件，罚款5200元，没收假冒名牌手表161块、假冒“隆力奇”化妆品412瓶（支）、假冒劣质酒药480包。在“假商标、假证件、假发票”专项整治中，查处不具备资格，擅自承揽印刷商标标识案件21件、依据《印刷业管理条例》；对惠水县兴国编织袋厂处以罚款1万元。

2003年，协助县酒厂、惠水矿粉厂等4家单位开展商标注册查询和注册准备，对现有的21个注册商标，进行备案和建立档案，并录入计算机。2005年，举办企业商标知识培训班2期（14家企业）；在惠水县永红食品有限公司开展商标管理工作示范点，建立商标工作联系点；推荐二个商标参加西南地区的商标展，开展商标注册和使用规范管理。2006年，做好实施商标战略。县工商局代县人民政府草拟了《惠水县注册“好花红”地理标志为注册商标的工作方案》和《注册“好花红”商标的建议》。

2007年，查处商标侵权案3件，查获“金泸福”酒52瓶、“夏1998”系列葡萄酒42瓶、“意大利红蜻蜓”服装25件、涉嫌假冒“茅台酒”5瓶、“剑南春”19瓶、“五星习酒”19瓶、“都匀毛尖”27盒、礼品盒装过期食品136件，价值15000元。帮助“贵州惠水县威驰传动带有限公司”申请使用的“六电鼎”商标为贵州省驰名商标。2008年，查处2件商标案件，维护合法主体权益，严厉地打击侵权商标、违法广告坑害群众的违法行为。开展保护商标专用权专项整治，严厉打击商标侵权行为。先后组织3次专项整治，查处商标案件3件，没收电视机一台，罚款6400元，规范一户擅自利用“奥林匹克”标志的行为。2009年，开展保护注册商标专用权专项整治活动，查处商标侵权案件10件，收缴罚没款10.71万元。

2010年，全县共办理各类商标申请18件。经国家商标局审查受理8件。是年6月，惠水县人民政府在贵州永红食品有限责任公司厂部举行“贵州永红食品有限责任公司”荣获全国驰名商标新闻发布会。查处商标违法案13件，罚没金额2.3229万元。2012年，出动执法人员181人次，车辆19台次，检查各类经营户216户次，立案查处“傍名牌”（假冒茅台酒和习酒）商标侵权案2件，罚款人民币2万元。依法拆除未经授权茅台酒厂集团公司的企徽和国酒茅台字样的标志一个。出动执法人员63人次，对辖区7户商标印制企业进行检查，下发行政指导建议书7份，纠正企业违规行为3起。

2015年，指导市场主体注册商标100件，全县商标数达436件，其中，贵州省著名商标13件；指导贵州惠水百鸟河数字小镇投资开发有限公司申报“百鸟河数字小镇”及“百鸟河”商标的全部类别，完成对“百鸟河”商标的全方位保护；指导好花红电子商务村做好“好花红”商标全方位保护工作；推荐贵州省卓雅思床具有限公司、贵州黄金叶实业有限公司申报为贵州省著名商标。

二、广告管理

1982年2月6日，国务院发布《广告管理暂行条例》，明确了广告发布的内容和管理范围。

1999年，开展了对户外、店堂广告检查，共检查31户，责令拆除未经登记审核的布标广告27幅，牌匾广告7块，对九户未经登记擅自发布，并含有诱导和虚假内容的广告主进行查处，同时办理广告登记31份。

2001年起，开展广告登记管理。2002年，以“反误导、打虚假”为主线加大对广告市场的监管力度。对户外广告的监管以基层机构为主；对店堂广告、印刷品广告的监管实施全方位清理和监控；对医院专科门诊广告、食品广告、房地产广告等进行重点检查。是年，办理店堂广告登记682份，户外广告登记38份，查处广告违法案2件。其中，对冒用县中医院泌尿科名义发布广告进行欺骗消费者行为一案作查处，遏制了广告违法行为。2004年，开展“打虚假、树诚信”广告专项整治行动，组织人员对辖区内广告经营户进行一次拉网式的检查，检查广告公司3户，广告媒体1户，广告标牌制作经营6户；办理户外广告45份，印刷品广告1份。

2005年，召集全县4户广告公司、13户牌匾制作经营户召开座谈会，签订广告诚信经营承诺书，收取诚信经营保证金，规范广告经营者和发布者行为；建立上下联动监管网络，强化对广告的监督管理；将户外广告直接审核下放到工商分局、工商所初审把关，县工商局审核登记发证；对登记的户外广告实施动态监管；取消店堂广告登记，同时，加大对牌匾制作经营户的指导，年内组织力量对全县的户外广告、店堂广告进行全面检查，取缔违规户外广告牌9块；办理户外广告登记93份。

2007年，检查各类广告32条，查处虚假违法广告案3件。清理、撕毁野广告30条。查处违法广告行为1件。2008年，与县5个广告经营单位建立《广告审查员制度》《广告发布登记制度》《违法广告共同公告制度》。检查173户，查处违法广告案5件，罚款5310元。监测广告117次1248条。2009年，查处违法广告4件，收缴罚没款0.4万元。2010年，县工商局制定了《2010年惠水县户外广告整治行动方案》，重点开展户外广告专项检查，出动执法人员254人（次），车辆70台（次），检查各类广告224条，撕毁在城市建筑物、市政设施上乱贴各类印刷品广告75张。

2011年，出动执法人员78人（次），车辆12台（次），检查各类广告68条，撕毁在城市建筑物、市政设施上乱贴各类印刷品广告35张。受理各类广告11条，通过审查发现问题4起。2012年，检查各类广告168条，撕毁在城市建筑物、市政设施上乱贴各类印刷品广告35张，查处广告违法案2件，罚款0.75万元。2014年，在“食在农家、美丽乡村”活动中，开展旅游景区和广告集中整治，共出动执法车辆11台（次），执法人员81人（次），检查旅游市场、景点等39户（次），维护了文明有序的市场秩序。配合做好好花红镇沿街门面改造，对18户个体经营的广告牌进行清理检查。

第六节　经济监督检查

1978年以来，加强全县辖区经济监督检查，依法处理经济违法违纪行为。

1981至1985年，在全县开展打击投机倒把活动3次行动：1981至1982年，打击非法倒卖工农业生产资料；抬价抢购国家计划收购物资，破坏国家收购计划；从国营和供销合作社零售商店套购商品，转手加价出售；个人坐地转手批发；黑市经纪，牟取暴利；买空卖空，转包渔利；欺行霸市，囤积居奇，哄抬物价；倒卖计划供应票证和银行有价证券；倒卖金银、外币、珠宝，文物、外货、贵重药材；偷工减料，掺杂掺假，以假充真，骗钱牟利；以替企业、事业等单位办理业务为名，巧立名目，招摇撞骗，掠取财物；出卖证明、发票、合同，代出证明、代开发票、代订合同，提供银行账户、支票、现金，从中牟取非法收入等12个方面。1982年，贯彻执行省委《关于坚决查处走私贩私、贪污受贿、侵吞国家财产等严重犯罪活动的部署意见》，重点查处内部从事走私贩私、贪污受贿、侵吞国家财产等严重违法犯罪的案件。1983至1985年，重点清理党政机关和党政干部经商、办企业中的投机倒把；查处就地转手倒卖重要生产资料和紧俏耐用消费品；取缔制造、销售假冒商品；打击走私贩私活动。

1981至1987年，全县查处违章违法案7321件，其中，大要案82件，查获粮票、手表、水泥、钢材、粮食、肉食、木材、化肥、香烟等物资，罚没款20余万元。

1987年，按照“放而有度、活而有序、管而有法”的原则，坚持对市场日常监督管理，组织力量，对元旦、春节、“五一”、国庆等重大节日市场进行大检查，配合卫生防疫部门检查夏令食品卫生，组织4次市场大检查，查获各种质量不合格计量器具295把和假冒伪劣物品25种，价值3.5万元。同时，充分发挥工商职能，配合其他部门对县农资市场、粮油批发市场、石油成品油市场、液化气市场等进行清理整顿，制止非法经营、价格混乱现象，控制对象上涨，确保人民生活不可缺少的“菜篮子、油瓶子、米袋子”。

1990年，开展了元旦、春节、“五一”节前，市场大检查、移动电话市场、易燃易爆专项、文化娱乐行业、涉农物资市场、学校周边环境专项、手机市场检查、“维权、反欺诈”和“维护公平竞争秩序、打击仿冒欺诈行为”专项执法检查；建筑市场检查；无照经营专项治理等专项整治行动，查获各种食品、饮料779包（瓶）药品147盒（瓶）、洗发水57瓶、饲料206千克，没收过期农药28瓶，兽药32盒，对4户无照经营进行查处。对涉嫌仿冒皮具8件、书包35个、影碟8盒进行暂扣；共清理无照经营147户，办理简易案件183件，罚款0.381万元；一般案件51件，罚款1.615万元；限期整改76户、预警114户，督促办照140户。1991年，查处违法违章案13起，移送司法机关1起。结案率达100%。查处化肥25吨，塑料11吨，棉纱2164千克，罚款1.02万元。

1996年，开展了四次较大规模的市场执法大检查。春节期间开展打击“三害”活动的同时，严厉查处利用虚假降价，制售假冒伪劣商品，误导欺骗、坑害消费者的违法行为，共出动396人次，查处没收假味精8495包，各种饮料2510瓶（支），冒牌洗发精护发素431瓶，超期变质糕点、麦乳精85包（瓶），假酒236瓶，劣质葡萄酒1件，劣质导线500米，盗版录音带250盒。开展对全县农贸市场清理整顿，县政府专门成立领导小组，对全县17个乡镇的供销社、分店、农技站和7个主要集贸市场进行清理整顿，共查获劣质化肥74.22吨，查收伪劣种子25600千克，价值46.2万元，失效农药886瓶、635千克，价值1.9155万元，罚款0.4367万元，对一户无照经营化肥抗拒检查者交公安部门处理，物资交归口单位处理。开展以保健食品饮料为重点的市场清理整顿，对全县主要8个集贸市场的摊、店进行检查，共查获变质香烟28条，假酒95瓶，掺假味精30包，变质麦乳精20瓶，变质饮料50瓶，清理无照经营166户，罚款0.1805万元。依法查处两家酒厂仿冒涟江牌黑糯米酒案件，收缴仿冒包装装潢35600套。查处贵阳新芽食品厂假冒“牛头”牌牛肉干。根据群众举报，捣毁用甲醇兑水充当白酒销售两个窝点，没收甲醇1500千克。

2002年，以实施“食品放心工程”为重点，整顿和规范食品生产、销售环节，重点打击制假售假违法行为；对农资市场清理整顿，重点打击销售假冒伪劣农资违法行为；整顿和规范广告市场，重点查处利用虚假广告骗取消费者违法行为。是年，共查处适用一般程序的经济违法违规案131件，适用简易程序案30件，结案161件，罚没金额93.04万元。2005年，在全县开展了食品安全专项整治，对经营主体资格、经营行为进行规范，对食品质量进行抽检；帮助各类食品综合市场、专业市场、批发企业、商场、超市建立进货检查验收制度、购销台账制度、销售食品质量承诺制度、“厂场挂钩”和“场地挂钩”制度；督促市场开办者建立质量责任制、与市场食品经营户签订食品质量责任书80%以上。年内，检查集贸市场、食品加工经营户、食品批发企业、副食品销售商店以及餐馆4169户，取缔无照经营摊点26个，当场纠正不规范经营行为22户，没收“三无”“过期”“变质”食品5000余袋（瓶）等；立案查处食品案21件，罚没款12.11万元，案值21.94万元；受理食品消费申（投）诉18件，调解率为100%，为消费者挽回经济损失2.72万元。

2006年，对现有粮食经营37户进行登记管理，建立台账37户，完成10%。查处无照经营成品油案2件，没收成品油689千克（其中汽油320千克，柴油469千克）。积极开展全县各类中、小学和幼儿园学校周边环境秩序检查、取缔无照经营户，撤出占道经营21户。

2007年，检查经营户2736户，共查处无照经营、销售过期变质食品案件共23件，没收粮食500千克、没收过期变质食品200余千克。查处投机倒把（擅自销售成品油）案2件，没收柴油2200千克、汽油360千克，变价款1.619万元。查处商标侵权案3件，查获“金泸福”酒52瓶、“夏1998”系列葡萄酒42瓶、“意大利红蜻蜓”服装25件、涉嫌假冒“茅台酒”5瓶、“剑南春”19瓶、“五星习酒”19瓶、“都匀毛尖”27盒、礼品盒装过期食品136件，价值1.5万元。

2008年，完成12种310批次食品质量定向检测。印发《食品安全示范店管理办法》。查处食品案20件，罚款32942万元。全年办结案件149件，罚没金额33.5565万元，分别是上年同期115件，罚没款5.89万元的1.29倍和5.7倍；案件数量和办案质量有所提高。2009年，查处经济违法案145件，罚没款45.89万元。查处食品违章违法案16件，收缴罚没款1.83万元，查缴各类假冒伪劣等不合格食品328千克。查处取缔黑网吧3户、无照经营网吧3户、超范围经营2户，罚款0.2万元。收缴低俗光盘12本（套）、非法出版物263册（本）。开展打击传销专项整治，创建并实现全县201个无传销社区。查处无照经营案27件，罚没金额2.3万元。

2012年，开展“傍名牌不正当竞争行为”“非法出版物”“利用互联网销售假冒伪劣商品”“黑网吧”“校园周边”等专项治理整顿行动，立案查处“傍名牌”不正当案2件，罚款人民币2万元。建立《惠水县公安局、惠水县工商行政管理局打击传销协作机制》。出动执法人员226（次），车辆61台（次）。全年查办案118件，罚没款28.8万元。

2014年，查办无照经营案21件，共处罚没款10.2万元。对轻微违法者或具备办证条件的，积极提供行政指导，引导173户经营户变无照为有照。办结一般程序案件77件，执行罚没款26.62万元，没收家用电器、假冒白酒、电脑设备、问题食品等违法商品价值约20万元。

第七节　消费者权益保护

1988年，受理投诉案件110件，结案率为100%，主要涉及食品、药品、化妆品、农资、假冒商标，虚假广告等热点，为消费者挽回经济损失达1.86万元。

1990年3月15日，惠水县消费者协会成立。是年，共受理投诉案56件，争议金额10万余元。其中：电话投诉12件，直接投诉44件，争议金额2.045万元，转为申诉案1件，金额0.225万元，支持向法院起诉1件，金额8万元，由12315申诉举报中心调度4件，不予受理1件，接待咨询来访43人次，主要反映房地产开发方面的问题，房屋渗水，面积缩小现象，为消费者挽回损失2.045万元，调解率达98.21%。

1991年，共受理各种消费投诉106件，处理率达100%。其中：属质量问题28件，价格问题4件，假冒商品12件，计量问题54件，生产资料5件，属于其他问题3件，接待咨询和来访35次，挽回消费者经济损失1.5253万元，有效地保护消费者的合法权益。1993年10月31日，国家颁布《中华人民共和国消费者权益保护法》，对消费投诉受理与解决有更好的依据和法律保障。1995年，发挥消费者协会职能作用，是年，受理投诉案110件，结案率100%，为消费者挽回经济损失达1.86万元。

1996年，抓好消费者投诉案件的处理，做到及时调查，公平公正，及时处理。受理投诉案15件，处理率100%，准确率95%以上，为消费者挽回经济损失13820元。

1997年“3·15”活动期间，在县城市场举行伪劣商品曝光及销毁大会，展出销毁劣质糖果、糕点、食品1000多包，过期食品饮料8500多瓶，假烟460包，假酒250瓶，掺假味精7箱，不合格计量器具200多把，劣质爆竹9箱，虚假广告728张，价值1万余元；印发《消费者权益保护法》小册子1500余份，发放宣传资料215册，现场咨询150多人次；受理消费者投诉案31件，调解结案31件。是年，在各所建立投诉电话，形成消费者投诉网络，促进县消协工作正常运转。

1999年，制定《惠水县工商局完善12315举报网络工案》，在每个工商所建立12315申诉举报监督站，在乡镇建立12315消费维权监督站，在村、社区、商场、超市、集贸市场建立12315消费维权投诉站，完善“一会两站”，发挥“一会两站”作用。共设置216个消费维权监督、投诉站，聘请216人为投诉站负责人，加强农村消费者维权保护。全年共受理消费投诉30件，调解金额13011元，调解率达100%。

2002至2003年，县消协在完善消费者投诉网络，遵循“有问必答、有诉必接、上下联动、有假必打、有案必查”原则，及时处理消费者投诉，共接到举报、投诉侵害消费者权益案件296件，其中调解280件，为消费者挽回经济损失39.21万元。结合是年3月15日国际消费者权益宣传日活动，在各乡镇及闹市区，接待现场投诉28件；公开销毁价值5.88万元的假冒伪劣商品。2004年，共接待消费者咨询167人次，共受理消费者投诉219件，调解率达100%，为消费者挽回经济损失110.23万元。2005年，县消协严格按照制定的处理投诉快，公平、公正，消费者、经营者、消协满意，有登记、有着落、有处理、有回音，生人熟人一样、群众干部一样、小事大事一样、外地人本地人一样、来电与来人一样“一快、二公、三满意、四有、五一样”的工作制度，兑现承诺保护消费者合法权益。全年共受理消费者投诉197件，解决194件，调解率98.48%，为消费者挽回经济损失230万元，接待消费者来访、咨询214人次，支持起诉案1件。

2006年，在全县25个乡镇，167个自然区域行政村，5个社区，2个成型市场，5个综合市场，5个旅游景点，7所中小学校，共设置消费维权监督、投诉站216个，聘请216人为投诉站负责人，加强农村消费者维权保护。2007年，制作消费年主题活动12315申诉、举报、投诉提示牌4块。在摆金、高镇等主要集贸市场分别设立9块法律、法规及食品安全涉农物资等商品知识宣传栏，发布涉及食品安全涉农物资等内容消费警示5期，发布消费警示19条。

2008年，受理消费者投诉37件，调处金额3.242万元，其中，食品案5件，金额0.736万元。2009年，县工商部门投入6万多元，在和平镇、三都镇、摆金镇等13个乡镇建立13个消费者协会基层分会和30个“消费者投诉站”与“12135联络站”，开始“一会两站”建设试点工作。4月20日前，完成全县“一会两站”所有站点启动办公并进入正常运行状态，确保发挥作用。

2010年，招聘24名食品安全义务监督员。工商部门依托“一会两站”共受理消费投诉38起，调解金额12万元，为群众挽回直接经济损失12万元。

2011年3月9日，县消协与县移动公司、电信公司、联通公司，借助网络媒体手机短信平台，向手机用户发送了“消费与民生”为主题的宣传短信，移动公司向手机用户发送短信20000条，电信向手机用户发送7000条，联通公司向用户发送13000条。2012年，加强对格式合同条款的整治，收集各类格式合同31份，检查格式合同265份，立案查处合同格式条款违法案4件，罚款人民币0.9万元。以服务领域设置最低消费为重点，对歌厅、酒吧等娱乐经营场所进行检查，立案查处设立最低消费案5件，罚款1.18万元。将消费维权工作推向学校和超市，建立“消费者服务站”，加强“一会两站”精品站指导。

2014年，切实维护消费者合法权益，护民生。办理各类投诉案18件，为消费者挽回经济损失22.8万元。2015年，整合了12315、12365、12331投诉举报热线，实现统一受理、统一办理。全年共办理各类投诉举报案38件，涉案金额近86万元，为消费者挽回经济损失80万元，争取消费赔偿4200元。

第六章　质量技术监督管理

第一节　计量管理

一、计量机构

惠水县质量技术监督机构及职能沿革与国家上级部门对应同步。1978年6月，成立惠水县标准计量所，1990年8月，惠水县标准计量所升格，成立惠水县标准计量管理局。1993年4月，更名为技术监督局。1994年1月，实行机构改革，县技术监督局与工商局、物价局合并，组建工商行政管理局，对外加挂县技术监督局牌子。1999年6月，更名为惠水县质量技术监督局，为行政正科级建制，内设办公室、综合业务股。下设局属事业单位有：质量技术监督局稽查队、质量技术监督检测所。2002年，在县质量技术监督局内设质量技术监督检测所，为具有独立法人资格的正股级事业单位。2014年3月，县质量技术监督局下划至地方管理，为县政府工作部门。核定编制为行政8人（含工勤1人），实有10人；事业编制13人，实有9人。实有在职人员19人。

二、计量监管

1978年，县标准计量所成立后，主要履行国家量值传递和法定计量单位的贯彻实施、国家《计量法》和《标准化法》等法律法规。开展的计量强制检定业务先后有衡器（包括地中衡）、压力表、天平、砝码、加油机等计量器具检定工作。至1986年，工作范围覆盖至长顺县。21世纪后，相关法规陆续颁布，计量工作内容、工作手段随时代的发展发生新的变化，逐步规范市场经济，维护公平交易秩序，保护企业和消费者的合法权益。

2006年，取得了衡器、天平、砝码、加油机检定4个项目计量授权资格。2010年，取得了食品检测项目的计量认证。计量检定设备固定资产总价值3.57万元，质检设备固定资产总价值20余万元，可开展4个计量检定项目和40个参数的食品检测项目。

2013年，实施“计量惠民生、诚信促和谐”“双十”工程，加大民生计量监管力度，建立民生计量器具风险应急机制，共检定电子秤及天平170余台，加油机200枪。与县内所有加油站，以及3家眼镜店、3家大型超市、3家医院、1个农贸市场、6家示范性餐饮店签订了诚信计量承诺书。

2014年，建立民生计量器具风险应急机制，完成县内加油机的检定工作，共检定105支枪、检定电子计价秤25台、天平26台、台秤29台。

2015年，组织技术机构配合开展辖区内月饼、定量包装食品和化妆品、商品过度包装监督检查和大米、酱油、化肥、水泥等定量包装商品净含量监督抽查，共出动执法人员90余人次，共检查月饼生产作坊35家（次），水泥4家（次），大米加工企业6家（次），未发现违规现象。同时，落实“十二五”节能减排，开展省重点用能单位能源计量审查工作。与3家重点用能单位签订《能源计量工作责任书》并提交自查报告，县重点用能单位已经按要求建立能源计量监督管理档案，先后做了4次监督检查，重点用能单位已按要求配备能源计量器具，建立计量能源计量器具台账，编制能源计量网络图、完善能源计量管理制度，贵州豪龙水泥有限公司、惠水西南有限公司、川东化工有限公司能源计量审查已通过州局审查。

第二节　标准化管理

20世纪80年代初，主要是推行烤烟、果脯及饮料等地方标准。1990年，县标准计量所机构升格为惠水县标准计量管理局后，标准化工作进入法制管理。根据《中华人民共和国标准化法》，对中小企业、乡镇企业的标准化管理模式，开展标准化验收，组织、引导企业使用国家标准、行业标准或制定企业产品标准，帮助贵州永红食品有限公司、惠水县酒厂等数十家企业制定企业产品标准。1999年，基本消灭“无标生产”，企业产品质量符合国家相关要求。2000至2012年，督促生产型企业按国家标准、行业标准或企业标准组织生产，对200多家（次）企业所使用的百余个标准进行备案登记。标准化工作对确保企业产品质量安全，促进县企业和社会经济的发展起到一定的作用。

2013年，开展标准化宣传活动，推动重点标准化项目实施。发挥烤烟产业优势，组织岗度乡政府、村支两委、农机人员深入烤烟种植区开展烤烟种植标准化宣传活动，推广科学种植，促进农民增产增收。

2014年，共登记备案7个国家标准，规范企业依标准生产，增加2个企业标准备案。登记备案14个产品执行标准，规范企业依标准生产。依照省质监局出台DB52/T935-2014《地理标志产品惠水黑糯米酒》地方标准。为惠水黑糯米酒产品质量的稳定和提高，提供了技术保障，帮助惠水黑糯米酒产业发展。

第三节　质量监督管理

一、工业产品生产管理

1984年4月，国务院颁布实施《工业产品生产许可证试行条例》。至2012年底，全县共有工业产品生产许可证持证企业10家。

2013年，帮扶辖区内4家企业取得食品生产许可证7张，分别为：贵州美福生态农业有限公司1张、贵州万利食品有限公司1张、贵州阿乐食品有限公司4张、贵州美味源食品有限公司1张。

2014年，开展认证监督管理。联系有机产品示范区创建示范点，对有机产品进行监管，及时报送工作情况。先后开展3次实验室专项监督检查，对县的3家实验室发放《实验室自查表》，督促企业进行自查，对存在的问题已督促企业整改。落实强制性产品监管。对辖区内获证的5家企业证书信息、生产环节进行检查，督促企业依法生产。

二、质量兴县监督

1998年贵州永红食品有限公司的牛头牌“牛肉干/松/丝/脯、卤制品”产品，申报并被评为首届“贵州省名牌产品”后，连续四届被复评为“贵州省名牌产品”。

2004年，下发《惠水县人民政府关于实施名牌发展战略的意见》，启动县名牌发展战略。

2009年，贯彻执行国家《中华人民共和国产品质量法》《中华人民共和国食品安全法》、国务院《质量振兴纲要（1996—2010年）》和《质量发展纲要（2011—2020年）》，开展质量兴企工作。印发《惠水县人民政府关于贯彻落实〈质量发展纲要（2011—2020年）〉全面推进质量兴县工作的实施意见》，推动县内产品质量、工程质量、环境质量、服务质量方面不断提高，2010年，惠水县获黔南州“质量兴县先进县”称号。

2012年，国家质检总局印发《关于批准对卢氏核桃、增城荔枝、增城挂绿、惠水黑糯米酒、铜仁红薯粉丝实施地理标志产品保护的公告》，批准惠水黑糯米酒为地理标志保护产品。产地范围为贵州省惠水县和平镇、高镇镇、三都镇、摆金镇、雅水镇、断杉镇、芦山镇、王佑镇、长田乡、斗底乡、甲烈乡、岗度乡、宁旺乡、鸭绒乡、太阳乡、羡塘乡、甲戎乡、抵季乡、大龙乡、大坝乡、摆榜乡、抵麻乡、长安乡、打引乡、好花红乡25个乡镇。是年，实施品牌创建工作，帮扶2家企业（贵州华粹馆食品有限公司、贵州三盛食品有限公司）获得生产许可证2张。

2013年2月，下发《惠水县人民政府办公室关于印发惠水县加强品牌建设的实施意见的通知》。是年，抽取食品样品195批次，不合格17批次，合格率91.3%；抽取工业产品样品79个，不合格样品2个，合格率97.5%，产品总合格率为93.1%，较去年提高4个百分点。制定《烧结砖产品质量管理工作制度》下发各烧结砖生产企业贯彻执行，开展走访、帮扶工作，是年，抽检中，县烧结砖合格率100%（整治前合格率最低25%），对烧结砖产品重点整治取得显著成效。

2014年，实施有效监管，确保产品质量抽检合格率达标。共抽检10类工业产品90批次样品，86批次合格，合格率达95.56%，其中，抽取食品样品71批次，合格68批次，合格率96%。抽取烧结砖样品23个批次，水泥标砖加工点6批次，合格28批次，合格率为96.55%。是年10月，共办理（年检）组织机构代码280余份，其中，小微企业98户，为小微企业减免收费10584元。特种设备检验率100%，检定计量器具310台（件）。全程跟踪帮扶贵州圣元防水材料有限公司、贵州万盛矿缆有限公司申报贵州省名牌产品工作。强化工业产品质量监督抽查，开展不合格企业后期处理工作，完成省级监督抽查工作任务，配合检测机构抽样完成90个，共有不合格产品4个，并完成后期处理。推行工业产品质量分类监管，建立辖区内工业企业主要产品监管目录，覆盖率90%以上，备案率80%以上。将40家企业的52个产品纳入主要产品监管。

三、食品安全监督

自2002年起，国家质检总局先后启动大米等老5类、肉制品等新10类、糖果制品等后13类计28类食品安全市场准入制度，实行“QS”认证。2004年9月，国务院印发《关于进一步加强食品安全工作的决定》，确定“由卫生部门承担的食品生产加工环节的监管职责划归质检部门”。

2012年底，全县有24家食品生产企业，计36个单位获食品生产许可证，产品涵盖大米，酒类、饮料、肉制品、糕点等。56家食品生产加工小作坊，产品涵盖米粉、面条、米酒、糕点等。对企业及作坊建立档案、拍摄图片、GPS定位。

2013年，在贵州永红食品有限公司举行“2013年黔南州食品安全科普知识教育基地”宣传活动，组织企业代表、社会各界及学生共50余人参观了贵州永红食品有限公司生产车间及质检部，召开座谈会。承办全省规模最大的“贵州省生产加工环节食品安全突发事故应急演练”活动，形成工作经验在全省推广。是年，全县26家获证食品企业均按照要求建档，登记备案小作坊49家次，均录入动态监管系统。按照系统设置巡查频次，对食品获证企业100%按时开展检查及回访，并通过系统按时报送记录，共巡查小作坊及企业230家（次）。对食品获证企业实施年审，共年审23家企业的35张生产许可证（其中3家新取证，不年审）。严格执行食品安全监管制度，制定黑名单管理制度，约谈企业7家次，约谈抽检不合格小作坊11家次。加大食品监督抽查力度，共抽取样品195批次。不合格17批次，对10个不合格产品立案查处，罚没款22600元，其余不合格产品后期处理工作已完成。提升食品安全风险防范能力，完成5个风险监测异常情况后续处理。开展食品添加剂、饮料、茶叶生产企业、糕点生产加工小作坊、肉制品、酒类产品等专项整治活动，专项整治检查企业作坊49家次，有效的维护产品质量安全环境。

2014年，全县有30家食品生产企业，48张生产许可证，登记备案小作坊45家（次）。开展《食品安全法》《贵州省食品安全条例》培训会议1次，培训企业26家次，培训作坊20余次。

第四节　组织机构代码管理

1993年起，开展组织机构代码管理工作。是年，对县属企事业单位、机关团体及个体工商户等办理组织机构代码，共办理46家。

2006年，共办理组织机构代码106户，其中，新办证58户，到期限变更48户，年检71户，管理系统运转正常，档案装订及时完整，改正差错率和数据丢失率为零。数据新增、变更率达13%，年检变85%。所办证件档案齐全，管理规范，2006至2007年度被省局评为先进。2008年，按照与州局签订的《2008年度代码目标考核责任书》要求，抓好组织机构代码管理工作，无重错码发生。是年，共办理机构代码109户，其中，新办证20户、到期（变更）换证38户、年审51户，数据新增、变更率达18%。对照按国家《组织机构代码档案管理办法》收集、管理办证档案，档案保存完整、规范。

2010年，开展质量信息情报业务，帮助企业建立健全企事业标准，企业质量档案，及时办理组织机构代码。建立辖区内企业的质量档案92份，共帮助企业搜集标准16个，完成企业产品标准确认备案登记7个、企业产品执行标准登记备案69个，其中：国家标准64个、行业标准5个。共为辖区单位办理组织机构代码年审换证计167份。

2011年，共对500余户组织机构代码办理新增、换证、变更、年检业务，扫描上报省代码中心700余条数据。积极推行组织机构代码电子副本制度，配合省局建立省、地、县三级代码数据库，组织机构代码管理得到完善和加强，同时，逐步推进条码工程，商品条码市场得到规范。

2013年，对县政务服务中心代码办证窗口进行充分授权，共办理代码换证463张，年审129张。分解落实微型企业帮扶工作，在组织机构代码办理、计量检定、产品检验等方面给予微企帮扶（累计减免帮扶资金9396元），促进微企健康发展。2014年，新办组织机构代码288家，年检12家，变更16家，换证66家，其中，微型企业98家，迁出3家，注销4家。累计减免帮扶微企资金10584元，窗口组织机构代码办证管理服务工作人员程昌道，于2014年7月被评为政务中心服务之星，窗口被全国组织机构代码管理中心授予2013年度全国组织机构代码“文明服务窗口”称号。2015年，共办理代码换证500余张。

第五节　特种设备安全监察

一、使用登记

1999年11月，在机构改革中将原县劳动职能部门管理的特种设备安全监察职能划转到县质监局，负责全县特种设备生产（安装、改造、维修）使用环节特种设备安全监察。职能转划后，当时没有专职工作人员，此项工作曾一度中断。2002年，普查登记各类锅炉46台、电梯2台、压力容器40台、起重机械36台。2004年8月，原县劳动局特种设备安全监察专管人员调转到县质监局。2011年底，开展特种设备普查，全县特种设备使用单位50家、在用锅炉50台、电梯30台、起重机械48台、压力管道10台套、气瓶充装单位1家、在用气瓶5000只。所有特种设备信息全部录入数据库，实行网络化动态监管。同时，运用、维护特种设备动态监管系统。全县的特种设备登记率100%，注册单位信息、设备参数等全面、准确。2013年，落实监管责任，深化“打非治违”工作，与特种设备使用单位签订《2013年特种设备安全使用承诺书》。季度安全例会按相关规定召开，未发生特种设备安全事故。落实锅炉能效测试任务，贵州省惠水耐尔福科技有限公司的2台锅炉能效测试工作已经省特检院测试完成。2014年，共办理特种设备使用注册登记证118张，办结率达100%。办理特种设备安装告知共220张。

二、专项整治

专项整治的内容包括：起重机械专项整治、液化气钢瓶、在用锅炉、高速公路在用设备等。2000至2013年，全县开展专项整治56次。共查办质量案件30件，案件办结率达100%，涉案金额464万元，罚没款到位11.11万元。办理各项投诉举报30起（“12365”投诉举报8起），办结30起，办结率100%。其间，收到群众感谢信一封。重拳出击开展泥子粉专项执法检查行动，对县域内泥子粉生产企业、作坊开展专项整治工作，查获6家涉嫌冒用他人厂名厂址、计量违法案件，有效打击遏制区域性、行业性制假售假违法行为。

三、安全监察

2002至2011年，组织特种设备安全大检查35次，发出安全监察指令书246份，消除各类安全隐患240条，立案查处36件。其中，2011年安全检查10次，发出安全监察指令书37份，消除安全隐患30条。2013年，继续深化“安全生产年”活动，落实特种设备安全监察责任和安全生产“全覆盖”制度，共检查使用单位61家次，出动执法人员168人次，检查特种设备作业人员58个，其中，持证55个，检查特种设备208台（套），其中，锅炉38台、起重机械51台、电梯23台、压力容器96台。检查气瓶单位1家，气瓶762只，检查出存在一般安全隐患22起，下达安全指令书11份，全部完成整改，并组织特种设备使用单位的管理操作人员进行安全知识培训，全年未发生特种设备安全事故。

2014年，将特种设备安全巡查与“雷霆行动”等专项安全工作相结合，开展特种设备巡查，共检查使用单位187家次，检查特种设备679台次，巡查率93.6%。2015年，深化“打非治违”工作，与特种设备使用单位签订《特种设备安全使用承诺书》，按相关规定召开安全例会；在“两节”“五一”端午节、国庆节等重点节假日期间，对人员密集的酒店、学校及生产企业等场所，开展特种设备的安全检查，确保安全运行。全年检查使用单位187家次，检查特种设备679台次，巡查率93.6%。

第六节　稽查执法

1990年8月，惠水县质量技术监督机构性质能转为行政机关，行使行政执法权为力，包括开展查处各类质量、计量、农资打假等违法活动。1991至1993年，共查处各类案件约30起，其中，影响较大的是“假冒永久牌自行车案”。

2012年9月，惠水县质监局稽查队（副科级单位）成立，所有的案件移交稽查队办理。是年10月，端掉一个无证生产加工糖果窝点，《贵州都市报》对此进行了报道。

2012至2014年，共查处涉及食品、计量、烟花爆竹等11个案件，其中，立案9个，2个现场处罚，罚没款共6.4135万元。办理行政执法案件15起，办结行政案件15起，结案率100%，涉案货值金额共计19.0703万元，罚没款共计5.39万元，无移送司法机关案件、无诉讼、无复议；共受理质量投诉案件7起（省局12365投诉举报中心交办1起），办结率100%，有效打击了各种违法行为，收到企业“热情服务、热心企业”锦旗一面。在县域内开展农资专项执法打假行动、建材、儿童用品等日用消费品、汽柴油、认证认可等专项整治行动，出动执法人员510人次，推进行政处罚信息公开，除依法保护的涉及商业秘密和个人隐私的案件外，对适用一般程序查办的行政处罚案件，于处罚信息形成的5个工作日内，在县政府门户网站公开，并及时回应社会关切，有效接受人民群众监督。

第七章　安全监督管理

第一节　安全生产管理

一、管理机构

2004年9月，组建惠水县安全生产监督管理局，为县人民政府委托行使安全生产监督管理职能的事业单位，协调县属相关部门和乡镇共同抓好安全生产工作。内设监察股、综合股，核定编制7人（含工勤1人），其中：设局长1名，副局长2名，股长2名。2005年9月，增设政策法规股，增加事业编制3名。是年12月，成立惠水县安全技术培训中心，为县安监局管理的自收自支中介服务事业单位，核定编制2名，人员实行合同聘用。2007年3月，增设事业编制2名。2009年3月，惠水县安全生产监督管理局转为参公管理事业单位。

2011年，县安监局，调整为县人民政府工作部门。是年11月，惠水县安全生产监督管理局内设办公室、矿山安全监督管理股、综合安全监督管理股，核定行政编制10名（含机关工勤）。是年12月，成立惠水县安全生产执法监察大队，为县安监局所属股级事业单位，核定事业编制10名，其中，设大队长1

名，副大队长2名。2012年3月，惠水县安全生产执法监察大队由股级事业单位升格为副科级事业单位，内设机构调整为办公室、职业卫生安全监督管理股、煤矿安全监督管理股、非煤矿山安全监督管理股、综合安全监督管理股。2013年10月，撤销惠水县安全技术培训中心，设立惠水县煤矿驻矿安全监管中心，为惠水县安全生产监督管理局所属股级事业单位，核定事业编制39名，其中，设主任1名，副主任2名，派驻18家煤矿驻矿安监员36名。2015年2月，县安监局内设办公室（加挂行政审批科牌子）、安全生产监督管理科。局下属事业单位为惠水县安全生产执法监察大队、惠水县煤炭安全生产监督管理局、惠水县煤矿驻矿安全监管中心，惠水县安全生产应急救援指挥中心。是年，共有干部职工51人。

二、管理措施

2004年，按省、州要求做好安全评价和安全评估。是年，危险化学品企业生产安全有2户通过中介机构安全评价，2户通过评估，2户正在进行安全评价；13户非煤矿山企业通过安全评估（上年已有15户通过中介机构的安全评估）。是年，贯彻《安全生产许可证条例》《安全生产法》等法律法规，加大对非煤矿山、危险化学品、烟花爆竹等生产经营单位安全生产整顿。先后对非煤矿山、危险化学品、烟花爆竹等生产单位进行现场检查16次，下发整改指令15份，停产停业指令14份，行政处罚5起。

安全生产知识讲座（2013年摄）

2005年，先后对全县煤矿进行逐矿检查和日常监管计50余次，下达现场检查记录及整改指令60余份，实施行政处罚5起。县15家煤矿当中，有5家获得合法技改批复，1家正在申办，3家已顺利通过省、州验收，6家于12月通过县验收州复查。全县非煤矿山企业共56家，其中：砖厂18家、水泥厂2家、萤石矿厂1家、砂石厂35家，已通过安全评价的54家，占企业数的96%。全县共有9家危化企业，已完成安全评价并申报安全生产许可证进入省窗口，4家磷化工企业获得省安监局颁发的安全生产许可证。

2006年，对合法有证煤矿进行逐矿逐井安全生产执法检查90余次，查出存在问题400余条，下达强制措施21份，依据《国家安全生产法》立案调查6起。全县非煤矿山申报安全生产许可证98家（页岩砖厂27家，砂石厂68家、水泥厂2家，萤石矿山1家），77家经州安监局验收符合颁证条件，并在《黔南日报》予以公告。22家企业申报资料，报州安监局审核。全县有1家烟花爆竹生产企业、86家零售网点。烟花爆竹生产企业已获得安全生产许可证，86家零售网点从业人员经培训获得烟花爆竹零时销售许可证。全县有9家危化生产企业、14户加油站和1户工业气体经营店。9家危化生产企业中有8家已获得安全生产许可证，制氧厂因主要负责人缺安全资格证而未发证。14户加油站均获得危险化学品经营许可证。1户工业气体经营店也进入州安监局窗口等待颁证。

2007年，对全县井下作业11家煤矿进行现场检查105矿次，填发执法文书177份，查出安全隐患458条，提出处理意见265条，其中，现场检查笔录97份，查出安全隐患257条，提出处理意见154条，复查意见书20份，提出意见67条，责令改正指令书23份，指出安全隐患问题64条，强制措施决定书37份，作出决定意见70条。同时开展煤矿关闭整合，15家煤矿企业经整合后，有8家合法矿井，累计上报关闭矿井7家，有4家矿井已完成闭坑工作。96家企业取得安全生产许可证，19家新建企业申办安全生产许可证资料已报州局审查，其余2家未取得安全生产许可证。全年检查计110余次，查出各类安全隐患508起，当场整改309起，限期整改199起，下达整改指令书122份，强制停产停业指令书12份，立案查处及行政处罚2起。全年检查烟花爆竹及危险化学品共27次，查出隐患64条，责令当场整改42条，限期整改22条。下达现场检查记录27份，整改指令书7份，强制措施决定书1份。

2009年，对全县非煤矿山企业开展安全生产检查，共检查企业54家176次，查出隐患203条。检查经营户共41家（次），重点检查了经营户的经营周边环境、经营必须具备的基本安全条件等，对6户经营品种堆放不规范的立即责令其现场进行整改；共检查烟花爆竹生产企业2家（一家已停产，一家在建）5次，查出隐患15条，下达整改指令书2份。检查个体销售经营134户，下达停产整改指令书1份、取缔无证经营2户、当场责令整改隐患29起、收缴非法烟花爆竹产品10余件。

2010年，按照国家安监总局《安全生产事故隐患排查治理暂行规定》，实现煤矿隐患排查治理经常化、制度化和规范化。全年到矿进行隐患排查158次，共查出安全隐患1139条，督促煤矿完成整改1023条，完成整改率为90%。同时，对作业的19家煤矿实行挂牌管理。根据贵州省人民政府黔府办发〔2010〕73号文件，在日常安全监管中对存在隐患较多、有违法违规现象的10家矿井实行停建整顿；按照“打击非法”重点和十个“打击违法”重点的要求，对技改在建矿井进行专项检查，共投入治理资金30余万元，炸封非法小煤窑414处（次），用挖机捣毁填平井口19个，抓获盗采人员68名，拘留49人，没收原煤280余吨，没收、捣毁发电机、卷扬机、鼓风机等72台，查堵运输非法煤炭车辆27架次，收缴用非法所得购买的面包车2台，查扣摩托车4辆。发现非法储存煤炭经营点3家，查处原煤15吨，并责令业主停止经营；发现非法储存使用煤炭行为砖厂2家，查处原煤10吨，并对业主进行警告。

是年，全县共有非煤矿山企业84家（其中：砂石厂56家、页岩砖厂26家、水泥厂1家、方解石矿1家）。办理安全生产许可证84家，其中，有59家取得安全生产许可证，6家企业待州局验收，已通过州局评审新建矿山19家（含资源整合后转点），其中，6家新建企业已取得安全生产许可证。加强日常监管，共检查企业89家205次，下达指令书49份，整改复查意见书36份，查出安全隐患443处，当场整改364条，限期整改79条，其中：强制措施5份，停产整改2家。按照全州非煤矿山安全标准化建设工作会议和《全州金属非金属矿山安全标准化建设工作方案》要求，制定《惠水县非煤矿山企业安全标准化建设工作方案》，启动全县非煤矿山企业安全标准化建设，组织协调指导机构的专家多次深入29家矿山对照标准化要求检查，全县27家矿山企业通过州级验收。

是年，全县共有危险化学品企业15家（其中生产企业7家，加油企业6家，14个加油站，工业气体经营2家），烟花爆竹企业3家（其中：生产企业2家，1家已领取“安全生产许可证”，另1家已通过省安监局审查）；批发企业1家，“安全生产许可证”已申请延期换证。全年共检查企业300余家（次），查出隐患60处，下达检查记录21份，整改指令书13份，强制措施决定书2份，到期复查合格58处。按照《危险化学品从业单位安全标准化规范》要求，督促安全生产条件较好的生产企业准备安全标准化申报，全县有7家危化企业申报安全标准化建设。贯彻落实国办发〔2010〕53号以及省、州有关烟花爆竹安全监管文件精神，开展非法烟花爆竹打击。印发《关于切实做好烟花爆竹销售旺季安全监管工作的通知》，制定专项工作方案，在全县范围内对烟花爆竹储存、进货渠道、经营网点进行专项整治，重点打击无证经营、违规运输、违规储存、经营非法产品等违法行为，共取缔无证经营5户；查出安全隐患23起，责令当场整改23起；对“三无”以及存在质量问题的烟花爆竹进行收缴。

2011年，开展矿现场排查，共开展187矿次（会同林东监察分局进行监察11矿次），填发现场检查笔录169份，复查整改意见书4份，强制措施4份，共排查出事故隐患1211条，督促煤矿企业排除完成整改1125条，整改率92%。是年，按照“通风可靠、抽采达标、监控有效、管理到位、隐患排除、综合利用”的要求，在煤矿企业安装瓦斯监测监控系统及人员定位系统，督促煤矿企业完善矿井通风系统，15家煤矿已安装瓦斯监测监控系统，实现与县级中心机房联网的11家，人员定位系统已安装8家，保证矿井通风合理、监控到位。全年开展安全生产大检查和专项整治企业90家206次，下达指令书82份，查出安全隐患574处，当场整改462条，限期整改112条，其中：强制措施16份，停产整改16家。印发《惠水县非煤矿山企业安全标准化建设工作方案》，组织指导机构专家深入56家矿山企业对照标准化要求，下达整改指令。州安监局验收组分两次到县进行安全生产许可证和五级标准化达标现场验收，共验收许可证企业52家，五级标准化企业56家，合格率达100%。开展危化、烟花爆竹、冶金行业执法检查。通过州、县安监部门及有关专家对储存仓库的现场检查验收，2家烟花爆竹批发企业，取得“烟花爆竹经营（批发）许可证”。通过执法检查，共查出危化行业安全隐患或问题3项，完成整改3项，隐患整改率达100%。对“三无”以及存在质量问题的烟花爆竹进行收缴。对和平镇七里冲工业园区内一非法黄磷生产窝点进行查处，切断该非法生产窝点生产、生活用电，撤除生产设备，遣散从业人员。按照“统一规划、保障安全、合理布局、总量控制”原则，对申请烟花爆竹经营（零售）单位310家进行安全条件审查，经审查符合基本经营条件206家，整改92家。

2012年，开展安全生产标准化建设，全县9家煤矿生产矿井全部通过三级质量标准化考评，并通过林东监察分局、省能源局等部门验收，“安全生产许可证”“煤炭生产许可证”已颁发煤矿企业；开展瓦斯监测监控系统及人员定位系统安装工作，督促煤矿企业完善矿井通风系统，实现安装瓦斯监测监控并与县级中心机房联网的有15家，人员定位系统已安装12家，保证矿井通风合理、监控到位。监管过程中，对不服从监管指令和存在违法违规的矿井，立案查处13起，共处罚金18万元；开展非煤矿山日常监管，全年检查各类非煤矿山96家，下达指令书156份，查出安全隐患1571条，当场整改1411条，限期整改142条。全县非煤矿山97家（其中：砂石厂61家、页岩砖厂26家、水泥厂2家、方解石矿6家、硅矿2家）。已有84家通过五级标准化验收，超额完成省、州安排36家的任务数。余下12家企业按省州要求，列入2013年工作任务。开展危险化学品、烟花爆竹行业执法工作，全年共检查下达执法文书216份，发现安全隐患及问题285个，整改完成279个。共取缔无证非法经营4户，查扣非法运输车1辆，收缴非法经营烟花爆竹20余件。责令2家生产（经营）许可证到期未及时申办延期手续的单位立即停止生产（经营）。

2014年，继续督促煤矿企业进行整改，全县10对停产（建）矿井经巡查检查，均未发现违法生产行为；贯彻落实《国务院办公厅关于进一步加强煤矿安全生产工作的意见》和州煤矿“十不验收”标准要求，对关闭矿井由县工信部门牵头已对井口完成填埋，对煤矿企业复工（产）工作督促检查和隐患排查治理；联系开展煤矿驻矿安监员岗前培训，确保辖区内每处生产矿井按质保量配备2名驻矿安监员；对生产煤矿开展“六打六治”和“查大系统、除大隐患、防大事故”安全检查；制订年度非煤矿山执法监管工作计划、节后复工复产验收实施方案，与非煤矿山企业签订《2014年度安全生产工作目标管理责任书》。对全县85家非煤企业，检查359次，共查出一般隐患1116条，已整改1061条，限期整改55条，整改率95%；按黔南州每季度对露天矿山进行一次安全确认工作要求开展安全确认工作，共确认206家次，其中，符合安全生产条件182家次，不符合24家次。开展危险化学品、烟花爆竹执法检查，共检查危化、烟花爆竹企业和场所315家次，排查一般隐患447条，整改434条，整改率97%。查处违法、违规违章行为137起，其中：涉及经济处罚的19起，共处罚5.2万元；责令改正35起，限期整改76起，停止违法行为16起，暂扣或吊销有关许可证10家，没收非法取得2万元。与县城管局共同检查燃气公司和液化气销售场所48家次，规范城镇燃气行业安全生产管理和隐患排查。开展冶金工贸八大行业单位和场所检查43家次，共排查出一般隐患387条，已整改311条，限期整改76条，整改率80%。

2015年，制定煤矿复工（产）验收方案，开展煤矿复产检查及安全确认；按照“煤矿隐患排查治理行动”和“瓦斯治理攻坚年”专项行动要求，对生产矿井开展瓦斯治理，强化煤矿隐患排查治理；贯彻落实国家、省、州关于新一轮“千名干部与万名矿长谈心对话”活动，是年7月，在经开区管委会会议室召集金顺煤矿投资人、矿长开展谈心对话；印发《煤矿雨季“三防”工作方案》，督促煤矿企业落实省、州、县有关汛期安全要求，抓好雨季“三防”；按照煤矿安全监管计划对各停产停建煤矿开展安全巡查检查，严防煤矿非法违法生产，督促煤矿企业按照“五落实五到位”要求，建立企业安全生产责任体系；积极督促煤矿推进采掘机械化工作和安全质量标准化建设；将驻矿员派驻正常生产矿井，全年共检查巡查煤矿196矿次，累计排查一般隐患101条，督促整改99条，限期整改2条；执行省人民政府办公厅《关于加强砂石土资源开发管理的通知》和《非煤矿山企业安全生产十条规定》，对非煤矿山中低于开采规模、超出规划和安全距离不足的，不予办理安全生产许可证；在2015年以前所有非煤矿山生产企业均已取得标准化等级证书的基础上，另有8家矿山企业进行标准化建设，其中：2家取得三级标准化证书，5家通过验收待发证，1家属新建矿山正在建设中；完成州下达的关闭4家任务指标，关闭21家矿山企业，并提请州安监局注销其安全生产许可证；聘请州安监局专家库两名专家，对县12家不需资源整合的矿山企业进行现场“会诊”；对全县32家有危险化学品、烟花爆竹企业开展执法检查。其中：危化品企业23家（危化品生产企业1家，危化品经营单位22家），仓储经营2家（天惠公司、利尔化工），加油站20家（中石化8家，中石油4家，海里电站1家，交建国储高速路加油站2家，独资5家）；烟花爆竹企业9家。其中：生产企业6家，批发企业3家。危险化学品、烟花爆竹企业有7家获证（投产或经营）未达一年，应开展安全生产标准化三级建设共24家；组织开展安全检查和安全确认工作。结合重点时段、重要节假日开展危化和烟花爆竹安全检查，共检查202家次，排查一般隐患525条，已整改518条，整改率98%。查处并责令限期整改烟花爆竹经营（零售）点违规违章行为17起，没收烟花爆竹900余件（个）；查处贵惠高速a站、b站加油站无证经营行为2起，共计实施处罚10万元；按月对5家烟花爆竹生产企业开展安全确认，对21家危化和2家烟花爆竹经营企业按季度进行安全确认，确保危化烟花爆竹生产经营企业的活动符合安全生产条件。

第二节　安全培训教育

2004年，共开展法律宣传4次，发放各种宣传资料1500余份。举办全县非煤矿山企业安全生产培训班1期。结合是年发生在平塘县境内的“11·27”重大交通事故，以增强驾驶员安全意识为重点，向全县客运驾驶员发放300余份公开信，并在县电视台连续播放7天，起得较好的宣传效果。

2005年，在“全县普法宣传活动”“安全生产月”，设立宣传点发放各种宣传资料，运用宣传车下乡流动宣传，设置安全生产宣传栏、张贴安全生产宣传画、公布生产安全事故举报电话、悬挂安全生产警示牌等形式，在全县营造“安全为了生产，生产必须安全”良好氛围；利用下企业检查和以会代宣，向广大生产经营单位和从业人员宣传《安全生产法》《安全生产许可证条例》《煤矿安全规程》《消防法》等现行法律、法规，将全县发生的各种生产安全事故案例和调查处理情况及时向各单位通报，从中吸取教训，举一反三，避免同类事故的发生。

2006年，开展安监干部培训，选送干部参加省安全监察执法人员培训7人次，参加省外非煤矿山安全监管培训1人次；县安全技术培训中心于是年10月取得四级培训资质，在州培训中心的指导下，组织全县50余户农药经营户开展为期两天的安全资格培训，为规范县危险化学品农药市场经营秩序奠定基础，给经营业主申报危险化学品经营许可证创造条件。州安全技术培训中心于11月16日在县举办非煤矿山企业矿长、安全管理人员培训班，参训60人。

2007年，完成各生产经营单位从业人员安全技术教育培训20期（次），培训993人，其中：煤矿从业人员4期110人；非煤矿山10期300人；危险化学品经营单位3期77人；烟花爆竹生产企业1期31人、经营单位2期200人；海里水力发电厂1期33人；联系资质单位对企业内机动车驾驶员培训1期28人，培训非煤矿山主要负责人、安全管理人员1期138人；培训煤矿安全员1期36人。协助黔南州第三期重大危险源申报培训工作培训会1期，共培训惠水、长顺、罗甸县安监部门及相关企业40人。

2008年，按照针对性、实用性原则，对县煤矿、非煤矿山、危险化学品、烟花爆竹等行业的从业人员开展安全生产教育培训。全年共培训非煤矿山、危险化学品、烟花爆竹等生产经营单位从业人员360人。协助黔南州安全技术培训中心在县开办一期非煤矿山主要负责人、安全管理人员培训班，共101人参训。结合“隐患排查”等工作重点，是年4月起，开展片区矿山企业安全管理现场培训，全县202人参训。针对县煤矿新建、技改和资源整合实际，结合全县煤矿安全生产形势，深入县煤矿企业有针对性地开展煤矿企业管理及从业人员培训600人。

2009年，对各矿山、工矿、烟花爆竹生产经营单位主要负责人、安全管理及从业人员进行安全教育培训9期500余人，安排涉煤乡镇负责人到平坝县参加全省涉煤乡镇长培训。在全县范围内开展职业卫生宣传活动，共发放宣传资料4000余份。开展道路交通安全“五进”宣传活动。配合县交警大队及各勤务中队每逢各乡镇场天，利用交通安全宣传大篷车、悬挂宣传标语、播放录音带、事故图片展、发放宣传资料、交通安全咨询等形式多样进行交安宣传。共悬挂横幅39条，上交通安全课6堂，播发宣传片10余场次，开展交通事故图片展15次，散发各类宣传资料6000余份，受教育5000余人次。

2010年，成立县安全生产月活动领导小组，印发《关于开展全县2010年全国“安全生产月”活动的通知》和安全生产月工作实施方案，将国家、省、州有关安全生产法律法规和政策及时印发乡镇企业，并强化督查。县政府分管领导通过惠水有线电视作宣传动员讲话，在县主要街道、政府、机关、各生产企业、矿山，悬挂安全生产月宣传标语、横幅200余幅，张贴安全生产标语及监督举报电话等。县安委办组织监察、安监、质监、药监等20余部门150人，在县人民广场开展安全生产法律、法规咨询及警示教育活动。共发放安全生产法律法规宣传资料17000余份，咨询群众1400人次。在《好花红风采》报刊上开辟“聚集安全生产月”专栏及惠水电视台定期播放《安全发展预防为主》《血的代价》等安全生产节目，并通过电信、移动公司发送安全生产公益短信活动。按照上级部门安排和部署，完成县煤矿驻矿安监员培训，参训29人（其中：驻矿安监员19人，乡镇分管领导10人）。在大龙乡对乡、村、组干部48人进行安全知识培训。

2011年，县内各煤矿结合企业实际，开展事故应急救援演练，提高全县各有关部门参与事故救援的协调作战能力，提升县对突发安全生产事故的应急救援水平；组织企业主要负责人、安全管理人员参加

“职业健康管理体系”培训和《职业病防治法》宣讲班培训110人；参加黔南州安全技术培训中心举办非煤矿山企业主要负责人、安全管理人员培训班210人。举办2期烟花爆竹经营（零售）单位从业人员安全培训班，累计培训烟花爆竹经营单位从业人员292人次。

2013至2014年，印发《惠水县关于开展2013年“安全生产月”活动的通知》，按国家、省、州关于开展2014年全国“安全生产月”和“安全生产万里行”活动的有关精神，围绕“强化红线意识、促进安全发展”活动主题，共发放特种作业安全知识、职业健康、安全作业个人防护及电力、交通、消防等各种安全生产法律法规宣传资料31000余份，印有相关安全生产警示内容的购物袋、作业本、打火机、围裙等宣传物品3000余件，接受群众咨询1000余人次。州安全生产月宣讲团到县开展习近平总书记安全生产系列重要讲话精神宣讲活动，县安委会成员单位副科级以上领导、镇（街道）分管领导、安监站干部及企业负责人共400余人参加。宣讲活动重点论述了习近平总书记系列重要讲话精神，突出安全生产“红线”意识，阐明安全生产工作的极端重要性，再次敲响安全生产的警钟；联系州安全培训中心至县开展“黔南州镇（街道）安全监管人员执法证培训”，惠水、长顺两县各镇（街道）从事安全生产监管共70余人参加5天的培训；邀请并配合贵州贵达科技职业技术学校安全技术培训中心的张传燕副教授在惠水县职业中学进行三天的职业健康安全管理人员培训。县辖区内未持有“职业健康安全生产管理人员培训合作证”的非煤矿山、水泥、危化企业法人和职业健康管理人员共52人参训。

2015年，加强县、镇两级及工业园区安全监管机构队伍业务能力、执法能力建设。组织安监干部参加省、州安全生产执法和县行政执法培训；组织县安监局并协调县经开区安管局共12人参加由省安监局组织的安全生产行政执法资格培训（复训）；组织安监系统41名干部职工参加县法制办组织的行政执法资格培训（复训），进一步规范县安全监管依法行政行为；组织各镇（办）安监站4名安监员，参加州培训中心举办的乡镇安监员行政执法资格培训。

第三节　安全生产事故

表7–5

2004—2015年惠水县安全生产事故情况统计表

名称 年度	事故类别	数量（起）	死亡事故（起）	死亡（人数）	受伤（人数）	经济损失（万元）	备注
2004	道路交通	109	27	29	139	29.5	煤矿死亡人数中，含两起非法煤窑3人
	煤矿生产	6	—	10	—	—	
	消防火灾	5	—	—	—	29.4	
	工矿商贸	2	—	2	—	—	
2005	道路交通	71	—	16	—	—	煤矿7人死亡中，无证煤窑3人
	工矿企业	4	—	5	—	—	
	煤矿企业	5	—	7	—	—	

续表7-5

名称 年度	事故类别	数量（起）	死亡事故（起）	死亡（人数）	受伤（人数）	经济损失（万元）	备注
2006	道路交通	42	—	15	—	—	煤矿企业死亡7人中，非法煤窑事故两起，死亡4人
	工矿企业	4	—	5	—	—	
	煤矿企业	5	—	7	—	—	
2007	道路交通	26	—	14	—	—	
	非法煤窑	1	—	1	—	—	
	工矿企业	4	—	6	—	—	
2008	各类事故	—	—	24	—	—	其中，交通死亡18人，工矿死亡1人
2009	煤矿企业	—	—	2	—	—	
	金属与非金属	—	—	1	—	—	
	建筑业	—	—	1	—	—	
	道路交通	—	—	14	—	—	
	火灾	—	—	1	—	—	
	其他	—	—	2	—	—	
2010	道路交通	5	—	8	—	—	
	煤矿企业	4	—	4	—	—	
	豪龙水泥厂机械	—	—	1	—	—	
	三都镇小龙苑口矿粉厂触电	1	—	1	—	—	
	南苑花城三期建筑工地	1	—	2	—	—	
2011	道路交通	2	—	2	—	—	
	煤矿企业	1	—	1	—	—	
	非煤矿企业	1	—	2	—	—	
	其他行业	1	—	1	—	—	
2012	道路交通	3	—	3	—	—	
2013	长田大冲煤矿井下透水	—	—	7	—	1273	经对事故责任认定，处理相关人员
2014	道路交通	7	—	6	—	—	
2015	道路交通	7	—	7	—	—	